LITTÉRATURE ET CENSURE
sous la direction de Jean-Baptiste Amadieu
10

Le Contrôle juridique de l'imprimé

Ouvrage publié avec le soutien financier du laboratoire CESSP
et de la Chaire COLIBEX (CNRS)

Clémence Faugère

Le Contrôle juridique de l'imprimé

L'apprentissage de la Troisième République (1870-1906)

PARIS
CLASSIQUES GARNIER
2025

Clémence Faugère est docteure en histoire du droit et postdoctorante au sein de la Chaire Colibex (CNRS/FRQ). Ses travaux portent sur la liberté d'expression dans une approche diachronique et comparatiste. Elle a notamment codirigé *Censure et Tabou* (Paris, 2023).

ISBN 978-2-406-18295-5 (livre broché)
ISBN 978-2-406-18296-2 (livre relié)
ISSN 2493-691X

À ma fille Isaure.
À Aurélien.

LISTE DES PRINCIPALES ABRÉVIATIONS

AIT	Association Internationale des travailleurs
A.N	Archives Nationales
Cass. crim.	Cour de cassation, chambre criminelle
Cass. civ.	Cour de cassation, chambre civile
Compte général de l'administration de la justice criminelle	*Compte général de l'administration de la justice criminelle en France présenté au président de la République par le garde des Sceaux, ministre de la Justice.*
D.P	*Recueil périodique et critique de jurisprudence, de législation et de doctrine en matière civile, commerciale, criminelle, administrative et de droit public (Dalloz périodique)*
dir.	direction
éd.	édition
et al.	*et alii*
fasc.	fascicule
Ibid.	*Ibidem*
JJC	*Journal des journaux de la Commune*, Paris, Garnier, 1872.
JORF	Journal Officiel de la République française
Loc. cit.	*Loco citato*
Op. cit.	*Opere citato*
Préf.	Préface
PUF	Presses Universitaires de France
PUR	Presses Universitaires de Rennes
t.	Tome
trad.	traduction
V.	voir
Vol.	volume

INTRODUCTION

> La République vit de liberté, elle pourrait mourir de répression [...] comme tous les gouvernements qui l'ont précédé et qui ont compté sur le système répressif pour les protéger[1].

Par ces mots prononcés lors du débat parlementaire relatif à l'adoption de la loi du 29 juillet 1881, Georges Clemenceau met en exergue le lien profond unissant la République à l'idéal libéral. La liberté serait consubstantielle à la République et une infidélité à ce principe directeur entrainerait son échec. Si la liberté d'expression peut apparaître comme un droit dangereux conféré au citoyen pour le pouvoir politique en place en ce qu'il autorise la critique, il est cependant nécessaire afin d'assurer le maintien de la démocratie et *in fine* du régime. Clemenceau souligne à ce titre que les régimes ayant cédé aux sirènes de la répression n'y ont pas survécu, visant ainsi à la fois la monarchie et l'Empire. La liberté d'expression constitue en ce sens un *phármakon*, un poison tout autant qu'un remède.

La liberté d'expression, c'est-à-dire la liberté de communiquer ses pensées et ses opinons, si l'on se réfère à l'article 11 de la Déclaration des Droits de l'Homme et du Citoyen, semble ainsi présenter pour la République des enjeux de différentes natures.

Le premier enjeu est d'ordre politique et idéologique : dès lors que la liberté est inhérente à l'idée de République, il est nécessaire quand ce régime est proclamé que les acteurs agissent en conformité avec cet idéal afin de ne pas trahir leurs valeurs.

Le second enjeu est juridique : à travers l'affirmation de la liberté d'expression, il s'agit de trouver un équilibre entre protection des libertés publiques, des droits individuels et de l'État. Ceci est d'autant plus difficile lorsqu'un régime est tout juste proclamé comme pour la

---

1 Celliez Henry, Le Senne Charles, *Loi de 1881 sur la presse, accompagnée de travaux de rédaction*, Paris, Marescq ainé, 1882, p. 378.

Troisième République, le 4 septembre 1870. Naissant, le régime politique doit affirmer sa légitimité et son autorité sans trahir ses idéaux afin d'emporter l'adhésion de la population.

Ainsi, afin de faire face à ces enjeux, l'État doit agir sur ce qui donne à la liberté d'expression tant son effectivité que ses limites : il s'agit du droit qui permet aux institutions républicaines de réaliser un contrôle juridique. Ce contrôle porte alors sur le médium qui permet l'expression de la pensée : il peut s'agir de la parole ou de l'écrit. L'attention étatique portée aux productions écrites est à ce titre d'autant plus forte en 1870 que sa diffusion est encouragée par un triple processus apparu au cours de l'époque moderne et dont les effets se perpétuent à l'époque contemporaine. Conjointement à une effervescence intellectuelle née avec le développement de l'humanisme, les couches sociales éduquées se développent et profitent de l'invention d'un mode de diffusion efficace de l'écrit, l'imprimerie[2], permettant une diffusion sans précédent de la pensée.

L'IMPRIMÉ : DÉFINITION ET ENJEUX

L'imprimé peut être défini comme un document produit ou reproduit au moyen des techniques de l'imprimerie. L'imprimé est ainsi le résultat d'un procédé consistant en une pression ou contact d'une surface portant des traces enduites d'encre sur une autre qui en reçoit l'empreinte[3] et peut consister tant en une reproduction de signes (généralement de textes) que d'images sur un « support de papier (ou une matière assimilable au papier) sous forme de feuilles simples, de livres, brochures et journaux[4] ».

2 Minois Georges, « Censure et culture sous l'Ancien Régime », *Bulletin des bibliothèques de France*, 1995, n° 6, p. 120-121.

3 Définition donnée par le Centre National de Ressources Textuelles et Lexicales, ORTOLANG, [en ligne], [consulté le 2 avril 2020].

4 Définition donnée par le Centre National de Ressources Textuelles et Lexicales, ORTOLANG, [en ligne], [consulté le 15 juin 2023]. L'imprimerie, ou typographie en caractères mobiles, est inventée en 1454 au cœur du Saint-Empire romain germanique, à Mayence par Johann Gensfleisch dit Gutenberg. Après quelques impressions de formulaires d'indulgences au profit de l'autorité ecclésiastique locale, *La Bible à 42 lignes* est le premier ouvrage imprimé. Il est tiré à 180 exemplaires ; Barbier Frédéric, *Histoire du*

Sous le terme d'imprimé se trouvent ainsi envisagés des produits divers tant par l'objet reproduit, par le support emprunté que par le nombre de copies réalisées (production artisanale ou industrielle). Ce terme se trouve ainsi mobilisé par les historiens afin d'envisager cet ensemble des produits hétéroclites qui ont pour point commun de recourir à un support semblable[5]. L'intérêt pour ce type particulier de produit et pour le droit qui vient l'encadrer au cours de la période considérée (1870-1906) se trouve ainsi justifiée par le contenu du marché de l'imprimé dont l'offre apparaît comme particulièrement variée.

UN MARCHÉ DE L'IMPRIMÉ IMPORTANT ET DIVERSIFIÉ

Le XIXe siècle est marqué par l'entrée du marché de l'imprimé dans l'ère industrielle. Si l'offre augmente c'est que la demande croît également d'un point de vue tant quantitatif que qualitatif. L'alphabétisation des populations, permise par une politique volontariste des pouvoirs publics,

---

livre en Occident, Paris, Armand Colin, 2020, p. 102. L'imprimerie se diffuse de manière concentrique, depuis la vallée du Rhin dans tout l'Occident puis gagne le monde entier ; *ibid.*, p. 112. Ceci est rendu possible grâce à des relais institutionnels (grandes villes, institutions religieuses) qui font appel à la force de production mécanisée afin de remplacer la main des copistes, ainsi qu'à l'émigration d'imprimeurs germains sous la période, qui amènent avec eux leur matériel et leur savoir-faire ; *ibid.*, p. 112 et suivantes. *V.* Barbier Frédéric, « Émigration et transferts culturels : les typographes allemands et les débuts de l'imprimerie en France au XVe siècle », *Comptes rendus de l'Académie des Inscriptions et Belles-Lettres*, janvier-février 2011, p. 651-679. Les incunables, premiers livres imprimés, se multiplient et le premier imprimé en France date de 1470 : il s'agit d'un manuel imprimé d'enseignement du latin, les *Epistolae* de Gasparin de Bergame. En France, l'université de Paris joue un rôle majeur dans l'importation de cette technique en raison de ses besoins importants en ouvrages : Jean Heynlin, prieur de la bibliothèque et enseignant après un voyage outre-Rhin, s'associe avec des étudiants et trois ouvriers typographes afin d'installer une imprimerie dans une maison du cloître Saint-Benoît appartenant à la Sorbonne ; Barbier Frédéric, *Histoire du livre en Occident*, *op. cit.*, p. 114.

5 Citons par exemple le titre éloquent des ouvrages suivants en la matière : Mollier Jean-Yves, Freitas Dutra Eliana de dir., *L'imprimé dans la construction de la vie politique Brésil, Europe et Amériques. XVIIIe-XXe siècle*, Rennes, PUR, 2016, 502 p. ; Saz Ricardo, *L'imprimé et ses pouvoirs dans les langues romanes*, Rennes, PUR, 2010, 510 p ; Chartier Roger dir., *Les usages de l'imprimé*, Paris, Fayard, 1987, 462 p. ; Walsby Malcom, *L'imprimé en Europe occidentale, 1470-1680*, Rennes, PUR, 2020, 280 p. ; Saez Ricardo dir., *L'imprimé et ses pouvoirs dans les langues romanes*, Rennes, PUR, 2016, 368 p. ; Einsenstein Elizabeth, La révolution de l'imprimé dans l'europe des premiers temps modernes, Paris, La Découverte, 1991, 360 p. L'on citera enfin les séminaires « Au carrefour de l'imprimé contemporain : édition, livres, brochures, périodiques, affiches, ephemera. XIXe-XXe siècle » organisé par l'IDHES du 10 novembre 2022 au 7 juin 2023.

renforce l'accès à la lecture[6]. Les innovations techniques permettent de faciliter l'impression : fabrication du papier par rouleau, invention de la pâte à bois, mécanisation des presses. La mécanisation de la production de l'imprimé[7] permet une augmentation des tirages et grâce aux économies d'échelle qui sont réalisées, le coût des imprimés proposés à la vente diminue le rendant plus accessible aux classes populaires[8]. En outre, la distribution de l'imprimé est facilitée par l'amélioration des transports avec le développement du chemin de fer. Les points de vente se multiplient : à côté des colporteurs se trouvent également des camelots[9], ainsi que des kiosques de gare[10]. Les points d'accès non marchands se développent également à travers la multiplication des bibliothèques sur le territoire.

Du point de vue du livre, le XIXe siècle est le siècle des éditeurs[11] dont la profession s'autonomise et se présente comme l'intermédiaire entre auteur, imprimeur et libraires. Louis Hachette, Michel et Calmann Lévy, Arthème Fayard, Ernest Flammarion : les maisons d'édition s'organisent sous la forme de sociétés capitalistes, où les éditeurs deviennent de véritables barons de la « féodalité industrielle », nouant des liens avec les milieux financiers[12].

Le contenu des livres proposés par ces maisons d'édition se diversifie : le marché du livre religieux se voit concurrencé par l'édition scientifique ainsi que par l'édition scolaire[13].

---

6 *V.* Furet François, Sachs Wladimir, « La croissance de l'alphabétisation en France (XVIIIe-XIXe siècle), *Annales. Économies, Sociétés, Civilisations*, 29e année, n° 3, 1974, p. 714-737.

7 *V.* Eveno Patrick, Marseille Jacques dir., *Histoire des industries culturelles en France, XIXe-XXe siècles,* Paris, ADHE, 2002, 477 p.

8 *V.* Mollier Jean-Yves, « La révolution du prix du livre », in *Une autre histoire de l'édition*, *op. cit.*, p. 193-223.

9 *V.* Mollier Jean-Yves, *Le camelot et la rue. Politique et démocratie au tournant des XIXe et XXe siècles*, Paris, Fayard, 2004, 365 p.

10 Pariner Élisabeth. « Les bibliothèques de gare, un nouveau réseau pour le livre », *Romantisme*, 1993, n° 80, p. 95.

11 Mollier Jean-Yves, *Une autre histoire de l'édition*, Paris, La fabrique, 2015, p. 7. *V.* Glinoer Anthony, *Naissance de l'éditeur. L'édition à l'âge romantique*, Bruxelles, Les Impressions nouvelles, 2005, 240 p.

12 Regnault Elias Regnault, *L'éditeur. Les Français peints par eux-mêmes (1838-1842)*, t. 2, [1843], Paris, Omnibus, 2004 p. 952. *V.* Mollier Jean, *L'argent et les lettres. Histoire du capitalisme d'édition, 1880-1920*, Paris, Fayard, 1988, 549 p. ; *V.* Cooper Diana, Mollier Jean-Yves, Silem Ahmed dir., *Passeurs culturels dans le monde des médias et de l'édition en Europe (XIXe et XXe siècles)*, Villeurbanne, Presses de l'ENSSIB, 2005, 348 p.

13 *V.* Choppin Alain, « L'Histoire de l'édition scolaire en France au XIXe et XXe siècle : bilan et perspectives », *Annali di storia dell'educazione e delle istituzioni scolastiche*, 1997, n° 4,

De plus, la presse connaît un développement inédit, la société entrant dans la « civilisation du journal[14] », succédant à une civilisation dominée par le livre[15] née sous l'époque moderne. Si la civilisation a un impact sur l'émergence du journal, ce dernier la façonne[16], favorise le divertissement et l'information des publications tout en participant à la formation de leur esprit critique. À la fin du XIXe siècle, les tirages cumulés des principaux journaux parisiens dépassent le million et demi d'exemplaires[17]. Entre 1830 et 1914 la presse parisienne voit ses tirages multipliés par soixante[18]. Afin de gagner en lectorat, les hommes de presse s'attachent à trouver de nouveaux lecteurs en baissant les prix (avec le développement de la presse à un sou), en développant la vente des titres au numéro et en diffusant leurs produits sur l'ensemble du territoire[19]. Cette conquête du lectorat s'accompagne d'une réinvention du journal avec la création par les frères Bertin du « rez-de-chaussée », un encart consacré à l'actualité culturelle et savante[20]. De la même manière, le roman-feuilleton se développe : les journaux publient par livraison des récits qui tiennent le lecteur en haleine et le poussent à se procurer chaque numéro afin de suivre l'intrigue dans son entièreté. La littérature intègre le journal dans une perspective mercantile. À la presse d'opinion, destinée à une élite restreinte et cultivée, s'ajoute une presse d'information à grand tirage, dont l'orientation politique est moins marquée[21]. L'attention est portée notamment sur les faits divers dans le développement d'une « culture du crime[22] », sur les

---

p. 9-32 ; Choppin Alain, *Le Livre scolaire*, in Chartier Roger, Martin Henri-Jean dir., *Histoire de l'édition française. T. IV : le livre concurrencé (1900-1950)*, Paris, Fayard, 1991, p. 303-322 ; Furet François, Ozouf Mona, *Lire et écrire. L'alphabétisation de Calvin à Ferry*, Paris, Éditions de Minuit, 1977, 380 p.

14 Expression empruntée à l'ouvrage encyclopédique de Kalifa Dominique, Regnier Philippe, Thierenty Marie-Ève, Vaillant Alain dir., *La civilisation du journal. Histoire culturelle et littéraire de la presse française au XIXe siècle*, Paris, Nouveau monde édition, 2011, 1760 p.

15 *V.* Martin Henri-Jean, Febvre Lucien, *L'apparition du livre*, Paris, Albin Michel, 1958, 558 p.

16 Kalifa Dominique, Regnier Philippe, Thierenty Marie-Ève, Vaillant Alain dir., *op. cit.*, p. 7.

17 *Ibid.*, p. 24.

18 *Ibid.*, p. 29.

19 *Ibid.*, p. 31.

20 *Ibid.*, p. 23.

21 *Ibid.*, p. 31.

22 *Ibid.*, p. 56.

affaires, sur le sensationnel[23]. Sous l'impulsion notable d'Émile de Girardin, la presse féminine se développe ainsi que la presse familiale et enfantine[24]. Le journal « descend vers les masses[25] » et devient un bien de consommation courante tout comme l'imprimé en général qui est omniprésent dans l'espace public : qu'il s'agisse des murs de la ville à travers une fièvre d'« affichomanie[26] », dans la voix des crieurs ou dans les campagnes grâce à l'approfondissement des réseaux de colportage préexistants[27].

Apparaît aux côtés de la presse et du livre un ensemble de produits non livresques à travers des lithographies, photogravures, cartes postales et caricatures.

À travers le terme d'imprimé ce sont ainsi une multitude de produits qui peuvent être envisagés. Comme l'indique Vincent Milliot, « l'accès à l'imprimé ne se réduit pas au seul livre, car il englobe la feuille volante, le libelle, l'image, le placard ou l'affiche de plus vaste diffusion sociale[28] ». Afin de respecter cette variété, il convient d'envisager l'ensemble de ces produits afin d'être fidèle à l'histoire culturelle et économique de la France sous la Troisième République.

L'IMPRIMÉ AU CŒUR DE L'EXERCICE DE LA LIBERTÉ D'EXPRESSION

Le terme d'imprimé donne la possibilité d'envisager tous les types de produits disponibles sur le marché et par la même occasion de mettre en exergue les conséquences que cette pluralité de produits induit pour le droit qui est amené à s'adapter à cette diversité. En effet, souvent en matière pénale le législateur réalise au sein des textes d'incrimination des énumérations des supports visés par l'infraction[29]. La nature du

---

23 *Ibid.*, p. 50.
24 *Ibid.*, p. 38.
25 *Ibid.*, p. 47.
26 *Loc. cit.*
27 *Ibid.*, p. 48.
28 Milliot, Vincent, « La culture de l'imprimé », in *Cultures, sensibilités et société dans la France d'Ancien Régime*, Paris, Armand Colin, 2004, p. 89.
29 Par exemple, l'article 2 de la loi du 29 juillet 1881 précise que « Tout imprimé rendu public, à l'exception des ouvrages de ville ou bilboquets, portera l'indication du nom et du domicile de l'imprimeur, à peine, contre celui-ci, d'une amende de 5 francs à quinze francs ». En fonction des types d'imprimés visés par le texte, les obligations et les sanctions qui en découlent diffèrent.

produit induit parfois des conséquences sur la juridiction compétente. Le terme d'imprimé offre ainsi la possibilité dans cette étude d'être au plus près de la réalité du marché culturel et médiatique afin d'en cerner les enjeux juridiques spécifiques.

Le droit français ne donne aucune définition de ce qu'est l'imprimé. Pour autant, plusieurs dispositions juridiques s'en font écho plus ou moins directement. Ceci tient tout d'abord au fait que le droit français détermine la liberté d'expression par son exercice à travers un support de communication. Le Déclaration des droits de l'Homme et du citoyen de 1789 dispose ainsi à travers son article 11 que « La libre communication des pensées et des opinions est un des droits les plus précieux de l'Homme : tout Citoyen peut donc parler, écrire, imprimer librement, sauf à répondre de l'abus de cette liberté dans les cas déterminés par la Loi ». La liberté d'expression est conçue comme la faculté d'énoncer une idée à travers un support matériel, un médium, qu'il s'agisse de la parole ou du papier. C'est en ce sens qu'elle se distingue de la liberté d'opinion, prévue par l'article 10 de la même déclaration. La liberté d'opinion intéresse le for intérieur[30] alors que la liberté d'expression induit l'extériorisation de la pensée.

Dans le même sens, le droit pénal lorsqu'il définit les limites à l'exercice de la liberté d'expression se réfère aux supports qui permettent la constitution de l'élément matériel de l'infraction et utilise le terme d'imprimé. L'article 367 du code pénal de 1810 vise en matière de calomnie l'agent qui, soit dans des lieux ou réunions publiques, soit dans un acte authentique et public, soit dans un écrit imprimé ou non qui aura été affiché, vendu ou distribué, aura imputé à un individu quelconque des faits qui, s'ils existaient, exposeraient celui contre lequel ils sont articulés à des poursuites criminelles ou correctionnelles, ou même l'exposeraient seulement au mépris ou à la haine des citoyens. La loi du 17 mai 1819, première des lois dites de Serre, à travers son article premier – auquel de nombreux renvois sont faits au sein de ces mêmes lois – vise également l'ensemble des moyens écrits par lesquels une infraction peut être commise : écrits, imprimés, dessins, gravures, peintures, emblèmes, placards et affiches.

30 Lochak Danièle, « For intérieur et liberté de conscience », in *Le for intérieur*, Paris, PUF, 1994, p. 180.

La même logique juridique est observable sous la Troisième République : les textes répressifs visent la multiplicité des productions papiers qui sont susceptibles de participer de la constitution de l'infraction. Par exemple, la loi du 29 juillet 1881 fixe pour diverses infractions, par un jeu de renvois à son article 23, comme supports de la pensée : les écrits, les imprimés mis en vente ou exposés dans des lieux ou réunions publics, les placards ou affiches exposés au regard du public[31]. De la même manière, le premier chapitre de la même loi utilise le terme d'imprimé afin de se référer aux obligations qui pèsent sur les différentes parties aux publications de presse[32]. En conséquence, l'attention portée à la notion d'imprimé sous la Troisième République se justifie par la référence répétée du législateur lui-même au support de la pensée, qu'il utilise le terme afin d'envisager l'ensemble des produits soit un type particulier de produit.

L'avantage du recours à ce terme tient également dans la distinction qu'il offre en différenciant clairement la publication, du médium : si publication et imprimé peuvent dans le langage courant se présenter comme des synonymes, ils renvoient à deux réalités bien distinctes en droit. Le terme de publication renvoie à l'élément constitutif de publicité attaché à certaines infractions de presse[33], c'est-à-dire à l'action de rendre public, quand le terme d'imprimé permet de se référer au document visé nonobstant cette considération afin d'éviter les confusions et d'envisager la production à la fois au stade des mesures qui précèdent (cautionnement, déclarations) et qui suivent sa mise à disposition du public. L'utilisation de ce terme générique permet d'envisager à la fois la forme et le fond

31 Il en va ainsi pour la provocation à des crimes et délits (article 23), la provocation adressée à des militaires (article 25), l'offense au président de la République (article 26), outrage aux bonnes mœurs (article 28), la diffamation contre les cours, tribunaux, armées de terre ou de mer, corps constitués et les administrations publiques (article 30) et la diffamation envers les particuliers (article 32).

32 Ainsi par exemple l'article 2 dispose que « Tout imprimé rendu public, à l'exception des ouvrages de ville ou bilboquets, portera l'indication du nom et du domicile de l'imprimeur, à peine, contre celui-ci, d'une amende de 5 francs à quinze francs ». L'article 3 dispose quant à lui qu'« au moment de la publication de tout imprimé, il en sera fait, par l'imprimeur, sous peine d'une amende de seize francs à trois cents francs, un dépôt de deux exemplaires, destinés aux collections nationales ».

33 L'on pense ici à l'infraction de diffamation, *V.* Chapitre 2.

du message qui est délivré. Il sera dès lors question d'envisager l'imprimé à l'aune de son émission mais surtout à travers sa réception par les institutions étatiques en envisageant les pouvoirs de l'État sur ce dernier.

L'ÉTAT ET L'IMPRIMÉ : UN LIEN OBSERVABLE À TRAVERS LA NOTION DE *CONTRÔLE JURIDIQUE*

L'imprimé entretient avec l'État un lien consubstantiel : ils se saisissent chacun de la société, ce milieu dans lequel se développent la culture et la civilisation[34]. L'un pour la réguler, l'autre pour la restituer, la magnifier ou la dénoncer. Ils sont ainsi amenés à se rencontrer plus ou moins frontalement et ce notamment à travers la notion de *contrôle.* Ce contrôle se décline en deux acceptions qui se complètent davantage que s'excluent et témoignent du pouvoir de l'État sur l'imprimé en répondant aux orientations politiques des institutions étatiques.

La première signification que la notion de contrôle de l'imprimé revêt, consiste à envisager ce dernier dans une perspective d'accompagnement. Le contrôle est une manière de guider la production de l'imprimé afin que ce dernier réponde positivement à des attendus définis par l'État et ses institutions[35]. Ces derniers interviennent dans l'administration des Lettres dans le sens de leur promotion, de leur développement quantitatif

34 Définition donnée par le Centre National de Ressources Textuelles et Lexicales, *ORTOLANG*, [en ligne], [consulté le 2 avril 2020].

35 Cette domination de l'imprimé s'entend tout d'abord par le fait que l'État recourt lui-même à ce dernier comme outil de communication émanant de ou dirigé vers les représentants de l'autorité publique. L'imprimé réalise alors une synthèse entre symbolique et instrumental ; Chartier Roger, *op. cit.*, p. 493. On pense ici aux imprimés officiels qui peuvent avoir un rôle informatif ou performatif à l'égard des populations : affichage légal, *Journal officiel*, … L'État crée à cette fin des institutions dédiées comme l'imprimerie royale crée en 1537, dont le nom évolue par la suite au gré des changements de régime : Imprimerie de la République, Imprimerie de l'Empire puis Imprimerie nationale en 1870 ; *V.* Bernard Auguste, *Notice historique sur l'imprimerie nationale*, Paris, Dondey-Dupré, 1848, 128 p.

et qualitatif, ou de leur enseignement[36]. De plus, l'État protège l'imprimé à travers la protection des droits de ses auteurs[37].

Le contrôle de l'imprimé s'il peut se comprendre comme un encouragement participant de la valorisation d'un régime et de ses idéaux, peut aussi s'entendre comme une vérification, un examen de l'imprimé afin de déterminer si ce dernier ne contrevient pas aux règles posées préalablement par l'État. Ce dernier ne donne alors plus une voie à suivre mais une limite à ne pas dépasser et empêche la circulation d'imprimés

---

36 Dans l'Antiquité déjà la figure de Caius Cilnius Maecenas, homme politique du Ier siècle avant Jésus-Christ, illustrait un rapprochement entre la chose publique et les Lettres par l'apport d'une aide financière à des auteurs tels que Virgile ou Properce. Au Moyen-Âge, le mécénat est principalement l'apanage des souverains ; Salet Francis, « Mécénat royal et princier au Moyen Âge » ; *Comptes rendus des séances de l'Académie des Inscriptions et Belles-Lettres*, 129e année, n° 4, 1985. p. 628 ; *V.* Gaude-Ferragu Murielle, Vincent-Cassy Cécile dir., *« La dame de cœur » : patronage et mécénat religieux des femmes de pouvoir dans l'Europe des XIVe-XVIIe siècles*, Rennes, PUR, 2016, 321 p. Ce mécénat privé se poursuit avec la Renaissance, dans le sillage des grandes familles italiennes à l'image des Médicis. Sous le règne de François Ier, le mécénat va plus loin : est créé à côté du mécénat royal privé un mécénat royal public qui prône une politique interventionniste de l'État dans les affaires culturelles. La politique culturelle du roi vise à donner au monarque une stature de « père des arts et sciences » et de « restaurateur des bonnes lettres » ; Jimenes Rémi, « François Ier et l'imprimerie royale : une occasion manquée ? », *Bibliothèque d'Humanisme et Renaissance*, Paris, Librairie Droz, 2020, p. 259-300. Le 24 mars 1529, sur la demande de Guillaume Budé, est ainsi fondé le Collège des Lecteurs royaux à Paris : dans une perspective humaniste, l'objectif est de prodiguer des enseignements gratuits dans différents domaines du savoir, au sein d'une institution autonome vis-à-vis du pouvoir religieux et de la Sorbonne tournée essentiellement vers la scholastique. La politique de François Ier tend à la constitution de collections de manuscrits, riches d'ouvrages italiens et helléniques, par la création d'une bibliothèque royale ; Hermant dir., *Trésors royaux. La bibliothèque de François Ier*, Rennes, PUR, 2015, p. 58. La constitution de ces lieux du savoir pousse à de nouvelles pratiques du travail intellectuel. Les bibliothèques, royales ou pontificales, deviennent des lieux fréquentés par un monde savant qui peut consulter plus facilement les ouvrages nécessaires à ses travaux. Émerge la figure de « l'homme typographique ». Le XVIIe siècle connaît l'explosion du mécénat des papes et des rois qui voient, au sein d'un régime absolutiste, l'art comme une arme au service de l'image et du prestige du catholicisme et de la Monarchie ; Barbier Frédéric, *op. cit.*, p. 192. En 1640, Louis XIII ordonne la fondation d'une imprimerie royale à travers l'Arrêt de Coutances, du 14 mars 1640 ; Blanchot Raymond, « Histoire de l'imprimerie d'État », in *L'art du livre à l'imprimerie nationale*, Paris, Imprimerie Nationale, 1973, p. 6

37 Grâce notamment à la construction de la propriété intellectuelle ; *V.* Galvez-Behar Gabriel, *Histoire de la propriété intellectuelle*, Paris, La Découverte, 2022, 128 p. Surtout, se référer aux travaux de Pfister Laurent, *L'Auteur, propriétaire de son œuvre ? La formation du droit d'auteur du XVIe siècle à la loi de 1957,* thèse de doctorat, Histoire du droit, Strasbourg 3, 1999 ; Pfister Laurent, Mausen Yves dir., *La construction du droit d'auteur, entre autarcie et dialogue*, Montpellier, Presse de la faculté de droit et science politique de Montpellier, 2014, 203 p.

considérés comme dangereux pour la société. Dans cette perspective, le contrôle juridique de l'imprimé est l'instrument par lequel est rendue effective, ou non, la liberté d'expression. Ce contrôle évolue à travers deux modalités distinctes qui viennent chacune apporter des limites à la liberté d'expression à deux moments distincts.

La première modalité est celle de la censure qui doit être entendue en droit, comme la limitation de la liberté d'expression *a priori* de la publication d'un imprimé par une autorité extrajudiciaire[38]. Il s'agit d'un contrôle préventif, qui est le plus liberticide puisqu'il empêche toute rencontre entre l'émetteur et le récepteur de l'imprimé. La censure s'oppose au contrôle dit répressif[39].

Ce second mode de contrôle, davantage respectueux des libertés, repose sur l'intervention des autorités judiciaires *a posteriori* de la publication, en application du droit pénal[40]. Ces deux modes de contrôle juridique, préventifs et répressifs évoluent à la fois dans le temps et dans leur exercice. Surtout, ils sont corrélés au régime dans lequel ils trouvent à s'appliquer et à sa politique en matière de liberté d'expression et témoignent de la dimension politique du droit de l'imprimé.

Aussi, l'ambition du présent travail est d'envisager le contrôle juridique de l'imprimé au sens de sa répression tout en mettant en perspective politique pénale et politique culturelle, ces deux versants de l'action publique étant fortement liés au sein du régime républicain.

---

38 Le terme « censure » connaît une longue évolution sémantique. Sous l'Antiquité, la fonction du *censor*, dont le terme censure découle, renvoie à la dignité du magistrat romain chargé du cens, du recrutement du sénat ainsi que de la surveillance des mœurs. À partir du IIe siècle après Jésus-Christ, le terme renvoie à un jugement, un examen sévère. Au XIVe siècle, la censure renvoie dans les textes à une mesure disciplinaire prise par l'Église contre l'un de ses membres, c'est-à-dire une peine ecclésiastique. Aux XVIe et XVIIe siècles, la censure se comprend comme l'action de critique de quelqu'un ou de quelque chose, notamment par l'Église en matière de doctrine. Au XVIIIe siècle, les censeurs renvoient aux individus en charge de la discipline dans les lycées. Ce n'est en définitive que sous la Révolution française de 1789 que la notion moderne de censure est véritablement attestée; Martin Laurent, « Penser les censures dans l'histoire », *Sociétés & Représentations*, vol. 21, n° 1, 2006, p. 331-345 ; V. Ory Pascal, *La Censure en France à l'ère démocratique*, Paris, Éditions Complexe, 1997, 357 p. ; Mollier Jean-Yves, « Les tentations de la censure d'hier à aujourd'hui », in *Où va le livre ?*, Paris, Le Dispute, 2000, p. 159-173 ; Legendre Pierre, *L'Amour du censeur. Essai sur l'ordre dogmatique*, Paris, Éditions du Seuil, 2005, 267 p.

39 Dury Maxime, *La censure : la prédication silencieuse*, Paris, Éditions Publisud, 1995, p. 20.

40 Il peut être assorti de mesures qui, bien que ne relevant pas de la censure, peuvent empêcher la publication par des obligations administratives ou pécuniaires : cautionnement, droit de timbre, …

LA RÉPUBLIQUE : ENJEUX D'UN TERME POLYSÉMIQUE

La République correspond, en droit, à une forme de gouvernement au sein duquel le pouvoir est non héréditaire, partagé et exercé par les représentants, généralement élus, d'une partie ou de la totalité de la population[41]. Il ne s'agit pas tant d'une forme de régime politique définie, qu'une conception plus large de la *Res Publica*, de la chose publique. Rousseau dans le *Contrat social* définit ainsi la République comme tout « État régi par des lois, sous quelque forme d'administration que ce puisse être : car alors seulement l'intérêt public gouverne, et la chose publique est quelque chose. Tout Gouvernement légitime est républicain[42] ». De même, Montesquieu, lorsqu'il se réfère à la République dans sa typologie des régimes politiques, ne vise pas une forme d'organisation politique précise. Dans l'*Esprit des lois*, l'auteur se réfère à un gouvernement où le pouvoir est partagé, opposé au despotisme[43], attaché à la vertu[44] et à la modération[45]. Au XVIIIe siècle, le substantif « républicain » est surtout doté d'une connotation subversive, associé volontiers aux pays protestants ainsi qu'aux opposants à la monarchie davantage qu'aux partisans de la République[46].

De la fin du XVIIIe au XIXe siècle, sous le terme de République se succèdent en France plusieurs régimes. La première République est proclamée le 21 septembre 1792 et sous son égide se suppléent trois régimes politiques différents : la Convention nationale, le Directoire et

41 La République émerge en Europe sous la forme de gouvernements urbains oligarchiques qui échappent au pouvoir féodal en conservant leur autonomie sous le Moyen-Âge. Tel est le cas notamment des républiques maritimes italiennes de Gênes ou de Venise à travers la figure des doges. Sous l'Ancien Régime, le terme de république est utilisé dans un sens qui se rapproche de celui donné par Scipion dès l'Antiquité quil définissait la République comme la chose du peuple, « une réunion cimentée par un pacte de justice et une communauté d'intérêts » ; « Lumières et République », *Humanisme*, vol. 287, n° 1, 2010, p. 82.

42 Rousseau Jean-Jacques, *Du contrat social*, Amsterdam, Marc Michel Rey, 1762, p. 79.

43 *Loc. cit.*

44 *V.* Carsin Didier, « La vertu républicaine selon Montesquieu », *Humanisme*, vol. 311, n° 2, 2016, p. 37-42.

45 « Lumières et République », *op. cit.*, p. 82.

46 *Loc. cit.*

le Consulat. Cette première expérience républicaine montre à elle seule la diversité des situations qui peuvent être comprises derrière le terme de République. Se succèdent ainsi jusqu'en 1804 un régime d'assemblée monocaméral, un régime directorial dans lequel l'exécutif est éclaté entre cinq directeurs, puis un régime autoritariste. Tombée avec la proclamation de l'Empire le 18 mai 1804, la République ne réapparaît en France qu'en 1848.

Proclamée le 24 février à la suite d'une Révolution née dans un contexte de crise économique et sociale, la Deuxième République est une expérience aussi courte qu'intense[47]. Portée dans un premier temps par une ferveur et une espérance commune, les institutions républicaines votent un ensemble de mesures sociales et symboliques : rétablissement du suffrage universel masculin pour les citoyens de plus de 21 ans, création des ateliers nationaux, abolition de l'esclavage dans les colonies. Mais, rapidement l'union s'étiole : les libéraux perdent les élections, les ateliers nationaux sont fermés. L'insurrection gagne la capitale en juin et se trouve sévèrement réprimée. L'élection de Louis-Napoléon-Bonaparte puis son coup d'État le 2 décembre 1852 font exploser le régime républicain[48]. Les commissions mixtes répriment, en dehors de la légalité, durement les opposants au coup d'État et à l'Empire en marquant durablement leur mémoire[49]. Il faut attendre 1870 et la défaite de Sedan pour la République soit à nouveau proclamée le 2 septembre devant l'hôtel de ville de Paris comme ce fût le cas en 1848. Symbolique, cette mesure tente de prouver la continuité de la République.

À cette définition juridique et institutionnelle de la République, s'ajoute une conception idéologique. Cette dernière n'est plus conçue comme une organisation du pouvoir, mais comme un ensemble de valeurs et d'idéaux attachés à celle-ci. Historiquement, cette conception s'explique en raison des hésitations des républicains eux-mêmes. La définition de Robespierre (1758-1794) dans son discours aux Jacobins le

47 V. Choisel Francis, *La Deuxième République et le Second Empire. Au jour le jour*, Paris, CNRS éditions, 2015, 672 p. ; Murat Inès, *La Deuxième République. 1848-1851*, Paris, Fayard, 1987, 544 p.

48 Anceau Éric, « Le coup d'État du 2 décembre 1851 ou la chronique de deux morts annoncées et l'avènement d'un grand principe », *Parlement[s], Revue d'histoire politique*, vol. 12, n° 2, 2009, p. 24-42.

49 V. Seignobos Charles, « Les opérations des Commissions mixtes en 1852 », *La Révolution de 1848. Bulletin de la Société d'histoire de la Révolution de 1848*, t. 6, n° 32, Mai-juin 1909, p. 59-67.

13 juillet illustre une incertitude quant à la forme exacte du gouvernement républicain : « Le mot république ne signifie aucune forme particulière de gouvernement, il appartient à tout gouvernement d'hommes libres qui ont une patrie[50] ». La même incertitude se retrouve à l'étranger à travers les écrits du républicain britannique Thomas Paine (1737-1809) :

> Ce qu'on appelle république n'est pas une forme particulière de gouvernement, c'est seulement le caractère du but ou de l'objet pour lequel le gouvernement doit être établi, et auquel il doit être employé. [...]. Tout gouvernement qui n'agit pas selon le principe d'une république, ou, pour parler en d'autres termes, qui ne fait pas de la chose publique son seul et unique objet, n'est pas un bon gouvernement. Un gouvernement républicain n'est rien autre chose qu'un gouvernement établi et dirigé pour l'intérêt public, individuellement et collectivement[51].

La République ne correspond pas, dans l'idée des contemporains de la Révolution et de la Première République, à un régime politique défini. Il s'agit davantage d'un rejet de l'ordre ancien. Ceci se comprend notamment en raison de l'absence de référence, de modèle auquel se référer. En Europe, la Révolution anglaise a amené la mise en place d'une monarchie parlementaire. Les républiques thalassocratiques italiennes sont des républiques aristocratiques, dans lesquelles le pouvoir est concentré entre les mains des quelques puissants. Reste le seul souvenir des républiques antiques idéalisées : De Sparte ressort la vertu et le sacrifice, de Rome la religion civique[52]. Les premiers révolutionnaires ne peuvent s'appuyer sur aucun précédent pour construire la République : le modèle reste alors à inventer[53].

Si la République se donne pour mission première de faire table rase de la monarchie, elle ne peut se limiter à la destruction de l'ordre ancien et doit proposer une nouvelle voie à la population[54]. L'État se voit confier la mission du développement des Arts[55] et de conservation

---

50 Robespierre Maximilien, *Œuvres*, t. VII, Paris, PUF, 1952, p. 552.

51 Paine Thomas, *Les droits de l'homme*, [1791], Paris, Belin, 1987, p. 206-207.

52 Nicolet Claude, *op. cit.*, p. 48.

53 Bianchi Serge, « Chapitre XIV. Culture politique républicaine et révolution culturelle », in *Des révoltes aux révolutions : Europe, Russie, Amérique (1770-1802). Essai d'interprétation*, PUR, 2004, § 6 [en ligne, consulté le 2 février 2022], § 3.

54 *Ibid.*, § 3.

55 V. Leveque Jean-Jacques, *L'Art et la Révolution française*, Paris, Ides Et Calendes, 328 p. Jourdan Annie, « Politique artistique et Révolution française (1789-1800) : la régénération des arts, un échec ? », *Annales historiques de la Révolution française*, n° 309, 1997, p. 401-421.

du patrimoine. Cette conservation se réalise dans des lieux ouverts au public comme les muséums et les bibliothèques[56]. Le livre acquiert une nouvelle dimension symbolique, celle d'être une manifestation et un moyen de conservation de l'identité nationale. De plus, la culture se voit assigner un rôle éducatif dans une dynamique d'acculturation républicaine. Chamoulaud devant la Convention nationale en l'an III expose ainsi que les arts et les lettres sont « les plus fermes appuis d'une Nation » et « la charpente nécessaire pour élever un édifice politique[57] ».

Cet édifice se comprend comme l'imposition d'une « culture politique neuve, dans la régénération des mots, des noms, des symboles, des valeurs, des pratiques, par l'utilisation de tous les moyens d'idéologie et de propagande[58] ». L'ambition est de créer un homme nouveau, dans une société où se crée de nouvelles références sociales : création d'un nouveau calendrier, apparition de nouveaux prénoms. L'accent est mis sur les médiations civiques que sont les arts et les fêtes, plus facilement contrôlables que la presse ou le théâtre[59].

Un groupe de Girondins (Brissot, Lanthenas, Roland…) élabore une doctrine nouvelle au centre de laquelle se trouve l'imprimé, sous toutes ses formes, qui reçoit comme mission de former l'opinion publique. Dans cet objectif est créé un *Bureau de l'esprit ou Bureau de la correspondance relative à la formation et à la propagation de l'esprit public* le 18 août 1792 dont la mission est de répandre les « bons écrits ». Cet organe est chargé de diffuser aux sociétés populaires, aux soldats, par des discours, des journaux, des lectures publiques, l'esprit de la révolution[60]. Le livre est alors considéré comme le premier médium afin

56 *V.* Thien Ly-Hoang. « La Bibliothèque Nationale sous la Révolution », *Dix-huitième Siècle*, n° 14, 1982. Au tournant des Lumières : 1780-1820. p. 75-88.

57 A.N, F17 1281, dossier 10, pièce 127, « Moyen de rendre les Beaux-Arts utiles à la chose publique et aux artistes, présenté à la Convention nationale » par F. Chamoulaud, membre de la Société républicaine des arts, président de la section des Arcis, Paris, 2 brumaire an III (23 octobre 1794).

58 Bianchi Serge, *op. cit.*, § 9.

59 *Ibid.*, § 13. *V.* Kupiec Anne, « La Gironde et le Bureau d'esprit public : livre et révolution », *Annales historiques de la Révolution française*, Année 1995, vol. 302, p. 571-586.

60 Ce contre quoi Robespierre indique : « Il faut convenir que si une manufacture de cette espèce n'est pas la plus ridicule de toutes les institutions, elle est au moins la plus dangereuse pour l'esprit public et pour la liberté » ; Cité par Kupiec Anne, « La Gironde et le Bureau d'esprit public : livre et révolution », *Annales historiques de la Révolution française*, n° 302,

d'enseigner les idées nouvelles aux plus jeunes et assurer l'acculturation républicaine des campagnes par leur éducation[61]. Les manuels scolaires bien trop empreints jusqu'alors des valeurs de l'Ancien Régime, sont révisés[62]. Il s'agit ainsi de mettre en place de nouveaux outils afin de régénérer l'esprit public, formé depuis des siècles dans une soumission à l'Église et aux autorités traditionnelles[63]. La connaissance prend une place centrale dans la culture républicaine : les sciences représentent une part importante de la production éditoriale : 15 % des ouvrages parus sur les 2 000 titres de 1789 sont scientifiques[64]. La République se comprend ainsi, à la lumière de cette expérience passée, comme une fin dotée de moyens pour y parvenir, au sein desquels l'imprimé occupe une place de choix en tant qu'outil d'émancipation et d'acculturation.

Cette conception de la République comme une nouvelle manière d'être au monde se retrouve dans les écrits du XIXe siècle. Tel est le cas notamment du moraliste Jules Barni qui considère la République « comme un système global de références, auquel tous les citoyens sont invités à adhérer[65] ». En ce sens, l'auteur développe dans *La morale dans la démocratie* (1868) l'idée selon laquelle la République serait dotée d'une

---

1995, p. 584. Cette puissance de l'imprimé est aux yeux de Michelet l'une des raisons de l'échec des jacobins qui n'ont pas su prendre conscience de son pouvoir ; Michelet Jules, *Histoire de la révolution Française*, [1847], Gallimard, La pléiade, t. II, 2019, p. 39. Il se trouve prolongé par la Feuille du salut public dont les arrêtés des 3 et 8 août 1893 disposaient l'objectif de « développer et de répandre les principes des mœurs républicaines et de la liberté [...] » ; Kupiec Anne, *op. cit.*, p. 584.

61 En ce sens, Condorcet était déjà à l'origine de l'un des plans d'éducation des plus complets et des plus égalitaires à travers un texte du 20 avril 1792. *V.* Le Chapelain Charlotte, « L'instruction publique de Condorcet. Progrès économique et réflexions sur la notion de capital humain », *Revue économique*, vol. 61, n° 2, 2010, p. 281-298.

62 *V.* Mollier Jean-Yves, *Manuels scolaires et Révolution française*, Paris, Éditions Messidor, 1990, 250 p.

63 Dorigny Marcel, « La propagande girondine et le livre en 1792 : le Bureau de l'Esprit public », *Dix-huitième Siècle*, n° 21, 1989, p. 203. Cette idée avait déjà été émise par Brissot en 1789 et lui avait valu une interdiction de paraître ; Albert Pierre, « La presse française sous la Révolution et l'Empire (1789-1815) », in Albert Pierre éd., *Histoire de la presse*, Paris, PUF, 2010, p. 25.

64 Bianchi Serge, *op. cit.*, § 106. La transformation grandiose de l'église Sainte-Geneviève en Panthéon permet d'exprimer la reconnaissance de la patrie aux grands hommes au sein desquels se trouvent des auteurs tel que Voltaire (1791) ou Rousseau (1794) ; *V.* Vauthier Gabriel, « Le panthéon français sous la révolution française », *Annales révolutionnaires*, t. 3, n° 3, 1910, p. 395-416.

65 Chevallier Jacques, « Bonnes mœurs et morale républicaine », in *Les bonnes mœurs*, Paris, PUF, 1994, p. 188.

morale, d'une culture politique au sein de laquelle « liberté et vertu sont posées comme inséparables[66] ». L'« esprit républicain » impliquerait la référence à « des valeurs qui sont appelées à gouverner toutes les facettes de l'existence[67] ». Cet attachement à des valeurs se traduit par une symbolique et une iconographie propres dont la Révolution a donné « un peuple entier comme auditoire[68] ». Se crée un discours figuré qui traverse les siècles et imprime la mémoire visuelle des Français[69] par la peinture mais aussi la sculpture[70].

Cette conception globalisante de la République est celle qui est majoritairement admise par l'historiographie classique. Claude Nicolet définit la République à travers « une attitude mentale, une certaine présence au monde et une explication du monde, un comportement, qu'auront – ou devront avoir – en commun tous ceux qui se réclament de lui[71] ». Il existerait ainsi une forme d'« idée républicaine », un état d'esprit, un modèle qui traverserait les âges et qui constituerait une continuité[72]. Serge Bernstein évoque à ce titre la République comme « la mise en œuvre pratique dans la société des hommes de la modernité mis en place après la régression constituée par le Moyen Âge et son avatar, la monarchie absolue de droit divin, génératrice d'une société inégalitaire écrasant le peuple au profit des grands[73] ». La République serait le rejet du césarisme, une philosophie inspirée par l'esprit des Lumières et du rationalisme, reconnaissant à l'individu des droits naturels et imprescriptibles que nul ne peut aliéner. La République se caractérise par la reconnaissance d'une souveraineté nationale se substituant à celle de l'empereur ou du monarque, plaçant la représentation de la nation et le suffrage au cœur des institutions[74]. En ce sens, la République se comprendrait comme un synonyme de démocratie.

---

66 *Ibid.*, p. 188.

67 *Loc. cit.*

68 Agulhon Maurice, *Marianne au combat. L'imagerie et la symbolique républicaines de 1789 à 1880*, Paris, Flammarion, 1979, p. 24.

69 *Ibid.*, p. 33

70 *V.*, Agulhon Maurice, « La "statuomanie" et l'histoire », Ethnologie française, Nouvelle série, t. VIII, n° 2-3, 1978, p. 145-172.

71 Nicolet Claude, *op. cit.*, p. 11.

72 L'on pense ici à l'ouvrage de Berstein Serge, Rudelle Odile dir., *Le modèle républicain*, Paris, PUF, 1992, 432 p.

73 Berstein Serge, « Le retour de la culture républicaine », *Vingtième Siècle, revue d'histoire*, n° 44, octobre-décembre 1994, p. 114.

74 *Loc. cit.*

En outre, la République s'apparenterait à une organisation sociale donnant la primauté au libéralisme économique, à la propriété privée et à l'initiative individuelle afin de favoriser une société dans laquelle chacun trouverait sa place en raison de ses dons personnels et de son travail[75]. Jean-Fabien Spitz souligne à ce titre une philosophie politique républicaine « viscéralement individualiste » au sens économique du terme[76].

Dès lors, la République se présente dans l'historiographie classique comme un ensemble de valeurs à laquelle se trouve adjointe une véritable liturgie. À cette approche considérant la République comme un ensemble de valeurs et de symboles immuables, une approche critique émerge au sein de la doctrine. Cette approche est portée notamment par les auteurs de l'ouvrage *Une contre histoire de la Troisième République* (2013). Ces derniers considèrent qu'il n'existe pas en France un modèle intangible de République, valable pour l'éternité « défini une fois pour toutes[77] ». Au contraire, la République serait capable idéologiquement d'évoluer, de s'adapter aux changements économiques et sociaux du temps en raison du fait, comme l'avancent Jacques de Saint-Victor et Thomas Branthôme, que la République doit se comprendre à l'aune d'un triptyque à la fois politique, juridique et intellectuel qui trouve à évoluer dans le temps[78]. Cette approche est également défendue par Joshua Adel lorsqu'il avance qu'à la proclamation de la République en septembre 1870, la République n'a ni doctrine, ni système, ni morale[79].

Quand la République est proclamée le 4 septembre 1870, les institutions doivent décider du sort à réserver à la liberté d'expression et composer avec un héritage intellectuel issu en grande partie de la Révolution. Mais cet héritage ne constitue qu'un socle de références qu'il convient de faire évoluer en raison notamment du rôle nouveau qui a été assigné à la culture au cours du XIXe siècle.

---

75 *Loc. cit.*

76 Spitz Jean-Fabien, *Le Moment républicain en France*, Paris, Gallimard, 2005, p. 13.

77 Fontaine Marion, Monier Frédéric, Prochasson Christophe (dir.), *Une contre histoire de la Troisième République*, Paris, La découverte, 2013, p. 8.

78 Saint Victor de Jacques, Branthome Thomas, « Histoire de la République en France, du XIIIe siècle à nos jours », *Humanisme*, vol. 320, n° 3, 2018, p. 74. *V.* Saint Victor de Jacques, Branthome Thomas, *Histoire de la République en France. Des origines à nos jours*, Paris, Economica, 2018, 1120 p.

79 Adel Joshua, « Quand l'idée républicaine était un mot vide de sens », *Humanisme,* 2016/2, n° 311, 2016. p. 51.

L'IMPRIMÉ COMME ENJEU NATIONAL

Deux conceptions savantes de la nation se développent en Europe à partir du XIIIe siècle[80]. La première est d'inspiration allemande, romantique, et ethnique : la nation est considérée comme une entité fermée, « constituée par des liens naturels, qui se sont réalisés dans une communauté de personnes unies par la même langue, la même culture et la même religion[81] ». L'appartenance à cette dernière se comprend alors par la naissance, par l'hérédité, et en ce sens elle est « innée[82] ».

La seconde appréhension de la nation qui prévaut en France est élective, ouverte, née de l'héritage des Lumières et de la Révolution[83]. La Révolution a œuvré à la création d'un univers symbolique, où en désacralisant le roi, la nation n'est plus conçue à travers la condition d'un peuple soumis à une autorité commune[84], mais comme une entité détentrice de la souveraineté dont le principe est consacré par l'article 3 de la Déclaration des Droits de l'Homme et du Citoyen de 1789[85]. S'opère ainsi un transfert de souveraineté[86], la nation devenant dépositaire de la chose publique[87]. La nation devient le peuple tout entier dans une

80 *V.* Cahen Raphaël, Landwerlen Thomas, « De Johann Gottfried Herder à Benedict Anderson : retour sur quelques conceptions savantes de la nation », *Sens Public*, 2010, [en ligne], [consulté le 3 septembre 2022] et Slimani Ahmed, *Le concept de nation au XIIIe siècle*, Marseilles, Presses Universitaires de Marseille, 2004, 623 p.

81 Tardivel Émilie, « Qu'est-ce qu'une nation ? », *Études*, 2016, n° 10, p. 54.

82 Cette thèse est développée au XVIIIe siècle par Johann Gottfried Herder.

83 Tardivel Émilie, *op. cit.*, p. 53.

84 C'est pourtant la définition qui en est donnée par L'*Encyclopédie* : « Mot collectif dont on fait usage pour exprimer une quantité de peuple, qui habite une certaine étendue de pays, renfermée dans de certaines limites, et qui obéit au même gouvernement » ; *Encyclopédie ou Dictionnaire raisonné des sciences, des arts et des métiers*, Paris, Briasson, David l'aîné, Le Breton, Durand, 1751-1772, vol. IX, 1765, p. 36.

85 Cet article dispose que « Le principe de toute Souveraineté réside essentiellement dans la Nation. Nul corps, nul individu ne peut exercer d'autorité qui n'en émane expressément ». *V.* Slimani Ahmed, *La modernité du concept de nation au XVIIIe siècle (1715-1789) : apports des thèses parlementaires et des idées politiques du temps*, Aix-en-Provence, Presses universitaires d'Aix-Marseille, 2015, 623 p.

86 Kantorowicz Ernst, « Les Deux Corps du roi », in *Œuvres*, Paris, Gallimard, 2000, p. 109.

87 Dardot Pierre, Laval Christian Laval, « Chapitre 8. Expériences révolutionnaires de la souveraineté », in *Dominer. Enquête sur la souveraineté de l'État en Occident*, Paris, La Découverte, 2020, p. 457.

perspective universaliste, ce n'est pas une communauté de croyants mais une communauté constituée de l'humanité[88]. Elle est une et indivisible, constituant le fondement « de tout le droit public français[89] ».

Selon Carré de Malberg, la nation serait ainsi constituée par « des liens contractuels, qui se sont réalisés historiquement dans une communauté de personnes unies par le désir de vivre ensemble sous les mêmes lois, les mêmes mœurs et les mêmes institutions[90] ». L'autorité publique ne reçoit plus sa légitimité de Dieu mais du consentement des sujets individuels entendus comme nation. L'on retrouve ici l'héritage de la notion de « contrat social » développée par John Locke et Jean-Jacques Rousseau, qui soutient une vision contractualiste de l'État[91]. Selon Alain Renaut, dans le sillage de la Révolution française, l'idée de nation prend ainsi la forme « d'un construit » et non plus d'un « donné naturel » : il s'agit d'une communauté politique produite par le volontarisme de la liberté individuelle[92]. Cette approche est notamment défendue par Ernest Renan qui considère alors la nation comme « un plébiscite de tous les jours[93] ».

En raison de la prééminence de cette conception volontariste de la nation, comme un acte d'engagement des individus auprès d'une communauté, la culture possède une place toute particulière car elle est la cause des distinctions entre les nations[94]. À ce titre, nation et littérature sont envisagées intimement[95], menant à la création d'une « communauté imaginée[96] ». La littérature participe à l'avènement d'une stabilisation des nations par la création de « représentations, transmises, apprises, constamment renouvelées[97] ». L'écrit profane participe de la création de

88 Thiesse Anne-Marie, *La fabrique de l'écrivain national*, Paris, Gallimard, 2019, p. 27.

89 Carré de Malberg Raymond, *Contribution à la théorie générale de l'État*, t. 2, Paris, Éditions du CNRS, 2014, p. 226

90 *Loc. cit.*

91 *Ibid.*, p. 57.

92 Renaut Alain, « Présentation », in *Fichte, Discours à la nation allemande*, Paris, Imprimerie nationale, 1992, p. 13.

93 Renan Ernest, *Qu'est-ce qu'une nation ?*, Paris, Flammarion, 2011, p. 75. *V.* Thiesse Anne-Marie, « La fabrication culturelle des nations européennes », in Halpern Catherine, Ruanon-Borbalan Jean-Claude dir., *Identité(s) – L'individu, le groupe, la société*, Paris, Éd. Sciences Humaines, 2004, p. 277-284.

94 Thiesse Anne-Marie, *La fabrique de l'écrivain national*, *op. cit.*, p. 27.

95 *Ibid.*, p. 12.

96 Benedict Anderson, *L'imaginaire national. Réflexions sur l'origine et l'essor du nationalisme*, [1920], Paris, La Découverte, [1996] 2006, 224 p.

97 Thiesse Anne-Marie, *op. cit.*, p. 12.

références culturelles sécularisées, qui créent une affiliation collective en dehors de la religion[98]. L'on assiste ainsi à la fin du XVIIIe siècle à un « sacre de l'écrivain » selon les termes de Paul Bénichou, sacre qui participe de la construction d'un pouvoir spirituel laïc[99]. Dans cette perspective, les écrivains se trouvent investis au XIXe siècle d'une fonction double de représentation : celle de représenter la nation sur un plan international et celle de représenter la nation en lui donnant conscience d'elle-même[100] en incarnant par leur plume l'âme nationale[101].

Au sein de l'État-nation, le contrôle de l'imprimé, est important en ce qu'il participe de le construction d'un imaginaire et d'un patrimoine commun à la communauté. La littérature hérite d'une fonction dans la formation des goûts et des idées et prend une valeur sociale. Elle se trouve enseignée à travers une véritable discipline constituée, les Lettres, qui participe à la fois de l'apprentissage de la langue et d'une culture légitime considérée comme socialement acceptable, valorisée, une forme culturelle consacrée dont l'autorité s'impose dans la société selon les conceptions de Pierre Bourdieu[102]. La littérature participe de la culture, conçue comme un élément fédérateur, comme « des manières de faire et de penser propres à une collectivité » selon Norbert Elias[103], comme « l'ensemble des croyances et des sentiments communs à la moyenne des membres d'une société » d'après Émile Durkheim[104]. En ce sens, l'imprimé se trouve placé, aux côtés de l'école, sous l'attention accrue du pouvoir en ce qu'il participe de l'apprentissage d'une culture dominante au sein d'une « civilisation des mœurs » telle que définie par Norbert Elias, dans le sens d'une assimilation par la population d'une civilité moderne, d'un autocontrôle[105].

Le contrôle de l'imprimé par l'État participe donc d'un processus politique complexe : celui de la constitution d'une nation portée par une

98 *Ibid.*, p. 13.
99 Benichou Paul, *Le Sacre de l'écrivain, 1750-1780. Essai sur l'avènement d'un pouvoir spirituel laïque dans la France moderne*, Paris, Joseph Corti, 1973, 493 p.
100 Thiesse Anne-Marie, *op. cit.*, p. 13.
101 *Ibid.*, p. 27.
102 *V.* Bourdieu Pierre, Passeron Jean-Claude, *La reproduction*, Paris, Éditions de Minuit, 1970, 284 p. ; Bourdieu Pierre, *La distinction. Critique sociale du jugement*, Paris, Éditions de Minuit, 1979, 680 p.
103 Elias Norbert, *La civilisation des mœurs*, [1939], Paris, Calmann-Lévy, 1994, p. 14.
104 Durkheim Émile, *De la division du travail social*, Paris, Alcan, 1895, p. 46.
105 Elias Norbert, *op. cit.*, 512 p.

culture commune qui implique de sanctionner les agents qui dérogeraient à la conception portée par le pouvoir politique en la matière[106].

Fort de ces différentes perspectives concevant la République comme un mode d'organisation des pouvoirs et comme un système de valeurs plus ou moins plastique et capable d'évolutions, l'on peut s'interroger sur le rôle qui a été assigné au contrôle juridique de l'imprimé par les institutions politiques sous la Troisième République et sur les moyens juridiques mis sur pied à cette fin.

Lorsque la République est proclamée et qu'il est l'heure des choix en matière de liberté d'expression, cette dernière s'inspire des pratiques passées que cela soit pour les reproduire ou au contraire les rejeter. Les expériences républicaines passées semblent à ce titre indiquer que la correlation entre liberté d'expression et régime républicain, d'un point de vue pratique, ne soit pas toujours avérée.

DE L'ANCIEN RÉGIME AU XIXe SIÈCLE : PERSPECTIVE HISTORIQUE DE LA RÉPRESSION DE L'IMPRIMÉ

LA CENSURE D'ANCIEN RÉGIME

La création officielle de la censure en France s'opère au XVIe siècle par la rencontre entre le développement quantitatif et qualitatif de l'imprimé et la Réforme qui oblige le pouvoir royal à intervenir[107]. Face à la défiance grandissante à l'encontre de la religion de la monarchie, à la demande du roi François Ier, le 13 janvier 1535 le Parlement de Paris crée une commission spéciale de douze membres, nommée « chambre ardente », afin de traquer notamment les livres séditieux[108]. S'ajoute à ce tribunal extraordinaire, l'œuvre des tribunaux ordinaires qui

106 V. Caron Jean-Claude, Vernus Michel, *L'Europe au XIXe siècle. Des nations aux nationalismes (1815-1914)*, Paris, Armand Colin, 2019, 512 p.

107 Déjà en 1521, par ordonnance François Ier défend de vendre aucun livre avant qu'il ait été examiné par l'Université et la Faculté de théologie. Dans la nuit du 18 octobre 1534, des protestants français placardent des proclamations à l'égard des rites catholiques dans différents lieux du pays et jusque dans le château de François Ier à Amboise.

108 V. Weiss Nathanaël, *La chambre ardente. Étude sur la liberté de conscience en France sous François Ier et Henri II (1540-1550)*, Paris, Fischbacher, 1889, 432 p.

participent d'une répression particulière sévère des ouvrages hérétiques qui participent de la diffusion des idées protestantes ou de l'athéisme[109]. La répression judiciaire ne suffisant pas, dès 1535 un édit royal prohibe l'imprimerie et ferme les librairies sur l'ensemble du Royaume sous peine de mort. Si cette interdiction est suspendue un mois après, elle est complétée par un ensemble de mesures qui visent à encadrer l'imprimé avant sa mise à la disposition du public, *a priori* de sa publication. Ainsi, l'ordonnance de Montpellier prise sous forme de lettre patente en 1537 est la première loi à instituer le mécanisme du dépôt légal. Imprimeurs et libraires doivent fournir au bibliothécaire royal un exemplaire de chaque nouveau livre avant toute commercialisation[110]. Le dépôt légal permet de conserver un texte, de le mettre à la disposition des savants et de réaliser une sélection entre les textes qui méritent d'être publiés et ceux qui ne le sont pas[111]. Ainsi, le mal est pris à sa source en empêchant qu'un imprimé séditieux ne puisse trouver son public. En effet, l'ordonnance prévoit qu'avant la mise en vente, un examen doit être fait sur chaque livre nouvellement imprimé, pouvant potentiellement aboutir à son interdiction. Un second texte, émis à Varennes-sur-Allier le 17 mars 1537, vient compléter l'ordonnance de Montpellier en confiant à une commission du Parlement de Paris la compétence de la censure. Néanmoins lorsque les contrôles ne donnent pas de résultats en raison d'une contrebande qui se perfectionne, les tribunaux ont vocation à intervenir. La censure devient un élément important de la construction de l'absolutisme et son mécanisme s'affine par un ensemble de textes qui viennent établir son fonctionnement. L'édit de Châteaubriant de 1551, réaffirme le principe de la censure préalable et rend obligatoire la mention dans chaque ouvrage du texte de la permission ainsi que des noms de l'auteur et de l'imprimeur, l'adresse et la marque de ce dernier, et la date de publication. Chaque librairie doit en outre détenir le *Catalogue*

109 Le pouvoir religieux catholique lui-même se charge de lutter contre les ouvrages hérétiques. Le Saint-Siège à travers l'Inquisition romaine publie le premier *Index librorum prohibitorum* sous Paul III en 1549. Les imprimeurs sont mis par exemple au bûcher place Maubert à Paris : Étienne Dolet, imprimeur humaniste, condamné à plusieurs reprises pour blasphème, est brûlé vif le 3 août 1546 ; Mollier Jean-Yves, *op. cit.*, p. 45.

110 Transférée du château royal de Blois à Paris en 1567, cette bibliothèque constitue le premier fonds de la future Bibliothèque nationale de France.

111 *V.* Saby Fréderic, « Approche historique du dépôt légal en France », *Sociétés & Représentations*, vol. 35, n° 1, 2013, p. 17-18.

des livres censurez établi par la faculté de théologie de la Sorbonne[112]. De même, l'ordonnance royale de Moulins de 1566, rédigée par le chancelier de L'Hospital, fixe le cadre général de l'administration de l'imprimerie sous le règne de Charles IX. L'article 77 défend l'écriture, l'impression, l'exposition ou la vente de livres, libelles ou écrits diffamatoires contre l'honneur et la renommée des personnes. De plus, l'article 78 dispose que pour paraître un ouvrage doit obtenir la permission du roi donnée par l'octroi d'un privilège[113], établi par lettre patente scellée du grand sceau et ce pour une durée variable, sous peine d'une amende ou d'une peine corporelle[114].

En 1629, à travers le code Michau, Richelieu va plus loin dans cette autonomisation de la censure en créant les premiers censeurs royaux, nommés par le seul chancelier[115], à l'exclusion de l'intervention des Universités ou de l'Église. Par ce mécanisme, le pouvoir royal tente de rétablir son autorité vis-à-vis de l'Église et du parlement de Paris qui œuvraient à délivrer leurs propres interdits et privilèges[116]. En 1649 un édit s'attache à créer de « nouveaux statuts et règlements pour le fait de l'imprimerie » et renforcement le contrôle de la librairie en créant une série d'obligations afin de devenir libraire ou imprimeur.

L'Ancien Régime se caractérise ainsi par un contrôle *a priori* de la publication, par un long parcours vers la légalité[117], un système irrationnel

112 *V.* Bianchi Luca, *Censure et liberté intellectuelle à l'Université de Paris (XIIIe-XIVe siècles)*, Paris, Les Belles Lettres, 1999, 382 p.

113 Apparu en Allemagne et en Italie à la fin du XVe siècle, le privilège répondait à l'origine à une logique économique, afin d'accorder une protection à l'imprimé contre le piratage et ce à la demande des intéressés eux-mêmes. *V.* Armstrong Elizabeth, *Before copyright. The French book-privilege system, 1498-1526*, Cambridge, Cambridge University Press, 2002, 317 p. ; *V.* l'ouvrage originellement publié en 1906 Falk Henri, *Les Privilèges de librairie sous l'Ancien Régime. Étude historique du conflit des droits sur l'œuvre littéraire*, Genève, Slatkine Reprints, 1970, 198 p.

114 Mellot Jean-Dominique, « Le régime des privilèges et permissions d'imprimer à Rouen au XVIIe siècle », *Bibliothèque de l'école des chartes*, 1984, t. 142, p. 138.

115 *V.* Quantin Jean-Louis, « Les institutions de censure religieuse en France (XVIe-XVIIe siècles) », in Fragnito Gigliola, Tallon Alain dir., *Hétérodoxies croisées. Catholicismes pluriels entre France et Italie, XVIe-XVIIe siècles*, Rome, Publications de l'École française de Rome, 2015, p. 81-164.

116 Maugis Édouard, *Histoire du Parlement de Paris de l'avènement des rois Valois à la mort d'Henri IV*, t. II, Paris, Picard, 1914, p. 346-348. Par exemple un arrêt du 18 avril 1560 défend à toutes personnes autres que les libraires-jurés de mettre en vente à Paris des livres ni autres choses imprimées en latin ou en français.

117 *V.* sur la censure d'Ancien Régime Cerf Madeleine, « La Censure Royale à la fin du dix-huitième siècle », *Communications*, n° 9, 1967, p. 2-27

reposant sur des décisions rendues par des censeurs dont les propos sont dépourvus de justification ou d'explication et qui appliquent une règle inconnue et insaisissable[118]. En ce sens, la censure ou contrôle préventif, apparaît comme un contrôle liberticide empêchant l'exercice de la liberté d'expression. Il place l'auteur dans une situation d'incertitude constante : ce dernier est soumis non pas à une loi écrite, fixée préalablement et accessible, mais à une à un système de pensée qu'il est difficile de prévoir. La censure a ainsi pour conséquence d'influer sur les pratiques d'écriture. Afin de ne pas subir la coupe des ciseaux d'Anastasie, l'auteur met au point des stratégies d'écriture : utilisation de la fable, de l'allégorie, de la fiction[119]. L'auteur peut également procéder à une autocensure ou censure intériorisée[120], en enlevant par lui-même de son texte tout passage pouvant l'amener à se voir refuser la parution d'un ouvrage ou d'un article.

Ce système sévère de contrôle juridique de l'imprimé se comprend par l'émergence d'une nouvelle pratique sociale, celle de la lecture politique qui s'enracine dans l'espace urbain au sein d'un lectorat impliqué bien souvent dans la vie publique (officiers, notaires ; clercs…)[121]. La lecture intervient dans la sphère publique à un moment où les espaces habituels de débat, comme les parlements, sont de plus en plus en opposition avec le pouvoir royal[122]. Dans ce jeu d'opposition, le roi utilise le contrôle de l'imprimé comme un moyen d'affirmation de sa puissance. Ainsi, Louis XIII et Louis XIV recourent au contrôle de l'imprimé à des fins de propagande, de justification de leur orientation politique et du régime monarchique absolu[123]. À ce mécanisme d'encadrement de l'imprimé, la Révolution de 1789 met un coup d'arrêt.

118 Dury Maxime, *op. cit.*, p. 13 ; p. 21.

119 Sapiro Gisèle, *La responsabilité de l'écrivain. Littérature, droit et morale en France (XIXe-XXIe siècle)*, Éditions du Seuil, 2011, p. 11. V. Costa Delphine, « Lorsque les fictions déjouent les pièges du droit », in Doat M., Darcy dir., *L'imaginaire en droit*, Bruxelles, Bruylant, 2011, p. 367-382.

120 Martin Laurent, *op. cit.*, p. 340-341 ; V. Bourdieu Pierre, « Censure et mise en forme », in *Langage et pouvoir symbolique*, Paris, Éditions du Seuil, 2011, p. 343 et suivantes ; Domenech Jacques dir., *Censure, autocensure et art d'écrire, de l'antiquité à nos jours*, Bruxelles, Complexes, 2005, 375 p.

121 Drevillon Hervé, *Les rois absolus*, Paris, Belin, 2014, p. 118.

122 *Loc. cit.*

123 Ducinni Hélène, « Un aspect de la propagande royale sous les Bourbons : image et polémique », *Culture et idéologie dans la genèse de l'État moderne. Actes de la table ronde de Rome (15-17 octobre 1984)*, Rome, École Française de Rome, 1985. p. 211.

LA RUPTURE RÉVOLUTIONNAIRE

La tenue des États généraux en mai 1789 marque la fin de la monarchie absolue de droit divin et aboutit à l'effondrement du système de contrôle de la presse d'Ancien Régime. En effet, malgré les interdictions, le pouvoir royal et son administration sont incapables de juguler l'apparition de nouveaux journaux qui font suite à l'annonce des États généraux par le roi en 1787. Nombreuses sont les publications de libelles et de brochures qui influencent la rédaction des Cahiers de doléances[124]. Les auteurs eux-mêmes prennent conscience du rôle qu'ils ont à jouer dans la séquence politique qui s'annonce pour mai 1789[125]. Le coup de grâce au système de contrôle de l'imprimé de l'Ancien Régime est porté par le vote de la Déclaration des Droits de l'Homme et du Citoyen de 1789. En effet, son article 11 proclame que « La libre communication des pensées et des opinions est un des droits les plus précieux de l'Homme : tout Citoyen peut donc parler, écrire, imprimer librement, sauf à répondre de l'abus de cette liberté dans les cas déterminés par la Loi ». Pour la première fois, la liberté d'expression est reconnue, conjointement avec la liberté d'opinion et de conscience (article 10). L'exercice du droit n'est soumis à aucune autorisation préalable mais se trouve conditionné par la loi, considérée comme la source par excellence du droit[126]. Cette dernière est conçue comme la seule à pouvoir entraver la liberté d'expression conformément à l'article 4 de la Déclaration des Droits de l'Homme et du Citoyen. Ceci tient dans le fait qu'elle émane de la souveraineté populaire à travers la représentation nationale[127]. Ainsi, le contrôle

124 Albert Pierre éd., *Histoire de la presse*, Paris, PUF, 2018, p. 25.

125 Brissot dans le *Patriote français* relève ainsi que « Ce serait insulter la nation française que de lui démontrer longuement l'utilité et la nécessité de ce journal dans les circonstances actuelles. Il faut trouver un autre moyen que les brochures pour instruire tous les Français, sans cesse, à peu de frais, et sous une forme qui ne les fatigue pas. Ce moyen est un journal politique ou une gazette : c'est l'unique moyen d'instruction d'une nation nombreuse [...] peu accoutumée à lire et qui cherche à sortir de l'ignorance et de l'esclavage. Sans les gazettes la révolution de l'Amérique [...] ne se serait jamais faite [...] ce sont les gazettes qui conservent le peu de liberté qui reste en Angleterre » ; Cité par Albert Pierre, *op. cit.*, p. 25.

126 V. Ray Jean, « La Révolution Française et la pensée juridique : l'idée du règne de la loi », *Revue philosophique de la France et de l'Étranger*, t. 128, n° 9/12, p. 364-393.

127 Cet article dispose que « La liberté consiste à pouvoir faire tout ce qui ne nuit pas à autrui : ainsi, l'exercice des droits naturels de chaque homme n'a de bornes que celles qui assurent aux autres Membres de la Société la jouissance de ces mêmes droits. Ces bornes ne peuvent être déterminées que par la Loi ».

de l'imprimé ne peut intervenir qu'*a posteriori* de la publication, par l'application de la loi par les tribunaux.

Du point de vue des juridictions compétentes, le jury populaire[128] est érigé comme le juge naturel de la presse, une vigie de la protection de l'ensemble des libertés avec la séparation des pouvoirs à travers son érection en tant que « tribunal de l'opinion[129] ». Le pouvoir n'intervenant plus à l'avance, le libre arbitre de l'individu et son autonomie intellectuelle[130] se trouve consacrés, à charge pour l'individu de répondre de ses actes en cas d'infraction.

En outre, la déclaration abolit les privilèges et met un terme au monopole des imprimeurs libraires. La fin des corporations par la loi Le Chapelier des 14 et 17 juin 1791 vient parachever la destruction du système alors en vigueur, ce qui aboutit à une explosion du nombre d'ateliers d'imprimerie : de 36 ateliers à la fin de l'Ancien Régime, ce sont près de 220 ateliers qui exercent en 1798[131]. On assiste alors à un foisonnement de nouveaux titres qui parfois ne sont qu'éphémères. De 1789 à 1800, il parait plus de 1 500 nouveaux titres soit en onze ans deux fois plus que pour les cent cinquante années précédentes[132] avec certaines périodes de ralentissement en raison notamment de la période de répression de la Terreur[133]. Sous la Terreur ce sont des milliers de citoyens qui sont inquiétés pour leurs opinions ou leurs propos[134].

---

128 Divisé en un jury de jugement et un jury d'accusation ; Pradel Jean, « Le jury en France. Une histoire jamais terminée », *Revue internationale de droit pénal*, 2001/1-2, vol. 72, p. 175.

129 Saint-Bonnet François, « Le jury et la liberté d'expression. La manifestation démocratique d'une aspiration libérale », *Droit et philosophie*, n° 4, 2012 [en ligne], [consulté le 2 octobre 2022].

130 Verpeaux Michel, « Liberté d'expression et discours politique », *Annuaire international de justice constitutionnelle*, 23-2007, 2008, Constitution et liberté d'expression – Famille et droits fondamentaux, p. 235.

131 Barbier Fréderic, *op. cit.*, p. 252.

132 Albert Pierre éd., *op. cit.*, p. 25.

133 Le 10 août 1792, la presse royaliste est supprimée et la liberté de la presse est suspendue. Le comité de Salut public fait tomber de nombreux journaux modérés et ne tolère que quelques feuilles, parfois subventionnées. La protection de l'intérêt national et de la révolution prévaut dans un contexte de crises intérieures et extérieures. Le 16 avril 1794 est créé un bureau de surveillance administrative et de police générale. La Convention et le Directoire voient eux aussi réapparaître la censure et les mesures arbitraires tels que la suppression des journaux (en septembre 1797, 31 journaux supprimés ; en décembre 1797, 16 ; en août 1798, 15 ; en septembre 1799, 35) et l'établissement du timbre ; Barbier Fréderic, *op. cit.*, p. 254.

134 *V.* Walton Charles, *La liberté d'expression en Révolution. Les mœurs, l'honneur, la calomnie*, Jacqueline Odin trad., Paris, PUR, 2014, 320 p.

UN XIXe SIÈCLE INCONSTANT

Au cours du XIXe siècle, le contrôle juridique de l'imprimé connaît à nouveau des oscillations quant à ses modes d'exercice qui traduisent aspirations à la liberté d'expression et tentations à l'autoritarisme.

Napoléon Ier, fort de l'expérience révolutionnaire, éprouve une certaine peur à l'égard de la presse. Dès le Consulat[135], il signe le décret du 27 nivôse an VIII (17 janvier 1800) et ne laisse subsister à Paris que quelques journaux tout en rétablissant le mécanisme de l'autorisation préalable. Conscient de l'influence de la presse sur l'opinion publique, il s'en sert comme d'un moyen de propagande et de soumission de ses opposants. Son arsenal administratif et juridique s'étoffe avec la création du brevet d'imprimeur et de celui de libraire. En 1805, les censeurs sont intégrés à la rédaction des journaux[136] et la censure pour les livres est rétablie en 1810. En 1811 seuls 4 journaux peuvent encore paraître à Paris[137]. Le nombre d'ateliers d'imprimerie est limitée par l'obligation du brevet, l'enregistrement et la surveillance des libraires et des colporteurs ainsi que par le contrôle des importations de « librairie étrangère », le tout sous l'autorité d'une direction créée à cet effet au ministère de l'Intérieur[138].

La liberté de publier et de faire imprimer des opinions n'est remise à l'ordre du jour que sous la Restauration, par la Charte constitutionnelle de 1814. Son article 8 dispose ainsi que « Les Français ont le droit de publier et de faire imprimer leurs opinions, en se conformant aux lois qui doivent réprimer les abus de cette liberté ». Très rapidement, la loi du 21 octobre 1814 portée par Royer-Collard réduit cette liberté en rétablissant la censure préalable et l'autorisation royale pour les journaux et périodiques et en établissant une police de l'imprimerie et de la librairie sévère. Cette loi est suivie de divers textes qui viennent compléter, à la suite des Cent jours, un système de contrôle rigoureux de l'imprimé avec les lois du 28 févier et du 30 décembre 1817.

135 V. Cabanis André, *La presse sous le Consulat et l'Empire (1799-1814)*, Paris, Sociéré des études robespierristes, 1975, 354 p.

136 Ceci tient dans le fait que Napoléon considère les journaux comme étant « du domaine public » ; Jardin André, *Histoire du libéralisme politique*, Paris, Hachette, 1985, p. 178-179.

137 Albert Pierre, *op. cit.*, p. 31.

138 Sorel Patricia, « Chapitre III. L'Empire et la Restauration : l'imprimerie sous contrôle », in *La Révolution du livre et de la presse en Bretagne : (1780-1830)*, Rennes, PUR, 2004, p. 89-90.

Avec les lois de Serre de mai et juin 1819, le parlement réaffirme une volonté d'évoluer dans le sens de la libéralisation de l'imprimé sous l'influence du groupe parlementaire des doctrinaires. Les lois de 1819 conçoivent la presse comme un instrument et non pas comme une activité spécifique[139]. Il s'agit de l'instrument utilisé par l'agent dans la réalisation de l'infraction, c'est un simple vecteur de l'expression. De ce fait, elle entre dans le droit commun : « il n'y a point de délits particuliers de la presse[140] ». La presse relève de la publication, c'est à dire l'action de « confier au public[141] ». Selon de Broglie, une publication n'est ainsi réprimandable que lorsqu'elle est la réalisation d'une intention de nuire à autrui qui passe alors de la sphère privée à la sphère publique[142]. La loi intervient dès lors qu'il existe un abus dans l'exercice du « droit naturel », dans ce cas « les lois disposent les limites, les lois prononcent des restrictions[143] ». Les lois de Serre abolissent ainsi le système préventif au profit d'un système de contrôle *a posteriori* de la publication. Les lois créent pour la première fois une nomenclature des délits et une échelle graduée des peines tout en insérant la nouvelle infraction « d'outrage à la morale publique, religieuse et aux bonnes mœurs[144] ». Une importance toute particulière est donnée au jury considéré comme un « juge prudentiel » afin d'éviter de potentielles dérives arbitraires dans l'application du droit en raison de l'imprécision du texte qui remet en cause le principe de légalité exigé en matière de droit pénal[145]. En dehors de cette infraction, le droit pénal se trouve enrichi de nouvelles infractions et de nouvelles précisions relatives à des infractions préexistantes et actualisées comme la calomnie qui devient la diffamation ou en matière de provocation. En ce qui concerne les journaux, la loi fait preuve d'une attitude différenciée en raison de leur rôle dans la cité, « véritable tribune d'où l'écrivain peut parler à des milliers d'abonnés ou de souscripteurs » selon le ministre de Serre[146]. Ce dernier affecte

139 Jaume Lucien, « La conception doctrinaire de la liberté de la presse : 1814-1819 », *Colloque François Guizot*, 1993, p. 114, [en ligne], [consulté le 2 janvier 2020].
140 *Loc. cit.*
141 *Loc. cit.*
142 *Ibid.*, p. 115.
143 *Loc. cit.*
144 *Loc. cit.*
145 *Loc. cit.*
146 Jaume Lucien, *op. cit.*, p. 116.

au journalisme « une fonction », « un pouvoir » qui implique pour la société « le droit de s'assurer que cette fonction sera fidèlement remplie, que ce pouvoir ne sera point dirigé contre elle et contre ses ennemis[147] ». Ceci se traduit par la mise en place de garanties, dont le cautionnement des journaux qui a pour vocation de restreindre le débat public en concentrant la presse[148]. Cette dernière se trouve alors contenue entre les mains d'une élite bourgeoise, qui a les moyens de payer une caution et qui participe à la régulation du débat public.

Dès 1822, la loi est modifiée et la compétence du jury pour certaines infractions est supprimée pour être transférée aux tribunaux correctionnels. La Révolution de 1830 rend à la cour d'assises la connaissance des procès de presse (loi des 8-10 octobre 1830) et cette règle de compétence, conforme à la Charte de 1830 est maintenue jusqu'au Second Empire[149]. La compétence judiciaire devient un enjeu de luttes qui dépassent le cadre du droit pénal : à travers ces variations s'observent les avancées et les reculs du libéralisme. La correctionnalisation se présente comme un outil de contrôle plus sévère de l'imprimé en raison du mode de nomination des juges. Ces derniers sont placés sous le contrôle étroit de l'exécutif, malgré le principe de séparation des pouvoirs, à travers le mécanisme de l'épuration qui permet d'éliminer les effectifs de la magistrature qui présentent un risque d'opposition[150]. Récurent au cours de l'histoire de la magistrature[151], ce mécanisme contraire au principe d'inamovibilité des juges[152] est utilisé

147 *Loc. cit.*

148 Tocqueville Alexis de, *De la démocratie en Amérique*, [1835 ; 1840], Pléiade, 1992, p. 207.

149 Laingui André, « Les Magistrats du XIXe siècle, juges des écrivains de leur temps », *Cahiers de l'Association internationale des études françaises*, 1992, n° 44, p. 224.

150 Rousselet Marcel, *Histoire de la magistrature française des origines à nos jours*, vol. 2, Paris, Plon, 1957, p. 166 ; Royer Jean-Pierre, *Histoire de la justice en France*, Paris, PUF, 3e éd. Augmentée, 2001, p. 485-488. *V.* Tort Olivier, « La magistrature française face aux deux Restaurations (1814-1815) », *Revue d'histoire du XIXe siècle*, n° 49, 2014, p. 93-107.

151 Farcy Jean-Claude, *L'histoire de la justice française de la Révolution à nos jours, trois décennies de recherche*, Paris, PUF, 2001, p. 221.

152 *V.* au sein de la riche bibliographie sur la question au cours du XIXe siècle Basquin Eugène, *L'inamovibilité de la magistrature*, Lille, Le Cateau, 159 p. ; Benaze T. de, « L'inamovibilité de la magistrature. Son histoire, Revue politique et littéraire », *Revue Bleue*, 3e série, t. 3, 1882, 1er semestre, p. 759-760 ; Berge S, « De l'inamovibilité de la magistrature », *Revue générale du droit, de la législation et de la jurisprudence en France et à l'étranger*, t. 4, 1880, p. 540-542 ; Bigorie de Laschamps François de, *L'inamovibilité de la magistrature en principe et dans l'application*, Saint-Brieuc, L. Prud'homme, 1871, 23 p. ; Bonneton Joseph-Henri, *Considérations historiques sur l'inamovibilité de la magistrature en France*, Paris, Dentu, 1878, 114 p.

dès le début du XIXe siècle et témoigne d'une peur historique du pouvoir politique à l'égard des juges[153].

Sous la Deuxième République, le 25 février 1848, jour de sa proclamation, le gouvernement provisoire met en place tout un ensemble de mesures : liberté de réunion, abolition de l'esclavage et droit au travail, au sein desquelles se trouve la liberté de presse. Le droit de timbre et le cautionnement sont suspendus. L'article 8 de la constitution dispose, dans la continuité de la Déclaration des Droits de l'Homme et du Citoyen de 1789 : « l'exercice de [ce] [droit] n'a pour limites que les droits ou la liberté d'autrui, et la sécurité publique ». Il se termine par ces mots : « La presse ne peut, en aucun cas, être soumise à la censure ». Mais, l'échec de la République se solde par un retour au conservatisme et le décret du 17 février 1852 (complété par deux décrets des 1er et 28 mars) rétablit le droit de timbre et le cautionnement. Le texte ajoute qu'aucun journal ou écrit périodique traitant de matières politiques ou d'économie sociale ne peut être créé ou affiché sans l'autorisation préalable du gouvernement. Se trouve également rétablie la compétence des tribunaux correctionnels[154]. Comme l'indique Henry Celliez : « rien ne manqua au formidable arsenal des lois répressives déjà existantes[155] ».

Sous le nouveau titre d'Empereur, Louis Napoléon Bonaparte poursuit cette politique : les textes pénaux votés sous la République continuent d'être appliqués. Engagé dans une phase libérale à partir de 1860[156], le législateur à travers la loi du 2 mai 1861 exempte de timbre et de droits de poste tout un ensemble de périodiques dont le contenu est précisé par la loi. Puis, par le vote de la loi du 11 mai 1868[157] la simple déclaration remplace l'autorisation préalable, les avertissements sont abolis et le timbre est réduit de 6 à 5 centimes. Ce pas vers la libéralisation mène à l'apparition de nombreux journaux d'opposition qui précipitent la chute de l'Empire.

---

153 Notamment en raison de l'empreinte du rôle politique des Parlements sous l'Ancien Régime. V. Rogister John, « La résonance des parlements de l'Ancien Régime au XIXe siècle », *Parlement[s], Revue d'histoire politique*, vol. 15, n° 1, 2011, p. 105-113.

154 Laingui André, *op. cit.* p. 225.

155 Celliez Henry, Le Senne Charles, *op. cit.*, p. V.

156 V. Saint Bonnet François, « Le combat pour les libertés publiques à la fin du Second Empire », *op. cit.*

157 V. Brayer Felix, *Loi annotée du 11 mai 1868 sur la presse, ou Manuel complet renfermant par ordre alphabétique de matières toutes les dispositions en vigueur sur la presse périodique, l'imprimerie, la librairie, l'affichage, le colportage, etc.*, Paris, A. Durand, 1868, 80 p.

Malgré ces inconstances quant aux formes que peut emprunter le contrôle juridique de l'imprimé, oscillant entre régime préventif et régime répressif, la fin du XVIIIe marque « le moment historique où se tisse un lien étroit entre une société et [...] [l]es médias[158] ». La Troisième République, dès sa proclamation, s'inscrit dans la continuité de ce lien renouvelé, riche et complexe.

Aussi, il apparaît à travers ces précédents historiques républicains que le lien entre République et liberté d'expression n'est pas évident. Comme ce fût le cas sous la Terreur ou sous la Deuxième République, la République peut trahir ses idéaux en mettant en place des systèmes de répression importants qui ont raison de leur longévité.

Le nouveau régime place le concept de responsabilité[159] au cœur du contrôle juridique de l'imprimé dans la continuité de la philosophie des Lumières et de la Révolution de 1789, il fait le choix d'un régime répressif dès 1870.

AU FONDEMENT DU CONTRÔLE JURIDIQUE DE L'IMPRIMÉ SOUS LA TROISIÈME RÉPUBLIQUE : LA RESPONSABILITÉ DE L'AUTEUR

Dès l'Ancien Régime, le droit s'applique à établir un lien entre l'auteur et son œuvre en créant une « fonction auteur » selon les termes de Michel Foucault[160]. L'obligation légale d'apposer le nom de l'auteur et de l'imprimeur au sein des imprimés, établie par l'Édit de Chateaubriand, empêche l'émission d'un discours qui trouverait à être délivré « dans l'anonymat du murmure[161] ». L'auteur, avançant masqué pourrait se sentir davantage libre dans ses propos sachant qu'une identification de sa personne serait difficile,

158 Charle Christophe, *Le siècle de la presse*, Paris, Le Seuil, 2004, p. 9. Les médias étant définis comme des « procédés permettant la distribution, la diffusion ou la communication d'œuvres, de documents, ou de messages », au sein desquels se trouvent l'imprimé.

159 Afin d'aborder cette notion, nous utiliserons dans les développements suivants l'ouvrage de référence sur la notion publiée par Sapiro Gisèle, *La responsabilité de l'écrivain. Littérature, droit et morale en France (XIXe-XXe siècles)*, Paris, Seuil, 2011, 750 p.

160 Foucault Michel, « Qu'est-ce qu'un auteur ? », in *Dits et écrits, t. 1 : 1954-1975*, Paris, Gallimard, 1994, p. 789-820.

161 *Ibid.*, p. 812.

minimisant ainsi le risque d'être poursuivi. Si dans un premier temps cette obligation est une manière de contrôler ce qui s'imprime et circule dans l'espace public, elle devient à partir du XVIIIe siècle le moyen pour l'auteur de faire valoir ses droits sur son œuvre[162]. L'apposition du nom de l'auteur se comprend alors dans la construction progressive de la propriété littéraire à travers la reconnaissance de sa légitimité[163]. Parallèlement, se développe à la même période une éthique de la responsabilité qui se distingue de la responsabilité pénale[164]. Cette responsabilité est d'ordre moral, et se comprend alors comme « un domaine d'actions et de représentations sur lesquelles un ou plusieurs individus revendiquent une compétence[165] ». Cette revendication est le fait des « hommes de lettres » – avocats, philosophes, auteurs – qui viennent affirmer leurs propos dans la sphère publique dont la constitution est rendue possible par le développement du marché du livre[166]. L'affirmation de la paternité d'une œuvre se comprend alors par la prise en considération du pouvoir que l'écrit a sur la société, notamment en cas de transgression des normes de cette dernière[167]. L'éthique de la responsabilité s'analyse à travers l'engagement et le courage de porter ses idées au public, en s'exposant à des potentielles poursuites. L'Homme de lettres est alors un prophète tel que théorisé par Max Weber[168], sans autorité spirituelle et ne répondant qu'à l'autorité de sa propre pensée.

Dégagée par l'article 11 de Déclaration des droits de l'Homme et du Citoyen, la responsabilité conditionne l'exercice de la liberté d'expression[169]. La responsabilité est le corollaire du régime répressif : l'agent, doué de libre arbitre, s'il a abusé de sa liberté en créant un préjudice à la société ou à autrui, s'expose à une peine.

La responsabilité[170] est ainsi l'illustration d'un double lien en matière de liberté d'expression. Le premier est un lien entre l'auteur et ses propos :

---

162 Sapiro Gisèle, *op. cit.*, p. 9.

163 *V.* sur la construction historique et philosophique Pirou Florence-Marie, « Légitimité de l'auteur à la propriété intellectuelle », *Diogène*, vol. 196, n° 4, 2001, p. 119-143.

164 Sapiro Gisèle, *op. cit.*, p. 9.

165 Sapiro Gisèle, « Responsabilité légale et responsabilité morale de l'écrivain : une perspective socio-historique », *Revue Droit & Littérature*, vol. 1, n° 1, 2017, p. 11.

166 *Ibid.*, p. 12.

167 Foucault Michel, *op. cit.*, p. 799.

168 Weber Max, *Économie et société*, t. 1, [1922], Paris, Plon, 1995, p. 320 et suivantes.

169 *V.* Lecuyer Guillaume, *Liberté d'expression et responsabilité*, Paris, Dalloz, 2006, 611 p.

170 Au cours du XIXe siècle, la responsabilité fait l'objet de nombreuses innovations à la fois en matière pénale et administrative. Le XIXe siècle a d'ailleurs beaucoup apporté à l'étude de l'irresponsabilité pénale, la doctrine admettant une remise en cause du principe

il possède des droits dessus et doit en répondre devant la justice. Le second lien se trouve entre les propos et le dommage causé à un tiers ou à la société. Les normes en matière d'exercice de la liberté d'expression consacrent ainsi une croyance en la dangerosité d'une expression. Aussi, il existe différents procédés juridiques afin de la sanctionner.

En matière de responsabilité, le sociologue Paul Fauconet, disciple de Durkheim, en distingue deux types : l'une subjective, l'autre objective. Il fonde cette distinction dans le droit qui distingue au sein de l'infraction l'élément moral, à savoir l'intention, de l'élément matériel[171]. La responsabilité subjective s'entend à travers l'intention de l'agent, fruit d'un processus historique « de spiritualisation et d'individualisation » et conséquence du libre-arbitre[172]. La responsabilité objective se comprend quant à elle à l'aune des conséquences matérielles d'un fait[173]. Fauconnet rappelle à ce titre que seule la moralité, religieuse et laïque, reconnaît sans réserve la responsabilité subjective pure[174], sans manifestation extérieure par la commission d'un acte. Le droit demande nécessairement l'existence d'un élément matériel consistant en l'action de faire ou de ne pas faire. Au contraire, la responsabilité matérielle pure est envisageable, notamment en matière d'homicide involontaire. La responsabilité juridique constituerait ainsi un compromis entre ces deux tendances opposées[175].

Gisèle Sapiro applique ce raisonnement aux infractions qui relèvent de l'écrit. Elle relève à ce titre que le droit pénal et son application ont recours à l'une et l'autre des conceptions de la responsabilité : les tribunaux peuvent ne prendre en compte que l'intention nocive de l'auteur qui se comprend comme la volonté de porter atteinte à la société ou à

---

de libre arbitre et la science amenant à l'étude de l'aliénation. *V.* Guignard Laurence, « L'irresponsabilité pénale dans la première moitié du XIXe siècle, entre classicisme et défense sociale », Champ pénal/Penal field, XXXIVe Congrès français de criminologie, 2008, [En ligne]. *V.* Lepointe Gabriel, « L'évolution de la responsabilité administrative dans la France du XIXe siècle », *Revue historique de droit français et étranger*, n° 2, 1959, p. 215-219.

171 Fauconnet Paul, *La responsabilité. : étude de sociologie*, Paris, Alcan, 1920, p. 94. *V.* Lévy-Bruhl Sacha, « Penser la responsabilité avec Paul Fauconnet : aux fondements théoriques de la solidarité », *Cahiers Jaurès*, vol. 231-232, n° 1-2, 2019, p. 163-187.

172 Sapiro Gisèle, « De la responsabilité pénale à l'éthique de responsabilité. Le cas des écrivains », *Revue française de science politique*, vol. 58, n° 6, 2008, p. 880.

173 *Ibid.*, p. 886.

174 Fauconnet *Paul*, *op. cit.*, p. 95.

175 Sapiro Gisèle, *op. cit.*, p. 880.

un individu (conception subjective) ou les conséquences de l'écrit sur le lecteur (conception objective)[176].

Au-delà de ces différentes formes que la responsabilité de l'auteur peut emprunter, cette dernière prend ses sources dans une inquiétude commune, celle des effets de la lecture sur les populations en subordonnant le rôle de l'art à son utilité morale et politique. C'est cette croyance qui guide l'évolution des normes. Aussi, il apparaît une période au cours de laquelle cet utilitarisme semble comme important sous la Troisième République : au moment où celle-ci est proclamée et où se joue sa pérennité.

L'APPRENTISSAGE DE LA RÉPUBLIQUE (1870-1906)

Une unité de temps se détache au cours de la longue existence de la Troisième République et peut retenir notre attention. Cette période, qui s'étend sur trente-six ans, s'ouvre avec la proclamation de la République en septembre 1870 pour se terminer en 1906. La Troisième République, si elle est stable d'un point de vue juridique en ce qu'elle n'est jamais remise en cause constitutionnellement malgré de nombreuses tentatives en ce sens, se trouve du point de vue idéologique dans une tension permanente entre renoncement et approfondissement des idéaux républicains. Il ressort de cette période une forme d'apprentissage de la République qui tend à la fois à une acculturation des institutions aux usages, règles et valeurs républicaines hérités de la Révolution mais également à la mise en place d'un républicanisme propre à un régime qui va le façonner afin de répondre aux enjeux de son temps.

Si l'historiographie classique retient l'année 1914 comme date supposée de l'aboutissement de l'apprentissage républicain du point de vue politique[177], en droit de l'imprimé il apparaît que l'année la plus symbolique soit 1906. En effet, bien que la loi du 29 juillet 1881 mette un point final à toute forme de contrôle *a priori* des œuvres écrites, le

176 *Ibid.*, p. 887.

177 Duclert Vincent, *1870-1914 : La République imaginée*, Paris, Folio, 2021, 1104 p. ; Bourgin Georges, *La Troisième République : 1870-1914*, Paris, Armand Colin, 1939, 224 p.

théâtre reste sous la période soumis à l'examen préalable des pouvoirs publics, à travers une longue procédure contenant pas moins de six étapes[178]. La censure théâtrale s'applique alors à une appréciation à la fois de la mise en scène mais aussi du texte. Le pouvoir censorial, s'il va *in fine* autoriser ou non une représentation de spectacle vivant, travaille en premier lieu à partir d'un texte écrit avant d'en vérifier la mise en scène. En dehors de cette spécificité procédurale qui fait intervenir l'imprimé, la disparition de la censure illustre une évolution juridique et politique majeure. En 1906, disparaît avec la suppression du traitement des censeurs, toute forme de contrôle avant publication, c'est-à-dire avant mise à disposition au public, sur les œuvres d'esprit écrites en période de paix.

Les conditions même de cette évolution, la suppression d'une ligne comptable au sein du budget de l'État témoigne de l'aboutissement de l'apprentissage de la liberté d'expression par les institutions étatiques et politiques qui ne prennent pas la peine d'édicter une nouvelle norme en la matière, comme si cette évolution était naturelle. Or, cette dernière est le résultat d'une construction qu'il convient d'interroger.

LE CONTRÔLE JURIDIQUE DE L'IMPRIMÉ : UN SUJET À APPROFONDIR

Il ressort de la bibliographie contemporaine que le droit de la Troisième République a fait l'objet d'une large littérature : droit et libertés[179],

178 On se réfèrera ici à la présentation qui en est faite par Yon Jean-Claude, « La censure dramatique en France au XIXe siècle : fonctionnement et stratégies d'auteur », *Cahiers de l'Association internationale des études françaises*, 2010, n° 62. p. 361-376. *V.* sur la censure théâtrale Krakovitch Odile, *La Censure théâtrale (1835-1849). Édition des procès-verbaux*, Paris, Garnier, 801 p. ; Krakovitch Odile, *Hugo censuré. La liberté au théâtre au XIXe siècle*, Paris, Calmann Lévy, 1985, 308 p. *V.* chapitre 8.

179 Machelon Jean-Pierre, *La République contre les libertés ?*, Paris, Presses de la Fondation nationale des sciences politiques, 1976, 461 p. ; Merlet Jean-François, *Une grande loi de la Troisième République : la loi du 1er juillet 1901*, Paris, LGDJ, 2001, 752 p. ; Dupré de Boulois Xavier, *Droit des libertés fondamentales*, Paris, PUF, 2022, 616 p. ; Audren Frédéric, « La belle époque des juristes catholiques (1880-1914) », *Revue Française d'Histoire des Idées Politiques*, vol. 28, n° 2, 2008, p. 233-271.

droit pénal[180], droit de la presse[181], institutions judiciaires[182], pensée juridique, doctrine[183]. Pour autant, en matière de droit de l'imprimé, il apparaît que peu de travaux embrassent le sujet tant d'un point de vue matériel que temporel.

En effet, il ressort de la bibliographie une forte concentration autour de sujets précis ou limités dans le temps comme la loi du 29 juillet 1881[184], le droit d'auteur[185] ou la répression des écrits anarchistes[186]. De même, les institutions judiciaires font l'objet d'une bibliographie fournie mais qui n'aborde pas frontalement la question de la compétence judiciaire au sein du droit de la presse[187].

Il en va de même pour les procès d'imprimés qui émaillent la République : s'ils sont le sujet de nombreux écrits, ces derniers se

180 Halperin Jean-Louis, *Histoire du droit privé français depuis 1804*, Paris, PUF, 2001, 392 p. ; Carbasse Jean-Marie, Vielfaure Pascal, *Histoire du droit pénal et de la justice criminelle*, Paris, PUF, 2014, 544 p.

181 Dupeux Jean-Yves, Massis Thierry, « La conduite du procès de presse », *LEGICOM*, vol. 28, n° 3, 2002, p. 5-23 ; Halperin Jean-Louis, « Diffamation, vie publique et vie privée en France de 1789 à 1944 », *Droit et cultures*, n° 65, 2013, p. 145-163 ; Delbrel Yann, « Liberté, j'écris ton nom. 1881, le renouveau du droit pénal de la presse », Saint-Pau Jean-Christophe dir., *Travaux de l'Institut de Sciences Criminelles et de la Justice*, Cujas, 2011, p. 121-137.

182 Royer Jean-Pierre, *Histoire de la justice en France, de la monarchie absolue à la République*, Paris, PUF, 1995, 1296 p., Bernaudeau Vincent, *La justice en question. Histoire de la magistrature angevine au XIXe siècle*, Rennes, Presses universitaires de Rennes, 2007, p. 177-204 ; Lecocq Pierre, Martinage Renée, Royer Jean-Pierre, *Juges et notables au XIXe siècle*, Paris, PUF, 1982, 422 p.

183 Jamin Christophe, « Dix-neuf cent : crise et renouveau dans la culture juridique », in Alland Denis Rials Stéphane dir., *Dictionnaire de la culture juridique*, Paris, PUF, 2003, p. 380-384 ; Chambost Anne-Sophie, Guerlain Laetitia, Lekeal Farid, « Enseigner les savoirs juridiques et économiques aux profanes (1814-1914) : un programme de recherche », *Les Études sociales. Société d'économie et de sciences sociales*, n° 173, 2021/1, p. 11-26.

184 Bigot Christophe, « Le point sur l'application des art. 53 et 55 de la loi sur la presse du 29 juillet 1881 devant les juridictions civiles », *Gazette du Palais*, 20 juillet 1996, p. 828-831 ; Droin Nathalie, *Les limitations à la liberté d'expression dans la loi sur la presse du 29 juillet 1881. Disparition, permanence et résurgence du délit d'opinion*, Paris, LGDJ-Fondation Varenne, 2011, 620 p. ; Drouin Nathalie, Walter Jean-Baptiste, *La réécriture de la Loi du 29 juillet 1881 sur la liberté de la presse : une nécessité ?*, Paris, LGDJ, 2017, 180 p.

185 Pfister Laurent, *L'Auteur, propriétaire de son œuvre ? La formation du droit d'auteur du XVIe siècle à la loi de 1957*, thèse de doctorat, Histoire du droit, Strasbourg 3, 1999.

186 Chambost Anne-Sophie, « "Nous ferons de notre pire…". Anarchie, illégalisme … et lois scélérates », *Droit et cultures*, vol. 2, n° 74, 2017, p. 65-87.

187 Si ce n'est Saint-Bonnet François, « Le jury et la liberté d'expression. La manifestation démocratique d'une aspiration libérale », *op. cit.*

concentrent principalement sur la littérature[188] et délaissent les infractions relatives aux supports non livresques[189].

La Troisième République fait l'objet d'une littérature abondante qui peut être mise en relation avec le contrôle juridique de l'imprimé mais se distingue par un cloisonnement disciplinaire, par des études empreintes de préoccupations et de méthodes propres aux disciplines dans lesquelles elles s'inscrivent : littérature et médias[190], histoire[191] ou sociologie[192]

De plus, l'on remarque un traitement du contrôle de l'imprimé à travers des axes précis, des thèmes limités (la sexualité ou la pornographie[193], la censure[194]

---

188 Sarfati-Lanter Judith, Arzoumanov Anna, Latill Arnaud dir., *Le démon de la catégorie : retour sur la qualification en droit et en littérature*, Le Kremlin-Bicêtre, édition Mare & Martin, 2017, 236 p. ; Baron Christine, *Littérature, droit et transgression*, Poitiers, éditions de la Licorne, 2013, 192 p. ; Baron Christine, Sarfati-Lanter Judith, *Droit et littérature*, Paris, Lucie Éditions, 2019, 204 p.

189 On peut néanmoins remarquer le travail de Garrigues Jean, *Deux siècles de caricatures politiques et parlementaires*, Le Mans, Presses Universitaires d'Artois, 2019, 176 p. ; Leclerc Yvan, *Crimes écrits. La littérature en procès au XIX*e *siècle*, Paris, Classiques Garnier, 2021, 448 p. ; Mollier Jean-Yves, *Le camelot et la rue. Politique et démocratie au tournant des XIX*e *et XX*e *siècles*, Paris, Fayard, 2004, 365 p.

190 Barbier Fréderic, Berthot-Lavenir Catherine, *Histoire des médias de Diderot à internet*, Paris, Armand Colin, 2003, 396 p. ; Bellanger Claude *et. al.*, *Histoire générale de la presse*, Paros, PUF, 1969-1976 ; Kalifa Dominique, Regnier Philippe, Therenty Marie-Ève et Vaillant Alain dir., *La civilisation du journal. Histoire culturelle et littéraire de la presse française au XIX*e *siècle*, Paris, Nouveau Monde éditions, 2011, 1764 p.

191 Mayeur Jean-Marie, *Les débuts de la Troisième République (1871-1898)*, Paris, Seuil, 1973, 256 p. ; *La vie politique sous la Troisième République (1870-1940)*, Paris, Seuil, 964, p. 445 ; Winock Michel, *Décadence fin de siècle*, Paris, Gallimard, 2017, 288 p.

192 Benichou Paul, *Le sacre de l'écrivain. Essai sur l'avènement d'un pouvoir spirituel laïc en France (1750-1830)*, Paris, José Corti, 1973, 504 p ; Aron Paul, Viala Alain, *Sociologie de la littérature*, Paris, PUF, 2006, 127 p.

193 Stora-Lamarre Annie, *L'enfer de la III*e *République : Censeurs et pornographes, 1881-1914*, Paris, Imago, 1990, 264 p.

194 Darnton Robert, *De la censure. Essai d'histoire comparée*, Paris, Gallimard, 2014, 393 p. ; Abramovici Jean-Christophe, *Le livre interdit : De Théophile de Viau à Sade*, Paris, Éditions Payot & Rivages, 1996, 276 p. ; Couturier Maurice, *Roman et censure ou la mauvaise foi d'Eros*, Seyssel, Champ Vallon, 2002, 254 p. ; Durand Pascal, Hébert Pierre, Mollier Jean-Yves, Vallotton François dir., *La Censure de l'imprimé. Belgique, France, Québec et Suisse romande. XIX*e *et XX*e *siècles*, Québec, Éditions Nota Bene, 2006, 464 p. ; Joubert Bernard, *Dictionnaire des livres interdits*, Paris, Cercle de la Librairie, 2011, 1277 p. ; Krakovich Odile, *Hugo censuré : La liberté au théâtre au XIX*e *siècle*, Paris, Calmann-Lévy, 1985, 308 p. ; Pia Pascal, *Les livres de l'Enfer : bibliographie critique des ouvrages érotiques dans leurs différentes éditions du XVI*e *siècle à nos jours*, Paris, Fayard, 1998, 887 p. ; Quigniard Marie-Françoise, Seckel Raymond-Josué dir., *L'Enfer de la Bibliothèque. Eros au secret*, Paris, BnF, 2019, 462 p. ; Bécourt Daniel, *Livres condamnés. Livres interdits. Régime juridique du livre : Liberté ou censure ?*, Paris, Cercle de la Librairie, 1972, 583 p. ; Fremion Yves, Joubert Bernard, *Images*

ou l'édition[195]) et une délimitation historique limitée dans le temps (Ordre moral, Boulangisme, anarchisme)[196].

Certains ouvrages tendent à dépasser ces *habitus* universitaires ainsi que les entrées thématiques. On notera à ce titre les travaux de Gisèle Sapiro qui allient à la fois sociologie, droit, histoire politique et culturelle, de Christophe Charle[197] sur les intellectuels ou d'Anne-Marie Thiesse[198]. On peut également citer les travaux d'Yvan Leclerc[199], Pascal Ory[200] ou Maxime Dury[201] pour la période contemporaine. L'intention du présent ouvrage est de s'inscrire dans cette continuité en envisageant le contrôle juridique de l'imprimé sans en réduire *a priori* les thèmes abordés et en éclairant le droit à partir d'autres sciences sociales. Il s'agit d'emprunter la voie d'une histoire non cloisonnée du droit de l'imprimé[202].

Il s'agit ainsi d'emprunter la voie de la méthode de la « pensée complexe » théorisée par Edgar Morin[203] et elle-même largement irriguée par les travaux de Pascal. Cette méthode vise à envisager les phénomènes

---

interdites, Paris, Syros-Alternatives, 1989, 125 p. ; Joubert Bernard, *Censures et répressions au XIXe siècle*, Thèse de doctorat, lettres et sciences humaines, Paris VII, 1993 ; Kremer Jean-Pierre, Pozzuomi Alain, *Dictionnaire de la censure*, Paris, Scali, 2006, 256 p. ; Netz Robert, *Histoire de la censure dans l'édition*, Paris, PUF, 1997, 128 p. ; Parrain Josette, *Censure, théâtre et Commune (1871-1914)*, Thèse de doctorat, Histoire du droit, Université de Strasbourg III, 1999 ; Salmon Christian, *Censure ! Censure !*, Paris, Stock, 2000, 273 p. ;

195 Mollier Jean-Yves, *Une autre histoire de l'édition*, Paris, La fabrique, 2015, 432 p.

196 Garrigues Jean, « Boulanger, ou la fabrique de l'homme providentiel », *Parlement[s], Revue d'histoire politique*, vol. 13, n° 1, 2010, p. 8-23 ; Vavasseur-Desperriers Jean, « Réalités et limites de la coalition d'Ordre moral », in *Le Seize-mai revisité* [en ligne], [consulté le 2 février 2018] ; Vachet Claire, *Le droit saisi par l'anarchisme. Étude du discours des militants libertaires (1870-1926)*, Nader Hakim dir., thèse en Histoire du droit, Université de Bordeaux, 2020, 584 p. ; Chambost Anne-Sophie, « "Nous ferons de notre pire…". Anarchie, illégalisme … et lois scélérates », *Droit et cultures*, vol. 2, n° 74, 2017, p. 65-87.

197 Charle Christophe, *La naissance des intellectuels (1880-1900)*, Paris, Minuit, 1990, 872 p.

198 Thiesse Anne-Marie, *La création des identités nationales*, Paris, Seuil, 1999, 314 p. ; Thiesse Anne-Marie, *La fabrique de l'écrivain national. Entre littérature et politique*, Paris, Gallimard, 2019, 440 p.

199 Leclerc Yvan, *Crimes écrits. La littérature en procès au XIXe siècle*, Paris, Classiques Garnier, 2021, 442 p.

200 Ory Pascal, *La Censure en France à l'ère démocratique*, Paris, Éditions Complexe, 1997, 357 p. ; Ory Pascal, Sirinelli Jean-François, *Les intellectuels en France de l'affaire Dreyfus à nos jours*, 2e éd., Paris, Armand Colin, 1992, 435 p.

201 Dury Maxime, *La censure : la prédication silencieuse*, Paris, Éditions Publisud, 1995, 325 p.

202 Une telle méthode est développée par l'ouvrage de Audren Frédéric, Chambost Anne-Sophie, Halpérin Jean-Louis, *Histoires contemporaines du droit*, Paris, Dalloz, 312 p.

203 Morin Edgar, « Interdisciplinarité et transdisciplinarité ». *Transversales, Science, Culture*, n° 29, 1999, p. 48 ; *V.* Abdelmalek Ali Aït, « Edgar Morin, sociologue et théoricien de

et comportements de manière globale en évitant de réduire à un seul angle de vue leur interprétation[204].

Le droit semble s'inscrire dans cette tendance à l'ouverture aux autres domaines du savoir à travers la pratique de la transdisciplinarité telle que théorisée par Jean Piaget[205], consistant à traverser les disciplines, à chercher une vision de « l'Homme entier inscrit dans le Monde[206] ». S'il n'est jamais question de perdre de vue les intérêts propres à l'Histoire du droit, tant dans la méthode que dans l'objet envisagé, mais de nourrir notre réflexion en puisant des outils au sein des autres sciences sociales afin de renforcer notre compréhension du sujet. L'une des associations récentes les plus fécondes de ces dernières années réside à ce titre dans le rapprochement réalisé entre la discipline juridique et la littérature.

Le mouvement droit et littérature s'institutionnalise aux États-Unis à la fin du XIXe siècle à travers la plume de professeurs de droit[207]. Pour ces auteurs précurseurs, l'association entre droit et littérature est avant tout pragmatique et utilitaire afin de former des juristes plus compétents. Initiée par John Henry Wigore[208], cette démarche est poursuivie en

---

la complexité : des cultures nationales à la civilisation européenne », Sociétés, vol. n° 86, n° 4, 2004, p. 99-117.

204 *V.* Dagenais Bernard, « Edgar Morin et la pensée complexe », Hermès, La Revue, vol. 48, n° 2, 2007, p. 179-184.

205 Piaget Jean, « L'épistémologie des relations interdisciplinaires » dans *L'interdisciplinarité ; Problèmes d'enseignement et de recherche dans les universités*, Paris, OCDE, 1972, p. 131.

206 *Loc. cit.*

207 *V.* sur l'émergence du mouvement droit et littérature aux États-Unis Michaut Françoise, « Le mouvement "Droit et Littérature" aux États-Unis », in *Mélanges Paul Amselek*. Bruxelles, Bruylant, 2005, p. 565-592 ; Sansonne Arianne, *Diritto e Letteratura. Un' Introduzione Generale*, Milano, Dott. A. Giuffré editore, 2001, 165 p. ; Ward Ian, *Law and Literature. Possibilities and Perspectives*, Cambridge, Cambridge University Press, 1995, 271 p. ; Patanzakos Michael, « Ad Humanitatem Pertinent : A Personnal Reflection on the History and Purpose of the Law and Literature Movement », *Cardozo Studies in Law and Literature*, vol. 7, n°1, spring-summer 1995, p. 31-71 ; Ferguson Robert A., *Law and Letters in American Culture*, Cambridge, Harvard University Press, 1984, 405 p.

208 Henry Wigmore (1863-1943), professeur de droit puis doyen de la faculté de droit de la Northwestern University à Chicago, entreprend de créer une liste de « legal novels », des ouvrages entretenant un lien étroit avec le droit. Il s'agit alors d'ouvrages d'un type très particulier : des romans ou nouvelles écrits ou traduits en anglais, dont le récit doit intéresser le juriste ; Simonin Anne, « Éloge de l'éclectisme. Penser le champ "Droit et Littérature" à partir des listes de Legal Novels (1900-1987) », *Textyles*, n° 31, 2007, § 9, [en ligne], [consulté le 6 septembre 2017]. Publiée originellement dans *The Brief* en 1900, la liste est complétée en 1908 puis en 1922 dans *Illinois Law Review*. Pour Wigmore, l'intérêt de ces ouvrages pour le juriste tient dans l'enseignement qu'ils peuvent amener « sur la nature humaine » par une forme d'heuristique ; Simonin Anne, « Make the Unorthodox

ce sens par Benjamin Nathan Cardozo[209]. Cette pensée initiée dans la première moitié du XXe siècle se trouve poursuivie par des auteurs contemporains tels que Richard A. Posner, Richard H. Weisberg ou James B. White, dans une perspective davantage théorique. De ces différents travaux[210] ressortent une constante : la volonté de mieux éduquer et de cultiver chez les juristes une forme d'« humanisme rebelle[211] » en le poussant à dépasser les frontières du droit pour mieux le comprendre et l'appliquer[212].

En partant du même postulat, il s'agit d'envisager l'histoire du droit de l'imprimé comme une histoire sociale en prenant en compte la conjoncture dans laquelle ce droit évolue et qui vient le conditionner[213].

Orthodox : John Henry Wigmore et la naissance de l'intérêt du droit pour la littérature », in Garapon Antoine, Salas Denis dir., *Imaginer la loi : le droit dans la littérature*, Paris, Michalon, 2008, p. 49. V. Wigmore John Henry, « A List of Legal Novels », *The Brief*, vol. 2, janvier 1900 ; Wigmore John Henry, « A List of Legal Novels », *Illinois Law Review*, Chicago, Northwestern University Publishing Association, vol. 2, n° 9, April 1908, p. 574-593 ; Wigmore John Henry, « A list of One Hundred Legal Novels », *Illinois Law Review*, Chicago, Northwestern University Publishing Association, vol. 17, n° 9, Mai 1922, p. 26-41.

209 Juriste et membre de la Cour suprême en 1932, qui publie en 1925 un article intitulé « Law and Literature » au sein de la *Yale Review* et pose les jalons du mouvement ; Cardozo Benjamin, « Law and Literature », *Yale Review*, vol. 14, 1925, p. 699-718. Cardozo met en évidence la nécessaire recherche dans la littérature, d'éléments permettant l'enrichissement du discours juridique. Dans un pays de Common Law, « La forme n'est pas quelque chose qui s'ajoute à la substance tel un ornement protubérant. Les deux se fondent dans une unité. [...] La force qui nait de la forme et la faiblesse qui nait de l'absence de forme participent de la qualité de la substance » ; Cardozo Benjamin, « Law and Literature », in Cardozo Benjamin, Disseaux Nicolas, *Le droit une question de style ?*, Paris, Dalloz, 2016, p. 2-3. Par la lecture, Cardozo propose au juge notamment de perfectionner son style afin de gagner en fluidité et d'exposer, avec précision, le sens de sa pensée à travers ses décisions.

210 Pour un état de l'art en la matière, l'on se réfèrera à l'article d'ouverture de la nouvelle revue *Droit et littérature* créée en 2017. *V.* Faugère Clémence, « Revue droit et littérature », *RTD civ.*, 2020, p. 218-220.

211 Simonin Anne, *op. cit.*, § 5. *V.* Patanzakos Michael, « *Ad Humanitatem Pertinent* : A Personnal Reflection on the History and Purpose of the Law and Literature Movement », *Cardozo Studies in Law and Literature*, vol. 7, n°1, spring-summer 1995, p. 31-71.

212 En France, la réception du mouvement « droit et littérature » est assez tardive. Cet intérêt récent pour la question peut étonner dans un pays de droit écrit et de tradition humaniste où l'on pourrait penser qu'une attention particulière serait apportée à l'étude des liens entre droit et lettres. C'est à partir des années 1990 que ce sujet attire l'attention des chercheurs : traduction en français d'ouvrages de référence tel que *Law and Literature* de Richard Posner traduit par Philipe Jouary et publié en 1999, ainsi que publication d'ouvrages et d'articles francophones précurseurs par Philippe Malaurie. *V.* Malaurie Philippe, *Droit et littérature : anthologie*, Paris, Cujas, 1997, 344 p.

213 *V.* Sapiro Gisèle, « IV. Sociologie de la réception », in *La sociologie de la littérature.* La Découverte, 2014, p. 85-106.

Nous transposons à nos travaux la théorie de l'horizon d'attente développée par Hans-Robert Jauss en partant du postulat que le droit de l'imprimé est conditionné par la réception que l'État en a à travers ses institutions. La réception est influencée tant par le contexte (horizon historique et social) que par les caractéristiques de l'imprimé lui-même comme le thème ou le genre (horizon d'attente littéraire)[214].

Cette réception est réalisée par plusieurs institutions étatiques qui par leur action vont participer du contrôle juridique de l'imprimé.

LE CONTRÔLE JURIDIQUE DE L'IMPRIMÉ : UNE APPRÉHENSION THÉORIQUE ET PRATIQUE DU DROIT DE L'IMPRIMÉ

Le contrôle juridique de l'imprimé est conçu au sein du présent travail comme la mise en œuvre étatique de sa répression : de l'édiction des normes à l'application qui en est faite par les tribunaux. La spécificité de nos travaux tient ainsi non pas dans la nature des sources mobilisées, qui sont sans aucun doute de facture classique, mais dans leur étude conjointe et parfois même dans leur étude tout simplement. Beaucoup de normes et de jurisprudences n'ont pas ou peu été étudiées. Tel est le cas notamment du droit produit sous la Commune et la guerre Franco-prussienne, dont les sources particulièrement vastes ont été peu exploitées.

Il s'agit ainsi d'éclairer toute la chaîne du droit en faisant se confronter notamment histoire politique et histoire du droit pénal.

LES SOURCES NORMATIVES

Par la norme se trouve posée la limite entre la juste utilisation de la liberté d'expression et l'interdit. C'est elle qui vient donner corps à la politique pénale en créant des infractions ou en la complétant

214 Jauss Hans-Robert, *Pour une esthétique de la réception*, [1978], Claude Maillard trad., Paris, Gallimard, 1978, p. 174 ; *V.* Kalinowski Isabelle, « Hans-Robert Jauss et l'esthétique de la réception », *Revue germanique internationale*, 1997, n° 8, p. 151-172.

(circulaires). À travers la norme transparaîssent des enjeux politiques et juridiques.

Afin d'analyser avec précision ces enjeux, il convient d'appréhender la norme d'un point de vue technique en mettant en exergue son apport au droit tant substantiel que processuel. Nous envisageons ainsi le droit de l'imprimé dans toutes ses composantes.

La matière première exploitée au sein de nos travaux tient dans les normes édictées par les institutions républicaines afin d'encadrer la liberté d'expression. Si toutes les normes juridiques sont envisagées, une attention particulière est apportée à la loi.

La Troisième République, à partir de la victoire des républicains dans les urnes à la fin de la décennie 1870, est un régime parlementaire « absolu » selon la célèbre expression empruntée à Raymond Carré de Malberg. Les prérogatives du président de la République sont conçues restrictivement et la lecture dualiste de la constitution pratiquée jusqu'alors par les monarchistes est abandonnée à la faveur d'une lecture moniste. Le Parlement devient le maître du jeu politique et domine l'exécutif. C'est donc sur lui que repose l'avenir de la République, à travers sa capacité à réformer le pays par le biais de l'initiative des lois – qu'il partage avec le président de la République – et de leur vote. Dans ce contexte parlementariste et légicentriste, les débats parlementaires, qu'ils se tiennent à l'Assemblée ou au Sénat, nous permettent d'envisager les différentes conceptions de la liberté d'expression en présence. Par l'étude du processus d'élaboration de la norme il est permis de discerner comment, dans ce domaine précis, les institutions ont justifié et légitimé leurs pratiques symboliques et les dominations qui s'exercent au sein de l'espace social[215]. Il s'agit en ce sens de mettre en évidence le discours qui est construit autour du droit de l'imprimé. C'est à travers lui qu'apparaît, en partie, le rôle qui est attribué à ce droit dans la construction républicaine.

Ainsi, une lecture attentive et inédite des 36 années de débats parlementaires a été réalisée à travers les différents journaux officiels de la République française, que cela soit à la chambre des députés ou au Sénat.

---

215 Bourdieu Pierre, « Stratégies de reproduction et modes de domination », *Actes de la recherche en sciences sociales*, vol. 105, décembre 1994, Stratégies de reproduction et transmission des pouvoirs, p. 6.

L'étude de ces discussions a été complétée par l'étude de la doctrine juridique et de ses commentaires portés à la fois sur les normes et sur les décisions rendues par les tribunaux.

LA JURISPRUDENCE

En raison de l'établissement progressif d'un contrôle *a posteriori* de l'imprimé, une attention particulière est apportée à l'application du droit par les tribunaux à travers l'étude de la jurisprudence contenue notamment dans les revues spécialisées : *Gazette du palais, Journal du palais, Journal des débats politiques et littéraires...*

À ce titre, ont été envisagées à la fois les infractions contre l'État mais également les infractions contre les particuliers. Ce traitement conjoint permet de comprendre l'articulation qui est faite par les institutions républicaines entre vie privée et vie publique, espace public et espace privé.

À travers ces différents contentieux, l'ensemble des activités sociales se trouvent confiées à un espace particulier, dont la répartition témoigne de la plus ou moins grande implication de l'État dans la vie des citoyens.

Le choix des décisions de jurisprudence envisagé au cours de l'étude est orienté par l'activité du législateur : un sujet largement débattu à l'Assemblée demande d'observer la réponse des tribunaux à ce sujet à la fois quant au droit (texte précisé, interprétation *praeter* ou *contra legem* ...) et à la pratique judiciaire (poursuites, condamnations). À ce titre se trouvent mobilisées les statistiques judiciaires communiquées notamment par les Comptes généraux de l'administration de justice en matière criminelle ainsi que le bulletin officiel du ministère de la Justice.

Pour certaines affaires au sein desquelles la personnalité des agents joue un rôle important en raison de leurs capitaux symboliques ou sociaux ou dans le cas où les éléments de procédure (plaidoiries ou réquisitoires) dépassent l'instance, une attention est portée à ces données qui sont éclairées par des références à des éléments extra-juridiques.

LES SOURCES EXTRA-JURIDIQUES

À côté de ces sources normatives et judiciaires, en raison de l'attention particulière qui est portée au contexte historique, culturel et social dans lequel le droit trouve à être produit, nous mobilisons des sources extra-juridiques. L'objectif est de ne jamais couper le droit de la cité, dans une matière juridique intimement liée à l'actualité et qui nécessite une approche tant structurelle que conjoncturelle.

En ce sens l'analyse des articles de presse publiés sous la période permettent d'observer tant la réception qui a été faite de la politique républicaine que les raisons qui ont participé à la construction de cette politique.

Afin de mettre en relation ces différentes sources intervenant dans des domaines distincts du monde social, un recours à la théorie des champs développée par Pierre Bourdieu nous apparaît comme adéquate[216].

Selon Pierre Bourdieu, le monde social est constitué de différents champs sociaux. Le champ constitue un microcosme social qui est régi par des règles qui lui sont propres et qui se caractérise par une fin spécifique dont les enjeux paraissent comme insignifiants aux yeux des agents qui lui sont étrangers. En ce sens, la logique du champ s'institue à l'état incorporé chez les individus engagés dans le champ sous la forme d'un sens du jeu et d'un *habitus* spécifique. L'habitus se comprend alors comme suit :

> une loi immanente, déposée en chaque agent par la prime éducation, qui est la condition non seulement de la concertation des pratiques mais aussi des pratiques de concertation, puisque les redressements et les ajustements consciemment opérés par les agents eux-mêmes supposent la maîtrise d'un code commun et que les entreprises de mobilisation collective ne peuvent réussir sans un minimum de concordance entre l'habitus des agents mobilisateurs (*e. g.* prophète, chef de parti, etc.) et les dispositions de ceux dont ils s'efforcent d'exprimer les aspirations[217].

L'*habitus* renvoie à des conduites rendues automatiques et impersonnelles, conditionnées par l'ordre social. Au sein du champ les agents répondent à des stratégies qui leur sont propres en fonction de leur place dans ce dernier, en tant que dominant ou que dominé. Si la lutte est intérieure au champ, elle se cristallise également sur les frontières de ces derniers. Dans les sociétés contemporaines, les champs s'engagent dans des processus d'autonomisation : ils invoquent leur soumission à

216 Cette théorie est présente dans de nombreux ouvrages de Pierre Bourdieu, aussi nous retiendrons son ouvrage de référence en la matière : Bourdieu Pierre, *Microcosmes. Théorie des champs*, Paris, Raisons d'agir, 1979, 696 p.

217 Bourdieu Pierre, *Esquisse d'une théorie de la pratique*, Paris, Éditions du Seuil, 2000, p. 27.

des principes et des normes propres opposées à l'intrusion de pouvoirs extérieurs. Le contrôle juridique de l'imprimé se trouve lui-même à la conjonction de plusieurs champs : littéraire, médiatique, judiciaire et politique. Il s'agit lors de cette étude d'envisager l'imprimé à travers l'ensemble de ces champs afin de comprendre les rapports de forces qui s'opèrent à l'occasion de son contrôle.

LE CONTRÔLE JURIDIQUE DE L'IMPRIMÉ SOUS LA TROISIÈME RÉPUBLIQUE (1870-1906)

Parce que la République renvoie à différentes définitions, nous avons postulé que les liens que cette dernière entretenait avec la liberté d'expression répondaient à la même diversité : que l'on envisage la République comme un régime politique, c'est-à-dire un mode d'organisation des pouvoirs au sein de la société ou qu'elle soit envisagée comme un ensemble de valeurs et de normes répondant à une « idée républicaine ».

Il ressort, de la mobilisation de l'ensemble de ces sources, que la Troisième République a connu sous la période 1870-1906, deux grandes tendances relatives au contrôle juridique de l'imprimé qui témoignent d'un apprentissage républicain en deux temps à travers une période de construction puis de stabilisation amenant *in fine* à une consolidation de l'idée républicaine.

La rupture entre ces deux périodes ne tient ainsi pas au droit de l'imprimé en lui-même qu'au contexte politique dans lequel il intervient et modifie son utilisation par les institutions républicaines.

De la proclamation de la République à la fin de la décennie 1870, les institutions républicaines œuvrent avant tout à leur survie en raison de la guerre qui oppose la France à la Prusse, de l'insurrection communarde mais également de la pression des conservateurs en faveur d'une restauration monarchique et de l'Ordre moral. Le contrôle juridique de l'imprimé se déploie dans un premier temps comme un outil de conservation des institutions politiques et sociales. Les conservateurs au pouvoir œuvrent à entretenir une République *a minima*, dont l'existence n'est que juridique. Il faut attendre la fin de la décennie et la victoire des républicains pour que la construction républicaine ne débute. Dès lors, les institutions politiques s'attachent à témoigner de leur filiation idéologique aux idées républicaines et au libéralisme : le contrôle juridique de l'imprimé est alors utilisé comme un outil d'affirmation de la nature du régime, constituant un élément propre à l'édification de la République (Partie 1).

À partir de 1885, les crises politiques, sociales et économiques se multiplient. La République des modérés est déstabilisée par la montée du populisme, du nationalisme et de l'antisémitisme qui trouvent des échos à travers le Boulangisme, le scandale de Panama ou l'Affaire Dreyfus. La République doit également faire face à la montée des idéologies de gauche radicale à travers l'anarchisme notamment. Le contrôle juridique de l'imprimé se présente alors comme un outil de stabilisation de la République, qui au-delà de permettre de sortir des crises permet également d'approfondir ses aspirations républicaines au début du XXe siècle (Partie 2).

PREMIÈRE PARTIE

LE CONTRÔLE JURIDIQUE DE L'IMPRIMÉ, ÉLÉMENT POUR L'ÉDIFICATION DE LA TROISIÈME RÉPUBLIQUE

INTRODUCTION
À LA PREMIÈRE PARTIE

Les dix dernières années du Second Empire amènent avec elles un renouveau des libertés publiques. Napoléon III, soucieux de maintenir son influence et de ménager ses soutiens au sein de la population, engage une politique sociale à destination notamment des classes les plus populaires. L'objectif est alors de calmer les tensions sociales en intégrant progressivement à une société bourgeoise, une classe ouvrière désireuse d'émancipation par l'octroi d'une autonomie plus grande et de libertés mesurées[1]. Avec la loi sur la coalition du 25 mai 1864, le pouvoir efface du code pénal les articles qui interdisaient jusqu'alors aux ouvriers de créer une entente en vue d'améliorer leurs conditions de travail, en revenant sur la loi Le Chapelier du 14 juin 1791 qui interdisait les corporations. Libres de se coaliser sous certaines conditions, les classes dominées accèdent progressivement à la possibilité de manifester leurs opinions à travers l'exercice du droit de grève et une liberté de réunion limitée octroyée par la loi du 6 juin 1868. Si les réunions à caractère politique ou religieux restent soumises à autorisation, s'ouvrent tout de même de nouveaux lieux d'échanges et de débats d'idées, jusqu'alors réservés aux classes dominantes qui recouraient largement à la pratique des réunions privées afin de débattre. Si la loi est « inquiète, jalouse et imparfaite », elle ouvre la voie à l'expression de la souveraineté populaire[2]. Parallèlement à cette ouverture du débat public, une véritable dynamique sociale d'instruction des classes sociales les plus populaires et pour tous les âges est mise en place avec l'alphabétisation et la scolarisation des plus jeunes[3].

1 Faure Alain, « Origine et usage d'une liberté très surveillée », *in* Dalotel Alain, Faure Alain, Freiermuth Jean-Claude dir., *Aux origines de la Commune. Le mouvement des réunions publiques à Paris. 1868-1870*, Paris, François Maspero, 1980, p. 15.

2 Rousselle André, *Le droit de réunion et la loi du 6 juin 1868*, Paris, Degorce-Cadot éditeur, 1870, p. 2.

3 Charle Christophe, *Histoire sociale de la France du XIX*e *siècle*, Paris, Éditions du Seuil, 1991, p. 127.

Face à ces mutations de la société, c'est la liberté d'expression qui semble occuper en premier lieu l'opposition républicaine parlementaire. Dans son discours sur les libertés nécessaires devant le corps législatif le 11 janvier 1864, Adolphe Thiers met en avant l'importance de protéger la « liberté d'échange dans les idées qui crée l'opinion publique » qui doit être « le seul guide des actes du gouvernement[4] ». Selon l'orateur, il est nécessaire de protéger la liberté de la presse parce qu'elle permet, au-dessus de tout régime politique, au pays de se gouverner « lui-même par sa propre pensée et sa propre opinion[5] ». Si pour Adolphe Thiers l'expression de la pensée et le débat d'idée se présentent comme la condition *sine qua non* à l'expression de la volonté du peuple et donc de la démocratie, ce dernier ne prône pas une liberté totale mais l'exercice d'un droit contrôlé. La liberté d'expression doit être subordonnée à la condition que l'auteur n'ait « ni outragé l'honneur des citoyens, ni troublé le repos du pays[6] ». À travers cette déclaration, le député de la Seine pose les jalons de la République à venir : un régime libéral soucieux du maintien de l'ordre et de la protection des citoyens. La loi du 11 mai 1868 crée en ce sens une marche supplémentaire vers la libéralisation de l'imprimé puisqu'elle remet en cause profondément le système établi par la loi autoritaire du 17 février 1852 : la déclaration remplace l'autorisation préalable, le système des avertissements est supprimé et le coût du timbre est diminué[7]. L'Empire fournit les armes à ceux qui seront les artisans de sa chute. Il permet l'expansion des tirages de presse qui pénètrent toutes les classes sociales et illustre une « demande enracinée de culture vivante à tous les niveaux de la société[8] ». L'accès généralisé à l'imprimé crée progressivement les conditions d'une véritable démocratie au sein de laquelle la classe moyenne vient à s'épanouir et sur laquelle les Républicains entendent trouver un allié de choix. Dans ce contexte, la presse d'opposition peut prospérer[9]. Associée à une organisation de

4 *Le moniteur universel*, 12 janvier 1864, p. 5.

5 *Loc. cit.*

6 *Loc. cit.*

7 V. Brayer Félix, *Loi annotée du 11 mai 1868 sur la presse ou manuel complet renfermant par ordre alphabétique de matières toutes les dispositions en vigueur sur la presse périodique, l'imprimerie, la librairie, l'affichage, le colportage, etc.*, Grenoble, Prudhomme, 1868, 80 p.

8 Charle Christophe, *op. cit.*, p. 129.

9 Après une forte période de répression dans les années 1858-1860, suite à l'attentant d'Orsini ; Spandonis Sophie, « La presse du Second Empire vue à travers le *Journal des*

plus en plus importante des mouvements ouvriers à travers des syndicats non autorisés par la loi mais tolérés par les pouvoirs publics[10], ainsi qu'à la montée en puissance des mouvements révolutionnaires, blanquistes et socialistes, la libéralisation de la société déstabilise l'Empire. Les procès, qu'ils concernent les agents du champ politique[11] ou du champ littéraire[12], n'arrivent pas à freiner un mouvement qui est en marche : les républicains sortent progressivement de leur traversée du désert et influent sur la politique nationale[13]. En témoigne la victoire du *oui* au plébiscite du 8 mai 1870 qui valide l'élan donné vers une politique libérale.

Mais, le contexte politique international et national de l'année 1870 empêche les idées républicaines et progressistes de se traduire par des mesures politiques et juridiques notables. Si la République voit le jour, les promesses d'hier sont vite oubliées et le régime républicain est une coquille vide, une simple pratique politique[14]. Envisagé comme le support matériel de la pensée, l'imprimé est perçu comme une menace par les notables aux pouvoirs, héritiers de l'ancienne France, œuvrant à la Restauration monarchique ainsi qu'à la défense d'un ordre social ancien[15]. Le droit qui encadre l'imprimé constitue alors dans un régime

---

Goncourt, ou le *Journal* comme document humain », *Cahiers Edmond et Jules de Goncourt*, 2002, n° 9, p. 130.

10 Faure Alain, *op. cit.*, p. 30.

11 L'Internationale est frappée par différents procès en juin 1870 à Paris ainsi qu'à Blois ; *V.* Moissonnier Maurice, « Chapitre VI. Debout les damnés de la terre », Claude Willard éd., *La France ouvrière. T. 1 – Des origines à 1920*, Paris, Éditions de l'Atelier, 1994, p. 197-220.

12 Tel est le cas de l'Affaire Baudin en 1868. Charles Delescluze et son journal *Le réveil* sont poursuivis pour avoir réalisé une souscription dans le but de construire un monument à la mémoire de Jean-Baptiste Baudin, un républicain tombé sur les barricades de l'opposition au coup d'État de Louis-Napoléon Bonaparte du 2 décembre 1851. Le souvenir de cette répression vient servir le projet politique des républicains. *V.* Gambetta Léon, *Affaire Baudin*, [1893], Paris, Hachette, 2013, 40 p ; Ollivier Émile, « L'Affaire Baudin (1868) », *Revue des deux mondes*, Cinquième période, vol. 33, n° 2, 15 mai 1906, 40 p. Les procès de presse en correctionnel se multiplient à la fin de la décennie ; *V.* Bournat Victor, *Les Procès de presse depuis la loi du 11 mai 1868 jusqu'au 1er janvier 1869*, Paris, Bulletin de la Cour impériale de Paris, 1869, 114 p.

13 Rozier-Robin Édith, « Le souvenir du 2 décembre dans la mémoire républicaine 1868-1871 », *Revue d'histoire du XIXe siècle*, n° 1, 1985, p. 2.

14 Agulhon Maurice, *La République*, t. 1, Paris, Hachette, 2011, p. 27.

15 Cette tentative impuissante est présentée par Halévy Daniel dans *La fin des notables*, t. 1, Paris, Pluriel, 1995, 222 p. et *La fin des notables, t. 2, La République des ducs*, Paris, Pluriel, 1995, 323 p.

qui n'a de républicain que la forme de gouvernement, un outil en faveur du conservatisme. Le droit de l'imprimé se présente avant tout comme un outil juridique de maintien de l'ordre et de stabilisation politique d'une République constitutionnelle. La République se fait ainsi dans un premier temps, et paradoxalement, « sans les républicains[16] ».

Il faut attendre leur victoire par les urnes en 1879 pour que leurs idées prennent leur essor et que le simple système institutionnel qu'était la République jusqu'alors devienne une véritable « attitude mentale, une certaine présence au monde et une explication de celui-ci[17] ». Les institutions entrent alors dans une phase d'apprentissage actif de l'idée républicaine au sein duquel la liberté d'expression trouve toute sa place. Le contrôle juridique de l'imprimé, placé sous le sceau du libéralisme et d'un droit renouvelé et systématisé, devient un outil de promotion de la doctrine républicaine modérée des opportunistes[18].

---

16 Expression empruntée à Thirion Émile, *La République sans les républicains. Épitre aux monarchistes*, Senlis, E. Payen, 1871, 16 p.

17 Nicolet Claude, *op. cit.* p. 11.

18 Expression empruntée à Grévy Jérôme, *La République des opportunistes (1870-1885)*, Paris, Éditions Perrin, 1998, 432 p.

DU MAINTIEN DE L'ORDRE PUBLIC AU MAINTIEN DE L'ORDRE MORAL

La lenteur des tractations parlementaires afin de mettre sur pied une commission de gouvernement et de défense nationale[1] ainsi que la paralysie d'un Empire qui craint la disparition de sa dynastie, ont raison de la stabilité politique du pays[2]. Bien que le plébiscite du 8 mai 1870 ait été favorable à l'Empire dans son acception libérale[3], la débâcle de l'armée et la captivité de Napoléon III depuis le 2 septembre entraînent la chute d'un régime en place depuis dix-huit ans[4]. Le 4 septembre 1870[5], la foule parisienne envahit une Chambre qui tarde à proposer une gouvernance fiable pour une France accablée. La République est proclamée par Léon Gambetta et Jules Favre à l'Hôtel de ville de Paris, sans violence ni révolution, constituant de fait une transition de régime inédite[6].

Dans ce « vide créé par la défaite[7] », un gouvernement de la Défense nationale est constitué à la hâte. Composé de députés issus de l'opposition

---

1 Sur la proposition de Adolphe Thiers.

2 Demier Francis, *La France du XIXe siècle, 1814-1914*, Paris, Éditions du Seuil, 2000, p. 289.

3 Les électeurs ont majoritairement répondu positivement à la question suivante : « Le peuple approuve les réformes libérales opérées dans la Constitution depuis 1860, par l'Empereur, avec le concours des grands Corps de l'État, et ratifie le sénatus-consulte du 20 avril 1870 ». Ce texte prévoyait de nouvelles dispositions quant à la Constitution de l'Empire, avec notamment l'établissement de la responsabilité des ministres.

4 Sur la chute du Second Empire, *V.* Simon Jules, *Souvenirs du 4 septembre : origine et chute du Second Empire*, Paris, Michel-Lévy frères, 1874, 436 p.

5 Sur l'historiographie et la mémoire de cette date longtemps oubliée, *V.* l'article de Le Trocquer Olivier, « Mémoire et interprétation du 4 Septembre 1870 : le sens de l'oubli », *Temporalités*, n° 5, [en ligne]. Cette date est d'autant plus symbolique qu'en septembre 2021, le Président de la République Emmanuel Macron décide de la célébrer.

6 Cette absence de violence peut être mise au crédit des républicains modérés qui prennent de court les populations les plus révolutionnaires en proposant rapidement un gouvernement, évitant à la situation de dégénérer.

7 Expression empruntée à René Rémond et citée par Grévy Jérôme, *La République des opportunistes, 1870-1885*, *op. cit.*, p. 11.

au Second Empire, il tente de représenter les différentes sensibilités républicaines du temps, tout en contenant les ambitions de l'extrême gauche et des blanquistes[8]. Au sein de l'organe exécutif se côtoient ainsi des républicains expérimentés, à travers la nomination de personnalités telles que Adolphe Crémieux ou Jules Simon, et des hommes issus de la jeune garde républicaine avec l'arrivée au pouvoir de Jules Favre ou de Léon Gambetta. Se crée ainsi un gouvernement hétérogène au sein duquel se côtoient des révolutionnaires comme Rochefort et des militaires comme le général Le Flô ou l'amiral Fourichon dont la présence apparaît comme nécessaire dans un contexte de conflit armé. Dans cette optique, la présidence du gouvernement est confiée au général Louis-Jules Trochu, un catholique conservateur de tendance orléaniste, mais surtout un militaire jusqu'alors gouverneur de Paris[9]. Si l'on peut distinguer une première forme d'Union sacrée en faveur de la République[10], cette coalition n'empêche pas les désaccords internes au camp républicain qui ne font que s'intensifier entre 1870 et 1871, laissant présager les grandes oppositions à venir au cours de la première décennie de la Troisième république. Mais pour l'heure, le nouvel organe exécutif doit faire face à un ensemble de menaces qui pèsent sur la France.

Il doit tout d'abord lutter contre l'ennemi prussien, en position de force depuis la cuisante défaite de Sedan. Le conflit débuté le 19 juillet 1870 sur fond d'imbroglios diplomatiques[11] et de rivalités anciennes[12],

---

8 *Loc. cit.*

9 Mayeur Jean-Marie, *La vie politique sous la Troisième République*, Paris, Le Point, 1984, p. 16; Demier Francis, *op. cit.*, p. 290.

10 *V.* à ce sujet l'ouvrage de l'avocat et homme politique républicain Picard Ernest, *1870 : Sedan*, Paris, Plon, 1912, 334 p.

11 La dépêche d'Ems, texte à travers lequel le chancelier Bismarck refuse à la France une confirmation écrite de renoncement au trône d'Espagne, est publié dans la presse. Ce document est perçu par les français comme une humiliation; *V.* Charles, *Juillet 1870. Le drame de la dépêche d'Ems*, Payot, 1930, 211 p.

12 La France et la Prusse ont été des ennemis tout au long du XIXe siècle et ce dès la bataille d'Iéna en 1806 remportée par Napoléon Bonaparte. Élément moteur de l'unification de la nation allemande au cours du XIXe siècle, cette défaite alimente un fort nationalisme outre-rhin. *V.* à ce sujet Schulze Hagen, « Nationalisme et identité nationale dans l'Europe des XIXe et XXe siècles », *in* Krebs Gilbert, Rovan Joseph, *Identités nationales et conscience européenne*, Paris, Presses Sorbonne Nouvelle, 1992, p. 43-47. En outre, *V.* Caron Jean-Claude, Vernus Michel, *L'Europe au 19e siècle. Des nations aux nationalismes (1815-1914), Paris*, Armand Colin, 2015, 496 p. ainsi que Anderson Benedict, *L'imaginaire national. Réflexion sur l'origine est l'essor du nationalisme, op. cit.*

tourne à l'avantage de la coalition des États allemands, et plus encore à l'avantage de la Prusse. Meneuse de la coalition, elle n'hésite pas à exposer ses ambitions quant au rôle qu'elle entend jouer sur la scène politique européenne.

Dans le même temps, le gouvernement doit faire face au mécontentement montant des populations touchées par le conflit, qui désespèrent d'un pouvoir politique qui ne leur propose ni perspective de victoire, ni de projet de société novateur. Dans cette impasse, dans cette absence de stratégie qui permette de sauvegarder l'intégrité du pays, localement les populations s'organisent autour d'un mouvement républicain radical. Dès le 4 septembre 1870 la ville de Lyon s'érige en Commune dotée d'un conseil élu. Les grandes villes de région s'émancipent de la tutelle bonapartiste plus rapidement que la capitale[13] et s'autonomisent, mettant le pouvoir central dans l'embarras.

Dans ces deux combats qui se rejoignent, aux côtés des fusils et des canons, est mobilisée une arme tout aussi redoutable sur le cours des événements : l'imprimé, moyen d'information et de propagande par excellence en cette seconde moitié du XIXe siècle. Son contrôle par les autorités permet au pouvoir en place de déstabiliser l'adversaire, de réduire au silence les partisans des mouvements locaux contestataires tout en affirmant son autorité et son idéologie d'ordre.

Le contrôle de l'imprimé permet ainsi, à mesure des luttes que mène l'exécutif sur le plan national et international, d'engager la République dans une direction conservatrice, jusqu'à instaurer un véritable Ordre moral en faveur d'un ordre établi et ancien. Le contrôle de l'imprimé se constitue ainsi progressivement, après la crise qu'a connue la France au cours des années 1870 et 1871, comme un outil au service d'un projet de société réactionnaire dans l'attente d'un potentiel retour à la monarchie.

13 Demier Francis, *op. cit.*, p. 291.

LE CONTRÔLE DE L'IMPRIMÉ AU SERVICE DE L'ORDRE EN TEMPS DE GUERRE

Dans le cadre d'un conflit armé, l'ensemble des institutions étatiques sont mises à contribution afin de mener le combat tant sur le front, qu'à l'arrière. Afin de se protéger efficacement de l'ennemi, les citoyens s'organisent et luttent. Dans cette recherche, le contrôle de l'imprimé joue un rôle important en ce qu'il permet d'éviter que des publications viennent perturber la stratégie mise en place par le pouvoir. En ce sens, autorités civiles et militaires s'attachent de concert à réguler les produits disponibles sur le marché. Surtout, dans un contexte où se superposent à la fois guerre et changement de régime politique, toutes les idées menant à compromettre l'unité nationale sont sévèrement réprimées. La Commune, en ce qu'elle porte des idéaux de lutte qui dépassent le cadre du conflit franco-prussien, voit l'expression de ses partisans fortement encadrée. Face aux attaques, ses organes n'hésitent pas à mettre en place des mesures afin de contrôler l'expression de leurs adversaires versaillais. Le droit de l'imprimé est alors un outil nécessaire à une vaste entreprise de propagande idéologique.

LE CONCERT DES AUTORITÉS CIVILES ET MILITAIRES POUR LE CONTRÔLE DE L'IMPRIMÉ

La première mission à laquelle le gouvernement est confronté, avant même la chute de l'Empire, est celle de protéger la patrie des assauts de la Prusse. À ce titre, dès le mois d'août 1870, l'état de siège est proclamé sur une partie du territoire et vient bousculer le droit de la presse à travers des dispositions juridiques particulières aux périodes de conflit. En complément de cette législation extraordinaire, le gouvernement de la Défense nationale mène une politique de combat au sein duquel le contrôle de l'imprimé joue un rôle à la fois politique et militaire.

L'application de la loi du 9 août 1849 sur l'état de siège

Face au péril imminent qui pèse sur le département de la Seine en raison de l'avancée des troupes prussiennes sur le territoire national, le parlement déclare le 7 août 1870 l'état de siège sur ce territoire. Ce dispositif est régi, en 1870, par la loi républicaine du 9 août 1849 qui prévoit à la fois les conditions de sa déclaration et de sa levée, les formes de sa déclaration mais surtout ses effets[14]. La loi met en place un certain nombre de mesures qui permettent à l'autorité militaire de se déclarer compétente dès lors que celle-ci, dans le cadre de ce qui est strictement défini par la loi, estime qu'il est de l'intérêt du pays de suppléer aux autorités civiles.

En ce qui concerne l'imprimé, l'objectif de cette loi est de mettre en adéquation la stratégie militaire des autorités et les lectures du citoyen de manière à ce que la liberté d'expression devienne « le plus utile auxiliaire de l'autorité militaire » en permettant d'informer « les populations sur les erreurs, sur les fautes, et en leur rappelant les principes d'obéissance à la loi[15] ». L'état de siège crée un outil légal qui permet de renforcer le contrôle des informations qui parviennent au public, *a posteriori* de la publication, dès lors que les circonstances l'exigent. Ce souci pour la légalité de la mesure est présent dès la discussion du texte en 1849. En effet, au cours des mois précédant le vote de la loi, des interpellations à l'adresse du gouvernement sont réalisées au sein de l'Assemblée constituante suite à un ensemble de mesures prises en lien avec le milieu de la presse comme l'arrestation d'Émile de Girardin[16]. Patron de presse, partisan des journaux à bas coût, il s'oppose à la décision du général de Cavaignac de rétablir le cautionnement des journaux et participe aux journées de Juin. Son opposition au gouvernement et les prises de position de son journal *La presse*, lui valent d'être arrêté le 25 juin et incarcéré pendant onze jours sans motif clairement établi[17]. Parallèlement à cette mesure *ad*

14 Selon le premier article de la loi, il est nécessaire que pèse sur le pays un péril imminent pour la sécurité intérieure ou extérieure. L'état de siège peut être déclaré par l'Assemblée nationale, ou en cas de prorogation de cette dernière par le président de la République sur avis du conseil des ministres. Il en va de même pour la déclaration de sa levée. Dans les colonies, l'état de siège est déclaré par le gouverneur. *V.* sur l'état de siège Le Gal Sébastien, *Les origines de l'état de siège en France (Ancien régime – Révolution)*, thèse de doctorat, droit, Lyon 3, 2011.

15 Chenier Louis Joseph Gabriel de, *De l'État de siège, de son utilité et de ses effets*, Paris, J. Dumaine, 1849, p. 61.

16 Detourbet Edmond, *La presse sous le régime de l'état de siège*, Paris, A. Marescq aîné, 1875, p. 33.

17 Pellissier Pierre, *Émile de Girardin*, Paris, Denoël, 1985, p. 228.

personam, une dizaine de titres de presse sont interdits, sans pour autant que les directeurs soient incarcérés[18].

Dans ce contexte de soupçons à l'égard du pouvoir, le législateur décide d'opter pour une loi qui organise clairement le droit applicable à la presse en temps de troubles à l'ordre public. De la sorte, le chapitre III de la loi du 9 août 1849 prévoit un certain nombre de mesures qui affectent le droit de la presse.

L'effet de ces mesures peut tout d'abord être indirect, conséquence de l'application de mesures à vocation générale. Ainsi, en vertu de l'article 7 de la loi aussitôt l'état de siège déclaré, les pouvoirs dont l'autorité civile était revêtue pour le maintien de l'ordre et de la police passent tout entiers à l'autorité militaire. L'autorité civile continue néanmoins à exercer ceux de ces pouvoirs dont l'autorité militaire ne l'a pas dessaisie. De plus, selon l'article 8, les tribunaux militaires peuvent être saisis de la connaissance des crimes et délits contre la sûreté de la République, contre la Constitution, contre l'ordre et la paix publique, quelle que soit la qualité des auteurs principaux et des complices. L'article 9 précise enfin à travers son premier alinéa que l'autorité militaire a le droit de réaliser des perquisitions de jour et de nuit dans le domicile des citoyens. Au-delà de ces mesures qui peuvent embrasser des domaines très divers du droit, l'alinéa 4 de l'article 9 s'intéresse spécifiquement à l'imprimé en précisant que l'autorité militaire a le droit d'interdire les publications et les réunions qu'elle juge de nature à exciter ou à entretenir le désordre.

En conséquence, la loi possède un triple effet sur le contrôle de l'imprimé : elle peut dessaisir les tribunaux ordinaires en faveur de la compétence des tribunaux militaires, elle peut modifier la procédure applicable et, enfin, elle attribue aux autorités militaires un pouvoir d'interdiction des publications. Ainsi, le maintien de la paix et l'ordre public autorise l'autorité militaire à se substituer aux autorités judiciaires et administratives, considérées comme des institutions trop lentes, empêchant une réponse rapide en cas d'urgence.

Cependant, cette attribution de compétence ne dessaisit pas totalement le pouvoir judiciaire qui reste compétent lorsque l'autorité militaire n'use pas de la possibilité qui lui est offerte de juger certains faits qui pourtant

18 *Loc. cit.*

relèvent de sa compétence au regard de la loi sur l'état de siège (article 8). Dans certains cas, parce qu'elle sait le personnel judiciaire davantage expérimenté, elle peut décider de rester en retrait afin d'éviter d'ajouter à la complexité de la situation militaire de la confusion juridique. Dès lors, l'activité judiciaire perdure, magistrats et fonctionnaires travaillent sous l'autorité militaire, de concert avec elle dans le but de protéger le territoire assiégé par l'ennemi[19].

Si la loi sur l'état de siège a le mérite de créer un cadre légal au contrôle de l'imprimé dans le cas d'un péril imminent pour la sécurité intérieure ou extérieure, la brièveté du texte laisse certains points juridiques en suspens. Aussi, le juge judiciaire est venu éclairer la loi, et principalement l'article 9 de celle-ci, qui attribue à l'autorité militaire le pouvoir d'interdire une publication.

La nature de l'interdiction de publication prévue par l'article 9 de la loi est peu claire, y compris dans l'esprit du législateur de 1849. En effet, les débats parlementaires montrent que le terme d'interdiction est volontiers remplacé par celui de suppression ou de suspension par les élus dans leurs prises de parole. Cette confusion dans le vocabulaire employé crée, en 1870, de nombreux problèmes juridiques puisque les termes de *suppression* et de *suspension* sont prévus par la législation, en dehors de la loi sur l'état de siège par l'article 19 du décret du 17 février 1852. Aussi, le juge judiciaire est venu préciser le sens que le terme *interdiction* devait revêtir dans le cas précis de l'état de siège ainsi que l'articulation qui devait être réalisée entre ces deux textes.

Une décision du tribunal correctionnel de Sens, en date du 19 novembre 1873, indique que le droit d'interdire la publication d'un journal, accordé à l'autorité militaire en vertu de l'article 9 de la loi du 9 août 1849, ne peut être confondu avec le droit de suspension ou de suppression édicté par le décret du 17 février 1852 et conservé par la loi du 11 mai 1868. Une telle assimilation n'est possible que dans l'unique cas où la suppression ou suspension résultent de condamnations judiciaires[20]. Appel de cette décision est interjeté devant la Cour d'appel de Paris. La Cour assimile l'interdiction à la suppression et à la suspension en indiquant

19 En cas de refus de coopération, les autorités militaires ont la possibilité de suspendre les magistrats de leurs fonctions et d'en informer le gouvernement ; Chenier Louis Joseph Gabriel de, *op. cit.*, p. 45.

20 *Gazette des tribunaux*, 21 novembre 1873, p. 1129-1130.

qu'elle leur « équivaut virtuellement[21] ». L'on peut comprendre de cette tournure de phrase, que si la cour ne leur attribue pas la même nature juridique, elle leur donne le même sens.

Une décision de la 8e chambre du tribunal correctionnel de Paris du 16 décembre 1873 précise à son tour dans une affaire intéressant le journal *La ville de Paris*, que la loi du 11 mai 1868 n'a pas abrogé l'interdiction de publication qu'a le droit de prendre l'autorité militaire en application de la loi sur l'état de siège. En conséquence, l'interdiction de publication permise par l'article 9 de la loi sur l'état de siège doit selon la juridiction de première instance, être assimilée davantage à une suspension qu'à une suppression[22]. La suppression atteint la propriété même du journal et constitue une peine qui ne peut être prononcée que par des juges correctionnels et non pas par l'autorité militaire qui ne dispose que d'un pouvoir de police administrative sur le fondement de l'article 9 de la loi de siège[23]. La décision ajoute que l'interdiction, en tant que peine, peut constituer une sanction de l'infraction à un arrêté de l'autorité militaire, sur le fondement de l'article 20 du décret du 17 février 1852[24].

Ainsi les juridictions du fond ont tendance à utiliser l'interprétation par l'analogie de manière non coordonnée. La Cour de cassation, dans une décision du 10 avril 1874 est venue préciser, en droit, la nature exacte de l'interdiction prévue par l'article 9 de la loi[25]. Elle indique que l'interdiction permise par la loi est distincte de la suppression et de la suspension permises par le législateur de 1852. Pour cela, elle réaffirme le principe de sécurité juridique en indiquant que le juge pénal n'a pas la possibilité de combler les lacunes de la législation en raisonnant par le système de l'analogie. Les points de différence entre l'interdiction, la suppression et la suspension sont clairement énoncés par la Cour présidée par le magistrat libéral Faustin Hélie :

> [...] l'une est exceptionnelle et prise pour les temps difficiles et troublés, l'autre générale s'appliquant à une situation régulière et tranquille ; l'une dépendant uniquement de la volonté du commandement de l'état de siège et produisant immédiatement tout son effet, l'autre appartenant à l'autorité judiciaire qui,

21 Detourbet Edmond, *op. cit.*, p. 12.
22 *Gazette des tribunaux*, 17 décembre 1873, p. 1223 ; *D.P*, 1874, p. 203.
23 *D.P*, 1874, p. 203.
24 *Loc. cit.*
25 *Loc. cit.*

> depuis la loi du 11 mai 1868, a seule le droit de la prendre, et soumise par cela même à des formalités ou des lenteurs incompatibles avec le régime de l'état de siège [...] ; l'une pouvant frapper tous les publications, journaux et brochures, l'autre restreinte aux publications de la presse périodique[26].

La Cour ajoute que l'autorité militaire peut, par elle-même, faire exécuter ses décisions puisqu'elle dispose de tous les pouvoirs nécessaires au maintien de l'ordre et de la police[27]. Elle ne nécessite donc pas l'intervention d'un juge afin de faire respecter sa décision, prise de manière discrétionnaire. Cette décision a pour conséquence d'harmoniser la jurisprudence quant à la nature des interdictions militaires : elle réaffirme le caractère extraordinaire des mesures tout en insistant sur le fait que les décisions militaires ont vocation à s'appliquer dans un territoire clairement défini, pour un temps limité.

Cette position de la Cour de cassation avait été présagée par une décision de la 8e chambre du tribunal correctionnel de la Seine dans un jugement en date du 7 avril 1874, quelques jours avant l'intervention des juges du droit. Celle-ci indiquait alors que la mesure d'interdiction prise par l'autorité militaire en exécution de l'article 9 de la loi de 1849 « est une mesure de police administrative temporaire[28] ». Surtout, la juridiction affirmait que le pouvoir que tiennent les autorités militaires de la loi sur l'état de siège « n'est qu'un pouvoir subrogé au pouvoir civil, avec l'attribution légale de certaines attributions exceptionnelles qui n'appartiennent pas à ce dernier[29] ». En ce sens, les mesures n'ont vocation à s'appliquer qu'à une portion déterminée de territoire et pour un temps limité. La 8e chambre du tribunal correctionnel de la Seine dans une décision du 30 décembre 1873 affirmait également, préalablement à l'intervention de la Cour de cassation, que l'interdiction de publication décidée par l'autorité militaire ne peut prendre fin que par une mainlevée de cette interdiction ou par la fin de l'état de siège[30], indépendamment donc de toute intervention de l'ordre judiciaire. La durée des mesures fixée, se pose encore la question de l'application des interdictions prises par les autorités militaires dans l'espace.

---

26 Detourbet Edmond, *op. cit.*, p. 28.
27 *Ibid.*, p. 29.
28 *Gazette des tribunaux*, 8 avril 1874, p. 339.
29 *Loc. cit.*
30 Detourbet Edmond, *op. cit.*, p. 24.

En matière d'application de la loi du 9 août 1849 dans l'espace, le contentieux est nourri en priorité par le subterfuge qu'utilisent certains journaux interdits par l'autorité militaire de manière à reparaître. Afin de contourner l'interdiction à laquelle ils sont soumis sur le territoire soumis à l'état de siège, ils renaissent sous un nom différent. La question qui se pose alors est de savoir si le journal nouveau-né, constitue ou non une continuation du journal précédemment suspendu.

Le premier type de cas auquel a été confronté le pouvoir judiciaire, et le plus simple, a été celui de journaux interdits et reparus au même endroit sous un autre nom. Ainsi, le journal *le Corsaire*, interdit dans un premier temps par le gouverneur de Paris et imprimé de nouveau sous le titre de l'*Avenir national* est condamné par la 10e chambre du tribunal correctionnel de la Seine pour violation de l'article 20 du décret du 17 février 1852 à travers une décision en date du 28 juin 1873[31]. Il en est de même pour *Le journal de Semur*, publié sous le nouveau titre de l'*Écho de l'Auxois*. Le journal est considéré par le tribunal correctionnel de Semur comme une continuation du premier titre par une décision du 19 novembre 1873 et à ce titre les gérants sont condamnés[32]. Au regard des décisions, il apparaît que les juges du fond, afin de déterminer la continuation du journal se concentrent sur des éléments très divers et majoritairement matériels comme l'utilisation de caractères d'imprimerie semblables, le prêt d'une presse, l'utilisation d'un papier similaire, l'adresse du journal aux abonnés du journal interdit, ou les prix de vente et d'abonnement identiques[33].

En outre, les tribunaux judiciaires ont été confrontés à un second cas de figure, plus complexe : celui d'une publication interdite sur un territoire où s'applique l'état de siège et qui renaît, sous un autre nom, dans un territoire où loi de 1849 est en vigueur. Les juges du fond ont dû alors faire face à cette question non résolue par le législateur.

À travers un arrêté du 4 septembre 1873, le gouverneur de Paris interdit le journal le *Peuple souverain*. À partir du 4 octobre est publié *Le suffrage universel* à Sens. Certains numéros publiés dans ce territoire non soumis à l'état de siège sont introduits dans la capitale. En conséquence, le gouverneur qui conçoit le second journal comme une continuation du

31 *Ibid.*, p. 21.
32 *Loc. cit.*
33 *Ibid.*, p. 19-20 ; *Gazette des tribunaux*, 17 décembre 1873, p. 1223.

premier, rend un nouvel arrêté en date du 5 octobre afin d'interdire à la fois l'introduction et la vente du *Suffrage universel*. La question juridique qui se pose alors est de savoir si l'interdiction prise à Paris a vocation à s'appliquer à Sens. Le tribunal correctionnel de Sens, dans une décision du 19 novembre 1873, acquitte les prévenus en indiquant que les arrêtés pris dans la capitale par les autorités militaires n'ont pas le caractère général et absolu d'une décision judiciaire exécutoire dans tout la France En conséquence, ils n'ont pas à s'appliquer à des publications publiées en dehors du territoire où l'état de siège est en place[34].

Appel est interjeté de cette décision et la Cour d'appel reprend le même raisonnement que le tribunal de première instance, en affirmant tout d'abord que le *Suffrage universel* est bien une continuation du *Peuple souverain*. Pour autant, la Cour indique que les arrêtés militaires ne produisent pas d'effets en dehors du territoire soumis à l'état de siège. Malgré cette démonstration, qui devrait mener à l'acquittement, elle condamne tout de même les prévenus pour des faits dont elle n'avait pas été saisie préalablement ni dans l'ordonnance, ni dans la citation[35]. Les responsables du journal sont soumis à une contravention pour avoir introduit le journal dans la capitale et l'avoir exposé ou mis en vente sur le fondement de l'article 20 du décret du 17 février 1852. La Cour en énonçant que sur les territoires en état de siège, « les publications, réputées dangereuses, doivent être prohibées plus rigoureusement que partout ailleurs[36] », vient ainsi outrepasser ses compétences afin de protéger au mieux les zones géographiques les plus instables.

Un pourvoi en cassation est formé, et cette décision est fortement contestée par l'avocat général Gustave-Emmanuel Bédarrides[37]. Dans un premier temps, ce dernier met en avant la violation des droits de la défense et du principe de double juridiction. Le prévenu n'a à aucun moment consenti à une extension des préventions contre lui et la cour a substitué les faits commis à Sens par des faits commis à Paris en réalisant une extension territoriale de l'application de la loi sur l'État. Pour l'avocat général, cette extension puisée dans une assimilation entre interdiction

34 Detourbet Edmond, *op. cit.*, p. 10-11.
35 *Ibid.*, p. 14.
36 *Loc. cit.*
37 *Gazette des Tribunaux*, 25 février 1874, p. 191.

et suspension ou suppression apparaît comme inenvisageable en raison d'une différence de nature entre ces deux mesures.

La décision rendue en appel se trouve cassée par la Cour de cassation par un arrêt du 13 février 1874 : la Cour met en évidence le fait que les tribunaux correctionnels ne peuvent être saisis que des faits énoncés dans l'ordonnance de renvoi ou dans la citation[38]. En l'espèce, la Cour d'appel a statué sur des faits dont elle n'avait pas été saisie et a violé en conséquence le droit de la défense et la règle du double degré de juridiction.

Puisque l'arrêt est cassé avec renvoi, une nouvelle instance est ouverte devant le tribunal correctionnel de la Seine : la 8e chambre indique à nouveau dans sa décision du 7 avril 1874 que l'interdiction prise par une autorité militaire n'a pas vocation à s'appliquer en dehors de la région soumise au régime exceptionnel de l'état de siège. En revanche, le tribunal relève que l'infraction peut être sanctionnée sur le fondement de l'article 20 du décret du 17 février 1852[39], qui n'a nullement été abrogé par la loi du 11 mai 1868[40]. À travers cette décision nouvelle des juges du fond[41], le pouvoir judiciaire vient protéger les territoires en état de siège, en empêchant les imprimés précédemment interdits de pénétrer en son sein. Ces arrêtés en revanche ne peuvent s'étendre au-delà des départements en état de siège, puisqu'il ne s'agit que de mesures locales que les autorités militaires peuvent faire exécuter par elles-mêmes, sans intervention du juge judiciaire[42]. C'est ce que confirme la Cour de cassation dans un autre arrêt du 10 avril 1874[43].

À travers ces décisions, l'on observe que le juge judiciaire se place en véritable allié des autorités militaires sur les territoires menacés[44]

38 *Loc. cit.*

39 Cet article dispose que « Si la publication d'un journal ou écrit périodique frappé de suppression ou de suspension administrative ou judiciaire est continuée sous le même titre, ou sous un titre déguisé, les auteurs, gérants ou imprimeurs, seront condamnés à la peine d'un mois à deux ans d'emprisonnement et, solidairement, à une amende de cinq cents francs à trois mille francs, pour chaque numéro ou feuille publiée en contravention ».

40 Cette loi abrogeait les dispositions qui permettaient jusqu'alors la suspension et la suppression de journaux par décision ministérielle ou par décret du chef de l'État.

41 Detourbet Edmond, *op. cit.*, p. 18.

42 *Ibid.*, p. 39.

43 *Ibid.*, p. 27.

44 Notons qu'aux interdictions militaires doivent être ajoutées les interdictions qui peuvent être prises par les autorités civiles en vertu notamment de la loi des 27-29 juillet 1849 sur le colportage.

tout en prenant en compte la sauvegarde de la liberté d'expression en encadrant précisément leurs pouvoirs. Cette balance entre la liberté de la presse et les besoins pragmatiques du terrain a également été réalisée par le gouvernement de la Défense nationale. Emporté dans un premier temps par des idéaux libéraux, il est très vite rattrapé par la réalité de la défaite française et les besoins politiques du moment.

Un élan libéral brisé par le gouvernement de la Défense nationale

Le gouvernement de la Défense nationale s'attache, dès la proclamation de la République, à légitimer sa nomination ainsi que le changement de régime. Dans son discours à l'hôtel de ville le 4 septembre 1870, Léon Gambetta déclare ainsi devant la foule rassemblée que la République est proclamée parce que la révolution a été faite au nom du droit et du salut public[45]. Dans le même sens, le ministre des affaires étrangères avance, dans une circulaire adressée aux agents diplomatiques, l'argument selon lequel c'est le peuple lui-même qui a demandé la République au nom d'« une nécessité supérieure, celle de son propre salut » au nom du droit et de la justice[46]. Pour autant, le nouveau pouvoir sait la nécessité de compléter ces maigres justifications par des arguments solides afin de pallier son manque de légitimité né notamment de l'absence de consultation directe des citoyens ou de leurs représentants quant à l'avènement du régime[47]. Sous l'influence des républicains les plus anciens et surtout les plus légalistes tels que Jules Grévy ou Louis Antoine Garnier Pagès, la décision est prise d'inscrire le régime dans un cadre légal irréprochable et respectueux de l'État de droit[48]. L'objectif poursuivi est ainsi de

---

45 Déjà au sein de la chambre, il démontre la légalité de la déchéance de l'Empire en déclarant : « Citoyens, attendu que la patrie est en danger ; attendu que le temps nécessaire a été donné à la représentation nationale pour prononcer la déchéance ; attendu que nous sommes et que nous constituons le pouvoir régulier issu du suffrage universel libre ; nous déclarons que Louis-Napoléon Bonaparte et sa dynastie ont à jamais cessé de régner sur la France » ; *Le Siècle*, 12 janvier 1871, p. 1.

46 *JORF*, 7 septembre 1870, p. 1533.

47 Rappelons que la délégation de huit membres de l'Assemblée nommés lors de la première réunion extraparlementaire à l'Hôtel de la Présidence n'a pas été consultée lors de la constitution du Gouvernement de la Défense nationale. Celui-ci avait déjà été constitué et acclamé à l'Hôtel de Ville, elle arriva trop tard.

48 Grévy Jérôme, *La république des opportunistes*, *op. cit.*, p. 11.

« légaliser la révolution du 4 septembre » de manière à ne pas « paraître avoir oublié au pouvoir les principes [...] projetés dans l'opposition et de donner à la République, devant l'Europe, la consécration de la nation[49] ». Le 8 septembre un décret convoque ainsi les citoyens français aux urnes afin d'élire une Assemblée constituante, dans la perspective de donner au régime républicain une véritable assise légale. Le scrutin est arrêté, initialement, au 16 octobre et dans l'attente de ces élections le Sénat ainsi que le corps législatif sont dissous.

Si le gouvernement s'attache à placer le nouveau régime sous l'égide du droit afin de le légitimer, il ne manque pas de prendre en complément des mesures fortement politiques afin d'enraciner la République dans les territoires et dans les mœurs. Ainsi, bien que des élections municipales avaient déjà eu lieu les 6 et 7 août de la même année, le renouvellement des conseils municipaux est fixé aux 26 et 28 septembre 1870 par décret[50]. En effet, les municipalités possèdent un pouvoir de décision important notamment sur le plan militaire en ayant la capacité de choisir de participer ou non à la défense de leurs villes face à l'ennemi[51].

En outre, afin d'affirmer l'autorité du régime au sein de cette période transitoire, le gouvernement procède à une républicanisation des effectifs des serviteurs de l'État[52]. L'administration de la justice fait à ce titre l'objet d'une attention particulière. En ce qui concerne la justice administrative, le 15 septembre, les membres du Conseil d'État sont suspendus de leurs fonctions et l'activité de l'institution est arrêtée, remplacée par une commission provisoire mise en place par un décret du 19 septembre. En matière judiciaire, un décret du 10 septembre autorise le garde des Sceaux à nommer et à révoquer les magistrats amovibles des cours et tribunaux et les juges de paix et suppléants.

---

49 Lettre de Léon Gambetta à Adolphe Crémieux, citée par Duclert Vincent, *op. cit.*, p. 40.

50 *Loc. cit.*

51 *V.* à ce sujet Nivet Philippe, « Les municipalités en temps de guerre (1814-1944) », *Parlement[s], Revue d'histoire politique*, vol. 20, n° 2, 2013, p. 67-88. Le gouvernement cherche des appuis locaux à sa politique mais le contexte empêche la tenue des élections municipales ainsi que de l'Assemblée constituante qui sont ajournées à une date ultérieure par un décret du 24 septembre.

52 Le ministre de l'Intérieur Gambetta nomme des préfets républicains afin de remplacer le personnel issu de l'Empire. De plus, il fait également appel à des journalistes, des avocats et des militants acquis à la cause républicaine pour soutenir l'entreprise de l'exécutif ; Mayeur Jean-Marie, *op. cit.*, p. 16. Les fonctionnaires chargés de représenter le ministère de l'Intérieur sont désignés par un décret du 14 septembre.

Une véritable valse des procureurs se met en place, mesure traditionnelle à chaque changement de régime[53]. Le garde des Sceaux, Adolphe Crémieux, procède à la nomination de nombreux avocats dont le soutien à la République est assuré[54]. Ce contrôle exercé sur l'activité judiciaire touche également le jury populaire : considérant que la situation du pays empêche les opérations préparatoires de la formation des listes du jury pour l'année à venir et considérant que la loi du 4 juin 1853 sur le fonctionnement du jury n'est pas en accord avec les principes du gouvernement républicain, le gouvernement par un décret du 15 octobre remet en vigueur le décret du 7 août 1848[55]. Il ajoute à ce texte quelques dispositions transitoires comme le report dans le temps du dépôt des listes de jurés de la commune par le maire[56]. Par ce retour au texte de la Seconde République, le gouvernement rompt avec le système mis en place par l'Empire, qui confiait le choix des jurés à des agents nommés par le pouvoir central. Dorénavant, c'est le maire qui joue un rôle décisif dans la constitution des listes de jurés potentiels. Ce changement est d'autant plus important que le 27 octobre, la connaissance des délits politiques et de presse est attribuée au jury considéré comme la seule juridiction acceptable en la matière.

Parallèlement à cette prise en main des institutions politiques et de l'administration qui vise à assoir l'autorité de l'exécutif républicain, ce dernier œuvre dès le mois de septembre 1870 à affirmer ses aspirations républicaines par des mesures fortes en ce sens, dans la continuité du combat pour les libertés publiques mené tout au long du Second Empire[57].

Le gouvernement de la Défense nationale favorise ainsi la liberté d'opinion. Bien que la France soit en guerre, les républicains modérés marquent une rupture avec les pratiques anciennes : le 4 septembre un décret amnistie de manière pleine et entière les crimes et délits politiques ainsi que les délits de presse commis du 3 décembre 1852 au 3 septembre 1870. En conséquence, tous les condamnés détenus sont remis en liberté, qu'importe la juridiction qui a prononcé leur peine[58].

---

53 Royer Jean-Pierre, *op. cit.*, p. 565.

54 *Ibid.*, p. 566.

55 *JORF*, 15 octobre 1870, p. 1639.

56 *Loc. cit.*

57 *V.* l'article de Saint-Bonnet François, « Le combat pour les libertés publiques à la fin du Second Empire », *op. cit.*

58 *JORF*, 5 septembre 1870, p. 1.

Un décret du 5 septembre délie de tout serment à l'égard de l'Empire les fonctionnaires publics de l'ordre civil, militaire et judiciaire[59]. Le décret du 24 octobre abroge celui du 8 décembre 1851 concernant les individus placés sous surveillance de la haute police et reconnus de participer à des sociétés secrètes et de la loi du 27 févier 1858 de sureté générale.

Conjointement à cette libéralisation de la pensée, le gouvernement s'attache à faciliter son expression par un ensemble de mesures administratives facilitant la publication. Le décret du 10 septembre rend libres les professions d'imprimeur et de libraire et un arrêt ministériel supprime la commission du colportage[60]. Le 29 septembre c'est la division de la presse qui est supprimée et le 30 septembre c'est la commission d'examen des ouvrages dramatiques qui disparaît.

Le gouvernement s'attache également à libérer l'imprimé des contraintes financières qui pesaient sur lui jusqu'alors et qui freinaient sa production. Le 5 septembre, un règlement abolit l'impôt du timbre sur les journaux et autres publications. Le 3 octobre le cautionnement des journaux est aboli[61]. Par un arrêté du 1er décembre 1870, le service de l'inspection de la librairie venant de l'étranger, près des bureaux de douanes à la frontière est supprimé[62].

Simultanément à la libéralisation de l'imprimé, la République crée ses propres imprimés qui lui permettent de rester en lien avec la population, et ce, sur l'ensemble du territoire : le *Bulletin de la République* destiné à l'affichage dans les communes est créé le 12 octobre et le 5 novembre un décret convient que la promulgation des lois se réalise par la voie du *Journal officiel de la République*. L'imprimé est ainsi conçu comme un outil d'affirmation des valeurs de la République mais aussi comme un moyen d'affirmer son autorité à travers les documents officiels de l'État français.

---

59 Il est remplacé le 11 septembre par un nouveau serment professionnel des nouveaux fonctionnaires.

60 *Table des décrets, décisions et arrêtés du Gouvernement de la défense nationale*, Chalons-sur-Marne, t. Martin, 1871, p. 3.

61 En conséquence de cette décision, le ministère de l'Intérieur reçoit un nombre important de demandes de retrait du montant de cautionnement des journaux anciens, qui eux ne sont pas concernés par le décret. Cette application de la loi pour l'avenir crée une inégalité entre journaux nouvellement créés et journaux anciens. Aussi, le ministre décide d'ajourner ces demandes jusqu'après la cessation de la guerre dans le prolongement du décret du 9 septembre qui suspend tous les délais en matière civile.

62 *D.P*, Partie IV, 1871, p. 11.

Concurremment à ces mesures qui viennent toucher aux valeurs et symboles qu'entend promouvoir le jeune régime, le gouvernement s'efforce dans le même temps de rassurer la population quant à sa détermination à protéger la France d'un point de vue militaire. Face aux avancées prussiennes sur la capitale, une délégation du gouvernement est envoyée à Tours et se voit confier la tâche d'assumer la direction du pays en cas d'investissement de Paris par l'ennemi. Si le gouvernement tente des négociations avec le chancelier Otto von Bismarck le 18 septembre, ces dernières se terminent dans une impasse. Dès lors, l'exécutif se concentre sur les offensives armées et s'attache à protéger Paris qui est assiégée dès le 19 septembre.

Léon Gambetta, ministre de l'Intérieur, s'attache alors à organiser la défense et s'envole avec panache d'un ballon depuis la butte Montmartre le 7 octobre 1870 en direction de l'Oise afin de rallier, par des chemins détournés, la ville de Tours où il est acclamé. Cette envolée, immortalisée par le célèbre tableau des peintres Jules Didier et Jacques Guiaud, constitue un premier pas dans la construction de l'iconographie républicaine[63], veillant à mettre à l'honneur l'héroïsme d'un gouvernement prêt à survoler l'ennemi afin de libérer la population. Largement relayé dans la presse, cet évènement davantage symbolique que décisif[64], illustre les efforts que le gouvernement de la Défense nationale entend déployer afin de défendre la patrie. Gambetta se voit investi de pouvoirs élargis, du portefeuille de la Guerre et prend la tête de la délégation de Tours, conduisant progressivement la France vers une « dictature de fait[65] », où aucune place n'est laissée à l'opposition à la politique voulue par l'exécutif.

Si le gouvernement de la Défense nationale avait agi dans un premier temps dans le sens de l'affirmation de certaines libertés publiques, il ne perd pas de vue sa mission première qui est de protéger la France contre l'ennemi. Sur le plan militaire les défaites s'accumulent : chute d'Orléans et de Châteaudun les 11 et 18 octobre, reddition de Chartres le 21 octobre[66].... Face à ces avancées de l'ennemi qui assiège Paris depuis le 19 septembre, le gouvernement de la Défense nationale cherche

63 Grévy Jérôme, *op. cit.*, p. 13.

64 *Ibid.*, p. 14.

65 Duclert Vincent, *op. cit.*, p. 46. Gambetta est présenté par de nombreux contemporains comme un dictateur, en raison de la concentration de pouvoirs entre ses seules mains ; V. Blandeau H.R, *La Dictature de Gambetta*, [1871], Paris, Hachette, 2013, 71 p.

66 Grévy Jérôme, *op. cit.*, p. 14.

à trouver des solutions rapidement : levées de masse, mobilisation de soldats parfois inexpérimentés ou retraités, réquisitions de manufactures et de matériel en tous genres … C'est l'organisation de la guerre à outrance, refusant le discours défaitiste de certains républicains tels que Adolphe Thiers, agacés par le dynamisme excessif de Gambetta qu'ils considèrent comme une menace et n'hésitent pas à surnommer « le dictateur de Tours ».

Dans ce contexte offensif, les libertés publiques dont la liberté d'expression, bien que proclamées précédemment, connaissent certains aménagements encouragés par le plébiscite des parisiens en faveur du maintien des pouvoirs au gouvernement de la Défense nationale à travers leur vote du 3 novembre 1870. Cette approbation populaire conforte Gambetta dans le sens d'une politique tournée vers la guerre et dans sa volonté de libérer Paris à tout prix.

Afin de mener à bien ce choix stratégique nécessitant une affirmation de l'autorité gouvernementale, la liberté des journaux est limitée par des textes complémentaires, en plus de l'application de la loi sur l'état de siège. Le 23 novembre 1870, un arrêté fait défense aux journaux de publier des articles au sujet aux travaux de fortification en cours sur le territoire parisien[67]. Sur la base de ce texte, le gouvernement suspend par un décret du 23 décembre le journal conservateur *La patrie* pour trois jours[68]. Le 29 novembre suivant, un nouveau décret interdit aux journaux tout compte rendu ou tout récit d'opérations militaires autres que ceux qui sont publiés par l'autorité militaire sous peine de suppression du journal[69].

Malgré tous les efforts militaires des troupes françaises, malgré la surveillance accrue des imprimés pouvant attenter aux aspirations belligérantes de l'exécutif, les déroutes se multiplient. L'offensive menée par la garnison de Paris afin de rallier l'armée de la Loire est un échec, et les pertes humaines sont importantes : 6000 hommes tombent au combat[70]. Sur le front de l'est ce sont près de 100 000 soldats qui partent en exode vers la Suisse suite à leur déroute[71]. Face à l'avancée

67 *Table des décrets, décisions et arrêtés du Gouvernement de la défense nationale*, *op. cit.*, p. 18.
68 *JORF*, 24 décembre 1870, p. 1781.
69 *Table des décrets, décisions et arrêtés du Gouvernement de la défense nationale*, *op. cit.*, p. 19.
70 Duclert Vincent, *op. cit.*, p. 53.
71 *Loc. cit.*

des Prussiens, le 8 décembre la délégation gouvernementale quitte Tours pour Bordeaux, davantage éloignée de la menace[72]. Le sort des libertés publiques se durcit à mesure que le pays s'enlise dans le conflit.

Le 22 janvier 1871, un décret supprime les clubs jusqu'à la fin du siège de manière à restreindre les lieux de sociabilité au sein desquels une stratégie contraire à celle du gouvernement de la Défense nationale pourrait être élaborée. Le même jour, afin de « maintenir la paix publique face à l'ennemi » et de favoriser « une action rapide de la justice militaire », un décret double le nombre de conseils de guerre de la 1re division militaire[73] et un autre texte supprime les journaux *le Réveil* et *le Combat*[74]. Surtout, ce qui marque la journée du 28 janvier 1871 tient dans l'annonce de l'armistice signé par Jules Favre qui porte avec lui un nombre important de conditions imposées par le chancelier Bismarck. Certaines exigences sont de nature militaire, d'autres sont politiques : la Prusse exige ainsi que la paix soit ratifiée par une assemblée élue ce qui implique pour la France d'organiser des élections législatives qui avaient jusqu'alors été repoussées.

Si une partie du gouvernement se satisfait de ces perspectives d'apaisement du conflit, Gambetta s'indigne de cette décision mais s'y soumet. En guise de protestation, il publie une proclamation au sein de laquelle il appelle les électeurs à élire une Assemblée qui saura défendre les intérêts de la France et continuer la guerre si les conditions de paix proposées par la Prusse sont déshonorantes. Par un décret du 31 janvier 1871, il rend inéligible pour les élections à venir l'ensemble de l'ancien personnel impérial. Se rejoignent ainsi dans la politique menée par Gambetta, lutte pour la République et lutte pour la poursuite de la guerre à outrance, soutenue par les républicains révolutionnaires.

Aux enjeux militaires s'ajoutent ainsi, sous la même période, des considérations politiques quant à l'orientation à donner au régime qui suivra la fin de la guerre. Le garde des Sceaux Adolphe Crémieux prend deux décrets symboliques en date des 28 janvier et 3 février. Ces deux décrets illustrent l'affrontement d'alors entre forces neuves et puissances conservatrices au sein d'une République à peine accouchée

72 V. Bonhomme Éric, « Bordeaux et la Défense nationale », *Annales du Midi : revue archéologique, historique et philologique de la France méridionale*, t. 110, n° 223, 1998, p. 319-342.
73 *JORF*, 23 janvier 1871, p. 1.
74 *Loc. cit.*

et déjà divisée[75]. Contresignés par Gambetta, ces décrets prononcent la déchéance des magistrats ayant pris part aux commissions mixtes de 1852. Ces commissions, auxquels certains magistrats impériaux avaient pris part volontairement, avaient pour finalité de juger les citoyens et citoyennes s'étant soulevés contre le coup d'État de Louis Napoléon Bonaparte de décembre 1851[76]. Cette justice exceptionnelle laisse dans la mémoire républicaine un douloureux souvenir que le garde des Sceaux souhaite venger à travers les « décrets flétrisseurs ». Quinze magistrats sont exclus de la magistrature au mépris du principe de l'inamovibilité[77]. La motivation des décrets apparaît alors comme un véritable plaidoyer républicain, condamnant les « hommes qui ont associé leur nom aux odieuses persécutions du tyran et l'ont aidé à proscrire les ennemis de son usurpation, les amis de la République[78] ». Prenant des libertés avec le droit et ses principes fondamentaux, cette mesure clôt le temps du gouvernement de la Défense nationale et dissipe les espoirs républicains les plus ardents.

Le 5 février le décret sur les élections est annulé par Jules Favre et le 6 février 1871 Gambetta démissionne. Les élections du 8 février donnent à la France une assemblée conservatrice composée en grande majorité des élites traditionnelles de la France, bourgeoises et aristocratiques, qui se

---

75 Royer Jean-Pierre, *op. cit.*, p. 561.

76 Sur le fonctionnement des commissions mixtes V. Seignobos Charles, « Les opérations des Commissions mixtes en 1852 », *La Révolution de 1848. Bulletin de la Société d'histoire de la Révolution de 1848*, t. 6, n° 32, Mai-juin 1909, p. 59-67. Ces commissions composées de trois membres issus des autorités administratives, militaires et judiciaires condamnent à la suite de procédures expéditives et peu respectueuses des droits de la défense près de trente mille individus (Royer Jean-Pierre, *op. cit.*, p. 567), dont 2827 à l'internement ; Aprile Sylvie, « "La prison agrandie". La pratique de l'internement aux lendemains du coup d'État du 2 décembre 1851 », *Revue D'histoire Moderne Et Contemporaine*, vol. 46, n° 4, 1999, p. 658.

77 Dès le mois de novembre 1870, localement, certains préfets avaient déjà pris des mesures à l'encontre de magistrats. Tel est le cas notamment du préfet du Var qui ordonne l'arrestation du Président du tribunal civil de Toulon au nom de sa compromission dans les commissions de 1852 ; Lecoq Pierre, Martinage Renée, « Les magistrats et la politique au XIXe siècle, l'exemple des commissions mixtes de 1852 », *Revue d'Histoire du Droit*, 1982, p. 17. Ces mesures sévèrement jugées par les contemporains : des critiques sont émises par des auteurs tels que Edmond de Goncourt dans son Journal ou encore par George Sand dans son Journal d'un voyageur pendant la guerre ; Royer Jean-Pierre, *op. cit.*, p. 568.

78 Duvergier Jean-Baptiste, *Collection complète des lois et des décrets, ordonnances, règlements, et avis du Conseil d'État*, Paris, Librairie du Recueil Sirey, 1871, p. 39.

caractérisent par une unité en faveur de la paix[79]. C'est bien la promesse de mettre fin à la guerre qui emporte l'adhésion de la majorité des citoyens, amenant avec elle le retour des monarchistes et des conservateurs dont le rapport aux libertés publiques et à la liberté d'expression est placé sous le signe du conservatisme, menant à une répression sévère des imprimés remettant en cause l'ordre établi. Les élections de février 1871 signent la fin des illusions libérales en matière de presse.

Adolphe Thiers et sa majorité conservatrice voient en l'imprimé un véritable adversaire. En conséquence, le cautionnement, qui avait été supprimé en 1870, est rétabli pour tous les journaux, y compris ceux dont la ligne éditoriale n'est pas politique[80]. Le montant de la caution varie alors en fonction de l'implantation, de la périodicité, et du tirage du journal[81].

En outre, en cas de condamnation à une amende, la caution est directement prélevée avant de devoir être intégralement reconstituée par le journal sous quinzaine[82]. La loi précise qu'elle ne doit pas être versée par son propriétaire ou son gérant, mais par un tiers[83]. Cette mesure crée un obstacle important pour la presse de gauche, la plus susceptible d'être poursuivie. Plus progressiste, il est moins aisé pour elle de trouver des bailleurs de fonds prêts à prendre un risque important à travers des investissements. À ces premières mesures économiques, s'ajoute en septembre 1871 une taxe de 20 % sur le prix du papier qui vient mettre en péril la petite presse[84].

Parallèlement à ces mesures pécuniaires qui visent à restreindre l'offre d'imprimés en augmentant son coût, la presse est soumise à une pression importante du Bureau de la presse : à la lecture de ses rapports, le gouvernement de Thiers aurait procédé à 52 mesures administratives et 165 poursuites judiciaires, entre juillet 1871 et mai 1873[85].

En matière de caricature, la censure est rétablie. Supprimée le 4 septembre 1870, cette disposition est rétablie dès l'armistice sous l'effet de

---

79 Duclert Vincent, *op. cit.*, p. 54.

80 Delporte Christian, « "La liberté de la presse", par Alfred Le Petit. *Le Grelot*, 10 mars 1872 », *Parlement[s], Revue d'histoire politique*, n° 22, 2014/3, p. 147.

81 Un hebdomadaire comme *Le Grelot*, dont le siège était à Paris, rue du Croissant, a dû ainsi s'acquitter de 18 000 francs pour pouvoir paraître ; *loc. cit.*

82 *Loc. cit.*

83 *Loc. cit.*

84 *Loc. cit.*

85 *Loc. cit.*

l'état de siège et inscrite dans la loi du 6 juillet 1871. Ainsi, les journaux de caricatures sont soumis à un régime spécial de contrôle préventif qui touche toutes les images imprimées[86]. Les dessins doivent, avant leur publication, être soumis au Bureau de la presse, et même à la Division de la sûreté générale du ministère de l'Intérieur, à partir de février 1872[87].

Cette pression administrative mène à une régulation sévère des produits disponibles sur le marché au nom de la morale. Le censeur n'hésite pas à interdire les portraits de souverains et des personnalités étrangères, les allégories des pays étrangers et même de la France[88]. Il ferme la porte à une forme d'expression en pleine expansion au XIXe siècle qui permet au journal de gagner à la fois en agrément mais aussi en influence, la caricature renforçant les propos tenus par le journaliste[89]. L'exécutif sait l'impact des dessins sur l'opinion publique depuis la prospérité du genre sous Louis-Philippe. C'est davantage la qualité que la quantité des dessins qui inquiète : le changement de régime n'a vu la naissance que de très peu de nouveaux journaux et d'aucun journal satirique. Ces derniers sont alors seulement présents sous la forme de feuilles volantes[90]. Mais le style incisif, percutant des journaux tels que *Le charivari*, *Le Journal amusant*, *Le petit journal pour rire,* ou encore *La Vie parisienne* détonnent avec la montée en puissance des idées radicales qui poussent le pouvoir modéré dans ses retranchements.

DES PRÉOCCUPATIONS NÉES DE L'ÉPREUVE DE LA COMMUNE DE PARIS

Au cours de l'affrontement qui oppose la Commune de Paris au gouvernement français du 18 mars 1871 au 28 mai 1871, l'imprimé constitue une arme de combat à laquelle les insurgés ont recours. Par lui le mouvement insurrectionnel, né dès la fin de l'année 1870 à Paris, peut exprimer ses idées révolutionnaires et les rendre accessibles à la population de la capitale. Par cette œuvre de propagande, la Commune cherche à la fois à gagner le soutien des citoyens, à s'institutionnaliser mais également à influer sur l'orientation de la République naissante

86 V. Jones Philippe, *La presse satirique illustrée, de 1860 à 1890*, Paris, Institut français de presse, 1956, 111 p.
87 Delporte Christian, *op. cit.*, p. 148.
88 *Loc. cit.*
89 Lethève Jacques, *La caricature sous la IIIe République*, Paris, Armand Colin, 1986, p. 5.
90 *Ibid.*, p. 11.

dans le sens de la remise en cause de l'ordre établi. Malgré l'importance donnée initialement à la liberté dans ce projet, les différents organes de la Commune prennent des mesures répressives à l'encontre de l'imprimé tout comme leur adversaire versaillais.

L'imprimé, une préoccupation forte de la Commune de Paris

Sur l'ordre du président Adolphe Thiers qui souhaite désarmer Paris, les soldats se voient confier la mission de récupérer les canons tournés vers l'ennemi prussien sur la butte Montmartre et à Belleville afin de couper court à l'insurrection révolutionnaire qui couve dans la capitale. Mais une partie des parisiens, menée par le Comité central, s'oppose à cette décision et assaille les militaires. Les insurgés prennent possession des lieux stratégiques de la capitale, et au soir du 18 mars[91] l'Hôtel de ville est aux mains de la Garde nationale, poussant l'exécutif à quitter la capitale pour Versailles. La rupture avec le gouvernement légal de la France est consommée. L'objectif est de donner à la capitale un nouvel organe décisionnel. Se déploie alors une campagne de communication entre les instances insurrectionnelles et la population par le biais notamment de nombreuses affiches placardées sur les murs des villes. Ces imprimés[92] se présentent comme de véritables moyens de communication de masse et permettent d'influer sur l'opinion publique parisienne afin de donner corps « à ce sphinx qui tarabuste si fort l'entendement bourgeois[93] ». C'est par une proclamation affichée sur du papier rosé dans les rues de la capitale que la population est informée de la mise en place des comités républicains des vingt arrondissements de Paris le 14 septembre. Dans la nuit du 5 au 6 janvier 1871, c'est par la voie des affiches rouges

91 *V.* Godineau Laure, « Le Dix-Huit Mars 1871 : mémoires, écritures et inscription dans l'espace parisien », in Caron Jean-Claude dir., *Paris, l'insurrection capitale*, Ceyzérieu, Champ Vallon, 2014, p. 43-55.

92 La forme des affiches utilisée par le Comité Central, puis par la Commune, est constante sous toute la période de l'insurrection : de simples textes dactylographiés, sans illustrations ou couleurs. On note à ce titre qu'elles ne sont pas particulièrement pédagogiques et misent davantage sur le fond du message délivré, sur un aspect officiel et l'on ne trouve ni image, ni phrase percutante. L'utilité de ces affiches sobres est alors multiple. Elles font office à la fois de moyen d'information, d'outil de commandement et d'arme de combat. Les affiches informent la population sur les événements politiques et institutionnels à venir. Les affiches constituent ainsi un moyen de propagande qui s'inscrit dans le paysage urbain, au plus près des citoyens, et au quotidien.

93 Marx Karl, *La Guerre civile en France, 1871*, [1871], Paris, Éditions sociales, 1953, p. 256.

signées par près de 140 personnalités[94], qu'un appel à l'établissement de la Commune est diffusé auprès des parisiens[95]. De même, c'est à travers la proclamation affichée dans la capitale le 19 mars 1871[96] et signée du Comité central de la Garde nationale que sont définis les grands enjeux politiques à venir. Le placard s'adresse aux citoyens peu après la victoire de l'Assemblée conservatrice et le retour du spectre de la Restauration monarchique :

> Préparez donc et faites de suite vos élections communales, et donnez-nous comme récompense, la seule que nous n'ayons jamais espérée : celle de vous voir établir la République[97].

S'ensuit un ensemble de proclamations ayant pour dessein l'organisation des élections municipales dans les vingt arrondissements parisiens. L'affiche à destination des électeurs parisiens en date du 25 mars 1871 ne manque pas, en même temps qu'elle informe sur le scrutin à venir, de véhiculer un message politique à la population en indiquant de ne pas perdre de vue que les hommes les plus à même de représenter les citoyens sont ceux qui sont choisis par eux, vivant leur vie et souffrant des mêmes maux[98].

Cette alliance d'un programme communard riche d'avancées sociales, la volonté de lutter contre l'ennemi prussien qui a assiégé la capitale et d'une propagande efficace fonctionne puisque l'élection d'une assemblée communale a lieu le 26 mars 1871 à la suite d'une élection démocratique et représentative avec plus de 230 000 votants et le 28 mars les 90 élus proclament la Commune sur la place de l'Hôtel de Ville. Du

94 L'affiche est signée notamment par des délégués comme Jules Vallès ou Édouard Vaillant ; Ainberg-Tagriatskova S., Angrand Pierre, « L'Affiche Rouge », in *1848. Revue des révolutions contemporaines*, t. 45, nº 188, mai 1951, p. 20.

95 L'affiche indique notamment : « Si les hommes de l'Hôtel de ville ont encore quelque patriotisme, leur devoir est de se retirer, de laisser le peuple de Paris prendre lui-même le soin de sa délivrance. La municipalité ou la Commune, de quelque nom qu'on appelle, est l'unique salut du peuple, son seul recours contre la mort. Toute adjonction, ou immixtion au pouvoir actuel ne serait qu'un replâtrage, perpétuant les mêmes errements, les mêmes désastres » ; cité par Ainberg-Tagriatskova S., Angrand Pierre, *op. cit.*, p. 24.

96 Sur le tournant décisif du 18 mars, *V.* Rougerie Jacques, *La Commune et les communards*, Paris, Gallimard, 2018, p. 24-46.

97 Maillard Firmin, *Élections des 26 mars et 16 avril 1871 : affiches, professions de foi, documents officiels, clubs et comités pendant la Commune*, Paris, Dentu, 1871, p. 8.

98 *Ibid.*, p. 24.

18 mars au 25 mai, temps pour lequel l'expérience communarde tient, sont tirées près de cent affiches[99] qui sont placardées par cinquante afficheurs employés spécialement à cette fin[100].

Au cours de l'insurrection, au-delà des affiches qui émanent directement des organes décisionnels parisiens, de nombreux journaux soutiennent l'entreprise d'érection de la Commune. Certains titres sont accessibles au prix de 10 centimes : *Le mot d'ordre* de Henri Rochefort[101], *Le vengeur* de Félix Pyat[102], *La Nouvelle République* de Paschal Gorusset[103], *L'Affranchi des hommes libres*[104], *La Commune* de Duchêne[105], *L'Ordre* de Vermorel[106], *Le réveil du Peuple* de Deleslcuze, *L'Homme*[107], ou encore *Le Tribun du Peuple* de Lissagaray[108].

D'autres feuilles, toujours en soutien à la Commune, sont vendus à un prix plus modique, soit 5 centimes : *Le Cri du peuple* de Vallès, *La sociale* de Léo, *Paris libre*, *La Montage*, le *Journal de la révolution sociale* de Maroteau, *Le Salut public* du même rédacteur en chef, *Le Bonnet rouge* de Achille Baubeau, *Le Prolétaire*, organe de revendications sociales de Dubourg, et le *Père Duchêne*[109]. Ces journaux, de par leur diversité, illustrent la variété des soutiens à la Commune. Cohabitent des titres blanquistes, internationalistes, jacobins dans un journalisme d'opinion et de combat contre le gouvernement français[110]. Surtout, ils

99 Longeard Gwladys, « L'Imprimerie nationale pendant la Commune de 1871 », *Revue d'histoire moderne & contemporaine*, vol. n° 52-1, n° 1, 2005, p. 147.

100 *Ibid.*, p. 156. Les documents qui se concentrent d'abord sur des questions d'organisation des institutions communardes évoluent peu à peu vers des informations plus variées relatives aux exécutions versaillaises ou aux enterrements des partisans de la Commune. Les informations sont savamment choisies afin de s'assurer du soutien de la population et parfois de la rassurer. L'affiche n° 73 indique ainsi aux parisiens que « les craintes de certaines personnes sont exagérées » et que « la situation de notre cher Paris est bonne » ; *loc. cit.*

101 Créé le 3 févier 1871, il est suspendu le 3 février par le général Vinoy. Sa publication reprend mars le 18 février avant de disparaître le 20 mars ; *JJC*, t. 1, p. XI.

102 Né le 3 février, il est suspendu le 11 mars par le général Vinoy ; *loc. cit.*

103 *Loc. cit.*

104 *Ibid.*, p. XII

105 Paru le 20 mars et supprimé le 19 mai par arrêté du comité de Salut public ; *loc. cit.*

106 Ne sont publiés en tout et pour tout que quatre numéros ; *loc. cit.*

107 *Loc. cit.*

108 *Loc. cit.*

109 *Ibid.*, p. XII-XIII.

110 Pour une liste exhaustive des publications à Paris et leur devenir individuel, *V.* Lemmonyer Jules, *Les journaux de Paris pendant la Commune*, Paris, Lemmonyer, 1871, 94 p.

participent d'un militantisme qui crée un récit autour de l'expérience communarde[111] à partir de leur « passion politique[112] ». Des écrivains s'engagent également dans cette opération de promotion de l'insurrection. La littérature se présente comme un outil de témoignage aux marges de la littérature conventionnelle et se réinvente notamment à travers la chanson et la presse, dans une écriture de l'urgence[113]. Ce ne sont pas seulement les grands auteurs qui s'emparent de la Commune, comme Jules Vallès[114] ou Paul Verlaine, mais aussi des auteurs moins connus, dans une effervescence littéraire qui met en pratique l'esprit démocratique. La littérature constitue un moyen afin de répandre une culture militante au sein des populations urbaines[115].

Au-delà de ces écrits, en matière d'imprimé les publications officielles de la Commune donne au mouvement un caractère davantage institutionnel. Pour cela, les insurgés mettent à leur profit les moyens de production d'imprimés officiels de l'État. À ce titre, l'Imprimerie Nationale est envahie le 18 mars 1871 après une première tentative infructueuse[116]. En effet, pendant la guerre franco-prussienne et le premier

111 Léger Céline, « La Commune en contexte médiatique. Une fabrique positive de l'évènement dans Le Cri du peuple de Vallès (mars-avril 1871) ? » in Huppe Justine, Saint-Amand Denis dir., *COnTEXTES*, n° 30, 2021, « Discours et imaginaires de la Commune », p. 3.

112 Vallès Jules, « La passion politique », *Le Cri du peuple*, 26 février 1871, p. 1. Un titre comme le *Cri du peuple* de Jules Vallès se situe à la croisée des champs littéraire, journalistique et politique créant un journalisme mu à la fois par un souci du récit, de l'information mais aussi de la politisation ; Thérenty Marie-Ève, « Chronique et fiction », in Melmoux-Montaubin Marie-Françoise dir., *Vallès-Mirbeau. Journalisme et littérature. Autour de Vallès*, n° 31, 2001, p. 10 ; Léger Céline, *op. cit.*, p. 4. Il témoigne d'une subjectivisation de l'écrit journalistique inspiré par une matrice littéraire qui laisse davantage place à l'opinion et au ressenti personnel ; *ibid.*, p. 20. En ce sens, l'expérience communarde s'apparente à une forme d'« expérience historique nourricière » qui participe d'une écriture innovante ; Migozzi Jacques, *L'Écriture de l'histoire dans la trilogie romanesque : L'Enfant, Le Bachelier, L'Insurgé de Jules Vallès*, Thèse de doctorat, littérature française, Paris 8, 1990, p. 4.

113 V. à ce sujet Brahamcha-Marin Jordi, De Charentenay Alice éd., *La Commune des écrivains. Paris, 1871 : vivre et écrire l'insurrection*, Paris, Gallimard, 2021, 800 p.

114 Qui est alors rédacteur en chef du *Cri du peuple* et élu à la Commune le 26 mars 1871. *V.* sur cette double implication idéologique et physique dans l'entreprise communarde Godineau Laure, « Les barricades de mai 1871 chez Jules Vallès (*La Commune de Paris, L'Insurgé)* », in Corbin Alain, Mayeur Jean-Marie dir., *La barricade*, Paris, Éditions de la Sorbonne, 1997, p. 167-181.

115 Vallès Jules, « Le 26 mars », *op. cit.*, p. 15.

116 Malgré sa résistance, l'Imprimerie est réquisitionnée par le Comité central. Le personnel administratif qui jouit du statut de fonctionnaire, évacue les lieux dans sa grande majorité en raison de sa fidélité au régime. En revanche, la majorité des ouvriers reste à son poste :

siège de Paris, l'Imprimerie s'est spécialisée dans la production d'affiches officielles pour le gouvernement républicain, même si elle n'abandonne pas totalement ses autres activités publications[117]. Son activité est alors surveillée étroitement par le pouvoir militaire ainsi que par la police[118]. L'institution, qui jouit d'un prestige important depuis sa création en 1640, joue son rôle d'imprimerie officielle de l'État. C'est par elle que se fait le lien entre l'exécutif et la population assiégée et se trouve en ce sens protégée par un poste de pompiers ainsi que par des gardes nationaux[119]. Son occupation par les communards illustre l'importance qui est donnée au papier par les insurgés et témoigne de la détermination de l'insurrection à se muer en une véritable organisation politique, dotée de ses outils de communication officielle. Pour la Commune et ses formes institutionnelles préalables, le caractère officiel des communications, qu'elles soient issues du Comité central, des commissions ou de tout autre organe décisionnel, permet à l'insurrection populaire de s'ériger en véritable organisation politique.

Après les affiches, tracts et prospectus, les communards s'attachent à mettre la main sur les autres moyens de communication entre l'État français et la population. À ce titre, les communards investissent le 19 mars les locaux parisiens de l'imprimeur Alfred Wittersheim qui est en charge d'imprimer le *Journal officiel de la République française* depuis un décret du 30 décembre 1868[120]. Le journal prend le nouveau nom de *Journal officiel de la Commune de Paris* dans son édition du 29 mars avant de revenir à son titre original le lendemain. Pasqual Grousset indique que « le *Journal Officiel de la République française* est une sorte d'otage matériel », qu'il ne doit pas changer de nom car ce dernier possède un

---

seuls 80 sur un total de 900 ouvriers quittent leur lieu de travail dans les quinze jours qui suivent ; Bonnin George, Croquet Pierre dir., *L'art du livre à l'Imprimerie nationale. Des origines à nos jours*, Paris, Imprimerie nationale, 1973, p. 20. Pour la première fois, c'est alors un ouvrier typographe, Louis-Guillaume Debock, qui assure la direction de l'imprimerie pendant les deux mois que dure la Commune ; Longeard Gwladys, *op. cit.*, p. 152. Si dans les premiers temps, l'adhésion des ouvriers tient à la promesse du versement de leur salaire, peu à peu les effectifs suivent les idées portées par le mouvement communard et mettent leur savoir-faire à la cause, ce qui se traduit par des publications de qualité, tant dans la conception que dans la réalisation.

117 Longeard Glwadys, *op. cit.*, p. 150.

118 *Loc. cit.*

119 *Loc. cit.*

120 *Journal officiel de l'Empire français*, 1er janvier 1869, p. 1 ; *Le Rappel*, 28 mars 1871, p. 1.

sens symbolique fort[121]. Dans un premier temps, le journal conserve une grande partie de sa rédaction. Certains auteurs publient même dans le journal communard et son équivalent versaillais[122]. Les Versaillais perçoivent ainsi, dès les premières heures, les ambitions des communards : user du capital symbolique et du rôle normatif du journal afin d'œuvrer efficacement dans le sens de la propagande.

Le *Journal Officiel* a pour utilité première d'informer les citoyens sur les décisions prises par les différents comités de la Commune, dans une dimension d'information juridique propre à la fonction première de la publication juridique. Au-delà de cette information brute, l'objectif est également de rassurer la population sur les événements insurrectionnels qui se déroulent partout en France[123]. La Commune et ses organes exécutifs usent également du journal afin d'avancer leur propre vision des combats et des décisions prises par les autorités versaillaises. Le *Journal officiel* publie de nombreuses rectifications vis-à-vis des récits publiés par la presse versaillaise et illustre la guerre de l'information qui se joue entre les deux camps idéologiques[124].

121 *Ibid.*, p. 210.

122 Tel est le cas d'un magistrat qui signe à la fois des noms de Eugène Mouton et de Mérinos dans les deux publications rivales ; Livet Charles-Louis, *Le Journal officiel de Paris pendant la Commune (20 Mars-24 Mai 1871)*, t. premier, Paris, L. Beauvais, 1871, p. II. Une circulaire du 20 mars 1871, signée depuis Versailles, fait état de la situation parisienne : « Hier, 19 mars, ont été envahis à Paris, les bureaux du Journal Officiel dont le personnel s'était transporté avec les archives à Versailles, auprès du gouvernement et de l'Assemblée nationale. Les envahisseurs se sont emparés des presses, du matériel et même des articles officiels composés et restés dans l'atelier. C'est ainsi qu'ils ont pu donner à la publication de leurs actes une apparence régulière, et tromper le public de Paris par un faux journal du gouvernement de la France » ; *Journal officiel de Paris pendant la Commune (20 Mars-24 Mai 1871)*, t. premier, *op. cit.*, p. 25.

123 Le 20 mars, le *Journal Officiel* donne le démenti « le plus formel » aux « bruits alarmants et aux calomnies répendues à dessein », par une « certaine presse, depuis trois jours » ; *ibid.*, p. 21. Il met « la capitale et la province en garde de ces manœuvres coupables, qui doivent cesser sous la République et qui deviendraient un véritable danger » ; *loc. cit.*

124 Le 22 avril, *Le Journal Officiel* n'hésite pas à pointer des « victoires imaginaires » et adresse un message à ses lecteurs en remettant en cause la qualité médiocre des documents militaires versaillais mis à la disposition du citoyen : « Nous regrettons l'obscurité des rapports militaires. [...] Mais qu'on ne nous berne pas avec des récits qui n'ont ni queue ni tête et qui font penser qu'on ignore à la délégation de la guerre ce qui se passe aux avant-postes. À bon entendeur, salut » ; *JJC*, t. 2, p. 88. Dans une autre publication du 19 avril 1871, un démenti est réalisé à propos de « journaux réactionnaires de Paris » qui ont annoncé que Adolphe Thiers avait versé au gouvernement prussien 500 millions exigés pour la rançon des forts de la rive droite ; *ibid.*, p. 32.

À travers ces publications, à la fois les rapports officiels et la presse versaillaise se trouvent stigmatisés en ce qu'elles apporteraient des informations erronées ou incomplètes sur la guerre franco-prussienne[125]. Dans l'édition du 21 avril du *Journal officiel*, se trouve dénoncée l'intervention du gouvernement de Thiers dans la circulation des informations sur le territoire :

> L'ex-gouvernement de défense nationale [...] a supprimé, dans une intention facile à comprendre, tout échange de nouvelles, journaux, correspondances privées, toutes communications intellectuelles entre Paris et les départements, comptant ainsi réserver impunément la trop facile distribution de calomnies destinées à égarer l'opinion publique en province et à l'étranger. Que la Commune de Paris, a tout au contraire, le plus grand intérêt à ce que la vérité soit, et à faire connaitre à tous et ses actes et ses intentions[126].

La ligne officielle de la Commune apparaît ainsi être celle de l'échange et de la communication afin d'éviter que par son isolement physique, l'opinion publique ne lui soit défavorable[127]. En conséquence, la commission exécutive arrête la création d'une compagnie d'aéropostiers civils et militaires[128] afin d'éviter que les liens ne soient coupés entre la capitale et le reste du pays. Le 31 mars, la commission des finances, au regard des entraves apportées au service de la poste par le gouvernement de Versailles, dans le but de faciliter la circulation des journaux, arrête jusqu'à nouvel ordre, que le transport des journaux soit autorisé par toutes les voies possibles[129]. Le 31 mars, le directeur des lignes télégraphiques invite les jeunes gens sans emploi à la fréquentation d'une école de télégraphie, avec stage et sans examen préalable pour suppléer aux agents partis avec le gouvernement versaillais[130].

---

125 Le 7 avril, le *Journal officiel* publie à nouveau une contribution signée de la commission exécutive en date du 6 avril, qu'elle débute par les mots « vous avez soif de vérité, et jusqu'à présent le gouvernement de Versailles ne vous a nourris que de mensonges et de calomnies » ; *ibid.*, p. 272. Il ajoute : « nous allons donc vous faire connaître la situation dans toute son exactitude » ; *ibid.*, p. 300.

126 *JJC*, t. 2, p. 18.

127 D'autant plus lorsqu'on sait qu'au moment de la Commune de Paris, la France est rurale à près de 65 % et peut se trouver en décalage avec les aspirations des classes populaires urbaines et ouvrières parisiennes ; Lagana Marc, « Un peuple révolutionnaire : la Commune de Paris 1871 », *Cahiers Bruxellois*, vol., n° 1, 2018, p. 175.

128 *JJC*, t. 2, p. 19.

129 *JJC*, t. 1, p. 199.

130 *Ibid.*, p. 201.

Ce souci à l'égard de la perception de la capitale par les citoyens français transparait le 20 mars 1871 à travers la partie non-officielle du *Journal officiel*. Cette dernière s'adresse aux départements de France et indique au sujet du peuple parisien :

> Par son attitude calme, imposante et forte, par son esprit d'ordre républicain, il a su rallier l'immense majorité de la garde nationale, s'attirer les sympathies et le concours actif de l'armée, maintenir la tranquillité publique, éviter l'effusion du sang, réorganiser les services publics, respecter les conventions internationales et les préliminaires de paix. Il espère que toute la presse reconnaîtra et constatera son esprit d'ordre républicain, son courage et son dévouement, et que les calomnies ridicules et odieuses répandues depuis quelques jours en province cesseront[131].

Bien que la ligne du mouvement semble être celle de la propagande afin d'emporter la conviction des français, le contenu du *Journal officiel* fait l'objet de discussions au sein des rangs communards dans le cadre de débats démocratiques fidèles à la philosophie du mouvement qui prône une république démocratique et sociale en faveur des classes populaires et de la petite bourgeoisie[132]. Se trouve ainsi débattue la question du prix des publications[133], de la reproduction ou non des discussions et des incidents qui peuvent se produire au cours des séances ainsi que la reproduction ou non des informations militaires[134]. Ces débats se

---

131 *Ibid.*, p. 19-20.

132 Boisseau Pierre, « La république démocratique et sociale de 1871 : une forme originale de "gouvernement du peuple par le peuple et pour le peuple" », in *La Commune de 1871 : utopie ou modernité ?*, Perpignan, Presses universitaires de Perpignan, 2000, p. 35.

133 Rastoul souhaite quant à lui que le prix soit baissé afin de contrecarrer « toutes les futilités qui se vendent dans les rues », le tout à un prix plus bas ; *JJC*, t. 2, p. 51. Pyat va plus loin et demande à ce que le journal soit gratuit car ce journal n'est pas « une propriété privée », c'est une « entreprise de l'État, payée par l'impôt » ; *loc. cit.* Il ajoute : « vous ne pouvez pas faire payer le pauvre » ; *loc. cit.*

134 Il est décidé dans un premier temps par l'Assemblée que ceux-ci doivent être secrets et non reproduits dans le compte rendu officiel ; *ibid.*, t. 2, p. 23. Mais, lors de la séance du 21 avril 1871, Vermorel souhaite à nouveau que les séances soient rendues publiques dans leur intégralité, une publication partielle n'étant que « dérisoire » *; ibid.*, p. 49. Au contraire, le 24 avril 1871, Régère et Vaillant demandent à ce qu'avant publication, les comptes rendus des séances soient relus afin d'avoir encore davantage de contrôle sur ce qui va arriver au public *; ibid.*, p. 111. On retrouve de telles demandes et des regrets formulés à plusieurs reprises *; ibid.*, p. 205 ; p. 346 ; p. 355 ; p. 591 ; p. 610. Dans le même souci de contrôle de l'information, Mortier propose le 8 mai 1871 qu'aucun journal sauf le *Journal Officiel*, et ce sous aucun prétexte, n'insère d'articles touchant les opérations militaires. Tout journal contrevenant sera supprimé et poursuivi devant les tribunaux ;

trouvent alors prolongés dans la presse. *La Commune* du 25 avril reproche également au *Journal Officiel* de ne donner que des procès-verbaux dépourvus de précisions, ce qui empêche le contrôle de ce qui se passe par les citoyens[135]. Le décret du 8 mai tranche, et indique qu'il n'y aura plus à l'officiel de compte rendu des séances[136] à un moment où la situation devient de plus en plus difficile à tenir pour les communards[137].

Au cours des 72 jours au cours desquels la Commune a été une réalité, s'opposent deux camps distincts : les citoyens en faveur de la transparence de la prise de décision, quitte à laisser transparaître aux yeux de tous les divisions internes, et les citoyens en faveur d'une publication officielle qui ne laisse fuiter aucune impression de désunion dans l'objectif de préserver la Commune face à ses oppresseurs. L'utopie se confronte au pragmatisme né des besoins politiques du moment et les débats qui entourent le *Journal officiel* illustrent les tensions qui naissent de la conciliation de la liberté d'expression et de la préservation de la fragile Commune.

Les mesures communardes en matière de liberté d'expression

Le projet de la Commune s'articule autour de la notion de liberté et souhaite rompre avec les pratiques antérieures du Second Empire. Le 21 mars, l'état de siège est levé dans le département de la Seine et une amnistie pleine et entière est accordée pour tous les crimes et délits politiques[138] après la libération de la prison de Sainte-Pélagie à Paris où sont détenus prisonniers politiques et prisonniers condamnés

---

ibid., p. 419. Arthur Arnould lors des débats, souhaite au contraire davantage de transparence quant aux échanges que les élus peuvent avoir. Dans son intervention du 2 mai, il exprime son désir de voir les débats internes retranscris dans les comptes rendus car ils donnent à voir la position de tous et non pas seulement les arguments de la majorité ; *ibid.*, p. 324. Il déclare : « Il y a […] une question de dignité, pour chacun de nous, à ce que le droit de la minorité soit absolu. C'est une question de dignité non pour nous mais encore pour nos électeurs, envers qui nous sommes responsables, et la vraie manière de satisfaire au mandat qu'ils nous ont confié, c'est de livrer à la publicité nos débats et nos votes » ; *ibid.*, p. 325.

135 *Ibid.*, p. 130.

136 *Ibid.*, p. 433.

137 Une nouvelle proposition est formulée le 20 mai afin que tous les actes officiels de la Commune de Paris soient insérés dans un journal ayant pour titre *Bulletin des lois*, de manière hebdomadaire ; *ibid.*, p. 585.

138 *JJC*, t. 1, p. 21.

pour infractions de presse[139]. Dès le 2 avril, la Commune proclame que la « liberté de conscience est la première des libertés[140] ». Cette liberté trouve son prolongement dans la proclamation du principe de laïcité et dans la séparation effective de l'Église et de l'État[141]. Si chacun est libre de croire, la religion relève du for privé et il ne doit pas incomber aux pouvoirs publics de financer ses cultes[142]. Le budget des cultes est supprimé, les services de l'assistance publique, des hôpitaux et de l'instruction publique sont laïcisés[143]. Édouard Vaillant, à la tête du comité pour l'instruction publique joue un rôle central dans cette laïcisation de l'école en reprenant en grande partie le manifeste de la « société de l'éducation nouvelle[144] ». Il crée une commission chargée d'établir pour tous les arrondissements de Paris, un modèle unique d'enseignement intégral mêlant culture générale et formation manuelle, enseignement primaire et professionnel. Surtout, cet enseignement public et laïc, se veut gratuit et accessible indifféremment aux filles et aux garçons[145].

La liberté s'entend également à travers une révolution culturelle qui fait suite à la censure impériale et à la répression qui s'appliquaient jusqu'alors. Certains artistes se trouvent guidés par un élan vers l'émancipation à l'instar de Gustave Courbet[146]. Le peintre, délégué aux Beaux-Arts au sein de la Commission de l'instruction publique écrit ainsi dans le *Cri du Peuple* du 10 avril 1871 :

> Paris ayant enfin conquis sa liberté d'action et son indépendance, j'invite les artistes à prendre eux-mêmes la direction des musées et des collections d'art qui, tout en étant la propriété de la nation, sont surtout la leur au double point de vue de la vie intellectuelle et matérielle[147].

---

139 Du Camp Maxime, *Les convulsions de Paris*, t. 1, Paris, Hachette, 1881, p. 128.

140 Lagana Marc, *op. cit.*, p. 184.

141 Sur les liens entre la Commune et le droit, *V.* Chaumet Pierre-Olivier dir., *La Commune de Paris au prisme du droit*, Paris, Mare & Martin, 2022, 238 p.

142 *Ibid.*, p. 184-185.

143 Bruhat Jean, Dautrat Jean, Tersen Émile, *La Commune de 1871*, Paris, Éditions Sociales, 1970, p. 201-213 ; p. 225-227.

144 Lagana Marc, *op. cit.*, p. 185.

145 *Ibid.*, p. 184.

146 Sur la révolution au sein de l'académisme conservateur et sur les conditions indissociables qui ont permis l'émergence de ces nouvelles productions culturelles *V.* Bourdieu Pierre, *Manet. Une révolution symbolique*, Paris, Le Seuil, 2013, 784 p.

147 *Le Cri du Peuple*, 10 avril 1871, p. 1.

Les mesures prises œuvrent dans cette optique en faveur de l'éducation populaire et de l'émancipation intellectuelle. Par exemple, l'administration de la Bibliothèque nationale à la tête de laquelle est nommé Élie Reclus, décide que les départements des imprimés, cartes et collections géographiques, des manuscrits et étampes seront ouverts à partir du 24 avril 1871[148] malgré le contexte de conflit armé. Les employés des bibliothèques sont d'ailleurs exemptés du service de la garde nationale[149] afin d'être maintenus à leur poste. L'objectif est de permettre aux classes populaires et aux plus fragiles d'accéder aux biens culturels[150].

L'œuvre des commissions est complétée par les artistes eux-mêmes qui se constituent en une Fédération des artistes qui regroupe près de 400 membres. Les artistes tels que Édouard Manet ou Jean-Baptiste Corot aspirent à une liberté complète, détachée à la fois de contraintes juridiques et économiques. Ils ne souhaitent dépendre ni d'un censeur, ni d'un mécène, ni de la commande publique. Cette dernière, si elle permet de faire vivre les artistes de leur travail, encourage un art officiel soumis à des fins idéologiques qui laissent peu de place à la liberté de création au sein de l'Académie des beaux-arts ou du Salon[151].

En ce qui concerne plus particulièrement la liberté d'expression, et plus encore la liberté de la presse, les autorités républicaines de la capitale annoncent le 20 mars qu'elles souhaitent « faire respecter la liberté de la presse » ainsi que « toutes les autres » et qu'elles espèrent que « tous les journaux comprendront que le premier de leurs devoirs est le respect dû

---

148 *JJC*, t. 2, p. 35.

149 *Loc. cit.*

150 Par exemple, le directeur de l'Assistance publique, les hôpitaux et hospices, auront une salle de lecture où les convalescents trouveront les feuilles démocratiques qui défendent la république et propagent les institutions sociales de l'avenir. Cette mesure a pour but d'« annihiler les influences malsaines des écrivains et des livres réunis dans les bibliothèques officielles, et destinés à dégrader les âmes et à refouler toutes les aspirations patriotiques. Les rédacteurs des journaux se sont associés à cette pensée, et se sont empressés de promettre l'envoi gratuit à ces salles de lecture » ; *JJC*, t. 1, p. 448.

151 Ce système est remis en cause par les avant-gardes qui réalisent des révolutions artistiques ; Bourdieu Pierre, *Les règles de l'art. Genèse et structure du champ littéraire*, Paris, Seuil, 2002, p. 160. *V.* à ce sujet Genet-Delacroix Marie-Claude, « Académisme et avant-garde dans la peinture française au XIXe siècle », in Fridenson Patrick dir., *Avenirs et avant-gardes en France XIXe-XXe siècles. Hommage à Madeleine Rebérioux*, Paris, La Découverte, 1999, p. 113-127 ; White Cynthia, White Harrison, *La carrière des peintres au XIXe siècle. Du système académique au marché des impressionnistes*, Paris, Flammarion, 2009, 288 p. ; Mainardi Patricia, *The End of the Salon. Art and State in the Early Third Republic*, Cambridge, Cambridge University Press, 1993, 226 p.

à la République, à la vérité, à la justice et au droit, qui sont placés sous la sauvegarde de tous[152] ». Si la liberté est posée comme le principe, l'on comprend tout de même que cette dernière peut souffrir de limites dans le cas où les valeurs prônées par la Commune ne seraient pas respectées.

Le Comité central de la Garde nationale indique qu'il « respecte la liberté de la presse, c'est-à-dire le droit qu'ont tous les citoyens de contrôler, de discuter et de critiquer ses actes à l'aide de tous les moyens de publicité » mais qu'« il entend faire respecter les décisions des représentants de la souveraineté du peuple de Paris, et il ne permettra pas impunément que l'on y porte atteinte plus longtemps en continuant à exciter à la désobéissance à ses décisions et à ses ordres[153] ». En conséquence de quoi « une répression sévère sera la conséquence de tels attentats, s'ils continuent à se produire[154] ».

Dans le même sens, le Comité ajoute que « La liberté de la presse n'est pas le droit de s'embusquer prudemment derrière un journal pour redoubler les horreurs d'une lutte que Paris n'a pas commencée, mais dans laquelle il fera triompher la République et la Commune[155] ». La liberté est ainsi soumise à l'accomplissement d'un dessein idéologique.

Le 23 mars, en représailles aux interdictions de journaux réalisées par le gouvernement de Versailles la Commune prévient : « le gouvernement de Versailles, ayant suspendu le cours ordinaire des tribunaux, nous prévenons les écrivains de mauvaise foi auxquels seraient applicables en temps ordinaire les lois de droit commun sur la calomnie et l'outrage, qu'ils seront immédiatement déférés au comité central de la garde nationale[156] ».

En application de cette orientation déterminée, la Commune prend elle aussi des mesures afin de freiner la circulation des imprimés en faveur du gouvernement versaillais. Si la Commune entend promouvoir les libertés individuelles et publiques, les journaux restent soumis à certaines formalités. Le 29 mars, il est précisé qu'« il n'appartient qu'à l'autorité communale et aux municipalités d'apposer des affiches sur papier blanc. Les municipalités ne peuvent afficher en dehors de leur

152 *JJC*, t. 1, p. 48.
153 *Ibid.*, p. 53.
154 *Loc. cit.*
155 *Ibid.*, p. 226.
156 *Ibid.*, p. 59.

arrondissement respectif. L'affichage des actes émanant du gouvernement de Versailles est formellement interdit. Tout afficheur ou tout entrepreneur d'affichage contrevenant au présent avis sera rigoureusement poursuivi[157] ». Le 31 mars, le service de la presse est rétabli à la délégation de l'Intérieur, et les directeurs et gérants de journaux sont invités à vouloir bien y envoyer régulièrement les numéros de dépôt[158]. Le comité de sûreté générale indique le 2 avril que tout journal imprimé à Paris peut librement être expédié hors Paris après avoir, comme par le passé, acquitté au préalable les droits de port[159].

Dès le 9 avril, la commission de la Sûreté générale publie un avis à travers lequel elle indique en outre que la déclaration préalable, pour la publication des journaux et écrits périodiques, de même que le dépôt, sont toujours obligatoires et doivent se faire au bureau de la presse, délégation de la sûreté générale et de l'Intérieur, place Beauvau[160].

Le 15 avril, le bureau de renseignement pour la presse parisienne est rétabli à l'Intérieur. Toutes les communications possibles seront faites aux rédacteurs envoyés par les différents journaux de Paris. La division de la presse ainsi que celle de l'imprimerie et de la librairie sont « provisoirement réunies en une seule division, dite division de la presse et de la librairie[161] ».

Le 18 avril 1871, le ton se durcit encore davantage en raison de la guerre[162]. L'heure est à la lutte acharnée contre l'ennemi prussien et aucun laxisme ne peut être toléré. En conséquence de quoi « le principe de la liberté de la presse » ne peut aller jusqu'à comporter « l'existence à Paris de journaux qui sont favorables aux intérêts de l'armée ennemie[163] ». En conséquence, la Commune interdit quatre titres : le *Soir*, la *Cloche*, *l'Opinion Nationale* et le *Bien public*[164].

157 *Ibid.*, p. 146.
158 *Ibid.*, p. 201.
159 *Loc. cit.*
160 *Ibid.*, p. 315.
161 *Ibid.*, p. 374.
162 À cette date est rendue la première décision de la Cour martiale installée le 16 mars. Jean-Nicolas Girot, chef d'un bataillon de la Garde nationale et ancien opposant à l'Empire est jugé pour avoir refusé d'obéir aux ordres de la Commune de mener son bataillon à la porte Maillot ; Le Moal Patrick, *La Commune au jour le jour. Mardi 18 avril 1871*, [En ligne], [Consulté le 2 mars 2020].
163 *JJC*, t. 1, p. 443.
164 *Journal Officiel de Paris pendant la Commune*, 19 avril 1871, p. 197.

Dans l'*Affranchi* en date du 22 avril transparait la raison pour laquelle la Commune opte pour une politique plus sévère à l'égard de la presse :

> Tous les journaux, sans distinction de couleur politique, soutiennent aujourd'hui la même thèse, celle favorable à leurs boutiques multicolores. Sous prétexte de liberté de la presse, les organes de la publicité se posent en inviolables, en irresponsables, en omnipotents et en souverains. Il ne faut pas toucher à l'arche sacro-sainte des aboyeurs publics, qui, chaque matin, ont la mission irresponsable de tromper, de pervertir et de corrompre l'opinion publique[165].

Une presse libre, donnant à des journalistes indépendants du régime politique la mission de rapporter des faits exacts sur la situation, contrevient aux desseins des états-majors et à la propagande mise en place par leurs soins[166]. La volonté de se défendre contre l'ennemi l'emporte sur le droit à l'information. Le comité central autorise d'ailleurs le directeur général des télégraphes à supprimer jusqu'à nouvel ordre la télégraphie privée dans Paris le 20 mars[167].

Afin de supprimer les journaux allant à l'encontre des intérêts politiques de la Commune, la commission de la sûreté générale recourt à des règlements qui affirment l'idéologie du mouvement en évinçant de Paris les journaux acquis à la cause versaillaise. Un arrêté du 5 mai 1871 indique ainsi que les journaux *Le Petit Moniteur*, *Le Petit National*, *Le Bon sens*, *La Petite presse*, *Le Petit journal*, *La France* et *Le Temps* sont supprimés[168]. Ils sont considérés comme ayant excité dans chacun de leurs numéros à la guerre civile et comme des auxiliaires les plus actifs des ennemis de Paris et de la république[169]. Le 11 mai sont supprimés en suivant *Le moniteur universel*, *L'Observateur*, *L'Univers*, *Le Spectateur*,

---

165 *JJC*, t. 2, p. 43.

166 Les correspondants de guerre, en charge de vérifier leurs informations sur le terrain, sont apparus dès le milieu du XIXe siècle à travers des personnalités telle que William H. Russel du *Times*, qui déjà avait couvert la guerre de Crimée en 1854-1855 ; Mercier Arnaud, « Quelle place pour les médias en temps de guerre ? », *International Review of the Red Cross*, volume 87, n° 860, décembre 2005, p. 650. *V.* à ce sujet Knightley Philip, *Le correspondant de guerre, de la Crimée au Vietnam. Héros ou propagandiste ?*, Hall Jacques, Lagrange Jacqueline trad., Paris, Flammarion, 1976, 370 p. *V.* également Mercier Arnaud, « Guerres et médias : permanences et mutations », *Raisons politiques*, vol. 13, n° 1, 2004, p. 97-109.

167 *JJC*, t. 2, p. 31.

168 *Ibid.*, p. 375.

169 *Ibid.*, p. 375.

L'Étoile et *L'Anonyme* par le comité délégué à la sûreté générale[170]. Le 19 mai, un arrêté indique que l'*Écho de Paris*, l'*Indépendance française*, l'*Avenir national*, la *Patrie*, le *Pirate*, le *Républicain*, la *Revue des deux mondes*, l'*Écho de ultramar*, et la *Justice* restent supprimés[171]. *La Commune* reste également supprimée ce qui témoigne des luttes intestines au sein même des partisans communards. Initialement acquis à la cause comme son titre l'indique, le journal se trouve privé du droit de paraître en ce qu'il déroge à la ligne officielle des organes communards.

Surtout, l'article 2 du règlement dispose qu'aucun nouveau journal ou écrit périodique politique ne pourra paraître avant la fin de la guerre. La liberté d'expression se trouve ici fortement entravée, par l'interdiction pure et simple de la possibilité de créer de nouveaux titres.

La fin de l'arrêté s'attache ensuite à encadrer encore davantage la répression : l'article 3 du décret indique que tous les articles devront être signés de leur auteur, dans l'objectif de faciliter l'appréhension des auteurs des infractions. L'article 5 indique que les imprimeurs contrevenants seront poursuivis comme complices et leurs presses mises sous scellés[172].

L'article 4 dispose en outre que les attaques contre la République et la Commune sont déférées à la cour martiale et non pas à une autre juridiction. Entre cette compétence et le recours répété aux arrêtés, la Commune remet en cause les principes qu'elle posait elle-même le 22 avril[173] en matière juridique et judiciaire : « jugement par les pairs, l'élection des magistrats, liberté de la défense[174] ». La Commune se proposait de repenser totalement l'organisation judiciaire, y compris en matière de jury populaire à travers la mise en place d'un jury d'accusation[175]. Mais, la Commune se trouve rattrapée par des besoins pragmatiques qui la poussent à abandonner, en partie, certains idéaux.

---

170 *Ibid.*, p. 474.

171 *Ibid.*, p. 267.

172 *JJC*, t. 2, *op. cit.*, p. 558.

173 Un décret du 25 avril vient préciser le fonctionnement et les modes de désignation.

174 *JJC*, t. 2, *op. cit.*, p. 80.

175 Même si des débats ont eu lieu entre les différents membres de la Commune à ce sujet. V. David Marcel, « Jury populaire et souveraineté », *Droit et société*, n° 36-37, 1997, p. 431-432 ; Bourgin Georges, *La guerre de 1870-1871 et la Commune*, Paris, Flammarion, 1938, p. 254-255.

L'État contre la diffusion des thèses communardes

L'opposition à la Commune menée par le gouvernement versaillais emprunte la voie des combats, des assauts ainsi que d'un nouveau siège de la capitale dans le cadre de la « campagne à l'intérieur[176] ». Dans le même temps, le gouvernement de la Défense nationale, afin de limiter la propagation des idées révolutionnaires et de manière à affirmer son autorité, prend un ensemble de mesures qui freinent la circulation de l'imprimé au sein de l'espace public dès la fin de l'année 1870. Ces mesures viennent s'ajouter à la législation sur l'état de siège déjà en application afin de créer un arsenal juridique efficace contre les ennemis prussiens et communards. Le décret du 20 novembre 1870 interdit ainsi l'affichage des journaux, limitant leur publicité et détournant de fait la publication du regard de potentiels lecteurs.

Le législateur conservateur, issu des élections de février 1871, envisage également le vote d'une loi nouvelle. L'objectif de ce texte est présenté, non pas comme une refonte du droit de la presse mais comme la mise en place d'armes nouvelles qui puissent « donner des coups plus assurés[177] » à l'encontre des mouvements contestataires. L'enjeu est celui de l'information des publications :

> Depuis deux jours les journaux de la commune insurrectionnelle et ceux qui acceptent leurs récits avec une facilité déplorable n'hésitent pas à entretenir leurs lecteurs de combats imaginaires et de prétendues victoires remportées sous les murs de Paris par les soldats de l'insurrection. […] ce sont autant d'inventions impudentes par lesquelles les hommes qui ne peuvent espérer que dans le mensonge pour prolonger de quelques jours leur pouvoir criminel, s'efforcent une fois de plus d'égarer l'opinion publique[178].

La loi est votée le 15 avril 1871 et indique, en son article premier, que la poursuite en matière de délits commis par la voie de presse, ou par les

---

176 *V.* sur les différents sièges de Paris par la Prusse et le gouvernement français Sheppard Nathan, *Enfermé dans Paris : journal du Siège du 2 septembre 1870 au 28 janvier 1871*, Paris, Darantière, 1877, 411 p. ; Almeras Henri d', *La vie parisienne pendant le siège de Paris et sous la Commune*, Paris, Cercle du bibliophile, 1925, 544 p. ; Henryot Arnold, *Paris pendant le siège, 1870–1871*, Paris, Armand Le Chevalier, 1871, 177 p. ; Sueur Henri, *Étude sur la mortalité à Paris pendant le siège*, Paris, Sandoz et Fischbacher, 1872, 112 p. ; Sarcey Francisque, *Le Siège de Paris*, Paris, Librairie E. Lachaud, 1871, 347 p.

177 *JORF*, 15 avril 1871, p. 586.

178 *Loc. cit.*

moyens de publication prévus par l'article 1er de la loi du 17 mai 1819, aura lieu conformément aux articles 16 à 23 de la loi sur la presse du 27 juillet 1849. Le législateur maintient, en partie, l'orientation qui avait été donnée par le gouvernement de la Défense nationale : la loi confirme la compétence de principe du jury en matière de délits de presse. La volonté de rupture avec les pratiques du Second Empire est affirmée : le juge judiciaire perd sa place hégémonique dans le contrôle de l'imprimé. L'objectif poursuivi par le législateur est ainsi de maintenir hors de la compétence de la magistrature les délits de presse inspirés par des considérations politiques pour ne lui laisser à travers le second article de la loi que les infractions matérielles ou les infractions contre les particuliers et les mœurs[179].

La répartition des infractions entre les différentes juridictions fait l'objet de nombreux débats. De Broglie, le rapporteur de la loi, développe notamment l'idée selon laquelle lorsque la presse révolutionnaire avance des théories qui remettent en cause la propriété, la famille, les droits primordiaux ou prônent l'assassinat, il ne s'agit pas délits politiques. Il s'agit seulement d'atteintes « aux fondements éternels de la morale et de la société » qui s'attaquent à des valeurs universelles défendues par la société[180]. De Broglie ajoute, avec malice, qu'il ne peut d'ailleurs pas y avoir de délits politiques dans un régime qui n'a pas de forme politique définie[181]. Par cette rhétorique, en rabaissant la nature des propositions formulées par les communards au statut de seules infractions, le rapporteur réaffirme la volonté d'un gouvernement qui n'entend pas s'ouvrir à une nouvelle vision de la société et de gestion de la cité. La dépolitisation des infractions permet ainsi de protéger l'ordre établi de manière plus efficace et plus subtile.

---

179 *Ibid.*, p. 593.

180 Si le gouvernement se refuse à admettre le caractère politique de la loi, un commentateur tel que Louis de Chénier, insiste sur le dessein qui est d'atteindre les imprimés qui remettent en cause l'ordre social. L'auteur indique à ce titre que « les journaux ou écrits périodiques et quotidiens qui prêchent la révolte, ou qui enseignent des doctrines subversives de toute morale, de tout ordre public, de toute organisation sociale, sont des ennemis d'autant plus dangereux du peuple français, qu'ils font tomber goutte à goutte le poison de leur dialectique perverse dans l'esprit peu cultivé de la partie de la population qui, incapable, faute d'instruction suffisante, d'avoir des idées exactes en matière politique, a besoin d'avoir des raisonnements tout faits et des doctrines toutes formulées » ; Chenier Louis-Joseph Gabriel, *De l'État de siège et son utilité*, Paris, J. Dumaine, 1849, p. 59.

181 Rappelons que la France n'est alors dotée d'aucun texte constitutionnel qui fixe son régime. On comprend à travers cette allusion les grands enjeux qui vont se présenter à l'Assemblée dès la fin du conflit.

Afin de justifier la compétence du jury, le rapporteur de la loi avance en outre des arguments d'ordre technique comme la nature particulière des infractions confiées à la cour d'assises : parce qu'elles n'ont pas de contours bien définis, parce qu'il est impossible d'enfermer les faits dans des catégories clairement préétablies et parce que ces derniers ont trait à des éléments tels que l'écrivain, son intention ou les circonstances, il est nécessaire de faire intervenir le jury[182]. Ce dernier apparaît dans l'esprit du législateur comme plus souple, plus mobile. Cette souplesse accordée au citoyen permet ainsi, en temps d'insurrection, de laisser à la compétence de la magistrature des infractions dont la constitution ne nécessite pas l'appréhension d'éléments trop subjectifs. Le rapporteur indique à ce titre qu'il est de l'intérêt de la magistrature de se tenir à l'écart des délits de presse en raison des soupçons qui ont pu peser sur elle au temps de l'Empire[183]. En éloignant le magistrat du contentieux, l'on préserve ainsi son autorité et l'acceptation de ses décisions par la population. Le rapporteur insiste d'ailleurs à plusieurs reprises sur l'assentiment nécessaire de la population quant aux décisions relatives à la liberté d'expression. Le jury qui constitue une émanation de l'opinion publique, « son organe exact » et son « interprète naturel », apparaît comme la seule juridiction à même d'être acceptée dans un contexte social extrêmement tendu[184].

Cet intérêt pour la magistrature dépasse le seul cadre de la liberté d'expression pour être au cœur des changements d'orientation politique du régime. La loi des 25 mars et 1er avril 1871 déclare nuls et non avenus les « décrets flétrisseurs », sur le fondement du non-respect de la séparation des pouvoirs et du principe de l'inamovibilité de la magistrature. L'article unique de la loi spécifie tout de même que l'Assemblée se réserve le droit souverain d'organiser l'ordre judiciaire[185].

Si la loi ne vient pas atteindre directement la liberté d'expression, le législateur décide tout de même de créer des freins en agissant sur le plan pécuniaire après la fin de la guerre civile. Ainsi le cautionnement supprimé en octobre 1870 est rétabli pour tous les journaux, y compris non politiques par la loi du 6-11 juillet 1871[186]. Le montant de cette

---

182 *JORF*, 15 avril 1871, p. 594.
183 *Loc. cit.*
184 *Loc. cit.*
185 *D.P*, 1871, Partie IV, p. 35.
186 *Ibid.*, p. 133.

caution varie selon leur implantation, leur périodicité et leur tirage. Ainsi, par exemple, un hebdomadaire comme *Le Grelot*, dont le siège est à Paris, a ainsi dû ainsi s'acquitter d'une somme de 18 000 francs pour pouvoir paraître[187]. L'objectif recherché est ainsi de sélectionner par des voies détournées, les journaux qui peuvent continuer de paraître à travers une pression financière. S'ajoute à ces freins une augmentation importante du prix du papier de 20 %[188] qui mène à réduire l'offre de titres de presse au cours de l'« année terrible[189] ».

Après la chute de la Commune à la suite de la semaine sanglante du 21 au 28 mai 1871 qui a fait près de 17 000 morts[190], s'en suit une longue période de répression des communards par les tribunaux militaires siégeant à Versailles sous la forme de conseils de guerre[191]. Dès le 6 juin 1871, une circulaire du ministre des Affaires étrangères est transmise aux agents diplomatiques de la République afin de construire un récit autour de la Commune et de justifier la répression de ses partisans et soutiens :

> [...] dans la presse, dans les réunions publiques, dans les assemblées électorales, dans les agitations de la rue, partout enfin, on l'avait retrouvé, fidèle à son œuvre, excitant au sein des masses populaires les plus détestables passions, prêchant les doctrines les plus subversives, attaquant audacieusement les bases de l'ordre moral aussi bien que les fondements éternels de l'ordre social. Dès le 20 mars, en effet, et sur les premiers actes du Comité central, qui déjà ouvrait les prisons et prenait des otages, un centre de résistance s'organisa. La presse lui donna courageusement son appui[192].

Sont alors poursuivis des journalistes et hommes de lettres. Tel est le cas de Paschal Grousset, membre de la Commune et fondateur notamment du journal *Le peuple.* En tant que rédacteur en chef du journal l'*Affranchi*, des articles particulièrement virulents à l'encontre

187 Delporte Christian, *op. cit.*, p. 147.

188 *Loc. cit.*

189 Hugo Victor, *L'année terrible*, Paris, Librairie Nouvelle, 1872, 331 p.

190 Docteur Vacher, « La mortalité à Paris en 1872 », *Journal de la Société française de statistique*, t. 15, 1874, p. 99-105.

191 La répression débute même avant la chute de la Commune avec la mise en place de cours martiales au fur et à mesure de l'avancée des troupes ; Farcy Jean-Claude, « Une base de données sur la répression judiciaire de la Commune de Paris », *Revue d'histoire du XIXe siècle*, vol. 63, n° 2, 2021, p. 126.

192 *Le dossier de la Commune devant les Conseils de guerre*, Paris, Librairie des bibliophiles, 1871, p. 1.

du gouvernement versaillais lui valent un rapport rendu le 20 juillet 1871 qui conclut à son inculpation pour les crimes et délits de participation active à l'insurrection, excitation à la guerre civile, usurpation de fonctions, provocation publique à la désobéissance aux lois, excitation publique à la haine et au mépris des citoyens les uns contre les autres, dans le but de troubler la paix publique et enfin pour complot pour changer la forme du gouvernement. Au sein du rapport est notamment mentionné un article en particulier, au sein duquel sont visés les « Papalains et autres nourrissons des prêtres » qui ont « été les premiers à l'attaque de Paris[193] ». Paschal Grousset n'est déclaré coupable que d'attentat, d'excitation, de levée de troupes et d'usurpation de fonctions. Il se trouve condamné à la déportation dans une enceinte fortifiée[194].

Notons encore le cas de Henri Rochefort qui s'était déjà signalé à l'attention des pouvoirs publics par de nombreux articles qui lui valent plusieurs condamnations sous l'Empire. Il est à nouveau inquiété à la chute de la Commune pour des articles signés par lui et parus dans le *Mot d'Ordre*. Henri Rochefort n'avait exercé aucune fonction durant la période insurrectionnelle pourtant, il est poursuivi avec Mouret et Maret sur la base de vingt-six chefs d'accusation qui sont retenus contre lui sur le fondement répété d'une forme de responsabilité morale[195]. Le verdict est rendu est rendu le 21 septembre par le troisième conseil de guerre de la 1re division militaire[196]. Les accusés sont reconnus coupables de complicité par provocation, par des écrits rendus publics, d'attentat ayant pour but d'exciter à la guerre civile, de complicité par provocation, par des écrits, de destruction de l'hôtel de Thiers, de complicité par provocation de pillage, en bande et à force ouverte, dans les églises de Paris. Le caractère provocateur de l'agent est ainsi placé au centre de la répression, l'imprimé étant considéré comme le moyen ayant concouru à la complicité.

Rochefort est également déclaré coupable de continuation, comme auteur et gérant, de 50 numéros d'un journal supprimé, de publication

---

193 *Procès des membres de la Commune. Compte rendu « in extenso » des débats du conseil de guerre… Avec les portraits des accusés*, Bordeaux, Laporte, 1871, p. 43.
194 *Ibid.*, p. 477.
195 Pain Olivier, *Henri Rochefort*, Paris, Collombon et Brulé, 1879, p. 461.
196 *Ibid.*, p. 463.

de fausses nouvelles faites de mauvaise foi et de nature à troubler la paix publique, d'offenses par écrit envers le chef de gouvernement, d'offenses par écrit envers l'Assemblée nationale, d'offenses par écrit envers la religion d'État[197]. Rochefort est condamné à la déportation dans une enceinte fortifiée.

Henri Maret est lui aussi envoyé devant le conseil de guerre en Septembre 1871. Journaliste au *Mot d'ordre*, il est accusé d'outrage envers l'Assemblée pour des articles du 14 et du 16 avril au sein desquels il compare les élus au « Parc au Cerfs », ainsi que de diffamation envers Adolphe Thiers et le gouvernement dans un article du 3 mai[198]. Il y décrivait la situation de la Commune : « une armée bonapartiste, poussée par un gouvernement orléaniste, issue d'une chambre moitié orléaniste, moitié légitimiste, attaque une ville défendue par des républicains[199] ». Il ajoutait le 16 mai « plutôt que de céder d'un pas devant l'ennemi qui veut égorger le gouvernement de Versailles met au pied du démon ses trésors et son honneur[200] ». En plus de ses principaux chefs d'accusation il est inculpé pour provocation à s'armer contre l'autorité républicaine, excitation à la guerre civile, et publication de fausses nouvelles[201]. Le 22 septembre 1871 il est condamné à cinq ans de prison et 500 francs d'amende[202].

À travers ces différents exemples, on perçoit le sort des auteurs à la chute de la Commune : ils ne font l'objet d'aucun traitement de faveur[203]. Ils sont déportés en Nouvelle-Calédonie, avec les prisonniers politiques, et ne reviennent pour certains qu'au vote d'une loi d'amnistie au début des années 1880. La peine de déportation à laquelle de nombreux communards sont condamnés montre la politisation et l'amalgame qui est réalisé entre l'ensemble des délinquants, qu'ils aient pris part aux combats armés ou à la guerre de l'information.

197 *Loc. cit.*

198 *Gazette des tribunaux*, 21 septembre 1871, p. 563-564

199 *Loc. cit.*

200 *Loc. cit.*

201 *Gazette des tribunaux*, 22 septembre 1871, p. 568.

202 *Loc. cit.*

203 *V.* Barat Michel, « Le vocabulaire des ennemis de la Commune : du 28 mai 1871 au mois de juin 1872 à travers les textes des comptes rendus des conseils de guerre », *La Pensée*, n° 156, 1971, p. 52-67 ; Combes André, « Communards : le temps de la répression, Humanisme », *Bulletin du Centre de documentation du Grand Orient de France*, 1998, n° 240, p. 77-81.

La répression de la Commune et la défaite de la France face à la Prusse laissent un souvenir amer aux républicains les plus convaincus[204]. La priorité du gouvernement esr donnée au rétablissement de l'ordre public mais aussi social dans le souci d'édifier une république conservatrice dans l'attente d'une potentielle restauration monarchique.

LE DROIT DE L'IMPRIMÉ AU SERVICE DE LA CONSERVATION SOCIALE : L'INFRACTION D'OUTRAGE AUX BONNES MŒURS, À LA MORALE PUBLIQUE ET RELIGIEUSE

La chute d'Adolphe Thiers mène à l'élection par l'Assemblée Nationale du maréchal Patrice de Mac Mahon, duc de Magenta le 24 mai 1873 à la quasi-unanimité des suffrages en raison de l'abstention massive de la gauche : 390 voix sur 392 suffrages exprimés[205]. Le maréchal, nouvellement arrivé au pouvoir, a une pratique des institutions tout à fait différente de son prédécesseur qui correspond davantage aux usages du régime parlementaire[206]. Surtout, il entend affermir un peu plus les assises conservatrices du régime léguées par son prédécesseur[207] en mettant sur pied un Ordre moral. En matière de contrôle de l'imprimé, cet ordre promeut la conservation des bonnes mœurs dans une société bousculée par des changements politiques et sociaux. Derrière l'infraction d'outrage aux bonnes mœurs, à la morale publique et religieuse se rejoignent ainsi

204 V. Allorant Pierre, Badier Walter, Garrigues Jean dir., *1870, entre mémoires régionales et oubli national : se souvenir de la guerre franco-prussienne*, Rennes, PUR, 2019, 297 p. ; Allorant Pierre, Allorant Salomé, Resal Jacques éd., *La République au défi de la guerre : lettres et carnets de l'Année terrible (1870-1871)*, Encrage, 2015, Amiens, 242 p.

205 Vapereau Gustave, *Dictionnaire universel des contemporains*, Paris, Librairie Hachette, 1880, p. 1204.

206 Mayeur Jean-Marie, *La vie politique sous la Troisième République, 1870-1940*, *op. cit.*, p. 47. Le chef de l'État n'use pas des possibilités que lui offre la loi de venir s'exprimer devant l'Assemblée et laisse davantage d'espace politique aux vice-présidents du Conseil des ministres devenus présidents du Conseil en 1876 ainsi qu'aux ministres choisis au sein des différents courants de la majorité conservatrice.

207 Adolphe Thiers déclarait : « La République sera conservatrice, ou ne sera pas ». Mieux aurait-il valu selon l'orateur, revenir à l'Empire ou la Monarchie plutôt que de laisser la place libre à une République socialiste ou révolutionnaire.

des enjeux politiques et juridiques. Afin de soutenir cette entreprise de conservation, la répartition des compétences judiciaires entre cour d'assises et tribunaux correctionnels est pensée pour chaque infraction par le législateur.

DES ENJEUX POLITIQUES ET JURIDIQUES MAJEURS

La politique de la nouvelle majorité rompt avec l'élan libéral de la République de septembre 1870. L'heure est à la restauration d'un ordre social ancien auquel l'infraction d'outrage aux bonnes mœurs et à la morale publique et religieuse apporte son concours en raison de son potentiel répressif inouï et de sa physionomie peu précise.

L'Ordre moral ou le désir de se rassurer

La répression de la Commune s'étend, dans le temps, bien après la victoire des Versaillais sur le plan militaire. Les fusils baissés au terme de la Semaine Sanglante, c'est au droit d'intervenir et plus précisément à la justice militaire et aux conseils de guerre et cours prévôtales de prendre le relais de la répression[208]. Cette compétence des tribunaux militaires induit, mécaniquement, une chute du nombre d'affaires devant les tribunaux civils. Ainsi, en matière de contentieux de la liberté d'expression, comme l'indique le *Compte général de l'administration de la justice*, pour 1872 « les délits politiques ou de presse sont [...] descendus de 4,243 à 628 » du fait « qu'un grand nombre de délits de cette sorte a été soumis aux conseils de guerre en vertu de l'état de siège[209] ».

Le dessein de la majorité conservatrice est de réunir les différentes composantes de la droite parlementaire autour d'un projet commun. Il s'agit, en d'autres termes, de réussir là où Adolphe Thiers a échoué dans l'union des conservateurs tout en donnant en véritable élan vers

208 Les procédures devant ces juridictions sont sommaires, les questionnements expéditifs. Surtout, les décisions sont sévères : l'on décompte sur la période qui s'étend jusqu'en 1877, 13 450 condamnations dont 270 à mort ; Royer Jean-Pierre, *op. cit.*, p. 581. En outre, la loi du 23 mars 1872 prévoit la déportation de milliers de communards en Nouvelle-Calédonie ; *V.* Baronnet Jean, Chalou Jean, *Communards en Nouvelle-Calédonie : histoire de la déportation*, Paris, Mercure de France, 1987, 431 p.

209 « Compte général de l'administration de la justice criminelle pendant l'année 1872 », *Journal de la société statistique de Paris*, t. 16, 1875, p. 34.

la restauration monarchique. Ce projet, le maréchal l'expose dans un message présidentiel le lendemain de son élection :

> Avec l'aide de Dieu, le dévouement de notre armée qui sera toujours l'esclave de la loi, l'appui de tous les honnêtes gens, nous continuerons l'œuvre de la libération du territoire et du rétablissement de l'ordre moral dans notre pays. Nous maintiendrons la paix intérieure et les principes sur lesquels reposent notre société. Je vous en donne ma parole d'honnête homme et de soldat[210].

Voilà le cœur de l'entreprise de la majorité conservatrice dans les premiers temps de la nouvelle présidence : réussir après la guerre, l'insurrection populaire et l'échec d'Adolphe Thiers, à créer un régime politique conservateur placé sous le signe de l'Ordre moral[211].

Les partisans de cet ordre, s'ils s'opposent sur la forme que doit emprunter la restauration monarchique, arrivent tout de même à définir de concert le sens qu'ils entendent donner à cette expression. Il en est ainsi du ministre de l'Intérieur, l'orléaniste Charles Ernest Beulé, lorsqu'il répond au parlementaire Philippe Lepère lors de la séance parlementaire du 11 juin 1873 suite à l'interdiction du journal *Le Corsaire*[212]. En exposant les raisons qui ont poussé les autorités compétentes à interdire le journal, le ministre définit dans le même temps la doctrine prônée par l'exécutif en reprenant les attendus de l'arrêté. L'Ordre moral se caractérise ainsi par une lutte contre les doctrines antisociales ainsi que par la défense de l'ordre établi[213].

Dans la première catégorie visée par le ministre peuvent être comprises toutes les idées qui remettent en cause les valeurs conservatrices comme la famille, la religion ou encore la propriété, c'est-à-dire les valeurs protégées par le code civil de 1804. Entrent aussi dans cette catégorie les idéologies telles que l'anarchisme, l'internationalisme ou encore le socialisme[214] qui sont en plein développement à la fin du siècle. Dans la

210 *Messages et allocutions présidentiels*, Paris, A. Delloye, 1877, p. 3.

211 Sur la personnalité du chef de l'État V. Broglie Gabriel de, *Mac Mahon*, Paris, Perrin, 2000, 459 p.

212 *JORF*, 11 juin 1873, p. 3742 et suivantes.

213 Vavasseur-Desperriers Jean, « Réalités et limites de la coalition d'Ordre moral », in *Le Seize-mai revisité* [en ligne], § 5, [consulté le 2 février 2018].

214 V. à ce sujet Winock Michel, *Le socialisme en France et en Europe, XIXe-XXe siècle*, Paris, Seuil, 2018, 448 p. ; Jalée Pierre, « Le projet socialiste au cours du XIXe siècle », in *Le Projet socialiste. Approche marxiste*, Paris, La Découverte, 1976, p. 7-17.

seconde catégorie sont davantage comprises les institutions politiques du pays. Le ministre cite à ce sujet l'Assemblée Nationale[215].

L'expression d'ordre établi a le mérite de ne rien désigner précisément dans une situation politique où la survie même du régime est encore incertaine[216]. Se référer à un ordre aussi peu établi *de jure* et *de facto* permet ainsi à une Assemblée majoritairement royaliste d'avancer en toute légalité vers une restauration monarchique teintée de conservatisme.

À ce titre, l'Ordre moral peut s'adosser dans son entreprise sur la religion catholique et son Église. La référence à Dieu dans la prise de parole du maréchal ne laisse aucun doute à ce sujet. De Broglie, premier vice-président du Conseil, s'inscrit lui aussi dans cette volonté d'interconnexion entre religion et politique comme fondement de l'ordre social et comme solution au problème social par l'union de la foi et de la liberté. L'Ordre moral est ainsi résolument clérical et la vision impulsée par de Broglie s'inscrit dans la durée.

La politique de l'Ordre moral s'étend sur l'ensemble de la présidence du maréchal de Mac Mahon. Malgré les changements de vice-présidence du Conseil[217], malgré la pérennisation de la République en 1875 à travers le vote des lois constitutionnelles en janvier, il apparaît des constantes sur la période jusqu'à la crise politique de 1877 qui font de ce régime en raison de ses assises fragiles, une République anti-républicaine et antirévolutionnaire[218]. Sans remettre en cause le suffrage universel, le régime cherche absolument à l'orienter[219].

Une boîte de Pandore répressive

L'infraction d'outrage à la morale publique et religieuse et aux bonnes mœurs est créée pour la première fois sous la Restauration à travers l'article

215 *JORF*, 11 juin 1873, p. 3743.

216 En effet aucun texte en 1873 n'instaure de manière pérenne la république, les lois constitutionnelles provisoires ne faisant qu'organiser de manière laconique les pouvoirs exécutif et législatif sans asseoir le régime autrement qu'en donnant le titre de président de la République au chef de l'État.

217 Sont nommés vice-présidents du Conseil des ministres français à la suite de Albert de Broglie, Ernest Courtot de Cissey en mai 1874 et Louis Buffet en mars 1875. Au poste de Président du Conseil, nouvelle dénomination de la fonction, se succèdent : Jules Dufaure, Jules Simon, Albert de Broglie, Gaëtan de Rochebouët.

218 Lecocq Pierre, Martinage Renée, Royer Jean-Pierre, *op. cit.*, p. 86.

219 Dallisson Rémi, *op. cit.*, p. 334.

8 de la loi du 17 mai 1819. À la lecture de ce texte, il apparaît que le législateur a opté pour l'utilisation de termes peu précis qu'il décide de ne pas définir[220]. Derrière ces termes énigmatiques se trouve un discours qui de lui-même ne dit rien et auquel il convient de donner du sens[221].

Cette incertitude autour de la norme entre en confrontation avec l'un des principes fondamentaux du droit pénal issu de l'adage latin *nullem crimen, nulla poena sine lege* en vertu duquel une infraction n'est punissable qu'à la condition où celle-ci est définie et punie par la loi. Ce principe, dit de légalité criminelle, est théorisé par la philosophie des Lumières en réaction à l'arbitraire du système pénal de l'Ancien Régime. On le retrouve notamment sous la plume de Montesquieu dans l'*Esprit des lois* et de Cesare Beccaria au sein du célèbre *Traité des délits et des peines*. Selon ces deux auteurs le rôle dévolu au juge doit être restreint dans l'application de la loi pénale, limité à la simple qualification de l'infraction et à l'application, le cas échéant, de la peine qui y est attachée par le texte. Cette vision restrictive de l'activité judiciaire est également reprise par Voltaire à l'occasion de son commentaire de l'affaire du chevalier de la Barre et de l'affaire Calas[222]. Il en est de même pour Rousseau au sein *Du contrat social*.

Ces différentes théories prennent leur fondement dans le légicentrisme : la loi, en tant qu'expression de la souveraineté du peuple, doit lier le juge afin de protéger les libertés individuelles contre l'arbitraire potentiel du pouvoir judiciaire. Comme l'indique Albert Dupré dans sa thèse de doctorat, les philosophes des Lumières « avaient montré qu'en même temps que la Société, il y a l'Individu, et que cet Individu a des droits qu'il doit légitimement prétendre exercer. La société n'est qu'une somme d'individualités, tous les hommes sont égaux entre eux et aucun d'eux ne peut s'arroger le droit de juger les autres. C'est la conscience collective qui dictera la loi et cette loi ne sera donc que l'expression des aspirations individuelles[223] ». C'est ce que proclame la Déclaration des

---

220 Anne Simonin indique à ce titre que « Les bonnes mœurs marchent dans la jurisprudence main dans la main avec l'indignité qui assure leur protection juridique » ; Simonin Anne, « L'indignité ou les bonnes mœurs républicaines », in *Tous républicains*, Paris, Armand Colin, p. 213-232.

221 Legendre Pierre, *op. cit.*, p. 87.

222 Dupré Albert, *La règle pénale légaliste, son application actuelle en droit comparé*, thèse de doctorat, droit, Université de Grenoble, 1938, p. 26.

223 *Loc. cit.*

Droits de l'Homme et du Citoyen du 26 août 1789 à travers ses articles 7 et 8[224]. Jean-Étienne-Marie de Portalis, au début du XIXe siècle dans son discours préliminaire sur le projet de code civil, poursuit cette pensée révolutionnaire : « Le législateur ne doit point frapper sans avertir : s'il en était autrement, la loi, contre son objet essentiel, ne se proposerait donc pas de rendre les hommes meilleurs, mais seulement de les rendre plus malheureux[225] ». Il ajoute qu'en matière criminelle, où il n'y a qu'un texte formel et préexistant qui puisse fonder l'action du juge, il faut des lois précises et point de jurisprudence[226].

À la lecture de ces différents auteurs apparaît la double nature du principe de légalité. D'un point de vue formel, ce principe implique que la norme pénale soit l'œuvre du législateur, représentant des citoyens et de la volonté générale. D'un point de vue matériel, ce principe requiert également de la norme pénale certaines qualités rédactionnelles : elle doit être claire et ne pas prêter à confusion. Elle doit être prévisible de sorte que les individus puissent, à l'avance, prévoir l'adéquation (ou non) de leurs actions conformément au droit, en connaissance de cause. La prévisibilité du droit se présente ainsi comme un corollaire, avec le principe de non-rétroactivité de la loi pénale plus sévère, de l'État de droit.

Pourtant en 1819, lorsque le législateur crée l'infraction d'outrage à la morale publique, religieuse et aux bonnes mœurs, il met à mal ce principe dégagé officiellement trente ans plus tôt. Si formellement, la légalité criminelle est respectée puisque l'infraction est bien prévue par une loi, il en est autrement d'un point de vue matériel. Les termes employés, de par leur imprécision, empêchent l'individu de prévoir clairement à l'avance le caractère délictueux de ses imprimés puisqu'il reviendra au pouvoir judiciaire, au cas par cas, de donner du sens au texte sous peine de se rendre coupable d'un déni de justice prohibé par l'article 4 du code civil de 1804. Le pouvoir judiciaire se voit ainsi

---

224 L'article 7 dispose que « Nul homme ne peut être accusé, arrêté ni détenu que dans les cas déterminés par la loi, et selon les formes qu'elle a prescrites. Ceux qui sollicitent, expédient, exécutent ou font exécuter des ordres arbitraires, doivent être punis ; mais tout citoyen appelé ou saisi en vertu de la loi doit obéir à l'instant : il se rend coupable par la résistance ». L'article 8 dispose quant à lui que « La loi ne doit établir que des peines strictement et évidemment nécessaires, et nul ne peut être puni qu'en vertu d'une loi établie et promulguée antérieurement au délit, et légalement appliquée ».

225 Portalis Jean Étienne Marie de, *Discours préliminaire du premier projet de code civil*, [1801], Paris, Éditions confluences, 2004, p. 21.

226 *Loc. cit.*

confier un pouvoir créateur, bien loin du rôle qui lui était assigné par le baron de la Brède en tant que « bouche de la loi[227] ». Le juge devient créateur de droit, en interprétant le texte.

Si la philosophie des Lumières propose d'adopter une interprétation stricte de la norme pénale en considérant comme un axiome dangereux la référence à l'intention du législateur[228], au XIXe siècle se développent plusieurs méthodes d'interprétation qui viennent s'éloigner de cette conception restrictive de l'interprétation. La méthode exégétique prend son essor à la suite des codifications napoléoniennes. Elle repose sur un légicentrisme prononcé, considérant la loi comme source du droit par excellence. Systémique, cette démarche entend resituer la norme dans un contexte plus global, en privilégiant l'interprétation conjointe des lois afin de leur donner du sens[229]. Le postulat est donc celui d'un ensemble juridique rationnel, où les différentes lois entrent en résonance les unes les autres. L'interprétation systémique peut, notamment, emprunter la voie de la recherche de l'intention du législateur, en travaillant au plus près de sa subjectivité[230]. Appliquées à l'infraction d'outrage aux bonnes mœurs, à la morale publique et religieuse, ces méthodes, qu'elles soient littérales ou davantage téléologiques, semblent présenter quelques limites tant le texte est peu bavard et la physionomie de l'infraction peu claire y compris dans l'esprit du législateur.

En effet, le rapporteur de Broglie au sujet de la morale publique indique en 1819 que « le mot était nouveau, il pouvait être critiqué mais il avait au moins l'avantage de ne rien exclure et de ne rien désigner[231] ». Pour donner du sens à l'article de loi, il est donc nécessaire pour le juge d'aller plus loin dans son appropriation de la norme. Il doit réaliser en

---

227 Cesare Beccaria se refusait à accepter tout procédé d'interprétation de la loi pénale. Au sein du chapitre IV des *Délits et des peines*, il présente l'office très contingenté du juge : « pour chaque délit, le juge doit avoir à faire un syllogisme parfait : la majeure doit être la loi générale ; la mineure, l'action conforme ou non à la loi ; la conséquence, la liberté ou à la peine. Quand le juge est contraint de faire ou veut faire ne serait-ce que deux syllogismes, on ouvre la porte à l'incertitude » ; Beccaria Cesare, *Des délits et des peines*, [1764], P.J.S Dufey éd., Paris, Dalibon, 1821, p. 14.

228 *Loc. cit.*

229 Rabault Hugues, « Le problème de l'interprétation de la loi : la spécificité de l'herméneutique juridique », *Le Portique*, nº 15, 2005, p. 7.

230 *Ibid.*, p. 8.

231 Bories Jules, Bonassies F., *Dictionnaire pratique de la presse, de l'imprimerie et de la librairie*, t. I, Paris, Imprimerie et librairie générale de jurisprudence de Cosse et N. Delamotte, 1847, p. 597.

ce sens une interprétation dynamique qui peut être rapprochée d'une usurpation de la fonction législative par l'interprète[232]. L'article 8 de la loi du 17 mai 1819 est un terrain d'application propice à une interprétation créatrice de droit contrairement à ce que le principe de séparation des pouvoirs commande. L'avantage de l'infraction pour le régime qui la conserve tient alors dans le fait qu'elle permet d'envisager extensivement la répression, au grès des besoins du moment. Elle constitue une arme « pour se défendre précisément sur le point où elle se sentirait blessée[233] ». Son atout est ainsi de « de ne rien exclure et de ne rien désigner », laissant aux tribunaux le soin de mettre en application les valeurs de leur temps[234].

En conservant cette infraction au sein de la législation républicaine, en matière d'imprimé, le pouvoir semble prendre une orientation bien différente du droit positif de l'époque. En effet, selon Max Weber, la société du XIXe siècle tend à la rationalisation[235]. Cette évolution crée un système juridique qui peut être analysé à l'image d'un traitement automatisé de l'information, où la liberté dans l'application de la norme par les professionnels du droit est fortement réduite par un ensemble de mesures techniques[236]. Au contraire, l'infraction prévue par la loi de 1819 laisse davantage d'autonomie à la juridiction en charge de son application.

Ainsi, si le droit de l'imprimé ne constitue pas un droit spécial, conformément à la volonté du législateur de 1819, mais constitue tout de même à n'en pas douter un droit spécifique en ce qu'il répond à une logique propre et à une adaptabilité redoutable. Parce que l'imprimé évolue au sein de la cité, parce qu'il a la capacité de remettre en cause l'ordre établi, il nécessite une capacité d'ajustement importante de la part des tribunaux. En évitant de créer un cadre trop rigide, le parlement abandonne de son pouvoir au profit du pouvoir judiciaire et d'une répression au plus près des faits, de l'agent pénal et de la société. Les tribunaux peuvent ainsi prendre en compte à la fois la personnalité du délinquant, le contenu de

232 Rabault Hugues, *op. cit.*, p. 8.

233 Sapiro Gisèle, *op. cit.*, p. 97 ; Maiseau Raymond, *Manuel de liberté de la presse*, Paris, Pillet Aîné, 1819, p. 114.

234 Sapiro Gisèle, *op. cit.*, p. 97.

235 *V.* Coutu Michel, *Max Weber et les rationalités du droit*, Laval, L.G.D.J et les Presses de l'Université de Laval, 1995, 258 p. ; Colliot-Thélène Catherine, *Études wébériennes : Rationalités, histoires, droits*, Paris, PUF, 2001, 344 p.

236 Rabault Hugues, *op. cit.*, p. 3.

l'imprimé mais surtout les valeurs défendues par la société au moment du procès. C'est cette souplesse qui permet au texte de traverser les décennies et les changements de régime car il se présente comme un levier très utile de politique pénale et générale. La prévalence est donnée à la préservation de l'ordre établi quitte à créer chez les auteurs une situation d'insécurité juridique. L'auteur, lorsqu'il crée un imprimé, doit tenter d'anticiper les conséquences judiciaires potentielles de ce dernier. Cette nécessité peut mener à des pratiques d'autocensure, très souvent encouragées par les éditeurs, responsables pénalement et craignant pour leurs entreprises[237].

L'anticipation de la décision judiciaire est rendue difficile par les termes de l'infraction. Les notions de bonnes mœurs et de morale, n'étant pas des notions juridiques, demandent de puiser des références dans de nombreux domaines du savoir (théologie, philosophie, droit, …) qu'il est impossible de circonscrire[238]. De plus, cette référence nécessaire à des concepts extra-juridiques pour combler les lacunes du texte peut être influencée dans sa mise en œuvre par les *habitus* propres aux agents du champ judiciaire qui participent du jugement. Le juge ou le procureur fondent leur décision sur leur propre vision du standard[239] en matière de mœurs et de morale. Se crée ainsi un risque d'inégalité de jugement entre les justiciables, en raison des différentes sensibilités des magistrats compétents et de la dimension subjective de l'application du droit.

Si l'infraction apparaît d'une application très casuelle et pragmatique, un cadre théorique *a minima* peut tout de même être envisagé pour chaque notion contenue dans le texte d'incrimination à partir notamment des débats parlementaires.

Morale et bonnes mœurs : un cadre théorique a minima

L'être humain est un individu normatif, il évolue dans une société encadrée par un ensemble de règles, plus ou moins générales, plus ou moins tacites qui structurent l'espace des actions possibles[240]. De même, l'Homme est un être évaluatif ce qui signifie qu'il émet des jugements moraux et analyse l'activité humaine par rapport aux normes qu'il a

237 Mollier Jean-Yves, « Les tentations de la censure d'hier à aujourd'hui », in *Où va le livre ?*, Paris, La Dispute, 2000, p. 165.
238 Dury Maxime, *op. cit.*, p. 15.
239 *Loc. cit.*
240 Canto-Sperber Monique, Ruwen Ogien, *La philosophie morale,* Paris, PUF, 2017, p. 4.

intériorisées[241]. En ce sens, la morale se présente comme un ensemble « de principes ou de normes relatives au bien et au mal, qui permettent de qualifier et de juger les actions humaines[242] ». Les débats parlementaires, qui ont cours en 1819 sous la Restauration quant à l'introduction du terme nouveau de « morale » au sein de la législation[243], n'entendent pas engager une réflexion trop pointue sur la question. Ils permettent seulement de comprendre, à grands traits, dans quelle direction le législateur entend que le texte soit interprété. Plus encore, les discussions parlementaires s'intéressent tout particulièrement aux qualificatifs qui sont apposés aux côtés de la notion au sein du projet de loi. Ainsi, la morale publique est clairement distinguée dans le texte de loi de la morale religieuse, même si cette séparation n'est pas toujours claire dans l'esprit des contemporains.

Hercule de Serre présente lors des débats la morale publique comme la conscience et la raison qui se révèlent à « tous les peuples, comme à tous les hommes, parce que tous l'ont reçue de leur divin auteur en même temps que l'existence[244] ». Il poursuit :

> Morale contemporaine de toutes les sociétés, que sans elle nous ne pouvons pas comprendre, parce que nous ne saurions les comprendre, sans les notions d'un Dieu vengeur et rémunérateur du juste et de l'injuste, du vice et de la vertu, sans le respect pour les auteurs de nos jours et pour la vieillesse, sans la tendresse pour les enfants, sans le dévouement au prince, sans l'amour de la patrie, sans toutes les vertus enfin qu'on trouve chez tous les peuples, et sans lesquelles tous les peuples sont condamnés à périr[245].

Hercule de Serre emprunte ici une conception universaliste de la morale dans la continuité de la pensée chrétienne. Selon cette conception, tous les Hommes partageraient des valeurs communes, indépendamment de leur origine, de leur religion, de leur culture ou de leur sexe. Le ministre indique ainsi que la morale publique et religieuse renvoie à ce qui « est commun à tout homme moral, indépendamment du culte qu'il professe[246] ». Hercule de Serre considère également que la morale prend ses fondements dans la volonté divine, empruntant ici le

241 *Loc. cit.*
242 *Ibid.*, p. 5.
243 Sapiro Gisèle, *op. cit.*, p. 95.
244 Grattier Adolphe de, *op. cit.*, p. 156-157.
245 *Loc. cit.*
246 Sapiro Gisèle, *op. cit.*, p. 97 ; Maiseau Raymond, *op. cit.*, p. 10.

raisonnement de « la théorie du commandement divin » ou du « volontarisme théologique » dans une perspective théiste selon laquelle les statuts moraux fondamentaux dépendent essentiellement des volontés contingentes, ou nécessaires, de Dieu[247].

Cette vision des fondements de la morale est défendue par d'autres hommes politiques au cours des débats. Pierre-Paul Royer-Collard soutient ainsi que le sentiment religieux est le principe des devoirs réciproques et la sanction de la morale publique[248]. Selon le député Louis de Bonald c'est la religion qui comprend la morale et non la morale qui comprend la religion[249]. Il ajoute que la « religion est la constitution de l'État moral, la morale en est l'administration[250] ». En ce sens, morale publique et morale religieuse ne s'opposent pas mais se confondent souvent. Dans une société fortement imprégnée de la religion d'État, la morale publique englobe de fait la morale religieuse en ce qu'elle fait partie intégrante des valeurs promues par l'État et se présente comme le socle de toute moralité.

Certains parlementaires comme Benjamin Constant proposent d'éviter cette confusion en supprimant toute référence à la morale publique[251]. D'autres souhaitent protéger encore davantage la morale religieuse. Vincent Prosper Ribard, acclamé par la droite parlementaire, propose de modifier l'expression d'outrage à la morale religieuse par celle d'outrage fait à la majesté divine ainsi qu'à la morale chrétienne[252].

Ces propositions radicales restent lettre morte et l'expression de morale publique et religieuse est conservée en l'état. Les principes religieux sont protégés de manière expresse, sans équivoque[253], tout en laissant une place au pluralisme religieux, la loi ne visant aucune religion en particulier[254].

---

247 V. Levi Ide, *Réalisme moral ou volontarisme théologique ? : le problème de l'objectivité des valeurs et des normes morales en contexte théiste (perspectives médiévales et contemporaines)*, thèse de doctorat, philosophie, École doctorale de l'École pratique des hautes études, 2016.

248 Bories Jules., Bonassies F., *op. cit.*, p. 598.

249 Bonald Louis de, *Réflexions sur la séance de la Chambre des députés du 17 avril 1819*, Paris, Imprimerie de A. Égron, 1819, p. 11.

250 *Ibid.*, p. 12.

251 Sapiro Gisèle, *op. cit.*, p. 96.

252 *Journal des débats politiques et littéraires*, 18 avril 1819, p. 4.

253 Charlin Frédéric, Moine-Dupuis Isabelle, « La "religion d'État" dans le droit pénal moderne, de l'ordre moral à la tranquillité publique », *Droits*, vol. 66, n° 2, 2017, p. 5.

254 En 1822, la loi rétablit tout de même la religion d'État, mais il n'en est pas encore question en 1819.

Cette pensée de 1819 se retrouve aux débuts de la Troisième République, placés sous les auspices de la religiosité. Le député Alfred Giraud dans sa prise de parole à l'Assemblée en avril 1871 indique au sujet de la morale religieuse « que ce n'est peut-être pas le moment de la supprimer ; ce n'est peut-être pas le moment quand tout croule autour de nous, de diminuer le respect qu'on doit avoir pour certaines choses qui ont été respectées de tout temps et qui ont été dans tous les siècles le patrimoine, la sauvegarde et la consolation du genre humain[255] ». Le contexte politique justifierait donc la place accordée à la religion au centre du projet de société. Cette idée avancée sous le gouvernement de Thiers est ensuite reprise sous la présidence de Mac Mahon.

L'Ordre moral est, dès l'arrivée à la tête du gouvernement du duc de Broglie, fortement religieux afin de fédérer les droites parlementaires autour d'un projet commun. Si les différents courants s'opposent quant à l'avenir du régime – restauration monarchique sous sa forme légitimiste ou orléaniste, ou retour à l'Empire – ils sont unis par la volonté de replacer la religion au centre de l'organisation sociale comme moyen de contrôle de la population[256]. Les élus de la nation n'hésitent pas à rendre publique leur foi en participant à de nombreux pèlerinages à l'été 1873[257]. Après l'Encyclique *Quanta Cura* et le Syllabus de Pie IX en 1864, tous les catholiques deviennent des cléricaux, et tous les cléricaux s'apparentent à des antirépublicains[258]. La défense de la religion devient un prolongement de la lutte pour le retour de la monarchie et reçoit l'aide de l'Église.

Quelques dissensions existent tout de même entre les partisans de l'Ordre[259] mais qu'importent ces divergences à la marge, toutes les

255 *JORF*, 15 avril 1871, p. 594.

256 Duclert Vincent, *op. cit.*, p. 108.

257 Lors de celui de Paray-le-Monial (site clunisien), ce ne sont pas moins de cent députés qui font le déplacement. À cette occasion le baron de Belcastel prend publiquement la parole et s'adresse au Seigneur en ces termes : « Au nom du Père, du fils et du Saint-Esprit, très Sacré-Cœur de Jésus, nous venons nous consacrer à Vous, nous et nos collègues qui nous sont unis par le sentiment » ; *loc. cit.* Ainsi, les monarchistes sont porteurs d'une idéologie à la fois autoritaire et théocratique ;

258 Debibour Antonin, *L'Église catholique et l'État sous la troisième République (1870-1906)*, t. 1, Paris, F. Alcan, 1906, p. 162-163.

259 Si tous se rejoignent sur les dogmes de la religion catholique, ils s'opposent quant à la place à accorder à l'Église au sein de l'État. Les orléanistes se méfient des penchants ultramontains et radicaux des légitimistes. Comme le souligne Jean-Marie Mayeur, s'ils souhaitent une influence de l'Église dans la société, ils refusent une « politique tirée de

sensibilités de la droite conservatrice se retrouvent autour de la nécessité de promouvoir les dogmes de l'Église et de nombreuses mesures symboliques sont prises en ce sens. La loi du 24 juillet 1873 qui déclare d'utilité publique la construction de la basilique du Sacré-Cœur sur la butte Montmartre[260] ou encore la loi du 12 juillet 1875 qui permet la création d'universités catholiques en sont des exemples. En 1875 les républicains craignent à travers le vote de cette mesure relative aux études supérieures, qu'elle constitue une conquête de plus pour le parti clérical-légitimiste à un moment où l'on se trouve « au plus fort de la réaction cléricale[261] », face à l'affirmation d'un catholicisme « de combat, mystique, militant[262] ».

La loi du 29 décembre 1875 confirme à nouveau l'infraction d'outrage à la morale publique, religieuse et aux bonnes mœurs dans ses trois dimensions. Le choix de réaliser à nouveau des sous-distinctions quant à la nature de la morale protégée par le texte s'explique surtout par des raisons pratiques. À l'invocation solennelle de la morale est préférée une référence plus modeste à la moralité publique[263]. La morale connote une notion d'absolu, d'objectivité qui renvoie à des valeurs stables, transcendantes, incontestables[264]. La morale publique en revanche fait référence à la sensibilité d'une collectivité particulière : elle est située dans le temps et dans l'espace, elle est essentiellement contingente, évolutive, variable[265]. Le texte de 1819 repris en 1871 et 1875 semble ainsi faire la synthèse des différentes approches de la morale. Surtout il distingue clairement ce qui relève de la morale individuelle, laissée au for intérieur, de ce qui relève de la morale collective et qui est donc du ressort de l'État[266]. La morale sociale ou publique, se constitue sur le

---

l'Écriture sainte », trop attachés au libéralisme et à la modernité ; Mayeur Jean-Marie, *op. cit.*, p. 48.

260 Au lieu-même où les Communards s'érigèrent contre le gouvernement versaillais.

261 Guislin Jean-Marc, « La liberté de l'enseignement supérieur en débat au début de la Troisième République (1870-1881) », *Revue du Nord*, vol. 394, nº 1, 2012, p. 65.

262 Rémond René, *La droite en France*, Paris, Aubier, 1963, p. 143.

263 Lochak Danièle, « La liberté sexuelle, une liberté (pas) comme les autres ? », in Borillo Daniel, Lochak Danièle dir., *La liberté sexuelle*, Paris, PUF, 2005, p. 12.

264 *Loc. cit.*

265 *Loc. cit.*

266 La morale individuelle, qu'elle soit philosophique ou religieuse, relève de l'autonomie de la volonté au sens kantien. Elle trouve son origine dans la raison et relève de la liberté d'opinion de chaque individu ; Ost François, Van De Kerchove Michel, *Bonnes mœurs, discours pénal et rationalité juridique : essai d'analyse critique*, Bruxelles, Presses de l'Université de Bruxelles, 1981, p. 142.

mode de l'hétéronomie, ce qui signifie qu'elle se fonde sur une conscience générale qui se fait à chaque époque une conception particulière du bien et du mal[267]. Il s'agit donc d'une morale commune qui évolue, contrairement à la morale religieuse davantage figée par les textes sacrés et les dogmes de l'Église. La notion de morale publique permet ainsi de donner aux tribunaux une capacité d'adaptation encore plus grande dans l'application du texte.

Aussi, le choix de distinguer dans le texte la morale et les mœurs peut surprendre au regard du fait qu'étymologiquement ces deux notions sont liées : morale venant du latin *mores*, mœurs. Pourtant, la pensée et les débats qui entourent cette notion lui donnent un sens distinct.

La notion de bonnes mœurs, tout comme celle de morale, présente la particularité d'être difficilement saisissable. Pourtant, toutes deux sont reprises par la législation républicaine. Le terme de mœurs renvoie à des pratiques sociales, à des habitudes de vie, à des comportements individuels mais aussi collectifs et communs à une société. Aussi, dès lors qu'il se voit adjoindre l'adjectif *bonnes*, sa signification se trouve modifiée. Il n'est plus seulement question de désigner les composantes de la vie sociale mais bien d'indiquer qu'il existe des pratiques acceptables, et d'autres qui ne le sont pas. S'effectue dès lors un jugement de valeur qui conduit en droit à deux attitudes distinctes à l'encontre des bonnes mœurs[268].

Tout d'abord, le droit peut promouvoir les mœurs qu'il considère comme bonnes. C'est-à-dire qu'il va, à travers les normes, les institutions, guider les comportements de manière à atteindre un idéal. Le droit peut également adopter une démarche répressive. Il n'est alors plus question d'encourager les comportements, mais au contraire de les sanctionner dès lors qu'ils contreviennent aux bonnes mœurs. Au XIXe siècle, de nombreux textes illustrent cette répression. Il en est ainsi de l'article 6 du code civil qui interdit aux conventions particulières, de déroger aux lois qui intéressent l'ordre public et les bonnes mœurs. La section IV du chapitre premier du titre II du code pénal de 1810 traite de la répression des attentats aux mœurs. En matière d'imprimé, l'article 287 du même code dispose que sont interdites les expositions

---

267 *Loc. cit.*

268 Lochak Danièle, « Le droit à l'épreuve des bonnes mœurs. Puissance et impuissance de la norme juridique », in *Les bonnes mœurs*, Paris, PUF, 1994, p. 47.

ou distributions de chansons, pamphlets, figures ou images contraires aux bonnes mœurs.

Ainsi les bonnes mœurs constituent un standard de conformité par rapport auquel les activités humaines doivent être envisagées, forme de condition d'appartenance à une collectivité[269]. Aussi, aucun texte juridique ne vient indiquer le contenu de ce référentiel. Ce dernier doit donc être établi par des déductions à partir d'autres textes juridiques ou par des emprunts à d'autres champs du savoir. Tout comme la morale, la notion de bonnes mœurs apparaît comme une notion extensive[270].

La pensée du XVIIIe siècle s'intéresse à la notion de mœurs avec un point de vue renouvelé, comme associée à l'édification d'un « homme nouveau[271] ». C'est la pensée de Rousseau pour qui l'encadrement des conduites sociales ne suffit pas, puisqu'il faut aussi « former l'homme intérieur » en cherchant dans son cœur « la garantie de sa conduite[272] ». Au-delà du respect de la loi qui protège les bonnes mœurs, il faut encore que l'individu les accepte du plus profond de son être afin de « devenir un citoyen vertueux en modifiant la conscience et les mœurs[273] ». Dans cette pensée donc, les mœurs sont intimement liées au régime politique : les gouvernés doivent non seulement se plier à l'autorité, mais plus encore aimer les lois et les gouvernants afin de créer un Homme probe au sein de la cité[274].

Cette idée est reprise, en partie du moins, au XIXe siècle, par des auteurs moralistes tel que Jules Barni qui à travers son ouvrage *La morale dans la démocratie* en 1868, établi un lien direct entre la vertu politique et la pureté des mœurs. Ainsi, « les bonnes mœurs politiques » sont indissociables « de l'existence d'une solide armature morale[275] ».

---

269 *Ibid.*, p. 23.

270 Le droit romain entendait déjà largement le terme de bonnes mœurs puisqu'il regroupait à la fois la licence, l'obscénité mais également les agissements à l'encontre de la *pieta*, la *gratia*, la *reverentia* ainsi que la *bona fides* ; *ibid.*, p. 40. Il en est de même pour le droit canon : au Moyen-âge ce principe est imposé au clergé de manière à lutter notamment contre l'incontinence et la simonie ; *ibid.*, p. 24. Dans cette perspective, les bonnes mœurs se confondent avec l'honnêteté ; *loc. cit.*

271 Chevalier Jacques, « Bonnes mœurs et morale républicaine. Présentation », in *Les bonnes mœurs*, *op. cit.*, p. 185.

272 *Loc. cit.*

273 *Ibid.*, p. 186.

274 *Ibid.*, p. 185.

275 *Ibid.*, p. 188.

Mais contrairement à Rousseau, Barni rapproche les bonnes mœurs non pas d'une forme de religion civile, mais de la liberté de pensée. Les bonnes mœurs politiques sont centrées sur la capacité à résister au mensonge, à la corruption, à la facilité[276]. On le comprend donc, la notion de bonnes mœurs tend historiquement à déborder vers d'autres concepts jusqu'à englober parfois l'ordre public, le désintéressement ou encore la moralité[277].

Très souvent les bonnes mœurs renvoient à des sujets touchant à la sexualité[278]. Dans le code pénal de 1810, la section « attentats aux mœurs » regroupe d'ailleurs les infractions telles que l'outrage public à la pudeur, le viol, l'incitation à la débauche, ou encore l'adultère de la femme. Quant à la « police des mœurs », cette expression renvoie sous la Troisième République à une section spécialisée de la police ainsi qu'à une réglementation qui tend à s'appliquer, quasi-exclusivement, aux questions sexuelles telle que la prostitution. Souvent le terme de mœurs est utilisé de manière elliptique et euphémisée ou euphémisante[279] afin de désigner la sexualité. De surcroit, la finalité ultime de la notion de bonnes mœurs est avant tout d'ordre sociologique et témoigne d'un rapport de force entre différentes classes sociales. Il s'agit par son biais de défendre et d'inculquer les mœurs jugées comme acceptables par les couches dominantes, aux couches dominées[280].

Ce processus peut être replacé dans le cadre plus global de la « civilisation des mœurs » décrite par Norbert Elias. Dans son ouvrage du même nom, l'auteur soutient la thèse selon laquelle à partir de la Renaissance, a lieu en occident un changement de paradigme en matière de règles de convenances. Touchant d'abord les classes dominantes, cette redéfinition des convenables et des inconvenables, gagne progressivement les classes plus populaires à mesure que l'État se construit[281]. La tendance est ainsi associée au fait de « refouler, réprimer, réfréner ou

---

276 *Loc. cit.*

277 Lochak Danièle, *op. cit.*, p. 41.

278 Kaluszynski Martine, « Les bonnes mœurs. Approche historique », in *La famille : l'état des savoirs,* Paris, La découverte, 1991, p. 334-342.

279 Lochak Danièle, *op. cit.*, p. 40.

280 *Ibid.*, p. 16.

281 En ce sens, les bonnes mœurs servent aussi à créer un lien entre les individus, à créer un syncrétisme politique en une communauté symbolique qui mène à terme à fonder la nation ; Dury Maxime, *op. cit.*, p. 16.

sublimer l'ensemble des composantes pulsionnelles de la subjectivité, de manière à instaurer une économie des pulsions garante en principe de la maîtrise de soi[282] ». Il s'agit d'une tendance à l'autocontrôle qui est peu à peu intériorisée par les individus. D'abord limité aux classes nobiliaires, puis pratiqué également par la bourgeoisie, ce refoulement gagne progressivement les classes plus populaires. Faire entrer la notion de bonnes mœurs dans le droit signifie contribue à dissimuler derrière un postulat de nécessité qui renvoie implicitement à la nature des choses, l'arbitraire et le caractère socialement déterminé de la frontière tracée entre les unes et les autres[283]. L'analyse de la pratique répressive des tribunaux atteste que « la morale, les goûts et les modes de vie de l'élite culturelle dominante [...] servent d'étalon des bonnes mœurs[284] ». L'immoralité ne réside donc pas dans un comportement déterminé, mais dans le fait que la conduite considérée est à l'opposé de celle du grand nombre, témoignant de la non-participation au contrat social relatif aux conduites[285]. En ce sens, les bonnes mœurs sont envisageables par rapport à un standard, ce qui permet au juge de s'abriter derrière une prétendue objectivité. Pourtant, le pouvoir judiciaire à qui incombe la tâche de trancher la question de savoir si les bonnes mœurs sont ou non respectées, se voit octroyer une tâche qui se rapproche davantage de la « divination des oracles de l'opinion publique[286] ».

En conservant le texte de 1819, l'Ordre moral va à rebours l'évolution générale du droit qui tend à la séparation du droit d'avec la morale et la religion[287]. Il s'assure ainsi de conserver dans le droit positif une infraction souple dans son application, un outil de politique pénale conservateur qu'il confie à la cour d'assises.

---

282 Bihr Alain, « La civilisation des mœurs selon Norbert Elias », *Revue interrogations*, n° 19, 2014, p. 15.

283 Lochak Danièle, *op. cit.*, p. 18.

284 Ost François, Van De Kerchove Michel, « Mœurs (Bonnes) », in *Dictionnaire encyclopédique de théorie et de sociologie du droit*, Paris, LGDJ et Story-Scientia, 1988, p. 251.

285 Mourgeon Jacques, « De l'immoralité dans ses rapports avec les libertés publiques », *Il Foro Italiano*, vol. 98, n° 1, 1975, p. 247.

286 Ost François, Van De Kerchove Michel, *op. cit.*, p. 331.

287 Garraud René, *Traité théorique et pratique du droit pénal français*, t. IV, Paris, Sirey, 1891, p. 433.

LE JURY POPULAIRE, ALLIÉ DU PROJET POLITIQUE DE L'ORDRE MORAL

Les lois de Serre de 1819 attribuaient originellement l'infraction d'outrage aux bonnes mœurs et à la morale publique et religieuse au jury populaire perçu comme le juge naturel des infractions de presse. Aussi, la Troisième République décide de réitérer ce choix juridictionnel en 1871 puis en 1875. Les juridictions fixées, tout comme le droit applicable, les procès se multiplient notamment en matière de littérature.

Un choix résolu dès 1870

Les lois de Serre de mai 1819 attribuent à la cour d'assises et au jury populaire la connaissance de l'infraction. En 1822 la compétence est transférée au tribunal correctionnel. En 1830, la révolution rend la compétence aux cours d'assises qui la perdent avec le Second Empire à travers les décrets du 31 janvier 1851 et du 17 février 1852[288]. En effet, l'Empire autoritaire de Napoléon III ne saurait supporter qu'une infraction aussi importante échappe à un contrôle étroit de la magistrature acquise à sa cause.

Sous la Troisième République, par un décret du 10 septembre 1870, le gouvernement de la Défense nationale attribue de nouveau la compétence aux cours d'assises. Le texte dispose à ce titre que « le jury est le juge naturel des délits politiques et des délits de presse[289] ». Cette disposition réglementaire est reprise par la loi du 15 avril 1871. Ces textes s'inspirent de la pensée révolutionnaire de 1789 qui considère le jury comme la condition *sine qua non* à la liberté de la presse. Par ce biais, le juge judiciaire perd le contrôle qu'il détenait depuis près de vingt ans sur l'application de la loi et dont il avait fait une application sévère à l'égard des auteurs[290]. Dans la veine de la conception originelle de la loi, il revient ainsi au jury populaire de décider de la culpabilité ou non

288 Laingui André, « Les Magistrats du XIXe siècle juges des écrivains de leur temps », *Cahiers de l'Association internationale des études françaises*, 1992, n° 44, p. 224.

289 Charriault Félix, *Collection générale de lois et décrets du gouvernement français*, vol. I, Paris, De Laporte éditeur, 1871, p. 77.

290 Sous le Second Empire de nombreux auteurs ont été poursuivis sur le fondement de cette base légale. Durant la célèbre année 1857, « année de la grande pudeur judiciaire » Gustave Flaubert et Charles Baudelaire avait été poursuivis sur ce chef d'accusation.

de l'accusé et pour cela, c'est à lui que revient la délicate interprétation des éléments constitutifs de l'infraction.

À propos de cette répartition juridictionnelle en faveur du jury, le député Albert de Broglie déclare dans un rapport de la commission parlementaire en charge de l'examen de la loi que de « tout temps les plus sages amis de la liberté politique » ont « considéré le jury comme la seule juridiction appropriée à la connaissance des délits de presse[291] ». Pour étayer cette affirmation et convaincre l'Assemblée de sa pertinence en matière d'outrage aux bonnes mœurs, à la morale publique et religieuse, le député avance différents arguments.

Le premier argument de l'orateur tient dans la nature des délits de presse qui seraient toujours, ou presque, d'apparence politique. Le terme « politique » doit ici être compris dans le sens du *polikè* grec, en référence à l'art de la politique et aux luttes de pouvoir. Les délits de presse constitueraient l'un des moyens d'expression de la pensée politique permettant à ceux qui sont en charge de leur jugement, de réprimer les écrits contraires à leurs idées. L'esprit de parti jouerait un rôle important dans les débats et soumettre ces délits au jugement de la magistrature ferait descendre l'institution dans l'arène politique ce qui enlèverait à la « justice ce caractère d'impartialité qui lui assure seul le respect de la société[292] ». La compétence des tribunaux correctionnels pourrait ainsi laisser entendre que les juges se « font l'instrument de l'intérêt ou de la passion politique du gouvernement[293] ». Il planerait au-dessus de leurs décisions un parfum de soupçon de confusion des pouvoirs qui leur ferait perdre en efficacité en les rendant inacceptables par le condamné et les citoyens. La peine n'a alors plus de sens car le jugement a pu être biaisé.

Derrière cet apparent souci de préservation de l'indépendance des magistrats, l'on peut imaginer la volonté du régime naissant de trouver des soutiens dans l'application de sa politique pénale. Fort d'un suffrage récent favorable[294], le camp d'Adolphe Thiers perçoit dans le jury un allié de poids. Les citoyens sont éprouvés par la guerre franco-prussienne

291 *JORF*, 24 avril 1871, p. 743.
292 *Loc. cit.*
293 *Loc. cit.*
294 Les élections législatives ont eu lieu en février 1871, quelques semaines avant le vote de la loi.

et potentiellement effrayés par l'insurrection communarde. La large victoire des monarchistes aux élections législatives illustre la volonté des votants, et donc potentiellement des jurés puisqu'ils sont choisis en leur sein, de rester proches des valeurs conservatrices.

Albert de Broglie, dans sa prise de parole le 14 avril 1871, sait user de ces circonstances troublées. Il rappelle à l'hémicycle que le jury est une garantie de liberté « au milieu des menaces qui grondent autour d'elle, quand l'anarchie se déchaîne et fait ressentir le canon à ses oreilles[295] ». Il ajoute également que la compétence du jury se présente comme « un[e] arm[e] neuv[e] [...] qui puiss[e] porter des coups plus assurés[296] » à l'encontre des thèses révolutionnaires qui porteraient atteintes à la propriété et à la famille tout en soutenant le pillage et l'assassinat. Ces idées politiques seraient ainsi immorales en ce qu'elles contreviendraient aux valeurs fondatrices de la société. De ce fait, les condamner ne reviendrait pas à créer un délit d'opinion, mais seulement à défendre la morale. L'ennemi de la nouvelle république est ainsi clairement identifié et c'est finalement le dessein politique du gouvernement qui transparaît. Sous couvert d'une dépolitisation des délits de presse, c'est au contraire une instrumentalisation idéologique qui en est faite afin de préserver les orientations conservatrices qui sont données au nouveau régime et de lutter contre les idées radicales de gauche. L'outrage aux bonnes mœurs et à la morale est conçu comme un instrument de lutte politique même si de Broglie s'en défend, indiquant avec malice, qu'il ne peut y avoir de délits politiques quand il n'y a pas de forme politique constituée[297].

En temps d'agitation populaire, Albert De Broglie ajoute que le recours au jury permet de donner à la sanction davantage de légitimité à un moment où précisément, l'État et son autorité sont profondément remis en question par le mouvement de la Commune qui monte en puissance un peu partout en France. Pour qu'une sanction à l'égard d'un écrivain soit acceptée par la population, il faut que celle-ci soit « ratifiée par l'opinion publique[298] ». Aussi, le jury est « l'organe exact

295 *JORF*, 24 avril 1871, p. 595.

296 *Ibid.*, p. 594.

297 En 1871, aucun texte constitutionnel n'est encore voté afin d'organiser le régime politique de la France.

298 *JORF*, 15 avril 1871, p. 594.

et l'interprète naturel de l'opinion », son « expression instinctive[299] ». Pris « dans la masse des citoyens », il est « l'organe naturel de cette opinion commune[300] ». Il représente un jugement profane rendu par des citoyens selon leur bon sens[301], moins susceptible d'être influencé par des considérations et des calculs d'ordre politique.

Le duc de Broglie poursuit son plaidoyer en faveur du jury populaire par des arguments plus techniques. Selon lui, il est difficile de qualifier certains faits en matière de presse, parce que cette opération intellectuelle demande de la souplesse. Or, selon ses dires, la magistrature s'en trouve privée :

> la tendance habituelle [...] de la magistrature, c'est de consulter uniquement le texte de la loi et de l'appliquer quoi qu'il arrive, de ne point faire acception de personnes, de ne pas faire aujourd'hui autrement qu'hier, de juger le lendemain comme la veille, de s'enfermer ainsi dans un cadre prescrit d'avance et dans des catégories étroites ; c'est son devoir dans les délits ordinaires, c'est son défaut dans les délits de presse[302].

En d'autres termes, le juge serait enfermé dans son carcan législatif, insensible à la matérialité des faits qui lui sont présentés. Soucieux de ménager les effectifs de la magistrature, le député ajoute tout de même que « ce ne sont donc pas les torts et les défauts de la magistrature qui l'excluent de la connaissance des délits de presse » mais bien ses qualités[303]. Or dans un contexte troublé, il ressort de cette position plus qu'un grand respect de la magistrature et de ses méthodes, une certaine crainte à l'encontre de ce troisième pouvoir dont les effectifs sont hérités majoritairement du Second Empire.

Le député conservateur Alfred Giraud, ancien magistrat et docteur en droit, souhaite à travers sa proposition d'amendement que soient distinguées clairement les infractions politiques des infractions contre la morale et les bonnes mœurs. Les premières doivent relever de « l'appréciation souveraine, représentée par son jury » car il s'agit de délits d'opinion qui n'ont pas d'« existence absolue » et sont indépendantes de la forme du

299 *Loc. cit.*
300 *Loc. cit.*
301 Bourdieu Pierre, « La force du droit », *Actes de la recherche en sciences sociales*, 1986, n° 64, p. 9.
302 *JORF*, 15 avril 1871, p. 594.
303 *Loc. cit.*

gouvernement[304]. Il n'en est pas de même pour les secondes qui existent en dehors de toute construction politique. Le député sépare ainsi ce qui relève de l'ordre politique de ce qui relève de « l'ordre moral qui domine les hommes et les institutions humaines[305] ». Ces principes étant liés à la nature de l'Homme il n'est pas nécessaire de les protéger d'un juge qui ne saurait leur porter atteinte. Ces principes sont universels, peu importe donc l'idéologie du magistrat puisqu'il souscrira naturellement à ces grands principes moraux.

Le député d'extrême droite Henri Dufour de Gavardie, dans son allocution à l'Assemblée, reprend lui aussi le constat selon lequel avec les événements de 1871, l'on a touché à toutes les bases fondamentales[306]. Il rejoint le préopinant en développant l'idée selon laquelle il n'appartient pas à « une constitution politique quelconque » de traiter de ces principes « que le paganisme lui-même, par la bouche de Cicéron, proclamait éternels et universels[307] ». C'est parce que les principes moraux sont solides, qu'ils traversent les âges, les cultures, les régimes politiques, qu'ils doivent être appliqués par les juges. Dans le cas contraire « ces mots, pris dans un sens vague, présentent un danger ; ils laissent une espèce d'arbitraire qui pourrait être un piège pour les opinions les plus innocentes[308] ».

Le député Alfred Giraud partage ce scepticisme à l'égard des capacités du jury quant à l'application de l'infraction puisqu'il indique que le jury n'a pas « une éducation complétement faite » au sujet des infractions de presse[309]. Trop abstraites ou trop techniques, elles échapperaient à la compréhension de ceux qui n'ont pas de formation juridique et qui seraient plus sensibles aux crimes de sang qu'aux papiers contrevenant à la morale et aux bonnes mœurs. De ce fait, le jury serait plus clément et il serait dangereux de laisser ces infractions aux mains d'une juridiction insensible à cette question. Le tribunal correctionnel serait ainsi le seul capable de sauvegarder les principes éternels que sont la famille, la morale et la religion. Cette idée fait écho à une opinion critique à l'égard du jury populaire qui se développe sensiblement au cours du XIXe siècle.

---

304 *JORF*, 15 avril 1871, p. 593.
305 *Loc. cit.*
306 *Ibid.*, p. 595.
307 *Loc. cit.*
308 *Loc. cit.*
309 *Ibid.*, p. 594.

Ces critiques se fondent sur des arguments d'ordre sociologique. Les jurés sont choisis au sein de la gent masculine, bourgeoise, et d'un certain âge. Aussi ils sont davantage enclins à punir les infractions qui touchent à des domaines/sujets qui leurs sont familiers : ils porteront davantage d'intérêt à la protection des biens plutôt qu'aux infractions contre les personnes[310] et *a fortiori* aux infractions contre l'État. C'est la thèse que soutient Gabriel Tarde dans *La criminalité comparée* en 1898 lorsqu'il qualifie le jury de galant et propriétaire. En raison de ce tropisme, le XIXe siècle voit l'éclosion de larges campagnes contre ce qu'il est coutume d'appeler alors des « acquittements scandaleux[311] » considérant les jurés comme trop laxistes. Dans la continuité de cette pensée sceptique à l'endroit du jury populaire, le député Giraud préfère confier à des professionnels du droit, expérimentés et conscients des enjeux sociétaux de l'infraction, le contentieux des délits de presse et *a fortiori* de l'article 8 de la loi du 17 mai 1819. Le député ajoute à cela d'autres considérations sociales qui touchent cette fois-ci à l'agent pénal. Selon lui, les outrages précités sont le plus souvent commis par des gens n'« ayant aucun caractère philosophique » ou littéraire, des hommes au « cerveau surexcité et obscurci par les fumées du vin[312] ». Aussi, il n'apparaît pas comme convenable de soumettre au jury de pareils délits, les juridictions correctionnelles étant bien assez suffisantes sans qu'il faille convoquer la nation souveraine. La répression n'en sera que plus « prompte, plus sûre et plus égale[313] » et évitera que « de jeunes écrivains poussés par une ambition malsaine, par une fièvre de célébrité » soit placés sur un « piédestal vis-à-vis de l'opinion publique[314] ». Le procès en assises est considéré comme un projecteur braqué sur l'auteur. Aussi, certains écrivains en mal de ventes et avides de succès pourraient être tentés de produire des écrits licencieux afin de trouver leur place au sein d'un champ littéraire concurrentiel et au-delà.

Le garde des Sceaux, Jules Dufaure, prend lui aussi la parole afin de défendre le projet de loi de sa majorité et balaie les propositions faites

---

310 Christin Angèle, « Jurys populaires et juges professionnels en France. Ou comment approcher le jugement pénal », *Genèses*, vol. 65, 2006/4, p. 141.

311 *Loc. cit.* V. à ce sujet Claverie Élisabeth, « De la difficulté de faire un citoyen : les acquittements scandaleux du jury dans la France provinciale du début du XIXe siècle », *Études rurales*, n° 95-96, 1984, p. 143-166.

312 *JORF*, 15 avril 1871, p. 593.

313 *Loc. cit.*

314 *Loc. cit.*

pour l'amender. À ce titre il indique qu'en 1871 les querelles qui agitent la société sont à la fois politiques, morales, religieuses. Tous les sujets étant entremêlés, il est impossible de les distinguer et de les répartir au sein de différentes juridictions. Le ministre, à l'instar de Broglie, fait lui aussi allusion au contexte politique des débats. Direct dans ses propos, il politise l'infraction en visant dans son allocution les journaux *La Patrie en danger* et *Le combat* de Blanqui et Pyat[315]. Selon le ministre, les propos contenus dans ces publications dépassent en dangerosité tout ce que la révolution de 1848 avait pu voir éclore au sein de la presse et fait appel à son expérience en tant qu'ancien ministre et observateur de la vie judiciaire[316]. Ainsi, Jules Dufaure pointe la pratique des tribunaux correctionnels sous le Second Empire, qui bien qu'ils condamnassent aisément les écrivains, n'eurent pas empêché pour autant les développements des doctrines révolutionnaires qui sont devenus de plus en plus « vives » et « funestes[317] ». Le jury « constitué de douze citoyens animés de l'esprit de la société[318] » apparaît donc comme le seul rempart efficace aux thèses rebelles, et on le comprend en périphrase, communardes.

Le député Gabriel de Belcastel profite, quant à lui, sans détour, du débat pour condamner à travers la presse communarde le mouvement insurrectionnel en lui-même. Pour lui Paris, « la cité orgueilleuse qui se croyait la boussole intellectuelle du monde, le phare du progrès humain, réduite à un tel état d'indigence morale, qu'elle sollicite, qu'elle implore de nous, tous les jours, comme une aumône, l'ordre et la liberté, qu'elle est impuissante à se donner elle-même[319] ».

Ainsi, la morale religieuse contenue dans le texte de loi, ne saurait être portée que par les campagnes car Paris n'y songe plus.

On le comprend donc, la question de la compétence du jury en matière d'outrage aux bonnes mœurs et à la morale dépasse le cadre du débat juridique. Elle illustre la lutte politique qui oppose le gouvernement de Thiers aux communards et les fondements conservateurs de la république naissante. Dans ce contexte, le juge n'apparaît pas comme le partenaire adéquat dans l'application de la politique pénale.

---

315 *Ibid.*, p. 596.
316 *Loc. cit.*
317 *Loc. cit.*
318 *Ibid.*, p. 597.
319 *Loc. cit.*

Le jury, composé des citoyens ayant récemment accordé leurs suffrages à la majorité, apparaît comme davantage en adéquation avec le projet de cette dernière, emprunte de conservatisme.

Un choix réitéré en 1875

Fin 1875, le vice-président du Conseil Buffet et le garde des Sceaux Dufaure présentent un nouveau projet de loi relatif aux infractions de presse. Dans l'exposé des motifs, le projet de loi est justifié par l'urgence du contexte politique. En effet, il est proposé de lever l'état de siège dans un certain nombre de départements. Aussi, cette mesure implique dans ces territoires un retour à l'application du droit commun en matière de presse. Le gouvernement souhaite ainsi anticiper ce changement en proposant une modification des textes applicables.

L'orateur indique que « lorsque les élections auront définitivement organisé le gouvernement » et que « l'apaisement se sera fait dans les esprits », il sera alors temps de recueillir toutes les dispositions des lois sur la presse et de les « soumettre à une révision attentive, et de jeter les bases d'un régime durable fondé tout à la fois sur la raison et sur l'expérience[320] ». Mais pour le moment, la priorité doit être donnée à la gestion des élections générales à venir qui pourraient donner lieu à des « débordements de toute nature[321] » en raison de la passion des débats.

À travers son projet de loi, le gouvernement réaffirme la compétence des jurés en matière d'outrage aux bonnes mœurs et à la morale publique et religieuse. Dans une république fraîchement établie constitutionnellement par les lois de février 1875, le jury populaire reste considéré comme l'organe de l'opinion publique, qui peut « seul porter le poids des condamnations ayant une apparence politique[322] ». L'exposé des motifs n'indique rien de plus à ce sujet qui semble, dans l'esprit du gouvernement, ne pas appeler davantage de précisions. Lors des débats à l'Assemblée, le député d'extrême gauche Madier de Montjau rappelle des arguments qui avait été déjà avancés en 1871. Ainsi, selon lui en matière de presse « il faut non pas des juges habitués à appliquer la loi rigoureusement, [...], d'après son texte précis et inflexible seul, mais des juges exceptionnels qui, animés du

320 *JORF*, 19 novembre 1875, p. 9463.
321 *Loc. cit.*
322 *Loc. cit.*

même esprit que la société dans laquelle ils vivent, impressionnés comme elle, au jour le jour, par les événements qui l'agitent et la transforment [...][323] ». Le député indique également qu'il est de l'âme du régime parlementaire de prendre en compte l'opinion dont la publicité est rendue possible par la presse et la liberté qui lui est attachée. En ce sens, pour que cette dernière soit respectée, il est nécessaire que trois conditions soient remplies en matière juridictionnelle : des juges indépendants, pris dans la société, sans mission permanente. Ceci revient ainsi selon l'élu à « écarter la magistrature[324] ».

Pris dans leur ensemble, les débats de la fin de l'année 1875 se concentrent peu sur la question des bonnes mœurs et de la morale publique et religieuse. Sont davantage discutées les dispositions de la loi relatives au colportage et plus largement au mouvement de correctionnalisation qui est réalisé en matière de droit de la presse relatif à la protection des institutions politiques du pays. L'ordre du jour n'est pas encore à l'édifice d'une véritable morale républicaine. Si le régime est stabilisé constitutionnellement depuis le vote de l'amendement Wallon, les élections générales à venir, les rumeurs de coup d'état début 1875[325] empêchent de se projeter véritablement. Les esprits sont davantage tournés vers l'avenir du régime politique.

Tout de même, une circulaire du ministre de la Justice en date du 7 janvier 1876 permet d'avoir quelques informations supplémentaires quant au choix réalisé par le gouvernement. Il se justifie par « une remarquable fermeté » du jury pour « la répression des crimes de droit commun[326] ». Le ministre marque ici la volonté du gouvernement de maintenir une politique pénale sévère en matière d'imprimé et la confiance que celui-ci porte aux jurés afin de la rendre effective. Cette foi envers le citoyen peut s'expliquer par des raisons d'ordre sociologique favorisée par une loi votée quelques temps auparavant.

En effet, la loi du 21 novembre 1872 établit au sein de son titre premier les incompatibilités qui peuvent exister avec la fonction de juré. À

323 *JORF*, 29 décembre 1875, p. 10867.

324 *Loc. cit.*

325 Lajusan Alfred, « Les origines de la Troisième République. Quelques éclaircissements (1871-1876) », *Revue d'histoire moderne*, t. 5, nº 30, 1930, p. 432.

326 *Journal du droit criminel, ou jurisprudence criminelle de la France : Recueil critique des décisions judiciaires et administratives sur les matières criminelles, correctionnelles et de simple police*, Versailles, Imprimerie de E. Aubert, 1876, p. 37.

côté des conditions classiques comme l'absence de condamnation à une peine infamante ou encore la nécessité d'être âgé de plus trente ans, l'on relève également des incompatibilités à être juré qui touchent davantage à l'origine sociale des individus. Ainsi les domestiques, serviteurs à gages et « ceux qui ont besoin pour vivre de leur travail manuel et journalier » ne peuvent prendre part à des jurys populaires. À travers cette condition professionnelle le législateur circonscrit le jury aux hommes issus de classes sociales supérieures et bourgeoises, peut-être davantage en adéquation avec les idées du pouvoir en place, conservatrices sur la question de la morale et des bonnes mœurs. Si le jury est dit populaire, il ne l'est que très peu dans les faits. Certaines professions ou activités : travailleurs indépendants, petits et moyens propriétaires terriens, rentiers et retraités y sont surreprésentées[327].

La volonté exprimée par Jules Dufaure est de rendre les délits ayant un caractère politique ou social de la compétence exclusive de la cour d'assises[328]. Le ministre justifie cette position par un argument semblable à celui développé par De Broglie en 1871 : « les magistrats [...] seront [...] unanimes pour sentir tout ce qu'ils auraient à perdre à redevenir juges des procès ayant un caractère ou une tendance purement politique[329] ». Un peu plus loin il ajoute : « La magistrature, en se renfermant dans le cercle qui lui est tracé par la loi nouvelle, restera protégée contre ses propres entrainements et contre tout soupçon de partialité[330] ». Les compétences juridictionnelles réaffirmées, les procès sur le fondement de l'outrage aux bonnes mœurs et à la morale publique et religieuse se multiplient.

La littérature en procès

Sous la période de l'Ordre moral, la littérature connait des procès particulièrement célèbres. Ainsi, en janvier 1875, Barbey d'Aurevilly est poursuivi pour son roman *Les diaboliques* paru en 1874. Cet ouvrage qui aborde à travers six nouvelles, le portrait de femmes de la fin du Premier

327 Gruel Louis, *Pardons et châtiments : Les jurés français face aux violences criminelles*, Paris, Nathan, 1991, p. 141.

328 *Journal du droit criminel, ou jurisprudence criminelle de la France : Recueil critique des décisions judiciaires et administratives sur les matières criminelles, correctionnelles et de simple police*, Versailles, Imprimerie de E. Aubert, 1876, p. 44.

329 *Loc. cit.*

330 *Loc. cit.*

Empire à la chute de la Monarchie de Juillet au « moment pathétique de l'histoire [...] où toute une France irréparablement atteinte au plus profond d'elle-même décline lentement et ne veut pas savoir qu'elle meurt[331] ». À la suite de la Révolution française, les classes sociales supérieures et les vieilles familles issues de la noblesse sont ruinées, s'attachent à un monde qui n'existe plus. L'œuvre de Barbey d'Aurevilly illustre une société en pleine transformation sociale au sein de laquelle évoluent des femmes monstrueuses, plongées dans la perversion et la transgression à travers l'infanticide, l'adultère ou le meurtre[332].

La réception de l'ouvrage est à la hauteur des tabous qu'il entend aborder. Dans *Le Charivari* en date du 24 novembre 1874, Paul Girard publie une violente charge ironique et virulente à l'encontre du roman à travers un article intitulé « Chastetés cléricales[333] ». D'autres articles suivent, comme celui d'Adolphe de Lescure publié par la *Presse* le 22 novembre 1874[334]. Il se crée autour de la publication un parfum de scandale[335].

À la suite de cette effervescence médiatique, des poursuites sont engagées sur le fondement de l'outrage aux bonnes mœurs et à la morale publique et religieuse, et l'action publique est menée par le procureur Imbarg de Leffemberg. Barbey d'Aurevilly a déjà été confronté aux tribunaux par le passé, puisqu'il est condamné à deux mille francs d'amende en 1863 pour un article violent qui lui coute sa place au *Figaro*[336].

Il s'est aussi beaucoup intéressé aux notions de morale et de bonnes mœurs puisqu'il publie deux articles à ce sujet dans *Le Pays* les 24 juillet

---

331 Barbey d'Aurevilly Jules, *Les diaboliques*, [1874], Paris, Pierre Glaudes éd., 2020, p. 12.

332 *Ibid.*, p. 18.

333 Celdran Johannessen Hélène, *Prophètes, sorciers, rumeurs : La violence dans trois romans de Jules Barbey d'Aurevilly*, New-York, Rodopi, 2008, p. 13.

334 Leclerc Yvan, *op. cit.*, p. 264.

335 À ce sujet, lire la contribution suivante qui commente et publie les articles sortis à l'occasion de la publication de l'ouvrage : Hirschi Andrée, « 1874. Le "procès" des *Diaboliques*. 1 – L'instruction. 2 – La presse », *Revue des lettres modernes*, 403-408, 9, série Barbey d'Aurevilly, Jacques Petit éd., 1974, p. 5-64.

336 À travers un long texte de trois pages dans les colonnes du journal, l'écrivain s'en prend violemment à la *Revue des Deux Mondes* et à ses lecteurs qu'il qualifie de « fossiles d'une fidélité de mouton » ; Roseau Jean-François, « Barbey d'Aurevilly, le génie du ressentiment. L'affaire Buloz ou le procès de la Revue des deux mondes », *La Revue des deux mondes*, avril 2019, p. 96. Surtout il s'en prend personnellement à Buloz, le rédacteur en chef de la revue, qu'il qualifie successivement de « dictateur de la littérature », « mangeur d'écrivains », un monstre « de tyrannie bourrue » et « d'orgueil durci par la fortune » sur un fond d'ambition contrariée et de haine personnelle ; *loc. cit.*

et 6 octobre et 1857 (qui est interdit en raison du procès ouvert quelques jours plutôt) en évoquant les procès de Flaubert et de Baudelaire[337]. L'auteur y est particulièrement sévère envers l'auteur de *Madame Bovary* : le reproche principal tient dans l'absence de jugement de la part de Flaubert[338] à l'égard de son personnage principal, permis par l'utilisation du discours indirect libre. Au contraire Baudelaire reçoit son soutien et l'article interdit est versé aux pièces du dossier afin de servir la défense de l'avocat Chaix d'Est-Ange[339]. Au contraire de Flaubert, privé de sensibilité, Baudelaire apporte un « effet moral » à ses écrits par le sort funeste qui est réservé à ses héros[340].

La préface même des *Diaboliques* aborde la question de la moralité de l'œuvre et semble faire écho aux reproches rédigés à l'encontre de Flaubert des années plus tôt :

> Bien entendu qu'avec leur titre de Diaboliques, elles n'ont pas la prétention d'être un livre de prières ou d'Imitation chrétienne … Elles ont pourtant été écrites par un moraliste chrétien, mais qui se pique d'observation vraie, quoique très hardie, et qui croit – c'est sa poétique à lui – que les peintres puissants peuvent tout peindre et que leur peinture est toujours assez morale quand elle est tragique et qu'elle donne l'horreur des choses qu'elle retrace. Il n'y a d'immoral que les Impassibles et les Ricaneurs[341].

À travers cette préface, l'auteur donne à la fois le dessein de son ouvrage mais également sa ligne de défense devant la justice : celle de « la moralisation par la terreur ». Dans cette perspective, une œuvre n'est pas immorale dès lors que l'objectif de son auteur est de mettre

---

337 Leclerc Yvan, *op. cit.*, p. 260.

338 Il écrit ainsi dans *Le pays* du 6 octobre 1857 : « À coup sûr, M. Gustave Flaubert est trop intelligent pour n'avoir pas en lui les notions affermies du bien et du mal ; mais il les invoque si peu qu'on est tenté de croire qu'il ne les a pas, et voilà pourquoi, à la première lecture de son livre, a retenti si haut ce grand cri d'immoralité qui, au fond, était une calomnie. Non, l'auteur de *Madame Bovary* n'était point immoral. Il n'était qu'insensible… » ; cité par Leclerc Yvan, *op. cit.*, p. 260.

339 *Ibid.*, p. 261.

340 Barbey d'Aurevilly écrit dans l'article de presse interdit : « moralité, inattendue, involontaire peut-être, mais certaine, qui sortira de ce livre cruel et osé. […] Ce livre sera moral à sa manière ; et ne souriez pas ! cette manière n'est rien moins que celle de la Toute-Puissante Providence elle-même, qui envoie le châtiment après le crime, la maladie après l'excès, le remords, la tristesse, l'ennui, toutes les hontes et toutes les douleurs qui nous dégradent et nous dévorent pour avoir transgressé ses lois » ; cité par Leclerc Yvan, *op. cit.*, p. 261.

341 Barbey d'Aurevilly Jules, *op. cit.*, p. 65.

en exergue le vice. Dans la préface des *Diaboliques* il écrit ainsi croire « au Diable et à ses influences dans le monde », ne pas en rire, et ne le raconter « aux âmes pures que pour les épouvanter[342] ». Si Barbey d'Aurevilly exècre Flaubert, il utilise la même ligne de défense qui lui en son temps, à savoir « l'excitation à la vertu par l'horreur du vice[343] ».

Ainsi, c'est sur la base d'un défaut de moralité que l'œuvre intéresse les tribunaux et le 5 décembre 1874, le procureur de la République inculpe Barbey et Dentu, libraire-imprimeur, d'outrage à la morale publique et aux bonnes mœurs pour vingt-sept passages identifiés au sein des *Diaboliques.* Le juge d'instruction fait saisir les brochures sans succès : sur 1500 exemplaires imprimés, seul un est saisi car les autres sont déjà vendus[344], et d'autres feuilles non reliées sont également saisies. Après une enquête de moralité des différents prévenus, le danger de cette lecture sur les femmes qui travaillent dans l'imprimerie en charge de l'ouvrage est analysé par la police[345]. La théorie de la contagion morale développée par Prosper Lucas dans sa thèse en 1833 est appliquée[346] : l'on s'inquiète de la vulnérabilité des nouveaux lecteurs, du peuple récemment alphabétisé et de sa corruption par des lectures immorales. Ce qui effraie, c'est le pouvoir de l'écrit de questionner les valeurs et les croyances d'une société, par la remise en cause de l'idéologie dominante.

L'auteur est également interrogé et présente une succession d'éléments qui sont autant d'excuses à l'écriture des pages à première vue immorales : « alibi d'une publication antérieure, alibi du fait réel et alibi d'un autre auteur cité comme témoin de moralité[347] ». La procédure est un succès

342 *Ibid.*, p. 66.

343 Dans sa plaidoirie au cours du procès pour *Madame Bovary*, l'avocat de Flaubert, Maître Sénard, déclare : « M. Gustave Flaubert est auprès de moi, il affirme devant vous qu'il a fait un livre honnête, il affirme devant vous que la pensée de son livre, depuis la première ligne jusqu'à la dernière, est une pensée morale, religieuse, et que si elle n'était pas dénaturée [...], elle serait [...], pour vous ce qu'elle a été déjà pour les lecteurs du livre, une pensée éminemment morale et religieuse pouvant se traduire par ces mots : l'excitation à la vertu par l'horreur du vice » ; Flaubert Gustave, *Madame Bovary : mœurs de province*, [1857], Paris, Charpentier, 1881, p. 412.

344 Leclerc Yvan, *op. cit.*, p. 266.

345 *Ibid.*, p. 270.

346 Lucas Prosper, *De l'imitation contagieuse ou de la propagation sympathique des névroses et des mouvements*, Paris, Didot le Jeune, 1833, 78 p. Une théorie similaire est développée à la veille de la proclamation de la République sous la plume du docteur Despine Prosper, *De la contagion morale*, Marseille, Étienne Camoin, 1870, 24 p.

347 Leclerc Yvan, *op. cit.*, p. 271.

pour Barbey d'Aurevilly qui obtient un non-lieu pour la publication au prix d'un consentement à la destruction de 480 exemplaires saisis ainsi qu'à un renoncement à une réimpression et à la vente de l'ouvrage[348]. La défense de l'auteur catholique, convainc la justice qui manque de preuves et le caractère extensif des termes de l'infraction d'outrage aux bonnes mœurs et à la morale n'emporte pas la condamnation de l'auteur. Il en est de même, à la même période, pour Guy de Maupassant.

Fin 1879, Maupassant est inquiété à son tour par la justice pour son poème *Une fille* ou *Au bord de l'eau*, publié dans la *Revue moderne et naturaliste* le 1er novembre 1879 et censuré de douze vers[349]. À travers ce texte, l'auteur aborde la vie d'une lavandière qui se laisse aller aux plaisirs de l'amour et de la chair, en dehors du mariage et dans un élan de liberté bien loin des conventions du temps et de la représentation ancienne du corps de la femme. La sexualité féminine renvoie dans les mentalités au sacré et à l'impur, à des fantasmes primitifs qui projettent sur elle le pouvoir « de donner vie et mort, tel celui attribué aux grandes divinités maternelles, génitrices et destructrices, déesses de la vie, de la fécondation et de la mort[350] ». Potentiellement dangereuse, la femme doit rester discrète et éloignée des lectures corruptrices[351]. La société impose la décence collective et la pudeur à un corps féminin que les femmes elles-mêmes ne connaissent pas ou très mal[352]. Les progrès de la médecine ancrent un peu plus le rattachement de la sexualité féminine à sa fonction reproductrice[353].

---

348 Laingui André, *op. cit.*, p. 236.

349 Maupassant Guy de, *Des vers et autres poèmes*, Rouen, Publication de l'université de Rouen, 2001, p. 25.

350 Schaeffer Jacqueline, « Le sexe féminin : entre tabou et interdit », *Cahiers de psychologie clinique*, n° 45, 2015/2, p. 42.

351 Cette crainte était déjà évoquée par le procureur Pinard lors du procès de Flaubert pour Madame Bovary lorsqu'il déclarait à son propos : « Les pages légères de Madame Bovary tombent en des mains plus légères, dans des mains de jeunes filles, quelquefois de femmes mariées. Eh bien ! lorsque l'imagination aura été séduite, lorsque cette séduction sera descendue jusqu'au cœur, lorsque le cœur aura parlé aux sens, est-ce que vous croyez qu'un raisonnement bien froid sera bien fort contre cette séduction des sens et du sentiment ? ». Gustave Flaubert, *Madame Bovary : mœurs de province (Édition définitive) suivie des réquisitoires [de Ernest Pinard] ; plaidoirie [de M.-A.-J. Sénard] et jugement du procès intenté à l'auteur devant le tribunal correctionnel de Paris, audiences des 31 janvier et 7 février 1857*, Paris, Charpentier, 1879, p. 409.

352 Carol Anne, « La nudité au XIXe siècle, quelques pistes de réflexion pour l'histoire des pratiques et des sensibilités », *Rives nord-méditerranéennes*, n° 30, 2008, p. 25.

353 Jusqu'alors, la jouissance était considérée comme nécessaire à l'émission de la semence féminine nécessaire à la procréation. La découverte du mécanisme de l'ovulation exclue

Parallèlement avec l'hygiénisme croissant de la société, la sexualité féminine (et tout particulièrement l'onanisme) se trouve scientifiquement associée au pathologique[354], au dépérissement, à l'hystérie[355]. Avec l'essor de la figure du savant et l'accroissement du marché du livre médical, ces thèses scientifiques se diffusent et s'ancrent dans les esprits. Ce schème de relégation de la femme à une simple fonction réceptrice est repris par l'État qui vient imposer par sa législation des limites aux droits des femmes ainsi qu'à leur autonomie. La femme est considérée comme incapable juridiquement et placée sous l'autorité de son père et de son mari par le code civil[356], dans la continuité de la figure de l'*imbecillitas sexus* issue du droit romain. L'opinion admet volontiers comme un axiome l'inégalité entre les sexes, reposant sur l'idée selon laquelle la loi divine a imposé à la femme de se limiter au rôle de mère et d'épouse[357].

On le comprend, *de jure* et *de facto*, la condition féminine se trouve corsetée par de nombreuses conventions sociales qui poussent au silence tout ce qui peut intéresser la vie intime. Dans ces conditions, il est difficile pour un auteur d'aborder la vie amoureuse et sexuelle d'une femme sans s'attirer l'ire de la justice. Le 24 décembre 1879, le parquet d'Étampes ouvre une information au sujet de l'auteur sur instruction du Procureur de Paris du 22 décembre. Le 14 février, il est entendu par les juges d'Étampes. Ce danger qui plane au-dessus de l'écrivain le pousse à agir rapidement. Il va s'adresser au monde de la presse afin d'alerter le lectorat et d'emporter l'opinion publique. L'écrivain veut mettre au grand jour les menaces qui pèsent sur sa personne et mener une campagne de presse. Aurélien Scholl est ainsi sollicité et écrit une

---

la notion de plaisir féminin par la déconstruction de la théorie de la double semence émise notamment par Galien. Lire à ce sujet CERAMI Cristina, « Le plaisir des femmes selon Aristote », *Philosophie antique*, n° 16, 2016, p. 63-102.

354 Mottier Véronique, « Sylvie Chaperon : La médecine du sexe et les femmes. Anthologie des perversions féminines au XIXe siècle », *Nouvelles Questions Féministes*, vol. 29, n° 3, 2010, p. 106-109.

355 Edelman Nicole, *Les métamorphoses de l'hystérique : Du début du XIXe siècle à la Grande Guerre*, Paris, La découverte, 2003, p. 120.

356 V. Bash Norma, *In the Eyes of the Law. Women, Marriage, and Property in Nineteenth Century*, New York/London, Cornell University Press, 1982, 256 p. ; Kocka Jürgen dir., « Le statut juridique de la femme dans la société bourgeoise du XIXe siècle. Comparaison entre la France et l'Allemagne », in *Les Bourgeoisies européennes au XIXe siècle*, Paris, Belin, 1996, p. 333-362 ; Gerhard Ute, « Droit civil et genre en Europe au XIXe siècle », *CLIO. Femmes, Genre, Histoire*, 43/2016, p. 250-273.

357 Daumard Adeline, *Les bourgeois de Paris au XIXe siècle*, Paris, Flammarion, 1970, p. 184-187.

tribune « La Chine à Étampes » dans l'*Événement* du 13 février 1880. Le lendemain Henry Fouquier consacre une chronique sur le même sujet dans le XIXe *siècle*[358]. Maupassant s'adresse enfin à son maître et ami[359]. Flaubert aide le jeune auteur à établir sa défense en même temps qu'il déplore l'attitude censoriale de l'État qui lui remémore son propre procès devant le tribunal de la Seine en 1857[360]. Il déclare ainsi :

> Les gouvernements ont beau changer, monarchie, empire ou république, peu importe ! L'esthétique officielle ne change pas. De par la vertu de leur place, les agents – administrateurs et magistrats – ont le monopole du goût (voir les considérants de mon acquittement). Ils savent comment on doit écrire, leur rhétorique est infaillible, et ils possèdent les moyens de vous convaincre[361].

Il insiste auprès de Maupassant sur le fait qu'il faut établir une stratégie qui n'irrite pas les juges[362]. Il faut rester prudent afin de ne pas heurter leur sensibilité. Aussi, comme il l'a fait pour lui-même, il va user de son aura afin de mettre fin à la procédure qui touche Maupassant et présente clairement son intention à son disciple :

> Il faut user de toutes les influences possibles pour étouffer l'affaire. La seule crainte, n'est-ce pas, c'est d'être renvoyé du ministère. En conséquence, pesons sur la Justice d'abord et sur l'instruction publique ensuite[363].

Flaubert écrit à l'éditeur Charpentier ainsi qu'à Edgar Raoul-Duval. Flaubert adresse Maupassant à tout un ensemble de personnalités : Simonot afin d'agir auprès de Grévy et Wilson, Laurent-Pichat, Cordier, Bardoux, ou encore Charpentier. Mais surtout Flaubert va lui-même prendre la plume. La campagne en faveur de Maupassant culmine le 23 février 1880 lorsque Flaubert publie dans le journal *Le Gaulois* une

358 Curtius, « La vie qui passe : Un procès Maupassant », *Le Gaulois*, 22 août 1927, p. 1.

359 *V.* au sujet de la relation littéraire et amicale entre les deux auteurs Forestier Louis, « Bref, c'est mon disciple, le cas Flaubert-Maupassant », *Romantisme*, n° 122, 2003, p. 93-105.

360 *V.* Faugère Clémence, « Gustave Flaubert et Guy de Maupassant : deux générations confrontées au tabou de la vie intime des femmes et à son traitement judicaire », in Faugère Clémence, Mounier Vincent, Sylvos Françoise éd., *Censure et tabou*, Paris, Classiques Garnier, 2023, p. 87-104.

361 Girard Danielle, Leclerc Yvan éd., « Lettre du 16 février 1880 à Guy de Maupassant », Gustave Flaubert, correspondance année 1880 [En ligne], [consulté le 15 octobre 2019].

362 Girard Danielle, Leclerc Yvan éd., « Lettre du 15 février 1880 à Guy de Maupassant », *Gustave Flaubert, correspondance année 1880* [En ligne], [consulté le 15 octobre 2019].

363 *Loc. cit.*

lettre de soutien à son ami. Cette campagne médiatique est un véritable succès : le 28 février 1880 une ordonnance de non-lieu est rendue. À nouveau, l'auteur échappe à la condamnation judiciaire en raison d'une solide défense basée cette fois-ci sur le capital social de l'écrivain.

À travers ces deux exemples de procès l'on constate que le contentieux de l'outrage aux bonnes mœurs et à la morale publique et religieuse est marqué du sceau de l'aléa. Celui-ci tient tout d'abord au sens que le pouvoir judiciaire entend donner à l'infraction mais pas seulement. L'imprécision des termes donne libre cours à la défense qui peut, en l'absence d'indications précises dans les textes, user de nombreux stratagèmes afin d'obtenir la relaxe ou le non-lieu en se positionnant dans une défense sur le fond ou en optant pour une stratégie de connivence. Entrent ainsi en confrontation stratégies juridiques mais également stratégies des agents au sein même du champ littéraire.

Aussi, si ces procès reflètent le sens donné à la politique pénale de l'Ordre moral, l'infraction d'outrage aux bonnes mœurs, à la morale publique et religieuse apparaît avant tout comme un symbole. Si elle intéresse les débats parlementaires, dans la pratique cette infraction est peu souvent mobilisée. En effet, selon les chiffres communiqués par les *Comptes généraux de l'administration de la justice criminellee*, cette infraction ne représente du point de vue numérique qu'un petit contentieux. En 1872 seuls quatre affaires ont été jugées, donnant lieu à l'acquittement de neuf prévenus et à la condamnation à deux peines de prison de moins de 1 an[364]. En 1874 l'on ne compte qu'une seule affaire pour la presse périodique et une pour la presse non périodique[365] et en 1875 une seule affaire en matière de presse périodique[366]. L'attention portée à ce texte, héritier de la Restauration, est ainsi avant tout symbolique, un acte politique fort afin d'imprimer encore davantage l'orientation conservatrice du régime dans les esprits.

364 *Compte général de l'administration de la justice criminelle*, 1872, p. 102.
365 *Compte général de l'administration de la justice criminelle*, 1874, p. 82.
366 *Compte général de l'administration de la justice criminelle*, 1875, p. 74.

LE JUGE CORRECTIONNEL TOUJOURS COMPÉTENT POUR L'IMPRIMÉ PICTURAL

Dès 1871 la loi accorde aux outrages à la morale et aux bonnes mœurs commis par l'exposition, la mise en vente, la distribution des dessins, gravures, lithographies, peintures et emblèmes un traitement juridictionnel particulier motivé par une lutte déterminée contre la pornographie et ses effets néfastes sur la population.

L'assurance d'une éviction rapide de l'espace public

Le XIXe siècle est caractérisé par un rapport pudique à la sexualité. Selon Michel Foucault, ce siècle est marqué par un régime victorien, absorbé par l'institution de la famille conjugale qui confisque la relation sexuelle pour l'assigner à la seule fonction de reproduction[367]. Ceci pousse à taire ce qui est confiné à la chambre parentale. La société cultive un « puritanisme moderne » qui aurait imposé à propos de la sexualité un triple décret : « d'interdiction, d'inexistence et de mutisme[368] ». Le XIXe cultive ainsi un « secret du sexe[369] ». Pourtant il est obsédé par lui, reflet d'une époque tartuffe où se côtoient des « oies blanches et des bordels[370] ». Cette situation qui semble paradoxale illustre la lente évolution de la société en matière de mœurs.

Albert de Broglie dans son allocution à l'Assemblée en 1871 éclaire les choix qui ont été opérés par le gouvernement ainsi que par la commission parlementaire en matière d'imprimé contenant des images. Une dérogation au régime commun de l'infraction d'outrage aux bonnes mœurs et à la morale publique et religieuse pour les infractions commises par l'exposition, la mise en vente, la distribution des dessins, gravures, lithographies, peintures et emblèmes est créée. Celle-ci se justifierait selon le député par une nécessaire promptitude de la répression qui importerait davantage que son « éclat[371] ». En confiant le contentieux aux tribunaux correctionnels, le législateur s'assure d'exclure rapidement les imprimés

---

367 FOUCAULT Michel, *Histoire de la sexualité I, La volonté de savoir*, Paris, Gallimard, 1994, p. 10.

368 *Ibid.*, p. 11.

369 *Loc. cit.*

370 Expression empruntée à Corbin Alain, « L'amour au fil des siècles », *L'express Grand Format*, n° 18, Juillet-Août-Septembre 2016.

371 *JORF*, 15 avril 1871, p. 593.

comportant un « matériel visuel » contrairement au droit applicable en ce qui concerne le « matériel écrit[372] ». Plusieurs raisons sont avancées afin de justifier cette différenciation.

Le ministre de la Justice Jules Dufaure, à l'occasion de débats à l'Assemblée, explique que le procès d'un tel type d'imprimé est aussi dangereux que l'imprimé en lui-même : « il faut, de ce délit, produire les preuves. Ces infâmes gravures, qui ne devraient passer sous les yeux de personne, elles passent entre les mains des défenseurs, sous les yeux du jury ; une puérile curiosité les fait répandre dans l'audience, elles deviennent plus publiques qu'elles ne l'étaient auparavant[373] ». Ainsi, le danger du procès est au moins aussi grand que l'imprimé poursuivi lui-même[374]. Confier le contentieux aux tribunaux d'assises braquerait les projecteurs sur des imprimés qui, sans le tapage médiatique d'une cour d'assises, seraient restés davantage confidentiels. Le juge correctionnel apparaît ainsi comme une juridiction gage de discrétion et de rapidité en évitant un débat trop approfondi de l'affaire. C'est donc la nature de l'imprimé qui conditionne la compétence du tribunal. Ceci tient sans doute dans le fait que l'on considère le matériel visuel comme plus explicite et plus percutant que le matériel écrit[375]. L'image, davantage accessible, délivrerait plus aisément son message par une forme de pouvoir tenant dans la spécificité du visuel[376]. Si cette perspective de cognition sociale n'est pas expressément explorée, l'on peut penser qu'elle est sous-jacente.

En effet, la fin du XIXe siècle est marqué par une omniprésence de l'image dans l'espace public : affichage public, publicité, caricatures … La question fait ainsi l'objet d'une surveillance accrue de la part des pouvoirs publics. Rappelons que l'article 22 du décret du 17 février 1852, toujours en vigueur à cette époque, soumet la publication, l'exposition et la mise en vente de tous dessins, gravures, lithographies à une autorisation préalable de l'administration ce qui crée un premier filtre, limitant ainsi théoriquement de fait le contentieux.

---

372 Joffe Helene, « Le pouvoir de l'image : persuasion, émotion et identification », *Diogène*, vol. 217, nº 1, 2007, p. 102.
373 *JORF*, 15 avril 1871, p. 597.
374 *Loc. cit.*
375 Joffe Helene, *op. cit.*, p. 102.
376 *Loc. cit.*

En outre, de par son caractère plus manifeste, l'instrumentalisation par le juge correctionnel de ce type d'imprimés semble plus difficile. Si la question est soulevée pour ce qui est des écrits dans les débats parlementaires, il n'en est pas fait mention concernant les images et dessins. Le juge n'est pas craint car sa marge de manœuvre dans l'appréciation des éléments constitutifs de l'infraction semble assez réduite. Pour autant cette neutralité apparente de l'infraction semble avoir ses limites. En témoigne la circulaire du 29 juillet 1871 envoyée par le ministre de la Justice depuis Versailles aux procureurs généraux. À travers ce document, le ministre rappelle les termes de la loi du 15 avril 1871 et la nécessité pour le ministère public de poursuivre les imprimés qui répondent aux conditions de l'article 2 de la loi. Le ministre informe également les procureurs du fait que ce type d'imprimé, qui provient principalement de la capitale et de l'étranger, ont tendance à gagner progressivement la province et que cette diffusion sur l'ensemble du territoire doit appeler à faire preuve d'une grande vigilance[377]. L'on voit, à travers ces propos, poindre la peur du gouvernement versaillais de voir l'effervescence parisienne aux lendemains de la Commune, gagner les campagnes étrangères aux passions urbaines et majoritairement ralliées à la cause de Thiers.

Plus précisément, le ministre vise à travers sa circulaire un imprimé obscène à l'encontre de l'ex-empereur qui a été signé du nom de « l'honorable M. Schoelcher[378] ». Or, ce journaliste et homme politique nie avoir produit le dit imprimé. Dufaure enjoint les procureurs à poursuivre ceux qui participeraient de la publicité de cet imprimé sur le fondement de la loi de 1819 et plus encore en tant que faussaires[379]. Rappelons que Victor Schœlcher fut un opposant sérieux à l'Empire et possède un mandat de député de la Martinique depuis mars 1871. L'infraction n'est donc pas, dans les faits, si étrangère aux considérations d'ordre politique puisqu'ici il est demandé de protéger nommément un élu de la nation.

Avec la loi du 29 décembre 1875, la compétence des tribunaux correctionnels est à nouveau confirmée pour la répression des délits commis contre les bonnes mœurs ainsi que la morale publique et religieuse à travers un support pictural. Aussi, cette loi limite la compétence des tribunaux aux imprimés empruntant à nouveau des médiums picturaux,

377 *Journal des débats politiques et littéraires*, 2 août 1871, p. 2.
378 *Loc. cit.*
379 *Loc. cit.*

mais seulement lorsque ceux-ci sont qualifiés d'obscènes. L'exposé des motifs du projet de loi indique qu'il s'agit de viser uniquement les provocations directes à la débauche[380]. Il est précisé que « les auteurs, éditeurs, distributeurs ou vendeurs d'écrits obscènes, n'avaient aucun droit aux garanties que la loi accorde aux écrivains politiques. Les tribunaux correctionnels en feront justice. Mais la loi n'a voulu viser que les excitations directes à la débauche ; les délits d'outrage à la morale publique et religieuse qui n'auraient pas ce caractère restent donc de la compétence des cours d'assises[381] ».

Le jury hérite ainsi de toutes les infractions d'outrage à morale publique et religieuse et aux bonnes mœurs commis par le biais d'imprimés écrits, mais également des imprimés picturaux qui ne relèvent pas de l'obscénité. Le critère utilisé n'est donc plus celui de la nature de l'imprimé mais de son contenu. Cette mesure élargit donc les compétences du jury à l'ensemble des délits de presse d'apparence politique et ne laisse au juge correctionnel que la seule connaissance des imprimés picturaux obscènes. Tout dépend donc de l'appréciation qui est faite de ce terme.

Au XIXe siècle les termes de pornographie et d'obscénité apparaissent comme très proches, voire interchangeables[382]. Cependant, il semble tout de même que l'obscénité ait un sens beaucoup plus large. Au contraire de la pornographie, l'obscénité ne s'apparente pas seulement au sexe ou à l'acte sexuel, mais à tout ce qui peut s'y rapporter de façon explicite ou implicite[383]. L'obscène est ainsi ce qui est contraire au respect de la pudeur[384], à cette injonction qui est faite aux sujets intimes de rester secrets et en dehors de l'espace public.

Aussi à partir de 1850 les imprimés mettant en scène la sexualité connaissent une véritable envolée. En même temps que la France entre dans la culture de masse, l'industrie pornographique se professionnalise,

---

380 *Recueil général des lois et des arrêts : en matière civile, criminelle, commerciale et de droit public*, IIe partie, Sirey, 1876, p. 92.

381 *Loc. cit.*

382 Vörös Florian, « La régulation des effets de la pornographie », *Hermès, La Revue*, vol. 69, n° 2, 2014, p. 124.

383 Rodemacq Maxence, « L'industrie de l'obscénité à Paris (1855-1930) », *Romantisme*, vol. 167, n° 1, 2015, p. 15.

384 Stora-Lamarre Annie, *L'Enfer de la Troisième République. Censeurs et pornographes (1881 – 1914)*, Paris, Imago, 1989, p. 50.

profite d'un véritable développement commercial et d'une diversification de l'offre[385]. Ainsi, à côté de la presse ou des livres se développe tout un ensemble d'imprimés qui mettent à l'honneur la représentation de la sexualité comme la photographie[386].

Si la loi ne vise pas la photographie comme support possible à l'outrage aux bonnes mœurs ainsi qu'à la morale publique et religieuse, la jurisprudence a pallié cet oubli. Le tribunal correctionnel d'Angers dans une décision du 26 mai 1873 indique que les photographies, au même titre que tous dessins ou gravures ne peuvent être exposées et mises en vente sans l'autorisation préalable du préfet en vertu de l'article 22 du décret du 17 février 1852. La cour énonce également que la mise en vente, la vente opérée à titre commercial et la distribution gratuite de photographies obscènes constituent le délit d'outrage public aux bonnes mœurs en application des articles 1 et 8 du 17 mai 1819[387].

Aux côtés de la photographie cohabitent des images plus classiques. Sous le Second Empire, le dessin représente selon Maxence Rodemacq 14 % des affaires relatives aux poursuites d'images obscènes[388]. Existent également d'autres supports : « gravure, eau-forte, aquarelle, peinture, estampe, lithographie, cliché, carte transparente, vues stéréoscopiques, épreuve sur papier, verre ou plaque, entre autres. Ainsi, l'obscénité est adaptée à près d'une trentaine de formes visuelles différentes en 1868[389] ». Cette entrée de l'obscénité dans des schémas économiques et capitalistes inquiètent d'autant plus le pouvoir que les consommateurs de ces produits se multiplient en raison de leur prix abordable. Cette commercialisation à grande échelle effraie les pouvoirs publics qui s'empressent d'agir afin de limiter tant que possible les effets de ces produits sur les couches

385 Rodemacq Maxence, *op. cit.*, p. 18.

386 Le plus gros de la marchandise est la conséquence de l'évolution des techniques avec l'invention de Nicéphore Niepce, perfectionnée par Daguerre : il s'agit de la photographie. À Paris, sous le Second Empire, la photographie représente plus de la moitié, 57 %, des marchandises saisies ; *ibid.*, p. 16. Celles-ci peuvent emprunter un format carte de visite ou bien des formats minuscules nécessitant l'utilisation d'une loupe que l'on nomme stanoples ; *ibid.*, p. 19. La petitesse du format permet de gagner en discrétion mais aussi d'en diminuer le coût de production et de les rendre accessibles au plus grand nombre. Aussi, en juin 1865 lors d'une seule et même affaire pas moins de « 300 clichés et 15 000 épreuves microscopiques obscènes » sont saisis ; *Annales du Sénat et du Corps législatif*, t. 8 (19-26 juin 1865), Paris, Administration du Moniteur universel, 1865, p. 132.

387 *Loc. cit.*

388 Rodemacq Maxence, *op. cit.*, p. 16.

389 *Loc. cit.*

sociales les plus populaires considérées comme les plus dangereuses pour l'ordre social. Se trouvent ainsi poursuivis tout un ensemble de produits pornographiques, mais pas seulement.

L'éditeur Barraud, après avoir obtenu une autorisation du bureau de la Librairie du ministère de l'Intérieur[390], publie une réédition des *Contes et Nouvelles* de La Fontaine dans son édition des Fermiers Généraux qui associe à la fois le texte mais également des gravures de Moreau. Il est poursuivi à raison des planches licencieuses par le tribunal correctionnel de Paris pour outrage à la morale. Il est condamné en première instance, puis en appel le 15 mai 1875[391]. Le tribunal retient que l'autorisation du ministère de l'Intérieur n'est pas suffisante pour mettre un imprimé à l'abris de poursuites, elle n'entrave pas la liberté d'action du ministère public[392]. Le tribunal correctionnel de Paris[393] se range à l'opinion de l'avocat général qui avait demandé la condamnation de l'auteur et de l'imprimeur « au nom des pères de famille[394] ». La répression de la pornographie s'inscrit ainsi dans une société placée sous le signe du patriarcat, où les bonnes mœurs sont mesurées à l'aune du standard de l'homme bourgeois[395]. L'objectif de cet encadrement est pour le législateur, de protéger les citoyens contre l'abaissement de la moralité.

La garantie d'une lutte efficace contre la pornographie

La préoccupation des gouvernants pour les effets de la pornographie sur les corps des publics subalternes est associée à la mise en place de stratégies d'exclusion[396]. Ceci passe par un contrôle de l'accès de ces publics

390 Cette décision autorise la publication en ces termes selon, notamment, les arguments suivants : « Que les 44 gravures [...] ont été tirées sur les planches mêmes qui ont servi pour l'édition originale de 1762 [...] et qu'elles ont par cela même, un caractère et un intérêt à la fois artistique et historique », « [que] le prix élevé de ce volume l'empêche de tomber entre les mains du commun des lecteurs, et le met exclusivement à la portée des amateurs riches et bibliophiles », « que le placement en a été presque entièrement assuré d'avance par voie de souscription » ; *Journal pour tous*, 16 avril 1875, p. 429.

391 Laingui André, *op. cit.*, p. 235.

392 *Journal pour tous*, 16 avril 1875, p. 429.

393 L'entièreté de la décision est disponible dans *L'Univers*, 17 avril 1875, p. 3.

394 Laingui André, *op. cit.*, p. 236.

395 Lire au sujet de l'évolution de ce standard juridique Convert Laurent, « Feu le "bon père de famille" et l'avènement du standard "raisonnable" : un pas vers la "reasonable person" de *common law* ? », *Tribonien*, vol. 1, n° 1, 2018, p. 166-183.

396 Vörös Florian, *op. cit.*, p. 125.

aux produits (interdiction d'accès aux collections pornographiques des musées, contrôle policier, et contrôle judiciaire) afin de limiter la visibilité et l'accessibilité des représentation médiatiques de la sexualité[397]. Selon Walter Kendrick, ce contrôle exercé esquisse la formation de ce que l'on peut nommer « un champ de bataille culturel[398] ». Se crée de fait une « ségrégation politique du regard basée sur [l'âge], le genre, la classe et la race[399] ».

Un ouvrage publié en 1867 et consacré à des trouvailles archéologiques à Pompéi, illustre cette distinction opérée entre les publics. Louis Barré y précise que « les hommes sans éducation, les femmes et les enfants ne doivent en aucun cas accéder à son contenu », de manière à ce que soient préservées « les lois de la décence et de la modestie[400] ». Les publics les moins instruits se voient interdire l'accès aux imprimés obscènes et se trouvent placés sous la tutelle de l'élite intellectuelle et plus précisément dans le cadre de l'outrage aux bonnes mœurs et à la morale, sous celle du juge correctionnel. Seul l'homme adulte et civilisé, la figure du notable, apparaît comme capable de faire preuve de contrôle et de ne pas être influencé dans ses comportements par les images obscènes mises à sa disposition. Est mis en place un dispositif de régulation de type biopolitique comportant tout un ensemble de mesures afin d'assurer son effectivité : « des discours, des institutions, des aménagements architecturaux, des décisions règlementaires, des lois, des mesures administratives, des énoncés scientifiques, des propositions philosophiques, morales, philanthropiques[401] ».

La régulation de la visibilité et de l'accessibilité des images pornographiques se justifie par un objectif « d'amélioration du corps national[402] ». Le discours dominant n'emprunte plus seulement la voie de la moralité mais également celui de la science. Le XIXe siècle voit le développement d'une approche médicale de la sexualité dont dépend une « bonne »

397 *Loc. cit.*

398 Kendrick Walter, *The Secret Museum : Pornography in Modern Culture*, New York, Viking, 1987, p. 156.

399 Preciado Paul, « The Architecture of Porn. Museum Walls, Urban Detritus and Stag Rooms for Porn-prosthetic Eyes », in *Post Porn Politics. Queer-Feminist Perspective on the Politics of Porn Performance and Sex-Work as Cultural Production*, Berlin, b_books, 2010, p. 25.

400 Vörös Florian, *op. cit.*, p. 125.

401 Foucault Michel, *Dits et écrits, T. 2 : 1976-1988*, Paris, Gallimard, 1994, p. 299.

402 Vörös Florian, *op. cit.*, p. *126*.

hygiène nationale. Les thèses scientifiques associent progressivement la sexualité à de possibles formes de dégénérescence du corps social. Dès 1857, le docteur Bénédict-Augustin Morel fait paraître un ouvrage intitulé *Traité des dégénérescences physiques, intellectuelles et morales de l'espèce humaine*[403]. Le médecin établit au sein de ses écrits une corrélation entre maladies mentales et « mal moral » de la société[404]. Selon Michel Foucault le sexe apparaît ainsi à cette époque, progressivement, comme un champ de haute fragilité pathologique, comme une surface de répercussion pour d'autres maladies[405]. Lutter contre l'obscénité c'est ainsi lutter dans le même temps contre l'alcoolisme, la syphilis, les déviances sexuelles ou encore le suicide[406]. Il s'agit également de préserver « le vœu de la nature[407] », c'est-à-dire de lutter contre le malthusianisme et l'onanisme pour favoriser la procréation. Ainsi, la lutte se concentre sur toutes les formes de « dégénérescence » qui peuvent exister et être en lien avec la sexualité. Selon Robert Nye ces thèses offrent aux pourfendeurs de valeurs conservatrices une assise pseudo-scientifique[408] qui leur permet de prospérer à une période où la figure du savant émerge.

Le XIXe siècle s'inscrit ainsi dans le processus de la civilisation des mœurs qui mène progressivement à une mise à distance des corps, qu'il s'agisse du sien ou de celui d'autrui. Les comportements sexuels, la nudité, évoluent vers la pudeur et vers une sensibilité accrue à l'égard de ces sujets. Ce contrôle exercé sur les corps et sur leur représentation s'opère dans une construction d'une « identité nationale » selon la thèse de George L. Mosse pour qui nationalisme et respectabilité sont deux notions qui vont de pair[409]. Dans une décennie 1870 où la France est à la recherche d'un régime politique et d'un modèle de société, la lutte contre l'obscénité apparaît comme un combat pouvant être partagé par l'ensemble de l'échiquier politique en préservant une certaine

---

403 Sapiro Gisèle, *op. cit.*, p. 347.

404 Morel Bénédict-Auguste, *Traité des dégénérescences physiques, intellectuelles et morales de l'espèce humaine*, Paris, J. Baillère, 1857, p. 7.

405 Foucault Michel, *Histoire de la sexualité, La volonté de savoir*, Paris, Gallimard, 1994, p. 30.

406 Sapiro Gisèle, *op. cit.*, p. 346.

407 Corbin Alain, *L'Harmonie des plaisirs. Les manières de jouir du siècle des Lumières à l'avènement de la sexologie*, Paris, Perrin, 2005, p. 29.

408 Nye Robert, *Crime, madness and politics in Modern France. The medical concept of national decline*, Princeton, Princeton University Press, 2016, p. 268.

409 Mosse Georges L., *Nationalism and sexuality, Middle class morality and sexual norms in Modern Europe*, Madison, The University of Wisconsin Press, 1985, 248 p.

respectabilité chère aux classes moyennes porteuses de l'idéologie nationale[410]. Dans ce contexte seul le juge correctionnel est compétent afin de faire appliquer la loi en attendant l'avènement d'une nouvelle loi pérenne, dès lors que la situation politique du pays sera fixée sur de solides bases.

410 Sapiro Gisèle, *op. cit.*, p. 323.

UN OUTIL DE STABILISATION D'UNE RÉPUBLIQUE CONSTITUTIONNELLE

Si les conservateurs s'entendent sur les questions sociétales, lorsqu'il s'agit de définir la forme exacte que le régime politique de la France doit emprunter, l'unité des partisans de l'Ordre moral est plus difficile à trouver[1]. Déchirées entre royalistes légitimistes, orléanistes, et bonapartistes, les droites n'arrivent pas à trouver de consensus quant à l'avenir du régime politique de la France. La chute de Thiers et son échec d'une coalition des droites en mai 1873, en sont la première illustration. Si la loi constitutionnelle du 20 novembre 1873 confie la Présidence de la République au maréchal de Mac Mahon pour sept ans, sous cette présidence les tensions stériles entre conservateurs, motivées par des convictions et des personnalités inconciliables, se perpétuent[2]. Et ce, malgré des résultats à l'élection des conseillers généraux en octobre

---

1 Mayeur Jean-Marie, *Les débuts de la Troisième République (1871-1898)*, *op. cit.*, p. 27.

2 Les citoyens conservateurs décident eux aussi de s'emparer de la question et de placer la restauration monarchique dans le débat public par le biais de pétitions favorables à l'intronisation d'Henri V (Henri Comte de Chambord). L'analyse de ces pétitions permet de mettre en exergue les attentes des légitimistes et, peut-être, les raisons qui empêchent une véritable coalition. Il ressort de ces documents qu'à côté de revendications quotidiennes telles que la fixation du régime politique, la préservation de la religion catholique ou encore le retour à la paix et la prospérité, peut être décelée l'expression d'une vision d'un roi « thaumaturge à l'égard d'un corps social réputé malade » ; Derennes Éric, « Le mouvement pétitionnaire pour la restauration d'Henri V (automne 1873-hiver 1874). Tactique politique et expression d'un légitimisme populaire », *Revue Historique*, vol. 1, n° 661, 2012, p. 52. Les écrits témoignent de la volonté de voir réapparaître une royauté mystique, au caractère surnaturel ; Bloch Marc, *Les Rois thaumaturges. Étude sur le caractère surnaturel attribué à la puissance royale particulièrement en France et en Angleterre*, Paris, Gallimard, 1993, p. 19. Or, les orléanistes ne partagent pas cette vision de la royauté qu'ils jugent comme archaïque et appartenant à un Ancien régime révolu. Les chefs du centre-droit et de la droite modérée ne conçoivent la restauration qu'à travers le vote, fidèles à la fois à la souveraineté du monarque et du peuple ; Halévy Daniel, « Comment fut votée la constitution de 1875 », *Revue des deux mondes*, vol. 28, n° 3, 1er août 1935, p. 603.

1874 qui prouvaient un attachement des citoyens aux conservateurs et annonçaient la restauration comme inévitable[3].

Alors que dans un premier temps le choix d'une République conservatrice avait été écarté par l'Assemblée et avait coûté sa présidence au « libérateur du territoire[4] », en février et juillet 1875 le vote des lois constitutionnelles par un parlement majoritairement monarchiste assoit formellement le régime républicain de la France à la suite des travaux de la commission des Trente[5]. Cette adoption de trois textes constitutionnels, poussée par la peur d'un retour des soutiens à l'Empire, met un terme à une période de flou structurel au sein duquel le pays était organisé par des textes constitutionnels successifs, succincts, et circonstanciés dans un régime où la prépondérance était donnée au parlement[6]. En tant que textes de consensus peu complets, ils n'interdisent pas pour autant aux monarchistes d'espérer à terme la chute de la République[7]. Henri Wallon mettait à ce titre en avant la dimension utilitariste de la sauvegarde de la République afin de stabiliser le pays lorsqu'il déclarait devant l'Assemblée :

3 Mayeur Jean-Marie, *Les débuts de la Troisième République*, *op. cit.*, p. 58.

4 Ce sont en ces termes que l'Assemblée nationale salue l'œuvre d'Adolphe Thiers en mars 1873.

5 Une commission parlementaire ou commission des Trente, est chargée par la loi du 20 novembre 1873 de proposer une constitution pour la France. Elle est composée majoritairement de monarchistes et son rapporteur est le conservateur Louis de Ventavon. Les débats relatifs à l'adoption d'un nouveau texte débutent à l'Assemblée le 23 juillet 1874. Les propositions se succèdent, les échanges piétinent et l'Assemblée se met en congé pour quatre mois. Au cours de cette période, les élections qui se tiennent sont largement favorables aux républicains. Émile de Girardin remarque dans son journal *La France* que depuis cette date « 158 élections partielles ont eu lieu, elles ont donné 126 députés républicains, 22 royalistes, 10 impérialistes » ; cité par Deslandres Maurice, *op. cit.*, p. 303.

6 Halévy Daniel, *op. cit.*, p. 606 ; Nicolet Claude, *op. cit.*, p. 163. Les débats qui entourent leur adoption ouvrent la voie à un riche débat juridique sur le droit constitutionnel, discussions qui se perpétuent jusqu'après la fin du siècle à travers la plume de constitutionnalistes tels que Duguit, Hauriou, Esmein ou encore Carré de Malberg ; *ibid.*, p. 162.

7 Le projet proposé au vote en janvier 1875, à la suite des travaux de la commission sur les lois constitutionnelles, se veut neutre, se bornant à une simple organisation des pouvoirs et des institutions existants ou nouveaux. Aussi, le rapporteur Louis de Ventavon est tout à fait clair sur les intentions de ce projet lorsqu'il s'adresse à l'Assemblée : « Ce n'est pas à vrai dire une Constitution que j'ai l'honneur de vous rapporter ; ce nom ne convient qu'aux institutions fondées pour un avenir indéfini. Il s'agit simplement aujourd'hui d'organiser des pouvoirs temporaires, les pouvoirs d'un homme » ; *JORF*, 22 janvier 1875, p. 564.

> Dans la situation où est la France, il faut que nous sacrifiions nos préférences, nos théories. Nous n'avons pas le choix. Nous trouvons une forme de Gouvernement, il faut la prendre telle qu'elle est ; il faut la faire durer. Je dis que c'est le devoir de tout bon citoyen. J'ajoute, au risque d'avoir l'air de soutenir un paradoxe, que c'est l'intérêt même du parti monarchique[8].

Pour le député, l'affermissement de la République permettra à la France de recouvrer une certaine prospérité économique rendue possible par une stabilité politique retrouvée. Ce n'est qu'une fois renforcé, relevé des troubles qu'il a connus, que le pays pourra s'ouvrir à un changement de régime au profit de ceux qui se seront montrés dévoués au pays, en sacrifiant un temps leurs opinions personnelles au service de la chose publique[9]. Les trois lois constitutionnelles s'attachent ainsi principalement à organiser les différents pouvoirs sans fixer de ligne politique précise. Aucune liberté, aucun droit ne se trouve consacré par le texte qui est bref, écrit de manière pratique et fonctionnelle[10] comme un texte de transition sans doctrine, sans inspiration, réduit aux besoins élémentaires d'un régime politique démocratique[11]. L'objectif est de doter le régime de textes nouveaux afin de remplacer ceux applicables jusqu'alors : des textes provisoires, empêchant une organisation régulière et complète des institutions[12]. Ainsi, la constitution votée est un texte de consensus permettant aux républicains d'avancer légalement dans la construction du régime, tout en satisfaisant les conservateurs en maintenant la possibilité d'un changement de régime.

Dans la *Revue critique de législation et de jurisprudence*, Émile Flourens constate qu'au lendemain de la guerre et de la Commune, « la pensée des hommes sages qui voulaient relever la France par le raffermissement

---

8 *Ibid.*, p. 829.

9 *Loc. cit.*

10 Au sujet de l'élaboration des lois constitutionnelles *V.* Thy Ludovic de, *L'écriture des lois constitutionnelles de 1875 : la fondation de l'ordre constitutionnel de la IIIe République*, Paris, LGDJ, 2021, 384 p. *V.* également l'ouvrage de Deslandres Maurice, *Histoire constitutionnelle de la France. L'avènement de la Troisième République, la constitution de 1875*, Paris, Librairie Édouard Duchemin, 1977, 546 p. Enfin, *V.* l'ouvrage de Casimir Perier Jean, *Notes sur la Constitution de 1875*, [1905], Paris, Dalloz, 2015, 125 p.

11 Halévy Daniel, *op. cit.*, p. 613.

12 Lefebvre Charles, *Étude des lois constitutionnelles de 1875*, Paris, A. Marescq Ainé, 1882, p. 1. Sur le contenu exact des lois constitutionnelles, *V.* Bujadoux Jean-Félix de, *La constitution de la IIIe république*, Paris, LGDJ, 2014, 180 p.

de ses institutions se porta sur la féconde sécurité[13] ». En ce sens, au sein de ce régime républicain *a minima,* le contrôle juridique de l'imprimé est utilisé par la majorité conservatrice afin de poursuivre l'affirmation de ses valeurs. Par la mobilisation de textes existants ainsi que par le vote de lois nouvelles, le droit assure le maintien d'une situation sociale et idéologique favorable aux ambitions restauratrices. Le droit de l'imprimé permet, dans ce contexte, de protéger le régime contre la poussée des idées progressistes et socialistes. Il permet également de préserver une valeur ancienne, l'honneur mais aussi de faire face à une crise politique d'ampleur en 1877. Les républicains, rassérénés par leurs victoires électorales successives lors d'élections partielles entre 1873 et 1875, se mettent à croire à la construction d'un véritable régime républicain, tant sur le plan institutionnel qu'idéologique, dont les textes constitutionnels constitueraient la première pierre d'un édifice plus ambitieux, durable, et légitime aux yeux des citoyens[14]. Au cœur cette « décennie décisive[15] », face à la poussée républicaine, l'exécutif mobilise le droit de l'imprimé afin de se protéger contre les attaques qui lui sont faites.

PROTÉGER UNE RÉPUBLIQUE CONSERVATRICE

Si la réforme juridique peut être envisagée comme un outil de changement profond et de transformation de la société, pour le législateur de l'Ordre moral elle est avant tout un moyen de conserver un *statu quo* au sein d'un régime politique républicain conçu comme transitoire. Le droit de l'imprimé est ainsi envisagé comme un outil de protection des institutions, le temps que les conservateurs parviennent à trouver un accord quant aux suites à donner à l'organisation du régime politique de la France. La vigilance est de mise à l'encontre de tous les écrits qui pourraient mettre à mal le projet conservateur de la majorité et une

13 *Revue critique de législation et de jurisprudence*, 1er janvier 1875, p. 361.
14 Nicolet Claude, *op. cit.*, p. 159.
15 Expression empruntée à Allorant Pierre, Garrigues Jean, Badier Walter dir., *Les dix décisives*, Rennes, PUR, 2022, 479 p.

lutte intense s'engage à l'encontre des idées radicales et républicaines qui ont pour dessein de remettre en cause tant l'ordre politique que l'ordre social.

RÉFORMER LE DROIT DE LA PRESSE DANS L'ATTENTE D'UNE POTENTIELLE RESTAURATION MONARCHIQUE : LA LOI DU 29 DÉCEMBRE 1875

Au-delà des lois constitutionnelles de janvier 1875 qui assurent une certaine stabilité, le régime républicain conservateur se dote d'autres outils juridiques afin de protéger ses institutions. Cette nécessité de protection se fait d'autant plus ressentir à la fin de l'année 1875 que les élections législatives sont prévues pour le début de l'année suivante. Ainsi, le 29 décembre 1875 le parlement vote une loi sur la répression des délits de presse. Cette loi n'a pas vocation à durer dans le temps, elle doit parer aux besoins les plus pressés dans l'attente du vote d'un texte plus ambitieux à l'avenir. Elle confirme les compétences de l'administration dans le contrôle de la circulation de l'imprimé et accentue celles du juge judiciaire par une entreprise de correctionnalisation des infractions de presse.

Une loi de transition

Le gouvernement justifie l'adoption d'une nouvelle loi sur la presse à la fin de l'année 1875 par la nécessité de lever l'état de siège au sein de nombreux départements où ce dernier est encore en application depuis le début de la guerre contre la Prusse. La situation s'étant apaisée dans ces territoires, il est temps de mettre un terme aux mesures qui s'appliquaient encore en vertu de l'application de la loi du 9 août 1849. De manière à faciliter un retour au droit ordinaire, le rapporteur de la loi propose de prendre certaines précautions afin d'éviter que la presse périodique, soumise de nouveau au droit commun et donc aux juridictions civiles, n'abuse de sa liberté retrouvée[16]. Ces précautions tiennent en partie dans une restriction apportée à la liberté d'expression, restriction présentée comme un mal passager mais nécessaire avant le vote d'une loi à venir, davantage pérenne et libérale en matière de droit de la presse. Comme pour les lois constitutionnelles, la loi est exposée comme un texte

16 *D.P*, Partie IV, 1876, p. 30.

transitoire, nécessitant quelques concessions de la part des citoyens. En d'autres termes, le pouvoir encourage les agents du champ littéraire à l'autorégulation, à une forme d'autocensure. Si leurs publications, à la levée de l'état de siège, sont respectueuses des institutions et de l'ordre établi, alors un texte libéral pourra être envisagé par le parlement. Cette forme de chantage est décriée par la commission parlementaire en charge de l'examen de la loi. Albert Grévy déclare ainsi :

> On nous apporte à titre de rachat la levée de l'état de siège, comme si jamais une liberté devait être la rançon d'une autre liberté, comme si d'ailleurs, il n'était pas quelque peu dérisoire d'imposer cette rançon, d'une part aux départements qu'on laisse soumis à l'état de siège, d'autre part à tous ceux qui ne l'ont jamais subi[17].

Le parlementaire ajoute qu'en incluant dans la même loi levée de l'état de siège et droit de la presse, le législateur se voit privé de faire un véritable choix car il se trouve pris en otage : s'il refuse un droit de la presse qu'il considère comme inacceptable, il doit refuser la levée de l'état de siège[18]. Bien que la commission préconise de subdiviser le projet de loi en deux textes distincts, l'un sur la levée de l'état de siège et l'autre sur le droit de la presse, cet avis n'est pas suivi par le parlement et la loi est adoptée dans son ensemble. Se trouvent ainsi traités, pêle-mêle à travers un même texte, aménagement de la liberté d'expression et levée des dispositifs juridiques déployés en cas de péril imminent pour la sécurité du pays. Le seul point commun qui peut être décelé entre ces deux mesures, c'est la recherche d'un retour à la normalité et à la stabilité, quitte à faire des concessions avec les libertés individuelles afin de protéger les acquis politiques et juridiques fragiles du régime.

La loi du 29 décembre 1875 vient, en sus de la levée de la loi sur l'état de siège, modifier à la marge les éléments constitutifs des infractions de presse contre l'État. Ainsi, la loi dispose à travers son article premier que toute attaque par l'un des moyens énoncés par l'article 1er de la loi du 17 mai 1819[19] soit contre les lois constitutionnelles, soit contre les

17 *Ibid.*, p. 31.

18 *Loc. cit.*

19 Sont ainsi visés les discours, cris et menaces proférés dans des lieux ou réunions publics ainsi que les écrits, imprimés, dessins, gravures, peintures ou emblèmes vendus et distribués, mis en vente ou exposés dans des lieux ou réunions publics soit par des placards et affiches exposés aux regards du public.

droits et les pouvoirs du Gouvernement de la République qu'elles ont établi, sera punie des peines édictées par l'article 1er du décret du 11 août 1848[20]. Le texte ajoute que l'article 463 du code pénal sera applicable dans les cas prévus par le paragraphe précédent[21].

À travers cette mesure, le législateur entend protéger l'édifice constitutionnel difficilement acquis au début de l'année 1875. La rédaction de l'article 1er de la loi, en visant précisément les pouvoirs dont le gouvernement hérite à travers les lois constitutionnelles, illustre leur portée restreinte. Il s'agit de lois techniques, qui n'ont pas vocation à proclamer des droits mais à répartir les compétences entre les différents pouvoirs, notamment celles de l'exécutif. Si la constitution est peu bavarde sur le pouvoir législatif, en revanche, elle énumère dans de nombreux articles, les compétences du pouvoir exécutif et plus particulièrement ceux du Président de la République[22]. L'objectif du texte constitutionnel est ainsi de protéger l'exécutif, et donc Patrice de Mac Mahon, contre les attaques qui pourraient lui être faites. Le fait que l'article 1er de la loi du 29 décembre 1875 insiste sur la nécessaire protection des pouvoirs du gouvernement de la République contre l'imprimé dévoile un peu plus cette intention du constituant. Si les lois constitutionnelles dépersonnalisent la fonction, en ne se référant plus à la personne qui occupe la fonction mais à l'expression générique « Président de la République », l'objectif reste le même : protéger le chef de l'État et son gouvernement conservateur dans la perspective de changements à venir.

Un autre argument semble abonder en ce sens. En effet, la rédaction de l'infraction ressemble beaucoup à l'article 1er du décret du 11 août 1848 auquel le texte se réfère quant aux peines encourues. Ceci à une différence près : ce texte voté sous la Deuxième République visait, en plus de l'exécutif, les droits et l'autorité de l'Assemblée nationale, les institutions républicaines dans leur ensemble ainsi que le principe de

---

20 Emprisonnement de trois mois à cinq ans, et d'une amende de trois cents francs à six mille francs.

21 L'article 463 du code pénal dispose que dans tous les cas où la peine d'emprisonnement est portée par le présent Code, si le préjudice causé n'excède pas vingt-cinq francs, et si les circonstances paraissent atténuantes, les tribunaux sont autorisés à réduire l'emprisonnement, même au-dessous de six jours, et l'amende, même au-dessous de seize francs. Ils pourront aussi prononcer séparément l'une ou l'autre de ces peines, sans qu'en aucun cas elle puisse être au-dessous des peines de simple police.

22 Carré de Malberg Raymond, *La loi, expression de la volonté générale : étude sur le concept de la loi dans la constitution de 1875*, Paris, Sirey, 1931, p. 30.

la souveraineté du peuple et du suffrage universel. Le législateur n'a pas repris ces différentes composantes pour se concentrer uniquement sur l'exécutif[23]. Les autres institutions politiques du pays sont protégées par d'autres textes, déjà existants, à travers des infractions telles que la diffamation ou l'injure. La loi du 29 décembre 1875 reste fidèle au dessein des constituants et ne s'aventure pas à protéger à travers un texte spécifique des institutions politiques qui ne seraient pas entièrement dévouées au maintien de l'ordre établi.

À l'encontre des critiques qui sont adressées au gouvernement, dénonçant une atteinte injustifiée à la liberté d'expression, le ministre de la Justice Jules Dufaure, indique au sein d'une circulaire en date du 7 janvier 1876 que le vote de la loi du 29 décembre 1875 a seulement entendu mettre le pacte constitutionnel à l'abri des attaques des partis[24]. Selon lui, le législateur n'a pas voulu soustraire ce texte à la discussion ou à la critique. Ceci tient tout d'abord selon lui, à sa nature : née en pleine lumière, de la volonté libre et réfléchie des représentants de la nation, elle n'a pas besoin de faire le silence autour d'elle[25]. Ensuite, parce qu'elle est le résultat du vote du parlement souverain[26], elle ne redoute pas l'épreuve d'un débat public. Selon le ministre donc, l'objectif poursuivi par la loi est seulement de protéger les textes contre des attaques qui seraient abusives[27]. Entre la sécurisation des acquis de 1875 et la liberté d'expression, le choix est fait de donner la primauté à la stabilisation politique du pays. Si la mesure est forte d'un point de vue symbolique, dans la pratique l'on trouve peu de traces de l'application de ce texte. Sur l'ensemble de la période 1875-1877 l'on ne trouve mention dans les Comptes généraux de la Justice que d'une seule affaire en 1875[28].

Le durcissement de la régulation administrative de la circulation de l'imprimé

L'article 3 de la loi du 29 décembre 1875 apporte un éclairage nouveau sur le contrôle administratif ou extra-judiciaire de l'imprimé.

23 *D.P*, Partie IV, *op. cit.*, 1876, p. 31.
24 *Loc. cit.*
25 *Loc. cit.*
26 *Loc. cit.*
27 *Loc. cit.*
28 *Comptes généraux de l'administration de la justice criminelle*, 1876, p. XVI.

Cet article prévoit que l'interdiction de vente et de distribution sur la voie publique ne pourra plus être édictée par l'autorité administrative comme mesure particulière contre un journal donné. Cela signifie que lorsqu'une interdiction est prononcée, elle ne peut l'être qu'à titre général. L'interdiction porte ainsi sur l'ensemble des journaux en possession du vendeur ou distributeur et non pas sur un titre de journal en particulier. À travers cette position, l'objectif affiché par le législateur est d'éviter que des mesures arbitraires à l'encontre d'un type particulier d'imprimé, soit en raison de son support soit en raison de son orientation politique, ne soient prises en empêchant sa circulation dans l'espace public. Une circulaire du ministre de l'Intérieur en date du 2 avril 1876 vient compléter cette disposition en indiquant aux préfets de « laisser vendre tous les journaux, sans exception, par les vendeurs et colporteurs ordinaires munis de l'autorisation préfectorale exigée par l'article 6 de la loi du 27 juillet 1849[29] ».

Si à première vue ces mesures semblent permettre de faciliter la circulation de l'imprimé dans l'espace public, dans le même temps elle réaffirme les pouvoirs de l'administration en la matière : la circulation de l'imprimé reste soumise à des mesures d'autorisation préalable contraignantes qui ne pèsent pas sur l'imprimé en lui-même mais sur l'agent de la circulation seul, sur celui qui permet à l'imprimé de trouver son lecteur. Le colporteur ou distributeur est ainsi mis au cœur du contrôle administratif de la circulation de l'imprimé par une mesure qui établit un système de contrôle *in personam*, basé notamment sur une appréciation de sa moralité[30]. La personne du vendeur ou du distributeur vient ainsi primer sur l'imprimé potentiellement séditieux. L'on peut penser qu'en conséquence, soucieux de maintenir l'ensemble de son activité et de ses revenus, l'agent puisse être tenté de ne pas proposer à ses clients un imprimé l'exposant à un retrait de son autorisation d'exercer totalement sa profession. Par un mécanisme de responsabilisation subjective, l'on aboutit à une autorégulation de l'offre par les agents de la circulation de biens symboliques qui, par sécurité, peuvent décider de ne pas permettre à l'imprimé de trouver son lecteur. La jurisprudence conforte cette personnification du contrôle de la circulation puisque le tribunal correctionnel de Dijon dans une décision

29 *D.P*, Partie IV, 1876, p. 33.

30 V. Fontaine Laurence, *Histoire du colportage en Europe (XVe-XIXe siècle)*, Paris, Albin Michel, 1993, 334 p.

du 24 avril 1876 indique que l'article 6 de la loi du 27 juillet 1849 qui soumet les distributeurs et colporteurs d'écrits à une autorisation préfectorale révocable, continue à être applicable[31].

L'article 3 de la loi témoigne d'un rapport sévère de l'Ordre moral au colportage, attitude qui rompt avec la position adoptée précédemment par les républicains de septembre 1870. Le 10 septembre Léon Gambetta dissolvait la Commission permanente des Livres du Colportage et prescrivait une application libérale de la règlementation du colportage de librairie, dans l'attente de son abrogation future[32]. En 1875 l'heure est à la méfiance et une telle libéralisation n'est plus à l'ordre du jour. L'administration protège la compétence qu'elle s'est attribuée en vertu de l'article 6 de la loi du 27 juillet 1849[33]. Certains députés n'hésitent pas à remettre en cause cette application de la loi qu'ils considèrent comme illégale. Jules Grévy souligne à ce titre que juridiquement la Cour de cassation ne l'a jamais consacrée[34]. Mais le gouvernement soutient la validité de l'application de la loi votée sous la Deuxième République et perpétue l'application traditionnellement acquise du texte qui lui donne un pouvoir particulièrement opérant de contrôle de l'imprimé. Cette efficacité pratique tient notamment aux conséquences financières de ces mesures sur le long terme : elles apparaissent comme particulièrement sévères pour les journaux en ce qu'elles s'inscrivent dans la durée contrairement à une condamnation judiciaire limitée au versement ponctuel d'une amende[35]. Par l'interdiction de la vente et de la distribution d'un imprimé, c'est l'ensemble du circuit économique se trouve enrayé et les pertes peuvent s'étaler dans le temps avec une interdiction de vente et de distribution.

Les juges du fond soutiennent le gouvernement en partageant la même interprétation classique de l'article 6 de la loi de 1849[36]. Les décisions

31 *D.P*, Partie IV, 1876, p. 31-33.

32 Darmon Jean-Jacques, *Le colportage de librairie en France sous le Second Empire : grands colporteurs et culture populaire*, Paris, Plon, 1972, p. 80-84.

33 *Bulletin annoté des lois et décrets*, 1876, p. 83. Cet article dispose que « Tous les distributeurs ou colporteurs de livres, écrits ou brochures, gravures ou lithographies, doivent être porteurs d'une autorisation que leur sera délivrée, pour le département de la Seine par le préfet de police, et pour les autres départements par les préfets. Ces autorisations pourront être retirées par les autorités qui les auront délivrées ».

34 Darmon Jean-Jacques, *op. cit.*, p. 83.

35 *Ibid.*, p. 84.

36 *V.* la décision du tribunal correctionnel d'Aix en date du 18 mars 1876 et une autre du 24 avril 1876 de la Cour d'appel de Dijon en ce sens ; *D.P*, Partie II, 1876, p. 78.

s'appuient à la fois sur la tradition en la matière ainsi que sur une interprétation exégétique de la loi de 1875 en prenant en considération les travaux parlementaires qui ont conduit à l'adoption de la loi[37]. Une décision du 4 avril 1876 reprend l'argument selon lequel l'article 3 de la loi du 29 décembre 1875 a seulement enlevé aux préfets la faculté de restreindre cette autorisation à certains journaux par l'interdiction de mesures particulières interdisant la distribution d'un journal déterminé. Ceci implique en conséquence que le préfet a toujours la faculté d'interdire la vente et la distribution de tous les journaux et ce indistinctement puisque les mesures générales de surveillance prescrites par la législation antérieure dans un intérêt de sécurité et de moralité publique continuent à s'appliquer. Surtout, la décision précise que dans ce cas, les juges correctionnels n'ont pas à rechercher les motifs de la mesure prise par l'autorité préfectorale, dès lors que celle-ci a été prise dans la limite de son droit. L'administration possède ainsi une marge d'appréciation confortable à l'abri de tout contrôle d'opportunité de la part du juge judiciaire, dès lors qu'elle reste dans le cadre de sa compétence.

Pour autant, face à cette protection importante de l'administration dans la détermination des mesures, l'infraction de colportage non-autorisé est entendue de manière restrictive par les tribunaux judiciaires. Selon l'arrêt du 10 juillet 1875 rendu par la chambre criminelle de la Cour de cassation, ce délit ne résulte pas du seul fait du transport de journaux à travers la voie publique. Il faut encore que s'y joigne comme condition nécessaire, soit la vente ou remise, soit l'offre de vente ou de remise desdits journaux. L'on ne peut considérer comme équivalente à une offre de vente ou de remise l'intention annoncée par le prévenu de vendre les journaux qu'il transportait sur la voie publique car cette intention est susceptible de rétractation[38].

Le contentieux judiciaire témoigne de l'attention portée par les tribunaux à la circulation de l'imprimé sur le territoire à travers les

---

37 Dans la décision du 18 mars 1876, la Cour d'appel d'Aix déclare ainsi que « La loi de 1875 fut inspirée à ses promoteurs par le désir de niveler les situations faites par l'Administration aux journaux de toutes nuances ; que tel était le sens notamment de l'amendement de M. de Janzé, lequel est devenu l'article 3, et dont l'auteur s'est beaucoup plus préoccupé de la matière à colporter que la personnalité du porteur » ; *L'amendement Janzé et la jurisprudence : colportage des journaux sur la voie publique*, Chalon-sur-Saône, Impr. de L. Landa, 1876, p. 20-22.

38 *D.P*, 1877, partie V, p. 167.

chiffres relatifs aux infractions de colportage non autorisé prévues par les lois du 27 juillet 1849 et 17 février 1852 rapportés par les *Comptes généraux de l'administration de la justice criminelle.*

Année	Nombre de poursuites / prévenus	Acquittements	Condamnation à un an ou moins d'emprisonnement (majeurs)	Condamnation à une amende seulement (majeurs)	Taux des condamnation
1872	293/321	16	121	182 (soit 60 % des condamnations)	94 %
1873	525/581	11	132	434 (soit 77 % des condamnations)	97 %
1874	639/764	23	207	530 (soit 71 % des condamnations)	96 %
1875	491/599	19	150	419 (soit 74 % des condamnations)	95 %
1876	282/356	20	66	256 (soit 80 % des condamnations)	90 %
1877	953/1261	71	196	975 (soit 83 % des condamnations)	93 %

TAB. 1 – Poursuites et condamnations pour colportage non-autorisé de 1872 à 1877 par les tribunaux correctionnels en France métropolitaine.

L'on remarque que le nombre de poursuites augmente significativement sous la période de l'Ordre moral : de 293 affaires en 1872, l'on passe à 525 en 1873, pour atteindre 639 affaires en 1874, 491 en 1875 avant de redescendre à 282 en 1876[39]. En 1877, en raison des élections et de l'agitation médiatique, les infractions grimpent à nouveau à près de 953 affaires[40]. Il redescend à 89 affaires en 1878 en raison du vote

39 *Comptes généraux de l'administration de la justice criminelle*, 1876, p. XVII.
40 *Comptes généraux de l'administration de la justice criminelle*, 1877, p. XIV.

de la loi du 9 mars 1878[41], loi qui vient libéraliser le colportage : les journaux peuvent désormais être distribués par toute personne moyennant une simple déclaration. Surtout, avec cette loi nouvelle l'exercice de la profession de colporteur et distributeur de journaux sans déclaration préalable est confiée au tribunal de simple police[42].

L'on remarque que la multiplication des poursuites est corrélée à une augmentation du taux de condamnation. Si la répression est quasi-systématique, en revanche le quantum de la peine tend à se limiter à une simple amende. La stratégie semble ainsi avoir été de miser sur la multiplication des poursuites afin d'enrayer une circulation incontrôlée des imprimés plutôt que sur la sévérité des peines. L'on retrouve ici la même logique économique que présentée précédemment.

Au-delà de ces mesures nouvelles en matière de circulation de l'imprimé, la loi de 1875 crée une répartition nouvelle des compétences judiciaires, au profit des tribunaux correctionnels et donc des juges professionnels au détriment de la cour d'assises et de son jury populaire.

Le renforcement de la compétence des magistrats professionnels

L'article 5 de la loi du 29 décembre 1875 vient modifier la répartition des infractions entre les différentes juridictions au profit du tribunal correctionnel. Entrent ainsi dans leur compétence des infractions à l'encontre :

- de l'État et de ses serviteurs à travers les délits : de diffamation, d'outrage et d'injure publique contre toute personne et tout corps constitué, d'offense envers le Président de la République ou envers la personne d'un souverain ou du chef d'un gouvernement étranger ;
- de la chose publique à travers les délits : de publication ou reproduction de nouvelles fausses, de pièces fabriquées, falsifiées ou mensongèrement attribuées à des tiers, de cris séditieux publiquement proférés, des délits commis contre les bonnes mœurs par la publication, l'exposition, la distribution et la mise en vente d'écrits, dessins ou images obscènes et du délit de provocation à commettre un délit, suivie ou non d'effet.

41 *Comptes généraux de l'administration de la justice criminelle*, 1878, p. XVIII.
42 *JORF*, 10 mars 1878, p. 2657.

Ce mouvement de correctionnalisation visant des infractions ayant trait à la protection des institutions ou de l'ordre public fait l'objet de vives attaques lors de la discussion du texte à l'Assemblée en ce qu'il détourne ce contentieux de l'imprimé de la compétence de la cour d'assises et de son jury populaire pourtant érigés comme juges naturels de l'usage de la liberté d'expression à la proclamation de la République en 1870. Albert Grévy déclare à ce sujet que « L'Empire seul, à ses plus mauvais jours, avait fait à la magistrature ce redoutable cadeau. Depuis cette grande loi de 1819, qui fut l'honneur de la Restauration, toutes nos lois libérales ont proclamé la compétence exclusive du jury en pareille matière[43] ». Ce mouvement de correctionnalisation des infractions de presse entend confier à une magistrature encore acquise aux idées conservatrices, des infractions à forte dimension politique.

La rupture avec l'esprit des textes anciens est consommée également par le fait que l'article 6 de la loi de 1875 prévoit de nouvelles règles quant au déclenchement de l'action pénale. Ainsi, en cas d'offense envers les Chambres ou l'une d'elles et de diffamation ou d'injures contre les cours, tribunaux ou autres corps constitués, la poursuite aura lieu d'office. Cela signifie que les victimes n'ont pas à intervenir dans le déclenchement des poursuites : si elles peuvent se constituer partie civile, le ministère public est compétent afin de déclencher l'action pénale sans leur accord. Cette disposition s'écarte de ce qui était traditionnellement prévu par la loi du 26 mai 1819 qui ne permettait la poursuite pour diffamation contre les chambres, les chefs de gouvernements étrangers et autres, sur autorisation des chambres et corps constitués ou sur la plainte de la partie lésée. Cette procédure laissait une marge d'appréciation aux victimes afin de juger de l'opportunité, souvent politique, des poursuites. Cette dépossession de l'action sous l'Ordre moral est justifiée par le garde des Sceaux à travers deux arguments.

Le premier tient dans le fait qu'une délibération en amont de la décision du juge afin de lancer les poursuites viendrait le lier dans sa décision en raison du caractère formel du vote et de l'autorité de l'institution[44] : un juge pourrait s'empêcher de condamner certains propos en sachant que l'institution visée n'entendait pas les poursuivre. Le second argument

43 *Loc. cit.*

44 *Bulletin annoté des lois et des décrets*, Paris, Imprimerie et librairie Paul Dupont, 1876, p. 86.

repose, en conséquence, sur la nécessité de faire du parquet un garant de l'honneur de l'institution[45]. Le parquet pourrait ainsi protéger la réputation des institutions politiques parfois contre elles-mêmes en faisant primer la protection de l'État qu'elles représentent sur leur agenda politique. Eu égard à la soumission hiérarchique du parquet au garde des Sceaux, la loi fait donc *in fine* de l'exécutif le garant des institutions.

Afin d'éviter tout de même un rapport trop conflictuel entre les pouvoirs, le ministre de la Justice promet que dans le cas où l'Assemblée serait visée par une infraction, avant que l'action publique ne soit lancée, le procureur consultera le président ainsi que le bureau afin d'avoir leur avis[46]. Or, rien de tel n'est prévu par la loi et aucune mention n'est faite de consultations préalables aux poursuites. Ainsi le ministère public est tout à fait libre de déclencher des poursuites sans l'accord préalable des victimes. Parce qu'elles sont une émanation de l'État, le pouvoir de l'Ordre moral s'aménage des outils qui lui permettent d'intervenir de manière décisive dans les procédures concernant l'imprimé délictueux. Il s'assure ainsi de protéger du même coup l'Assemblée et les compétences la magistrature qui lui sont acquises à la fin de l'année 1875.

Pour ce qui est des diffamations ou injures contre tous les dépositaires ou agents de l'autorité publique, la poursuite est en revanche faite soit sur plainte de la partie offensée, soit d'office, soit sur la demande adressée au ministre de la Justice par le ministre dans le département duquel se trouve le fonctionnaire diffamé ou injurié. Contrairement aux cas précédents, les personnes physiques ont un rôle actif dans le déclenchement des poursuites. Leur inaction pourra tout de même être compensée par leur hiérarchie si cette dernière estime qu'il est de l'intérêt de l'administration d'enclencher des poursuites. Il en est de même en cas d'offense contre la personne des souverains ou chefs des gouvernements étrangers, la poursuite aura lieu, soit à la requête des souverains ou chefs des gouvernements étrangers, soit d'office, sur leur demande adressée au ministre des affaires étrangères, et par celui-ci au ministre de la Justice.

Ainsi, il apparaît une association importante de la magistrature aux procédures intéressant la chose publique : du point de vue des poursuites et du jugement. Cette association s'inscrit dans la volonté de créer une réponse efficace et rapide en cas de remise en cause de l'ordre établi.

---

45 *Loc. cit.*
46 *Loc. cit.*

UNE LUTTE ORGANISÉE CONTRE LA PENSÉE SUBVERSIVE

Si la majorité monarchiste consent à conserver la République dans l'attente d'une restauration flamboyante, il est des compromis que les conservateurs se refusent à faire. La république n'est acceptable que dès lors qu'elle est conservatrice et qu'elle n'a pas vocation à s'enraciner dans les esprits. Les imprimés trop enthousiastes à l'égard de l'idée républicaine ou de la remise en cause de l'ordre social sont réprimés.

Enrayer la diffusion des idées républicaines

Quand bien même les droites sont divisées y compris au sein même de la coalition d'Ordre moral[47], il est un combat commun qui crée l'unité sous la présidence de Mac Mahon à travers la lutte dirigée contre la libre pensée, les idées radicales et révolutionnaires, socialistes et internationalistes[48]. Le consensus des droites se fait alors sur trois points : ne pas laisser les républicains reprendre le pouvoir, ne pas laisser établir officiellement la République et ne pas contrarier l'action du clergé[49]. Sous le premier gouvernement de Broglie, de nombreuses mesures symboliques sont prises au soutien de cette entreprise de sape à : la célébration du 14 juillet est interdite, dans le midi de la France les Mariannes et les bustes de la République sont bannis et Albert de Broglie obtient également l'autorisation de l'Assemblée Nationale de poursuivre Arthur Ranc[50]. Au cours de cette phase d'offensive antirépublicaine, les leaders et les soutiens sont harcelés par l'autorité

47 Daniel Halévy, reprenant la thèse de Émile Littré, soutient l'idée selon laquelle à l'intérieur même de la coalition de droite, l'ordre et la morale sont conçus différemment : « Pour le légitimiste, l'ordre, c'est le respect du droit divin, et la morale, c'est ce qu'ordonne l'Église. Pour l'orléaniste, l'ordre a pour source la raison, et sa forme sociale est le parlementarisme. Pour le bonapartisme, la morale compte assez peu : l'ordre vient de César ». Halevy Daniel, *La fin des notables*, *op. cit.*, p. 104.

48 Mayeur Jean-Marie, *Les débuts de la Troisième République*, *op. cit.*, p. 28.

49 Vavasseur-Desperriers Jean, *op. cit.*, § 22.

50 Cet ardent républicain, partisan des idées de Auguste Blanqui, est nommé en octobre 1870 aux fonctions de directeur de la sûreté générale par Gambetta. Dans ses fonctions il fait notamment arrêter le Prince de Joinville (François d'Orléans), ce qui lui vaut la réprobation des monarchistes. Après le départ de Gambetta, il démissionne et devient membre de la Commune. Il s'oppose aux préliminaires de Paix ainsi qu'à la politique des otages. Il devient membre de la Ligue d'union républicaine des droits de Paris puis représentant du Rhône à l'Assemblée nationale, siégeant aux côtés de l'Union Républicaine. Sur une lettre du général de Ladmirault, gouverneur de Paris,

administrative, par la force publique et par le pouvoir judiciaire, tandis que leurs moyens de propagande sont menacés et que leurs lieux de réunions sont placés sous surveillance[51]. Dans ce contexte, et bien que le régime politique de la France soit celui de la République, la presse républicaine fait l'objet d'une attention particulière de l'administration. En ce sens de nombreux imprimés sont interdits de vente sur la voie publique par les préfectures, au motif d'une nécessité impérieuse de maintien de la discipline.

Les considérants de l'interdiction du journal *Le Corsaire* en 1873 sont à ce titre sans équivoque : l'administration invoque des attaques répétées à l'encontre de « l'ordre établi[52] », comme s'il existait une obligation légale de maintenir la société et son organisation en l'état. En réalité ce sont bien les doctrines considérées comme « antisociales » et « révolutionnaires », selon les termes du député Lepère, qui se trouvent interdites en application de la loi sur l'état de siège qui trouve encore à s'appliquer[53]. À ce titre, le député dénonce le recours à un pouvoir « arbitraire légal » dont l'utilisation est détournée à des fins politiques, sans que les besoins militaires du moment ne le nécessitent[54].

On remarque encore en octobre 1873, l'interdiction de vente du journal *Pensiero di Nizza* en raison d'articles qui « en ne laissant aucun doute sur les opinions séparatistes de ce journal, sont capables d'exciter les citoyens à la haine du Gouvernement et à jeter l'inquiétude dans les esprits[55] ». Le 5 juin 1874, le préfet interdit de la même manière *L'Ordre Social* de vente sur la voie publique pour avoir publié des pages ayant eu pour effet de « fomenter le trouble et la désunion dans le pays », en étant « de nature à diviser les citoyens entre eux et à exciter les passions[56] ». Le *Journal de Nice* est lui aussi interdit de vente sur la voie publique, le même jour, en raison d'un texte faisant « ouvertement

l'Assemblée est saisie d'une demande en autorisation de poursuites en juin 1873. Exilé en Belgique, il est condamné par contumace à la peine de mort le 13 octobre 1873.

51 Courrière Henri, « Chapitre VI. L'Ordre moral », in *Le comté de Nice et la France : Histoire politique d'une intégration (1860-1879)*, Rennes, PUR, 2014, p. 251.

52 Vavasseur-Desperriers Jean, *op. cit.*, p. 86; *Bulletin annoté des lois et décrets*, Paris, 1873, p. 551.

53 *Le Rappel*, 12 juin 1873, p. 2.

54 *Loc. cit.*

55 Courrière Henri, *op. cit.*, p. 253-257.

56 *Loc. cit.*

appel à un coup d'État » et ayant « outragé l'Assemblée, qu'il considère comme moralement dissoute[57] ». Enfin, le 9 octobre 1874, *Le Phare du Littoral* est interdit de vente sur la voie publique en raison d'un article dirigeant contre l'administration les « accusations les plus graves et les plus fausses » à propos des élections législatives[58].

Le gouvernement de l'Ordre moral supprime ainsi selon Dominique Kalifa pas moins de 28 journaux républicains, en suspend 20 autres et prononce 173 interdictions de vente sur la voie publique[59]. Cette mécanique implacable pousse les journaux à reparaître sous de nouveaux titres afin de contourner les interdictions. L'Ordre moral réprime les idées progressistes ou radicales, dans la continuité de ce qui avait été entamé dès 1871 par le gouvernement de Thiers. Aussi, les textes qui sont votés ne viennent pas tant innover que renforcer un arsenal répressif préexistant notamment en matière de presse : il applique les textes du Second Empire, continue d'appliquer la loi sur l'état de siège, poursuit la répression des communards. Il complète cet ensemble par quelques textes de combat comme la loi du 23 juillet 1873 qui interdit de mettre en cause la souveraineté de l'Assemblée nationale. En application de cette loi, des journaux sont poursuivis pour avoir nommé le parlement « l'Assemblée de Versailles », en référence à la Commune[60].

Prêts à installer un véritable rapport de force, les républicains se mobilisent contre la répression qui les touche et n'hésitent pas à relever l'asymétrie qui peut exister entre le sort réservé à la presse d'extrême droite et à la presse d'extrême gauche, la tolérance étant beaucoup plus importante pour les premiers[61]. Lepère, protestant à l'Assemblée contre la suppression du journal de gauche *Le Corsaire* mis en cause pour avoir professé des « doctrines antisociales », n'hésite pas à citer des extraits de la presse d'extrême droite afin d'exposer à l'audience le cararctère tout aussi condamnable de certaines de ses pages. Selon l'orateur, à travers un article cette presse réclamait notamment que « les conseils de guerre et les balles des soldats » aillent chercher de préférence aux « subalternes égarés » les « chefs ambitieux[62] ».

---

57 *Loc. cit.*
58 *Loc. cit.*
59 Kalifa Dominique, *op. cit.*, p. 292.
60 Vavasseur-Desperriers Jean, *op. cit.*, § 11.
61 *Ibid.*, § 5.
62 *Journal officiel des débats*, séance du 11 juin 1873, p. 3747.

Une autre feuille, citée par Favre, livre une autre citation éclairante sur les propos souvent subversifs de l'extrême droite. Selon elle, le péril révolutionnaire ne serait pas moins dangereux avec Thiers ou Perier qu'avec Gambetta et appelle donc à « tous les gens de bien [à se former] en ligue pour le combattre[63] ». Malgré la virulence des propos pouvant être invisagés comme une infraction, aucune mesure administrative n'est prise, aucune poursuite judiciaire n'est engagée à son encontre.

Léon Gambetta signale également l'existence d'une dépêche de l'Intérieur aux préfets leur demandant de dresser la liste des journaux conservateurs de leur ressort et d'envisager les moyens afin de leur apporter une aide[64].

Sur le plan de la littérature également la répression judiciaire est active. Ainsi, sur les soixante-quinze poèmes que comprend *La Chanson des gueux* de Jean Richepin paru en 1876, six poèmes sont condamnés[65] en raison de leur portée idéologique. Est ainsi condamné un long passage de *l'Idylle des pauvres*, texte dans lequel l'auteur souligne le dur labeur des travailleurs, qui bien que le printemps arrive et le temps des amours légers avec lui, sont soumis à de rudes conditions de travail. Louis Veuillot signalait aux lecteurs la portée politique et sociale du recueil : « L'auteur a voulu et peut-être cru ne point faire de politique ; mais quelques-unes de ses chansons renferment des notes très sonores des couches nouvelles[66] ». Or, ce sont bien ces couches nouvelles, prolétaires et mises en avant par le roman qui inquiètent les partisans de l'Ordre moral et valent à l'auteur 500 francs d'amende et un mois de prison à Sainte Pélagie[67].

Dans la même perspective, Léon Cladel, auteur républicain et socialiste est poursuivi pour outrage aux bonnes mœurs pour sa nouvelle intitulée « Maudite », parue dans *l'Évènement* le 1er avril 1876. Le jugement est sans

63 Vavasseur-Desperriers Jean, *op. cit.*, § 5.

64 *JORF*, 11 juin 1873, p. 3747.

65 Manin Lise, « Enquête sur les corps dénudés au XIXe siècle. Les insuffisances du scandale », *Hypothèses*, vol. 16, no 1, 2013, p. 184-185.

66 *L'Univers* du 23 mai 1876, cité par Sapiro Gisèle, *La Responsabilité de l'écrivain*, *op. cit.*, p. 394.

67 Il revient longuement sur cette condamnation et sur le rôle du critique, auteur d'une « dénonciation », dans ses ennuis judiciaires dans sa préface à l'édition de 1881 ; Richepin Jean, *La chanson des gueux. Édition définitive revue et augmentée d'un grand nombre de poèmes nouveaux, d'une préface inédite et d'un glossaire argotique*, 1881, Maurice Dreyfous, Paris, p. I-XXV.

équivoque sur les raisons qui poussent à la condamnation de l'agent, un « appel à la licence et aux mauvaises mœurs par le tableau cynique de faits imaginaires dont l'immoralité n'est et ne peut être contestable[68] ». Si la morale est portée en étendard, un regard au contenu du récit expose les raisons plus politiques qui ont pu amener à la condamnation. En effet, le récit s'articule autour d'une prostituée dont le mari est déporté pour avoir participé à la Commune de Paris. Ce texte, plaidoyer en faveur de l'amnistie des communards, mobilise le mythe romantique de la courtisane au service d'un discours critique vis-à-vis de la politique de la République qui ne consent toujours pas à l'amnistie de ceux qu'elle a envoyés au bagne. Comme l'indique Lise Manin, l'on peut émettre l'hypothèse que ce message de fond l'ait emporté sur les descriptions crues des scènes de sexe[69].

À travers ces poursuites, un parallèle peut être réalisé avec la répression de la littérature sous le Second Empire, où les considérations littéraires laissent place à des enjeux politiques[70]. Les auteurs licencieux sont tenus pour des opposants à la fois esthétiques et politiques, les deux marchant de pair : républicains sous l'Empire, socialistes sous la République[71]. Il existe ainsi une forme de corrélation entre idées politiques des auteurs et poursuites judiciaires. Dans ce cas, les tribunaux s'intéressent davantage à la moralité de l'auteur et à son orientation idéologique qu'au contenu même des imprimés.

Malgré l'attention accrue des pouvoirs publics sur leurs productions imprimées, les rangs républicains ne s'avouent pas vaincus et souhaitent entretenir leurs idéaux politiques ainsi que leurs réseaux de sociabilité afin de concevoir la République de demain. Ils se retrouvent dans les villes et plus précisément dans les « cafés-cercles » selon l'expression de Maurice Agulhon[72]. D'abord de simples lieux de rencontres où l'on joue, fume, et boit entre hommes, ces cafés deviennent peu à peu des lieux de politique ce qui leur vaut une surveillance policière vigilante[73].

68 Cité par Leclerc Yvan, *Crimes écrits, op. cit.*, p. 381-382.

69 Manin Lise, *op. cit.*, p. 185-186.

70 *V.* Wolf Nelly, « Le roman comme démocratie », *Revue d'histoire littéraire de la France*, n° 105, 2005, p. 343-352.

71 Leclerc Yvan, *op. cit.*, p. 59.

72 Agulhon Maurice, *Le cercle dans la France bourgeoise 1810-1848*, Paris, Armand Colin, 1977, p. 57.

73 Grévy Jérôme, « Les cafés républicains de Paris au début de la Troisième République. Étude de sociabilité politique », *Revue d'histoire moderne & contemporaine*, vol. 50-2, n° 2, 2003, p. 54.

Selon les mots de Jérôme Grévy, « pour les partisans de l'Ordre Moral, inspirés par une littérature romanesque et médicale, les cafés étaient le lieu du mal, alcoolisme et républicanisme constituaient deux manifestations d'un même fléau[74] ». La république est ainsi associée à une tare, coupable d'entraîner la décadence et la vulgarité[75]. Malgré le dénigrement et la surveillance de l'État, de cafés en cafés, les élites de la sphère républicaine, des parlementaires influents et des journalistes continuent de se rencontrer au sein de la capitale ce qui créé un terreau fertile pour la diffusion des idées républicaines et ne sont pas les seuls à subir la répression de l'Ordre moral. Surtout, la pression qui pèse sur la presse républicaine sous l'Ordre moral, depuis le début du XIXe siècle plus encore, crée une expérience qui s'avère être décisive. Parce qu'elle soumet la presse républicaine à des mesures répressives importantes et la pousse souvent à des pratiques d'autocensure, se crée une relation solide entre cette dernière, la gauche et la liberté ainsi qu'une solide culture journalistique et politique[76]. Les républicains se nourrissent de cette maltraitance pour mûrir leurs projets à venir, particulièrement en matière de liberté d'expression[77]. De cette expérience contrariée de la presse germe l'idée de la loi libérale de 1881.

Éradiquer le mouvement socialiste

La seconde moitié du XIXe siècle voit apparaître une convergence des aspirations ouvrières au sein d'une association à dimension internationale. L'Association internationale des travailleurs (AIT) voit le jour à Londres le 28 septembre 1864 devant une assemblée de deux mille travailleuses et travailleurs. Son objectif est, initialement, d'ouvrir un lieu de débat afin d'envisager les principaux problèmes des travailleurs à l'échelle internationale et de promouvoir des valeurs éthiques telles que la fraternité ou la paix[78]. Composée de membres issus de différents

74 *Loc. cit.*

75 *V.* Dumoulin Olivier, « Les historiens de droite », in Sirinelli Jean-François, Vigne Éric dir., *Histoire des droites en France*, Paris, Grasset, 1992, 592 p.

76 Kalifa Dominique, *op. cit.*, p. 293-294.

77 Ce qui ne les empêche pas, eux-mêmes, d'avoir recours à des outils répressifs dès lors que le besoin politique s'en fait sentir. *V.* Machelon Jean-Pierre, *La République contre les libertés ?*, Paris, Presses de la Fondation nationale des sciences politiques, 1976, 461 p.

78 Musto Marcello, « La Première Internationale et son histoire », *La Pensée*, vol. 380, n° 4, 2014, p. 129.

pays, elle illustre la mondialisation du travail mais aussi une certaine « mondialisation politique "par le bas", qui s'est faite malgré, voire contre, les États, les élites sociales et culturelles, les classes dirigeantes et les lettrés » selon Fabrice Bensimon[79].

En effet, la dynamique de l'AIT prend ses racines dans les bouleversements économiques et sociaux qu'a connu le monde des travailleurs du XIXe siècle. Les différentes vagues d'exil politique, de migrations économiques vers les Amériques et les déplacements des ouvriers au sein même du continent européen dans la première moitié du XIXe siècle créent un contexte qui favorise les échanges entre les différentes nationalités[80]. Les travailleurs quittent leurs pays, s'implantent au sein de nouveaux territoires mais gardent des liens avec leurs terres natales ce qui facilite l'émergence de luttes communes. Cette coopération transnationale est favorisée dans le même temps, par le développement de diverses pensées favorables à une fraternité internationale[81] : aussi variés que soient ces différents courants d'idées[82], tous se fédèrent autour d'un projet commun grâce notamment à l'action de Karl Marx qui souhaite créer « une association de masse qui se veut non sectaire », tout en optant pour une approche de classe[83].

Très vite, cette association prend de l'ampleur comme son activité et la « solidarité de classe » devient « un idéal partagé » créant un sentiment d'horreur chez de nombreux gouvernements à « l'idée que les ouvriers revendiquent eux aussi un rôle actif dans l'histoire[84] ». Cette crainte qui naît chez les gouvernants tient notamment dans l'évolution

---

79 Bensimon Fabrice, « L'Internationale des travailleurs », *Romantisme*, vol. 163, n° 1, 2014, p. 53.

80 *Ibid.*, p. 54.

81 *Ibid.*, p. 56. L'on songe ainsi aux écrits du Comte de Saint-Simon ou à ceux de Charles Fourier. Lire à ce sujet Desmars Bernard, *Militants de l'utopie ? : Les fouriéristes dans la seconde moitié du XIXe siècle*, Dijon, Les presses du réel, 2010, 432 p. V. également Lamarche Étienne, *Les usages du droit dans les communautés utopiques aux États-Unis (1843-1878)*, thèse, Histoire du droit, Université de Nanterre, 2022, 898 p. Le socialisme, le chartisme et le communisme s'emploient également à promouvoir l'internationalisme. La conjonction de ces différentes doctrines et le dynamisme des syndicalismes nationaux mènent ainsi à la création d'une Association Internationale des Travailleurs qui s'ouvre sur le monde et qui laisse place aux débats entre des membres aux origines diverses et aux avis multiples

82 En effet, l'AIT regroupe différents courants de pensée plus ou moins radicaux, plus ou moins opposés au capitalisme : réformistes, mutuellistes, communistes, ou utopistes.

83 Musto Marcello, *op. cit.*, p. 130.

84 *Loc. cit.*

des actions menées par les travailleurs afin d'améliorer leurs conditions de vie. La fin des années 1860 voit se déclencher de nombreuses grèves partout en Europe afin de dénoncer les dures conditions de travail imposées aux ouvriers[85]. Si, au départ, ces mouvements n'ont pas de lien direct avec l'AIT, peu à peu leur organisation mène les leaders à la rencontrer afin d'obtenir du support matériel, logistique et financier[86]. De nombreux grévistes, convaincus par l'entreprise, demandent alors leur adhésion à la Première Internationale qui ne cesse de gagner en importance. L'organisation est très active à travers des journaux, des réseaux de correspondants, des traductions[87]. En France cette association est fructueuse puisque les victoires sociales se multiplient en 1867 : grève des bronziers de Paris, grève des travailleurs du fer de Marchiennes, grève des ouvriers du bassin minier de Provence. En 1868, dans les dernières années du Second Empire, de nombreux procès sont engagés à l'encontre des membres de l'AIT mais cette répression n'empêche pas sa progression. Lorsque la Commune éclate en 1870-1871, l'on estime le nombre d'adhérents à près de 40 000 individus[88].

Assimilée à la violence de la Commune, pour les capitalistes et la classe bourgeoise, l'AIT est synonyme « de menace pour l'ordre établi[89] ». Son internationalisme, dans un contexte de guerre contre la Prusse, laisse planer des doutes quant à une potentielle intelligence avec l'ennemi.

Sur la proposition de Thiers, une loi en date du 14 mars 1872 rend délictueuse l'AIT. Lors des débats de la loi, certains députés tel que Depeyre, n'hésitent pas à clairement établir un lien entre la Commune et l'organisation : si la Commune a été combattue par le gouvernement, il doit alors en être de même pour l'AIT qui en constitue un prolongement. Au-delà de ces liens avec le passé récent et encore traumatique de la Commune, les débats mettent en exergue les reproches idéologiques qui sont faits à la première internationale. Le député Depeyre

85 *V.* Léonard Mathieu, *L'émancipation des travailleurs, une histoire de la Première Internationale*, Paris, La Fabrique, 2011, p. 85.

86 Musto Marcello, *op. cit.*, p. 140.

87 Bensimon Fabrice, *op. cit.*, p. 53.

88 Musto Marcello, *op. cit.*, p. 135. Les positions vis-à-vis de l'insurrection populaire française sont diverses. Si certains comme Karl Marx lui apportent leur soutien, d'autres sont beaucoup plus interdits. Par une conjonction de facteurs extérieurs et de luttes intestines entre partisans de Marx et de Bakounine, l'association se scinde entre « centralistes » et « autonomistes » qui tiennent alors leurs congrès de manière séparée ; *loc. cit.*

89 *Loc. cit.*

explique par exemple à la tribune que croire que la richesse générale ne profite qu'à une partie seulement de la société est une absurdité, et que même si de la pauvreté demeurerait « il y en aura toujours parmi nous, comme l'a dit une parole divine[90] ». Le député profite de sa prise de parole pour rappeler, selon lui, la tradition monarchique du pays et le danger de laisser perdurer la République « impuissante à empêcher les désordres antisociaux[91] ».

On le comprend, derrière le combat contre l'organisation se cachent en réalité des enjeux beaucoup plus globaux quant à l'avenir du régime politique de la France. Combattre l'international, c'est combattre les idées progressistes et l'extrême-gauche. La lutte contre l'AIT s'inscrit aussi dans un mouvement nationaliste. À la suite de la guerre contre la Prusse, et alors que le territoire français est encore occupé dans certaines zones, la participation à une société internationale est considérée comme suspecte et contraire au patriotisme. Des voix s'élèvent à la gauche de l'Assemblée contre cette opinion, à travers Jules Favre notamment mais sans incidence sur le vote de la loi.

L'article 1er de la loi dispose que « Toute association internationale qui, sous quelque dénomination que ce soit et notamment sous celle d'association internationale des travailleurs, aura pour but de provoquer à la suspension du travail, à l'abolition du droit de propriété, de la famille, de la patrie ou des cultes reconnus par l'État, constituera, par le seul fait de son existence et de ses ramifications sur le territoire français, un attentat contre la paix publique[92] ». Visée nommément, l'AIT est perçue comme une menace à la fois pour les valeurs conservatrices du pays et pour son économie.

L'article 2 de la loi dispose à son tour que « Tout Français qui, après la promulgation de la présente loi, s'affiliera ou fera acte d'affilié à l'association internationale des travailleurs ou à toute autre association professant les mêmes doctrines et ayant le même but, sera puni d'un emprisonnement de trois mois à deux ans et d'une amende de 50 à 1 000 francs. Il pourra en outre être privé de tous ses droits civiques, civils et de familles, énumérés en l'article 42 du Code pénal pendant cinq ans au moins et dix ans au plus[93] ». Les peines sont lourdes et surtout

90 *Journal des débats politiques et littéraires*, 8 mars 1872, p. 1.

91 *Loc. cit.*

92 *JORF*, 14 mars 1872, p. 1814.

93 *Loc. cit.*

symboliques. Au-delà de l'emprisonnement et de l'amende, l'individu peut se trouver touché dans tous les aspects de sa vie sociale : tant sur le plan de sa vie privée qu'en tant que citoyen. Il s'agit de mettre les membres affiliés à l'AIT, ou à d'autres organisations de travailleurs, au ban de la société, de les écarter des affaires publiques. Le gouvernement conservateur craint l'émancipation des classes ouvrières et les conséquences que celle-ci pourrait avoir sur le suffrage universel. Selon une approche marxiste, ce que craint le gouvernement c'est une évolution de la conscience de classe des milieux populaires : d'une « classe en soi » à une « classe pour soi ». Dans cette perspective, l'association qui constitue un lieu de sociabilité propice aux rapprochements des luttes individuelles.

La loi va encore plus loin dans la pénalisation de l'AIT puisqu'elle va viser également les imprimés en lien avec elle en raison de son rôle important dans cette prise de conscience de l'existence d'intérêts communs, l'imprimé est visé par la loi. Ainsi, l'article 3 dispose que « La peine de l'emprisonnement pourra être élevée à cinq ans, et celle de l'amende à 2 000 francs, à l'égard de tous Français ou étrangers qui auront accepté une fonction dans une de ces associations ou qui auront sciemment concouru à son développement, soit en recevant ou en provoquant à son profit des souscriptions, soit en lui procurant des adhésions collectives ou individuelles, soit enfin en propageant ses doctrines, ses statuts ou ses circulaires. Ils pourront, en outre, être renvoyés par les tribunaux correctionnels, à partir de l'expiration de la peine, sous la surveillance de haute police pour cinq ans au moins et dix ans au plus[94] ». La propagande est ainsi clairement visée par le texte pénal. En effet, dès le mois de décembre 1871, l'Internationale se voyait reprocher par la commission en charge de rechercher les causes de l'insurrection communarde de service de relais aux idées socialistes[95]. Afin de mettre un terme à la circulation de ces idées progressistes, la répression de l'infraction est confiée au seul juge correctionnel selon l'alinéa trois du même texte. Cette répartition des compétences préfigure, dès 1872, la vague de correctionnalisation des infractions politiques de 1875.

La chambre criminelle de la Cour de cassation, sous la présidence de Faustin Hélie, dans plusieurs arrêts des 23 août, 6 décembre 1872 et

94 *Loc. cit.*
95 *JORF*, 14 mars 1872, p. 1818.

27 février 1873 confirme d'ailleurs cette compétence en indiquant que le concours donné au développement de l'association internationale par « la propagation de ses statuts et de ses doctrines et de la compétence de la juridiction correctionnelle, et non de la cour d'assises, même dans le cas où la propagation incriminée s'est faite par la voie de la presse, et où, par exemple, elle résulte de la reproduction dans un journal d'un procès-verbal d'une séance de l'association ou d'une circulaire adressée à ses membres[96] ».

La jurisprudence qui découle de l'application de la loi du 14 mars 1872 est particulièrement fournie et tend à assouplir la portée répressive du texte. Plusieurs arrêts de la Cour de cassation, insistent sur la nécessité d'une intention coupable afin que l'infraction prévue par l'article 3 soit consommée. Ainsi, « la publication dans un journal de documents exposant les doctrines de l'Association internationale des travailleurs ne tombe sous l'application de l'article 3 de la loi du 14 mars 1872 qu'autant qu'elle a été faite dans un esprit de propagande ; il ne suffit pas qu'elle ait eu lieu avec connaissance de l'origine de ces documents » (Cass. crim, 16 mai 1873)[97]. Dans le même sens, « l'absence d'intention coupable, loin d'être un simple motif d'atténuation, enlève au fait de publication desdits documents tout caractère délictueux » (Cass. crim, 16 mai 1873).

Par un arrêt de la chambre criminelle en date du 21 juin 1873, la Cour de cassation est venue préciser la nature de cet élément moral de l'infraction, conçu comme essentiel dans la constitution de l'infraction. Cet arrêt rappelle que l'infraction pour être constituée « implique nécessairement une intention mauvaise et coupable : celle de concourir au développement de la société, de recruter des adhérents, de propager et d'étendre ses doctrines[98] ». Aussi, la Cour ajoute qu'il « ne faut pas confondre avec cet agent de propagande celui qui, tout en reproduisant les mêmes documents, les publie pour les combattre et en faire comprendre les dangers[99] ». La citation à fin d'explication perd son caractère délictueux, témoignant d'une conception extrêmement restrictive de l'intention coupable conçue comme « un concours conscient

96 *D.P*, Partie V, 1873, p. 166.
97 *Ibid.*, p. 217.
98 *Ibid.*, p. 270.
99 *Loc. cit.*

et coupable[100] ». La Cour ajoute que dans ce cadre, « les cours d'appel sont souveraines pour apprécier l'intention du journaliste et selon son intention bonne ou mauvaise de le condamner ou de l'acquitter[101] ».

Ainsi, à travers le vote d'une loi spéciale, la majorité conservatrice vient rendre illégale toute forme d'expression d'adhésion aux idées de l'AIT : que cela soit à travers une participation active à l'association ou par la publication de papiers en sa faveur. Tous les mouvements ouvriers qui visent à porter les revendications des travailleurs sont réduits au silence : les associations sont interdites, puis les syndicats et dans le même temps en 1872, 1873 et 1874 le taux de répression judiciaire des grèves est le plus fort du demi-siècle[102]. En 1873, ce sont ainsi 14 affaires relatives à l'application de la loi du 14 avril 1872 qui sont jugées : 23 prévenus sont acquittés, 51 sont condamnés à l'emprisonnement et 37 sont interdits de droits civiques et civils[103].

L'on remarquera que pour les années suivantes (1874, 1875, 1876, 1877) aucune mention, aucun retour sur l'application de la loi contre l'AIT n'est réalisé au sein des *Compte général de l'administration de la justice criminelle*. Cette absence qui perdure dans le temps, illustre la portée symbolique du vote de la loi en 1872 comme coup porté aux idées radicales à la suite de la Commune mais aussi le lent déclin de l'association au cours de la décénnie 1870 en proie aux résurgences nationalistes[104].

ÉPURER L'ESPACE PUBLIC DE LA DIFFAMATION

La protection des institutions étatiques se double, sous l'Ordre moral, d'une protection accrue des citoyens contre les propos diffamants. À ce titre, l'infraction de diffamation permet avec l'aide du juge correctionnel de garantir l'honneur des individus, valeur refuge au sein de la République conservatrice. Appliquée aux serviteurs de l'État et à leur vie

100 *Loc. cit.*
101 *Loc. cit.*
102 Mayeur Jean-Marie, *Les débuts de la Troisième République*, *op. cit.*, p. 53.
103 *Compte général de l'administration de la justice criminelle en France*, 1873, p. 113.
104 *V.* Cordillot Michel, « Essor et déclin de l'Association internationale des Travailleurs : quelques éléments de réflexion », *Cahiers Jaurès*, vol. 215-216, nº 1-2, 2015, p. 5-18.

publique, l'infraction de diffamation revêt une autre utilité. À travers ce contentieux, il n'est plus question de s'intéresser seulement à l'individu mais à l'État. Le choix est fait de les protéger selon des modalités spécifiques en raison de leur rôle clé dans la démocratie mais aussi dans une volonté de réaffirmation de la puissance étatique. La procédure, particulière, est alors confiée au juge correctionnel.

L'AFFIRMATION D'UN ÉTAT PROTECTEUR DE L'HONNEUR DES CITOYENS

Dans un régime républicain à l'orientation résolument conservatrice, l'honneur apparaît comme une valeur cardinale à défendre dans l'intérêt des citoyens et du régime en témoignant d'un attachement du législateur à la protection des intérêts particuliers mais également de l'intérêt général en participant de la sauvegarde d'un espace public expurgé de propos diffamants. Dans cette entreprise, le juge correctionnel se voit confier une compétence exclusive afin de qualifier l'infraction de diffamation.

Le juge correctionnel seul gardien de l'honneur des particuliers

L'infraction de diffamation à l'encontre des particuliers représente une partie importante du contentieux du droit de la presse devant les tribunaux correctionnels au cours de la période de l'Ordre moral. Aussi, l'on remarque que le nombre d'affaires pour diffamation est stable. L'on compte ainsi devant les tribunaux correctionnels de métropole pour les infractions de diffamation et d'injure : 3223 affaires en 1873, 3054 en 1874, 2888 en 1875, 3044 en 1876 et 3280 en 1877[105]. Ces chiffres sont d'ailleurs assez proches de l'activité des tribunaux sous l'Empire puisqu'en 1869, 3850 affaires étaient relevées[106]. Dans la pratique donc, l'infraction ne fait pas l'objet d'une augmentation significative sur la période de l'Ordre moral.

Cependant, en raison de sa forte présence au sein du contentieux des infractions de presse, cette infraction est largement abordée au sein des revues juridiques. L'entrée « Presse-outrage » du recueil Dalloz en

105 *Comptes généraux de l'administration de la justice criminelle*, 1878, p. XIV.
106 *Comptes généraux de l'administration de la justice criminelle*, 1872, p. XIII.

1874 contient 74 références jurisprudentielles dont 17 ont trait à la diffamation, soit environ 23 % du total[107]. En 1875, l'entrée « Presse-outrage » contient 85 références, dont 38 sont en lien avec l'infraction de diffamation ce qui représente ainsi près de 45 % du total[108]. Ces chiffres nous renseignent sur le choix éditorial du recueil de mettre en avant autant de jurisprudences en la matière répond à la demande du monde juridique quant à des précisions sur cette infraction dont les enjeux dépassent la seule technique juridique.

En effet, par cette infraction transparaît l'intérêt que l'État porte au citoyen en tant qu'individu au sein de la société et à la défense de leur personne contre des attaques qui peuvent leur être faites à travers l'imprimé. Le citoyen n'est alors pas envisagé sous le seul prisme de son rôle politique dans la cité, mais comme un individu doté d'attributs qui lui sont propres et de droits subjectifs qu'il convient de défendre à travers la notion d'honneur. L'honneur et la protection qui lui est accordée illustrent le développement d'une société libérale et individualiste[109].

L'infraction de diffamation a depuis le XVIIIe siècle fait l'objet de nombreuses réformes relatives à ses éléments constitutifs[110] avant d'être stabilisée par les lois de Serre. La diffamation consiste ainsi, selon l'article 13 de la loi du 17 mai 1819, en « l'allégation ou l'imputation d'un fait qui porte atteinte à l'honneur ou à la réputation de la personne ou du corps auquel le fait est imputé ».

---

107 *D.P*, Partie V, 1874, p. 8.

108 *D.P*, Partie V, 1875, p. 16.

109 *V.* à ce sujet l'article de Citton Yves, Loty Laurent, « Penser ensemble les rapports entre individus et communautés à l'époque des Lumières », *Dix-huitième siècle*, vol. 41, n° 1, 2009, p. 4-26.

110 L'infraction de diffamation est une création des Lois de Serre de 1819. Auparavant, le droit applicable faisait référence à un autre vocabulaire, en raison notamment de la disparition répétée de la liberté de la presse. La Constitution de 1791 faisait ainsi référence aux calomnies et injures tout comme le Code des délits et des peines de brumaire an IV en son article 605. Le code pénal de 1810 ne vise que le délit de calomnie et plus encore précisément les imputations adressées publiquement à quelconque « des faits qui, s'ils existaient, exposeraient celui contre lequel ils sont articulés à des poursuites criminelles ou correctionnelles, ou même l'exposeraient seulement au mépris ou à la haine des citoyens ». Le droit applicable en 1819 était ainsi lacunaire et laissait de nombreux propos impunis ce qui nécessitait à nouveau l'intervention du législateur afin de protéger les individus contre l'ensemble des propos diffamants ; Halperin Jean-Louis, « Diffamation, vie publique et vie privée en France de 1789 à 1944 », *Droit et cultures*, n° 65, 2013, p. 145.

En ce qui concerne la juridiction compétente, les modifications se poursuivent tout au long du XIXe siècle, chaque changement de régime emportant avec lui un changement juridictionnel. Au lendemain de la Révolution la Constitution de 1791, sur proposition de Thouret, dispose que « Nul ne peut être jugé, soit par la voie civile, soit par la voie criminelle, pour fait d'écrits imprimés ou publiés, sans qu'il ait été reconnu et déclaré par un juré ». Mais en 1822, la compétence de la cour d'assises est supprimée pour être rétablie en 1830. Pendant tout le Second Empire, à travers les décrets des 31 décembre 1851 et 5 janvier 1852, la compétence échoue à nouveau aux tribunaux correctionnels.

À l'aube de la Troisième République, le gouvernement de la Défense nationale par le décret du 27 octobre 1870, écarte le jury populaire de la connaissance de cette infraction. La loi du 15 avril 1871 reprend la même logique et dispose à travers son deuxième article, pris en son deuxième alinéa, que les tribunaux correctionnels continueront de connaître des délits de diffamation concernant les particuliers.

Le député de Broglie, rapporteur de la loi, débutait ses propos en 1871 en énonçant que « de tout temps les plus sages amis de la liberté politiques » ont considéré « le jury comme la seule juridiction qui soit appropriée à la connaissance du délit de presse[111] ». Néanmoins, il estime qu'il est tout de même une exception à ce principe lorsque l'infraction est commise à l'encontre des particuliers. Dans ce cas, l'intérêt social n'exige pas que le public soit appelé à connaître les torts ou les scandales qui n'atteignent que la vie privée : en ce sens la diffamation est un fait qui ne semble pas appeler l'épreuve toujours solennelle d'un débat devant la cour d'assises[112]. Seul le juge doit être à même de vérifier si les éléments constitutifs de l'infraction sont réunis. Il n'est pas nécessaire de faire intervenir des citoyens à travers une juridiction qui donnerait à l'instance une plus grande publicité.

En effet, les sessions d'assises sont fortement médiatisées, couvertes par la presse, qu'elle soit spécialisée ou généraliste, et suivies par un nombre important de lecteurs. Les audiences des tribunaux correctionnels sont davantage confidentielles et offrent, *a priori*, davantage

111 *Journal du Palais, Lois décrets, règlements et instructions d'intérêt général suivi d'annotations*, Bureaux de l'administration, 1871, p. 60.

112 *Ibid.* p. 62.

de discrétion sur des sujets qui n'ont pas vocation à être débattus au sein de l'espace public. De plus, l'intervention du jury populaire ne semble pas nécessaire en ce que l'infraction de diffamation ne revêt pas le caractère d'un délit d'opinion. Un détournement idéologique de l'infraction par la magistrature semble ainsi difficile à concevoir car les faits diffamants touchent à des intérêts privés étrangers à l'intérêt général et à l'État[113]. D'autant plus que la mainmise du juge à la fois sur la déclaration de culpabilité et sur le choix de la peine, n'est pas synonyme d'une liberté extrême dans l'application du droit. Comme l'indique postérieurement l'arrêt de la chambre criminelle de la Cour de cassation en date du 20 décembre 1873, pour déclarer la culpabilité du prévenu le juge doit seulement vérifier que deux conditions sont remplies : l'allégation ou l'imputation d'un fait qui porte atteinte à l'honneur ou à la considération et la publicité donnée à cette imputation selon les moyens énoncés par la loi[114]. Dans son rapport de 1871, le député de Broglie résume ainsi le rôle qui est assigné au juge au sein de la procédure pour diffamation à l'encontre d'un particulier : celui de procéder à une constatation très facile[115]. Si le juge est compétent, c'est parce qu'il est synonyme, dans l'esprit du législateur, de célérité et de discrétion. Dans le cas de la diffamation, la promptitude de la répression importe plus que son éclat[116]. Le juge, en raison de la nature de l'infraction qui lui est soumise, ne peut être perçu comme une menace politique car cette dernière ne lui en offre pas la possibilité. Son office ne saurait être une arme qu'il puisse retourner contre le régime républicain. Simple bouche de la loi, selon l'expression empruntée à Montesquieu, le juge correctionnel se présente pour les députés de tous bords, comme le protecteur efficace et discipliné de l'honneur et de la considération des individus.

Le 29 décembre 1875, une nouvelle loi relative à la diffamation est votée. Cette dernière se contente de reprendre ce qui avait déjà été établi par la loi du 15 avril 1871 en ce qui concerne les faits qui n'intéressent pas l'État et la chose publique, sans que cette attribution ne soit réellement remise en cause. La diffamation relève ainsi de la seule appréciation du

113 *Loc. cit.*

114 *Bulletin des arrêts de la Cour de cassation rendus en matière criminelle*, 20 décembre 1873, p. 590.

115 *JORF*, 25 avril 1871, troisième numéro, annexe n° 120, p. 751.

116 *Loc. cit.*

tribunal correctionnel et de son juge[117]. Le rapporteur de la loi rappelle à ce titre comment le garde des Sceaux de 1871 plaça le projet de loi sous « les auspices du législateur de 1819 » et qu'il se « glorifi[a] d'en rapporter son œuvre[118] ». Le législateur de l'Ordre moral décide de se conformer à la position adoptée sous la Restauration. Cette décision est symbolique quand on connaît le désir de nombreux parlementaires de rétablir à nouveau la monarchie.

Si les institutions politiques sont aussi concernées par le sujet de la diffamation, par le vote de plusieurs textes en cinq ans, ceci s'explique par le fait que les concepts d'honneur et de considération sont très présents au sein de la société du XIXe siècle. C'est le cas notamment en matière normative et institutionnelle. Le code civil dans sa version de 1804 dispose par exemple à travers son article 371 que « l'enfant, à tout âge, doit honneur et respect à ses père et mère ». La création de la Légion d'honneur par Napoléon Bonaparte en 1802 participe à ce processus[119]. L'honneur est en bonne place parmi les valeurs fondatrices de l'armée, fortement exaltées à la suite de la défaite de la France contre la Prusse[120]. C'est un principe de dépassement qui commande à l'individu de renoncer à lui pour se donner tout entier aux valeurs qu'il a adoptées et plus largement à sa patrie[121]. En effet, l'honneur est un moyen d'assurer la cohésion d'un groupe par la promotion d'un idéal commun[122]. Ceci est d'autant plus important dans une société marquée par un ensemble de phénomènes économiques et sociaux qui ébranlent l'ordre social qui devient alors un enjeu de lutte : apparition de la société capitaliste de classes caractérisée par des appartenances ainsi que par des manifestations de conscience de

117 Le député de la Sarthe, Alphonse Haentjens, propose d'y ajouter les délits résultant d'articles ayant pour but de porter atteinte à la discipline de l'armée, mais cette proposition ne fut pas retenue ; *JORF*, 16 avril 1871, p. 611.

118 *JORF*, 29 décembre 1875, p. 10872.

119 *V.* Georgelin Jean-Louis, « L'honneur de la Légion d'honneur », *Inflexions*, vol. 27, n° 3, 2014, p. 99-102.

120 Drevillon Hervé, « Qu'est-ce que l'honneur ? », *Inflexions*, vol. 27, n° 3, 2014, p. 19.

121 *Loc. cit.*

122 Nombreux sont les ouvrages à mettre alors en relation l'honneur et la question militaire, quitte à assimiler en un seul ouvrage tous les ennemis supposés de la France. *V.* à ce propos La Codre de Beaudreuil Joseph Michel de, *L'honneur, les rois et les peuples avec l'application du principe à la situation actuelle de la France vis-à-vis de l'Alsace, la Prusse, l'internationale*, Paris, E. Dentu éditeur, 1872, 28 p.

classes[123]. La mobilité sociale augmente ce qui crée un sentiment d'instabilité pour les individus[124] et plus encore pour les conservateurs et les classes dominantes. L'on se trouve dans une société plus fluide, où la crainte de chute dans l'échelle sociale touche une large part des classes moyennes, où les conflits de légitimité et le danger d'humiliation sont toujours présents[125].

Face à toutes ces évolutions, l'honneur peut se présenter comme une valeur refuge, un repère stable dans un contexte de bouleversements politiques, culturels, et sociaux. Il l'est peut-être encore davantage pour les classes dominantes en tant que composante de leur capital symbolique et comme élément de distinction sociale. En ce sens, l'honneur permet de protéger la perception, les schèmes classificatoires et cognitifs que les individus ont les uns des autres[126]. La sauvegarde de l'honneur permet de confirmer leur domination sociale, leur position distincte par rapport au reste de la société par l'affirmation de choix moraux et esthétiques propres[127]. La rémanence de la valeur de l'honneur témoigne d'une manifestation en faveur de l'individualisme, dans le sens de la création d'une nouvelle aristocratie composée de nobles[128] mais aussi de bourgeois désireux d'affirmer leur nouveau rang au sein de la société[129].

Ainsi, le droit devient au XIXe siècle une arme efficace, pacifiée, qui vient se substituer à la pratique ancienne du duel contre laquelle le

123 Welskopp Thomas, « L'histoire sociale du XIXe siècle : tendances et perspectives », *Le Mouvement Social*, vol. n° 200, n° 3, 2002, p. 154.

124 Corbin Alain, *L'invention du XIXe siècle. Le XIXe siècle par lui-même (littérature, histoire, société)*, Paris, Presses de la Sorbonne nouvelle, 1999, p. 155.

125 Guillet François, « La tyrannie de l'honneur. Les usages du duel dans la France du premier XIXe siècle », *Revue historique*, n° 640, 2006/4, p. 891.

126 Bourdieu Pierre, *Raisons pratiques*, Paris, Seuil, 1994, p. 161.

127 Bourdieu Pierre, *La Distinction. Critique sociale du jugement*, Paris, Minuit, 1979, p. 252-253.

128 *V.* Daumard Adeline, « Noblesse et aristocratie en France au XIXe siècle », in *Les noblesses européennes au XIXe siècle. Actes du colloque de Rome, 21-23 novembre 1985*, Rome, École française de Rome et Milan, Université de Milan, 1988, p. 81-104.

129 Guillet François, « L'honneur en partage. Le duel et les classes bourgeoises en France au XIXe siècle », *Revue d'Histoire du XIXe siècle*, n° 34, 2007, p. 57 ; Frevert Ute, *Ehrenmänner : das Duell in der Bürgerlichen Gesellschaft*, Munich, C. H. Beck, 1991, 376 p. *V.* du même auteur dans une perspective comparatiste Frevert Ute, « Mœurs bourgeoises et sens de l'honneur. L'évolution du duel en Angleterre et en Allemagne », in Kocka Jurgën dir., *Les bourgeoisies européennes au XIXe siècle*, Paris, Belin, 1996, p. 203-243.

pouvoir s'attaque à lutter, « épave de la féodalité pieusement recueillie par [la] démocratie[130] ».

La notion d'honneur se retrouve volontiers dans la doctrine. Dans son discours préliminaire au premier projet de Code civil, Étienne Portalis écrivait que « partout où les citoyens ont des biens à conserver et à défendre ; partout où ils ont des droits politiques et civils ; partout où l'honneur est compté pour quelque chose, il faut nécessairement un certain nombre de lois pour faire face à tout[131] ».

En matière de presse, le terme d'honneur a longtemps été absent des textes de loi[132]. Ce vocabulaire apparaît lors des débats de 1819 à propos du vote d'une nouvelle loi pour que cette notion ainsi que celle de considération soient insérées dans la loi. Le rapporteur de la commission en charge de l'examen du projet de loi, fait remarquer à ce titre devant la chambre des députés, que les termes d'honneur et de considération ne sont pas synonymes et qu'ils renvoient à deux notions bien distinctes. Ainsi, l'honneur se rattacherait à l'idée que vous tenez à conserver de vous-même[133]. La considération s'entendrait davantage comme l'idée que les autres ont de vous[134]. Par cette différenciation l'une des deux notions peut être heurtée, sans que l'autre ne le soit. L'honneur serait donc une vertu qui appartient à l'Homme en propre, soumise à sa seule appréciation par rapport aux valeurs qui sont les siennes, alors que la considération dépendrait du rapport à l'autre et du jugement de ce dernier[135].

130 Tarde Gabriel, « Le duel », in *Études pénales et sociales*, Paris, Masson, 1892, p. 20.

131 Portalis Jean Étienne Marie de, *Discours préliminaire du premier projet de code civil*, *op. cit.*

132 Le code pénal de 1810 en son article 367 à travers l'infraction de calomnie ne visait que les faits « qui s'ils existaient, exposeraient celui contre lequel ils sont articulés à des poursuites criminelles ou correctionnelles ou même l'exposeraient seulement au mépris ou à la haine des citoyens ». Jean-Marie-Étienne Portalis lui-même définissait la diffamation comme « la promulgation de choses infamantes [...] qui impriment une tâche honteuse dans la vie d'une personne et sont capables, quand elles sont connues, de lui attribuer le mépris ou l'aversion des gens de bien ».

133 PIC F.A, *Code des imprimeurs, libraires, écrivains et artistes ou recueil et concordance des dispositions législatives qui déterminent leurs obligations et leurs droits*, Paris, Corby, 1826, p. 580.

134 *Loc. cit.*

135 Si l'on met cette conception de l'honneur en parallèle avec les théories philosophiques antérieures, il apparaît à première vue une certaine convergence. En effet pour Montesquieu, l'honneur articule, selon une dialectique particulière, les logiques individuelles et collective. : « de cette passion générale que la nation française a pour la gloire, il s'est formé dans l'esprit des particuliers un certain je ne sais quoi qu'on appelle point d'honneur ». L'honneur constitue ainsi un caractère collectif qui s'enracine dans l'esprit des particuliers,

La subdivision réalisée par le législateur, peut paraître quelque peu artificielle. Cependant elle a le mérite d'insister sur l'importance qui est accordée par ce dernier au regard et au jugement que la société peut avoir sur un individu. La perception de soi par autrui est importante et doit être protégée par le droit à travers une infraction dédiée. Le contrôle de l'imprimé est ainsi un miroir de la création d'une valeur suprême qui doit primer sur la liberté d'expression. La notion doit alors être mise en relation avec celle de réputation, et du rôle que l'on va lui attribuer dans la mise en scène démocratique[136]. L'attribution d'une réputation garantie par la loi, par un pouvoir fondateur, crée un discours qui sépare les classes dangereuses, du bon peuple[137]. La réputation est ainsi une forme de répression, de contrôle étatisé, la liberté absolue étant au contraire « la furie du disparaître[138] ».

L'État se trouve garant de la protection de l'honneur individuel et son bras armé est le juge correctionnel. Aussi, il apparaît que sous la période de l'Ordre moral la répression de la diffamation envers les particuliers ne fait pas état d'une évolution particulière. Le nombre d'affaires et les taux de condamnation sont d'après les *Comptes généraux de l'administration de la justice criminelle*, assez stable comme le montre le tableau suivant.

---

et qui fait du respect de la norme collective une affaire individuelle qui engage l'estime de soi et l'amour propre, Drévillon Hervé, *op. cit.*, p. 18. Ainsi, l'honneur est une affaire collective à deux titres : il naît des valeurs partagées par ce collectif et il est protégé par ce dernier.

136 Dury Maxime, *La censure*, Paris, Éditions Publisud, 1995, p. 58.

137 *Ibid.*, p. 59.

138 Dury Maxime, *op. cit.*, p. 58.

Année	Poursuites / prévenus	Acquittements	Peine d'emprisonnement de + de 1 an	Peine d'emprisonnement de 1 an ou -	Amende seulement	Taux de condamnation
1869	3688/4731	1816 (38 %)	1	267	2645	62 %
1872	2229 / 3898	1216 (34 %)	5	233	2443	66 %
1873	3045 /4058	1319 (33 %)	2	229	2507	67 %
1874	2914 /3783	1212 (32 %)	1	237	2329	68 %
1875	2717 / 3573	1199 (36 %)	3	217	2152	64 %
1876	2888 /3760	1190 (32 %)	0	230	2340	68 %
1877	3100 /4031	1177 (29 %)	5	292	2548	71 %
1878	2791/ 3633	1078 (30 %)	0	171	2379	70 %

Il en est de même en matière de poursuites. Les taux sont stables quant au pourcentage de poursuites réalisées à la demande du parquet.

Année	Demande des parties civiles	Demande du parquet
1869	3423	265 (5,9 %)
1872	2712	217 (9,7 %)
1873	2807	238 (7,8 %)
1874	2650	264 (9,1 %)
1875	2503	214 (7,9 %)
1876	2664	224 (7,8 %)
1877	2768	323 (10,4 %)
1878	2608	183 (6,6 %)

Si les tribunaux correctionnels n'ont pas fait l'objet d'une multiplication des affaires à traiter en matière de diffamation, ils sont venus préciser les conditions d'application de l'infraction.

L'appréciation des éléments constitutifs de l'infraction

Le jury est exclu du jugement de l'infraction de diffamation dirigée à l'encontre des particuliers. Aussi, il appartient au juge correctionnel seul de vérifier l'existence de l'ensemble des éléments constitutifs de cette dernière. L'arrêt du 13 novembre 1875 rendu par la chambre criminelle de la Cour de cassation rappelle à ce titre qu'il appartient à la Cour de cassation de contrôler et de rectifier les appréciations du juge du fond en ce qui concerne les éléments légaux constitutifs du délit de diffamation[139]. Le rôle du juge est particulièrement important dans le cas de la diffamation car les notions contenues dans le texte d'incrimination ne sont pas définies.

Qu'il s'agisse du législateur ou de la jurisprudence, jamais les termes d'honneur et de considération ne sont développés alors qu'ils correspondent aux valeurs sociales à protéger. Lorsque le juge se prête à l'exercice, c'est de manière négative qu'il donne du sens à ces termes en mettant en exergue ce qui peut leur porter atteinte. L'on observe une grande multiplicité

139 *Journal du palais, Lois décrets, règlements et instructions d'intérêt général suivi d'annotations*, Bureaux de l'administration, 1876, p. 71.

des écrits qui peuvent porter atteinte à l'honneur ou à la considération d'une personne. Il en est ainsi d'un écrit qui impute à quelqu'un, de mauvaise foi, dans un journal, un fait de dénonciation politique qui n'a pu être l'accomplissement du devoir légal imposé par l'article 30 du code d'instruction criminelle (Cass. crim., 5 septembre 1872).

Au-delà de cette diversité, une constante semble tout de même émerger. Le juge correctionnel assimile la préservation de l'honneur et de la considération au silence gardé sur les éléments qui intéressent la vie privée ou publique, indépendante d'une activité intéressant l'État. Ce rapprochement entre les deux notions avait lui-même été largement réalisé par les parlementaires lors des discussions autour des différents projets de loi sur la diffamation tout au long du XIXe siècle. Ainsi, lors des débats relatifs à l'adoption des lois de Serre, la prise de parole de Royer-Collard est particulièrement éclairante à ce sujet. Le leader des doctrinaires déclare au sujet des moyens de défense offerts aux défenseurs dans le cas d'une diffamation à l'encontre d'un particulier, qu'il n'est pas permis de « dire la vérité au sujet de la vie privée[140] ». Il ajoute que par cette interdiction, la vie privée se trouve murée, déclarée invisible et « renfermée dans l'intérieur des maisons[141] ».

En 1871 l'expression de vie privée est à nouveau employée lors de la séance parlementaire du 10 avril. Est avancée l'idée selon laquelle en matière de diffamation, le jury ne doit pas être compétent car le public n'a pas à connaître les scandales qui n'atteignent que la vie privée[142]. Ainsi, si le terme de vie privée ne se retrouve dans aucun texte relatif à la diffamation, la relation est établie dans l'esprit des parlementaires tout comme dans celui de la doctrine. Grellet-Dumazau a recours à cette notion dans son *Traité de la diffamation, de l'injure et de l'outrage*, tout comme Chassan dans son *Traité des délits et contraventions de la parole, de l'écriture et de la presse*[143]. Révéler des éléments relatifs à la vie privée revient à réaliser une atteinte à l'honneur mais le législateur ne prend pas le parti d'insérer cette assimilation dans les textes. De la même façon que l'honneur et la considération, l'expression de vie privée est

140 Royer-Collard Pierre-Paul, *De la liberté de la presse*, Librairie de Médicis, 1949, p. 25.

141 *Loc. cit.*

142 *Journal Officiel de la République*, 25 avril 1871, p. 751.

143 Grellet Dumazau Étienne, *Traité de diffamation, de l'injure et de l'outrage*, t. 1, Joubert, 1847, 428 p ; Chassan Joseph, *Traité des délits et contraventions de la parole, de l'écriture et de la presse*, t. 1, Rriffinger, 1839, 618 p.

définie par défaut. Relèvent de la vie privée toutes les allégations qui ne sont pas visées par l'article 20 de la loi de Serre, c'est-à-dire qui ne sont pas des allégations de faits relatifs aux fonctions contre des dépositaires ou agents de l'autorité, ou contre toutes personnes ayant agi dans un caractère public. La vie privée est donc conçue extensivement à la fois par le législateur et par la doctrine : il ne s'agit pas seulement de la vie intime, cela peut intéresser également une partie de la vie publique comme la vie professionnelle.

Un arrêt apparaît comme très éclairant sur le sens que la jurisprudence entend donner au terme de vie privée. La chambre criminelle de la Cour de cassation dans une décision en date du 17/24 juillet 1874 relatif à la participation de parlementaires à une procession indique qu'ont droit au silence absolu « ceux qui n'ont point expressément ou indirectement provoqué ou autorisé l'attention du public », la protection de la vie privée devant s'étendre non seulement « au sein du domicile des citoyens », mais aux faits « du domaine du for intérieur » et de la « liberté de conscience[144] ». La vie privée regrouperait ainsi tous les faits qui intéressent l'homme dans sa vie domestique (familiale, amoureuse), professionnelle ainsi que dans sa vie spirituelle et intellectuelle. Un arrêt de la chambre criminelle du 12 novembre 1875 illustre cette intériorité du concept de vie privée : le fait pour un journal de signaler le changement survenu dans les opinions politiques d'un magistrat, changement qui, en présence de sa nomination à des fonctions de président, au lendemain d'une révolution, est qualifiée de « conversion intéressée », doit être considéré comme une imputation étrangère aux fonctions de ce magistrat. C'est donc à la juridiction correctionnelle qu'il appartient de trancher le contentieux de diffamation car il s'agit de sa vie privée et non de sa vie publique[145].

Le véritable enjeu qui se cache derrière le sens donné à ces termes est en réalité de déterminer si les faits mentionnés par l'imprimé ont trait à la vie privée ou non de l'individu, ce qui conditionnera ensuite la juridiction compétente ainsi que les moyens de défenses offerts au prévenu. Aussi, ce manque de précisions permet de réaliser une application extensive de l'infraction. Ceci est d'autant plus accentué que d'autres termes au sein de l'infraction souffrent d'un manque d'explicitation.

---

144 *D.P*, Partie IV-V, 1874, p. 205.

145 *Journal du palais, Lois décrets, règlements et instructions d'intérêt général suivi d'annotations*, Bureaux de l'administration, 1876, p. 70

Selon les lois du 15 avril 1871 et du 27 décembre 1875, qui se réfèrent elles-mêmes à l'article 13 de la loi du 17 mai 1819, il n'y a pas diffamation sans « l'imputation ou l'allégation d'un fait » à autrui. Si dans le langage courant ces deux termes semblent proches, il n'en est pas de même en matière juridique. Selon la commission en charge de l'examen de la loi de 1819, « imputer » c'est « affirmer » alors qu'alléguer c'est « annoncer sur la foi d'autrui, ou laisser à l'assertion l'ombre du doute[146] ». La distinction entre ces deux termes tiendrait ainsi dans la certitude avec laquelle les faits sont mis en relation avec l'individu prétendument diffamé. La jurisprudence s'intéresse peu à cette distinction entre allégation et imputation et utilise le plus souvent conjointement ces deux expressions au sein de ses décisions.

La seule précision que celle-ci nous donne est que l'imputation doit porter sur un fait précis, sous peine de requalification des propos en injure. Ceci est la conséquence logique de la rédaction de l'article 13 de la loi du 17 mai 1819 qui qualifie l'injure comme « toute expression outrageante, terme de mépris ou invective, qui ne renferme l'imputation d'aucun fait ». Pareillement, il est nécessaire que les faits rapportés visent une personne ou un corps suffisamment précis. Cette condition est appréciée largement par la jurisprudence. Ainsi par exemple il importe peu qu'un prêtre diffamé n'ait pas été nommé, s'il est clairement désigné et que l'auteur avoue avoir entendu parler de lui (Cass. crim., 18 novembre 1874)[147]. Une autre condition a donné lieu à davantage de précisions par la jurisprudence, il s'agit de la publicité.

La condition de publicité donne lieu à davantage de précisions par le juge. Posée dès 1819 à travers l'article 1er de la loi du 17 mai, cette condition est reprise par les lois du 15 avril 1871 et du 27 décembre 1875 qui s'y réfèrent à travers l'expression « quiconque, par l'un des moyens énoncés en l'article 1er de la loi du 17 mai 1819 ». Ces moyens sont des écrits, des imprimés, des dessins, des gravures, des peintures ou emblèmes, vendus ou distribués, mis en vente ou exposés dans les lieux ou réunions publics, soit par des placards et affiches exposés au regard du public. Lors des débats relatifs à la loi de Serre, il avait été proposé

146 Grattier Louis-Adolphe-Léonard de, *Commentaire des lois de la presse et de tous les autres moyens de publicité*, t. 1, Paris, Libraire de jurisprudence d'Alphonse Delhomme, 1845, p. 182.

147 *D.P*, 1874, p. 1093.

d'ajouter à cette liste d'autres éléments comme le dépôt de l'écrit au parquet ou à la préfecture, mais cette idée a été abandonnée[148]. Ainsi en matière de diffamation c'est un système de publicité légale qui est installé tout comme en matière d'injure grave et d'offense[149]. Cette publicité regroupe trois conditions : une première tenant au support employé, une seconde tenant à l'effectivité de la publicité et enfin une dernière relative au lieu de la publicité.

Les supports visés par la loi sont les écrits, imprimés, dessins, gravures, peintures et emblèmes ainsi que les affiches et les placards. La liste regroupe la majorité des produits imprimés présents sous la période. La jurisprudence a pu y ajouter des supports telles que les cartes postales. Rien n'est prévu en revanche en matière de photographie, alors que son utilisation est en pleine expansion à la fin du XIXe siècle.

De plus, pour que la publicité soit constatée par le juge, il est nécessaire que celle-ci ait été rendue possible par un moyen effectif, opérant. Les moyens qui rendent effective la publicité sont la vente, la distribution, la mise en vente ou l'exposition. Tous les cas de figure sont ainsi prévus : de l'interaction marchande à l'acte désintéressé pécuniairement. Le juge est allé encore plus loin dans son appréciation de l'effectivité, en la rendant parfois difficile à qualifier. Ainsi, il a été jugé « qu'une délibération de conseil municipal devient publique [...] lorsqu'elle a été communiquée à plusieurs personnes, que plusieurs d'entre elles en ont pris copie, qu'elle a été lue à un tiers par le secrétaire de la mairie et que le registre qui la retenait a été exposé sur une table » (Cass. crim., 6 août 1875). Ainsi le seul fait pour les délibérations d'un conseil municipal d'être couchées sur le registre ne suffit pas à caractériser la publicité. L'effectivité de la publicité de l'imprimé est comprise par le résultat d'un passage de l'écrit à l'oralité.

De même bien qu'un greffe soit un lieu public, les déclarations diffamatoires ou outrageantes insérées dans un acte déposé aux archives d'un greffe ne doivent pas être considérées comme exposées dans un lieu public et ne présente pas les caractères de diffamation écrite car aucune mesure ne rend effective leur publicité (Cass. crim. 20 décembre 1873).

---

148 Heurteau André, *Droit romain. Injuriis & famosis libellis. Droit français. De la diffamation, de l'injure, de l'outrage et de l'offense*, Paris, F. Pichon et A. Cotillon, 1881, p. 183.

149 *Loc. cit.*

Qui plus est, pour que la publicité soit constatée, il est nécessaire que l'imprimé ait été rendu visible dans des espaces spécifiques : des lieux et réunions publics. Selon une décision du 2 juillet 1873 du tribunal de la Seine les imputations contenues dans une carte postale peuvent constituer un délit de diffamation ou d'injure publique, dès lors que cette carte est adressée au destinataire dans un établissement public comme un café[150]. Le café est un lieu au sein duquel le destinataire des cartes postales était connu, ce qui le soumettait à la malveillance des commentaires des autres clients, propriétaires et employés du lieu[151]. En revanche dès lors que la carte postale est adressée directement au domicile du destinataire, elle ne peut être poursuivie que sur le fondement d'une injure simple selon le tribunal de Rouen dans une décision du 24 juillet 1873[152]. En effet le fait que le personnel de la poste ait pu avoir accès à la carte ne constitue pas un gage de publicité, d'autant plus que la carte était envoyée directement à une adresse privée[153].

En outre, les tribunaux correctionnels de Poitiers (31 janvier 1873 et 12 février 1875) ainsi que d'Amiens (14 janvier 1875) ont décidé que le registre des délibérations d'un conseil municipal déposé aux archives de la mairie où tous les habitants et contribuables peuvent en prendre communication constitue un écrit exposé dans un lieu public, et par suite l'insertion d'imputations diffamatoires dans une délibération du conseil municipal constitue un délit de diffamation. La Cour de cassation rejette cette position à l'occasion de trois arrêts (Cass. civ. 19 janvier 1875, Cass. crim. 25 février 1875, Cass. crim. 6 août 1875), créant ainsi une divergence avec les juges du fond davantage enclins à retenir la publicité, dans le sens de la répression.

Enfin la loi vise un dernier cas, celui des placards et affiches exposés au regard du public. Dans ce cas, les possibilités sont plus vastes puisqu'il n'est pas fait mention de lieux bien précis. L'on peut ainsi penser que cette catégorie est plus large que la première. Ceci est compréhensible en raison des enjeux politiques que représentent l'affiche qui se développe très largement au XIXe siècle[154]. Au-delà des affiches publicitaires qui

150 *D.P*, 1873, p. 1037.

151 Heurteau André, *op. cit.*, p. 185.

152 *D.P*, 1873, p. 1037.

153 Heurteau André, *op. cit.*, p. 185.

154 *V.* à ce sujet Jakobowicz Nathalie, « Les pratiques d'affichage dans l'espace public à Paris en 1830 », *Revue d'histoire du XIXe siècle*, 2009, p. 17-36.

se multiplient à la fin du XIXe siècle, les affiches et placards sont des moyens d'expression qui permettent d'attirer facilement l'attention du citoyen et de l'informer lors des campagnes électorales.

Dans tous les cas, si la condition de publicité n'est pas retenue, la diffamation au même titre que l'injure devient une simple contravention de la compétence du tribunal de police passible des peines prévues par l'article 471 du code pénal (Cass. crim., 26 février 1875). Il demeure ainsi toute une palette de moyens afin de faire disparaître de l'espace public un imprimé condamnable. Pour ce qui est de l'infraction de diffamation, si la publicité est constatée, il faut encore qu'une dernière condition soit remplie : celle de l'établissement du caractère intentionnel de l'infraction.

L'infraction de diffamation est une infraction intentionnelle. Si aucune mention n'est faite quant à l'élément moral de l'infraction dans les textes, cette exigence a été dégagée par la doctrine ainsi que par la jurisprudence. La chambre criminelle de la Cour de cassation dans un arrêt en date du 13 novembre 1875 énonce à ce sujet au sein des considérants que « l'intention de nuire est l'élément essentiel du délit[155] ». Cette idée exposée par le juge du droit avait déjà été dégagée précédemment par la doctrine.

Selon Grellet-Dumazeau, « la loi ne punit point l'imputation d'un fait par cela qu'il porte atteinte à l'honneur ou à la considération ; il faut de plus, et c'est là l'élément essentiel du délit, que l'imputation ait eu lieu méchamment, avec intention de nuire, *convicii concilio*[156] ». L'infraction n'est ainsi pas réprimée en raison des dommages qu'elle peut causer, mais en raison de l'intention de l'agent. Le juge doit ainsi, au cas par cas, vérifier si l'élément intentionnel de l'infraction est bel et bien présent.

En outre, l'intention coupable ne doit pas être confondue avec le mobile, qui lui est inopérant en droit pénal. La Cour de cassation dans un arrêt du 5 septembre 1872 indique à ce sujet par exemple qu'il « importe peu, en matière de diffamations commises contre un particulier, que les faits prétendus diffamatoires aient été accomplis dans un but politique[157] ». La jurisprudence fait ici application du principe

155 *Journal du palais, Lois décrets, règlements et instructions d'intérêt général suivi d'annotations*, Paris, Bureaux de l'administration, 1876, p. 71.

156 Grellet Dumazau Étienne, *op. cit.*, p. 350.

157 *D.P*, 1873, p. 1036.

selon lequel le mobile est sans effet en droit pénal au stade du jugement. Seule l'intention délictuelle importe. Aussi, la Cour de cassation dans un arrêt rendu par la chambre criminelle le 19 février 1874, rappelle que c'est aux juges du fait qu'il appartient d'apprécier souverainement l'existence ou non de l'intention qui a inspiré l'article incriminé[158]. La tâche qui incombe au juge apparaît comme importante, mais c'est sans compter sur les cas où l'intention coupable se présume lorsqu'une imputation est diffamatoire en soi[159]. Dans ce cas, les juges doivent motiver l'absence d'intention coupable. Par ce jeu de présomption la tâche du juge est rendue plus aisée.

Ainsi, à travers l'appréciation de ces différentes conditions relatives à l'infraction de diffamation il apparaît que la Cour de cassation est particulièrement attentive à ce que les cas permettant de se dérober à sa responsabilité soient strictement limités. Elle impose ainsi aux juges du fond une analyse scrupuleuse des faits et plus encore une motivation sérieuse de leurs décisions dès lors que celles-ci mènent à la relaxe du prévenu. Déjà sous le gouvernement de défense nationale une telle injonction avait été formulée à travers un arrêt du 3 février 1871, la chambre criminelle de la Cour de cassation indiquant qu'est insuffisamment motivé l'arrêt qui statuant sur une action de diffamation se borne à dire que le délit n'est pas établi[160]. Dans les faits, la diffamation est souvent retenue. Ceci tient dans le nombre restreint de moyens de défense offerts au prévenu dès lors que ses propos imprimés visaient un particulier.

Des moyens de défense restreints

Afin de protéger au mieux l'honneur et la réputation des individus, différentes mesures sont prises afin de rendre plus ardue la défense de l'agent pénal dont la responsabilité est engagée pour diffamation. Le code pénal de 1810 conçoit de manière restrictive les faits justificatifs pouvant être invoqués par la défense. En effet, le code n'en prévoyait à l'origine que trois : l'ordre de la loi, le commandement de l'autorité légitime (article 327) et la légitime défense (articles 328 et 329). Leur champ d'application était particulièrement étroit puisque ces articles

158 *Journal du Palais, Lois décrets, règlements et instructions d'intérêt général suivi d'annotations*, Paris, Bureaux de l'administration, 1874, p. 983.

159 Heurteau André, *op. cit.*, p. 190.

160 *Loc. cit.*

étaient prévus au sein du paragraphe « homicide, blessures et coups non qualifiés de crimes et délits ». Seules les infractions contre les personnes étaient visées, et plus précisément les infractions portant atteinte à l'intégrité physique des individus. Progressivement la jurisprudence a étendu leur application, jusqu'à créer un nouveau fait justificatif en 1898, l'état de nécessité, à travers l'arrêt Dame Ménard. Aussi, le législateur a emprunté la même voie d'extension de la liste des faits justificatifs et ce beaucoup plus tôt que la jurisprudence puisqu'en 1819, il crée l'exception de vérité mais seulement au profit de certains défendeurs, dans le cas précis de la diffamation.

L'exception de vérité est un moyen de défense au fond et permet à celui qui est poursuivi pour diffamation de se défendre en apportant la preuve de la véracité de ses imputations ou allégations. Cette *exceptio veritatis* se présente ainsi comme une cause objective d'irresponsabilité pénale qui fait perdre aux faits leur caractère délictueux. Très ancienne[161], cette exception est prévue par le code pénal de 1810. S'il la reconnait, il dispose à travers son article 368 qu'est réputée fausse « toute imputation à l'appui de laquelle la preuve légale n'est point rapportée. En conséquence, l'auteur de l'imputation ne sera pas admis, pour sa défense, à demander que la preuve en soit faite : il ne pourra pas non plus alléguer comme moyen d'excuse que les pièces ou les faits sont notoires, ou que les imputations qui donnent lieu à la poursuite sont copiées ou extraites

161 On la trouve déjà dans le droit athénien puisqu'une loi de Solon (VIe siècle avant Jésus-Christ) disculpait déjà celui qui prouvait la vérité du fait imputé à un tiers; Grellet-Dumazeau, *op. cit.*, p. 319. Ce moyen de défense est repris par le droit romain*; ibid.*, p. 320. On la retrouve mentionnée également dans la loi Salique qui l'accepte dès lors que l'imputation est grave et peut porter atteinte à l'intérêt public; *ibid.*, p. 322. Surtout, l'exception de vérité alimente de nombreux débats doctrinaux lors de la redécouverte des textes antiques au Moyen-Âge ainsi qu'à la Renaissance. Les interprétations des textes anciens sont nombreuses et parfois contradictoires. Sous l'influence de la loi canonique, l'exception de vérité est ensuite abandonnée, car source de potentiels scandales et conséquences sociales trop importante. La doctrine semble tout de même s'accorder autour d'un constat commun selon le juriste du XVIe siècle André Gail : les allégations qui intéressent la chose publique doivent pouvoir faire l'objet d'une preuve contrairement à celles qui n'intéressent que la chose privée; *ibid.* p. 327. Cette idée est avancée par Vinnius, Bartole, Cujas, ou encore Carpzov; *loc. cit.* Au XVIIIe siècle, l'exception de vérité gagne les faveurs du juriste italien Gaetano Filangieri qui voit à travers la preuve « un moyen très utile aux mœurs publiques », enchaînant le vice « en épouvantant l'homme vicieux » ; *ibid.*, p. 316. La jurisprudence des parlements de l'Ancien Régime, comme le rapporte le juriste Dareau, n'admet que très rarement de vérifier la réalité des imputations pour motif d'excuse; Heurteau André, *op. cit.*, p. 108.

de papiers étrangers, ou d'autres écrits imprimés ». Ainsi, la preuve peut être apportée pour toute imputation, qu'importe le domaine de la vie visé par celle-ci (privée ou publique). Pour autant cette preuve ne pourra consister qu'en une preuve légale, c'est-à-dire selon l'article 370 du code pénal, en un jugement ou tout autre acte authentique ce qui restreint considérablement les possibilités offertes à la défense.

Les lois de Serre redéfinissent l'infraction de calomnie qui devient diffamation. Si le terme calomnie laissait entendre que les faits étaient obligatoirement faux, le terme de diffamation est beaucoup plus vague. Il se réfère à la *fama*. À ce titre la déesse Fama, chez les romains, disposait de deux trompes, dont l'une sonnait la renommée et l'autre les rumeurs. *A fortiori*, les faits visés par l'infraction, à l'instar de la déesse, peuvent véhiculer des informations justes ou fausses. En 1819, le régime de la preuve est en conséquence également modifié. Selon l'article 16, la preuve des faits ne peut être apportée que pour certains individus ayant agi dans un contexte bien particulier : pour les dépositaires ou agent de l'autorité publique pour des faits relatifs à leurs fonctions. Ainsi les les événements qui n'intéressent l'individu qu'en tant que particulier, ne peuvent faire l'objet d'une preuve qui délivrerait celui qui les a rendus publics selon l'article 20. Aucune mention n'est faite quant à la possibilité d'apporter la preuve légale d'un fait relatif à la vie privée, extensivement conçue par le législateur. À ce titre, le ministre de la Justice indiquait que « le projet n'a pas dû parler de la preuve légale » car « il n'y a point diffamation, suivant la loi pénale, à répéter un fait généralement notoire, et bien moins lorsque cette notoriété prend sa source dans la publicité des actes de l'autorité[162] ». Le duc de Broglie avançait également en ce sens qu'une vie exemplaire ne saurait être entachée par une allusion à des faits anciens qui en étant exhumés viendraient empoisonner les derniers jours d'un individu[163]. Or, en empêchant de se référer à un jugement, une condamnation, c'est tout le rôle préventif de la justice qui est rendu à néant. L'absence de mention expresse relative à des

162 Parant Narcisse, *Lois de la presse en 1836 ou législation actuelle de l'imprimerie et la librairie et sur les délits et contraventions commis par toutes les voies de publication*, Paris, Firmin Didot Frères, 1836, p. 346. Le le député Jacquinot de Pampelune proposait à l'Assemblée que le texte en fasse une allusion claire en suivant le principe selon lesquel « la vérité judiciaire est un des fondements de l'ordre social » ; Grellet-Dumazeau, *op. cit.*, p. 357.

163 *Loc. cit.*

faits notoires ou à des preuves légales a entraîné en conséquence de nombreux débats entre juristes et députés quant à l'interprétation de la loi de Serre.

Pour Chassan « il n'y a aucune diffamation lorsque sur la foi des procès-verbaux dressés par des officiers de police on se borne à annoncer les faits que ces procès-verbaux imputent à un ou plusieurs individus [...] parce que dans ces divers cas il n'y a que l'énonciation d'un fait constaté authentique et qui tombe dans le domaine public[164] ».

Cependant, pour Grellet-Dumazeau ainsi que pour Heurteau, l'esprit de la loi de Serre est bel et bien de ne donner aucun crédit à des preuves basées sur une autorité légale. La jurisprudence tend à leur donner raison puisque la Cour de cassation confirme cette vision dans un arrêt du 25 juin 1830. Elle ajoute que l'article 20 de la loi de 1819 n'admet aucune preuve des faits diffamatoires, y compris légales. La négation du droit de prouver est ainsi absolue[165], confinant, de manière drastique, la certains faits secret.

Ainsi, peu importe la véracité des faits, ce qui compte c'est l'intention de nuire en les révélant ainsi que le dommage causé[166]. En d'autres termes, la justice ne doit pas épargner « celui qui déchire gratuitement son semblable, même lorsqu'il ne dirait que des vérités[167] ». Le législateur place donc l'honneur comme valeur à protéger, et l'intention malveillante de l'agent comme hautement répréhensible. De Serre lui-même corrobore cette idée en avançant que « tout, dans une famille, peut n'être pas irréprochable ; c'est qu'il est des plaies cachées, des hontes secrètes, et que la loi a dû défendre absolument toute recherche indiscrète à cet égard[168] ». L'on protège ainsi l'individu de ses propres turpitudes, son jugement ne devant pas relever de l'opinion commune[169]. La volonté de porter atteinte à autrui apparaît davantage dommageable pour la société que la véracité des faits en eux-mêmes, c'est la publicité donnée aux faits relatifs à la vie privée qui importe plus que leur véritable existence qui ne doit pas intéresser le reste de la société dès lors qu'ils ne constituent

164 Grellet-Dumazeau, *op. cit.*, p. 14.

165 *Ibid.*, p. 359.

166 Maiseau Raymond Balthasar, *op. cit.*, p. 10.

167 *Ibid.*, p. 127.

168 Halperin Jean-Louis, *op. cit.*, p. 10.

169 Dans une société encore fortement teintée de religion, le salut est peut-être à trouver ailleurs ? Dans le jugement de Dieu peut-être ?

pas une infraction. Si tel est le cas, conformément à l'article 25 de la loi du 26 mai 1819, lorsque les faits imputés seront punissables selon la loi, et qu'il y aura des poursuites commencées à la requête du ministère public ou que l'auteur de l'imputation aura dénoncé des faits, il sera, durant l'instruction sursis à la poursuite et au jugement du délit de diffamation. Le jugement de ces faits est donc une question qui doit être traitée séparément, au sein d'une seconde action en justice.

Pour Grellet-Dumazeau, c'est la superficialité des sujets qui exigent le silence autour de la vie privée et l'absence d'exception de vérité : « des faiblesses, des ridicules, des vices, quelques fois des malheurs rien de plus[170] ». Il continue : « des chroniques de boudoir, des divisions de famille, des revers de fortune amenés par l'inconduite ou l'incurie, des travers de l'esprit, des difformités cachées[171] ». Rien de tout cela n'intéresse l'intérêt public, aucun enseignement profitable ne pourrait jaillir de ces « accidents, futiles ou vulgaires pour la plupart[172] ». Il ajoute enfin qu'en « donnant un libre cours à la révélation des actes de la vie privée, à la publication du scandale, une société pure ne tarderait pas à se corrompre, car l'exemple du vice, on le sait, est plus contagieux que l'exemple de la vertu[173] ».

Cette position des lois de Serre a été critiquée par Faustin Hélie qui écrit en 1844 que « dans une société forte et pure [...] la vie privée devrait être ouverte aux regards aussi bien que la vie publique ; car les actions de chaque membre de la cité appartiennent à tous, puisque d'une manière directe ou indirecte, secondaire ou immédiate, elles influent sur le bonheur et la sécurité de la cité entière[174] ». Discuter de la véracité des faits aux yeux de tous dissuaderait ainsi les comportements individuels déviants, par une forme d'autocensure créée par la crainte d'un déballage judiciaire et médiatique des affaires privées. Mais le législateur de la Troisième République a été sourd à ces arguments. La loi du 23 avril 1871 reprend la même interdiction faite de la preuve

170 Grellet-Dumazeau, *op. cit.*, p. 350.

171 *Loc. cit.*

172 *Ibid.*, p. 351.

173 *Loc. cit.* Cette idée a été notamment déployée par le ministère public lors du procès de Flaubert pour *Madame Bovary*. Si l'avocat Sénard plaidait en faveur de la théorie de l'excitation à la vertu par l'horreur du vice, cette idée a été battue en brèche par le tribunal correctionnel de la Seine. *V.* Sapiro Gisèle, *op. cit.*, p. 264.

174 *Revue de législation*, t. IV, Paris, Cotillon, 1844, p. 206.

des allégations ou imputations d'un fait à un particulier. Le procès-verbal de la séance du 10 avril indique à ce sujet que « vraie ou fausse, fondée ou non sur des imputations exactes, la diffamation contre des particuliers est toujours répréhensible »[107]. Il en est de même avec la loi du 27 décembre 1875.

Dans sa thèse de doctorat en 1867, Jérôme Dormand anticipe le sort qui sera réservé aux particuliers par les deux lois votées à l'aube de la Troisième République. Celui-ci tient dans la séparation qui est réalisée au sein des nations modernes entre le foyer et la place publique[175]. Il ajoute que ce traitement différencié « sauvegarde à la fois le secret du foyer et le droit naturel d'investigation qui appartient à tous les citoyens d'un pays libre sur la conduite des mandataires et des dépositaires de l'autorité[176] ». Pour autant un arrêt de la chambre criminelle de la Cour de cassation en date du 11 avril 1874, montre une certaine tolérance dans l'admission de l'exception de vérité à l'égard de certains faits. Cet arrêt indique ainsi que « l'accusation adressée dans un journal au rédacteur d'une autre feuille d'être plein de tendresse pour la Commune de Paris, pour les bandits de la Révolution et pour l'Internationale, ne constitue pas le délit de diffamation ou d'injure, si ces imputations sont justifiées par les marques de sympathie données par le plaignant à la Commune de Paris et par les conditions de la polémique poursuivie entre les deux journaux[177] ». Lorsqu'il est question de rouvrir l'épineuse question de la Commune de Paris, le juge de la Cour de cassation sait prendre des libertés avec le droit. La critique des sympathisants du mouvement insurrectionnel vaut bien mieux que le respect du principe de légalité en droit pénal dans une période où les plaies de la semaine sanglante ne sont pas refermées.

Ainsi, la conséquence du refus de l'*exceptio veritatis* est que le diffamé, même s'il sait qu'il pourra facilement obtenir la condamnation de son diffamateur, ne pourra pas dissiper les doutes qui pèsent sur lui puisqu'à aucun moment les faits ne seront débattus et appréciés par le juge au cours de l'instance. Si aucune procédure judiciaire n'est ouverte en parallèle,

175 Dormand Jérôme, *Des injures et du libelle diffamatoire en droit romain. De la diffamation envers les particuliers en droit français*, Paris, Goupy, 1867, p. 5. *V.* sur un sujet similaire, Labussière Alphonse, *De la diffamation et des injures envers les particuliers en droit français. Des injures et des libelles diffamatoires en droit romain*, Clermont-Ferrand, Pestel, 1870, 306 p.

176 Dormand Jérôme, *op. cit.*, p. 5.

177 *D.P*, 1874, p. 15.

le diffamé devra porter sur ses épaules le fardeau d'un doute qui n'aura jamais été levé. Le dicton populaire « il n'y a pas de fumée sans feu » prend ici tout son sens. Pour le lecteur de l'imprimé, si l'auteur a pris soin d'alléguer ou d'imputer un fait à autrui, c'est qu'il doit bien exister, au fond, une raison de le faire. En voulant à tout prix sauvegarder l'honneur, en écartant le juge de la vérification de l'exactitude des faits afin de maintenir le silence, dans les faits c'est laisser le diffamé dans une situation inconfortable.

L'infraction de diffamation étant une infraction intentionnelle, si cette dernière n'est pas établie par le juge, alors l'infraction n'est pas consommée. Aussi, tout comme pour l'élément moral de l'infraction de diffamation, rien n'est indiqué au sein des textes quant au moyen de défense qu'est l'exception de bonne foi. Son fondement est à trouver dans la doctrine ainsi que dans la jurisprudence. L'exception de bonne foi est un fait justificatif qui permet à l'agent pénal de se dégager de sa responsabilité en invoquant soit la légitimité du but poursuivi par ses écrits soit l'absence d'animosité personnelle envers la personne visée par les écrits de son fait. La jurisprudence nous donne des exemples de son application.

Des allégations peuvent être justifiées par la nécessité de répondre à une accusation violente lors d'une lutte électorale (Cass. crim. 10 novembre 1876)[178]. En outre c'est le cas lorsque préoccupé uniquement de la défense de son droit, et mu par l'intérêt sérieux, légitime et pressant de recouvrer son bien, un individu a imputé par erreur ce vol à une personne innocente (Cass. crim. 11 août 1877)[179]. À travers ces décisions, il ressort que prévalence est donnée à l'autoprotection de l'individu contre les atteintes qui ont pu lui être faites, plutôt qu'à la défense de celui qui est diffamé. En tant que forme de riposte, la diffamation perd son caractère délictueux.

En outre, une décision du tribunal correctionnel de Chambéry en date du 26 mai 1876 indique qu'il n'y a pas diffamation ni injure de la part d'électeurs qui, dans une affiche, signalent un candidat comme ayant humblement accepté les conditions du parti du désordre, comme disposé à voter toutes les mesures pouvant porter atteinte au libre exercice de la religion que son parti voudrait étouffer, etc. si l'unique

---

178 Heurteau André, *op. cit.*, p. 190.

179 *Loc. cit.*

mobile des auteurs de l'affiche a été de combattre une candidature politique[180]. Ici encore, face à une idéologie anticléricale contraire à la politique conservatrice, le tribunal n'hésite pas admettre facilement la défense de ceux qui la dénoncent pour écarter la diffamation.

De plus, l'exception de bonne foi doit être articulée avec un mécanisme jurisprudentiel de présomption. L'arrêt de la chambre criminelle de la Cour de cassation du 15 novembre 1875 indique à ce sujet que les imputations de nature à nuire à l'honneur sont réputées de droit faites avec une intention coupable. Aussi, cette présomption ne saurait être détruite par une simple affectation contraire. Il faut des faits justificatifs suffisants pour que cela soit le cas afin que la bonne foi soit établie[181].

Ainsi la bonne foi du diffamateur est très librement interprétée par le juge. Couplée à l'absence d'exception de vérité, se crée une arme redoutable afin de taire les sujets contraires à la morale et aux bonnes mœurs, participant de la création d'un véritable culte du secret, à une injonction au silence au sein de l'espace public plutôt qu'à une véritable protection de la vie privée.

En effet, si l'infraction de diffamation est placée sous le signe de la répression c'est afin d'empêcher toute publicité de la vie privée. L'objectif est de la soustraire au regard des autres citoyens. Les raisons à cela sont multiples, nous l'avons vu à l'occasion du débat relatif à l'exception de vérité. Le tribunal correctionnel de Paris dans une décision du 25 novembre 1876 réitère l'importance de ce silence en indiquant que dans les procès en diffamation, il est interdit de rendre compte, non pas seulement des débats et de l'audience, mais encore de tout ce qui s'y passe, ce qui comprend sa physionomie, sa partie matérielle ainsi que les divers incidents qui y sont soulevés, même sur des questions de compétence et de droit. Aussi, c'est contrevenir à cette interdiction que de publier la plaidoirie du défenseur du prévenu sur une exception d'irrecevabilité de la poursuite, alors surtout que les faits diffamatoires s'y trouvent indirectement reproduits[182].

Si la vie des particuliers est soustraite au jugement des individus, elle n'est pas soustraite à la vigilance de l'État. Nombreuses sont les normes

180 *Journal du palais, Lois décrets, règlements et instructions d'intérêt général suivi d'annotations*, Bureaux de l'administration, 1876, p. 1264.

181 *Ibid.* p. 72.

182 *Loc. cit.*

qui viennent régir la vie privée, notamment en matière de couple marital puisque le mariage fait l'objet d'une attention particulière. Les époux sont par exemple en vertu de l'article 214 du code civil dans l'obligation d'habiter ensemble, et la femme doit suivre le mari partout où il juge bon de résider. Le modèle qui se construit ainsi à partir de 1870 est un modèle qui protège de la curiosité mais qui ne protège pas la vie privée en tant que telle. Il n'existe donc pas un « droit à la vie privée », seulement un droit au secret de la vie privée.

Aussi, il est intéressant de noter que parallèlement, et paradoxalement, la ligne de démarcation entre vie privée et vie publique a tendance à être déplacée largement au profit de la vie publique[183]. La jurisprudence a ainsi déplacé de plus en plus ce qui auparavant relevait de la sphère privée vers la sphère publique. L'arrêt Ponce de 1877 en est un exemple[184]. En effet, il invente le principe de « publicité intérieure », selon lequel la publicité d'une infraction peut être retenue même si les actes sont accomplis dans un lieu privé, dès lors qu'ils ont pu être vus du dehors soit de par la disposition des lieux, soit par un défaut de précaution[185]. Le traitement judiciaire des tribunaux de l'infraction d'outrage aux bonnes mœurs à la morale publique et religieuse en est l'illustration.

PROTÉGER LES REPRÉSENTANTS DE L'AUTORITÉ PUBLIQUE

Dès l'édiction des lois de Serre en 1819, les serviteurs de l'État font l'objet d'une protection particulière en matière de propos calomnieux. En effet, l'article 16 de la loi du 17 mai 1819 dispose que la diffamation envers tout dépositaire ou agent de l'autorité publique, pour des faits relatifs à ses fonctions, fait l'objet de dispositions spécifiques, tant dans la procédure que dans la peine encourue, qui sont plus lourdes[186] lorsque la personne visée est un « serviteur de l'État[187] ». Aussi, la première

---

183 Iacub Marcela, *Par le trou de la serrure, une histoire de la pudeur publique, XIXe-XXIe siècle*, Paris, Fayard, 2008, p. 152.

184 Sur la jurisprudence dans le même sens, V. Sutter, Laurent de, *Deleuze and law*, Édimbourg, Edinburgh University Press Books, 2012, p. 194-195.

185 *Loc. cit.*

186 Huit jours à dix-huit mois de prison dans un cas, cinq jours à un an d'emprisonnement dans l'autre.

187 Nous utiliserons cette expression par facilité afin de définir par métonymie à la fois les agents et dépositaires de l'autorité publique visés par le texte tout en mettant en évidence leur rôle important au sein de l'État (à travers des obligations) et leur soumission au droit.

décennie de la Troisième République fait le choix de réitérer ce traitement différencié de l'administration à travers une forte protection à laquelle la pratique judiciaire a pu apporter quelques précisions. En protégeant ses serviteurs, les conservateurs cherchent à renforcer l'État et son autorité, au-delà de toute forme de régime politique défini.

L'émergence d'une protection spécifique

La première décennie de la Troisième République voit la promulgation de deux lois relatives à la diffamation envers les serviteurs de l'État pour des faits commis à l'occasion de leurs fonctions : la loi du 24 avril 1871 ainsi que la loi du 29 décembre 1875. Ces deux textes réemploient le vocabulaire déjà pratiqué par les lois de Serre en visant notamment les agents de l'autorité publique. Par l'utilisation du terme agent, le législateur vise l'ensemble des individus qui participent des activités de l'État dont le but est de satisfaire aux besoins d'intérêt général et qui sont liés contractuellement à l'État, qu'importe la nature de ce lien contractuel. Sont ainsi visées par le texte toutes les personnes qui font partie intégrante de l'administration, prise dans son sens organique le plus large (fonction publique, agents contractuels, fonction publique d'état, fonction publique territoriale …). L'emploi d'un terme générique dans l'identification des personnes protégées par le texte permet ainsi de faire face aux vastes évolutions que connaissent les effectifs de l'administration tout au long du XIXe siècle.

À la suite de la Révolution de 1789, le XIXe siècle voit l'emploi public connaître un véritable développement en raison de l'évolution politique, économique et sociale de la France. En effet, la réorganisation de l'administration, la construction de l'État et l'extension de son action participent d'une forte augmentation des effectifs de fonctionnaires au XIXe siècle[188]. Parce que l'État intervient progressivement dans tous les domaines de la société (économie, enseignement, culture …), il a besoin de davantage d'agents à son service afin de mener à bien ses actions qui dépassent le cadre des domaines régaliens qui concentraient jusqu'alors son attention. L'État devient davantage soucieux des problématiques

---

188 Thoral Marie-Cécile, « Naissance d'une classe sociale : les fonctionnaires de bureau, du Consulat à la Monarchie de Juillet. Le cas de l'Isère. », *Revue d'histoire du XIXe siècle*, n° 32, 2006, p. 93.

sociales à la fin du XIXe siècle[189]. Les agents publics se constituent progressivement en un véritable groupe professionnel[190]. Malgré la grande diversité de leurs conditions (administration centralisée ou décentralisée, administration territoriale, fonctionnaires, agents contractuels…), tous partagent des conditions de travail assez semblables : organisation hiérarchisée, normes administratives, bureaucratisation, conditions de recrutement semblables[191]. Un sentiment d'appartenance collective se crée ainsi en raison d'un traitement semblable par l'État, notamment à travers le développement d'une revendication de désintéressement au service du bien public[192], à mesure que la puissance publique leur confère davantage de pouvoir[193]. De fait, la raison qui justifie la protection des agents publics tient, en partie, dans leur subordination au pouvoir exécutif[194].

À la suite de la Révolution de 1789, l'administration devient l'une des grandes préoccupations de l'Assemblée en ce qu'elle constitue l'expression de la nation souveraine en tant que condition concrète de sa réalisation[195]. Comme en témoigne le rapport Thouret, elle est perçue en tant que moyen de diffusion et d'application de la loi sur l'ensemble du territoire afin « de fonder sur des bases communes le double édifice de la représentation nationale, et de l'administration communale et provinciale[196] ». En raison de leur subordination à la loi, les agents de l'administration sont irresponsables judiciairement. Le pouvoir judiciaire ne peut intervenir pour juger des mesures d'administration qui sont l'expression de l'exécution des lois. La loi des 16 et 24 août 1790 dispose ainsi que « les fonctions judiciaires sont distinctes et demeureront toujours séparées des fonctions administratives. Les juges ne pourront, à peine de forfaiture, troubler, de quelque manière que ce soit, les opérations des corps administratifs, ni citer devant eux les administrateurs pour

189 Lire à ce sujet Delbrel Yann, *L'essentiel de l'Histoire du droit social*, Paris, Gualino, 2006, 136 p.

190 Thoral Marie-Cécile, *op. cit.*, p. 93.

191 *Ibid.*, p. 104.

192 V. Bourdieu Pierre, *L'intérêt du désintéressement. Cours au Collège de France*, Paris, Seuil, 2022, 400 p.

193 *Loc. cit.*

194 Nous verrons les autres justifications dans la suite de notre paragraphe.

195 Bigot Grégoire, « La responsabilité de l'administration en France », *Jus Politicum*, n° 8, 2012, [en ligne], [consulté le 5 mars 2021].

196 *Loc. cit.*

raison de leurs fonctions ». En conséquence, il peut y avoir responsabilité du fait personnel de l'agent à la seule condition que l'administration supérieure y consente et surtout, il ne saurait y avoir responsabilité du fait même de l'administration au nom de la séparation des autorités judiciaire et administrative[197] ».

Mais peu après la Révolution, avec la Convention et le Directoire l'administration ne se conçoit plus à travers son lien avec la souveraineté du peuple mais par rapport à son lien avec l'exécutif seul avec la mise à mal du principe de séparation des pouvoirs qui tend à faire de l'administration non plus seulement une autorité mais un pouvoir[198]. François-Antoine de Boissy d'Anglas écrit à ce sujet dans son *Discours préliminaire au projet de constitution française* du 5 messidor an III[199] :

> Nous avons considéré l'administration intérieure de la République comme une émanation directe de la puissance exécutive. L'administration doit être uniforme, régulière et constante dans sa marche ; c'est la bienfaisante chaleur de l'astre du jour qui s'échappe de son sein pour pénétrer doucement dans les lieux les plus retirés de la terre[200].

L'administration se présente alors comme le bras armé de l'exécutif et s'assure de la mise en œuvre de sa politique sur le terrain. Le régime napoléonien remet en cause définitivement la vision révolutionnaire originelle de l'administration et continue de renforcer le pouvoir exécutif. Aux antipodes d'une conception démocratique, l'administration est nommée, coupée du régime représentatif et se trouve soumise à un pouvoir exécutif qui exerce un contrôle descendant[201]. Dans cette perspective, la Constitution de l'An VIII, du 13 décembre 1799 prévoit à travers son article 75 que l'ouverture d'une poursuite, devant les tribunaux ordinaires, dirigée contre un agent du gouvernement nécessitait l'intervention préalable d'une décision du Conseil d'État. Cette procédure avait pour objectif de protéger l'administration contre les attaques dirigées

---

197 *Loc. cit. V.* Mestre Jean-Louis, « Séparation des pouvoirs et contrôle de l'administration au début de la Révolution française (1789-10 août 1792) », in Martucci Roberto dir., *Constitution et Révolution aux États-Unis d'Amérique et en Europe*, Macerata, Laboratorio di storia costituzionale, 1995, p. 457-474.

198 Bigot Grégoire, *op. cit.*

199 *Loc. cit.*

200 *La Gazette nationale ou Moniteur Universel*, n° 283, 13 Messidor an III, p. 1141.

201 Bigot Grégoire, *op. cit.*

à son encontre par les administrés, le Conseil d'État agissant comme un filtre. Ce dernier traduit à lui seul la confiscation, par la confusion, des pouvoirs au profit de l'Exécutif et témoigne que l'administration, participe à l'exercice d'une souveraineté dont l'État est titulaire à titre exclusif[202]. Ses membres sont nommés par l'exécutif et lorsqu'il mène à bien ses différentes missions, consultatives et contentieuses, il traduit en partie la volonté de celui-ci. Tout au long de la première moitié du XIXe siècle et sous le Second Empire, un modèle napoléonien d'une administration autoritaire, centralisée et irresponsable politiquement perdure[203].

La première moitié du XIXe siècle témoigne d'une administration placée sous l'empire direct du pouvoir politique dont l'évolution des effectifs sont la conséquence directe des changements que peut connaître la majorité au pouvoir[204]. Les différents régimes politiques du XIXe siècle procèdent ainsi régulièrement à des épurations afin de créer une administration en adéquation idéologique avec le pouvoir politique en place. Ce lien s'exprime notamment par les serments de fidélité qui lient les fonctionnaires au régime ou au souverain. Si le serment n'est plus en usage sous la Troisième République[205], les vingt premières années de cette dernière s'inscrivent tout de même dans l'héritage direct des régimes politiques précédents. La fonction publique est considérée comme un « tâcheron au service de la représentation nationale[206] ». Le pouvoir organise l'accès aux emplois publics de manière très pragmatique, et les dispositions communes à l'ensemble des agents sont peu nombreuses[207]. En effet, jusqu'au XXe siècle, il n'existe pas de statut général qui protège les agents contre les abus d'autorité et l'arbitraire des dirigeants[208]. Des textes à vocation générale existent tout de même, de manière sporadique.

---

202 *Loc. cit.*

203 *V.* Bigot Grégoire, *L'administration française*, Paris, Lexis Nexis, 2014, p. 181-205.

204 *V.* De Visscher Christian, Le Bussy Gauthier, « La politisation de la fonction publique : quelques réflexions d'ordre comparatif », *Pyramides*, n° 3, 2001, p. 61-80.

205 Déjà la Seconde République avait mis fin au système des « députés fonctionnaires » en créant une incompatibilité entre mandat électif et détention d'une fonction publique.

206 Rouban Luc, « Le statut des fonctionnaires comme enjeu socio-historique », *Revue française d'administration publique*, vol. 132, n° 4, 2009, p. 675.

207 *V.* la loi du 9 juin 1853 qui met en place un régime général des retraites.

208 Savignac Jean-Charles, « L'État et la fonction publique : enseignements et perspectives », *Revue juridique de l'Ouest*, 2009-2, p. 143.

La Déclaration des Droits de l'Homme et du Citoyen du 26 août 1789 dispose à travers son article 6 que « tous les citoyens étant égaux [...] sont [...] admissibles à toutes dignités, places et emplois publics, selon leur capacité, et sans autre distinction que celle de leurs vertus et de leurs talents ». Ce principe d'égalité à l'accession aux fonctions publiques est repris ensuite par de nombreux textes constitutionnels qui confirment l'abolition des privilèges : constitutions de l'an III, de l'an VIII, Chartes de 1814 et de 1830, Constitution de 1848[209]. Pour autant, dans les faits la pratique est contraire à cet idéal. Qu'il s'agisse des employés subalternes, des agents intermédiaires ou de la haute fonction publique, le recrutement est laissé au « bon vouloir » de l'employeur public et du conformisme politique de l'impétrant[210]. Si quelques concours existent, il était nécessaire dans la majorité des cas afin d'être recruté, d'user de mécanismes de cooptation et de recommandation. Aux inégalités en droit caractérisant l'Ancien Régime, ont succédé des inégalités en faits, qui sociologiquement favorisaient les personnes en fonction de leur capital économique et social[211].

Ainsi, le lien entre l'exécutif et l'administration est organique en raison du mode de recrutement des agents. Si ce lien est critiquable du point de vue de la neutralité des serviteurs de l'État, il permet de leur faire gagner en légitimité d'autant que leur action est conçue comme essentielle. Alexandre-François Vivien écrit, dans ses *Études administratives* en 1845, que les fonctionnaires sont « les rouages qui reçoivent le mouvement et le transmettent à la machine de l'État, les canaux par lesquels passent les bienfaits d'un gouvernement stable et régulier[212] ». L'administration se présente comme le « point d'insertion du politique dans le social, du raisonnable dans le rationnel[213] », comme l'outil qui rend possible la politique du gouvernement en la rendant concrète. Au cours de la seconde moitié du XIXe siècle la conjugaison des processus de démocratisation politique et de bureaucratisation administrative

209 Edel Frédéric, « Deux siècles de principe d'égale admissibilité aux emplois publics », *Revue française d'administration publique*, vol. 142, n° 2, 2012, p. 343.

210 *Ibid.*, p. 346.

211 *Ibid.*, p. 347.

212 Vivien Alexandre-François, *Études administratives*, vol. 1, Paris, Guillaumin éditeur, 1845, p. 43.

213 Hassner Pierre, « La philosophie politique de M. Éric Weil », *Revue française de science politique*, vol. 8, n° 2, 1958. p. 427.

mène à la constitution de deux pôles contrastés, régis par des principes antithétiques mais dont la coexistence est jugée comme indispensable au bon fonctionnement de l'État[214]. En cela les responsabilités de direction politique sont assumées par des élus dans le cadre d'un système représentatif et les activités de gestion administrative incombent à des professionnels qualifiés, insérés dans un appareil structuré et discipliné[215].

Ainsi par la subordination organique de l'administration au personnel politique, par les modes de recrutement employés mais aussi par le principe de légalité de l'action publique, il apparaît comme particulièrement nécessaire d'assurer aux agents de l'État une protection accrue dans l'exercice de leurs fonctions. Ceci ressort notamment à travers la prise de parole du garde des Sceaux Jules Dufaure à l'Assemblée lors des débats en décembre 1875 quant à l'adoption d'une loi nouvelle sur les délits de presse. Lorsqu'il évoque les spécificités de l'infraction de diffamation à l'encontre des agents et dépositaires de l'autorité publique, Jules Dufaure déclare : « quand j'ai concouru à la fondation d'un gouvernement, je tiens à ce qu'il ait les moyens de se défendre[216] ». Des attaques à l'encontre de l'administration pourraient, par ricochet, atteindre l'exécutif considéré comme responsable de l'action de ses agents. En droit, cette responsabilité pourrait ne pas être établie en raison du caractère potentiellement personnel de la faute commise. Pour autant, il est possible que dans l'esprit des citoyens un amalgame soit réalisé ce qui jouerait en défaveur du pouvoir qui cherche dans les premières années de la République à s'imposer. Il convient ainsi d'éviter tout quiproquo, y compris en ce qui concerne les représentants et dépositaires de l'autorité publique. Pour cela, la loi du 29 décembre 1875 permet à l'action publique d'être déclanchée sans plainte préalable du fonctionnaire diffamé. En effet, ce dernier pourrait être tenté de ne pas agir : la loi nouvelle permet au ministre compétent d'agir seul et rapidemment afin de défendre son administration[217].

À travers les termes de « dépositaires de l'autorité publique » utilisés par les lois de Serre mais aussi par les lois du 15 avril 1871 et du 29 décembre 1875 (par renvoi), est visé tout un ensemble d'individus

214 Chevallier Jacques, *op. cit.*, p. 219.
215 *Loc. cit.*
216 *Journal Officiel de la République*, 29 décembre 1875, p. 10872.
217 *Bulletin officiel du ministère de la Justice*, t. 1, 1876, p. 8.

qui ont pour point commun de détenir un pouvoir de décision et de contrainte sur des personnes ou des choses, dans le cadre de l'exercice de leur fonction dont elles sont titulaires par délégation de la puissance publique de manière permanente ou temporaire. Derrière cette expression se retrouve les représentants de l'État mais aussi des collectivités territoriales[218].

Dans ces dernières, la majorité de l'Ordre moral s'attèle à mettre un coup d'arrêt à la tentative timide de décentralisation qui avait pu être esquissée au début de la décennie[219] : la loi du 20 janvier 1874 confie au pouvoir central la compétence de nommer les maires. Ainsi, le Président de la République nomme les maires dans les chefs-lieux de département, d'arrondissement et de canton. Dans les autres communes, ils sont nommés par le préfet. L'article 2 de la loi précise que les maires seront pris soit dans le conseil municipal, soit en dehors. Dans ce dernier cas, la nomination sera faite par décret délibéré en conseil des ministres ou par arrêté du ministre de l'Intérieur. Dans tous les cas, l'article 3 indique que la nomination des adjoints doit être agréée par le préfet. Le pouvoir central vient ainsi reprendre la main sur l'ensemble du territoire. Aucune commune, qu'elle soit grande ou petite, rurale ou urbaine, ne peut échapper au contrôle du pouvoir exécutif. L'objet est de créer un maillage territorial efficace afin de propager les idées de l'Ordre moral.

---

218 Sous la période de l'Ordre moral, peut être observée une véritable « prise en main » des représentants qui se trouvent au plus près des territoires. Ainsi, à la sortie du Second Empire, monarchistes et républicains se rejoignent volontiers sur la nécessité d'accorder davantage de pouvoirs au maire. En effet, la guerre franco-prussienne montre les limites de la centralisation : le maire est au plus près du terrain et il apparaît comme souhaitable qu'il puisse agir rapidement sans attendre l'accord de l'État central en cas de besoin afin de rétablir l'ordre public. Cependant, l'insurrection de la Commune amène le gouvernement à revoir très vite ses positions. Nombreux sont ceux qui craignent qu'une décentralisation plus prononcée soit source d'instabilité et ne laisse un blanc-seing aux idées les plus radicales. La loi adoptée le 14 avril 1871 illustre cette inquiétude mais aussi les hésitations du parlement. Si la loi maintient l'obligation pour le maire d'être issu du conseil municipal élu directement par les citoyens, elle distingue le mode de désignation du maire en fonction de la taille des communes. Ainsi, pour les communes les plus importantes (plus de 20 000 habitants) le maire est nommé par le pouvoir central contrairement aux petites communes où celui-ci peut être élu par les conseillers municipaux. Un souci tout particulier est donc témoigné à l'endroit des centres urbains considérés comme des terreaux fertiles à l'insurrection. La loi du 12 août 1872 confirme à nouveau les dispositions prises un an plus tôt.

219 Vandenbussche Robert, « La fonction municipale sous la Troisième République. L'exemple du département du Nord », *Revue du Nord*, t. 76, n° 305, Avril-juin 1994, p. 320.

La maîtrise des maires est tout particulièrement utile en ce qu'elle permet d'influer sur le maintien de l'ordre public à travers l'exercice du pouvoir de police administrative[220].

Fortement liés au pouvoir politique central, les maires en sont des relais au plus près des administrés. Ils nécessitent donc, une protection accrue pour tous les actes de leur vie publique : en les protégeant les gouvernants se protègent eux-mêmes puisqu'ils ont participé de leur nomination. Le même souci peut être observé à l'égard des préfets qui sont eux aussi des représentants de l'État sur le territoire. Ils sont « les courroies de transmission » du pouvoir central et de ses décisions, dans la continuation de la pensée napoléonienne. Leurs effectifs sont alors épurés dans un sens favorable au gouvernement[221].

Mais résumer la protection spécifique, en matière de presse, accordée aux agents et représentants publics, aux seuls intérêts politiciens du pouvoir serait méconnaître la construction plus globale de la dualité des ordres de juridictions en France et du droit administratif en particulier. La matière administrative, parce qu'elle traite d'un sujet qui touche à l'intérêt général à travers les services publics[222], ne peut être totalement

220 À la suite de cette loi de nombreux maires républicains sont obligés de quitter leur poste, chassés vers la sortie par les conservateurs au pouvoir. Il en est ainsi dans le Nord à Dunkerque, Roubaix ou encore Cambrai où sont nommés des partisans de l'Ordre moral ou des modérés ; *loc. cit.* Il faut attendre une loi de juillet 1876 et la percée des républicains dans les urnes pour que le droit des citoyens d'élire leur maire soit de nouveau confié aux communes qui ne sont pas chefs-lieux de canton, arrondissements ou départements.

221 Une épuration importante des préfets républicains, une vingtaine, est réalisée à l'arrivée au pouvoir du gouvernement de Broglie en 1873 ; Mayeur Jean-Marie, *op. cit.*, p. 27. Ces nouveaux préfets sont majoritairement mariés avec des enfants (64 %), issus de classes sociales supérieures (76,1 % soit le taux le plus important de la période 1870-1997) ; Rouban Luc, « Les préfets de la République (1870-1997) », *Les cahiers du CEVIPOF*, n° 26, janvier 2000, p. 9. Leur capital social est particulièrement important : seuls 39,5 % d'entre eux n'ont aucune relation familiale avec le monde administratif, politique, ou le secteur privé contre 51,6 % sous la présidence de Thiers et 67,5 % sur la fin de la IIIe République ; *ibid.*, p. 22. Plus encore 21 % d'entre eux ont des liens avec le pouvoir politique (à nouveau le plus haut taux sur l'ensemble de la période 1870-1997) ; *loc. cit.* Le profil type des préfets sous l'Ordre moral est donc celui d'hommes issus de classes sociales aisées, politisés et répondant aux canons de la famille traditionnelle du XIXe siècle. En d'autres termes, ces recrutements s'inscrivent pleinement dans le projet de l'Ordre moral et dans les valeurs que celui-ci veut promouvoir. Nommés par le pouvoir central, les préfets en sont donc le prolongement tant sur le plan organique que des idées.

222 V. Chevallier Jacques, « L'intérêt général dans l'administration française », *Revue internationale des sciences administratives*, 1975, vol. XLI, n° 4, p. 325-350.

assimilée au droit commun. Les agents du champ doivent ainsi être protégés au regard de leur rôle dans la société, de leur fonction. La protection qui est apportée aux agents et dépositaires de l'autorité publique par le biais de l'infraction de diffamation, via le vote d'un texte spécifique créant une peine plus lourde et donc davantage dissuasive, s'inscrit dans un renouvellement de la conception de l'action publique opérée depuis la fin de l'Ancien Régime. Si ces personnes possèdent un pouvoir de décision, qui reste restreint, et de contrainte sur les individus en raison d'une délégation de puissance publique octroyée par l'État, c'est parce que cette dernière est encadrée par la loi afin de servir l'intérêt général. Elles doivent donc être protégées à ce titre.

L'intérêt général se substitue dès le XVIIIe siècle à la notion de « bien commun » sous l'impulsion des juristes[223] qui visent à séparer l'État de la maison du roi[224]. Le physiocrate Lemercier de La Rivière théorise ainsi pour la première fois en 1770, affirmant sa conformité avec les lois du Royaume[225]. L'intérêt général se trouve défendu aussi bien par les partisans de la monarchie que par ceux de la République. L'on recourt à ce terme dans diverses circonstances, à des fins de critiques sociales ou bien de justification de l'action publique. Si de nombreuses conceptions émergent, notamment à l'occasion des différentes révolutions que connaît la France depuis 1789, une constante peut tout de même être soulignée. L'intérêt général constitue le nœud conceptuel sur lequel l'État moderne et son droit repose, renouvelant sa légitimité et devenant « une nouvelle instance politique de référence qui dépasse la pure considération des intérêts d'ordres ou de corporations[226] ».

Dans cette perspective, les serviteurs de l'État concourent à la mise en œuvre concrète de ce nouvel objectif étatique. La doctrine du XIXe siècle s'est attachée à lier les notions d'administration, d'exécution et d'intérêt général. L'exécution administrative doit ainsi être comprise comme une

---

223 Bourdieu Pierre, *Sur l'État*, *op. cit.*, p. 14.

224 *Ibid.*, p. 355.

225 Cretois Pierre, Roza Stéphanie dir., « De l'intérêt général », *Astérion*, n° 17, 2017, p. 4 ; Lemercier de La Riviere Pierre-Paul, *L'intérêt général de l'État ou La liberté du commerce des blés, démontrée conforme au droit naturel ; au droit public de la France ; aux lois fondamentales du royaume ; à l'intérêt commun du souverain et de ses sujets dans tous les temps avec la réfutation d'un nouveau système, publié en forme de Dialogues sur le commerce des blés*, Paris, Desaint, 1770, 414 p.

226 Cretois Pierre, Roza Stéphanie, *op. cit.*, p. 4.

puissance d'action verticale, des gouvernants sur les gouvernés, à travers un ensemble de missions qui sont censées être accomplies pour le bien de la société dans son ensemble, ce qui justifie que cèdent devant elles les intérêts privés[227]. La protection qui est apportée aux serviteurs de l'État est en conséquence fonctionnelle en ce qu'elle tient au rôle, à la fonction occupée par le travailleur au sein de l'État démocratique[228]. Cette dernière connait des modifications répétées à l'aube de la Troisième République.

En ce qui concerne la responsabilité des agents, le décret en date du 19 septembre 1870 met dans un premier temps un terme au système ancien qui trouvait à s'appliquer jusqu'alors. L'article 75 de la Constitution de l'an VIII conduisait à une irresponsabilité de la puissance publique de fait puisque pour qu'un agent soit poursuivi devant les tribunaux judiciaires il était nécessaire que les autorités administratives supérieures donnent leur accord. Le décret républicain de septembre 1870 revient sur cette mesure ancienne et soumet les agents publics au droit commun, leur responsabilité pouvant être engagée devant les juridictions judiciaires comme n'importe quel autre particulier, à l'image de ce qui se pratique dans le système juridique anglo-saxon. Cette décision était motivée essentiellement par la volonté du tout jeune régime d'épurer les partisans de l'Empire de ses effectifs. Mais, par une décision dite « Pelletier » du 30 juillet 1873, c'est-à-dire en en plein Ordre moral, un frein considérable est mis à nouveau à l'engagement de la responsabilité des agents. Le Tribunal des conflits distingue à l'occasion de cette affaire, les fautes « de service », des fautes « personnelles ». Dans le cas où aucune faute personnelle n'est imputable à l'agent, lorsque la faute est commise par l'agent dans l'exercice de ses fonctions en dehors de tout intérêt personnel avec les moyens du service, il revient à l'administration de voir sa responsabilité engagée et de réparer le dommage causé à un tiers. Est ainsi créée une protection dite « fonctionnelle » accordée à l'agent qui empêche la compétence du juge judiciaire.

---

227 Roland Sébastien, « La notion d'exécution dans la doctrine du XIXe siècle », *Revue Française d'Histoire des Idées Politiques*, vol. 34, n° 2, 2011, p. 317. Se pose alors, en parallèle, la question de savoir qui est véritablement compétent pour définir cet intérêt général et qui est légitime pour l'énoncer dans un contexte de lutte entre pouvoirs exécutif et législatif dans l'appropriation du monopole de l'énonciation de l'intérêt général ; *loc. cit.*

228 *Ibid.*, p. 325.

Afin de justifier cette décision, le commissaire du gouvernement David explique que cette distinction est la conséquence directe du décret de septembre 1870 et de son application à ce que l'on nomme « la garantie des fonctionnaires[229] ». En effet, ce règlement aurait simplement supprimé une forme de « garantie personnelle » qui était jusqu'alors offerte aux agents afin de les protéger « contre les animosités ou l'esprit de parti, en soumettant la poursuite à l'autorisation préalable de l'autorité supérieure[230] ». En revanche il aurait sauvegardé la « garantie réelle » offerte à l'administration afin de la protéger des ingérences des tribunaux judiciaires dans une matière qui concerne l'organisation du service et dont ils n'ont pas à connaître[231]. Ainsi il y une faute de service lorsque « l'acte dommageable est impersonnel » et s'il révèle « un administrateur plus ou moins sujet à erreur[232] ». On considère alors que ce n'est pas l'agent, individuellement, qui doit être inquiété mais l'administration dans son ensemble car l'agent n'a été que l'exécuteur des consignes qui lui ont été données. En revanche, cette déresponsabilisation prend fin dès lors que la faute commise est la conséquence « de l'homme, avec ses faiblesses, ses passions, ses imprudences[233] ». La *summa divisio* qui est opérée en matière de responsabilité s'observe ainsi entre l'individualité et la fonction.

L'infraction de diffamation met également en avant cette distinction. Dans ce cas l'agent n'est pas poursuivi, il n'est pas l'auteur de l'infraction et ne se pose donc pas la question de savoir qui va devoir répondre de sa faute. Tout de même, l'on observe au moment de la qualification des faits, le recours à une distinction similaire en séparant les imputations dirigées à l'encontre de l'individualité de l'agent (l'Homme), des imputations dirigées à l'encontre de sa personne à l'occasion de l'exercice de ses fonctions (le professionnel). Dans le second cas, la peine encourue est plus lourde et la procédure différente. C'est alors bien la fonction qui est protégée, et non l'individu en lui-même. Cette protection fait l'objet d'une évolution entre 1870 et 1875, du point de vue de la juridiction compétente.

229 *Les grands arrêts de la jurisprudence administrative*, 18e édition, Dalloz, 2011, p. 10.
230 *Loc. cit.*
231 *Loc. cit.*
232 *Ibid.*, p. 11.
233 *Loc. cit.*

Le déploiement d'une protection forte

En avril 1871, la commission en charge du projet de loi concernant les délits de presse, prévoit de protéger spécifiquement les serviteurs de l'État en alourdissant la peine encourue en cas de diffamation à leur encontre mais cela n'est pas tout. En parallèle elle propose de protéger spécifiquement ceux qui mettraient en lumière les agissements peu scrupuleux commis par ces agents. En effet, les individus poursuivis sur le fondement d'une diffamation à l'encontre d'un agent ou dépositaire de l'autorité publique, pour des faits commis à l'occasion de ses fonctions, peuvent avoir recours comme moyen de défense au fond à l'exception de vérité. Cette possibilité se comprend par la spécificité de l'activité des individus visés par les propos diffamatoires. C'est ce qu'explique le rapporteur de la commission parlementaire dans sa prise de parole le 10 avril 1871.

Selon de Broglie dans ce cas particulier de diffamation « tout est grave, car tout dépend d'une appréciation morale très délicate. Car le même fait matériel peut être répréhensible au premier chef ou au contraire être considéré comme l'accomplissement d'un devoir rigoureux ou patriotique[234] ». Le rapporteur expose ici le rôle important que joue la juridiction compétente. Elle ne vient pas seulement constater l'existence des éléments constitutifs de l'infraction de diffamation, elle va également devoir se prononcer sur la véracité des faits allégués par le diffamateur présumé. Elle va donc distinguer le délinquant, du citoyen soucieux du bien commun, véritable « veilleur de la démocratie ». Aussi, cette tâche appelle plusieurs remarques.

L'admission de l'exception de vérité traduit un souci des gouvernants de donner aux citoyens un véritable droit de regard sur la manière dont les affaires publiques sont menées à travers la législation sur la presse. Le procès permet de discuter au fond des faits qui sont portés à la connaissance du public. Comme le souligne de Broglie, « s'il l'imputation est fondée, [...], si c'est un fait vrai qui est révélé au public, un service éminent est rendu à la société qui se trouve par-là avertie du danger que lui fait courir un serviteur infidèle[235] ». Il est donc bon, pour le système démocratique, qu'un examen précis des faits soit réalisé devant

234 *JORF*, 25 avril 1871, p. 751.
235 *Loc. cit.*

les tribunaux de la République qui rendent leurs décisions au nom du peuple français. Surtout, il est nécessaire que des citoyens aient le courage de porter ces faits à la connaissance du public sans être condamnés. Pierre-Paul Royer-Collard indiquait à ce sujet qu'il s'agit « d'un droit naturel et social[236] » car la « vie publique des fonctionnaires appartient à tous[237] ». On peut replacer cette disposition dans un renouvellement plus large de la place du citoyen au sein de la démocratie, dans le prolongement de l'article 15 de la Déclaration des Droits de l'Homme et du Citoyen qui énonce que « la société a droit de demander compte à tout agent public de son administration ». Bien que le gouvernement soit conservateur et qu'il tende à la restauration monarchique, il n'en est pas moins démocratique, en donnant un droit de regard au peuple, et libéral en permettant à ce dernier de dénoncer ses errements à travers certaines individualités. Cette idée avait auparavant été développée par Robespierre, qui souhaitait faire de chaque citoyen une sentinelle vigilante à l'égard des puissants[238].

Le rapporteur de Broglie, toujours dans sa prise de parole du 10 avril 1871, déclare que : « si la vérité est nécessaire, c'est pour discerner la limite qui sépare un acte non seulement licite, mais louable d'un acte criminel[239] ». Il ajoute qu'« attaquer les fonctionnaires publics est le droit d'un citoyen dans un pays libre, et l'abus ne commence que quand l'attaque est poussée jusqu'à dénaturer la vérité[240] ». La vérité est donc considérée comme la valeur suprême à protéger et une place importante est laissée à la liberté d'expression dès lors qu'elle a pour dessein d'éclairer l'opinion publique[241].

Si le champ politique surveille autant qu'il le peut par des mesures administratives et judiciaires la presse, cette dernière aussi scrute les agissements de l'exécutif et de l'administration à travers une presse d'investigation née à la fin du Second Empire[242]. Cette tolérance à l'égard de la presse s'explique par l'héritage des doctrines du début du siècle qui

236 Grellet-Dumazeau Étienne, *Traité de la diffamation, de l'injure et de l'outrage*, t. 2, Paris, Joubert, 1847, p. 10.

237 *Loc. cit.*

238 Halpérin Jean-Louis, *op. cit.*, § 7.

239 Grellet-Dumazeau Étienne, *op. cit.*, p. 10.

240 *Loc. cit.*

241 *Loc. cit.*

242 Martin Marc, *Médias et journalistes de la République*, Paris, Odile Jacob, 1997, p. 30.

ont fortement influé sur l'appréhension des problématiques publiques par la presse. Tel est le cas des auteurs doctrinaires, monarchistes et libéraux qui ont considéré la presse comme un outil nécessaire afin de « reconstruire une société homogène et cohérente, dont l'existence est une condition nécessaire, selon eux, à l'établissement d'un régime politique stable[243] ». Plus encore, selon Royer-Collard la presse apparaît comme une « nécessité sociale[244] », en ce qu'elle permet de mettre un frein aux tentations individualistes et à l'émiettement de la société qui ont suivi la chute de la monarchie. Avec cette dernière ont disparu des institutions tels que les parlements ou la magistrature d'Ancien Régime qui constituaient selon l'auteur « des forces de résistance face au pouvoir et des lieux de cohésion sociale[245] ». De fait, la presse vient prendre le relais en recréant du lien entre les individus et en luttant contre les excès du pouvoir se positionnant en un véritable instrument de contribution à un nouvel ordre social[246].

La presse est ainsi éminemment politique en ce qu'elle permet d'informer le citoyen sur l'action publique mais aussi de l'éduquer afin qu'il prenne lui-même part aux décisions politiques en connaissance de cause. Pour les doctrinaires, cette fonction doit avant tout concerner les classes moyennes qui sont amenées à venir grossir le corps électoral et qui ne présentent pas les « dangers » des classes les plus populaires. Aussi, la presse doit amener à une implication plus importante des citoyens sans pour autant jouer un rôle négatif au sein de l'ordre social[247]. Autrement dit, tant que la masse des citoyens n'est pas suffisamment instruite et éduquée à la démocratie (selon les critères posés par la classe dominante), il est nécessaire que la presse se trouve contingentée (cautionnement, peines pénales) à des fins de préservation sociale[248]. La presse ne pourra être libre que dès lors que les citoyens seront capables de discerner par eux-mêmes la qualité des informations ou opinions qui leur sont délivrées. Même si la presse se trouve limitée dans son exercice, pour Guizot elle constitue l'un « des éléments du gouvernement

243 Bautier Roger, Cazenave Élisabeth, « Les conceptions de la médiatisation au début du XIXe siècle », *Études de communication*, n° 22, 1999, p. 2.

244 *Loc. cit.*

245 *Loc. cit.*

246 *Loc. cit.*

247 *Ibid.*, p. 1.

248 *Ibid.*, p. 4.

représentatif» qui ont pour fonction de «fouiller sans cesse dans la société, de mettre en lumière les supériorités de tout genre qu'elle contient, de les amener au pouvoir, et après les y avoir placées, de les obliger à le mériter sous peine de le perdre, en les contraignant à ne le manier que publiquement et par des voies accessibles à tous[249] ». À travers ces mots, il justifie les raisons qui poussent à protéger les journalistes qui se mettent au service de la nation en mettant à jour la manière dont les affaires publiques sont menées. Ils entraînent l'implication progressive des citoyens dans la vie de la cité qui, avant de s'exprimer par une candidature à des élections ou par le vote, s'exprime à travers l'émergence d'un « droit à l'information[250] ». Ce droit à l'information se traduit par la mise en œuvre de l'exception de vérité ainsi que par la compétence du jury populaire.

Au regard des débats parlementaires, il semble que les raisons qui ont guidé ce choix juridictionnel et procédural ne sont pas seulement idéologiques, dans un souci d'association du citoyen aux affaires publiques, mais aussi pratiques. Le choix de la cour d'assises est la garantie d'une procédure longue qui permet de donner soit au prévenu, soit au plaignant, du temps pour mettre la vérité en lumière. Les enjeux étant importants, tant d'un point de vue de la peine encourue que d'un point de vue symbolique pour les individus concernés par l'instance, il est nécessaire pour les différentes parties au procès que les débats soient plus approfondis. La période précédant le jugement est elle aussi placée sous le signe d'un examen minutieux. La loi d'avril 1871, à travers son article 3, précise que le droit de citation appartient au ministère public mais surtout que les délais prescrits par la loi de 1819 courent à partir du jour où la citation a été donnée. La cour d'assises de l'Hérault dans un arrêt du 24 novembre 1874 indique en outre que le fonctionnaire diffamé n'a pas le droit de citation directe devant la cour d'assises[251]. En outre, l'affaire ne pourra être portée à l'audience avant l'expiration de ces délais ce qui permet d'éviter un traitement trop rapide ou superficiel de l'affaire.

---

249 Guizot François, *Du gouvernement de la France depuis la Restauration et du ministère actuel*, Paris, Librairie française de Ladvocat, 1820, p. 152.

250 Cette notion apparaît après la seconde guerre mondiale. *V.* à ce sujet Giroux Guy, « Le droit du public à l'information », in *Communication. Information Médias Théories*, volume 6, nº 1, 1983, p. 24-42.

251 *Recueil Sirey*, 1875, p. 1068.

En 1875, et malgré la victoire de la République à travers l'adoption de l'amendement Wallon au sein des lois constitutionnelles, le pragmatisme semble l'emporter sur les idéaux libéraux et démopédiques qui avaient inauguré le régime en 1870. En effet, le projet de loi déposé par Jules Dufaure et Louis Buffet propose de confier l'ensemble du contentieux de diffamation aux tribunaux correctionnels, que les propos soient dirigés envers les faits de la vie privée ou les faits de la vie publique des agents et dépositaires de l'autorité publique. L'exception de vérité demeure mais ce moyen de défense au fond ne peut être envisagé que par les juges des tribunaux correctionnels (article 7 de la loi). Afin de justifier cette position, l'exposé des motifs du projet de loi présente plusieurs arguments.

Le premier argument avancé tient dans le contenu des propos diffamatoires. Selon l'argumentation du projet, « les diffamations envers les fonctionnaires ont souvent peu d'importance : elles s'attaquent soit à un maire, soit à un commissaire de police ou à quelque agent subalterne à qui l'exercice de ses fonctions a valu certaines inimitiés[252] ». Ainsi, la raison qui fonderait ce changement de compétence juridictionnelle tiendrait à la fois dans la trivialité des propos diffamatoires mais aussi dans la position peu élevée des individus concernés dans la hiérarchie professionnelle et sociale.

Par ailleurs, la répression illusoire des jurys populaires pencherait en faveur de la compétence des tribunaux correctionnels. Le garde des Sceaux lit à l'Assemblée une lettre reçue de la part d'un magistrat. Le professionnel du droit y constate les insuffisances du jury « pour tout ce qui s'attache à la politique », y compris « aux poursuites pour diffamation ou outrages envers les fonctionnaires[253] ». Il ajoute que les procès ont « abouti d'une manière si assurée à des acquittements, qu'on peut considérer les fonctionnaires comme livrés sans défense à la méchanceté de quiconque veut les calomnier[254] ». Jules Dufaure se rallie pleinement à l'opinion du magistrat en ajoutant que l'insuffisance du jury a été maintes fois soulevée au parlement et qu'il est devenu presque impossible d'obtenir de la part du jury « des jugements conformes, en matière de presse, à la justice et à la vérité[255] ». De fait, il resterait en France tout

252 *JORF*, 19 novembre 1875, p. 9464.
253 *JORF*, 29 décembre 1875, p. 10870.
254 *Loc. cit.*
255 *Loc. cit.*

un ensemble de délits qui « faute d'une juridiction qui les comprenne, restent impunis et même en définitive impoursuivis[256] ». En d'autres termes, les citoyens sont trop peu fiables pour que leur soit confiée la protection des agents et dépositaires de l'autorité publique, ce qui crée « un désordre dans la société[257] ». Le tribunal correctionnel se présente alors comme le plus à même pour juger cette infraction qui ne présente pas, selon l'orateur, un caractère politique affirmé.

Certains députés, à l'instar de Noël Madier de Montjau, ont développé une vision tout à fait différente. Selon eux, un fonctionnaire agit en vertu des ordres du gouvernement et son action est par conséquent politique[258] et que la compétence est alors celle du jury, seul compétent en la matière. Le député raille la correctionnalisation des injures écrites, assimilées aux injures orales. Selon lui, le gouvernement agite le chiffon du désordre social afin de justifier le vote de lois liberticides pour la liberté de la presse, et d'une justice « qui condamne selon son gré, selon les espérances de ceux qui la veulent » et non selon celles du peuple[259]. Afin de justifier ses accusations, le député Madier de Montjau avance quelques chiffres issus de statistiques judiciaires. Entre 1871 et 1875, sur 588 personnes accusées à l'occasion de 288 procès, 247 individus aurait été condamnés[260]. Ainsi, la répression serait déjà effectivement assurée. Le dessein du gouvernement ne serait donc pas d'aller vers une plus grande sévérité, mais de confier le traitement de l'infraction à une juridiction davantage susceptible de se joindre à l'opinion du gouvernement.

Un élément semble abonder en ce sens. Parmi les dossiers personnels des magistrats, se trouvent pour certains des rapports au sein desquels les supérieurs peuvent faire remonter au ministère de la Justice, des informations sur l'attitude du magistrat à l'occasion d'un événement à portée politique[261]. Les mentions contenues dans ces dossiers permettent de mesurer, précisément, l'adhésion ou non du corps au gouvernement. Il apparaît ainsi, au regard de notices de renseignements contenues dans les dossiers de magistrats, que 70 % des magistrats ayant une appréciation

256 *Loc. cit.*
257 *Loc. cit.*
258 *Ibid.*, p. 10868.
259 *Ibid.*, p. 10869.
260 *Loc. cit.*
261 Royer Jean-Pierre, Martinage Renée, Lecocq Pierre, *op. cit.*, p. 266.

politique dans leurs documents, sont perçus comme en adéquation avec le régime à travers des expressions telles que : « bons sentiments politiques », « dévouement au gouvernement[262] ». Le recrutement des magistrats semble donc bien envisagé à partir de leur capacité à être en adéquation avec le pouvoir en place. La soumission de la magistrature aux gouvernants conservateurs apparaît comme un leitmotiv de la propagande républicaine sous la période de l'Ordre moral[263].

Durant cette dernière, la soumission est riche de nombreux exemples de soutien ouvert à l'action gouvernementale. Parfois celui-ci est explicite, comme en 1873[264] ou 1877 lorsque des magistrats viennent, dans la presse, plaider en faveur des candidats conservateurs lors des campagnes électorales de 1877[265]. La jurisprudence des tribunaux est un autre moyen efficace d'aider le gouvernement, quitte à interpréter certains textes de loi de manière extensive notamment en matière de liberté d'expression. À ce titre la décision de la Cour de cassation, sous la présidence de Adrien Devienne (un magistrat déchu par Crémieux quelques années plus tôt), qui réalise un dernier pied de nez aux républicains en énonçant la légalité des commissions mixtes de 1852 est parlante. L'arrêt précise à ce titre que les révolutions ne doivent être justiciables « que de l'histoire », l'intervention de la justice n'étant pas légitime dans ce cas.

Mais l'adhésion de la magistrature aux idées conservatrices n'est pas à limiter à leur seule origine sociale car elle est aussi la conséquence d'une culture professionnelle associée à un esprit de corps[266]. L'ordre est considéré par ces professionnels du droit comme une valeur primordiale, et ils n'hésitent pas à monter au front dès que ce dernier est remis en cause par des idées nouvelles ou des crises[267].

Ainsi, la loi du 29 décembre 1875 confie aux tribunaux correctionnels la connaissance de toutes les infractions de diffamation. Ces tribunaux sont les seuls garants de l'honneur des particuliers et des

262 *Loc. cit.*

263 Afin de comprendre ces reproches répétés adressés au champ judiciaire, l'ouvrage collectif *Juges et notables au* XIXe *siècle* nous donne des pistes afin d'explorer la réalité de ces accusations et le contexte de méfiance qui en découle.

264 *Ibid.*, p. 259.

265 Bernaudeau Vincent, « L'Anjou, la République et ses juges », sur *Criminocorpus* [En ligne], 2011, [consulté le 01 avril 2021].

266 Farcy Jean-Claude, « La stabilité du modèle napoléonien (1810 – milieu du XXe siècle) », *op. cit.*, p. 49.

267 *Loc. cit.*

agents de l'autorité publique. Ils constituent le seul rempart judiciaire à la calomnie dont les citoyens se trouvent écartés du jugement. Jules Dufaure, dans une circulaire du 7 janvier 1876 adressée au parquet, légitime l'incompétence du jury populaire au motif que ce dernier se serait montré « presque toujours en dessous de sa mission lorsqu'il avait été appelé à protéger les représentants de l'autorité publique contre les attaques violentes dont ils étaient l'objet[268] ». Dufaure explique qu'« en 1871 au milieu des périls publiés qui nous avaient assaillis, nous avons voulu rétablir un grand principe méconnu depuis vingt ans, et attribuer au jury la connaissance générale des délits de presse. À cette époque, nous n'avions pas l'expérience qui nous avons depuis[269] ». Ainsi, cela serait la pratique, l'expérience qui aurait amené à ce changement de 1875.

Si l'on considère le nombre d'affaires jugées chaque année, ce changement de juridiction se présente comme symbolique : en 1872, pour les diffamations à l'encontre des fonctionnaires publics devant les cours d'assises l'on relève 17 affaires pour 26 prévenus menant à 18 acquittements[270]. Pour la même infraction en 1873 pour la presse périodique, ce sont 7 affaires avec14 prévénus menant à 11 acquittements[271]. L'on relève seulement 4 affaires en 1874 et 2 en 1875[272]. Pour autant, si l'on envisage l'application de la loi de 1871 sur les infractions de presse confiées au jury de 1871 à 1875 dans son ensemble, sur 318 infractions au total 64 sont des diffamations envers les fonctionnaires[273] soit 20 % de l'ensemble. En ce sens, en enlevant l'infraction au jury, c'est une part importante du contentieux qui est redirigé vers les tribunaux correctionnels.

En ce qui concerne l'injure envers les dépositaires et agents de l'autorité publique, les hésitations juridictionnelles n'existent pas. Dès 1871, toutes les injures sont confiées au tribunal correctionnel. Le député Baragnon, dans sa prise de parole à l'Assemblée en avril 1871, pointe certaines incohérences. Le député rappelle tout d'abord que la

268 *Journal du droit criminel, ou jurisprudence criminelle de la France : Recueil critique des décisions judiciaires et administratives sur les matières criminelles, correctionnelles et de simple police*, Versailles, Imprimerie de E. Aubert, 1876, p. 38.

269 *JORF*, 29 décembre 1875, p. 10872.

270 *Compte général de l'administration criminelle*, 1872, p. 102.

271 *Compte général de l'administration criminelle*, 1873, p. 102.

272 *Compte général de l'administration criminelle*, 1874, p. 82.

273 *Compte général de l'administration criminelle*, 1875, p. XII.

diffamation est « l'imputation d'un fait précis[274] ». L'injure en revanche est une « expression violente, outrageante, qui peut se trouver dans une appréciation politique. De sorte qu'un article de journal qui aura diffamé un fonctionnaire public sera traduit devant le jury, et un article qui se sera borné à apprécier sévèrement, durement, injustement, si l'on veut, l'administration d'un fonctionnaire public, mais dans lequel ce fonctionnaire se sera cru injurié, cet autre article sera soumis aux tribunaux correctionnels, bien qu'il n'ait été dicté que par des sentiments d'ordre purement politique[275] ». Le député indique que cette compétence octroyée aux juges correctionnels leur confierait une tâche trop politique, contrairement à ce que la loi de 1819 prévoyait originellement, réservant le tribunal correctionnel aux injures verbales et non écrites. La remarque est entendue et ajoutée au projet de loi : les injures écrites à l'encontre d'un agent ou dépositaire de l'autorité publique sont de la compétence du jury, les injures verbales sont en revanche toutes de la compétence du tribunal correctionnel, indifféremment de la personne visée (article 2, alinéa 3).

Ainsi, l'attribution de la compétence à la juridiction correctionnelle illustre une forme de méfiance vis-à-vis du jury considéré comme trop laxiste ou trop peu qualifié pour juger des infractions complexes. De même, le maintien de l'exception de vérité à la faveur des défenseurs témoigne d'une autre défiance, à l'égard des agents et dépositaires de l'autorité publique cette fois. En permettant de débattre au fond des faits imputés, les attentes déontologiques concernant les serviteurs de l'État sont élevées.

En acceptant l'exception de vérité mais aussi en précisant qu'il est impossible de séparer l'action civile de l'action publique, les deux lois prises en 1871 et 1875 viennent faire peser sur les serviteurs de l'État un véritable devoir de probité. Les citoyens, s'ils ont des preuves solides à leur encontre, savent qu'ils peuvent rendre publiques ces informations sans risquer la condamnation. La crainte de la sanction minorée, la parole est libérée. En conséquence, les agents et dépositaires de l'autorité publique doivent être attentifs, scrupuleux, sous peine de voir leurs comportements délictueux dévoilés au regard de tous et exposés potentiellement à des poursuites pénales.

---

274 *JORF*, 15 avril 1871, p. 592.
275 *Loc. cit.*

Ces attentes à l'égard des serviteurs de l'État s'inscrivent dans un contexte où l'administration fait l'objet d'une forte attention : dès le mois de mai 1871, le gouvernement met en place une commission de révision des services administratifs qui fonctionne pendant près de deux ans[276]. En effet, à la suite de la débâcle contre la Prusse, de nombreux politiques considèrent l'administration comme coupable de cet échec. La champ politique veut alors réformer une administration considérée comme dysfonctionnelle. Arago désire ainsi que l'action de l'État « soit plus modeste, qu'elle se renferme dans la simplification des rouages administratifs[277] ». De surcroît sont mises en place des commissions parlementaires qui mènent à l'adoption de plusieurs réformes : Conseils généraux en 1871 et surtout Conseil d'État en 1872. À cette occasion, le Conseil d'État par la loi du 24 mai 1872 devient, après de longs débats qui envisageaient sa suppression en raison de ses trop grandes accointances avec le champ politique qui remettaient en cause la séparation des pouvoirs, une véritable juridiction sous le régime de la justice déléguée[278].

Ainsi, au cours de cette première décennie de la Troisième République, l'administration et son droit suscitent beaucoup d'intérêt de la part des gouvernants[279]. Nécessaire à la mise en œuvre de la politique, elle est tout autant désirée que crainte. Est ainsi créé un ensemble de mesures qui ont pour vocation de la protéger mais aussi de la canaliser dans ses ardeurs, tant à l'égard des gouvernants que des particuliers : édifice d'un ordre juridictionnel avec davantage de compétences, textes pénaux spécifiques. C'est dans ce contexte que l'infraction de diffamation à l'encontre des agents et dépositaires de l'autorité publique s'inscrit, soucieuse à la fois de protéger efficacement les serviteurs de l'État (à travers les juridictions

276 Morand-Deviller Jacqueline, « Les mécanismes de la réforme administrative », *Revue internationale de droit comparé*, vol. 38, n° 2, Avril-juin 1986, p. 677.

277 Thuillier Guy, *Bureaucratie et bureaucrates en France au XIXe siècle*, Paris, Librairie Droz, 1980, p. 318.

278 Il faut tout de même attendre l'arrêt Cadot pour que cette théorie soit définitivement abandonnée le13 décembre 1889. À travers cet arrêt, la juridiction administrative est renforcée : le Conseil d'État affirme qu'il est compétent pour connaître tous les recours en annulation dirigés contre une décision administrative, sauf si un texte en dispose autrement de façon expresse.

279 V. Bosvieux-Onyekwelu Charles, « Revenir sur une légende en sociologue : l'arrêt *Blanco* et le mythe de la "naissance" du droit administratif français », *Droit et société*, vol. 101, n° 1, 2019, p. 159-178.

judiciaires) tout en s'assurant de leur bonne utilisation des prérogatives qui leur ont été confiées par l'État (*via* l'exception de vérité).

Une protection précisée

Le régime de l'infraction de diffamation à l'égard des serviteurs de l'État résulte de la distinction opérée entre les différentes composantes de leur vie sociale. Seuls les faits relatifs à leurs fonctions ou qualités peuvent amener à une dérogation au droit applicable aux particuliers. Cette spécificité se trouve éclairée dès les débats relatifs à la loi de Serre.

Royer-Collard s'il souhaite que la vie privée se trouve murée, s'oppose à ce qu'il en soit de même pour la vie publique. Il déclare aux parlementaires lors d'un discours du 29 avril 1819 :

> [...] si vous muriez la vie publique, si vous déclariez qu'il n'est pas permis de dire qu'un fonctionnaire public a fait ce qu'il a fait, a dit ce qu'il a dit en tant qu'homme public, vous reconnaîtriez que la puissance publique lui appartient comme la vie privée à chaque particulier ; que la puissance publique est son domaine, son champ qu'il peut labourer comme il lui plaira, sans que le champ puisse murmurer, parce qu'il est la propriété de celui qui le laboure. Cette conséquence est insoutenable, elle est inouïe ; aucun législateur ne l'a admise, si ce n'est la législation impériale, qui ne l'admettait elle-même que parce qu'elle considérait les fonctionnaires publics comme la propriété du Gouvernement, ne devant être soumis en cette qualité à d'autres censures que la sienne[280].

Ce pan de la vie sociale, au contraire de la vie extérieure aux fonctions relatives à l'État, doit être mis en pleine lumière. Se crée ainsi une opposition « entre le domaine du droit civil [...]et le domaine du droit des fonctions publiques[281] ». Ainsi, la vie publique serait le prolongement de la vie citoyenne (pour les élus) ou professionnelle (pour les fonctions et agents de l'État) lorsque ces activités ont pour vocation de s'inscrire dans le cadre précis défini par le droit et par l'État. Elle n'existerait donc que par la particularité de la fonction de la personne visée par l'infraction.

Ne se trouvent ainsi pas soumises à l'utilisation de l'exception de vérité par la défense, les personnalités publiques qui n'ont aucun lien avec la recherche de la réalisation du bien commun. Tel est le cas des acteurs

280 *Le Moniteur*, 29 avril 1819, p. 529.
281 Halperin Jean-Louis, *op. cit.*, § 9.

des champs économiques, des patrons d'entreprise ou des personnalités littéraires qui interviennent dans le débat public. Ces individus, alors que leurs activités apparaissent comme relevant du domaine public, ne peuvent être soumis à une procédure spéciale en matière de diffamation. Leurs affaires n'intéressent que des intérêts considérés comme particuliers et n'ont donc pas à se trouver développées publiquement notamment par la presse. Cet oubli a été critiqué, dès la Restauration par Pierre-Paul Royer-Collard lui-même, s'instituant comme « défenseur de la publicité des actes des personnes qui sont d'elles-mêmes sorties de la vie privée[282] ».

Édouard Laboulaye critique cette même exclusion en avançant des arguments de droit comparé : aux États-Unis, la vérité peut être faite sur tous les sujets[283]. Enfin, les catholiques s'opposent à une conception trop extensive de la vie privée qui « garantit le secret aux pires turpitudes morales[284] ».

Ainsi, la distinction entre vie privée et vie publique n'a de sens que pour les serviteurs de l'État et s'apparente davantage à une distinction entre vie civile et vie professionnelle. Les défendeurs ne pourront invoquer l'exception de vérité que dans quelques cas, que la jurisprudence est venue éclairer un peu plus.

Au-delà des conditions traditionnelles attachées à l'infraction de diffamation[285], s'ajoutent deux conditions cumulatives supplémentaires pour que le texte trouve à s'appliquer. La première touche aux individus visés par les faits imputés : ils doivent avoir la qualité de dépositaire ou d'agent de l'autorité publique. Aussi, les tribunaux ont précisé quels individus sont concernés par cette disposition. Quelques exemples tirés de la jurisprudence permettent d'éclairer le sens que le pouvoir judiciaire a entendu donner aux textes.

Par un arrêt de la chambre criminelle de la Cour de cassation du 16 mars 1872, les administrateurs des hospices ne sont pas considérés comme des dépositaires ou agents de l'autorité publique au sens de l'article 20 de la loi du 26 mai 1819 qui permet de prouver la vérité des faits diffamatoires imputés aux personnes ayant ce caractère, lorsque ces

---

282 *Ibid.*, § 26.

283 Lefebvre René (pseudonyme de Laboulaye), *Paris en Amérique*, Paris, Charpentier, 35e éd., 1887, p. 136.

284 Halperin Jean-Louis, *op. cit.*, § 26.

285 *V.* à ce sujet la première section de ce chapitre.

faits sont relatifs à leurs fonctions[286]. L'appréciation est plus complexe en ce qui concerne l'éducation et plus précisément le statut des instituteurs des écoles congrégationnistes.

Une première décision est rendue par le tribunal civil de Montpellier le 8 février 1873. Ce dernier donne compétence à la cour d'assises en matière de diffamation à l'égard des instituteurs au sein des congrégations et autorise l'exception de vérité pour les contentieux les intéressant dans le cadre de leurs fonctions. En l'espèce, des instituteurs agissaient sur le fondement d'une diffamation par voie de presse dans *La République* à leur encontre au sujet de l'administration de leur établissement. Pour justifier sa décision, le juge de première instance fait référence au discours prononcé par le rapporteur de la loi de 1819 et rappelle que la vie publique des agents appartient à tous[287]. Le juge poursuit son raisonnement en déclarant que les instituteurs communaux publics agissent pour l'intérêt public, qu'ils soient laïcs ou non, qu'ils sont le plus souvent nommés par le conseil municipal sur une liste dressée par le conseil départemental de l'instruction et qu'au regard de l'article 4 de la loi du 9 juin 1853 ils possèdent le statut de fonctionnaire de l'enseignement[288].

Mais, en appel, une décision rendue à Montpellier le 14 juillet 1873 déclare que les articles 3 et 4 de la loi du 15 avril 1871 (qui autorisent devant le jury la preuve des faits diffamatoires imputés à toute personne ayant agi dans un caractère public et portant que l'action civile ne pourra, dans ce cas, être poursuivie séparément de l'action publique) ne sont applicables qu'aux personnes qui exercent, dans un intérêt public, une portion de l'autorité du gouvernement ou font exécuter ses ordres. Ainsi, échappent aux articles 3 et 4 de la loi les directeurs et maîtres-adjoints d'une école congrégationniste municipale qui ne sont pas considérés comme des « délégués du gouvernement[289] ». La décision ajoute qu'ils ressortent « d'une autorité toute spirituelle, qui est celle de leur supérieur ; et leurs services, quelques publics et utiles qu'ils puissent être, ne sauraient leur imprimer un caractère public, puisque c'est bien moins au nom de la puissance publique que par dévouement à leur congrégation

286 *Recueil Sirey*, 1872, p. 348.
287 *D.P*, 1873, p. 32.
288 *Loc. cit.*
289 *D.P*, 1874, p. 32.

et sous l'empire du sentiment du devoir qu'ils accomplissent[290] ». La compétence revient alors au tribunal correctionnel et l'action civile peut être portée séparément de l'action publique.

Cette décision intervient dans un contexte bien particulier puisque la même année est débattu à l'Assemblée un texte visant à instituer la liberté de l'enseignement supérieur à la suite du rapport des travaux de la commission Laboulaye déposé le 15 juillet 1873[291]. Pour les opposants à cette liberté, autoriser un enseignement supérieur privé – et catholique – reviendrait à donner aux partisans de la restauration de nouvelles armes en pleine période d'Ordre moral et à déstabiliser l'Université républicaine. Si l'arrêt de la Cour d'appel de Montpellier ne concerne pas l'enseignement supérieur, il s'inscrit tout de même dans un contexte politique où la question de l'enseignement est fortement débattue en raison de son caractère éminemment politique. Enseigner, c'est aider à la construction des citoyens de demain et il serait périlleux dans l'idée des républicains qu'une tâche aussi centrale soit laissée aux partisans de la religion, majoritairement en faveur de la chute du nouveau régime.

En ne concédant pas aux instituteurs des congrégations le statut nécessaire à l'application du texte spécial en matière de diffamation, la juridiction du fond vient restreindre le champ d'application de la loi en protégeant les principaux intéressés de la preuve de la véracité des faits imputés. Le statut ainsi accordé aux congrégations se comprend comme une stricte application du statut de fonctionnaire. Au contraire, les diffamations à l'encontre des directeurs des fermes-écoles sont de la compétence des Cours d'assises, car ils agissent pour l'exploitation comme pour l'enseignement dans un caractère public (Paris, 16 avril 1875)[292].

Toujours au profit du champ religieux et plus précisément du clergé, le tribunal correctionnel de Paris décide dans un arrêt du 20 juillet 1872, qu'un curé n'est pas un fonctionnaire public et que la diffamation dont il a été l'objet en sa qualité de ministre du culte, n'est pas de la compétence du jury populaire[293]. Les curés échappent ainsi à un examen au fond des faits imputés.

290 *Loc. cit.*

291 Guislin Jean-Marc, *op. cit.*, p. 61.

292 *Recueil Sirey*, 1876, p. 573.

293 *D.P*, 1873, p. 69.

Concernant les membres de l'administration, dans un arrêt du 12 février 1875, le tribunal correctionnel de Poitiers indique que la diffamation envers les secrétaires de mairie est de la compétence des tribunaux correctionnels, et non de la cour d'assises. Les secrétaires de mairie ne peuvent à cet égard être considérés comme des fonctionnaires publics[294]. De même, la Cour de cassation dans un arrêt du 25 novembre 1875 indique que les diffamations commises envers les employés de préfecture sont de la compétence des tribunaux correctionnels et non de la cour d'assises, ces fonctionnaires ne pouvant être considérés comme dépositaires ou agents de l'autorité publique[295].

Ainsi, si les termes de l'infraction se veulent globalisants par l'emploi de termes suffisamment larges pour concerner de nombreuses situations, dans les faits la jurisprudence restreint considérablement les individus pouvant être considérés, en matière de diffamation, comme des agents ou dépositaire de l'autorité publique. Il apparaît qu'il est nécessaire qu'un lien fort soit établi entre l'individu et l'autorité publique, un pouvoir de contrainte sur les choses et les personnes, que l'État soit employeur ou non. Le jury populaire, jusqu'en 1875, et l'exception de vérité sont ainsi largement écartés. Ceci est rendu possible par une conception tout aussi restreinte de la seconde condition cumulative à l'application du texte *ratione materiae.*

La seconde condition à l'application du texte, concernant les diffamations imputées aux serviteurs de l'État tient dans l'exercice des fonctions par ces derniers. Il est nécessaire que les faits imputés soient en relation directe avec les fonctions exercées au nom de l'État.

La jurisprudence au cours des années 1870-1880 envisage de manière extrêmement directe le lien qui doit exister entre faits rapportés par le diffamateur et la fonction exercée par celui qui se prétend diffamé. Pour que l'exception de vérité soit retenue, il est nécessaire que les faits aient été effectivement réalisés à l'occasion des fonctions. Ainsi, il a été considéré que n'agissait pas dans un caractère public le conseiller général, choisi par un préfet et en tant qu'intermédiaire de souscripteurs et en dehors de sa situation officielle qui a été chargé de distribuer aux habitants d'un canton, victimes de la guerre, un fond de secours recueilli par un comité étranger (Cass. crim. 15 mai 1875)[296]. Dans ce

294 *Recueil Sirey*, 1875, p. 1068.
295 *Recueil Sirey*, 1876, p. 573.
296 *Recueil Sirey*, 1875, p. 392.

cas la juridiction correctionnelle est compétente à l'exclusion du jury populaire et l'exception de vérité ne peut être soulevée.

De même, les juges de paix sont des dépositaires et agents de l'autorité publique. C'est dès lors devant la cour d'assises qu'il y a lieu de poursuivre les imputations diffamatoires ou injurieuses dont ils ont été l'objet. Cependant, dans le cas où ces juges se seraient livrés à une délation « action odieuse qui n'est jamais imposée à un officier public », ces faits ne sauraient être considérés comme ayant été commis dans l'exercice de ses fonctions (Cass. crim. 16 mars 1872)[297]. Il en est de même pour un chef de bureau de préfecture que le préfet a chargé à titre officieux de distribuer aux employés de son bureau des gratifications accordées par une compagnie de chemin de fer. Peu importe que ce chef soit, en même temps, greffier au conseil de préfecture, les employés de son bureau n'ont pas agi dans le cadre de leurs fonctions (Limoges, 25 juillet 1875)[298].

Enfin, selon la Cour de cassation dans un arrêt du 13 novembre 1875, le fait pour un journal de mettre en exergue le changement d'opinions politiques d'un magistrat doit être considéré comme extérieur à ses fonctions et relever de la juridiction correctionnelle. En l'espèce, ce changement consistait en une nomination à des fonctions de président au lendemain d'une évolution qualifiée de « conversion intéressée[299] ». En revanche selon le tribunal de Riom dans un arrêt en date du 17 mai 1876, le délégué sénatorial agit avec un caractère public dans l'accomplissement de son mandat. Par la suite, la preuve de la vérité des faits diffamatoires dont il se plaint peut être faite devant le tribunal correctionnel[300].

D'autres arrêts fort symboliques peuvent être soulevés, même s'ils ne traitent pas directement de l'infraction de diffamation mais des infractions de presse plus largement. Ces arrêts ont été rendus par la Cour de cassation les 17 et 24 juillet 1874 sous la présidence de Faustin Hélie. Ils faisaient suite à un contentieux entre un journal et un groupe de députés ayant participé en grand nombre à un pèlerinage à Notre-Dame d'Estang. Le journal avait divulgué le nom de ces participants. Les

297 *Recueil Sirey*, 1872, p. 348.

298 *D.P*, 1872, p. 1051. Constitue une diffamation le fait pour un journal d'écrire au sujet de cette affaire « qu'une telle conduite est sévèrement jugée et que le préfet sera probablement obligé de révoquer un employé si âpre à la curée » et d'ajouter que l'employé est « atterré par la révélation du fait signalé qu'il croyait oublier » ; *loc. cit.*

299 *Recueil Sirey*, 1876, p. 44.

300 *Ibid.*, p. 166.

représentants de la nation avaient alors agi à l'encontre du journal, pour atteinte à leur vie privée sur la base de l'article 11 de la loi du 11 mai 1868. La Cour de cassation abonde dans le sens des élus en ces termes :

> La protection assurée à la vie privée par l'article 11 de la loi du 11 mai 1868 s'étend, non-seulement aux actes accomplis dans le domicile des citoyens, mais encore aux actes qui se révèlent extérieurement, s'ils sont du domaine du for intérieur et s'ils intéressent la liberté de conscience[301].

Ainsi, le fait de désigner nominativement des pèlerins dans un journal, même si ces derniers sont des députés de la République, qu'ils participent à une manifestation publique et en groupe, constitue une infraction. Quand bien même d'ailleurs, les députés aient eu la volonté de créer de la publicité autour de leur expédition à des fins politiques. L'exercice des fonctions publiques est ainsi conçu de manière extrêmement limitée, matérielle, et le droit des citoyens d'être informé sur les activités de leurs élus est restreinte.

À ces deux conditions cumulatives que nous venons de parcourir, s'ajoutent les éléments constitutifs classiques de l'infraction de diffamation.

En matière d'élément moral, la Cour de cassation indique dans un arrêt du 19 février 1874 qu'il appartient au juge du fait d'apprécier l'intention de l'agent qui a produit l'écrit incriminé[302]. Les tribunaux doivent vérifier au cas par cas, l'existence de l'élément moral de l'infraction. Dans un arrêt du 21 juillet 1876, la Cour de cassation précise, afin d'aider les juridictions du fond dans la qualification de l'infraction, que dans une diffamation l'intention de nuire est toujours présumée[303]. Ce recours à la présomption facilite grandement la répression, mais rend difficile la défense à qui incombe la charge de la preuve.

Pour ce qui est de la condition de publicité de l'infraction, la jurisprudence précise quelles sont les formes que cette dernière peut prendre. Dans un arrêt du 20 décembre 1873, la Cour de cassation énonce que dans le cas d'une diffamation verbale ou écrite envers les individus visés par l'article 3 de la loi, il est nécessaire que soient remplies les conditions de publicité définies par l'article 1 de la loi du 17 mai 1819 pour être

301 *D.P*, 1874, p. 35.

302 *Recueil Sirey*, 1874, p. 1014.

303 *Recueil Sirey*, 1876, p. 573.

déférés au jury[304]. Il s'agit ainsi des discours, des cris, des menaces proférés dans des lieux ou réunions publics, soit par des écrits, des imprimés, des dessins, des gravures, des peintures ou emblèmes pendus ou distribués, mis en vente, ou exposés dans des lieux ou réunions publics, soit par des placards et affiches exposés aux regards du public[305].

Dans le même sens, dans un arrêt du 19 janvier 1875 la Cour de cassation ajoute que la diffamation envers les agents de l'autorité n'est justiciable de la cour d'assises qu'autant qu'elle a été rendue publique par un des moyens indiqués dans l'article premier de la loi du 17 mai 1819[306]. À ce titre, c'est uniquement dans ce cas qu'il est interdit de poursuivre l'action civile séparément de l'action publique. La Cour précise que l'inscription dans le registre des délibérations d'un conseil municipal d'imputations calomnieuses à l'égard d'un fonctionnaire ne saurait, en l'absence de tout autre élément de publication, constituer la publicité caractérisée par l'article 1er de la loi du 17 mai 1819 qui seule peut donner la compétence à la cour d'assises et de fait empêcher de poursuivre l'action civile séparément de l'action publique[307]. Dans ce cas la juridiction civile est compétente et peut statuer sur l'action civile du fonctionnaire. Si les éléments de la diffamation ne sont pas tous remplis, les faits peuvent constituer une contravention passible de peines de simple police ou tout du moins constituer un quasi-délit ouvrant droit à une action en dommages et intérêts[308]. L'absence d'infraction n'est ainsi pas synonyme d'absence de réparation, celle-ci interviendra du seul fait de la naissance d'un préjudice sur le fondement de la responsabilité civile.

En matière de procédure, un arrêt de la Cour de cassation en date du 15 mai 1873 indique que la personne diffamée par la voie de presse à la fois dans sa vie privée et dans sa vie publique, a le choix de la poursuite devant le tribunal correctionnel ou la cour d'assises, à la condition qu'en exerçant cette option, elle restreigne son action aux faits qui relèvent de l'une et l'autre de ces deux juridictions[309].

---

304 *Recueil Sirey*, 1874, p. 1014.

305 Carnot Joseph-François-Claude, *Examen des lois des 17, 26 mai, 9 juin 1819 et 31 mars 1820, relatives à la répression des abus de la liberté de la presse*, Paris, Nève, 1821, p. 1.

306 *Recueil Sirey*, 1875, p. 1067.

307 *Loc. cit.*

308 *Loc. cit.*

309 *Recueil Sirey*, 1874, p. 1014.

Aussi, le tribunal correctionnel peut de lui-même si la partie ne l'a pas fait de sa propre initiative, séparer les différentes imputations diffamatoires et ne retenir que celles qui intéressent la vie privée du plaignant. Cette possibilité n'existe plus dans le cas où il y aurait indivisibilité entre ces imputations et celles concernant la vie publique du fonctionnaire[310].

Par une décision du 3 août 1874, la Cour de cassation donne du sens à cette interdiction édictée par le législateur à travers l'article 4 de la loi du 15 avril 1874 qui empêche de poursuivre l'action civile séparément de l'action publique. Cette interdiction a pour but de sauvegarder le droit de faire la preuve, devant le jury, des imputations diffamatoires dirigées contre le fonctionnaire public. Cependant, cette interdiction cesse de s'appliquer lorsque les imputations ne présentent pas les caractères légaux de la diffamation et ne sont pas susceptibles, à raison de leur défaut de précision, ni d'être justifiées par la preuve de vérité, ni d'être combattues par la preuve contraire[311]. Dans ce cas, les deux actions peuvent être disjointes car les enjeux procéduraux sont moindres pour la défense.

Toujours en matière de procédure, par une décision du 16 mai 1874, la Cour de cassation insiste sur la nécessaire diligence des agents pénaux. Elle indique que le prévenu de diffamation envers un fonctionnaire public se doit, sous peine de déchéance du droit, faire la preuve des faits avancés par lui dans les huit jours de la citation directe par le ministère public. Cette preuve doit être fait par des faits articulés et doit être jointe la copie des pièces ainsi que la liste des témoins[312]. Il ne suffirait pas de signifier après ce délai une liste de témoins au procureur général. La procédure est précise et doit être respectée. En revanche, peu importe que le plaignant n'ait notifié ni au prévenu, ni au ministère public, une élection de domicile près de la cour d'assises ; les significations précitées devant avoir lieu, en pareil cas, au greffe de la cour[313]. Le strict respect de la procédure prévue par les textes est la seule condition qui vaille.

Pour que l'infraction de diffamation soit consommée, il est nécessaire enfin que les propos imputés à l'agent ou au dépositaire de l'autorité

310 *Loc. cit.*

311 *Recueil Sirey*, 1875, p. 1067.

312 *Loc. cit.*

313 *Ibid.*, p 1068.

publique soient considérés comme diffamatoires, c'est-à-dire qu'ils portent atteinte à leur honneur ou à leur considération. Quelques exemples en ce sens peuvent être cités. Dans un arrêt du 13 août 1874, la Cour de cassation estime que le reproche adressé dans un journal à un conseil de révision « d'avoir fait certains choix un peu hasardés, par suite de trop de hâte dans les délibérations » peut être considéré avec raison comme constituant un délit de diffamation[314]. Constitue également une diffamation « le fait d'imputer à un président d'un comité de secours aux blessés d'avoir refusé de rendre compte du reliquat de fonds provenant de souscriptions, d'avoir à raison de ce fait perdu la confiance du conseil général et de s'être vu, pour la même cause, exclu du conseil municipal », alors surtout que ces imputations se formulent en termes offensants (Cass. 24 juillet 1876)[315].

À travers ces deux décisions, il apparaît que la limite entre la critique journalistique licite et l'infraction soit extrêmement ténue, et en faveur de la répression. Il ressort globalement de l'observation de la jurisprudence sur la période 1872-1876 que contrairement à l'esprit des textes édictés en matière de diffamation, qui vise à donner la parole aux citoyens afin de dénoncer les comportements déviants des serviteurs de l'État, les tribunaux ont une tendance à apprécier très restrictivement les conditions permettant d'appliquer le texte créé spécifiquement à l'attention de ces derniers. En conséquence, les citoyens se trouvent soumis à un régime de la preuve classique en matière de diffamation et ne peuvent pas apporter la preuve de leurs affirmations. L'administration au sens large se trouve ainsi fortement protégée. Nécessaire d'un point de vue de la stabilité de l'État, cette protection éloigne le citoyen du contrôle de l'activité étatique sauf à ce que des poursuites soient engagées par le ministère public, à travers une nouvelle action.

314 *Ibid.*, p. 46.
315 *Recueil Sirey*, 1876, p. 573.

LE DROIT DE L'IMPRIMÉ AU CŒUR DE LA CRISE CONSTITUTIONNELLE

La réforme du droit de l'imprimé sert de détonateur à une crise politique inédite depuis la naissance de la Troisième République. Patrice de Mac Mahon est déstabilisé et afin de se maintenir au pouvoir mobilise le droit de l'imprimé.

L'OPPOSITION PRÉSIDENTIELLE À LA RÉFORME DES DÉLITS DE PRESSE

Les premières élections législatives, après l'adoption des lois constitutionnelles de 1875 et de l'amendement Wallon, donnent une large majorité à la Gauche et au républicanisme par un élargissement de sa base électorale[316]. Si les résultats des sénatoriales font échapper la

316 Au sein de la grande bourgeoisie, que l'on pourrait penser à première vue acquise à l'Ordre moral et à ses dogmes, l'on trouve des partisans de la République comme le fondateur du crédit Lyonnais, Henri Germain ; Mayeur Jean-Marie, *Les débuts de la Troisième République*, *op. cit.*, p. 49. Le chef de file des républicains, Léon Gambetta, depuis son discours à Auxerre en 1874, ne manque pas de s'adresser aux plus puissants, à ceux qui détiennent un capital social et économique important et qui peuvent avoir une forte influence. Il s'adresse à ceux qui « ne séparaient pas l'ordre de la foi du progrès, qui, fidèles à l'optimisme libéral demeuraient convaincus que l'essor de l'économie fondait l'amélioration du sort de tous, qui acceptaient une société mobile qui récompense les talents et les capacités » ; Duclert Vincent, *op. cit.*, p. 50. L'objectif est ainsi de rallier à la cause républicaine les plus modérés en prônant une république respectueuse des valeurs traditionnelles et bourgeoises. En outre, le républicanisme s'emploie à gagner « une couche sociale nouvelle », dont l'évocation par Gambetta lors d'une prise de parole à Grenoble en septembre 1872 avait fait grand bruit. *V.* Deloye Yves, « Le charisme contrôlé. Entre grandeur et raison : la posture publique de Léon Gambetta », *Communications*, vol. 69, n° 69, 2000, p. 157-172 ; Cossart Paula, « L'émotion : un dommage pour l'idée républicaine. Autour de l'éloquence de Léon Gambetta », *Romantisme*, vol. 33, n° 119, 2003, p. 47-60) que l'avènement du nouveau régime doit se comprendre aussi et surtout en termes sociaux, comme le remplacement au pouvoir d'une classe par une autre ; Gaboriaux Chloé, « Fonder la République sur les "nouvelles couches sociales" (Gambetta) : description du monde social et préférences institutionnelles dans la France des années 1870 », *Histoire@Politique*, vol. 25, n° 1, 2015, p. 3. Ce discours est inaudible pour les notables qui sont revenus aux affaires publiques à la suite des élections de 1871 et qui l'assimilent à un appel à la guerre sociale afin de discréditer le régime républicain. Sous l'appellation globalisante de « couche sociale nouvelle » se trouve la classe moyenne, des milieux socio-professionnels

victoire aux républicains à quelques sièges près (148 contre 151), ceux de la chambre basse leur donnent un large triomphe et ce malgré le refus des conservateurs de procéder à un suffrage de liste. Ils ne raflent pas moins de 360 députés contre 150 pour les partis de droite et infligent une lourde défaite à l'Ordre moral malgré le recours à un suffrage uninominal moins favorable en théorie[317]. Émerge alors tout une nouvelle génération politique de républicains (formée pour partie au sein des cafés-cercles[318]) mais surtout une assemblée républicaine siégeant au centre capable de rassembler toutes les sensibilités de gauche[319]. Les préférences idéologiques l'emportent sur les antagonismes sociaux[320] en faveur d'une république laïque et libérale.

À la suite de ces élections se crée un régime politique original avec un gouvernement républicain de centre gauche et une présidence de la République monarchiste, conservatrice et cléricale en la personne du maréchal de Mac Mahon. Les tensions politiques au début de l'année 1877 sont en conséquence importantes et diverses. Au-delà même du souhait des monarchistes de voir la République échouer, le schisme semble insurmontable en matière religieuse. Le pouvoir spirituel tente d'intervenir dans le temporel. Lors du consistoire du 12 mars 1877, le pape Pie IX demande aux catholiques d'intervenir auprès de leurs gouvernements en faveur de la préservation de l'indépendance pontificale[321]. En France, cette requête pontificale entraîne toute une campagne de pétitions et de pèlerinages en sa faveur mais aussi une levée de boucliers républicains[322].

---

très divers (professions libérales, artisans, commerçants) mus par la même aspiration à l'ascension sociale, à une forme de revanche contre la vieille société nobiliaire et conservatrice qui empêchait de s'échapper de sa condition ; Mayeur Jean-Marie, *op. cit.*, p. 51. La République est alors assimilée à un vecteur de promotion sociale pour la petite bourgeoisie, contrairement à la monarchie davantage protectrice des nobles et du clergé. À ces populations se joignent progressivement le monde paysan qui avait pourtant massivement voté pour les conservateurs aux lendemains de la Commune, gages de paix.

317 Duclert Vincent, *La république imaginée (1870-1914)*, *op. cit.*, p. 127.

318 Grévy Jérôme, « Les cafés républicains de Paris au début de la Troisième République. Étude de sociabilité politique », *op. cit.*, p. 61.

319 Duclert Vincent, *op. cit.*, p. 132.

320 *Ibid.*, p. 53.

321 Cherrier Emmanuel, « Seize-Mai 1877 : est-ce un coup d'état ? », in *Le Seize-mai revisité*, Lille, Publications de l'Institut de recherches historiques du Septentrion, 2009, p. 17-36, [en ligne], § 5, [consulté le 9 novembre 2020].

322 Au sein du camp républicain, cette intervention pontificale divise et le gouvernement se voit reprocher un manque de fermeté à l'égard de ces manifestations en faveur du

Afin de poursuivre l'œuvre républicaine, la chambre basse vote également la publicité des séances des conseils municipaux alors que Mac Mahon s'y était personnellement opposé. Si le président ne réagit pas à ces mesures, il se saisit des débats relatifs au droit de la presse afin de mettre un coup d'arrêt à ce qu'il considère comme une dérive radicale.

Le 15 mai, l'Assemblée nationale débat de la correctionnalisation des infractions de presse qui avait été réalisée par la loi du 29 décembre 1875. En effet, certains députés souhaitent revenir sur cette législation afin d'attribuer à nouveau la compétence juridictionnelle en la matière au jury populaire. Le modéré Jules Simon ne s'oppose pas frontalement à cette proposition et préfère une décorrectionnalisation partielle, en laissant aux tribunaux correctionnels certaines infractions comme les offenses aux souverains étrangers.

Le maréchal de Mac Mahon profite de cet espace laissé par le président du Conseil pour le blâmer publiquement à travers une lettre rendue publique le 16 mai 1877. Le président de la République écrit :

> J'ai vu avec surprise que ni vous ni le garde des Sceaux n'aviez fait valoir à la tribune toutes les graves raisons qui auraient pu prévenir l'abrogation d'une loi sur la presse votée il y a moins de deux ans, sur les propositions de Monsieur Dufaure et dont tout récemment vous demandiez vous même l'application aux tribunaux ; et cependant dans plusieurs délibérations du Conseil et dans celle d'hier matin même, il avait été décidé que le président du Conseil et le garde des Sceaux se chargeraient de la combattre[323].

Le maréchal pointe du doigt le manque de courage politique de Jules Simon, qui n'arrive pas à s'opposer à la chambre des députés et à

Vatican. Le 3 mai 1877 à la chambre des députés intervient le député Leblond, suivi le lendemain par Gambetta. Tous les deux fustigent l'instrumentalisation politique qui est faite de l'appel de la papauté et le développement de l'enseignement catholique des petites classes jusqu'à l'université, ainsi que la multiplication des congrégations. En d'autres termes, il condamne l'omniprésence du religieux dans la sphère publique et dans les affaires de l'État allant même jusqu'à se demander « si l'État n'est pas maintenant dans l'Église, à l'encontre de la vérité des principes qui veut que l'Église soit dans l'État » ; *JORF*, 5 mai 1877, p. 3282. Il conclut ces propos par une exclamation radicale dans sa prise de position : « Le cléricalisme ? Voilà l'ennemi ! » ; *ibid.*, p. 3284. Le député est suivi par l'Assemblée dans ce refus d'octroyer davantage de pouvoir temporel à l'Église. Jules Simon ne s'oppose pas au vote de l'ordre du jour qui appelle le gouvernement à réprimer « l'agitation antipatriotique » représentée par les « manifestations ultramontaines » et qui est adopté à une large majorité par 304 voix contre 113 ; *ibid.*, p. 3288.

323 *Lettre de Mac Mahon à Jules Simon*, 16 Mai 1877 ; cité par *Le Gaulois*, 16 septembre 1898, p. 2.

imposer le point de vue de l'exécutif. Aussi, il conclut sa missive par des termes sans appel :

> Cette attitude du Chef du Cabinet fait demander s'il a conservé sur la Chambre l'influence nécessaire pour faire prévaloir ses vues. Une explication à cet égard est indispensable car, si je ne suis pas responsable comme vous envers le parlement, j'ai une responsabilité envers la France, dont aujourd'hui plus que jamais je dois me préoccuper[324].

Jules Simon est acculé et poussé à la démission. La présidence nomme alors à la tête du gouvernement le conservateur de Broglie qui crée un ministère de droite, « le ministère du 16 mai », appelé à perpétuer la politique d'Ordre moral conformément à la volonté du président de la République, toujours en poste en vertu des lois constitutionnelles qui l'ont placé à la tête du pays pour 7 ans[325].

Face à cette nomination, les rangs républicains s'organisent et dénoncent l'orientation conservatrice que Mac Mahon entend donner, à nouveau, à la République. Le 17 juin, la chambre des députés vote une motion refusant sa confiance au gouvernement de Broglie. En suivant, Mac Mahon suspend l'activité du parlement pour un mois, en application de l'article 2 de la loi du 16 juillet 1875. Les républicains, face à cette démonstration de force décident de réunir à Versailles

---

324 *Loc. cit.*

325 Cette nomination est rendue possible par l'imprécision des textes constitutionnels quant à la responsabilité du gouvernement devant le chef de l'État. En effet, rien dans les lois constitutionnelles de 1875 ne précise devant qui ce dernier est effectivement responsable, seule une mention au parlement est faite. Ce pouvoir que s'arroge le président de la République et que valide Jules Simon procède d'une lecture extensive des textes constitutionnels, par analogie aux textes constitutionnels anciens. En effet, jusqu'alors tous les textes constitutionnels qui ont régi la France depuis le début du XIXe siècle prévoyaient dans une tradition dualiste la responsabilité du gouvernement devant le chef de l'État ; Cherrier Emmanuel, *op. cit.*, *§ 8*. De plus, Mac Mahon estime que s'il peut nommer les ministres en vertu des textes, il peut aussi les défaire ; Wormser Georges, *Gambetta dans les tempêtes. 1870-1877*, Paris, Sirey, 1964, p. 243. Cette liberté du président crée des débats juridiques quant à la nature moniste ou dualiste du régime parlementaire mais surtout elle irrite l'Assemblée nationale qui y voit un acte anti-démocratique mettant en échec la volonté des représentants souverainement élus par le peuple. Jules Simon, dans une prise de parole au Sénat, explique les raisons politiques qui ont poussé le chef de l'État à agir en faveur de son éviction. Selon lui, sa chute n'est pas la conséquence d'une raison politique sérieuse, mais seulement d'une présidence ne supportant plus la politique républicaine du gouvernement et des députés ; Barthomeuf Yves, *Les débuts du Sénat républicain*, thèse de doctorat, droit, Université de Paris, 1939, Saint-Étienne, Imprimerie de la Loire républicaine, p. 104.

l'ensemble de ces groupes parlementaires : centre gauche, union républicaine, gauche républicaine et extrême gauche. Ils produisent alors un manifeste adressé à la France « le manifeste des 263 » en référence au nombre d'élus parmi leurs rangs. À travers ce document, les députés souhaitent poursuivre le dialogue avec les citoyens qui a été rompu par la suspension des travaux de l'Assemblée. Mac Mahon demande alors l'accord au Sénat de dissoudre l'Assemblée. Le décret, contresigné, est publié le 25 juin.

Le président s'en remet donc au peuple afin de trancher ce conflit ouvert entre présidence, gouvernement et Assemblée. Mais plus encore, le président demande au peuple de confirmer ou non sa volonté de se diriger vers une république pleine et entière tant sur le plan des institutions que sur le plan des idées avec un projet véritablement orienté vers les idéaux républicains.

L'ULTIME TENTATIVE DE MAC MAHON POUR UN RÉGIME DE TRANSITION

À la suite de la dissolution de l'Assemblée, s'ouvre une nouvelle période électorale pour la France qui doit faire un choix crucial quant à l'avenir de son régime politique. Partisans de la République et conservateurs s'affrontent et voient leurs échanges très souvent arbitrés par le pouvoir judiciaire. Si la répression est dynamique, elle n'empêche pas les idées républicaines de gagner du terrain. La multiplication importante des procès pour délit d'offense au président de la république est tout aussi inefficace, et ne permet pas au maréchal de réaffirmer son autorité.

L'inefficacité de la répression de la pensée républicaine

Afin de favoriser les candidats soutenant le gouvernement de Broglie, tous les moyens légaux en possession du pouvoir sont utilisés de manière à empêcher les républicains de gagner à nouveau les élections. Ainsi, le gouvernement procède à un vaste mouvement d'épuration au sein de l'administration : 77 préfets sont révoqués ou déplacés et plus globalement 1385 fonctionnaires sont révoqués et 4778 sont déplacés[326].

326 Grondeux Jérôme, *La France entre en République 1870-1893*, Paris, Librairie générale française, 2000, p. 75.

Des maires sont révoqués (1743 au total), des conseils municipaux sont suspendus ou dissous en application des lois du 14 avril 1871 et du 20 janvier 1874[327]. L'on vient ainsi évincer des effectifs de l'administration et des représentants de l'État tous les éléments qui pourraient être trop hostiles au nouveau gouvernement. L'on procède également à la fermeture des lieux réputés comme dangereux tel que les milieux de socialisation républicains en application du décret du 29 décembre 1851[328] : cabarets, débits de boisson. Ces mesures valent, selon Jean-Marie Mayeur, au gouvernement une forte impopularité, et entravent peu ses adversaires[329].

Une attention est portée à la propagation des fausses nouvelles à travers une circulaire du ministre de la Justice en date du 26 mai 1877[330] et une circulaire du ministre Fourtou en date du 31 mai 1877[331]. On lit au sein de la première que l'attention doit être portée contre les nouvelles qui ont pour dessein notamment d'inquiéter le pays quant au maintien de la paix et les rapports avec les nations allié[332]. En 1877, ce sont ainsi 153 affaires qui sont jugées sur le fondement des lois du 27 septembre 1849 et 17 février 1852 par les tribunaux correctionnels : sur 193 prévenus seuls 40 sont acquittés[333]. L'on note à ce titre une réelle augmentation des affaires par rapport aux années précédentes ce qui témoigne de l'ffectivité de la politique pénale voulue par le gouvernement : 33 affaires en 1875 (38 prévenus, 1 acquittement)[334], 80 affaires en 1876 (120 prévenus, 12 acquittements)[335].

Le colportage est également interdit sur la voie publique en application de la loi du 27 juillet 1849. L'objectif est d'empêcher les idées acquises à la cause républicaine de circulaire. Ainsi, le 22 mai le préfet du Cher reçoit ce message du ministre de l'Intérieur :

---

327 Cherrier, Emmanuel, *op. cit.*, § 14.

328 *Loc. cit.*

329 Mayeur Jean-Marie, *op. cit.*, p. 40.

330 *Bulletin officiel du ministère de la Justice*, 1877, t. 1, p. 63.

331 V. au sujet de l'action de ce ministre Truel Thierry, *Oscar Bardi De Fourtou (1836-1897) : un ministre contre la République*, Bernard Lachaise dir., Thèse de doctorat, 2014, Université de Bordeaux.

332 *Bulletin officiel du ministère de la Justice*, 1877, t. 1, p. 63

333 *Compte général de l'administration de la justice criminelle*, 1877, p. 85.

334 *Compte général de l'administration de la justice criminelle*, 1875, p. 85.

335 *Compte général de l'administration de la justice criminelle*, 1876, p. 85.

> L'autorisation d'afficher le manifeste des gauches qui doit être apporté de Paris par ballots ne doit pas être accordée. Quant au colportage, faites connaître par police aux colporteurs autorisés qu'ils s'exposeraient au retrait de leur autorisation s'ils distribuaient ou vendaient le manifeste en question[336].

Au-delà des mesures administratives, toujours au sein de la circulaire du 28 mai 1877, le ministre de la Justice donne des consignes quant à l'action publique à mener dans cette agitation politique.

Tout d'abord, le ministre insiste quant à la protection des lois « les plus saintes », celles qui « partant de principes supérieurs à toutes les constitutions politiques, protègent la morale, la religion, la propriété et les fondements essentiels de toute société civilisée » et qui sont chaque jour « l'objet des attaques d'une presse dont l'injurieuse grossièreté dépasse toute limite[337] ». Il s'agit de venger « la conscience publique indignée[338] ». Il semble que malgré cette injonction, la répression n'a pas été particulièrement importante puisque le ministre de la Justice indique dans son rapport pour l'année 1877 que les cours d'assises n'ont eu à connaître « que de 14 délits politiques ou de presse » : 5 affaires d'excitation à la haine et au mépris du Gouvernement, 4 affaires d'excitation à la haine et au mépris des citoyens les uns contre les autres, 4 affaires d'outrages à la religion catholique et une attaque contre la constitution[339]. Sur les 28 prévenus impliqués dans ces affaires : et non, 18 sont acquittés, 8 condamnés à l'emprisonnement (dont 1 pour plus d'un an) et 2 condamnés à l'amende[340].

En matière correctionnelle l'on note en revanche un véritable pic d'activité[341] : 1137 infractions de presse sont jugées en 1877 contre 269 en 1875 et 438 en 1876[342]. On retrouve à ce titre 51 outrages à la morale publique et aux bonnes mœurs avec 88 prévenus, dont seuls 4 ont été acquittés[343]. Ce chiffre ne témoigne pas d'une répression plus accrue

---

336 Chanet Jean-François, « La République entre tradition parlementaire et tentation du coup d'État. Réflexions à partir d'une page de L'Armée nouvelle », *Cahiers Jaurès*, vol. 200, n° 2, 2011, p. 83.

337 *Bulletin officiel du ministère de la Justice*, 1877, t. 1, p. 63.

338 *Loc. cit.*

339 *Compte général de l'administration de la justice criminelle*, 1877, p. XIII.

340 *Ibid.*

341 Manevy Raymond, *La presse de la IIIe république*, Paris, J. Foret, 1955, p. 27.

342 *Ibid.*, p. XIV.

343 *Ibid.*, p. 64.

puisqu'en 1876 ce sont 57 affaires qui avaient été jugées : avec 71 prévenus dont 4 avaient été acquittés[344]. Il semble ainsi que la répression n'ait pas été plus intense que la normale en matière de morale, contrairement à la demande formulée par le garde des Sceaux.

Aux côtés de ces mesures gouvernementales, la presse catholique soutient sans retenue le maréchal de Mac Mahon[345]. La ligne éditoriale des partisans du président est principalement défensive[346]. Elle consiste à essayer de contrer le projet républicain sans présenter de véritable projet nouveau.

Malgré ce travail de la presse conservatrice, la politique du gouvernement est peu populaire en ce qu'elle est souvent comparée, par le camp républicain, aux mesures qui avaient été prises par Louis Napoléon Bonaparte au lendemain de son coup d'État en 1851. À ce sujet Victor Hugo publie, deux semaines avant les élections, son essai *Histoire d'un crime* qui retrace sur quatre jours le basculement de la République vers l'Empire. La publication illustre une méfiance particulièrement accrue à l'endroit des bonapartistes perçus comme encore plus sujets à faire sortir la présidence de la République de la légalité afin de rester au pouvoir. Cette idée surprend peu lorsque l'on sait l'aversion que Victor Hugo a envers Napoléon « le petit ».

L'extraordinaire mobilisation du délit d'offense au président de la République

Pendant la crise institutionnelle que connaît la France en 1877, les attaques à l'encontre de la personne de Mac Mahon sont nombreuses. Le général est ainsi surnommé le « Bayard de l'Ordre moral » dans la presse ainsi que par certains auteurs comme Gustave Flaubert[347]. Les caricatures sont nombreuses dans les journaux et la presse étrangère, en particulier allemande, n'hésite pas à railler sa tentative de restaurer un ordre ancien[348]. Désireux de se protéger tant sur le plan personnel

344 *Compte général de l'administration de la justice criminelle*, 1876, p. 64.

345 *Loc. cit.* Par exemple, la *Semaine catholique de Luçon* use et abuse des amalgames, en présentant le projet de Gambetta : « Le même cri infernal sera poussé jusqu'à la fin du monde par la bête qui est sortie de l'abîme, païenne ou juive, hérétique ou révolutionnaire » ; *Semaine catholique de Luçon*, 15 juillet 1877, p. 914-915.

346 Chanet Jean-François, *op. cit.*, p. 82.

347 *Ibid.*, p. 81.

348 *Loc. cit.*

qu'au nom de sa fonction contre ces attaques, le maréchal a recours à la répression judiciaire en mobilisant l'infraction d'offense au chef de l'État.

Cette infraction est créée par la loi du 17 mai 1819 et a pour but originel de protéger le monarque dont la personne est déclarée inviolable par l'article 13 de la Charte. Ce texte s'inscrit alors dans le cadre d'une monarchie parlementaire, désireuse de créer un texte pénal nouveau, davantage libéral et s'éloignant de l'infraction ancienne de « crime de lèse-majesté » en vigueur sous l'Ancien Régime et largement critiquée en son temps par les Lumières. La création des lois de Serre est reprise dans les différentes législations postérieures, malgré les changements de régime politique, y compris sous la Deuxième République. L'objectif poursuivi est toujours le même, celui de protéger le chef de l'État, qu'il soit roi ou président, contre les attaques qui peuvent lui être faite en raison de son rôle institutionnel. Le chef de l'État n'est pas considéré comme un citoyen ordinaire et au-delà des textes constitutionnels qui encadrent son action, le droit pénal vient s'assurer de le protéger à travers un texte particulier. Il est considéré comme une personnification du régime : s'attaquer au président s'apparente à attaquer les institutions dans leur ensemble et à ne pas leur accorder le respect qui leur est dû. La difficulté tient alors dans la définition de cette déférence qui est due par les citoyens au chef de l'État. Rien dans le texte pénal ne permet de donner du sens à la notion d'offense et il revient donc au pouvoir judiciaire de réaliser cette appréciation. Dans un premier temps, l'infraction est confiée à la cour d'assises. C'est ce que prévoient le décret du 27 octobre 1870 mais aussi la loi de 1871. En décembre 1875, la compétence est confiée au tribunal correctionnel à travers l'article 2 de la loi. Il est intéressant de noter que l'exposé des motifs de la loi ne fait pas mention précise de cette infraction qui n'est pas détaillée contrairement à d'autres (comme la diffamation envers les fonctionnaires à l'occasion de leurs fonctions).

Si cette infraction n'intéresse pas particulièrement les débats parlementaires, en revanche elle intéresse fortement le gouvernement dès lors qu'il comprend l'intérêt de sa mobilisation lorsque ses idées se trouvent contestées. Au sein de la circulaire du 28 mai 1877, le ministre de la Justice indique ainsi aux procureurs :

> Vous devez me signaler avec soin et désigner à la poursuite des magistrats placés sous vos ordres toutes les offenses qui pourraient être dirigées contre

> le Chef de l'État. Bien que son initiative se soit fait sentir dans les derniers événements, sa responsabilité est toujours couverte par celle de ses ministres, et l'offense, sous aucune forme, ne doit monter jusqu'à lui[349].

Cette interprétation des textes par le ministre semble aller à l'encontre de l'esprit des textes constitutionnels. Pour rappel, les lois constitutionnelles du début de l'année 1875 ne prévoient à un aucun moment une responsabilité du président qu'elle soit politique ou pénale (sauf en cas de Haute trahison en vertu de l'article 6 de la loi du 25 février 1875). Il n'y a donc pas, en théorie, besoin de protéger un président qui ne craint pas d'être démis de ses fonctions et dont le mandat ne prendra fin qu'au terme du septennat. Cette volonté de protection est ainsi d'ordre symbolique. Il s'agit d'« une combinaison inédite et explosive de l'affirmation *de facto* de la responsabilité présidentielle avec la protection pénale par le délit d'offense. Le président Mac-Mahon est gagnant sur les deux tableaux : il peut s'engager politiquement, mais il n'a pas le droit d'être critiqué, sauf à l'offenser et à risquer les foudres de la répression pénale[350] ». L'infraction est ainsi éminemment politique et peut se confondre avec le délit d'opinion.

Aussi, la pratique judiciaire semble avoir été au diapason de la demande de répression émanée du ministre de la Justice. Entre le 16 mai 1877 et le 14 octobre 1877, l'on dénombre pas moins de 424 procès pour offense au président de la République[351], témoignages d'« une extraordinaire recrudescence du délit d'offense », amenant « une vague de condamnations à laquelle on n'avait pas assisté depuis les cinq premières années de la monarchie de Juillet et qu'on ne revit par la suite que sous la présidence du général de Gaulle » comme l'indique Olivier Beaud[352].

À travers ce contentieux il ne s'agit pas de protéger la République à travers la personne du maréchal mais bien une certaine vision politique de la République qui se trouve menacée par la poussée républicaine que connaît le pays. Le maréchal concentre sur sa personne tout ce que la gauche souhaite battre en brèche : le monarchisme et l'Ordre moral, c'est-à-dire les idées conservatrices.

---

349 *Bulletin officiel du ministère de la Justice*, 1877, t. 1, p. 64.

350 Beaud Olivier, *La République injuriée. Histoire des offenses au chef de l'État de la IIIe à la Ve République*, Paris, Presse Universitaire de France, 2019, p. 83. Cet ouvrage nous servira de référence pour les développements suivants.

351 Manevy Raymond, *op. cit.*, p. 27.

352 Beaud Olivier, *op. cit.*, p. 91.

Les procès les plus célèbres de ces quelques mois sont sans nul doute les procès de Léon Gambetta comme le présente Olivier Beaud[353]. L'opposant est poursuivi une première fois à la suite de son discours à Lille le 15 août 1877. À l'occasion de la campagne électorale, l'avocat tient une réunion afin de mobiliser les soutiens. Si cette dernière est privée en raison de l'interdiction de tenir des réunions publiques, à travers la presse elle gagne en popularité. Surtout, ce sont les derniers mots de la prise de parole qui attirent l'attention des lecteurs. En effet, Gambetta clôt ses propos par la formule : « Quand la France aura fait entendre sa voix souveraine, il faudra que le Président se soumette ou se démette ». En évoquant la nécessité pour le maréchal de démissionner en cas de défaite de son camp aux élections législatives, Gambetta s'attire l'ire des conservateurs. Aussi, afin de pouvoir poursuivre l'orateur pour offense aux ministres et au président de la République, la voie judiciaire semble être au premier abord difficile. En effet, pour qu'une offense au président de la République soit poursuivie, il est nécessaire tout d'abord que cette dernière ait été réalisée publiquement puis que les propos constituent matériellement une offense. Or, dans le cas présent la réunion était privée et les propos s'inscrivaient dans le cadre d'une campagne politique, circonstance qui peut autoriser une certaine liberté de ton.

Aussi, le tribunal correctionnel de la Seine dans sa décision du 11 septembre 1877, réalise une application judicieuse du texte afin de qualifier les faits et de conclure à une condamnation[354]. Tout d'abord, le tribunal considère que la reproduction du discours dans la presse au sein du journal *La République française* (créé par Gambetta lui-même en 1871) donne aux propos un caractère de publicité, bien que la réunion se soit tenue de manière privée. Enfin, le tribunal définit l'offense de manière extensive comme suit : « La personne du président de la République est protégée [...] contre toute offense, c'est-à-dire non seulement contre l'outrage, la diffamation, l'injure ou l'invective ; mais encore contre les attaques malveillantes et passionnées qui, dépassant le droit légitime de critique et de libre discussion, sont de nature à appeler à la déconsidération sur la personne comme sur les intentions du premier magistrat de la République[355] ». Sont ainsi considérés comme pénalement répréhensibles

353 *Ibid.*, p. 93 et suivantes.

354 *Ibid.*, p. 94.

355 *Gazette des tribunaux*, 12 septembre 1877, p. 884.

les passages du discours qui critiquent la politique officielle de Mac Mahon mais aussi l'injonction finale du discours qui est considérée comme « une menace » à l'encontre du chef de l'État portant atteinte à sa loyauté, son honneur et sa dignité. Gambetta, principal opposant politique de gauche, et le gérant du journal sont chacun condamnés à l'issue de ce procès politique à trois mois de prison et 2000 francs d'amende. Le 18 septembre, les journaux *Le Bien public* et *Le Gaulois* sont à leur tour condamnés pour avoir reproduit dans leurs pages les parties incriminées du discours de Gambetta[356].

En octobre 1877, c'est une affiche qui vaut à Gambetta à nouveau des poursuites judiciaires. En effet, un de ses discours se trouve placardé dans les rues de la capitale. Le chef de file de l'opposition y fustige à nouveau la politique dictatoriale du gouvernement, la dissolution inacceptable de l'Assemblée nationale et appelle à rejeter « les royalistes, les césariens, les cléricaux, les fourbes comme les violents » avant de se terminer sur la même injonction au président de la République, de se démettre en cas de défaite. Comme ce fut le cas quelques mois plus tôt, Gambetta est à nouveau condamné pour complicité d'offense au président de la république, aux côtés de l'imprimeur de l'affiche, à une peine de prison de trois mois ainsi qu'à 4000 francs d'amende. À travers l'infraction d'offense au président de la République, c'est le droit de faire campagne qui est visé.

Léon Gambetta n'est pas le seul à faire les frais de cette politique pénale, puisque c'est toute la presse républicaine qui est visée par les poursuites : *La Marseillaise*, *Le peuple*, *Le Radical*[357]. Il apparaît que le spectre des propos poursuivis est très large : critique de l'implication politique du maréchal dans la campagne, critique du système des candidats officiels, mention de l'impopularité du président … Les peines prononcées à l'encontre des agents sont particulièrement sévères pour des délits de presse.

Malgré tous ces stratagèmes qui visent à étouffer la parole républicaine, le camp républicain remporte les élections législatives des 14 et 28 octobre 1877. Les résultats du suffrage désavouent le maréchal, qu'une politique répressive n'aura pas servi. Le président de la République est contraint de rappeler Jules Dufaure à la tête du gouvernement : la République modérée se trouve définitivement assise.

356 Beaud Olivier, *op. cit.*, p. 101.
357 *Ibid.*, p. 108.

Le 15 décembre 1877, dans une dépêche télégraphique adressée aux procureurs généraux Dufaure prescrit de surseoir à l'exécution des jugements et de suspendre les procédures commencées en matière de presse dans la perspective du projet d'amnistie déposé par le gouvernement le 18 décembre[358]. Ce projet s'applique à tous les crimes, délits et contraventions commis postérieurement au 16 mai et antérieurement au 14 décembre 1877 et qui ont été punis par les lois spéciales sur la presse, à l'exception des outrages aux bonnes mœurs et de la diffamation envers les particuliers[359]. La loi est votée le 24 janvier 1878 afin de sortir de la crise du 16 mai[360] et d'aller vers un régime entièrement voué à l'établissement de la République.

Avec l'assise de la République permise par l'adoption de textes constitutionnels ainsi que par le vote des citoyens en sa faveur, vient le temps pour les gouvernants de traduire dans les pratiques et surtout dans le droit, les idées qui les ont portés aux fonctions. Jusqu'alors, l'idée républicaine de la décennie 1870 portée par l'opposition à l'Ordre moral pouvait être rapprochée d'une culture de gouvernement placée symboliquement sous le patronage des valeurs suprêmes de la Révolution française[361]. Les Opportunistes arrivés au pouvoir vont aller plus loin en donnant naissance à une vision renouvelée de la République, libérale tant sur le plan économique que sociétal[362] à partir d'un corpus de références philosophiques et historiques[363]. Attaché aux notions de propriété privée et d'initiative individuelle héritées notamment du code civil de 1804, le gouvernement entend tout de même promouvoir « l'émergence d'une société au sein de laquelle chacun, quel que soit son milieu d'origine,

---

358 *Bulletin officiel du ministère de la Justice*, t. 1, 1877, p. 145.

359 *Loc. cit.*

360 V. Guislin Jean-Marc, « Les multiples sorties de la crise du 16 mai 1877 » in Grevy Jérôme éd., *Sortir de crise*, Presses universitaires de Rennes, 2010, p. 163-177.

361 Adel Joshua, « Quand l'idée républicaine était un mot vide », *op. cit.*, p. 52.

362 *Loc. cit.*

363 Serge Berstein cite à ce propos les théories du droit naturel de l'individu à travers des auteurs tels que Hobbes, Locke ou Rousseau qui conçoivent l'Homme comme doté à la naissance de droits naturels qu'il ne peut aliéner. L'auteur perçoit également une filiation avec la philosophie des Lumières et le rationalisme qui fait primer la raison comme moteur de progrès pour l'Humanité ; Berstein Serge, « Le retour de la culture républicaine », *Vingtième siècle. Revue d'histoire*, n° 44, 1994, p. 114.

pourrait réaliser sa promotion individuelle grâce à des dons personnels, son travail, son épargne[364] ».

En même temps que la République se construit, c'est la notion même d'État qui évolue et prend un sens nouveau. L'État moderne détient le monopole de la violence physique légitime et de l'impôt mais son rôle ne peut être réduit à ces activités d'autorité et de contrainte. L'État constitue également un mode d'intégration qui, par le développement de la démocratie, tend selon Norbert Elias, à se subjectiviser[365]. Les citoyens, représentés dans les institutions politiques à travers leur vote, cultivent progressivement le sentiment d'appartenir à une entité sociale, une communauté imaginée[366] donnant naissance à un État-Nation. Afin de favoriser l'assimilation des citoyens à ce dernier, l'État quitte un peu plus ses missions régaliennes pour investir pleinement d'autres champs afin de créer un patrimoine immatériel commun à tous les Français. À la fin de la décennie 1870, les débats se concentrent rapidement autour de réformes sociétales d'ampleur qui ont pour point commun de traiter de la culture, c'est-à-dire de l'ensemble des moyens mis en œuvre par l'Homme afin d'augmenter ses connaissances, développer et améliorer les facultés de son esprit comme le jugement ou le goût. C'est dans cette perspective que s'inscrivent les deux grands projets républicains de la fin de la décennie 1870 : la réforme de l'école et de la liberté d'expression à travers le droit de la presse. En se rejoignant, ces deux orientations participent d'un processus reposant sur la construction d'une culture républicaine[367], culture légitime unificatrice dans une société où la division du travail est importante, en permettant l'intégration sociale des individus par son intériorisation[368]. La culture prend ainsi le relais de la religion, abandonnée progressivement aux seules consciences individuelles. Dans le même temps, elle donne aux classes dominantes le sentiment d'être fondées dans leur domination[369] et crée chez les individus une croyance

364 *Loc. cit.*

365 Delmotte Florence, « La sociologie historique de Norbert Elias », *Cahiers philosophiques*, vol. 128, nº 1, 2012, p. 48.

366 Lire à ce sujet Anderson Benedict, *L'imaginaire national. Réflexions sur l'origine et l'essor du nationalisme*, *op. cit.*

367 Bourdieu Pierre, *Sur l'État*, Paris, Seuil, 2012, p. 270.

368 Thiesse Anne-Marie, *La création des identités nationales*, *op. cit.*, p. 14. De fait, la culture n'est pas pure car elle possède des caractères à la fois de domination mais aussi de nationalisme ; Bourdieu Pierre, *op. cit.*, p. 270.

369 *Ibid.*, p. 272.

qui les mène à se soumettre à une culture considérée progressivement comme seule acceptable et partagée[370].

La loi du 29 juillet 1881 sur la liberté d'expression s'inscrit dans ce large mouvement et illustre à la fois la maturité d'un régime politique capable de se libéraliser sans craindre sa disparition mais également la volonté de créer de nouveaux schèmes auxquels le droit apporte son concours. La création d'imprimés est stimulée dans une République qui fait le choix d'un régime libéral inédit de contrôle juridique de l'imprimé. Fixé par une loi d'ampleur, ce nouveau modèle de contrôle de la liberté d'expression marque une étape importante dans l'approfondissement de la République, bien qu'il soit rapidement ajusté dans les années qui suivent sa promulgation.

370 *Ibid.*, p. 277.

LA RÉPUBLIQUE LIBÉRALE DU LÉGISLATEUR DU 29 JUILLET 1881

Si la Première République a vu l'émergence de textes fondateurs et novateurs politiquement[1], elle n'a pas réussi à faire vivre ses idéaux de façon pérenne. Elle s'est ainsi limitée au stade des mesures symboliques, freinée par une classe dirigeante bourgeoise et modérée[2]. Après le nouvel échec de la Deuxième République en 1851, pour la première fois la République emprunte la voie de la durée. À la chute de l'Ordre moral, la Troisième République devient le « moment républicain » par excellence[3] et à l'aube de la décennie 1880, la République entre dans une période de dynamisme législatif.

Le parlement, soucieux de marquer une rupture avec les pratiques anciennes, s'attache à poser les fondements d'une société libérale à travers, notamment, l'affirmation de la liberté d'expression au sein de la République. Longtemps victimes d'une répression accrue de leurs idées, les républicains de gouvernement entendent puiser dans leur expérience douloureuse de la censure, dans leurs combats anciens[4] mais également dans l'héritage des législations antérieures, et parfois étrangères, des éléments afin de construire un modèle totalement renouvelé de contrôle judiciaire de l'imprimé. Le choix est fait de réaffirmer, au sein de la démocratie, le rôle des institutions politiques mais aussi des contre-pouvoirs. Les pouvoirs législatif et judiciaire sont les seuls à pouvoir poser des limites à la liberté d'expression, la censure préalable étant écartée du

1 On pense ici à la nouvelle Déclaration des Droits de l'Homme en 1792 ou à la Constitution du 24 juin 1793 qui proclame la souveraineté du peuple et le suffrage universel direct ; *V.* Introduction.

2 *V.* Vigier Philippe, « L'échec de la République bourgeoise et modérée (juillet 1848 – mai 1849) », in *La Seconde République*, Paris, PUF, 2001, p. 45-66.

3 Expression empruntée au titre de l'ouvrage de Nord Philip, *Le moment républicain. Combats pour la démocratie dans la France du XIXe siècle*, Paris, Armand Colin, 2013, 334 p.

4 Kalifa Dominique, « Un combat de la gauche : la liberté de la presse », in Jean-Jacques Becker éd., *Histoire des gauches en France*, vol. 1, *op. cit.*, p. 285.

droit positif relatif à l'imprimé au profit du seul contrôle *a posteriori* des publications[5]. La loi du 29 juillet 1881 marque ainsi d'un point de vue idéologique et juridique une étape décisive puisque l'imprimé n'est plus perçu sous le seul prisme de la menace contre le régime en place. Il s'agit d'un bien culturel qui doit être cultivé au sein d'une société démocratique et républicaine. Le droit de la presse s'inscrit ainsi dans la voie ouverte par le gouvernement de 1870, celle du libéralisme. Il incombe au pouvoir judiciaire de faire respecter les textes et de différencier ce qui relève du juste exercice de la liberté d'expression, de ce qui relève de l'infraction.

LE CHANGEMENT DE PARADIGME

Victorieux dans les urnes, les républicains s'attachent à faire évoluer les institutions politiques de manière à créer un terrain propice aux réformes libérales, notamment en matière de liberté d'expression.

UN RENOUVELLEMENT PROFOND DES INSTITUTIONS

Dans sa déclaration aux Assemblées du 14 décembre 1877, le maréchal de Mac Mahon fait acte d'allégeance aux élus de la nation et à la victoire républicaine[6]. Cette victoire amorce de nombreux changements dans la pratique des institutions tant politiques que sociales, menant à un nouveau projet de société au sein duquel le dialogue est promu.

5 Sauf en matière théâtrale, où la censure perdure jusqu'au début du XXe siècle.

6 Les réactions sont nombreuses à cette attitude nouvelle du chef de l'État. Les partisans de l'Ordre moral sont désolés. Mais, si ses soutiens conservateurs raillent la nouvelle interprétation que le chef de l'État fait des textes constitutionnels, ce dernier ne change pas de cap et limite son rôle politique à de simples représentations honorifiques. Pour Edgar Faure, rétrospectivement, si le président est contraint d'adopter cette attitude, c'est parce qu'il s'est obstiné à vouloir se maintenir au pouvoir coûte que coûte, et c'est ce qui l'a mené à sa perte ; Chanet Jean-François, *op. cit.*, p. 93. Il consent à ce que Jules Dufaure fasse entrer au sein de son gouvernement des personnalités républicaines telles que William Waddington ou Charles de Freycinet ; Duclert Vincent, *op. cit.*, p. 153.

Créer un contexte institutionnel propice au changement

Les élections municipales de janvier 1878 et les élections sénatoriales de janvier 1879 installent les républicains à toutes les échelles de gouvernance locales et nationales. La pression politique exercée sur le chef de l'État s'intensifie crescendo jusqu'au 30 janvier 1879, date à laquelle Mac Mahon présente sa démission[7]. Conformément aux lois constitutionnelles de 1875, au départ de Patrice de Mac Mahon, un nouveau président est élu par le parlement réuni en Congrès : Jules Grévy devient le premier républicain à exercer cette fonction depuis la proclamation de la République en 1870. Début 1879, les républicains sont majoritaires au sein de toutes les institutions politiques du pays[8] et décident de la pratique qui doit en être faite. Les prérogatives du président de la République sont conçues restrictivement[9] ; la lecture dualiste de la constitution pratiquée jusqu'alors par les monarchistes est abandonnée à la faveur d'une lecture moniste. Ceci produit selon Raymond Carré de Malberg un « parlementarisme absolu » à travers lequel le parlement devient le maître du jeu politique et domine l'exécutif[10]. C'est donc sur lui que repose l'avenir de la République, à travers sa capacité à réformer le pays par le biais de l'initiative des lois – qu'il partage avec le président de la République – et de leur vote[11]. L'enseignement du droit

---

7 Par solidarité avec l'armée, il refuse de signer les décrets de révocation de certains généraux proches des idées monarchistes poussés vers la sortie par le gouvernement.

8 Delange Armand, *Hommage à Monsieur le président de la République française : Monsieur Jules Grévy, président de la république française. Biographie*, Le Cateau-Cambrésis, Impr de T. Samaden, 1879, p. 8.

9 Déjà le Marechal de Mac Mahon avait créé une nouvelle pratique à partir de 1877 le maréchal crée une nouvelle pratique des institutions marquée par la disparition devenue coutumière du président de la République dans le cadre d'une tradition républicaine ; Vimbert Christophe, *La tradition républicaine en droit public français*, Rouen, Publications de l'Université de Rouen / Librairie générale de droit et de jurisprudence, 1992, p. 102. La crise du 16 mai 1877 et ses suites ont pour conséquence d'asseoir définitivement la République mais plus encore d'écarter le président d'une participation active et personnelle dans la gouvernance de la France, en créant une forme de pouvoir anonyme et désincarné, l'autorité étant désormais considérée comme incompatible avec la démocratie ; Mayeur Jean-Marie, *La vie politique sous la troisième république*, *op. cit.*, p. 67.

10 Carré de Malberg Raymond, *La Loi, expression de la volonté générale*, [1931], Paris, Economica, 1984, p. 196.

11 Ce à quoi l'on peut ajouter son pouvoir de faire et défaire le gouvernement jusqu'à créer une instabilité politique chronique.

constitutionnel vient, dans cette perspective légitimer cette nouvelle pratique des textes[12].

Si le parlementarisme sert l'approfondissement des idéaux républicains, c'est parce qu'il est accompagné d'une union des différentes sensibilités républicaines. Le vote de l'amnistie, bien que partielle[13], des communards par deux textes votés en mars 1879 puis en juillet 1880 témoigne de cette volonté de réconciliation de tous les républicains[14] autour d'un projet commun[15]. Pour en finir avec les douloureux souvenirs nés dans la répression des républicains, un autre projet de loi est déposé à la chambre des députés le 27 février 1879, afin d'accorder une indemnité aux victimes du coup d'État du 2 décembre 1851. Cette

12 Dès 1879, cette discipline en plein essor est envisagée par les républicains comme une justification de l'ordre politique nouveau ; Sacriste Guillaume, *La république des constitutionnalistes. Professeurs de droit et légitimation de l'État en France (1870-1914)*, Paris, Presses de Science Po, p. 15. Les théories constitutionnalistes permettent de justifier et d'objectiver des solutions de distribution du pouvoir politique en créant des liens logiques entre les différentes institutions ainsi qu'en répartissant les différents rôles au sein de la cité selon des modalités systématisées. Pour cela, les théories recourent à des récits, des *sociodicées* (principe développé par Bourdieu Pierre, « Stratégies de reproduction et modes de domination », *Actes de la recherche en sciences sociales*, vol. 105, décembre 1994, p. 3-12) qui entendent raconter l'histoire d'une communauté politique en reliant les hommes à fois à leurs prédécesseurs ainsi qu'à leurs successeurs dans une totalité signifiante. Les enseignants, dépendants du champ politique, sont conçus comme des légistes de la République dont la vocation est d'ancrer encore davantage le régime politique nouveau dans les esprits en fournissant des instruments symboliques d'intelligibilité ; Sacriste Guillaume, *op. cit.*, p. 19. Certains se détournent de cette mission à la fin du siècle en rendant pensables d'autres régimes politiques, mais au début des années 1880 les enseignants de droit constitutionnel participent pleinement du processus qui vise à rendre acceptable la République et le parlementarisme. Ceci n'évite cependant pas leur remise en cause dès 1889 par le mouvement boulangiste et par la doctrine avec notamment les écrits de Maurice Hauriou ; *V.* à ce sujet Foulquier Norbert, « Maurice Hauriou, constitutionnaliste (1856-1929) », *Jus Politicum*, n° 2, 2009, [en ligne].

13 Le parlement met en place une amnistie réduite aux seuls individus préalablement graciés, une forme de « grâce amnistiante » ; Gacon Stéphane, « L'amnistie de la Commune (1871-1880) », *Lignes*, vol. 10, n° 1, 2003, p. 56.

14 L'amnistie des communards est l'un des derniers combats de Victor Hugo. Le manuscrit de son discours prononcé au Sénat le 22 mai 1876 en faveur d'une loi d'amnistie est consultable en ligne, sur senat.fr.

15 Victor Hugo déclarait déjà à ce sujet au parlement en 1876 : « La pitié et la douceur sont de bons moyens de gouvernement. Placer au-dessus de la loi politique la loi morale, c'est l'unique moyen de subordonner toujours les révolutions à la civilisation. Dire aux hommes soyez bons, c'est leur dire : soyez justes. Aux grandes épreuves doivent succéder les grands exemples » ; *JORF*, 22 mai 1876, p. 3278.

fois-ci, il n'est pas question de refermer les plaies internes à la famille républicaine mais de reconnaître l'ensemble de cette dernière comme victime de « la haine » et de « la violence criminelle » du régime précédent[16]. Cette proposition aboutit au vote de la loi du 30 juillet 1881, dite loi de « réparation nationale », qui alloue une pension ou une rente viagère aux citoyens français victimes du coup d'État du 2 décembre 1851 ainsi que de la loi de sûreté générale du 27 février 1858[17]. Dans leur diversité, les républicains s'unissent pour panser les douleurs du passé et faire rayonner leur patrimoine. L'objectif est de conquérir de nouveaux partisans et de s'imposer dans les esprits. Pour cela, la culture républicaine se présente peu à peu comme un vecteur de cohésion nationale[18]. La symbolique vient servir le projet du pouvoir républicain en créant une confusion entre symboles nationaux et symboles républicains.

Ce glissement s'observe au sein même de l'espace public[19]. Les villes voient apparaître des rues et des places au nom de la République ainsi que des monuments à la gloire du régime ou de ses grands hommes, créant un véritable phénomène de statuomanie[20]. Les représentations de Marianne, allégorie féminine et immuable de la République, fleurissent dans les bâtiments publics[21]. Autre mesure évocatrice, le parlement qui siégeait encore à Versailles depuis la Commune est rapatrié à Paris en juin 1879. Tous ces symboles créent un discours figuré qui rend tangible, pour les citoyens les changements politiques que connaît la France dans le sens d'un « esprit républicain[22] ».

Dans ce contexte la majorité peut s'atteler à réformer le pays et donner un sens plus contemporain à la République : les républicains modérés de gouvernement choisissent la voie de la libéralisation et de la démocratisation du pays. Les monarchistes ne s'y opposent pas et voient un moyen de mettre en péril l'ordre obtenu après dix ans de République.

---

16 *JORF*, 18 mars 1879, p. 2186.

17 Devos Denise, « La loi de réparation nationale du 30 juillet 1881 : source de l'histoire de la répression de l'insurrection de décembre 1851 », *Revue d'histoire du XIXe siècle*, vol. 1, 1985, p. 41.

18 *V.* Berstein Serge, « La culture républicaine dans la première moitié du XXe siècle » in *Le modèle républicain*, *op. cit.*, p. 159-171.

19 Agulhon Maurice, *La République I, 1880-1932*, *op. cit.*, p. 32.

20 *Ibid.*, p. 33.

21 *V.* Agulhon Maurice, *Marianne au combat. L'imagerie et la symbolique républicaines de 1789 à 1880*, Paris, Flammarion, 1979, 251 p.

22 En référence à l'ouvrage de Claude Nicolet, présenté précédemment.

Ils misent sur une potentielle anarchie à venir afin de pouvoir revenir au pouvoir[23]. Les républicains libres d'agir œuvrent à accompagner les citoyens dans leur vie civique en favorisant le dialogue et le débat d'idée qui doivent précéder le vote.

Une République ouverte au dialogue

Les premières années de la République des républicains sont marquées par un fort volontarisme législatif[24] qui concourt à dynamiser le dialogue au sein de la République et entre les citoyens. Dans cette perspective, la loi du 17 juillet 1880 abroge le décret du 29 décembre 1851 sur les cafés, cabarets et débits de boisson. Ce dernier soumettait ces établissements à une autorisation administrative préalable car ils représentaient, aux yeux du pouvoir et selon les termes mêmes du texte « des lieux de réunions et d'affiliation pour les Sociétés secrètes, et ont facilité d'une manière déplorable le progrès des mauvaises passions[25] ». La République soumet à partir de 1880 l'ouverture de ces espaces de sociabilité à une simple déclaration au nom de la liberté de commerce. Le régime nouveau encourage tout ce qui se fait de politique, de lectures de presse, de causeries informelles dans les cabarets[26]. Les citoyens sont invités à se rencontrer et à débattre. Les pratiques de sociabilité, qui étaient traditionnellement celles des républicains sous le Second Empire et lors des premières années de la République[27], sont maintenant tolérées et sortent de la clandestinité. La loi du 30 juin 1881 déclare en outre que les réunions publiques sont libres de se tenir, sans autorisation préalable et dans les conditions prévues par la loi, c'est-à-dire avec seulement une obligation de déclaration. Le député Antonin Dubost précise à l'Assemblée pourquoi, selon lui, la liberté d'association n'est pas encore reconnue :

23 Delbrel Yann, « Liberté, j'écris ton nom. 1881, le renouveau du droit pénal de la presse », in Saint Pau Jean-Christophe dir., *Travaux de l'Institut de Sciences Criminelles et de la Justice*, n° 1, 2011, p. 123.

24 Audren Frédéric, Rolland Patrice, « Enseigner le droit dans la République. Ouverture », *Mil neuf cent. Revue d'histoire intellectuelle*, vol. 29, n° 1, 2011, p. 3.

25 Devoisin Albert-Joseph, *La loi du 17 juillet 1880 et les débits de boissons dans le département de l'Eure*, Évreux, Imprimerie de Charles Hérissey, 1888, p. 22.

26 Agulhon Maurice, *La République I, 1880-1932*, *op. cit.*, p. 37.

27 *V.* Grévy Jérôme, « Les cafés républicains de Paris au début de la Troisième République. Étude de sociabilité politique », *Revue d'histoire moderne & contemporaine*, vol. n° 50-2, n° 2, 2003, p. 52-72.

> La distinction entre les réunions et les associations est beaucoup plus nette et beaucoup plus tranchée qu'on l'a prétendu souvent. Quand on se réunit, c'est pour parler, c'est pour discuter, c'est pour s'éclairer réciproquement, c'est pour penser en commun ; quand on s'associe, assurément, c'est pour faire tout cela, mais c'est pour faire bien davantage encore : c'est pour passer de la délibération à l'action[28].

Or, la République opportuniste ne semble pas encore prête à donner une telle possibilité au peuple sauf à se regrouper à des fins professionnelles. En effet, la loi du 21 mars 1884 abroge la loi Le Chapelier du 17 juin 1791 et permet la création de syndicats professionnels sans autorisation préalable du gouvernement. La République se caractérise ainsi par une véritable ouverture de la société au débat mais aussi aux revendications, dans un souci constant de maintenir l'ordre public et la paix sociale. Les syndicats permettent, au-delà de porter des revendications professionnelles, de faciliter le dialogue entre ouvriers et patrons dans un contexte économique difficile à la suite de la crise de 1882[29]. Les échanges sont encouragés de manière à éviter, notamment, les mouvements sociaux.

En favorisant le dialogue, la République s'attache à mettre en œuvre les principes démocratiques en promouvant à la fois les débats entre pairs mais également les débats institutionnalisés à travers des organes représentatifs, tels que le parlement et les syndicats. L'on retrouve ici les idées développées par John Stuart Mill quant à la liberté d'opinion et son prolongement, la liberté d'expression : un bien pour la société toute entière qui se justifie par le fait que la confrontation de points de vue mène « à perfectionner les arguments requis pour les réfuter et mieux établir la vérité des convictions opposées, les opinions les plus certaines devant toujours demeurer contestées et faillibles et non des "dogmes morts"[30] ». Du débat jaillit ainsi la vérité[31]. Cette nécessité d'ouverture de la société est avancée par Georges Clemenceau lorsqu'il déclare à

28 *JORF*, 21 janvier 1881, p. 961.

29 En 1882 a lieu la faillite de l'Union Générale, une banque lyonnaise, qui aboutit à krach boursier puis une crise de la production. Il s'agit de la plus importante crise économique du XIXe siècle après celle qu'a connu la Deuxième République. Cette dernière est couplée à une crise sociale *V.* Garrigues Jean, Lacombrade Philippe, « Chapitre 6 : Le temps des crises (1885-1900) », in *La France au XIXe siècle*, Paris, Armand Collin, 2019, p. 161-186.

30 Mill John Stuart, *De la Liberté*, [1859], Laurence Lenglet trad., Paris, Gallimard, 1990, p. 113.

31 *V.* Canto-Sperber Monique, « Liberté d'expression et quête de la vérité », *Raisons politiques*, vol. 63, n° 3, 2016, p. 103-112.

l'Assemblée que la seule manière de lutter contre les doctrines fausses et détestables est de s'opposer à elles[32]. Pour Clemenceau, la seule manière d'imposer sa pensée, c'est avec passion et sans craindre de heurter ses adversaires. Selon lui, le débat doit être libéré car ce n'est pas « avec douceur [...] ce n'est pas respectant les erreurs de ses adversaires » que l'on peut convaincre. C'est au contraire en les « heurtant de front, en les accablant, en les outrageant[33] ». Un débat policé et soumis à des règles trop nombreuses empêcherait *in fine*, la victoire des idées les plus novatrices. En ce sens, l'élu demande la suppression du délit d'outrage au président de la République mais cette proposition n'aboutit pas.

Au-delà de la force de persuasion que la libération du débat permet, cette ouverture amène également un meilleur contrôle social de la population en rendant les discussions publiques, ce qui facilite leur surveillance par les autorités. L'absence de réforme de la police sous la période illustre cette ambivalence du pouvoir, oscillant entre édifice de libertés individuelles et collectives et tentation à la répression[34]. En effet, depuis 1808, l'article 10 du Code d'instruction criminelle permet au préfet de police d'entamer directement des poursuites, perquisitions ou arrestations de suspect sans aucun contrôle judiciaire. Les ministres Jules Dufaure et Philippe Le Royer perçoivent le danger pour la démocratie d'un tel pouvoir discrétionnaire et proposent, en conséquence, de modifier la législation, « le code de 1808 [ayant] créé une anarchie[35] ». Or le ministre de l'Intérieur Lepère ainsi que le préfet de police Louis Andrieux ne partagent pas cette volonté d'encadrement des pouvoirs de police lorsqu'il déclare : « Pourquoi donc ce qui a pu être utile aux autres gouvernements ne serait-il pas utilisé par le gouvernement actuel[36] ? ». Les raisons politiques l'emportant sur les idéaux démocratiques, le projet de Jules Dufaure et Philippe Le Royer est abandonné sous la pression d'une majorité qui voit dans une police libre un allié dans l'application de sa politique pénale.

---

32 *Journal officiel de la République française. Débats parlementaires, chambre des députés*, 15 février 1881, p. 248 et suivantes.

33 *Loc. cit.*

34 Mollier Jean-Yves, George Jocelyne, *La plus longue des républiques : 1870-1940*, Paris, Fayard, 1994, p. 111-115.

35 *Ibid.*, p. 111.

36 *Loc. cit.*

La République modérée se situe ainsi dans une recherche d'équilibre constant en accordant davantage de droits-libertés mais en ne désarmant pas pour autant l'État et le gouvernement. La réforme du droit de la presse s'inscrit dans ce double mouvement.

LA NÉCESSITÉ D'UNE RÉFORME D'AMPLEUR DU DROIT DE LA PRESSE

Résolue à réformer le pays, la majorité républicaine s'attaque à un sujet au cœur de ses préoccupations tout au long du XIXe siècle : la liberté d'expression. Pour cela, sont mises en place des commissions parlementaires qui travaillent à une réforme ambitieuse guidée par des enjeux divers et concourant à la mise en place d'un droit de la presse repensé.

Une réforme entre enjeux économiques et politiques

Dès 1876, sous la présidence de la République de Mac Mahon, le député de gauche Alfred Naquet propose une loi composée d'un seul article visant à abroger toutes les normes juridiques encore en vigueur – lois et décrets – qui viennent restreindre et réglementer la liberté de la presse. La chambre républicaine refuse cette proposition mais accepte, sur la proposition de Eugène Lisbonne et suite au rapport de Eugène Spuller, de se pencher sur la question en nommant une commission de vingt-deux membres, présidée par Albert Grévy et chargée de proposer une révision libérale du droit en la matière[37].

Cette première commission de 1876 se rend très vite compte des défis qui se présentent à elle. Elle doit réunir l'ensemble des textes en vigueur qui se sont accumulés tout au long des régimes politiques successifs que la France a connus au XIXe siècle. Elle doit également réaliser une étude critique de ces derniers et proposer l'abrogation de certaines dispositions afin de créer un nouveau corpus normatif. Toutefois, cette entreprise est complexe et avant de proposer un véritable projet complet en matière de droit de la presse, la chambre des députés consent dans un premier temps à abroger plusieurs textes qui freinaient considérablement la publication : le décret du 17 février 1852 ainsi que le titre 2 de la loi

---

37 Celliez Henry, Le Senne Charles, *Loi de 1881 sur la presse, accompagnée de travaux de rédaction*, Paris, Marescq ainé, 1882, p. 1.

du 29 décembre 1875[38]. La dissolution du parlement, suite à la crise politique de 1877, met un coup d'arrêt à cette impulsion donnée par les travaux parlementaires.

Au lendemain de l'élection de la nouvelle Assemblée, des propositions afin de modifier le droit de la presse sont émises par des députés de gauche avec Alfred Naquet[39] et de droite avec Gustave Cuneo d'Ornano ou encore Eugène Eschasseriaux[40]. L'Assemblée entend ces différentes demandes et au regard de la complexité de la situation choisit d'élire à nouveau une commission de vingt-deux membres, chargée d'étudier « les divers projets ou propositions de loi sur la législation relative à la liberté de la Presse et de la parole » soumis par le gouvernement ou l'Assemblée[41].

La présidence de cette commission est confiée à un connaisseur du monde de la presse, Émile de Girardin (1806-1881). Le journal *Le Figaro* lui consacre dans son numéro du 30 avril 1881, quelques jours après sa mort, un portrait fourni et très flatteur en première page. On y lit que « l'homme privé chez M. de Girardin avait des qualités qu'on ne peut méconnaître ; s'il était brusque, vif et emporté, au fond il était bon » avec une « activité incroyable de corps et d'esprit[42] ». Surtout, le supplément du dimanche du *Figaro* permet de mettre en exergue les liens importants qui unissent Émile de Girardin aux champs médiatiques, économiques et politiques.

Le président de la commission parlementaire est le fondateur de différents journaux comme *le Voleur*, *La Mode*, *Le journal des connaissances utiles*, ou encore *Le musée des familles*[43]. Son objectif est de diminuer le coût des journaux afin de créer une presse accessible à bas prix. Lorsqu'il lance *La Presse* en 1836 il utilise les recettes de la publicité très présente au sein du journal afin de limiter le coût des numéros. Il est également le premier à miser sur le genre du roman-feuilleton, très populaire, qui ne cessera de faire croitre le nombre de lecteurs. Émile de Girardin envisage ainsi la presse en véritable entrepreneur, industriel et capitaliste. S'il ne

38 *Ibid.*, p. 2.

39 Bellanger Claude, Godechot Jacques, Guiral Pierre, Terrou Fernand, *Histoire générale de la presse française, T. III, de 1871 à 1940*, Paris, PUF, 1972, p. 7-8.

40 Celliez Henry, Le Senne Charles, *op. cit.*, p. 2

41 *Ibid.*, p. 3.

42 *Le Figaro, supplément littéraire du dimanche*, 30 avril 1881, p. 69.

43 *Ibid.*, p. 71.

crée pas des titres, il les achète comme *Le Petit journal* en 1873[44]. Il est une personnalité au capital symbolique[45] et financier important au sein du champ médiatique mais pas uniquement. En effet, en plus d'être un magnat de la presse Émile de Girardin s'engage très tôt en politique. Sous la Monarchie de Juillet, Émile de Girardin n'hésite pas à envoyer une note sur la presse périodique à Casimir Perier, alors président du Conseil, à travers laquelle il demande la libéralisation du droit de la presse d'un point de vue principalement économique : suppression du cautionnement ainsi que de la responsabilité du gérant[46]. Il est élu à l'Assemblée dès 1834, témoignant de l'arrivée « au Parlement et dans les allées du pouvoir » de « l'influence gagnée par la presse » à cette époque[47].

S'il est déterminé dans les affaires, du point de vue des convictions Émile de Girardin « n'a jamais cherché à contrarier le sens du vent politique[48] ». Conservateur, orléaniste, il se rallie à la République en 1848 avant de se rapprocher de Louis-Napoléon Bonaparte mais son opposition au coup d'État lui vaut une condamnation et un exil en Belgique. À son retour en France il se rallie à la République modérée et soutient Adolphe Thiers dans sa lutte contre les communards. Il crée à cette fin « L'union républicaine de la presse », un regroupement de journaux modérés (*Le Gaulois, La France, Le journal de Paris*...) dont l'objectif est de faire entendre aux citoyens la voix des conservateurs dans la perspective des élections à venir. Après la crise de 1877, il revient en politique et se fait élire député de la Seine. Il se voit confier la mission de mener à bien la réforme du droit de la presse. Ce « Napoléon de la presse » comme on a pu le surnommer illustre ainsi, par sa présidence

---

44 *Loc. cit.*

45 Pierre Bourdieu définit le capital symbolique comme « n'importe quelle espèce de capital (économique, culturel, scolaire ou social) lorsqu'elle est perçue selon des catégories de perceptions des principes de visions et de divisions, des systèmes de classements, des schèmes classificatoires, des schèmes cognitifs, qui sont, au moins pour une part le produit, de l'incorporation des structures objectives du champs considéré, c'est-à-dire la structure de la distribution du capital dans le champs considéré » ; Bourdieu Pierre, *Raisons pratiques*, Paris, Seuil, 1994, p. 161. Le capital symbolique s'apparente à une forme de reconnaissance sociale.

46 *Ibid.*, p. 70.

47 Delporte Christian, « Émile de Girardin », *France Archives*, [en ligne], [consulté le 2 février 2021].

48 *Loc. cit.*

de la commission, les enjeux qui se jouent autour de l'élaboration d'une nouvelle loi.

La volonté de libéraliser la presse témoigne d'une idéologie libérale tant politique qu'économique. Elle illustre également la volonté d'expansion d'un marché économique important en permettant à de nouveaux investisseurs de se lancer dans une activité qui n'a fait que croître depuis le Second Empire grâce à une conjonction de facteurs : industrialisation, urbanisation croissante, développement des moyens de transmissions, augmentation du niveau de vie et de l'instruction[49]. Il s'agit de poursuivre au sein de la République, l'érection de la culture de masse, d'une mise à disposition du public de biens de consommation culturels par des communications de masse, dans une civilisation technicienne[50] dont les prémices peuvent être perçus dès 1860[51]. Parallèlement à ce développement quantitatif de l'offre, qui laisse présager d'un fort potentiel en cas d'assouplissement de la législation, l'imprimé est envisagé comme un bien qui nécessite une protection spécifique accentuée à partir du milieu du XIXe siècle[52].

49 Albert Pierre, *Histoire de la presse*, Paris, PUF, 2018, p. 32-34. En 1880, alors que la commission parlementaire prépare le projet de loi sur la presse, les mécanismes nécessaires à ce développement massif des biens culturels sont déjà en place. Les moyens de communications connaissent de véritables améliorations : la France est dotée d'un réseau ferroviaire développé, la poste est efficace, la télégraphie progresse ; Yon Jean-Claude, « L'émergence de la culture de masse », in *Histoire culturelle de la France au XIXe siècle*, Paris, Armand Colin, 2010, p. 247. Le public est davantage éduqué grâce à la scolarisation de la population entamée sous le Second Empire et poursuivie par l'accès universalisé à l'éducation primaire en 1881. Le public a davantage d'aptitudes culturelles, de capacité en temps libre et les moyens économiques de recevoir et de consommer ; *loc. cit.* Face à ces conditions favorables de réception, la presse est entrée dans l'ère de l'industrie. Les quatorze quotidiens parisiens tirent à environ 207 000 exemplaires en 1861, puis à 1,1 million d'exemplaires en 1870, et jusqu'à 2 millions d'exemplaires en 1880 ; *ibid.*, p. 168. Dans la même période, le tirage des journaux de province passe de 350 000 à 750 000 exemplaires, et leur nombre passe, lui, de 100 à 190 ; *loc. cit.*

50 Friedmann Georges, « Enseignement et culture de masse », *Communications*, n° 1, 1961, p. 3.

51 Yon Jean-Claude, *op. cit.*, p. 247.

52 La propriété littéraire est mieux respectée à travers le vote de lois nationales, comme celle des 8 et 9 avril 1854 qui porte la durée du droit posthume de vingt à trente ans, puis celle du 14 juillet 1866 qui l'étend à cinquante ans. S'ajoutent à cela les conventions bilatérales passées par la France avec de nombreux pays, avec des congrès internationaux à Bruxelles en 1858 ou Paris en 1878 ; *ibid.*, p. 156. Se trouve ainsi renforcé le droit de l'auteur sur sa création et celui des intermédiaires qui l'exploitent, sur le plan tant intellectuel que patrimonial. Sur l'histoire du droit d'auteur, *V.* Latournerie Anne, « Droits

Le projet proposé par la commission parlementaire, qu'Émile de Girardin ne verra pas voter car il décède peu de temps avant le 27 avril[53], s'inscrit dans cette volonté politique de rénovation totale du droit de la presse qui puisse envelopper à la fois l'aspiration au libéralisme politique mais également économique. Mais si le législateur prend en compte la dimension mercantile de l'édition, il apparaît dans les débats et dans le texte même de la loi, que cette dernière n'intéresse pas le législateur dans sa dimension technique[54]. Rien ne vient encadrer le statut des entreprises d'édition ou le financement de ces dernières[55]. La primauté est donnée aux publications, à leurs responsables, à un ensemble de textes qui régulent la circulation de l'imprimé mais qui ne prévoit pas spécifiquement l'organisation des acteurs économiques. L'attention est portée sur la création d'un texte qui renouvelle le rôle de l'imprimé au sein de la démocratie.

La Troisième République est l'illustration de deux mouvements contraires en matière de politique publique de la culture mais liés par un souci commun de réaliser une unité nationale[56].

Le premier mouvement peut être assimilé à la poursuite des idéaux révolutionnaires universalistes de 1789 : l'État doit intervenir dans le milieu culturel afin de participer à la mise en œuvre d'une culture émancipatrice, concourant à la Raison et permettant en conséquence un fonctionnement total de la démocratie[57].

Le second mouvement ne vise pas à libérer mais au contraire, à s'assurer du contrôle politique du peuple, citoyen et électeur. Il s'agit alors de créer une culture assimilable à une forme de propagande politique[58]. La politique républicaine de la décennie 1880 se situe au point de jonction entre ces deux tendances : permettre au citoyen de s'élever, tout en s'assurant que son émancipation ne soit pas contraire aux idéaux et valeurs républicains. Léon Gambetta exprimait déjà cette ambition en 1871 lorsqu'il déclarait : « Il faut se tourner vers les ignorants et les

---

d'auteur, droits du public : une approche historique. L'Économie politique », 2004/2, n° 22, p. 21-33 ; Rendu Jean-Baptiste, Robert Richard, *Une brève histoire du droit d'auteur : de l'Antiquité à l'intelligence artificielle*, Paris Flammarion, 2024, 176 p.

53 Delporte Christian, *op. cit.* (Absence de pagination et de paragraphes).

54 Delbrel Yann, *op. cit.*, p. 123.

55 *Loc. cit.*

56 Mathieu Isabelle, « Culture républicaine », in *L'action culturelle et ses métiers*, Paris, PUF, 2011, p. 99.

57 *Ibid.*, p. 103.

58 *Ibid.*, p. 99.

déshérités, et faire du suffrage universel, qui est la force par le nombre, le pouvoir éclairé par la raison[59] ». L'électorat populaire est une source potentielle de voix pour les républicains, mais pas seulement. Il est également considéré comme la source de la légitimité du pouvoir républicain car il possède une forme de sagesse qui lui est propre. Encore faut-il que cette sagesse soit avérée. Le suffrage universel effraie, il faut donc lui trouver un correctif et une véritable ferveur démopédique gagne les pouvoirs publics[60].

C'est dans cette perspective que l'idéologie républicaine associe éducation, démocratie et presse. Cette croyance en l'éducation comme gage de succès de la démocratie et de la République est développée dès la Deuxième République, à un moment où le suffrage universel masculin institué par le décret du 5 mars 1848 fait naître des craintes au sein des classes dominantes qui se seraient bien volontiers contentées d'une réforme du cens[61]. Le peuple inquiète parce que l'on craint qu'en raison de sa faible instruction, son vote ne soit instrumentalisé et qu'il empêche la réussite de l'emprise républicaine. À gauche, des hommes politiques tels que Auguste Blanqui, Étienne Cabet ou encore Louis Blanc se prononcent ainsi en faveur de l'ajournement des élections de 1848 « tant que le peuple ne sera pas éduqué par la République », en attendant que « la lumière pénètre dans les derniers hameaux de la république[62] ». C'est l'avis que partage Joseph Proudhon pour qui un prolétariat non-éduqué ne peut concourir au succès de ce type de régime politique[63]. Le philosophe Charles Renouvier plaide également en faveur d'une éducation

---

59 Spuller Eugène, « De l'éducation de la démocratie », *La revue pédagogique*, t. XII, Janvier-Juin 1888, p. 490. Comme le déclarait déjà Victor Hugo le 9 juillet 1850 : « La souveraineté du peuple, le suffrage universel, la liberté de la presse, sont trois choses identiques, ou, pour mieux dire, c'est la même chose sous trois noms différents » ; Zylberstein Jean-Claude, *Victor Hugo, Le droit et la loi et autres textes citoyens*, Paris, 10-18, 2002, p. 260.

60 Rosanvallon Pierre, *Le sacre du citoyen*, Paris, Gallimard, 1992, p. 355.

61 Ganzin Michel, « L'impératif de l'Éducation du citoyen : la République de Ch. Renouvier et d'E. Vacherot (1848-1860) », in *Sujet et citoyen : Actes du Colloque de Lyon (Septembre 2003)*, Aix-en-Provence, Presses universitaires d'Aix-Marseille, 2004, p. 344.

62 *Loc. cit.*

63 « [...] je me rallie sans réserve aux hommes honnêtes de tous les partis, qui, comprenant que démocratie c'est démopédie, éducation du peuple ; acceptant cette éducation comme leur tâche et plaçant au-dessus de tout la LIBERTÉ, désirent sincèrement, avec la gloire de leur pays, le bien-être des travailleurs, l'indépendance des nations, et le progrès de l'esprit humain » ; Proudhon Pierre-Joseph, *Organisation du crédit et de la circulation et solution du problème social*, Paris, Garnier frères, 1848, p. 60.

républicaine qui émancipe et qui se présente comme la condition *sine qua non* à l'exercice des droits civiques : « quand le peuple saura être libre il suffit qu'il veuille et tout obstacle disparaîtra de lui-même[64] ».

De nombreuses personnalités politiques partagent la même pensée tout au long de la seconde moitié du XIXe siècle : Edgard Quinet, Jules Ferry mais aussi Jules Favre. Ce dernier propose à ce sujet en 1863 de subordonner le droit de vote à un certain niveau d'instruction[65]. La Troisième République, définitivement installée en 1880, maintient ce type de scrutin mais garde à l'esprit les craintes des républicains de 1848 et s'engage pleinement dans l'éducation des citoyens. L'État intervient dans l'éducation de sa population dans la continuité des idées de la Révolution jacobine[66] et des travaux du marquis de Condorcet en matière d'instruction publique[67] à laquelle il assigne différentes fonctions sociales[68].

Pour les plus jeunes, c'est à l'école républicaine qu'est confiée cette mission à travers les réformes de Jules Ferry. Cette mission donnée à l'institution scolaire s'inscrit dans un souci « de développer dans la société, en partant des plus jeunes générations et des pédagogues qui avaient la charge de les éduquer, la valeur sacrée du savoir et de l'esprit critique[69] ». En ce sens, Jules Ferry s'inspire, dans la tâche qu'il confie aux instituteurs[70],

---

64 *Organisation Communale et Centrale de la république*, Montpellier, Lacour, 2000, p. 412.

65 Ganzin Michel, *op. cit.*, p. 350. Cette proposition n'est pas sans rappeler la proposition de Charton en 1849 de subordonner le droit de vote à la maîtrise de la lecture et de l'écriture. Malgré ces réticences, le suffrage universel masculin est conservé sous la Deuxième République et constitue selon Karl Marx « une arme de fraternité générale » ; David Marcel, *La Souveraineté du peuple*, Paris, PUF, 1996, p. 224.

66 Ganzin Michel, *op. cit.*, p. 343.

67 Ce dernier plaide en faveur d'une instruction publique basée sur le progrès des sciences et des arts ; Le Chapelain Charlotte, « L'instruction publique de Condorcet. Progrès économique et réflexions sur la notion de capital humain », *Revue économique*, vol. 61, n° 2, 2010, p. 282.

68 « Offrir à tous les individus de l'espèce humaine les moyens de pourvoir à leurs besoins, d'assurer leur bien-être, de connaître et d'exercer leurs droits, d'entendre et de remplir leurs devoirs ; Assurer à chacun d'eux la facilité de perfectionner son industrie, de se rendre capable des fonctions sociales auxquelles il a droit d'être appelé, de développer toute l'étendue des talents qu'il a reçus de la nature, et par là, établir entre les citoyens une égalité de fait, et rendre réelle l'égalité politique reconnue par la loi. Tel doit être le premier but d'une instruction nationale ; et, sous ce point de vue, elle est pour la puissance publique un devoir de justice » ; *Rapport sur l'organisation générale de l'instruction publique présenté à l'Assemblée législative au nom du comité d'instruction publique les 20 et 21 avril 1792 par Condorcet, député du département de Paris*, Paris, Imprimerie nationale, 1792, p. 1-2.

69 *Loc. cit.*

70 V. Ozouf Jacques et Mona, *La République des instituteurs*, Paris, Le Seuil, 1992, 392 p.

de la pensée d'auteurs moralistes et libres penseurs du milieu du XIXe siècle tels que Jules Barni ou Edgard Quinet qui lient dans leurs travaux instruction primaire et suffrage universel. Ces deux auteurs misent sur une inclusion de l'individu au sein de la société à travers le politique ainsi que par une formation à long terme[71]. L'instruction doit permettre de moraliser la population afin de créer des mœurs conformes aux institutions républicaines[72] mais aussi de fédérer la population et de créer un sentiment national et patriotique. Ainsi, fonder l'école laïque c'est aussi fonder la République, et les deux notions sont alors indissociables afin de fortifier la patrie. Il ne s'agit pas seulement de gagner les générations nouvelles au régime, mais d'affirmer une conception unitaire de la communauté nationale[73].

La loi du 16 juin 1881 en instaurant la gratuité de l'instruction primaire encourage l'éducation populaire dont le milieu de l'édition avait déjà ouvert la voie. L'édition scolaire naît vers 1830-1835 et constitue une branche florissante du commerce du livre[74]. Se développe également une librairie spécialisée dans les sciences, qu'elles soient sociales ou médicales. À côté de la presse populaire, Arthème Fayard crée une collection de livres abordables, « Le livre populaire », tirée dès son lancement à près de 80 000 exemplaires[75]. La presse se présente également dans ce cadre comme un vecteur d'apprentissage, comme un moyen pour le citoyen de connaître le monde dans lequel il évolue. Eugène Pelletan ajoute dans son allocution au Sénat à propos de la loi de 1881 :

> [...] la presse, et surtout la presse à bon marché, cette parole présente à la fois partout et à la même heure, grâce à la vapeur et à l'électricité, peut seule tenir la France tout entière assemblée comme sur une place publique et la mettre, homme par homme et jour par jour, dans la confidence de tous les événement et au courant de toutes les questions ; et ainsi, de près comme de loin, le suffrage universel forme un vaste auditoire invisible qui assiste à nos débats, entend nos discours, suit de l'œil les actes du Gouvernement et les pèse de sa conscience[76].

71 Gueissaz Mireille, « Jules Barni (1818-1878) ou l'entreprise démopédique d'un philosophe républicain moraliste et libre-penseur », in *Les bonnes mœurs*, Paris, PUF, 1994, p. 220.

72 *Ibid.*, p. 241.

73 Mayeur Jean-Marie, *op. cit.*, p. 127.

74 Mollier Jean-Yves, *Une autre histoire de l'édition*, Paris, La fabrique, 2015, p. 16.

75 *Loc. cit.*

76 Celliez Henry, Le Senne Charles, *op. cit.*, p. 20.

L'imprimé entre ainsi massivement dans la vie des citoyens afin de leur permettre de s'émanciper[77] mais également comme un moyen d'exercer un droit de regard sur les affaires publiques.

Cette idée se trouve prolongée par la loi du 29 juillet 1881. En effet, l'article 41 vient placer en dehors de toute répression un certain nombre d'imprimés. Ainsi ne donneront ouverture à aucune action les discours tenus dans le sein de l'une des deux Chambres ainsi que les rapports ou toutes autres pièces imprimées par ordre de l'une des deux Chambres, le compte rendu des séances publiques des deux Chambres fait de bonne foi dans les journaux. Ne donneront lieu à aucune action en diffamation, injure ou outrage, ni le compte rendu fidèle fait de bonne foi des débats judiciaires, ni les discours prononcés ou les écrits produits devant les tribunaux. À travers cette disposition, le législateur entend protéger le droit des citoyens à être informé quant à la vie politique et judiciaire du pays. Il s'agit ici d'affirmer la protection de certains imprimés liés à la vie de la cité. L'objectif est alors de protéger les élus, leur parole, prôner la vérité des discours, mais aussi des faits. C'est en ce sens que l'infraction de fausses nouvelles est reprise dans la loi. La République lutte contre la rumeur, qui, avec la massification de l'imprimé, trouve des canaux multiples pour se propager[78].

Vers un droit de la presse cohérent et libéral

La spécificité du droit de la presse à la fin de la décennie 1870 tient dans son caractère confus. Les textes se sont superposés donnant naissance à un ensemble difficile d'accès pour le justiciable. Afin de protéger au mieux la liberté d'expression, le législateur fait le choix d'abroger une

---

77 Cette idée avait déjà été avancée en son temps par Louis Blanc lorsqu'il déclarait à propos de la liberté d'expression : « La liberté consiste, non pas seulement dans le droit accordé, mais dans le pouvoir donné à l'homme d'exercer, de développer ses facultés, sous l'empire de la justice et sous la sauvegarde de la loi » ; Robin Charles, *Histoire de la révolution de 1848 et de la présidence de Louis-Napoléon*, t. second, Paris, E. et V. Penaud Frères, 1850, p. 69.

78 Ploux François, « "Bruits alarmants" et "fausses nouvelles" dans la France du XIXe siècle (1814-1870) », *Hypothèses*, vol. 4, n° 1, 2001, p. 307. La guerre contre la Prusse avait amené avec elle une flambée rumorale, que la République souhaite éviter à nouveau tant elle peut déstabiliser un régime par la propagation d'idées anxiogènes, nées dans un contexte d'inquiétude, de crainte ou de rejet d'un monde en plein changement ; *ibid.*, p. 314.

partie du droit applicable et de mettre sur pied un nouveau texte. Dans la circulaire du ministre de la Justice du 10 novembre 1881 adressée aux procureurs généraux, on lit ainsi que « l'économie générale de la loi » est de créer « le code unique de la presse[79] ». Les « 325 articles des 43 lois précédentes[80] » sont remplacés par un ensemble plus restreint de soixante-dix articles dont le dessein est de placer la liberté d'expression comme principe et la sanction comme exception :

> La liberté de la presse, vous la trouverez dans les dispositions qui abrogent comme dans celles qui maintiennent. Les unes et les autres ne seront que l'application la plus libérale possible des règles du droit commun, en ce sens qu'elles ne refuseront au libre arbitre que la faculté de nuire. C'est rendre hommage au principe de liberté que de poser pour limite à la liberté de chacun la liberté d'autrui[81].

Restent en vigueur les délits se rattachant à des lois spéciales dont la liste est limitativement établie[82]. Tel est le cas par exemple des outrages par paroles, par écrits ou dessins non rendus publics envers les dépositaires de l'autorité publique (articles 222 à 227 du code pénal)[83]. Les autres infractions sont supprimées et remplacées par le nouveau texte.

Eugène Lisbonne expose, dans son rapport de la loi au Sénat, l'objectif confié par le parlement à la commission de vingt-deux membres en charge de la loi :

> L'œuvre de votre Commission consistait à faire une loi complète, unique, un véritable code se substituant aux bigarrures législatives de cette partie de notre droit public et répondant le plus largement possible à vos intentions républicaines[84].

Se profile le vote d'une loi à deux objectifs apparemment distincts mais qui en réalité se rejoignent. La première mission de la commission est d'apurer le droit de la presse en raison de l'amoncellement de textes applicables, hérités de la longue succession de régimes politiques tout au

79 Celliez Henry, Le Senne Charles, *op. cit.*, p. 737.
80 *Ibid.*, p. VII.
81 *Ibid.*, p. V.
82 *Ibid.*, p. 736.
83 *Ibid.*, p. 737.
84 *Ibid.*, p. 38.

long du XIXe siècle, qui crée *in fine* un ensemble normatif confus[85]. Il s'agit ainsi d'engager une forme de codification du droit de la presse[86], c'est-à-dire de conserver certaines mesures du droit antérieur considérées comme bonnes et d'insérer de nouvelles dispositions afin de créer un ensemble davantage logique et accessible à la fois pour le juge mais aussi pour le citoyen. Cela revient, en d'autres termes, à rationaliser le droit de la presse et à le fixer. Le doyen Carbonnier indiquait à propos de la codification (du droit civil) que cette dernière est « un symbole du temps arrêté[87] », comme si ce mécanisme avait pour conséquence de graver le droit dans le marbre et de ralentir la production législative pour l'avenir. C'est dans cette perspective que les deux missions de la commission, juridique et politique, se rejoignent. En créant un socle nouveau et fondateur, les républicains s'assurent de conférer au texte de loi une valeur symbolique qui doit stabiliser pour les décennies futures un droit modifiable seulement à la marge. Cette dimension politique et symbolique de la proposition de la commission se retrouve également dans les conséquences pratiques de la codification. Cette dernière possède un fort pouvoir de cohésion nationale qui a pu être observé au début du XIXe siècle avec les codes napoléoniens.

Cette unification du droit s'exprime également par la volonté de supprimer l'ensemble des mesures préventives qui empêchaient jusqu'alors à certaines opinions politiques divergentes de ne pouvoir être exprimées, et de ne garder qu'un seul type de contrôle de l'imprimé en évitant de multiplier les mesures *a priori* et *a posteriori* de la publication. L'œuvre républicaine projetée par la commission se définit ainsi par une volonté d'équité mais surtout de liberté. Pour le président de la commission Émile de Girardin, la liberté est le synonyme d'une société « avancée » et non pas « barbare[88] ».

La liberté est conçue comme un élément d'union nationale face à l'étranger, à celui qui n'a pas encore érigé la Raison comme guide de l'action étatique. Ainsi il est nécessaire de créer une codification porteuse

85 Avant le vote de la loi du 29 juillet 1881, se superposait près de 42 lois, décrets et ordonnances en renfermant pas moins de 325 articles. Delbrel Yann, *op. cit.*, p. 122.

86 Barbier Georges, *Code expliqué de la presse : traité général de la police de la presse et des délits de publication*, Paris, Marchal et Billard, 1886, t. 1, p. 8.

87 Jean Jean-Paul, Royer Jean-Pierre, « Le droit civil, de la volonté politique à la demande sociale. Essai d'évaluation sur deux siècles », *Pouvoirs*, vol. 107, n° 4, 2003, p. 140.

88 Celliez Henry, Le Senne Charles, *op. cit.*, p. 3.

à la fois de cohésion et de résistance qui contribue à créer un sentiment d'unité nationale[89]. La codification n'est pas envisagée comme devant être réalisée à droit constant et s'inscrit dans un mouvement ambivalent de rupture, avec la nature disparate du droit applicable, et de continuité avec les valeurs libérales qui ont pu y être prônées. Ceci apparaît très nettement dans les présentations des travaux de la commission auprès de la chambre des députés et du Sénat.

Auprès des députés, Eugène Lisbonne réalise dans son intervention un véritable historique de l'évolution de la législation de la presse depuis la Révolution de 1789. Sa présentation contient de nombreux extraits de textes de loi et d'exposés des motifs de ces dernières. Elle n'est pas seulement descriptive mais aussi critique, notamment sur les lois de Serre. Le député met en exergue notamment les différences qui ont pu exister entre l'esprit des textes, libéral, et la réalité du droit : « l'exposé des motifs de la loi de 1819 [...] avait le tort grave, signe de l'infirmité des temps, sinon des intentions, de ne pas se refermer dans les limites qu'il avait posées[90] ». Le droit républicain se donne comme mission de créer une liberté qui ne soit pas seulement de l'ordre des principes : « nous ne proclamons pas la liberté, nous faisons mieux nous la réalisons[91] ». Le dessein est donc, au-delà des proclamations usuelles en matière de liberté d'expression, de créer un ensemble de mesures juridiques concrètes qui permettent à une déclaration de principe de devenir effective[92]. Eugène Lisbonne signale à ce sujet que « la liberté de la presse, vous la trouverez dans les dispositions qui abrogent comme dans celles qui maintiennent[93] ». Les différentes mesures envisagées constituent ainsi soit des créations républicaines, soit des héritages du passé. Dans tous les cas, le projet « ne couronne aucun édifice, il en crée un nouveau sur un sol devenu libre[94] » par l'abrogation, concomitante à l'adoption de la loi, de tous les textes anciens. Dès lors, la commission vient proposer un projet ambitieux car il ne se borne pas à de légères

89 Cabrillac Rémy, « Les enjeux de la codification en France », *Les cahiers du droit*, n° 46, 2005, p. 10.

90 Celliez Henry, Le Senne Charles, *op. cit.*, p. 10.

91 *Ibid.*, p. 12.

92 *V.* au sujet de la notion d'effectivité en droit Leroy Yann, « La notion d'effectivité du droit », *Droit et société*, vol. 79, n° 3, 2011, p. 715-732.

93 Celliez Henry, Le Senne Charles, *op. cit.*, p. 2.

94 *Ibid.*, p. 11.

modifications du droit applicable mais ambitionne de créer une nouvelle dynamique en la matière contrairement à ce que le siècle écoulé s'était limité à faire.

Eugène Pelletan avait déjà dès le 7 avril 1870 mis en avant la nécessité de projeter une réforme importante : « Pour affranchir la presse [...], suffit-il de changer le juge sans changer en même temps l'ordre des délits que le juge aura à punir ? Pour moi les deux questions sont indissolublement liées, et l'on ne peut résoudre l'une sans résoudre l'autre en même temps[95] ». Il ajoute au sujet des infractions : « qu'importe qu'on les transporte d'une juridiction à une autre, de la police correctionnelle au jury ! Le jury pourra sans doute les acquitter comme il pourrait les condamner mais ils n'en seront pas moins des délits arbitraires, et vous n'aurez pas détruit une injustice, vous n'aurez fait que la déplacer[96] ».

Ainsi, selon le parlementaire, la compétence juridictionnelle ne doit pas être considérée comme le seul élément important en droit de la presse mais comme une simple composante d'un ensemble plus vaste. Cette approche change considérablement l'esprit dans lequel la République envisageait la question depuis sa proclamation. Jusqu'alors, par les lois de 1871 et de 1875, l'attention du législateur se concentrait essentiellement, au sein des textes et des débats, sur la répartition des infractions entre la cour d'assises et le tribunal correctionnel au gré des besoins politiques du moment. La loi projetée ouvre une nouvelle ère au sein de la République car elle rompt l'attitude souvent ambiguë du pouvoir vis-à-vis de la presse. Au-delà des références à l'histoire législative et politique française, pour bâtir un droit nouveau de la liberté d'expression, le parlement n'hésite pas à observer ce que les autres puissances du temps ont pu mettre en œuvre.

Si le législateur se penche à de nombreuses reprises sur l'histoire nationale afin de tirer des leçons des expériences passées, il n'hésite pas non plus à opter pour une démarche comparatiste. En effet, au sein des débats et rapports qui précèdent le vote de la loi du 29 juillet 1881, un intérêt certain pour le droit étranger transparaît.

Le modèle anglo-saxon semble être la référence pour le législateur français afin de mettre en place un modèle libéral de contrôle de la

95 *Ibid.*, p. 15.
96 *Ibid.*, p. 16.

liberté d'expression[97]. À ce titre, l'expression de « libre Angleterre[98] » ainsi que l'affirmation selon laquelle les deux législations les plus libérales de toutes sont les États-Unis et l'Angleterre[99] sont mentionnées à plusieurs reprises. Les règles de droit applicables dans ces deux pays anglo-saxons servent ainsi de curseurs à partir desquels le législateur entend se placer[100].

Face aux critiques qui pèsent sur l'infraction d'outrage aux bonnes mœurs, le rapporteur indique que la législation française est moins sévère sur ce point que la législation anglaise ou que la législation des États-Unis[101]. Le rapporteur n'hésite pas à ce sujet à donner aux élus le contenu exact des textes applicables. Pour la responsabilité civile, il est rappelé que la « libre Angleterre » accepte dans sa législation la responsabilité civile des propriétaires[102] ainsi que l'entrée sur son territoire de journaux étrangers[103]. La référence sert également les discussions quant à la provocation[104], en matière de délits contre la chose publique[105], de preuve[106], de jury[107].

De manière générale, la référence aux législations étrangères permet de replacer les avancées que propose la loi dans un mouvement plus général, plus global des États occidentaux vers une libéralisation de la liberté d'expression. Il est ainsi rappelé que le cautionnement a été supprimé en Belgique, en Suisse, en Italie ou encore en Hollande[108].

Ainsi, la libéralisation de la presse se présente comme l'illustration de la force et de la maturité de la République[109]. Suffisamment établi

---

97 Sapiro Gisèle, *La responsabilité de l'écrivain*, *op. cit.*, p. 328.

98 Celliez Henry, Le Senne Charles, *op. cit.*, p. 69.

99 De nombreuses références à l'ouvrage suivant sont faites : Bertrand Edmond, *Le régime légale de la presse en Angleterre*, Paris, Cosse, Marchal et Cie, 1868, 56 p.

100 Pour une approche historique du droit de la presse anglo-saxon, *V.* le dossier de Houde Danièle, « La liberté de la presse en droit anglais, américain et canadien », *Les cahiers de droit*, V. 13, n° 2, 1972, p. 121-173.

101 Celliez Henry, Le Senne Charles, *op. cit.*, p. 29 ; Sapiro Gisèle, *La responsabilité de l'écrivain*, *op. cit.*, p. 334.

102 Celliez Henry, Le Senne Charles, *op. cit.*, p. 69 ; p. 547.

103 *Ibid.*, p. 103.

104 *Ibid.*, p. 255.

105 *Ibid.*, p. 384.

106 *Ibid.*, p. 555.

107 *Ibid.*, p. 577.

108 *Ibid.*, p. 27.

109 Eugène Pelletan déclare à ce sujet « Pour tous ces gouvernements peu sûrs d'eux-mêmes, la presse avait le tort de critiquer leur politique et de douter de leur génie ; par le seul fait qu'elle était irrévérencieuse à leur égard et souvent injuste, elle était à leurs yeux

dans ses institutions, le régime est disposé à affronter le contre-pouvoir que constituent la presse et plus largement l'imprimé.

Pour autant, la République ne se lance pas dans cette aventure de libéralisation sans s'assurer de conserver certaines protections. Elle renouvelle des garde-fous à la liberté d'expression, optant pour un régime répressif au sein duquel le pouvoir judiciaire apparaît comme l'acteur principal du contrôle de l'imprimé.

LA RUPTURE JURIDIQUE

La loi du 29 juillet 1881 marque une rupture inouïe dans le mécanisme de contrôle étatique de l'imprimé. Elle vient supprimer l'ensemble des mesures préventives qui entravaient jusqu'alors la publication. La répartition des compétences entre chaque juridiction est pensée au cas par cas au sein d'un édifice juridique au soutien de la protection des bonnes mœurs républicaines.

LA FIN DES MESURES PRÉVENTIVES

Jusqu'en 1881, l'encadrement de l'imprimé – tant dans son contenu que dans le respect des mesures administratives le concernant – était réalisé à travers une conjonction de mesures légales qui intéressaient l'imprimé avant et après sa publication. Ce régime hybride associait à la fois des mesures préventives et répressives, créant une procédure lourde freinant considérablement la liberté d'expression. La loi du 29 juillet 1881 vient libérer totalement l'imprimé des mesures préventives en imposant aux agents de la publication de simples mesures déclaratives. Ce système place le principe de responsabilité au cœur de la régulation de l'imprimé et témoigne d'une véritable politique culturelle.

---

une ennemie, une accusée, évidemment coupable, nécessairement responsable de tous les attentats qu'on pouvait commettre [...] » ; cité par Celliez Henry, Le Senne Charles, *op. cit.*, p. 19.

La mise en place d'un système déclaratif

L'innovation de la loi républicaine tient dans le fait qu'elle repense intégralement la période qui précède la mise à disposition de l'imprimé au public. En effet, l'une des mesures principales de la réforme de 1881 consiste en l'abrogation des mécanismes permettant de restreindre *a priori* la publication d'imprimés. L'article premier de la loi du 29 juillet 1881 dispose à ce sujet que « l'imprimerie et la librairie sont libres ». Disparaissent des mesures qui pesaient lourdement sur la liberté d'expression et créaient des disparités entre les différents types de publications.

L'idée directrice qui guide cette suppression est exposée par Eugène Lisbonne dès le début des débats : « nous ne confondons pas la restriction avec la répression », « la répression c'est là ce que ce projet se borne à retenir[110] ». Ceci signifie que la législation doit préserver la « possibilité de l'acte qu'elle a en vue », elle ne doit pas usurper la liberté de le commettre afin de le réprimer[111]. Seul le juge est habilité à intervenir dans la régulation de la liberté d'expression dès lors qu'il y a eu abus dans l'exercice du droit comme le dispose la Déclaration des Droits de l'Homme et du Citoyen en son article 11[112] ainsi que les lois de Serre de 1819.

Pour que le pouvoir judiciaire intervienne, il est nécessaire qu'auparavant usage ait été fait du droit-liberté consacré par les textes. C'est la consécration du modèle répressif. Il est protecteur des libertés publiques en ce qu'il permet une prédictivité des conséquences de ses actes au regard d'une loi stable tant sur le plan des infractions, des peines, que de la procédure. Dans le régime répressif domine la règle de la bonne réputation du citoyen, de la raison légale, de la raison judiciaire[113]. L'auteur n'est plus considéré comme un suspect, un délinquant potentiel, mais comme un citoyen libre d'avoir sa propre opinion, libre de l'exprimer à condition de respecter ses devoirs de citoyen au titre

---

110 Celliez Henry, Le Senne Charles, *op. cit.*, p. 12.

111 *Ibid.*, p. 6.

112 Cet article dispose que « la libre communication des pensées et des opinions est un des droits les plus précieux de l'homme : tout citoyen peut donc parler, écrire, imprimer librement, sauf à répondre de l'abus de cette liberté dans les cas déterminés par la loi ».

113 Martin Laurent, « Penser les censures dans l'histoire », *Sociétés & Représentations*, vol. 21, nº 1, 2006, p. 334.

desquels se trouve en premier lieu le respect de la loi. Une forme de « responsabilisation » de l'auteur-citoyen est créée.

Cet abandon des mesures préventives peut être replacé dans un contexte politique favorable aux républicains. En effet, les forces monarchistes sont alors incapables de trouver dans les journaux une aide susceptible de mettre la République en danger, quant aux conservateurs désormais minoritaires, ils trouvent alors une voie afin de garantir pour l'avenir les moyens de l'opposition[114]. L'ouverture de la presse à davantage d'opinions potentiellement adverses est d'autant plus admise qu'elle inquiète peu. Quand bien même certains journaux pourraient être hostiles au gouvernement, leur multiplication est souhaitable car elle « dissémine l'influence d'une presse trop concentrée qui faisait quelquefois d'un journal le rendez-vous de tout un parti[115] ».

Ainsi, aucune autorisation préalable de l'administration à la création d'un journal n'est requise. Les dessins et gravures ne sont plus soumis à l'autorisation et à la censure prévus par le décret du 17 février 1852[116]. Pour ce qui est de l'imprimerie, la déclaration exigée par l'article 14 de la loi du 21 octobre 1814 est abrogée. En ce qui concerne la presse, le cautionnement est supprimé par l'article 5 de la loi car il est considéré comme un obstacle à la multiplication des journaux alors que précisément c'est cette multiplication que la loi doit faciliter afin de permettre l'expression des différentes pensées et nuances d'opinion[117]. Rappelons que le cautionnement consistait, pour les journaux, en un dépôt obligatoire d'une somme auprès des autorités afin de garantir le paiement d'une potentielle amende à venir. Ce mécanisme, à l'application variable en fonction des sujets abordés et de la localisation

114 Albert Pierre, « Chapitre V. Le développement de la presse populaire à grand tirage (1871-1914) », in *Histoire de la presse*, *op. cit.*, p. 66.

115 Celliez Henry, Le Senne Charles, *op. cit.*, p. 19.

116 *Ibid.*, p. 26. Le décret du 17 février 1852 établissait que tout journal traitant de matière politique ou d'économie sociale ne pourra être créé sans autorisation du gouvernement. *V.* Introduction. Tout propriétaire de journal doit verser au Trésor un cautionnement1 et acquitter sur chaque numéro un droit de timbre [...] Il est interdit aux journalistes de rendre compte des débats du Corps législatif. [... Un journal peut être suspendu par une décision ministérielle, alors même qu'il n'a été l'objet d'aucune condamnation, mais après deux avertissements motivés. » ; *Bulletin annoté des lois, décrets, arrêtés...*, 1852-1853, p. 416

117 Celliez Henry, Le Senne Charles, *op. cit.*, p. 19.

géographique du journal, empêchait la création d'une « petite presse ». Il est supprimé contrairement à l'Angleterre où il subsiste à la même époque, mais rejoint la Belgique, la Suisse, l'Italie et la Hollande qui l'avaient déjà abandonné[118]. L'objectif de cette mesure instituée en 1819 était selon Guizot de « pourvoir au paiement des amendes, mais surtout de ne placer l'influence des journaux qu'entre les mains d'hommes qui donnent à la société quelques gages de leur existence sociale et lui puissent inspirer quelque confiance[119] ». La prise de parole dans l'espace public était ainsi soumise à l'appréciation des gens de bien, qui forts d'un capital économique et symbolique, intervenaient par le truchement de la caution comme des filtres à la publication. Les citoyens eux-mêmes tenaient ainsi les ciseaux d'Anastasie, que cela soit par conviction ou par contrainte de la sanction pénale. On peut tout de même penser que malgré la disparition du cautionnement, l'influence de ces hommes dominants au sein du champ médiatique a continué à s'opérer, non plus par le paiement de la caution mais par leurs investissements au sein d'entreprises de presse fondées sur la base d'un système capitalistique[120].

Également, le timbre est définitivement aboli tout comme l'impôt sur le papier qui avait pu le remplacer à partir de 1871. Le colportage est placé sous le régime de la déclaration à travers les articles 18 et suivants de la loi. Cette mesure permet de renouveler le marché de l'imprimé en permettant notamment aux camelots de rue de développer leur activité qui connaît une véritable envolée[121].

Si les mesures préventives disparaissent, le troisième article de la loi du 29 juillet 1881 dispose qu'au moment de la publication de tout imprimé il en sera fait, par l'imprimeur sous peine d'amende, un dépôt de deux exemplaires destinés aux collections nationales selon les modalités fixées par le même article. Pour les estampes, la musique et les reproductions autres que les imprimés, il est nécessaire

118 *Ibid.*, p. 27.

119 Prise de parole du 9 juin 1819 ; *ibid.*, p. 59.

120 V. à ce sujet Mollier Jean-Yves, *L'argent et les lettres ; histoire du capitalisme d'édition (1880-1920)*, Paris, Fayard, 1988, 552 p.

121 Selon Jean-Yves Mollier, la catégorie des « éditions populaires, chansons, livres de propagande » du dépôt légal, ne recense pas moins de 5552 notices entre 1880 et 1906, mises en circulation par plus de 1500 éditeurs ; Mollier Jean-Yves, *Le camelot et la rue. Politique et démocratie au tournant des XIXe et XXe siècles*, Paris, Fayard, 2004, p. 96.

de déposer trois exemplaires. Selon l'article 7 de la loi, pour la publication de tout journal ou écrit périodique, il sera fait au parquet du procureur de la République une déclaration contenant : le titre du journal ou écrit périodique et son mode de publication, le nom et la demeure du gérant ainsi que l'indication de l'imprimerie où il doit être imprimé[122].

L'objectif de la loi n'est donc plus de limiter la publication d'imprimés par des mesures administratives restrictives mais d'en garder une trace dans la mémoire collective à des fins de conservation et de responsabilisation des acteurs de l'imprimé. La République passe ainsi d'un régime « préventif » au sein duquel sont anticipées et interdites toutes les publications susceptibles de remettre en cause l'ordre établi en limitant l'exercice de la liberté d'expression, à un régime « déclaratif » au sein duquel l'administration ne joue qu'un rôle passif d'enregistrement.

En supprimant les contraintes financières pesant sur les entreprises l'imprimé est rendu, sur le plan financier, davantage accessible. Le prix des imprimés avait déjà été réduit depuis le Second Empire[123] notamment à travers les économies d'échelle permis par l'industrialisation du papier et par le développement de la « petite presse » non soumise au cautionnement[124]. La suppression totale des mesures préventives parachève leur accessibilité. Eugène Pelletan dans son rapport sur les travaux de la commission parlementaire déclare à ce sujet au Sénat le 18 juin 1881 :

> [...] la presse à bon marché est une promesse tacite de la République au suffrage universel. Ce n'est pas assez que tout citoyen ait le droit de voter. Il importe qu'il ait la conscience de son vote, et comment l'aurait-il, si une presse à la portée de tous, du riche au plus pauvre, ne va pas chercher l'électeur jusque dans le dernier village ? Le citoyen qui ne vote pas en connaissance de cause n'est pas un électeur, il n'est que le commissionnaire de son bulletin[125].

---

122 Les modalités relatives à cette déclaration sont prévues par les articles 8 à 11 de la loi du 29 juillet 1881.

123 *V.* Mollier Jean-Yves, « La révolution du prix du livre », in *Une autre Histoire de l'édition française*, Paris, La fabrique éditions, 2015, p. 193-223.

124 La petite presse correspond à tous les quotidiens populaires tirés à de nombreux exemplaires et vendus à une somme modique, 5 Francs.

125 Celliez Henry, Le Senne Charles, *op. cit.*, p. 19.

À travers ces mots, la dimension démopédique de la Troisième République transparaît à nouveau et révèle les liens qui existent entre liberté de la presse, culture et apprentissage de la démocratie.

Aussi, le régime répressif implique que le pouvoir judiciaire intervient *a posteriori* de la publication de l'imprimé. L'agent ne peut donc être inquiété par la justice avant qu'il ait concouru à la commission d'une infraction[126]. L'État réserve ainsi un espace de liberté à la création mais également au libre-arbitre de chacun. La censure disparue (si ce n'est en matière dramatique), chacun est libre de créer des imprimés en contrepartie de quoi il consent à voir sa responsabilité engagée en cas de contravention au droit applicable[127]. La loi du 29 juillet 1881 vient affirmer cette articulation entre libre-arbitre présumé et obligation de répondre de ses actes, en l'érigeant en condition *sine qua non* à la liberté d'expression.

La généralisation du principe de responsabilité

Le rapporteur de la loi devant la chambre des députés déclare à l'Assemblée les objectifs de la loi préparée par la commission parlementaire :

> Au fond [...], [la loi] concilie deux principes généraux : la liberté et la responsabilité ; la liberté, principe de droit naturel ; la responsabilité, principe d'ordre social. Ces deux principes se reflètent dans notre loi. Elle est une application des doctrines les plus avancées ; elle s'est impressionnée avant tout des déclarations de 1789 et de 1791 : elle a puisé dans toutes les chartes qu'a le plus animées le souffle de la liberté[128].

Au-delà de l'affirmation du principe d'union entre liberté et responsabilité, l'orateur rappelle que la notion de responsabilité est assez récente, puisque son usage se répand principalement au XVIIIe siècle[129]. On la retrouve au sein de l'article 11 de la Déclaration des Droits de

126 À titre principal ou en tant que complice. Néanmoins la tentative est réprimée par l'article 23 de la loi.

127 Libre-arbitre et responsabilité sont conçues de pair dans le droit pénal, puisque si le premier fait défaut, le second est impossible. Nous pensons ici aux diverses causes de non-imputabilités, reconnues dès le XIXe siècle qui font échec à la répression pénale.

128 Celliez Henry, Le Senne Charles, *op. cit.*, p. 26.

129 Sapiro Gisèle, « Responsabilité légale et responsabilité morale de l'écrivain : une perspective socio-historique », *Revue Droit & Littérature*, vol. 1, n° 1, 2017, p. 11.

l'Homme et du Citoyen de 1789, quand bien même le terme ne soit pas présent dans le texte[130]. Si le terme de responsabilité n'est pas défini dans les textes de loi, dans les faits, il renvoie à deux réalités. D'un point de vue négatif ou juridique, le terme se comprend comme l'imputation d'un dommage à son auteur. Il s'agit de répondre de l'abus que l'on a commis dans l'exercice de sa liberté. De manière positive, la notion de responsabilité possède une dimension davantage éthique ou morale. Associée à une fonction particulière au sein de la société, la responsabilité définit plus largement un domaine d'actions et de représentations sur lesquelles un ou plusieurs individus revendiquent une compétence[131]. Si ces deux conceptions de la responsabilité agissent sur deux plans différents, elles viennent tout de même se rencontrer et se nourrir mutuellement.

La responsabilité dans son acception positive, apparaît lorsque l'écrivain ou l'homme de lettres rompt avec la figure du courtisan ou de l'amuseur[132]. L'écrivain, qu'il soit philosophe ou avocat, cherche à intervenir dans la sphère publique à travers ses écrits en usant de son charisme, de sa personnalité, et cela sans être mandaté par une institution ou une autorité quelconque. Libre de toute pression institutionnelle ou hiérarchique, l'homme de lettres se présente comme un nouveau prophète, dans une société où la religion perd de son autorité morale[133] à l'image des philosophes des Lumières, qui, en intervenant dans les affaires de la cité, ont fondé une auctorialité nouvelle de l'écrivain[134].

En revendiquant un engagement personnel, l'auteur fonde peu à peu une nouvelle responsabilité morale. Seul responsable de ses écrits qui n'ont été commandés par nul autre que lui, dégagé de toute obligation institutionnelle, il répond personnellement de ses propos et des conséquences que ces derniers peuvent avoir sur la société. En revendiquant cette autonomie, il pousse l'État à individualiser, subjectiviser, le rapport entre le droit et l'auteur.

130 Cet article dispose que « La libre communication des pensées et des opinions est un des droits les plus précieux de l'Homme : tout Citoyen peut donc parler, écrire, imprimer librement, sauf à répondre de l'abus de cette liberté dans les cas déterminés par la Loi ».

131 Sapiro Gisèle, *op. cit.*, p. 11.

132 *Ibid.*, p. 12.

133 *Loc. cit.*

134 Voltaire intervient par exemple dans l'Affaire Calas ; *ibid.*, p. 11-12.

Ceci passe tout d'abord d'un point de vue économique, par la possibilité qui est donné à l'écrivain de tirer un revenu de son œuvre, possibilité encadrée par un ensemble législatif important[135]. En même temps que l'auteur gagne des droits patrimoniaux et moraux – à travers le développement de la propriété intellectuelle – sur ses créations, en contrepartie, ses devoirs à l'égard de la société augmentent en raison de sa fonction sociale, sa « fonction auteur » telle que définie par Michel Foucault[136]. L'appropriation du texte a donc des conséquences juridiques qui traduisent un rôle renouvelé dans la société[137]. Parallèlement, selon Gisèle Sapiro, cette responsabilité de l'auteur est aggravée par l'autonomisation du champ littéraire[138].

La responsabilité de l'écrivain, s'est construite selon Gisèle Sapiro qui applique à la littérature les théories de Paul Fauconnet[139], au cours du XIXe siècle à travers deux déclinaisons. L'une envisage la responsabilité sous l'angle des effets de l'écrit sur la société. Cette définition objective est établie à partir des représentations que la société se crée sur les effets du livre et de la lecture. Dans la tradition catholique, les effets nocifs de la lecture sont symbolisés par la métaphore du poison ou du venin qui entraîne le dérèglement des sens[140]. Avec l'émergence de la science, c'est ensuite la théorie de la contagion morale qui se répand[141]. Toutes ces appréhensions de la lecture reposent sur une croyance commune en un pouvoir subversif et dangereux des mots et sur la faiblesse d'un lectorat incapable de lutter contre ces influences. Les lectorats féminins

135 La loi Lakanal de 1793 confirme le principe de la propriété littéraire en la circonscrivant à une durée de 10 ans après la mort de l'auteur, par un compromis entre la conception de la propriété comme droit naturel et la notion de « domaine public » auquel appartiennent les idées ; Sapiro Gisèle, *op. cit.*, p. 14. Cette protection particulière des auteurs s'inscrit dans une inspiration puisée dans l'approche personnaliste de Kant qui considère le livre comme une marchandise qui ne peut être assimilée aux autres disponibles sur le marché ; Sapiro Gisèle, *La responsabilité de l'écrivain*, *op. cit.*, p. 25 ; Kant Emmanuel, *Qu'est-ce qu'un livre ?*, Paris, PUF, 1995, 170 p.

136 Foucault Michel, « Qu'est-ce qu'un auteur ? », *Bulletin de la société française de philosophie*, n° 3, juillet-septembre, 1969, p. 803-804.

137 Olivesi Stéphane, « Foucault, l'œuvre, l'auteur », *Questions de communication*, n° 4, 2003, p. 402.

138 Le XIXe siècle est le siècle durant lequel s'autonomise le champ littéraire. *V.* Bourdieu Pierre, « Le champ littéraire », *Actes de la recherche en sciences sociales*, vol. 89, septembre 1991, p. 3-46 ainsi que le chapite 7.

139 *V.* Introduction.

140 Sapiro Gisèle, *op. cit.*, p. 16.

141 *Loc. cit.*

et populaires, en particulier, sont considérés comme influençables et facilement corruptibles.

Parallèlement à cette conception de la responsabilité qui repose sur la matérialité de l'imprimé, se développe une conception subjective. Ce qui est alors en jeu, c'est l'intention de l'auteur, sa volonté ou non de corrompre la société. Au cours du XIXe siècle, la tendance a été à assimiler en ce sens la morale de l'auteur à la moralité de l'œuvre elle-même. L'on observe une forme identification entre les deux, l'œuvre étant considérée comme un prolongement de la personnalité de son créateur[142].

La loi du 29 juillet 1881, vient combiner ces deux approches de la responsabilité en créant à la fois des infractions matérielles et des infractions intentionnelles. Le raisonnement semble ici être très pragmatique. Ce qui ressort tout de même, c'est que le législateur a considéré la responsabilité des agents comme particulière et devant répondre à des règles spécifiques. Cependant, comme l'indique Charles Floquet, il ne s'agit pas d'un droit spécial, seulement d'une responsabilité dont la mise en œuvre est conditionnée à une procédure particulière[143].

Le législateur crée des dispositions particulières au droit de la presse en indiquant, limitativement, les personnes responsables ainsi que l'ordre dans lequel leur responsabilité doit être engagée. L'article 42 de la loi dispose ainsi que sont passibles comme auteurs principaux des peines qui constituent la répression des crimes et délits commis par la voie de la presse dans l'ordre suivant :

1. Les gérants ou éditeurs, quelles que soient leurs professions ou leurs dénominations
2. À leur défaut, les auteurs ;
3. À défaut des auteurs, les imprimeurs ;
4. À défaut des imprimeurs, les vendeurs, distributeurs ou afficheurs.

Ce système de responsabilité dit « en cascade », place le gérant ou l'éditeur comme les premières personnes dont la responsabilité pénale

142 Cette identification étant favorisée notamment par l'utilisation du discours indirect libre, notamment dans le cas du procès de Gustave Flaubert pour *Madame Bovary*. Lire à ce sujet Leclerc Yvan, *Crimes écrits. La littérature en procès au XIXe siècle*, Paris, Classiques Garnier, 2021, 448 p.

143 Duvergier Jean-Baptiste, *Collection complète des lois, décrets, ordonnances, règlements et avis du Conseil d'État*, t. XXXI, Paris, Guyot et Scribe, 1838, p. 298.

peut être engagée. L'article 44 ajoute que les propriétaires des journaux ou écrits périodiques sont responsables des condamnations pécuniaires prononcées au profit des tiers contre les personnes désignées dans les deux articles précédents, conformément aux dispositions des articles 1382, 1383, 1384 du Code civil.

À travers ces deux articles, l'objectif est de faire pression sur les acteurs financiers. Leur dessein étant de faire prospérer leur entreprise, ils peuvent être frileux au moment de publier des imprimés pouvant engager leur responsabilité et leur coûter cher, ce qui mène à une censure, non plus étatique, mais privée. Redoutablement efficace d'un point de vue de la prévention des infractions, ce système est critiqué car certains parlementaires qui y voient la subsistance d'une forme de cautionnement. Seules les sociétés les plus dotées en capital économique pourront faire le pari de publier un contenu subversif, car elles auront la capacité financière d'en assumer les conséquences. Une petite maison d'édition ne pourra pas survivre à des condamnations pécuniaires trop importantes, ce qui peut la pousser à opter pour une ligne éditoriale plus sage.

Si les gérants et éditeurs sont les premiers à voir leur responsabilité engagée, l'article 43 de la loi dispose que dans cette configuration, les auteurs seront poursuivis de manière automatique comme complices de l'infraction. Ce mécanisme témoigne de l'évolution historique de la fonction d'auteur. Avant le XVIIe siècle, cette fonctionnalité prévalait pour les discours de type scientifique puis s'est effacée du domaine des sciences pour s'investir exclusivement dans le discours littéraire dont l'anonymat fut de plus en plus difficilement toléré[144]. La responsabilité, conséquence de l'appropriation du texte par son auteur, devrait alors se concevoir comme allant de pair avec l'indentification de ce dernier. Pourtant, les textes ne prévoient l'apposition obligatoire que des noms de l'imprimeur (article 2), du gérant (article 7 et 11). La logique pécuniaire l'importe ici : le nom apposé doit permettre avant tout de trouver un responsable solvable en cas de condamnation[145].

---

144 Olivesi Stéphane, *op. cit.*, p. 402.

145 L'apposition du nom de l'auteur est pourtant importante. Comme l'indique Roland Barthes, « Donner un Auteur à un texte, c'est imposer à ce texte un cran d'arrêt, c'est le pourvoir d'un signifié dernier » ; Barthes Roland, « La mort de l'auteur », in *Le bruissement de la langue. Essais critiques IV*, Paris, Éditions du Seuil, 1968, p. 63. Ainsi, si l'attribution d'un auteur revient à conférer un sens à un texte, l'auteur reçoit en retour, par une opération d'attribution similaire, une qualification par l'œuvre ; Olivesi Stéphane, *op. cit.*, p. 404.

Au-delà de ce point précis, bien qu'il ne soit que complice de l'infraction c'est bien vers l'auteur que le procès va être orienté. L'auteur constitue en ce sens, comme le précise Gisèle Sapiro, le « substitut du crime qu'il symbolise », il en est le « patient[146] ». L'écrivain possède une aura qui joue sur l'imaginaire collectif et mène à associer la responsabilité de l'écrivain à sa réputation et à son image sociale[147]. En d'autres termes l'on vient identifier l'auteur à son crime.

L'auteur demeure donc, en pratique, le principal responsable de ses écrits[148]. Les peines auxquelles il est exposé sont les mêmes que celles de l'auteur principal et la jurisprudence ne procède que très peu à une hiérarchie des peines lorsqu'il s'agit d'imprimés livresques[149]. De nombreux procès témoignent même d'une plus grande tolérance à l'égard des éditeurs et gérants, ces derniers étant plus souvent acquittés, sauf à ce qu'ils ne se présentent pas au procès[150]. Pour ce qui est des procès de presse, les responsabilités semblent davantage reparties équitablement. Plutôt que d'appliquer la loi de 1881, les poursuites sont fondées sur le code pénal qui permet de poursuivre le gérant comme complice de mise en vente[151].

Ainsi, le mécanisme de responsabilité en cascade permet de désigner aisément un responsable à la publication ce qui rend la répression efficace. Ce mécanisme en créant un ordre de responsabilité, permet de protéger tous ceux qui n'ont apporté qu'une aide matérielle à la publication. Ce n'est qu'en dernier lieu que les imprimeurs et les vendeurs peuvent être inquiétés ce qui illustre une forme de division du travail[152]. Les principaux responsables sont ceux qui ont participé financièrement à la publication, mais surtout qui ont soutenu intellectuellement le contenu : en le créant (l'auteur), et en acceptant de le publier (le gérant/éditeur). La participation morale à l'entreprise de publication est ainsi davantage sanctionnée

---

146 Sapiro Gisèle, *op. cit.*, p. 24.

147 *Loc. cit.*

148 *Ibid.*, p. 457.

149 *Ibid.*, p. 457.

150 *Ibid.* p. 458. L'avocat et journaliste Alexandre Millerand lors du procès de Lucien Descaves le soulignait lui-même : « Si, en effet, la loi fait de l'éditeur l'auteur principal [du délit] parce qu'il est le fournisseur responsable des moyens matériels dont l'auteur a enveloppé sa pensée, le bon sens, la justice même ne lui donnent que le second rang » ; Cité par Sapiro Gisèle, *op. cit.* p. 458.

151 *Ibid.*, p. 459.

152 *Ibid.*, p. 457.

que la seule participation matérielle parce que la première nécessite une adhésion ou du moins une tolérance vis-à-vis des thèses publiées.

Par l'établissement des différentes règles relatives à la responsabilité, le législateur vient ainsi faciliter le travail des tribunaux judiciaires qui n'ont qu'à suivre le chemin tracé par les textes. La seule marge de manœuvre qu'il possède en la matière tient dans le quantum des peines prononcées. Le droit est davantage prévisible, ce qui permet aux agents de créer du contenu sans craindre une répression inattendue.

Si certains parlementaires de la gauche radicale avaient proposé de limiter le droit de la presse au droit commun et préexistant de la responsabilité[153], le rapporteur de la commission auprès du Sénat explique pourquoi une telle solution n'a pas été retenue par le projet.

Pour Eugène Lisbonne, l'article 1382 du code civil pose un principe, celui de la responsabilité des fautes[154]. Il s'agit d'une règle de « droit commun, purement théorique, dont le droit commun lui-même s'est chargé de faire l'application[155] ». Le rapporteur ajoute que cette règle est à la fois civile et pénale, elle consiste en l'octroi de dommages-intérêts et des sanctions pécuniaires ou corporelles. Elle englobe à la fois l'intérêt privé et l'intérêt public, avec pour raison unique « la responsabilité humaine[156] ». En ce sens, l'ancien article 1382 du code civil n'exclut pas l'adoption d'une loi nouvelle qui viendrait le compléter, sans toutefois le remettre en cause. Des arguments divers sont avancés par le rapport de la loi en ce sens de cumul des deux responsabilités : l'insuffisance d'une responsabilité civile en cas d'insolvabilité de l'auteur, l'absence d'effet préventif de règles de droit purement civiles.

Ainsi coexistent en matière de presse plusieurs systèmes de responsabilité qui se cumulent et ne s'excluent pas : responsabilité civile, pénale de droit commun et pénale spéciale. Seulement, en cas d'engagement de responsabilité pénale de l'agent, le droit pénal commun s'efface derrière des mesures particulières tant sur le plan des infractions, des peines que de la procédure[157]. En ce sens, la loi du 29 juillet 1881 n'est pas d'application exclusive.

153 *Ibid.*, p. 329.
154 Celliez Henry, Le Senne Charles, *op. cit.*, p. 4.
155 *Loc. cit.*
156 *Ibid.*, p. 5.
157 Traullé Julie, « Exclusivisme de la loi du 29 juillet 1881 : la fin justifie-t-elle encore les moyens ? », *Recueil Dalloz*, 2 juillet 2020, p. 1368-1374.

Parce qu'elle a une nature pénale, la loi du 29 juillet 1881 sanctionne les abus de la liberté d'expression les plus graves, et laisse la responsabilité civile s'intéresser aux abus les moins grave causant tout de même un préjudice[158]. Le droit civil apparaît en ce sens comme niveleur, comme sous-jacent à la loi, au nom de la *clausula generalis* posée par l'article 1382 du code civil napoléonien[159]. En conséquence, en matière de contrôle judiciaire de l'imprimé, tribunaux civils et pénaux sont convoqués afin de réguler l'imprimé dans l'espace public.

Si plusieurs ordres juridiques sont compétents, cette mobilisation des tribunaux ne témoigne pas d'une sévérité accrue de l'État envers l'imprimé, mais d'une évolution de la relation qu'il entretient avec lui.

L'expression d'une véritable politique culturelle

Le choix de confier le contrôle de l'imprimé au pouvoir judiciaire et non plus à l'administration n'a pas pour conséquence un désengagement total de cette dernière au seul profit des tribunaux. Il s'agit davantage d'une réorientation de son action qui ne s'exprime plus à travers la censure mais à travers la promotion des arts et des lettres qu'elle plébiscite, qu'elle entend incorporer au sein de la « culture légitime ». L'État au XIXe siècle est à ce titre fidèle à la tradition française, très volontariste en matière culturelle[160].

Malgré une impulsion nouvelle de « nationalisation » de la culture entamée sous la Révolution[161], il faut attendre le XIXe siècle pour qu'une

158 *Loc. cit.*

159 Carbonnier Jean, « Le silence et la gloire », *Recueil Dalloz*, vol. 3, 32e année, Chronique XXVIII, 1951, p. 119-120.

160 En 1789 a lieu une véritable révolution conceptuelle. Les relations entre l'État et les arts et les lettres sont repensées dans une double tension : désir de libéralisation de la création artistique et tentation à l'instrumentalisation politique de cette dernière. Dans cette double perspective l'État s'engage un peu plus dans la politique culturelle dès la Première République. Il accorde des subventions, des prix et des encouragements aux « sujets nationaux » ; *loc. cit.* Il participe de la démocratisation des arts en favorisant leur accessibilité à travers l'école et les musées. Les arts s'ils s'inspirent de la Révolution, prennent part à la pérennisation de ses idées à travers divers supports : peinture, théâtre… Au moment du projet constitutionnel de l'an I, les objectifs d'une véritable politique artistique sont définis par le Comité pour l'instruction publique : faire table rase du passé monarchique et engager le pays dans la construction d'une société régénérée.

161 Thiesse Anne-Marie, « La fabrication culturelle des nations européennes », *Sciences Humaines*, vol. 11, n° 110, 2000, p. 29 ; Sapiro Gisèle, « Le champ est-il national ? La

véritable action publique soit organisée. Ernest Renan alors directeur de l'Académie française déclarait à ce sujet le 25 octobre 1887 : « Les lettres et les arts sont une chose d'État, une chose que chaque nation produit en corps, et que la patrie est chargée de provoquer, d'encourager, de récompenser[162] ».

À travers ces mots postérieurs à 1881, l'on perçoit l'influence continue de la pensée révolutionnaire. Les lettres sont considérées comme un patrimoine commun à tous les Français. Les auteurs sont érigés au rang de véritables « prophètes laïcs[163] ». Les funérailles de Victor Hugo à la fin du mois de mai 1885 illustrent cette tendance. Elles sont un événement national mis en place par la Chambre des députés. Le cercueil de « l'homme siècle » est exposé toute une nuit sous l'Arc de Triomphe. Au-delà de promouvoir son œuvre, l'État salut le soutien républicain qu'il a été et associe le talent de l'écrivain et ses convictions politiques.

Si l'expérience d'un ministère des lettres et des beaux-arts a été tentée en janvier 1870, elle fut de courte durée. Sous la Troisième République les lettres ont été administrées par le ministère de l'Intérieur (témoignant d'un souci de maintien de l'ordre) puis par le ministère de l'Éducation. En même temps que l'État est progressivement renvoyé à « ses insuffisances et à son illégitimité à légiférer et à contrôler la création culturelle », son action se consacre progressivement uniquement à « la préservation du patrimoine, c'est-à-dire à l'art du passé[164] ». Sont créées des institutions telle que la Réunion des musées nationaux en 1895. Puis l'État vient s'engager dans la protection des œuvres d'esprit en signant des traités internationaux qui ont vocation à construire un véritable droit de la propriété intellectuelle. Le monde de la production culturelle se structure en un espace autonome[165], ce qui n'empêche

théorie de la différenciation sociale au prisme de l'histoire globale », *Actes de la recherche en sciences sociales*, vol. 5, n° 200, 2013, p. 70-85.

162 « Discours de M. Renan, directeur de l'Académie française. Président des cinq Académies. Lu dans la séance publique annuelle des cinq Académie du 25 octobre 1887 », academie-française.fr, [en ligne], [consulté le 2 octobre 2024] ; *V.* Genet-Delacroix Marie-Claude, *Art et État sous la IIIe République, le système des beaux-arts 1870-1940*, Paris, Publications de la Sorbonne, 1992, p. 164.

163 Sapiro Gisèle, *La responsabilité de l'écrivain. Littérature, droit et morale en France (XIXe-XXe siècles), op. cit.*, p. 21.

164 Fondu Quentin, Vermerie Margaux, « Les politiques culturelles : évolution et enjeux actuels », *Informations sociales*, vol. 190, n° 4, 2015, p. 57.

165 Dubois Vincent, *La Politique culturelle : Genèse d'une catégorie d'intervention publique*, Paris, Belin, 2012, p. 32.

pas l'État de réorganiser notamment l'espace de la lecture publique. L'État continue d'intervenir, en dehors des tribunaux, afin de réguler les ouvrages mis à la disposition du public au sein des bibliothèques à travers des comités d'inspection[166].

En ce sens, la République cherche à créer son identité non pas par la force mais par les actes. Ainsi, si la commission dans un premier temps et l'amendement de Marcou se prononçaient en faveur de la création d'outrage à la République[167], cette proposition n'est pas suivie par le parlement. D'une part cette mesure, trop autoritaire, pourrait amener à un déferlement de haine à l'encontre du régime et elle remettrait en cause l'idée selon laquelle, en République, le débat est libre. D'autre part, l'infraction pourrait créer un outil répressif « dont la passion ou le caprice des juges pourraient abuser un jour[168] ».

Clemenceau lors des débats déclare en ce sens : « La République vit de liberté ; elle pourrait mourir de la répression[169] ». Il poursuit : « C'est aux seuls républicains d'instituer, quand ils sont au gouvernement, la liberté qu'ils revendiquaient dans l'opposition[170] ». La République n'est donc pas un régime qui doit contraindre pour convaincre, mais qui doit, par les valeurs qu'il va porter, convaincre les citoyens de sa légitimité.

LA RÉPARTITION PRAGMATIQUE DES COMPÉTENCES JURIDICTIONNELLES

« L'essentiel, dans toute loi qui demande un juge, c'est la juridiction : *primo de judice* » peut-on lire dans le rapport général sur la loi du 29 juillet 1881[171]. À travers cette affirmation la commission parlementaire met en évidence l'importance de la répartition des compétences entre juridictions au sein de la loi. Le législateur a fait le choix d'une attribution réfléchie pour chaque infraction. Les infractions confiées au jury sont dirigées essentiellement vers les infractions qui ont pour objectif de protéger la chose publique ce qui induit un nombre important d'infractions confiées aux autres juridictions pénales.

---

166 Sapiro Gisèle, *op. cit.*, p. 425.

167 *V.* à ce sujet les arguments en faveur de l'infraction développés par M. Marcou dans Celliez Henry, Le Senne Charles, *op. cit.*, p. 370 et suivantes.

168 *Ibid.*, p. 374.

169 *Ibid.*, p. 378.

170 *Loc. cit.*

171 *Ibid.*, p. 549.

Une compétence du jury affirmée mais limitée

Dans le rapport au Sénat fait au nom de la commission en charge de l'examen de la proposition de loi adoptée par la Chambre des députés, Eugène Pelletan indique qu'en matière juridictionnelle, le choix a été fait à nouveau de s'écarter de la méthode des textes anciens qui posaient une juridiction de principe et venaient ensuite vider de sa subsance l'affirmation en créant un ensemble d'exceptions[172]. La répartition des infractions entre les différentes juridictions ainsi été faite « par voie d'attributions particulières » ou « voie d'attribution spéciale » c'est-à-dire au cas par cas[173]. S'il n'y a pas de « dispositions générales », et afin d'exclure les débats doctrinaux et jurisprudentiels, la commission est venue pour chaque infraction « justifier cette distribution[174] ». À ce titre, le projet de loi se propose de déroger au droit commun afin d'être « plus favorable à la liberté[175] ». Eugène Pelletan déclare :

> Nous déférons au jury la connaissance de la généralité des délits commis par la voie de la presse et de la parole, indifféremment, qui impliquent l'appréciation plus spéciale des intentions des prévenus, ou que la politique a plus ou moins occasionnés[176].

Il s'agit ainsi de s'écarter des articles 37, 138, 179 et 194 du Code de procédure criminelle qui assignent au jury la compétence des crimes et aux tribunaux correctionnels les délits[177]. Le critère retenu par le législateur pour la réparition des compéténces n'est pas le type d'infraction (les crimes sont largement exclus de la loi) mais la nature de l'infraction. Les cours d'assises ont ainsi à traiter de certains délits en ce que le jury apparaît, dans ces cas, plus compétent.

Si la cour d'assises est privilégiée par le projet de loi et ensuite par le parlement, c'est parce qu'elle est constituée en partie d'une « magistrature populaire prise au sein du peuple », le jury, qu'elle possède un « caractère

172 Eugène Pelletan vise ainsi la loi du 29 décembre 1875 ; Celliez Henry, Le Senne Charles, *op. cit.*, p. 549.

173 *Ibid.*, p. 550 ; p. 31.

174 *Ibid.*, p. 31.

175 *Ibid.*, p. 548 ; p. 550 ; Saint-Bonnet François, « Le jury et la liberté d'expression. La manifestation démocratique d'une aspiration libérale », *op. cit.*

176 Celliez Henry, Le Senne Charles, *op. cit.*, p. 549.

177 *Ibid.*, p. 548.

essentiellement démocratique[178] ». Cesare Beccaria déclarait déjà, selon les principes du libéralisme pénal, que « c'est une loi très utile que celle qui veut que chacun soit jugé par des pairs[179] ». Le jury est valorisé en ce qu'il est représentatif de l'opinion publique de plus en plus prise en compte dans l'exercice du pouvoir au XIXe siècle[180].

La consultation de la pensée du corps social est réalisée à travers le vote mais également par des biais institutionnels qui permettent de sonder les citoyens. Tel est le cas par exemple du travail des préfets qui deviennent les acteurs centraux de la production du « savoir électoral » sur le territoire[181]. Tel est le cas également de la cour d'assises : ses délibérations, à travers un jury de citoyens, illustrent cette opinion commune en constituant un espace de débat entre les jurés afin d'aboutir à une vérité judiciaire, accouchée d'une rencontre entre matérialité des faits, normes et interprétation de ces dernières.

Afin d'insister sur cette dimension démocratique du jury lors de la présentation du projet de loi au Sénat, Eugène Pelletan convoque volontiers Faustin Hélie qui rapproche le jury d'une « assemblée permanente[182] ». L'on retrouve à nouveau la dimension démopédique de la Troisième République à travers ce choix juridictionnel. Les discussions au sein de la cour d'assises se présentent comme des prolongations du débat démocratique, « l'histoire de la démocratie ne [pouvant] se réduire à une histoire du droit de vote et du régime parlementaire[183] ». L'expérience de juré participe de cette intégration par le citoyen des mécanismes qui mènent à un exercice réussi de la démocratie, les jurés étant amenés à « produire un discours réflexif et plus ou moins critique » du « fonctionnement de la justice » et de « la place des citoyens quant au pouvoir de juger et de décider[184] ». Ce moment judiciaire est ainsi éminemment

178 Celliez Henry, Le Senne Charles, *op. cit.*, p. 550.

179 Beccaria Cesare, *Des délits et des peines*, *op. cit.*, p. 26. *V.* à ce sujet Thery Raphaëlle, *Le libéralisme pénal*, Paris, Éditons Panthéon-Assas, 2021, 710 p.

180 Le rapporteur lui-même se rapporte à la notion d'opinion publique ; Celliez Henry, Le Senne Charles, *op. cit.*, p. 20.

181 *V.* à ce sujet Phelippeau Éric, « La fabrication administrative des opinions politiques : votes, déclarations de candidature et verdict des préfets (1852-1914) », *Revue française de science politique*, 43e année, n° 4, 1993, p. 587-612.

182 Celliez Henry, Le Senne Charles, *op. cit.*, p. 550.

183 Rosanvallon Pierre, *La contre-démocratie. La politique à l'âge de la défiance*, Paris, Seuil, 2006, p. 196-197.

184 Jellab Aziz, Giglio-Jacquemot Armelle, « Des profanes en justice. Les jurés d'assises, entre légitimité et contestation du pouvoir des juges », *Politix*, vol. 25, n° 97, 2012, p. 174.

politique en renouvelant « la démocratie participative qui, dans le champ judiciaire, a une valeur éducative puisqu'il s'agit de réconcilier l'opinion publique avec la justice, voire de lutter contre l'individualisme, comme l'avait souligné Alexis de Tocqueville[185] ». Lorsque le juré prend part au jugement aux côtés de la magistrature professionnelle, il intervient en tant que profane, comme agent extérieur au champ juridique et à ses stratégies internes. Il apporte avec lui ses croyances, ses *habitus* afin de répondre aux questions qui lui sont posées. Il va se référer à ce que le rapporteur de la Constitution du 10 novembre 1848 nommait « le bon sens[186] », un ensemble d'« intuitions immédiates, simples, fondées sur l'expérience[187] ».

Le recours au jury populaire montre ainsi le désir du législateur, en matière de droit de la presse, de s'écarter de la méthode scientifique, de la figure de l'expert, pourtant en pleine expansion à la même époque, pour donner davantage de place à un jugement par les pairs. Comme l'indiquait le rapporteur de la loi de 1819, cité par le député radical socialiste René Goblet au cours des débats de 1881 : « quand le jury prononce, la décision est moins dans le texte que dans la conscience du citoyen[188] ». Ce qui est recherché, ce n'est pas un avis strictement juridique sur l'affaire, c'est un avis empreint de l'air du temps et qui reflète au mieux l'état d'esprit de la société à un moment donné. Le député Agniel déclare à ce sujet, que les délits de presse sont « mobiles comme l'opinion elle-même[189] ». En conséquence, il est nécessaire que la juridiction soit aussi souple dans son appréhension des faits.

Mais, cette adaptabilité du jury est un atout et un danger comme le rappelle Jules Simon car il se trouve placé « sous l'influence des passions du moment[190] ». Le droit de récusation des jurés est donc fondamental car il permet d'éviter à ce que le jury devienne une « juridiction inquiétante » déterminée par des passions politiques[191]. Si la cour d'assises est soumise à l'opinion publique et à ses humeurs, son avantage reste d'être

185 *Ibid.*, p. 174.
186 Christin Angèle, *op. cit.* p. 139.
187 Marchand Bernard, Ciceri-Marchand Marie-France, « Le"bon sens", un piège en Sciences Humaines ? » 1985, p. 2, [en ligne], [consulté le 1er avril 2021].
188 Celliez Henry, Le Senne Charles, *op. cit.*, p. 227.
189 *Ibid.*, p. 33.
190 *Loc. cit.*
191 *Ibid.*, p. 420.

indépendante à l'égard du gouvernement. Cette autonomie est rappelée par Eugène Pelletan lorsqu'il cite Faustin Hélie : le jury est en « dehors des mains du pouvoir exécutif » et des « juges eux-mêmes[192] ». Le jury apparaît comme un gage de neutralité, le gouvernement ne pouvant faire du jury « le serviteur de ses impatiences[193] ».

Protégé de l'exécutif, le jury est également protégé de la magistrature professionnelle. En effet, le parlement débat parallèlement à la réforme du droit de la presse, d'une réforme du jury qui aboutit au vote de la loi du 19 juin 1881. Cette loi supprime la pratique dite du « résumé ». Ainsi, le président de la cour d'assises ne peut plus, à peine de nullité de la procédure, résumer les moyens de l'accusation et de la défense. Il ne peut rappeler aux jurés que la teneur de leurs fonctions[194]. Cette réforme de l'article 336 du code de procédure pénale interdit une pratique à travers laquelle le président de la juridiction pouvait depuis 1808 résumer l'instance de manière peu objective afin d'influer sur la décision des jurés[195]. Cette prohibition donne davantage de liberté au jury, qui doit répondre aux questions qui lui sont posées de manière plus autonome. Pour autant, si le jury est davantage protégé juridiquement de l'influence du juge judiciaire, le texte de loi ne peut empêcher que les jurés soient sensibles à sa personne et son office. Le président de la cour d'assises, magistrat professionnel, reste le porteur d'un savoir objectif, se présente comme une source d'autorité, et surtout c'est lui qui mène les débats[196]. Le juré, extérieur en principe au champ judiciaire, trouve dans la personne du président une figure tutélaire qui lui permet de s'orienter dans un monde qui lui est étranger et dont il ne possède pas les codes. D'autant plus que le jury se voit confier à travers la loi du 29 juillet 1881 des infractions d'un type particulier puisqu'elles ne sont pas dirigées à l'encontre d'un individu auquel il pourrait s'identifier mais à un concept moins tangible : l'État.

L'article 45 de la loi du 29 juillet 1881 énumère l'ensemble des onze infractions confiées à la cour d'assises, des infractions qui « intéressent

192 *Ibid.*, p. 550.
193 *Ibid.*, p. 261.
194 *JORF*, 20 juin 1881, p. 3385.
195 Pradel Jean, « Le jury en France. Une histoire jamais terminée », *Revue internationale de droit pénal*, vol. 72, n° 1-2, 2001, p. 176.
196 Jellab Aziz, Giglio-Jacquemot Armelle, *op. cit.*, p. 156.

la chose publique[197] ». Ces infractions peuvent être qualifiées de « délits politiques[198] ». Il ne s'agit pas de délits d'opinion, infractions les plus sévères de la législation pénale en ce qu'ils s'attaquent non pas à un acte mais à une idée sur un sujet déterminé[199]. Ces infractions ont été, comme pour les « délits de tendance » et les « délits de doctrine », supprimées de la loi[200]. Tel est le cas par exemple de l'attaque contre la Constitution[201].

Joseph Ortolan définit ce que sont les « délits politiques » :

> des actes ayant pour but, par des moyens contraires à la loi et frappés de peines par elle, soit de renverser ou de modifier [l'] organisation des grands pouvoirs publics de l'État ; soit de détruire, d'affaiblir ou de déconsidérer l'un de ces pouvoirs ; soit d'étendre ou de restreindre la part que les divers membres ou que certains membres de l'association sont appelés à y prendre, soit d'exercer dans un sens ou dans un autre, une action illégitime sur le jeu de leur mécanisme ou sur la direction générale et suprême qui en résulte pour les affaires de l'État ; soit de détruire ou de transformer en quelqu'un de leurs éléments ou en tous les conditions sociales faites par la constitution aux individus ; soit enfin de susciter des troubles, des haines, ou des luttes de violence dans la société à propos de l'un ou de l'autre des objets qui précèdent : ces actes, tous puisés à une idée commune d'atteinte à l'ordre social ou à l'ordre politique établis, [...][202].

Les délits politiques sont ainsi des infractions dont le résultat porte atteinte à l'État en tant qu'organisation sociale et politique. Le juriste souligne que ces infractions peuvent prendre diverses formes, créant un ensemble très hétéroclite : « [...] la fraude ou la trahison, l'injure, ou l'insulte, ou la calomnie, la violence grossière de parole, d'excitation ou de fait. Mais quelquefois aussi l'esprit rieur, le talent ingénieux, le don poétique et littéraire ; ou le moyen enfin qui s'allie le mieux à la dignité et au courage, la force ouverte et déclarée[203] ».

Henri Lévy-Bruhl affine au XXe siècle cette définition des délits politiques qu'il rebaptise « délits idéologiques » de par leur champ d'action

---

197 Celliez Henry, Le Senne Charles, *op. cit.*, p. 31.

198 Au sein des débats parlementaires, l'expression « délits politiques » est employée afin de qualifier les délits d'opinion.

199 Delbrel Yann, *op. cit.*, p. 129.

200 Celliez Henry, Le Senne Charles, *op. cit.*, p. 27.

201 *Ibid.*, p. 28.

202 Ortolan Joseph, « Les délits politiques selon la science criminelle », *Éléments de droit pénal*, 4e édition, Paris, Plon, 1875, p. 291.

203 *Ibid.*, p. 294.

très large, embrassant à la fois des considérations politiques mais aussi sociales. Il s'agit selon l'auteur « des infractions commises en vue d'un intérêt qui dépasse celui de l'auteur, et qui tendent à réaliser une réforme dans l'ordre politique, social, religieux, etc.[204]. ». Pour le sociologue, les infractions politiques sont donc, au sein des États démocratiques, le plus souvent traitées différemment des autres infractions, dans le sens de la clémence. Ceci s'explique notamment par le fait que les agents pénaux agissent au nom de mobiles qui dépassent leurs intérêts personnels. Ils apparaissent auprès de l'opinion publique comme davantage désintéressés et honorables de par le fait que les délinquants qui attentent aux lois n'agissent pas dans la seule perspective de servir leur intérêt égoïste. En ce sens, les délinquants politiques ne répondent pas à l'image que la population peut se faire de la délinquance ou du crime comme définis par Émile Durkheim. Pour autant, Henri Lévy-Bruhl remarque que parfois, ces infractions parce qu'elles heurtent violemment la « sensibilité du groupe social », se trouvent traitées comme n'importe quelles infractions de droit commun[205].

Au travers de la loi du 29 juillet 1881, cette sensibilité de la société pour certains sujets est perceptible puisque les infractions de presse de type « politique » comme définies préalablement, sont confiées à la cour d'assises et le *quantum* des peines est augmenté. Aussi, ces infractions confiées à la cour d'assises peuvent être subdivisées en deux groupes distincts.

La première catégorie est constituée des différentes infractions qui viennent porter atteintes aux institutions politiques ou à leurs membres, en France et à l'étranger :

- L'offense au président de la République (article 26).
- La diffamation commise par l'un des moyens énoncés en l'article 23 envers les cours, les tribunaux, les armées de terre ou de mer, les corps constitués et les administrations publiques (article 30).
- La diffamation commise par les mêmes moyens, à raison de leurs fonctions ou de leur qualité, envers un ou plusieurs membres du ministère, un ou plusieurs membres de l'une ou de l'autre Chambre,

204 Lévy-Brulh Henri, « Les délits politiques. Recherche d'une définition », *Revue française de sociologie*, Vol n° 5, 1964, p. 139.
205 *Loc. cit.*

un fonctionnaire public, un dépositaire ou agent de l'autorité publique, un ministre de l'un des cultes salariés par l'État, un citoyen chargé d'un service ou d'un mandat public temporaire ou permanent, un juré ou un témoin, à raison de sa déposition (article 31).

- L'injure commise envers les corps ou personnes désignés par les articles 30 et 31 (article 33, paragraphe 1).
- L'offense commise publiquement envers les chefs d'États étrangers (article 36).
- L'outrage commis publiquement envers les ambassadeurs et ministres plénipotentiaires, envoyés, chargés d'affaires ou autres agents diplomatiques accrédités près du gouvernement de la République (article 37).

Le jury populaire se voit ainsi confier la tâche de participer au jugement des infractions dirigées à l'encontre des individus qui participent du fonctionnement de l'État au sein des institutions politiques, de l'administration et des différents pouvoirs (exécutif, judiciaire, législatif). Le législateur est à ce titre revenu sur sa position de 1875 lorsqu'il avait confié aux tribunaux correctionnels l'ensemble du contentieux de la diffamation, indépendamment de la nature de la fonction exercée par les individus visés par les propos diffamatoires. Il a élargi la catégorie d'individus visés par les textes et s'exposant à l'exception de vérité prévue par l'article 35. Le citoyen retrouve sa place de garant de l'intégrité des serviteurs de l'État entendus dans un sens très large puisque la vérité des imputations diffamatoires et injurieuses peut désormais être établie contre les directeurs ou administrateurs de toute entreprise industrielle, commerciale ou financière, faisant publiquement appel à l'épargne ou au crédit.

La seconde catégorie d'infractions confiées à la cour d'assises est constituée d'imprimés qui heurtent l'ordre public dans ses différentes composantes. On y trouve ainsi les troubles à la sécurité et à la tranquillité publiques avec :

- La provocation à commettre les crimes de meurtre, de pillage et d'incendie, ou l'un des crimes contre la sûreté de l'État prévus par les articles 75 et suivants, jusque et y compris l'article 101 du Code pénal (article 24§ 1),

- Les cris ou chants séditieux proférés dans les lieux ou réunions publics (article 24§ 2)
- La provocation par l'un des moyens énoncés à l'article 23, adressée à des militaires des armées de terre ou de mer, dans le but de les détourner de leurs devoirs militaires et de l'obéissance qu'ils doivent à leurs chefs dans tout ce qu'ils leur commandent pour l'exécution des lois et règlements militaires (article 25).

Le jury populaire hérite en outre à travers la loi du 29 juillet 1881 de l'infraction de « publication ou reproduction de nouvelles fausses, de pièces fabriquées, falsifiées ou mensongèrement attribuées à des tiers » (article 27). Le législateur précise à ce titre les éléments constitutifs et cumulatifs de l'infraction : il est nécessaire que l'inexactitude des faits ait troublé la paix publique et que la publication ait été réalisée de mauvaise foi. Si un droit à l'erreur est reconnu, aucune tolérance n'est de mise dès lors que l'imprimé a été publié dans le dessein de diffuser une information erronée. L'intention coupable est ainsi particulièrement réprimée.

L'expression de « fausse nouvelle » est issue du vocabulaire juridique, on la retrouve très souvent sous la plume de parquetiers, ministres, ou encore préfets[206]. Le délit était déjà prévu, avant 1881, par les articles 419 et 420 du code pénal dans le cas précis d'une fausse nouvelle ayant pour but d'exercer une influence sur le mouvement des fonds publics ou sur la vente de denrées alimentaires[207]. La loi de 1881 vient transposer ce mécanisme au droit de la presse avec cependant des peines bien moins importantes[208].

Dans le langage courant, c'est le plus souvent le terme de rumeur qui est employé. Ces dernières ont tendance à se multiplier au cours du

206 Ploux François, *op. cit.*, p. 304-305. *V.* sur le même thème et du même auteur Ploux François, *De bouche à oreille. Naissance et propagation des rumeurs dans la France du* XIX*e siècle*, Paris, Aubier, 2003, 289 p.

207 Dès le début du XIXe siècle des textes sont mis en place afin de lutter contre la circulation d'informations déformées, incomplètes ou fallacieuses. À titre d'exemple, le décret du 17 février 1852 dans son article 15, visait les individus coupables de publication et de reproduction de mauvaise foi de nouvelles de nature à troubler la paix publique.

208 Le code pénal prévoit une peine de deux mois à deux ans d'emprisonnement et d'une amende de 1000 fr. à 20 000 fr. alors que la loi du 29 juillet 1881 ne prévoit qu'un mois à un an d'emprisonnement et d'une amende de cinquante francs à mille francs, ou de l'une de ces deux peines seulement.

XIXe dans les centres urbains avec l'essor de la presse à grand tirage, des transports et de l'alphabétisation. Dans les campagnes, elles viennent au contraire combler les lacunes nées d'un manque d'information dans les territoires les plus isolés. S'ajoutent à cela des facteurs conjoncturels qui créent au sein de la population la perception « d'une menace, un sentiment d'incertitude face à l'avenir » qui favorise la production « d'un discours qui vise à donner sens à une situation confuse, ou qui anticipe – en prophétisant – sur un avenir incertain et inquiétant[209] ». Le point commun de toutes ces rumeurs est qu'elles s'intéressent à des faits qui ont très souvent une nature politique et dont le motif est très souvent repris : pouvoir, fiscalité, diplomatie, mais aussi relations entre les catégories sociales au sein de la nation[210]. La rumeur se nourrit d'un imaginaire social et politique qu'elle met en scène dans un récit allégorique. Les fausses nouvelles de leur côté se nourrissent de l'absence d'actualité, les canards n'hésitant pas à reprendre des articles anciens, en y ajoutant quelques détails macabres et terrifiants très vendeurs[211].

Forts de cette expérience, les parlementaires de la Troisième République savent qu'ils doivent efficacement lutter contre les fausses nouvelles, qui pullulent à travers le territoire, car elles pourraient mettre en difficulté leur désir de réforme de la société. Ils confient cette tâche au citoyen qui hérite de la mission de lutter contre le mensonge dès lors qu'il s'attache à des faits qui intéressent la chose publique. Ainsi, c'est à lui qu'échoit notamment l'examen de l'exception de vérité dans les cas de diffamations et injures où la loi le prévoit, dans le cas de certaines fonctions.

La volonté de valoriser la vérité dans le débat public guide l'ensemble de la loi. L'article 41 de la loi indique que ne donnera lieu à aucune action, le compte rendu des séances publiques des deux Chambres fait de bonne foi dans les journaux. Ne donneront lieu à aucune action en diffamation, injure ou outrage, ni le compte rendu fidèle fait de bonne foi des débats judiciaires, ni les discours prononcés ou les écrits produits devant les tribunaux. Certaines limites à la restitution des débats judiciaires sont posées, notamment en cas de diffamation, mais limitativement énoncées (article 41, alinéa 4). En dehors de ces cas particuliers, l'information relative à la vie judiciaire et politique du pays est libre

209 Ploux François, *op. cit.*, p. 308.
210 *Loc. cit.*
211 Geniès Bernard, *Fausses nouvelles*, Paris, Calmann-Lévy, 1986, p. 8.

de circuler au sein de la démocratie de manière à ce que la population soit tenue informée des décisions prises par le pouvoir politique, ainsi que par le pouvoir judiciaire au sein duquel se trouvent notamment les juges correctionnels et les juges de paix.

La compétence des tribunaux correctionnels

Les deuxièmes et troisièmes alinéas de l'article 45 de la loi du 29 juillet 1881 donnent la liste des infractions confiées aux tribunaux correctionnels. Cette orientation correctionnelle est largement décriée lors des débats au parlement. Le député de Savagnac s'exclame ironiquement à ce sujet : « Ah, elle est libérale votre loi[212] ! » à l'annonce de la liste d'infractions dévolues au juge correctionnel. Georges Clemenceau déclare à son tour : « Vous êtes moins libéraux que la Restauration. La loi de 1819 renvoyait devant le jury les faits que vous déférez à la police correctionnelle. Vous faites ce que les lois de septembre elles-mêmes n'ont pas osé faire. C'est prodigieux[213] ! ». Les débats sont passionnés, comme le laisse entrevoir les indications données au sein de la retranscription des débats : « bruit », « exclamations » (Non, Oh, Ah), et même « grimace[214] ».

Le député bonapartiste Gustave Cuneo d'Ornano, présente lors de la séance du 24 janvier 1881 son « contre-projet » de réforme. Celui-ci est motivé par la seule question de la compétence judiciaire et ne traite pas des infractions et de leurs éléments constitutifs. Le député propose au sein d'un seul et unique article de supprimer les soixante-dix articles de la proposition de loi, d'abroger la loi du 29 décembre 1875 et de revenir à la loi du 15 avril 1871.

Ce retour à la loi votée sous le gouvernement de défense nationale permettrait de revenir à un système où la compétence du jury est étendue à presque tous les délits de presse et ceci est souhaitable car selon lui :

> [...] tout est dans le juge ; le délit de presse est un délit d'opinion, délit essentiellement mobile comme elle, délit qui peut avoir sa gravité aujourd'hui, et qui demain peut ne présenter aucun péril. Il faut donc, pour frapper ces délits essentiellement mobiles de la plume ou de la parole, une juridiction mobile comme l'opinion elle-même, une juridiction qui sorte incessamment

212 *Loc. cit.*
213 Celliez Henry, Le Senne Charles, *op. cit.*, p. 521.
214 *Ibid.*, p. 574.

du peuple et qui y rentre, reflétant ainsi les impressions diverses de l'opinion publique[215].

Ses arguments sont les mêmes que ceux mobilisés tout au long de la décennie 1870. Aussi, le député relève l'incohérence du projet de la commission en ce qui concerne la répartition des compétences juridictionnelles. S'il a pour objectif de dépolitiser de nombreuses infractions, la correctionnalisation d'un bon nombre d'entre elles peut mener à l'effet inverse, c'est-à-dire à exposer « la magistrature à éveiller sans cesse les inquiétudes de l'opinion, à provoquer les griefs de ses adversaires » en la jetant « dans l'arène politique » par une loi qui l'y contraint[216]. Le député Louis Agniel, membre de la commission en charge de présenter la proposition de loi répond au préopinant en indiquant qu'à son sens une réforme ne s'intéressant qu'aux questions de compétence serait une réforme incomplète. La République doit être davantage ambitieuse en proposant une loi qui envisage à la fois infractions, peines, procédures et compétences juridictionnelles. La liberté de la presse ne peut être le résultat que d'une combinaison efficace de ces différents éléments. De plus, le député républicain indique que le fait que certaines infractions soient confiées à la juridiction correctionnelle n'apparaît pas comme un souci puisqu'en parallèle de la discussion de la présente loi sur la presse, une commission parlementaire est en charge de penser une réorganisation de la juridiction correctionnelle par l'introduction d'un jury populaire en son sein. De fait, qu'importe la juridiction compétence, le jury populaire aura toujours l'occasion de s'exprimer. Pleine de promesses, cette déclaration cherche à rassurer les parlementaires, mais fait dépendre l'acceptabilité de la loi débattue sur une hypothétique réforme à venir, qui d'ailleurs ne voit pas le jour.

D'un point de vue quantitatif, il est vrai que le tribunal correctionnel semble s'imposer vis-à-vis de la cour d'assises dans la répartition des infractions. Mais, une étude qualitative de ces infractions mène à relativiser cette disproportion entre les juridictions.

Le juge correctionnel connaît de nombreuses infractions que l'on peut qualifier de « procédurales ». Elles touchent aux obligations administratives qui pèsent sur les gérants : dépôt des exemplaires aux autorités,

---

215 Celliez Henry, Le Senne Charles, *op. cit.*, p. 33.
216 *Ibid.*, p. 34.

obligations d'insérer des rectifications, etc. Elles s'attachent au respect du système déclaratif qui a été mis en place en matière d'imprimé. Ces infractions sont des infractions pour l'essentiel simples, matérielles et consistent le plus souvent en une omission qu'il suffit de constater. Elles ne demandent pas une analyse approfondie des faits et la marge d'appréciation qui est laissée au juge est très faible. Il en est de même pour les infractions confiées au tribunal de simple police, compétent pour les contraventions. Cette juridiction à juge unique n'a à connaître que des infractions pénales de faible importance. Le juge de paix, n'étant pas juriste de formation, doit ainsi se prononcer sur des points de droit formels ou procéduraux comme par exemple l'absence du nom et du domicile de l'imprimeur en dehors des ouvrages de ville et de bilboquet[217].

Néanmoins, le juge correctionnel reste compétent pour juger des infractions qui visent à protéger le citoyen en tant qu'individu telles que la diffamation ou les injures envers les particuliers. À travers cette répartition des compétences apparaît une filiation avec les textes républicains antérieurs qui confiaient au tribunal correctionnel la mission de défendre l'honneur des individus. Dans son rapport Eugène Lisbonne reprend cette idée en indiquant que la compétence du tribunal correctionnel se justifie ici par le fait que « l'ordre général, la sécurité publique n'y sont que très secondairement intéressés[218] ». L'article 35 de la loi vient préciser dans quelles conditions la vérité du fait diffamatoire peut être établie au profit de ceux qui servent l'État dans le cadre de leurs fonctions.

Enfin, la procédure prévue devant les tribunaux correctionnels finit de réduire la compétence des magistrats. L'article 60 dispose que dans le cas de diffamation envers les particuliers mais aussi dans le cas de l'injure, la poursuite n'aura lieu que sur la plainte de la personne diffamée ou injuriée. En outre le désistement du plaignant arrête les poursuites[219].

La répartition entre cour d'assises, tribunal correctionnel et tribunal de simple police illustre une forme de division sociale du travail au

---

217 Sur la difficile appréhension de la nature exacte des ouvrages de villes et de bilboquet en raison du silence de la loi de 1881 sur ce point *V.* la brochure nourrie de jurisprudences de Vignal Léon, *Les Ouvrages de ville ou « bilboquets » et le dépôt légal*, Paris, Union des maîtres imprimeurs de France, [s. d.], 8 p.

218 *Ibid.*, p. 554.

219 *V.* Chapitre 4.

sein même de l'institution judiciaire. Aux profanes sont confiées les infractions les plus graves d'un point de vue des pénalités, mais surtout les infractions qui touchent à la « politique », à l'organisation et à la vie de cité. Aux experts, aux professionnels du droit, sont confiées les infractions les moins graves d'un point de vue de la peine, celles qui touchent à l'individu au sein de la société ou aux mesures purement administratives.

LA SAUVEGARDE DES MŒURS RÉPUBLICAINES

Dans son ambition de changer la société, la majorité modérée s'appuie sur des outils juridiques anciens mais rénovés afin d'être en adéquation avec le nouvel esprit républicain. En cela, avec la loi du 29 juillet 1881, la notion de morale disparaît de la législation sur la presse en laissant sa place aux seuls bonnes mœurs visées par l'article 28 qui est modifié dès l'année suivante. Afin de protéger la République, le choix est celui de la protection du libéralisme.

Une législation sur la presse libérée de la morale

À la chambre des députés, aucune ferveur ne se fait sentir quant au maintien de la référence à la morale publique et religieuse dans le droit de la presse[220]. Au Sénat en revanche, Henri de Gavardie dépose un amendement en faveur de son maintien dans sa dimension religieuse. Ce représentant de l'extrême droite invoque notamment l'universalisme des principes posés par la religion et repris tout au long des siècles par l'ensemble des « philosophes », des « hommes d'intelligence » et de « bon sens[221] ». Le sénateur cite à ce sujet la croyance en Dieu, l'immortalité de l'âme ou encore la nécessité d'un culte au sein de la société[222]. L'élu souhaite que les principes directeurs communs à toutes les religions soient visés par le texte afin de protéger la société de « tous ceux qui n'ont pas la force de se conduire sans les hautes influences religieuses[223] ». L'abandon de la religion apparaît aux yeux du sénateur comme un signe de faiblesse, un laxisme étatique.

---

220 Sapiro Gisèle, *op. cit.*, p. 333.
221 Celliez Henry, Le Senne Charles, *op. cit.*, p. 428.
222 *Ibid.*, p. 429.
223 *Ibid.*, p. 428.

Henri de Gavardie ajoute que la référence à la morale religieuse dans la loi, de par l'absence de précision à son sujet, permettrait de conserver des « discussions juridiques » et serait toujours capable de s'adapter selon les circonstances en ne posant pas un cadre législatif trop rigide[224]. Il précise que ce n'est pas parce que par le passé, la jurisprudence a pu se « tromper quelquefois[225] », qu'il faut condamner une infraction dont l'utilité sociale est selon lui avérée. L'élu s'inscrit pleinement dans la continuité du système mis en place par les lois de Serre en 1819 et défendu jusqu'à la fin de la période de l'Ordre moral. Pour de Gavardie, l'outrage à la morale religieuse n'est pas tant une protection des dogmes qu'une sanction des atteintes aux « vérités primordiales que personne n'a contestées, que tout le monde, à quelque religion et à quelque opinion philosophique que l'on appartienne, a reconnues, c'est-à-dire la croyance en Dieu, à l'immortalité de l'âme, à la nécessité d'un culte quel qu'il soit[226] ».

Les républicains, à travers la voix de Eugène Pelletan, s'opposent à ce désir de conservation d'un ordre ancien et déiste. Si le sénateur consent partager les mêmes croyances religieuses que son collègue de droite, il souligne que ces dernières doivent appartenir à la conscience, à l'opinion individuelle[227]. Il n'est pas du ressort de l'État de les promouvoir à travers un texte pénal. En faisant disparaître l'outrage à la religion du droit pénal, le législateur entend ainsi chasser définitivement du droit positif à la fois le blasphème et l'hérésie, laissés à la seule appréciation du droit canonique par la suppression de leur forme sécularisée. L'infraction d'outrage aux religions reconnues par l'État (article 1er de la loi du 25 mars 1822) est supprimée[228].

La religion est protégée par la loi, en tant qu'opinion, mais appartenant à la liberté de conscience de l'individu elle ne contraint pas : chacun est libre de croire ou non, de participer aux cultes ou non. Surtout, à partir de 1881, chaque citoyen a la liberté de critiquer la religion dès lors que ces critiques ne constituent pas une atteinte à l'ordre public ou aux droits d'autrui conformément à l'article 10 de la Déclaration des droits

224 *Loc. cit.*
225 *Loc. cit.*
226 *Ibid.*, p. 429.
227 *Ibid.*, p. 430.
228 *Ibid.*, p. 150.

de l'Homme et du citoyen de 1789[229]. La religion n'est plus protégée directement à travers ses dogmes ou ses croyances, ses pratiques rituelles ou ses valeurs morales mais par le biais de droits individuels reconnus à chaque citoyen. Si l'État n'est pas encore laïc, il crée une morale laïque qui augure la future séparation de l'Église et de l'État. Le parlement chemine vers une plus grande tolérance à l'égard de la pensée critique du fait religieux en autorisant la libre-pensée et en transférant la religion vers la sphère privée[230]. La condamnation religieuse de la littérature n'est plus l'affaire de l'État mais de l'Église à travers notamment son Index[231].

Cet abandon de la référence à la morale religieuse témoigne de l'anticléricalisme républicain[232]poussé par l'influence de la science dans l'appréhension des phénomènes naturels[233] mais aussi par la philosophie[234] et la littérature[235]. Véritable pensée politique, l'anticléricalisme vise à lutter contre les prétentions de l'Église, du pouvoir spirituel, à peser

---

229 Cet article dispose que « Nul ne doit être inquiété pour ses opinions, même religieuses, pourvu que leur manifestation ne trouble pas l'ordre public établi par la Loi ».

230 Sapiro Gisèle, *La responsabilité de l'écrivain. Littérature, droit et morale en France (XIXe-XXe siècles)*, *op. cit.*, p. 324 ; *V.* à ce sujet Lalouette Jacqueline, *La libre pensée en France 1848-1940*, Paris, Albin Michel, 2001, 640 p.

231 *V.* Amadieu Jean-Baptiste, *La littérature française au XIXe siècle mise à l'Index*, Paris, Les éditions du cerd, 2017, 220 p.

232 Léon Gambetta déclarait dès 1877 : « Le cléricalisme, voilà l'ennemi ! » ; *V.* Grévy Jérôme, *Le cléricalisme, voilà l'ennemi ! Un siècle de guerre de religion en France*, Paris, Armand Colin, 2005, 256 p.

233 À titre d'exemple les écrits de Jacob Moleschott, professeur d'université, n'hésitent pas à remettre en cause l'intervention de Dieu dans la création de la vie sur Terre au sein de ses ouvrages : *La circulation de la vie* ou encore *Force et matière* ; Lalouette Jacqueline, *op. cit.*, p. 130.

234 L'éclectisme crée ainsi un nouvel individualisme philosophique. Victor Cousin affirme à ce sujet la primauté de la raison sur le sentiment et vise à substituer l'enseignement à la religion. Le positivisme scientifique de Émile Littré ou encore Claude Bernard vient s'opposer frontalement à la religion. Dans la veine d'Edgard Quinet, ils prônent « un régime démocratique pacifié » qui vise à contenir les « assauts du catholicisme tout en lui reconnaissant une place équivalente à celle des autres religions » dans un souci de dialogue ; Nahum Perrine, « La République et les républicains, adversaires du religieux et des religions ? », in *Une contre histoire de la Troisième République*, Paris, La Découverte, 2013, p. 191.

235 Stendhal, Balzac, ou encore Hugo participent à la remise en cause du cléricalisme. Le clergé y est souvent déconsidéré par des personnages aux traits de caractère peu flatteurs (Claude Frollo, l'abbé Tigrane) ; Simon-Nahum Perrine, *op. cit.*, p. 131. Certains thèmes apparaissent comme récurrents : le curé et sa servante, le curé et ses pénitents, le curé et l'amour de l'argent, le curé et la saleté ; *loc. cit.* Au côté des romans, les brochures et journaux participent à cette remise en cause. Apparaît même une presse spécialisée dans l'anticléricalisme.

sur le pouvoir temporel[236]. Il s'apparente également à la lutte contre le monarchisme, sous toutes ses formes. La pensée républicaine n'oublie pas l'attitude de l'Église à l'égard des républicains lors des différentes révolutions que la France a connues et encore sous la période de l'Ordre moral.

À partir de la décennie 1880, avec la victoire institutionnelle des républicains, l'anticléricalisme connait une transposition au sein de la législation dans un phénomène de radicalisation de la pensée[237]. C'est le cas notamment avec la réforme entreprise en matière d'éducation. Le 29 mars 1880, le gouvernement Freycinet prend un décret relatif aux congrégations. L'article premier supprime la Compagnie de Jésus, tandis que le second oblige les autres congrégations à demander une autorisation administrative pour rester sur le territoire. De nombreuses congrégations vont quitter la France pour l'Espagne. Ces décrets marquent la première étape de la laïcisation de l'enseignement supérieur mais aussi du secondaire et du primaire. À travers les lois du 16 juin 1881 puis du 28 mars 1882, l'école devient gratuite et obligatoire pour les enfants des deux sexes de six ans à treize ans révolus. L'école fournit aux citoyens en devenir une éducation morale et civique (article 1er de la loi du 28 mars 1882) et laisse l'éducation religieuse à l'initiative des familles. La loi impulsée par Jules Ferry est placée sous le signe de la laïcité et se trouve largement influencée par les travaux de Condorcet et d'Auguste Comte afin de distinguer la morale et la science de la religion[238]. Au-delà de l'instruction des plus jeunes, la chaire d'histoire des religions au collège de France constitue un relais de l'idéologie anticléricale auprès des adultes[239]. Comme le remarque Perrine Simon-Nahum, à partir des années 1860, l'étude des religions s'autonomise en tant que véritable science sociale, dégagée des conflits confessionnels et politiques[240].

La religion se trouve progressivement déplacée vers le seul espace privé, au sein de la sphère familiale, dans la seule conscience des individus. De nombreuses mesures réglementaires locales illustrent, de manière

236 Lalouette Jacqueline, « Dimensions anticléricales de la culture républicaine (1870-1914) », *Histoire, économie et société*, 1991, 10e année, n° 1, p. 128.
237 Simon-Nahum Perrine, *op. cit.*, p. 190.
238 Duclert Vincent, *op. cit.*, p. 161.
239 Lalouette Jacqueline, *op. cit.*, p. 130.
240 Simon-Nahum Perrine, *op. cit.*, p. 191.

visible, cette évolution de bannissement de l'espace public comme des interdictions de processions religieuses ou de port de la soutane dans la rue. De plus, les cloches des églises peuvent, à partir de 1884 être utilisées à des fins civiles[241]. La République fait de la question religieuse « l'une des lignes de force de son existence », avant que les questions sociales et le nationalisme ne viennent se substituer au cœur du débat national[242]. En matière de moralité, la préoccupation de la République est avant tout de conserver des mœurs, qui soient « bonnes ».

Lors de l'adoption de la loi du 29 juillet 1881, le législateur décide de protéger la société contre l'imprimé séditieux à travers la seule notion de « bonnes mœurs ». La notion de morale publique disparaît : trop proche du délit d'opinion, trop insaissable et stérile du point de vue des effets[243]. Dans le rapport fait au Sénat, Eugène Pelletan affirme qu'il existe « sans doute » une morale sinon « il n'y aurait plus de société » car « la morale est sa première condition d'existence[244] ». Mais il ajoute qu'elle « est impérissable dans son principe, elle n'en est pas moins progressive comme toute chose humaine, et par conséquent matière à controverse[245] ». Parce que la morale participe des « institutions fondamentales, constitutives de toute civilisation » la République ne fera pas « l'injure de les défendre à coups d'amendes », elles « sauront se défendre elles-mêmes par leur propre évidence, sans avoir besoin d'aller plaider leur cause devant un tribunal de police et réclamer à un attendu de jugement un supplément de vérité[246] ». Ce choix conforte, selon Charles Floquet, la liberté de conscience : en France il n'est ni religion d'État, ni philosophie d'État[247]. Seules existent des « bonnes mœurs » protégées par l'article 28 de la loi. Eugène Pelletan se targue ainsi du fait que le texte proposé est résolument moderne en ce qu'il « écarte résolument tous ces dangers imaginaires, tous ces délits arbitraires, qui n'étaient que des réminiscences du moyen âge » en faisant du « bon sens public seul juge des doctrines » et en soulageant le « juge ordinaire du

241 *Loc. cit.*
242 *Ibid.*, p. 190.
243 *Ibid.*, p. 150.
244 *Ibid.*, p. 21.
245 *Loc. cit.*
246 *Loc. cit.*
247 *Journal officiel de la République française. Débats parlementaires. Chambre des députés : compte rendu in extenso*, 17 février 1881, p. 285.

fardeau passablement embarrassant de décider du haut de son siège si une idée est une erreur et si cette erreur est un danger[248] ». Pourtant, la République ne se sépare pas des bonnes mœurs dont la substance est tout aussi impalpable et laissée à l'appréciation du pouvoir judiciaire et plus précisemment du jury[249].

Les bonnes mœurs constituent un domaine au sein duquel le législateur de 1881 a fait preuve d'une grande sévérité. Les peines prévues par le nouveau texte sont alourdies par rapport à 1819 (emprisonnement d'un mois à deux ans et d'une amende de seize francs à deux mille francs), la déchéance perpétuelle des droits électoraux à titre accessoire n'est pas supprimée. Surtout, les délits d'outrage aux bonnes mœurs commis par le passé sont les seuls à ne pas être amnistiés par la nouvelle loi[250]. Cette sévérité à l'égard des outrages est promue aussi bien par la droite que par la gauche parlementaire puisque l'augmentation du *quantum* de la peine est le résultat d'un amendement présenté par Charles Floquet, un fervent républicain soutenu par l'extrême gauche. Aussi, l'on peut se demander pourquoi la gauche s'engage dans la défense d'une infraction peu libérale qu'elle a souvent dénoncée par le passé en raison, notamment, de sa violation du principe de légalité criminelle. Il apparaît que la notion de bonnes mœurs sert, au-delà de la protection des valeurs des classes sociales dominantes, un véritable projet sociétal qu'il s'agit de rapprocher de la notion de « morale républicaine », quand bien même le terme ait été évincé des textes.

Pour Jacques Chevallier, les bonnes mœurs renvoient à « un système global de références, auquel tous les citoyens sont invités à adhérer », un « ensemble de disciplines, qui débordent le terrain politique et pénètrent au plus profond de l'intimité de chacun[251] ». Les bonnes mœurs républicaines possèdent ainsi une dimension totalisante en s'inscrivant dans tous les aspects de la vie sociale de l'individu dans le respect du cadre axiologique délimité par la culture politique républicaine[252].

D'un point de vue politique, dans la perspective de la pensée des défenseurs de la morale laïque comme Jules Barni, les bonnes mœurs

---

248 *Loc. cit.*
249 *V.* Chapitre 2.
250 Sapiro Gisèle, *op. cit.*, p. 334.
251 Chevallier Jacques, « Bonnes mœurs et morale républicaine », *op. cit.*, p. 188.
252 *Ibid.*, p. 186.

s'entendent comme une aptitude, une capacité à « résister au mensonge, à la corruption, à la facilité[253] ». La République apparaît ainsi comme le seul régime réellement vertueux qui permette à ces qualités morales de s'exprimer afin d'atteindre un idéal, une République qui poursuive l'intérêt général, dans une réciprocité des droits et des devoirs du citoyen.

Au-delà du domaine politique, les bonnes mœurs républicaines renvoient à des principes censés constituer « le patrimoine commun de la civilisation », des principes placés sous le sceau de l'universalité[254] qui ont vocation à être inculqués à la population à travers l'école républicaine. En ce sens, les bonnes mœurs ont pour objectif de développer les capacités de jugement, la liberté de penser, l'émancipation intellectuelle.

Si la morale républicaine entend créer un ordre de valeurs propres, elle reste empreinte d'une certaine religiosité. Ce que la République entend réfuter c'est avant tout la tendance de l'institution religieuse au sectarisme. La République tolère ce que l'on peut nommer une « religion du sentiment » qui opère dans la sphère individuelle et dessine le socle d'une communauté humaine à travers des traits universellement partagés[255]. Au début des années 1880, la majorité des républicains accepte de fonder une morale républicaine sur le religieux tout en dénonçant les dérives conservatrices ou réactionnaires[256].

La morale est envisagée comme un élément de cohésion nationale et la religion d'État se substitue à un culte de la nation[257]. Ceci mène, *in fine*, à une sacralisation de la patrie mais aussi des institutions censées la représenter[258]. L'infraction d'outrage aux bonnes mœurs permet cette protection des symboles républicains en poursuivant ceux qui peuvent leur porter atteinte. Ceci mène alors à des tensions entre plusieurs champs, qui chacun pensent à leur manière, représenter l'essence républicaine. C'est le cas notamment entre l'armée et les écrivains, les procès de livres critiquant l'armée faisant l'objet de nombreuses poursuites pénales[259], comme en témoigne le procès de Lucien Descaves pour son ouvrage

253 *Ibid.*, p. 188.
254 Chevallier Jacques, *op. cit.*, p. 188.
255 Simon-Nahum Perrine, *op. cit.*, p. 192.
256 *Loc. cit.*
257 Sapiro Gisèle, *La responsabilité de l'écrivain. Littérature, droit et morale en France (XIXe-XXIe siècle) op. cit.*, p. 323.
258 *Ibid.*, p. 372.
259 Sapiro Gisèle, *La responsabilité de l'écrivain. Littérature, droit et morale en France (XIXe-XXIe siècle), op. cit.*, p. 371 et suivantes.

Sous-Offs[260] : sur la base légale d'outrage aux bonnes mœurs, c'est en réalité la critique de l'armée qu'on cherchait à punir dans ce cas. Les bonnes mœurs, quand bien même soient-elles républicaines, demeurent une infraction particulièrement extensive permettant la répression de discours extrêmement variés[261]. Il semble tout de même que la sexualité occupe encore une place importante en la matière.

Réformer la loi afin de protéger la société contre les imprimés obscènes

Le législateur crée au sein de la loi du 29 juillet 1881 une procédure spécifique concernant l'outrage commis à travers la mise en vente, la distribution ou l'exposition de dessins, gravures, emblèmes ou images obscènes. Dans ce cas, selon l'alinéa 2 de l'article 28, la saisie des imprimés « exposés au regard du public, mis en vente, colportés ou distribués » est possible. Il s'agit d'une saisie préventive, qui précède toute décision de justice comme le souligne le rapporteur de la loi[262]. La saisie n'est pas accompagnée d'une destruction malgré les demandes de la droite parlementaire en ce sens[263].

Ainsi, les conditions posées par le texte pour que la saisie soit possible reposent à la fois sur le médium emprunté, un support non livresque, et sa mise à disposition du public. Selon cette seconde condition, le seul fait d'avoir permis à un tiers d'apercevoir l'imprimé est considéré comme délictueux.

La loi du 29 juillet 1881, en distinguant les médiums, reprend la distinction opérée par les textes antérieurs de 1871 et 1875 mais s'en distingue puisque ces deux lois confiaient aux tribunaux correctionnels la connaissance des imprimés picturaux à l'origine d'un outrage aux bonnes mœurs[264]. La loi du 29 juillet confie à la cour d'assises l'ensemble du contentieux relatif à l'outrage aux bonnes mœurs et ce qu'importe le médium emprunté.

Peu après son vote, l'article 28 est remis en cause par la pratique qui en est faite par les tribunaux. Dès le mois de mai 1882 le garde des Sceaux Humbert dépose un projet de loi afin de réformer l'article en question.

---

260 *Ibid.*, p. 396-399.

261 *V.* Chapitre 7

262 Celliez Henry, Le Senne Charles, *op. cit.*, p. 369.

263 *Ibid.*, p. 368-369.

264 *V.* Chapitre 2 à ce sujet.

Le ministre indique devant l'Assemblé Nationale qu'en raison d'une « réprobation générale », il convient de lutter contre une loi « impuissante » en matière d'imprimés obscènes[265]. Cette inefficacité tient selon lui à la procédure devant la cour d'assises. Si le jury se montre très souvent « justement sévère », la procédure est trop lente : dans certains départements, les assises ne se tiennent que tous les trois mois, laissant alors les imprimés obscènes impunis au cours de cette période[266]. Le ministre demande et obtient le vote en urgence de ce projet de loi afin de faire face aux « 30 000 exemplaires » qui se vendent tous les jours « à la porte des lycées et des maisons d'éducation[267] ». Il s'agit de créer, pour les imprimés obscènes une procédure distincte. Ce traitement particulier avait déjà été proposé en 1881 par le sénateur Robert de Massy. Ce dernier, afin de justifier son amendement, rapporte les propos du procureur général près la Cour de Paris. Selon lui, à Paris notamment, les outrages aux bonnes mœurs à travers des imprimés obscènes sont tellement nombreux que les confier à la cour d'assises rendrait « la répression presque impossible[268] ». La juridiction correctionnelle apparaît comme un gage de rapidité et d'efficacité dans la poursuite des imprimés ostensiblement contraires aux bonnes mœurs. Mais la proposition n'est pas retenue et il faut attendre la loi du 2 août 1882 pour que l'idée débouche sur un nouveau texte.

Il semble que le gouvernement ait été poussé à l'action en raison d'une large campagne de presse dénonçant une « marée pornographique[269] ». On lit ainsi dans *La caricature* du 6 mai 1882 sous la plume de Albert Robida que la France connaît une « grande épidémie de pornographie[270] ». À travers ce titre de presse transparaissent les craintes de l'époque à travers un dessin : peur de la dépravation de la jeunesse, crainte entourant les maladies vénériennes et la syphilis en particulier, perte de repères[271].

---

265 *Journal officiel de la République française. Débats parlementaires. Chambre des députés : compte rendu in extenso*, 3 mai 1882, p. 475.

266 *Ibid.*, p. 476.

267 *Loc. cit.*

268 Celliez Henry, Le Senne Charles, *op. cit.*, p. 432.

269 Stora-Lamarre Annie, *L'Enfer de la IIIe République. Censeurs et pornographes …*, *op. cit.*, p. 35.

270 *La Caricature*, 6 mai 1882, p. 1 ; Doré Sandrine, « Entre caricature et anticipation, la Parisienne définie par Albert Robida (1848-1926) », in *L'art de la caricature*, Nanterre, Presses universitaires de Paris Nanterre, 2011, § 34 [en ligne], [consulté le 02 avril 2021].

271 Rayant Stevens, *La censure du dessin de presse pour obscénité*, 12 janvier 2014 [en ligne], p. 2, [consulté le 2 avril 2021].

Ces angoisses, couplées au développement de l'évangélisme, mènent à la création de ligues de moralité telles que la société genevoise de vigilance contre la littérature licencieuse ou la fédération britannique abolitionniste[272]. Ces ligues œuvrent à créer une société « équilibrée, saine, aux passions mesurées, expurgée de l'alcoolisme et de la débauche, où le mariage précoce serait la règle et où chaque individu serait pénétré de son rôle et de ses responsabilités morales[273] ».

Si la pression de l'opinion publique doit jouer un rôle important dans la réforme, la réalité du contentieux de l'article 28 semble étayer les craintes du gouvernement.

Les comptes publiés par le ministère de la Justice ne détaillent les chiffres liés à l'infraction spécifique de dessins obscènes qu'à partir de 1882, soit après le vote de la loi. Il faut remonter à l'Empire pour en trouver mention. Cependant, les comptes nous permettent d'observer a posteriori que quantitativement, l'argument selon lequel la compétence de la cour d'assises freine la répression semble assez juste. En 1882 (jusqu'en août) ce sont seulement 7 affaires avec 8 prévenus qui sont jugées pour outrage aux bonnes mœurs[274] contre 51 affaires et 88 prévenus en 1877[275], 40 affaires et 71 prévenus en 1878[276], 53 affaires et 89 prévenus en 1879 et 60 affaires et 102 prévenus en 1880[277]. Si l'infraction n'est pas exactement la même puisque la loi du 17 mai 1819 visait en sus des bonnes mœurs, la morale publique et religieuse, l'on observe tout de même une baisse diminution importante de la répression.

Ainsi, l'article 1er de la loi du 2 août 1882 dispose qu'est puni d'un emprisonnement d'un mois à deux ans et d'une amende de seize à trois mille francs quiconque aura commis le délit d'outrage aux bonnes mœurs par la voie de la vente, l'offre, l'exposition, l'affichage ou la distribution gratuite, sur la voie publique ou dans les lieux publics,

---

272 Le Naour Jean-Yves, « Un mouvement antipornographique : la Ligue pour le relèvement de la moralité publique (1883-1946 », *Histoire, économie et société*, 2003, 22e année, n° 3, p. 336. Cette seconde fédération, qui a pour but l'interdiction de la prostitution, donne naissance à une branche parisienne dès 1875. Si la présidence est occupée par un laïc, Edmond de Gaufrès, ce sont en réalité des pasteurs qui exercent le plus d'influence sur le mouvement : Tommy Fallot, Edmond de Pressensé et Louis Comte ; *ibid.*, p. 386.

273 *Ibid.*, p. 387.

274 *Compte général de l'administration de la justice criminelle*, 1882, p. 91.

275 *Compte général de l'administration de la justice criminelle*, 1877, p. 85.

276 *Compte général de l'administration de la justice criminelle*, 1878, p. 85.

277 *Compte général de l'administration de la justice criminelle*, 1880, p. 89.

d'écrits, d'imprimés autres que le livre, d'affiches, dessins, gravures, peintures, emblèmes ou images obscènes[278]. Le second article dispose que la répression de l'outrage aux bonnes mœurs, commis à travers les médiums visés à travers le premier article aura lieu devant le tribunal correctionnel. Ainsi, l'on observe qu'une distinction est opérée dans la peine ainsi que dans la juridiction compétente entre le livre / l'écrit et l'image. Le législateur de 1882 vient se rallier à la position traditionnelle en la matière et place ce type particulier d'outrage aux bonnes mœurs sous l'égide du droit commun.

Le ministre de la Justice dans une circulaire du 7 août 1882 adressée aux procureurs généraux insiste sur la dimension apolitique du texte : il ne s'agit pas d'apporter « la moindre restriction à la liberté de la presse », d'autant que « les écrits obscènes autre que le livre ont seuls été visés » mais d'« arrêter le mal[279] ». Le livre bénéficie toujours de la compétence de la cour d'assises créant ainsi une réelle rupture vis-à-vis des pratiques du Second Empire et de l'Ordre moral en la matière[280]. Reste alors aux tribunaux de distinguer ce qui relève du livre de ce qui n'en relève pas[281]. Cette distinction est particulièrement importante car en dépend le régime de responsabilité. En effet, la jurisprudence retient que législateur n'a pas rangé dans la catégorie des délits commis par la voie de la presse, l'outrage aux bonnes mœurs résultant de la vente ou de l'exposition sur la voie publique de dessins, gravures ou images obscènes. Il relève donc du droit commun. En conséquence, les poursuites auxquelles ce délit donne lieu s'exercent selon le droit commun, sans que la responsabilité en cascade ne puisse être mobilisée : les individus prévenus de complicité ne peuvent objecter que les auteurs du délit, vendeurs ou distributeurs, n'ont pas été mis en cause (Cass crim, 14 mars 1889)[282].

---

278 *Journal Officiel de la République française*, 4 août 1882, p. 4210.

279 *Bulletin officiel du Ministère de la Justice*, 1882, p. 62.

280 Urbain Anne, « Le contrôle et la répression de la littérature licencieuse dans la France de l'entre-deux-guerres », in Laurent Martin éd., *Les censures dans le monde*, Rennes, Presses universitaires de Rennes, 2016, p. 99 et suivantes.

281 V. à ce sujet Becourt Daniel, *Livres condamnés, livres interdits – Régime juridique du livre, liberté ou censure ?*, Paris, Cercle de la librairie, 1972, 584 p. et Becourt Daniel, *Livres condamnés. Livres interdits. Régime juridique du livre. Outrages aux bonnes mœurs. Arrêtés d'interdiction*, Paris, Cercle de la librairie, 1961, 153 p.

282 *D.P*, 1889, p. 1125.

Protéger la République en protégeant le libéralisme

« Nous avons dit : plus de délit d'opinion, de doctrine, de tendance » déclare Eugène Pelletan dans son rapport général de la loi au Sénat. Le législateur républicain se donne pour mission, conformément à son objectif libéral, d'expurger du droit positif toutes les infractions qui ne constitueraient que l'expression d'une opinion. Tel est ainsi le cas de la suppression du délit d'apologie des faits qualifiés de crimes ou délits par la loi ou encore des délits d'attaque contre la liberté des cultes, le principe de la propriété et les droits de la famille prévus par le décret du 11 août 1848[283].

L'on remarque également que se trouve écartée du droit positif toute une série d'infractions qui témoignent d'un rapport renouvelé à la défense du régime. Ainsi disparaissent les infractions d'incitation à la haine ou au mépris du gouvernement[284] ou encore l'offense aux chambres. Surtout, l'attaque à la Constitution, prévue par le décret du 11 août 1848 et encore présente dans la loi du 29 décembre 1879, est écartée[285]. L'argument soulevé à cette occasion est ainsi à la fois juridique et politique : la Constitution est perfectible comme en témoigne l'existence d'une procédure de révision. En cela, la critique doit et peut être libre car la souveraineté du peuple ainsi que le suffrage universel sont « tellement enracinés dans les mœurs politiques, tellement immuables, que leur pérennité n'a à redouter ni la discussion ni l'attaque[286] ». Cette possibilité donnée aux citoyens de critiquer la Constitution ou le gouvernement témoigne de la maturité d'un régime qui se montre à la fois fidèle à ses aspirations libérales mais également assez fort et établi pour souffrir les attaques dirigées à son encontre : « Haïr n'est pas un délit[287] ».

À ce titre, si le législateur s'est appliqué à protéger efficacement ce qui donne corps à la République à travers ses institutions (offense au Président, outrage aux bonnes mœurs, diffamation envers les fonctionnaires), le choix a été fait de ne pas défendre la République en tant qu'entité spécifique. Le député d'extrême-gauche Marcou a bien proposé un amendement en ce sens en présentant la création d'une infraction :

283 Celliez Henry, Le Senne Charles, *op. cit.*, p. 153154.
284 *Ibid.*, p. 153-154.
285 *Ibid.*, p. 152.
286 *Ibid.*, p. 153.
287 *Loc. cit.*

« tout outrage commis par l'un des moyens énoncés dans l'article 24, envers la République, sera puni d'un emprisonnement de trois mois à un an[288] ». Cette personnification du régime se trouve justifiée selon le député par le fait que « la République est la plus considérable et la plus haute de toutes les personnalités, car elle renferme dans son sein le Gouvernement, la Chambre des députés et le Sénat[289] ». Cette proposition est rejettée par l'Assemblée. Le choix est celui de la différence vis-à-vis des régimes antérieurs : « c'est par le dédain des injures que le régime républicain se distingue de tous les autres[290] ». Le législateur, suivant en ce sens la position de Clemenceau, fait le choix de ne pas créer des outils semblables à ceux mobilisés par les régimes passés : la République ne réprimera pas ses opposants politiques par des textes arbitraires et des délits d'opinion, elle fera la preuve de sa valeur par ses actes. La Troisième république est en ce sens fidèle à l'esprit des républicains sous le Second Empire, défenseurs d'un « droit absolu à la parole[291] ».

288 Celliez Henry, Le Senne Charles, *op. cit.*, p. 370.
289 *Loc. cit.*
290 *Ibid.* p. 376.
291 Bonhomme Éric, *D'une monarchie à l'autre Histoire politique des institutions françaises 1814-2020*, Paris, Armand Colin, 2021, p. 137. Au cours des débats, il est explicitement fait référence à cette expérience dans l'opposition ; *V.* Celliez Henry, Le Senne Charles, *op. cit.*, p. 150.

LA LOI DU 29 JUILLET 1881 ENTRE APPLICATION ENCADRÉE ET PRÉCISION NÉCESSAIRE

Avec le vote de la loi du 29 juillet 1881, le pouvoir républicain s'attèle à bâtir un nouveau modèle de société au sein duquel la liberté d'expression trouve toute sa place[1]. Pour cela, la loi veille à encadrer fortement l'action de la magistrature.

Ce contrôle de l'activité de la magistrature s'inscrit dans la continuité d'une méfiance ancienne à l'égard de la magistrature[2] qui trouve à s'exprimer à nouveau lors de l'arrivée au pouvoir des républicains à la fin des années 1870. Ces derniers craignent une magistrature bien éloignée des « nouvelles couches sociales » visées par Léon Gambetta dans son discours à Grenoble en 1872 et sur lesquelles la République entend s'appuyer afin de durer. Les magistrats, pour la plupart entrés en fonction sous l'Empire, issus de l'aristocratie ou de la bourgeoisie, sont largement acquis aux thèses conservatrices[3]. La fidélité de la magistrature à un ordre ancien est d'ailleurs éprouvée à l'occasion de l'adoption des lois Ferry en 1879, lois visant à réduire l'influence du clergé dans l'éducation[4]. Le gouvernement,

---

1 D'autant que la loi du 14 août 1884 révise les lois constitutionnelles dans un sens sans équivoque. L'article 2 de la loi dispose que « Le paragraphe 3 de l'article 8 de la [loi du 25 février 1875] est complété ainsi qu'il suit : La forme républicaine du gouvernement ne peut faire l'objet d'une proposition de révision. Les membres des familles ayant régné sur la France sont inéligibles à la présidence de la République. »

2 Dès la Révolution française débute l'histoire d'un véritable « pouvoir refusé » à l'égard de la magistrature, conséquence du principe de séparation des pouvoir ; Expression empruntée à Foyer Jean, « La justice, histoire d'un pouvoir refusé », *Pouvoirs, revue française d'études constitutionnelles et politiques*, n° 16, 1981, p. 17-29

3 Royer Jean-Pierre, « Généalogie de l'École nationale de la magistrature – à propos du mode de recrutement des magistrats depuis la Révolution », *Les Cahiers de la Justice*, vol. 1, n° 1, 2010, p. 69 ; Farcy Jean-Claude, « La stabilité du modèle napoléonien (1810 – milieu du XXe siècle) », in *Histoire de la justice en France,* Paris, La Découverte, 2015, p. 45.

4 « La loi du 18 mars 1880 relative à la liberté de l'enseignement supérieur : les débats », sur *Sénat.fr* [en ligne], [consulté le 1er avril 2021].

déterminé à appliquer ces textes malgré l'opposition des conservateurs et de certains républicains, engage des mesures d'expulsion des congrégations non autorisées. Opposés à ces mesures, de nombreux magistrats démissionnent en guise de protestation[5].

Bien qu'un concours d'accès à la magistrature ait été établi en 1875 afin d'encourager un recrutement méritocratique et plus diversifié, l'arrivée des opportunistes au pouvoir met un frein à cette initiative qui vise à réformer en profondeur la magistrature[6]. Le choix qui est fait par le pouvoir en place est celui, plus simple, rapide et efficace, de l'épuration. À partir de 1879 sont d'abord visés les membres du parquet et le Conseil d'État[7], l'inamovibilité des magistrats du siège rendant difficile toute réforme radicale les concernant[8]. Entre 1879 et 1883, de

5 Graux Georges, *Les congrégations religieuses devant la loi (décrets du 29 mars 1880)*, Paris, Cotillon, 1880, p. 1. Le profil des magistrats démissionnaires est en revanche assez homogène. Majoritairement jeunes, cultivés, diplômés, ils sont attachés à un ordre social ancien, monarchiste de tendance légitimiste et catholique ; Royer Jean-Pierre, Martinage Renée, Lecocq Pierre, *op. cit.*, p. 387.

6 Le concours est considéré comme trop dangereux, empêchant le pouvoir d'avoir un contrôle efficace sur les effectifs de la magistrature. Des magistrats hostiles au régime républicain, s'ils sont compétents pourraient obtenir un poste. Les républicains préfèrent rouvrir le débat sur la réforme de la magistrature plutôt que de renouveler le concours pourtant mis en place par l'un des leurs.

7 *V.* Wright Vincent, « L'épuration du Conseil d'État en juillet 1879 », *Revue d'histoire moderne et contemporaine*, vol. 19, n° 4, Octobre-décembre 1972, p. 621 ; Vanneuville Rachel, « Le Conseil d'État au tournant du siècle, raison politique et conscience légale de la République » in Marc Olivier Baruch éd., *Serviteurs de l'État*, Paris, La Découverte, 2000, p. 97. L'épuration du Conseil d'État a été appuyée par le Tribunal des conflits : sur toute la jurisprudence rendue au sujet de l'enseignement congrégationniste, *V. D.P*, partie V, 1879, p. 147-148.

8 L'inamovibilité des juges du siège est considérée depuis l'Antiquité, et principalement à partir de la Révolution française, comme l'une des garanties essentielles à l'indépendance de la justice vis-à-vis des pouvoirs exécutifs et législatifs. À partir de 1791, le principe se trouve consacré par toutes les constitutions y compris monarchiques. Les régimes successifs y portent souvent atteinte : le député de Sonnier réalise à ce titre une historiographie très complète de la question lors des débats parlementaires qui entourent la réforme de la magistrature lors d'une intervention devant la chambre en juin 1882 ; *Journal officiel de la République française. Débats parlementaires. Chambre des députés : compte rendu in extenso*, Paris, 6 juin 1882, p. 76-77. *V.* à ce sujet Pluen Olivier, *L'inamovibilité des magistrats : un modèle ?*, thèse de doctorat, droit, Université Paris II, 2011, p. 7. L'inamovibilité est se retrouve ensuite dans les écrits de Duguit et Hauriou. Aussi, il apparaît que toutes mettent en avant dans leurs développements la finalité du principe. La définition qui en est donnée par le dictionnaire de l'Académie française illustre ce point commun. L'inamovibilité y est définie comme le caractère de ce « qui ne peut être [...] destitué de sa place arbitrairement » ; cité par Pluen Olivier, *op. cit.*, p. 22.

nombreux projets de réforme de la magistrature sont présentés mais la crainte des élections à venir conduit à une prudence excessive empêchant de passer le pas[9]. Après les victoires électorales de 1881, les républicains poussés par la gauche de l'hémicycle, optent pour un renouvellement d'ampleur de la magistrature du siège rendu possible par le vote de la loi du 30 août 1883 permettant à l'exécutif de suspendre pour un temps le principe d'inamovibilité[10].

Aussi, la crainte profonde éprouvée par les républicains à l'égard de la magistrature qui aboutit à l'épuration inédite de 1883 ne peut expliquer à elle seule les choix opérés par le législateur de 1881 en matière de droit de la presse. Cette peur vient s'ajouter à la volonté de la majorité de créer un texte libéral et protecteur de la liberté d'expression. La répression est limitée par un ensemble de mesures procédurales et formalistes pesant sur la magistrature.

Si cette dernière se trouve encadrée, son action se révèle comme essentielle et indispensable. Quand bien même la loi du 29 juillet 1881 dote la République d'un droit de la presse unifié et rationnalisé,

---

9 Depuis 1789 et la « révolution de la justice », la réforme des institutions judiciaires apparaît comme « l'utopie majeure » de ce que l'on peut nommer la « société judiciaire » ; Chauvaud Fréderic, « La réforme de la justice et les faiseurs de système. Histoire méconnue d'une utopie », *1848. Révolutions et mutations au XIXe siècle*, n° 9, 1993, p. 37. Déjà la Deuxième République projetait une modification ambitieuse en la matière qui n'a pas abouti. Entre 1879 et 1883, ce ne sont pas moins de vingt-deux projets de réforme de l'organisation judiciaire qui sont présentés soit par le parlement, soit par l'exécutif. Ces projets se répondent les uns les autres et proposent chacun des mesures techniques afin de réformer l'institution judiciaire. Ainsi, le garde des Sceaux Cazot propose en janvier 1880 la nomination des premiers présidents de cours d'appel et des présidents de tribunaux pour une durée de cinq ans et par décret rendu en conseil des ministres, la diminution du nombre de chambres dans les juridictions du second degré et de première instance, ainsi que la réduction du personnel judiciaire et le redéploiement des effectifs ainsi maintenus dans un délai d'un an ; Bernaudeau Vincent, « L'Anjou, la République et ses juges », *Criminocorpus*, [en ligne].

10 Cette loi a permis d'écarter près de 1000 magistrats de leur poste ; Martinage Renée, L'épuration des Magistrats du Nord en 1883 », *Revue du Nord*, n° 270, 1986, p. 665. Après publication des décrets d'application de la loi les 5 septembre et 13 novembre, ce sont 383 individus au sein de la magistrature assise et 231 au sein du parquet qui voient leur poste leur être retiré ; *Loi du 30 août 1883 sur la réforme de l'organisation judiciaire. Texte officiel annoté avec tous les tableaux annexés*, Paris, A. Durand et Pedone-Lauriel, 1883, p. 1. Derrière ces chiffres, il s'agit d'individus répondant majoritairement au profil type du notable judiciaire local ; Martinage Renée, *op. cit.*, p. 665. Dans le Nord par exemple, la République a frappé d'un point de vue hiérarchique, les plus hauts placés aux capitaux sociaux et économiques importants ; *ibid.*, p. 667-668.

il apparaît que le texte souffre de quelques lacunes, notamment en raison d'imprécisions dans les textes d'incrimination. La jurisprudence est alors venue les combler.

L'ENCADREMENT ÉTROIT DU MAGISTRAT AU SEIN DE LA LOI DU 29 JUILLET 1881

Afin de garantir le respect de la liberté d'expression, le législateur dote la loi du 29 juillet 1881 d'un système procédural et formel qui encadre fortement l'office de la magistrature dans son application. Cette particularité du procès de presse illustre la volonté du législateur de garantir l'effectivité des droits de la défense mais également de lutter contre l'arbitraire et l'incertitude de la répression[11]. Ainsi, ce sont les parties au procès qui lui donnent son rythme. À cette première contrainte s'ajoute pour le magistrat la nécessité de respecter un formalisme pointilleux.

LE RÔLE CENTRAL DES PARTIES AU SEIN DES PROCÈS DE PRESSE

Si la loi du 29 juillet 1881 consacre le principe d'un contrôle judiciaire de l'imprimé *a posteriori* de la publication, elle ne donne pas pour autant un blanc-seing au pouvoir judiciaire. Malgré son rôle important dans les poursuites et l'instance, il est très souvent soumis à la volonté de la partie-civile qui bénéficie également d'un choix quant à la juridiction compétente. L'accusé ou le prévenu possède également une marge de manœuvre sur la conduite du procès.

De l'importance de la partie civile dans les poursuites pénales

La liberté d'expression, en tant que liberté publique intéressant la démocratie, intéresse aussi bien les victimes que la cité. En ce sens, l'article

11 Dupeux Jean-Yves, Massis Thierry, « La conduite du procès de presse », *LEGICOM*, vol. 28, n° 3, 2002, p. 5.

47 de la loi du 29 juillet 1881 dispose que la poursuite des crimes et délits commis par la voie de la presse ou par tout autre moyen de publication, et donnant lieu à une instance devant la cour d'assises, a lieu d'office et à la requête du ministère public. À travers cette disposition, le législateur relève le danger que certaines infractions de presse peuvent représenter pour la société : de par leur gravité, qui guide d'ailleurs l'intervention de la cour d'assises, elles nécessitent l'intervention du parquet au nom de l'intérêt général. Cependant, le même article 47 envisage six exceptions à ce principe, exceptions qui sont autant d'entraves à la liberté d'action du ministère public et donnent la primauté aux victimes dans l'engagement des poursuites pénales.

Ces exceptions sont relatives en tout premier lieu aux infractions de diffamation et d'injure, dans plusieurs cas limitativement énoncés.

À ce titre sont tout d'abord concernées certaines entités « collectives » du premier alinéa[12]. Tel est le cas pour les injures et diffamations dirigées envers les cours, tribunaux et autres corps visés par l'article 30 de la loi du 29 juillet 1881.

Pour les entités visées par cet article et disposant d'une assemblée générale, tels que les cours et tribunaux ou les corps constitués qui sont des organismes ayant une existence légale permanente et auxquels la Constitution ou la loi ont dévolu une portion de l'autorité publique, la poursuite n'aura lieu que sur une délibération prise par celle-ci[13]. Il s'agit donc d'une décision collégiale, prise à la suite d'un commun accord et de débats. La loi de 1881 revient ainsi au système établi en leur temps par les lois de Serre de 1819 et remet en cause la loi du 29 décembre 1875 qui autorisait la poursuite d'office pour diffamation et injures envers les tribunaux et corps constitués[14]. Le droit se détache de l'héritage laissé par l'Ordre moral et respecte le caractère démocratique de ces institutions.

Pour les corps qui n'ont pas d'assemblée générale, tels que l'armée de terre ou de mer ou encore l'administration lorsque celle-ci est visée

---

12 Guerder Pierre, « Presse : procédure. Chapitre 2 », *Répertoire IP/IT et Communication* [en ligne], septembre 2011, § 119, [consulté le 20 juin 2021].

13 C'est dans ce sens que la Cour de cassation rend un arrêt le 2 avril 1898.

14 Ameline de La Briselainne Henri, *Loi du 29 juillet 1881 sur la liberté de la presse, commentaire du texte de la loi, analyse des exposés de motifs, rapports et discussions à la Chambre des Députés et au Sénat*, Paris, Société d'imprimerie et librairie administratives et des chemins de Fer, 1881, p. XXV.

dans son ensemble, la poursuite sera possible sur la plainte du chef du corps ou du ministre duquel ce corps relève. La décision revient à l'autorité hiérarchique qui est la seule à pouvoir décider de la suite qui sera donnée à la procédure judiciaire.

L'intervention d'une autorité hiérarchique dans le déclanchement des poursuites s'observe également pour les cas d'injure ou de diffamation envers certaines personnes physiques, dès lors qu'elles sont fonctionnaires publics, dépositaires ou agents de l'autorité publique autres que les ministres, ministres des cultes salariés par l'État ou citoyens chargés d'un service ou d'un mandat public (article 47, alinéa 3). Dans ces cas, la poursuite aura lieu soit sur leur plainte, soit d'office sur la plainte du ministre dont ils relèvent. Cette implication du ministre de tutelle tient dans le fait qu'une attaque adressée à l'un des membres d'un service administratif peut avoir des répercussions sur l'ensemble de ce dernier. Dans le cas où l'individu diffamé ne souhaiterait pas agir, le ministre pourra tout de même déposer plainte afin de protéger l'administration dont il a la charge. L'intérêt général, ou en tout cas celui du service, prime ici sur l'intérêt particulier de l'agent.

Pour les cas d'offense envers les chefs d'État ou d'outrage envers les agents diplomatiques étrangers (article 47, alinéa 5), la poursuite aura lieu sur leur demande adressée au ministre des affaires étrangères et par celui-ci au ministre de la Justice. En matière diplomatique, le choix est ainsi fait de laisser les agents du champ régler les différends qui peuvent exister, conformément aux usages en la matière[15]. De même, dans le cas d'une diffamation envers un juré ou un témoin (article 47, alinéa 4) la poursuite n'aura lieu que sur la plainte du juré ou du témoin qui se prétendra diffamé. Dans ce cas, et afin que le juré garde son indépendance vis-à-vis du pouvoir judiciaire auquel il apporte son concours, c'est à lui seul d'apprécier l'opportunité des poursuites.

Ainsi, il n'existe que deux cas dans lesquels une plainte préalable n'est pas nécessaire en ce qui concerne les infractions relevant de la cour d'assises et relatives à l'honneur et à la considération : il s'agit de l'offense au président de la République (article 26) et de l'outrage commis publiquement envers les ambassadeurs et ministres plénipotentiaires,

15 Sur la diplomatie au XIXe siècle et l'actualité de la recherche à ce sujet, lire Meltz Renaud, Dasque Isabelle, « Pour une histoire culturelle de la diplomatie. Pratiques et normes diplomatiques au XIXe siècle », *Histoire, économie & société*, 2014, n° 2, p. 3-16.

envoyés, chargés d'affaires ou autres agents diplomatiques accrédités près du gouvernement de la République (article 37). Le critère semble tenir ici dans l'importance organique et symbolique des personnes visées par les infractions. Dans ces deux cas, les poursuites sont réalisées d'office par le ministère public, de manière à rappeler le respect qui est dû à ces hauts représentants de l'État. La République se charge, sans la nécessité de leur intervention, de les protéger contre les attaques qui leur sont faites. Il s'agit ici du prolongement, en droit de la presse, du droit constitutionnel et de la doctrine publiciste contemporaine à ce sujet. Cette dernière a conçu le Président de la République comme l'élément « stable » du régime, ce qui encourage sa protection spécifique[16].

En dehors de ces deux cas particuliers, il revient aux victimes de déterminer, par elles-mêmes ou à travers un tiers habilité à le faire, de l'opportunité des poursuites. C'est à elles d'analyser la situation : les poursuites ne peuvent être engagées que dès lors que celles-ci répondent à leurs intérêts particuliers. En d'autres termes, le plaignant n'agira que dans le cas où elle est sûre que l'instance ne créera pas pour elle un préjudice plus important que celui qu'elle a déjà subi par la commission de l'infraction. C'est dans cette perspective que l'article 60 de la loi du 29 juillet 1881 dispose que la poursuite devant les tribunaux correctionnels et de simple police des infractions de diffamation envers les particuliers prévu par l'article 32 et dans le cas d'injure prévu par l'article 33, paragraphe 2, la poursuite n'aura lieu que sur la plainte de la personne diffamée ou injuriée. L'article 60 de la loi va encore plus loin dans la maîtrise de l'instance lorsqu'il ajoute que pour les infractions

16 Hauuy Cédric, « Le président de la République, vu par la doctrine publiciste, sous la IIIe République », *Revue française de droit constitutionnel*, vol. 93, no. 1, 2013, p. 67. Si dans le droit il possède un rôle politique indéniable (droit de dissoudre l'Assemblée des députés, de choisir les ministres, rôle en matière de politique étrangère) la doctrine l'appréhende comme un « chef d'État monarchique » (Jèze Gaston, « La présidence de la République », *Revue de droit public*, 1913, p. 114 ; Renard Georges, *Cours élémentaire de droit public*, Paris, Librairie du Recueil Sirey, 1922, p. 31), voire comme un « roi » dépolitisé ; Dreyfus François, « À propos de la présidence de la République », *Revue politique et parlementaire*, 1894, p. 195 et Lafitte Paul, « La vraie Constitution de 1875 », *Revue de droit public*, 1895, p. 92. Elle envisage le président comme un « modérateur suprême » (Laffite Paul, *op. cit.*, p. 92), dans la mesure où le président doit être « en dehors des luttes parlementaires » (Bard Alphonse, Robiquet Paul, *La Constitution de 1875 étudiée dans ses rapports avec les Constitutions étrangères*, Paris, Ernest Thorin Éd., 1875, p. 362), en répudiant « l'esprit de parti » (Dreyfus François, *op. cit.*, p. 198). Dans cette perspective, l'objectif est de protéger cette figure tutélaire du régime afin d'assurer en conséquence la stabilité du régime.

relevant des tribunaux correctionnels ou de simple police, le désistement du plaignant arrête la poursuite commencée. La volonté de la victime s'impose à l'instance judiciaire au sein d'une procédure qui déroge au droit commun.

Les victimes constituent ainsi des sujets actifs de la poursuite pénale au sein du contentieux relatif à l'honneur. Si la liberté d'expression est une liberté publique, dès lors que l'infraction est dirigée à l'encontre d'une personne morale ou physique pour atteindre sa réputation, son nom, ses intérêts particuliers, alors la mise en marche du contrôle judiciaire échappe à l'État. Le ministère public est davantage tenu à l'écart, y compris de certaines affaires qui peuvent intéresser l'administration, l'armée et l'État plus généralement. Ce choix appelle plusieurs remarques.

Tout d'abord, on observe que le choix qui est fait de laisser les ministres ou les chefs du corps seuls à même de déterminer l'intérêt à agir illustre l'affirmation d'un régime qui ne nécessite plus l'intervention systématique du parquet afin de se défendre face aux attaques qui peuvent lui être faites. Ce sont les intérêts de la victime / du service qui priment sur la répression[17]. La stratégie adoptée peut ainsi être celle du silence, afin d'éviter de donner trop d'importance à une affaire qui sans procédure judiciaire pourra tomber plus rapidement dans l'oubli. Cette possibilité de laisser des propos impunis permet surtout d'éviter qu'une étude au fond des faits avancés par l'auteur ne soit réalisée.

En effet, la diffamation à l'encontre d'un individu chargé d'une mission en lien avec l'État offre au défendeur la possibilité de recourir à l'exception de vérité qui peut mettre en lumière des faits que l'administration ou le principal intéressé peut préférer laisser dans l'ombre. En ce sens, au sein du procès pour diffamation, ce n'est pas la vérité qui se pose comme la valeur première à protéger, mais bien l'honneur et la considération des personnes protégées[18].

Cette pleine maîtrise de la procédure peut aboutir toujours selon l'article 47 et dans les cas de diffamation envers les fonctionnaires

---

17 Parfois ces intérêts recouvrent l'intérêt général. C'est le cas notamment avec l'administration prise dans son ensemble, puisqu'elle œuvre justement au nom de l'intérêt de la société.

18 Des poursuites pourront toujours être engagées contre la personne visée par les propos, mais à travers une action différente qui ne fera plus intervenir le droit de la presse mais seulement le droit pénal ou le droit administratif, en lien direct avec les faits dénoncés.

publics et les dépositaires de l'autorité publique ou de la diffamation envers un juré ou un témoin, à ce que la victime use de son droit de citation directe devant la cour d'assises si elle souhaite accélérer la procédure pénale contrairement à ce que prévoit le droit commun qui lui refuse ce droit au sein de l'article 63 du code d'instruction criminelle. L'infraction de diffamation se présente ainsi comme pragmatique, au plus près des besoins des victimes et de leur politique.

En dehors des avantages que le système de plainte préalable obligatoire apporte aux victimes, c'est la liberté d'expression dans son ensemble qui en sort grandie. En effet, dans certains cas ce sont les citoyens eux-mêmes qui fixent la limite entre ce qui leur paraît acceptable et ce qui constitue un abus de la liberté. En ce sens le débat public est davantage ouvert et s'autorégule, délestant potentiellement les tribunaux d'un nombre important de contentieux.

Pour autant, dans le silence de l'article 48, toutes les autres infractions (crimes, délits, contraventions) impliquent la liberté d'action du ministère public. Pour les infractions les plus graves, celles qui relèvent de la cour d'assises, les différentes provocations prévues aux articles 23, 24 et 25 de la loi, c'est-à-dire la publication ou reproduction de nouvelles fausses, de pièces fabriquées, falsifiées ou mensongèrement attribuées à des tiers ainsi que les outrages aux mœurs, relèvent de la compétence du ministère public seul. La chose publique reste du ressort de la politique pénale du gouvernement. La victime peut alors intervenir dans l'instance seulement en se portant partie civile.

De même, l'effacement du procureur n'est pas total dans l'engagement des poursuites, y compris dans les cas d'une nécessaire plainte préalable obligatoire puisque la plainte, conformément au droit commun, laisse le procureur de la République apprécier l'opportunité de la poursuite. La délibération ou la plainte qui lui permet d'agir, ne l'oblige pas à le faire[19]. De plus, le ministère public est saisi par la victime *in rem*, ce qui revient à seulement limiter l'étendue des faits visés par les poursuites[20]. Il peut en conséquence, s'il l'entend, et parce qu'il n'est pas saisi *in personam*, diriger les poursuites à l'encontre de tous les individus qu'il estime avoir participé à la commission de l'infraction, qu'ils soient auteurs ou co-auteurs selon un arrêt de la chambre criminelle de Cour

19 Guerder Pierre, *op. cit.*, § 138.
20 *Ibid.*, § 139.

de cassation du 23 mars 1860[21]. De plus, la plainte laisse subsister la liberté de qualification que possède le ministère public : la qualification des faits par le plaignant ne lie pas le ministère public à qui il appartient de donner aux faits leur exacte appellation juridique comme l'indique un arrêt de la chambre criminelle de la Cour de cassation du 5 juin 1845[22].

La rédaction parfois maladroite de la loi laisse certains cas non envisagés par les textes dans le flou quant à la personne compétente pour engager les poursuites. Dans ce cas, il revient aux tribunaux de trancher la question. Tel est le cas notamment des infractions dirigées à l'encontre des jurés ou témoins. Le texte ne vise que la diffamation. La question s'est posée de savoir si l'injure était aussi envisagée par la loi. La Cour de cassation a refusé une interprétation du texte par analogie et a confié en conséquence la compétence des poursuites au seul ministère public[23].

On le comprend donc, si les parties ont une place importante dans le déclenchement des poursuites, la magistrature garde tout de même un rôle non négligeable de contrôle et de régulation de ces dernières en matière pénale. Sauf à ce que le demandeur utilise un dualisme procédural à son avantage.

Un dualisme procédural des procès de presse en faveur de la victime

Dans le silence de la loi, et conformément à l'article 3 du code d'instruction criminelle, la victime d'une infraction prévue par la loi du 29 juillet 1881 a la possibilité de saisir le juge civil[24]. La poursuite peut se faire devant les mêmes juges ou être réalisée séparément de l'action publique. Dans ce cas, l'exercice en est suspendu, tant qu'il n'a pas été prononcé définitivement sur l'action publique intentée avant ou pendant la poursuite de l'action civile. Aussi, la victime d'une infraction peut décider, dans les cas où sa plainte préalable est requise, d'agir uniquement devant le juge civil. Il n'existe que quelques cas limitativement énoncés dans lesquels ce choix est impossible.

21 *Ibid.*, § 140.
22 *Ibid.*, § 141.
23 Le Poittevin Gustave, *Traité de la presse*, Larose, t. II, 1904, p. 215.
24 Dupeux Jean-Yves, Massis Thierry, *op. cit.*, p. 6.

L'action civile résultant de l'application des articles 30 et 31 de la loi du 29 juillet 1881, sauf dans les cas de décès de l'auteur du fait incriminé ou d'amnistie, ne pourra être poursuivie séparément de l'action publique (article 46). Le texte reprend ici ce qui était initialement prévu par les articles 2 de la loi du 22 mars 1848 et 4 de la loi du 15 avril 1871[25]. L'objectif est d'éviter que le défendeur se voit privé de la possibilité d'avoir recours à l'exception de vérité, moyen de défense prévu expressément par les textes pour les diffamations à l'encontre des fonctionnaires publics et des autres personnes agissant dans un intérêt public dans le cadre du procès pénal. Des poursuites devant le seul juge civil le priverait de ce moyen de défense.

En dehors de ces deux cas, pour contourner les règles contraignantes de procédure édictées pour les procès pénaux, il suffit à la victime de ne saisir que la juridiction civile et de faire usage du droit d'option qui s'offre à elle. Cette possibilité est validée *a posteriori* par la chambre civile de la Cour de cassation dans un arrêt du 29 octobre 1900[26]. Seules les règles de prescription courte valables pour le procès pénal viennent à s'appliquer à la procédure civile, comme l'indique un arrêt de la chambre civile de la Cour de cassation en date du 20 décembre 1899[27].

Ainsi, la loi du 29 juillet 1881 s'applique en matière civile pour les questions qui intéressent le fond du droit mais la procédure est régie par des règles extérieures à la loi comme l'indique un arrêt de la chambre civile de la Cour de cassation en date du 29 octobre 1900[28]. Ce système donne naissance à un véritable déséquilibre entre le procès pénal et le procès civil[29], le second se présentant comme plus avantageux pour la victime d'un préjudice né d'une infraction de presse.

Si le texte donne la possibilité de choisir entre juridictions civiles et pénales, le texte n'indique pas quelles sont les juridictions civiles compétentes. Ce point est réglé par la jurisprudence, certaines décisions en la matière datant d'avant l'adoption de la loi de 1881.

Pour les infractions verbales, tout dépend du contenu des propos. Ainsi, le juge de paix est compétent pour connaitre d'une action en

25 Ameline de La Briselainne Henri, *op. cit.*, p. XXV.
26 *D.P*, 1901, p. 45.
27 *D.P*, 1900, p. 1482.
28 *D.P*, 1901, p. 21.
29 Guerder Pierre, *op. cit.*, § 761.

dommages et intérêts fondée sur la propagation verbale de prétendues diffamations contenues dans un testament selon la chambre des requêtes dans un arrêt du 7 mars 1876[30]. C'est alors au tribunal de commerce qu'il appartient de connaître d'une demande de dommages et intérêts pour réparation du préjudice causé par une diffamation verbale lorsque celle-ci a été le moyen d'un acte de concurrence déloyale[31].

En revanche, pour les diffamations écrites, le critère tient dans le montant des dommages-intérêts : compétence du juge de paix en dessous de 200 francs, tribunaux civils au-delà[32]. Pour les injures écrites commises par la voie de la presse, les règles sont exactement les mêmes en application de l'article 1er de la loi du 25 mai 1838[33].

Lorsque le juge civil est saisi et qu'il statue sur l'action civile exercée à raison d'une infraction commise par la voie de la presse ou par tous autres moyens de publication, il ne peut apprécier cette infraction qu'au titre d'un quasi-délit[34]. Dans ce cas le droit d'exercer l'action civile se distingue du droit de plainte car elle est conditionnée à la capacité de la personne à ester en justice, contrairement à la plainte qui est recevable pour toute personne lésée.

En donnant dans certains cas la possibilité à la victime d'une infraction d'agir devant le seul juge civil, le droit de la presse perd son caractère répressif pour emprunter une voie essentiellement réparatrice. L'objectif n'est plus tant de réprimer l'infraction commise, l'atteinte aux valeurs protégées par les textes pénaux, que de réparer le préjudice subi par la victime en privilégiant la responsabilité civile de l'auteur. Dans le cas où une procédure pénale serait intentée, l'auteur pourra toujours miser sur une procédure soucieuse des droits de la défense.

Une partie défenderesse en position de force

Pour que la liberté d'expression soit une réalité, le législateur accorde à l'agent pénal poursuivi les moyens de rendre effective sa défense à travers la mise en place d'immunités et d'outils de défense particulièrement efficaces.

---

30 *Jurisprudence générale. Code pénal annoté et expliqué d'après la jurisprudence et la doctrine*, Paris, Bureau de la jurisprudence générale, 1881, p. 262.

31 *Loc. cit.*

32 *Loc. cit.*

33 *Loc. cit.*

34 *Loc. cit.*

Le législateur, au sein de l'article 41 de la loi du 29 juillet 1881, vient établir une succession de cas au sein desquels aucune poursuite ne pourra être intentée contre le responsable d'une publication.

Ces immunités touchent tout d'abord les imprimés nés de la vie politique du pays, dans son sens institutionnel. Ainsi, tout comme avec les lois de Serre, ne donneront ouverture à aucune action les discours tenus dans le sein de l'une des deux Chambres ainsi que les rapports ou toutes autres pièces imprimées par ordre de l'une des deux Chambres. Ne donnera non plus lieu à aucune action le compte rendu des séances publiques des deux Chambres fait de bonne foi dans les journaux. En conséquence, les propos des élus de la République, échappent, dès lors qu'ils sont tenus dans l'enceinte des chambres, à la répression.

Non visés par les textes, la question s'est posée de savoir si l'immunité devait être étendue aux membres des conseils généraux et municipaux. La commission en charge de préparer le texte est d'avis de ne pas étendre l'immunité en raison d'un « manque d'intérêt majeur[35] ». Lors des débats à l'Assemblée, un amendement est déposé par le député Demôle afin de soumettre au cas par cas, l'opportunité de mettre en œuvre l'immunité au tribunal des conflits. Ce dernier serait en charge soit de dessaisir le juge devant lequel la plainte aura été portée ou l'action introduite, soit de renvoyer les parties de plein droit devant la juridiction[36]. Cet amendement est écarté, la question étant souvent « insignifiante[37] » et le risque étant que cette procédure soit détournée en étant systématiquement utilisée, entraînant un allongement important et systématique des procédures[38]. En conséquence, le choix est fait de laisser le juge ordinaire seul compétent pour décider si l'immunité pourra être invoquée.

Ainsi l'article 41 de la loi de 1881 a pour objectif d'encourager le débat démocratique au sein des institutions et au-delà puisque leur reprise de bonne foi dans la presse est acceptée. Les propos sont libres tout comme les médias qui les rendent publics. Cette immunité à l'égard des élus et des papiers crée une exception au principe selon lequel la liberté d'expression ne se conçoit qu'allant de pair avec le principe de responsabilité. Dans cette perspective « la liberté de presse, est, en cette

35 Celliez Henry, Le Senne Charles, *op. cit.*, p. 524.
36 *Loc. cit.*
37 *Ibid.*, p. 525.
38 *Loc. cit.*

matière, un corollaire de la liberté de la tribune[39] ». Cette mesure est la consécration d'un principe déjà présent dans le texte de la loi constitutionnelle du 16 juillet 1875[40] ainsi que dans l'article 21 de la loi du 17 mai 1819[41].

La seule condition à l'immunité posée par la loi est la bonne foi des journaux : cela signifie qu'ils doivent être fidèles aux propos qui ont été tenus par les élus. Le compte rendu peut prendre la forme qu'il souhaite, il revient alors au juge de vérifier si le papier journalistique respecte l'esprit des propos tels qu'ils ont été prononcés au sein de la chambre[42]. Il s'agit d'un pas de plus vers la liberté journalistique puisqu'auparavant, sous l'Empire, seuls les compte-rendu officiels fournis par les chambres aux organes de presse étaient acceptés[43]. Le journaliste peut s'écarter de la lettre même des déclarations tant qu'il respecte la véracité du propos. Les tribunaux n'interviennent donc plus que pour sanctionner l'abus et non pas l'exacte similitude entre les propos originels et l'article de presse. Pour établir la bonne foi, le juge peut se référer aux comptes rendus officiels des séances, réalisés par les chambres elles-mêmes sous diverses formes à savoir *in extenso*, analytique ou sommaire, qui sont envoyés par les institutions au syndicat de la presse.

Dans le cas où l'auteur de l'imprimé aurait volontairement rapporté des propos déformés, s'est posée la question de la sanction de la mauvaise foi. Auparavant, la loi du 29 juillet 1822 en son article 7, faisait du compte rendu infidèle et de mauvaise foi un délit spécial puni par une peine sévère[44]. La commission puis le législateur ont préféré faire le choix de ne pas sanctionner par un texte particulier les écrits de mauvaise foi. La seule conséquence de telles publications est la suppression de l'immunité de défense rétablissant la responsabilité de l'agent.

Si aucune condamnation pénale ne peut être prononcée à l'égard des élus visés par la loi ou à l'égard des journaux qui reprennent leurs

39 *Ibid.*, p. 528.
40 *Ibid.*, p. 503. L'article 13 de la loi dispose ainsi qu'« aucun membre de l'une ou de l'autre chambre ne peut être poursuivi ou recherché à l'occasion des opinions ou votes émis par lui dans l'exercice de ses fonctions ».
41 *Ibid.*, p. 518.
42 *Ibid.*, p. 526.
43 *Loc. cit.* Loi du 5 floréal an X, prise sous le Consulat.
44 *Ibid.*, p. 528.

propos, lorsque l'immunité est retenue une réparation du préjudice subi peut tout de même être demandée sur le fondement de l'article 1382 du code civil, par la voie de la responsabilité civile et donc du droit commun. Dans ce cas la réparation du préjudice subi guide à nouveau le système de contrôle de l'imprimé mis en place par le législateur. De même, l'article 41 dispose que le juge peut tout de même prononcer la suppression des discours injurieux, outrageants ou diffamatoires.

En outre, l'article 41 de la loi du 29 juillet 1881 dispose que « ne donneront lieu à aucune action en diffamation, injure ou outrage, ni le compte rendu fidèle fait de bonne foi des débats judiciaires, ni les discours prononcés ou les écrits produits devant les tribunaux ». Le législateur crée un second espace de liberté d'expression, non plus au sein des institutions représentatives, mais au sein des tribunaux. Le critère d'autorisation de reproduction est à nouveau celui de la fidélité et de la bonne foi. Le législateur revient à une application du principe de publicité des audiences.

Si les deux immunités, parlementaires et judiciaires, sont envisagées dans un même article, il ne faut cependant pas les confondre. Dans le cas des discussions à l'Assemblée, c'est de l'intérêt général dont il est question ainsi « les immunités du compte rendu par les débats des chambres politiques ont une raison d'être d'un ordre plus élevé[45] ». Dans le cas des tribunaux, c'est uniquement l'intérêt privé qui est en cause. Cette différence trouve à s'exprimer notamment dans le fait que le tribunal peut interdire par décision le compte rendu d'une audience sur la base de l'article 39 de la loi du 29 juillet 1881[46].

La différence de traitement se retrouve dans les mesures qui peuvent être prises en cas de préjudice : au-delà de l'engagement de la responsabilité civile et de la suppression des propos, il faut ajouter selon l'article 41 l'injonction possible des juges aux avocats et officiers ministériels et même la suspension de leurs fonctions pour une durée qui ne peut

45 Celliez Henry, Le Senne Charles, *op. cit.*, p. 536.

46 L'article 39 précise qu'il est interdit de rendre compte des procès en diffamation où la preuve des faits diffamatoires n'est pas autorisée. La plainte seule pourra être publiée par le plaignant. Ce à quoi s'ajoute l'article 38 de la même loi qui dispose qu'il est interdit de publier les actes d'accusation et tous autres actes de procédure criminelle ou correctionnelle avant qu'ils aient été lus en audience publique et ce, sous peine d'une amende de cinquante francs à mille francs.

excéder deux mois, et six mois en cas de récide dans l'année. Aucune sanction de la sorte n'est prévue pour les élus, libres de leur parole. La seule sanction envisageable est celle du peuple, à travers leur vote.

Au-delà des cas limitativement énumérés d'immunités, la loi offre au défendeur des moyens de défense efficaces. L'article 35 de la loi du 29 juillet 1881 reprend un moyen de défense déjà prévu par la législation précédente[47] : la vérité du fait diffamatoire, mais seulement quand il est relatif aux fonctions, pourra être établie par les voies ordinaires, dans le cas d'imputations contre les corps constitués, les armées de terre ou de mer, les administrations publiques et contre toutes les personnes énumérées dans l'article 31[48]. En outre, la vérité des imputations diffamatoires et injurieuses pourra être établie contre les directeurs ou administrateurs de toute entreprise industrielle, commerciale ou financière, faisant publiquement appel à l'épargne ou au crédit.

À nouveau, l'exception de vérité est limitée aux faits qui intéressent la vie publique des individus ayant une fonction en lien avec l'État et l'autorité publique[49]. La valeur suprême à protéger est ainsi non pas la vérité, mais le droit à l'honneur, c'est-à-dire un droit subjectif[50]. Le juge n'a qu'à constater la présence des éléments constitutifs de l'infraction sans avoir à étudier le contenu des propos diffamatoires.

En ce qui concerne le cas de faits relatifs à fonctions, ce qui importe au législateur, c'est de permettre à celui ou celle qui sert le régime, de répondre « de sa fidélité, de sa loyauté dans la gestion de cette fonction, dans l'accomplissement de ce mandat, ou dans l'exécution de ce service[51] ». Il s'agit d'une traduction juridique de la construction progressive de la morale républicaine entendue comme une culture politique mais plus largement comme un système global de références, des bonnes mœurs auxquels tous les citoyens sont amenés à adhérer[52]. Cette vision s'inscrit dans la continuité des écrits de Jules Barni, qui dès 1868 dans

47 *V.* Chapitre 2.

48 C'est-à-dire les membres du ministère, de l'une ou de l'autre Chambre, les fonctionnaires publics, dépositaires ou agents de l'autorité publique, ministres de l'un des cultes salariés par l'État, citoyens chargés d'un service ou d'un mandat public temporaire ou permanent, jurés ou témoins à raison de leur déposition.

49 *V.* Chapitre 2.

50 C'est ce qui avait été déjà dégagé par la loi de 1875 sur le droit de la presse. *V.* Chapitre 2.

51 *Ibid.*, p. 443.

52 Chevallier Jacques, « Présentation », *op. cit.*, p. 188.

La morale dans la démocratie crée un lien entre la vertu politique et la pureté des mœurs, et définit la morale politique républicaine comme la capacité à résister au mensonge, à la corruption, à la facilité[53]. La République est ainsi conçue comme un régime promouvant à la fois la liberté et la vertu, dans toutes les facettes de l'existence[54]. Dans ce cadre, ceux qui œuvrent pour la République doivent être capables de prouver à tous leur probité[55]. Se rejoignent ainsi l'intérêt privé et l'intérêt public.

Le député Ludovic Trarieux, un républicain modéré, proposait en ce sens d'élargir l'exception de vérité aux candidats à une fonction élective. Selon lui, « si la liberté électorale ne doit pas rester un droit simplement théorique, il est évident qu'il faut que la franchise la plus complète, que la latitude la plus grande existent dans les discussions des titres des candidats qui, en se présentant aux fonctions électives, sollicitent les suffrages de leur concitoyens[56] ». Il ajoute : « Quand on permet à un peuple de décider des intérêts les plus graves du pays par le choix de ses mandataires, il n'est pas possible qu'on restreigne ses moyens d'information sur les causes diverses et multiples qui peuvent influencer ses votes[57] ».

En d'autres termes, par cette possibilité d'un débat au fond, l'élu souhaitait empêcher que se répandent des informations erronées au cours de la campagne électorale, ce qui pourrait fausser les résultats du scrutin tout en permettant au candidat de défendre son honneur. Il s'agirait ainsi de protéger le candidat en même temps que le débat démocratique. De plus, cette mesure permettrait de mettre au jour certaines informations, vraies, que les élus souhaiteraient dissimuler à leurs électeurs afin de

53 *Loc. cit.*

54 *Loc. cit.*

55 On décèle ici les contestations grandissantes qui se font entendre à l'encontre de l'administration sous la Troisième République. L'histoire politique et constitutionnelle de la France sous la Troisième République est sous-tendue par une identification républicaine entre la liberté politique et le régime parlementaire qui est conçu comme mode idéal et unique d'expression du peuple souverain. Aussi, l'administration est rattachée à l'idée d'une bureaucratie venant jouer un rôle de médiation néfaste dans la relation qui doit s'opérer entre le peuple et ses représentants ; Baruch Marc Olivier, Duclert Vincent, « Une histoire politique de l'administration française, 1875-1945 », in Baruch Marc Olivier éd., *Serviteurs de l'État*, Paris, La Découverte, 2000, p. 10

56 Celliez Henry, Le Senne Charles, *op. cit.*, p. 449.

57 *Loc. cit.*

gagner leur suffrage. En des termes contemporains, cette mesure tendrait à promouvoir une certaine transparence de la vie politique, mais cette mesure est écartée. Seuls les propos à l'encontre d'une personne déjà en poste peuvent donner lieu à un examen au fond des faits.

La commission préparatoire à la loi avait prévu, initialement, d'accorder l'exception de vérité dans les cas où le plaignant l'aurait lui-même permis. Ainsi la personne diffamée aurait pu contrôler l'instance et le sens qu'elle entend lui donner. En permettant le débat sur les faits qui lui sont reprochés, elle se donne la possibilité de pouvoir lever les soupçons qui pèsent sur elle, et plus précisément sur sa vie privée puisque l'inadmissibilité de la preuve empêche la victime d'apporter la preuve contraire. Ceci a pour conséquence de renforcer la position de force du prévenu au sein de l'instance. Ce dernier, même s'il s'expose à une peine, tire profit du procès en diffamation en ce qu'il « satisfait ses rancunes » et peut se dire quoi qu'il arrive « champion de la vérité[58] ». Mais la commission, et le législateur après elle, ont préféré faire de l'inadmissibilité de la preuve un principe d'ordre public auquel il est impossible de déroger en dehors des cas prévus par la loi.

La commission de préparation de la loi avait également prévu d'élargir l'exception à l'égard de toute personne lorsque le fait est passible, en le supposant prouvé, d'une peine quelconque et que le prévenu aura été lésé par le fait imputé. Dans ce cas, si « la vie privée doit être murée », elle ne doit « pas être murée quand il s'agit d'y rechercher, et de faire condamner régulièrement un crime, un délit ou une contravention[59] ». La répression de l'infraction était alors conçue comme devant l'emporter sur le respect à la vie privée[60]. Cette innovation venait remettre en cause la position à la fois de la jurisprudence, de la doctrine et du législateur depuis 1810. Mais Agénor Bardoux[61], député républicain, s'y oppose

58 *Ibid.*, p. 447.

59 *Ibid.*, p. 458.

60 Un amendement est proposé en ce sens par M. Bozerian lors de la discussion du texte afin que l'interdiction de la preuve « ne découvre pas l'honnête homme en l'empêchant de prouver la seule chose qu'il ait intérêt à démontrer, c'est-à-dire que son adversaire l'a calomnié et elle couvre, au contraire, le calomniateur de profession qui tire de l'interdiction même de la preuve une preuve indirecte à l'appui de la calomnie » ; Celliez Henry, Le Senne Charles, *op. cit.*, p. 491.

61 Agénor Bardoux (1829-1897) est un député connu pour ses opinions républicaines dès l'Empire. Il participe à la souscription pour Baudin. Il est l'un des chefs de file des 363 qui luttent contre de Broglie en 1877. Il est ministre de l'instruction sous le gouvernement

fermement en se fondant sur la nécessité de préserver la stabilité de la société, la « paix des familles », en laissant certains sujets en dehors du débat comme l'avaient prévu en leur temps les lois de Serre[62]. Selon lui, l'évolution des mœurs et de la morale n'est pas suffisamment probante pour revenir sur les traditions héritées de 1819[63]. « Le respect du foyer » doit l'emporter, une « descente de justice dans son intérieur et une visite domiciliaire de ce qu'il y a de plus sacré dans l'intimité » ne saurait être admise[64]. Le législateur se range majoritairement à cette opinion et cette innovation n'est pas introduite dans le texte final de la loi[65]. La victime d'une infraction devra utiliser la voie des tribunaux et non pas sa plume pour obtenir réparation du préjudice qu'elle a subi et qui est né de cette infraction.

Ainsi, dans le cas de la diffamation où l'exception de vérité est acceptée, le juge judiciaire est particulièrement soumis au cours de l'instance aux éléments de défense présentés par les parties. Le mode de preuve étant libre, ceci facilite le recours à l'exception de vérité lorsqu'elle est permise. Si la preuve du fait diffamatoire est rapportée, le prévenu sera renvoyé des fins de la plainte.

À travers ce mécanisme, le législateur met en place une procédure qui quitte le modèle traditionnel français, une procédure de type inquisitoire au sein de laquelle il revient au juge de chercher les preuves en vue de la manifestation de la vérité. Avec l'exception de vérité, en matière de diffamation, la procédure se rapproche du type accusatoire américain, où les parties peuvent présenter au jury les preuves qu'elles ont recueillies[66]. Avec ce choix, il semble que la vérité formelle l'emporte sur la vérité matérielle, tout reposant sur la capacité à prouver les faits[67]. Le dossier pénal devient donc le vecteur d'un parti pris[68], celui des parties

---

de Dufaure ; Cougny Gaston, Robert Adolphe, *Dictionnaire des parlementaires français de 1789 à 1889*, t. I, Paris, Borloton, p. 23.

62 *Ibid.*, p. 456.

63 *Loc. cit.*

64 *Ibid.*, p. 491.

65 Avec 255 voix contre et 181 voix pour ; *ibid.*, p. 461.

66 Garapon Antoine, Papadopoulos Ioannis, *Juger en Amérique et en France*, Paris, Odile Jacob, 2003, p. 124.

67 Ambroise-Casterot Coralie, *De l'accusatoire et de l'inquisitoire dans l'instruction préparatoire*, thèse de doctorat, droit, Bordeaux IV, 2001, p. 23.

68 Baud Marie-Sophie, « La manifestation de la vérité dans le procès pénal : une étude comparée entre la France et les États-Unis », *Les Cahiers de la Justice*, vol. 4, n° 4, 2017, p. 714.

à l'instance. Si cette évolution donne davantage de place à la défense, elle place cette dernière dans une situation de dépendance, le client étant alors tributaire de l'investissement de l'avocat qui sera parfois corrélé aux capacités financières de son client[69].

Ainsi le droit procédural prévu par la loi du 29 juillet 1881 et intéressant les infractions envers les personnes est pensé à l'aune de sa finalité. Il modifie le rapport que l'État entretient avec l'imprimé : la régulation de ce dernier n'est plus la seule affaire des pouvoirs publics, elle devient aussi celle des individus. Les victimes vont, par elles-mêmes, décider de ce qui est acceptable ou non dans le débat public au regard de leurs intérêts. Le contrôle judiciaire de l'imprimé tend ainsi à se libéraliser par une mise en retrait du magistrat, soumis entre autres mesures, à un ensemble de mesures formelles particulièrement pointues.

LA SOUMISSION DE LA MAGISTRATURE À UNE PROCÉDURE EXIGEANTE

Le magistrat est soumis, à un ensemble de mesures procédurales formelles qui complexifie sa tâche en même temps qu'elles préservent les agents d'un potentiel abus. Si le juge possède un éventail de mesures répressives important, leur utilisation est très encadrée.

Le formalisme protecteur du droit de la presse

Le formalisme se définit, en droit, comme un système au sein duquel la validité des actes et procédures est soumise au respect de formalités. Si ce dernier est contraignant pour les acteurs du procès judiciaire, il est protecteur des droits de la défense. C'est dans cette voie que s'inscrit la loi du 29 juillet 1881 qui prévoit de nombreux délais extrêmement précis auxquels le personnel judiciaire est soumis afin de protéger le prévenu.

Ainsi, selon l'article 51, le délai entre la citation et la comparution en cour d'assises sera de cinq jours francs, outre un jour par cinq myriamètres de distance. En matière de diffamation, ce délai sera de douze jours, outre un jour par cinq myriamètres (article 52). La procédure est placée sous le signe de la célérité en raison du droit fondamental qui est en jeu, la liberté d'expression.

69 *Loc. cit.*

Dans cette perspective, selon l'article 65 de la loi, les délais de prescription sont aussi très courts : l'action publique et l'action civile résultant des crimes, délits et contraventions prévus par la présente loi se prescriront après trois mois révolus, à compter du jour où ils auront été commis ou du jour du dernier acte d'instruction ou de poursuite s'il en a été fait. Cette singularité majeure de la procédure du droit de la presse est justifiée par le rythme de l'information qui oblige les plaideurs à engager une action dans un délai extrêmement bref[70]. Cet élément marque une véritable différence avec le droit commun puisque les articles 637 et 638 du code s'instruction criminelle prévoient une prescription de dix ans pour les crimes et de trois ans pour les délits[71].

Toujours dans un souci de raccourcissement de la prescription, le délai de prescription court à partir du premier acte de publication. Il n'est pas tenu compte de l'appréhension de la publication dans le temps : qu'importe le moment où celle-ci a été rendue accessible au public. En conséquence, les infractions de presse sont de manière artificielle considérées comme des délits instantanés, et non pas comme des délits continus qui se perpétuent dans le temps[72]. Ceci pousse, à nouveau, la partie lésée à être vigilante quant à la préservation de ses droits : en cas de préjudice, elle doit immédiatement entamer des démarches judiciaires sous peine d'être déchue de son droit d'agir.

Au-delà de ces obligations temporelles précises, les actes produits par la magistrature doivent répondre à des conditions formelles tout aussi scrupuleuses. Ceci est particulièrement vrai pour le ministère public dans le déclenchement des poursuites. Dans le cas où le ministère public décide de demander une information, il sera tenu, dans son réquisitoire, d'articuler et de qualifier les provocations, outrages, diffamations et injures à raison desquels la poursuite est intentée (article 48).

Le formalisme est tout aussi rigoureux dans le cas où le ministère public décide d'user de la voie de la citation puisque cette dernière, selon l'article 50, devra contenir l'indication précise des écrits, des imprimés, placards, dessins, gravures, peintures, médailles, emblèmes, des discours ou propos publiquement proférés qui seront l'objet de la poursuite ainsi

70 Dupeux Jean-Yves, Massis Thierry, *op. cit.*, p. 10.
71 Delbrel Yann, *op. cit.*, p. 133.
72 *Loc. cit.*

que la qualification des faits. Elle indiquera les textes de loi invoqués à l'appui de la demande.

Par toutes ces informations devant être indiquées dans l'acte initial de poursuite, il apparaît que ce dernier revêt une importance toute particulière en devenant « le socle de la poursuite », une forme d'« *alpha* et d'*oméga* de la procédure de presse[73] ». C'est lui qui fixe pour toute la procédure la nature de la poursuite et son étendue. Ceci permet au prévenu ou à l'accusé, de prévoir une défense pertinente au regard des faits précis qui lui sont reprochés et de lui donner la possibilité de relever une procédure irrégulière. En effet, la sanction attachée au formalisme est très forte. Il peut s'agir par exemple de la nullité du réquisitoire ou de la citation selon les articles 48 et 50 de la loi. Ceci implique une attention toute particulière de l'auteur des actes et des parties. De plus, la nullité peut toucher l'instruction[74] ou l'ordonnance de renvoi qui disqualifie ou requalifie l'action[75].

Si le formalisme s'impose aux magistrats, il s'applique également aux actes des parties qui ne peuvent être défaillantes sans conséquence. Ainsi, par exemple, pour les infractions relevant de la cour d'assises si dans les cinq jours suivants le plaignant n'a pas signifié au prévenu à son domicile les copies des pièces et les noms, professions et demeures des témoins par lesquels il entend faire la preuve contraire, il peut être déchu de son droit d'agir (article 53). Les droits de la défense se trouvent ici protégés contre le plaignant de manière à ce que la rapidité de la procédure ne soit pas exploitée à son avantage. De même, toute demande en renvoi pour quelque cause que ce soit, tout incident sur la procédure suivie devront être présentés avant l'appel des jurés, à peine de forclusion (article 54).

Ainsi le formalisme de la procédure a un double objet. Tout d'abord il s'agit de protéger les droits de la défense en créant un cadre légal très précis afin d'éviter un abus de la part de la magistrature ou du plaignant. En contrepartie de ces protections importantes, le prévenu se doit de faire preuve d'une grande vigilance dans la conduite de l'instance. L'article 56 de la loi illustre ce double mécanisme. En effet, le texte prévoit que si

73 Guerder Pierre, *op. cit.*, p. 419.

74 Dans le cas où cette dernière demanderait des compléments d'informations sur des faits n'étant pas soumis à l'exception de vérité

75 Dupeux Jean-Yves, Massis Thierry, *op. cit.*, p. 16.

le prévenu ne comparaît pas au jour fixé par la citation, il sera jugé par défaut par la cour d'assises, sans assistance ni intervention des jurés. La sanction d'un défaut de comparution est sévère. Cependant, le second alinéa prévoit que la condamnation par défaut sera comme non avenue si, dans les cinq jours de la signification qui en aura été faite au prévenu ou à son domicile, outre un jour par cinq myriamètres, celui-ci forme opposition à l'exécution de l'arrêt et notifie son opposition tant au ministère public qu'au plaignant. Si la signification n'a été faite à personne ou s'il ne résulte pas de l'acte d'exécution de l'arrêt que le prévenu en a eu connaissance, l'opposition sera recevable jusqu'à l'expiration des délais de la prescription de la peine[76]. Les droits de la défense prévalent afin d'assurer le droit à un procès équitable.

La complexité du contrôle de l'imprimé a pour effet de lutter contre l'arbitraire du juge ainsi que de minimiser l'incertitude du droit applicable en vue de protéger une liberté fondamentale[77]. Parce que les règles sont prévues à l'avance, elles permettent au droit de gagner en prédictivité ce qui assure une plus grande sécurité juridique.

Ces différentes mesures formelles et procédurales révèlent un nouveau rapport à la loi avec l'avènement progressif de l'État social dans la seconde moitié du XIXe siècle. Avec l'émergence du positivisme scientifique, le siège de la légitimité juridique évolue, donnant naissance à une nouvelle rationalité juridique. Le législateur, plutôt que de poser des règles abstraites issues de grands principes métaphysiques ou moraux, va tendre à adopter des règles plus catégorielles, plus particulières pour encadrer le jeu social[78]. Le concret, les résultats, sont de plus en plus pris en compte dans la création de la norme[79]. Le droit de la presse par ses mesures extrêmement techniques tend à cette évolution de rationalisation croissante du droit telle que théorisée par Max Weber[80]. Le droit de la presse se présente dans cette perspective comme un droit à la fois formel et rationnel[81], l'exception de

76 Dans ce cas, selon l'article 56, l'opposition vaudra citation à la première audience utile. Les frais de l'expédition, de la signification de l'arrêt, de l'opposition et de la réassignation pourront être laissés à la charge du prévenu.

77 Dupeux Jean-Yves, Massis Thierry, *op. cit.*, p. 5.

78 Legendre Pierre, *L'amour du censeur. Essai sur l'ordre dogmatique*, Paris, Seuil, 1976, p. 138.

79 *Ibid.*, p. 141.

80 Weber Max, *Le Savant et le Politique*, Paris, Plon, 1959, p. 139-140.

81 Frund Julien, « IX. La rationalisation du droit selon Max Weber », *Études sur Max Weber*, Paris, Librairie Droz, 1990, p. 259.

quelques infractions telles que l'outrage aux bonnes mœurs et à la morale publique, ouvrant la voie à un droit matériel et irrationnel. En dehors de ce cas particulier, la magistrature est guidée dans l'application de la loi ainsi et *in fine* dans la répression.

Une répression encadrée

La loi du 29 juillet 1881 encadre les mesures judiciaires qui peuvent restreindre la circulation de l'imprimé que cela soit avant la décision ou dans la peine prononcée. Ainsi, l'article 49 de la loi du 29 juillet 1881 dispose dans le cadre d'une instance introduite devant la cour d'assises, qu'immédiatement après le réquisitoire le juge d'instruction pourra, mais seulement en cas d'omission du dépôt prescrit par les articles 3 et 10, ordonner la saisie de quatre exemplaires de l'écrit, du journal ou du dessin incriminé. Le choix est fait de limiter au maximum l'atteinte à la circulation de l'imprimé tant que la décision judiciaire n'a pas été rendue. Si la proposition avait été faite de détruire, pendant la phase préparatoire du procès, les imprimés, le rapporteur de la loi la réfute[82]. Il s'agit ici de protéger à la fois la liberté d'expression, le principe de présomption d'innocence et les droits de la défense.

Dans le même sens l'article 49 dans son second alinéa prévoit que si le prévenu est domicilié en France, il ne pourra être arrêté préventivement qu'en cas de crime. Cette mesure reprend ici le principe posé par le code d'instruction criminel, celui du placement en détention préventive pour tout individu soupçonné de crime. Le fait d'empêcher l'arrestation préventive en dehors des infractions les plus graves s'inscrit dans une volonté de contrôle de cette mesure amorcée tout au long du XIXe siècle.

Sous le Second Empire, la possibilité de mise en liberté provisoire est élargie et dès 1855, le juge d'instruction peut, sur conclusions conformes du parquet, ordonner la mainlevée, soit d'office, soit sur demande de l'inculpé, du mandat de dépôt qu'il a prononcé[83]. Avec la loi du 14 juillet 1865, le juge hérite du même pouvoir dans l'hypothèse

82 « Il s'agit d'une saisie préventive, c'est-à-dire d'une mesure qui précède la décision de justice. La destruction des exemplaires serait prématurée, si elle était opérée préalablement ». Celliez Henry, Le Senne Charles, *op. cit.*, p. 369.

83 Carbasse Jean-Marie, Vielfaure Pascal, « Chapitre 2. Droit pénal et justice répressive depuis le début du XIXe siècle », in *Histoire du droit pénal et de la justice criminelle*, Paris, PUF, 2014, p. 505.

du mandat d'arrêt[84]. Désormais, la liberté provisoire devient une forme de faveur que le juge d'instruction peut accorder ou refuser, librement, sous la seule réserve des dispositions relatives aux délits passibles d'une peine inférieure à deux ans de prison[85]. Une circulaire ministérielle du 14 octobre 1865 confirme le caractère discrétionnaire de ce pouvoir en affirmant que le juge « décide selon les inspirations de sa conscience[86] ». Jusqu'à la fin du siècle, le juge d'instruction reste ainsi très largement le maître de la phase préparatoire du procès.

En outre, si l'article 48 donne la possibilité au ministère public de requérir une information, très peu d'articles viennent régir cette phase préparatoire et plus largement les compétences du juge d'instruction qui n'est pas considéré comme un élément central de la procédure relative aux infractions de presse qui doivent être jugées rapidement afin de ne pas attenter trop lourdement à la liberté d'expression en cas de relaxe[87].

En outre, sur la question de la répression, le troisième alinéa de l'article 48 prévoit qu'en cas de condamnation, l'arrêt pourra ordonner la saisie et la suppression ou la destruction de tous les exemplaires qui seraient mis en vente, distribués ou exposés au regard du public. Toutefois, la suppression ou la destruction pourra ne s'appliquer qu'à certaines parties des exemplaires saisis. Le juge dispose ainsi d'une certaine marge de manœuvre dans le choix de la peine. En outre, en cas d'acquittement par le jury, l'article 56 prévoit que s'il y a partie civile en cause, la cour ne pourra statuer que sur les dommages-intérêts réclamés par le prévenu. Ce dernier devra être renvoyé de la plainte sans dépens ni dommages-intérêts au profit du plaignant.

Ainsi, y compris dans les peines qui sont appliquées, la législation s'assure de ne pas atteindre de manière disproportionnée la liberté d'expression.

---

84 *Loc. cit.*

85 *Loc. cit.*

86 *Loc. cit.*

87 *V.* à ce sujet Clère Jean-Jacques, Farcy Jean-Claude, *Le juge d'instruction : approches historiques*, Dijon, Éditions universitaires de Dijon, 2010, 320 p.

L'APPROFONDISSEMENT DU CONTRÔLE JURIDIQUE DE L'IMPRIMÉ PAR LA PRATIQUE JUDICIAIRE

Si la loi du 29 juillet 1881 se veut très complète en envisageant avec précision l'ensemble du droit de la presse, tant à travers ses procédures que ses infractions, les textes laissent parfois certains points à l'interprétation des tribunaux judiciaires malgré un souci prononcé d'encadrement législatif de la magistrature. La jurisprudence vient ainsi éclairer les éléments constitutifs des infractions et des éléments procéduraux. De la même manière que les citoyens font l'apprentissage d'un régime politique nouveau, les tribunaux prennent possession d'une loi nouvelle qu'ils vont ancrer dans la vie de la cité en la précisant.

LA PRÉCISION JURISPRUDENTIELLE DES ÉLÉMENTS CONSTITUTIFS DES INFRACTIONS DE PRESSE

Le particularisme des infractions de presse prévues par la loi du 29 juillet 1881 tient dans le fait qu'elles présentent des traits communs. Elles sont des infractions soumises à une condition de publication et pour la plupart sont des infractions intentionnelles au sein desquelles l'élément moral est primordial et précisé par le juge. Les infractions intéressant les serviteurs de l'État sont également éclairées.

L'exigence de publication précisée

La loi du 29 juillet 1881 est articulée autour de la notion de publication. Aboutissement du travail à la fois d'écriture mais aussi d'édition, elle constitue l'enjeu principal pour ses artisans et pour l'État. Afin d'être légale, la publication est soumise à un ensemble de procédures et formalités, prévues par les chapitres I et II de la loi, à accomplir avant que celle-ci ne soit réalisée. Ces formalités remplies, il est nécessaire que la publication ait été réalisée effectivement pour qu'une infraction soit constituée.

La loi ne dresse aucune liste précise des modes de publication dans un article dédié qui serait valable pour l'ensemble des infractions contenues dans la loi[88]. Si ces modes sont exposés, c'est au détour d'un article au sujet d'une infraction particulière, celle de provocation à un crime ou un délit au sein de l'article 23. Cet article vise des faits commis soit par des écrits, des imprimés, mis en vente ou exposés dans des lieux ou réunions publics, soit par des placards ou affiches exposés au regard du public. Le législateur vient définir ici, par un jeu de renvois répétés à cet article dans les articles suivants, à la fois le support que peut emprunter l'imprimé (écrits, imprimés, placards, affiches) et le moyen (mise en vente, exposition) dont la mise à disposition du public est possible[89].

En ce sens, la loi est plus précise que le code pénal sur la publicité dans les infractions relatives à l'imprimé. Dans son article 204, le code pénal prévoyait alors qu'en matière de publication que tout écrit contenant des instructions pastorales, en quelque forme que ce soit, et dans lequel un ministre de culte « se sera ingéré de critiquer ou censurer, soit le gouvernement, soit tout acte de l'autorité publique », emportera la peine en bannissement contre le ministre qui l'aura publié. Dans cet article le législateur est avare de précisions, ce qui donne une marge confortable au juge dans son appréhension des modes de publicité qui peuvent alors évoluer[90].

Face à cette incertitude, la doctrine a estimé que si les conditions de publicité prévues pour les interventions orales ne sont pas nécessaires à l'écrit, ce dernier ne peut être atteint par le seul effet de son existence. En conséquence, la pensée même écrite ne peut jamais dans les systèmes de législation pénale se transformer en délit. Elle n'est susceptible d'être incriminée que lorsqu'il s'est manifesté par un acte extérieur[91]. Une interaction entre l'imprimé et le public est nécessaire, ce que prévoyait déjà les lois de Serre de 1819[92]. En d'autres termes, il est nécessaire

88 Delbrel Yann, *op. cit.*, p. 125.

89 S'ajoute à cette liste la distribution visée par le chapitre III paragraphe 2 de la loi du 29 juillet 1881 sur le colportage et la vente sur la voie publique.

90 Delbrel Yann, *op. cit.*, p. 127.

91 Dalloz Édouard, Vergé Charles, *Les codes annotés. Code pénal, annoté et expliqué d'après la jurisprudence et la doctrine*, Paris, Bureau de la jurisprudence générale, 1881, p. 678.

92 L'article premier de la loi du 17 mai 1819 précisait la nature de la publication à travers un article sur la provocation auquel les articles suivant faisaient un renvoi : « Quiconque, soit par des discours des cris ou des menaces proférés dans des lieux ou réunions publics, soit par des écrits, des imprimés, des dessins, des gravures, des peintures ou emblèmes vendus ou distribués, mis en vente, ou exposés dans des lieux ou réunions publics, soit par des placards et affiches exposés aux regards du public [...] » ; cité par Carnot Joseph,

que la pensée ait été portée à la connaissance du public, qu'elle ait une vocation sociale[93]. Se retrouve ici une forme d'application de la théorie de la réception qui place le lecteur au cœur du processus de lecture[94].

Dans le cadre de la loi de 1881, le terme de publication revêt ainsi une signification assez large puisqu'il doit être envisagé comme le résultat matériel de la création du produit imprimé et comme l'action par laquelle l'imprimé est porté à la connaissance du public. La publication est ainsi conçue de pair avec l'intention de partager un contenu à autrui. Il s'agit ici de la position classique de la jurisprudence : sous l'empire des textes antérieurs, la publication de fait et l'intention de publier suffisaient à emporter la consommation de l'infraction. Un individu pouvait être condamné pour fausse nouvelle en raison de propos tenus intentionnellement dans sa propre maison (Cass. crim., 8 décembre 1854)[95].

L'absence de publicité entraîne des conséquences importantes prévues par le législateur. Ainsi, selon l'article 33 de la loi du 29 juillet 1881, si l'injure n'est pas publique, elle ne sera punie que de la peine prévue par l'article 471 du Code pénal[96]. La jurisprudence également abonde dans le sens de la prise en compte du critère de publicité en prévoyant des conséquences à son absence. Ainsi, le tribunal correctionnel est compétent pour connaître de l'outrage envers un magistrat lorsque cet outrage ne présente pas les conditions de publicité requises par la loi du 29 juillet 1881 (Douai, 8 mai 1883)[97]. De même, c'est seulement lorsque les injures ont été dirigées par la voie de la presse ou proférées dans des lieux ou réunions publics contre des fonctionnaires publics ou des agents de l'autorité à raison de leurs fonctions ou de leur qualité, que ces injures sont justiciables de la cour d'assises (Cass. crim., 12 juillet et 16 novembre 1883)[98].

Examen des lois des 17, 26 mai, 9 juin 1819 et 31 mars 1820, relatives à la répression des abus de la liberté de la presse, Paris, Nève, 1821, p. 1.

93 Bilger Philippe, *Le droit de la presse*, Paris, PUF, 2003, p. 22.

94 *V.* l'école de Constance et Hans Robert Hauss qui placent le lecteur au centre de l'expérience communicationnelle de lecture ; Hauss Hans, *Pour une esthétique de la réception*, Gallimard, 1990, 336 p. Lire au sujet de ces théories de la réception Sapiro Gisèle, *La sociologie de la littérature, Paris*, La Découverte, 2014, p. 85-106.

95 Delbrel Yann, *op. cit.*, 227.

96 Principe réaffirmé par la jurisprudence (Cass. civ. 18 novembre 1886) ; *D.P* 1887, p. 1095.

97 *D.P*, 1883, p. 1066.

98 *D.P*, Partie V, Paris, Jurisprudence générale, 1884, p. 244.

Dans la même logique d'association entre publication et réception de l'imprimé par des tiers, il importe peu que les propos outrageants à l'égard d'un individu aient été apportés à sa connaissance par un intermédiaire afin de constituer l'infraction (Douai, 8 mai 1883)[99]. Les tribunaux valorisent avant tout la réception de l'imprimé par le public, avant même la réception des propos par la victime. À travers ce mécanisme, les tribunaux insistent sur la fonction des imprimés comme « activité sociale qui dépend des conditions de production et de circulation[100] ». C'est en raison de ses effets potentiels sur le public que l'imprimé est placé sous la surveillance des tribunaux. En cela, la jurisprudence est particulièrement protectrice de la victime puisqu'elle fait débuter la commission de l'infraction avant même que la victime n'ait eu connaissance de cette dernière.

Cependant, l'on observe dans la jurisprudence que le moment de la prise de connaissance de l'infraction peut varier. Dans le cas où un magistrat outragé n'a eu connaissance de l'outrage à son encontre que plus tard, alors qu'il n'était plus en exercice de ses fonctions, cette circonstance a pour effet de faire considérer l'outrage comme reçu par le magistrat non pas dans l'exercice de ses fonctions mais seulement à l'occasion de ses fonctions. En conséquence, le délit tombe sous l'application non pas de la loi sur la presse du 29 juillet 1881 mais de l'article 222 du code pénal et rend le tribunal correctionnel compétent (Besançon, 9 décembre 1882)[101]. À travers cette décision la connaissance de l'imprimé par le public ne prime pas sur celle que le magistrat peut en avoir. Le statut retenu est celui de la victime au moment de la découverte de l'infraction et non au moment de la commission.

En outre, les tribunaux sont venus éclairer les circonstances dans lesquelles la publicité d'une publication peut être effectivement relevée. Les tribunaux ont remis en cause la jurisprudence qui était jusqu'alors appliquée. Ainsi, la publicité d'une diffamation ne peut résulter du simple dépôt à la poste d'une carte postale contenant des imputations diffamatoires. Elle ne résulte pas non plus du séjour de cette carte dans les mains du concierge de la maison habitée par le destinataire. Il en serait autrement si elle avait été exposée dans un lieu où le public

99 *Ibid.* p. 1068.
100 Sapiro Gisèle, *La sociologie de la littérature*, *op. cit.*, p. 9.
101 *D.P*, 1883, p. 1066.

aurait eu le droit de pénétrer et de stationner ou en cas de présence simultanée de plusieurs personnes dans un même local (Crim., 4 mai 1883)[102]. La publicité n'est donc pas le seul résultat de la mise en présence d'un tiers avec un imprimé diffamant qui n'a pas vocation à en réceptionner le contenu. Un concours de circonstance malheureux ne pourrait participer de la constitution de l'infraction qu'en cas de risque important pour l'individu diffamé en raison d'une multiplicité de lecteurs potentiels.

Dans le même sens, l'écrit diffamatoire déposé sur la voie publique mais placé sous une enveloppe qui le dérobe aux regards et dont un passant ne peut prendre connaissance que par un acte personnel de sa part et étranger à la cause de l'écrit, ne peut être considéré comme exposé dans un lieu public. Dans ces circonstances, l'élément de publicité constitutif du délit de diffamation fait défaut (Nancy, 18 février 1886)[103].

Ces deux décisions marquent un revirement de jurisprudence. Pour rappel, selon une décision du 2 juillet 1873 du tribunal correctionnel de la Seine, les imputations contenues dans une carte postale pouvaient constituer un délit de diffamation ou d'injure publique, dès lors que cette carte était adressée au destinataire dans un établissement public comme un café[104]. La nouvelle jurisprudence restreint la notion de publicité à une véritable volonté de dévoiler un imprimé à un tiers. Ce n'est pas l'acte du tiers afin de prendre connaissance du contenu de l'imprimé qui compte mais seulement celle de l'auteur de rendre possible, matériellement, la connaissance de l'imprimé par ce tiers. Est créé un lien entre intention et publicité.

Plusieurs décisions viennent alimenter cette position de la jurisprudence. Ainsi, la signification d'une opposition par huissier ne peut conférer à l'outrage qu'elle contient le caractère de publicité (Cass. crim., 10 août 1883)[105]. La seule présence d'un tiers, dont la fonction est de transmettre un acte juridique, ne constitue pas une forme de publicité car l'auteur n'a pas eu l'intention de faire connaître le contenu du contenu, spécifiquement à ce tiers qui en prend connaissance dans l'accomplissement de sa profession.

---

102 *D.P*, 1883, p. 1066.
103 *D.P*, 1886, p. 1086.
104 *Loc. cit.*
105 *D.P*, 1884, p. 244.

Dans le même sens, les couloirs de la Chambre des députés qui ne sont pas des lieux publics peuvent le devenir lorsque des tiers sont admis à y pénétrer et à y circuler avec les membres de la Chambre. La constatation de la publicité résulte suffisamment d'une déclaration du jury portant que les propos diffamatoires ont été tenus dans des lieux ou réunions publics, notamment dans les couloirs de la chambre des députés. Il en est ainsi surtout que la déclaration du jury ajoute que les mêmes propos ont été tenus dans les bureaux de plusieurs journaux (Cass. crim., 20 janvier 1883)[106].

En outre, la vente ou la distribution d'écrits ou imprimés contenant des imputations diffamatoires constituent à elles seules la publication sans autre circonstance et notamment sans celle de la publicité du lieu ou de la réunion (Cass crim., 24 mai 1884)[107]. Il semble ici que les juges du droit considèrent l'acte de médiation comme suffisant afin d'établir la publication et la publicité de l'imprimé. Les juges donnent une place importante aux intermédiaires culturels[108] qui se développent au cours du XIXe siècle et qui rendent possibles la circulation de l'imprimé. Ces intermédiaires sont des professionnels engagés dans la production et la circulation des biens et des services symboliques, des vecteurs des correspondances qui s'établissent entre l'espace de production et l'espace de consommation[109]. Au sein de la loi du 29 juillet 1881, les intermédiaires visés sont avant tout les diffuseurs ou distributeurs – à travers le colportage – ainsi que les intermédiaires du marché à travers la personne centrale du gérant de presse. Ils participent à la fois de la mise en relation de l'auteur et du consommateur[110] et à la construction du capital symbolique et économique des auteur en œuvrant à la création de la valeur de l'œuvre[111].

---

106 *Loc. cit.*

107 *D.P*, 1886, p. 1085.

108 La notion d'intermédiaire est développée par Pierre Bourdieu au sein de son ouvrage *La distinction. Critique sociale du jugement*, Paris, Les éditions de minuit, 1979, 680 p. Son apport est analysé dans l'article de Smith Maguire Jennifer, « Bourdieu on cultural intermediaries », in *The cultural intermediaries Reader*, Leicester, Sage, 2014, p. 15-24.

109 Lizé Wenceslas, Naudier Delphine, Sofio Séverine, « Les intermédiaires culturels : des experts de l'économie des biens symboliques », in Wenceslas Lizé, Naudier Delphine, Sofio Séverine dir., *Les stratèges de la notoriété. Intermédiaires et production de la valeur dans les univers artistiques*, Paris, Éditions des archives contemporaines, 2014, p. 13.

110 Negus Keith, « The Work of Cultural Intermediaries and the Enduring Distance between Production and Consumption", Cultural Studies, 16 (4), 2002, p. 503.

111 Lire à ce sujet Bourdieu Pierre, « La production de la croyance. Contribution à une économie des biens symboliques », in *Actes de la recherche en sciences sociales*, vol. 13, 1977,

Au-delà de ces conditions matérielles des infractions de presse, l'élément moral, l'intention de l'agent pénal est un autre élément important mis en lumière par la jurisprudence.

La précision jurisprudentielle de l'élément moral

L'intention ne fait l'objet dans le droit positif, et pour l'ensemble de la matière pénale, d'aucune règle générale[112]. Aussi, la spécificité des infractions de presse tient dans le fait qu'elles sont, pour la majorité, des infractions intentionnelles : « Ce sont les actes inspirés par l'intention de troubler l'ordre social, c'est-à-dire nuire à la sécurité de la collectivité des citoyens [...][113] ».

L'intention[114] est définie par la doctrine comme la volonté de réaliser un acte et d'obtenir les conséquences immédiates, le résultat délictueux ou préjudiciable de ce dernier[115]. L'intention se rattache ainsi au but recherché, à un résultat concret contrairement à la volonté qui elle s'attache à la cause, à l'exercice du libre arbitre et donc à une manière abstraite d'envisager l'infraction[116]. Au sein des débats relatifs à la loi du 29 juillet 1881, s'il est pris soin d'insister sur la distinction entre l'intention délictuelle, qui est constitutive d'une infraction, et l'opinion qui reste libre[117], les références relatives à l'élément moral sont peu nombreuses. L'expression « sciemment » apparaît alors à deux occasions : l'article

p. 3-43.

112 Jacquemin Marcel, *Droit romain : de la Loi « Aquilia ». Droit français : de l'Intention en droit pénal*, Besançon, Paul Jacquin, 1888, p. 164.

113 Celliez Henry, Le Senne Charles, *op. cit.*, p. 12. Il existe quelques exceptions tout de même. Tel est le cas notamment en cas de violation du secret professionnel (Paris, 5 mai 1885) ; *Recueil Sirey*, Partie II, 1885, p. 121. L'article 378 du code pénal interdit à toutes personnes dépositaires par état ou profession des secrets qu'on leur confie, de révéler ces secrets. Selon le tribunal, la loi n'exige pas une intention spéciale de nuire pour que l'infraction soit constituée ; Jacquemin Marcel, *op. cit.*, p. 100. La juridiction fait prévaloir le résultat de l'infraction sur l'intention de nuire. Surtout, elle indique que même si la violation n'a froissé aucun intérêt personnel, qu'il n'y a eu aucune intention délictuelle, le secret possède un intérêt social et professionnel supérieur qui, dès lors qu'il n'est pas respecté, peut créer un trouble par la remise en cause des règles professionnelles ; *loc. cit.*

114 Sur l'origine de l'intention en droit pénal, *V.* Carbasse Jean-Marie, *Histoire du droit pénal et de la justice criminelle*, Paris, PUF, 2014, p. 48-51. Sur l'intention en droit pénal *V.* Berté Stéphanie, *L'intention en droit pénal*, thèse de doctorat, droit, 2005.

115 Jacquemin Marcel, *op. cit.*, p. 69.

116 *Loc. cit.*

117 *Loc. cit.*

22 de la loi précise que les colporteurs et distributeurs pourront être poursuivis conformément au droit commun, s'ils ont *sciemment* colporté ou distribué des livres, écrits, brochures, journaux, dessins, gravures, lithographies et photographies, présentant un caractère délictueux, sans préjudice des cas prévus à l'article 42 de la loi. L'article 14 précise que la mise en vente ou la distribution, faite *sciemment* au mépris de l'interdiction sera punie d'une amende de cinquante francs à cinq cents francs. La loi rompt donc avec la tendance précédente qui visait à punir l'ensemble de la chaîne du livre lorsqu'un maillon faisait défaut. On peut penser que cette transformation du droit prend en compte l'évolution du marché du livre et sa libéralisation. En effet, le législateur peut chercher à ne pas entraver le commerce par une éventuelle autocensure des intermédiaires.

Il est aussi fait mention de l'élément moral à travers le terme d'intention au sein de l'article 34 qui dispose que les articles 29, 30 et 31 ne seront applicables aux diffamations ou injures dirigées contre la mémoire des morts que dans le cas où les auteurs de ces diffamations ou injures auraient eu *l'intention* de porter atteinte à l'honneur ou à la considération des héritiers vivants. Par cette spécification, c'est la liberté d'expression qui est protégée.

En dehors de ces mentions expresses, les textes ne font pas référence à l'élément moral. Dans la plupart des cas de contraventions de police et pour certains délits, le silence sur l'intention tient dans le fait que ces infractions naissent d'un oubli, d'une négligence ou d'une inattention et que ces raisons suffisent à leur répression[118]. Dans les autres cas, lorsque la loi est imprécise, il importe au juge au cas par cas de discerner la volonté et la pensée du législateur[119].

Ainsi, par exemple, pour ce qui est de l'arrachage et de la détérioration des affiches électorales, assimilées à celles de l'administration, la commission en charge de la loi estime que « l'intention de l'agent est ici un des éléments essentiels du délit[120] ». Pour autant, cette mention a semblé inutile au législateur qui a ôté de la rédaction de l'article le terme de *méchamment* associé à la commission de l'infraction[121]. Au sujet de l'outrage à la morale publique et religieuse prévu par l'ancien

118 *Loc. cit.*
119 *Loc. cit.*
120 Celliez Henry, Le Senne Charles, *op. cit.*, p. 121.
121 Ameline de La Briselainne Henri, *op. cit.*, p. 72.

article 8 de la loi du 17 mai 1819, c'est précisément l'impossibilité de saisir véritablement l'intention de l'agent qui semble avoir poussé le législateur à l'abandonner[122].

De plus, la notion d'intention est convoquée au moment de la discussion sur la provocation aux crimes et délits (articles 23 À 25 de la loi). Le rapporteur indique que jusqu'alors il existait deux types de provocation : l'une prévue par l'article 60 du code pénal, l'autre par la loi de 1819. Pour la première, il fallait nécessairement un rapport intime entre la cause et l'effet, qu'il soit clairement démontré que l'auteur de la provocation a eu l'intention de provoquer au fait qui a été commis. Il s'agit là de la complicité de droit commun[123]. Pour ce qui est de la seconde complicité, il n'était en revanche pas nécessaire que le crime se rattache par un lien indissoluble à l'intention de celui l'a provoqué. Ce texte se rapproche de la théorie de la complicité morale, autrement appelée complicité indirecte[124]. Ce type de provocation est écarté, la provocation ne pouvant plus être retenue que lorsqu'elle est directe et spéciale, lorsqu'elle consistera dans les efforts directs d'un individu pour que d'autres individus exécutent un crime déterminé et prévu par la loi pénale[125]. La complicité est matérielle comme l'indique Charles Floquet, joignant l'intention et le fait[126].

L'intention réapparaît quant à la discussion de l'article 27 de la loi qui dispose que la publication ou reproduction de nouvelles fausses, de pièces fabriquées, falsifiées ou mensongèrement attribuées à des tiers, sera punie d'un mois à un an d'emprisonnement et d'une amende de de cinquante francs à mille francs, ou de l'une de ces deux peines seulement, lorsque la publication ou reproduction aura troublé la paix publique et qu'elle aura été faite de mauvaise foi. Cette dernière pouvant être rapprochée de l'intention coupable, de la volonté de nuire en connaissance de l'inexactitude des faits avancés[127].

Pour l'infraction de diffamation, rien dans le texte ne fait mention de l'élément moral de l'infraction, pourtant essentiel. La doctrine considère que si la fausseté des allégations n'est pas nécessaire pour caractériser

---

122 Celliez Henry, Le Senne Charles, *op. cit.*, p. 150.
123 *Ibid.*, p. 161.
124 *Ibid.*, p. 162.
125 *Loc. cit.*
126 *Ibid.*, p. 170.
127 *Ibid.*, p. 346.

l'infraction, l'intention de nuire et le dommage causé sont en revanche attendus[128]. La jurisprudence est venue compléter ces développements. Ainsi, les imputations diffamatoires de nature à porter atteinte à l'honneur et à la considération sont, de droit, réputées faites avec une intention coupable et le délit existe à moins que les juges ne décident qu'il n'y a pas eu intention de le faire. Un arrêt constate donc comme suffisamment établis les éléments constitutifs du délit de diffamation lorsque les imputations portées par les prévenus contre les plaignants étaient de nature à compromettre gravement aux yeux du public leurs intérêts moraux et matériels (Cass. Crim, 10 février 1883)[129]. Il existe ainsi une forme de présomption d'intention délictueuse qui ne peut pas disparaître par une simple affirmation contraire mais seulement en présence de faits suffisants pour faire admettre la bonne foi.

Pour écarter cette présomption, le juge doit énoncer les faits sur lesquels il se base. Ainsi, si en matière de diffamation par la voie de la presse il appartient à la Cour de cassation de vérifier si l'écrit poursuivi présente les caractères légaux du délit de diffamation, l'appréciation de l'intention de nuire et des faits justificatifs rentre dans les attributions souveraines du juge du fond (Cass. crim., 25 avril 1885)[130]. La jurisprudence précise en ce sens qu'un simple doute émis sur le point de savoir si le gérant d'un journal a pris, avant son impression, connaissance d'un compte rendu diffamatoire est manifestement insuffisant pour exclure la présomption de mauvaise foi. Le fait qu'un gérant de journal n'ait pas pris connaissance, avant l'impression du compte rendu diffamatoire inséré ne saurait d'ailleurs pas créer une excuse légale en sa faveur (Cass. crim., 7 novembre 1884)[131].

En conséquence de cette présomption qui pèse sur l'agent pénal, la loi est violée lorsque le prévenu de diffamation est acquitté par le seul motif que sa mauvaise foi ne saurait être établie. Il est nécessaire que la bonne foi soit prouvée (Cass. crim., 7 novembre 1884)[132]. Cette preuve

128 Ameline de La Briselainne Henri, *op. cit.*, p. 84.

129 *D.P*, 1883, p. 1066.

130 *D.P*, 1885, p. 190.

131 *D.P*, 1886, p. 1084. La décision est suivie par les juridictions du fond. Pour établir sa bonne foi, le gérant ne peut pas se prévaloir de son ignorance du contenu du journal. Il est responsable de tout ce qui se publie sous sa signature et a le devoir de surveiller ce qui est inséré dans son journal (Poitiers, 13 février 1885).

132 *D.P*, 1886, p. 1085.

peut être difficile à amener pour la partie défenderesse[133]. Cependant cette charge de la preuve s'explique par le fait que la victime des imputations diffamatoires n'est pas en mesure de prouver leur absence de fondement alors que l'auteur doit au contraire pouvoir s'en expliquer[134].

La bonne foi peut être considérée comme démontrée lorsqu'il résulte des circonstances de la cause que le journaliste poursuivi, en rappelant au cours de la période électorale, des faits de nature à porter atteinte à l'honneur d'un candidat, a en vue non de diffamer ce dernier mais d'éclairer les lecteurs sur sa moralité (Rouen, 13 février 1886)[135]. Dans ce cas, le droit d'informer l'emporte. Le droit à l'information joue également dans cette prise en compte de la bonne foi. Ainsi, la demande de radiation du nom d'un électeur, fondée sur le prétendu état de faillite de ce dernier, ne présente pas les caractères légaux du délit de diffamation lorsque l'auteur de cette demande n'est pas animé de l'intention de nuire, mais exerce de bonne foi le droit accordé par la loi à tout électeur inscrit (Bordeaux, 16 avril 1886)[136].

Au-delà de ces considérations tenant à la bonne foi, si l'intention fait défaut et que l'infraction n'est pas constituée faute d'élément moral, une action en dommages-intérêts devant le juge civil est toujours envisageable afin de réparer le préjudice né des propos tenus[137]. Les propos sont licites mais engagent la responsabilité de ceux qui les ont rendus publics et qui doivent réparer les dommages causés par leurs actes.

Les éléments constitutifs de l'infraction de diffamation à l'encontre des serviteurs de l'État

L'infraction de diffamation ainsi que celle d'injure donnent naissance à une jurisprudence importante au sujet de l'article 31 de la loi du 29 juillet 1881 qui vise les cas particuliers de diffamation au sein desquels la partie poursuivie s'expose à une peine plus importante mais garde le droit de recourir à l'exception de vérité. La jurisprudence a ainsi éclairé les cas dans lesquels l'article est applicable et la mise en œuvre de l'exception de vérité

133 Dubreuil Édith, « Les conditions d'application de la bonne foi », *LEGICOM*, vol. 35, nº 1, 2006, p. 151.

134 *Loc. cit.*

135 *D.P*, 1886, p. 1084.

136 *D.P*, 1887, p. 1095.

137 Jacquemin Marcel, *op. cit.*, p. 100.

Les tribunaux sont venus, au cas par cas, préciser l'application de la loi 31 de la loi du 29 juillet 1881 relative à la diffamation à l'encontre d'individus en raison de leurs fonctions ou de leur qualité, envers un ou plusieurs membres du ministère, un ou plusieurs membres de l'une ou de l'autre Chambre, un fonctionnaire public, un dépositaire ou agent de l'autorité publique, un ministre de l'un des cultes salariés par l'État, un citoyen chargé d'un service ou d'un mandat public temporaire ou permanent, un juré ou un témoin, à raison de sa déposition. Le législateur, sur cette question, n'a pas résolu les difficultés déjà présentes. S'il a donné les grandes catégories de personnes pouvant bénéficier notamment de l'exception de vérité, il n'a donné aucune information supplémentaire. Il s'agit alors pour le juge, au cas par cas, de définir les personnes qui peuvent être comprises dans le texte et ce que sont les faits en raison de leur fonction ou de leur qualité. Aucune règle n'étant préétablie, le juge judiciaire va tenter de créer une jurisprudence cohérente dans l'application des textes.

Ainsi, les dispositions de l'article 31 de la loi du 29 juillet 1881 édictant certaines peines contre la diffamation envers des citoyens chargés d'un service public s'appliquent à un étranger temporairement employé par le gouvernement français. Il faut donc considérer comme chargé d'un mandat public, l'étranger placé sous les ordres d'un officier supérieur français et chargé d'un commandement de troupes auxiliaires opérant dans un pays étranger pour le compte de la France. Il appartient à la cour d'assises de statuer sur l'action en diffamation (Cass. crim., 5 juillet 1883)[138]. Les consuls étrangers résidant en France, ne sont pas considérés comme des citoyens chargés d'un service public ni comme des agents diplomatiques. En ce sens, le tribunal correctionnel est seul compétent pour les diffamations dirigées à leur encontre, même si les faits sont relatifs à leur fonction (Paris, 28 juin 1883)[139]. Il semble donc, vis-à-vis des étrangers, que le lien de subordination hiérarchique à un ressortissant français soit un critère pris en compte dans la possibilité de recourir ou non à l'exception de vérité.

En outre, l'adjudicataire des droits de place dans un marché doit être assimilé à un citoyen chargé d'un service public. Les faits relatifs à cette fonction relèvent ainsi de la cour d'assises (Bourges 23 décembre 1882)[140].

138 *D.P*, 1883, p. 1065.
139 *D.P*, 1884, p. 243.
140 *D.P*, 1883, p. 1065.

Dans l'ensemble de ces cas, il semble que le critère retenu soit celui de la capacité de prise de décisions. Les secrétaires de mairie (Cass. crim., 22 juin 1883)[141] et le chef adjoint du cabinet d'un ministre (Cass. crim., 29 octobre 1885)[142] ne sont pas considérés comme entrant dans l'article 31. Les tâches d'exécution même en lien avec l'intérêt général n'entrent donc pas dans l'article 31 : le caissier d'une caisse d'épargne n'est ni un fonctionnaire public, ni un citoyen chargé d'un service ou mandat public. Il n'entre donc pas dans les cas visés par l'article 31 de la loi du 29 juillet 1881 (Cass. crim., 10 février 1883)[143]. Il en va de même pour les membres des commissions administratives des hospices (Cass. crim., 27 février 1885)[144], tout comme pour les notaires (Cass. crim., 15 juin 1883)[145], ainsi que pour les commissaires-priseurs (Paris, 2 avril 1884)[146], les avoués (Cass. crim., 24 juillet 1885)[147] ou les architectes municipaux (Poitiers, 23 juillet 1886)[148]. S'ils participent de la vie de la cité, ils n'agissent pas pour le compte de l'État.

Les facultés de théologie protestante sont elles considérées comme faisant partie des corps constitués mentionnés aux articles 37 et 47 de la loi du 29 juillet 1881 (Cass. crim., 27 février 1885)[149]. La jurisprudence assimile ainsi les facultés au statut des ministres du culte, par une forme d'interprétation extensive de l'article 31 de la loi du 29 juillet 1881.

Ainsi, les qualités de fonctionnaire public, de dépositaire ou agent de l'autorité publique ou de citoyen chargé d'un service ou d'un mandat public sont envisagées de manière rigoureuse. La qualité n'est pas attribuée aléatoirement : il faut que le lien qui unit la personne à l'État soit clairement établi. L'on voit ici une traduction de l'évolution de l'administration active au XIXe siècle[150]. Une administration qui tend à

141 *D.P*, 1884, p. 243.
142 *D.P*, 1886, p. 1084.
143 *D.P*, 1883, p. 1066.
144 *D.P*, 1885, p. 190.
145 *D.P*, 1884, p. 243.
146 *D.P*, 1885, p. 190.
147 *D.P*, 1886, p. 1084.
148 *D.P*, 1887, p. 1094.
149 *D.P*, 1885, p. 190.
150 À ce sujet, sur l'état de la recherche en la matière *V.* Thuillier Guy, Tulard Jean, « L'histoire de l'administration du XIXe siècle depuis dix ans. Bilan et perspectives », *Revue historique*, 524, 1977, p. 441-455 ; Thuillier Guy, « Pour une prospective de l'histoire administrative contemporaine », *Le mouvement social*, n° 157, 1991, p. 71-84 ; Thuillier Guy, « Pour une théorie générale de l'histoire de la bureaucratie », *Revue administrative*, n° 291, 1996,

se bureaucratiser, à s'organiser et à s'autonomiser, ce qui crée des craintes tant au sein du champ politique que chez les citoyens[151].

La jurisprudence est venue préciser à quoi correspondent les faits réalisés à l'occasion des fonctions.

Les dispositions légales qui punissent la diffamation et l'injure sont applicables au cours de la période électorale, et la loi du 29 juillet 1881 sur la liberté de la presse n'a pas dérogé à ce principe (Cass. crim., 11 janvier 1883)[152]. Cependant, au cours de cette période, la cour d'assises n'est pas compétente pour statuer sur l'action intentée contre un journaliste et fondée sur l'injure publique adressée à un candidat à une élection législative et si elle est dirigée contre l'homme privé à raison de sa candidature (cour d'assises de la Seine, 15 octobre 1881)[153]. On retrouve ici une idée émise lors des débats sur la loi de 1881 mais qui avait été écartée par le législateur lors de l'adoption final[154]. Ainsi, un article de journal qui reproche à un candidat « la répudiation des traditions libérales de sa famille, le délaissement éhonté des souvenirs laissés par son aïeul, l'entente et l'alliance avec les plus mortels ennemis de celui-ci » est considéré comme de la diffamation relevant de la vie privée (Crim., 11 janvier 1883)[155].

Est considéré comme ayant trait aux fonctions un article de journal imputant à un citoyen d'avoir, lorsqu'il était adjoint au maire d'une

---

p. 264-274. Sur l'histoire de l'administration V. Pinet Marcel dir., *Histoire de la fonction publique en France, T. III, Les XIXe et XXe siècles*, Paris, Nouvelle Librairie de France, 1995, 589 p. ; Burdeau François, *Histoire de l'administration française du XVIIIe siècle au XXe siècle*, Paris, Montchrestien, 400 p. ; Chevallier Jacques, *Science administrative*, Paris, PUF, 2019, 636 p. ; Legendre Pierre, « Histoire du droit et histoire de l'administration », *Histoire de l'administration française depuis 1800. Problèmes et méthodes*, Genève, Droz, 1975, 117 p. ; Dreyfus Françoise, *L'invention de la bureaucratie. Servir l'État en France, Grande-Bretagne et aux États-Unis (XVIIIe-XXe siècle)*, Paris, La découverte, 2000, 289 p.

151 La question est celle de comment concilier l'idée démocratique avec la nécessité d'un gouvernement fondé sur la raison, qui milite en faveur de l'exercice des affaires publiques par ceux compétents pour le faire. La question est abordée au début du XXe siècle, V. Chardon Henri, *Le Pouvoir administratif*, Paris, Perrin et Cie, 1911, p. 22-25 ; Barthélemy Joseph, *Le problème de la compétence dans la démocratie*, Paris, Librairie Félix Alcan, 1918, 266 p. Pour autant, le droit qui appartient à chaque citoyen de critiquer les actes de l'Administration ne saurait impliquer celui de diriger contre elle des imputations calomnieuses faites de mauvaise foi ou avec légèreté (Bourges, 1er août 1883).

152 *D.P*, 1884, p. 244.

153 *D.P*, 1883, p. 1066.

154 Celliez Henry, Le Senne Charles, *op. cit.*, p. 118 et suivantes.

155 *D.P*, 1884, p. 244.

commune, faussement affirmé sur état d'un certain nombre de voyages et de s'être fait payer le prix de ces prétendus voyages relève de la cour d'assises (cour d'assises de la seine, 15 octobre 1881)[156]. Il en va de même pour un article qui indiquait qu'un ancien adjoint était dans les conditions d'un émissaire suspect qui avait besoin d'émarger pour services ténébreux (cour d'assises de la Seine, 15 octobre 1881)[157].

Du point de vue de la procédure, la personne diffamée à la fois dans sa vie privée et dans sa vie publique a le droit de ne relever que les imputations relatives à la vie privée et de saisir la juridiction correctionnelle du délit de diffamation. Il importe peu que certaines des énonciations reproduites dans la citation se réfèrent à l'exercice de la fonction publique dont le demandeur est investi si le caractère privé de la diffamation résulte de l'ensemble de la citation et notamment de la disposition de la loi invoquée à l'appui de la poursuite et relative à la diffamation envers les particuliers (Cass. crim., 4 janvier 1884)[158]. La Cour de cassation vient ici à nouveau rappeler l'importance des parties au sein de la procédure. Ce sont elles qui viennent donner son sens à la procédure. Cependant, la connexité entre des faits imputés à la fois à des fonctionnaires diffamés à l'occasion de leurs fonctions, et à des particuliers, ne donnent pas la possibilité au particulier d'intervenir lors des débats devant la cour d'assises (Cass. crim., 19 mai 1882)[159].

Enfin, dans une décision du 12 janvier 1883, le Conseil d'État indique que le conseil de préfecture est incompétent pour connaitre d'une demande en dommages et intérêts formée par un ingénieur contre une ville à raison d'imputations diffamatoires qui seraient contenues dans une délibération du conseil municipal portant suppression de son emploi[160]. Seules les juridictions judiciaires sont compétentes en la matière, y compris pour envisager les moyens de défense au fond.

À partir de 1882, les compétences juridictionnelles sont modifiées pour la diffamation. La jurisprudence est alors venue articuler cette question avec celle du droit de la preuve et de l'exception de vérité. Tout d'abord, le juge précise que la défense de rapporter la preuve des faits diffamatoires s'applique aux juridictions pénales comme aux juridictions

156 *D.P*, 1883, p. 1065.
157 *Loc. cit.*
158 *D.P*, 1884, p. 243.
159 *D.P*, 1883, p. 1065.
160 *D.P*, 1884, partie V, p. 243.

civiles (chambre des requêtes, 16 août 1882)[161]. Le juge ajoute que les règles et conditions auxquelles est soumis le droit de faire la preuve des faits diffamatoires sont d'ordre public, et le consentement de la partie plaignante ne peut relever la partie poursuivie des déchéances par elle encourues (cour d'assises de la Seine, 15 novembre 1881)[162].

Pour les cas où la preuve est possible, les directeurs des entreprises industrielles commerciales ou financières faisant publiquement appel à l'épargne, au crédit, bien qu'au point de vue de l'admissibilité de la preuve ils soient assimilés par l'article 35 de la loi du 29 juillet 1881 aux fonctionnaires publics et aux personnes chargées d'un service ou d'un mandat public, ne perdent pas le caractère de simples particuliers et ont par conséquent le droit de saisir la juridiction correctionnelle lorsqu'ils sont diffamés. Devant le tribunal correctionnel la preuve des faits diffamatoires est entourée des garanties spéciales édictées pour le cas où les faits diffamatoires sont déférés à la cour d'assises (Paris, 6 janvier 1883)[163].

De plus, le tribunal correctionnel saisi d'une citation fondée sur des allégations diffamatoires relatives à la conduite d'un étranger chargé d'un service public par le gouvernement et sur d'autres allégations se rapportant à la vie privée de cet individu, peut, s'il n'y a pas indivisibilité entre ces diverses imputations, retenir l'examen de celles qui sont relatives à la vie privée et se déclarer incompétent pour les autres faits (Cass. crim., 5 juillet 1883)[164].

D'un point de vue procédural, l'article 52 de la loi du 29 juillet 1881 qui détermine les formalités à remplir par le prévenu qui veut être admis à prouver la vérité des faits diffamatoires est applicable même au cas où cette preuve est autorisée devant la juridiction correctionnelle, par exemple dans le cas où la diffamation est dirigée contre un administrateur d'une entreprise financière. La preuve ne peut être admise en l'absence des significations que cette disposition exige. Mais la partie civile qui a obtenu contre le diffamateur la condamnation qu'elle réclamait est non recevable à se prévaloir de l'omission de ces formalités (Cass. crim., 12 janvier 1883)[165]. Ici encore, la jurisprudence rappelle à la partie qu'elle doit être diligente au cours de l'enquête.

161 *D.P*, 1883, p. 1066.
162 *Loc. cit.*
163 *Ibid.*, p. 1065.
164 *Ibid.*, p. 1066.
165 *D.P*, 1884, p. 244.

Toujours d'un point de vue formel, en matière de diffamation, la notification de la liste des jurés doit être faite à peine de nullité au domicile réel du prévenu et non au domicile élu par lui (Cass. crim., 1er mai 1885)[166]. La jurisprudence reprend la philosophie du législateur qui tend à rendre le formalisme extrêmement pointilleux.

Sur la charge de la preuve, le journaliste poursuivi pour diffamation qui prétend que l'article incriminé n'est que le compte rendu d'un débat judiciaire et qui invoque par suite l'immunité de l'article 41 de la loi est tenu d'établir que les faits par lui imputés au plaignant ont été fidèlement empruntés à un débat judiciaire (Cass. crim., 16 août 1884)[167]. Enfin, des articles de journal postérieurs à l'assignation peuvent être visés dans le jugement pour corroborer la preuve du dénigrement systématique dont se plaint le demandeur et dont il poursuit la réparation (Paris, 16 novembre 1886)[168].

Si la jurisprudence est venue donner du sens aux infractions ainsi qu'à leurs éléments constitutifs, elle s'est aussi attelée à mettre en œuvre le formalisme prévu par la loi du 29 juillet 1881 qui parfois, a nécessité quelques adaptations pour passer de la théorie à la pratique.

UNE JURISPRUDENCE AU RENFORT DU FORMALISME DE LA LOI DU 29 JUILLET 1881

La jurisprudence qui suit l'entrée en vigueur de la loi vient préciser et continuer la pensée du législateur qui place la procédure au cœur du contentieux du droit de la presse. Se trouvent ainsi développées les conditions de l'engagement de la responsabilité mais également les droits des parties au cours de l'instance. Aussi, en raison des exigences de célérité qui pèsent sur le droit de la presse, la jurisprudence est venue dans certains cas assouplir le formaliste rigoureux de la loi.

L'engagement de la responsabilité précisée

Le mécanisme de la responsabilité en cascade est l'une des spécificités de la loi du 29 juillet 1881. Aussi, la jurisprudence est venue rappeler que sa mise en œuvre est donc limitée à l'application de cette loi : lorsqu'un

166 *D.P*, 1886, p. 1085.
167 *D.P*, Partie V, 1885, p. 191.
168 *D.P*, 1887, p. 1096.

délit, bien que commis par voie de presse, est étranger à la matière des délits que prévoit et punit la loi du 29 juillet 1881, le prévenu, en vertu du droit commun, ne peut se prévaloir des dispositions spéciales édictées par cette loi quant à la répartition des responsabilités pénales (Lyon, 16 novembre 1887)[169]. Et ce particulièrement en matière de chantage. Le mécanisme de la responsabilité en cascade est ainsi limité à l'application de la loi du 29 juillet 1881, le gérant de presse ne pouvant être tenu responsable des infractions commises à travers ses pages que dès lors que c'est une infraction prévue par la loi qui est retenue. Dans les autres cas, c'est le droit commun de la responsabilité qui vient à s'appliquer.

Au sein du mécanisme de la responsabilité en cascade, spécificité du droit de la presse, le gérant de journal ou l'éditeur est au centre des préoccupations[170]. C'est lui qui sera le premier inquiété en cas de commission d'une infraction causée par la publication d'un imprimé. Aussi, la jurisprudence est venue donner des informations quant à ce rouage essentiel du mécanisme de responsabilité.

La jurisprudence a ainsi défini le rôle de l'éditeur en considérant qu'est suffisamment motivé l'arrêt qui, en prononçant une condamnation pour complicité du délit d'injures et de diffamations commises par la voie de la presse, constate que le prévenu dirigeait le journal dans lequel ont été publiés les articles incriminés, qu'il prenait une part active à sa composition et à sa publication, que le gérant n'était que son prête nom et qu'il a personnellement effectué dans une proportion considérable des ventes de numéros de cette feuille avec la pleine connaissance du scandale des imputations diffamatoires qui y étaient contenues (Cass. Crim. 3 décembre 1886)[171]. L'éditeur ou le gérant peut ainsi être identifié par le rôle qu'il joue dans la publication.

Toujours quant à son identification, la preuve de la qualité de propriétaire de journal peut être faite conformément au droit commun et notamment à l'aide de présomptions précises, graves et concordantes (Orléans, 22 février 1887)[172].

À travers ces décisions de la Cour de cassation et des juridictions du fond, la jurisprudence met en place un système efficace afin de

169 *D.P*, Partie V, 1888, p. 161.
170 *V.* Chapitre 3 à ce sujet.
171 *D.P*, 1887, p. 1095.
172 *D.P*, Partie V, 1888, p. 160.

pouvoir identifier et localiser avec précision le gérant et plus encore la personne capable de répondre financièrement des articles potentiellement délictueux contenus dans ses pages[173]. Dans ce souci de solvabilité, la Cour de cassation a indiqué que celui qui a été déclaré en faillite par jugement du tribunal de commerce, et qui n'a pas été réhabilité, ne peut être gérant de journal. En cas d'infraction à cette interdiction, il est passible de l'amende établie par l'article 9 de la loi du 29 juillet 1881 (Cass. Crim., 17 décembre 1886 ; Chambres réunies, 22 juin 1887)[174].

La loi de 1881 bien qu'elle n'autorise pas expressément la pluralité de gérants d'un journal ou autre écrit périodique, n'exclut par aucune de ses dispositions une faculté qui existait sous l'empire de la législation antérieure. Dans le cas où deux gérants existent, c'est à celui seul dont le nom et la signature figurent sur le numéro d'un journal qu'incombe la responsabilité des articles délictueux tant au point de vue de la responsabilité civile que de la responsabilité pénale. En conséquence est nulle l'assignation signifiée au cogérant dont ni le nom ni la signature n'apparaissent sur le journal incriminé (Cass. crim, 16 août 1884)[175]. Même si, en droit, il existe un second responsable de la publication, celui-ci ne sera pas inquiété dans le cas où son nom n'apparaît pas. Le juge s'en tient aux formalités effectivement réalisées, il applique la théorie de l'apparence en soumettant le droit aux faits[176]. Ce qui peut apparaître comme injuste pour le prévenu, l'oblige à être prévoyant lorsqu'il se plie aux formalités exigées par la loi.

En outre, si le gérant vient à décéder, l'action civile en réparation du dommage peut survivre contre ses héritiers mais la juridiction répressive est incompétente pour en connaître. En revanche, l'action pénale

173 Ainsi, le logement où le gérant n'a passé que quelques jours accidentellement peut être assimilé à la demeure que la loi exige du gérant et ce bien qu'elle suppose nécessairement un établissement fixe et notoire (Lyon, 23 janvier 1884) ; *D.P*, Partie V, 1884., p. 244. Pour autant, la résidence à l'étranger est incompatible avec la gérance d'un journal publié en France (Cass. crim., 23 janvier 1884) ; *ibid.*, p. 244. On le comprend, l'important pour l'administration et le système judiciaire est avant tout d'avoir une adresse fiable, où le gérant est facilement joignable et que l'on puisse avoir une trace afin de le trouver pour qu'il réponde de ses actes.

174 *D.P*, 1887, p. 1095.

175 *D.P*, Partie V, 1885, p. 192.

176 Poumarède Matthieu, « La notion de droit apparent », in *Juge et Apparence(s)*, Toulouse, Presses de l'Université Toulouse 1 Capitole, 2010, p. 185.

demeure contre ceux dont la complicité serait établie dans les termes de l'article 60 du code pénal (Paris, 5 mars 1884)[177].

Toujours sur le terrain de la responsabilité, la jurisprudence rappelle que l'imprimeur d'un journal ne peut être responsable des infractions commises dans la publication de cette feuille périodique que lorsque le gérant présent au moment où les infractions ont été commises, a pris la fuite ultérieurement[178]. Mais il en est autrement pour les infractions commises, lorsque le gérant était déjà passé à l'étranger et avait même légalement cesser d'exercer la gérance. Dans ce cas l'imprimeur est tenu de s'assurer toutes les fois qu'il imprime un numéro du journal, que toutes les conditions légales ont été remplies (Lyon, 23 janvier 1884)[179]. De même, le bulletin municipal officiel de la ville de Paris fondé en vertu de délibérations du conseil municipal constitue une entreprise privée soumise aux obligations et responsabilités édictées par la loi (Paris, 26 décembre 1883)[180]. Il peut donc s'agir d'une personne morale.

Au-delà de ces questions qui touchent à la responsabilité, qui est au cœur du contrôle judiciaire de l'imprimé depuis la loi du 29 juillet 1881, la jurisprudence a précisé la prescription des infractions. La jurisprudence est venue abonder dans le sens de la réduction des délais en jouant sur les questions de procédure.

Ainsi, en matière d'injure ou de diffamation, lorsque plus de trois mois se sont écoulés sans qu'il ait été exercé d'acte de poursuite depuis l'acte d'appel interjeté contre un jugement du tribunal correctionnel soit par le condamné, soit par la partie civile, l'action publique et l'action civile sont prescrites (Paris, 28 novembre 1883 ; Limoges, 27 décembre 1883)[181].

De même, le bénéfice de la prescription est acquis bien qu'en cas d'appel par le condamné, l'acte d'appel n'ait pas été notifié à la partie civile, l'appel en matière correctionnelle pouvant être formé par simple déclaration au greffe (Paris, 28 novembre 1883)[182]. Pareillement, la citation donnée en temps utile aux personnes responsables civilement d'un délit de diffamation ne peut interrompre la prescription de l'action publique et de l'action civile contre l'auteur du délit. Cette action en

177 *D.P*, Partie V, 1885, p. 192.
178 *D.P*, Partie V, 1884, p. 245.
179 *Loc. cit.*
180 *D.P*, Partie V, 1885, p. 191.
181 *D.P*, Partie V, 1884, p. 244.
182 *Loc. cit.*

responsabilité civile ne peut survivre à l'action publique (Grenoble, 8 février 1883)[183]. Le réquisitoire introductif déposé sans plainte préalable de la partie lésée ne contenant aucune des qualifications et mentions prescrites par l'article 48 de la loi du 29 juillet 1881 et ne visant que le délit d'outrages envers un maire prévu par l'article 222 du code pénal, ne peut servir de base à une poursuite dirigée pour injures à un particulier en vertu de la loi du 29 juillet 1881 et n'a pu interrompre la prescription spéciale édictée par la loi (Cass. crim., 29 mai 1886)[184].

Toujours dans un souci formaliste, la jurisprudence a prévu que la prescription de trois mois édictée en matière de délit de presse par l'article 65 de la loi du 29 juillet 1881 n'est pas interrompue par une remise en cause qui n'est pas mentionnée sur la feuille d'audience (Orléans, 29 juin 1886)[185]. De même, la citation donnée à la requête du prévenu seul interrompt la prescription de trois mois, alors même que son conseil judiciaire n'est intervenu dans la poursuite plus de trois mois après le jour du délit (Cass. crim., 27 juin 1884)[186].

Quant aux règles de procédure, la loi du 29 juillet 1881 ne déroge pas au principe posé par l'article 637 du code d'instruction criminelle qui dispose que l'interruption de la prescription par des actes d'instruction ou de poursuites conserve l'action publique et l'action civile vis-à-vis même des individus non impliqués dans ces actes d'instruction ou de poursuite. En conséquence, la citation régulièrement donnée au gérant d'un journal interrompt la prescription vis-à-vis de son complice (Cass. crim., 29 mai 1884)[187]. L'expiration du délai de trois mois à partir de l'arrêt de rejet en cassation, sans un acte interruptif soit intervenu, entraîne la prescription de l'action (Cass. crim., 7 février 1885)[188].

En revanche, la citation donnée à la requête du prodigue seul interrompt la prescription de trois mois, alors même que son conseil judiciaire n'est intervenu dans la poursuite plus de trois mois après le jour du délit (Cass. crim., 27 juin 1884)[189]. Dans ce cas, même si l'avocat a dépassé les délais prévus par la loi, la volonté d'agir l'emporte et empêche la prescription.

183 *Loc. cit.*
184 *D.P*, 1887, p. 1096.
185 *Loc. cit.*
186 *D.P*, Partie V, 1885, p. 192.
187 *Loc. cit.*
188 *Ibid.*, p. 191.
189 *Ibid.*, p. 192.

En complément de ces précisions apportées à l'engagement de la responsabilité, la jurisprudence a précisé les obligations pesant sur les parties.

Une jurisprudence rigoureuse à l'égard des parties

Les parties ne doivent pas faire obstacle au bon fonctionnement de la justice. Si des droits leurs sont octroyés, elles doivent en contrepartie participer à la procédure et ne pas agir afin d'en empêcher le bon déroulement. Plusieurs décisions abondent en ce sens et viennent compléter la loi.

Lorsqu'un agent est poursuivi, différents éléments peuvent amener le juge à sursoir à statuer. Aussi, la jurisprudence est venue limiter ces cas de manière à ce que le prévenu n'abuse pas de son droit afin de retarder son jugement. Ainsi, lorsqu'une poursuite en diffamation est lancée, que le fait imputé est l'objet d'une plainte de la part du prévenu, il doit être sursis durant l'instruction qui devra avoir lieu à la poursuite et au jugement du délit de diffamation. Cette plainte suppose cependant que le fait punissable ait causé un dommage à celui qui se plaint. Ainsi, il n'y a pas lieu à sursis quand les faits imputés n'ont pu causer aucun préjudice au prévenu de la diffamation (Cass. crim., 1er mars 1883)[190].

De même, la plainte adressée au procureur de la République ne peut motiver un sursis lorsque les faits dénoncés sont essentiellement différents de ceux qui ont donné lieu à l'action en diffamation ou lorsque ces faits sont couverts par la prescription (Cass. crim., 7 juillet 1882)[191].

Dans le même souci d'éviter qu'un prévenu ne se dérobe à sa responsabilité, l'omission de la notification de la liste du jury ne peut constituer un moyen de nullité au profit du prévenu d'un délit de presse qui s'étant abstenu de comparaître pour la citation, a été jugé par la cour d'assises procédant seule sans l'assistance des jurés. En conséquence, l'arrêt par défaut rendu dans ces circonstances est valable et a légalement interrompu la prescription de trois mois (Cass. crim., 24 février 1883)[192].

Toujours dans un souci d'encadrer la marge d'action des parties, la jurisprudence est venue encadrer cette fois-ci les droits de la victime. Si toute personne désignée dans un journal a le droit d'y faire insérer une

190 *D.P*, 1883, p. 1068.
191 *Loc. cit.*
192 *D.P*, Partie V,1884, p. 245.

réponse, et si en principe, elle est le seul juge de l'opportunité et de la teneur de cette réponse, elle ne peut cependant pas user indéfiniment de ce droit en prolongeant à son gré un débat qu'elle a elle-même provoqué.

Ainsi, l'individu qui répond à l'écrit d'un tiers qui commentait sa réponse à un article antérieur, n'a pas le droit d'exiger l'insertion d'une troisième réponse (Cass. crim., 25 mai 1882)[193]. Le juge vient ici limiter les abus. L'exercice du droit de réponse est limité aux besoins d'une légitime défense. La réponse ne doit contenir rien de contraire aux lois et aux bonnes mœurs et ne doit rien renfermer d'offensant pour l'honneur et la considération de celui à qui elle est adressée quand bien même l'article qui l'a provoquée aurait été conçu dans des termes d'une vivacité regrettable (Cass. crim., 17 août 1883)[194]. Dans le même sens, le journaliste ne peut être tenu d'insérer une réponse qui serait contraire à son propre honneur, aux bonnes mœurs ou à l'intérêt des tiers (Cass. crim., 29 mars 1884)[195]. Le journaliste peut refuser l'insertion d'une réponse dans laquelle de grands propriétaires sont pris à partie et dénoncés à l'animadversion publique à cause de leurs préjugés et de leur injustice envers une classe de leurs concitoyens (Cass. crim., 29 mars 1884)[196].

Lorsque devant la justice l'auteur de la réponse contenant des propos blessants pour le journaliste n'a offert d'en supprimer aucun passage, la cour d'appel refuse à bon droit d'en ordonner l'insertion. Et la Cour de cassation peut en cette matière exercer son contrôle sur le texte entier de la réponse et sur l'article du journal (Cass. crim., 17 août 1883)[197].

En revanche, si la demande ne constitue pas un abus, la non insertion de la réponse d'une personne nommée ou désignée dans un journal constitue un délit qui peut être poursuivi devant les tribunaux dans le ressort desquels le journal qui devrait contenir cette réponse est publié ou distribué (Pau, 24 janvier 1883)[198].

---

193 *D.P*, 1883, p. 1067.

194 *D.P*, Partie V, 1884, p. 244. Dans le même sens, le droit pour toute personne nommée ou désignée par un journal de faire insérer une réponse dans la même feuille est général et absolu, et n'admet de restriction que dans le cas où les termes de la réponse seraient contraires aux lois, aux bonnes mœurs ou porteraient atteinte à l'honneur des tiers ou du journaliste (Cass. crim., 20 mars 1884) ; *loc. cit.*

195 *D.P*, Partie V, 1885, p. 191.

196 *Loc. cit.*

197 *D.P*, 1884, p. 244.

198 *D.P*, 1883, p. 1067.

Dans le même sens, la loi du 29 juillet 1881 n'a pas subordonné le droit de réponse à l'intérêt plus ou moins sérieux de celui qui l'exerce. Le journaliste qui sans motif légitime a refusé l'insertion de la réponse faite par une personne nommée ou désignée dans une annonce publiée dans son journal doit être condamné au moins aux dépens envers la partie civile. Il ne peut être renvoyé de la poursuite sous prétexte que la partie civile ne justifie d'aucun préjudice matériel ou moral à l'appui de sa demande en dommages-intérêts et que son action par suite manque de base (Cass. crim., 12 juillet 1884)[199].

Un formalisme adapté aux besoins pratiques de la presse

La jurisprudence est venue tempérer, parfois, le formalisme des textes afin de répondre au mieux aux besoins du contentieux de presse. Ce dernier, en raison des délais de prescription notamment, doit être fluide et rapide.

Si la citation donnée en matière de délit de presse doit contenir l'indication précise de l'écrit incriminé, il n'est pas nécessaire qu'elle le reproduise littéralement. Il suffit qu'elle le désigne par son titre, la signature qui l'accompagne et la date du numéro du journal (Cass. civ., 29 mai 1884)[200]. De même, la citation qui précise par l'indication des dates et des numéros d'un journal ainsi que par leurs premiers et derniers mots, les articles incriminés comme diffamatoires et qui contient la qualification des faits et le visa des dispositions de loi invoqués à l'appui de la demande, satisfait aux prescriptions de l'article 50 de la loi (Cass. crim., 28 mars 1884)[201].

En outre, la jurisprudence souligne que la loi du 29 juillet 1881 sur la presse n'a soumis à aucune forme particulière la plainte de la personne diffamée ou injuriée nécessairement préalable à toute poursuite pour diffamation ou injures envers les particuliers et le point de savoir si l'action du ministère public a été suffisamment provoquée par la plainte de la personne diffamée ou injuriée est une question de fait soumise aux juges du fond.

La Cour de cassation a ainsi jugé qu'un procès-verbal rédigé par un maire agissant en cette qualité pour constater des outrages dont il aurait

199 *D.P*, 1886, p. 1085.
200 *Ibid.*, p. 192.
201 *Ibid.*, p. 192.

été l'objet, sans manifester l'intention de demander des poursuites à l'occasion des injures qui lui auraient été adressées comme simple particulier, a pu être considéré comme ne constituant pas la plainte exigée par la loi (civ. 29 mai 1886)[202].

202 *D.P*, 1887, p. 1095.

DEUXIÈME PARTIE

LE CONTRÔLE JURIDIQUE DE L'IMPRIMÉ, ÉLÉMENT POUR L'APPROFONDISSEMENT DE LA TROISIÈME RÉPUBLIQUE (1885-1906)

INTRODUCTION À LA DEUXIÈME PARTIE

Le temps des fondateurs[1] de la République s'achève avec le départ de la présidence du Conseil de Jules Ferry en mars 1885[2]. Si en droit, la loi du 29 juillet 1881 crée le principal schisme de la période 1870-1906, il apparaît que c'est à partir de 1885 que l'utilisation qui est faite du contrôle juridique de l'imprimé par les républicains évolue. Il n'est plus question d'édifier la République mais de l'approfondir dans un contexte peu propice.

Le premier désenchantement d'une partie des citoyens français tient dans le modèle d'État proposé par les républicains de gouvernement à leurs concitoyens depuis le vote des lois constitutionnelles de 1875. Le régime est construit sur la base d'un parlementarisme absolu, le parlement étant devenu « le terrain de toutes les luttes et le lieu géométrique de toutes les ambitions[3] ». Sur le plan des sources du droit, le parlementarisme se traduit par la primauté de la loi conçue comme expression de la souveraineté populaire et échappant à tout contrôle[4]. Sur le plan politique, ce régime dépourvu d'un leader charismatique crée de la nostalgie chez les citoyens attachés à une conception césariste des institutions. Le parlementarisme, parce qu'il repose sur un système représentatif, prive les citoyens d'une participation directe à la prise de

1 V. Barral Pierre, *Les fondateurs de la Troisième République, Textes choisis et présentés par Pierre Barral*, Paris, Armand Collin, 1968, 140 p.

2 Duclert Vincent, *La République imaginée*, *op. cit.*, p. 215 ; Mayeur Jean-Marie, *La vie politique sous la Troisième République (1870-1940)*, *op. cit.*, p. 115.

3 Machelon Jean-Pierre, « Parlementarisme absolu, État de droit relatif », *La Revue administrative*, n° 288, novembre/décembre 1995, p. 628.

4 *Ibid.*, p. 629. Une partie de la doctrine n'a pas hésité à proposer la mise en place d'un contrôle de constitutionnalité des lois au tournant des XIXe et XXe siècles. Tel est le cas de Gaston Jèze qui prône un contrôle judiciaire des lois par voie d'exception ; Jeze Gaston, « Du contrôle des délibérations des assemblées délibérantes », *Revue générale d'administration*, 1895, p. 411. Il en est de même avec le doyen Ferdinand Larnaude ; *Bulletin de la Société de législation comparée*, 1902, p. 179-229.

décision. La représentation nationale, assurée par des élus issus majoritairement des classes dominantes, perd le soutien d'une partie de la population désireuse d'un régime plus démocratique et social. Surtout, ce sont les orientations politiques du gouvernement modéré qui déçoivent. Si les réformes libérales se multiplient sur le plan sociétal avec la liberté de la presse ou l'instruction, la bourgeoisie au pouvoir manque d'une véritable doctrine sociale[5], immobilisée dans un gouvernement centriste[6]. Face à la radicalité des positions politiques, le contrôle juridique de l'imprimé s'adapte en fonction de la menace.

La seconde désillusion à laquelle la Troisième République est confrontée tient à une question de moralité considérée à travers deux acceptions. Tout d'abord, c'est la moralité des dirigeants républicains qui heurte l'opinion publique. Ceux qui œuvraient à la mise en place d'une morale républicaine sont compromis dans des scandales financiers et médiatiques qui créent de la défiance à leur encontre. Enfin, c'est la moralité de la population prise dans son ensemble qui est questionnée au prisme de l'évolution des connaissances scientifiques. Ces dernières donnent de nouveaux outils de compréhension du monde social et contribuent à alimenter une angoisse de la fin de siècle qui se ressent jusque dans la littérature. Dans ces conditions, le contrôle juridique de l'imprimé a pour mission de stabiliser la République face aux crises morales.

Le régime est confronté à partir de 1885 à une succession de crises économiques, sociales et politiques qui, en rompant les routines, poussent les individus et les institutions à prendre des décisions face à l'incertain[7]. Elles ont ainsi la particularité de constituer des moments de vérité où s'éclaire la signification des hommes et des événements[8]. En ce sens, elles jouent un rôle à la fois de révélateur et d'effecteur[9]. D'une part, les crises révèlent ce qui était « caché, latent, virtuel au sein de la société […] : les antagonismes fondamentaux, les ruptures sismiques souterraines,

5 Sternehell Zeev, « Chapitre II : Anatomie d'une crise : le boulangisme », in *Maurice Barrès et le nationalisme français*, Paris, Presses de Sciences Po, 1972, p. 76.

6 Duverger Maurice, *La Démocratie sans le peuple*, Paris, Seuil, 1967, p. 8.

7 Théret Bruno, « Crises », in Hay Colin éd., in *Dictionnaire d'économie politique. Capitalisme, institutions, pouvoir*, Paris, Presses de Sciences Po, 2018, p. 134.

8 Starn Randolph, « Métamorphoses d'une notion. Les historiens et la crise », *Communications*, 25, 1976, p. 5.

9 Morin Edgar, « Pour une crisologie », *Communications*, n° 25, 1976, p. 162-163.

le cheminement occulte des nouvelles réalités[10] ». En même temps, les crises nous renseignent sur la part immergée de l'organisation sociale, sur ses capacités à la fois de survie mais aussi de transformation[11]. Elles permettent de mettre en lumière les dispositifs mobilisés afin de rétablir la stabilité des institutions. À ce titre, le contrôle juridique de l'imprimé sert de catharsis, « nettoyant, purifiant, purgeant » la société de ses *mots*[12].

Malgré des tentatives successives d'apaisement, en 1894 l'antisémitisme et le nationalisme[13] qui n'ont cessé de s'accroître éclatent lorsque le capitaine Dreyfus est inculpé pour intelligence avec l'ennemi. Les imprimés usent et abusent de la liberté qui leur est offerte par le droit afin de prendre part un à débat qui dépasse l'enceinte des tribunaux pour gagner l'ensemble de la société française. Le contrôle juridique de l'imprimé est placé dans l'œil d'un cyclone qui emporte, avec la mise en place de la République radicale au tournant du XXe siècle, des reconfigurations tant du champ littéraire, que des champs politique et judiciaire. Si les vents se déchaînent, l'édifice républicain résiste jusqu'à abandonner toute forme de censure sur les créations de l'esprit en 1906 avec la disparition du contrôle préalable des œuvres théâtrales.

---

10 *Loc. cit.*

11 *Loc. cit.*

12 Le terme catharsis est issu de grec *katharos*, renvoyant à la propreté à la fois du corps et de l'âme, ce qui semble à propos dans une société mue par un hygiénisme croissant. Si Aristote associait la catharsis à la tragédie, le procès pénal possède également une telle dimension. Antoine Garapon indiquait à ce sujet que « le procès est une domestication de la violence par le rite », Garapon Antoine, *Bien juger. Essai sur le rituel judiciaire*, Paris, Odile Jacob, 2010, p. 277 ; Zientara-Logeay Sandrine, « La théâtralité du procès pénal : entre archaïsme et modernité », *Criminocorpus* [en ligne], § 11, [consulté le 07 mars 2022].

13 *V.* Nord Philip, *Nationhood and Nationalism in France from Boulangism to the Great War*, Londres-New York, Harper Collins Academic, 1991, 286 p.

UN CONTRÔLE JURIDIQUE DE L'IMPRIMÉ VARIABLE FACE À LA CONTESTATION DE LA RÉPUBLIQUE MODÉRÉE

Au cours de la décennie 1880, les républicains au pouvoir doivent faire face pour la première fois depuis le départ du maréchal de Mac Mahon de la présidence de la République, à des crises politiques d'ampleur qui mettent en lumière des résistances nouvelles et une réaction du droit adaptée.

Sur le plan de la politique internationale, la colonisation connaît une accélération à la fin de la décennie 1870, motivée notamment par l'humiliation militaire essuyée à la proclamation de la République et la volonté d'affirmation de la puissance nationale[1]. Soutenue et justifiée par Jules Ferry au nom d'un devoir des « races supérieures » à « civiliser les races inférieures[2] », cette expansion territoriale violente soulève des résistances localement ainsi qu'en métropole[3]. L'ambition opportuniste d'allier intérêts économiques et politiques en affirmant la puissance et la régénération de la France à travers son expansion coloniale ne séduit pas les citoyens peu concernés par ces aventures

---

1 Manceron Gilles, *Marianne et les colonies. Une introduction à l'histoire coloniale de la France*, Paris, La découverte, 2003, p. 214.

2 *Journal officiel de la République française. Débats parlementaires. Chambre des députés : compte rendu in extenso*, 29 juillet 1885, p. 1668. La littérature se charge de familiariser les plus jeunes à cette mission civilisatrice de la France, visant à faire oublier le traumatisme national de la défaite contre la Prusse en galvanisant les plus jeunes dans une idée de revanche et de patriotisme nationaliste ; Jahier Bernard, « L'apologie de la politique coloniale française dans la littérature pour la jeunesse avant 1914 : un soutien sans limites ? », *Strenæ*, n° 3, 02/2012, [en ligne], § 1, [consulté le 3 avril 2021].

3 Brocheux Pierre *et al.*, « Chapitre 11, Conquêtes coloniales et résistances », in Pierre Brocheux dir., *Les décolonisations au* XX*e* *siècle. La fin des empires européens et japonais*, Paris, Armand Colin, 2012, p. 208-211.

lointaines[4] et suscite parfois l'indignation au sein des champs politiques et littéraires[5].

La République est pareillement rattrapée par des questions de politique intérieure. La France est touchée, après la Grande Dépression des années 1870, par des crises économiques importantes. La plan Freycinet visait à relancer l'économie par des investissements importants mais le krach de l'Union générale en 1882 fragilise le marché et nécessite un prêt de la Banque de France. En 1883 puis en 1886-1887, c'est l'épargne qui est touchée. La crainte d'une nouvelle guerre pousse les Français à retirer massivement leurs fonds des banques[6]. Si l'économie vacille, les pouvoirs publics font le choix de l'orthodoxie financière, de la rigueur et de l'équilibre en misant sur les investissements privés davantage que sur l'intervention de l'État dans l'économie[7]. La République opte à partir de 1884 pour une politique protectionniste, agrarienne et favorable aux grandes compagnies ferroviaires et industrielles[8]. Hostile à l'intervention de l'État en matière sociale, la République perd la confiance des classes populaires qui subissent de plein fouet les effets néfastes d'une économie en berne[9]. L'absence d'un véritable leader et le quasi anonymat

4 En particulier le monde rural qui est davantage préoccupé par le marché agricole national comme l'indique Jean-Marie Mayeur dans *Les débuts de la Troisième République (1871-1898)*, *op. cit.*, p. 124.

5 À gauche s'opposent radicaux, communistes et socialistes à travers de grandes figures telles que Camille Pelletan ou George Clemenceau au nom des droits de l'Homme. À droite les cléricaux et conservateurs s'opposent au colonialisme préférant concentrer les efforts de la patrie dans la lutte contre l'Allemagne victorieuse de 1871 plutôt que dans la conquête de nouveaux territoires. Se crée progressivement un nationalisme d'un genre nouveau, tourné vers la vengeance à tout prix. *V.* à ce sujet Liauzu Claude, *Histoire de l'anticolonialisme en France : du* XVI*e siècle à nos jours*, Paris, A. Colin, 2007. *V.* également Couderc-Morandeau Stéphanie, *Philosophie républicaine et colonialisme : origines, contradictions et échecs sous la Troisième République*, Paris, l'Harmattan, 2008, 294 p.

6 Margairaz Michel, « Les crises de l'épargne en France dans la seconde moitié du XIXe siècle. La construction de la politique de prudence de la Caisse des dépôts et consignations », in Alya Aglan, Michel Margairaz et Philippe Verheyde dir., *Crises financières, crises politiques en Europe dans le second* XIX*e siècle. La Caisse des dépôts et consignations de 1848 à 1918*, Genève, Droz, 2011, p. 124. Sur le même sujet, *V.* la thèse de Tournié Vincent, *Monnaie, épargne et crises politiques dans la France au* XX*e siècle*, Thèse de doctorat, histoire, Université Denis Diderot Paris VII, Paris, 2009, 573 p.

7 Mayeur Jean-Marie, *op. cit.*, p. 121.

8 *Ibid.*, p. 124.

9 *V.* Néré Jacques, *La crise industrielle de 1882 et le boulangisme*, Thèse de doctorat, lettres, Paris, 1959, 2 Vol. La classe ouvrière subit de plein fouet la crise et souffre d'une législation trop peu protectrice du travail. La journée de travail est en 1885 à douze heures

du gouvernement désenchantent également les citoyens attachés à une vie politique héroïque incarnée par des figures charismatiques[10]. De la déception naît un rejet, parfois violent et meurtrier, d'un régime parlementaire républicain s'appuyant sur une montée des extrêmes au sein du débat public.

Si ces différentes crises diffèrent tant dans leur intensité que dans leur durée, elles ont pour point commun une implication notable de l'imprimé comme vecteur de remise en cause de l'ordre établi[11]. Son rôle n'est pas limité à la seule information du lecteur, il constitue également un moyen de propagande idéologique. Les crises que la France connaît à la fin des années 1880 vont éprouver la solidité de l'édifice libéral récent de la loi du 29 juillet 1881. Le législateur républicain, confronté aux turpitudes de la vie politique et sociale du pays, doit faire face à sa propre création.

Aussi, deux crises politiques semblent se détacher en raison de leur ampleur et témoignent d'une attitude différenciée du législateur. Si le droit de l'imprimé reste relativement stable lors de la remise en cause par le général Boulanger du régime républicain et parlementaire (Section 1) en revanche, le législateur n'a pas hésité à le modifier profondément à travers des lois liberticides face à la propagation des thèses anarchistes, qui remettent en cause l'organisation étatique dans son ensemble (Section 2).

LA STABILITÉ DU CONTRÔLE JURIDIQUE DE L'IMPRIMÉ FACE À LA POUSSÉE ANTIPARLEMENTARISTE

Derrière le général Boulanger se rejoignent de nombreux opposants au régime, mus par des intérêts différents, mais unis par un rejet massif

---

dans des ateliers et des usines où aucune prescription d'hygiène et de sécurité n'est en vigueur, les salaires sont bas. La situation sociale est extrêmement préoccupante et crée un terreau fertile à l'insurrection. La crise sociale devient politique car aucune des réformes démocratiques, économiques et sociales annoncées depuis la fondation de la République n'a été réalisée ; Zévaés Alexandre, *Au temps du Boulangisme*, Paris, Gallimard, 1930, p. 14-23.

10 Winock Michel, *Décadence fin de siècle*, *op. cit.*, p. 254.

11 Eveno Patrick, « Médias et journalistes dans les crises politiques », in *Opinion publique et crise de la démocratie*, Paris, PUF, 2019, p. 163.

de la pratique du régime parlementaire de l'époque. Malgré la gravité de la crise, le droit de l'imprimé est demeuré relativement stable et continue d'utiliser des mécanismes juridiques préexistants afin de lutter contre les publications délictueuses.

LE BOULANGISME OU LA PREMIÈRE CRISE POLITIQUE D'ENVERGURE DE LA RÉPUBLIQUE OPPORTUNISTE

Après le vote des grandes lois républicaines libérales du début de la décennie 1880, l'opposition au gouvernement modéré s'organise, tant sur la droite que sur la gauche de l'échiquier politique. Le début de l'année 1885 est marqué par le refus de la politique colonialiste menée par Jules Ferry. Le 30 mars, après l'échec militaire de la France lors de la Retraite de Lang Son et à la suite de l'affaire du Tonkin qui en découle, le gouvernement chute entraînant avec lui la fin de la guerre franco-chinoise[12]. À la suite de cet épisode[13], le président de la Chambre Henri Brisson nomme un gouvernement de concentration républicaine[14], créant une union de l'ensemble des partis républicains[15] portée par Waldeck-Rousseau en 1885[16]. Les résultats du scrutin sont sans appel :

12 Sur les origines de la crise, *V.* Fourniau Christophe, « La Genèse et l'évolution de l'affaire du Tonkin », *Revue Historique*, vol. 246, n° 2, 1971, p. 377-402.

13 Lire au sujet de l'influence de l'affaire sur la vie politique française Schmieder Éric, « La Chambre de 1885-1889 et les affaires du Tonkin », *Revue française d'histoire d'outre-mer*, t. 53, n° 192-193, 1966, p. 153-214.

14 Mayeur Jean-Marie, *op. cit.*, p. 115.

15 Dès l'automne, des élections législatives se tiennent sous la forme nouvelle d'un scrutin de liste, mis en place par une loi initialement proposée par le député Ernest Constans en mars 1884 ; *Journal officiel de la République française. Débats parlementaires. Chambre des députés : compte rendu in extenso*, 26 mars 1884, p. 922.

16 Cette loi s'inscrit dans un contexte politique précis. Le gouvernement est mis en difficulté par l'alliance entre libéraux et radicaux lors d'un débat autour du tarif des douanes céréalières, ces deux tendances préférant lutter contre l'augmentation du prix du pain plutôt que de s'engager dans une politique agricole nouvelle. Les républicains opportunistes craignent alors que cette prise de position ne joue en leur défaveur à l'heure où les élections approchent : les zones urbaines pourraient être tentées de donner leurs voix à des candidats défendant leur pouvoir d'achat plutôt que les exploitants de terre. Le choix est donc fait de jouer sur le calendrier électoral, en faisant coïncider les élections avec la signature de la paix au Tonkin. Aussi, le président du conseil est contraint d'envisager une réforme électorale. C'est dans cette perspective que le régime d'organisation des candidatures est remis au centre des discussions parlementaires ; Marty Thomas, « Les réformes électorales législatives comme facteurs de sortie de crise (1875-1885) », in Grevy Jérôme éd., *Sortir de crise : Les mécanismes de résolution de crises politiques (XVIe-XXe siècle)*, Rennes, PUR, 2010, p. 114. Pierre Waldeck-Rousseau, fort de travaux statistiques pointus aux lendemains de

les républicains restent majoritaires avec 383 sièges contre 223 pour les conservateurs[17]. Les radicaux prennent part au gouvernement aux côtés des modérés et tous souhaitent œuvrer, sous la présidence de Jules Grévy élu le 7 janvier 1886, à poursuivre et approfondir l'œuvre républicaine dans le sens d'une lutte contre la droite[18] avec à la présidence du Conseil, Charles de Freycinet. Ce dernier laisse rapidement sa place à René Goblet, qui reconduit l'essentiel du gouvernement formé par son prédécesseur[19]. À la tête du ministère de la guerre est nommé Boulanger. Militaire de carrière, il a été formé à Saint-Cyr. Général dans les colonies, il participe ensuite à la lutte contre la Commune et se trouve décoré de la légion d'honneur pour ses faits d'armes lors de la guerre contre la Prusse.

Dès sa nomination, le ministre suscite de nombreux commentaires, en particulier au sein de la presse conservatrice. Le bruit court, notamment dans les pages du *Figaro*, que Boulanger est un proche de l'extrême-gauche et des radicaux : l'exécutif, à travers sa nomination, entendrait ménager une force politique dont il a besoin afin d'assoir sa majorité au sein du parlement[20]. Si le militaire a servi plusieurs régimes politiques, il est

---

1881 (Waldeck-Rousseau Pierre, « Le scrutin de liste », in *L'État et la liberté, seconde série, 1883-1885*, Paris, Charpentier-Fasquelle, 1906, p. 306 ; Sorlin Pierre, *Waldeck-Rousseau*, Paris, Armand Colin, 1966, p. 225-229), emporte l'adhésion de la majorité du parlement pour mettre en place un scrutin de liste départemental pour les élections législatives : ce mode d'élection permettrait de mettre sur pied une méthode électorale des « moyennes » en « abolissant les trop petits et les trop grands mouvements d'expression des votants », sans mettre en péril la majorité républicaine ; Sorlin Pierre, *op. cit.*, p. 228.

17 Mayeur Jean-Marie, *op. cit.*, p. 117. Au premier tour, de par son Union, la droite sort du scrutin en position favorable. Face à la menace d'une victoire conservatrice, les républicains de gouvernement s'unissent à l'ensemble de la gauche afin de remporter les élections et de rester majoritaires à l'Assemblée. Cette union à gauche, permet un renouvellement du personnel politique, avec un fort rajeunissement et une entrée importante d'élus radicaux et socialistes, favorisée par le scrutin de liste ; Duclert Vincent, *op. cit.*, p. 218., La majorité qui renversait Jules Ferry le 30 mars 1885, s'était déjà constituée en prévision de l'entrée en vigueur de la loi sur le scrutin de liste et de ces élections. Il s'était créé des solidarités départementales en vues de ces élections ; Rudelle Odile, *La République absolue, 1870-1889*, Paris, Éditions de la Sorbonne, 1982, p. 114-115. Le gouvernement, en cherchant à stabiliser son assise en pleine crise de légitimité, a mené ainsi à sa propre chute ainsi qu'à une recomposition des forces politiques de l'Assemblée.

18 Des mesures symboliques sont votées comme la loi d'exil du 22 juin 1886 qui interdit de séjour en France les membres des familles ayant régné en France ou encore la loi du 30 octobre 1886 qui laïcise les écoles publiques.

19 Duclert Vincent, *op. cit.*, p. 218.

20 Néré Jacques, *Le boulangisme et la presse*, Paris, Armand Colin, 1964, p. 9. Ces interprétations quant à l'arrivée de Boulanger à la tête du ministère en charge des armées ne

acquis à la cause républicaine et se présente comme à même de porter la politique du gouvernement, notamment à travers la reprise du chantier de la réforme avortée de 1872 qui visait à remplacer l'armée de métier par une armée nationale, renforcée par un service militaire obligatoire et égal pour tous[21]. George-Ernest Boulanger semble être, face à ce défi, comme une personnalité adéquate pour renouveler les effectifs de l'armée dans le sens d'une mixité sociale plus grande et surtout d'une plus forte adhésion des troupes à la République au sein d'un corps traditionnellement attaché aux idées conservatrices. Le général ne déçoit pas les attentes de l'exécutif et dès son arrivée au pouvoir, il s'attelle à cette mission, manifestant un véritable zèle républicain[22]. Dans un contexte de luttes sociales fortes, il n'hésite pas à dépasser son rôle de ministre technicien pour prendre publiquement des positions politiques notamment en faveur des ouvriers[23]. Par ses propos modérés et se voulant proches du peuple, Boulanger marque durablement l'esprit de l'électorat populaire qui se rallie à sa cause mais l'éloigne encore davantage de l'appui opportuniste qu'il possédait au moment de sa nomination. En

---

sont pas dénuées de vérité : le passé colonial du général et sa proximité avec les milieux radicaux permettent à l'exécutif de trouver en sa personne un consensus entre opportunistes de tendance colonialiste et radicaux opposés à l'expansion coloniale de la France ; Providence Mathieu, « Boulanger avant le boulangisme. Un officier colonial tombé en République », *Politix*, vol. 72, n° 4, 2005, p. 172.

21 Néré Jacques, *op. cit.*, p. 13. L'objectif de ce texte était de créer des « soldats-citoyens » (*Ibid.*, p. 23) prêts à servir une société républicaine au sein de laquelle ils soient pleinement intégrés. À ce titre, l'autorisation du port de la barbe par Boulanger, si elle apparaît au premier abord comme une mesure anecdotique, illustre tout de même la volonté de fondre les soldats dans le reste du corps national.

22 Quand bien même il eût demandé par le passé des faveurs relatives à son avancement de carrière aux membres des anciennes familles régnantes comme le Duc d'Aumale. Il complète la loi du 23 juin 1886 en étendant l'expulsion des membres des familles ayant régné sur la France aux rangs de l'armée ; Néré Jacques, *op. cit.*, p. 19. Il installe des bustes de Marianne dans les garnisons et fait peindre les guérites aux couleurs du drapeau tricolore ; Providence Mathieu, *op. cit.*, p. 176.

23 Lorsque des troubles éclatent à Decazeville après le meurtre d'un ingénieur par une foule de mineurs, Boulanger s'attache à ménager les ouvriers dans ses prises de parole. Il déclare ainsi le 13 mars 1886 à la chambre des députés : « Notre armée, c'est la nation aujourd'hui. [...]. L'armée est [...] à Decazeville, immobile, l'arme au pied ; elle ne prend point parti ; elle n'agit pas plus en faveur de la compagnie contre les mineurs qu'elle n'agirait demain en faveur des mineurs contre la compagnie » ; Néré Jacques, *op. cit.*, p. 26. Sur les événements de Decazeville et sur la défenestration de l'ingénieur Watrin, V. Cooper-Richet Diana, « La foule en colère : les mineurs et la grève au XIXe siècle », *Revue d'histoire du XIXe siècle*, t. 17, 1998/2, p. 62-64 ainsi que Zevaes Alexandre, *La grève de Decazeville janvier-juin 1886*, Paris, Bureau d'édition, 1938, 63 p.

effet, la défaite de 1871, occupe de nombreux esprits. L'aile droite du champ politique se positionne largement en faveur du maintien de la paix par crainte d'une République trop faible pour gagner un nouveau conflit armé qui s'exprime[24]. Ainsi, lorsque le général Boulanger se risque à quelques sorties virulentes à l'égard de l'ennemi, il est accusé par la presse conservatrice de pousser le pays vers une nouvelle guerre qui mettrait la France en danger[25]. Pour autant, la guerre reste un sujet préocupant pour la population[26] ce qui joue en faveur de Boulanger comme l'indique Charles de Freycinet : « son personnage grossissait à mesure que les chances d'un conflit se développaient. La crise passée, il bénéficia de l'importance qu'elle lui avait donnée[27] ».

Fort de ce nouveau contexte international Boulanger jouit d'une grande popularité alimentée tant par sa personnalité[28] que par une mise

24 *Ibid.*, p. 29.

25 *Loc. cit.* Ses propos lors d'un banquet offert aux officiers étrangers en septembre 1886 sont en effet explicites puisqu'il déclare : « nous pouvons enfin renoncer à la triste politique défensive ; la France doit désormais suivre hautement la politique offensive » ; Gérin-Ricard Lazare de, *Le général boulanger, le dictateur sentimental*, Paris, Éditions George Rochat, 1936, p. 67.

26 Le législateur se montre tout aussi préoccupé par le contexte politique international et prend des mesures : la loi du 18 avril 1886 établit des pénalités contre l'espionnage et punit la divulgation de tous documents secrets intéressant la défense du territoire ou la sûreté extérieure de l'État à quelque moment que cette divulgation ait lieu, par quelque moyen que ce soit et quelle que soit la personne qui s'en rende coupable ; *Annuaire de la législation française publié par la Société de législation comparée*, Paris, Librairie Cotillon, 1887, p. 67. En 1887, les tensions avec l'Allemagne gagnent en intensité. L'affaire Schnæbelé ébranle la diplomatie : le 20 avril 1887 un commissaire de police français invité par un commissaire de police allemand est arrêté et écroué après avoir passé la frontière, menacé d'un procès pour espionnage ; Mafart Jean, « Schnaebelé (affaire) », in *Dictionnaire du renseignement,* Paris, Perrin, 2018, p. 704-706. Sur l'approche juridique de l'affaire, V. Clunet Édouard, *Questions de droit relatives à l'incident franco-allemand de Pagny (affaire Schnaebelé)*, Paris, Marchal et Billard, 1887, 74 p. Cette arrestation déclenche de vives polémiques des deux côtés du Rhin. Les chefs d'État, malgré la pression de la presse, de certains politiques et des ligues patriotiques pour le déclenchement d'une nouvelle guerre, choisissent de régler leur différend par la voie diplomatique. Si le commissaire français est relâché, l'épisode a pour conséquence d'attiser des haines tenaces entre les deux pays et de faire éclater au grand jour un nouvel état d'esprit, tourné tout entier vers la revanche contre les Allemands.

27 Gérin-Ricard Lazare de, *op. cit.*, p. 41.

28 Les commentateurs s'en étonnent eux-mêmes. On lit ainsi dans une brochure anonyme : « S'il est une chose plus étrange encore que la fascination qu'on parait subir dans l'entourage de cet homme, c'est assurément celle qu'il exerce, à distance, sur les masses – comme pour moi-même – absolument qu'un inconnu » ; *République et boulangisme*, Toulouse, Imprimerie Fournier-Valery, novembre 1888, p. 5.

en scène particulièrement soignée[29]. En peu de temps, et sans raison bien précise, le général devient extrêmement populaire[30] et apparaît progressivement comme le champion de la « Revanche » aux yeux du public[31] en étant plébiscité à la fois par des républicains et par des soutiens de l'Ordre moral[32]. Le personnage satisfait le désir de nombreux Français de voir arriver au pouvoir homme providentiel, capable de mener la France vers la prospérité et un honneur retrouvé[33]. Boulanger se présente comme un meneur, critiqué par les conservateurs[34], à une époque où les tensions dépassent la seule sphère des relations internationales pour être observées également au sein de la politique intérieure du pays[35]. Aussi, lorsque s'ouvre une grande période d'instabilité politique avec la chute successive de plusieurs gouvernements à la suite d'un refus des radicaux de s'allier à la politique mise en place par les modérés, le « cas Boulanger » revient sur le devant de la scène. Le général est remercié[36]

29 La personne du ministre se trouve au centre d'une campagne de propagande importante, et tout un ensemble de produits élogieux à son sujet inondent le marché à travers les étals des librairies et des camelots : biographies, almanachs, portraits, chansons et même pipes sculptées ; Néré Jacques, *op. cit.*, p. 41.

30 *Ibid.*, p. 46.

31 Gérin-Ricart Lazare de, *op. cit.*, p. 70.

32 *Loc. cit.*

33 On lit, dans la même brochure anonyme, à ce sujet : « Chaque jour, nouvelle saignée au contribuable à bout de forces ; et il en est de la France comme de la noble bête livrée aux sangsues, qu'on rend tour à tour au pâturage et aux voraces de l'étang, jusqu'à ce qu'elle ne soit plus bonne qu'à jeter à l'équarrisseur ! Et l'on s'étonne qu'au milieu de tant de dangers et d'angoisses l'on se dise que cela ne peut durer ainsi et qu'il faut un chef ? C'est dans l'impatience d'en finir qu'il faut chercher les explications du Boulangisme » ; *République et boulangisme*, *op. cit.*, p. 16.

34 La nomination de Boulanger est perçue par les conservateurs comme une concession à l'extrême-gauche qui chercherait, à travers sa personnalité, à gagner encore davantage d'importance dans le jeu politique depuis sa victoire aux élections de 1885. Pourtant ce n'est que par leur alliance avec les radicaux, que les opportunistes ont pu permettre à une majorité républicaine de sa maintenir en place ; Dansette Adrien, *op. cit.*, p. 10. Présenté par les modérés et les conservateurs comme la « créature des radicaux » il fait l'objet de nombreuses critiques sous la plume de Jules Ferry ; Néré Jacques, *op. cit.*, p. 50-51.

35 Les guerres intestines gangrènent le camp progressiste, et ce depuis que les radicaux s'opposent à partir de 1885 de plus en plus frontalement aux opportunistes. Ces derniers ne répondent plus aux exigences des idéologues de 1848 et aux attentes des citoyens en glissant dans le règne d'une démocratie libérale où le progrès passe par le développement de l'activité économique du pays et non plus par l'application d'un programme républicain de gauche ; Dansette Adrien, *Le boulangisme*, Paris, Arthème Fayard, 1946, p. 10.

36 Il est exclu du gouvernement par le cabinet de Maurice Rouvier, soutenu par les républicains modérés et la droite. Affecté de nouveau au sein de l'armée à Clermont-Ferrand,

par le gouvernement et l'extrême-gauche voit dans ce limogeage une attaque dirigée à son encontre par un gouvernement qui semble désormais compter davantage sur ses soutiens de droite afin de se maintenir au pouvoir. Progressivement, le général est présenté comme la victime d'un complot mené à son encontre par des opportunistes trop inquiets de voir leur popularité entachée par l'émergence d'une nouvelle personnalité politique[37]. Dans ce contexte politique brûlant, l'éclatement du scandale des décorations[38], premier scandale d'une longue série au cours de la Troisième République, met le feu aux poudres.

Le nom du général Boulanger, revenu à la suite de son éviction du gouvernement dans les rangs de l'armée, est associé au scandale. Le principal intéressé décide alors de répondre, à travers des interviews, aux accusations portées à son encontre. Ses propos parfois imprudents à l'égard de ses supérieurs lui valent une mise à pied de l'armée de 30 jours[39]. Face à cette sanction disciplinaire, les soutiens de Boulanger croient à nouveau en une manœuvre des modérés afin de jeter l'opprobre sur une personne publique qui les dérange, dans un contexte politique qui pousse Jules Grévy vers la sortie et annonce une nouvelle présidence de la République[40]. L'opposition au gouvernement ne cesse de monter

une foule immense et guidée par la Ligue de Paul Déroulède, se presse gare de Lyon pour l'empêcher de prendre le train l'éloignant de la capitale en juillet 1887 ; Duclert Vincent, *op. cit.*, p. 219.

37 Néré Jacques, *op. cit.*, p. 55.

38 En octobre 1887, le journal d'Albert Édouard Portalis, *Le* XIX*e siècle*, révèle que le Général Louis Charles Caffarel, nommé en mars 1887 par le ministre Boulanger comme sous-chef d'état-major de l'armée, aurait organisé un trafic de légions d'honneur ; Audren Frédéric, Lascoumes Pierre, « La Justice, le gendre et le scandale des décorations. Aux origines du trafic d'influence », in *La fabrique de l'honneur, les médailles et les décorations en France,* XIX*e*-XX*e siècles*, Rennes, PUR, 2009, p. 121. Rapidement la presse s'empare de l'affaire et fait sortir de nouveaux noms, au sein desquels se trouve notamment celui du député Daniel Wilson, soupçonné d'être un intermédiaire de l'entreprise délictueuse alors qu'il n'est autre que le gendre de Jules Grévy. Pour la première fois, le scandale touche le chef de l'État et son entourage direct. Une instruction judiciaire est ouverte, et en même temps que la justice se saisit de l'affaire, la chambre des députés donne un tournant encore davantage politique à l'affaire, sous l'influence du député bonapartiste Cunéo d'Ornano, à travers la mise en place d'une commission – surnommée « la boîte à ordures » par de nombreux journaux – chargée de réaliser une enquête sur le trafic d'influence ; *ibid.*, p. 122.

39 Néré Jacques, *Le boulangisme et la presse*, *op. cit.*, p. 59.

40 *Ibid.*, p. 60. La perspective du retour de Jules Ferry, un temps tombé en disgrâce mais toujours fortement implanté dans les milieux républicains modérés, crée un véritable émoi chez les radicaux qui se refusent à cette possibilité. On lit dans *Le Cri du peuple*

en puissance et à la veille de l'élection présidentielle se tiennent des réunions secrètes. Au cours des « Nuits Historiques » de décembre 1887, Boulanger rencontre l'ensemble des chefs de l'opposition radicale et monarchiste[41] créant un ensemble de soutiens hétéroclites[42]. Plusieurs projets de coup d'État sont envisagés aux côtés du général Boulanger mais aucun n'est mené à terme. Malgré ces manœuvres occultes, la ferveur populaire ne fait qu'augmenter[43].

À la suite de la démission de Grévy, Sadi Carnot est élu président de la République le 3 décembre 1887, soutenu par Clemenceau et les radicaux. Cette élection marque la défaite des républicains historiques[44]. Le nouveau gouvernement nommé, avec à sa tête Pierre Tirard, décide de mettre Boulanger en retraite d'office de l'armée le 27 mars 1888, lui reprochant d'avoir trop souvent quitté son rôle de militaire[45]. Mais, en le libérant de ses fonctions, les opportunistes lui donnent carte blanche pour se présenter officiellement et légalement aux suffrages et créer son propre groupe politique au sein de l'hémicycle. Boulanger cherche alors à rallier de nouveaux soutiens[46]. Avec le concours des monarchistes et des conservateurs, Boulanger est élu triomphalement dans plusieurs départements ce qui lui permet d'entrer une première fois à la chambre des députés en juillet 1888. Son entrée au parlement lui permet de propager son idéologie au sein des institutions politiques du pays telle

---

sous la plume de John Labusquière que si Ferry venait à remplacer Grévy, « à un cabotin de cette trempe, ce n'est pas des pommes cuites et des trognons de choux qu'il faudrait lancer, mais des balles – les fusils parisiens partiraient tous seuls » ; *Le cri du Peuple*, 19 novembre 1887, p. 1.

41 Garrigues Jean, « Le Général Boulanger et le fantasme du coup d'État », *Parlement[s], Revue d'histoire politique*, vol. 12, n° 2, 2009, p. 44.

42 L'opposition au gouvernement modéré et compromis dans l'affaire des décorations, se retrouve également dans la rue avec des manifestations qui regroupent dans leurs rangs socialistes et ligueurs en cette fin d'année 1887.

43 Duclert Vincent, *op. cit.*, p. 220. Se crée également un comité du parti national qui regroupe des partisans de gauche – avec des socialistes tels que Jules Guesde ou Paul Lafargue – mais aussi de droite.

44 Un député bonapartiste, George Thiébaud, décide même d'exploiter ce soutien en lançant une campagne électorale au nom de Boulanger dans la perspective des élections partielles qui se profilent en 1888, sans que le principal intéressé – officiellement du moins – y ait consenti, et alors même que son statut de militaire ne l'autorise pas à se présenter aux élections *Ibid.*, p. 219.

45 Guerin Ricard Lazare de, *op. cit.*, p. 108.

46 Il rencontre secrètement en juillet 1888 Napoléon-Jérôme Bonaparte en Suisse qui lui assure l'aide des bonapartistes.

une synthèse des nombreux rejets qui animent la société française à la fin de la décennie 1880.

Le boulangisme se nourrit des frustrations qui ont accompagné la défaite de la France contre la Prusse au début des années 1870 et sert de porte-voix à ceux qui sont animés par un désir de revanche. S'agrègent autour de Boulanger des hommes, à l'image de Paul Déroulède, qui trouvent dans sa popularité le moyen de propager leurs idées au plus grand nombre[47]. Pour la première fois depuis la défaite française, le sentiment patriotique se retourne contre la République et au nom de la revanche sont mises en cause les institutions parlementaires[48]. L'amour de la patrie mène à s'opposer au régime politique qui apparaît comme un ennemi à combattre, incompatible avec la défense du pays, puisqu'il a été battu par l'Allemagne et qu'il n'a jamais œuvré en faveur d'une véritable vengeance. Ce *statu quo* militaire crée chez de nombreux nationalistes un sentiment de révolte[49].

Le général Boulanger s'inscrit dans cette nouvelle pensée nationaliste qui quitte l'orthodoxie républicaine de ses débuts[50]. Si Jules Ferry avait dès le début des années 1880 façonné une école tournée vers une renaissance patriotique et militaire[51], jamais un tel désir de revanche et de haine ne s'était développé envers l'ennemi allemand[52]. Ces ressentiments

---

47 Le chef de la Ligue des patriotes (qui se joint au mouvement boulangiste en 1887 et pousse les radicaux à la prudence) n'hésite d'ailleurs pas à déclarer à ce sujet bien plus tard : « Le nom d'un homme, le nom d'un vaillant soldat m'a servi de palladium. Ce nom c'est celui du chef suprême de notre armée, celui du général Boulanger » ; Cité par le député boulangiste Laur Francis, *L'Époque boulangiste. Essai d'histoire 1886-1890*, volume I, Paris, Le livre à l'auteur, 1912, p. 177.

48 Sternhell Zeev, « Chapitre II : Anatomie d'une crise : le boulangisme », in *Maurice Barrès et le nationalisme français*, Paris, Armand Colin, 1972, p. 75.

49 C'est le cas notamment de Maurice Barrès, grand défenseur de Boulanger. Très jeune lors de la guerre franco-prussienne, il garde tout au long de sa vie une rancune tenace à l'égard de la République, stigmate de l'enfant humilié qu'il a été ; Touchard Jean, « Le nationalisme de Barrès », in *Maurice Barrès. Actes du colloque de Nancy*, Nancy, Berger-Levrault, 1963, p. 162.

50 Lors de la création de la ligue des patriotes, toutes les grandes figures républicaines de l'époque sont présentes telles que Victor Hugo ou Léon Gambetta.

51 Dansette Adrien, *op. cit.*, p. 12.

52 Le nationalisme de la Troisième République rompt avec le patriotisme humanitaire et messianique tel que prôné en son temps par Michelet ou encore par la gauche républicaine sous l'Empire ; Sternehell Zeev, « Chapitre II : Anatomie d'une crise : le boulangisme », *op. cit.*, p. 62 ; Girardet Raoul, *Le Nationalisme français : anthologie (1870-1914)*, Paris, Armand Colin, 1966, p. 50.

se dirigent conjointement à l'encontre de certaines minorités religieuses dès la fin des années 1880, contre la communauté juive[53].

Le projet boulangiste propose en outre une vision césariste des institutions en prônant le recours à un homme prophétique comme solution aux maux de la population. Cette vision personnalisée des institutions politiques entre en contradiction totale avec le régime parlementaire prôné par les républicains[54]. Mais, si le boulangisme peut se présenter comme réactionnaire sur bien des points, il apparaît tout de même comme porteur d'une certaine idée démocratique. Le rejet du parlementarisme peut se présenter comme un rejet des textes de 1875, votés par une assemblée perçue comme monarchiste et bourgeoise, illustration d'une pensée dominante déconnectée des attentes du peuple. En ce sens, le révisionnisme boulangiste porté notamment par les comités révisionnistes de la capitale, peut s'inscrire dans un désir de réforme vers davantage de pouvoir confié au citoyen[55].

La tendance des adversaires de Boulanger à fermer les yeux sur ces aspirations politiques de redistribution des pouvoirs au sein de la société leur a valu des frayeurs auxquelles ils ont eux-mêmes contribué. Souvent

---

53 Birnbaum Pierre, « Les juifs d'état dans les guerres franco-françaises. Du boulangisme au front populaire », *Vingtième Siècle, revue d'histoire*, n° 33, janvier-mars 1992, p. 31. Les Archives israélites font elles-mêmes ce constat *a posteriori* puisqu'on y lit : « Nous ne croyons pas que le boulangisme [...] ait compté beaucoup de partisans parmi les nôtres. Il avait, quoi qu'il s'en défendit, une allure cléricale qui le rendit suspect à beaucoup de nos coreligionnaires » ; *loc. cit.* Alfred Naquet, soutien de Boulanger, et lui-même de confession juive, semble embarassé par la tendance de ce mouvement ; *V.* Birnbaum Pierre, *op. cit.*, p. 26-44. Isaïe Levaillant, ancien préfet et directeur de la Sûreté générale et rédacteur en chef de *L'Univers israélite* note que le boulangisme et l'antisémitisme sont nés à la même époque et qu'ils procèdent des mêmes passions, qu'ils emploient les mêmes moyens ; *loc. cit.* Ils se distinguent l'un de l'autre en ce que le premier est la démagogie combinée avec le césarisme et que l'autre est la démagogie alliée au cléricalisme, mais selon l'auteur ils se confondent « dans une égale horreur de toute idée de tolérance, de liberté et de justice » ; *ibid.*, p. 31-32.

54 Selon les textes constitutionnels, le président de la République ne possède que des pouvoirs restreints et partage l'exercice du pouvoir exécutif avec un premier ministre responsable devant l'Assemblée. Ses fonctions sont énoncées limitativement par l'article 3 de la loi constitutionnelle du 25 février 1875.

55 Selon les classes sociales des partisans, les attentes en ce sens sont plus ou moins explicites. Le Comité révisionniste et socialiste du quartier latin, dans le Ve arrondissement de Paris, demande ainsi une constitution nouvelle qui « assure au peuple la souveraineté par laquelle seule sera fondée la République démocratique et sociale » ; *L'Intransigeant*, 13 janvier 1889, p. 1 ; Garrigues Jean, « Le boulangisme est-il antiparlementaire ? », *op. cit.*, p. 55.

leur discours est teinté de condescendance à l'égard des boulangistes[56]. Cette attitude des opportunistes à railler ou à ne pas prêter attention à leurs revendications mène *in fine* à favoriser sa popularité.

Pour autant, l'antiparlementarisme boulangiste ne peut être réduit à des considérations démocratiques : il s'articule, souvent, avec une détestation des institutions nationales. Plus encore, le boulangisme grandit sur le ressentiment que le peuple peut avoir à l'encontre de ses représentants et de ses élus. Il crée une confusion entre personnel politique et régime parlementaire afin de les condamner tous les deux en personnifiant au maximum ce qui, au départ, n'est qu'un système politique. Ainsi il considère le parlementarisme comme un véritable poison du cerveau « comme l'alcoolisme, le saturnisme, la syphilis, et que, dans le verbalisme et la vacuité [du] régime, tout français s'intoxique[57] ». Le rejet d'un gouvernement de centre bourgeois est identifié au principe même de la démocratie parlementaire ce qui mène à un rejet en bloc de tout ce qui constitue la République[58]. Boulanger cherche à gagner l'approbation des citoyens en usant d'un discours populiste. Lorsqu'il prend la parole le 4 juin 1888 afin d'obtenir une révision constitutionnelle, dans la continuité de sa stratégie « dissolution-révision-constituante », il déclare : « la France est lasse jusqu'au dégoût de ce régime qui n'est qu'agitation dans le vide, désordre, corruption, mensonge et stérilité[59] ».

---

56 Joseph Reinach assimile dans la *République française* les soutiens de Boulanger à « des imbéciles qui rendent la République responsable des mauvaises récoltes, des niais qui ont gardé l'amour du panache » ; *La République française*, 11 mars 1888, p. 1 ; Garrigues Jean, « Le boulangisme est-il antiparlementaire ? », *op. cit.*, p. 51.

57 Garrigues Jean, *op. cit.*, p. 49. Dans les écrits de de Maurice Barrès, l'on retrouve dans le boulangisme ce que l'on peut rapprocher d'un antiparlementarisme radical qui prend sa source dans un rejet violent des parlementaires considérés comme impuissants et immoraux ; *loc. cit.*

58 Un regard aux productions de Boulanger montre tout de même que sa position personnelle n'est pas si radicale à l'égard du régime parlementaire. Dans ses prises de parole, l'ancien militaire appelle bel et bien de ses vœux des réformes du régime : suppression du Sénat, abolition de la responsabilité ministérielle, généralisation du référendum ; *ibid.*, p. 50. Pour autant il ne prône jamais véritablement la fin du régime parlementaire dont il a lui-même besoin afin de siéger et de faire entendre sa parole. Il le critique, l'exècre, sans jamais en demander clairement la disparition. Si les mots de Boulanger sont particulièrement violents ou dégradants, c'est souvent à l'encontre de la pratique parlementaire. Dans une interview qu'il accorde à *La Presse* le 1er avril 1888 il affirme ainsi « que le parlementarisme ne se terminera ni dans l'imbécilité, ni dans le sang mais dans la pourriture », *ibid.*, p. 52. Le champ sémantique de l'immondice, du dégoût est à ce titre souvent utilisé afin d'illustrer la répugnance qui anime l'état d'esprit boulangiste.

59 *Le Figaro*, 5 juin 1888, p. 2. Ses adversaires soulignent cette tendance de Boulanger à user d'une rhétorique qui flatte les bas instincts. Jules Ferry n'hésite ainsi pas à le qualifier

Ainsi, l'antiparlementarisme de Boulanger a été souvent façonné par ceux qui ont réceptionné sa parole, que cela soit au sein de ses alliés ou de ses adversaires, et qui l'ont ensuite interprété et utilisé dans le sens de leurs convictions personnelles. La question du régime politique de la France se posait derechef, comme une dizaine d'années auparavant[60]. Boulanger se présente, à ce titre, comme une espérance nouvelle pour le retour à la royauté[61]. Mais les antagonismes historiques entre les différentes familles de la droite empêchent une véritable union des droites. L'impuissance de ses soutiens participe en partie de la mise en échec de Boulanger. Surtout, l'échec de son projet tient dans la mobilisation importante de ses adversaires qui, déterminés à l'empêcher de nuire à la République, utilisent la voie du droit ordinaire et du débat démocratique pour mettre fin à son entreprise.

L'ABSENCE DE RÉFORME RADICALE DU CONTRÔLE JURIDIQUE DE L'IMPRIMÉ AU COURS DE LA CRISE

L'exécutif, bien que déstabilisé par le mouvement boulangiste, ne cède pas aux sirènes du vote de mesures d'urgence. Si les boulangistes savent utiliser la presse afin de servir leurs intérêts, le gouvernement connaît également l'influence que les médias peuvent avoir sur l'opinion publique. Aussi, ils misent sur une forte propagande afin de sortir de la crise tout en respectant l'État de droit. Le parlement aménage, à la marge, certaines dispositions relatives au droit de la presse ou à l'organisation des institutions politiques mais n'entreprend aucune

---

de « grand dégoût collecteur » ; Garrigues Jean, « Boulanger, ou la fabrique de l'homme providentiel », *Parlement[s], Revue d'histoire politique*, vol. 13, n° 1, 2010, p. 23.

60 Dansette Adrien, *op. cit.*, p. 10. Il en est ainsi des monarchistes qui avaient vu leurs espoirs de Restauration grandement déçus avec le départ du pouvoir de Mac Mahon. La République étant désunie, elle s'apparente peu à peu dans la décennie 1880 à un « tigre royal », les droites étant devenus des « chats domestiques privés de maître », qui « sautent d'occasion en occasion » ; Levillain Philippe, *Boulanger : fossoyeur de la monarchie*, Paris, Flammarion, 1982, p. 12-13.

61 La réalité des tractations entre les monarchistes et le général est rendue publique par *Le Figaro* qui publie à partir du 18 août 1890, sous forme de feuilleton, la chronique de ces discussions sous la plume de G. Terrail, député de Paris et rédacteur en chef de *La Cocarde* ; *loc. cit.* Les royalistes, malgré leurs divisions internes, voient une perspective de peser dans la politique d'une République qui livre des signes de faiblesse : pousse au conservatisme, à un régime davantage autoritaire ; *loc. cit.* Ceci semble d'autant plus envisageable que les boulangistes prônent la révision de la constitution, obstacle à un changement de régime politique ; *ibid.*, p. 21.

réforme d'envergure. La sortie à la crise se trouve dans l'édifice juridique républicain construit jusqu'alors et qui trouve dans la tourmente, l'occasion de prouver sa solidité.

Une sortie de crise exempte de répression pénale : la thèse du complot

Face à la ferveur populaire que crée le « général la Revanche », les journaux de tous bords s'inquiètent dès 1887 de sa possible entrée au sein de la représentation nationale[62]. Mais Boulanger a le vent en poupe et ses partisans s'organisent en créant notamment un « Comité républicain de protestation nationale » au printemps 1888 dans la perspective de créer, *in fine*, un groupe boulangiste à l'Assemblée. Si des radicaux prennent part à l'aventure, ils sont exclus le 19 avril 1888 de leur groupe parlementaire d'extrême-gauche qui prend ses distances vis-à-vis du général et s'oppose systématiquement à Boulanger, à travers notamment du journal *La Justice*[63]. La chute du ministère Tirard, le 30 mars 1888, mène à la mise en place d'un gouvernement de concentration formé exclusivement de radicaux, présidé par Charles Floquet mais collaborant avec les opportunistes[64]. L'alliance républicaine, de sa branche modérée

62 Y compris l'extrême-gauche à travers des titres tels que *La Justice* ou *Le radical*. Néré Jacques, *op. cit.*, p. 66-67.

63 *Le XIXe siècle*, 21 avril 1888, p. 1. Pour Edouard Portalis, cette « excommunication » ne présente en réalité que peu d'intérêt. Selon lui, la seule manière de lutter contre le péril boulangiste, d'éviter « l'établissement du despotisme césarien », c'est d'accéder à la demande de révision de la constitution proposée à la Chambre par le « parti national ». Mais les opportunistes au pouvoir rejettent cette proposition étudiée par une commission parlementaire et il n'y a ni dissolution, ni constituante, ni révision. Le président du Conseil s'adresse à l'Assemblée en ces mots afin d'obtenir un rejet de la révision : « Je répète mes paroles, parce qu'elles constituent un engagement solennel devant la Chambre et devant le pays ; nous nous demandons d'attendre que la révision ne soit plus un piège tendu par les monarchistes [...] ou le manteau trouvé de la dictature » ; *Journal officiel de la République. Débats parlementaires, Chambre des députés : compte rendu in extenso*, 19 avril 1888, p. 1267. On notera tout de même un projet de révision de la constitution déposé par le gouvernement le 15 octobre 1888 qui a pour vocation de répondre à l'abondance des propositions parlementaires durant cette période. Le projet est présenté à la Chambre des députés le 9 février 1889. Ce projet a pour objectif de réaffirmer l'autorité du gouvernement sur le parlement. Il propose ainsi de donner à la seule Chambre des députés, issue du suffrage universel, la tâche de faire la loi et de la voter définitivement ; *Journal officiel de la République française. Débats parlementaires. Chambre des députés : compte rendu in extenso*, 9 février 1889, p. 358.

64 Duclert Vincent, *op. cit.*, p. 220.

aux socialistes se donne pour mission de lutter efficacement contre la ferveur qui ne cesse de grandir en faveur de Boulanger[65]. S'ouvre alors une joute parlementaire au sein de laquelle s'opposent de manière virulente l'exécutif et les soutiens du général[66].

Cet affrontement politique quitte parfois l'enceinte des chambres puisque le 13 juillet 1888 le président du Conseil et Boulanger se défient en duel, le second étant touché par l'épée de son adversaire. Rue Cadet est créée la Société des droits de l'Homme et du citoyen le 23 mai 1888 lors d'une réunion au siège du Grand Orient de France afin de lutter contre les idées boulangistes[67]. Le banquet annuel du Cercle républicain de Lyon sert également de relais à la propagande républicaine en ce que Waldeck Rousseau y prononce à la mi-novembre 1888 un discours, tel un avertissement :

> Rarement plus d'obscurité s'est mêlée à plus d'incertitude ; tout le monde a le pressentiment d'une épreuve prochaine. Une sorte de vertige couvrant aux pieds d'un héros sans légende ceux-là qui se prétendaient le plus altérés de liberté, des hommes qui ne trouvaient aucune gloire républicaine assez pure, acclamant le courtisan tant infidèle et tantôt repenti d'un duc d'Orléans, des ferments de dictature mêlés à des ferments de révolutions, tous les mécontentements conspirant avec tous les appétits, le délire de la servitude succédant

---

65 Certaines réunions organisées par La Ligue des patriotes en vue de présenter le projet du parti révisionniste sont interrompues par des tumultes de protestation. Tel est le cas à Pontoise le 22 décembre 1888 ; *La Justice*, 24 décembre 1888, p. 2.

66 Lors de la séance du 4 juin 1888, Floquet prononce un discours offensif à l'adresse du général. Il déclare ainsi « Je cherche d'où lui vient ce droit qu'il revendique avec une si naïve audace de représenter à lui seul en France le patriotisme, de prétendre l'enseigner aux représentants de la nation, à ses généraux, à ses officiers fidèles à la discipline, à cette armée, à ces soldats obscurs qui ont versé autant de sang pour lui [...] ». Il compare enfin Boulanger à Napoléon Ier ainsi qu'à Napoléon III afin de conclure par ces mots « À votre âge, monsieur le général Boulanger, Napoléon était mort [...]. À votre âge Napoléon était mort et vous ne seriez que le Sieyès d'une constitution morte née » ; *Journal officiel de la République française. Débats parlementaires. Chambre des députés : compte rendu in extenso*, 4 juin 1888, p. 1636.

67 Duclert Vincent, *op. cit.* p. 225. La création de l'association issue de la franc-maçonnerie est annoncée par voie de presse, en une du journal *le Radical*. On lit ainsi : « Le conseil de l'Ordre, rappelant aux maçons qu'ils ont toujours à s'inspirer, dans leurs actes de citoyens, des principes de liberté, d'égalité et de fraternité, qui ont fait et font la force de notre institution et à rester les fidèles et énergiques défenseurs de la République, les adversaires résolus de la politique plébiscitaire et césarienne qui menace aujourd'hui la véritable démocratie, recommande expressément aux maçons, [...] d'éviter, dans les réunions purement maçonniques, les débats irritants que peuvent y soulever les questions politiques et particulièrement les questions de personnes » ; *Le radical*, 25 mai 1888, p. 1.

> au mépris de l'autorité, tels sont les signes qu'il est permis d'apercevoir et les symptômes d'une crise qui veut et doit avoir un prompt dénouement[68].

Le Comité central de propagande socialiste et anti-boulangiste voit d'ailleurs à travers le boulangisme des risques de dictature. Les républicains les plus radicaux se souviennent de l'arrivée au pouvoir de Napoléon III et de la répression qui s'est abattue sur les oppositions au coup d'État. Jules Simon publie à ce titre une brochure intitulée sans équivoque *Souviens-toi du Deux-décembre* en référence à 1851. Émile Zola, dans une interview donnée au *Figaro* le 29 mars 1888, décrit lui aussi l'entreprise boulangiste en des termes sévères :

> Boulanger ! C'est un pieu surmonté d'un chapeau, un chapeau galonné et empanaché ! Pas autre chose. Et le pire, c'est que ce pieu répond à un besoin mal dissimulé de la nation, au besoin d'une domination quelconque : royauté, empire, dictatoriat, gambettisme, ou boulangisme[69].

Face à ces différentes alertes, le 11 février 1889 le président du Conseil déclare à la Chambre qu'il est nécessaire de « déjouer cette conspiration électorale, en attendant que la force des lois atteigne la conspiration illégale[70] ». En d'autres termes, avant que les tribunaux ne soient saisis, il faut en amont que les forces politiques s'attachent à lutter contre le général. Le ministre de l'Intérieur Ernest Constant fait dissoudre la Ligue des patriotes sur le fondement de la loi sur les sociétés secrètes[71]. Surtout, c'est l'alliance de Boulanger avec les monarchistes mars 1889 qui donne un élan nouveau aux forces républicaines.

La stratégie de mise en échec de Boulanger repose en partie sur la propagande électorale. La majorité au pouvoir envisage les élections législatives prévues pour septembre-octobre 1889 comme un moyen de déstabiliser les élus boulangistes et de les écarter du pouvoir. Les armes utilisées sont ainsi les mêmes que celles utilisés par l'adversaire. Les journaux ont joué un rôle non négligeable dans l'avènement du

68 Lecouflet C, *Waldeck-Rousseau, discours parlementaires*, Paris, G. Charpentier éditeurs, 1889, p. 570-571.

69 *Le Figaro*, 29 mars 1888, p. 1 ; *Entretiens avec Zola*, Ottawa, Presses de l'Université d'Ottawa, 1990, p. 22

70 Monier Fréderic, *Le complot dans la République. Stratégies du secret de Boulanger à la* Cagoule, Paris, La Découverte, 1999, p. 26.

71 Duclert Vincent, *op. cit.*, p. 228.

mouvement : si la « presse n'a pas fait le boulangisme, elle en est le témoin authentique[72] ». Lazare de Gérin-Ricard liste l'ensemble des journaux qui, au départ du moins, sont acquis à sa cause : *L'intransigeant, Le Cri du Peuple, L'Action, La France, La Nation, Le Petit Journal, Le Petit Parisien, La Revanche, La Justice, Paris, La Lanterne, Le Pays, Le* XIXe *siècle, Le Gil Blas, L'Écho de Paris, le Mot d'Ordre, Le Soir, L'Événement, La Souveraineté, Le Voltaire*[73].

Cette décision de lutter contre Boulanger à travers le débat d'idées témoigne de la maturité que le régime a pu gagner et de l'enracinement profond du système démocratique dans les pratiques du pouvoir. Au sein de la République, les voix contestataires peuvent se faire entendre dès lors qu'elles ne constituent pas des infractions. Le débat est public et tranché par le suffrage universel.

Afin d'être certains de gagner la guerre de l'opinion publique, des efforts importants sont déployés par les opportunistes dans la perspective des élections législatives de 1889. Une victoire électorale pourrait pousser Boulanger et ses soutiens vers la sortie. Martin Bissière, dans un petit ouvrage d'une quarantaine de pages, rappelle à l'électorat le plus populaire, « celui qui travaille et qui produit », l'intérêt qui est le sien de protéger la République :

> [...] l'Histoire nous apprend que la vraie liberté ne peut exister et ne peut s'exercer que sous une seule forme de gouvernement, qui est la République. Nos pères de 1789 ont conquis et repris la liberté primitive par la révolution. Que ce mot révolution ne vous effraye point : il signifie que les tyrans de cette époque, grands et petits, furent renversés et que le peuple devint le maître. [...][74].

Les Républicains qui, jusqu'alors, avaient une tendance à la dispersion se retrouvent autour d'un ennemi commun : les monarchistes et cléricaux auxquels le général a prêté allégeance. Les arguments déployés par les partisans de la République parlementaire visent à créer un climat de peur favorable au maintien de l'ordre établi à travers des discours délégitimant, réalisant très souvent une interprétation basique et instrumentale

72 Néré Jacques, *Le boulangisme et la presse*, *op. cit.*, p. 6.

73 Gérin-Ricard Lazare de, *op. cit.*, p. 65.

74 Bissiere Martin, *Les élections de 1889. Peuple, garde la République !*, Villeneuve-sur-Lot, Chabrié et fils, 1889, p. 7.

de son antiparlementarisme en l'assimilant à « un antiparlementarisme populiste, adossé à la rhétorique protestataire des petits contre les gros », comme l'écrit Jean Garrigues[75]. Simplifier le discours, les arguments, permet de créer de l'inquiétude. Dans cette perspective, la menace d'un coup d'État boulangiste semble être l'argument principal au cœur de la stratégie républicaine. La popularité et l'élection de Boulanger à la Chambre sont alors présentées comme un premier pas, légal, vers une prise à terme du pouvoir par la force.

La Ligue des patriotes, soutien important de Boulanger, est conçue comme une armée aisément mobilisable avec ses réseaux de militants[76]. La ligue menée par Paul Déroulède n'hésite pas à faire acclamer Boulanger au cirque d'Hiver en juin 1887. Certains républicains, effrayés par sa radicalisation, en demandent la dissolution dès 1888. Cette peur de l'éclatement d'une guerre civile peut se comprendre au regard de l'engouement que la foule a pu manifester à l'égard de Boulanger lors de son départ pour Clermont-Ferrand après avoir été écarté du gouvernement, ou lors de la parade du général aux lendemains de son élection dans les rues de la capitale entre Opéra et Concorde ou encore au 27 janvier 1889, lorsque victorieux à la suite des élections législatives, il est acclamé par la foule au son de l'invitation : « À l'Élysée ! ». Mais, si ces journées peuvent légitimement effrayer, elles sont à rapprocher de ce que l'on qualifierait aujourd'hui de manifestations[77], des actes collectifs plus ou moins spontanés, plus ou moins organisés afin de témoigner publiquement de son accord avec une opinion politique.

Il n'en faut pas plus pour que de nombreuses rumeurs se répandent dans la presse et que l'idée se propage selon laquelle l'action de Boulanger, loin de se cantonner au domaine électoral, comporte des tractations qui s'apparentent à de la haute trahison[78]. Le coup d'État devient le chiffon rouge que Jules Ferry et ses soutiens tels que Waldeck-Rousseau ou Reinach agitent afin de mettre fin à la crise que la République traverse. Dès le 25 juillet 1886 *Le Figaro* écrit : « On ne peut plus ouvrir un journal ni écouter une conversation sans être frappé des mots de coup d'État,

---

75 Garrigues Jean, « Le boulangisme est-il antiparlementaire ? », *op. cit.*, p. 51.

76 Son soutien à nouveau clamé des années dans Chenu Charles, *La ligue des patriotes : son programme, son passé, son avenir*, Paris, Sirey, 1916, p. 108.

77 Monier Frédéric, *op. cit.*, p. 31.

78 Rudelle Odile, *La République absolue. Aux origines de l'instabilité constitutionnelle de la France républicaine, 1870-1889*, Paris, Publications de la Sorbonne, 1982, p. 226.

de 18 fructidor, de dictature militaire, comme à la veille des brusques changements de l'Histoire[79] ». Les républicains opportunistes n'hésitent pas à réaliser des parallèles avec Napoléon III et sa prise de pouvoir en 1852. Dans l'édition du 29 janvier 1889 du *Temps* un journaliste écrit que l'« empire plébiscitaire [est] dissimulé derrière le prétendu parti national[80] ». En rapprochant la personnalité de Boulanger de celle du neveu de Napoléon Bonaparte, les républicains savent qu'ils touchent à un point sensible qui a marqué la mémoire collective en raison de la répression sévère que l'Empereur infligea à ses adversaires.

Les écrits corroborant cette thèse se multiplient et créent une véritable atmosphère de soupçon envers Boulanger, accusé de préparer un complot envers l'État. Plutôt que de combattre les idées boulangistes sur le fond, de répondre aux questions politiques qui sont soulevées, l'attention est attirée sur les troubles potentiels qui pourraient advenir si le régime basculait.

Depuis la mort d'Auguste Blanqui en janvier 1881 de nombreux procès pour complot et attentat à la sécurité de l'État sont intentés[81]. Ces poursuites se concentrent, selon les mots de Jules Ferry dans un discours de 1883 sur « les minorités d'extrême gauche et d'extrême droite qui menacent la République » considérées comme des auteurs réguliers de manœuvres secrètes mettant en péril le régime[82]. La multiplication de ces poursuites témoigne d'une crainte récurrente de la conspiration, qui renvoie à une partie contestée de l'héritage républicain, organisé autour des sociétés secrètes et des prises d'armes afin de lutter contre les régimes autoritaires[83]. Dans ce contexte, comme l'écrit Pierre Larousse, sont seules estimées comme légitimes « les conjurations qui ont besoin de convictions sincères et d'un amour ardent, soit de la patrie, soit de la liberté, soit de la justice[84] ». À l'inverse se trouvent condamnées les organisations ayant pour seul objectif de servir les intérêts personnels de certains leaders. Le boulangisme, considéré et présenté par de nombreux commentateurs comme une quête césariste du pouvoir est à ce titre condamné.

79 *Le Figaro*, 25 juillet 1886, p. 1.
80 *Le Temps*, 29 janvier 1889, p. 1 ; Garrigues Jean, « Le général Boulanger et le fantasme du coup d'État », *op. cit.*, p. 46.
81 Monier Fréderic, *op. cit.*, p. 9.
82 Cité par Odile Rudelle Odile, *Le Modèle républicain*, *op. cit.*, p. 109.
83 Monier Fréderic, *op. cit.*, p. 13.
84 Cité par Monier Fréderic, *op. cit.*, p. 13.

Surtout, la thématique du complot, puisqu'elle repose sur des agissements cachés, imperceptibles, et donc très souvent invérifiables pour le citoyen, s'accommode très bien de la personnalité du général qui s'épanche peu sur ses activités politiques et crée ainsi une forme de mystère. Il est difficile à l'époque de savoir avec qui exactement le général Boulanger échange. Ce n'est qu'après la crise, dans les années 1890, que la lumière est faite sur les ententes passées, notamment avec les royalistes avec la parution de l'ouvrage *Le général Boulanger et la conspiration monarchique* par Albert Verly en 1893[85].

Ainsi, la propagande a joué un rôle important dans la lutte contre Boulanger : les républicains utilisent, à leur avantage, le jeu médiatique. Une partie de la franc-maçonnerie s'attache également, selon les travaux de Julien Rycx, à enrayer la dynamique boulangiste à travers ses loges sur l'ensemble du territoire, malgré de nombreuses dissensions sur le sujet en son sein[86]. Ce travail conjoint est payant puisqu'il leur permet de remporter les élections de l'automne 1889. Si la lutte se place sur le terrain des médias, le législateur ne s'interdit pas de modifier, à la marge, certaines règles juridiques afin de faciliter la tâche aux républicains sans pour autant céder à une réforme de fond du droit de la presse.

Des aménagements minimes du droit de l'imprimé

L'analyse de l'activité législative au cours de la crise boulangiste nous renseigne sur la position constante du parlement vis-à-vis de la presse boulangiste, pourtant moteur des événements comme nous avons pu l'observer. Aucun texte d'envergure n'est voté afin d'apporter des freins à leur diffusion. Le législateur n'a procédé, au cours de la crise boulangiste, à aucune réforme d'envergure du droit de la presse, quand bien même le régime et sa forme parlementaire se trouvent fortement critiqués et potentiellement menacés par une presse d'opposition virulente. Aucun contrôle *a priori* des publications n'est remis en vigueur, aucune nouvelle infraction pénale *ad hoc* n'est créée. Les imprimés restent soumis aux textes pénaux déjà en vigueur depuis loi du 29 juillet 1881et modifiés

85 Verly Albert, *Le général Boulanger et la conspiration monarchique*, Paris, Paul Ollendorff éditeur, 1893, 327 p.

86 Rycx Julien, *La franc-maçonnerie et la crise boulangiste. 1886-1891*, Villeneuve-d'Ascq, Septentrion, 2019, p. 77-105.

à la marge en 1882. La liberté d'expression ne se trouve entravée par aucune mesure juridique de circonstance visant précisément l'idéologie boulangiste. Cette attitude du législateur illustre une certaine maturité des institutions républicaines mais également la qualité de la loi de 1881 qui, exhaustive, n'a nécessité que peu de modifications dans son passage de la théorie à la pratique judiciaire.

En effet, sous la période, seuls quelques textes modifient le droit existant en matière d'imprimé. Certains n'intéressent pas la répression : le décret du 12 septembre 1887 promulgue la convention de Berne signée le 9 septembre 1886 sur l'initiative de la France, et qui vise à créer une union internationale pour la protection des œuvres littéraires et artistiques[87]. D'autres textes, peuvent participer de la répression des boulangistes les plus virulents mais ne ciblent pas précisément leurs idées et ne créent pas de délit d'opinion. Il ne s'agit pas de lois *ad hoc*.

Dès novembre 1884 le député radical Roque de Fillol dépose une proposition de loi afin de considérer comme délictueuses les diffamations et injures commises au moyen de cartes postales[88]. Ce moyen de communication permet de répandre des faits calomnieux et injurieux de manière aisée mais touche un public restreint. Les débats sont rouverts en février 1886. Le député Steenackers propose, dans la continuité de son collègue, la suppression des cartes postales afin de mettre un terme à des documents dont l'auteur est difficilement identifiable et de les remplacer par un nouveau médium fermé, la « carte lettre[89] ». Le rapporteur de la commission parlementaire s'oppose à cette seconde proposition qui ferait

87 Sur l'évolution des droits de la propriété intellectuelle et du droit d'auteur, V. Pfister Laurent, « Brève histoire du droit d'auteur », *L'Observatoire*, vol. 55, n° 1, 2020, p. 9-10. Par l'érection de ce droit, combiné avec le principe de responsabilité, se dessine le rôle social de l'écrivain, mais aussi ses droits et ses devoirs envers la société ; Sapiro Gisèle, « Droit et histoire de la littérature : la construction de la notion d'auteur », *Revue d'histoire du XIXe siècle*, n° 48, 2014, p. 112.

88 *Journal officiel de la République française. Débats parlementaires. Chambre des députés : compte rendu in extenso*, 4 février 1886, p. 130. Les cartes postales circulant à découvert ont été mises en place par la loi de finance de 1872 en autorisant l'administration des postes et des télégraphes à en fabriquer et à en vendre au prix de 10 centimes. Ces cartes sont moins couteuses que les lettres ordinaires, fermées, à 15 centimes ; *D.P*, partie IV, 1887, p. 53-54.

89 En ce sens le parquet de Versailles, afin de lutter contre les cartes postales non signées du nom de leur auteur, a publié un avis dans les journaux qui les prie de se faire connaître de leur propre chef ; *Journal officiel de la République française. Débats parlementaires. Chambre des députés : compte rendu in extenso*, 4 février 1886, p. 130.

disparaître un moyen de communication peu onéreux. Il propose de se rallier à la première proposition en considérant la carte postale comme délictueuse dans le cas où cette dernière contiendrait des expressions diffamatoires, en la considérant légalement comme un moyen de publicité, élément matériel de l'infraction de diffamation[90]. La proposition de loi est votée par la chambre des députés le 5 juillet 1886 avant d'être transmise au Sénat le 8 juillet 1886. Le sénateur Mazeau explique les raisons qui doivent guider cette répression :

> La blessure faite à la considération d'un citoyen par le journal, peut être atténuée ou guérie par l'arme qui l'a causée ; elle peut rester, d'ailleurs, ignor[ée] des siens. Il n'en est plus ainsi lorsque la diffamation a pris la carte ouverte pour véhicule ; elle frappe alors, dans ce qu'il a de plus cher, l'honnête homme impuissant à défendre son foyer contre l'audace et la persévérance de malfaiteurs stimulés par une impunité à peu près assurée[91].

La répression découle de l'impossibilité de la victime de se défendre. Et il apparaît comme davantage adéquat de créer une nouvelle infraction plutôt que de supprimer la carte postale ouverte qui est entrée « dans les habitudes du commerce et de l'industrie » qui en « apprécient les avantages » et dont il serait inapproprié de les en priver au motif que « des malfaiteurs en abusent[92] ». La loi votée le 11 juin 1887 crée ainsi une nouvelle infraction confiée aux tribunaux correctionnels en matière de diffamation. Selon l'article 1er de cette loi, quiconque aura expédié par l'administration des postes et télégraphes, une correspondance à découvert contenant une diffamation soit envers un particulier soit envers les corps ou personnes désignés par les articles 26, 30, 31, 36 et 37 de la loi du 29 juillet 1881, sera puni d'un emprisonnement de 5 jours à 6 mois et d'une amende de 25 Fr à 3000 Fr ou de l'une des deux peines seulement. Les peines sont plus faibles dans le cas d'une injure[93]. Cette disposition vient durcir le droit de la diffamation en élargissant

90 *Ibid.*, p. 131.

91 *D.P*, partie IV, 1887, p. 53-54.

92 *Ibid.*, p. 54. La presse locale se rallie à cette opinion en indiquant que la carte postale est entrée dans les mœurs puisqu'il n'en circule pas moins de 34 millions par an en France ; *L'Express du Nord et du Pas de Calais*, 15 mars 1886, p. 2.

93 Emprisonnement de cinq jours à deux mois et une amende de 16 à 300 francs ; *Annuaire de législation française publié par la Société de législation comparée contenant le texte des principales lois votées en France en 1888*, Paris, Cotillon, 1er janvier 1889, p. VII.

les supports remplissant la condition de publicité de la diffamation[94]. Elle augmente également le quantum de la peine par rapport à une diffamation commise par les moyens de l'article 23 de la loi du 29 juillet 1881 : le maximum de l'amende peut atteindre 3000 francs contre 2000 francs dans l'article 23.

Si l'infraction se veut pallier un oubli de la loi de 1881, elle présente elle-même des lacunes : le législateur ne précise pas la condition d'expédition de la lettre qui est laissée à l'appréciation des tribunaux[95]. Il ne prévoit pas non plus de mesures afin de pallier le problème de l'identification de l'auteur des cartes postales, créant de fait une infraction difficilement mobilisable pour les victimes.

La question de la diffamation agite l'Assemblée en son sein lorsqu'il est question de poursuites en diffamation entre parlementaires sur fond de contexte boulangiste. Le député Brousse, de la gauche radicale, saisit la Chambre d'une demande en autorisation de poursuites contre le député Amagat, siégeant au groupe des députés républicains indépendants, pour diffamation devant la cour d'assises. Les poursuites se fondent sur une lettre adressée au ministre de la guerre, reprise dans la presse, qui accuse le député Brousse d'avoir donné au conseil de révision du Cantal un avis non motivé qui aurait eu pour effet de faire exonérer un jeune conscrit du service militaire[96]. En vertu de la loi constitutionnelle du 16 juillet 1875, la poursuite d'un parlementaire est suspendue pendant la session et pour toute sa durée si la Chambre le requiert. La chambre lui refuse cette autorisation sur avis de la commission en charge de la demande. La commission motive sa position en indiquant que la clôture de la session est proche et que la prescription à cette date ne sera acquise ce qui laissera la possibilité au plaignant d'agir à ce moment[97]. En outre, la commission avance qu'il n'y a pas lieu « de faire fléchir le principe de la garantie constitutionnelle qui a pour but d'assurer aux députés le libre

94 Cette loi vient confirmer la tendance ancienne du juge judiciaire à entendre cet élément constitutif de l'infraction de manière large. *V.* à ce sujet le chapitre 2.

95 La commission de la Chambre des députés proposait la double condition d'expédition et de transmission de la lettre au destinataire. Cette précision a été écartée par le Sénat, car trop redondante. Se pose alors la question du statut des cartes déposées puis retirées par l'émetteur ou perdues par les services postaux; *D.P*, partie IV, p. 54.

96 *Journal officiel de la République française. Débats parlementaires. Chambre des députés : compte rendu in extenso*, 1er juillet 1886, p. 1264.

97 *Loc. cit.*

exercice des hautes fonctions dont ils sont chargés[98] ». Il est nécessaire de respecter selon la commission, la jurisprudence de la chambre qui respecte « la loi constitutionnelle qui ne permet pas, sans de graves motifs, qu'un député soit mis, par la nécessité de sa défense personnelle dans l'impossibilité de remplir son mandat[99] ». Le bon fonctionnement des institutions doit prévaloir sur l'honneur de leurs membres. Il semble que cette décision aille dans le sens de l'apaisement politique.

En mars 1887, une interpellation du député bonapartiste Gustave Cuneo d'Ornano donne à nouveau aux parlementaires l'occasion d'évoquer la question de la diffamation. Si cette interpellation n'a pas de lien direct avec le boulangisme, en convoquant le droit de la presse elle permet tout de même de comprendre le contexte politique de la période et l'atmosphère de soupçon ambiant à l'égard du régime républicain.

Le député présente ainsi la situation inquiétante, selon lui, de la Corse. Il indique, dans un premier temps que le président de la Cour de Bastia, de Casabianca, est en poste depuis 1868 et que malgré son attachement manifeste à l'Empire[100], les épurations de 1883 l'ont épargné en raison du capital social de sa famille. Surtout, l'orateur évoque le cas du magistrat Giulj. Avocat, il était par le passé juge suppléant du tribunal de Corte en 1872. Alors en fonction, il avait publié des articles de journaux dans lesquels il critiquait le tribunal au sein duquel il siégeait. Ces articles lui ont valu une condamnation et une mention sans équivoque dans son dossier personnel : « Indigne de faire partie de la magistrature française[101] ». Pourtant, ce magistrat, qui avait été envoyé sur le continent à la suite de ses ennuis judiciaires, est de nouveau nommé à Sartène. Le journaliste Leandri fait alors paraître dans son journal *La Défense*, la délibération qui avait été rendue à l'encontre de Giulj. Le magistrat porte plainte contre le journaliste et fait amener le prévenu à la barre de son propre tribunal de Sartène afin qu'il soit jugé

98 *Loc. cit.*

99 *Loc. cit.*

100 Ses différents discours sont sans appel. Il déclare ainsi en 1883 : « La société paraissait alors vouée aux abîmes ; de tous côtés, déjà, les factions levaient la tête et l'heure des prochains bouleversements était indiquée, mais le prince qui avait dit que la France ne périrait pas dans ses mains déjoua ces desseins impies par l'acte providentiel du 2 décembre » ; *Journal officiel de la République française. Débats parlementaires. Chambre des députés : compte rendu in extenso*, 7 mars 1887, p. 632.

101 *Ibid.*, p. 639.

par des magistrats sur lesquels il exerce une autorité hiérarchique. Le journaliste est condamné pour diffamation en correctionnelle, la preuve des faits lui ayant été refusée au motif que les faits rapportés relèvent de la vie privée. Cette affaire fait grand bruit dans la presse locale et donne lieu à des menaces à l'égard du journaliste[102]. Surtout, alors que le journaliste a formé un pourvoi en cassation de la décision et alors que le pourvoi est en principe suspensif de la condamnation, un mandat est lancé à son encontre afin d'être placé en emprisonnement préventif. Le journaliste décide en conséquence de lancer un appel aux armes avant de prendre le maquis[103]. Pèse ainsi sur lui la menace de poursuites pour provocation à la commission d'une infraction. Le député Cuneo d'Ornano profite de ce cas particulier pour indiquer au parlement républicain qu'il existerait un traitement différencié en matière de droit de la presse, en fonction des prévenus ou des accusés. Il déclare ainsi :

> Des provocations aussi violentes paraissent tous les jours dans le *Cri du peuple* ; ce journal publie des articles dans lesquels il s'écrie « Mort à la bourgeoisie ! ». C'est là l'excitation, la provocation à l'assassinat des bourgeois [...] et vous ne réprimez pas des articles[104].

Le député bonapartiste s'insurge contre la détention préventive du journaliste, mesure qui selon lui n'est pas admise en matière d'infraction de presse. Il demande alors au gouvernement la mise en place d'une enquête confiée au Conseil d'État ou au parlement au nom de la justice, « en dehors de toutes les considérations politiques qui [...] divisent », dans un sentiment d'équité qui doit unir l'ensemble des représentants de la nation, pour « donner à la Corse ce qu'elle demande, non pas un changement de gouvernement, qui n'est pas en cause, mais simplement ceci : des juges[105] ! ».

René Goblet, président du conseil, ministre de l'Intérieur et des cultes, refuse le constat « exagéré » du député bonapartiste et indique qu'à la suite de l'unification et du renforcement du parti républicain en Corse, « on a fondé un journal intitulé *La Défense*, pour attaquer la députation républicaine et on a mis à sa tête ce M. Leandri[106] ». Il

102 *Loc. cit.*
103 *Loc. cit.*
104 *Ibid.*, p. 640.
105 *Ibid.*, p. 641.
106 *Loc. cit.*

ajoute « aujourd'hui, ceux que le parti républicain a en face de lui, ce sont les adversaires de notre Gouvernement et de nos institutions[107] ». Selon le président, ce sont en réalité des considérations politiques qui ont mené à l'interpellation parlementaire. Cette analyse semble justifiée lorsque l'on sait les tensions qui peuvent naître en Corse en raison de son ancrage bonapartiste et la progressive conquête des républicains par les urnes[108]. Surtout, le président du Conseil invoque pour justifier la situation, le principe d'inamovibilité des magistrats du siège et son intention ferme de ne pas recourir à une nouvelle réforme judiciaire du type de celle de 1883 pour laquelle il n'avait pas personnellement voté. Au nom du principe de l'inamovibilité, au regard de la légalité des actions du magistrat et si « la conduite du magistrat n'a pas donné lieu à de nouveaux griefs qui permettent de le déférer à la Cour de cassation, il ne peut être permis à des justiciables de le qualifier comme on l'a fait [...][109] ». Le président ajoute que Leandri devra répondre de sa provocation devant un jury et que les soupçons de partialité évoqués jusqu'alors par le député bonapartiste n'auront plus lieu d'être[110].

En dehors de ces débats relatifs à la diffamation, la loi du 19 mars 1889 vient encadrer un peu plus la publicité orale qui peut être faite de l'imprimé. Cette loi fait suite à l'abrogation par la loi du 29 juillet 1881 de toute la législation antérieure, entrainant avec elle la disparition de l'encadrement des cris et annonces sur la voie publique. Si un premier projet de loi avait été déposé par Pierre Waldeck Rousseau le 19 avril 1883 afin de remédier à l'absence de textes applicables, ce dernier n'avait pas abouti quant aux dispositions relatives à la publicité. Face à ce vide juridique, les maires avaient émis des règlements sur la vente à la criée. Or, la Cour de cassation leur refuse toute force obligatoire à travers deux arrêts rendus le 30 octobre 1885 et le 16 février 1888[111]. Afin de combler les lacunes du droit applicable en la matière, le texte de la loi

107 *Ibid.*, p. 644.

108 V. Pellegrinetti Jean-Paul, *La Corse et la république, la vie politique de 1870 à 1914*, Thèse de doctorat, Histoire, Nice-Sophia-Antipolis, 2000, 1148 p. Lire également à ce sujet Pellegrinetti Jean-Paul, « Sociabilité républicaine en Corse de 1870 à 1914 : Mutation d'une société », *Cahiers de la Méditerranée*, n° 56/1, 1998, p. 131-153.

109 *Journal officiel de la République française. Débats parlementaires. Chambre des députés : compte rendu in extenso*, 7 mars 1887, p. 642.

110 *Ibid.*, p. 644.

111 *D.P*, Partie V, 1888, p. 160.

du 19 mars 1889 dispose, à travers le premier alinéa de son premier article, que les journaux et tous les écrits ou imprimés distribués ou vendus dans les rues et lieux publics ne pourront être annoncés que par leur titre, leur prix, l'indication de leur opinion et les noms de leurs auteurs ou rédacteurs. Le second alinéa ajoute qu'aucun titre obscène ou contenant des imputations, diffamations ou expressions injurieuses pour une ou plusieurs personnes ne pourra être annoncé sur la voie publique[112]. Ces infractions sont punies d'une amende d'un à quinze francs, et en cas de récidive, d'un emprisonnement d'un à cinq jours.

Le député Thellier de Poncheville, dans son rapport sur le projet de loi présenté à la chambre en 1888, explique la pensée du législateur :

> La liberté de penser et d'écrire peut être entière sans qu'il en soit de même de la liberté des réclames dans la rue. Le passant est libre d'acheter ou de ne pas acheter le livre ou le journal ; il est libre encore de les lire ou de ne pas les lire, et il ne peut s'en prendre qu'à lui-même des froissements que cette lecture peut lui faire éprouver. Mais il n'est pas libre de ne pas entendre, dans la rue dont il doit se servir et qui en tous cas appartient à tous, les cris qui y sont proférés. Pourquoi l'obliger à subir le contact des injures, des diffamations, des obscénités ou des inepties qu'il plaira à un vendeur de proférer ? Le droit d'écrire suppose bien le droit de vendre ses écrits, et par conséquent de les annoncer au public, mais non celui de lui imposer l'audition[113].

La liberté accordée à la publicité est envisagée non seulement du point de vue de l'illégalité de son contenu mais également du point de vue de sa réception par le lecteur. Si les auteurs ont la possibilité, quitte à voir leur responsabilité pénale engagée, de bousculer le lecteur, ceci n'est possible que par la voie de l'écrit. La publicité orale de leurs pages est tenue à la modération, ce qui permet de limiter la portée de certaines feuilles en empêchant les vendeurs d'attirer l'attention sur eux en ayant recours à des propos racoleurs. Les propos des vendeurs peuvent ainsi être considérés, indépendamment du contenu même des imprimés, comme délictueux et se trouver punis à ce titre par un tribunal de simple police. L'objectif est de maintenir l'ordre public, d'empêcher les attroupements ou les échauffourées, mais aussi de protéger les oreilles

112 *Recueil général des lois et des arrêts en matière civile, criminelle, commerciale et de droit public*, Paris, Sirey, 1889, p. 551.

113 *Journal officiel de la République française. Débats parlementaires. Sénat : compte-rendu in extenso*, 13 décembre 1888, p. 1546.

considérées comme trop sensibles. Si le lecteur souhaite être poussé dans ses retranchements, cela doit être de sa propre initiative en achetant la lecture de son choix, à ses risques et périls. En réglementant la publicité de l'imprimé, le législateur vient protéger le lectorat en même temps qu'il vient chercher à apaiser le débat public. Dans un contexte politique largement porté sur le fantasme et la surinterprétation, cette mesure semble dans l'air du temps tant la rumeur urbaine a joué un rôle important dans l'avènement du boulangisme.

Pour autant, la jurisprudence est venue tempérer la sévérité du texte. La Cour de cassation a ainsi indiqué que les prohibitions édictées par cette loi ne peuvent s'appliquer aux affiches apposées à l'intérieur d'un magasin (dans ce cas une librairie), quand bien même cet imprimé signale en gros caractères un article de journal à l'attention du public (Cass. crim. 6 juillet 1889)[114]. La publicité dans un lieu privé, même lorsque celle-ci celle-ci serait réalisée dans une vitrine, échappe donc au contrôle accru mis en place par le législateur puisque rien dans la loi, ni dans l'intention du législateur, n'a laissé supposer que la loi ait vocation à s'appliquer à d'autres moyens de publicité que le cri sur la voie publique[115].

En matière d'évolution de la législation, l'on peut relever, en outre, une proposition de loi déposée au Sénat en décembre 1888. Elle prévoyait de rendre justiciables des tribunaux de police correctionnelle les délits d'injure publique prévus par l'article 33§ 1 de la loi du 29 juillet 1881. Pour Eugène Lisbonne ce changement de juridiction se justifiait en raison de la nature de l'injure qui est « dans l'ordre moral ce qu'est la voie de fait dans l'ordre matériel[116] ». Pour le sénateur, il n'a pas lieu de distinguer (contrairement à la diffamation) selon que l'injure vise la vie privée ou la vie publique des individus. L'injure ne contenant « aucun fait précis, le magistrat n'a qu'à rechercher dans quelles circonstances de publicité elle a pu être commise[117] ». Lisbonne ajoute que « les tribunaux de police correctionnelle sont les juges naturels de ces sortes d'infraction » et qu'ils offrent une répression rapide dans une époque

114 *D.P*, 1889, p. 1126.

115 *Ibid.*, p. 1127.

116 *Journal officiel de la République française. Débats parlementaires. Sénat : compte-rendu in extenso*, 13 décembre 1888, p. 1546.

117 *Loc. cit.*

marquée par les « débordements d'outrages[118] ». Mais la proposition de loi n'aboutit pas, laissant pour un temps encore, la compétence à la cour d'assises et au jury populaire.

Au-delà de ces quelques mesures à la marge en matière de contrôle juridique de l'imprimé, l'impassibilité du régime face à la montée du boulangisme est tout à fait notable puisque jusqu'alors le droit de la presse servait très souvent de variable d'ajustement lors d'évènements politiques importants. Rappelons que dès la proclamation de la République en 1870, la législation sur la presse s'était durcie face à l'éclatement de la Commune[119]. L'Internationale avait également fait l'objet d'une législation particulière afin de réprimer toute forme de soutien à son entreprise. Bien qu'à la fin de la décennie 1880 la situation semble également très instable (menace d'un coup d'État, montée du radicalisme) aucun changement important du droit applicable n'est envisagé par le législateur. Pourtant la loi du 29 juillet 1881 avait supprimé la protection qui était accordée à la République en tant que régime politique, ce qui la rendait potentiellement plus vulnérable aux attaques dirigées à son encontre. Plusieurs explications à cette inaction semblent être envisageables.

La première est de nature politique, stratégique et ainsi dire arithmétique. La chambre des députés, à la suite des élections de 1885, est scindée en trois grands groupes politiques : républicains opportunistes, radicaux et conservateurs. Afin de maintenir leur majorité, les républicains de gouvernement doivent conserver leur entente avec les radicaux qui permettent de faire front face à une droite qui reste forte au sein de l'hémicycle. Une stigmatisation de la pensée boulangiste soutenue, au départ du moins, par une partie de l'extrême gauche entraverait cette coopération et risquerait à terme de laisser davantage d'espace politique aux groupes conservateurs. Les opportunistes ne sont d'ailleurs pas suffisamment nombreux au sein de l'Assemblée pour voter, à eux seuls, une loi. L'exécutif préfère ainsi miser sur le débat d'idée, quitte à mettre les institutions en péril pendant un temps, plutôt que de s'assoir sur ses alliés.

Au-delà de ces considérations tactiques, il apparaît que les opportunistes misent sur la solidité des institutions républicaines et des

118 *Loc. cit.*

119 *V.* la première section du chapitre I.

mécanismes déjà prévus par les textes afin de les protéger, plutôt que sur le vote de lois de circonstances.

La répression du boulangisme s'organise véritablement au début de l'année 1889 à travers un conseil de cabinet le 28 février. Ce dernier décide de se saisir de faits mineurs survenus en Afrique afin de poursuivre les boulangistes les plus éminents à travers la Ligue des patriotes, sur la base d'une atteinte à la sûreté extérieure de l'État, complétée par une poursuite pour association non agréée de plus de vingt personnes[120]. Une instruction est ouverte et menée par le juge d'instruction Atthalin qui rend son rapport le 7 mars suivant. Les premières accusations laissent place à des chefs d'inculpation nouveaux, qui font une large place à la théorie d'un complot boulangiste. La chambre des députés se trouve alors saisie d'une autorisation de poursuivre les députés et sénateurs boulangistes qui font partie de la direction de la ligue : Laguerre, Laisant, Turquet et Naquet. Cette demande s'accompagne de deux circulaires des 12 et 29 mars, adressées par le ministère de l'Intérieur Constans aux préfets ainsi que par le ministre de la Justice Thévenet aux procureurs[121]. Ces deux documents invitent les destinataires à étendre la mesure de dissolution de la Ligue à l'ensemble du territoire et de l'accompagner de perquisitions. Le procès qui se tient du 2 au 6 avril, aboutit à une condamnation des dirigeants à 100 francs d'amende pour association non autorisée[122]. Si la peine est minime et l'accusation de société secrète écartée, cette procédure permet d'affirmer la résolution du gouvernement à lutter contre le réseau boulangiste et à inquiéter le général qui, terrifié à l'idée d'être poursuivi à son tour, fuit la France pour la Belgique.

La campagne du gouvernement à l'encontre de Boulanger se double parallèlement d'une forte pression sur la haute magistrature afin que cette dernière abonde dans son sens. Mais le gouvernement se heurte à la résistance du pouvoir judiciaire[123]. Camille Bouchez, qui ne satisfait pas les attentes du gouvernement, est poussé à la démission et se trouve

---

120 Monier Frédéric, *op. cit.*, p. 41.

121 *Ibid.*, p. 42.

122 *Loc. cit.*

123 Le procureur général parisien Camille Bouchez refuse, dans un premier temps, de signer les demandes d'autorisation de poursuites contre les parlementaires boulangistes. Il revient sur cet épisode des années plus tard dans la presse ; *V.* L*e Figaro. Supplément littéraire du dimanche*, 12 janvier 1907, p. 1.

remplacé par Quesnay de Beaurepaire. Ce dernier dépose le 4 avril à la chambre une demande d'autorisation de poursuite à l'encontre de Boulanger lui-même, ainsi que de Dillon et Rochefort[124]. La chambre vote majoritairement en faveur du procès (553 voix contre 199) et le 8 avril le président de la République rédige un décret afin de convoquer la Haute Cour de Justice[125]. Une loi, votée dans la précipitation le 12 avril, vient préciser la procédure à suivre en raison du mutisme des textes à ce sujet. Le procès s'ouvre le 8 août 1889 en l'absence des accusés, pour complot contre l'État[126]. Le Sénat réuni en Haute Cour est convaincu par la démonstration du procureur et les trois accusés sont reconnus coupables de complot contre l'État et d'attentat. Boulanger est également condamné pour détournement de deniers publics dont il était comptable. Les trois accusés sont condamnés à la déportation dans une enceinte fortifiée.

Ce premier « complot moderne » réprimé par la Troisième République allie toutes les grandes questions du temps : publicité, presse, et suffrage universel[127]. Cet épisode boulangiste a contribué de manière paradoxale à la consolidation d'une véritable démocratie parlementaire[128]. Plutôt que de miser sur la force, le champ politique a su utiliser à son compte des outils déjà existants (en les perfectionnant

---

124 L'acte d'accusation est peu clair et semble davantage reposer sur le sentiment de l'opinion publique et du gouvernement plutôt que sur de véritables preuves matérielles, trahissant la volonté du pouvoir politique, à travers le ministère public, d'en finir avec une crise qui ne trouve pas d'issue.

125 Monier Fréderic, *op. cit.*, p. 44. Au sujet de cette juridiction spéciale et politique et de sa justification, Lucien Faure écrivait : « Le besoin d'assurer la conservation sociale menacée comporte certaines précautions : celle dont la nécessité est le plus unanimement admise, c'est l'institution d'une juridiction politique spéciale, élevée, par le rang et l'autorité, au-dessus des tribunaux ordinaires » ; Faure Lucien, *De la compétence de la Haute Cour de justice en France d'après la constitution, la législation et les précédents historiques*, Thèse de doctorat, droit, Paris, A. Chevalier-Marescq, 1901, p. 2-3.

126 Tous les éléments du complot sont présentés par le procureur général lors de son long réquisitoire, dont le ton est donné dès les premières minutes : « Ils ont prétendu être les fondateurs d'un parti qui serait assurément le parti national, puisque c'est le parti du courage et de la vertu ! Et cependant nous avons vu les mêmes accusés prendre la fuite au moment où nous avions seulement le projet de les faire interroger sous le contrôle de l'opinion publique » ; *La Haute Cour de Justice : le procès Boulanger, réquisitoire du procureur général*, Paris, Imprimerie de la presse, 1889, p. 2.

127 Monier Fréderic, *op. cit.*, p. 45.

128 Telle est la thèse avancée par Providence Mathieu, *La contribution paradoxale du boulangisme à l'édification de la démocratie parlementaire*, Thèse de doctorat, Science politique, université Paris X, 2009.

parfois), qu'ils soient juridiques ou médiatiques. Le résultat des élections législatives des 22 septembre et 6 octobre 1889 lui donnent raison puisque les élus boulangistes perdent en grande partie leurs mandats. Néanmoins ces résultats ont été facilités en partie par des mesures prises par la majorité avant la tenue du scrutin : si le droit de la presse n'est pas modifié pour faire taire le boulangisme, le droit électoral l'est davantage[129]. À la suite des élections de 1889, seul le Nord-Ouest de la France semble ainsi encore acquis aux idées boulangistes[130].

Ainsi, il apparait à l'occasion de la crise boulangiste un phénomène de « discipline républicaine » à laquelle se plient candidats et électeurs pour la première fois au cours de la Troisième République sans qu'aucune loi de circonstance importante n'ait été votée.

L'échec des projets de réforme du droit de la presse

Fin janvier 1889 le député de gauche et écrivain, Paul de Jouvencel, interpelle le gouvernement au sujet des mesures à prendre afin de faire

129 Néanmoins ces résultats ont été facilités en partie par des mesures prises par la majorité avant la tenue du scrutin. La loi du 13 février 1889 rétablit le scrutin uninominal pour l'élection des députés. La loi du 17 juillet 1889 interdit les candidatures multiples dans différentes circonscriptions et condamnent la publicité (affiches, placards, bulletins de votes) à l'encontre des candidats n'ayant pas respecté les règles électorales. L'objectif poursuivi par ces deux textes est d'empêcher, comme le remarque Paul Robiquet, les plébiscites et l'habituation du corps électoral « à l'acclamation d'un seul », ce qui peut mener à terme à la dictature ; *Annuaire de législation française publié par la Société de législation comparée*, Paris, Cotillon, 1890, p. 210. La réforme entend empêcher Boulanger dans son entreprise de conquête du pouvoir en lui interdisant d'avoir recours à la candidature multiple (chose qu'il avait déjà faite). Jean Jaurès s'oppose fermement à cette proposition de loi au nom de l'intégrité des principes républicains, à l'« attitude de loyale et confiante espérances que [l'on doit] avoir dans le suffrage universel » ; *Journal officiel de la République française. Débats parlementaires. Chambre des députés : compte-rendu in extenso*, 13 juillet 1889, p. 2010. Le député livre à l'Assemblée son sentiment sur une mesure projetée dans le seul dessein de lutter contre le « péril boulangiste » : selon lui, la seule manière de vaincre durablement cette idéologie de rejet, c'est d'offrir à la population un camp républicain droit dans ses principes et ses revendications. Une loi viendrait trahir la confiance des électeurs dans un législateur prêt à modifier les règles de scrutin afin de favoriser son camp ; *loc. cit.* *V.* sur ces élections, Garrigues Jean, *Les élections législatives de 1889 à Paris et dans le département de la Seine*, Mémoire de maîtrise, histoire, Paris X – Nanterre, 1982.

130 *V.* À ce sujet la carte produite dans *La France électorale. Élections législatives des 22 septembre et 6 octobre 1889*, Paris, Imprimerie chevalier, 1889.

respecter les pouvoirs publics. Le député observe un débordement d'injures et d'insultes à l'égard du gouvernement[131]. Surtout il souligne l'inaction de ce dernier à ce sujet et le sentiment que cela crée auprès des citoyens qui sont amenés à croire que c'est « par impuissance que le gouvernement n'ose pas ou ne sait pas se défendre[132] ». Selon le député, le gouvernement sortirait affaibli de ces assauts continus en laissant prospérer l'idée selon laquelle, si le gouvernement ne sait pas se défendre lui-même, il serait incapable de défendre ses citoyens si besoin[133]. Paul de Jouvencel craint particulièrement la réaction des classes sociales les plus populaires qui pourraient être influencées par ces écrits répétés. Tel ne serait pas le cas des Français les plus instruits. Selon lui, les esprits « les plus éclairés savent bien que cette indifférence du gouvernement devant les insultes ne provient nullement de faiblesse » : elle tiendrait plutôt à une « confiance extrême dans l'efficacité de la liberté[134] ». Il ajoute plus loin :

> Il faut le reconnaître, la Troisième République a tenté une expérience mémorable. Dans sa fois robuste en la liberté, elle n'a pas seulement essayé la liberté complète, ce qui est rationnel, nécessaire pour une République, elle a essayé un système où ce serait la liberté même qui serait chargée de corriger les abus de la liberté[135].

Or parfois ce mécanisme d'autorégulation des imprimés n'est pas suffisant. Les ennemis de la République usent de cet espace afin de la remettre en cause avec acharnement, sous prétexte de lutter contre la majorité au pouvoir. En ce sens, la liberté ne doit pas être synonyme d'impunité et il convient d'agir à l'égard des écrivains et à l'encontre de l'armée qui doit être soumise au pouvoir civil[136]. Pour cela, il est nécessaire de protéger l'ascendant hiérarchique du gouvernement sur les militaires. Si le député ne vise pas le général Boulanger dans ses propos, l'on comprend pourtant qu'il est au centre de son développement.

---

131 *Journal officiel de la République française. Débats parlementaires. Chambre des députés : compte rendu in extenso*, 31 janvier 1889, p. 248.

132 *Loc. cit.*

133 *Loc. cit.*

134 *Loc. cit.*

135 *Loc. cit.*

136 *Ibid.*, p. 250.

Face à ces risques qui pèsent sur l'autorité et la légitimité de l'exécutif, il est temps, pour l'orateur d'y mettre en terme même si en la matière « rien n'est facile[137] ». Plus encore, à travers son interpellation le député demande le vote d'un ordre du jour par la Chambre[138].

En réponse à cette interpellation, le président du Conseil indique qu'il n'est pas envisageable de « toucher aux libertés essentielles que la République a établies. [...] la liberté d'écrire, [...] de penser, [...] de se réunir, doivent rester entières[139] ». La protection des pouvoirs publics ne doit pas emprunter la voie de la réforme du droit de la presse existant. Aucun article additionnel ne doit être envisagé. Le gouvernement s'attache à sortir de la crise dans laquelle il se trouve par des actes, en construisant une politique « non sectaire », ouverte à l'ensemble des sensibilités politiques par le vote de différentes lois[140].

Après de longs débats passionnés sur la situation politique du pays et sur les propositions du gouvernement, la Chambre se voit proposer quatre ordres du jour. Le premier est celui du député de Jouvencelle. Le second est présenté par des députés acquis au gouvernement[141]. Le troisième est présenté par des députés boulangistes, dont les termes sont sans appel : « La chambre, réprouvant aussi bien les traditions dictatoriales des régimes passés que l'imitation que vous en faites aujourd'hui le Gouvernement, passe à l'ordre du jour[142] ». Un dernier ordre du jour est présenté par le député Hubbard et propose une solution médiane : « La chambre espérant que le Gouvernement saura prendre les mesures nécessaires pour assurer le respecter des lois, passe à l'ordre du jour[143] ». L'ordre du jour le plus favorable au gouvernement est finalement adopté.

---

137 *Ibid.*, p. 248.

138 Celui-ci est ainsi conçu : « La Chambre, constatant la nécessité de réprimer des écarts qui peuvent compromettre la paix intérieure et la liberté, invite le gouvernement à prendre des mesures, afin de faire respecter vigoureusement les pouvoirs publics » ; *ibid.*, p. 250.

139 *Ibid.*, p. 252.

140 Ces mesures, votées ou proposées, sont énumérées par l'orateur : décret supprimant le cautionnement pour les associations ouvrières, projets de loi sur l'enfance abandonnée ... Elles sont pour beaucoup tournées vers des questions d'ordre social ; *ibid.*, p. 253.

141 Les députés Montant, Dupuy, Lefebvre, Jacquemart, Gillet et Boissy-d'Anglas : « La chambre, confiance dans la fermeté du gouvernement, passe à l'ordre du jour ». ; *ibid.*, p. 268.

142 *Ibid.*, p. 268.

143 *Loc. cit.*

À la suite de ces échanges, une proposition de loi est déposée par Delmas en janvier 1889 afin de modifier les compétences juridictionnelles du délit d'injure publique prévues par l'article 33 de la loi du 29 juillet 1881[144] dans le souci de renforcer l'autorité attachée aux représentants de l'État. Ce texte est voté, après déclaration d'urgence, par le Sénat le 18 février 1889[145]. Une commission est nommée à la chambre des députés pour l'examen de la loi en mars[146] et l'urgence de la loi est votée en suivant à une courte majorité[147].

Le rapporteur de la loi rappelle à l'Assemblée que jusqu'alors la loi du 29 juillet 1881 distinguait les injures à l'encontre des particuliers et celles à l'encontre des corps et personnes désignées par les articles 30 et 31 de la même loi. Selon l'article 45, les premières sont de la compétence des tribunaux correctionnels alors que les secondes relèvent de la cour d'assises. Aussi, la proposition de loi propose de confier l'ensemble du contentieux aux tribunaux correctionnels, sans distinctions relatives à la personne des victimes visées par les propos.

Comme cela avait déjà été relevé peu de temps auparavant dans l'hémicycle, le rapporteur de la loi déclare :

> […] il ne se passe pas un jour où des publications sans nombre, que le bon marché place dans toutes les mains et que [les] voies de communication rependent en quelques heures sur tous les points du territoire, ne se livrent à des attaques sans mesure, à des outrages sans nom contre les pouvoirs publics, les grands corps et les administrations de l'État, et contre les fonctionnaires, les hommes politiques ou les personnes chargées d'un service de mandat public[148].

Pour éviter que ces injures se multiplient encore davantage, la proposition est faite de confier le contentieux à une juridiction moins couteuse, moins lente et moins solennelle que la cour d'assises[149]. Cette infraction, simple dans l'appréhension de ses éléments constitutifs, ne devrait pas avoir pour conséquence de convoquer trente-six jurés afin d'être jugée. Cette lourdeur juridictionnelle entrainerait de fait une justice trop tardive

144 *Journal officiel de la République française. Débats parlementaires. Chambre des députés : compte rendu in extenso*, 21 février 1889, 31 janvier 1889, p. 247.

145 *Ibid.*, p. 412.

146 *JORF*, 25 mars 1889, p. 698.

147 266 en faveur de l'urgence, 259 contre ; *JORF*, 30 mars 1889, p. 778.

148 *Ibid.*, p. 772.

149 *Loc. cit.*

et une impunité presque toujours complète des auteurs qui ne sont pas poursuivis[150]. En ce sens, le juge naturel de l'injure semble devoir être un juge installé de manière permanente, apte à rendre rapidement une décision de justice[151]. Ceci serait d'autant plus logique que l'injure ne constituerait pas la marque d'un débat politique, mais seulement d'une invective personnelle.

Portée par une volonté de répression efficace, cette proposition revient sur la loi du 29 juillet 1881 qui pose le jury comme la juridiction privilégiée des infractions de presse[152]. Paul de Cassagnac oppose donc au projet de loi la seule légitimité du jury, constitué de citoyens et du peuple lui-même, à prendre part à une instance qui intéresse de près les intérêts de l'État. Les jurés ont cet avantage de n'être soumis ou redevables à aucun gouvernement[153]. Surtout, le député voit dans ce changement de juridiction, le moyen de museler l'opposition politique. Le terme élastique d'injure permettrait de tout comprendre afin de faire tomber les ennemis du pouvoir[154]. La majorité des députés se range à cette conception puisque le projet de loi n'est pas adopté à 306 voix contre et 236 pour[155]. Aucune modification de poids n'est donc apportée au droit de la presse du point de vue des infractions ou des juridictions compétentes.

L'ACTIVITÉ DES TRIBUNAUX EN MATIÈRE D'IMPRIMÉ AU COURS DE LA CRISE BOULANGISTE

Aucun texte particulier n'ayant été voté afin de faire face à la montée du boulangisme, les tribunaux ont été saisis sur la base du droit commun afin d'envisager le contentieux soumis à leur examen. En corollaire de la montée de la ferveur militariste et belligérante, les tribunaux ont à connaître de nombreux auteurs hostiles à l'armée.

150 *Ibid.*, p. 773.

151 *Ibid.*, p. 772.

152 Devant le parlement, René Goblet rappelle cette position ancienne des lois de Serre mais également du législateur républicain : « [...] M. Lisbonne, en 1881, dans son rapport, [spécifiait] que dans tous les temps, sauf aux deux époques de réaction violente de 1822 et de 1852, qui marquent les deux phases les plus tyranniques dont la presse ait gardé le souvenir, le délit d'injure ou de diffamation envers les agents de l'autorité a été déféré au jury » ; *JORF*, 2 avril 1889, p. 808.

153 *JORF*, 30 mars 1889, p. 773 ; p. 774.

154 *Loc. cit.*

155 *JORF*, 2 avril 1889, p. 817.

Le contentieux de l'imprimé au cours de la crise

Si la législation n'est pas modifiée, c'est en partie notamment grâce à l'arsenal juridique qu'offre déjà la loi du 29 juillet 1881. Ainsi, les journaux boulangistes sont poursuivis sur des fondements légaux divers comme la diffamation ou encore l'injure au Président de la République ou aux ministres. *Le journal des débats politiques et littéraires* rapporte de nombreux cas en la matière. On lit par exemple dans l'édition du 21 mai 1889 que le gérant, l'éditeur et un auteur du journal boulangiste *La Souveraineté du Peuple* sont poursuivis pour avoir publié un texte au sein duquel il était indiqué que « M. Carnot préside un Conseil des ministres composé de sacripants et de scélérats[156] ». M. Floquet y était qualifié de « plus vil que Lacenaire, plus misérable que Cartouche, plus lâche que Papavoine[157] ».

Si des poursuites sont engagées contre les auteurs boulangistes les plus acerbes, l'on observe que la crise de 1886 à 1889 n'entraîne pas une explosion du contentieux des infractions de presse contrairement à ce qui avait pu être le cas suite à la crise du 16 mai 1877[158]. En ce qui concerne les infractions jugées par les cours d'assises, l'on constate une certaine stabilité du nombre d'affaires depuis l'adoption de la loi nouvelle en 1881 avec : 10 affaires en 1881, 34 en 1882, 39 en 1883, 57 en 1884, 38 en 1885, 31 en 1886, 29 en 1887, 26 en 1888, 28 en 1889[159]. Pour les tribunaux correctionnels, l'on compte : 2732 affaires en 1882, 2672 en 1883, 2917 en 1884, 1694 en 1885, 1543 en 1886 et 2219 en 1887[160], 2370 en 1888[161]. La crise boulangiste n'a donc pas créé une explosion des poursuites en matière de presse et le nombre d'affaires jugées par les tribunaux depuis 1881 est stable.

Si la jurisprudence entre 1885 et 1889 ne témoigne pas d'une répression exacerbée de la presse d'un point de vue quantitatif, qualitativement il apparaît que la jurisprudence de l'année 1889 soit très liée la crise boulangiste. Au cours de 1889, année du jugement de Boulanger, on

156 *Journal des débats politiques et littéraires*, 21 mai 1889, p. 3.

157 *Loc. cit.*

158 *V.* Chapitre 2.

159 *Bulletin officiel du Ministère de la Justice*, 1889, p. 138 ; *Compte général de l'administration de la justice criminelle*, 1888, p. XIII ; *Compte général de l'administration de la justice criminelle*, 1889, p. XV.

160 *Bulletin officiel du Ministère de la Justice*, 1889, p. 142.

161 *Compte général de l'administration de la justice criminelle*, 1889, p. XIV.

lit ainsi dans *Le compte général de l'administration de la justice criminelle* « que la loi du 29 juillet 1881 sur la presse, qui n'avait motivé, en 1888, devant les tribunaux correctionnels que 95 poursuites [en dehors des cas de diffamation], en a entraîné 269 en 1889 par suite de 163 nouvelles applications de l'article 38 qui interdit de publier les actes d'accusation avant leur lecture en audience publique[162] ». Il s'agit ici de l'acte d'accusation du général.

En effet, au printemps 1889 Boulanger est inquiété pour attentat contre la sureté de l'État avec deux de ses fidèles soutiens, Rochefort et Dillon. Afin de juger les trois individus, le Sénat est réuni en Haute Cour en vertu des lois constitutionnelles du 24 février 1875 et du 16 juillet 1875, sur décret du 8 avril 1889. Le 12 avril 1889, la Cour ordonne l'instruction du procès dont les audiences commencent le 8 août. C'est ainsi une justice politique qui est en charge de l'affaire[163]. Le procureur général Jules Quesnay de Beaurepaire qui est nommé[164] doit alors faire face à une question de droit et plus précisément de compétence. En principe, la Haute Cour n'est compétente que pour juger des articles 87 et 88 du code pénal, c'est-à-dire des attentats matériels, restrictivement définis. Or, dans le cas de Boulanger, ces actes sont difficiles à établir. Le choix est donc fait d'interpréter de manière extensive les articles du code pénal, contrairement à ce que le principe de légalité en droit pénal exige. La compétence de la juridiction d'exception est élargie à tous les actes attentatoires à la sûreté intérieure et extérieure de l'État[165]. L'acte d'accusation impute alors aux trois auteurs le fait d'avoir « au cours des années 1886, 1887, 1888, 1889 concerté et arrêté ensemble un complot ayant pour but, soit de détruire ou de changer le gouvernement, soit d'exciter les citoyens ou habitants à s'armer contre l'autorité constitutionnelle[166] ». Boulanger est également accusé d'avoir attenté à la sûreté de l'État avec l'aide de ses complices en ayant détourné des fonds publics alors qu'il était ministre[167].

---

162 *Compte général de l'administration de la justice criminelle*, 1889, p. XVII.

163 Royer Jean-Pierre, *Histoire de la justice*, *op. cit.*, p. 690.

164 L'on apprend dans la presse que le procureur fût journaliste et qu'il occupe ses loisirs à écrire des romans ainsi que des pièces de théâtre sous le pseudonyme de Jules de Glouvet ; *Le Rappel*, 3 avril 1889, p. 1.

165 Royer Jean-Pierre, *op. cit.*, p. 691.

166 *Loc. cit.*

167 *Loc. cit.*

Au cours de la procédure Quesnay de Beaurepaire est attaqué par de nombreux journaux boulangistes. Afin de se défendre, il obtient l'accord du garde des Sceaux pour lancer des assignations[168]. Le procureur intente ainsi plusieurs procès aux boulangistes qui le prennent pour cible et la presse se fait l'écho de ces poursuites presque quotidiennement.

À titre d'exemple, une plainte déposée contre Laguerre, qui dans une lettre publiée par le journal *La Presse* soutient que le procureur en mentionnant dans son réquisitoire qu'une réunion a été organisée au domicile du prévenu, a menti[169]. En outre, le procureur a déposé plainte contre un imprimeur et les colporteurs d'un placard[170]. Afin de dissiper les doutes quant à ses motivations, Quesnay de Beaurepaire indique que l'ensemble des dommages et intérêts qu'il pourrait percevoir à la suite des différentes procédures engagées seront distribuées aux pauvres de Paris[171].

En retour, la presse riposte et agit de son côté également en justice. Le journal l'*Éclair* porte plainte pour diffamation contre le procureur sur la base de déclarations publiées dans le journal *Le* XIX*e siècle* au sein desquelles l'on peut lire : « *L'Éclair*, vous le savez, est un nouveau journal qui voudrait bien se faire connaître. Et, pour arriver à ce résultat, tous les moyens lui semblent bons. C'est ainsi qu'il m'a tout d'abord attaqué, dans l'espérance que je le poursuivrais. Ce lui serait une si bonne réclame[172] ».

Comme L'*Éclair*, le journal *Le Triboulet* poursuit le procureur en diffamation[173]. Au cours des différentes instances, et compte-tenu des tensions qui montent dans le débat public, des mesures d'ordre sont prises pour que les salles d'audience ne soient pas envahies. Les entrées sont donc limitées aux avocats et à quelques particuliers[174].

Le Rappel du 3 mai 1889 synthétise l'ensemble des actions en cours en indiquant que M. Quesnay de Beaurepaire a porté plainte contre différents journaux au sein desquels se trouvent : *l'Intransigeant*, *le Gaulois*, *le Triboulet*, *la Presse*, *la Cocarde*, *la Gazette de France*, *l'Autorité* ou encore

---

168 *Le Rappel*, 21 avril 1889, p. 2.
169 *Loc. cit.*
170 *Le Rappel*, 26 avril 1889, p. 2.
171 *Le Rappel*, 24 avril 1889, p. 2.
172 *Le Rappel*, 26 avril 1889, p. 2.
173 *Loc. cit.*
174 *Le Rappel*, 3 mai 1889, p. 2.

l'Éclair[175]. Les gérants de ces différents papiers doivent répondre de leurs publications devant la 9e chambre correctionnelle du tribunal de la Seine[176] pour injures et diffamation. M. de Baurepaire-Louvagny est poursuivi quant à lui pour avoir contesté au procureur dans une lettre reproduite par *l'Autorité*, la propriété du nom de Beaurepaire[177].

Les parties défenderesses invoquent l'incompétence du tribunal correctionnel et la compétence du jury, les propos visant le plaignant pour des faits de sa vie publique en tant que procureur général, qu'ancien officier des francs-tireurs en 1870 et non pas en tant que particulier[178]. Une des citations vise un article publié dans *la Presse* et repris le lendemain dans l'*Intransigeant*, au sein duquel le procureur est accusé entre autres choses, d'avoir fui lâchement devant l'ennemi et abandonné son sabre alors qu'il était capitaine franc-tireur en 1870[179].

L'on apprend le 10 mai 1889 que le tribunal s'est reconnu incompétent pour un grand nombre d'articles et invite le plaignant à saisir la cour d'assises, seule compétente pour les infractions dirigées à l'encontre de sa personne publique[180]. Il ne se déclare compétent que pour trois articles de l'*Intransigeant* (6 et 23 avril) et un article du 21 avril de *la Presse*[181]. Face à ces décisions, le procureur fait appel[182]. Entre temps, le gérant du *Petit Rennais* est condamné à dix jours de prison et à deux cents francs d'amende pour ses attaques à l'encontre du procureur[183].

---

175 *Loc. cit.*

176 *Le Rappel*, 22 avril 1889, p. 2.

177 *Le Rappel*, 3 mai 1889, p. 2.

178 *Loc. cit.*

179 *Loc. cit.*

180 Au sujet du journal l'*Autorité*, le jugement déclare que « tant de l'esprit que de la teneur des articles déférés au tribunaux, que les diverses imputations qu'ils renferment s'adressent à l'homme public en sa qualité de magistrat ou de capitaine de volontaires ; que si dans l'écrit inséré dans le numéro du 7 avril figurent des imputations relatives à la fois à la vie publique et à la vie privée du plaignant, celles-ci sont liées si étroitement qu'elles forment entre elles un tout indivisible, dont l'une quelconque des parties ne saurait être appréciée et jugée séparément ; que c'est donc soit comme fonctionnaire public, dépositaire ou agent de la force publique, soit comme citoyen chargé d'un service public que M. Quesnay de Beaurepaire a été injurié ou diffamé ; que la connaissance des faits ainsi caractérisés est attribuée à la cour d'assises, aux termes de l'article 46 de la loi du 29 juillet 1881 » ; *Le Rappel*, 10 mai, 1889, p. 2.

181 *Loc. cit.*

182 *Le Rappel*, 23 mai 1889, p. 2.

183 *Le Rappel*, 26 mai 1889, p. 3.

Le tribunal correctionnel de Paris rend sa décision le 9 juin et confirme le jugement d'incompétence en ce qui concerne la *Gazette de France*. Elle infirme les autres jugements d'incompétence pour les autres. Tel est le cas pour *Le Gaulois* dont le gérant est condamné à 1000 francs d'amende pour avoir remis en cause le nom et l'appartenance du procureur à la famille de Beaurepaire[184]. *L'Autorité*, à travers son gérant, est condamnée à un mois de prison et 500 francs d'amende pour avoir allégué que le procureur a obtenu un solde de compte par des moyens contraire à la morale et à la probité[185]. Le *Triboulet* est aussi condamné pour avoir qualifié le plaignant de caricature de gentilhomme, avoir remis en cause son titre de noblesse et prétendu que l'honorabilité de son beau-père l'a aidé[186].

Deux procès ont lieu devant la cour d'assises. Le premier est le procès en diffamation intenté par le procureur à l'*Intransigeant* et à *la Presse*. Les deux journaux accusaient le procureur, alors capitaine de francs-tireurs en 1870, d'avoir fui lâchement devant l'ennemi et d'avoir abandonné son sabre qui lui aurait été restitué par son chef de bataillon avec les paroles les plus blessantes pour un soldat. Le procès donne l'occasion à l'avocat du procureur de faire référence à la crise boulangiste. Il déclare ainsi à propos de la coalition composée de royalistes, bonapartistes et républicains acquis à la cause du général :

> L'arme favorite de cette coalition, c'est la calomnie, l'injure basse et ignoble. Les discussions courtoises et parlementaires de nos pères ont été remplacées par l'introduction, dans la presse et au Parlement, de mœurs diffamatoires qui nous ravalent aux yeux de nos compatriotes et des étrangers[187].

En guise de défense, l'avocat des accusés cherche également à placer les débats non pas sur le terrain du procès de presse, mais du procès en Haute Cour. Il essaie à ce titre d'évoquer les circonstances dans lesquelles le précédent procureur, Bouchez, a quitté ses fonctions[188]. Mais le président de la Cour l'interrompt pour recentrer les échanges sur la cause soumise au jury et sur la preuve des faits avancés. Le jury condamne les prévenus pour diffamation tout en relevant des circonstances atténuantes.

---

184 *Le Rappel*, 10 juin 1889, p. 2.
185 *Loc. cit.*
186 *Loc. cit.*
187 *Le rappel*, 10 juillet 1889, p. 2.
188 *Ibid.*, p. 3.

Le second est un procès en diffamation intenté par le ministère public aux journaux qui ont diffamé l'homme en tant que magistrat, au sein duquel ce dernier ne se porte pas partie civile[189]. Cette nouvelle série de poursuites est à nouveau très politique, puisque Paul Déroulède vient plaider la cause d'un des journaux boulangistes. Sur le banc des accusés sont présents des personnalités telles que Mermeix et le procureur Camille Bouchez, initialement en charge du procès de Boulanger devant la Haute Cour avant de se désister, qui est appelé à témoigner[190].

L'avocat de la défense n'hésite pas à se risquer à aborder la question du remplacement du procureur Bouchez et à affirmer que la politique domine le débat. Le jury retient la diffamation mais écarte l'injure et accorde des circonstances atténuantes aux prévenus.

La *Souveraineté du peuple* est poursuivie sur le fondement d'offense au Président de la République et aux ministres pour un article en date du 21 février 1889 au sein duquel M. Carnot était présenté comme président d'un conseil de sacripants et de scélérats[191]. La cour d'assises de la Haute-Garonne a relaxé le gérant et le rédacteur en chef[192].

L'on retrouve à travers ces différents procès de presse la détermination d'un homme qui souhaite protéger sa personne, sa fonction et la Haute cour. De même, le procès de Boulanger et de ses complices devant la Haute Cour illustre la farouche volonté d'un parlement de gauche, de lutter contre son ennemi qui a fui à l'étranger[193]. Les premières lignes du réquisitoire ne laissent pas de doute à ce sujet :

> Messieurs, le ministère public a pour habitude, lorsque les accusés sont absents, de ne pas motiver ses conclusions ; il dépose des réquisitions écrites ; les pièces sont remises sur le bureau : cela suffit. Mais aujourd'hui la situation est fort

189 *Ibid.*, 2 juillet 1889, p. 2.

190 *Ibid.*, 12 juillet 1889, p. 3 ; *Le Rappel*, 13 juillet 1889, p. 3.

191 *Journal des débats politiques et littéraires*, 21 mai 1889, p. 3.

192 *Ibid.*, 22 mai 1889, p. 3.

193 De nombreux débats ont lieu au sein du Sénat au sujet de l'opportunité des poursuites ainsi que de leur justification légale. Ainsi, lors de l'audience publique du procès en date du 12 août, « au nom de la minorité sénatoriale », Oscar de Vallée, Lacombe et Buffet estiment ainsi que les faits reprochés aux accusés ne peuvent être qualifiées d'attentat. Les manifestations du 14 juillet 1887, même si elles ont été importantes et outrageantes pour l'armée, « n'ont pas davantage présenté le caractère d'un acte violent consommé ou tenté pour renverser l'autorité constitutionnelle » ; Michalak Thomas, *Les Assemblées parlementaires, juge pénal. Analyse d'un paradigme irréalisable (1789-1918)*, Thèse de doctorat, histoire du droit, Université Paris Panthéon-Assas, 2020, p. 462.

> différente. À défaut des gens mis en cause, nous avons leurs incessants plaidoyers venus de loin. Vous êtes, Messieurs, en présence d'explications et d'allégations qui nous arrivent ainsi par-dessus la mer, en présence d'un dossier qui jusqu'ici a été fermé, et vous avez, je crois, un extrême désir de savoir ce que ce dossier peut contenir. Le pays, lui aussi, désire que la lumière soit faite [...][194].

Malgré les lacunes du procès, les trois accusés sont reconnus coupables, par contumace, des faits qui leur sont reprochés et condamnés à la déportation. La justice politique vient mettre un terme à l'épisode boulangiste par la mise en œuvre d'une procédure spéciale mais légale, prévue par l'article 12 de la loi du 16 juillet 1875[195].

Le mouvement boulangiste illustre la montée d'une ferveur populaire patriotique au sein d'une société où l'armée joue un rôle important. Même si l'entreprise se trouve avortée par la Haute Cour de justice, les idées portées font tout de même écho à des tendances de fond auxquelles les républicains, y compris opportunistes, adhèrent. La sacralisation de la patrie[196] mène à un culte de l'armée et du soldat qui s'observe jusque dans le contentieux de l'imprimé.

L'antimilitarisme devant la cour d'assises

Après la défaite de 1871, l'armée se présente comme l'« Arche sainte » au service de la nation, comme une institution qui doit susciter le respect au-dessus des partis politiques[197]. Les hommes de gauche se veulent, en ce sens, aussi patriotes que leurs adversaires conservateurs et multiplient les signes de respect envers l'armée[198]. Les liens entre le champ politique et l'armée sont nombreux. Au sein de l'exécutif existe une forte représentation de l'armée, le ministre militaire se présentant comme l'ambassadeur de la République des officiers auprès du pouvoir civil[199].

---

194 *Le procès du général Boulanger-Rochefort-Dillon devant la Haute Cour de justice. Compte-rendu, jugement, condamnation*, Paris, Librairie Française, 1889, p. 43.

195 Michalak Thomas, *op. cit.*, p. 446.

196 Sapiro Gisèle, *La responsabilité de l'écrivain. Littérature, droit et morale en France (XIXe-XXe siècles), op. cit.*, p. 372.

197 Boniface Xavier, « La réforme de l'armée française après 1871 », *Inflexions*, vol. 21, n° 3, 2012, p. 50.

198 Girardet Raoul, *La Société militaire dans la France contemporaine (1815-1939)*, Paris, Plon, 1952, p. 161.

199 Estebe Jean, *Prosopographie des militaires ministres sous la Troisième République*, in *Militaires en République, 1870-1962 : Les officiers, le pouvoir et la vie publique en France*, Paris, Éditions

La Troisième République, dès 1872, mise sur une réorganisation de l'armée : au-delà de la revanche, la volonté du pouvoir politique est de fonder une société sur des bases renouvelées afin de « vaincre la défaite[200] ». L'armée se présente comme le lieu de « régénération politique, morale et sociale du pays[201] » notamment en ce qu'elle permet l'« apprentissage de la nation, de la citoyenneté, de la République[202] ». En ce sens, le chantier de la conscription participe de l'acculturation des Français à l'État, voulant se confondre avec la nation[203]. En le transformant en service personnel obligatoire par la loi du 27 juillet 1872, la conscription permet d'unifier les régions au point de mettre fin un terme à la « France des terroirs[204] ». Ce mouvement est parachevé avec le vote de la loi du 15 juillet 1889[205]. Cette dernière, liant la conscription à la nationalité et à ses devoirs, fait primer le droit du sol à celui du droit du sang, participant d'une nationalité française intégratrice de l'ensemble des territoires[206]. On observe ici l'expression de l'égalitarisme républicain, qui fait du service militaire le lieu où s'achève l'assimilation de toute la population. En effet cette loi dite Loi Freycinet, supprime les dispenses de service militaire pour les enseignants, les élèves des grandes écoles ainsi que pour les séminaristes. Si la durée du service est diminuée, de 5 à 3 ans, elle intègre l'ensemble de la population masculine, clercs compris, lui donnant le sobriquet de « loi des curés sac à dos ». Sont seuls exclus ceux qui sont considérés

---

de la Sorbonne, 1999, [en ligne], [consulté le 12 janvier 2022].

200 *Loc. cit.*

201 *Loc. cit.*

202 Crépin Annie, *Défendre la France. Les Français, la guerre et le service militaire, de la guerre de Sept Ans à Verdun*, Rennes, PUR, 2005, p. 318

203 Crépin Annie, « De la nation armée au service militaire obligatoire : la conscription au XIXe siècle. Perspectives et méthodologie d'un champ historiographique », in *Annales historiques de la Révolution française*, n° 316, 1999, p. 378.

204 Weber Eugène, *La fin des terroirs : la modernisation de la France rurale 1870-1914*, Paris, Fayard, 1983.

205 Crépin Annie, *op. cit.*, p. 378. Sur cette loi, lire Merillon Daniel, *Commentaire de la loi militaire du 15 juillet 1889 sur le recrutement de l'armée, suivie du commentaire de la loi sur le rengagement des sous-officiers du 18 mars 1889*, Paris, H. Charles-Lavauzelle, 1890, 832 p. ; *Recrutement de l'armée. Loi militaire du 15 juillet 1889 par demandes et réponses à l'usage des sous-officiers, brigadiers et gendarmes*, Paris, H. Charles-Lavauzelle, 1891, 100 p. ; Andreani Alphonse, *Loi du 15 juillet 1889. Traité pratique du recrutement et de l'administration de l'armée française…*, Nice, J. Ventre, 1889, 376 p.

206 Crépin Annie, *op. cit.*, p. 379-380.

comme « irrécupérables », c'est-à-dire certains individus ayant été préalablement condamnés en justice[207]. Quand bien même l'armée ait pour vocation de créer un corps de citoyens, elle a aussi pour mission à travers les limites posées à la conscription de séparer les bons citoyens, des mauvais et créer de nouveaux exclus[208].

La loi de 1889 fait écho à une autre loi votée par les opportunistes le 27 mai 1885 et qui créait la peine accessoire de la relégation, c'est-à-dire « l'internement perpétuel » des repris de justice multirécidivistes « sur le territoire des colonies ou possessions françaises[209] ». Cette loi était inspirée par une pétition de la loge maçonnique « Travail et persévérante amitié » adressée en août 1880 au président de la Chambre Léon Gambetta avec l'objectif de préserver « la partie saine de la population » contre les éléments supposés « corrupteurs[210] ». L'armée participe, de par les choix qui sont opérés dans la constitution de ses rangs, à bâtir une nation où tous les citoyens, hommes, doivent avoir leur place. De même, l'armée participe de la vie de la société en prenant part au débat public. Ceci est permis au lendemain de la Commune par une presse militaire rénovée qui publie de nombreux articles d'opinion grâce à la suspension de la demande d'autorisation préalable de publication au ministre de la Guerre[211]. L'évolution est interrompue par un ordre général en date du 21 octobre 1871 du général Courtot de Cissey, ministre de la Guerre, qui interdit toute publication par voie de presse civile ou militaire devant le jaillissement des libres propos[212]. Les modes d'expression publique des militaires sont limités et ces derniers deviennent progressivement inéligibles et privés progressivement du droit de vote à partir de 1872.

---

207 Articles 4 et 6 de la loi. Ce qui revient à une forme de double peine, dénoncée notamment par Jean Jaurès des années plus tard : « C'est ajouter, à la condamnation qu'a déjà subie le jeune homme et qu'il a déjà purgée, une peine nouvelle » ; *Journal officiel, Chambre, Débats*, séance du 25 mars 1910, p. 1601-1602. Seuls les individus qui ont été condamnés pour faits politiques ou connexes à des faits politiques sont exclus des dispositions précédentes (article 3 de la loi); Kalifa Dominique, « Double peine et exclusion en République », *Tracés. Revue de Sciences humaines, n° 37, 2019*, [En ligne], § 1, [consulté le 12 janvier 2022].

208 *Ibid.*, § 5-§ 6.

209 *Loc. cit.*

210 *Loc. cit.*

211 Forcade Olivier, « Les murmures de la "Grande Muette" sous la Troisième République », in Forcade Olivier et al., *Militaires en République, 1870-1962 : Les officiers, le pouvoir et la vie publique en France*, Paris Éditions de la Sorbonne, 1999, [en ligne], § 3, [consulté le 12 janvier 2022].

212 *Loc. cit.*

Le principe est alors celui de l'apolitisme et de la subordination complète du pouvoir militaire à l'autorité du gouvernement légal, ce qui suppose l'obéissance absolue et le devoir de réserve des militaires[213]. Pour autant, l'armée ne reste pas muette en optant pour des stratégies de contournement qui lui permettent de faire entendre sa voix : chroniques militaires, interviews et éditos dans la presse généraliste, interventions d'officiers devenus députés à l'Assemblée par la voie de l'interpellation[214].

Si l'armée fait l'objet de modes d'intervention particuliers dans le débat public, les propos à son encontre font également l'objet de mesures juridiques particulières. À ce titre, l'armée est protégée contre les abus de la liberté d'expression de manière spécifique par la loi du 29 juillet 1881 à travers différentes infractions prévues aux articles 25, 30 et 35, toutes confiées à la cour d'assises et au jury populaire.

Face à la pensée militariste dans l'air du temps, des voix dissidentes se font progressivement entendre à travers la plume des écrivains. Dans un article de la *Revue bleue* en date du 8 février 1890, René Valéry-Radot observe une évolution des esprits ; si dans les premières années suivant la Commune et la guerre contre la Prusse « l'esprit militaire était l'esprit même de la nation », l'auteur remarque que les choses ont progressivement changé dans le milieu des années 1880[215]. En effet plusieurs publications remettent en cause l'idéal militariste de l'époque et défraient la chronique. L'on peut relever ainsi le roman d'Albert Hermant, *Le cavalier Miserey* ou encore *Au port d'arme* de Henry Fèvre, tous deux parus en 1887[216]. Loin de la glorification républicaine de l'armée, ces deux auteurs dénoncent les défauts de l'institution et de ses membres. Les militaires ne sont pas présentés comme des héros mais comme des hommes ordinaires, avec leurs vices. Les casernes sont décrites comme des lieux de tensions, de bagarres, parfois d'injustice et toujours de dureté.

Le vote de la loi du 15 juillet 1889 vient encore davantage alimenter la défiance de certains vis-à-vis de la « grande muette » : la durée des obligations militaires est portée à 25 ans, sont supprimées les dispenses de service militaire susmentionnées. L'année 1889, en raison de l'actualité politique, est riche de romans à ce sujet : *Un coin de bataille* de Jean

213 *Ibid.*, § 1.
214 *Ibid.*, § 5.
215 Winock Michel, *Décadence fin de siècle*, *op. cit.*, p. 202.
216 *Loc. cit.*

Reichbrach, *Dix Ans soldat* de Charles Mismer ou encore *Un casque* de Henru Allais[217]. Mais en 1889, c'est le roman *Sous-Offs* de l'écrivain naturaliste Lucien Descaves, publié chez Stock, qui fait le plus de bruit car il est le premier d'envergure sur la question.

Cet ouvrage s'attèle à décrire la vie de jeunes sous-officiers en garnison et en temps de paix. Le style réaliste de l'auteur met en avant les vicissitudes de la vie militaire (tentations diverses, alcoolisme...). Cette description sans emphase de l'armée heurte les sentiments patriotiques de « nombre de porte-parole autoproclamés de la nation qui y voient une profanation de l'honneur national, un crime de lèse-patrie », comme l'écrit Gisèle Sapiro[218]. Lucien Descaves explique son entreprise de description précise de l'armée dans une brochure publiée en 1890 :

> Lorsque j'eus tracé, d'après des modèles à qui j'ai demandé quatre ans de pose, la silhouette totale de mes personnages, lorsqu'ils m'offrirent, par juxtaposition, un catalogue en relief des vices, des tares, des abus, des lacunes, des défaillances, des misères qu'entretiennent la vie de caserne et l'inadvertance des chefs, un scrupule, une requête de conscience, un goût de vérité extensive, m'incitèrent à soumettre ces ébauches à des jeunes gens, étrangers ou amis, lesquels avaient, comme moi passé au régiment le temps nécessaire pour le bien connaître. Leurs souvenirs, leurs remarques personnelles, corroborèrent ou corrigèrent les miens. J'obtins ainsi une moyenne d'exception annonçant moins un exact et stérile recensement des 40 000 sous-officiers de l'armée française, qu'un examen attentif des taches du fruit dans l'armoire close. Car n'est-ce pas cela, au fond l'armée ? Une provision de fruits blettissant dans les casernes, en t'attendant qu'ils crient sous le couteau[219] ?

À la suite d'un virulent article du député boulangiste de Paris Charles-Ange Laisant, qui reçoit un accueil retentissant auprès du public, le gouvernement décide de poursuivre l'auteur. Soucieux de ne pas laisser au général Boulanger le monopole de la glorification de l'armée, le ministre de la Guerre Charles de Freycinet saisit le garde des Sceaux d'une plainte pour injures à l'armée et outrages aux bonnes

217 Sapiro Gisèle, *La responsabilité de l'écrivain. Littérature, droit et morale en France (XIXe-XXe siècles), op. cit.*, p. 370. Nous nous appuyons sur cet ouvrage pour l'analyse qui suit. *V.* aussi sur ce procès Leclerc Yvan, *Crimes écrits*, *op. cit.*

218 *Ibid.*, p. 371.

219 Descaves Lucien, *Sous-offs en cour d'assises*, Paris, Tresse et Stock, 1890, p. 15.

mœurs sur la base de la loi du 29 juillet 1881. Ces poursuites traduisent l'identification qui est faite entre la population et son armée, en raison notamment de la conscription universelle. Le roman de Lucien Descaves, parce qu'il présente l'armée sous un jour peu glorieux, est poursuivi. Comme l'indique Jules Simon, « si l'on diminue le prestige de l'armée, c'est la France qu'on atteint[220] ».

Plus précisément, ce sont les responsabilités de l'éditeur, la veuve Tresse et Stock et de l'auteur (en tant que complice) qui sont engagées. Le procès a lieu devant la cour d'assises de la Seine et débute le 15 mars 1890. L'accusation est portée par l'avocat général Rau. Ce dernier reproche à Lucien Descaves d'avoir dressé un portait inexact de l'armée, offensant et dégradant. Il ajoute que la qualité d'œuvre littéraire ne peut servir d'excuse pour injurier l'armée et cracher sur le drapeau[221]. À un ouvrage brut dans ses descriptions sont opposées la délicatesse et le patriotisme de ses détracteurs[222].

La défense est assurée par les avocats Tézenas et Millerand. Leur stratégie est de présenter l'œuvre de Descaves comme une dénonciation de la domination, de la hiérarchie sur les plus humbles militaires. C'est ce que Lucien Descaves explique lui-même en 1890 : la volonté de percer à jour les agissements peu glorieux de certains militaires, « des fruits gâtés dont le contact corrompt les autres[223] ». Il résume sa pensée en ces mots :

> Quant à la panacée applicable au parasitisme des armées permanentes, vous entendez bien qu'elle existe. Mais l'ordonner, n'est-ce pas prêter à rire ? Certaines utopies ne sont encore que les ovules des paradoxes – cette graine des vérités de demain[224].

Le jury est convaincu par les arguments des deux avocats et acquitte l'éditeur ainsi que l'auteur en dédisant à la fois le ministre de la Guerre et le gouvernement.

Ainsi, à travers le contentieux de la littérature antimilitarisme, l'on observe la confrontation entre deux éléments sur lesquels la République

220 Cité par Sapiro Gisèle, *loc. cit.*
221 Descaves Lucien, *op. cit.*, p. 33.
222 *Ibid.*, p. 32.
223 *Ibid.*, p. 16.
224 *Loc. cit.*

entend assoir la société : l'armée et la liberté d'expression. Comme l'armée, la littérature se voit confier le rôle officiel d'incarnation et d'illustration de l'esprit national[225]. Il échoit ici aux auteurs comme aux militaires, la mission sacrée d'illustrer la nation au sein de laquelle sont recrutés les nouveaux « héros et saints, objets d'un culte officiel » comme l'indique Gisèle Sapiro[226].

Bien que l'armée soit honorée par le régime et protégée par le droit, notamment en matière de liberté d'expression, la fusillade de Fourmies le 1er mai 1891, fait monter encore davantage le sentiment antimilitariste au sein de la société. À l'appel de l'Internationale ouvrière, et pour la seconde fois, le 1er mai est un jour de manifestation afin d'obtenir de meilleures conditions de travail. Après un mouvement de foule, et sans sommation, l'armée tire sur les manifestants faisant dix morts. Cet évènement illustre le fossé qui se creuse entre une République peu soucieuse des problèmes sociaux et un peuple aspirant à l'émancipation.

LA RÉFORME DU CONTRÔLE JURIDIQUE DE L'IMPRIMÉ FACE À LA TERREUR NOIRE

La Troisième République doit faire face à une nouvelle idéologie qui monte en puissance tout au long de la décennie 1880 et qui trouve son acmé au début des années 1890. La pensée anarchiste, qui jusqu'alors se développait sur le seul plan du combat d'idées, s'exprime désormais à travers des actes violents. Contrairement à l'attitude qui avait été la sienne au cours de la crise boulangiste, la majorité républicaine décide d'agir à travers des mesures juridiques de circonstance, dans le sens d'un pouvoir autoritaire. Le droit, et celui de la presse en particulier, sont modifiés afin d'étouffer une pensée qui remet en cause de manière radicale l'État et la République.

225 Sapiro Gisèle, *op. cit.*, p. 349.
226 *Ibid.*, p. 372.

L'ANARCHISME, DU COMBAT IDÉOLOGIQUE AU TERRORISME

L'État et le droit, considérés comme des outils de la domination bourgeoise, font l'objet de vives critiques dans la pensée à la fois anarchiste et libertaire[227]. Parce que le droit est politique, il apparaît nécessaire pour les anarchistes d'en sortir afin de proposer un ordre nouveau. L'opinion publique est fortement ébranlée, ce qui pousse le législateur à agir.

Le choix d'une propagande anarchiste en dehors du droit

Les premiers anarchistes, au cours du XIXe siècle, n'envisageaient pas la violence comme un moyen d'action à privilégier afin de propager leur pensée. L'objectif poursuivi était de tendre vers la révolution sociale sans l'émeute, de mettre fin à une organisation sociale fondée sur la domination en supprimant l'État. Pierre Proudhon écrivait ainsi : « l'anarchisme c'est l'ordre sans le pouvoir[228] ». Pour atteindre cet ordre[229], l'éducation libertaire est considérée comme jouant un rôle important, en permettant aux plus jeunes de s'émanciper[230]. Jean Maitron présente cette doctrine qui donne une place importante à la pédagogie citoyenne :

> Les anarchistes, Messieurs, sont des citoyens qui, dans un siècle où l'on prêche partout la liberté des opinions, ont cru de leur devoir de se recommander de la liberté illimitée. [...]. Nous voulons la liberté et nous croyons son existence incompatible avec l'existence d'un pouvoir quelconque [...]. Les anarchistes se proposent donc d'apprendre au peuple à se passer du gouvernement comme il commence à apprendre à se passer de Dieu. [...]. Nous voulons, en un

227 Vachet Claire, *Le droit saisi par l'anarchisme. Étude du discours des militants libertaires (1870-1926)*, Thèse de doctorat, histoire du droit, Université de Bordeaux, 2020, p. 37.

228 Sur la pensée de cet auteur lire Chambost Anne-Sophie, *La pensée juridique de Pierre-Joseph Proudhon : un anarchiste et le droit*, Thèse de doctorat, Histoire du droit, Lyon 3, 2000. *V.* également Ansart Pierre, *Naissance de l'anarchisme, esquisse d'une explication sociologique du proudhonisme*, Paris, PUF, 1970, 366 p.

229 D'autres auteurs font référence à un ordre anarchiste. Élisée Reclus définit l'anarchie comme étant « la plus haute expression de l'ordre ». Cité par « Développement de la liberté dans le monde », *Le Libertaire*, 25 septembre 1925.

230 Mikhaïl Bakounine propose de mettre en place « un instruction intégrale », identique pour tous « aussi complète que la comporte la puissance intellectuelle du siècle, afin qu'au-dessus des masses ouvrières, il ne puisse se trouver désormais aucune classe qui puisse en savoir davantage, et qui, précisément parce qu'elle en saura davantage, puisse les dominer et les exploiter » ; Bakounine Mikhaïl, *Théorie générale de la Révolution*, Lesourd E. dir., Paris, Les nuits rouges, 2001, p. 278.

> mot, l'égalité : l'égalité de fait, comme corollaire ou plutôt comme condition primordiale de la liberté[231].

À partir des années 1880, le discours des partisans de la cause anarchiste évolue. Le congrès international de Londres de juillet 1881 ambitionne de créer une nouvelle Internationale purement anarchiste[232]. Si cette entreprise échoue, elle contribue tout de même à structurer le mouvement qui se développe après le vote de l'amnistie pour les communards[233]. Durablement marqués par la répression sévère de la Commune en 1871 à laquelle ils ont pris part, les anarchistes font le choix de quitter le seul débat d'idées afin d'opter pour une « propagande par le fait ». Ce type d'action radicale préconise le recours à tous les moyens, y compris la violence et le vol, comme moyen de diffusion des idées anarchistes[234]. L'assassinat du tsar Alexandre II par l'organisation « La Volonté du peuple » le 13 mars 1881 constitue un véritable modèle d'intervention politique radicale.

Dans cette perspective, le congrès de l'International ouvrière déclare, la même année, qu'il est nécessaire par tous les moyens, y compris illégaux, d'agir en faveur de l'idée révolutionnaire. À cette fin est créée une « Charte de la propagande par le fait[235] » au sein de

---

231 Cité par Kropotkine Pierre, « Déclaration des anarchistes accusés devant le tribunal correctionnel de Lyon », Daniel Guerin éd., *Ni Dieu ni Maître. Anthologie de l'anarchisme*, Paris, La Découverte, 2012, p. 360.

232 Guérin Daniel, « Malatesta et les anarchistes au congrès de Londres (1896) », in *Ni Dieu ni Maître. Anthologie de l'anarchisme*, Paris, La Découverte, 2012, p. 428. Déjà lors de la première internationale, Marx et Bakounine s'opposaient quant à son avenir : devenir un groupement de partis politiques ou bien un outil de révolution prolétarienne ; Angaut Jean-Christophe, « Le conflit Marx-Bakounine dans l'Internationale : confrontation des pratiques politiques », *Actuels Marx*, 2007, n° 41, p. 112-129. Cette dissension donne lieu lors du congrès de Saint-Imier, les 15 et 16 septembre 1872, à la fondation d'une nouvelle *Internationale antiautoritaire* par les délégués des fédérations exclues ce qui entérine la séparation entre communisme et anarchisme. *V.* Bakounine Mikhaïl, *Les Conflits dans l'internationale*, [1872], Paris, Arthur Lening éd., Antony, Éditions Tops / H. Trinquier, 2003, 566 p.

233 Jusqu'alors, les anarchistes sont minoritaires au sein du mouvement ouvrier, tout comme les marxistes : Manfredonia Gaetano, « L'anarchisme », in Jean-Jacques Becker éd., *Histoire des gauches en France*, vol.1, *op. cit.*, p. 451.

234 Bantman Constance, « "Anarchistes de la bombe, anarchistes de l'idée" : les anarchistes français à Londres, 1880-1895 », *Le Mouvement Social*, vol. 246, n° 1, 2014, p. 49 ; Stafford David, *From Anarchism to Reformism*, Londres, Weidenfeld and Nicolson, 1971, p. 76-88.

235 Elle est inspirée dans sa position violente par le nihilisme russe ; Ferragu Gilles, « Le moment anarchiste en France et en Europe », in Ferragu Gilles dir., *Histoire du terrorisme*,

laquelle est exposée l'utilité pour le mouvement de s'appuyer sur les avancées de la science afin de semer la terreur au sein de la société bourgeoise. L'explosif, et plus précisément la dynamite mise au point par Alfred Nobel en 1875, sont largement plébiscités comme outil de contestation[236]. Les publications se saisissent de cette invention et relaient massivement une nouvelle politique en faveur des attentats, jusqu'à donner des conseils pratiques aux militants afin de mettre au point des actions meurtrières[237].

Cette évolution de la pensée vers l'apologie de la violence naît dans une atmosphère de lassitude, dans un contexte de « ruine morale » où la corruption parlementaire et le règne de l'argent qui entrent en confrontation avec la misère du peuple, favorise une prise de position plus radicale[238]. Le sentiment d'abandon et de trahison lié au silence de la République sur la question sociale, explique en partie comment la violence et le terrorisme sont devenus des composantes de l'anarchie[239], tel un « discours subalterne[240] » qui se développe en parallèle de la pensée dominante[241]. Les espoirs déçus d'une partie de l'extrême gauche nourrissent une haine profonde de la Troisième République. Traduction institutionnelle d'un État oppresseur, le régime parlementaire de 1875 est envisagé avant tout comme le résultat d'arrangements politiciens entre républicains et monarchistes[242]. C'est également la figure du citoyen qui est remise en cause : elle devient « l'ennemi à abattre[243] ». Cette position

---

Paris, Perrin, 2014, p. 104.

236 Une chanson est créée à sa gloire écrite et composée par Jean-Baptiste Martenot en 1893.

237 En 1883, Émile Gautier justifie cette propagande violente lors de son procès devant le tribunal correctionnel de Lyon ; Kempf Raphaël, *Ennemis d'État : les lois scélérates des « anarchistes » aux « terroristes »*, Paris, La Fabrique, 2019, p. 13.

238 Chambost Anne-Sophie, « "Nous ferons de notre pire…". Anarchie, illégalisme… et lois scélérates », *Droit et cultures*, n° 74, 2017, p. 66.

239 *Loc. cit.* ; Figerio Vittorio, *Émile Zola au pays de l'anarchisme*, Grenoble, ELLUG, 2006, p. 13.

240 Expression empruntée à Scott James, *La domination et les arts de la résistance. Fragments du discours subalterne*, Paris, éditions Amsterdam, 2008, 270 p.

241 Ce constat, Jean Jaurès le réalise le 30 avril 1894 à la chambre des députés lorsqu'il déclare que « l'anarchisme est un des innombrables symptômes d'un malaise social profond : il est le produit spontané d'une société qui se décompose » ; *Journal officiel de la République française. Débats parlementaires. Chambre des députés : compte-rendu in extenso*, 1er mai 1894, p. 64.

242 Bouhey Vivien, « Le citoyen face au compagnon dans la République à l'époque de la "terreur noire" », in Lisa Bogani, Philippe Bourdin, Jean-Claude Caron dir., *La République à l'épreuve des peurs : De la Révolution à nos jours*, Rennes, PUR, 2016, p. 167.

243 *Loc. cit.*

tient tout d'abord dans le fait qu'en participant au vote, le citoyen aliène volontairement sa liberté et consent à un régime qui le déresponsabilise. Or pour les anarchistes l'« Homme ne grandit pas par délégation », il doit par lui-même conduire sa vie[244]. La figure du compagnon doit dans cette perspective remplacer celle du citoyen, exploité par la bourgeoisie qui décide en son nom[245]. Selon l'anarchiste Sébastien Faure, l'attentat se présente alors comme une forme d'insurrection « à main armée, contre l'ordre de choses établi, contre le régime social ou contre les personnes représentant celui-ci[246] ». Il permet de remettre en cause une organisation sociale fondée sur « la Propriété, le Gouvernement, la Loi écrite et la Morale officielle (dont l'histoire) n'a été qu'un attentat permanent dirigé par les Gouvernants et les Riches, étroitement et indissolublement complices, contre la liberté, le bien-être, la vie et le bonheur désirable et possible des classes déshéritées[247] ». La loi ne peut être, dans cette perspective, un moyen d'organiser la société. Il est préférable de privilégier un ordre social structuré par des outils renouvelés. La loi, parce qu'elle est le produit d'une domination, est injuste et il convient de s'y opposer dans une République particulièrement légicentriste[248]. Comme l'écrit le prince Kropotkine : « la révolte permanente par la parole, par l'écrit, par le poignard, le fusil, la dynamite [...]. Tout est bon pour nous qui n'est pas la légalité[249] ».

Les premières actions violentes anarchistes sont menées et réprimées dès 1881. Le 20 octobre, Émile Florion monté à Paris afin de tuer Léon Gambetta et n'arrivant pas à atteindre sa cible, tente d'abattre un bourgeois pris au hasard dans la rue. Il n'y parvient pas et tente de se suicider sans succès. Il est arrêté et condamné la même année à vingt ans de travaux forcés. Dans le même temps afin de briser le mouvement, de nombreuses perquisitions ont lieu dans les milieux anarchistes lyonnais[250]. Le 26 novembre 1883, Paul-Marie Curien tente d'assassiner Jules Ferry. À nouveau l'opération anarchiste est un échec et l'auteur est condamné à

244 *Loc. cit.*

245 *Loc. cit.*

246 Cité par Chambost Anne-Sophie, *op. cit.*, p. 72.

247 *Loc. cit.*

248 Granero Aurore, « Les révisions constitutionnelles non abouties sous la Troisième République », *Revue française de droit constitutionnel*, vol. 96, n° 4, 2013, p. 838.

249 Cité par Winock Michel, *Décadence fin de siècle*, *op. cit.*, p. 190.

250 Kempf Raphaël, *op. cit.*, p. 12.

trois mois de prison. Le 5 mars 1886, Charles Gallo attaque la corbeille de la Bourse de Paris. À nouveau la tentative échoue et l'anarchiste est condamné à 20 ans de travaux forcés.

Le point commun de ces apprentis terroristes des années 1880[251] tient dans leur profil : des jeunes hommes, partageant le même sentiment de déclassement dans une société qui subit de plein fouet la seconde industrialisation ainsi qu'une marginalisation à la fois sociale, spatiale et symbolique des classes ouvrières[252]. Mis au ban d'une société fondée sur un capitalisme que l'État encourage[253], les anarchistes prennent la décision de passer à l'action, en dehors du droit tel que conçu par la République[254]. Dans une perspective à long terme, il s'agit au travers des attentats d'éduquer les masses par des actes perpétrés au sein de l'espace public. Surtout, ces actes doivent initier la révolution, créer l'étincelle qui permettra ensuite l'avènement d'une société nouvelle.

De manière plus pragmatique, à court terme, les attentats doivent permettre de créer au sein de la population une forme de terreur. Le bourgeois, détenteur du pouvoir politique et des capitaux économiques, doit « avoir peur de s'attaquer aux compagnons dont il craindra les représailles ; il doit avoir peur pour sa vie, celle de ses proches, et aussi pour ses biens dans l'immédiat et le futur ; il doit enfin avoir peur pour son monde, puisqu'à terme, il sait que les compagnons

251 Sur la chronologie des attentats sur la période, *V.* Salomé Karine, *L'ouragan homicide : l'attentat politique en France au XIXe siècle*, Seyssel, Champ Vallon, p. 294 et suivantes.

252 Bantman Constance, « John Merriman, The Dynamite Club. How a Bombing in Fin-de-Siècle Paris ignited the Age of Modern Terror », *Revue d'histoire du XIXe siècle*, n° 39, 2009, p. 178.

253 Ils sont également ostracisés lors du congrès constitutif de la IIe Internationale organisé à Paris en juillet 1889, par les socialistes. Déçus notamment par l'attitude de leurs camarades de lutte qui les marginalisent, beaucoup ne voient désormais d'autre issue que le terrorisme pour déstabiliser l'ordre bourgeois. Sur les distinctions et les liens entre ces deux composantes de la pensée de gauche ; *V.* Hamon Augustin, *Socialisme et anarchisme*, Paris, Sansot, 1905, 230 p. ; Chomsky Noam, *Anarchisme et socialisme*, Marseilles, Agone, 2001, 75 p.

254 En effet, lorsqu'un mouvement politique anarchiste se forme à partir des années 1870, une grande partie de sa critique se concentre sur le droit, spécifiquement sur celui produit par l'État. Cette dénonciation est ancienne puisqu'elle est présente déjà dans la pensée du précurseur de l'anarchisme, William Godwin, ainsi que dans la pensée des réformateurs sociaux ; Vachet Claire, *op. cit.*, p. 5 ; Maitron Jean, *Le mouvement anarchiste en France*, Paris, Gallimard, 1975, t. 1, p. 29-30 ; Manfredonia Gaetano, *Anarchisme et changement social*, Lyon, Atelier de création libertaire, 2017, p. 117.

veulent faire table rase du passé pour en créer un nouveau[255] ». Pour autant, si la violence est envisagée, elle n'est pas une fin en soi. Il s'agit d'une action subordonnée à une finalité établie, émancipatrice et libératrice qui nécessite une proportion entre la fin et les moyens utilisés[256]. Le spectre de la révolution qui avait été un temps symbolisé par la Commune se fait de nouveau sentir dans le pays[257]. En 1885, au décès de Jules Vallès, son cortège funéraire donne lieu à des affrontements au son des slogans « Vive la Commune ! », « Vive la Révolution sociale[258] ! ». De manière générale, le ton des écrits, des meetings, des journaux passe de la critique de l'ordre bourgeois à celui de la revendication. Les années 1890 voient ainsi une multiplication des attentats, véritables « épicentre[s] du phénomène[259] » à la suite notamment, de la fusillade de Fourmies le 1er mai 1891, lorsque l'État tire sur les ouvriers. La lutte des classes théorisée notamment par Marx et Engels, devient armée.

Les intentions violentes du mouvement anarchiste sont annoncées clairement dans la presse[260]. Pour autant, cette position radicale ne fait pas consensus au sein du camp anarchiste et des débats apparaissent. S'opposent individualistes[261] préconisant l'action individuelle et le terrorisme et communistes, davantage favorables à l'organisation et à l'éducation[262]. De nombreux leaders libertaires s'élèvent contre ce

255 Bouhey Viven, « Le citoyen face au compagnon dans la République à l'époque de la terreur noire », in *La République à l'épreuve des peurs : De la Révolution à nos jours*, *op. cit.*, p. 166.

256 Manfredonia Gaetano, « L'anarchisme », in Becker Jean-Jacques éd., *Histoire des gauches en France*, vol. 1, *op. cit.*, p. 455.

257 Winock Michel, *Décadence fin de siècle*, *op. cit.*, p. 81.

258 *Ibid.*, p. 82.

259 Ferragu Gilles, « Le moment anarchiste en France et en Europe », in Ferragu Gilles, *Histoire du terrorisme*, *op. cit.*, p. 97.

260 Le premier éditorial du journal *L'international*, lancé en Angleterre par les anarchistes français en exil, avertit le lectorat en mai 1890 : « À côté du vol, du meurtre et de l'incendie, qui deviennent naturellement nos moyens légaux pour faire connaître notre ultimatum à tous les dirigeants de la société actuelle, nous n'hésiterons pas à placer la Chimie dont la voix puissante devient absolument nécessaire » ; cité par Bantman Constance, « "Anarchistes de la bombe, anarchistes de l'idée" : les anarchistes français à Londres, 1880-1895 », *op. cit.*, p. 50.

261 Lire à ce propos Armand Émile, *Petit Manuel anarchiste individualiste*, Paris, L'Encyclopédie anarchiste, 1934, 96 p.

262 On pense ici à la figure de l'anarchiste « éducationniste-réalisateur » établie par Gaetano Manfredonia et opposée à celles de l'insurrectionnel et du syndicaliste.

qu'ils considèrent comme une « déviation » des principes anarchistes véritables et originels[263]. Malgré ces débats internes, des compagnons continuent de passer à l'acte, les attentats se multiplient et marquent durablement l'opinion publique, en raison notamment de la personnalité des auteurs[264]. Ravachol, Francis Claudius Kœnigstein de son vrai nom, après la commission de toute une succession d'infractions au cours de l'année 1891 (profanation de sépulture, assassinats) se convertit à l'anarchisme. L'arrestation de trois compagnons Decamps, Dardare et Léveillé après une manifestation et la lourde condamnation qui s'en suit le 28 août 1891, poussent l'auteur à l'action[265]. Le 11 mars 1892 il fait exploser un immeuble parisien, où demeure le juge Benoît qui avait condamné sévèrement peu de temps auparavant les trois manifestants anarchistes. Le souffle de la bombe emporte avec lui un restaurant et son propriétaire. Le 9 décembre 1893, Auguste Vaillant, lance une bombe au palais Bourbon, sans faire de victimes. S'en suivent des attentats anonymes le 2 février 1894 rue Saint-Martin et dix jours plus tard rue du Faubourg-Saint-Jacques à Paris.

Cette salve d'actions violentes crée au sein de la population l'effet escompté, de la peur alimentée par une propagande par l'idée anarchiste qui continue d'être présente dans l'espace public par des écrits, des placards, des affiches[266]. S'ajoute à la crainte de l'attentat, le sentiment

263 Tel est le cas de Pierre Kropotkine, Errico Malatesta, Saverio Merlino ainsi que Jean Grave, le rédacteur de *La Révolte* ; Bianco René, *Un siècle de presse anarchiste d'expression française (1880-1983)*, Thèse de doctorat, Histoire, Aix-en-Provence, 1987.

264 Cette prise en compte des débats internes aux anarchistes est assez récente. Longtemps l'historiographie a considéré la propagande par le fait et les attentats comme une « erreur de jeunesse » du mouvement, comme une « déviation épisodique et stérilisante de l'anarchisme » avant son évolution vers le syndicalisme ; Guerin Daniel, *L'Anarchisme, de la doctrine à la pratique*, Paris, Gallimard, 1965, p. 7. Historiens et sociologues remettent en cause l'idée selon laquelle « le projet syndical aurait constitué l'évolution normale du mouvement libertaire et aurait rencontré en son sein un consentement quasi unanime » ; Pessin Alain, *La Rêverie anarchiste 1848-1914*, Paris, Librairie des méridiens, 1982, p. 206. Au contraire, les attentats seraient l'expression d'un courant particulier de l'anarchisme, et non pas le fait de l'ensemble du mouvement. Certains anarchistes sont favorables à l'entrée dans les syndicats ; Badier Walter, « Émile Henry, le "Saint-Just de l'Anarchie" », *Parlement[s], Revue d'histoire politique*, vol. 14, nº 2, 2010, p. 160.

265 La manifestation se tient le 1er mai 1891 et dégénère en bataille rangée avec la police ; Ferragu Gilles, « En quête de rupture : de Ravachol à Émile Henry », *Histoire Politique*, nº 45, 2021, p. 3.

266 La presse anarchiste est forte de nombreux titres : *La Révolte, Le Père Peinard, Le drapeau noir, La lutte sociale.*

d'être en proie à une violence imprévisible qui peut toucher n'importe qui, n'importe où, n'importe quand. Si de nombreux attentats ont lieu dans la capitale, d'autres ont lieu en région comme à Boulogne-sur-Mer ou à Charleville. Le terrorisme prend une nouvelle voie, qui ne traduit aucune discrimination et qui frappe à l'aveugle[267], une foule anonyme[268], en bouleversant « la perspective du public qui, de témoin, devient cible[269] ». La surveillance policière accrue fait également ressentir aux citoyens le risque auquel ils sont exposés[270]. La presse se saisit du sujet, les titres se multiplient créant une véritable psychose en donnant la primeur aux informations spectaculaires ou sordides : l'objectif est de

267 Le fait que les attentats ne visent personne en particulier, a été mobilisé comme argument de défense au cours de procès anarchistes. C'est le cas de Léauthier, ce qui a pour conséquence la reconnaissance de circonstances atténuantes ; Ferragu Gilles, « En quête de rupture : de Ravachol à Émile Henry », *op. cit.*, p. 7. Sur Léon Léauthier, sa condamnation et sa participation à une révolte anarchiste au sein du bagne auquel il fût envoyé V. Frémion Yves, *Léauthier l'anarchiste. De la propagande par le fait à la révolte des bagnards (1893-1894)*, Paris, L'échappée, 256 p.

268 À ce sujet, Ravachol déclare lors de son procès « puissent mes innocentes et involontaires victimes me comprendre et me pardonner » ; *La Gazette des Tribunaux*, 27 avril 1892, p. 426-428.

269 Ferragu Gilles, « En quête de rupture : de Ravachol à Émile Henry », *op. cit.*, p. 1.

270 Sur la base notamment de la loi du 2 avril 1892 qui modifie les articles 435 et 436 du code pénal sur l'utilisation des mines ou de toute substance explosive utilisée à l'encontre des édifices, habitations, digues, chaussées, navires, bateaux, véhicules de toutes sortes, magasins ou chantiers, ou leurs dépendances, ponts, voies publiques ou privées et tous objets mobiliers ou immobiliers de quelque nature que ce soit. L'article 435 dispose, entre autres mesures, que le dépôt dans une intention criminelle sur une voie publique ou privée d'un engin explosif sera assimilé à la tentative du meurtre prémédité. L'article 436 dispose quant à lui que la menace d'incendier ou de détruire, par l'effet d'une mine ou de toute substance explosive, les objets énumérés précédemment, sera punie de la peine portée contre la menace d'assassinant selon les distinctions établies par les articles 305, 306 et 307 du code pénal ; *D.P*, Partie V, 1892, p. 43. Cette loi, selon le rapport parlementaire réalisé par Dulau, a pour objectif de servir d'« avertissement salutaire pour ces ennemis irréductibles de l'ordre social établi, ces déclassés qui croient servir on ne sait trop quelle cause en se livrant à ce qu'ils appellent la propagande par le fait » ; *loc. cit.* Il ajoute : « À une époque où les pouvoirs publics et le Parlement se consacrent à l'étude des problèmes sociaux devant améliorer le sort des classes laborieuses, la cause vraiment digne d'intérêt, celle des travailleurs et des déshérités de la fortune, qui possède dans cette assemblée des représentants autorisés, serait irrémédiablement compromise, si on ne mettait un terme à de pareils excès » ; *loc. cit.* L'ampleur des arrestations du 22 avril 1892, sur le motif d'association de malfaiteurs, suscite l'interpellation du gouvernement par le député socialiste Lavy. Il dénonce l'illégalité des mesures prises, qui atteignent des théoriciens étrangers aux vols et attentats ; *Journal officiel de la République français. Débats parlementaires. Chambres des députés : compte rendu in extenso*, 22 mai 1892, p. 596.

vendre, de faire dans le sensationnel[271]. S'ajoute à cela une méconnaissance du milieu anarchiste, que cela soit par les fonctionnaires de police en charge de faire respecter l'ordre ou le citoyen lui-même ce qui mène à la « production d'un imaginaire potentiellement anxiogène » alimenté tant par le bouche-à-oreille que par l'écrit. À travers la presse se construit la figure de l'anarchiste, un hirsute, au regard fou, en d'autres termes un monstre, dont la nature est confirmée y compris par la science[272]. La peur gagne ainsi la population, et principalement les populations urbaines des grandes villes, concernées à la fois par les attentats qui y sont perpétrés mais également par la création d'une véritable bulle médiatique. Dans le reste du pays, rural pour la majeure partie de la population, différents sentiments coexistent au sein des populations : incompréhension, affliction, consternation, mais aussi colère.

Pour la majorité républicaine modérée, la montée de l'anarchisme lui offre l'occasion de réaliser un véritable tour de force en rétablissant une forme d'ordre républicain demandé par la population. En effet, la réaction aux attentats anarchistes et la volonté de punir leurs auteurs sont tout d'abord populaires, le fait des citoyens eux-mêmes qui s'érigent en véritables « citoyens-policiers[273] ». La réponse est ensuite policière puis législative[274]. Au-delà de la répression des actes violents et de leurs

271 Kalifa Dominique, *L'encre et le sang. Récits de crimes et société à la Belle Époque*, Paris, Fayard, 1995, 351 p. Sur le traitement médiatique des attentats, *V.* l'étude de cas de Salomé Karine, « Le 9 décembre 1893, attentat anarchiste à la Chambre des députés », *Parlement[s], Revue d'histoire politique*, hors-série n° 16, 2021, p. 145-152.

272 Ferragu Gilles, « Le moment anarchiste en France et en Europe », *op. cit.*, p. 108. Dans les procès, la presse met un point d'honneur à décrire l'allure des compagnons. Lors de son procès, *Le Gaulois* le 27 avril 1892, décrit Ravachol en ces termes : « Physionomie rude et expressive, les cheveux très noirs, la voix forte et le ton brusque, saccadé, bourru ». La littérature également participe de la construction d'un imaginaire autour de la figure de l'anarchiste. *V.* Granier Caroline, « La représentation du terroriste anarchiste dans quelques romans français de la fin du XIXe siècle », *Cahiers d'histoire. Revue d'histoire critique*, n° 96-97, 2005, p. 137-157.

273 Houte Arnaud-Dominique, « Citoyens policiers ? Pratiques et imaginaires civiques de la sécurité publique dans la France du second XIXe siècle », *Revue d'histoire du XIXe siècle*, n° 50, 2015, p. 99.

274 D'autres textes encore en vigueur auraient pu être mobilisés dans le code pénal. Tel est le cas par exemple des articles 201 à 208 sur les critiques, censures ou provocations dirigées contre l'autorité publique dans un discours ou un écrit pastoral public. Tel est encore le cas avec l'article 221 sur la résistance et la désobéissance à l'autorité publique. *V.* l'ensemble de ces textes dans l'ouvrage de Fabreguette Polydore, *De la Complicité intellectuelle et des délits d'opinion, de la provocation et de l'apologie criminelles, de la propagande anarchiste, art.*

auteurs, il s'agit d'empêcher par tous les moyens les idées révolutionnaires de se propager et de se développer. Avec la même force que les anarchistes abhorrent la loi, le droit stigmatise et réprime l'anarchisme.

Une pensée anarchiste criminalisée extensivement

Face à ce que Jean Maitron a appelé l'« épidémie terroriste[275] » que connaît la France et après l'attentat de Vaillant dans l'hémicycle le samedi 9 décembre 1893, le législateur décide d'intervenir[276].

Le gouvernement présente à l'Assemblée, dans l'urgence, à la fin de l'année 1893, un projet de loi visant à réprimer l'anarchisme par divers moyens. L'objectif est de venir étouffer tous les canaux qui visent à encourager ou faciliter le passage à l'acte terroriste. Le président du conseil, Jean Casimir-Perier, présente en ce sens un projet de loi du gouvernement au parlement le 11 décembre 1893 afin de réformer le droit de la presse.

Pour rassurer les élus, dans sa prise de parole, Casimir-Perier met l'accent sur l'attention particulière qui a été portée à la sauvegarde des droits des citoyens. Si l'objectif recherché est celui d'une répression accrue de l'anarchisme, le président avance qu'« aucune entrave aux droits de la pensée et de la parole » n'est projetée[277]. Rien dans ce projet « n'est une atteinte à la liberté des citoyens, à la liberté de ceux qui méritent ce titre[278] ». Le président du Conseil appelle en ce sens à l'union de tous les partis afin de créer « sans distinction d'opinions », « une ligue des français et des honnêtes gens » dans le but d'un maintien

---

59, 60 du Code pénal, lois des 29 juillet 1881, 12 et 18 décembre 1893, 28 juillet 1894, étude philosophique et juridique, Paris, Chevalier-Maresq, 1894, p. I-IX.

275 Maitron Jean, *op. cit.*, p. 212.

276 En 1893, des décisions politiques vont déjà dans le sens de la répression. Ainsi un décret du président de la République, contresigné par le président du Conseil et le ministre de l'Intérieur, déclare nulles et sans effet les délibérations en date du 24 juillet 1893 par lesquelles, le conseil d'arrondissement de Saint Amand a émis notamment, le vœu qu'une amnistie pleine et entière soit accordée pour tous faits de politique, de parole, de réunion, de presse et de grève, et tous faits connexes ; *Bulletin des lois de la République française*, Deuxième semestre, 1893, p. 903. Il en est de même pour une décision rendue le 9 juin 1893, avec la même demande par le conseil départemental de la Seine. Elle est annulée par décret du 10 juillet 1893 ; *ibid.*, p. 355.

277 *Journal officiel de la République français. Débats parlementaires. Chambres des députés : compte rendu in extenso*, 11 décembre 1893, p. 218.

278 *Loc. cit.*

de l'ordre respectueux des libertés publiques[279]. La protection de la sécurité publique ne doit ainsi causer, en principe, aucun préjudice aux citoyens respectueux des lois.

Or, la procédure d'adoption du texte est placée sous le signe de la célérité et le projet de loi est déclaré, sur vote de la chambre, comme ayant un caractère d'urgence, ce qui laisse augurer de possibles remises en cause de l'État de droit[280]. Les propositions du gouvernement sont débattues immédiatement après leur présentation et votées dans le même temps. Cette rapidité d'action est condamnée notamment par le député radical René Goblet qui voit dans ces projets de loi une remise en cause, au débauché, de la loi du 29 juillet 1881 qui avait été « examinée si longuement avec tant de soin dans les deux chambres[281] ». Il déclare que le seul résultat qui sera obtenu en discutant avec une telle vitesse des textes liberticides sera de diminuer le prestige et l'autorité de l'Assemblée[282]. Le même reproche est adressé par le député socialiste Aimé Lavy qui propose la mise en place d'une commission parlementaire afin de débattre sereinement d'un texte qui engage les libertés publiques et individuelles[283]. Ces remarques ne sont pas entendues et la première loi contre l'anarchisme est votée le 12 décembre 1893[284].

La loi sur la liberté de la presse est la première à être votée, ce qui peut surprendre au regard de la nature de la menace qui est constituée d'attentats, donc de passages à l'acte violents. Le projet de loi entend modifier les incriminations contenues par le texte. Au sein des infractions pouvant faire l'objet d'une provocation directe non suivie d'effet sont ajoutées les infractions auxquelles la propagande par le fait, telle que définie par le mouvement anarchiste lui-même, entend avoir recours. On retrouve ainsi le vol et les crimes punis par l'article 435 du code pénal, c'est-à-dire la détérioration de biens appartenant à autrui par l'effet de substances explosives ou incendiaires.

Surtout, la modification de poids apportée par la loi tient dans la création du délit d'apologie des crimes de meurtre, de pillage ou d'incendie,

279 *Loc. cit.*
280 *Ibid.*, p. 221.
281 *Ibid.*, p. 219.
282 *Ibid.*, p. 220.
283 *Loc. cit.*
284 Le vote de la loi est encore plus rapide au Sénat qu'à la chambre des députés : personne ne prit la parole et la loi fût votée à l'unanimité des 263 votants.

ou du vol, ou de l'un des crimes prévus par l'article 435 du Code pénal. Ces infractions étaient déjà visées par l'article 24 de la loi du 29 juillet 1881, à travers la provocation non prévue d'effet. Mais le législateur décide d'aller encore plus loin les concernant, en complétant cette dernière par une nouvelle infraction plus sévère. La loi serait justifiée par l'accroissement quantitatif de la propagande anarchiste par la presse qui connaît un développement sans pareil depuis l'invention de l'imprimerie.

À travers la création de l'infraction d'apologie, le gouvernement entend réprimer ce que l'on peut nommer la provocation indirecte à la commission d'infractions. Le président du Conseil explique qu'il s'agit, à travers la création de cette infraction, de permettre au pouvoir judiciaire de poursuivre l'ensemble des provocations sans laisser « aux provocateurs aucun moyen d'échapper aux rigueurs de la loi[285] ». Afin de gagner en efficacité, comme le fait remarquer le député socialiste Alexandre Millerand, l'infraction d'apologie n'est pas clairement définie par le projet de loi[286], ce qui contrevient au principe de légalité du droit pénal et permet de poursuivre un grand nombre d'imprimés. Le garde des Sceaux donne des pistes afin de comprendre le sens du texte et distingue clairement l'infraction d'apologie de la provocation directe. La provocation directe consisterait ainsi en un « conseil directement donné de commettre un crime[287] ». L'apologie en revanche constituerait la « glorification de ces prétendus héros de l'anarchie donnés en exemple à des esprits faibles et dévoyés, qu'on dirige ainsi plus lentement, mais plus sûrement, vers le but qu'on se propose, et auquel on ne les aurait peut-être pas conduits par une provocation trop directe et trop violente[288] ».

L'apologie s'apparente ainsi à une forme de louange de la délinquance et de la criminalité, il s'agit d'une participation à l'infraction qui est purement psychologique, où la préservation sociale l'emporte sur le droit de la pensée humaine et sur la liberté d'expression. La prise en compte des « provocateurs, des fauteurs, propagateurs, incitateurs, glorificateurs » d'actes pénalement répréhensibles n'est pas nouvelle[289]. Déjà le code pénal les sanctionnait à travers la complicité. Mais le législateur entend

285 *Journal officiel de la République français. Débats parlementaires. Chambres des députés : compte rendu in extenso*, 11 décembre 1893, p. 218.

286 *Ibid.*, p. 223.

287 *Ibid.*, p. 224.

288 *Loc. cit.*

289 Fabreguettes Polydor, *op. cit.*, p. 1.

aller plus loin puisqu'il fait reposer sur l'auteur anarchiste une forme de responsabilité philosophique[290] en liant la pensée au fait en raison de sa propension à « l'incitation au crime[291] ». L'imprimé est réprimé parce qu'il a la capacité de pousser, à terme, à la commission d'actes relevant de la propagande par le fait anarchiste. La responsabilité de l'auteur est ainsi envisagée à travers les conséquences potentielles que l'infraction peut avoir sur le lecteur, à travers sa capacité à le corrompre et à le faire passer à l'acte. Toutes les nuances d'influences sont ainsi envisagées par les textes : des appels les plus clairs à l'attentat (provocation directe), aux encouragements plus feutrés (provocation indirecte, apologie). La lutte contre le terrorisme vise ainsi la parole « considérée comme terroriste en elle-même[292] ». Le législateur place les anarchistes comme responsables du passage à l'acte terroriste des agents pénaux, atténuant en conséquence le libre arbitre de ces derniers, en envisageant une forme d'aliénation du criminel, du délinquant aux théoriciens. L'auteur, l'émetteur de l'idée serait ainsi tout aussi coupable que le poseur de bombe, souvent considéré comme un « dégénéré[293] », incapable de se raisonner[294] en raison de son caractère de jeune néophyte[295]. Surtout, cette infraction vient remettre en cause la nécessité d'un lien de causalité certain et direct entre l'élément matériel et le résultat. Aucune place n'est laissée à une argumentation juridique qui justifierait l'adoption de la loi. Le garde des Sceaux se limite à lire à l'Assemblée des extraits de journaux anarchistes[296]. Il ne s'agit pas d'argumenter juridiquement la possibilité de recourir à un tel texte répressif. Il s'agit de faire appel aux sentiments

290 *Ibid.*, p. 3.

291 *Journal officiel de la République français. Débats parlementaires. Chambres des députés : compte rendu in extenso*, 11 décembre 1893, p. 218.

292 Gras Frédéric, « Des lois scélérates aux premières applications par les tribunaux du délit d'apologie de terrorisme », *LEGICOM*, vol. 57, n° 2, 2016, p. 57.

293 Pour Polydor Fabreguettes, cette aliénation est le fait de la dégénérescence d'une partie de la population, favorisée par la consommation croissante d'alcool frelaté ; Fabreguettes Polydor, *op. cit.*, p. 20. Cela serait également potentiellement le fait de l'application de la théorie de la « Foule criminelle » telle que proposée par Scipio Sighele dans *Essai de psychologie collective* ; *ibid.*, p. 23.

294 Le même auteur propose la théorie de l'hypnose comme cause plausible au passage à l'acte terroriste. La volonté individuelle des agents serait rendue à néant par des yeux magnétiseurs, ceux des auteurs anarchistes ; Fabreguettes Polydor, *op. cit.*, p. 21.

295 *Journal officiel de la République français. Débats parlementaires. Chambres des députés : compte rendu in extenso*, 11 décembre 1893, p. 225.

296 *Ibid.*, p. 224-225.

des députés, à leurs émotions. Le contenu horrifique des écrits doit à lui seul justifier le vote de mesures juridiques sans s'intéresser à la réalité du lien de causalité tant celui-ci semble indéniable au regard de la violence des écrits dans une forme de sophisme.

Afin de justifier cette responsabilité, Polydore Frabeguettes propose une série d'exemples qui illustreraient l'idée selon laquelle « quelle que soit l'intention de leurs auteurs, il existe ainsi des livres criminels, pervers qui tuent aussi sûrement qu'un poignard, dès que leurs pages jettent un germe dans certains cerveaux[297] ». L'anarchisme n'est pas une pensée politique, c'est une tare[298].

Parfois, cet argument est détourné par la défense ou la doctrine afin de minimiser la responsabilité de l'accusé : la littérature peut constituer une cause potentielle de passage à l'acte[299]. La doctrine fait également référence à des cas étrangers afin de justifier la pensée du législateur : dans l'attentat du Liceu à Barcelone il aurait été démontré que l'auteur, Santiago Salvador aurait été influencé par les écrits de Malatesta[300]. De la même manière, Caserio aurait puisé son inspiration dans les écrits anarchistes retrouvés chez lui[301].

Par sa décision d'entendre extensivement la notion juridique de provocation, le législateur revient sur ce qui avait été convenu après les riches débats du début de la décennie 1880. La loi du 29 juillet 1881 avait en effet convenu que la provocation ne pouvait être relevée que dès lors qu'un appel explicite et formel à la commission de l'acte matériel constitutif de l'infraction était observé. En ce sens, le législateur s'était rangé aux dispositions du code pénal qui à travers les articles 202, 203 et 293 n'envisageait que la provocation directe[302]. Le but était d'écarter, sur proposition de la commission en charge de la loi, l'application de la théorie de la complicité morale qui avait pu être développée dans le

297 Fabreguettes Polydor, *op. cit.*, p. 6.

298 Alexandre Bérard se fait l'écho de cette interprétation lorsqu'il écrit : « [Les anarchistes] ne relèvent que de l'anthropologie criminelle. Ce ne sont guère en effet que des malfaiteurs de droit commun essayant de dissimuler leurs attentats sous le masque de théories sociales aussi insensées que dangereuses » ; Berard Alexandre, « Les hommes et les théories de l'anarchie », *Archives de l'anthropologie criminelle*, vol. 7, n°42, 1892, p. 609.

299 Polydore Fabreguettes fait référence au *Crime et Châtiment* de Dostoïevski, « un manuel admirable de l'assassinat » ; Fabreguettes Polydor, *op. cit.*, p. 6.

300 *Loc. cit.*

301 *Ibid.*, p. 7.

302 Celliez Henry, Le Senne Charles, *op. cit.*, p. 29.

silence de la loi du 17 mai 1819 sur le caractère direct ou indirect de la provocation[303].

Pour Joseph Garin, acquis au projet gouvernemental, la loi projetée par le parlement en 1894 ne vient finalement que moraliser la provocation dans la continuité de ce qui avait été ébauché par le code pénal. Selon lui, le code « laissait entrevoir, en visant particulièrement les complots, la préoccupation politique d'un gouvernement inquiet ; la loi de 1881 en frappant la provocation aux crimes capitaux, même non commis, atteste qu'elle a pris plus encore souci de la moralité publique, que des intérêts politiques et des nécessités gouvernementales[304] ». Il n'y aurait donc pas d'incompatibilité avec la position ancienne du droit sur la question, seulement une prolongation de ce qui était déjà en germe dans l'esprit de la loi.

Polydor Fabreguettes justifie quant à lui l'infraction par le souci de relever la moralité de la société qui depuis la loi de 1881 n'est plus protégée convenablement contre les doctrines révolutionnaires. La suppression de l'outrage à la morale publique et religieuse avait ouvert la porte à une déferlante immorale au sein d'une société trop libérale[305]. En ce sens, la remise en cause de la liberté d'expression est concevable parce que la « sécurité des citoyens, la conservation sociale sont à ce prix[306] ».

Cette innovation législative ouvre la porte à un détournement politique lors de son application par les tribunaux. Les éléments constitutifs de l'infraction n'étant pas précisés dans la loi, c'est au pouvoir judiciaire de préciser dans quels cas la provocation indirecte peut être retenue[307]. Avec le nouveau texte, comme le craint le député Pourquery de Boisserin, rien n'empêche d'appliquer cette infraction, par exemple à la période électorale afin de museler un candidat qui déplairait trop fortement au gouvernement[308]. Le député Dejeante fait remarquer le risque de réin-

303 *Loc. cit.*

304 Garin Joseph, *L'anarchie et les anarchistes*, Paris, Guillaumin, 1885, p. 290.

305 Fabreguettes Polydore, *op. cit.*, p. 5.

306 *Ibid.*, p. 9.

307 La circulaire du 23-24 décembre 1893, adressée par le garde des Sceaux aux procureurs généraux près les cours d'appel indiquent afin de les guider que « le législateur a assimilé l'apologie à la provocation, parce qu'en effet d'apologie d'actes criminels constitue, sous une forme détournée, une excitation à les commettre, aussi dangereuses que la provocation directe » ; *D.P*, Partie IV, p. 14.

308 *Journal officiel de la République français. Débats parlementaires. Chambres des députés : compte rendu in extenso*, 11 décembre 1893, p. 228.

troduire dans le droit un tel délit d'opinion. Selon lui, « l'anarchisme est le paravent de la loi ; le socialisme est le but[309] ! ». Sous couvert de lutter contre une idéologie potentiellement dangereuse, ce sont en réalité toutes les opinions radicales ou contraires à celle du pouvoir qui pourraient être visées par la loi puisque dans son texte, aucune référence explicite n'est faite à l'anarchie. Ce reproche est réitéré à de nombreuses occasions, notamment en janvier 1894 : le député déclare devant l'Assemblée que l'objectif de la loi est « d'intimider les forces ouvrières, effrayer les volontés syndicales[310] ».

Un argument semble étayer cette idée selon laquelle le législateur a créé de nouveaux délits d'opinion davantage que de nouvelles infractions. Elle tient dans une appréhension chronologique et empirique des faits. Jusqu'en 1893, les agents pénaux sont poursuivis sur le fondement du droit pénal commun à travers les infractions d'assassinat ou de tentative d'assassinat. Pendant cette période la presse anarchiste se développe sans qu'une envolée des attentats ne se fasse encore ressentir. Il faut attendre les années 1890 pour qu'une multiplication des attentats anarchistes puisse être observée[311], ce qui corrobore l'idée selon laquelle le lien de causalité est difficile à établir entre les écrits et les infractions[312]. Mais face à la pression médiatique le législateur est poussé à l'action et donne à la cour d'assises et son jury populaire des outils répressifs encore plus puissants. Le député Goblet n'est pas convaincu par cette stratégie puisque selon lui, « toutes les fois que le Gouvernement a voulu poursuivre un journal devant le jury pour excitation anarchique il a obtenu des condamnations[313] ». Il ajoute « qu'avec la jurisprudence telle qu'elle s'est établie devant le jury – jurisprudence qui se fortifierait tous les jours en présence d'attentats comme celui auquel nous avons assisté – vous avez la certitude absolue de la répression et du châtiment[314] ». Un texte supplémentaire ne serait donc pas utile puisque la cour d'assises a déjà fait la démonstration de sa capacité à réprimer les infractions

309 *Ibid.*, p. 224.

310 *Journal officiel de la République français. Débats parlementaires. Chambres des députés : compte rendu in extenso*, 27 janvier 1894, p. 108.

311 Kempf Raphaël, *op. cit.*, p. 18.

312 *Loc. cit.*

313 *Journal officiel de la République français. Débats parlementaires. Chambres des députés : compte rendu in extenso*, 11 décembre 1893, p. 219.

314 *Loc. cit.*

commises[315]. Au-delà de la création de l'infraction d'apologie, l'article 25 de la loi du 29 juillet 1881 est modifié dans le sens de la sévérité.

La nouvelle version de l'article 24 de la loi du 29 juillet 1881 telle que prévue par la loi du 12 décembre 1893 prévoit que ceux qui ont, par les moyens énoncés à l'article 23 de la loi du 29 juillet 1881, directement provoqué soit au vol, au crime de meurtre, de pillage et d'incendie, soit à l'un des crimes punis par l'article 435 du code pénal, soit à l'un des crimes et délits contre la sûreté extérieure de l'État prévu par les articles 75 et suivants du même code, seront punis dans le cas où la provocation serait non suivie d'effet, d'un an d'emprisonnement et de 100 à 3000 francs d'amende[316]. Le quantum de la peine de privation de liberté est ici alourdi puisqu'il était originellement de trois mois à deux ans d'emprisonnement. Le second paragraphe de l'article 24 prévoit que la peine est la même dans le cas où la provocation aurait été directe à la commission de l'un des crimes contre la sûreté intérieure de l'État prévus par les articles 86 à 101 du code pénal. Une distinction est ainsi réalisée par le texte entre d'une part les infractions dirigées contre la sûreté intérieure de l'État et d'autre part les infractions dirigées contre la sûreté extérieure de celui-ci, qui dans ce cas peuvent ne pas être suivies d'effet. Le garde des Sceaux justifie cette distinction, qui n'existait jusqu'alors pas dans le texte, en indiquant que le second cas mérite une répression plus énergique[317]. Aucune modification n'est en revanche apportée à l'infraction de cris ou chants séditieux proférés dans les lieux ou réunions publics dont la peine est d'un emprisonnement de six jours à un mois et d'une amende de cinq à seize francs. C'est bien l'écrit qui concentre toutes les attentions du législateur.

En outre, l'article 25 de la loi du 25 juillet 1881 nouvellement conçu dispose que toute provocation par l'un des moyens énoncés en l'article 23 adressée à des militaires des armées de terre ou de mer, dans le but de

---

315 Tel est le cas lors du procès de Cyvoct en décembre 1883, après l'attentat de *L'Assommoir* à Lyon. Malgré l'absence de preuves de sa présence à Lyon le 22 octobre 1882, il est condamné à mort, sur le chef de provocation à l'assassinat à travers un journal pour lequel il est tenu comme gérant ; Chambost Anne-Sophie, *op. cit.*, p. 75 ; Pressensé Francis de, Rouger Émile, *op. cit.*, p. 43. *V.* Gallet Laurent, *Machinations et artifices. Antoine Cyvoct et l'attentat de Bellecour (Lyon, 1882)*, Atelier de création libertaire, 2015, 414 p.

316 La peine d'emprisonnement encourue, initialement de trois mois à deux ans, est dorénavant d'un an à cinq ans.

317 *Journal officiel de la République français. Débats parlementaires. Chambres des députés : compte rendu in extenso*, 11 décembre 1893, p. 227. *Loc. cit.*

les détourner de leurs devoirs militaires et de l'obéissance qu'ils doivent à leurs chefs dans tout ce qu'ils leur commandent pour l'exécution des lois et règlements militaires, sera punie d'un emprisonnement d'un à cinq ans et d'une amende de cent à trois mille francs. Le quantum de la peine d'emprisonnement et de l'amende est augmenté de manière significative[318]. Le parlement souhaite éviter que les militaires ne soient détournés de leurs obligations. Le texte entend rappeler également, tant aux soldats qu'aux auteurs, que seul l'État possède le monopole de la violence physique légitime telle que théorisée par Max Weber. Si les troupes doivent garder à l'esprit qu'elles sont soumises à la volonté de l'État, les anarchistes doivent assimiler qu'aux yeux de la loi leurs actions sont illégitimes. Peut-être le législateur craint-il que la propagande anarchiste ne mène à une nouvelle Commune de Paris lorsque la Garde nationale avait prêté allégeance aux insurgés plutôt qu'au gouvernement versaillais.

Enfin, la modification de l'article 49 de la loi du 29 juillet 1881 permet dans les cas visés par les articles 24 § 1 et § 3 et 25 de la même loi, la saisie préventive des écrits, imprimés, placards ou affiches selon les règles du code d'instruction criminelle, donc sur la base du droit commun. Ces infractions sortent ainsi des dispositions particulières jusqu'alors mise en place par la loi du 29 juillet 1881 qui crée un droit protecteur des imprimés pour les procédures réalisées devant la cour d'assises. Le juge peut déclarer la saisie des imprimés en dehors des cas d'omission du dépôt prescrit par les articles 3 et 10 de la loi du 29 juillet 1881. Il possède donc un pouvoir important dans la régulation de la circulation de l'imprimé.

Le juge d'instruction dispose en outre, toujours selon le nouvel article 49, d'un outil qui lui permet d'incarcérer un prévenu jusqu'à la fin de son procès dans les cas prévus par les articles 23, 24 § 1 et 3 et 25. L'objectif est de permettre au magistrat de placer l'agent pénal dans une forme d'isolement qui l'empêche de poursuivre ses écrits de propagande. L'on retrouve ici un changement important dans l'appréhension des délits politiques. Si classiquement les délits commis dans un dessein idéologique sont regardés avec indulgence dans les pays démocratiques et libéraux, dès qu'ils blessent profondément la sensibilité du groupe social, ils perdent leur situation privilégiée et se trouvent soumis au

318 Initialement une peine d'un à six mois d'emprisonnement et 16 à 100 francs d'amende était prévue.

droit commun[319]. La portée de cette décision est symbolique. Les anarchistes ne peuvent se prévaloir d'un droit libéral destiné aux auteurs, ce qui revient à leur refuser un statut équivalent aux autres créateurs. Ils sont des criminels de droit commun, l'utilisation de la plume ne les protège pas de la cellule.

Dans cette perspective, les productions anarchistes, même si elles constituent des « délits politiques » ou des « délits sociaux » en ce qu'elles défendent des intérêts qui dépassent leurs personnes, sont soumis à un régime strict[320]. Face aux mesures importantes de restriction des libertés individuelles, le gouvernement compte sur la seule « prudence des magistrats[321] ». Il n'existe donc aucune disposition dans la loi qui encadre véritablement le pouvoir souverain du juge sur les mesures provisoires qu'il peut décider en matière de privation de liberté. Le député Jullien demanda qu'en cas d'arrestation préventive le juge d'instruction fût tenu de rendre une ordonnance de renvoi ou de relaxer le prévenu dans les 24 heures. Mais, le garde des Sceaux répondit d'un mot et se refusa à discuter la proposition car le député n'en avait pas apporté le « texte à la tribune[322] ». Un argument difficile à recevoir, quand on connait le contexte d'urgence dans lequel la loi a été votée.

L'anarchiste est un accusé à part, qu'il convient d'isoler. Ses écrits, pourront en sus, s'il y a condamnation et dans les cas prévus par les articles 24 § 1 er § 3 et 25, être confisqués et saisis dans leur entièreté dès lors qu'ils sont mis en vente, distribués ou exposés aux regards du public. Cependant, leur destruction ou suppression ne pourra être appliquée à certaines parties des exemplaires saisis. Dans tous les cas, ces écrits seront supprimés du marché. Le dessein est de faire disparaître tout ce qui peut unir les anarchistes par la pensée.

Le législateur, face à des contestations profondes du modèle républicain ne trouve aucune solution de fond. Il ne s'attache pas à penser les raisons de cette poussée anarchiste, mais seulement à en stigmatiser les expressions. Francis de Pressensé et Émile Puget décrivent cette impasse du régime qui ne trouve aucune issue à la crise qu'il traverse :

---

319 Lévy-Bruhl Henri, « Les délits politiques. Recherche d'une définition », *Revue française de sociologie*, 1964, p. 139.

320 *Loc. cit.*

321 *Journal officiel de la République français. Débats parlementaires. Chambres des députés : compte rendu in extenso*, 11 décembre 1893, p. 227.

322 *Ibid.*, p. 226.

> Quand un régime promulgue sa loi des suspects, quand il dresse ses tables de proscription, quand il s'abaisse à chercher d'une main fébrile dans l'arsenal des vieilles législations les armes empoisonnées, à deux tranchants de la peine forte et dure, c'est qu'il est atteint dans ses œuvres vives, c'est qu'il se débat contre un mal qui ne pardonne pas, c'est qu'il a perdu non seulement la confiance des peuples, mais toute confiance en soi-même[323].

Cette attitude ne manque pas de faire penser aux régimes qui ont précédé la Troisième République, comme la loi de sûreté générale de 1857, votée sous le Second Empire après l'attentat d'Orsini[324]. La République n'a pas tant évolué depuis 1872 et le vote de la loi Dufaure sur l'Association Internationale des Travailleurs. Plus mature, le régime cède tout de même à la tentation d'une loi d'exception qui a le mérite de marquer les esprits et de montrer la volonté des gouvernants républicains de maintenir l'ordre public. Ces derniers préfèrent prendre des distances avec les libertés, revenir sur les acquis pourtant portés par les opportunistes eux-mêmes, plutôt que de se remettre en question, témoignage d'une classe dirigeante bourgeoise trop sûre d'elle-même[325].

UNE RÉPUBLIQUE À L'OFFENSIVE DE LA LIBERTÉ D'OPINION

À la suite du vote de la loi du 12 décembre 1893 sur la liberté de la presse, le législateur poursuit son entreprise répressive en votant deux nouvelles lois qui ont pour objectif de limiter encore davantage la diffusion des idées anarchistes. Ce corpus législatif mis en place, les tribunaux sont en charge de leur application, soulevant l'indignation de nombreux républicains inquiets de ce retour sur les acquis de la république modérée.

---

323 Pressensé Francis de, Rouger Émile, *Les lois scélérates de 1893-1894*, Paris, Éditions de la revue blanche, 1899, p. 2.

324 Wright Vincent, « La loi de sûreté générale de 1858 », *Revue d'histoire moderne et contemporaine*, t. 16, n° 3, Juillet-septembre 1969, p. 414. Goblet, à la tribune, établissait le même constat : celui de la réintroduction de vieilles infractions après vingt-trois ans de République ; Pressensé Francis de, Rouger Émile, *op. cit.*, p. 14 ; *Journal officiel de la République français. Débats parlementaires. Chambres des députés : compte rendu in extenso*, 11 décembre 1893, p. 219.

325 À l'Assemblée, seuls les socialistes et quelques radicaux votent contre la loi. Le reste de la chambre y est favorable ; Pressensé Francis de, Rouger Émile, *op. cit.*, p. 11.

Briser la circulation des idées anarchistes : la lutte contre les associations anarchistes

À la fin de l'année 1893, le législateur s'attache à voter dans l'urgence de nouveaux textes afin de limiter les échanges entre compagnons et essouffler le mouvement anarchiste en dynamitant ses réseaux. De la même manière que la presse ou la littérature, le législateur participe de la création d'un imaginaire autour de l'anarchisme, dont les tenants doivent être stigmatisés du seul fait de leur adhésion à cette pensée radicale.

En effet, la pratique judiciaire a révélé peu à peu l'inadéquation des textes alors en vigueur avec l'organisation inédite des groupes libertaires. Au cours du procès de soixante-six anarchistes à Lyon en janvier 1883, le procureur Polydor Fabreguettes était déjà confronté à une difficile qualification des faits dont il fut saisi[326]. Sont appelés devant le tribunal correctionnel des prévenus, pour la plupart ouvriers[327], devant répondre de faits « ayant pour but de provoquer la suspension du travail, l'abolition du droit de propriété, de la famille, de la patrie, de la religion, et d'avoir ainsi commis un attentat contre la paix publique[328] ». Certains doivent seulement répondre de leur adhésion à l'association, d'autre d'avoir au surplus « accepté une fonction dans une de ces associations ou qui auront sciemment concouru à son développement, soit en recevant ou en provoquant à son profit des souscriptions, soit en lui procurant des adhésions collectives ou individuelles, soit enfin en propageant ses doctrines, ses statuts ou ses circulaires[329] ». Si le procureur avait envisagé de poursuivre les anarchistes sur la qualification d'association de malfaiteurs[330], il y renonce devant la difficile preuve des éléments constitutifs de l'infraction[331]. Le seul outil à sa disposition est la loi Dufaure du 14 mars 1872 sur l'Association Internationale des Travailleurs, qu'il

326 Lyon est secoué par une agitation ouvrière importante au début de la décennie 1880 : grève et attentats de Montceaux-les-Mines en 1882, explosion d'une bombe dans le restaurant du théâtre Bellecour. Très vite, les anarchistes sont soupçonnés d'avoir participé à ces événements.

327 Garin Joseph, *op. cit.*, p. 3. On note également des poursuites à l'encontre de certains théoriciens comme Pierre Kropotkine.

328 Article 2 de la loi des 14 et 23 mars 1872.

329 Article 3 de la loi des 14 et 23 mars 1872.

330 Les premiers procès contre les anarchistes reposent sur cette base légale ainsi que sur celle de provocation à l'assassinat ; Chambost Anne-Sophie, *op. cit.*, p. 75.

331 *Loc. cit.*

mobilise afin d'obtenir de nombreuses et lourdes condamnations pour le seul fait de leurs idées ou de leur adhésion à une idéologie politique[332].

Bien que le procès ait mené à une répression sévère, il révèle aux responsables politiques et au public la nature inédite du mouvement anarchiste qui en dépit de son aspiration « à des théories d'indépendance individuelle absolue[333] » crée une union entre ses différents membres. Fort de son expérience, et craignant que les lacunes du droit ne mettent à mal la politique répressive du gouvernement, le procureur adresse au garde des Sceaux Antonin Dubost un message indiquant la nécessité d'un texte nouveau davantage en adéquation avec la réalité des organisations anarchistes[334]. Ces dernières ont ceci de particulier de ne ressembler à aucun autre parti politique : elles n'ont ni sections, ni fédérations, ni cotisations, ni bureaux. Face à l'absence d'éléments matériels suffisants, il est difficile de qualifier le mouvement et donc d'atteindre ses membres. La solution qui s'offre à la répression est d'emprunter la voie de la criminalisation de la pensée sur la base de textes nouveaux afin de faciliter le travail des tribunaux. La loi du 18 décembre 1893 crée des dispositions répressives extensives nouvelles afin de maintenir l'ordre social[335].

En ce sens l'article 265 du code pénal nouvellement rédigé par le législateur dispose désormais que toute organisation formée, quelle que soit la durée ou le nombre de ses membres, toute entente établie dans le but de préparer ou de commettre des crimes contre les personnes ou les propriétés, constituent un crime contre la paix publique. Ce texte reprend la philosophie de l'infraction d'association de malfaiteurs qui n'est pas nouvelle en 1893, puisqu'elle existait déjà depuis le code pénal de 1810, mais introduit des différences notables. Les conditions nécessaires à la commission de l'infraction d'association de malfaiteurs, tenaient dans l'existence d'une organisation hiérarchique et permanente

332 Kempf Raphaël, *op. cit.*, p. 12. À ce titre, le seul abonnement à un journal anarchiste a permis de caractériser l'affiliation des prévenus à l'AIT ; *ibid.*, p. 13. *V.* le chapitre 2 de cette présente thèse.

333 Garin Joseph, *op. cit.* p. 3.

334 Lévy Thierry, *Plutôt la mort que l'injustice – Au temps des procès anarchistes*, Paris, Odile Jacob, 2009, p. 93-94.

335 Cet objectif est clairement énoncé par le rapporteur de la loi lors des débats ; *Journal officiel de la République français. Débats parlementaires. Chambres des députés : compte rendu in extenso*,15 décembre 1893, p. 300.

et d'un nombre suffisant d'associés[336]. Or, les organisations anarchistes ne présentent pas ces qualités. Elles ne sont « ni permanente[s], ni continue[s] : elle[s] n'[ont] pas de cadres déterminés, de chefs désignés, la tendance particulière aux anarchistes étant précisément d'écarter toute idée de hiérarchie, de subordination, d'organisation[337] ». C'est cette spécificité du mouvement anarchiste qui mène le gouvernement à proposer une modification des textes jusqu'alors en vigueur et à ne pas se référer au terme d'association qui induit « une organisation permanente, continue, ayant des cadres déterminés, des chefs désignés[338] ». En ayant recours à un terme peu précis tel que « entente », le texte vise à englober toutes les formes de rapprochement entre anarchistes, qu'elles soient matérielles ou seulement intellectuelles. Les textes ne se limitent pas à interdire les associations formellement constituées mais visent tous les espaces de sociabilité propices à la création de liens entre individus. L'État s'attache ainsi à contrôler et limiter les liens sociaux, les interactions interpersonnelles à un niveau microsocial. Ces liens sont durement sanctionnés par une peine de travaux forcés ou de relégation selon l'article 266 du code pénal, sauf à ce qu'avant toute poursuite, les agents pénaux révèlent aux autorités constituées l'entente établie ou l'existence de l'association[339].

L'entente n'étant pas définie en droit, elle peut prendre des formes diverses, laissant libre court à l'imagination des magistrats et des jurés et ainsi à l'arbitraire. Les députés Jourde, de Ramel et Goblet indiquent que l'entente, faute de précision, peut revêtir n'importe quelle forme : une lettre, une conversation, tout ce qui peut créer chez le citoyen un mécanisme d'autocensure de la pensée en raison de la peur constante de la sanction. Flandin répond à ces doutes en indiquant que le choix du terme a été fait de manière à faire tomber sous le coup de la loi les « conciliabules plus ou moins mystérieux » dans lesquels sont en germes des infractions à venir[340]. Plus encore, c'est l'entente en vue de

---

336 Garraud René, *L'anarchie et la répression*, Paris, L. Larose, 1895, p. 35.

337 *Loc. cit.*

338 *Journal officiel de la République français. Débats parlementaires. Chambres des députés : compte rendu in extenso*,15 décembre 1893, p. 300.

339 L'infraction pousse ainsi à la délation, à l'auto-élimination des réseaux anarchistes à travers des compagnons faisant passer leur intérêt personnel avant celui de leur cause.

340 *Journal officiel de la République français. Débats parlementaires. Chambres des députés : compte rendu in extenso*,15 décembre 1893, p. 300.

la propagande par le fait qui est visée par le texte[341]. Mais rien dans le texte ne vient inscrire dans la loi les précisions qui sont données à l'oral.

Le rapporteur de la loi ajoute, face aux doutes, que ce texte est conforme au droit antérieur, puisqu'il en est une forme de continuation. L'infraction de complot va jusqu'à « réprimer la simple proposition de former un complot[342] ». L'attentat est quant à lui poursuivi sans qu'un commencement d'exécution n'ait eu lieu[343]. Or, dans ces deux infractions, les éléments constitutifs des infractions sont exposés par la loi. Le texte présenté par le gouvernement n'est pas aussi précis sur les éléments constitutifs de l'infraction. Afin de pallier cette lacune, le député Jourde propose un amendement du texte en vue de remplacer le terme entente par l'expression « résolution d'agir concertée et arrêtée » qui avait comme avantage de fournir davantage de précisions notamment sur l'élément moral de l'infraction et de se fonder sur la définition du complot donnée par le code pénal. Mais cette proposition est refusée très largement[344]. L'entente demeure telle quelle, criminalisant la seule intention criminelle.

Le rapporteur de la loi, se dégageant de tout raisonnement juridique, indique qu'il s'agit à travers le texte de ne pas viser l'idée mais le crime dont l'on doit se protéger[345]. L'infraction repose sur un risque incertain, sur la commission d'une infraction putative. Face aux reproches qui lui sont adressés par certains membres de la Chambre, le rapporteur fait appel encore une fois, aux sentiments et à l'émotion afin de légitimer l'action liberticide du gouvernement. Il déclare sans détour :

> […] ce serait folie pure, en présence des attentats déjà commis et de ceux qui se préparent, de faire appel à je ne sais quelles subtilités qui n'ont rien de juridique ou je ne sais quelles considérations de sentimentalisme singulièrement déplacées dans les circonstances actuelles, pour se dispenser de

341 Le rapporteur de la loi indique qu'« Il existe peut-être certains groupes anarchistes organisés qui se sont donnés pour mission de poursuivre la propagande de l'idée ; ceux-là professent des doctrines que nous répudions d'une façon absolue, sans qu'assurément personne d'entre nous ait la pensée de les incriminer au point de vue pénal. Mais à côté de cette catégorie d'anarchistes qui ne s'occupent que de la propagande de l'idée, il y en a d'autres bien autrement dangereux, qui se sont donnés pour mission la propagande par le fait, qui se créent une spécialité, par exemple, de la propagande par les engins explosifs […]. » ; *loc. cit.*

342 *Loc. cit.*

343 *Loc. cit.*

344 *Ibid.*, p. 305.

345 *Ibid.*, p. 301.

> déférer à la volonté énergique du pays et refuser au Gouvernement les armes légales qu'il nous réclame et dont il a besoin pour préserver tout à la fois les individus et la société[346].

L'article 267 du code pénal, tel que modifié par la loi, renforce encore un peu plus cette lutte contre la création de liens sociaux. Il dispose pour l'avenir que sera puni de la réclusion quiconque aura sciemment et volontairement favorisé les auteurs des crimes prévus à l'article 265 en leur fournissant des instruments de crime, moyens de correspondance, logement ou lieu de réunion. L'action de complicité d'une entreprise anarchiste est alors entendue de manière extensive, l'acte matériel favorisant l'infraction principale pouvant revêtir des formes diverses.

Enfin, le législateur à travers la loi du 18 décembre 1893, s'attaque au médium par excellence de la propagande par le fait. Ainsi l'article unique de la loi dispose que l'article 3 de la loi du 19 juin 1871 est modifié tel que suit : « tout individu, fabricant ou détenteur, sans autorisation et sans motifs légitimes, de machines ou engins meurtriers ou incendiaires agissant par explosion ou autrement, ou d'un explosif quelconque, quelle que soit sa composition[347] ». L'infraction est sanctionnée par un emprisonnement de six mois à cinq ans et une amende de 50 à 3 000 francs. Il s'agit d'une infraction purement matérielle, qui ne nécessite aucune intention coupable. Il s'agira alors au prévenu de prouver la légitimité de sa détention de produits dangereux.

Ainsi, les lois de décembre 1893 sur les ententes anarchistes trouvent rapidement à s'appliquer. Le 6 août 1894, trente inculpés doivent répondre devant la cour d'assises de la Seine de leur appartenance à une supposée association de malfaiteurs. Ces individus ont des profils très divers. Aux voleurs de droit commun comme Ortiz, s'ajoutent des théoriciens anarchistes connus tels que Jean Grave ou Émile Pouget, fondateur du *Père Peinard*. Le procès apparaît très vite comme une application médiatique des lois votées par le parlement en décembre 1893, afin de marquer durablement l'opinion publique et d'illustrer la sévérité de l'État à l'égard de ceux qui remettent en cause son autorité. La presse conservatrice et radicale apporte son concours à cette démonstration de

346 *Loc. cit.*

347 *Loi du 19 juin 1871 qui abroge le décret du 4 septembre 1870 sur le commerce et la fabrication des armes de guerre*, [En ligne], [consulté le 10 mai 2022].

force de la République modérée. Elle s'attache à rapprocher, au sein de ses pages, le groupe anarchiste d'une secte au sein de laquelle les rapports entre membres sont hiérarchiques, avec d'un côté les cerveaux et de l'autre les hommes de main[348]. Mais très vite la faiblesse de l'accusation transparaît et la presse la plus favorable au gouvernement est obligée d'en convenir[349]. Face à l'impossibilité de prouver la nature illégale des liens qui existent entre les différents individus, la quasi-totalité des inculpés sont acquittés dans une décision applaudie par la majorité de l'opinion publique comme le relève le journal *La France* du 14 août 1894 :

> Cette approbation ne s'applique nullement aux anarchistes et à leurs théories ; elle ne s'adresse qu'aux jurés qui ont trouvé avec raison que ce procès, si longuement préparé, ne reposait, en dehors des cambrioleurs, sur aucun fait certain, prouvé, tombant sous le coup de la loi[350].

Comme le fait remarquer le titre de presse, le jury n'est pas convaincu par l'argumentation de l'accusation. L'imprécision de l'article 265 du code pénal quant à la notion d'entente a finalement desservi l'objectif de sévérité recherché. Le juriste René Garraud remarque :

> La loi de 1893 n'a point suffisamment défini les caractères propres, spéciaux au compagnonnage anarchiste, et qu'en lui appliquant les vieilles formes de la conspiration, elle n'a point suffisamment tenu compte de cette évolution de la criminalité : on ne conspire plus, en effet pour renverser l'ordre social, comme on conspirait pour renverser ou modifier l'ordre politique[351].

Si les termes peu précis de l'infraction laissaient une marge de manœuvre confortable à la cour d'assises afin de condamner les prévenus, il semble que celle-ci n'ait pas joué en faveur de la sévérité. Face à une organisation du mouvement anarchiste dérogeant à tout ce que le droit pénal connaissait jusqu'alors, la justice semble, comme dans le cas du « procès des trente », faire preuve d'une certaine prudence.

Le 24 juin 1894, le président de la République Sadi Carnot visite l'Exposition universelle qui se tient à Lyon. Alors qu'il se trouve dans une voiture du cortège présidentiel, un anarchiste italien, Sante Geronimo

348 *La France*, 14 août 1894, p. 2. *V.* Bellot Marina, « Le Procès des Trente ou le fantasme d'une secte anarchiste en France », *Retronews* [en ligne], [consulté le 14/04/2021].

349 *Loc. cit.*

350 *Loc. cit.*

351 Monier Frédéric, *op. cit.*, p. 196.

Caserio, le poignarde. Le président agonise plusieurs heures et décède dans un des salons de la préfecture. Cet assassinat crée une vive émotion dans le pays. À la stupeur s'ajoute la perplexité d'une société qui doit faire face, comme l'indique le ministre des Affaires étrangères de l'époque, à « des criminels d'une espèce inconnue », « une énigme[352] ».

Très vite un nouveau projet de loi voit le jour afin de lutter plus efficacement contre cette pensée. Le garde des Sceaux expose les raisons qui poussent à créer, de nouveau, des dispositions particulières en la matière :

> Les adeptes de l'anarchisme revendiquent comme moyen d'action la perpétration d'attentats contre les personnes et les propriétés. Ils ne sauraient dès lors se réclamer du régime de liberté dont la République tient à honneur d'assurer le bienfait à tous ceux qui n'attendent le triomphe de leurs idées que de la discussion des opinions et de la volonté du suffrage universel[353].

Sont ainsi assimilés à la fois les auteurs, les idéologues et les poseurs de bombes. Afin de justifier le traitement particulier des anarchistes, le rapporteur de la loi de 1894 joue sur la peur qu'a fait naître l'assassinat de Sadi Carnot au sein de l'opinion publique :

> Les progrès effrayants de l'anarchie depuis quelques années, les attentats nombreux dont nous avons été les témoins attristés, l'audace croissante des individus qui après une odieuse tentative contre la représentation nationale, ont plongé la France dans le deuil en assassinant celui qui incarnait à la fois la Patrie et la République ont dû ouvrir les yeux aux plus incrédules et leur faire nettement apparaître le danger. [...] nous sommes bien en face d'un véritable parti organisé, d'une secte ayant ses chefs et ses soldats, faisant une incessante et active propagande pour grossir ses rangs. Nous voyons se dresser devant nous une armée, l'armée du crime[354].

Le rapporteur indique qu'afin d'agir contre ce climat de violence, le projet de loi présenté par le gouvernement de Charles Dupuy s'organise autour de deux axes qui intéressent de près le contrôle judiciaire de l'imprimé. Le premier est constitué de mesures préventives afin d'atteindre la propagande et d'empêcher les anarchistes de recruter de nouveaux

352 Cité par Winock Michel, *Décadence fin de siècle*, *op. cit.*, p. 193.

353 *Journal officiel de la République française. Débats parlementaires. Chambre des députés : compte rendu in extenso*, 9 juillet 1894, p. 1221.

354 Cité par Gras Frédéric, « Des "lois scélérates" aux premières applications par les tribunaux du délit d'apologie de terrorisme », *op. cit.*, p. 60.

adhérents. Le second vise à prendre des mesures afin d'empêcher le passage à l'acte.

Le premier article de la loi dispose que les infractions prévues par les articles 24 (paragraphe 1 et 3) et 25 de la loi du 29 juillet 1881 (tels que modifiés par la loi du 12 décembre 1893) sont déférées aux tribunaux de police correctionnelle dès lors que ces infractions ont pour but un acte de propagande anarchiste. Sont ainsi visés :

- La provocation au vol, soit aux crimes de meurtre, de pillage et d'incendie, soit à l'un des crimes punis par l'article 435 du Code pénal, soit à l'un des crimes et délits contre la sûreté extérieure de l'État prévus par les articles 75 et suivants, jusque et y compris l'article 85 du même Code
- L'apologie des crimes de meurtre, de pillage ou d'incendie, ou du vol, ou de l'un des crimes prévus par l'article 435 du Code pénal.
- Toute provocation par l'un des moyens énoncés en l'article 23 adressée à des militaires des armées de terre ou de mer, dans le but de les détourner de leurs devoirs militaires et de l'obéissance qu'ils doivent à leurs chefs dans tout ce qu'ils leur commandent pour l'exécution des lois et règlements militaires.

L'article 2 de la loi, indique que sera déféré aux tribunaux correctionnels et condamné à une peine de trois mois à deux ans d'emprisonnement et de 100 à 2000 francs d'amende, tout individu qui sera, en dehors des cas visés précédemment, convaincu d'avoir dans un but de propagande anarchiste :

- Soit par provocation, soit par apologie des faits spécifiés aux articles, incité une ou plusieurs personnes à commettre un vol, un meurtre, pillage incendie ou crimes punis par l'article 435 du code pénal.
- Adressé une provocation à des militaires des armes de terre ou de mer dans le but de les détourner de leurs devoirs militaires et de l'obéissance qu'ils doivent à leurs chefs dans ce qu'ils leur commandent pour l'exécution des lois et règlements militaires et la défense de la Constitution républicaine.

Ces infractions échappent à la compétence de la cour d'assises en raison de la motivation politique de l'agent pénal, ce qui s'apparente à un délit d'opinion. Le gouvernement justifie cette dérogation au droit de 1881 par la recherche, classique, d'une répression plus rapide des délits anarchistes. Cette modification juridictionnelle est énergiquement dénoncée, notamment par le député Pourquery de Boisserin qui constate une remise en cause de la loi libérale du 29 juillet 1881 et de la prévalence qu'elle donne à la cour d'assises, considérée comme juridiction de principe en matière de droit de la presse. Henri Brisson interpelle lui aussi le gouvernement à propos de cette nouvelle répartition des compétences et s'exclame : « Votre véritable projet c'est d'abolir le jury, d'atteindre des ennemis et de les reléguer, si vous pouvez[355] ». La crainte du député de gauche est à nouveau de voir l'anarchisme servir de prétexte à une répression politique plus large. En effet l'anarchisme n'est à aucun moment défini par la loi pénale, malgré les nouveaux éléments qu'elle donne sur les infractions qui lui sont relatives. Il revient en conséquence au seul juge correctionnel d'en donner une définition, plus ou moins restreinte.

Le Président du Conseil se défend à la chambre de toute intention dissimulée du gouvernement. Il assure que le texte n'a vocation à s'appliquer qu'à une « secte sauvage, antisociale et antihumaine[356] ». Le rapporteur de la loi Lasserre insiste également sur ce point dans son rapport remis le 12 juillet 1894, en assurant à nouveau : « Nous ne saurions trop le répéter : le projet vise exclusivement les menées anarchistes. Il ne peut donner lieu à aucune équivoque. Il ne laisse aucune place à l'arbitraire. Aucun parti politique, aucune fraction de l'opinion publique ne peut raisonnablement s'alarmer[357] ».

Une circulaire ministérielle prise à la suite du vote de la loi se veut également sans ambiguïté en indiquant que la loi qui vient d'être promulguée a pour objet la répression des menées anarchistes :

> Elle ne saurait dès lors, à un degré quelconque, constituer une menace pour ceux qui s'efforcent de faire triompher leurs doctrines par les moyens légaux. Votée par le Parlement pour défendre la sécurité publique menacée, elle ne doit et ne peut attendre que les partisans de la propagande par le fait[358].

355 Cité par Gras Frédéric, « Des "lois scélérates" aux premières applications par les tribunaux du délit d'apologie de terrorisme », *op. cit.*, p. 61.

356 Fabreguettes Polydore, *op. cit.*, p. 39.

357 *Loc. cit.*

358 *Ibid.*, p. 40.

Malgré ces diverses déclarations d'intention, aucune garantie juridique n'est véritablement apportée, le texte ne se trouvant pas davantage précisé dans sa rédaction au moment de son vote par le parlement. La rédaction peu précise, au mépris du principe de légalité pénale, laisse au juge correctionnel une certaine marge de manœuvre dans la qualification du but anarchique dans la répression de la propagande publique ou privée. Le risque est ainsi notamment d'assimiler l'anarchisme et le socialisme, en pleine expansion à la même période[359]. D'autant plus que la crise anarchiste permet à une partie du personnel politique de dénoncer « une menace d'extrême gauche dont la République doit se garder[360] ».

Une seconde innovation de la loi dans la lutte contre la propagande anarchiste tient dans la possibilité donnée aux cours et tribunaux d'interdire en tout ou partie, dans certains cas visés par la loi, la reproduction des débats dès lors que cette reproduction pourrait présenter un danger pour l'ordre public. Toute infraction à cette défense sera poursuivie conformément aux prescriptions des articles 42, 43, 44 et 49 de la loi du 29 juillet 1881 et sera punie d'un emprisonnement de six jours à un mois et d'une amende de mille francs à dix mille francs. Est poursuivie dans les mêmes conditions, et passible des mêmes peines, toute publication ou divulgation, dans les cas prévus par la loi, de documents ou actes de procédure spécifiés à l'article 38 de la loi du 9 juillet 1881. Ainsi, dans le cas des procès anarchistes, l'information du public est restreinte. Ce dernier ne peut accéder au contenu *in extenso* des débats judiciaires, il devra se fier aux seuls écrits des journalistes ou des pouvoirs publics. L'accès aux sources primaires est limité, le public ne peut accéder qu'à des sources secondaires et donc potentiellement inexactes. Cette décision prise par le parlement de restreindre la publicité donnée aux procès tient dans le fait que les procès sont utilisés, par les anarchistes eux-mêmes, comme des moyens de publicité auprès du public. À travers leur reproduction dans la presse, ils s'adressent à un large public et peuvent faire passer leurs messages.

---

359 Même si le rapporteur se défend expressément de viser le socialisme lors de la séance parlementaire du 19 juillet 1894.

360 Monier Frédéric, *Le complot dans la République. Stratégies du secret, de Boulanger à la* Cagoule, *op. cit.*, p. 75.

En effet, les anarchistes ont utilisé leur procès et leur défense comme un projecteur permettant de mettre en lumière leur cause[361]. Tel est le cas de Ravachol, qui au cours de son procès en avril 1892, justifie son action à l'aide notamment de la célèbre formule : « nous avons voulu terroriser pour faire réfléchir[362] ». Dans ce cas, l'accusé devient une forme d'artiste judiciaire tel que le théorise Jacques Vergès des décennies plus tard[363].

En privant la publicité de ces échanges judiciaires, le législateur met à mal cette stratégie de défense[364]. Il inscrit dans le droit, une philosophie déjà présente lors du procès de Ravachol afin de limiter les dangers de propagande anarchiste : public restreint et debout, trié sur le volet et dont les fonctions officielles lui permettent d'attester la réalité de ce retour à l'ordre[365]. Le public n'est pas tant présent pour s'assurer d'une justice équitable rendue en son nom, que pour attester de la répression sévère mise en place contre les anarchistes.

Enfin, les anarchistes sont soumis à un régime juridique qui les met au ban de la société comme en témoignent les articles 3 et 4 de la nouvelle loi quant à leur répression. En vertu de ces deux articles, la peine accessoire de la relégation peut être prononcée contre les individus condamnés en vertu des articles 1 et 2 de la présente loi à une peine supérieure à une année d'emprisonnement et ayant encouru, dans une période de moins de dix ans, soit à une condamnation à plus de trois mois d'emprisonnement pour les faits spécifiés auxdits articles soit une condamnation à la peine des travaux forcés, de la réclusion ou de plus de trois mois d'emprisonnement pour crime ou délit de droit commun. En outre, les individus condamnés seront soumis à

---

361 La même utilisation est faite par les communistes après la Seconde Guerre mondiale. V. Codaccioni Vanessa, *Punir les opposants. PCF et procès politiques (1947-1962)*, Paris, 2013, 423 p.

362 Ravachol aurait fait parvenir au président du tribunal, une lettre reproduite dans la Presse selon laquelle il demanderait à se défendre lui-même. Il justifie sa requête en indiquant que Maître Lagasse « ne peut parler de l'anarchie, il l'ignore. Un homme qui ne connait point les roses pourrait-il en dépeindre le charme, le coloris ? L'anarchie, fleur qui embellira l'humanité, ne peut être décrite que par un convaincu » ; Ferragu Gilles, « En quête de rupture : de Ravachol à Émile Henry », *op. cit.*, p. 5.

363 Vergès Jacques, *De la stratégie judiciaire*, Paris, Les éditions de Minuit, 1968, p. 212.

364 Sur la variété des modes de défense judiciaire V. Liora Israël, *L'arme du droit*, Paris, Presses de Sciences Po, 2009, 142 p.

365 Ferragu Gilles, « En quête de rupture : de Ravachol à Émile Henry », *op. cit.*, p. 4.

l'emprisonnement individuel, sans qu'il puisse résulter de cette mesure une diminution de la durée de la peine. Ces dispositions sont applicables pour l'exécution de la peine de la réclusion ou de l'emprisonnement prononcée en vertu des lois du 18 décembre 1893 sur les associations de malfaiteurs et la détention illégitime d'engins explosifs. On le comprend, en matière de peine, la propagande anarchiste est traitée presque aussi sévèrement que le passage à l'acte créant un problème de proportionnalité de la peine.

Le droit crée ainsi autour des procès anarchistes une mise en scène signifiante, particulière, qui rompt avec l'attitude républicaine qui prévalait jusqu'alors notamment au cours de la crise boulangiste[366]. Jules Guesde n'hésite pas à pointer ces défauts lors des débats :

> La liberté de la presse, la liberté de la parole, n'ont rien à faire avec cette espèce de folie qui atteignant certains cerveaux malades se traduit par des violences individuelles qui se retournent, on peut dire, contre l'idée même qu'elles ont prétention de servir. Ni la presse, ni le socialisme, qu'on a osé appeler l'école d'apprentissage de l'anarchie [...] ne sont pour quoi que ce soit dans cette épidémie, qui, loin d'avoir été restreinte, enrayée, a au contraire été propagée par la réclame que vous lui avez faite en l'érigeant à l'état de péril public ». Il conclut à l'adresse du gouvernement : C'est vous qui avez créé le péril anarchiste[367] !

Malgré ces avertissements, la loi est votée puis rendue applicable en métropole mais également à partir d'août 1894, en Algérie[368].

L'application des lois scélérates

La presse populaire offre aux anarchistes une formidable caisse de résonance[369] : soit en diffusant leurs doctrines, soit en alimentant la

366 *Ibid.*, p. 2.

367 *Journal officiel de la République française. Débats parlementaires. Chambre des députés*, 19 juillet 1894, p. 1392.

368 La loi du 30 juillet-1er août 1894, décrète que la loi du 28 juillet 1894 sur la répression des menées anarchistes est applicable à l'Algérie ; *D.P*, Partie IV, 1894, p. 88.

369 Une presse qui connait des évolutions techniques importantes à cette époque. En 1890, Hyppolite Marinoni améliore les performances de ses rotatives qui sont désormais capables d'imprimer des illustrations en quadrichromie. Ces illustrations permettent d'attirer l'attention du lecteur à travers des illustrations de meilleure qualité, à prix abordable ; Oudin Bernard, « L'anar et le canard », *Les cahiers de médiologie*, vol. 13, n° 1, 2002, p. 104.

peur née du terrorisme et recherchée par lui. Les journaux font l'objet de perquisitions[370] et des saisies sont opérées avant que les journaux ne paraissent et que des infractions soient commises. À ce titre, le député socialiste Clovis Hugues interpelle le gouvernement le 27 janvier 1894 à propos de 2000 perquisitions et 60 arrestations[371]. Au-delà de l'atteinte portée aux libertés individuelles, le député s'inquiète pour son parti. Il déclare devant la Chambre ses inquiétudes :

> [...] il est indispensable au pays, à la République et au Parlement que nous sachions si vous êtes résolus à nous ravir une à une, pied à pied, toutes les libertés conquises en vingt-trois ans et si vous caressez réellement, au mépris de tout progrès et de toute justice, la monstrueuse espérance de faire un Seize-Mai bourgeois contre les socialistes[372].

La réponse du ministre de l'Intérieur Raynal évoque la primauté du principe d'ordre public sur tout autre principe : « les perquisitions ont jeté une salutaire terreur dans le camp des anarchistes. Leur jactance dissimule mal de profondes inquiétudes. Il y a lieu de s'en féliciter[373] ». Au-delà de ces mesures préventives, s'ajoute le contentieux devant les tribunaux.

Georges Étievant est ainsi poursuivi pour un article saisi au format manuscrit dans les bureaux du *Libertaire.* Il est condamné par défaut à cinq ans de prison et à la relégation. Cette peine n'était pourtant pas applicable en vertu du principe de non-rétroactivité de la loi pénale plus sévère, les faits ayant été commis avant l'entrée en vigueur de la loi du 12 décembre 1893[374].

Aux textes spéciaux s'ajoutent les infractions prévues originellement par la loi du 29 juillet 1881, en complément. Philipe, en sa qualité de gérant du journal anarchiste *La Cravache*, est poursuivi, devant le tribunal correctionnel de Lille, pour diffamation, par un grand industriel, M. Wibaux-Florin. L'avocat général réclame une peine corporelle, afin que fussent rendus exécutoires, les cinq ans de prison suspendus depuis

370 Chambost Anne-Sophie, *op. cit.*, p. 75. Le journal *Le Peuple* fait état dans son édition du 21 février 1894 de 46 perquisitions et 11 arrestations ; *ibid.*

371 *Journal officiel de la République française. Débats parlementaires. Chambre des députés*, 27 janvier 1894, p. 106.

372 *Ibid.*, p. 110.

373 *Ibid.*, p. 111.

374 Pressensé Francis de, Rouger Émile, *op. cit.*, p. 30 ; *Le rappel*, 17 juin 1898, p. 1.

1894, date à laquelle il est condamné à cinq ans de prison pour entente anarchiste[375].

Certains procès sont plus médiatiques. Le 9 décembre 1893, une bombe est déposée dans la chambre des députés. Symbolique, l'attentat ne fait aucune victime. Auguste Vaillant est arrêté et avoue rapidement son crime. Comme Ravachol, Vaillant revendique son anarchisme tout en se repentant de l'issue fatale de son acte : « je voulais blesser et non tuer » déclare-t-il aux jurés[376]. Le procès est l'expression d'une forme de « connivence finale » où l'accusé accepte de s'inscrire dans « un rituel judiciaire de retour à l'ordre[377] ». Son avocat, maître Labori, souligne comme l'accusé lui-même ses intentions sociales. Il a voulu « attirer l'attention de la Chambre sur les malheureux » et dire à la représentation nationale que « Si les députés ne s'occupent pas des malheureux, les malheureux s'occupent des députés[378] ». Il est condamné après seulement une journée d'audience, à la peine de mort[379]. Lors de l'instance devant les assises de la Seine, le procureur général Bertrand observe que si le prévenu n'a aucun complice « au sens légal du mot », il a des « complices moraux » à travers ses soutiens propagandistes[380].

Contrairement aux auteurs, aux penseurs, théoriciens, ceux qui passent à l'acte sont envisagés avec mépris par les tribunaux eux-mêmes ainsi que par la presse. Lors de son procès Léauthier est comparé à « un enfant », à la figure « presque poupine, sans caractère », le sourire « un peu niais » et le regard « inconscient[381] ». Un regard sur les peines nous

375 Pressensé Francis de, Rouger Émile, *op. cit.*, p. 33.

376 Cité par Ferragu Gilles, « En quête de rupture : de Ravachol à Émile Henry », *op. cit.*, p. 7.

377 *Ibid.*, p. 7. Il en va de même avec Léon Léauthier, l'auteur d'un attentat à l'aveugle le 13 novembre 1893. Son procès se déroule le 23 février 1894 et comme Ravachol, il assume pleinement son anarchisme tout en déclarant qu'il n'a pas voulu tuer mais seulement blesser. Il écope d'une peine de travaux forcés et échappe à la peine de mort en obtenant des circonstances atténuantes ; *ibid.*, p. 7. Sur le parcours de Léon Léauthier, *V.* Frémion Yves, *Léauthier l'anarchiste. De la propagande par le fait à la révolte des bagnards (1893-1894)*, Paris, L'Échappée, 2011, 250 p.

378 *La Gazette des tribunaux*, 11 janvier 1894.

379 Il est exécuté le 5 février 1894 après qu'un recours en grâce ait été refusé par le Président de la République. Avant de mourir, il s'écrit : « Mort à la société bourgeoise, vive l'anarchie ! » ; cité par Bouhey Vivien, « L'antiparlementarisme des anarchistes au moment de l'affaire de Panama », *Parlement[s], Revue d'histoire politique*, Hors-série n° 9, 2013, p. 83.

380 Chambost Anne-Sophie, *op. cit.*, p. 76.

381 *Le Matin*, 24 février 1894.

éclaire également sur ce point. En arguant la volonté de blesser mais pas de tuer les agents obtiennent des circonstances atténuantes et une peine plus faible en conséquence[382]. En ce qui concerne Vaillant, les magistrats ne retiennent que partiellement les intentions politiques de l'anarchiste. À leurs yeux, l'attentat n'est que le résultat de l'orgueil démesuré d'un criminel de droit commun[383], « d'humeur vagabonde [et] incapable de se fixer », que « les lauriers de Ravachol [...] empêchaient de dormir[384] ». Malgré ce détachement apparent, il est tout de même condamné à mort.

Au total ce sont 137 affaires et 162 prévenus qui sont jugés sur le fondement de la loi du 12 décembre 1893 en 1894[385]. Le nombre d'affaires retombe à seulement deux l'année suivante et à une seule affaire en 1896[386] ce qui témoigne à la fois d'une attention moins scrupuleuse des pouvoirs publics en la matière mais aussi des effets préventifs de la répression sévère de 1894. Aussi, à travers ces procès, une grammaire du procès se met en place dans la presse. Elle n'est pas nouvelle mais se perfectionne et se nuance avec les procès anarchistes des années 1890[387]. Surtout, ces procès préfigurent l'affaire Dreyfus en ce qu'ils appellent des positionnements politiques.

Les lois prises par le pouvoir républicain en 1893-1894 ont fait l'objet de nombreux commentaires et analyses doctrinaux par les juristes[388] et autres scientifiques[389]. Elles sont également au cœur de l'attention du champ politique. Le régime républicain, parce qu'il refuse à certains

---

382 Ferragu Gilles, « En quête de rupture : de Ravachol à Émile Henry », *op. cit.*

383 Salomé Karine, *op. cit.*, p. 150.

384 *La Gazette des tribunaux*, 11 janvier 1894. Au contraire, la presse de gauche souligne la portée militante de l'attentat. Ainsi, Laurent Tailhade énonce sa formule célèbre : « Qu'importent les victimes si le geste est beau ? Qu'importe la mort de vagues humanités si, par elle, s'affirme l'individu » ; cité par Maitron Jean, *op. cit.*, p. 236. *Le Père Peinard* se réjouissait quant à lui de « la marmitade de Vaillant à l'Aquarium [qui] a secoué les puces à la racaille gouvernementale » ; *Le Père Peinard*, 31 décembre 1894.

385 *Compte général de l'administration de la justice criminelle*, 1896, p. XIV.

386 *Loc. cit.*

387 Ferragu Gilles, « En quête de rupture : de Ravachol à Émile Henry », *op. cit.*, p. 4.

388 On notera à ce titre les ouvrages suivants : Loubat Guillaume, *Code de la législation contre les anarchistes*, Paris, Chevalier-Marescq,1895, 251 p. ; Jousseaume Robert, *Étude sur les lois contre les menées anarchistes et sur les modifications que ces lois ont apportée à la législation pénale*, 1895, 57 p. ; Garraud René, *L'anarchie et la répression*, Paris, Larose éditeur, 1895, 118 p.

389 *Documents d'études sociales sur l'anarchie*, Lyon, Storck, 1897, 167 p.

citoyens le bénéfice du droit commun en raison de leurs opinions politiques, se voit accuser par Francis de Pressensé, Émile Puget et Léon Blum dans L*a Revue Blanche* en 1899 d'avoir voté trois lois « scélérates ». Le 15 juin 1895, Jean Grave réagit à un article du *Figaro* publié le 28 mai qui dénonçait une loi visant le clergé en opposant les lois justes et les lois injustes. Grave s'amuse de cette résistance différenciée aux lois de la République. Lors de la crise anarchiste, le collègue du *Figaro* se distinguait par « les appels qu'il fit à la répression légale, ses tartines sur la nécessité de faire respecter les lois, et de les appliquer 'avec fermeté' à tous ceux dont il s'agissait de se débarrasser[390] ». Plutôt que de les séparer, les « lois scélérates » resserrent les rangs anarchistes qui s'organisent sur deux fronts. Il faut d'abord s'attacher à faire libérer les camarades envoyés au bagne par la législation anti-anarchiste dont on demande l'abolition ; puis face à l'obstination du pouvoir républicain, une campagne abstentionniste se déploie[391].

Sur le plan du droit, les lois scélérates illustrent les errances d'un régime encore tenté de revenir sur ses acquis et prêt à prendre des libertés avec les principes directeurs du droit. Les lignes de Léon Blum publiées sous le nom énigmatique « d'un juriste » dans *la Revue Blanche* en 1898 illustrent tout à fait la qualité médiocre de ces lois extraordinaires :

> Dirigées contre les anarchistes, elles ont eu pour résultat de mettre en péril les libertés élémentaires de tous les citoyens. Elles permettent au premier « gouvernement fort » qui surviendra de tenir pour nulle la loi de 1881, loi incomplète, mais libérale et sensée dans son ensemble, et l'une des rares lois républicaines de la République. Elles abrogent les garanties conférées à la presse en ce qu'elles permettent la saisie et l'arrestation préventive ; elles violent une des règles de notre droit public en ce qu'elles déférent des délits d'opinion à la justice correctionnelle ; elles violent les principes du droit pénal en ce qu'elles permettent de déclarer complices et associés d'un crime des individus qui n'y ont pas directement et matériellement participé ; elles blessent l'humanité en ce qu'elles peuvent punir des travaux forcés une amitié ou une confidence, et de la relégation un article de journal[392].

À trop vouloir se protéger contre les attaques qui lui sont faites, la République perd de vue ses valeurs, notamment en matière de liberté

390 *Les Temps Nouveaux*, 15 juin 1895.
391 Chambost Anne-Sophie, *op. cit.*, p. 83.
392 *La Revue blanche*, 1er janvier 1898, p. 338.

d'expression. Par la création de différentes infractions telles que l'apologie ou l'entente, elle rend difficile le débat d'idée en coupant court à toute publication. Si un régime de contrôle préventif de la presse n'est pas remis en vigueur, la puissance de la pression pénale à travers la potentielle intervention des tribunaux est telle, que la dissuasion s'apparente à de la prévention. Si l'édifice de 1881 est à première vue solide à la sortie de la crise boulangiste, l'on comprend qu'il peut à tout moment chanceler tel un géant aux pieds d'argile.

UN CONTRÔLE JURIDIQUE DE L'IMPRIMÉ AFFECTÉ PAR LES ENJEUX MORAUX DE LA FIN DE SIÈCLE

> Les hommes ont toujours, depuis qu'ils comptent les années par centaines, attaché une superstition singulière à ce seuil où change le chiffre du temps. On dirait que tout recommence et c'est même ainsi que dans les années qui précèdent ce bouleversement de calendrier, il semble que le monde soit vieux, et malade : et l'on impute à sa sénilité les encarts et les passions et les crimes, l'on n'a presque plus envie de rien entreprendre, crainte que tout soit entaché de quelque inexplicable tare, on attend le retour de la force et de la santé. Cette étrange croyance s'était emparée des gens à la fin de ce siècle incrédule que fut le XIXe. Tout ce qui surprenait ou dépassait les hommes était baptisé *fin de siècle* ; c'est ainsi que les ignorants se rassurent[1].

Ce sont en ces termes peu élogieux que Louis Aragon décrit l'atmosphère qui règne en France à l'approche du XXe siècle. Le chrononyme « fin de siècle » que l'auteur utilise présente la particularité, contrairement aux autres chrononymes créés afin de désigner d'autres périodes de la Troisième République, d'être employé et défini par les contemporains eux-mêmes[2]. Utilisée dès l'Ancien Régime[3], la notion réapparaît au XIXe siècle dès 1860 même si l'an 1900 est encore loin. Les évolutions à la fois sociales, religieuses, économiques, scientifiques et démocratiques de la société créent au sein du champ littéraire et politique, des peurs[4]. Ces craintes

---

1 Aragon Louis, *Les voyageurs de l'Impériale*, Paris, Gallimard, 1948, p. 459.

2 Les expressions telles que « Belle époque » ou « Trente glorieuses » qui ont été dégagées *a posteriori* par les auteurs en sont des exemples ; Charle Christophe, « Fin de siècle », *Revue d'histoire du XIXe siècle*, n° 52, 2016, p. 103.

3 La notion de « fin de siècle » est définie comme une époque spécifique aux caractères originaux naît avec la périodisation de la civilisation de Voltaire. Avec elle se crée l'idée d'une alternance dans le temps, avec des périodes glorieuses et d'autres plus obscures ; *ibid.*, p. 104.

4 Au sein des classes dominantes et dominées. Les anarchistes partagent aussi ce sentiment de déclassement des classes populaires et cherchent dans leurs actions à lutter contre l'ordre bourgeois capitaliste moribond.

sont alimentées par l'appréhension d'une forme de déclin, de décadence[5] teintée de fatalisme et qui trouve à s'exprimer notamment sur le terrain de la moralité comprise comme une forme de vision du monde commune, un angle de vue partagé par beaucoup sur la société[6]. La moralité dans les dix dernières années du XIXe siècle, peut être envisagée à travers deux entrées distinctes qui répondent à un sentiment commun, celui d'une « modernité morbide, où triomphent le faisandé, le putride, la décomposition d'une société infectée de vices[7] » alors que l'exposition universelle de 1889 célèbre le progrès technique et la Révolution française[8].

Ces vices que la société redoute sont d'abord l'apanage de ceux qui font vivre la République, à savoir ses élus et plus largement ses classes dirigeantes. La moralité est alors envisagée conjointement avec l'idée de démocratie et d'intégrité. Lorsque le scandale politico-financier de Panama éclate en 1892, la question de la probité des classes dirigeantes se pose à nouveau après le scandale des décorations. L'imprimé joue alors un rôle important dans ce contexte : si certains journaux participent de l'entreprise délictueuse, d'autres titres viennent le révéler aux citoyens. Dans cette perspective, le droit a dû envisager ces deux implications de l'imprimé à un moment où la justice républicaine doit faire la preuve de son efficacité.

Ensuite, c'est la moralité de l'ensemble de la société qui se trouve interrogée. Les écrivains en tant que révélateurs des transformations sociales développent un souci pour le réalisme et usent d'un style matérialiste qui attire l'attention du ministère public. Parce qu'elle restitue la réalité du monde sans idéalisation et parfois avec brutalité, la littérature naturaliste est réprimée par les tribunaux. Ce nouveau mouvement littéraire favoriserait et encouragerait une dégénérescence des populations par la publication de récits immoraux. Le procès judiciaire est dans cette perspective cathartique du fatalisme ambiant de la fin de siècle.

---

5 Winock Michel, *op. cit.*, p. 7. L'idée de décadence est nourrie par la rapidité des changements qui remettent en cause un ordre ancien, l'immobilité rassurante d'un temps historique ou imaginaire ; *ibid.*, p. 8.

6 *Loc. cit.*

7 *Ibid.*, p. 10.

8 C'est à cette occasion que les travaux de la Tour Eiffel débutent. Pour un compte rendu détaillé de toutes les réalisations de cette exposition universelle, lire la chronique de Eugène-Melchior de Vogüe, « À travers l'Exposition » dans la *Revue des deux mondes* du 1er juillet 1889 au 1er novembre 1889 ; Broglie Gabriel de, « Chapitre VIII – L'établissement du régime républicain (1880-1890) », *Histoire politique de la Revue des Deux Mondes de 1829 à 1979*, Paris, Perrin, 1979, p. 223-225.

Ainsi, en abordant ces deux aspects de la moralité, il s'agit d'envisager comment le droit de l'imprimé se saisit tant de l'amoral du politique que de la politique de la morale.

LE CONTRÔLE JURIDIQUE DE L'IMPRIMÉ ET LA MISE EN CAUSE DE L'INTÉGRITÉ DES CLASSES DIRIGEANTES

Le champ politique au cours du XIXe siècle s'autonomise progressivement avec la démocratisation de la vie politique[9]. Malgré l'apparition d'une distinction avec les autres activités sociales, il n'en demeure pas moins que l'autonomie est relative. Comme le décrivait Émile Zola dans son ouvrage *L'Argent* publié en 1891, sous la République définitivement acquise, « la Bourse, le journal et la politique » n'ont jamais été aussi liés[10]. Le scandale de Panama est l'expression de cette collusion délictueuse que la presse porte à la connaissance des citoyens. Si les conséquences sont importantes sur l'opinion publique, le législateur maintient une politique de répression modérée à l'égard de l'imprimé.

LA PRESSE AU CŒUR DU SCANDALE DE PANAMA

La presse occupe un rôle central dans le scandale : elle participe de l'entreprise délictueuse et la dénonce. Par elle se multiplient les thèses antiparlementaristes alimentées par des agissements des élites contraires à la morale républicaine prônée par eux.

9 L'autonomisation des activités politiques affecte en premier lieu les classes dominantes suite à l'apparition d'une nouvelle forme d'accumulation du capital politique : à la notoriété personnelle des notables, se substitue un capital réputationnel spécifiquement politique accumulé notamment grâce aux partis ; Bourdieu Pierre, « La représentation politique. Éléments pour une théorie du champ politique », *Actes de la recherche en sciences sociales*, n° 36-37, 1981, p. 3-24 ; Bourdieu Pierre, « Questions de politique », *Actes de la recherche en sciences sociales*, n° 16, 1977, p. 55-89.

10 Wrona Adeline, « Mots à crédit : L'Argent, de Zola, ou la presse au cœur du marché de la confiance », *Romantisme*, vol. 151, n° 1, 2011, p. 67.

De la participation à la révélation

Fort du succès de la création du canal de Suez, Ferdinand de Lesseps se voit confier par le Congrès International d'étude du canal interocéanique, la tâche de relier l'océan Atlantique à l'océan Pacifique par la création d'un canal à travers l'Amérique centrale[11]. Afin de mener à bien le projet, l'entrepreneur fonde la Compagnie universelle du canal interocéanique de Panama. Lesseps apporte deux millions de francs, fait appel à des amis et met en vente les 6 et 7 août 1879 des actions pour un montant de 400 millions de francs[12]. Or, ces dernières ne trouvent pas preneur et très vite l'entreprise est en proie à de graves problèmes financiers[13].

Afin de trouver des investisseurs, Ferdinand de Lesseps se lance dans une succession de conférences à travers le monde. Avec ses associés, les hommes d'affaire Jacques de Reinach et Cornelius Herz, et de manière à trouver de nouvelles liquidités, le choix est fait de rémunérer officieusement des journaux afin que ces derniers publient des pages en faveur d'une souscription publique que l'entreprise décide de lancer. Tel est le cas de *La Justice* de Clemenceau ou encore du *Temps*. Cette seconde émission d'actions, forte de sa publicité dans la presse, est un succès et se trouve doublement couverte avec un total de fonds récoltés de près de 600 millions de franc-or[14]. Mais rapidement les problèmes techniques se multiplient sur le chantier. Les études préalables ayant été menées avec légèreté, il semble que la durée et le coût du chantier soient plus importants que prévu. À ces problèmes structurels, les aléas se multiplient : la fièvre jaune emporte près de 27 500 ouvriers, les conditions sanitaires et sociales sur le chantier sont invivables[15]. La main d'œuvre est peu

---

11 Ce ne sont pas moins de cinquante projets différents qui sont proposés par 98 délégués afin de creuser le canal de Panama. Tous présentent des techniques variées : canaux à niveau, recours au chemin de fer … Seuls deux projets préliminaires sont retenus. Le premier se situe au Nicaragua avec un tracé long et un coût estimé à 770 millions de franc-or. Le second projet se trouve au Panama avec un tracé cinq fois plus court mais avec un coût évalué à plus d'un milliard de franc-or. C'est ce second projet qui est retenu malgré la réticence de certains ingénieurs. Degos Jean-Guy, Prat Dit Hauret Christian, « L'échec du canal de Panama. Des grandes espérances à la détresse financière », *Revue française de gestion*, 2008/8, n° 188-189, p. 311.

12 *Ibid.*, p. 312.

13 *Loc. cit.*

14 Degos Jean-Guy, Prat Dit Hauret Christian, *op. cit.*, p. 312.

15 *Ibid.*, p. 314.

qualifiée et inadaptée aux rudes conditions de travail. En conséquence le projet, chapeauté par « des professionnels de l'amateurisme », n'avance pas[16]. Après une brève stabilité budgétaire, la situation financière de l'entreprise se dégrade en 1887 et les besoins à couvrir sont énormes. Le choix est alors fait de se tourner vers le parlement afin de trouver de nouvelles liquidités.

Réservé dans un premier temps au regard de la situation complexe dans laquelle l'entreprise se trouve[17], le parlement consent finalement à voter une nouvelle levée de fonds en 1888 après que les associés aient corrompu de nombreux élus de la République et des ministres. Poussé par les chèques reçus de la main de Émile Arton, complice de Reinach, le parlement propose et vote un texte de loi le 26 juin 1888 qui autorise une émission de deux millions d'obligations à lots devant apporter 720 millions de francs dans les caisses de la Compagnie de Panama[18]. Ferdinand de Lesseps obtient de plus l'appui du gouvernement à travers le ministre des Finances M. Peytral afin de proposer une prorogation des échéances des dettes de 3 mois[19]. Mais le 15 décembre 1888, la chambre des députés repousse la proposition du gouvernement[20]. Les actions perdent progressivement de leur valeur et les journaux sont de plus en plus hostiles à Ferdinand de Lesseps[21]. Malgré toutes les réinjections de fonds successives, la société est placée en liquidation le 4 février 1889 sur décision du tribunal civil de la Seine. Près de 85 000 souscripteurs sont ruinés, poussant certains petits épargnants au suicide[22]. Le gouvernement, ébranlé par la chute de la Compagnie,

---

16 Chadeau Emmanuel, *L'économie du risque : les entrepreneurs de 1850 à 1980*, Olivier Orban, Paris, 1988, p. 183.

17 Un premier projet de loi est déposé par le gouvernement au nom du Président de la République le 17 juin 1886 afin d'autoriser la compagnie à faire une émission d'obligations à lots pour un emprunt de 600 millions de francs. Le projet signé par Sarrien, Carnot et Baïhaut n'aboutit pas ; *Le Figaro*, 24 janvier 1893, p. 1.

18 *Loc. cit.*

19 *Les scandales du Panama. Première partie, Le Panama devant la chambre*, Paris, 1893, p. 8.

20 *Journal officiel de la République française*, 15 décembre 1888, p. 2972. S'en suit toute une série de corrections des résultats en raison d'erreurs et de confusions dans le décompte des votes ; *Journal officiel de la République française* 17 décembre 1888, p. 2999.

21 Certains n'hésitent d'ailleurs pas à annoncer sa mort afin de lui porter préjudice ; Degos Jean-Guy, Prat Dit Hauret Christian, *op. cit.*, p. 317.

22 Mollier Jean Yves, *Retour sur le scandale de Panama*, Paris, Fayard, 1991, p. 14. Par une loi du 17 juillet 1889, le parlement autorise le liquidateur à négocier sans limitation de prix et sans intérêt, les obligations à lots dont l'émission avait été autorisée par la loi du 9 juin 1888 et qui n'avaient pas encore été placées au jour de la dissolution et de la liquidation

se retrouve politiquement dans une position délicate d'autant qu'en 1890, le baron Henry Cottu remet une liste de parlementaires ayant accepté des fonds de la Compagnie à Ernest Constans, ancien ministre de l'Intérieur, puis à Sadi Carnot. L'exécutif craint alors qu'un tel document, accablant pour les représentants de la nation, ne tombe entre les mains de la presse[23].

Portés par des considérations politiques, et mus par la volonté farouche de faire tomber le radical Georges Clemenceau, des députés de toutes tendances décident d'agir : nationalistes, socialistes et royalistes s'unissent afin de porter l'estocade aux opportunistes[24]. Le gouvernement est interrogé à plusieurs reprises à l'Assemblée sur l'échec financier de Panama[25]et le rapport de la commission parlementaire conclue au renvoi de la pétition au ministre de la Justice[26]. Le rapporteur indique que la commission souhaite que « la lumière fût faite tout entière et que la justice fût rendue pour tous, et, s'il le faut, contre tous[27] ». Surtout il insiste sur les dangers que le silence du gouvernement pourrait avoir quant à la confiance des citoyens à l'égard de la République :

> Ne craignez-vous pas qu'ils [les souscripteurs] arrivent un jour à se dire qu'il est plus rapide et plus sûr de se faire justice soi-même ? Pour l'honneur de la France, messieurs, pour l'honneur du gouvernement de la République, il faut que la lumière soit faite, éclatante et complète. Il est temps de mettre un terme à tous ces scandales financiers qui accumulent les ruines de notre pays et sèment dans le peuple de dangereux ferments de haine et de rancune[28].

---

de la compagnie. Le texte est complété par la loi du 1er juillet 1893. *V.* Bressolles Paul, *Liquidation de la Compagnie de Panama, commentaire théorique et pratique de la loi du 1er juillet 1893*, Paris, A. Rousseau, 1894, 180 p.

23 *Ibid.*, p. 17.

24 Degos Jean-Guy, PRAT Dit Hauret Christian, *op. cit.*, p. 318.

25 En juin 1890 sont ainsi discutées les conclusions du rapport fait au nom de la commission des pétitions saisie par divers comités d'actionnaires et obligataires de Panama. Entre autres requêtes, les pétitionnaires demandaient l'examen complet des livres et de la comptabilité et qu'il soit publié un compte exact de l'emploi des fonds versés ; *loc. cit.*

26 *Journal officiel de la République française. Débats parlementaires, chambre des députés : compte rendu in extenso*, 22 juin 1890, p. 1137. À ce titre, le député Louis Le Provost de Launay interroge le ministre sur les suites qu'il compte donner à l'affaire. La séance parlementaire est l'occasion pour le député, soutenu notamment par François-Henri Jumel, d'insister sur le fait que la chambre n'a jusqu'alors jamais été entretenue réellement de l'affaire. Le rapporteur rétorque que par trois fois la question a déjà été abordée ; *ibid.*, p. 1038.

27 *Ibid.*, p. 1140.

28 *Loc. cit.*

À ces craintes, le ministre de la Justice Armand Fallières oppose une fin de non-recevoir et déclare qu'« en dépit de certaines insinuations », « au moment où l'on veut rechercher des responsabilités, il est [...] permis [...] de dégager complétement la [responsabilité du gouvernement][29] ». Il ajoute même que l'imprimé sert de preuve dans l'établissement de l'irresponsabilité du gouvernement dans la ruine de l'entreprise. En effet, les affiches apposées en France au nom de la compagnie de Panama avaient l'obligation législative d'inscrire en lettres voyantes que le Gouvernement ne garantissait pas les souscriptions[30].

Les semaines passent et la pression politique ne cesse d'augmenter sur le gouvernement à travers l'action de la presse[31] et de certains députés[32]. De nouvelles pétitions sont déposées par des députés, au nom d'actionnaires et d'obligataires de Panama en avril 1891[33]. Le gouvernement arrive tout de même à maitriser le scandale jusqu'en juin 1891 mais se trouve finalement contraint d'accepter l'ouverture d'une information pour escroquerie, tentative d'escroquerie et abus de confiance à l'encontre de Ferdinand de Lesseps, Charles-Aimé de Lesseps, Victor de Lesseps, Marius Fontane, Henri Cottu[34] et Gustave Eiffel. Le temps presse du point de vue judiciaire car la prescription pour les infractions visées est de seulement trois ans. L'affaire est alors confiée au procureur général Quesnay de Beaurepaire, qui s'était déjà fait connaître pour avoir porté l'action publique au cours du procès du général Boulanger et de ses complices devant la Haute Cour. Pour certains commentateurs, ce choix du ministre Ricard était une manière de « faire la part du feu » : donner satisfaction aux plus intransigeants défenseurs de la probité, tout en confiant l'affaire à « une magistrature

29 *Loc. cit.*

30 *Loc. cit.*

31 V. Coffineau Florent, *Le Scandale de Panama (1892-1893) dans la presse locale*, mémoire de maîtrise, Histoire, Poitiers, 1990, 161 p.

32 Francis Laur interpelle ainsi le ministre de la Justice afin que ce dernier s'explique sur les mesures qu'il compte prendre « pour empêcher les escroqueries publiques par prospectus » ; *Journal officiel de la République française. Débats parlementaires, chambre des députés : compte rendu in extenso*, 14 mars 1891, p. 609.

33 *Journal officiel de la République française. Débats parlementaires, chambre des députés : compte rendu in extenso*, 27 avril 1891, p. 708 ; 28 avril 1891, p. 723 ; 2 mai 1891, p. 757 ; 4 mai 1891, p. 780.

34 *Les scandales du Panama. Première partie, Le Panama devant la chambre*, *op. cit.*, p. 9.

qui avait acquitté Wilson[35] » et qui saurait « encore une fois sauver la République ébranlée[36] ».

Les élus de la République donnent progressivement des informations capitales sur les faits : il ne s'agirait pas seulement d'une affaire bancaire mais aussi d'une vaste entreprise de corruption[37]. Suite à des interventions répétées des parlementaires, et sur la demande du député Delahaye à la chambre des députés[38], une commission d'enquête de trente-trois membres est nommée[39] afin de faire la lumière sur les événements[40]. Parallèlement, l'enquête menée par la justice se poursuit et prend du temps. C'est alors à travers la presse que des révélations d'ampleur sont faites.

Édouard Drumont publie dans son journal *La Libre parole* à travers une série de huit articles signés du pseudonyme Micros[41], un ensemble de noms de parlementaires et journalistes corrompus ainsi que le mécanisme de l'escroquerie. En outre, *La cocarde* fait des révélations sur des personnalités politiques ayant des liens avec le scandale politico-financier qui est en train d'éclater. Ces révélations sont accueillies dans un relatif silence par les autres journaux, en raison notamment des largesses de la Compagnie à leur égard[42].

---

35 Audren Frédéric, Lascoumes Pierre, « La Justice, le gendre et le scandale des décorations. Aux origines du trafic d'influence », in *La fabrique de l'honneur, les médailles et les décorations en France, XIXe-XXe siècles*, Rennes, PUR, 2009, p. 121. En effet, le gendre du président Jules Grévy, Daniel Wilson, est condamné une première fois en correctionnelle pour escroquerie : il participait à un trafic de légions d'honneur. Il est relaxé en appel mais l'affaire laisse une forte impression dans les consciences en mêlant trafic d'influence, argent et responsabilités politiques.

36 *Loc. cit.*

37 Ces deux versants du scandale ont donné son titre à l'ouvrage de Bouvier Jean, *Les deux scandales de Panama*, Paris, Julliard, 1964, 207 p.

38 *Les scandales du Panama. Première partie, Le Panama devant la chambre*, *op. cit.*, p. 12-16.

39 Le député Paulin-Méry avait proposé de nommer ses membres par voie de tirage au sort, mais cette proposition est écartée ; *Journal officiel de la République française. Débats parlementaires. Chambre des députés : compte rendu in extenso*, 21 novembre 1892, p. 1656.

40 La Chambre tente d'accélérer la procédure, vote le 5 janvier 1892 un ordre du jour afin qu'une répression énergique et rapide ait lieu contre tous ceux qui ont encouru des responsabilités dans l'affaire de Panama, passe à l'ordre du jour »

41 De son vrai nom Ferdinand Martin, banquier et informateur du journal ; Mollier Jean-Yves, « Retour sur le scandale de Panama », *op. cit.*, p. 25.

42 Portalez Christophe, « Le scandale de Panama vu par un ancien député du Vaucluse : réseaux, amitiés et corruption sous la Troisième République », in Engels Jens Ivo éd., *La politique vue d'en bas pratiques privées, débats publics dans l'Europe contemporaine (XIXe-XXe siècles). Les coulisses du politique à l'époque contemporaine, Paris*, Armand Colin, 2012, p. 172.

Suite à ces publications de la presse nationaliste près de 100 000 citoyens signent une pétition qui parvient à la Chambre. Ils demandent une « répression énergique et rapide » contre ceux ayant participé à chute de la Compagnie du canal[43]. En conséquence, le garde des Sceaux Louis Ricard envoie discrètement au procureur général l'ordre d'intenter des poursuites contre Ferdinand et Charles de Lesseps, Gustave Eiffel et d'autres administrateurs de la société[44]. S'ensuit un ensemble de péripéties qui anime le feuilleton du scandale : Cornelius Herz fuit au Royaume-Uni, Jacques de Reinach se donne la mort par empoisonnement la nuit du 19 au 20 novembre[45], Clemenceau et Déroulède se battent en duel après que ce dernier l'ait mis en cause personnellement à l'Assemblée[46]. Le 21 novembre 1892, le député Jean Argeliès, ancien boulangiste, souligne la cocasserie de la situation :

> Chaque jour, [...], apporte son contingent de nouvelles ; mais loin d'éclaircir la situation, elles la compliquent plutôt, à tel point qu'on peut aujourd'hui répéter les expressions de notre ancien collègue M. Achard qui disait en 1888, à propos de la même affaire : « Tout est obscur, tout est ténébreux, tout est incertitude[47] ».

Le même jour, le député Delahaye avance pour la première fois le chiffre vertigineux de cent-cinquante députés corrompus et renvoie à l'enquête de la commission parlementaire le soin de donner le nom des parlementaires visés par ce chiffre[48]. Affaibli par ces révélations et accusé de négligence dans la gestion de l'affaire, le cabinet Loubet est contraint de se retirer. Alexandre Ribot est nommé président du Conseil le 6 décembre 1892[49].

---

43 Amson Charles, Amson Daniel, Moore Jean-Gaston, Janville Thomas, « Le canal de Panama, ou le procès de l'avidité », in *Les grands procès*, Paris, PUF, 2007, p. 280.

44 *Loc. cit.*

45 Les analyses du cadavre alimentent les journaux qui relaient les résultats au public quotidiennement et multiplient les caricatures ; *Le Figaro*, 21 novembre 1892, p. 1 ; 29 novembre 1892, p. 1 ; 12 décembre 1892, p. 1. *Le journal illustré*, 18 décembre 1892, p. 1.

46 *Le petit journal, supplément illustré*, 7 janvier 1893, p. 1.

47 *Journal officiel de la République française. Débats parlementaires. Chambre des députés : compte rendu in extenso*, 21 novembre 1892, p. 1645.

48 *Ibid.*, p. 1648.

49 Amson Charles, Amson Daniel, Moore Jean-Gaston, Janville Thomas, *op. cit.*, p. 281. Ce dernier confie à Émile Loubet le ministère de l'Intérieur, ce qui fait dire à l'ambassadeur d'Allemagne : « Le ministère Loubet-Ribot, qui était tombé dans le canal de Panama,

Le 17 décembre 1892, Charles de Lesseps, Fontane et Cottu, administrateurs de la compagnie sont incarcérés[50]. Ferdinand de Lesseps, grand-croix de la Légion d'honneur, doit être jugé selon la procédure particulière en vigueur. C'est la Cour d'appel siégeant en formation correctionnelle qui sera compétente[51]. Le 22 décembre, Louis Andrieux apporte à la Commission d'enquête un document qui corrobore tous les soupçons : la photographie d'une liste établie sous la dictée de Reinach, des cent-quatre parlementaires corrompus[52] et qui a pour conséquence directe la levée de l'immunité des parlementaires par le procureur général près la Cour de cassation[53]. Ce sont les juridictions ordinaires qui auront à se prononcer sur la commission des infractions.

La presse a joué un rôle à part entière dans le scandale de Panama : en participant de l'entreprise d'escroquerie puis en la révélant. Ces révélations s'accompagnent d'une large campagne antisémite démarrée un peu plus tôt toujours sur fond économique[54]. En effet, même si la majeure partie des administrateurs de la Compagnie universelle du

vient de ressusciter sous la forme d'un ministère Ribot-Loubet » ; cité par Yvert Benoît dir., *Dictionnaire des ministres : de 1789 à 1989*, Paris, Perrin, 1990, p. 592.

50 Degos Jean-Guy, Prat Dit Hauret Christian, *op. cit.*, p. 318.

51 *Ibid.*, p. 319. *V.* Alperovicth Vladimir, *Panama. Le procès de Ferdinand de Lesseps, discours prononcé à l'ouverture de la conférence des avocats stagiaires de la Cour d'appel de Paris*, 1er décembre 1934, Mesnil-sur-l'Estrée, Impr. de Firmin-Didot, 1935, 48 p. ; Barboux Henri, *Cour d'appel de Paris. 1re chambre. Plaidoiries…pour MM. Ferdinand et Charles de Lesseps*, Paris, Société anonyme de publications périodiques, 1893, 242 p. ; Barboux Henri, *Affaire de Panama. Cour d'assises de la Seine. Plaidoirie de Me Henri Barboux pour M. Charles de Lesseps*, Paris, Société anonyme de publications périodiques, 1893, 138 p.

52 Amson Charles, Amson Daniel, Moore Jean-Gaston, Janville Thomas, *op. cit.*, p. 281.

53 *Loc. cit.*

54 Le krach de l'Union Générale en 1882 ainsi que celui des cuivres en 1889 avaient déjà attisé les haines à l'égard des Juifs au sein de la République. En effet, Eugène Denfert-Rochereau, le directeur du Comptoir d'escompte de Paris, se suicidait le 5 mars 1889 en accusant les Rothschild de l'avoir poussé à cette fin tragique. Cette affirmation participe à forger l'idée selon laquelle, pour une partie de l'opinion, les Juifs s'attachent à s'enrichir au détriment du peuple ; Mollier Jean-Yves, « Pleurer les victimes du scandale de Panama ou subvertir les institutions ? », Criminocorpus [En ligne], 2021, § 6, [consulté le 03 février 2022]. Des titres de presse tels que *La Finance, Le Messager de Paris, Le Nouvelliste de Lyon, le Moniteur universel* ou encore *Le Clairon*, relaient cette idée en omettant la responsabilité du financier catholique dans l'affaire ; Mollier Jean-Yves, George Jocelyne, *La Plus Longue des Républiques…*, *op. cit.*, p. 135-139. L'ensemble de ces titres sont subventionnés par Paul Eugène Bontoux (Président du conseil d'administration de l'Union générale) et sont placés sous la direction de Paul Dalloz (patron du *Moniteur* et associé du directeur de l'Union générale). Ces derniers trouvent dans l'antisémitisme un moyen de se dédouaner de leur responsabilité dans l'éclatement de la bulle spéculative en janvier 1882.

canal interocéanique sont chrétiens, et plus précisément protestants, l'attention se concentre sur trois intermédiaires de confession juive[55]. Depuis la défaite honteuse de la France en 1871, l'idée selon laquelle l'ennemi serait tapi dans l'ombre se diffuse en assimilant les citoyens juifs aux prussiens victorieux. Les Juifs sont présentés comme des agents infiltrés et l'onomastique populaire n'hésite pas à germaniser les noms de famille de ces « ennemis de l'intérieur[56] ». Le climat est à la haine de l'autre – Italien, Juif, Prussien – le tout dans un amalgame que la presse encourage. La libéralisation du régime de la presse en 1881 entraine la création de titres ouvertement antisémites. *La libre parole* de Drumont est créée en avril 1892, poussée par l'éclatement du scandale de Panama[57].

Prolongement de ce mouvement de rejet de la population juive, pour la première fois, l'antisémitisme qui était jusqu'alors dans les papiers et dans les rues, entre ouvertement au sein du parlement au début des années 1890. Les élections de 1889 emportent l'entrée à l'Assemblée d'antisémites notoires tels que Maurice Barrès ou Lucien Millevoye sur

55 Mollier Jean-Yves, « Retour sur le scandale de Panama », *op. cit.*, p. 15.

56 Mollier Jean-Yves, « Pleurer les victimes du scandale de Panama ou subvertir les institutions ? », *op. cit.*, § 5.

57 Baubérot Jean, « Antisémitisme et antiprotestantisme de la "République des Républicains" à l'affaire Dreyfus », *Archives Juives*, vol. 49, nº 1, 2016, p. 121. Autre exemple, *La Cocarde*, journal au départ boulangiste qui bascule ensuite dans le nationalisme et l'antisémitisme notamment sous la direction de Maurice Barrès à partir de 1894*;* V. Germain Marie-Odile, « Barrès journaliste et l'écriture au quotidien », *Cahiers de l'Association internationale des études françaises*, 1996, nº 48. p. 91-107. Les idées portées par ces journaux trouvent un écho dans l'action des ligues telle que la Ligue antisémitique de France, présidée elle aussi par Drumont. Les camelots et chansonniers n'hésitent pas non plus à travers la petite presse à participer à cette entreprise de dénigrement fort lucrative de la population juive avec à leur tête Léon Hayard ; Mollier Jean-Yves, « Retour sur le scandale de Panama », *op. cit.*, p. 16. On note ainsi la mise en vente sur le marché d'affiches, caricatures, placards mais également d'objets amusants comme des faux chèques émis par la « Société spéciale des Valeurs à l'eau de Panama » dont le siège social était situé « rue Vide-Gousset » avec des succursales en « forêt de Bondy » et aux « carrières d'Amérique » ; Mollier Jean-Yves, « Pleurer les victimes du scandale de Panama ou subvertir les institutions ? », *op. cit.*, § 9. L'Empereur des camelots met au service de l'antisémitisme, comme il l'avait fait en faveur de Boulanger quelques années plus tôt, une armée de colporteurs et d'imprimeries ; Mollier Jean-Yves, « Retour sur le scandale de Panama », *op. cit.*, p. 16. Parallèlement, la presse catholique, opposée aux grandes réformes de la décennie (laïcisation, autorisation du divorce, …) entame une large campagne à l'encontre des Juifs qu'elle tient pour responsables du recul de l'influence de l'Église dans les affaires temporelles du pays dans la continuité d'un antijudaïsme chrétien traditionnel. Le journal *La Croix* se déclare le 30 septembre 1890 comme « le journal le plus anti-juif de France » ; Sorlin Pierre, *« La Croix » et les Juifs (1880-1899), contribution à l'histoire de l'antisémitisme contemporain*, Paris, Grasset, 1967, p. 95.

la base de programmes anti-juifs[58]. Ils inaugurent « le type du spécialiste en antisémitisme, que la Chambre devra subir à chaque législature jusqu'à la Première Guerre mondiale[59] » avec l'élection en 1893 d'autres disciples de Drumont tels que Théodore Denis, Henri Michelin ou le comte d'Hugues[60]. Ces propos allient nationalisme, antisémitisme et populisme. Se crée, dans la continuité des années 1885 qui avaient vu paraître *La France Juive* de Drumont, un climat dans lequel le scandale de Panama rend la population sensible à un antisémitisme de classe, un patriotisme exacerbé ainsi qu'à un antiparlementarisme affirmé[61].

Si l'affaire des décorations avait mis en cause quelques responsables politiques, dans le cas de Panama, la dimension de l'entreprise de corruption impliquant plus de cent parlementaires est sans pareil[62]. Ces affaires contribuent à créer dans l'esprit des citoyens, la croyance en un mal endémique de la République à travers des trafics d'influence, largement alimentée par les élus boulangistes. Se crée un récit autour de l'idée selon laquelle les parlementaires sont les seuls responsables de cette corruption et de cet échec, l'entrepreneur n'ayant que peu de

58 Joly Laurent, « Antisémites et antisémitisme à la chambre des députés sous la IIIe République », *Revue d'histoire moderne & contemporaine*, 2007/3, n° 53-3, p. 65.

59 *Loc. cit.*

60 *Loc. cit.* Comme c'est le cas plus tard avec l 'affaire Dreyfus, le scandale de Panama amène les parlementaires à remettre en cause l'inclusion des personnes juives à la communauté nationale et la possibilité pour ces dernières d'accéder aux postes de décision au sein de la République. Le 11 février 1895, Théodore Denis dépose en ce sens une interpellation à l'attention du gouvernement « sur les faits qui ont amené la révocation d'un trésorier payeur général et sur les mesures qu'il compte prendre pour arrêter la prédominance des Juifs dans les diverses branches de l'administration française » ; *Journal officiel de la République française*, 21 février 1895, p. 476. L'élu se sert d'une affaire mineure, un fonctionnaire juif révoqué pour avoir favorisé deux individus de confession juive, afin d'établir l'idée selon laquelle il existerait une incompatibilité entre religion juive et postes à responsabilité au sein de la République. En cultivant l'idée d'une « infiltration juive », Théodore Denis, définit ainsi le dessein de la minorité religieuse au sein des institutions : « Ce qu'il faut surtout, c'est déformer l'esprit public, changer l'état d'âme de la nation, détruire le caractère propre du peuple, le transformer jusqu'à ce qu'il puisse subir sans résistance la domination juive » ; *Journal officiel de la République française*, 25 mai 1895, p. 1474.

61 Droz Jacques dir., *Histoire générale du socialisme. 2 : De 1875 à 1918*, Paris, PUF, 1997, p. 162.

62 Le député Jules Delahaye déclare en ce sens à la chambre en novembre 1892 : « On a comparé le scandale du Panama à celui d'un ancien député, gendre du Président de la République, tenant le commerce que vous savez dans le palais même de l'Élysée. Hélas ! le trafic de la croix d'honneur n'est qu'une misère à côté des trafics du Panama » ; *Journal officiel de la République française. Débats parlementaires. Chambre des députés : compte rendu in extenso*, 21 novembre 1892, p. 1647.

responsabilité dans la faillite de son entreprise en Amérique[63]. Les anarchistes se saisissent de l'affaire pour dénoncer l'antiparlementarisme[64]. Le scandale est également l'occasion de mettre en exergue le traitement selon eux différencié des élus de la République en fonction de leur bord politique : pendant que les compagnons « sont dans les horribles prisons de la République, les gros filons du Panama se pavanent avec les millions qu'ils ont barbotés au populo[65] ».

Les anarchistes ne sont pas les seuls à souligner les conséquences désastreuses de l'affaire sur les classes sociales dominées. Tel est le cas également des boulangistes[66] et des bonapartistes[67] qui trouvent alors un

63 Le camp nationaliste à travers Jules Delahaye et de Louis Le Provost de Launay, contribue à minimiser la responsabilité des administrateurs, Ferdinand de Lesseps et son fils, afin de faire peser la balance de l'opinion en défaveur du parlement et du régime politique qu'ils souhaitent abattre afin de le remplacer par un autre, plus conservateur.

64 Ces critiques, antérieures au scandale, reposent sur un refus du suffrage universel masculin ainsi que du système représentatif considérés comme empêchant une véritable émancipation par une aliénation de la liberté de l'électeur. Selon l'*Encyclopédie anarchiste*, l'aliénation peut être observée dans trois cas. D'abord lorsque le candidat pour lequel l'électeur a voté n'est pas élu, ce qui le prive de représentation et l'oblige à subir la volonté de la majorité. Ensuite, dans le cas où le candidat de l'électeur est élu mais au sein d'un groupe minoritaire qui l'empêche de mettre en œuvre ses convictions. Enfin, le dernier cas d'aliénation de la liberté s'observe dans le cas où le candidat élu trahit ses promesses électorales ; Bouhey Vivien, « L'antiparlementarisme des anarchistes au moment de l'affaire de Panama », *Parlement[s], Revue d'histoire politique*, vol. hors-série n° 3, 2013, p. 74-76. Le système parlementaire priverait les citoyens d'une participation à la gestion de la chose publique en donnant ce monopole à une poignée d'élus, « incarnation du génie bourgeois » parfois incompétents pour les matières qu'ils ont à gérer ; *La Révolte*, n° 12, 4-10 décembre 1892 et Bouhey Vivien, *op. cit.*, p. 75. Le parlementarisme serait ainsi un vecteur qui permet au camp des exploiteurs de renforcer leur exploitation des classes sociales les plus fragiles : des élus choisis principalement dans les villes, dans les milieux conservateurs, et qui à travers le Sénat peuvent mettre en échec toute tentative réformatrice des députés *; ibid.*, p. 76. Le scandale est pour le mouvement anarchiste l'occasion de souligner la pertinence de ses positions sur le parlementarisme dans un effet d'opportunité. On lit ainsi toujours dans le journal *La Révolte* que « la crédibilité du système représentatif s'effondre ici » ; *loc. cit.*

65 *Le Père Peinard*, n° 198, 1er-9 janvier 1893.

66 Au parlement, Jules Delahaye, ancien député boulangiste, prend la parole au nom d'un devoir qu'il estime de « salubrité sociale » : « Panama, c'est le mal lui-même qui a gagné tous les membres du corps social parce que vous l'avez laissé s'étendre et se développer. Panama, c'est le gaspillage effronté, c'est la curée au grand soleil [...] de la fortune des citoyens pauvres, des besogneux, par des hommes ayant comme mission de les protéger et de les défendre » ; *Journal officiel de la République française., Débats parlementaire. Chambre des députés : contenu des débats in extenso*, 21 novembre 1892, p. 1647.

67 Le député Le Provost de Launay remarque que l'« on a provoqué dans tout le pays, autour du Panama, une agitation qui ne s'était jamais produite pour aucune autre affaire. On a pénétré jusqu'au plus petit village et partout on est venu demander les épargnes non

moyen de jeter l'opprobre sur le parlementarisme et la République. Le rapporteur de la commission de juin 1890 déclare au garde des Sceaux qu'il est « inadmissible que huit cent mille petits souscripteurs puissent se trouver ruinés, sans qu'on veuille leur rendre des comptes, et il est plus inamissible encore que, au milieu des ruines et du désastre de tous, puissent s'édifier pour quelques privilégiés des fortunes énormes[68] ».

Si le scandale de Panama a autant de retentissement c'est parce que se conjuguent à la fois conséquences économiques désastreuses réelles et développement des discours de rejet du parlementarisme. Cette réaction est d'autant plus vive au cœur d'une République modérée qui avait posé la morale républicaine comme un fondement de son approfondissement.

La morale républicaine durablement ébranlée

Le scandale de Panama produit une onde de choc qui connaît des répliques jusque dans les années 1930. Déjà, au cours de la crise boulangiste, l'antiparlementarisme avait fait la démonstration d'une méfiance de la population à l'égard de ses dirigeants. Le scandale de Panama ne fait qu'alimenter ce terreau déjà fertile et crée une déconsidération globale qui touche l'ensemble des élites du pays[69]. On retrouve sous cette dénomination « des catégories sociales composées d'individus ayant la note la plus élevée dans leur branche d'activité », ce qui regroupe de fait un ensemble très hétéroclite de personnalités au sein de la société dont le point commun est d'exercer des fonctions dirigeantes[70]. En effet, le scandale de Panama n'implique pas seulement des parlementaires puisque participent aux manœuvres frauduleuses des hommes issus du milieu financier ainsi que des journalistes. Comme l'indique à juste

---

pas des propriétaires et des banquiers, mais des plus chétifs et des plus pauvres de nos électeurs » ; *Journal officiel de la République française., Débats parlementaire. Chambre des députés : contenu des débats in extenso*, 22 juin 1890, p. 1037.

68 *Ibid.*, p. 1140. Les socialistes n'hésitent pas non plus à mettre en exergue ces relations dangereuses entre le politique et l'argent : leur dénonciation de l'affaire politico-financière participe d'ailleurs de leur gain en popularité puisqu'ils obtiennent près de 5 % des voix aux élections législatives de 1893 et deviennent une vraie force politique parlementaire ; Candar Gilles, *Histoire politique de la Troisième République*, Paris, La Découverte, 1999, p. 41

69 Mollier Jean-Yves, « Retour sur le scandale de Panama », *op. cit.*, p. 14.

70 Leferme-Falguieres Frédérique, Van Renterghuem Vanessa, « Le concept d'élites. Approches historiographiques et méthodologiques, », *Hypothèses*, 2001, p. 58.

titre Louis Le Provost de Launay devant l'hémicycle : « la responsabilité du gouvernement, du Parlement, de la haute banque, de la presse et des entrepreneurs » se trouvent engagées conjointement[71]. L'on assiste à un rejet des élites républicaines, considérées comme cooptées et corrompues. Émerge une forme de populisme qui repose sur la croyance en une trahison du peuple par les dirigeants[72]. Instrumentalisée par la droite, la corruption de certains permet de stigmatiser la République dans son ensemble[73]. Les personnes incriminées ont beau plaider dans le sens de leur moralité[74], le mal est fait.

Le scandale ébranle jusqu'à la confiance que portent les républicains les plus convaincus aux membres éminents de leur parti ainsi qu'au régime lui-même[75] alors que la morale républicaine constitue l'une des pierres angulaires du régime[76] protégée notamment par le droit de la presse. La morale républicaine constitue en effet « un système global de références, auquel tous les citoyens sont invités à adhérer, » comme une « morale laïque » appelée « à se substituer à la religion[77] ». La morale renvoie ainsi à « l'imposition d'un ensemble de disciplines » qui dépasse « le terrain politique et pénètr[e] au plus profond de l'intimité de chacun[78] ». On retrouve ici la pensée de Jules Barni pour qui les bonnes mœurs républicaines relèvent davantage de la « morale politique » que de la « morale sociale » et se confondent avec « la capacité à résister au mensonge, à la corruption, à la facilité[79] ». La morale républicaine est une forme de discipline, inculquée dès le plus jeune âge aux enfants, ce

71 *Journal officiel de la République française. Débats parlementaires. Chambre des députés : compte rendu in extenso*, 21 novembre 1892, p. 1650.

72 Wallard Henri. « L'essor des populismes. Origines et particularités des mouvements populistes : leur succès politique », *Futuribles*, vol. 426, n° 5, 2018, p. 57.

73 Benoît Malon écrit : « la forme du gouvernement n'est pas en cause dans les kraks financiers, à preuve les colossales débâcles financières qui frappaient peu après l'Année Terrible les places de Vienne et de Berlin, à preuve les crises plus récentes et non moins intenses de Londres et de Rome, etc. » ; *La Revue socialiste*, décembre 1892.

74 Lorsque Charles Baïhaut est appréhendé, alors Vice-président de la « Société d'encouragement au bien » en ainsi ministre des travaux publics en 1886, il publie tout un ensemble de brochures à travers lesquelles il clame ses principes moraux ; Amson Charles, Amson Daniel, Moore Jean-Gaston, Janville Thomas, *op. cit.*, p. 282.

75 Duclert Vincent, *op. cit.*, p. 216.

76 *V.* chapitre 3.

77 Chevallier Jacques, « Bonnes mœurs et morale républicaine. Présentation », *op. cit.* p. 188.

78 *Loc. cit.*

79 *Loc. cit.*

n'est pas un moralisme mais un renforcement du caractère. Paul Bert déclarait en 1882 à ce sujet :

> Il faut que nous fassions pour l'école ce que nos pères faisaient pour leurs églises. C'est notre école laïque à nous, où l'on enseigne [...] les vertus civiques et la religion de la patrie : car c'est une religion qui, si elle n'a pas ses mystères, a ses dogmes, ses héros, ses martyrs[80].

Les républicains de gouvernement qui ont longtemps agit en faveur de nouvelles mœurs politiques deviennent, par le fait du scandale, associés à la corruption et l'avidité, l'opportunisme se trouvant alors affecté d'une connotation négative. Ceci est d'autant plus conforté que le parlement aborde en 1893 le sujet d'élections truquées s'étant tenues en Algérie le 20 août au sein de la deuxième circonscription[81]. Dès lors, lorsque les actes des représentants de la nation entrent en décalage avec les principes, les institutions judiciaires républicaines doivent réprimer les délinquants à la hauteur des valeurs de probité qu'elles prônent. Pourtant, l'issue de cette répression ne semble pas être à la hauteur des attentes de la population.

Les audiences du procès des administrateurs, défendus par Barboux[82] et Waldeck-Rousseau, ont lieu jusqu'en février 1893. Le 9 février la Cour d'appel de Paris rend son arrêt. Gustave Eiffel est relaxé du chef de complicité d'escroquerie mais il est condamné au chef d'abus de confiance pour n'avoir pas livré le matériel prévu. Il est condamné à 2 ans de prison et 20 000 francs d'amende[83]. Ferdinand de Lesseps (par défaut, en raison de son âge) et Charles de Lesseps sont condamnés à la peine maximum, 5 ans d'emprisonnement et 3 000 francs d'amende[84]. Enfin, Cottu et Fontane sont condamnés à 2 ans de prison et 2 000 francs d'amende[85]. Malgré ces condamnations, la presse est insatisfaite

80 Cité par Terral Hervé, « L'éducation morale et les pédagogues de la IIIe République », *Spirale. Revue de recherches en éducation*, n° 21, 1998, p. 56.

81 Le député Dindeau note qu'il s'agit d'une question « d'hygiène publique et de salubrité électorale » : le discours hygiéniste se mélange aux questions politiques ; *Journal officiel de la République française. Débats parlementaires. Chambre des députés : compte rendu in extenso*, 20 décembre 1893, p. 385.

82 V. Barboux Henri, *Cour d'appel de Paris. 1re chambre. Plaidoiries...pour MM. Ferdinand et Charles de Lesseps*, Paris, Société anonyme de publications périodiques, 1893, 242 p.

83 Amson Charles, Amson Daniel, Moore Jean-Gaston, Janville Thomas, *op. cit.*, p. 283.

84 *Loc. cit.*

85 *Loc. cit.*

par la décision : seuls les administrateurs sont frappés par la répression alors que les responsables politiques sont épargnés. Un second procès se profile avec les résultats des enquêtes parlementaires[86] et judiciaires. La chambre de mise en accusation rend sa décision le 7 février 1893 en faveur des poursuites. Charles de Lesseps, Marius Fontane et Sans-Leroy forment alors un pourvoi en cassation contre cette décision mais il est rejeté le 24 février[87]. Le procès se tient du 9 au 23 mars devant la cour d'assises de la Seine[88]. Cette dernière rend son verdict le 22 mars : la preuve des faits n'ayant pas été fournie, tous les accusés parlementaires sont acquittés sauf l'ancien ministre Charles Baïhaut qui a avoué son crime lors des interrogatoires[89]. Il est condamné à cinq ans de prison et 750.000 francs d'amende tout comme son associé Blondin et Charles de Lesseps[90].

En juin 1893, la Cour de cassation se prononce sur la décision issue du procès des administrateurs de la compagnie et casse l'arrêt au motif que le procureur général n'a pas recouru à la procédure de la citation directe, seule ouverte en application de l'article 479 du code[91]. L'arrêt rendu par la cour d'appel de Paris le 9 février 1893 est cassé en ce qui concerne Charles de Lesseps, Marius Fontane et Gustave Eiffel[92]. Rejugé, Charles de Lesseps est condamné à un an de prison, qu'il ne fait pas au regard des mois de prison préventive déjà effectués. Il est tout de même radié par la Grande chancellerie des cadres de la Légion d'honneur[93]. La Cour de cassation casse également par une décision du 15 juin 1893 l'arrêt correctionnel de la cour de Paris le tout sans

86 Le compte rendu des travaux de la commission est publié : Vallée Ernest, *Rapport fait au nom de la commission d'enquête chargée de faire la lumière sur les allégations portées à la tribune à l'occasion des affaires de Panama*, Paris, Motteroz, 1893, 420 p.

87 *D.P*, 1893, p. 399.

88 Degos Jean-Guy, Prat Dit Hauret Christian, *op. cit.*, p. 321.

89 Mollier Jean-Yves, « Retour sur le scandale de Panama », *op. cit.*, p. 20.

90 *Loc. cit.*

91 Le réquisitoire tendant à information ne trouvait ainsi de fondement dans aucune base légale. Dès lors, ce réquisitoire n'a aucun effet interruptif sur la prescription des faits commis, qui ne peuvent plus dès lors être poursuivis puisqu'ils ont été commis il y a plus de trois ans ; *Bulletin des arrêts de la Cour de cassation rendus en matière criminelle*, 1893, p. 233.

92 V. Maucomble Paul, *Les poursuites dans l'affaire de Panama : les magistrats, les grands dignitaires de la Légion d'honneur, des cultes, etc., devant la justice répressive*, Paris, F. Pichon, 1893, 24 p.

93 Degos Jean-Guy, Prat DIT Hauret Christian, *op. cit.*, p. 321.

renvoi en raison de la prescription des faits[94]. En même temps que les condamnés recouvrent leur liberté, les esprits sont durablement marqués par ces procès et les conséquences politiques sont immédiates. Les élections législatives des 20 août et 3 septembre 1893, voient 190 députés sortants battus[95] et une cinquantaine de socialistes font leur entrée au parlement[96].

Ainsi, le droit pénal ordinaire n'a pas permis à la République de réprimer ceux par qui la honte est arrivée. La juridiction extraordinaire qu'est la Haute Cour n'a pas été non plus convoquée pour juger des ministres alors mis en accusation comme le permet pourtant l'article 12 de la loi constitutionnelle du 16 juillet 1875. L'issue judiciaire du scandale peut apparaître en ce sens, assez décevante du point de vue de la sanction. Pour autant, la démocratie sort grandie si l'on emprunte le prisme du contrôle judiciaire de l'imprimé. Le législateur n'est pas intervenu de manière significative dans le sens d'une restriction de la liberté d'informer, il n'a pas cherché à faire taire les journaux par lesquels la vérité a éclaté aux yeux des citoyens.

UN CONTRÔLE JURIDIQUE STABLE DE L'IMPRIMÉ AU COURS DU SCANDALE

La loi du 29 juillet 1881, en supprimant l'information préalable sur les publications, a ôté au pouvoir politique la possibilité de maitriser totalement les informations qui parviennent au public à travers la presse. La liberté journalistique et le droit d'informer s'en trouvent grandis mais les conséquences peuvent être lourdes sur le fonctionnement du régime politique. La presse, parce qu'elle a permis de faire éclater le scandale de Panama à l'autonome 1892, suscite l'attention du parlement qui va venir restreindre ponctuellement le droit d'informer. Le contentieux de l'imprimé révèle quant à lui les conséquences du scandale sur la société.

---

94 *D.P*, 1893, p. 615.

95 Mollier Jean-Yves, « Retour sur le scandale de Panama », *op. cit.*, p. 20.

96 Les socialistes ne manquent pas d'utiliser le scandale afin de servir leurs idées auprès du public. Lire à ce sujet Portalez Christophe, « La *Revue socialiste* face à la corruption politique : du scandale de Panama à l'affaire Rochette (1892-1914) », *Cahiers Jaurès,* n° 209, 2013, p. 15-32.

L'aménagement a minima du droit d'informer

Malgré l'effet retentissant du travail de la presse et de ses révélations sur le pouvoir politique, aucune réforme d'ampleur en matière de liberté de la presse n'est entreprise. Quelques textes sont votés afin de renforcer l'État en matière économique et diplomatique mais leur portée est davantage symbolique que décisive.

Au du début de l'année 1893, le ministre des Finances fait état de la situation bancaire du pays. Il remarque, au moment où le scandale de Panama bat son plein, que les journaux se permettent non pas de critiquer mais d'« outrager tous ceux qui ont la responsabilité de la gestion des fonds de caisse d'épargne[97] ». Ce que craint le ministre, c'est que la campagne de presse qu'il observe pousse les épargnants à ne plus faire de dépôt dans les caisses d'épargne à la suite du scandale de Panama ce qui mènerait *in fine* à une perte de liquidités pour financer les grands projets républicains. Le ministre poursuit son constat et s'interroge :

> Quand on lit les productions qui sont sans doute passées sous vos yeux, lorsqu'on entend les paroles virulentes qui sont prononcées dans certaines réunions publiques où l'on cherche à abuser des crédules et des naïfs on se demande véritablement si ce langage est digne de vrais Français. On se demande si ce n'est pas abuser de cette liberté de la presse, de cette liberté de la parole que la République a si libéralement données[98].

Enfin, il conclut ses propos :

> Et quand on est arrivé à faire cette constatation, on est contraint de demander au Parlement des ressources de protection, dans un intérêt suprême, qui n'est pas l'intérêt de la République, ni de son gouvernement, mais bien de l'intérêt du crédit public, duquel peut dépendre, un jour, la défense du territoire et de la patrie[99].

Afin de mettre un terme à ces menaces, l'article 1er du projet de loi entend punir « des peines prévues par l'article 420 du code pénal quiconque par des faits faux ou calomnieux semés à dessein dans le public,

97 *Journal officiel de la République française. Débats parlementaires. Chambre des députés : compte rendu in extenso*, 1er février 1893, p. 330.
98 *Loc. cit.*
99 *Loc. cit.*

ou par des voies ou moyens frauduleux, quelconque aura provoqué ou tenté de provoquer des retraits de fonds des caisses publiques ou des établissements obligés par la loi à effectuer leurs versements dans les caisses publiques[100] ». L'objectif du texte est de protéger l'épargne qui sert ensuite à financer les projets républicains comme les chemins de fer, les canaux ou encore l'outillage national[101].

Cette infraction est présentée par les députés de la majorité comme une forme de « lèse-patrie[102] », de « licence », d'« infamie[103] ». Surtout, l'argument du ministre de la Justice, Léon Bourgeois, tient dans le fait que rien dans la loi de 1881 ne permet de poursuivre ces articles de journaux[104]. Le gouvernement obtient le 1er février l'examen en urgence de la mesure avec 339 voix contre 150 pour le report de la discussion[105]. Il se heurte à l'opposition des parlementaires, qui ne croient pas en l'argument du gouvernement. Pour le comte de Lanjuinais, il s'agit seulement de créer de nouveaux délits d'opinion. Pour d'autres comme Vilfeu, le recours aux infractions de calomnie et d'atteinte à la paix publique (article 27 de la loi de 1881) peuvent être envisagés[106]. En d'autres termes, cette mesure de circonstance ne serait pas utile.

Paul de Cassagnac s'adresse au gouvernement : « Vous ne faites plus que des lois d'affolement, d'exception ; ce qui prouve que vous n'avez plus de gouvernement, plus de boussole, et que vous ne savez plus où vous allez, la barque républicaine allant à la dérive et droit aux écueils[107] ». Pour le député, si les épargnants ont retiré leurs fonds, ce n'est pas à cause de la presse, mais à cause du gouvernement lui-même[108]. Il n'hésite pas à mettre en lien le scandale de Panama et cette rupture de confiance[109].

---

100 *Ibid.*, p. 339.

101 *Ibid.*, p. 330.

102 Expression utilisée par le député Darlan ; *loc. cit.*

103 Termes employés par le député Maurice Lasserre ; *loc. cit.*

104 *Ibid.*, p. 331.

105 *Loc. cit.*

106 *Loc. cit.*

107 *Loc. cit.*

108 Il ajoute que les retraits ont eu lieu avant la campagne de presse qui est mentionnée par le gouvernement ; *ibid.*, p. 332.

109 *Ibid.*, p. 333. Il profite de sa prise de parole pour indiquer que son journal, *L'Autorité*, contrairement aux autres journaux républicains, n'a reçu qu'une faible somme pour la publicité de l'émission des actions de la société en charge de construire le canal de Panama ; *loc. cit.*

Frédéric Grousset propose un contre-projet se limitant à une réécriture de l'article 27 de la loi de 1881 en ajoutant à l'atteinte à la paix publique, l'atteinte au crédit public[110]. Mais le gouvernement s'y oppose, préférant ajouter une nouvelle infraction au code pénal plutôt que de toucher directement au droit de la presse[111]. Léon Bourgeois se protège des accusations de la gauche qui voit dans cette modification du droit, la création d'un nouveau délit d'opinion. Il précise qu'il reviendra aux tribunaux de « distinguer absolument les discussions [...] libres et les voies et moyens frauduleux quelconques employés pour porter atteinte au crédit public[112] ».

L'Assemblée vote en faveur du projet du gouvernement (316 pour, 176 contre)[113]. L'article 2 du projet, adopté lui aussi, prévoit d'appliquer l'article 463 du code pénal aux délits prévus précédemment[114]. Confirmée par le Sénat, la loi est promulguée le 4 février 1893[115] et trouve rapidement à s'appliquer[116].

Une autre loi est votée sous la période les 16 et 17 mars 1893. Ce texte défère au tribunal correctionnel la connaissance des articles 36 et 37 de la loi du 29 juillet 1881, c'est-à-dire l'offense commise publiquement envers les Chefs d'États étrangers et l'outrage commis publiquement envers les ambassadeurs et ministres plénipotentiaires, envoyés, chargés d'affaires ou autres agents diplomatiques accrédités auprès du gouvernement de la République. La nouvelle loi prévoit également, dans le cas d'offense envers les chefs d'états ou d'outrages envers les agents diplomatiques étrangers,

110 *Ibid.*, p. 338.

111 *Loc. cit.*

112 *Loc. cit.*

113 *Ibid.*, p. 339.

114 *Loc. cit.*

115 Le texte est voté en ces termes : « Article 1er. Sera puni des peines prévues par l'article 420 du code pénal quiconque, par des faits faux ou calomnieux semés à dessein dans le public ou par des voies ou moyens frauduleux quelconques, aura provoqué ou tenté de provoquer des retraits de fonds des caisses publiques ou des établissements obligés par la loi à effectuer leurs versements dans les caisses publiques. Article 2. L'article 463 est applicable aux délités prévus et punis par la présente loi » ; *Bulletin des lois de la République française. Premier semestre de 1893. Partie principale*, t. 46, Paris, imprimerie nationale, 1893, p. 1

116 Celui qui, de mauvaise foi répand dans le public des faits faux ou calomnieux de nature à provoquer des retraits de fonds de caisses d'épargne est conformément à l'article 1er de la loi du 8 février 1893, passible des peines prévues par l'article 420 du code pénal (Toulouse, 19 mai 1893) ; *J.P*, Parti V, 1893, p. 232.

que la poursuite aura lieu soit à leur requête, soit d'office, sur demande adressée au ministre des affaires étrangères et par celui-ci au ministre de la Justice. Le texte prévoit enfin que dans ce cas, seront applicables les dispositions de l'article 49 de la loi du 29 juillet 1881 sur le droit de saisie et d'arrestation préventive prévues par les articles 23, 24 et 25 de la même loi. Ce texte vient confier au juge correctionnel et non plus à la cour d'assises les infractions de presse qui intéressent la diplomatie.

Dans son rapport au sénat Ludovic Trarieux justifie cette modification de compétence par le souci de vouloir garder de « bonnes relations » avec les représentants des autres puissances[117]. En ce sens, la juridiction correctionnelle promet une répression « la plus prompte et la plus sûre » des offenses et outrages dont ils pourraient avoir à se plaindre[118]. L'élu ajoute que « la juridiction de la cour d'assises, organe naturel de l'opinion, peut convenir entre français, à la connaissance de faits et d'actes liés à [la] politique intérieure, mais l'évidence démontre qu'elle ne présente pas la certitude de décision qui doit être recherchée dans une matière où sont engagés [les] rapports internationaux[119] ».

Le député Lasserre, dans son rapport à la chambre des députés, ajoute à cette argumentation que si la cour d'assises est compétente en matière de diffamation et d'injure, ce n'est que pour les fonctionnaires publics ou les citoyens investis d'un mandat public ou chargés d'un service public. Aussi, des représentants étrangers ne peuvent pas, selon lui, être assimilés à cette catégorie bien spécifique de citoyens français[120]. Le député ajoute que le jury français ne serait pas capable d'intervenir dans une matière aussi délicate car il apprécie en fonction de sa conscience alors que le magistrat juge au regard de la loi et de la jurisprudence[121]. Il est ainsi « indispensable que la sentence à intervenir émane de la magistrature, corps régulièrement constitué dont nul à l'étranger ne songe à suspecter l'impartialité[122] ».

Alexandre Millerand expose ses doutes quant aux modifications proposées de la loi sur la liberté de la presse. Tout d'abord, il souligne

117 *Journal officiel de la République française. Débats parlementaires. Sénat*, 17 janvier 1893, p. 42.
118 *Loc. cit.*
119 *Loc. cit.*
120 *Journal officiel de la République française. Débats parlementaires. Chambre des députés : compte rendu in extenso*, 5 mars 1893, p. 849.
121 *Loc. cit.*
122 *Loc. cit.*

le fait que la confiance du gouvernement dans le tribunal correctionnel illustre une séparation des pouvoirs dont on peut douter[123]. Surtout, pour lui cette loi vient confier au gouvernement « sans utilité et sans profit » des responsabilités nouvelles et plus lourdes en matière diplomatique[124]. Une telle mesure apparaît comme inutile au regard de la modération traditionnelle de la presse sur les questions de politique internationale. Malgré cette opposition la loi est votée et illustre la prise en main des questions diplomatiques par l'exécutif puisqu'en matière d'infraction de presse, c'est lui qui est compétent pour le déclenchement des poursuites. Cette modification de la procédure et de la juridiction compétente est critiquée par la gauche parlementaire, et notamment par Alexandre Millerand qui souligne le fait que si le gouvernement est si certains du sens des décisions à venir par les tribunaux correctionnels, cela mène à s'interroger sur « l'indépendance de la magistrature[125] ». À travers cette réforme l'on remarque le traditionnel rattachement de la diplomatie à l'exécutif et à ses agents[126]. Si le parlement possède un rôle important dans la politique du pays, les relations entre États restent de la compétence du Président de la République conformément à l'article 3 de la loi constitutionnelle du 25 février 1875 relative à l'organisation des pouvoirs publics[127].

Hormis cette légère modification, la République n'entrave pas de manière significative la liberté d'expression au cours de la crise importante qu'elle connaît. Face à la corruption parlementaire et journalistique, le droit commun est mobilisé sans innovation majeure en matière de droit de la presse. Cette attitude rompt totalement avec la gestion de la crise anarchiste sous la même période. Si le scandale de Panama ébranle l'opinion publique, les journaux qui se saisissent de la question ne font pas l'objet d'une loi votée *ad hoc*. La libre discussion démocratique des faits est permise, dans les limites déjà établies par le code pénal et le droit de la presse.

---

123 *Loc. cit.*

124 *Loc. cit.*

125 *Loc. cit.*

126 Pejo Philippe, « La diplomatie parlementaire, actrice émergente de communications diplomatiques démocratisées », *Hermès*, La Revue, vol. 81, n° 2, 2018, p. 75.

127 Cet article dispose notamment que le président de la République préside aux solennités nationales ; les envoyés et les ambassadeurs des puissances étrangères sont accrédités auprès de lui.

Le contentieux de l'imprimé au cours du scandale (1892-1893)

Le ministre de la Justice dans une circulaire du 9 avril 1892 (quelques jours après la demande d'autorisation de poursuites contre un sénateur et trois députés accusés de corruption par Arton), prie les procureurs généraux d'informer la Chancellerie des délits de provocation aux crimes de meurtre, de pillage et d'incendie ou d'attaques contre le Gouvernement (article 201 et suivants du code pénal)[128]. Il est difficile de savoir si cette circulaire se trouve motivée par la peur d'un débordement lié au scandale de Panama ou à l'anarchisme, il reflète tout de même une attention accrue du gouvernement à l'égard de la presse.

Pourtant, le 5 mars 1893, Alexandre Millerand remet en cause l'implication de la Justice en la matière. Le député rapporte le climat politique et médiatique au cours du scandale lors d'une prise de parole au sein de la chambre des députés : « depuis plusieurs mois particulièrement, l'on s'est plaint très haut qu'il existait pour la presse comme une sorte d'immunité et d'impunité[129] ». Il remarque que le garde des Sceaux n'a pas souhaité engager d'action publique, supposant qu'il y devait avoir de bonnes raisons à cela[130] mais ne les indique pas. À travers ces lignes, le député socialiste vise notamment l'imprimé d'extrême droite qui se déchaîne à propos de l'affaire et qui pourtant semble à l'abri des poursuites judiciaires. On peut penser que le gouvernement souhaite ménager les nationalistes après l'épisode boulangiste et leur rôle actif dans la découverte du scandale : une levée de boucliers ne ferait alors que déstabiliser encore plus l'équilibre fragile sur lequel les républicains doivent composer[131].

Si des condamnations de la presse nationaliste ont lieu sous la période, ce sont pour des faits qui sont extérieurs au scandale de Panama. Ainsi, le 3 novembre 1892, Drumont se rend à la maison d'arrêt de Sainte-Pélagie

128 *Bulletin officiel du Ministère de la Justice*, 1892, p. 34.

129 *Journal officiel de la République française. Débats parlementaires. Chambre des députés : compte rendu in extenso*, 5 mars 1893, p. 851.

130 *Loc. cit.*

131 Si dans de nombreuses sociétés capitalistes les scandales politico-financiers ne sont pas rares, en France la fréquence de leur dénonciation est particulièrement notable et leur puissance de déstabilisation de la vie politique du pays est forte ; Blic de Damien, « Cent ans de scandales financiers en France. Investissement et désinvestissement d'une forme politique », in Offenstadt Nicolas dir., *Affaires, scandales et grandes causes*, Paris, Stock, 2007 p. 231.

pour y être incarcéré suite à une condamnation à une peine de trois mois de prison infligée par la cour d'assises de la Seine pour avoir diffamé le député Burdeau[132]. Le 24 janvier 1893, en première page, *La Libre Parole* de Drumont, publie sous le titre de « Viande à soldat », un article signé « Morès et ses amis ». Il s'agit d'une charge contre Émile Cerf et Camille Bloch, bouchers à Commercy (Meuse) et fournisseurs de l'armée. Les auteurs les accusent d'avoir livré aux régiments de la viande provenant d'animaux « tuberculeux » achetés à un équarisseur et soustraits à l'examen des inspecteurs du marché de la Villette[133]. Cerf et Bloch portent plainte pour diffamation et le 21 mars 1893, Morès et Millot, les gérants du journal sont condamnés à 100 francs d'amende chacun. *La Libre Parole* écope en outre de 1 000 francs de dommages et intérêts[134].

Les comptes généraux de la justice criminelle semblent aller dans le sens d'Alexandre Millerand en ce qu'ils ne font pas état d'une répression exacerbée de la presse sur la période 1892-1893. Le nombre de prévenus devant la Cour d'assises n'augmente que légèrement jusqu'en 1892 : 36 en 1888, 57 en 1889, 65 en 1890, 69 en 1891, 92 en 1892[135]. Et si le nombre de prévenus est à la hausse, la répression est stable : 78 % de condamnations en 1892 (contre 77 % l'année d'avant), ce qui est en deça de la moyenne des condamnations toutes infractions confondues en 1892 qui est de 81 %[136]. En 1893, le nombre de prévenus devant la cour d'assises diminue même passant de 92 à 67[137]. La répression est également moins forte puisque le taux de condamnation n'est que de 50 %[138].

De la sorte, l'intérêt du contentieux de la presse sous la période 1892-1893 tient dans les précisions qui sont données par la jurisprudence quant à l'application de la loi du 29 juillet 1881. À ce titre, l'infraction de diffamation fait, à nouveau, l'objet de nombreuses décisions qui viennent en préciser la physionomie. Ainsi, lorsque deux personnes

132 V. Waldeck Rousseau Pierre, *Plaidoire de M. Waldeck Rousseau pour M. A. Burdeau*, 1892, Paris, Imprimerie de P. Dupont, 52 p.

133 Kauffmann Grégoire, « L'affaire de la "viande à soldats". Une campagne antisémite en 1892 », *Archives Juives*, vol. 47, n° 1, 2014, p. 28.

134 *Ibid.*, p. 34.

135 *Compte général de l'administration de la justice criminelle*, 1892, p. XVIII.

136 *Loc. cit.*

137 *Compte général de l'administration de la justice criminelle*, 1893, p XIII.

138 *Loc. cit.*

se sont rendues, quoique par des publications distinctes, coupables de la même diffamation vis-à-vis du même individu, à la même époque, dans les mêmes circonstances et dans le même but, les faits imputés à ces personnes et pour lesquels elles sont poursuivies, constituent soit un seul délit, soit tout au moins des délits connexes, par suite il peut être prononcé contre elles une condamnation solidaire aux dommages intérêts et aux dépens (Chambre des requêtes, 1er mars 1893)[139]. Dans ce cas la condamnation solidaire donne un gage à la victime quant au versement des dommages et intérêts, puisque les deux prévenus devront répondre conjointement de leurs infractions respectives. Ceci vient renforcer les droits de la victime à voir son préjudice réparé en favorisant la recherche d'un débiteur.

Dans le même sens, l'imprimeur d'une affiche électorale attaqué pour diffamation est passible, à défaut de l'auteur de l'affiche resté inconnu, des peines édictées par la loi du 29 juillet 1881. Il peut toutefois être relaxé si, avant que la condamnation prononcée soit devenue définitive, il fait connaitre le nom de l'auteur du délit. Toutefois, les frais doivent rester en ce cas à sa charge (Besançon, 8 juillet 1892)[140]. Par ce mécanisme la jurisprudence met en place à nouveau un régime de responsabilité afin de trouver un débiteur aux peines d'amendes édictées.

En outre, la jurisprudence précise encore davantage la qualité des individus visés par des propos diffamatoires afin de préciser en conséquence la juridiction compétente ainsi que les moyens de défense offerts. Le maire, président de droit de la commission administrative des hospices, représente à ce titre la commune. Il est donc dans l'exercice de ses fonctions lorsque les diffamations dont il est l'objet atteignent cette qualité et le contentieux relève de la cour d'assises (Crim. cass. 10 novembre 1892)[141]. En revanche, les adjudicataires de fournitures de vivres pour l'armée ne détiennent aucune partie de la puissance publique. Les diffamations dirigées à leur encontre dans ce contexte, relèvent du tribunal correctionnel (Crim. rejet, 19 janvier 1893)[142]. Il en va de même pour les médecins au sein d'un bureau de bienfaisance (Paris, 16 novembre 1892)[143].

139 *D.P*, Partie IV/V, 1893, p. 232.
140 *Loc. cit.* ; *Journal des parquets*, 1892, p. 143.
141 *Loc. cit.*
142 *Loc. cit.*
143 *Loc. cit.*

Au-delà de ces précisions juridictionnelles, la jurisprudence établit que si les écrits fournis au cours d'une action ne peuvent autoriser des poursuites en diffamation en application de la loi du 29 juillet 1881, ceux qui contiennent des propos étrangers à la cause peuvent autoriser les parties à agir (Chambre des requêtes, 2 mai 1892). Ainsi, les immunités prévues par la loi connaissent des limites et permettent dans certains cas à la victime d'agir contre un écrit produit en justice[144].

Sous la période 1892-1893 de nombreuses décisions relatives au droit de réponse sont rendues. S'il est difficile d'établir un lien de causalité direct avec le contexte bouillonnant du scandale politico-financier qui se joue ces précisions nombreuses sur les droits de la défense sont particulièrement intéressantes pour les agents des champs politiques, économiques et médiatiques dans une période où la tentation à l'invective est grande.

Ainsi, s'il appartient aux tribunaux de limiter l'exercice du droit de réponse dans le cas où les termes de la réponse seraient contraires à la loi ou aux bonnes mœurs, à l'intérêt légitime des tiers ou à l'honneur et la considération du journaliste, ils doivent néanmoins dans l'appréciation des termes de la réponse prendre en considération la nature et la forme de l'attaque, les besoins de la défense et la légitime susceptibilité de la personne désignée (Crim. cass., 3 juin 1892). La Cour de cassation précise donc que les juges du fond doivent appréhender l'exercice du droit non seulement par rapport à la loi, mais également à partir de considérations non prévues par cette dernière. Cette précision va dans le sens de la clémence, d'une tolérance plus grande quant au contenu du droit de réponse. Un contrôle de proportionnalité entre l'attaque initialement réalisée et la réponse doit être opéré[145].

Au sujet de cette balance entre l'infraction et la réponse qui en découle dans la presse, le juge du fond indique que l'on ne doit pas considérer comme abusive la réponse dont la longueur dépasse notablement le double de l'article diffamatoire, lorsque l'auteur de la réponse a offert au journaliste de payer la partie excédant le double de l'article (Aix, 21 avril 1893)[146]. Si l'article empêche, par sa longueur, une proportion entre l'attaque dirigée originellement contre un individu, et son droit

144 *Loc. cit.*
145 D'autres arrêts ont déjà été rendus dans ce sens. *V. D.P*, Partie I, 1893, p. 461.
146 *D.P*, Partie V, 1893, p. 233.

de réponse, le recours à une transaction financière doit venir pallier ce déséquilibre. La Cour de cassation nuance cette position des juges du fond.

L'insertion d'une réponse à un article de journal n'est pas subordonnée à la consignation préalable ou à l'offre de paiement du prix d'insertion pour tout ce qui peut dépasser le double de la longueur de l'article qui a provoqué la réponse. Sur ce point, la jurisprudence vient combler un point aveugle de la loi du 29 juillet 1881 : le texte de loi précise que le prix de l'insertion de la réponse est dû par le journal, elle ne dit pas qu'elle doit être payée[147]. En ce sens, la loi fait naître pour le journal un droit de créance mais le paiement ne peut être exigé avant l'accomplissement du fait dont la créance résulte. Selon la Cour de cassation toujours, le refus d'insertion d'une réponse dépassant le double de l'article serait justifié si l'insertion était exigée à titre gratuit. La jurisprudence ajoute que ce n'est pas exiger l'insertion gratuite d'une réponse que de conclure à cette gratuité à titre de dommages-intérêts dans le cas où l'insertion n'ayant pas lieu volontairement, le journal serait condamné à y procéder (Crim. cass. 3 juin 1892)[148]. L'obligation d'insertion gratuite s'apparente à une indemnité calculée vis-à-vis du dommage subi. Pour les lignes supplémentaires, la loi prévoit comment la personne qui use de son droit de réponse doit régler ces lignes.

Sur la mise en œuvre du droit de réponse, la jurisprudence indique que le propriétaire d'un journal a comme tout autre le droit d'exiger en vertu de l'article 13 de la loi, l'insertion dans le journal qui l'a nommé, une réponse à la même place et en mêmes caractères que l'article qui a provoqué la réponse (Aix, 21 avril 1893)[149]. Encore une fois, la jurisprudence met un point d'honneur au respect du principe de proportion, d'équité entre l'attaque et la réponse.

De même, la circulation de l'imprimé sur le territoire fait l'objet de certaines précisions, dans le sens de la sévérité. Ainsi, il est établi que l'article 22 de la loi du 29 juillet 1881 s'applique tant aux crimes, délits qu'aux contraventions. En conséquence, le colportage ou la distribution faits sciemment d'un imprimé qui ne porte pas l'indication du nom et du domicile de l'imprimeur, constitue une contravention passible de

147 *D.P*, Partie I, 1893, p. 461.
148 *Loc. cit.*
149 *D.P*, Partie V, 1893, p. 233.

l'amende édictée par l'article 2 de la loi du 29 juillet 1881 (Crim. cass. 30 décembre 1892)[150].

Bien que les républicains aient été fortement discrédités par le scandale de Panama, ces derniers ont réussi à surmonter cette nouvelle crise auquel le régime a été soumis. L'antisémitisme et le nationalisme montant, un réflexe d'unité républicaine a favorisé l'émergence d'une politique d'alliance avec la droite libérale[151]. Au mois d'avril 1893, un nouveau gouvernement est formé sous la présidence du conseil de Charles Dupuy et ouvre une nouvelle période de six années marquées par une politique de droite, soutenue par un ralliement des catholiques à la République afin de composer des majorités « résolument hostiles à toute politique réformiste, hantées par la peur du socialisme, et travaillées par le nationalisme[152] ». Dans ce contexte conservateur, les bonnes mœurs constituent à nouveau un cheval de bataille idéologique du pouvoir. Pour les républicains conservateurs, la moralité semble être la seule voie possible dans une fin de siècle qui les effraie.

LE CONTRÔLE JURIDIQUE DE L'IMPRIMÉ ET LA POLITIQUE DE LA MORALE

Nourri par un contexte scientifique qui alimente la thèse d'une dégradation physique et morale de la population française, le champ littéraire voit apparaître un genre nouveau, le naturalisme. Les écrivains veulent rendre compte de la réalité du monde social dans une approche sans fard ou idéalisation. L'imprimé rompt alors avec les conventions esthétiques classiques ce qui lui vaut répression par les

150 *Loc. cit.*

151 Duclert Vincent, *La république imaginée*, *op. cit.*, p. 236.

152 *Ibid.* Avant ce ralliement, le gouvernement marquait sa volonté de mettre la religion et l'Église catholique au ban des questions politiques. Le combat républicain L'on note également un décret du 26 avril 1892 portant déclaration d'abus dans une lettre pastorale et l'imprimatur d'une brochure de l'Évêque de Mende. En l'espèce, l'homme d'Église avait tenté d'influer sur des élections à venir en imprimant une brochure *Écoles neutres, Doctrine romaine et cas de conscience* qui invitait les familles à retirer leurs enfants des écoles publiques sous peine de refus de sacrements ; *D.P*, Partie V, 1892, p. 166.

tribunaux. Parallèlement à ce contentieux particulier, le législateur républicain œuvre à renforcer le droit contre la « débauche » en réformant le droit de la presse.

LA RÉPRESSION DE L'IMPRIMÉ NATURALISTE

L'atmosphère de déclinisme qui entoure la seconde moitié du XIXe siècle fait suite aux grands changements sociaux et économiques que l'Occident connait à cette période[153] et que les contemporains cherchent à comprendre et à expliquer par des outils renouvelés. Ces évolutions se trouvent saisies par les sciences qui cherchent à les expliquer. Aussi, lorsque la littérature s'attache à employer la même démarche d'étude à travers le naturalisme elle se trouve réprimée en partie par les tribunaux. Cette sanction pousse alors les auteurs à s'autonomiser comme en témoignent leurs modes de défense lors des procès.

La science, outil privilégié de connaissance et d'organisation du monde social

Afin d'éclairer une société devenue illisible en raison du développement simultané de la démocratie et du capitalisme, les sciences sociales et biomédicales apparaissent comme des outils privilégiés de compréhension du réel. Dès le XVIIe siècle, le Comte Buffon émettait l'hypothèse selon laquelle la dégénération serait l'une des explications à la diversité du monde vivant. Selon le naturaliste, l'origine des êtres humains est commune et leur diversité serait la conséquence de facteurs extérieurs qui auraient conduit à une évolution dynamique de l'espèce dans le temps et dans l'espace[154]. À la suite de la parution de l'ouvrage *l'Histoire naturelle* en 1749, la pensée scientifique se détache progressivement des textes bibliques qui présentaient l'Homme comme un être fini au sixième jour de la Création. Au contraire, l'Homme est envisagé comme un être en perpétuelle évolution, perméable aux éléments qui l'entourent. Dans cette perspective, la question qui émerge est celle de savoir quel sera l'avenir de l'Homme dans ce contexte de transformation

153 C'est la thèse qui est avancée par George Pierre, *Fin de siècle en Occident. Déclin ou métamorphose ?*, Paris, PUF, 1982, 191 p.

154 Curran Andrew, « Buffon et l'histoire naturelle des Africains », *Dix-huitième siècle*, vol. 44, n° 1, 2012, p. 188.

possible de l'espèce humaine. Si l'Homme peut être perfectible, il peut néanmoins dépérir physiquement et moralement[155].

Les classes sociales qui inquiètent tout particulièrement les champs politiques et scientifiques sont à ce titre les classes populaires. Les discours relatifs à la santé des individus en charge des travaux pénibles apparaissent dès la fin du XVIIIe siècle dans les discours néohippocratiques. Si l'attention se porte d'abord sur la nutrition, elle se déplace ensuite vers les comportements individuels. Au XIXe siècle, l'idée d'une potentielle catharsis nerveuse liée à l'activité professionnelle signe un mouvement vers la prise en considération de la santé au travail[156]. Au-delà des répercussions que ces découvertes peuvent avoir sur le droit social et la protection des travailleurs, les avancées scientifiques permettent de repenser les interactions existantes entre l'individu et son milieu. Le neurologue américain George Miller Beard (1839-1883) démontre ainsi l'influence des conditions de vie urbaines sur les individus : anxiété, céphalées et fatigue apparaissent dans ces espaces de vie spécifiques[157].

L'évolution des connaissances scientifiques permet ainsi d'expliquer le fonctionnement cérébral et la sensibilité du cerveau à son environnement. Considérés comme le moteur de la conscience, les nerfs peuvent se trouver influencés par une vie dissolue pouvant occasionner, à terme, une « morale défaillante » désignée sous le terme de « décharge nerveuse[158] ».

---

155 Certains auteurs envisagent jusqu'à l'extinction de l'espèce humaine comme ce fût le cas pour certaines espèces animales anciennes que l'on retrouve alors sous la forme de fossiles ; Nodier Charles, « De la Palingénésie humaine et de la résurrection », *Œuvres de Charles Nodier, Rêveries*, t. 5, Paris, 1832, p. 340.

156 *V.* Bruno Anne-Sophie, Geerkens Eric, Hatzfeld Nicolas, Omnes Catherine dir., *La santé au travail, entre savoirs et pouvoirs (XIXe-XXe siècles)*, Rennes, PUR, 2011, 360 p.

157 Seignan Gérard, « L'hygiène sociale au XIXe siècle : une physiologie morale », *Revue d'histoire du XIXe siècle*, n° 40, 2010, p. 125. Les villes, en raison notamment de leur forte densité de population, font craindre une potentielle dépravation des forces de travail disponibles. La misère apparaît alors comme pouvant être à l'origine d'une infection affaiblissant à la fois le corps et l'esprit ; *ibid.*, p. 123. Une lutte importante est menée contre l'alcool. Au cours de la seconde moitié du XIXe siècle, de nouvelles théories médicales viennent envisager l'énergétique humaine, comprise comme la conséquence de la combustion de matériaux, alimentation et air, par le corps afin de se maintenir en mouvement. Il s'agit de la théorie toxique ; *ibid.*, p. 119. Dans cette approche, la science et la médecine conseillent aux ouvriers de contrôler leurs apports en matériaux, en veillant à leur qualité. La science se trouve alors en accord avec la religion qui recommande le travail mais insiste sur la nécessité de l'aménager ; *ibid.*, p. 123. C'est ainsi que la pratique du repos dominical est encouragée afin de reposer le corps et d'accomplir ses devoirs religieux.

158 *Loc. cit.*

Se trouvent ainsi liées vie organique, vie sociale et activité mentale[159]. Aux cotés des thèses qui mettent en exergue les facteurs externes qui peuvent influer sur le comportement des individus, d'autres se sont attachées à comprendre quels autres éléments, propres à l'individu, pouvaient également agir[160]. Avec le développement des sciences, le paradigme de la dégénérescence sert progressivement à expliquer toutes les déviances[161].

Le XIXe siècle voit ainsi de nombreuses théories scientifiques alimenter l'idée d'une dégradation de la santé morale et physique de la

159 Seignan Gérard, *op. cit.*, p. 117.

160 Tel est le projet de la phrénologie du début du XIXe siècle dont le dessein est d'envisager la personnalité d'un individu à l'aune des caractéristiques physiques de son crâne. Cette pratique se développe dans le sens d'une anthropologie positive menée par des médecins tels que Franz Joseph Gall et de François Broussais ; Carbonnel Frédéric, « Le docteur Féré (1852–1907) : une vie, une œuvre, de la médecine aux sciences sociales », *L'information psychiatrique*, vol. 82, n° 1, 2006, p. 64. Cette thèse connaît en France, et à Paris en particulier, un accueil positif sous la Monarchie de juillet avant d'être approfondie par l'École italienne de criminologie et les théories positivistes. Cette étude des caractéristiques physiques des individus à travers le procédé de l'enquête, particulièrement au sein des classes ouvrières, est réalisée par les préfets eux-mêmes qui catégorisent leurs administrés, par la police qui crée des nomenclatures qui viennent stigmatiser les classes dangereuses ; Jarrige François, Le Roux Thomas, « 1. Naissance de l'enquête : les hygiénistes, Villermé et les ouvriers autour de 1840 », Éric Geerkens éd., *Les enquêtes ouvrières dans l'Europe contemporaine*, Paris, La Découverte, 2019, p. 43.

161 Bénédict-Auguste Morel publie en 1857 un *Traité des dégénérescences physiques, intellectuelles et morales et des causes qui produisent ces variétés maladives*. L'auteur analyse les différentes tares ou maladies comme étant la conséquence à la fois de conditions de logement et de travail insalubres, de l'alcoolisme et de l'hérédité ; Pinell Patrice, « Genèse et réception de la théorie de la dégénérescence », *Revue européenne des sciences sociales*, n° 54-1, 2016, p. 194 ; Morel Bénédict, *Traité des dégénérescences intellectuelles, physiques et morales de l'espèce humaine et des causes qui produisent ces variétés maladives*, Paris, Baillière, 1857, p. 80. Tout comme Esquirol et Pinel avant lui, il remarque la reproduction de certains traits identiques qui s'aggravent à mesure des générations. La folie n'est plus un accident, elle s'inscrit dans un *continuum* nourri par l'histoire du sujet et par ses gênes ; Gros Frédéric, *Création et folie*, Paris, PUF, 1997, p. 119. Le spécialiste de psychophysiologie Charles Féré (1852-1907) met en relation la notion de dégénérescence et la théorie de l'évolution telle que théorisée par Darwin ; Percheron Bénédicte, « Le corps dégénéré : des textes scientifiques à la littérature française du XIXe siècle », *Arts et Savoirs* [en ligne], n° 7, 2016, p. 8, [consulté le 1 mars 2021]. Le docteur avance que les comportements dangereux ou déviants seraient la conséquence d'une nouvelle forme de fatigue liée à une stimulation sensorielle trop importante ; Seignan Gérard, *op. cit.*, p. 124. Selon le médecin, chez l'ouvrier de trop grands stimuli mèneraient à une forme de fatigue née de l'appareil nerveux ; Féré Charles, *Pathologie des émotions*, Paris, Alcan, 1892, p. 156-162. *V.* Moriceau Caroline, *Les douleurs de l'industrie. L'hygiénisme industriel en France, 1860-1914*, Paris, Éditions de l'EHESS, 2009, 316 p.

population française. La morale connaît en conséquence une véritable diversification de ses champs d'action[162]. Elle n'est plus envisagée seulement à travers les dogmes religieux ou politiques mais également à travers la science qui fait émerger des « figures du risque[163] ». Ces figures sont multiples (addictions, hérédité, prostitution, maladie, ...) et témoignent d'une société hantée par la peur d'un péril imminent. Ces angoisses contemporaines inspirent la littérature tant dans les thèmes abordés que dans la démarche scientifique afin de les décrire donnant naissance au naturalisme.

En effet, le sentiment d'illisibilité et de dysfonctionnement du monde crée au XIXe siècle une appétence pour l'investigation[164]. Ceci se traduit par la multiplication d'enquêtes sociales et de recherches biomédicales mais également par l'émergence d'un nouveau mouvement artistique au cours des années 1865-1890 dont Émile Zola est la tête de file[165]. L'objectif de ce mouvement artistique, qui dépasse le cadre de la littérature pour gagner les beaux-arts, est de représenter la nature dans son exactitude, dans une perspective scientifique où l'auteur se trouve dans la position d'un observateur et expérimentateur[166]. Les tenants du mouvement se donnent l'objectif de poursuivre le travail des enquêtes sociales déployées dans la seconde moitié du XIXe siècle afin de rendre compte de la réalité sans magnification. Ainsi, le naturalisme se veut clinique et se confronte aux faits dans ce qu'ils ont de plus bruts par une méthode et un style qui se veut neutre, objectif et impersonnel[167]. Le naturalisme s'intéresse au corps, à la violence, aux instincts à travers des lieux fermés dépeints méthodiquement : la caserne, le bordel, l'atelier ou encore l'usine[168]. La littérature emprunte la voie d'un art social, matérialiste et fondé sur le

---

162 Caron Jean-Claude, « Michelet moraliste ou l'élaboration d'une morale à l'usage de la jeunesse étudiante », in Stora-Lamarre Annie dir., *Incontournable morale*, Besançon, Presses universitaires franc-comtoises, 1998, p. 16.

163 *Ibid.*, p. 10.

164 Kalifa Dominique, « Enquête et "culture de l'enquête" au XIXe siècle », *Romantisme*, n° 149, 2010, p. 4.

165 Il définit ce projet dans *Le roman expérimental* (1880) ainsi que dans *Les romanciers naturalistes* (1881).

166 Eterstein Claude dir., *La littérature française de A à Z*, Paris, Hatier, 2011, p. 298.

167 Sapiro Gisèle, *Les écrivains et la politique en France. De l'Affaire Dreyfus à la guerre d'Algérie*, Paris, Seuil, 2018, p. 233.

168 Pagès Alain, *La Bataille littéraire. Essai sur la réception du naturalisme à l'époque de Germinal*, Paris, Séguier, 1989, p. 13.

progressisme[169]. Pour cela elle se nourrit d'une documentation riche[170] afin d'explorer, à travers la création littéraire, le monde et ses aspérités.

Zola, en discipline de Taine et des Goncourt, applique d'abord cette méthode à la critique littéraire, avant de la transposer au roman[171]. Le roman est alors envisagé par le prisme de l'expérimentation, sur le modèle de la médecine du physiologiste Claude Bernard[172].

Malgré la pléthore d'écrits contemporains à ce sujet, il semble difficile de donner une définition exacte du naturalisme, tant celui-ci évolue sous la plume même de ses auteurs. Ainsi, il est plus aisé de le déterminer à travers ses rejets : celui de l'idéalisme mystique, de l'irréel, du surnaturel, du dogmatisme théologique ou rhétorique[173]. En ce sens, le discours naturaliste renoue avec l'héritage de l'esprit des Lumières qui prônait la rationalité scientifique pour revendiquer la liberté du jugement et la liberté de la création. Il emprunte au rationalisme scientifique pour exposer la vérité du monde social[174]. Tout comme le réalisme avant lui, le naturalisme ébranle les codes de la littérature classique en ce qu'il montre la puissance de l'instinct et du libre arbitre de l'homme, véritable « bête humaine[175] ».

La réception de l'œuvre de Zola nous permet d'observer l'évolution de la critique vis-à-vis du naturalisme et de voir comment se positionne les agents du champ littéraire sous la période considérée[176]. Les premiers

---

169 Bourdieu Pierre, *Les règles de l'art*, *op. cit.*, p. 170.

170 Sapiro Gisèle, *op. cit.*, p. 233.

171 Mitterand Henri, *Zola et le naturalisme*, Paris, PUF, 2002, p. 50. Dans la préface de *Thérèse Raquin* publié en 1867, il écrit : « Mon but a été un but scientifique avant tout… J'ai montré les troubles profonds d'une nature sanguine au contact d'une nature nerveuse. J'ai simplement fait sur deux corps vivants le travail analytique que les chirurgiens font sur des cadavres ».

172 Zola écrit ainsi en 1881 dans ses *Documents littéraires*, son dessein d'exposer « les rouages des manifestations intellectuelles et sensuelles […] sous les influences de l'hérédité et des circonstances ambiantes » puis de montrer l'homme « vivant dans le milieu social qu'il a produit lui-même, qu'il modifie tous les jours, et au sein duquel il éprouve à son tour une transformation continue » ; Zola Émile, *Le roman expérimental*, Paris, Charpentier, 1902, p. 19.

173 Mitterand Henri, *op. cit.*, p. 25.

174 Sapiro Gisèle, *op. cit.*, p. 233. *V.* Fath Robert, *Influence de la science sur la littérature française dans la deuxième moitié du XIXe siècle*, Lausanne, Payot, 1901, 118 p. Sur le regard de Zola à propos du droit *V.* Delbrel Sophie, *Zola peintre de la justice et du droit*, Paris, Dalloz, 2021, 445 p.

175 Pagès Alain, *op. cit.*, p. 14.

176 *Ibid.*, p. 14-15.

ouvrages reçoivent des critiques négatives notables mais isolées et dispersées[177]. À partir de 1877 s'ouvre une vive période de polémique où l'anti-naturalisme prospère au moment de la publication du *Roman Expérimental* et de *Nana*[178]. En effet, le naturalisme de Zola témoigne d'une oscillation entre la vérité des faits et la liberté de l'écrivain dans leur retranscription, créant de fait une contradiction[179]. Aux conceptions rigoureuses initiales, le naturalisme se détache progressivement, de la rationalité scientifique dans les années 1890[180], non sans critique[181] menant

177 On note ainsi l'article de Louis Ulbach *dans Le Figaro* du 23 janvier 1868 qui dénonce une « littérature putride » ; *Le Figaro*, 23 janvier 1868, p. 1.

178 Mitterand Henri, *op. cit.*, p. 15. Ferdinand Brunetière se positionne à travers son ouvrage, *Le roman naturaliste* paru en 1883, contre des écrivains qui parlèrent trop souvent de la science « sans la connaître assez » ; Brunetière Ferdinand, *Le roman naturaliste*, Paris, Calmann Lévy, 1893, p. 4. Les positions de cet auteur sur la littérature et sur Zola lui valent des manifestations estudiantines en 1894 et une protection policière lors de ses cours en Sorbonne ; Loué Thomas, « "Les Barbares lettrés", Esquisse d'un temps long de l'anti-intellectualisme en France (1840-1900) », *Mil neuf cent*, n° 15, 1997, p. 85-86. Henry Céard, auteur naturaliste lui-même, a également été sensible aux incohérences du naturalisme de son maître Émile Zola. Il a d'ailleurs collectionné un grand nombre de critiques écrites à son sujet ; *V.* Sandras Agnès, *Quand Céard collectionnait Zola*, Paris, Classiques Garnier, 2012, 424 p.

179 Mitterand Henri, *op. cit.*, p. 26.

180 Ce qu'indique Jules Huret en 1891 à propos de son livre *L'Évolution littéraire* : « L'avenir appartiendra à celui ou à ceux qui auront saisi l'âme de la société moderne, qui, se dégageant des théories trop rigoureuses, consentiront à une acceptation plus lyrique, plus attendrie de la vie. Je crois à une peinture de la vérité plus large, plus complexe, à une ouverture plus grande sur l'humanité, à une sorte de classicisme du naturalisme » ; Cité par Mitterand Henri, *op. cit.*, p. 28-29.

181 Une résistance à cette évolution est notable au sein même du champ littéraire. « Le manifeste des Cinq » signé par Paul Bonnetain, J.-H. Rosny, Lucien Descaves, Paul Margueritte et Gustave Guiches dans *Le Figaro* du 18 août 1887 est une violente attaque contre *La Terre* publié par le *Gil Blas*. Le manifeste déplore un Émile Zola « incroyablement paresseux à l'expérimentation personnelle, armé de documents de pacotille ramassés par des tiers, plein d'une enflure hugolique, d'autant plus énervante qu'il prêchait âprement la simplicité, croulant dans des rabâchages et des clichés perpétuels » qui déconcertait « les plus enthousiastes de ses disciples » ; *Le Figaro*, 18 août 1887, p. 1. Au-delà des critiques visant l'homme, accusé de rechercher le seul profit de ses ventes, c'est le style qui heurte avec « l'exagération croissante des indécences de la terminologie malpropre des Rougon-Macquart » ; *loc. cit.* Les auteurs déclarent ainsi : « Non seulement l'observation est superficielle, les trucs démodés, la narration commune et dépourvue de caractéristiques, mais la note ordurière est exacerbée encore, descendue à des saletés si basses que, par instants, on se croirait devant un recueil de scatologie : le Maître est descendu au fond de l'immondice » ; *loc. cit.* Ceux qui se considèrent comme d'anciens disciplines du maître, veulent se détacher totalement de son entreprise en refusant de participer « à une dégénérescence inavouable », à une « littérature sans noblesse » au nom d'un « suprême

à une « crise du naturalisme » qui témoigne d'une stratégie symbolique de ces auteurs qui souhaitent affirmer leur droit à la succession[182]. Après cette période de vives polémiques, les œuvres plus tardives comme *L'argent*, *La bête humaine* ou *La débâcle* connaissent une réception plus enthousiaste[183]consacrant le « triomphe du naturalisme[184] », l'amenant vers une consécration[185].

Si dans le champ littéraire le naturalisme s'impose, l'État ne fait pas preuve d'une telle tolérance.

La répression judiciaire du naturalisme : le refus de l'écrivain expérimentateur

La fin du XIXe siècle est marquée par une idée de déclin protéiforme : dégénérescence, dépopulation[186], déclin économique, décadence morale. Toutes ces déclinaisons portent en germe la même idée, celle d'une lente régression de la France tant du point de vue du corps que de l'esprit et des mœurs. Si la science a le pouvoir de décrire le réel tel qu'il est, cette faculté d'enquête est refusée à la fiction[187] et se traduit par une répression judiciaire complexe.

La réception judiciaire des écrits naturalistes se caractérise par l'inconstance, c'est-à-dire par une appréhension imprévisible et fluctuante de l'imprimé par les tribunaux. La première donnée qui semble intervenir dans le cours des événements judiciaires est la conséquence directe de la base légale mobilisée afin de poursuivre l'imprimé naturaliste. Le recours

---

respect pour l'art » ; *loc. cit.* Anatole France publie dans *Le Temps* un anathème contre ce qu'il appelle « Les Géorgiques de la crapule » en référence à l'œuvre de Virgile. Pour Anatole France, la publication de Zola comporte « une obscénité gratuite » ; *Le Temps*, 28 août 1887, p. 1. Surtout, par son approche pessimiste de la réalité, l'écrivain empêcherait de voir « en nous tous, dans les petits comme dans les grands, chez les humbles comme chez les superbes, un instinct de la beauté, un désir de ce qui orne et de ce qui décore qui, répandus dans le monde, font le charme de la vie » ; *loc. cit.*

182 Bourdieu Pierre, *Les règles de l'art*, *op. cit.*, p. 171-172.

183 Mitterand Henri, *op. cit.*, p. 17.

184 On note à ce titre l'étude élogieuse de Jules Lemaître parue dans *La revue politique et littéraire* du 14 mars 1885 au sujet de *Germinal*.

185 V. *l'état du champ littéraire à la fin du* XIXe *siècle dans* Bourdieu Pierre, « Le champ littéraire », *Actes de la recherche en sciences sociales*, vol. 89, septembre 1991, p. 31.

186 Alain Clément, « L'analyse du déclin dans la seconde moitié du XIXe siècle. Le point de vue des économistes français », *Revue économique*, vol. 66, n° 5, 2015, p. 844.

187 Émile Zola évoquait en ce sens à propos du XIXe siècle, un « âge de l'enquête » ; Zola Émile, *Le roman expérimental*, Paris, Charpentier, 1880, p. 293.

à l'infraction d'outrage aux bonnes mœurs, conservée et modifiée par la loi du 29 juillet 1881, par sa rédaction évasive quant aux éléments constitutifs de l'infraction laisse une marge de manœuvre confortable aux magistrats afin de poursuivre une publication.

Au-delà de cet élément légal, Émile Zola remarque dans un article de 1880 intitulé « De la moralité », qu'un traitement différencié semble être fait entre le roman et la presse. Selon Émile Zola, les journaux seraient autorisés à décrire les plus macabres des faits divers sans craindre d'être inquiétés par la justice, contrairement au roman[188]. Ces articles se donnent comme objectif de capter l'attention du lectorat en mettant en exergue le caractère affreux des événements par procédé de rédaction stéréotypé afin de faciliter sa réception[189]. Les descriptions sont parfois horribles, le style cru, les histoires édifiantes et spectaculaires : corps abîmés, sang, crimes, aucun détail n'est pas épargné[190]. Pourtant, ces journaux sont tolérés et le marché se développe quand bien-même il participe de la normalisation des conduites sociales déviantes ou extrêmes[191].

La jurisprudence nous montre tout de même que cette liberté évoquée par Zola est en réalité plus nuancée. Le substitut du procureur, lors du procès de Camille Lemonnier pour un article publié dans le *Gil Blas*, indique ainsi que l'attention doit être particulièrement tournée vers les journaux qui peuvent se « répandre dans les familles, où ils sont exposés à être dans toutes les mains, ne viennent pas troubler la pureté du foyer et jeter des idées malsaines dans cette société que nous avons le devoir de défendre, de protéger et aussi d'améliorer[192] ». L'accès

---

188 Il est vrai que le XIXe siècle voit l'émergence de nombreux canards qui se nourrissent des faits divers et empruntent au discours médico-légal. Ce style crée une forme d'effet de réel tel que théorisé par Roland Barthes, c'est-à-dire une fidélité entre le monde réel et le texte, une esthétique qui permet une impression de vraisemblance ; Barthes Roland, « L'effet de réel », *Communications*, n° 11, 1968, p. 86. Par exemple la *Gazette des Tribunaux*, créée en 1825, qui devient la référence en la matière ; *V.* Barenot Pierre-Nicolas, « Entre littérature et droit, la Gazette des tribunaux vue par les juristes du XIXe siècle », *Cahiers Jean Moulin*, n° 5, 2019, [en ligne] ; Salas Denis, « Opinion publique et justice pénale. Une rencontre impossible ? », *Le Temps des médias*, vol. 15, n° 2, 2010, p. 100.

189 Mitterand Henri, *op. cit.*, p. 57.

190 Ambroise-Rendu Anne-Claude, « Les faits divers de la fin du XIXe siècle. Enjeux de la naissance d'un genre éditorial », *Questions de communication*, vol. 7, n° 1, 2005, p. 240.

191 *Ibid.*, p. 236 ; Barthes Rolland, « Structure du fait divers », in *Essais critiques*, Paris, Le Seuil, 1981, p. 195.

192 *Le procès pour l'Enfant du crapaud. Affaire Camille Lemonnier. Réquisitoire, plaidoiries, jugement, documents*, Bruxelles, Ferdinand Lacier, 1888, p. 23.

facilité à la presse semble ainsi placer les journaux sous une surveillance particulière, d'autant qu'à côté d'articles journalistiques, les journaux publient également de petites fictions[193].

Dans *Le Charivari*, à travers un article intitulé « Chez Madame Thémis », le journaliste Alexandre Pothey soulève à son tour le caractère aléatoire des poursuites judiciaires envers le naturalisme[194]. Toutefois il remarque que celles-ci ont pour point commun, celui d'intervenir très souvent tardivement sous la pression des ligues de moralité ou des critiques[195]. Alexandre Pothey s'étonne ainsi que l'ouvrage *Deux amies* (1885) de René Maizeroy soit poursuivi par les tribunaux alors que le thème du saphisme avait déjà été abordé par d'autres auteurs dans le passé comme Baudelaire ou Gautier, sans que leurs écrits ne leur aient valu de procès[196]. Il apparaît ainsi que le sujet des écrits ne soit pas la seule raison qui pousse à la mise en marche de l'action publique.

L'orientation politique des auteurs semble également jouer un rôle dans le déclanchement des poursuites. L'avocat de Louis Marie Desprez, auteur d'*Autour d'un clocher* poursuivi en 1884, est Georges Laguerre. Ce dernier est un socialiste qui a pour cliente Louise Michel et pour ami le radical Clemenceau qui lui confie une chronique dans *La Justice*[197]. Desprez lui-même est intéressé par le débat politique et n'hésite pas à écrire à ce sujet :

> Si ceux qui pensent et qui peuvent se dérobent, n'est-il pas simple que le champ reste livré aux nullités ? L'indifférence des artistes, pour paraître de nature plus élevée que l'indifférence des bourgeois, n'en est pas moins condamnable [...]. Un écrivain, un poète ne se diminue pas en étant citoyen[198].

L'engagement politique de l'auteur transparaît également dans le cas de Camille Lemonnier[199]. À travers son roman *L'Enfant du crapaud* (1888), l'auteur décrit la démarche d'une femme qui décide de livrer son corps à des grévistes au sein de son estaminet afin de fortifier leur

193 C'est le cas avec Camille Lemonnier qui fait paraître une fiction dans le *Gil Blas*, « L'Enfant du crapaud ».
194 *Le charivari*, 4 mai 1885, p. 2-3.
195 Ainsi, ce n'est qu'un an après sa publication que *Charlot s'amuse* est poursuivi ; *loc. cit.*
196 *Loc. cit.*
197 *Les cahiers naturalistes : bulletin officiel de la Société littéraire des amis d'Émile Zola*, Paris, Grasset-Fasquelle, 1985, p. 146.
198 Desprez Louis, *L'évolution naturaliste*, Paris, Tresse, 1884, p. 259-260.
199 *Ibid.*, p. 186.

moral et de mettre au monde un enfant qui sera à même de lutter contre le capitalisme. Pourtant le procureur ne retient que la violence et la crudité des scènes décrites, un « tableau obscène », « dépeint dans tous ses détails[200] ». C'est l'avocat de Lemonnier qui soulève le socialisme de l'auteur à un moment qui « est mal choisi pour se risquer de ce côté, où [la] police est ombrageuse[201] ». Si le tribunal ne fait pas de référence explicite à l'égard des opinions politiques de l'auteur, la portée politique de la publication peut tout de même avoir influé sur les poursuites à une époque qui lutte activement contre les organisations d'extrême gauche comme l'Internationale. Ainsi, les naturalistes, comme les réalistes avant eux, sont tenus pour des opposants à la fois esthétiques et politiques au régime. Ces deux considérations sont envisagées de pair : républicains réalistes sous l'Empire, socialistes naturalistes sous la République[202].

Qui plus est, les disparités de traitement révèlent également le jeu des capitaux symboliques et sociaux des auteurs[203]. Émile Zola reste en grande partie hors d'atteinte des procédures judiciaires[204] du fait de son statut de figure de proue du naturalisme et de sa popularité auprès du grand public[205]. Ainsi de 1884 à 1890, comparaissent tour à tour devant la cour d'assises de la Seine des accusés qui ont pour point commun d'être jeunes[206] et d'extraction modeste : Louis Desprez, Paul Bonnetain, René

---

200 *Le procès pour l'Enfant du crapaud. Affaire Camille Lemonnier. Réquisitoire, plaidoiries, jugement, documents*, *op. cit.*, p. 21.

201 *Ibid.*, p. 37.

202 Leclerc Yvan, *Crimes écrits*, *op. cit.*, p. 59.

203 Colin René-Pierre, « Les Naturalistes à l'assaut de la morale "honnête" », Ory Pascal *La Censure en France à l'ère démocratique, (1848-...)*, Bruxelles-Paris, Éditions Complexe, 1996, p. 149.

204 Il fait tout de même l'objet de certaines mesures répressives étatiques mais également ecclésiastiques. *V.* Disegni Silvia, « Zola à l'épreuve de la censure d'État et de l'Index », *Mélanges de l'École française de Rome. Italie et Méditerranée*, t. 121, n° 2, 2009, p. 427-462.

205 Manin Lise, « Enquête sur les corps dénudés au XIXe siècle. Les insuffisances du scandale », *Hypothèses*, vol. 16, n° 1, 2013, p. 182. René Colin relève ainsi « Cette puissance de Zola qui mettait à l'abri ses fidèles n'est pas [...] un leurre. [...] L'orage éclate en effet à partir de 1884 sur la tête d'écrivains débutants qui n'ont pas encore pu s'assurer de fermes soutiens » ; Colin René, « Les Naturalistes à l'assaut de la morale "honnête" », in Ory Pascal dir., *La Censure en France à l'ère démocratique*, *op. cit.*, p. 149.

206 La presse relève l'absence de notoriété du jeune auteur : « M. Paul Bonnetain, [...] jeune débutant, encore inconnu, aura de la peine à se laver de l'accusation méritée d'avoir voulu se faire connaître avant l'heure par un scandale [...] » ; « Comptes rendus analytiques. *Charlot s'amuse*, par Paul Bonnetain », *Le Livre*, Volume 4, Paris, 1883 ; cité par Manin Lise, *op. cit.*, p. 179.

Maizeroy, Jean Louis Dubut de Laforest et Lucien Descaves[207]. Comme le souligne Louis Desprez : « On a soin de s'attaquer aux derniers venus, encore faibles et mal dégagés, tout comme les cosaques ne s'abattent que sur les traînards des armées en marche[208] ».

La question de la nationalité revient également à plusieurs reprises dans les poursuites entamées par les tribunaux français. L'éditeur belge Henri Kistemaeckers est poursuivi à plusieurs reprises pour ses publications dès 1878 et pour la vente d'une traduction française des *Diaconales*, un manuel de Confesseurs, œuvre de l'ancien évêque du Mans et membre de la Congrégation de l'Index[209]. L'éditeur est poursuivi pas moins de dix-huit fois devant les cours d'assises avec autant d'acquittements et cinq fois devant les tribunaux correctionnels avec deux condamnations[210]. Au sein de son catalogue se retrouvent à la fois des auteurs confirmés comme les Goncourt ou des débutants qui s'essaient au naturalisme, genre littéraire qu'il affectionne tout particulièrement pour en devenir un éditeur phare[211]. Si les condamnations sont peu nombreuses, les démêlés avec la justice bruxelloise et française, lui donnent un parfum de scandale.

L'édition belge attire fortement l'attention des pouvoirs publics et des ligues[212] parce qu'elle est réputée être une porte d'entrée en France d'ouvrages licencieux[213]. Cette attention sur Henri Kistemaeckers est d'autant plus forte que l'éditeur est connu à l'époque pour ses publications d'écrits communards[214]. En effet, au-delà de son goût pour le naturalisme ce sont ses idées politiques qui inquiètent[215]. Il publie en

207 Manin Lise, *op. cit.*, p. 183.

208 Desprez Louis, *Pour la liberté d'écrire*, Bruxelles, Kistemaeckers, 1885, p. 41-42.

209 Kistemaeckers Henry, « Mes procès littéraires. Souvenirs d'un éditeur », *Mercure de France*, n° 606, 15 septembre 1923, p. 642 et suivantes.

210 Deffoux Léon, Zavie Émile, « Les éditions Kistemaeckers et le naturalisme », *Mercure de France*, 16 octobre 1919, p. 646.

211 Fayt René, « Un éditeur des naturalistes, Henry Kistemaeckers », Delsemme Paul, Trousson Raymond dir., *Revue de l'Université de Bruxelles*, n° 4-5, 1984, p. 217-239.

212 V. Stora-Lamarre Annie, « Bruxelles ou l'Europe de l'édition clandestine », in *L'enfer de la IIIe République. Censeurs et pornographes (1881-1914)*, Paris, Imago, 1990, 256 p.

213 Kistemaeckers Henry, *op. cit.*, p. 642 et suivantes.

214 L'éditeur l'explique lui-même *a posteriori* : « J'affirme toutefois, quitte à le démontrer par la suite, que des rancunes politiques s'y mêlèrent ; représailles contre l'ancien éditeur des proscrits de la Commune ou des réfugiés français de toute opinion ; aussi, et par ricochet, contre le défenseur de la littérature et des idées d'avant-garde, de la pensée républicaine » ; *loc. cit.*

215 Deffoux Léon, Zavie Émile, *op. cit.*, p. 641.

1878 une éphémère *Petite bibliothèque socialiste à 1 franc*[216]. Face à ces positions politiques radicales, des articles de journaux appellent directement à des poursuites judiciaires[217].

La nationalité de l'auteur est parfois directement invoquée lors des procès. Ainsi l'avocat Picard lors du procès de Camille Lemonnier pour l'*Enfant du crapaud* évoque le « tempérament » belge flamand de l'auteur afin de justifier les excès de son style[218]. Selon l'avocat, cet art étranger « n'a compris la volupté que brutale ou naïve, comme dans notre *Uylen-spiegel*, et non pas licencieuse avec distinction et sous des voiles à demi soulevés, comme dans les *Contes* de la Fontaine et les illustrations de votre Fragonard[219] ». L'avocat affirme ainsi l'autonomie des lettres belges vis-à-vis de la France, renforçant *de facto* le caractère transgressif de ces dernières et confirmant l'attention particulière qui doit leur être portée[220]. Dans le même temps il flatte la littérature française, tentant de gagner l'approbation des magistrats soucieux de préserver le prestige du pays sur la scène internationale. Le procureur de la République également fait état d'une Belgique plus tolérante du point de la liberté d'expression. Or, pour le représentant du ministère public, ce qui se passe de l'autre côté de la frontière ne doit pas être pris en compte en France, pays selon lui davantage attaché à la défense des bonnes mœurs :

> Quoique M. Lemonnier soit Belge, il envoie des articles à Paris, et il ne peut ignorer la responsabilité qui lui incombe du chef de la publication de ces articles ; et si ses audaces peuvent trouver grâce devant la justice de son pays, qu'il me permette de dire – c'est mon intime conviction – qu'il ne se trouverait pas un seul magistrat français pour prononcer son acquittement[221].

---

216 Durand Pascal, Winkin Yves, « Des éditeurs sans édition », *Actes de la recherche en sciences sociales*, vol. 130, décembre 1999, p. 59.

217 Kistemaeckers Henry, *op. cit.*, p. 642 et suivantes.

218 *Le procès pour l'Enfant du crapaud. Affaire Camille Lemonnier. Réquisitoire, plaidoiries, jugement, documents*, *op. cit.*, p. 60.

219 *Ibid.*, p. 60-61.

220 V. Denis Benoît, « Que peut (dire) la littérature en Belgique ? Autonomie de la littérature et procès d'écrivains, de Camille Lemonnier à Pierre Mertens », in Durand Pascal, Hebert Pierre, Mollier Jean-Yves, Vallotton François, éd., *La Censure de l'imprimé. Belgique, France, Québec et Suisse romande.* XIXe-XXe *siècles*, Québec, Nota Bene, 2006, p. 35-50.

221 *Le procès pour l'Enfant du crapaud. Affaire Camille Lemonnier. Réquisitoire, plaidoiries, jugement, documents*, *op. cit.*, p. 22.

Le choix des belges ne doit pas influer sur les décisions prises dans les tribunaux français. Au-delà de ces considérations *intuitu personae*, c'est le projet naturaliste dans son ensemble qui se trouve condamné par les tribunaux. En effet, les naturalistes se donnent pour objectif de représenter la nature avec réalisme au même titre que les scientifiques. Dans la continuité de la pensée de Zola, l'artiste moderne transpose dans l'art l'esprit de recherche et de méthode qui a fait progresser les sciences[222]. Cette liberté, tant dans le choix du sujet que dans la manière de le traiter, est revendiqué par les auteurs naturalistes qui se trouvent soutenus en ce sens par une petite partie de la critique. Albert Leroy écrit ainsi qu'« un écrivain a le droit de prendre le sujet qui lui convient, tel le cas pathologique qu'il trouve intéressant et d'en montrer les hideurs ou les beautés[223] ». Pourtant, dès lors qu'ils s'attèlent à cette tâche, les écrivains se heurtent à la vigilance du ministère public qui n'hésite pas à les poursuivre pour outrage aux bonnes mœurs comme le permet la loi du 29 juillet 1881.

Les naturalistes se dégagent de l'idéal classique et néoplatonicien exposé dans *Du Vrai, du Beau et du Bien* publié en 1818 par Victor Cousin et encore largement partagé par les classes dominantes à la fin du XIXe siècle[224]. L'auteur précisait le lien existant entre la forme et le fond dans une perspective moraliste puisant ses sources dans les écrits de Platon :

> Le vrai, le beau et le bien ne sont pas trois essences distinctes : c'est une seule et même essence considérée dans ses attributs fondamentaux. Notre esprit les distingue parce qu'il ne peut rien comprendre que par division ; mais dans l'être où ils résident, ils sont indivisiblement unis ; et cet être à la fois triple et un, qui résume en soi la parfaite beauté, la parfaite vérité et le bien suprême n'est autre chose que Dieu[477].

La disjonction de ces trois concepts a pour conséquence d'ouvrir une nouvelle interaction entre éthique et esthétique[225]. Le naturalisme,

222 Mitterand Henri, « Le naturalisme théorique », in Mitterand Henri éd., *Zola et le naturalisme*, Paris, PUF, 2002, p. 19.

223 *La presse*, 23 décembre 1894, p. 2.

224 Dufour Dany-Robert, « Du vrai, du beau, du juste et du bien. Hypothèses sur le déclin des idéaux de la culture occidentale », *Revue du MAUSS*, 2018/1, n° 51, p. 153.

225 Sapiro Gisèle, « Aux origines de la modernité littéraire : la dissociation du Beau, du Vrai et du Bien », *Nouvelle revue d'esthétique*, vol. 2, n° 6, 2010, p. 13.

comme les tendances socialistes et réalistes, souhaite non pas monter l'homme dans ses aspirations les plus hautes mais comme un être en lutte avec son animalité[226].

La réception du naturalisme est contrariée en raison de l'horreur potentielle des tableaux contenus dans ces romans. Pour le critique littéraire et imprimeur Antoine Laporte, les auteurs sont envisagés comme des adeptes d'une « science du laid » qui sous couvert d'une approche objective des faits, « sous le masque de la science » pousseraient « l'analyse anatomique du document bestial jusqu'aux catastrophes irréparables de la contagion[227] ». La crainte qui entoure le naturalisme est ainsi que l'argument scientifique serve de prétexte à la publication d'une littérature dangereuse pour les mœurs[228] car obscène.

Au cours de ses développements, après avoir longuement cité des passages de l'article, le substitut lors du procès de Lemonnier regrette « un tableau obscène » que l'écrivain « dépeint dans tous ses détails[229] ». Il avance que la forme et le choix des mots empêchent de faire « oublier le caractère d'obscénité » de l'écrit[230]. Selon lui, il ne faut pas hésiter à réprimer « les écrits dont la crudité de l'expression augmente encore la nudité du fond[231] ». Dès lors, la forme importe tout autant que le fond dans la constitution de l'infraction d'outrage aux bonnes mœurs. La décision rendue le 28 novembre 1888 reprend cette pensée du ministère public en estimant que la publication présente ainsi un caractère obscène manifeste au sens de la loi du 2 août et la Cour déclare :

> Attendu qu'il résulte à la fois de la crudité des expressions qu'il a employées, de la violence brutale du sujet et de la recherche voulue des actes licencieux qu'il a dépeints, que l'auteur a eu pour objet direct et pour but non désintéressé, d'éveiller, dans l'esprit de ses lecteurs, des idées obscènes[232].

---

226 Dilthey Wilhem, *Écrits d'esthétique*, Œuvres VII, Paris, Cerf, 1995, p. 221. Ces propos sont originalement publiés en 1892.

227 Laporte Antoine, *Le naturalisme, ou, L'immoralité littéraire : Émile Zola, l'homme & l'œuvre : suivi de la bibliographie de ses ouvrages et de la liste des écrivains qui ont écrit pour ou contre lui*, Paris, 1894, 18 rue Séguier, 1894, p. 112.

228 V. Saint-Amand Denis, « Regards littéraires sur le scientifique : du mimétisme au contre-pied », *Revue d'histoire du XIXe siècle*, n° 57, 2018, p. 107-120.

229 *Le procès pour l'Enfant du crapaud. Affaire Camille Lemonnier. Réquisitoire, plaidoiries, jugement, documents*, *op. cit.*, p. 21.

230 *Loc. cit.*

231 *Ibid.*, p. 22.

232 *Ibid.*, p. 86.

Par cet attendu, la Cour trouve l'élément moral de l'infraction à la fois à travers le sujet abordé par l'auteur mais aussi par le style qui est utilisé. La Cour ajoute à ce titre que les éléments constitutifs de l'infraction ne sauraient disparaître sous la prétention d'appartenir à une école littéraire spécifique ou d'avoir voulu écrire une œuvre artistique[233]. Les bonnes mœurs sont une valeur supérieure à un dessein littéraire.

En outre, le rejet du naturalisme tient dans la critique des descriptions réalisées par les auteurs. Classiquement, la description est envisagée comme la marque d'un langage riche[234]. Parce qu'elle n'est pas toujours nécessaire à l'intrigue ou à l'action, sa finalité est associée à la beauté et à l'esthétique[235]. Or, les naturalistes utilisent la description dans le but de restituer au mieux la réalité. Louis Desprez déclare à ce sujet :

> Notre grand crime, [...], celui qu'on nous reproche, est de ne pas choisir dans la réalité, de croire que tout détail caractéristique doit être reproduit, si l'on ne veut défigurer le vrai, par un éclectisme arbitraire et antiscientifique. Nous avons le tort de considérer toute espèce d'embellissement et de mutilation comme un mensonge et une improbité[236].

Cette utilisation de la langue à des fins d'observation se trouve refusée à la littérature. Et ce d'autant plus que la sexualité, sujet tabou, constitue un thème largement abordé par les naturalistes. Conjuguée aux inquiétudes biologiques relatives aux maladies vénériennes, la sexualité ne trouve pas droit de cité au sein de la littérature tolérée par l'État dès lors qu'elle n'emprunte pas une forme euphémisée. Le sexe est soumis à un cycle de l'interdit, à une logique de la censure articulée autour de trois axes : affirmer ce qui est permis, empêcher que ce soit dit, nier que cela existe[237]. Par l'absence de représentation, d'énonciation, la réalité se trouve bannie[238], dans un mécanisme performatif. C'est dans cette perspective que les écrits naturalistes sont réprimés sur le fondement de l'outrage aux bonnes mœurs : parce qu'ils donnent une représentation fidèle des comportements à bannir[239].

---

233 *Loc. cit.*
234 Barthes Roland, *op. cit.*, p. 85.
235 *Loc. cit.*
236 *Le XIXe siècle*, 15 janvier 1885, p. 2.
237 Foucault Michel, *op. cit.*, p. 111.
238 *Loc. cit.*
239 Finn Michael., « Naturalisme, sexe et sexologie : excès catastrophique ou fantaisie médicale ? », *Les Cahiers naturalistes*, n° 85, 2011, p. 117-133

En ce sens, comme l'indiquait le doyen Carbonnier, « les bonnes mœurs ne sont, au fond, que les coutumes des honnêtes gens, spécialement en matière sexuelle pour un lieu et un temps donné[240] ». Sont poursuivis en conséquence tous les romans dont le traitement de la sexualité contrevient aux normes sociales du temps et qui pourrait pousser à la déviance.

Suite à une lettre anonyme adressée au procureur de la République, fustigeant le caractère « ignoble » d'un « attentat à la morale des plus caractérisés », Paul Bonnetain et son éditeur belge Kistemaeckers sont poursuivis sur le fondement de l'outrage aux bonnes mœurs. Ces derniers sont à l'origine de la publication de *Charlot s'amuse* un an auparavant, en 1883[241]. À travers ce roman, est décrit l'itinéraire d'un masturbateur frénétique, Charles Duclos, aux tendances homosexuelles, incapable de mettre fin à ses pulsions et qui se trouve mené au suicide. En plus d'aborder le tabou de la mort volontaire, l'auteur met l'accent sur une pratique sexuelle réprouvée par la morale et par la science[242]. La masturbation, tout comme la pornographie, inquiète dans une perspective démographique : en permettant une sexualité récréative, elles seraient source de dénatalité, de dissolution de la famille et d'effondrement démographique comme le soutient le juriste Paul Lapeire[243]. L'on retrouve ici la lutte contre le malthusianisme, doctrine en vogue au milieu du XIXe siècle[244] et qui associe volontiers décadence morale et dépopula-

---

240 Carbonnier Jean, *Droit civil*, t. IV, Paris, PUF, 1998, p. 142.

241 Leclerc Yvan, *Crimes écrits…*, *op. cit.*, p. 97.

242 Carol Anne, « Les médecins et la stigmatisation du vice solitaire (fin XVIIIe-début XIXe siècle) », *Revue d'histoire moderne & contemporaine*, vol. n° 49-1, n° 1, 2002, p. 157. L'ouvrage médical de référence sur le sujet et qui trouve encore des échos au XIXe siècle, en ce qu'il explique l'onanisme et tente de l'empêcher est écrit par Tissot Samuel Auguste, *L'onanisme ou dissertation sur les maladies produites par la masturbation*, Paris, Lausanne, Chapuis, 1760, 232 p.

243 Lapaire Paul, *Essai juridique et historique sur l'outrage aux bonnes mœurs par le livre, l'écrit et l'imprimé*, Lille, Dourriez-Bataille, 1931, p. 110-111.

244 Bureau Paul, *La Crise morale des temps nouveaux*, Paris, Bloud, 1907, p. 102. Pour les catholiques sociaux, le lien entre la libéralisation de la société et la baisse des naissances, est établi : « Philosophes et poètes, romanciers et auteurs dramatiques s'emploient avec entrain, non pas à excuser, mais bien à justifier […] en raison et en droit les simples caprices ou les plus étranges excès de la luxure. La complaisance que l'on met à célébrer les joies et les vertus des amants, le droit de l'homme aux jouissances charnelles, n'a d'égale que celle avec laquelle on étale les conséquences fâcheuses du célibat continent et de la chasteté, les souffrances et les méfaits du mariage indissoluble et fécond » ; cité par Sapiro Gisèle, *La responsabilité de l'écrivain*, *op. cit.*, p. 383.

tion[245]. Pour autant, Paul Bonnetain est acquitté en France tout comme en Belgique : cité devant le jury du Brabant il se trouve également acquitté par les juges belges.

Paul Adam est poursuivi à son tour pour son roman *Chair molle.* Cet ouvrage, publié en 1885 aborde le sujet de la prostitution féminine Il est condamné pour outrage aux bonnes mœurs, à mille francs d'amende et à une peine de quinze jours de prison dont il se fait dispenser.

René Maizeroi est poursuivi et condamné pour son ouvrage *Deux amies* en 1885 dans lequel il envisage l'homosexualité féminine. Jean-Louis Dubut de Laforest est condamné à 1000 francs d'amende et deux mois de prison pour *Le Gaga* paru en 1885, qui lui aussi aborde la question de l'homosexualité.

Tous ces romans ont pour point commun de décrire une sexualité considérée à l'époque comme déviante et non légitime en ce qu'elle est pratiquée en dehors de l'arche d'alliance qu'est le couple hétérosexuel[246]. Si cette stigmatisation des comportements considérés comme illégitimes n'est pas nouvelle[247], ce qui évolue dans ce second XIXe siècle, c'est le regard qui est posé sur eux. Il ne s'agit plus seulement de punir ou de réprimer, mais également en parallèle d'expliquer ces comportements[248], dans un mécanisme de recherche de vérité sur le sexe[249]. On assiste ainsi à une appropriation des perversions sexuelles par la médecine qui tend à enfermer le sujet dans la parole de l'expert[250] selon les modalités d'un savoir spécifique et prive la littérature de ce sujet[251]. En conséquence, la

245 Clement Alain, « L'analyse du déclin dans la seconde moitié du XIXe siècle. Le point de vue des économistes français », *Revue économique*, vol. 66, n° 5, 2015, p. 44. En effet, le nombre de décès dépasse celui des naissances dans les années 1890 ; Sapiro Gisèle, *La responsabilité de l'écrivain*, *op. cit.*, p. 383.

246 Foucault Michel, *op. cit.*, p. 145. Cette attitude des tribunaux et de la critique, notamment en ce qui concerne *La fange* (1882) de Jules Guérin fait prendre la plume à Guy de Maupassant ; Durand Pascal, Winkin Yves, *op. cit.*, p. 59. *V.* Guérin Jules, *Fille de fille*, Bruxelles, Kistemaeckers, 1883, p. III.

247 Sous le Second Empire déjà de telles thèses étaient formulées à travers notamment Tardieu Auguste Antoine, *Étude médico-légale sur les attentats aux mœurs*, Paris, Baillière, 1859, 1888 p.

248 Kamienak Jean-Pierre, « La construction d'un objet psychopathologique : la perversion sexuelle au XIXe siècle », *Revue française de psychanalyse*, vol. 67, n° 1, 2003, p. 251.

249 Foucault Michel, *op. cit.*, p. 104.

250 *V.* Lanteri-Laura Georges, *Lecture des perversions : histoire de leur appropriation médicale*, Paris, Masson, 1979, 205 p.

251 En 1885, Valentin Magnon prononce ainsi à l'Académie de médecine le 13 janvier une communication sur le sujet des « Anomalies, aberrations et des perversions sexuelles ». Léon Thoinot avance quant à lui l'idée selon laquelle les « pervertis sexuels sont des

littérature doit évoluer dans un espace qui n'entre pas dans le champ de compétence des hôpitaux : celui d'un amour idéalisé et esthétisé et non pas d'une description clinique. L'intention de l'auteur, celle d'instruire ou de distraire avec la réalité, peut ainsi apparaître comme un élément concourant à la mise en œuvre de poursuites.

La qualité du lectorat semble être tout autant un point important : si les ouvrages médicaux sont adressés à un public de spécialistes, les romans ont vocation à toucher un large public[252]. Les spécialistes de médecine ou de science usent d'un langage technique, complexe pour les profanes, ce qui crée de la distance[253]. Les romanciers ont recours à un langage plus explicite, ils « se mettent dans la peau des types sociaux qu'ils étudient », ils empruntent leur langage davantage accessible en conséquence pour un lectorat populaire[254]. Ils sont « contaminés par leur objet » ce qui les rend d'autant plus dangereux[255].

Louis Desprez n'hésite pas à relever selon lui l'hypocrisie de l'État qui, veillant à chasser la sexualité de la fiction, laisse circuler librement des ouvrages de vulgarisation scientifique qui ont pour point commun d'être à la fois « racoleurs et sournois[256] ». Pour autant ce sont bien les écrivains naturalistes qui font les frais d'une répression importante en ce qu'ils pourraient livrer la population à ses vils instincts. Antoine Laporte énonce ainsi que le naturalisme est « l'école préparatoire du vice et du crime, le fournisseur, *sui generis* des tribunaux[257] ». Leur responsabilité est ainsi envisagée à l'aune des conséquences sur le lectorat. La répression du naturalisme illustre comment les juges appliquent

---

malades du cerveau » ; cité par Chauvaud Frédéric, « L'invention des déviances sexuelles. De la violence à la débauche (1825-1914) », *Archives de politique criminelle*, vol. 34, nº 1, 2012, p. 13. Avec l'affaire Vacher, la notion de sadisme apparaît et avec elle l'idée selon laquelle la perversion serait la conséquence d'une déviation de l'instinct sexuel prenant la forme d'hérésies morbides. Ces nouveaux concepts entrent dans les tribunaux comme en témoigne notamment les *Archives d'anthropologie criminelles ; ibid.*, p. 9.

252 Sapiro Gisèle, *op. cit.*, p. 363.

253 *Loc. cit.*

254 Dans *Charlot s'amuse*, une scène d'amour est écrite dans un style sans détour quant à la réalité des corps et des actions : « Elle l'avait entouré de ses bras, écrasant sa tétine pendante et flasque contre la barbe de l'homme stupéfait, et, étouffant ses injures sous de furieux baisers, elle l'étreignait, lascive, avec rage » ; Bonnetain Paul, *Charlot s'amuse*, Bruxelles, Henry Kistemaeckers, 1883, p. 18.

255 Sapiro Gisèle, *op. cit.*, p. 363.

256 Desprez Louis, *op. cit.*, p. 229.

257 Laporte Antoine, *op. cit.*, p. 298.

l'infraction d'outrage aux bonnes mœurs en mêlant à la fois critères esthétiques et moraux.

À travers le procès des naturalistes s'esquisse en toile de fond les grands débats juridiques et pénaux du temps. Les écrivains naturalistes popularisent à travers leurs fictions les thèses déterministes et remettent en question la notion de libre arbitre. Les Hommes seraient en proie à des facteurs qui les dépassent et qui influent sur leurs comportements. Tel est le cas de l'environnement, du milieu social ou encore de l'hérédité[258]. On retrouve une filiation avec les thèses développées par l'École positiviste italienne en matière de criminologie qui théorise l'influence de l'hérédité et des facteurs extérieurs[259] sur la délinquance à travers des approches anthropologiques. Un Homme tout à fait sain peut ainsi devenir déviant du simple fait de son environnement, à travers des mécanismes qu'il convient d'observer à travers des instruments de psychologie collective[260]. Les juristes positivistes de la seconde moitié du XIXe siècle substituent ainsi au principe de libre-arbitre celui de défense sociale. Puisque certains individus sont dangereux pour des raisons qui dépassent leur seule volonté, il faut instituer des mécanismes afin de protéger la société en prenant en compte les interactions de l'agent avec son milieu[261]. Les remèdes étant difficiles à trouver, l'objectif est alors avant tout de les prévenir. Pour l'auteur, la seule solution efficace revient à identifier les « criminels nés » afin de les mettre à l'écart de la société, de manière à prévenir la délinquance et le crime[262].

---

258 Yoshida Jo, « La question de l'hérédité chez Marcel Proust : une comparaison avec le système de Zola », *Bulletin d'informations Proustiennes*, n° 27, 1996, p. 79–89.

259 Sighele remet en cause la notion de libre-arbitre traditionnellement acceptée par le droit pénal : si l'homme est en proie à ses propres instincts il est également soumis à d'autres influences extérieures au sein desquelles se trouve celle de la foule ; *ibid.*, p. 41.

260 *Ibid.*, p. 37.

261 *Ibid.*, p. 41. Émile Accolas indique au sujet du criminel : « Nous procédons de nos ancêtres dont la suite des générations nous a transmis le cœur et le sang ; nous procédons du milieu, de toutes les circonstances extérieures où, dès notre naissance, nous avons vécu, où nous continuons de vivre, qui ont reformé notre cœur et notre sang et qui les reforment sans cesse ; voilà les deux causes, l'hérédité, le milieu ou les circonstance extérieures se résument pour chacun de nous dans une seule, notre constitution, notre nature. Ainsi donc, la criminalité a pour cause la nature propre du criminel [...] » ; Accollas Émile, *Les délits et les peines*, Paris, Delagrave, 1887, p. 12.

262 Pour cela, la criminologie emprunte la voie médicale comme en atteste Ludwig Moleschott lors du premier Congrès d'anthropologie criminelle de Rome en 1885 ; *ibid.*, p. 632.

Cette appréhension de la déviance se trouve partagée à la fois par les pénalistes italiens ainsi que par les auteurs naturalistes. Elle remet en cause le principe de responsabilité individuelle, au cœur de l'organisation de la société, en ce qu'elle balaie le principe de l'autonomie de la volonté. En France cette approche est rejetée massivement par la doctrine en ce qu'elle serait un « ramassis de préjugés sans ordre ni méthode[263] », dont les conséquences pourraient être dangereuses. Elle est notamment largement critiquée et discutée par Gabriel Tarde[264]. Aussi, le rejet du naturalisme littéraire se fait au diapason de cette réception contrariée de l'école positiviste en France. Elle illustre le refus d'une individualisation scientifique trop poussée du droit pénal[265] et un attachement à une conception naturaliste de ce dernier.

Sur le plan de la moralité des œuvres et de l'intention de l'auteur, Zola indique que l'auteur n'est pas un moraliste, mais un anatomiste qui doit se tenir à l'écart de son œuvre afin de laisser le lecteur seul trouver, s'il le veut, « la vraie moralité » et la « leçon du livre[266] ».

Zola, dans son article intitulé *De la moralité* publié en 1880, protestait contre la répression de la description de cette nature parfois hideuse et poursuit sa pensée dans *Le Figaro* du 7 novembre 1885 un article intitulé *La censure*[267]. L'argument naturaliste tient alors en l'absence de moralité ou d'immoralité de l'art. Comme le scientifique restitue le réel à travers ses études, le romancier expose l'Homme tel qu'il est,

263 Messinéo Dominique, « Le droit pénal dans l'orbite de la criminologie : étude d'une approche renouvelée de la responsabilité par les manuels de droit pénal à l'aube du XXe siècle », in Chambost Anne-Sophie dir., *Histoire des manuels de droit – Une histoire de la littérature juridique comme forme du discours universitaire*, Paris, LGDJ, 2014, p. 166.

264 Borlandi Massimo, « Tarde et les criminologues italiens de son temps. (à partir de sa correspondance inédite ou retrouvée) », *Revue d'Histoire des Sciences Humaines*, vol. 3, n° 2, 2000, p. 7-56 ; Tarde Gabriel, *Positivisme et pénalité*, Archives de l'Anthropologie Criminelle, 2, p. 32-51.

265 Ottenhof Reynald, « L'école italienne et l'individualisation fondée sur la témibilité », in Ottenhof Reynald, *L'individualisation de la peine. De Saleilles à aujourd'hui*, Toulouse, Érès, 2001, p. 77-96.

266 Zola Émile, *Les Romanciers naturalistes*, in Œuvres complètes, Paris, Fasquelle, 1906, p. 275.

267 Déjà sous le second empire, Zola avait été confronté à l'expérience judiciaire. À la suite de la publication de *La confession de Claude*, le ministre de la Justice avait demandé au procureur général un rapport sur l'ouvrage. Si aucune poursuite n'est entamée, le procureur remarquait déjà le langage du livre, « la crudité des images », « le cynisme du détail », « l'analyse de honteuses passions » ; Disegni Silvia, *op. cit.*, p. 429.

sans jugement. En conséquence, il ne peut y avoir d'intention criminelle dans la reproduction littéraire d'une réalité sociale.

Lors du procès de Camille Lemonnier, l'avocat invoque la défense classique de la moralité par l'exemple :

> La vérité est que c'est là un tableau qui, pour les forts, excite la pitié et la commisération, et, pour les faibles, la répugnance et l'horreur, parce que le spectacle, s'il est lamentable, est également terrible[268].

La défense de l'avocat est parfois effrontée, renversant l'imputation d'un vice de la plume de l'écrivain à l'œil du lecteur, qu'importe en ce sens qu'il soit magistrat :

> Mais où trouverez-vous l'excitation dans *l'Enfant du Crapaud ?* En lisant la description (vous avez dû la lire pour la juger) de cette femme vieille, aux tétines pendantes, noire comme les ténèbres de la bure, toujours hurlante, échevelée et menaçante, usée, flétrie, rongée de haine et de vice, suante et cynique, avez-vous été excités, messieurs les Substituts[269] ?.

L'avocat retourne la culpabilité contre les détracteurs de la publication : ce sont eux, animés de mauvaises intentions qui donnent à l'écrit sa dimension transgressive. En lui-même le texte serait porteur d'une vérité crue dénuée de dimension érotique. Au contraire, l'avocat avance que les véritables articles aphrodisiaques sont ceux que « M. le substitut a, non sans légèreté loués [...] et recommandés quand il a dit qu'on pouvait tout exprimer pourvu que la forme fût masquée agréablement[270] ».

Une répression judiciaire à la faveur de l'autonomisation du champ littéraire

Poursuivis pour leurs écrits, les auteurs naturalistes s'attachent à mettre sur pied des stratégies de défense variées et parfois innovantes qui ont des conséquences au-delà même du champ judiciaire.

Louis Desprez et Paul Bonnetain sont jugés à une semaine d'intervalle les 20 et 27 décembre 1884 devant la cour d'assises de la Seine pour

268 *Le procès pour l'Enfant du crapaud. Affaire Camille Lemonnier. Réquisitoire, plaidoiries, jugement, documents*, *op. cit.*, p. 60.
269 *Ibid.*, p. 59.
270 *Ibid.*, p. 60.

leurs ouvrages *Autour d'un clocher* et *Charlot s'amuse*, publiés tous les deux par le même éditeur belge Kistemaeckers[271]. Si Desprez est poursuivi aux côtés de l'éditeur et jugé par contumace, dans le cas de Bonnetain, l'éditeur échappe aux poursuites[272]. Bien que ces ouvrages soient poursuivis sur le fondement de la même base légale d'outrage aux mœurs et pour un roman naturaliste, les stratégies de défense mises en place par les auteurs diffèrent.

Paul Bonnetain, sur les conseils de Zola, opte pour une stratégie de défense classique en soutenant que la condamnation des personnages et de leurs actions, aussi sulfureux soient-ils, est à trouver dans le récit lui-même. Comme argument de défense, les accusés déploient une stratégie déjà utilisée par les réalistes : celui de l'appel à la vertu par l'horreur du vice. Ainsi, lors du procès de Raoul Ponchon, son avocat Maître Lagasse indique que la description du vice avait pour vocation de dégouter le lecteur[273]. L'avocat de Bonnetain avance à son tour :

> J'entends que la peinture séduisante d'un vice peut faire aimer ce vice. Si vous représentez la débauche et l'ivrognerie sous des traits aimables vous pouvez m'entraîner à devenir ivrogne ou débauché. Mais ici ? Charlot est un malade. Son vice est répugnant[274].

L'avocat ajoute quant à l'intention de l'auteur :

> Et pas un instant l'auteur ne faiblit. La logique de son drame n'a pas une hésitation, pas une clémence, si bien qu'on peut dire qu'il faut pour le lire jusqu'au bout presque autant de courage qu'il lui en a fallu pour l'écrire ! Et

271 Colin René-Pierre, « Chatouiller le dragon ou du bon usage des procès littéraires : Louis Desprez et Paul Bonnetain en Cours d'assises », in Saminadayar-Perrin Corinne dir., *Qu'est-ce qu'un événement littéraire au XIXe siècle ?*, Saint-Étienne, Publications de l'Université de Saint-Étienne, 2008, p. 267. L'éditeur est connu pour ses publications d'auteurs communards comme Prosper-Olivier Lissagaray ou Léon Cladel. Il est également connu pour son catalogue naturaliste important avec des auteurs tels que Camille Lemmonier ou Guy de Maupassant, puis plus tard pour ses ouvrages de mœurs ; Janssens Christian, « Henry Kistemaeckers, un "auteur commercial" dans le théâtre et le cinéma français, de la Belle Époque aux années 1930 », *Textyles*, n° 49, 2016, p. 114. Au sujet de cet éditeur, *V.* notamment Fayt René, « Un éditeur des naturalistes, Henry Kistemaeckers », in Delsemme Paul et Trousson Raymond dir., *Revue de l'Université de Bruxelles*, n° 4-5, *Le Naturalisme et les Lettres françaises de Belgique*, 1984, p. 217-239.

272 Colin René-Pierre, *op. cit.*, p. 268.

273 Sapiro Gisèle, *La responsabilité de l'écrivain*, *op. cit.*, p. 385.

274 Lèbre Gaston dir., *Revue des grands procès contemporaines*, t. III, Paris, Chevalier-Marescq, p. 85.

> c'est là un livre dangereux ? C'est là que l'on trouvera un exemple contagieux vers un entraînement quelconque ? Vers quoi ? Vers la maladie. Ce n'est pas sérieux[275] !

Les faits, parce qu'ils sont scrupuleusement présentés de manière à les présenter comme répugnants, suffiraient à emporter la conviction du lecteur quant à leur condamnation morale.

La responsabilité ne repose ainsi par sur les épaules de l'auteur, mais sur celles du lecteur qui doit par lui-même émettre un jugement négatif à l'encontre des faits narrés[276]. L'avocat présente ainsi volontiers l'ouvrage au jury comme un hommage à la science[277]. Par ce mécanisme, le juriste tente de légitimer l'œuvre par une référence à un autre champ légitime.

L'avocat, Léon Cléry, insiste en ce sens sur le travail scrupuleux, consciencieux, laborieux de l'auteur. Au-delà de cet acharnement au travail, pour lequel il a fallu selon l'avocat un grand courage, une grande volonté et un grand talent pour mener à terme l'écriture du roman.

L'avocat de Bonnetain s'attache également à démontrer qu'il est des romans bien plus offensants à la morale et qui pourtant n'ont pas subi de répression. Il cite à cette fin des passages de *Nana*, en indiquant que ce dernier illustre « la limite jusqu'où l'on peut aller » sans encourir la rigueur du ministère public[278]. Si de telles lignes restent impunies, pourquoi condamner « un consciencieux, un travailleur[279] » ? Un auteur qui a réalisé une étude approfondie des maux qu'il expose dans ses écrits ? Cette stratégie de comparaison entre ouvrages libres de circuler et ouvrages poursuivis est mobilisée postérieurement par Maître Tézénas afin de défendre Lucien Descaves. L'avocat cite *L'Assommoir* et *Charlot s'amuse* qui ne sont pas condamnés ainsi que *La Terre* de Zola, et plus

---

275 *Loc. cit.*

276 Cette thèse est défendue par Flaubert en 1876 lorsqu'il écrit à George Sand : « Si le lecteur ne tire pas d'un livre la moralité qui doit s'y trouver, c'est que le lecteur est un imbécile, ou que le livre est faux au point de vue de l'exactitude. Car du moment qu'une chose est Vraie, elle est bonne. Les livres obscènes ne sont même immoraux que parce qu'ils manquent de vérité. Ça ne se passe pas "comme ça" dans la vie » ; cité par Sapiro Gisèle, « Responsabilité légale et responsabilité morale de l'écrivain : une perspective socio-historique », *Revue Droit & Littérature*, vol. 1, n° 1, 2017, p. 20.

277 Lèbre Gaston, *op. cit.*, p. 273.

278 *Ibid.*, p. 82.

279 *Ibid.*, p. 83.

précisément une scène de viol narrée dans le récit. À propos de ce dernier ouvrage, l'avocat déclare : « un ouvrage que tout le monde a lu [...] ! C'est classique[280] ! ».

L'avocat de Bonnetain s'aventure également sur le terrain de la responsabilité relative des personnages dans la commission d'actes moralement et légalement répréhensibles. Ainsi, une femme adultère n'est pas coupable si ses actes sont le fruit d'un mouvement irrésistible, sans intention de tromper son mari[281]. L'argument de l'absence d'élément moral pour qualifier une infraction est également appliqué à l'auteur lui-même, car « tout le monde sait que c'est l'intention qui fait le délit[282] ». Selon l'avocat, il ne peut y avoir d'intention coupable dans le cas de Bonnetain :

> La longue méditation qui engendre et détermine le choix du sujet, le soin particulier avec lequel on l'écrit, la recherche d'une scrupuleuse vérité qui contraint à de si rudes travaux, [...], tout cela est exclusif de la malsaine combinaison qui fait écrire des livres obscènes pour la satisfaction des vieillards blasés et des filles publiques[283].

La besogne de l'auteur, son travail constitueraient des preuves de l'absence d'intention coupable de l'écrivain.

Louis Desprez, au contraire de son compagnon naturaliste, opte pour une stratégie de défense beaucoup plus virulente et entend tirer profit de la publicité que le procès peut lui donner. En effet, même si l'auteur avait pu avoir un petit succès de critique par le passé, son roman suscite peu d'intérêt et se vend mal. Aussi, lorsqu'il apprend que la justice surveille son œuvre, il va jusqu'à espérer d'avoir « la chance d'être poursuivi[284] ». Louis Desprez ne sollicite pas l'aide de puissants, si ce n'est celle de l'avocat Georges Laguerre à qui il écrit sa plaidoirie[285]. Comme le remarque *a posteriori* l'éditeur Henry Kistemaeckers, même Zola est resté en retrait lors de l'affaire[286]. Surtout, l'auteur use du

280 Cité par Sapiro Gisèle, *op. cit.*, p. 397.
281 *Ibid.*, p. 368.
282 Lèbre Gaston, *op. cit.*, p. 83.
283 Cité par Sapiro Gisèle, *op. cit.*, p. 390.
284 Lettre à Kistemaeckers en date du 7 juillet 1884 ; *ibid.*, p. 269. Dans une lettre à Lucien Descaves en date du 13 juillet 1884, il déclare également à ce sujet qu'un procès « serait trop amusant », *Loc. cit.*
285 Manin Lise, *op. cit.*, p. 184.
286 « S'il est vrai que dans l'intimité, il ne cessa de l'encourager avant comme après son procès, on ne le vit pas revendiquer devant le grand public et le jury sa responsabilité de

procès comme d'une tribune afin de lutter contre la censure. Il n'hésite pas à déclarer lors de son procès tenu à huit-clos :

> C'est votre République dérisoire qui renouvelle les pires procédés bonapartistes et qui lâche sa gendarmerie sur les talons des artistes. Nous garderons bon souvenir de l'hypocrite liberté Jules Ferry. [...] Les artistes devraient être des garçons de bureau. Ils balaieraient les ministères, et pour la peine, on consentirait à leur distribuer quelques rubans rouges [...][287].

Sur le plan du droit, le fait que l'infraction d'outrage aux bonnes mœurs ne soit pas suffisamment définie par la loi est également mobilisé par Louis Desprez[288]. L'auteur mobilise la théorie selon laquelle il ne peut y avoir d'infraction que dans le cas où nait un préjudice. Dans le cas des bonnes mœurs, un préjudice ne pourrait ainsi être réellement établi car « le délit ne commence au point où la liberté d'un homme empiète sur la liberté d'un autre homme[289] ». Cet argument est risqué puisqu'il remet en cause le principe même de l'outrage aux bonnes mœurs qui vise non pas à protéger les intérêts d'un individu en particulier, mais des valeurs entendues comme supérieures aux intérêts individuels.

De ces deux stratégies de défense, découlent deux décisions bien différentes. Bonnetain est acquitté alors que Desprez est condamné à mille francs d'amende et à un mois de prison par le tribunal de la Seine et son éditeur est gratifié de 1 000 francs d'amende. Louis Desprez proteste contre le sort qui lui est réservé[290], tout comme les autres agents du champ littéraire qui lui apportent leur soutien[291]. Cet emprisonnement, inadapté à sa santé fragile cause son décès, pleuré par Zola dans un article publié au *Figaro*, le 9 décembre 1885.

À travers la constitution de leur défense, les auteurs viennent présenter au-delà d'argumentations juridiques, leurs conceptions profondes de la

---

chef d'école, lorsqu'il était temps encore », Kistemaeckers Henry, « Un procès littéraire : Louis Desprez », *Mercure de France*, 15 octobre 1921.

287 Desprez Louis, *Pour la liberté d'écrire*, *op. cit.*, p. 42-43.

288 Sapiro Gisèle, *op. cit.*, p. 386.

289 *Ibid.*, p. 387.

290 Il écrit notamment au préfet de police pour dénoncer sa détention à Sainte-Pélagie, *Les cahiers naturalistes : bulletin officiel de la Société littéraire des amis d'Émile Zola*, Paris, Grasset-Fasquelle, 1985, p. 147. Il publie aussi dans *L'Évènement* du 17 mars 1885 un article, « Mes prisons par un naturaliste ».

291 Zola et Daudet rendent visitent à l'auteur en prison, et des articles paraissent dans la presse à ce sujet ; *loc. cit.*

littérature dans ses rapports aux autres activités sociales. La répression du naturalisme expose une redéfinition des rapports entre les champs. En refusant aux écrivains la liberté d'opter pour le style et les sujets de leur choix, les tribunaux poussent à leur mobilisation et à leur revendication d'une autonomie du jugement esthétique par rapport aux attentes politiques et morales de la société comme l'indique Gisèle Sapiro[292]. Ainsi, le 24 décembre 1889, un texte est publié dans *Le Figaro* sous le titre « Une protestation » et signé par cinquante-quatre écrivains parmi lesquels Edmond de Goncourt, Jean Richepin, et Émile Zola. Ce texte développe l'idée selon laquelle « dans les questions de littérature, le jugement de l'auteur par ses pairs est le seul raisonnable, le seul admissible, à une époque qui a tout discuté, tout analysé, tout nié[293] ». Les écrivains poursuivent :

> Depuis vingt-ans nous avons pris l'habitude de la liberté. Nous avons conquis nos franchises. Au nom de l'indépendance de l'écrivain, nous nous élevons énergiquement contre toutes poursuites attentatoires à la libre expression de la pensée écrite. Solidaires lorsque l'Art est en cause, nous prions le gouvernement de réfléchir[294].

À travers ce texte, le champ littéraire proclame son indépendance vis-à-vis des institutions étatiques et plaide pour une soumission à ses propres lois[295]. Le naturalisme a ainsi réalisé une révolution en remettant en cause les critères esthétiques dominants dont les procès sont le témoignage. Cette révolution, cette remise en cause de l'ordre établi devient ainsi progressivement le modèle d'accès à l'existence dans le champ littéraire[296]. Les écrivains naturalistes se construisent un capital symbolique qui les légitime[297]. Aussi, si la confrontation avec les autorités républicaines a pu être parfois rude, sur la période qui débute en 1880 le champ littéraire s'unifie et se cristallise progressivement autour d'une opposition qui se cristallise entre le naturalisme et le symbolisme[298].

292 Sapiro Gisèle, *op. cit.*, p. 381.

293 *Le Figaro*, 24 décembre 1889, p. 1.

294 *Loc. cit.*

295 Bourdieu Pierre, « Le champ littéraire », *Actes de la recherche en sciences sociales*, vol. 89, septembre 1991, p. 6. Déjà lors de son procès, Louis Desprez indiquait que le jury n'était pas compétent en ce qui concerne la littérature.

296 Bourdieu Pierre, *op. cit.*, p. 180.

297 Telle est la thèse développée par Charle Christophe, *La Crise littéraire à l'époque du naturalisme*, Paris, Presses de l'École Normale Supérieure, 1979, 207 p.

298 *Ibid.*, p. 181.

En dehors des conséquences sur le champ littéraire en lui-même, la répression du naturalisme illustre une nationalisation du jugement moral[299]. Les agents du champ judiciaire, lorsqu'ils mobilisent l'infraction d'outrage aux bonnes mœurs, ne se réfèrent pas à une morale religieuse ou supérieure, mais à l'intérêt de la nation.

Lors du procès de Camille Lemonnier, le procureur de la République énonce dans son réquisitoire que le « licencieux et le grivois ne sont pas bannis de notre littérature française, et nos pères ont souvent ri en lisant les récits joyeux de nos brillants écrivains[300] ». Il ajoute : « Nous sommes en France et nous ne devons pas oublier que le rire est la qualité primordiale de notre caractère national[301] ». Cependant, il remarque que « la langue française restera toujours la langue par excellence, dans laquelle on peut tout dire, avec la délicatesse et le vernis artistique qui ne blessent jamais le goût[302] ». À travers cette thèse le magistrat met en exergue les connexions qui existent entre littérature et nation. Le style utilisé doit être soigné, la forme « doit être parfaite[303] » en raison du statut particulier de la langue française au sein de la « République des Lettres » conçue comme une communauté d'Hommes de lettres et des savants du monde entier[304]. Dans une période où les luttes sont importantes entre les nations européennes, un point d'honneur est mis afin que la France ne perde pas de sa reconnaissance internationale. Les liens entre nation et littérature sont envisagés autour de l'idée d'une unification dans un but commun, celui de valoriser un patrimoine culturel commun à tous les français. Dès 1870, Gaston Paris développait cette approche lors d'une conférence au Collège de France : « La littérature est l'expression de la vie nationale : là où il n'y a pas de littérature nationale, il n'y a qu'une vie nationale imparfaite[305] ».

Dans cette pensée, une littérature teintée de putride ne peut être concevable en ce qu'elle donnerait une vision négative de la nation française en décrivant une population en proie à une forme de décrépitude morale et physique. Cette thèse, au-delà d'être affirmée par la

---

299 Sapiro Gisèle, *La responsabilité de l'écrivain*, *op. cit.*, p. 381.

300 *Le procès pour l'Enfant du crapaud. Affaire Camille Lemonnier. Réquisitoire, plaidoiries, jugement, documents*, *op. cit.*, p. 14.

301 *Loc. cit.*

302 *Loc. cit.*

303 *Ibid.*, p. 15.

304 Waquet Françoise, « Qu'est-ce que la République des Lettres ? Essai de sémantique historique », *Bibliothèque de l'école des chartes*, vol. 147, 1989, p. 473.

305 Cité par Thiesse Anne-Marie, *La fabrique de l'écrivain national*, *op. cit.*, p. 9.

répression des naturalistes, est développée également au sein même du champ littéraire. Auteurs conservateurs et réactionnaires vont s'ériger eux-mêmes en gardiens de la moralité en fondant leur mission sur la responsabilité sociale et morale de l'écrivain[306].

Si certains auteurs se posent en défenseurs des bonnes mœurs, le législateur n'hésite pas à renforcer la législation en ce sens en s'attaquant au sujet de la prostitution.

RENFORCER LA LUTTE CONTRE LA CORRUPTION MORALE PAR LA RÉFORME DU DROIT DE LA PRESSE

Sous la pression des moralistes, le droit de la presse est utilisé afin de renforcer les dispositifs pénaux dans leur lutte contre la prostitution. Une attention particulière est portée en ce sens à l'obscénité et à l'encadrement administratif de la vie des ouvrages.

Une lutte mobilisatrice contre la prostitution

Le pouvoir que l'État détient sur la vie des citoyens, ce que Michel Foucault nomme le « biopouvoir », a sensiblement évolué depuis le XVIIe siècle dans deux sens distincts et complémentaires[307]. Le premier a tendu à considérer le corps comme une machine que l'on peut majorer, dresser, contrôler afin d'utiliser ses forces dans une perspective disciplinaire et assujettissante[308]. À cette appréhension anatomique et politique, a succédé vers le milieu du XVIIe siècle un rapport nouveau de l'État au corps à travers la préservation de sa santé, de sa longévité, de sa capacité à se reproduire[309]. En ce sens, l'État a mis en place une « biopolitique » de la population, tournée vers la sauvegarde de l'espèce[310]. Au regard de la théorisation scientifique de l'influence du milieu sur les individus, l'État agit en faveur de la santé qui est liée peu à peu à la notion de salubrité[311]. Pour cela il agit directement sur l'hygiène

306 Sapiro Gisèle, *Les écrivains et la politique en France*, *op. cit.*, p. 68.

307 Foucault Michel, *Histoire de la sexualité I. La volonté de savoir*, *op. cit.*, p. 182.

308 *Ibid.*, p. 183. Cette forme de biopouvoir a permis notamment l'essor du capitalisme qui envisage le corps comme un appareil de production ; *ibid.*, p. 185.

309 *Loc. cit.*

310 *Loc. cit.*

311 V. Jorland Gérard, *Une société à soigner. Hygiène et salubrité publiques en France au XIXe siècle*, Paris, Gallimard, 2010, 361 p.

publique[312], glissant vers une médecine politique[313]. L'hygiénisme est ainsi l'expression d'un renouvellement du biopouvoir détenu par l'État. Il s'exprime à travers deux modalités, la discipline et la biopolitique des populations, qui font de l'État moderne l'administrateur de la vie à travers des lois et des normes que l'État encourage et qui donnent naissance à un programme d'existence de la naissance à la mort. Cet ensemble crée une « une épistémè », un ensemble de conditions rendant possible la connaissance du monde[314].

Sous la Troisième République, l'hygiène publique et de la bonne santé du corps social deviennent une priorité à la suite de la défaite militaire contre la Prusse[315]. Affaibli par le conflit, en proie à une baisse démographique, l'État agit à la fois pour redynamiser les forces vives du pays mais également pour redorer le blason d'une nation vaincue[316]. L'hygiène est enseignée par l'école de la République afin de veiller à la constitution d'une génération forte pour l'avenir[317]. Ainsi à travers la

---

312 *V.* Csergo Julia, *Liberté, égalité, propreté. La morale de l'hygiène au* XIX*e siècle*, Paris, Albin Michel, 1988, 362 p.

313 Murard Lion, Zylberman Patrick, *L'Hygiène dans la République. La santé publique en France, ou l'utopie contrariée. 1870-1918*, Paris, Fayard, 1996, p. 77.

314 Foucault Michel, *Les mots et les choses*, Paris, Gallimard, 1966, p. 13. La médecine s'intéresse à la santé dans une dimension renouvelée et davantage sociale ; Labarthe Paul, *Dictionnaire populaire de médecine usuelle d'hygiène publique et privée*, Volume 2, Paris, Flammarion, 1885, p. 310. Les villes sont modifiées dans leur architecture : l'on pense alors aux travaux d'Hausmann afin de rendre les villes davantage salubres par une organisation redéfinie qui empêche l'entassement des lieux à la fois de vie et de travail ; Pinol Jean-Luc, *Le Monde des villes au* XIX*e siècle*, Paris, Hachette, 1991, p. 76. La rue et le foyer deviennent de nouveaux espaces investis par l'hygiène qui s'attache à assainir les lieux par une lutte contre la pollution des eaux et de l'air.

315 Aux soldats tombés lors des combats s'ajoutent un nombre important de militaires tués par la maladie, notamment la variole en raison d'une faible vaccination. Cavé Isabelle « Hygiène, hygiénisme et politique de la santé publique à la fin du XIXe siècle en France », *Histoire des sciences médicales*, t. XLVIV, n° 1, 2015, p. 115. *V.* Jorland Gérard, « La variole et la guerre de 1870 », *Les tribunes de la santé*, 2011/4, n° 33, p. 25-30.

316 Sapiro Gisèle, *La responsabilité de l'écrivain*, *op. cit.*, p. 370.

317 *V.* Parayre Séverine, *L'hygiène à l'École. Une alliance de la santé et de l'éducation* XVIII*e*-XIX*e siècles*, Saint-Étienne, Presses Universitaires de Saint-Étienne, 2012, 364 p. La bonne santé des élèves passe notamment par les cours d'éducation physique qui mêlent jeux, compétition et efforts physiques ; *V.* Bied Robert, « Éducation physique, sport et société sous la IIIe République (1870-1914) », *La Revue administrative*, n° 204, novembre/décembre 1981, p. 574-586. L'action étatique se trouve complétée dans cette œuvre pédagogique, comme ce fût le cas tout au long du XIXe siècle, par la création de comités et de société hygiénistes. On remarque ainsi la création de la Société de médecine publique et d'hygiène professionnelle en 1877. Afin d'encourager les bonnes pratiques et de mettre sur pied cet

politique hygiéniste s'exprime la prise en considération de la science[318] dans la décision politique afin de lutter contre les maux qui pèsent sur une nation vaincue. La science vient remplacer progressivement la religion comme fondement à la prise de décision politique dans une perspective anticléricale[319]. C'est dans cette perspective hygiéniste encouragée par les ligues de moralité[320] que la prostitution intéresse l'État sous la Troisième République[321]. D'un point de vue médical, l'enjeu est celui de la lutte contre la syphilis, présentée comme un risque pour la fertilité

encadrement, la presse n'hésite pas à se saisir du sujet en mettant en place de véritables campagnes. Les journaux abordent des sujets divers qui ont pour point commun d'intéresser la société dans son ensemble, sans distinction d'opinion politique. L'on observe ainsi des campagnes de presse contre l'absinthe ou encore la traite des blanches et la prostitution, les chauffards sur la route, ou contre la vie chère.

318 Le champ scientifique au XIXe accède au monopole de l'autorité scientifique, c'est-à-dire qu'il peut revendiquer légitimement, de manière autorisée et avec autorité, ses capacités techniques ; Bourdieu Pierre, « Le champ scientifique », *Actes de la recherche en sciences sociales*, vol. 2, n° 2-3, juin 1976, La production de l'idéologie dominante, p. 89. La science se présente alors au sein de la société comme le fondement de la Raison et le recours à l'argument scientifique légitime le discours politique en lui conférant une autorité auprès des citoyens ; Sapiro Gisèle, *Les écrivains et la politique en France*, *op. cit.*, p. 10.

319 Nicolet Claude, *L'idée républicaine en France*, *op. cit.*, p. 289.

320 Stora-Lamarre Annie, « Incontournable Morale », *Annales littéraires de l'Université de Franche-Comté*, Deuxième partie : « Les figures du risque », 1998, p. 85. En France, la Fédération centrale des sociétés contre l'immoralité publique déploie sur le territoire des comités de vigilance qui veillent à traquer la littérature « immonde » (*Ligue française pour le redressement de la moralité publique. Compte rendu des travaux, 1884-1887*, Paris, Fishbacher, 1887, p. 37). en suivant le modèle de l'Association suisse contre la littérature immorale, créée en 1883 à Genève et fortement emprunte de protestantisme et compte en 1896 près de 1000 membres ; Stora-Lamarre Annie, *L'Enfer de la Troisième République*, *op. cit.*, p. 80 et 83. Cette attention pour l'immoralité traverse les frontières puisqu'à la même période, la National Vigilance Association est créée au Royaume-Uni en 1885. En 1893, un Bureau international contre la littérature immorale, est fondé par Eugène de Budé ; *V.* Budé Eugène de, *Du danger des mauvaises lectures*, Paris, Sandoz et Thuillier, 1883, 300 p. En dépassant les clivages religieux, cette organisation se donne comme objectif de lutter contre le poison des mauvais livres en prônant les bonnes lectures. Le projet est celui d'une éducation des masses à travers des lectures accessibles à tous grâce à un catalogue et des bibliothèques populaires ; Sandras Agnès, « Introduction générale », in Sandras Agnès dir., *Des bibliothèques populaires à la lecture publique*, Villeurbanne, Presses de l'ENSSIB, 2014, p. 9 et suivantes. Les travaux de ces différentes ligues circulent par des publications régulières comme le *Bulletin continental* ou encore le *Relèvement social* ou des rapports divers. Par leurs œuvres de propagande et leurs actions concrètes notamment par l'intermédiaire de l'élection de leurs membres au sein des institutions républicaines et en particulier du Parlement, les ligues poussent l'État à intervenir afin de préserver la moralité des citoyens.

321 *V.* Solé Jacques, *L'âge d'or de la prostitution de 1870 à nos jours*, Paris, Plon, 1993, 666 p.

mais également pour la dégénérescence de l'humanité[322]. En ce sens la figure de l'expert et du scientifique domine les débats en la matière jusque dans les années 1880[323].

Mais avec l'avènement de l'État libéral et démocratique, la question de la prostitution se déplace vers un débat davantage politique : sujet intime, il empiète sur le domaine public et amène un questionnement sur le terrain des libertés[324]. À ce titre les juristes entrent dans le débat et l'on observe des mutations des répertoires discursifs savants[325]. La discipline juridique au carrefour des XIXe et XXe siècles se nourrit des sciences positives contemporaines et renouvelle l'approche du droit. L'homme de droit n'est plus un simple technicien, un exégète des textes. Il devient l'interprète du droit en lui donnant du sens dans une perspective morale[326]. Le droit républicain s'attache ainsi à identifier les citoyens égarés, tels des mineurs incapables, dont le point commun est de faire preuve d'une certaine incapacité morale[327]. Nourri par des enquêtes sociales de terrain[328], le droit œuvre au cours du XIXe siècle dans le sens d'un système réglementariste[329] et est créée une catégorie juridique spécifique pour les prostituées considérées comme à l'origine de troubles à la fois

322 Quincy-Lefebvre Pascale, « La prostitution des mineurs dans le débat républicain à la Belle Époque. L'expertise juridique et l'échec d'une politique », *Histoire@Politique*, vol. 14, n° 2, 2011, [en ligne],

323 Maugère Amélie, *Les politiques de la prostitution du Moyen Âge au XXIe siècle*, Paris, Dalloz, coll. « Nouvelle Bibliothèque de thèses de science politique », 2009, p. 84.

324 Quincy-Lefebvre Pascale, *op. cit.* C'est dans cette perspective qu'intervient le mouvement abolitionniste né en Angleterre et qui prône progressivement en France l'abolition de la prostitution et la lutte contre la traite des blanches. *V.* Caise Albert, *Abolition de la prostitution en France et suppression de la police des mœurs. Pétition*, Argenteuil, impr. de P. Worms, 1876, 4 p.

325 Maugère Amélie, *op. cit.*, p. 84.

326 Storra Lamarre Annie, « Les lois morales de la République "fin de siècle" 1880-1914 », in Robert Belot éd., *Tous républicains ! Origine et modernité des valeurs républicaines*, *op. cit.*, p. 134.

327 Storra Lamarre Annie, *op. cit.*, p. 135.

328 *V.* par exemple Fiaux Louis, *Rapport présenté au Conseil municipal de Paris sur les résultats de l'enquête concernant la police des mœurs, sur la suppression de la réglementation et une nouvelle organisation d'ordre et d'hygiène. Commission spéciale de la police des mœurs constituée par le Conseil municipal de Paris en 1879*, Paris, Imprimerie municipale, 1883, 135 p.

329 Ce système s'inspire de la pensée de Saint-Augustin et de la théorie du « mal nécessaire » : si leur activité est moralement répréhensible elle est nécessaire au bon fonctionnement du monde social. Plutôt que d'interdire leur activité, il convient de l'encadrer afin d'éviter un soulèvement populaire et des troubles à l'ordre public ; Corbin Alain, « Le mal nécessaire ? », *L'Histoire*, n° 383, janvier 2013, p. 38-41.

hygiéniques et moraux. Ces dernières sont placées sous un système de surveillance stricte : enfermées dans des maisons closes, marginalisées, elles sont inscrites sur un registre et leur activité est encadrée par les autorités locales[330] et la police des mœurs[331]. Cette stigmatisation des prostituées se trouve encore davantage nourrie par les travaux des criminologues positivistes de Lombroso et Ferrero avec la publication en français de *La Femme criminelle et la Prostituée* en 1896 qui considère la prostitution comme le pendant féminin de la criminalité masculine[332].

Comme l'indique Yves Guyot en 1887 à propos de la répression de la prostitution : « La Déclaration des droits de l'homme n'a rien changé… si on n'invoque plus la religion et la morale, on invoque la morale publique et la santé publique[333] ». À ce titre, tous les moyens sont envisagés afin de limiter au mieux la prostitution et ses effets sur le corps social : y compris une réforme du droit de l'imprimé proposée par René Bérenger[334].

Républicain convaincu, ce sénateur n'en demeure pas moins conservateur et s'inscrit dans la lignée du catholicisme social[335]. Il est l'initiateur de nombreuses mesures politiques de prévention qui s'articulent autour de la religion, de la morale et de la famille qu'il considère comme des valeurs cardinales au sein de la société. Surtout, il hérite du surnom de « père la pudeur » en raison de son engagement farouche contre la dépravation des mœurs aux côtés notamment de Jules Simon[336]. Béranger fonde ainsi en 1894 la *Société de protestation contre la licence des rues* ainsi que des comités antipornographiques[337].

330 *V.* Harsin Jill, *Policing Prostitution in the Nineteenth Century*, Princeton, Princeton University Press, 1985, 448 p. ; Berlière Jean-Marc, *La Police des mœurs sous la IIIe République*, Paris, Seuil, 1992, 270 p.

331 *V.* Berlière Jean-Marc, « La police des mœurs sous la IIIe République. Limites et réalités d'une "police républicaine" », in *Les Bonnes mœurs*, *op. cit.*, p. 267-281.

332 *V.* Olrik Hilde, « Le sang impur. Notes sur le concept de prostituée-née chez Lombroso », *Romantisme*, 1981, n° 31, p. 167-178.

333 Guyot Yves, *La prostitution*, Paris, Charpentier, 1882, p. 32.

334 Bourquin Jacques, « René Bérenger et la loi de 1898 », *Revue d'histoire de l'enfance « irrégulière »*, n° 2, 1999, p. 59.

335 *Ibid.*, p. 60. Il s'inscrit, en outre, dans le sillage de Raymond Saleilles et du mouvement de la défense sociale et s'affirme dans le domaine pénal et pénitentiaire comme un défenseur de l'individualisation de la peine ; *ibid.*, p. 61.

336 Il est à de nombreuses reprises caricaturé aux côtés d'une feuille de vigne, en référence aux voiles pudiques apposés sur les statues nues par Pie V.

337 *V.* Le Naour Jean-Yves, « Un mouvement antipornographique : la ligue pour le relèvement de la moralité publique (1883-1946) », *Histoire, Économie et Société*, vol. 22, n° 3, 2003, p. 385-394.

Ces organisations sont proches de *La Ligue française pour le relèvement de la moralité publique* et prônent la mise en place de véritables moyens d'action. Ceci passe notamment par le droit et la loi qui constitue à ce titre un rouage essentiel. Émile Pourésy, agent général de la Ligue de redressement de la moralité publique, revendiquait ainsi dans sa biographie : « Pour nettoyer les écuries d'Augias du pays, il faut être âpre, dur et même parfois violent et implacable[338] ». Les juristes sont ainsi nombreux dans les rangs des ligues qui n'hésitent pas à faire parvenir à leurs adhérents des feuilles de renseignements quant à la législation applicable en matière de publications obscènes[339]. L'éducation et la répression[340] doivent être mobilisées de pair pour amener vers la moralité du peuple, guidée par des élites qui se donnent une mission moralisatrice[341]. Le droit constitue ainsi un moyen de rétablissement des équilibres rompus par la montée des phénomènes déviants dans la continuité des écrits d'Alfred Fouillé ou Léon Bourgeois qui donne au droit une mission de réparation des problèmes sociaux[342].

Le sénateur, fort de cette doctrine, dépose une proposition de loi le 27 avril 1894 afin de renforcer la législation en matière d'outrage aux bonnes mœurs et de prostitution[343] car selon lui « c'est par la ruine des mœurs qu'ont commencé la plupart des décadences[344] ».

Une partie de la proposition de la loi vise directement la prostitution et envisage notamment de punir l'embauchage par violence ou par fraude pour la prostitution. Le texte propose également de modifier le droit de la presse afin d'enrayer la prostitution et propose plus précisément de modifier la loi du 2 août 1882[345]afin de protéger un public considéré comme vulnérable : la jeunesse.

---

338 Cité par Stora-Lamarre Annie, *op. cit.*, p. 92.

339 Stora-Lamarre Annie, *op. cit.*, p. 92.

340 Cette idée est défendue notamment par le Vicomte d'Haussonville, « Le combat contre le vice, la répression », *Revue des deux mondes*, 1er avril 1887.

341 *Ibid.*, p. 97.

342 Stora-Lamarre Annie, « Les lois morales de la République "fin de siècle" 1880-1814 », *op. cit.*, p. 134.

343 *Journal officiel de la République française. Débats parlementaires. Sénat*, 27 avril 1894, p. 289.

344 *Journal officiel de la République française, Document parlementaire, Sénat*, annexe n° 81, p. 122.

345 *Journal officiel de la République française. Débats parlementaires. Sénat*, 14 juin 1895, p. 616.

Une lutte déterminée contre l'obscénité

La proposition de loi est présentée par le garde des sceaux en 1895 au Sénat. Le texte ambitionne plusieurs changements. Le premier est de soumettre aux pénalités de la loi du 2 août 1882 l'annonce par envoi de prospectus à domicile aux côtés de la mise en vente et de la distribution de produits non livresques obscènes. Il s'agit ainsi d'enrayer la publicité de ce genre de produits[346].

La seconde innovation tient dans le remplacement de la notion d'obscénité contenue dans la loi du 29 juillet 1881 puis dans la loi du 2 août 1882 par celle « d'écrits qui peuvent être de nature à exciter la débauche ou la corruption de la jeunesse[347] ».

Pour le sénateur Béranger, rapporteur de la loi, ce remplacement du terme d'obscénité se justifie par le fait que certains écrit ou dessins peuvent être corrupteurs ou dangereux sans qu'ils puissent être qualifiés d'obscènes[348]. Au contraire certains propos obscènes peuvent être moins graves dans leurs conséquences que « la crudité des termes ou des dessins » au « caractère répugnant[349] ». Si pour Béranger le terme de débauche a « son énergie et sa clarté », le garde des Sceaux ne semble pas convaincu craignant un délit « dont la définition vague et élastique peut livrer à l'arbitraire de l'appréciation des tribunaux la presse ou les auteurs de dessins et de gravures[350] ».

La débauche correspond à une forme particulière de déviance sexuelle qui ne rentre dans aucune autre catégorie préexistante. Il s'agit de ce que Gabriel Tarde nomme la « délictuosité voluptueuse » toujours prête à tomber dans la « criminalité voluptueuse[351] ». En cette fin de siècle, les criminologues envisagent l'avenir des crimes à travers les plaisirs de la chair[352]. En interdisant l'accès aux imprimés favorisant la débauche, il s'agit ainsi d'enrayer le passage à l'acte de certains individus touchés par la perversion.

---

346 *Loc. cit.*

347 *Loc. cit.*

348 *Loc. cit.*

349 *Loc. cit.*

350 *Loc. cit.*

351 Tarde Gabriel, *La criminalité comparée*, Paris, Félix Alcan, 190, p. 181.

352 Chauvaud Frédéric, « L'invention des déviances sexuelles. De la violence à la débauche (1825-1914) », *Archives de politique criminelle*, vol. 34, n° 1, 2012, p. 9.

En ce qui touche à l'ajout d'une mention à la jeunesse au sein de la loi, l'on retrouve ici une attention ancienne de Béranger pour le sujet. Dès 1874, René Bérenger soutenait les premières lois dont le médecin Théophile Roussel avait été le promoteur et en particulier celle du 19 mai 1874 sur le travail des enfants et leur emploi dans les exercices périlleux. En tant que président de la *Société générale des prisons*, l'élu avait également contribué à l'élaboration d'un projet de loi sur la protection des enfants abandonnés et maltraités, première grande loi d'assistance à l'enfance, déposée en 1881 et votée que le 24 juillet 1889. L'on comprend, à travers l'engagement ancien de Béranger, qu'à travers la question des imprimés obscènes, se rencontrent plusieurs enjeux : morale, développement de l'action sociale et prise en main de la délinquance juvénile. À partir des années 1880, la délinquance des plus jeunes et en particulier des adolescents devient un sujet de société[353]. D'une part, la science met en avant les particularités de la psychologie juvénile. D'autre part, le champ politique s'inquiète d'une jeunesse déviante qui mettrait en péril l'avenir de la nation[354]. Des cercles des patronages ainsi que dans des comités de défense des enfants traduits en justice sont mis en place.

Le contrôle de l'imprimé, à travers la proposition de Béranger, est alors envisagé comme un rempart à la prostitution des jeunes, même si le terme utilisé est celui plus large de corruption. Ceci ressort notamment du fait, qu'au-delà de la proposition de modification de la loi de 1881, la proposition de Béranger comporte également un versant relatif à l'aide et l'assistance à la prostitution d'autrui sur la voie publique à travers son article 2[355] ou l'embauchage par violence ou par fraude pour la prostitution[356]. Le texte vient ici punir le proxénétisme mais aussi les journaux qui fournirait une aide à la prostitution par la publication d'annonces dans la presse.

La loi proposée par Béranger est adoptée les 16 et 18 mars 1898 et dispose, en ce qui concerne la liberté de la presse, que sera puni d'un

---

353 *V.* Yvorel Jean-Jacques, « L'"invention" de la délinquance juvénile ou la naissance d'un nouveau problème social », Ludivine Bantigny éd., *Jeunesse oblige. Histoire des jeunes en France* XIXe-XXIe *siècle,* PUF, 2009, p. 83-94.

354 Plus encore, ce sont les jeunes filles qui sont au centre des attentions d'une société patriarcale qui les enferme dans un état à travers notamment leur fichage administratif.

355 *Journal officiel de la République française. Débats parlementaires. Sénat*, 30 mai 1895, p. 567.

356 *Journal officiel de la République française. Débats parlementaires. Sénat*, 14 juin 1895, p. 616.

emprisonnement d'un mois à deux ans et d'une amende de cent à cinq mille francs quiconque aura commis le délit d'outrage aux bonnes mœurs :

- Par la vente ou la mise en vente, l'offre, l'exposition, l'affichage ou la distribution, sur la voie publique ou dans les lieux publics, d'écrits, d'imprimés autres que le livre, d'affiches, dessins, gravures, peintures, emblèmes, objets ou images obscènes ou contraires aux bonnes mœurs ;
- Par la vente ou l'offre, même non publique, à un mineur des mêmes écrits, imprimés, affiches, dessins, gravures, peintures, emblèmes, objets ou images ;
- Par leur distribution à domicile, par leur remise sous bande et sous enveloppe non fermée à la poste ou à tout agent de distribution ou de transport ;
- Par des chants non autorisés proférés publiquement, par des annonces ou correspondances publiques contraires aux bonnes mœurs.

On remarque que le terme de débauche initialement proposé est abandonné au profit de la traditionnelle mention aux bonnes mœurs, sans référence même évasive à la prostitution[357].

Une attention particulière est toutefois bien apportée aux mineurs comme initialement prévue : à la fois au sein de l'élément matériel de l'infraction mais également dans la peine prévue puisque la loi prévoit que les peines pourront être portées au double si le délit a été commis envers des mineurs. Se met ainsi en place une protection spécifique du jeune public en matière de produits culturels. Parallèlement, la loi du 19 avril 1898 à laquelle Béranger porte également son concours vient compléter l'arsenal législatif afin de protéger l'enfance victime contre les violences, voies de fait, actes de cruauté et attentats[358]. La République protège les jeunes générations aussi bien qu'elle les instruit pour un faire de bons citoyens.

Au-delà de l'assistance des mineurs, l'enjeu à travers ce texte est d'empêcher que les sévices subis n'engendrent de futurs délinquants[359].

---

357 Le risque, souligné lors des débats parlementaires, était de réintroduire par l'utilisation de ce terme, l'infraction d'outrage à la morale.

358 Bourquin Jacques, *op. cit.*, p. 59.

359 *V.* Renouard Jean-Marie, *De l'enfant coupable à l'enfant inadapté*, Paris, Ed. du Centurion, 1990, p. 62.

La protection des mineurs constitue ainsi une forme de prévention[360]. Le garde des Sceaux est clair sur ce point lors des débats au parlement sur le lien qu'il établit entre enfance victime et enfance délinquante :

> C'est quand un enfant a été maltraité et corrompu qu'il est prêt à toutes les mauvaises besognes [...]. Il est vrai de dire que les crimes et les délits commis contre les enfants préparent et engendrent les délits et crimes commis par les jeunes gens[361].

En dehors de ces mesures qui intéressent la jeunesse, la loi des 16 et 18 mars 1898 renforce la répression des imprimés obscènes par la possibilité qui est donnée au pouvoir judiciaire de les saisir, les arracher ou les détruire à travers le jugement de condamnation.

En outre, l'article 2 de la loi 2 août 1882 est modifié dans le sens de la sévérité : la prescription en matière d'outrages aux bonnes mœurs commis par la voie du livre est fixée à un an à partir de la publication ou de l'introduction sur le territoire français. L'article ajoute que la vente, la mise en vente ou l'annonce de livres condamnés sera punie des peines prévues par le premier article de la loi.

Si le texte vient renforcer la lutte contre la publicité de l'imprimé obscène, la notion d'obscénité pourtant au cœur du texte reste non définie. En raison du manque de précisions légales à ce sujet, un projet de loi est déposé le 16 janvier 1903 par le ministre Vallé au Sénat afin de le compléter. Le 30 janvier une commission est mise en place pour l'étude du texte[362]. Le 27 février 1903, le sénateur Boulanger dépose une pétition remarquant que le grand nombre d'adhérents de la Ligue française pour la moralité publique appellent l'attention du Sénat sur les dangers que font courir à la moralité publique les feuilles pornographiques exposées et mises en ventes dans les kiosques, bureaux de

360 Dès 1875, René Bérenger et Théophile Roussel partage l'idée selon laquelle l'enfance victime est liée à l'enfance coupable : « C'est parmi les enfants victimes que l'on retrouve les enfants coupables, c'est en intervenant auprès des enfants victimes que l'on prévient la délinquance juvénile » ; cité par Bourquin Jacques, *op. cit.*, p. 142 ; V. Dupont-Bouchat Marie-Sylvie dir., *Enfance et justice au XIXe siècle. Essai d'histoire comparée des politiques de protection de l'enfance 1820-1914 : France, Belgique, Pays-Bas, Canada*, Paris, PUF, 2001, 443 p.

361 *Journal officiel de la République française. Débats parlementaires. Sénat*, 22 mars 1898, p. 383.

362 *Journal officiel de la République française. Débats parlementaires. Sénat*, 30 janvier 1903, p. 132.

tabac, magasins et gares[363]. Le lobbying des ligues de moralité s'intensifie et le rapporteur de cette pétition – signée par plus de 200 000 personnes – transmet l'information au ministre de la Justice en raison de leur dangerosité pour la jeunesse[364].

Après la création du bureau international contre la littérature immorale en 1893, se tient en 1897 le premier congrès international qui a lieu à Berne puis les 21 et 22 mai un nouveau congrès qui s'ouvre cette fois-ci à Paris[365].

Les débats relatifs au projet de loi de Vallé reprennent en janvier 1904. Le projet de loi entend atteindre plus efficacement les annonces et correspondances publiques contraires aux bonnes mœurs en se concentrant sur le but poursuivi par les publications. L'objectif est de pouvoir poursuivre des annonces qui, si elles ne sont pas obscènes en elles-mêmes, sont répréhensibles en ce qu'elles ont été publiées à des fins obscènes[366]. L'outrage aux bonnes mœurs seraient envisagé subjectivement, à l'aune de l'intention de l'agent.

Le projet de loi envisage également de transformer l'infraction prévue par l'article 1er de la loi du 16 mars 1898 en une simple contravention en lieu et place d'un délit. Ceci permettrait une procédure plus rapide devant le tribunal de police, avec une amende de 10 à 15 francs et d'un emprisonnement de cinq jours au plus. Dans le cas où un individu serait à nouveau poursuivi pour les mêmes faits dans les douze mois, l'infraction serait jugée par un tribunal correctionnel selon la loi de 1898. Il était proposé également d'élargir le nombre d'individus responsables : les imprimeurs pourraient être poursuivis au même titre que les auteurs, directeurs et gérants[367]. On étendait également les infractions visées par le texte : le fait de mettre en vente des livres dont les couvertures exposées publiquement porteraient des titres ou dessins extérieurs jugés obscènes, serait passible des mêmes peines que le fait de mettre en vente des dessins ou gravures obscènes[368].

---

363 *Journal officiel de la République française. Débats parlementaires. Sénat*, 2 juillet 1903, p. 1193.

364 *Loc. cit.*

365 Stora-Lamarre Annie, « Le livre en question. La censure au Congrès international contre la pornographie (Paris, 1908), *Mil neuf cent*, n° 7, 1989, *Les congrès lieux de l'échange intellectuel 1850-1914*, p. 89.

366 *Journal officiel de la République française. Débats parlementaires. Sénat*, 25 février 1904, p. 219.

367 Il s'agit ici d'un nouveau type d'infraction inspiré par la loi Roussel sur l'ivresse publique.

368 *Annuaire de législation française publié par la société de législation comparée*, 28e année, Paris, Cotillon, 1908 ; p. 87.

Le projet est adopté par le Sénat[369] avant d'être renvoyé devant la Chambre des députés qui repousse à de nombreuses reprises son examen. Et ce, quand bien même la question agite la doctrine avec la publication d'ouvrages tel que l'*Étude sur la répression des outrages aux bonnes mœurs au point de vue de l'infraction, de la pénalité et de la juridiction* par Paul Nourisson publié en 1905[370]. À travers cette publication, l'auteur relevait l'important taux de condamnations à l'issue des procès pour outrage aux bonnes mœurs. Pour autant, il remarque l'inertie du ministère public qui ne mettrait que rarement en marche l'action publique[371]. Il propose à ce titre de confier un droit d'action direct aux associations comme cela peut être le cas en Angleterre ou aux États-Unis[372].

Malgré ces propositions, il faut attendre février 1907 pour que les débats reprennent[373]. La loi est finalement votée le 9 avril 1908 avec beaucoup de prudence par les députés qui réduisent à peau de chagrin le projet originel[374]. Elle craint que ces mesures ne virent à l'arbitraire et opte pour un texte plus simple, qui supprime notamment la référence dans le texte aux mineurs. Leur protection est transférée à la loi sur la prostitution juvénile du 11 avril 1908[375].

Parallèlement à la succession de ces différents textes, la jurisprudence s'assure que l'application des différents textes qui se sont succédés en matière de dessins et emblèmes obscènes ne soit pas problématique. En effet la chambre criminelle de la Cour de cassation décide dans un arrêt du 30 janvier 1897 que « le délit d'outrage aux bonnes mœurs par l'exposition publique de dessins et emblèmes obscènes, prévu primitivement par l'article 287 du code pénal, est aujourd'hui réprimé par l'article 1 de la loi du 2 août 1882. Mais l'erreur du juge qui applique le

369 *Annuaire de législation française publié par la société de législation comparée*, 23e année, Paris, Cotillon, 1904, p. 10.
370 Nourisson Paul, *Étude sur la répression des outrages aux bonnes mœurs au point de vue de l'infraction, de la pénalité et de la juridiction*, Paris, Larose et Tenin, 1905, 180 p.
371 *Bulletin de la société de législation comparée*, t. 34, Paris, 1905, p. 444.
372 *Loc. cit.*
373 *Ibid.*, p. 422-432.
374 *Ibid.*, p. 87.
375 *V.* Yvorel Jean-Jacques, « Légiférer sur la sexualité de la jeunesse. La loi de 1908 sur la prostitution des mineurs », in Stora-Lamarre Annie dir., *La cité charnelle du droit*, Besançon, Presses universitaires franc-comtoises, 2002, p. 109-127 ; Koeppel Béatrice, « Prophylaxie sociale, sécurité du citoyen ou la loi du 11 avril 1908 », *Annales de Vaucresson*, n° 24, 1986, p. 145-161.

premier de ces textes au lieu du second ne suffit pas pour faire prononcer l'annulation de sa sentence[376] ».

L'encadrement administratif de la vie des ouvrages

Si la loi donne aux tribunaux les outils afin de réprimer les publications obscènes, l'administration également œuvre à évacuer de l'espace public les ouvrages les plus licencieux par une politique qui encadre la vie du livre. Un épisode judiciaire relevé par Annie Stora-Lamarre nous permet de cerner cet encadrement.

Le 24 juin 1866, le commissaire spécial saisit deux colis suspects qui viennent d'arriver à la librairie Rouquette[377]. Ces colis contiennent, en grande majorité, des ouvrages politiques qui devaient être proposés à la vente à Bégis, syndic à Paris. Ce dernier est perquisitionné : la police met la main sur des ouvrages politiques mais aussi pornographiques. Auditionné par le juge d'instruction, Bégis consent à la destruction de ses livres manifestement obscènes et politiques[378]. Il indique cependant que certains ouvrages de Jules Romain, quoique graveleux, possèdent une valeur artistique et financière considérable. À ce titre, ils souhaitent qu'ils lui soient rendus. Le procureur impérial propose de donner ces ouvrages à la Bibliothèque impériale, ce qui empêcherait leur destruction, mais les ôteraient des mains de leur propriétaire. Begis refuse que son nom apparaisse dans les donateurs de la bibliothèque, mais les ouvrages y sont transférés[379].

En 1882, Begis demande à nouveau que ses ouvrages lui soient restitués, profitant à ce titre du changement de régime politique opéré depuis la première décision judiciaire[380]. La Bibliothèque nationale refuse, arguant qu'il s'agit d'ouvrage bien trop précieux pour qu'ils ne soient pas conservés par elle. L'avocat de l'institution ajoute surtout que « Bégis n'est pas un bibliophile persécuté mais un pornographe[381] ».

376 *D. P*, 1897, p. 1488. Nous reviendrons sur la jurisprudence relative à ces textes dans le chapitre 8 de la présente thèse.

377 Stora-Lamarre Annie, *L'Enfer de la IIIe République. Censeurs et pornographes (1881-1914)*, Paris, Imago, 1990, p. 7.

378 *Loc. cit.*

379 *Ibid.*, p. 8.

380 *Loc. cit.*

381 *Ibid.*, p. 9.

Cette position est validée par la Cour de cassation le 24 février 1896, en faveur de la Bibliothèque Nationale.

Ce lieu, nommé « l'Enfer de la Bibliothèque nationale », constitue le lieu de conservation du patrimoine national dont le contenu est inapproprié à une large diffusion. Joseph Naudet en donne la première définition en 1849 :

> C'est tout simplement une cachette du département des Imprimés, dont les conservateurs ont seuls la clef, et dans laquelle on enferme certains livres fort mauvais, mais quelquefois précieux pour les bibliophiles, et de grande valeur vénale ; cet enfer est pour les imprimés ce qu'est le Musée secret de Naples pour les antiques[382].

Cet Enfer est ainsi un lieu réservé à une certaine élite, aux chercheurs, aux instituteurs, ceux qui sont considérés comme aptes à être mis en présence d'ouvrages scandaleux[383]. La République se charge, dès 1870 de séparer les estampes les plus osées des autres au sein même de leur département, puis en 1895 Henri Bouchot, chartiste, se charge de les répertorier.

Au-delà de ces cas très particuliers relatifs à des ouvrages à haute valeur économique, la République met en place des comités de sélection des livres de bibliothèque qui choisissent principalement des ouvrages utiles au citoyen. Avec les œuvres privées, les ligues de moralité, le chaperonnage, l'accent est mis sur la prévention, de manière à éviter qu'un libre ne tombe entre de mauvaises mains[384].

En outre, l'ambition est pédagogique dans une société démocratique : l'accès aux bibliothèques est facilité, les heures d'ouverture des locaux sont étendues. Une attention particulière est portée à l'attention des bibliothèques qui sont au contact des publics les plus fragiles d'un point de vue de l'instruction. En 1879, la Commission des bibliothèques scolaires fusionne avec la Commission des bibliothèques populaires pour former la Commission des bibliothèques scolaires et populaires[385]. En

---

382 Cité par Seckel Raymond-Josué, « Vu de l'Enfer : L'Enfer et ses gardiens au XIXe siècle et après », *Le Magasin du XIXe siècle*, n° 4, 2014, p. 120-121.

383 Stora-Lamarre Annie, *op. cit.*, p. 9.

384 *Ibid.*, p. 11.

385 Barnett Graham, « La Troisième République, 1871-1914 », in *Histoire des bibliothèques publiques en France de la Révolution à 1939*, Paris, Éditions du Cercle de la Librairie, 1987, p. 264.

1880, la nouvelle commission fut divisée en trois sections : le Comité de perfectionnement des publications populaires, pour encourager la production de « bons livres », le Comité des bibliothèques populaires et communales, pour continuer la publication du catalogue des ouvrages recommandés aux bibliothèques populaires et le Comité des bibliothèques scolaires. Les listes des ouvrages approuvés furent publiées dans le Bulletin administratif du ministère de l'Instruction publique, de 1881 à 1893.

Afin de permettre une bonne gestion de ces bibliothèques qui jouent un rôle démopédique au sein de la cité, se créer une véritable professionnalisation du métier de bibliothécaire dont l'acmé se trouve en 1906 avec la création de l'Association des bibliothécaires français[386].

Ainsi, tout est mis en place d'un point de vue tant administratif que judiciaire au sein de la République afin que les ouvrages soient dirigés entre les mains des lecteurs les plus à même de les recevoir.

386 *Ibid.*, p. 277.

LA RÉPUBLIQUE FACE À L'ENGAGEMENT

Le contrôle juridique de l'imprimé au cours de l'affaire Dreyfus

Le jeu des alliances politiques au sein du parlement au début de la décennie 1890 renforce l'évolution du régime vers le conservatisme. Les progressistes, héritiers des opportunistes, se rapprochent des ralliés tout en rejetant les radicaux dans l'opposition[1]. En perte de repères, bousculées par les crises politiques et médiatiques qui se succèdent, les institutions républicaines cherchent à éliminer tous leurs ennemis. Sur le plan international ceci se traduit par une forte germanophobie teintée d'un revanchisme affirmé depuis 1871 et entretenu avec soin de manière plus ou moins vive selon les décennies[2]. Les affaires d'espionnage au profit de l'Allemagne se multiplient à la fin des années 1880 jusqu'à créer une véritable « espionnite[3] ». Les arrestations, les procès et les condamnations

---

1 Duclert Vincent, « La République devant l'armée Les ministres de la Guerre pendant l'affaire Dreyfus (1894-1899) », *in* Forcade Olivier dir., *Militaires en République, 1870-1962 : Les officiers, le pouvoir et la vie publique en France*, Paris, Éditions de la Sorbonne, 1999, p. 613.

2 Sur l'évolution de la volonté de revanche de la défense de la France contre la Prusse à la Première Guerre Mondial. *V.* Joly Bertrand, « La France et la Revanche (1871-1914) », *Revue d'histoire moderne et contemporaine*, t. 46, n° 2, avril-juin 1999, p. 325-347.

3 Beaumont Maurice, *Au cœur de l'affaire Dreyfus*, Paris, Éditions mondiales, 1976, p. 27. En 1888, l'affaire Thomas met en lumière l'espionnage d'un artificier de Bourges au profit des Allemands. Il est condamné à une peine de prison à perpétuité. Le 21 février 1889, Blondeau, un ancien sous-officier du génie et employé du ministère des Travaux publics, est condamné à cinq ans de prison et 1 000 francs d'amende pour avoir fourni le plan du fort de Liouville à un agent allemand. Le 23 août 1890, Boutonnet est pris en flagrant délit de remise de documents militaires confidentiels à l'attaché militaire allemand von Huene. Il est condamné à cinq ans de prison le 17 juin 1891. Le procès de la mélinite conduit à la condamnation de l'inventeur Eugène Turpin et de trois autres comparses, accusés d'espionnage pour avoir livré les secrets d'une poudre sans fumée, la mélinite. Le 25 juin 1892, Les services du contre-espionnage français identifient Joseph Greiner, employé du ministère de la Marine. Il est arrêté en flagrant délit devant le domicile de l'attaché militaire des États-Unis, James Borup. Le 28 décembre 1893, Marie Forêt, dite veuve Millecamps, est arrêtée pour espionnage par les services français. Elle est

se multiplient dans un pays qui a peur des ennemis de l'intérieur (espions, anarchistes, socialistes) et de l'extérieurs[4], en raison du traumatisme de la défaite et de l'humiliation de 1870[5]. Cette sensibilité accrue, cette soif de vengeance et de revanche qui s'instille dans les esprits[6], explique en partie la résolution de l'armée afin de punir tous ceux qui viendraient contrecarrer ses plans dans la lutte qu'elle mène contre le vainqueur d'hier[7]. En ce sens, elle se trouve soutenue par le régime républicain qui, en misant sur une armée conçue comme une prolongation de la nation, la sacralise comme outil de républicanisation à travers la conscription[8].

Dans ce contexte le nationalisme[9] rejoint l'antisémitisme[10] et l'attention est portée sur une nouvelle figure d'ennemi de l'intérieur : celle du traitre juif[11], quand bien même la Troisième République ait

condamnée à cinq ans de prison après seulement quelques jours d'instruction, malgré ses protestations d'innocence.

4 Sur le plan international, le droit s'attache à se préparer à une potentielle offensive étrangère. Ainsi, une convention militaire franco-russe est signée en secret le 17 août 1892. À la demande du Tsar Alexandre III. Ce n'est qu'en 1897 que l'alliance est rendue publique lors d'un voyage de Félix Faure en Russie ; Boisdeffre Pierre de, « Le général de Boisdeffre et l'Alliance franco-russe (1890-1892) », *Revue des deux mondes*, n° 99, octobre 1954, p. 368. Elle prévoit notamment la mobilisation et l'intervention réciproque en cas d'agression, ainsi qu'une clause secrète dirigée contre les foyers anarchistes anti-tsaristes de Paris.

5 Bach André, *L'Armée de Dreyfus, une histoire politique de l'armée française de Charles X à « l'Affaire »*, Paris, Tallandier, 2004, p. 45.

6 Cette préparation à la fois morale, diplomatique puis technique vers une nouvelle guerre est présentée par Contamine Henry, *La Revanche 1871-1914*, Paris, Berger-Levrault, 1957, 280 p.

7 Bach André, *op. cit.*, p. 46.

8 *Ibid.*, p. 64-65. Ce qui n'empêche pas une certaine méfiance vis-à-vis d'elle. Les Républicains gardent le souvenir du soutien de l'armée au coup d'État de Louis Napoléon Bonaparte et son concours à la répression féroce des communards. Si l'armée est conçue comme un moyen d'intégration sociale tourné vers le patriotisme, l'institution reste fortement encadrée. Rappelons à ce titre que les soldats ne disposent ni du droit de vote, ni de la possibilité d'être élus. *V.* au sujet de cette ambiguïté entre armée et démocratie, la thèse de Grivaux Frédéric, *L'Armée et l'Instauration de la Troisième République : une coexistence ambiguë (1870-1889)*, Thèse de doctorat, Histoire du droit, Université Paris II, 1984, 671 p.

9 Joly Laurent, « Le nationalisme français des années 1880-1900 et l'exaltation de la haine, "légitime", "saine", "populaire", contre le juif », in Deleplace Marc dir., *Les discours de la haine : Récits et figures de la passion dans la Cité*, Villeneuve d'Ascq, Presses universitaires du Septentrion, 2009, § 2, [en ligne], [consulté le 10 octobre 2021].

10 Le journalisme allemand Wilhelm Marr est à l'origine du terme antisémitisme, *antisemitismus*, qui vient remplacer celui ancien de *judenhaß* signifiant littéralement « haine des Juifs » en 1879 ; Wistrich Robert, « L'aspect mouvant de la judéophobie contemporaine », *Pardès*, vol. 55, n° 1, 2014, p. 149.

11 À la fin du XIXe siècle se diffuse l'idée d'un complot juif. Le thème du « complot satanique » intervient clairement dans les années 1880 à 1890, porté notamment par

œuvré à l'assimilation des Juifs à la communauté nationale[12]. Leur rejet repose sur des rancœurs anciennes qui, sans disparaître, sont prolongées par un mode de pensée renouvelé[13] alimenté par une haine irrationnelle ancienne[14] à travers l'anticapitalisme et contestation sociale[15] ou le cléricalisme[16].

Gabriel-Antoine Jogand-Pagès dit Léo Taxil. Ce dernier confère à la « judéo-maçonnerie » le statut de véritable « Contre-Eglise » secrète dirigée par Lucifer en personne ; Taguieff Pierre-André, « L'invention du "complot judéo-maçonnique", Avatars d'un mythe apocalyptique moderne », *Revue d'Histoire de la Shoah*, vol. 198, n° 1, 2013, p. 26. Le complot judéo-maçonnique s'implante dans la rhétorique à travers des publications comme Kestler Georges, *Le Péril franc-maçon et le péril juif*, Paris, Bloud, 1895 ; Desportes Henri, *Le juif franc-maçon*, Paris, Delhomme et Briguet, 1890, 291 p. *V.* à ce sujet Schreiber Jean-Philippe, « L'image des Juifs et du judaïsme dans le discours antimaçonnique au XIXe siècle », in Matard-Bonucci Marie-Anne dir., *Antisémythes. L'image des Juifs entre culture et politique (1848-1939)*, Paris, Nouveau Monde Éditions, 2005, p. 131-147 ; Weber Eugen, *Satan franc-maçon. La Mystification de Léo Taxil*, Paris, Julliard, 1964, 239 p.

12 En France depuis 1818 les citoyens juifs sont juridiquement assimilés à la communauté nationale. Louis XVIII est revenu sur le décret de Napoléon Bonaparte du 17 mars 1808 qui retirait leurs droits aux Juifs dans certains départements. Peu à peu, les mesures discriminatoires disparaissent : les ministres du culte israélite sont considérés à égalité avec les autres religions à partir de 1831, le Serment *more judaico* est invalidé par la Cour de cassation le 3 mars 1846, et le 24 octobre 1870 les Juifs d'Algérie obtiennent officiellement la citoyenneté française. Malgré ces évolutions du point de vue du droit, les thèses antisémites ne cessent de se développer.

13 Telle est la théorie développée par Mosse George, *Toward the Final Solution : A History of European Racism*, New York, H. Fertig, 1978, p. 148 et suivantes.

14 L'antijudaïsme ancien évolue vers une idéologie politique davantage séculaire qui se constitue comme un système expliquant tous les désastres de l'histoire par le rôle des juifs. Cette thèse, qui conçoit l'antisémitisme comme l'expression d'une nouvelle haine des Juifs, distincte de la religion et nourrie par des facteurs sociaux comme la crise de l'État-Nation est défendue dans l'ouvrage fondamental de Arendt Hannah, *Sur l'antisémitisme. Les origines du totalitarisme*, t. 1, New-York, 1951.

15 Dans une opposition au capitalisme, des auteurs comme Proudhon, envisagent les Juifs comme l'incarnation même de la banque et plus largement du système économique capitaliste qu'ils entendent combattre. Depuis le milieu du XIXe siècle, émerge ainsi une gauche réactionnaire sensible aux thèses antisémites. *V.* Crapez Marc, *La Gauche réactionnaire, La gauche réactionnaire. Mythes de la plèbe et de la race dans le sillage des Lumières*, Paris, Berg International, 1997, 340 p. ; Dreyfus Michel, « Débuts du socialisme et antisémitisme économique (1830-1880) », in Dreyfus Michel dir., *L'antisémitisme à gauche. Histoire d'un paradoxe, de 1830 à nos jours*, Paris, La Découverte, 2011, p. 19-42. *V.* Silbener Edmund, *Western European Socialism and the Jewish Problem, 1800-1918. A selective bibliography*, Jerusalem, Hebrew University, Eliezer Kaplan School of Economics and Social Science, 1955, 61 p.

16 Au-delà de l'antijudaïsme ancien, l'anticléricalisme du régime républicain participe de la stigmatisation des Juifs qui sont tenus comme les principaux initiateurs de cette politique par des titres comme *La Croix*, *Le Pèlerin* ou *La Civilisation catholique*. *V.* Cairiau Paul,

Lorsqu'un document attestant d'une entreprise d'espionnage est trouvé par les services français du renseignement, toutes les conditions sont réunies pour qu'une affaire éclate. Les soupçons de l'armée se tournent vers le capitaine Alfred Dreyfus dont les origines juives et alsaciennes en font le coupable idéal. L'imprimé se présente alors comme « le grand levier[17] », le « grand souffle[18] » qui va donner à une infraction pénale et à sa répression, le caractère d'une véritable Affaire. Ce n'est plus la République qui contrôle l'imprimé mais l'imprimé qui va en partie orienter la République. Adversaires et soutiens du capitaine Dreyfus jouent de la puissance de feu de l'écrit afin d'influer sur les procédures menées par les institutions militaires et judiciaires du pays et sur l'opinion publique. À ce titre, l'histoire de l'affaire doit s'envisager conjointement avec l'histoire de la presse[19] et de l'engagement compris comme un mode d'intervention dans la vie politique de la cité.

L'un des éléments qui permet d'affirmer *a posteriori* ce rôle de la presse et l'attitude de la République à cet égard tient dans l'étude de l'un des points de contact qui existent entre la presse et l'État : le contrôle juridique de l'imprimé. Par l'étude de son évolution, il est permis de dresser deux grandes tendances.

Entrée dans un processus de massification, la presse souffre peu de la répression de l'État jusqu'en 1898. S'il en est question au cours des débats parlementaires, la répression de l'imprimé est limitée puisqu'aucun texte nouveau d'ampleur n'est voté en ce sens, laissant les journaux libres de poursuivre leur entreprise d'information ou de désinformation[20] des citoyens. En effet, la presse nationaliste et antisémite s'engage dans une vaste opération de propagande afin d'acculer Dreyfus. Si un contrôle s'exerce sur la presse, ce dernier

---

L'antisémitisme catholique aux XIXe et XXe siècles, Paris, Berg international, 2002, 167 p. ; Becker Annette, Delmaire Danielle, Gugelot Frédéric éd., *Juifs et chrétiens : entre ignorance, hostilité et rapprochement (1898-1998)*, Villeneuve d'Ascq, Édition du Conseil scientifique de l'université Charles-de-Gaulle-Lille 3, 2002, 254 p.

17 Expression empruntée à l'ouvrage de Soleihac Paul, *Le Grand levier ou de la presse et de son influence politique et sociale à notre époque*, Paris, Gauthier, 1906, 113 p.

18 Cité par Lagrée Michel, *L'Ouest-Éclair : Naissance et essor d'un grand quotidien régional*, Rennes, PUR, 2015, p. 39 ; Kalifa Dominique, « Le Journal », in Duclert Vincent éd., *L'affaire Dreyfus. Les événements fondateurs*, Paris, Armand Colin, 2009, p. 91.

19 Kalifa Dominique, *op. cit.*, p. 91.

20 Le terme de désinformation est utilisé dans le sens de la délivrance d'informations erronées, falsifiées, partielles dans le but d'affaiblir un tiers aux yeux du public.

n'est pas judiciaire. Il doit être entendu comme un jeu d'influence du champ politique sur les publications. Souvent acquise à la cause du gouvernement et de l'armée, la presse jouit d'une liberté importante, servant de relais aux thèses antidreyfusardes.

À partir de 1897, par l'engagement d'intellectuels acquis à la cause du capitaine Dreyfus, le contrôle juridique de l'imprimé joue un rôle central dans la relance judiciaire et médiatique de l'affaire afin de faire établir, en droit et dans les consciences, l'innocence du capitaine. Les procès de presse sont l'occasion pour les agents du champ littéraire et scientifique et universitaire, d'exposer au public leur vision des faits, objective et rationnelle. Surtout, ces procès obligent les institutions étatiques à se saisir à nouveau de l'affaire et de cheminer vers l'établissement de la vérité, de la sauvegarde de la justice et *in fine*, de la République.

LE CONTRÔLE JURIDIQUE DE L'IMPRIMÉ À LA MARGE DE L'AFFAIRE DREYFUS (1894-1898)

Comme ce fût déjà le cas lors des grands scandales qui ont agité la République au tournant des années 1880 et 1890, l'imprimé présente dans l'Affaire Dreyfus une dimension qui dépasse la seule information des citoyens. La presse joue un rôle actif dans le déroulement même de l'Affaire, jouissant d'une liberté importante non entravée amenant progressivement vers la révision du premier procès militaire du capitaine. Le contrôle juridique de l'imprimé est alors tourné vers la protection des institutions et de la position officielle de l'État au détriment de la vérité.

UN DROIT DE L'IMPRIMÉ LIBÉRAL À LA FAVEUR DES INSTITUTIONS RÉPUBLICAINES

L'imprimé constitue avec l'armée, l'un des moteurs essentiels des procédures répressives auxquelles le capitaine Dreyfus est confronté. C'est par elle qu'une affaire d'espionnage, assez banale pour l'époque, devient un sujet brûlant d'actualité. Le ministre de la Guerre n'hésite pas à se servir de ce média afin de rassurer la population quant à l'efficacité de la justice républicaine quant à la répression de Dreyfus. Face à cette agitation médiatique qui polarise l'opinion publique, l'État laisse la presse libre de poursuivre ses nombreuses publications qui servent sa position officielle.

Le rôle central de l'imprimé dans le déclenchement de l'affaire

Fin septembre 1894, quelques mois après l'assassinat du président Sadi Carnot, le contre-espionnage français en la personne de Madame Bastian, met la main sur un document déchiré en six morceaux dans les poubelles de l'ambassade d'Allemagne à Paris. Ce document, le bordereau, est transmis à la section statistiquesle 26 septembre[21]. Le soir de la découverte, le commandant Henry reconstitue le bordereau qui était déchiré et le transmet au colonel Sandher qui s'alarme aussitôt de la découverte. Les sous-chefs d'état-major, Renouard et Gonse, informent immédiatement le ministre de la Guerre, le général Mercier, de la mise au jour du document. Or, le ministre se trouvait, à cette période, dans une situation délicate[22] : sa position se trouve affaiblie dans la République en raison d'une armée isolée au sein de la nation[23] malgré les tentatives d'inclusion des pouvoirs publics. De par la conjonction de ces différents éléments qui le poussent à agir afin de s'affirmer, dans la précipitation le ministre ouvre une enquête dès le 6 octobre 1894.

L'urgence de trouver un coupable et l'antisémitisme systémique de l'armée mènent très rapidement les soupçons à se porter sur le capitaine Dreyfus. L'armée en poste au moment de l'Affaire Dreyfus est une armée de temps de paix, refermée sur elle-même, sur ses garnisons, ses camps et ses casernes[24]. Technicienne, tournée vers les armes de

21 Il s'agit d'une lettre anonyme adressée au colonel von Schwartzkoppen, l'attaché militaire allemand en poste à Paris. Ce document papier manuscrit annonce l'envoi imminent de documents militaires confidentiels à ce dernier.

22 D'un point de vue personnel, il est en pleine rivalité avec les officiers généraux. Il est fortement contesté par la presse ainsi qu'à la Chambre : en tant que général républicain pour l'extrême droite et comme ministre incompétent par les spécialistes républicains de l'armée; Duclert Vincent, « II. Les mécanismes d'une culpabilité (1894-1895) », in Duclert Vincent éd., *L'affaire Dreyfus*, Paris, La Découverte, 2018, p. 20.

23 *Ibid.*, p. 19.

24 *Ibid.*, p. 87.

pointe, plus diversifiée socialement, l'armée cultive toujours des valeurs militaires anciennes et conservatrices. L'état-major devient un bastion antisémite[25]. Alsacien, germanophone, juif, en stage à l'état-major et attaché au 39e régiment d'infanterie au moment des faits, Dreyfus se présente comme le coupable idéal. Le 15 octobre, le capitaine est convoqué à se présenter en début de matinée en tenue bourgeoise à une inspection générale[26]. Le commandant Armand du Paty de Clam, missionné en tant qu'officier de police judiciaire, soumet le capitaine à une dictée afin de comparer son écriture à celle du bordereau. À l'issue d'une analyse graphologique amatrice réalisée par ses soins, le commandant conclue à une similarité entre les deux écritures[27]. Une perquisition est également réalisée, dans des conditions brutales pour la famille, au domicile de Dreyfus. Ce dernier est arrêté dans le même temps pour crime de Haute trahison et se trouve mis au secret au sein de la prison du Cherche-Midi pour deux semaines. Du Paty de Clam poursuit ses investigations et harcèle Dreyfus dans sa cellule sans l'informer des charges exactes qui pèsent sur lui. Des enquêtes de moralité sont réalisées par l'ancien policier Guénée dans les cercles de jeux, les clubs de manière à connaître les habitudes de Dreyfus et d'identifier ses faiblesses et ses maitresses potentielles.

Malgré toute cette agitation, l'enquête ne donne rien de concluant. Pourtant, une mécanique se met en place afin de forger la culpabilité de Dreyfus : experts et militaires œuvrent de concert à construire un dossier à charge. Ce à quoi s'ajoute, à la fin du mois d'octobre, l'aide de la presse au sein de laquelle de nombreux éditeurs antisémites se développent à travers des noms comme Lecoffre, Dentu, ou Albert Savine[28].

---

25 *Ibid.*, p. 88.

26 Drouin Michel dir., *op. cit.*, p. 23.

27 Déjà le ministre Mercier confie à Alfred Gobert la mission de réaliser une expertise de l'écriture de Dreyfus. Le 13 octobre, il conclue à la culpabilité de Dreyfus. Le préfet Lépine en fait de même auprès de Alphonse Bertillon qui conclue lui aussi à la similitude de l'écriture de Dreyfus avec celle du bordereau. Il introduit la théorie de l'autoforgerie, une technique qu'aurait utilisé le capitaine afin de maquiller son écriture. Cette théorie a pour objectif, d'expliquer de manière pseudo-scientifique, la raison pour laquelle les deux écritures bien que dissemblables, seraient issues de la même main. Le 23 octobre 1894, Bertillon formule des conclusions encore davantage affirmatives sur la culpabilité de Dreyfus : « La preuve est faite, péremptoire ; vous savez quelle était ma conviction du premier jour ; elle est maintenant absolue, complète, sans réserve aucune » ; *Le Figaro*, 8 août 1899, p. 2.

28 Mollier Jean-Yves, *op. cit.*, p. 16-17.

La Libre parole[29] diffuse l'information d'une arrestation « fort importante » par l'autorité militaire dans son édition du 29 octobre 1894[30] après avoir été informée par un membre de l'état-major[31]. La lettre adressée au journal antisémite donne à une enquête pour espionnage une dimension d'ampleur, appelant à la mobilisation des citoyens afin qu'elle ne soit pas étouffée par tout « Israël en mouvement[32] ». Sous le titre « Une question », l'article se demande « si la nouvelle est vraie, pourquoi l'autorité militaire garde-telle un silence absolu[33] ? ». Il conclut en ces termes : « Une réponse s'impose[34] ! ». Le ton soupçonneux laisse penser au lecteur que l'État chercherait à étouffer une affaire embarrassante dans la continuité de l'idée d'un complot juif, d'un pouvoir occulte qui agirait dans l'ombre[35] et qui contaminerait tous les corps d'État. Cette thèse, *La libre parole* en est particulièrement familière puisque dès le mois de mai 1892, elle mettait en avant l'antisémitisme au cœur de la question militaire en titrant un article « Les Juifs dans l'armée[36] ». Ces différentes publications illustre la pensée de Drumont[37] construite depuis 1886 et la publication de *La France juive*[38], organisée autour d'un

29 Informée soit par le commandant Henry soit par Forzinetti ; Duclert Vincent, « II. Les mécanismes d'une culpabilité (1894-1895), *op. cit.*, p. 21.

30 *La Libre Parole*, 29 octobre 1894, p. 1.

31 Drouin Michel dir., *op. cit.*, p. 27.

32 *Loc. cit.*

33 *Loc. cit.*

34 *Loc. cit.*

35 Cette thèse avait déjà été largement développée au cours du scandale de Panama ; Drouin Michel., *op. cit.*, p. 27.

36 *V.* Busi Frederick, « La Libre Parole de Drumont et les affaires Dreyfus », *in* Drouin Michel dir., *L'affaire Dreyfus de A à Z*, Paris, Flammarion, 1994, p. 397-403.

37 Sur la vie du polémiste, *V.* l'ouvrage de Kauffman Grégoire, *Édouard Drumont*, Paris, Perrin, 2008, 564 p.

38 Ce qui fait de lui l'un des initiateurs majeurs du mouvement d'ampleur l'antisémitisme en France à la fin du siècle ; Winock Michel, *Édouard Drumont et Cie*, Paris, Seuil, 1982, p. 36. *La libre parole* est complétée un an après sa création, par un hebdomadaire illustré de caricatures en 1893. Il s'agit du premier journal antisémite satirique illustré publié en France, ce qui témoigne du souci des élites antisémites de multiplier leurs armes à l'encontre d'une population qu'ils stigmatisent à travers le moyen du dessin ; Ory Pascal, *Ce que dit Charlie – Treize leçons d'histoire*, Paris, Le Débat / Gallimard, 2016, p. 43. Des dessinateurs connus y collaborent : Willette, Émile Cohl, Benjamin Rabier, Émile Bayard ou Alfred Le Petit ; Doizy Guillaume, « Édouard Drumont et *La Libre parole illustrée* : la caricature, figure majeure du discours antisémite ? », *Cahiers d'histoire. Revue d'histoire critique*, 2017, n° 135, p. 97 et suivantes. L'antisémitisme emprunte une voie médiatique populaire et appréciée, celle de la caricature et de l'image satirique. Drumont avait pourtant, dans un premier temps, après la

antisémitisme qui emprunte au nationalisme, au socialisme ainsi qu'à l'antirépublicanisme et inspire d'autres titres de presse.

Dans la continuité de l'article de la *Libre parole*, le 31 octobre, les journaux *L'Éclair*, *La Patrie* et *Le Soir* relaient également l'information d'une affaire d'espionnage[39]. Se met en place une véritable campagne médiatique à laquelle prennent part des journaux catholiques, nationalistes et antisémites tels que *La Croix*, *L'Intransigeant* ainsi que des titres plus modérés comme *Le Matin* ou *L'Écho de Paris*. Ces différents journaux ne se limitent pas à condamner avant tout jugement le capitaine Dreyfus, ils s'attaquent également à l'armée ainsi qu'à ses chefs[40].

Virulente, cette campagne de presse n'est sur la forme pas tant innovante. Déjà le boulangisme, les scandales des décorations et de Panama avaient fait émerger une presse d'opinion à la rhétorique implacable, aux tentations antisémites[41]. Tantôt intellectuelle, la presse emprunte également la voie de la « librairie de trottoir », des articles faciles où

---

parution de la *France juive* dans une édition illustrée, un avis assez réservé à l'égard du dessin. Lorsqu'il utilise un tableau, *La Pâque juive*, sans accord de son auteur de confession juive, Henri Lévy qui s'étonne de voir son œuvre utilisée par un auteur qui s'attache à condamner ses coreligionnaires. Drumont se justifie alors dans les pages du *Figaro* le 4 février 1887 : « En donnant place dans mon œuvre à cette belle vision de la vie religieuse d'Israël, j'étais fidèle au principe qui m'a constamment guidé dans l'illustration de *La France juive*. J'ai des idées très arrêtées sur l'action sociale et économique des juifs dans le monde moderne, mais j'ai veillé simplement à ce que, dans ce livre qui s'adressait à tous, ne figurât aucun dessin outrageant la foi d'autrui, aucune image susceptible de blesser une conscience ou d'attrister une âme croyante » ; *Le Figaro*, 5 février 1887, p. 1. Cet épisode permet à l'auteur de se présenter aux yeux du public comme un homme modéré, ouvert d'esprit et respectueux des croyances afin d'apparaître comme davantage respectable aux yeux du public.

39 Drouin Michel, *L'affaire Dreyfus*, *op. cit.*, p. 29.

40 Le ministre de la Guerre fait l'objet de nombreuses critiques et on le qualifie volontiers de « Ramollot de la Guerre » en référence au roman de Charles Leroy. Gaston Mery au sein de *La Libre Parole* du 22 novembre accule le ministre dont l'attitude ne trouve aucune grâce à ses yeux : « Ou le général Mercier a fait arrêter sans preuves le capitaine Dreyfus, et, dans ce cas sa légèreté est un crime. Ou il s'est laissé voler les pièces établissant la trahison, et, dans ce cas, son imprévoyance est une bêtise. Dans les deux alternatives, le général Mercier est indigne du poste qu'il occupe. Dans sa situation, on est aussi coupable d'être bête que d'être criminel » ; *La libre parole*, 22 novembre 1894, p. 1.

41 Dans cette perspective, l'affaire de Damas est un ascendant notable en 1840 où s'agite l'opinion publique sur fond médiatique et antisémite. La rumeur de perpétration d'un crime rituel se répand dans la population de Damas : les Juifs tueraient des chrétiens pour utiliser leur sang dans la préparation du pain azyme pour la Pâque ; Cohen Rina, « L'affaire de Damas et les prémices de l'antisémitisme moderne », *Archives Juives*, vol. 34, no. 1, 2001, p. 115 et suivantes. Des hommes politiques comme Adolphe Crémieux interviennent, et la presse prend le relais de cette affaire internationale ; *ibid.*, p. 117 ; p. 120.

la gaudriole est à l'appui de thèses politiques souvent populistes et outrancières[42] et où les caricatures sont nombreuses[43].

Surtout, la presse se présente pour le pouvoir comme un médium utile afin d'orienter les procédures dans le sens qu'il détermine, au détriment du principe de la présomption d'innocence.

L'utilisation de la presse par le ministère de la Guerre

Dès la découverte du bordereau par les services du renseignement, le général Mercier prend la décision de superviser personnellement le traitement de l'affaire dont il a été informé. Afin de protéger l'armée ainsi que sa propre position ministérielle, il minimise les faits et leur portée y compris auprès des présidents de la République et du Conseil[44]. Il traite l'affaire directement avec le préfet parisien Lépine[45] en coupant court aux procédures judiciaires, militaires ou administratives qui pourraient être déclenchées. Le ministre s'octroie la compétence de la supervision du dossier en dehors de toute compétence légale, devenant un véritable « criminel en chef[46] ». En effet, en vertu de l'article 83 du code de justice militaire pour l'armée de terre en date du 9 juin 1857, c'est à la police judiciaire militaire qu'incombe la recherche des crimes ou des délits. Il reçoit, dans cette manœuvre menée en dehors du droit, le soutien des autres membres du gouvernement lors d'un « petit conseil » tenu le 11 octobre 1894[47].

Le rapport du commandant du Paty de Clam, officier de police judiciaire est adressé au ministre de la Guerre le 31 octobre 1894[48]. Modéré dans ses arguments, le rapport conclut tout de même à la culpabilité de

42 Mollier Jean-Yves, « Littérature et presse du trottoir à la Belle Époque », *Études françaises*, n° 36-3, 2000, p. 83-85.

43 Sur la période 1894-1898, *V.* Grand-Carteret John, *L'Affaire Dreyfus et l'image*, Paris, Flammarion, 1898, 352 p.

44 C'est ce qu'affirme Casimir-Périer lors du procès de Rennes ; *Le Procès de Rennes, compte rendu « in extenso »*, Paris, Stock, 1900, t. I, p. 150 et suivantes.

45 Un policier est mis à la disposition du ministre par le préfet.

46 Telle est l'expression utilisée par le capitaine Dreyfus lui-même ; Dreyfus Alfred, *Carnets (1899-1907)*, Griol Philippe éd., Paris, Calmann-Lévy, 1998, p. 181.

47 On note l'opposition de Gabriel Hanotaux, ministre de centre gauche, qui deviendra antidreyfusard par la suite ; Ribémont Thomas, « Les historiens chartistes au cœur de l'affaire Dreyfus », *Raisons politiques*, vol. 18, n° 2, 2005, p. 102.

48 *Le Figaro*, 8 août 1899, p. 1.

Dreyfus. Le 3 novembre, le général Saussier donne alors l'ordre d'informer et nomme le commandant d'Ormescheville rapporteur auprès du premier Conseil de guerre de Paris. S'ouvre une instruction qui s'étend du 7 novembre au 3 décembre 1894. Si cette séquence de la procédure est en principe soumise au secret, les indiscrétions du ministre de la Guerre qui s'épanche dans la presse participent encore davantage de la construction de la culpabilité de Dreyfus auprès de l'opinion publique. Le ministre décide d'orienter la couverture médiatique de l'enquête et tente de contrôler l'imprimé en alimentant lui-même son contenu par ses prises de parole.

Le 17 novembre 1894, le général accorde un entretien aux titres *Le Journal* et *Le matin*. L'article paru dans *Le Journal*, intitulé « Le crime de trahison », annonce que de « nouveaux faits, moins graves [...], moins sensationnels [...], sont venus greffer l'espionnage sur la trahison[49] ». Le journaliste Henri Barthélémy justifie cet échange en arguant que l'« opinion publique a des exigences quelquefois légitimes » et qu'il convient dans cette affaire de venir la satisfaire, la renseigner et la tranquilliser[50]. Afin d'apporter des réponses à ces interrogations des lecteurs, le général Mercier apporte plusieurs éclaircissements. Il annonce tout d'abord une coopération totale entre le ministère et le chef d'état-major dans l'instruction du dossier[51]. Il précise ensuite que si le silence a été gardé jusqu'à ce jour, c'est afin de ne « pas déshonorer un officier qui était peut-être innocent[52] ». L'objectif du ministre aurait été ainsi de faciliter l'enquête, de procéder à des arrestations dans la discrétion, de mener des expertises et de respecter le secret de l'instruction[53]. Face à la multiplication des articles de presse au sujet de l'incarcération de Dreyfus, le ministre ajoute qu'il ne peut « empêcher les journaux de relater ce qu'ils croient être la vérité[54] ». À travers ces mots, le général Mercier souhaite éviter de créer davantage de soupçons à l'égard de l'armée et cherche à gagner l'appui de la presse en ne la menaçant pas de poursuites judiciaires. Surtout lors de l'entretien, le ministre s'attache à minimiser la portée de l'affaire en indiquant que les fonctions du

49 *Le Journal*, 17 novembre 1894, p. 2.
50 *Loc. cit.*
51 *Loc. cit.*
52 *Loc. cit.*
53 *Loc. cit.*
54 *Loc. cit.*

capitaine étaient seulement secondaires et qu'aucun document n'a été soustrait du bureau auquel Dreyfus était attaché pour réaliser un simple stage[55]. Cette première intervention médiatique emprunte la voie de la modération.

En revanche, le 28 novembre 1894 un changement de ton notable se produit. Le général Mercier prend à nouveau la parole dans *Le Figaro* et devient le premier accusateur public du capitaine Dreyfus au mépris du principe de présomption d'innocence. Le ministre déclare au journal :

> J'ai soumis à M. le Président du Conseil et à mes collègues [...], les rapports accablants qui m'avaient été communiquées, et sans aucun retard, l'arrestation du capitaine Dreyfus a été ordonnée. [...] Tout ce que l'on peut répéter, c'est que la culpabilité de cet officier est absolument certaine et qu'il a eu des complices civils[56].

Cette prise de parole illustre le développement d'un pouvoir militaire incarné par des ministres de la Guerre qui outrepassent leurs prérogatives pour devenir de véritables acteurs de la vie politique du pays. Déjà avec le général Boulanger cette tendance était marquée. Aussi, ce rôle renouvelé est désormais orienté vers la lutte contre l'ennemi, contre l'espionnage[57].

Par son rôle au sein de l'instruction ainsi que par ses sorties médiatiques, le général Mercier place l'instruction sous le sceau de l'illégalité. En effet, l'article 99 du code de justice militaire de 1857 indique que la poursuite des crimes et délits ne peut avoir lieu à peine de nullité que sur ordre d'informer donné par le général commandant la division, soit d'office, soit d'après rapports, actes ou procès-verbaux. L'ordre d'informé est donné par le ministre de la Guerre si l'inculpé est colonel, officier général ou maréchal de France. Or, dans le cas présent, Dreyfus est capitaine, la compétence revient en droit au gouverneur militaire de Paris.

55 *Loc. cit.*

56 *Le Figaro*, 28 novembre 1894, p. 1.

57 C'est que le journaliste du *Figaro* indique lui-même à travers son article : « C'est que nul, plus que le Général Boulanger et le général Mercier, ne fut l'impitoyable adversaire des espions. Eux seuls peut-être ont aperçu les dangers de cet espionnage permanent qui s'exerce librement dans Paris, qui a ses entrées un peu partout, et qui, c'est ce qu'il y a de plus incroyable, vit aux dépens de la population parisienne. Car la plupart de ces espions sont des escrocs ou des grecs », *Le Figaro*, 28 novembre 1894, p. 1.

Débutée en dehors du droit, la procédure est ensuite médiatisée et orientée dans le sens de la culpabilité par la presse antisémite. Le 6 novembre 1894, la une de *La libre parole* titre « La trahison du juif Dreyfus[58] ». Le journal se félicite de ses numéros de mai 1892 qui abordaient déjà le sujet des militaires juifs au sein de l'armée et n'hésite pas à les présenter comme « prophétiques[59] ». Surtout l'article de journal alerte le lecteur sur le fait que le cas de Dreyfus « laissera la Chambre bien indifférente » alors que le « crime de Dreyfus est monstrueux » et qu'il aura « sur le moral de la France la plus funeste influence[60] ». Le journal avance en outre, sous la plume de Adolphe Papillaud, que si le ministre de la Guerre est intervenu c'est en raison de la pression médiatique qui pèse sur lui depuis la campagne de presse débutée dès le 31 octobre[61]. Selon le journaliste, si l'armée a pris des libertés avec le droit ce n'est pas en raison d'une volonté farouche de lutter contre la trahison mais au contraire afin d'en minimiser l'importance. Par ces lignes, *La Libre Parole* se présente comme le seul rempart efficace contre l'espionnage et l'influence de la population juive sur les affaires publiques. Elle dénigre l'exécutif ainsi que les représentants du peuple et laisse entendre que la République n'est pas à la hauteur des enjeux qui se profilent autour de ces affaires de trahison.

Cette pensée critique est présente également au sein de la chambre des députés à travers la personne du conservateur Vicomte d'Hugues. Ce dernier, lors de la séance parlementaire du 6 novembre 1894 déclare :

> Pendant que les ouvriers des villes, dont le nombre s'accroît indéfiniment par la dépopulation inquiétante des campagnes, ne peuvent plus arriver à trouver du travail, pendant ce temps, des cosmopolites, des juifs surtout, ont introduit chez nous des habitudes de vol et de corruption[62].

Le député relève l'incompétence des tribunaux républicains afin de mettre un terme aux crises que le pays traverse. La gangrène se propagerait « des uns aux autres, des juifs aux judaïsants, des tribunaux

58 *La Libre Parole*, 6 novembre 1894, p. 1.
59 *Loc. cit.*
60 *Loc. cit.*
61 *Loc. cit.*
62 *Journal officiel de la République française. Débats parlementaires. Chambre des députés : compte rendu in extenso*, 6 novembre 1894, p. 1759.

de commerce aux cours d'appel[63] ». Les tribunaux n'auraient ainsi pas permis, selon lui, de sortir par le haut du scandale de Panama, ni de mettre un terme à l'anarchisme[64]. Il soulève également le fait que *La Libre Parole* ferait l'objet d'un traitement différencié par les tribunaux et s'exclame à ce sujet :

> Vous aurez beau poursuivre, monsieur le garde des Sceaux, tous les journaux indépendants qui font ressortir l'incohérence des jugements de vos tribunaux, rien n'y fera ! Pour faire disparaître l'anarchie d'en bas, il faut à toute force que l'anarchie d'en haut disparaisse tout d'abord[65].

Certaines plumes s'indignent de cette condamnation de Dreyfus avant tout jugement. Le publiciste Émile Bergerat, après avoir reçu Mathieu Dreyfus, publie ainsi dans *Le journal* un article dans lequel il rappelle le droit, pour un Juif, d'être innocent[66]. Le professeur de droit Louis Léveillé s'interroge également sur l'application des peines à venir dans *Le Temps* du 3 novembre 1894[67].

Par les attaques répétées à l'encontre des tribunaux et du ministère de la guerre, les journaux et députés participent, en partie, à la mise en place des stratagèmes illégaux afin de remplir un dossier bien maigre à l'encontre de Dreyfus. L'instruction officielle est ainsi complétée par une enquête secrète destinée à masquer la faiblesse des preuves matérielles par la constitution d'un dossier secret et un ensemble de manipulations réalisées afin de travestir la réalité, le tout avec l'accord du ministre de la Guerre[68]. L'antisémitisme de l'armée, couplé à la pression médiatique et politique, pousse les responsables à construire une vérité militaire dénuée de lien avec la réalité des faits. L'état-major refuse de reconnaître son erreur et de sortir affaiblie de cette affaire.

---

63 *Loc. cit.*

64 Voir Chapitre 6.

65 *Loc. cit.*

66 Duclert Vincent, *L'Affaire Dreyfus. Quand la justice éclaire la République*, Toulouse, Privat, 2010, p. 25.

67 *Loc. cit.*

68 Sandherr décide de rattacher le bordereau à l'affaire. Des plans directeurs et de faux télégrammes sont également ajoutés au dossier ; Duclert Vincent, *op. cit.*, p. 22.

Le droit de la presse en faveur de l'apaisement au cours du premier procès militaire du capitaine Dreyfus

Le 3 décembre 1894, le commandant Besson d'Ormescheville, rapporteur auprès du Conseil de guerre, rend son rapport au général Saussier, le gouverneur militaire de Paris. Dans ce rapport à charge le silence est fait sur les éléments pouvant innocenter Dreyfus[69]. Le rapporteur insiste sur les interrogatoires du capitaine et sur la confusion et les contradictions qui en ressortent[70]. Le rapport conclut à la mise en accusation de Dreyfus en s'appuyant sur des éléments de deux sortes : des éléments moraux relatifs à ses traits de personnalité, ses mœurs, ses connaissances linguistiques, ainsi qu'à des éléments matériels reposant sur la similitude entre son écriture et le bordereau[71]. Le 4 décembre 1894, le général Saussier suit l'avis du rapporteur et donne l'ordre de mettre Alfred Dreyfus en jugement. Ce n'est qu'à cette date que l'avocat de la défense, Edgar Demange, accède au dossier de son client.

Parallèlement à ces avancées procédurales, la presse poursuit sa campagne à charge contre Dreyfus[72]. Le 5 décembre 1894, la *Libre Parole* affirme que le gouvernement « est décidé à arrêter l'affaire Dreyfus » et que des tractations entre Gabriel Hanotaux, ministre des Affaires étrangères, et l'Allemagne sont en cours en ce sens reflétant la tendance des ministres à « toujours s'incliner devant la volonté de l'Allemagne[73] ». Le journal va jusqu'à inventer un scénario : Dreyfus serait en réalité sur la base de faits minimes, avant d'être condamné à une peine minime afin que le gouvernement le laisse légalement s'évader et recouvrer sa liberté sans froisser l'opinion publique[74]. Bien que Dreyfus s'apprête à être présenté devant un conseil de guerre, la croyance est toujours à la conspiration républicaine.

69 L'accent est mis sur les analyses graphologiques qui concluent toutes à la similitude entre l'écriture de Dreyfus et l'écriture contenue dans le bordereau ; Lazare Bernard, *Comment on condamne un innocent. L'acte d'accusation contre le capitaine Dreyfus*, Paris, Stock, 1898, p. 5.

70 *Ibid.*, p. 9. Sa vie privée est présentée comme scandaleuse en raison de relations extra-conjugales qui en font un « coureur de femmes » ; *ibid.*, p. 12.

71 *Ibid.*, p. 16.

72 Pour une vision plus exhaustive de la presse au lendemain de la mise en jugement, V. Reinach Joseph, « Histoire de l'Affaire Dreyfus », *La Revue Blanche*, vol. 1, « Le procès de 1894 », p. 332 et suivantes.

73 *La libre parole*, 5 décembre 1894, p. 1.

74 *Loc. cit.*

Les juristes s'inquiètent également du procès à venir. Arthur Ranc, sénateur, juriste et chartiste de formation, dès les 13 et 29 novembre publie des articles dans *Paris* contre la perspective du huis clos qui est prévu pour l'instance en application de l'article 113 du code de justice militaire. *La Lanterne* publie toute une série d'articles d'anonymes en faveur de la publicité des débats, dont l'un indique que le huis clos est le signe d'un « gouvernement occulte qui essaie de naître dans l'ombre, en attendant le jour où il se sentira assez fort pour se produire en pleine lumière[75] ». Surtout, en raison des enjeux induits par le procès, le journaliste relève que si « Dreyfus est accusé par ses chefs d'avoir trahi la patrie », c'est « la patrie tout entière, l'universalité des Français, qui doit instruire son procès et prononcer son jugement[76] ». En une du *Figaro* l'on lit que « le huis clos ne servirait qu'à prolonger le scandale[77] ».

Dès le début du procès le huis clos est à nouveau débattu. Le Conseil de guerre invoque en sa faveur des raisons de sécurité nationale et d'ordre public[78]. Malgré les diverses tentatives de la défense et de ses alliés, un jugement prononce l'interdiction du public lors du procès qui se déroule à Paris du 19 au 22 décembre. Le lien est définitivement rompu entre la cité et le fond du dossier, ce qui joue en faveur de l'accusation. Le public n'a pas connaissance des faits et ne peut, par lui-même, s'apercevoir de la faiblesse des accusations qui pèsent le militaire. Cette impossibilité d'assister aux débats renforce le pouvoir de la presse dans l'orientation de l'opinion publique. C'est elle-seule qui peut désormais informer les citoyens sur l'avancée du procès par le recueil d'indiscrétions de la part des membres présents à l'audience ou par la propagation de fausses informations et fausses nouvelles.

À l'issue des débats[79] Alfred Dreyfus est déclaré à l'unanimité coupable d'avoir livré à une puissance étrangère ou à ses agents un certain

75 Dans ses éditions des 7, 8, 13, et 19 décembre 1894. Cité par Reinach Joseph, « Histoire de l'Affaire Dreyfus », *Revue Blanche*, vol. 1, p. 371.

76 Cité par Reinach Joseph, *loc. cit.*

77 *Le Figaro*, 11 décembre 1894, p. 1.

78 *Ibid.*, p. 396. À ce sujet la loi du 18 avril 1886 apporte des modifications concernent le concept de secret défense. *V.* Sartre Patrice, Ferlet Philippe, « Le secret de défense en France », *Études*, vol. 412, n° 2, 2010, p. 165-175 ; Warusfel Bertrand, *Contre-espionnage et protection du secret : histoire, droit et organisation de la sécurité nationale en France*, Paris, Lavauzelle, 2000, 515 p.

79 Au cours de l'instance, Hubert-Joseph Henry, adjoint du colonel Sandherr à la Section de statistique fait part de son intime conviction quant à la culpabilité de Dreyfus. Alphonse

nombre de documents secrets ou confidentiels intéressant la défense nationale et d'avoir ainsi entretenu des intelligences avec cette puissance ou ses agents pour lui procurer le moyen de commettre des hostilités ou d'entreprendre la guerre contre la France[80]. Il condamné à la déportation dans une enceinte fortifiée ainsi qu'à la dégradation militaire.

À l'Assemblée, le 22 décembre 1994, le socialiste Jean Jaurès pointe l'incohérence du verdict. Non pas en raison de son sens, celui de la culpabilité, mais de la nature de la sanction. Pour le député, Dreyfus a la vie sauve, alors que l'on « fusille sans grâce et sans pitié de simples coupables d'une minute d'égarement et de violence[81] ». Le parlementaire[82] dénonce une justice de classe au profit des puissants et des Juifs[83] au moment où

Bertillon développe également des arguments en charge. Parallèlement, et à l'insu de la défense, le « dossier secret » est remis aux juges militaires en toute illégalité ; Selon les termes de Jaurès Jean, *Les Preuves : l'affaire Dreyfus*, [1898], Paris, Le signe, 1981, p. 16. Selon les révélations postérieures de Picquart, ce dossier dont il est difficile de connaître le contenu, serait composé de quatre éléments d'importance : des notes au brouillon en allemand rédigées par Schwartzkoppen, une lettre de Panizzardi à ce dernier concernant des rappels de réservistes et mentionnant le lieutenant-colonel Davignon, un billet contenant l'expression de « canaille de D. » et deux rapports écrits par un agent français, F. Guénée, suite à des rencontres avec un diplomate espagnol, Raimundo Guell y Borbón, marquis de Valcarlos ; Gervais Pierre, Huret Romain, Peretz Pauline, « Une relecture du "dossier secret" : homosexualité et antisémitisme dans l'Affaire Dreyfus », *Revue d'histoire moderne & contemporaine*, vol. 55-1, n° 1, 2008, p. 127. À côté de ces documents principaux se trouvent également, toujours selon Picquart, des pièces de « peu de valeur », des « pièces de rebus » ; *La Révision du Procès Dreyfus. Enquête de la Cour de Cassation*, vol. 1, Instruction de la chambre criminelle, Paris, Stock, Éditeur, 1899, p. 139 *La Révision du Procès Dreyfus. Enquête de la Cour de Cassation*, vol. 1, Instruction de la chambre criminelle, Paris, Stock, Éditeur, 1899, p. 139. Il semblerait que ces dernières furent tirées d'une correspondance amoureuse homosexuelle entre Panizzardi et Schwartzkoppen à partir de 1892 et purent être utilisées pour prouver la véracité de l'accusation ; Gervais Pierre, Huret Romain, Peretz Pauline, *op. cit.*, p. 131-132. Par la constitution de ce dossier, la Section de statistiques se place au-dessus du droit au nom de la raison d'État.

80 *Révision du Procès de Rennes. Débats de la Cour de cassation, chambre réunies*, t. I, Paris, Ligue française de la défense des droits de l'Homme et du citoyen, 1906, p. 6-7. Sur le fondement légal des articles 76 du code pénal, 7 de la loi du 8 octobre 1830, 5 de la Constitution du 4 novembre 1848, 1 de la loi du 8 juin 1850, 17 du livre 1er du code pénal, 189 et 297 du Code de justice militaire ; *ibid.*, p. 7.

81 Cette prise de parole lui vaut une censure ainsi qu'une exclusion temporaire de la Chambre ; cité par Rebérioux Madeleine, « Jean Jaurès : "pour l'amour de l'Humanité" », *Mil neuf cent*, n° 11, 1993, p. 57.

82 V. Goldberg Harvey, « Jaurès et la question juive », *Bulletin de la Société d'études jaurésiennes*, n° 53, avril-juin 1974, p. 2-19 ; Candar Gilles, « Le cas Jaurès », Manceron Gilles, Naquet Emmanuel dir., *Être dreyfusard hier et aujourd'hui*, Rennes, PUR, 2009, p. 385-392.

83 Sur l'antisémitisme de gauche au moment de l'Affaire Dreyfus V. Dreyfus Michel, « 3. Durant l'affaire Dreyfus (1894-1906) », in Dreyfus Michel dir., *L'antisémitisme à*

la chambre des députés est saisie d'un projet de loi déposé par le ministre de la Guerre afin de punir de la peine de mort les auteurs du crime de trahison. Considérée comme une infraction politique, cette peine avait été écartée depuis la loi du 8 octobre 1830[84] et la Révolution de 1848 afin d'éviter aux anciens ministres de Louis-Philippe d'être exécutés[85]. Dans la presse, les caricaturistes reprennent largement cette dénonciation d'une sévérité concentrée sur les soldats les moins gradés dans une série de cartes postales intitulées « À bas la justice militaire[86] ».

En dehors de cette remise en cause de la peine prononcée, la presse reçoit dans sa grande majorité positivement la décision militaire. *Le Figaro* s'attache à souligner que dans le cerveau de Dreyfus « on n'y trouverait rien d'humain[87] », *La Justice* souligne quant à elle que le capitaine n'a « rien qu'une âme immonde, un cœur abject[88] ». La communauté juive ne remet pas en cause totalement le verdict, incertaine quant à la réalité des accusations. *La Vrai Parole* et *L'Homologation* acceptent la sanction et font le choix de ne pas attiser les haines antisémites, « attendant que le temps et le silence en effacent les effets[89] ».

Un pourvoi en révision de la décision prise par le Conseil de guerre est déposé par l'avocat Demange, mais se trouve rejeté. Le 5 janvier 1895, le capitaine Dreyfus est solennellement dégradé dans la cour de l'École Militaire, dans une « parade d'exécution[90] » devant la foule parisienne venue en masse pour assister à cet acte humiliant[91]. La force

---

gauche. Histoire d'un paradoxe, de 1830 à nos jours, Paris, La Découverte, 2011, p. 69-97 ; V. Cahm Éric, « La presse socialiste face à la première affaire Dreyfus en 1894-1895 », *Cahiers Jean Jaurès*, nº 138, octobre-décembre 1995, p. 1-15.

84 *Journal officiel de la République française. Débats parlementaires. Chambre des députés : compte rendu in extenso*, 24 décembre 1894, p. 2320.

85 Mollier Jean-Yves, « Dreyfus au bagne ou comment briser les prisonniers politiques ? », *Le Temps des médias*, vol. 15, nº 2, 2010, p. 180.

86 Prennent part à ces publications Hénault, Hermann Paul, Ibels, Jossot, Kupka, Roubille, Steinlen et Vallotton ; Perthuis Bruno de, « Images de la justice au temps de l'affaire Dreyfus », *Sociétés & Représentations*, vol. 18, nº 2, 2004, p. 135.

87 Cité par Drouin Michel, *op. cit.*, p. 33.

88 *La Justice*, 25 décembre 1894, p. 1.

89 Blum Léon, *Souvenirs sur l'Affaire*, Paris, Gallimard, 1993, p. 42.

90 Drouin Michel, *op. cit.*, p. 35.

91 Le capitaine Dreyfus affronte l'évènement avec dignité en s'écriant une fois son sabre cassé et ses insignes arrachées : « Vous venez de dégrader un innocent » ; *ibid.*, p. 36.

et la dignité de Dreyfus interroge certains commentateurs qui y voient, plutôt qu'un acte bravoure, un aveu de culpabilité[92].

Le Parti ouvrier dans son édition du 7 janvier 1895 semble tout de même apporter une voix discordante à cet accueil général, évoquant la possibilité de l'innocence de Dreyfus, d'une machination et d'un acte purement antisémite[93]. Sur l'humiliante dégradation qui suit le procès dans la cour de l'École militaire, Jean Ajalbert dans *Le Gil Blas* s'indigne de l'attitude de la foule, et remarque à ce titre qu'« il faudrait empêcher les sauvages de se mêler de l'appareil de justice[94] ». Mais cette position est isolée, la majorité des titres de presse saluent la dégradation du traitre avec un vocabulaire à la hauteur du terrible accueil que la foule parisienne réserve au condamné comme en témoigne l'article paru dans *Le Journal* :

> Il a avec sa face terreuse, crispée, salie de barbe, ses yeux faux qui clignotent sous le lorgnon, sa bouche en avant qui voudrait mordre, qui brave les outrages, le mufle de la bête pillarde et souple qui s'est laissée prendre au piège, qui se débat, qui montre ses crocs aigus[95].

Alfred Dreyfus est décrit à travers un vocabulaire antisémite archétypal, caricatural[96]. Ce style sera repris tout au long de l'Affaire afin de décrédibiliser l'homme dans une entreprise de propagande étendue et lucrative.

Après la dégradation, condamné à perpétuité à la déportation Alfred Dreyfus n'est pas conduit en Nouvelle-Calédonie où sont habituellement envoyés les prisonniers politiques. En vertu de la loi du 9 février 1895, il est déporté sur l'Ile du diable, au large de la Guyane dans une ancienne léproserie. Débute alors une incarcération de 1517 jours à partir du 13 avril 1895.

À la suite du verdict rendu par le Conseil de guerre, des membres du parlement s'inquiètent du battage médiatique que le procès amène. Le 30 mars 1895, le député René Le Hérissé, ancien soutien de Boulanger, interpelle le ministre de la Guerre. L'orateur réalise le constat suivant :

92 Tel est le cas de Léon Daudet dans *Le Figaro*, 6 janvier 1895, p. 1.
93 Drouin Michel, *op. cit.*, p. 34.
94 *Le Gil Blas*, 9 janvier 1895, p. 1.
95 *Le journal*, 6 janvier 1895, p. 1.
96 Stener Christophe, *Dreyfus, le Judas français. Iconographie antisémite de l'Affaire*, Paris, Gallimard, 2020, p. 189.

> Depuis quelques semaines, et plus exactement depuis le procès de l'ex-capitaine Dreyfus, presque chaque matin, dans certains journaux, on crie à l'espionnage, à la trahison. Une véritable campagne paraît entreprise pour faire croire à ce pays que l'armée ne peut avoir confiance dans ses chefs et que la nation ne peut avoir confiance dans son armée[97].

René Le Hérissé remarque que ces attaques se multiplient et qu'un article en particulier, publié dans *La Petite République française* du 29 mars 1895, demande des éclaircissements de la part du gouvernement en raison des faits qui y sont mentionnés[98]. Le ministre de la Guerre répond au député en justifiant le silence de son ministère par le secret qui doit régner sur les délibérations du Conseil supérieur de la guerre. Ceci tient juridiquement au huis clos qui a été prononcé dès le début du procès par un jugement du Conseil de guerre. Infirmer ou confirmer des éléments qui fuiteraient dans la presse reviendrait *in fine* à ce que les institutions brisent le silence qui a été institué autour du débat. Le ministre indique à ce titre qu'il n'a pu « guider en quoique ce soit l'opinion et la presse » et qu'il s'est résigné « à laisser aller tous ces bruits[99] ». On comprend en réalité que ce silence soudain du ministère est guidé par son intérêt qui est de laisser libre une presse majoritairement acquise à sa version des faits, quitte à ce que l'armée sorte égratignée. Le ministre ajoute que le président du Conseil lui-même a demandé à ce que « ces choses-là », restent dans la « boue d'où elles sortaient[100] ». Mais, le député René Le Hérissé se refuse à cette réponse qui prône le libre débat d'idée, qui se réaliserait selon lui au détriment de l'intérêt de l'État :

> Je ne suis point de ceux qui demanderont à la Chambre de réclamer du Gouvernement l'application de ce qu'on appelle les justes lois, chères à quelques-uns d'entre nous. Je suis trop partisan des libertés de la presse pour jamais demander qu'il y soit porté atteinte, mais m'adressant à mes confrères de la presse parisienne, à ceux qui acceptent trop souvent sans les contrôler suffisamment les accusations qui leur sont apportées par un rédacteur à la

97 *Journal officiel de la République française. Débats parlementaires. Chambre des députés : compte rendu in extenso*, 30 mars 1895, p. 1114.

98 *Loc. cit.* Au sein de cette publication, le journal avance diverses thèses de corruption ou de protection d'hommes peu scrupuleux par l'administration ou l'exécutif de la République ; *La Petite République*, 29 mars 1895, p. 1.

99 *Journal officiel de la République française. Débats parlementaires. Chambre des députés : compte rendu in extenso*, 30 mars 1895, p. 1114.

100 *Loc. cit.*

> recherche d'un titre à sensation, je leur dis : vous avez le droit, certes, d'user de la plus grande violence pour défendre vos opinions [...] mais si la violence est permise, si du moins elle est excusable, c'est seulement quand ceux qui y font appel savent placer les questions d'intérêt national au dehors et au-dessus de toute discussion[101].

Ce que craint le député, c'est que la presse par ses attaques répétées à l'encontre de l'armée diminue la confiance de la nation en cette dernière, ce qui attaquerait « l'intérêt sacré de la défense nationale[102] ». Refusant le vote d'une nouvelle loi répressive, il espère pouvoir compter sur l'autorégulation des agents du champ médiatique ainsi que sur la vigilance du gouvernement et donc du ministère public.

Or, il apparaît que le gouvernement n'ait pas pris de mesures spécifiques en ce sens. On ne note en matière d'infractions de presse que quelques circulaires du ministre de la Justice comme celle en date du 18 août 1894. Celle-ci rappelle aux procureurs généraux qu'ils doivent signaler auprès de la Chancellerie les infractions commises par la voie de la presse sans aucun retard et que « ces prescriptions [paraissent] avoir été perdues de vue par certains parquets[103] ». Une autre circulaire est prise en ce sens est prise le 6 octobre 1894[104] mais aucune en 1895 et 1896.

Si le parlement s'inquiète timidement des conséquences de la liberté d'expression sur la confiance des citoyens envers l'État, en ce qui concerne les juifs au sein de la Nation une partie de ses membres est beaucoup moins timorée. En 1895 un débat politique sans précédent est initié par quelques députés antisémites, usant de leur liberté d'interpellation du gouvernement[105]. Le 25 mai 1895, ces débats trouvent leur acmé

101 *Ibid.*, p. 1115.

102 *Loc. cit.*

103 *Bulletin officiel du ministère de la Justice*, 1894, p. 189.

104 *Ibid.*, p. 238.

105 Rousselier Nicolas, « Gouvernement et Parlement dans l'entre-deux-guerres », in Baruch Marc Olivier, Duclert Vincent dir., *Serviteurs de l'État, Une histoire politique de l'administration française 1875-1945*, Paris, La Découverte, 2000, p. 115. Le 10 janvier 1895, le député monarchiste de Pontbriand propose une loi afin que ne puissent être admis au sein de l'administration française comme officier ou comme membre d'une assemblée élective « les Français ou nés de parents naturalisés Français depuis trois générations » ; *Journal officiel de la République française. Débats parlementaires. Chambre des députés : compte rendu in extenso*, 10 janvier 1895, p. 10. L'article 2 de cette proposition précisait en outre qu'il « sera fait exception à l'article premier en faveur de celui qui aura obtenu par une loi la qualité de Français pour service signalé rendu à la patrie » ; *loc. cit.* L'objectif était alors, implicitement, d'exclure de l'administration tous ceux n'ayant pas de lien ancien ou

lorsque sont discutées à nouveau, après plusieurs reports, les interpellations jointes des députés Denis et Hugues[106]. Le député Hugues rappelle à l'Assemblée les différents scandales auxquels les Juifs au service de l'État seraient impliqués :

> N'en aurons-nous jamais fini avec les méfaits de cette race, et nous laisserons-nous dévorer par ces gens-là ? N'allez-vous pas vous résoudre à un peu plus de vigilance et à surveiller l'accès à de hautes fonctions publiques dans lesquelles les Juifs s'installent en nombre absolument anormal [...] ? Nous ne réclamons pas de mesures exceptionnelles, nous ne sommes pas des persécuteurs ; mais, pour l'amour du pays, ne vous laissez pas gangréner davantage et soyez plus prudents dans vos faveurs et vos choix[107].

À nouveau, l'antisémitisme prend le chemin du nationalisme[108]. La communauté juive est assimilée au déclin supposé de la France tant en métropole qu'outre-mer en raison de sa présence à tous les postes de la République : préfets, conseillers à la Cour d'appel, inspecteurs généraux des ponts et chaussées[109]. Le problème ne serait donc pas la seule présence des Juifs dans l'armée, mais bien leur présence dans l'ensemble des fonctions publiques.

À cette logorrhée antisémite, des oppositions se dressent[110]. Le 27 mai 1895, c'est Alfred Naquet qui s'oppose aux rhétoriques antisémites

---

remarquable avec la France, les citoyens issus de l'immigration ; Wilson Stephen, *Ideology and Experience. Antisemitism in France at the Time of Dreyfus Affair*, Fairleigh Dickinson university press, 1982, p. 214. La proposition de loi est rejetée par le parlement. À nouveau, en février 1895, le député Théodore Denis demande à s'exprimer sur une affaire qui a amené à la révocation d'un trésorier payeur général. Il demande alors au gouvernement quelles mesures ce dernier entend prendre afin d'arrêter la prédominance des Juifs dans l'administration française ; *Journal officiel de la République française. Débats parlementaires. Chambre des députés : compte rendu in extenso*, 11 février 1895, p. 265 et suivantes. Le 30 mars 1895, de nouveau le député Hughes dépose une interpellation au gouvernement « sur les dangers de l'infiltration incessante de la race juive » ; *Journal officiel de la République française. Débats parlementaires. Chambre des députés : compte rendu in extenso*, 30 mars 1895, p. 1113.

106 *Journal officiel de la République française. Débats parlementaires. Chambre des députés : compte rendu in extenso*, 25 mai 1895, p. 1472.

107 *Loc. cit.*

108 Le député Denis déplore en ce sens que le décret Crémieux, en donnant la nationalité française aux Juifs d'Algérie, a laissé « cette belle colonie » être « envahie et dévorée par les Juifs » qui y ont semé un « germe de mort » ; *ibid.*, p. 1473.

109 *Loc. cit.*

110 Le député socialiste Gustave Rouanet bas en brèche les arguments avancés lors de la même séance parlementaire. Le député avait déjà publié un article contre l'antisémitisme dans une revue socialiste ; Rouanet Gustave, « La question juive et la question sociale », *La*

lors de la reprise des débats sur l'interpellation faite par les députés Denis et Hughes. Après un exposé historique savant sur les raisons de l'antisémitisme depuis l'Antiquité, Naquet dénonce lui aussi l'erreur des antisémites qui, au lieu de s'en prendre aux financiers, riches, accapareurs, boursiers, ploutocrates[111]. Les débats sont conclus par le ministre de l'Intérieur Georges Leygues. Son choix est clair : « Tout a été dit par MM. Denis, d'Hugues, Rouanet et Naquet et je ne veux pas prendre part à la controverse philosophique qu'ils ont ouverte[112] ». Il indique cependant ne pas vouloir remettre en cause les acquis de la Révolution sur l'assimilation des Juifs à la communauté[113]. Par cette position modérée, il ne condamne pas véritablement les propos antisémites avancés à la tribune et leur offre en conséquence une forme de légitimité politique[114]. Se trouve par la même occasion validées les attaques journalistiques de Drumont, dont le nom est cité à plusieurs reprises au cours des débats[115]. Le journal *La Libre parole* se félicite de cette position timide du gouvernement qu'elle considère comme un succès[116]. Adrien Papillaud applaudit le la décision du ministre qui a « reconnu que les Juifs avaient commis de déplorables abus[117] ». Si des voix s'élèvent contre cette position, l'ordre du jour est voté et pas moins de six propositions d'ordre du jour sont déposées à la présidence de la

Revue socialiste, t. XI, janvier-juin 1890, p. 219-234. Il avance que « l'antisémitisme est une atteinte aux principes de la Révolution française », en ce que cette dernière a « tenté d'unifier la France, de supprimer toutes les barrières, tous les privilèges qui parquaient les individus selon leur naissance ou leur religion » et a « proclamé non pas seulement les droits des citoyens français, mais les droits de l'homme sans distinction de race ni de nationalité » ; *Journal officiel de la République française. Débats parlementaires. Chambre des députés : compte rendu in extenso*, 25 mai 1895, p. 1482. Le député avance également l'idée selon laquelle l'agiotage reproché aux juifs est en réalité valable pour l'ensemble des financiers, indifféremment de leur religion ou de leur race, y compris « aryenne » ; *ibid.*, p. 1483. La question sociale prévaudrait ainsi sur les questions religieuses et raciales. Le véritable péril tiendrait ainsi dans le fait que « il y a des capitalistes qui sont les maîtres dans l'administration, dans le Gouvernement, partout, parce que partout et toujours on a vu les classes propriétaires classes gouvernementales » ; *ibid.*, p. 1485.

111 *Journal officiel de la République française. Débats parlementaires. Chambre des députés : compte rendu in extenso*, 27 mai 1895, p. 1495.

112 *Ibid.*, p. 1501.

113 *Ibid.*, p. 1495.

114 Joly Laurent, *op. cit.*, p. 124.

115 *Journal officiel de la République française. Débats parlementaires. Chambre des députés : compte rendu in extenso*, 25 mai 1895, p. 1476, p. 1482 ; 27 mai 1895, p. 1494-1498.

116 Joly Laurent, *op. cit.*, p. 125.

117 *La Libre Parole*, 28 mai 1895, p. 1.

Chambre, abordant différents pans de l'antisémitisme : anticapitalisme, nationalisme et complot juif.

Le débat public, au sein de la presse mais aussi au sein du parlement, s'oriente ainsi résolument dans le sens de l'antisémitisme, favorable à la position officielle des juridictions militaires et du pouvoir exécutif au sujet de la culpabilité de Dreyfus. Dorénavant la place même des Juifs au sein de la communauté nationale et de la République est questionnée[118]. Le choix du gouvernement est celui d'une position médiane[119], dans le souci de ne froisser ni les catholiques sensibles à l'antisémitisme, ni l'extrême droite, ni les républicains. Si aucune loi raciale n'est votée, les propos antisémites ne sont pas frontalement condamnés. Le temps est à la recherche d'un consensus, d'autant que l'opportuniste Félix Faure doit son élection au front constitué contre le radical Henri Brisson[120]. Félix Faure, prône la neutralité et se refuse à remettre en cause de la condamnation de 1894. Cette recherche de modération peut expliquer également l'absence de directives données aux procureurs dans le sens de la répression de la presse.

Cette orientation des institutions républicaines afin d'éviter le scandale et de maintenir la paix publique s'observe dès le début de la décennie 1890 puisque le parlement se trouve saisi de plusieurs propositions de loi d'amnistie[121]. Ces dernières ont pour point commun de chercher à pacifier un climat social particulièrement tendu au sein de la République :

---

118 Birnbaum Pierre, *Les Fous de la République. Histoire politique des Juifs d'État de Gambetta à Vichy*, Paris, Fayard, 1992, p. 394.

119 Reinach Joseph, *Histoire de l'affaire Dreyfus. Esterhazy*, t. 2, Paris, Librairie Charpentier et Fasquelle, 1903, p. 196.

120 Brisson qui était arrivé en tête du premier tour de l'élection du président de la République et devancé par Félix Faure au second tour.

121 Moreau Émile, *Proposition de loi relative à l'amnistie pour faits de grève présentée par M. Émile Moreau Et al. (17 décembre 1889)*, Paris, Motteroz, 1890, 3 p. ; Terrier Louis-Jean-Jacques, *Proposition de loi tendant à accorder une amnistie pleine et entière à toutes les personnes condamnées pour faits de grève et faits connexes depuis le 1er octobre 1892 jusqu'à la promulgation de la présente loi… présentée par MM. Terrier, Camille Dreyfus, Émile Moreau Et. al. (27 octobre 1892)*, Paris, Motteroz, 1893, 3 p. ; Lefoullon Louis, *Rapport sommaire fait au nom de la 6e Commission d'initiative parlementaire chargée d'examiner la proposition de loi de M. Dejeante et plusieurs de ses collègues sur l'amnistie, Par M. Lefoullon, (28 juillet 1894)*, Paris, Motteroz, 1894, 2 p. ; Viviani René-Raphaël, *Proposition de loi tendant à l'amnistie, Présentée par M. René Viviani, Et al. (5 juillet 1894)*, Paris, Motteroz, 1894, 2 p. ; Coutant Jules, *Proposition de loi relative à une amnistie plénière, Présentée Par MM. Coutant, Chauvin, Groussier, Avez, Et al. (27 novembre 1894)*, Paris, Motteroz, 1894, 4 p.

entre 1888 et 1890 le nombre de grèves augmente de 71,3 %[122] alors que les scandales politiques et économiques se multiplient[123].

Peu après la condamnation d'Alfred Dreyfus par le Conseil de guerre, une proposition de loi d'amnistie est à nouveau déposée à la Chambre le 10 janvier 1895 par le député Marcel-Habert[124] dans un contexte politique renouvelé. L'élu indique que « le texte d'une loi imprévoyante a obligé le Conseil de guerre à considérer le crime d'un traître comme un crime politique[125] ». En conséquence, il appartient selon lui au parlement français de « manifester par une mesure significative combien cette assimilation révolte les consciences patriotiques[126] ». En ce sens, il propose « l'amnistie pleine et entière pour les crimes et délits réellement politiques, sans y comprendre le crime prévu et puni par l'article 76 du code pénal[127] », c'est-à-dire les crimes contre la sureté extérieure de l'État. L'objectif de cette proposition de loi, bien qu'il ne soit pas explicité clairement, est d'amnistier les crimes politiques sans que cette mesure ne trouve à s'appliquer à l'espionnage et donc à Dreyfus puisque c'est en partie sur le fondement de cet article qu'il est condamné. Dreyfus se trouve ainsi, avec les autres individus potentiellement poursuivis pour espionnage, mis au ban de la société en créant une catégorie spécifique de criminels ne pouvant jouir de l'oubli de leur infraction par la République. L'urgence de la proposition, sur avis négatif du gouvernement, se trouve repoussée par 337 voix contre 156[128].

---

122 Perrot Michelle, « Chapitre III. Les grèves de 1864 à 1890. Analyse diachronique », in *Les ouvriers en grève. T. 1 : France 1871-1890*, Paris, Éditions de l'École des hautes études en sciences sociales, 2001, p. 95. Les mouvements sont parfois violents comme à Saint-Quentin ou à Decazeville afin d'obtenir une augmentation des salaires, des conditions et des horaires de travail. Comme l'explique Paschal Grousset lors de son dépôt de proposition de loi, l'objectif à travers l'amnistie des infractions politiques serait ainsi de délivrer de leurs peines les grévistes qui ont « défendu dans leur personne la liberté du travail [...] et cela en mettant en jeu le pain de leurs familles, leur liberté personnelle et même leur vie » ; *Journal officiel de la République française. Débats parlementaires. Chambre des députés : compte rendu in extenso*, 4 décembre 1893, p. 152. Malgré de nombreuses tentatives, la proposition n'aboutit pas.

123 *V.* Chapitres 5 et 6.

124 *V.* Habert Marcel, *Proposition de loi relative à une amnistie, Présentée Par MM. Marcel-Habert, Le Hérissé, Gauthier, Argeliès, Et al., 10 janvier 1895*, Paris, Motteroz, 1895, 2 p.

125 *Journal officiel de la République française. Débats parlementaires. Chambre des députés : compte rendu in extenso*, 10 janvier 1895, p. 11.

126 *Loc. cit.*

127 *Loc. cit.*

128 *Ibid.* p. 17.

Un projet de loi d'amnistie est de nouveau déposé le 28 janvier 1895 par le ministre de la Justice, Ludovic Trarieux, à la suite de l'élection du président de la République Félix Faure. Le ministre déclare à la chambre des députés :

> [...] en faisant appel aux sentiments de concorde et de fraternité qui ne doivent cesser de nous unir, le message du Président de la République a amené le Gouvernement à penser que l'heure de l'amnistie était venue. Nous vous proposons d'effacer, par cette mesure de clémence et d'oubli, toutes les traces passées de nos discordes politiques[129].

Le parlement, à travers une proposition du député Lemire, propose au gouvernement d'étendre l'amnistie aux fonctionnaires civils et aux ministres des différents cultes frappés par les mesures disciplinaires. Le garde des Sceaux Trarieux, lors de la discussion du texte au sénat, indique que cette mesure ne devrait pas se trouver dans le texte[130] et elle se trouve finalement écartée lors du vote final de la loi[131]. Devant le Sénat, le rapporteur de la loi, Victor Milliard, martèle l'objectif de la loi : « ce projet n'a pas seulement le caractère de clémence et d'oubli ; c'est en même temps un appel à la concorde et à l'union de tous les français[132] ».

La loi est finalement votée le 1er février 1895 et dispose qu'amnistie pleine et entière est accordée pour toutes les condamnations prononcées ou encourues jusqu'au 18 janvier 1895, à raison de crimes, d'attentat ou de complot contre la sureté intérieure de l'État et des délits et contraventions en matière de presse, de réunion et d'association à l'exception des délits de diffamation et d'injure envers les particuliers[133].

Il s'agit de la seconde loi d'amnistie votée sous la Troisième République, après l'amnistie des communards. L'objectif de cette loi en agissant notamment sur le terrain du droit de la presse, est de pacifier le débat

129 *Journal officiel de la République française. Débats parlementaires. Chambre des députés : compte rendu in extenso*, 28 janvier 1895, p. 80.

130 *Journal officiel de la République française. Débats parlementaires. Chambre des députés : compte rendu in extenso*, 1er février 1895, p. 123.

131 Le député Boissy-d'Anglas, propose également d'ajouter au projet d'amnistie, dans la volonté de jeter sur les « querelles passées le voile de l'oubli », l'amnistie des mesures disciplinaires que la chambre a votées par le passé ; *Journal officiel de la République française. Débats parlementaires. Chambre des députés : compte rendu in extenso*, 28 janvier 1895, p. 82.

132 *Journal officiel de la République française. Débats parlementaires. Sénat*, 31 janvier 1895, p. 27.

133 *Bulletin des lois de la République française, Partie principale, Premier semestre*, 1895, p. 288.

public, d'affirmer la réconciliation du corps social à travers un artifice qui permet « de continuer à vivre ensemble après la lutte[134] ». Cette loi permet à Henri Rochefort, condamné par la Haute Cour pour complot contre la sureté de l'État, de rentrer en France[135] et d'entamer une lutte acharnée contre Dreyfus[136]. Pour les anarchistes qui ont subi les lois scélérates, l'on note une forme de détente à partir du vote de la loi[137]. Les procès sont moins nombreux[138], et c'est la police qui se charge de la surveillance des suspects. Des arrestations préventives ont ainsi lieu avant la visite du tsar Alexandre III à Paris.

L'amnistie votée quant aux infractions qui agitaient hier la République, l'attention peut être portée sur les nouveaux ennemis de l'intérieur, les Juifs.

UN CONTRÔLE JUDICIAIRE ORDINAIRE DE L'IMPRIMÉ

Dès le déclenchement des poursuites à l'encontre du capitaine Dreyfus, la presse jouit d'une liberté certaine qui lui permet de continuer à jouer un rôle à part entière dans le déroulement de la procédure. Cette liberté a pour conséquence de voir émerger un débat public virulent. Mais, en raison d'une ligne éditoriale majoritairement acquise à la culpabilité de Dreyfus et à la position des institutions républicaines, le contrôle juridique de l'imprimé ne fait l'objet d'aucune réforme notable. Seule la liberté de Dreyfus reste entravée, la liberté d'expression étant hors d'atteinte.

Des poursuites pénales promises et non avenues en droit de la presse

Au lendemain de la dégradation de Dreyfus en 1895, le sort du capitaine n'intéresse plus ou que très peu l'opinion publique. Les journaux se concentrent davantage sur une campagne vengeresse à l'égard

134 Gacon Stéphane, « L'oubli institutionnel », in Nicolaidice Dimitri éd., *Oublier nos crimes. L'amnésie nationale : une spécificité française*, Paris, Autrement, 2002, p. 93.

135 Ce dont se réjouit la *Libre Parole* dans sa première page de l'édition du 2 février 1895.

136 Winock Michel, « Rochefort : la Commune contre Dreyfus », *Mil neuf cent*, n° 11, 1993, p. 85.

137 Pressensé Francis de, Pouget Émile, *op. cit.*, p. 46.

138 Même si les lois scélérates continuent à s'appliquer. En octobre 1895, à Marseille, pour quelques paroles prononcées en réunion publique Octave Jahn est condamné à deux ans de prison. En juin 1896 pour le même délit commis à Paris, Louis Vivier est condamné à dix-huit mois de prison. Joseph Mouysset est condamné pour propagande à un an et un jour de prison ; *ibid.*, p. 47.

de l'Allemagne. Face à ces attaques répétées qui créent un risque diplomatique pour la paix, le président de la République fait paraître dans les journaux une note indiquant l'irresponsabilité de l'ambassade d'Allemagne dans les faits d'espionnage[139]. Alfred Dreyfus déporté, c'est son frère Mathieu qui s'attache à relancer l'affaire afin d'obtenir la libération du condamné[140]. Il trouve alors dans la presse un soutien important : certains journaux étrangers acceptent même de participer à une machination médiatique.

Le 3 septembre 1896 le journal anglais *Daily Chronicle*, avec l'appui de son correspondant en France Clifford Millage, fait fuiter une fausse information : le prisonnier se serait évadé de son île guyanaise[141]. La conséquence immédiate de cette publication à l'étranger est de rendre les conditions de détention de Dreyfus encore plus difficiles : mis sous fer, enfermé dans sa case, de hautes palissades sont construites autour de son lieu de détention[142]. Dans ses *Cahiers de l'île du diable*, le déporté relate son expérience recluse : « le cœur perdu, le cerveau en lambeau » et le corps placé sous le regard constant de ses gardiens[143]. Malgré ses

139 Ceci fait suite aux informations données par Lebrun-Renault. Ce dernier avait indiqué que le bordereau avait été soustrait à l'ambassade ; Drouin Michel, *op. cit.*, p. 40.

140 Il écrit : « J'ai compris ma tâche [...] entreprendre [...] une campagne personnelle de propagande dans tous les milieux où je pouvais pénétrer y faire des recrues ; demander à ces recrues et à tous nos amis d'agir à leur tour dans leurs milieux, par une propagande active, et enfin chercher le coupable » ; Dreyfus Mathieu, *L'Affaire telle que je l'ai vécue*, Paris, Grasset, 1978, p. 88. À travers ces mots, Mathieu Dreyfus fixe la stratégie de la famille : emporter la conviction de l'opinion publique mais pas seulement. Il faut faire éclater la vérité au grand jour dans les tribunaux, et ce d'autant plus qu'il a obtenu la confirmation de l'existence d'un dossier secret utilisé au cours du procès militaire.

141 Wilson Nelly, « Paroles et silences : réflexions sur le rôle joué par la presse britannique dans l'affaire Dreyfus » in Denis Michel, Lagrée Michel, Veillard Jean-Yves dir., *L'affaire Dreyfus et l'opinion publique en France et à l'étranger*, Rennes, PUR, 1995, p. 294.

142 Berne Mauricette, « Les prisons du capitaine Dreyfus », *Revue de la BNF*, vol. 35, no°2, 2010, p. 40. *V.* à ce sujet Menier Marie-Antoinette, « La Détention du capitaine Dreyfus à l'île du Diable d'après les archives de l'Administration pénitentiaire », *Revue française d'histoire d'outre-mer*, t. 64, n° 237, 4e trimestre 1977, p. 456-475 ; Drouin Michel, *Dictionnaire de l'Affaire Dreyfus,* Paris, Flammarion, 2006, p. 635-725. Sur les échanges épistolaires entre Dreyfus et sa famille durant sa déportation, *V.* Duclert Vincent, Perrot Michelle éd., *Écris-moi souvent, écris moi longuement... Correspondance de l'île du Diable*, Paris, Éditions Mille et une nuit, 2005, 584 p. Sur les archives relatives à la déportation *V.* Donet Vincent Danielle, « Les archives de la déportation du capitaine Dreyfus », *Criminocorpus*, 30 juin 2015, [en ligne], [consulté le 3 août 2022]

143 Turlais Pierrette, « Alfred Dreyfus, Cahiers de l'île du Diable », *Cahiers Sens public*, vol. 11-12, n° 3-4, 2009, p. 97.

répercussions pénitentiaires néfastes à court terme, cet article permet de faire parler à nouveau de l'affaire lorsque l'information est relayée dans la presse française.

Gaston Calmette, rédacteur en chef au *Figaro*, reçoit les confidences d'un ancien fonctionnaire de la Guyane au sujet de la détention de Dreyfus et les publie dans son journal le 8 septembre 1896[144]. L'article indique notamment que le ministre des colonies, Camille Chautemps, aurait envisagé d'améliorer les conditions de détentions de Dreyfus. Le ministre, effrayé de se voir désavoué auprès des antidreyfusards, multiplie les démentis et menace de poursuivre les auteurs de l'article pour calomnie[145].

À partir de septembre 1896, Dreyfus est peu à peu présenté dans la presse comme un officier loyal, non plus seulement comme un félon ou une bête ignoble. Dreyfus est un homme qui souffre des conditions de sa détention[146]. Face à ces voix qui s'élèvent pour remettre en cause la culpabilité de Dreyfus, la presse proche du pouvoir vient à nouveau alimenter le feuilleton médiatique et va elle-même briser le silence qui entourait le contenu exact des pièces débattues lors du procès à huis clos. Le 15 septembre 1896, l'*Éclair* publie un ensemble de preuves fournies par l'État-Major sous le titre « Le Traitre. La culpabilité de Dreyfus démontrée par le dossier[147] ». Le journal explique sa démarche :

> Nous avons demandé au gouvernement de la dire : le gouvernement ne croit pas pouvoir se départir de la réserve que lui dicta une prudence toute diplomatique. Nous ne sommes pas tenus à une égale circonspection. Convaincus que les raisons qui militaient en faveur du silence n'existent plus ; que les difficultés qui pouvaient surgir de la divulgation de certains faits sont aplanies, [...] on peut étaler au grand jour ce qui n'a pu être produit même au jour discret de l'audience : la preuve. [...] À notre avis, et ce sera celui de tous les Français, il est patriotique de rompre avec les réticences et de produire toutes les pièces qui attestent avec une rigueur implacable que les juges du tribunal

144 Reinach Joseph, *Histoire de l'Affaire Dreyfus*, vol. 2, *op. cit.*, p. 328.

145 *L'Éclair*, 9 septembre 1896, p. 1.

146 Dans l'édition du 8 septembre 1896 du *Figaro*, Gaston Calmette décrit la tragique existence de Dreyfus au bagne, un homme « sans âge, le corps courbé, les cheveux blanchis, le visage jaune et creux » ; *Le Figaro*, 8 septembre 1896, p. Dans l'*Autorité* du 14 septembre 1896 à travers un article intitulé « le Doute », Paul de Cassagnac, pourtant fervent antisémite, met à nouveau la culpabilité de Dreyfus en doute ; Reinach Joseph, « Histoire de l'Affaire Dreyfus », vol. 2, *op. cit.*, p. 333.

147 *L'Éclair*, 15 septembre 1896, p. 1.

> militaire n'ont prononcé leur verdict qu'à bon escient, que leur conscience était définitivement éclairée, que leur conviction était pleinement faite, que Dreyfus, en dépit de ses dénégations, était coupable, – accusé par des présomptions morales multiples et par des preuves, celles-là formelles – puisque l'une d'elles portait son nom[148].

Si l'article est inexact sur bien des points, notamment dans sa retranscription du bordereau, non démenti il ouvre tout de même une brèche. Il permet d'instiller le doute quant à la légalité du procès et donne à voir certaines pièces importantes comme le bordereau.

Ces lacunes procédurales, le manque d'éléments à charge, sont à nouveau pointées par Bernard Lazare[149], un journaliste déjà connu du public pour son opposition aux lois scélérates mais également pour ses écrits sur l'antisémitisme[150]. Malgré des positions parfois ambiguës en matière de racisme[151], il accepte d'apporter son soutien à l'entreprise de la famille Dreyfus. Le 16 mai 1896 il publie un plaidoyer « Pour les Juifs » dans le *Figaro* et soutient Zola par des articles publiés dans *Voltaire* lors de ses premières publications sur l'Affaire la même année[152]. Il publie en novembre 1897, à Bruxelles, une brochure intitulée *Une erreur judiciaire. La vérité sur l'Affaire Dreyfus*[153] qui pointe précisément l'illégalisme du procès. L'auteur y déploie une véritable démarche d'investigation journalistique[154]. Il organise autour de sa publication une forte publicité : elle est envoyée à des universitaires, aux journaux, des magistrats, des

148 *Loc. cit.*

149 Bernard Lazare prend fait et cause pour l'anarchiste Jean Grave lors de son procès en février 1883 ; Duclert Vincent, *L'Affaire Dreyfus. Quand la véritié éclaire la République*, *op. cit.*, p. 47-50. *V.* sur le journaliste Wilson Nelly, *Bernard Lazare : l'antisémisme et le problème de l'identité juive à la fin du XIXe siècle en France*, Paris, Albin Michel, 1985, 471 p. ; Bredin Jean-Denis, *Bernard Lazare : de l'anarchiste au prophète*, Paris, Éditions de Fallois, 1992, 428 p. ; Oriol Philippe, *Bernard Lazare*, Paris, Stock, 2003, 400 p.

150 *V.* l'ouvrage Lazare Bernard, *L'Antisémitisme, son histoire et ses causes,* Paris, Léon Chailley, 1894, 420 p.

151 Dreyfus Michel, *op. cit.*, p. 87.

152 Dans ses éditions des 20, 24 et 31 mai, ainsi que des 7 et 14 juin. Virulent à l'égard de Drumont, son opposition à l'auteur nationaliste se traduit par un duel au cours duquel des coups de pistolet sont échangés ; Duclert Vincent, *op. cit.*, p. 84.

153 Lazare Bernard, *Une erreur judiciaire. La vérité sur l'Affaire Dreyfus*, Bruxelles, Monom, 1896, 24 p.

154 Charon Jean-Marie, « Le journalisme d'investigation et la recherche d'une nouvelle légitimité », *Hermès. La Revue*, vol. 35, n° 1, 2003, p. 138 ; *Le journalisme d'investigation*, Paris, PUF, 1997, p. 62.

officiers policiers[155]. Le temps n'est pas encore à la révision du procès mais le droit, grâce à la presse, s'invite dans les discussions qui ne sont plus centrées sur la seule question de l'antisémitisme, du nationalisme et de la conspiration. Les lecteurs ont accès aux sources, l'affaire prend véritablement naissance parce que le doute est enfin permis sur la base de documents officiels[156]. Malgré ces attaques, la brochure est réimprimée en France en novembre sous la forme d'une édition augmentée par l'éditeur Stock[157]. Bernard Lazare et Mathieu Dreyfus travaillent jusqu'à la fin de l'année 1897 à la publication d'une troisième édition au sein de laquelle seraient insérées un nombre important de documents d'expertises, forte d'une méthode scientifique[158].

Dans ce contexte, le général Billot, ministre de la Guerre est interpellé à la chambre par le député André Castelin le 18 novembre 1896[159]. Le député déplore une campagne d'« insinuation, de corruption, d'injure contre tout le monde » mais surtout la publication de « documents les plus secrets concernant l'armée ou la défense nationale[160] ». Le député nationaliste André Castelin revient sur les différentes publications qui ont eu lieu depuis septembre 1896 et avant lors du procès de Dreyfus. Il relève des tentatives d'intimidation et de corruption des juges qui auraient été rapportées dans nombreux de journaux. Il conclut à ce sujet :

> [...] ou ces faits sont exactes, et nous devons les poursuivre, ou ils sont inexacts, et ce sont les journaux que vous auriez dû pourchasser. [...] On ne touche pas légèrement à ces questions. Quand un journaliste avance une information de ce genre, exacte ou inexacte, il sait quelle responsabilité il encourt[161].

André Castelin fait référence à la brochure de Bernard Lazare publiée quelques temps plus tôt et s'interroge sur le fait qu'un journal ait le

155 Duclert Vincent, *op. cit.*, p. 53.

156 Gervereau Laurent, Prochasson Christophe dir., *L'affaire Dreyfus et le tournant du siècle (1894-1910)*, Nanterre, BDIC, 1994, p. 194.

157 V. Stock Pierre-Victor, *L'affaire dreyfus, mémorandum d'un éditeur*, Paris, Stock, 1894, 280 p.

158 Duclert Vincent, *op. cit.*, p. 57.

159 *Journal officiel de la République française. Débats parlementaires. Chambre des députés : compte rendu in extenso*, 18 novembre 1896, p. 1610. Ce dernier, qui considère Dreyfus comme un traître qui n'est plus français, sous-entend que certains ministres pourraient être complices d'un projet d'évasion de Dreyfus ; *ibid.*, p. 1612.

160 *Loc. cit.* Il cite à ce sujet des documents parus dans le Yacht sur la conquête de Madagascar ; *ibid.*, p. 1612.

161 *Ibid.*, p. 1611.

droit de publier de tels documents[162]. Le député appelle à poursuivre l'auteur pour injure et diffamation à l'encontre des officiers français et expose ses vues sur la potentielle révision du procès militaire[163] :

> Non ! On ne révisera pas ce procès ; nous avons le devoir de couper court dès maintenant à la campagne entreprise et qui se poursuit depuis trop longtemps. Pour cela, il suffit tout simplement de faire preuve de virilité patriotique, de faire savoir que nous avez l'intention de poursuivre et de sévir contre les gens qui colportent des documents secrets qu'ils se sont procurés nous ne savons comment ; qui injurient les membres de notre armée, et qui finissent par faire supposer que dans ce pays de France tout est pourri, tout est vendu, tout est à vendre[164] !

Il présente un ordre du jour ainsi conçu : « La Chambre, unie dans un sentiment patriotique, confie au gouvernement le soin de rechercher les responsabilités qui se sont révélées à l'occasion et depuis la condamnation du traître Dreyfus, et d'en poursuivre la répression[165] ».

Le ministre de la guerre répond à l'interpellation en indiquant les mesures que le gouvernement entend prendre contre la divulgation de dépêches secrètes dans la presse[166]. Sa réponse est claire : « le ministre de la Guerre et le Gouvernement n'ont pas cessé de veiller et veilleront plus que jamais, avec un soin jaloux, à ce que toutes les indiscrétions soient poursuivies et sévèrement punies[167] ». Pourtant un regard au *Bulletin officiel du ministère de la Justice* semble indiquer qu'une telle attention à la répression n'ai pas été manifestée officiellement. Le bulletin de l'année 1896 ne fait état que d'une circulaire relative à l'application de la loi d'amnistie du 1er février 1895. Cette dernière demande aux procureurs

162 *Ibid.*, p. 1613. En effet, Lazare écrit de graves accusations à l'encontre des responsables républicains. En voici un extrait : « Quant à moi, j'accuse le général Mercier, ancien ministre de la Guerre, d'avoir manqué à tous ses devoirs, je l'accuse d'avoir égaré l'opinion publique, je l'accuse d'avoir fait mener dans la presse une campagne de calomnies inexplicables contre le capitaine Dreyfus, je l'accuse d'avoir menti. J'accuse les collègues du général Mercier de ne pas avoir empêché cette iniquité, je les accuse d'avoir aidé le ministre de la Guerre à entraver la défense, je les accuse de n'avoir rien fait pour sauver un homme qu'ils savaient innocent » ; Cité par Oriol Philippe, *Bernard Lazare*, *op. cit.*, p. 167.

163 *Journal officiel de la République française. Débats parlementaires. Chambre des députés : compte rendu in extenso*, 18 novembre 1896, p. 1613.

164 *Ibid.*, p. 1614.

165 *Loc. cit.*

166 *Journal officiel de la République française. Débats parlementaires. Chambre des députés : compte rendu in extenso*, 18 novembre 1896, p. 1614.

167 *Ibid.*, p. 1614.

de faire remonter au ministère les individus qui ont bénéficié de la loi, les raisons de leurs poursuites ainsi que leurs condamnations[168]. Le bulletin pour l'année 1896 ne fait mention d'aucune circulaire enjoignant le parquet à faire preuve de davantage de vigilance à l'égard de la presse.

Sur les poursuites à engager contre des membres de l'armée qui agiraient en faveur de l'espionnage à la faveur de la Prusse, le ministre avance un argument de droit afin de justifier l'inaction du gouvernement :

> Le ministre de la guerre est le gardien fidèle de l'honneur des officiers placés sous ses ordres ; si leur honneur avait été vraiment attaqué, il ne laisserait à personne le soin de le défendre. (Vifs applaudissements.) Le code de justice militaire est formel : l'action publique ne peut être mise en mouvement sur ces questions que par l'ordre d'informer donné par le général commandant la circonscription. Le pouvoir parlementaire ne pourrait, par voie d'ordre du jour, s'ingérer dans la justice militaire[169].

Le ministre revendique la séparation des pouvoirs afin de justifier l'absence de mesures spécifiques de répression. Le ministre se réfère ici à l'article 99 du livre III du code de justice militaire de 1857 qui dispose : « La poursuite des crimes et délits ne peut avoir lieu, à peine de nullité, que sur un ordre d'informer donné par le général commandant la circonscription soit d'office, soit d'après les rapports, actes ou procès-verbaux dressés conformément aux articles précédents ». Si les conduites dénoncées par Bernard Lazare sont fondées, il revient aux autorités militaires d'agir car elles sont seules compétentes. Ce qu'elles ne font évidemment pas, de telles poursuites mettraient en évidence l'innocence de Dreyfus ainsi que la culpabilité de l'armée d'avoir commis une erreur de jugement. Le légalisme ne trouve à s'appliquer que dès lors qu'il est de l'intérêt du pouvoir.

Le président du Conseil complète les propos du ministre en s'appuyant la force attachée au jugement de 1894 :

> Le discours de M. Castelin ne pourrait avoir pour conclusion que de rouvrir un procès suivi d'une condamnation qui a l'autorité de la juger. Le Gouvernement n'ajoutera donc rien aux paroles de M. le ministre de la guerre. Il se borne à dire que, s'il avait découvert ou s'il arrivait à découvrir des complices de Dreyfus, il saurait faire tout son devoir[170].

168 *Bulletin officiel du ministère de la Justice*, 1895, p. 9.
169 *Loc. cit.*
170 *Le Figaro*, 19 novembre 1896, p. 2.

Sans s'y référer, le président du Conseil articule sa pensée autour du droit de la presse. S'attaquant à des individus en charge d'un service public, un procès en assises aurait donné à l'auteur le droit de recourir à l'exception de vérité. L'Affaire Dreyfus aurait été rouverte pour en discuter des éléments de fond.

L'ordre du jour est adopté par l'Assemblée, toute déterminée à lutter contre les atteintes qui pourraient être faite à la fois au principe de la chose jugée et à l'armée[171]. Ni défiance, ni accusation, l'acte du jour semble être un « acte de confiance et de prudence » à l'égard du gouvernement[172].

Au-delà de ces considérations procédurales, le choix de ne pas poursuivre l'auteur tient dans la violence de l'accueil de la brochure par la presse. Les tribunaux n'ont pas à intervenir car le champ médiatique se charge lui-même de la condamnation publique de Lazare. Ce dernier écrit alors au sujet de ce tribunal de l'opinion qui se dresse contre lui et son engagement : « Du jour au lendemain je fus un paria – un long atavisme m'ayant préparé à cet état je n'en souffris pas moralement. Je n'en souffris que matériellement[173] ».

Au sein de la presse nationaliste les journaux se font injurieux. Tel est le cas du *Siècle*[174], de la *Petite République* qui publie un article très virulent le 10 novembre 1896 sous la plume du socialiste Alexandre Zevaes[175] ou du Figaro[176].

---

171 « À la quasi-unanimité, les députés se déclarent confiants dans le gouvernement pour rechercher s'il y a lieu les responsabilités qui se sont révélées à l'occasion et depuis la condamnation du traître Dreyfus, et en poursuivre la répression » ; *Journal officiel de la République française. Débats parlementaires. Chambre des députés : compte rendu in extenso*, 18 novembre 1896, p. 1616.

172 *Le Figaro*, 19 novembre 1896, p. 2.

173 Cité par Viard Jacques, « Prophètes d'Israël et annonciateur chrétien d'après les archives inédites des "Cahiers" », *Revue d'Histoire littéraire de la France*, 73e Année, n° 2/3, p. 334.

174 Duclert Vincent, *op. cit.*, p. 54. L'article en date du 9 novembre dénonce le manque de courage de l'auteur qui ne s'est pas fait publier en France ; Duclert Vincent, *op. cit.*, p. 86.

175 Il écrit « C'est une nouvelle manœuvre dans la campagne sournoisement engagée par quelques journaux de la finance pour faire douter l'opinion de la culpabilité du traître et créer ensuite un mouvement de sympathie en sa faveur » ; *La Petite République*, 10 novembre 1896, p. 1.

176 *Le Figaro* résume quant à lui les stratégies de publication en faveur de Dreyfus à travers l'expression d'« histoire de portiers » ; *Le Figaro*, 19 novembre 1896, p. 1. Sur le rôle des journaux britanniques il relève qu'il n'en résulte que la reproduction des propos d'« un ivrogne quelconque raconte à d'autres ivrognes qu'il arrive des iles du Salut et que Dreyfus vient de s'évader » ; *loc. cit.* Sur l'intervention de Lazare, il relève l'intervention

Ainsi, le choix du gouvernement et du conseil de guerre est de laisser les publications qui pourraient remettre en cause la décision de 1894 hors d'atteinte des tribunaux. Le contrôle juridique de l'imprimé se caractérise par son absence, permettant aux papiers de poursuivre leurs publications et de se livrer à une guerre de l'information alors que la demande de révision du procès déposée par Lucie Dreyfus sous forme de pétition est refusée le 18 septembre 1896.

En 1897, l'information du public se poursuit[177]. Malgré les nouvelles pièces qui s'ajoutent au dossier, le 9 novembre 1897, une note du ministre de l'Intérieur Barthou, est communiquée à la presse et se veut sans équivoque : « Le garde des Sceaux n'étant saisi ni d'un fait nouveau ni d'une pièce inconnue, il n'appartient au gouvernement que d'assurer l'exécution de la condamnation[178] ». Bien que les journaux poursuivent la publication de nouvelles informations, ces dernières ne constituent pas légalement de nouveaux faits qui justifieraient la réouverture du dossier. Le choix du pouvoir est celui de la « prétérition » selon les termes de

---

« profitable » d'un « israélite » aux « mauvais arguments » ; *loc. cit.* Cependant il relève que « la presse est libre, et d'ailleurs ce serait donner à une œuvre évidemment partiale une importance qu'elle n'a pas » ; *loc. cit.*

177 Le 15 novembre les journaux du matin publient une lettre de Mathieu Dreyfus au ministre de la Guerre, dénonçant Esterhazy comme l'auteur du bordereau ce qui provoque l'ouverture d'une enquête pour Haute trahison. Cette dénonciation est rendue possible grâce au lieutenant-colonel Picquart qui, à la tête du Service de renseignement depuis juillet 1895, prend connaissance d'un document émanant du colonel Schwartzkoppen à destination du commandant Esterhazy, « le petit bleu » dont l'existence est portée à la connaissance du ministre de la Guerre ; V. Johnson Martin, « The petit bleu », in *The Dreyfus affair*, London, Red Globe Press London, 1999, p. 39-65. Convaincu de la similitude de l'écriture contenue dans le document et de celle du bordereau, il conclut à l'issue d'une enquête discrète à l'innocence de Dreyfus. Il transmet ses conclusions au sous-chef d'état-major Gonse qui fait le choix de ne pas rouvrir l'affaire. Bertillon et l'état-major œuvrent à présenter Esterhazy comme un homme de paille créé par les soutiens de Dreyfus afin de l'innocenter ; Drouin Michel, *op. cit.*, p. 49. L'obstination de Picquart à vouloir pointer l'erreur judiciaire lui vaut d'être écarté des enquêtes en cours. On lui reproche notamment d'avoir mis la main illégalement, par une saisine réalisée à la poste, sur le document incriminant Esterhazy. Il est alors envoyé dans l'est de la France. Afin d'éviter qu'un nouveau scandale éclate, toute une succession de manœuvre est mise en place par les acteurs à la procédure militaire qui a amené à la condamnation de Dreyfus. Henry modifie « le petit bleu » en grattant le nom d'Esterhazy ; *ibid.*, p. 52. Picquart est envoyé en Tunisie en janvier 1897. Pris dans sa lancée, Henry poursuit ses faux qu'il transmet à Gonse en affirmant les avoir trouvés dans le cornet de Mme Bastian.

178 Cité par Cavaignac Dardenne Henriette, *Lumières sur l'affaire Dreyfus*, Paris, Nouvelles éditions latines, 1964, p. 108.

Christian Vigouroux[179]. Il s'obstine à déclarer qu'il n'y a rien, « qu'il n'y a pas d'Affaire » selon les termes de Méline à l'Assemblée le 4 décembre 1897. Le silence des institutions pousse à la conspiration[180]. De cette parole mal assurée, la presse tire un élément à exploiter encore et encore sans pour autant faire l'objet d'une répression accrue.

Une jurisprudence protectrice de la démocratie

Sur la période 1894-1897, le contentieux du droit de la presse ne fait pas état d'une répression spécifique des journaux, et qu'il s'agisse des papiers en faveur de la position officielle ou non. En témoigne les chiffres relatifs à l'infraction de diffamation envers l'armée : en 1894, on compte une seule affaire jugée par la cour d'assises[181]. En 1895 il n'y en a pas, ni en 1896, ni en 1897. Le plus gros du contentieux sur la période et devant la cour d'assises est celui des diffamations envers les fonctionnaires et le chiffre est stable.

D'un point de vue qualitatif en revanche, la jurisprudence est davantage intéressante. Si le procès militaire de Dreyfus remet en cause les principes fondamentaux du droit à travers une illégalité des procès ou le non-respect de la présomption d'innocence, la jurisprudence rendue en application du droit de la presse suit une autre voie dans le sens de la protection de la démocratie à travers une protection apportée à la fois aux droits des journalistes, des citoyens et aux institutions du pays.

Le tribunal correctionnel de la Seine, dans une décision du 12 décembre 1895, vient ainsi renseigner le contenu de la liberté d'informer donnée aux journaux par la loi du 29 juillet 1881. Le tribunal décide que le législateur n'a pas donné de définition précise et de nature à prévoir tous les cas qui se présenteraient à juger à l'expression « compte rendu[182] ». En conséquence de quoi il a imposé le devoir et le droit aux tribunaux de rechercher et de déterminer dans chaque affaire quels sont les éléments constitutifs d'un compte-rendu. Ainsi, doit être considéré comme un compte rendu au sens de l'article 41 de la loi du 29 juillet 1881,

179 Vigouroux Christian, « S'obstiner dans l'échec. L'exemple de l'affaire Dreyfus », *Inflexions*, vol. 45, n° 3, 2020, p. 109-116.

180 *Ibid.*, p. 110 ; Bredin Jean-Denis, *L'Affaire*, Paris, Julliard, 1983, p. 383 ; Duclert Vincent, *Alfred Dreyfus, L'honneur d'un patriote*, Paris, Fayard, « Pluriel », 2006, p. 126.

181 *Compte général de l'administration de la justice criminelle*, 1894, p. 51.

182 *La Gazette du palais*, Second Semestre 1895, p. 781.

l'article publié dans un journal qui indique le jour de l'audience ainsi que la nature des faits à juger, l'acquittement de l'une des parties, la condamnation de l'autre, rappelant des paroles prononcées par le président et les plaidoiries des avocats[183]. Un tel article peut bénéficier de l'immunité de l'article 41-3 de la loi du 29 juillet 1881, quand bien même il soit incomplet ou partiel sur l'affaire, l'important tendant dans une publication fidèle et de bonne foi. La fidélité se comprend alors comme l'absence de dénaturation de la physionomie des faits et la bonne foi se comprend par une présentation contradictoire des faits, à travers les arguments de l'attaque et de la défense[184]. Par cette décision, la juridiction vient confirmer la liberté d'informer des journaux ainsi que les principes qui doivent guider un débat démocratique : la recherche de la vérité et l'absence de volonté de nuire. Une seconde décision rendue par la même chambre du tribunal vient encore davantage préciser les règles qui y sont applicables.

La 9e chambre du tribunal correctionnel de la Seine par une décision du 12 août 1895, décide que si le gérant d'un journal peut refuser la publication intégrale d'une réponse contenant des expressions outrageantes pour son rédacteur en chef puisqu'il importe pour apprécier cette réponse de prendre en considération les termes de l'article qui a provoqué cette réponse et d'apprécier, si la vivacité de celle-ci n'est pas la simple expression d'une susceptibilité légitimement froissée[185]. Il existerait ainsi une forme de proportionnalité entre l'attaque portée et le droit de réponse qui en découle. En l'espèce, Cornudet face à un article dans lequel il est désigné paru le 4 juin 1895 dans l'*Intransigeant*[186] et intitulé « *Un député maboule*[187] », a envoyé à ce journal une lettre rectificative qui ne l'a insérée que partiellement dans le numéro du 7 juin. Le journal soutient qu'il était en droit de ne pas publier intégralement la réponse de Cornudet car cette dernière contenait des expressions outrageantes pour

183 *Loc. cit.*

184 *Loc. cit.*

185 *Ibid.*, p. 412.

186 Journal de tendance socialiste, qui a fait preuve au cours de l'Affaire Dreyfus d'un antisémitisme acharné.

187 Le député est accusé d'avoir fait maltraiter par la police un individu souhaitant le rencontrer à son domicile afin d'obtenir une recommandation de sa part. Le journal ne mâche pas ses mots et le qualifie notamment d'« aliéné » tout en l'accusant d'être l'une des raisons qui abaisse la « France au niveau de la dernière des nationaux d'Europe » ; *L'intransigeant*, 4 juin 1895, p. 2.

son rédacteur en chef. La cour relève que cette allégation pourrait être fondée mais indique, qu'en l'espèce, il y a lieu de prendre en considération les termes de l'article dans lequel il était attaqué. Si cette réponse contient certains passages ironiques de nature à froisser « l'amour-propre » du rédacteur en chef de l'*Intransigeant*, et même si certaines expressions sont outrageantes ou tout au moins blessantes, cette vivacité de langage a été provoquée par le journal lui-même dont la forme et le fond ont dû blesser Cornudet dans « sa légitime susceptibilité[188] ». Le choix opéré par le tribunal est ainsi de créer une forme de proportionnalité dans le débat entre les différents intervenants. Si les agents souhaitent calmer le débat, c'est à eux de faire preuve de modération dans leurs propos et de s'autoréguler.

Notons encore la décision du 8 juillet 1896 rendue par le tribunal civil de Versailles à travers sa première chambre. Le tribunal décide que les nécessités professionnelles du journaliste, avec ses besoins modernes d'information à outrance et rapide, lui donnent de fait certaines exemptions quand il est démontré qu'il est resté dans son rôle, qu'il n'a pas voulu servir des intérêts personnels ou les rancunes des tiers ou encore qu'il n'a pas falsifié les renseignements qui lui ont été plus ou moins volontairement donnés[189]. La cour prend en compte, dans l'évaluation d'un préjudice commis, l'évolution du champ journalistique pour justifier les erreurs qui peuvent être commises par ses agents.

Au-delà de ces précisions relatives à la presse, quelques décisions viennent poursuivre l'édifice de la protection de la République, de ses institutions et de ses représentants, dans une période où les attaques dirigées à leur rencontre sont monnaie courante. La Cour de cassation par un arrêt du 2 janvier 1896 précise l'application de la loi d'amnistie votée un an plus tôt. Elle indique que l'amnistie enlève au fait auquel elle s'applique tout caractère délictueux. En conséquence, au regard de l'action publique, un fait doit être considéré comme n'ayant jamais été commis. Mais la prétendue indivisibilité de ce fait avec un autre fait délictueux poursuivi et non amnistié ne saurait servir de base à une exception d'incompétence. Peu importe à cet égard que l'amnistie soit survenue alors que les poursuites étaient déjà engagées[190]. Ainsi, un

188 *La Gazette du palais*, Second Semestre 1895, p. 412.
189 *La Gazette du Palais*, Second Semestre, 1896, p. 414.
190 *La Gazette du Palais*, Premier semestre, 1896, p. 192.

article paru dans le journal bonapartiste *La comédie politique* au sein duquel le journaliste Ponet avait inséré à la fois des menaces de mort et de violences ainsi que des faits diffamatoires envers un citoyen chargé d'un service ou d'un mandat public, ne peut se prévaloir d'une exception d'incompétence fondée sur l'amnistie. Les responsables de la publication, dont la ligne éditoriale est particulière hostile à la République puis favorable à Dreyfus dès la fin de l'année 1896, peuvent être légalement poursuivis[191].

La 9e chambre du tribunal correctionnel de la Seine, dans une décision du 11 décembre 1895, décide que des articles de journaux ayant un caractère diffamatoire et injurieux ne sauraient faire tomber leur auteur sous le coup des dispositions des articles 29, 32 et 33 de la loi sur la presse du 29 juillet 1881 lorsqu'il est certain qu'il ne les a pas écrits de mauvaise foi et dans l'intention de nuire[192]. Surtout, la décision indique qu'il en est ainsi spécialement lorsque l'auteur de ces articles n'a fait qu'user du droit légitime et reconnu à tout journaliste de critiquer des doctrines considérées par lui comme périlleuses et antipatriotiques, qu'il ne pouvait partager et contre lesquelles il essayait de mettre en garde une notable partie des citoyens français[193].

Il s'agit en l'espèce d'articles du journal *La paix* rédigés par Gendry et dirigés à l'encontre de Eugène Guérard, secrétaire général du syndicat national des chemins de fer au moment où s'ouvre le sixième congrès des ouvriers et des employés du chemin de fer[194]. Selon la Cour, quoi que ces articles soient parfois exagérés, ils ne sont pas condamnables au regard du fait que l'intention criminelle est absente, le seul dessein du journaliste étant de mettre en alerte les lecteurs sur les thèses de Guérard qu'il considérait comme funestes et préjudiciables à la France pour sa défense en cas de guerre[195]. La Cour prend ici en compte, afin de déterminer l'élément moral de l'infraction, le mobile de l'agent pénal. Il semble à ce titre, que les motivations du journaliste soient suffisantes pour ne pas le condamner malgré qu'il soit « certain que leur caractère

191 *La comédie politique*, 13 septembre 1896, p. 2.

192 *La Gazette du Palais*, Premier semestre 1896, p. 160.

193 *Loc. cit.*

194 *V.* au sujet du militant Ceplair Larry, « La théorie de la grève générale et la stratégie du Syndicalisme : Eugène Guérard et les cheminots français dans les années 1890 », *Le Mouvement Social*, n° 116, 1981, p. 21-46.

195 *La Gazette du Palais*, 1er semestre 1896, p. 161.

diffamatoire et injurieux pour Guérard ne puisse être contesté[196] ». Ainsi, la lutte contre les idées de gauche radicale semble admettre quelques concessions avec le droit.

En dehors de ces précisions qui intéressent le débat politique, la chambre correctionnelle de la cour d'appel de Paris, dans une décision du 14 janvier 1895, déclare que les règles de l'article 42 de la loi du 29 juillet 1881 relatives à l'échelonnement des responsabilités ne s'appliquent pas au cas où l'une des personnes devant être poursuivie à un degré préférable est étrangère. Il en est de même dans le cas où la poursuite est dirigée contre un prévenu qui a prêté son concours à une personne résidant à l'étranger[197]. Afin de surpasser les difficultés qui tiennent dans l'extranéité de l'un des agents pénaux, le choix est fait de privilégier la poursuite d'un citoyen français, plus aisément localisable et plus facile à poursuivre. Surtout, la citoyenneté française donne un gage supplémentaire quant à l'exécution de la peine plus facile à exiger auprès d'un ressortissant national.

Au-delà de ces considérations procédurales, certaines décisions judiciaires viennent évoquer plus clairement le contexte politique de l'époque et les tensions qui existent entre la France et l'Allemagne au moment où l'Affaire Dreyfus se déroule. Tel est le cas d'une décision rendue par la chambre correctionnelle de la Cour d'appel d'Angers le 12 mars 1896 suite à une plainte déposée par de Broglie visant plusieurs articles parus dans le journal *Le réveil de la Mayenne* au cours de l'année 1895. Le tribunal retient qu'il n'y a pas diffamation dans le seul fait de rappeler au lecteur que de Broglie avait été condamné, dans l'affaire de l'Union générale, solidairement à rembourser une somme conséquente[198]. La décision indique qu'il n'y a pas non plus de diffamation dans le fait de reprocher à une personne de se parer d'un titre d'origine autrichienne ou allemande et de la qualifier de prince autrichien ou allemand, alors qu'il est constant que ce titre a été réellement conféré à l'un des ancêtres de cette personne par un empereur en récompense de services rendus par lui à la tête des armées de France contre les princes allemands coalisés[199]. Dans ce cas, la vérité historique l'emporte empêchant la qualification d'infraction de diffamation.

---

196 *Loc. cit.*
197 *La Gazette du Palais*, 1er semestre 1895, p. 451.
198 *Ibid.*, p. 743.
199 *La Gazette du Palais*, 1er semestre 1896, p. 741.

En revanche, se rend coupable du délit de diffamation celui qui après avoir rappelé que l'aïeul d'une personne a pris rang dans les bataillons prussiens en 1789 pour se battre contre la France, donne à cette personne l'épithète de « soldat prussien », lui imputant des sentiments ou la faisant supposer capable d'agissements semblables à ceux de son aïeuls, sentiments et agissements que l'histoire a flétris[200]. Si le rappel historique d'une ascendance est ainsi permis, le raisonnement par analogie est interdit en ce qu'il nierait à chacun la possibilité d'avoir un libre arbitre, détaché de tout héritage familial.

Une décision de la première chambre du tribunal civil de Toulouse du 19 mars 1896 peut être encore être notée. Celle-ci dénote avec les précédentes car elle éclaire le cheminement des intellectuels vers leur engagement. En effet, elle indique que si l'ingérence des tiers dans une grève peut être une cause de préjudice pour l'industrie contre laquelle la cessation de travail est concertée, elle doit être considérée comme une conséquence nécessaire du droit de coalition.

Dès lors, étant licite, elle ne saurait donner ouverture à une action en dommages-intérêts. En conséquence, les ouvriers qui se sont concertés pour cesser leur travail peuvent accepter ou même provoquer tous les concours qu'ils jugent utiles à leur défense, pourvu qu'il ne s'agisse pas de concours demandés à des moyens coupables. Il ne saurait donc leur être interdit de s'appuyer sur les conseils de l'expérience d'hommes, députés, journalistes ou autres, investis de leur confiance, de suivre leur direction ou encore de faire publiquement appel à l'opinion pour y trouver un soutien soit moral, soit matériel, de même qu'à la solidarité de tous ceux qui sont intéressés par la cause. Ainsi, alors même que des moyens coupables avaient été employés par les tiers intervenant dans la grève, que le patron aurait été présenté publiquement comme un affameur de peuple, ces manœuvres ne peuvent engager la responsabilité de leurs auteurs que s'il est démontré que la cessation du travail s'est prolongée sous leur influence directe en vertu d'une relation étroite de cause à effet[201].

Ainsi, en l'espèce, le député Jean Jaurès et les journaux *La Petite République* et *La Dépêche*, ne peuvent être poursuivis pour l'assistance

---

200 *Loc. cit.*

201 *Ibid.*, p. 426. *V.* les conclusions dans le sens contraire, du procureur de la République ; *ibid.*, p. 426-430.

qu'ils ont apporté à la grève des ouvriers de la société des Verreries de Carmaux du Bousquet d'Orb. Par cette décision, le tribunal civil valide, en droit, l'aide que les intellectuels et théoriciens peuvent apporter à une cause sans qu'ils soient exposés à une condamnation solidaire sur le plan civil en cas de préjudice. Cette décision valide, en droit, l'engagement des intellectuels à venir. On note ici une position radicalement opposée à ce qui avait pu être déployée en droit pénal lors du vote des lois scélérates à l'encontre des théoriciens de l'anarchisme. Les luttes sociales, dès lors qu'elle se tiennent dans le cadre d'un débat républicaine, peuvent être soutenues par des tiers sans que ces derniers ne s'exposent à devoir verser des dommages-intérêts. Cette dernière décision illustre la tendance à la libéralisation du débat public.

Dans un contexte de forte agitation médiatique, la jurisprudence tend à vouloir protéger les bases de la société démocratique Républicaine : le libre débat d'idées et les institutions politiques du pays. Aussi, l'absence d'une forte répression de l'imprimé se comprend politiquement pour des raisons pragmatiques. Si la presse jouit au cours de l'affaire sur la période 1894-1898 d'une liberté importante, ceci peut s'expliquer en raison de la position très souvent modérée des publications. En dehors des pages radicales qui ont activement participé à créer une Affaire Dreyfus, il apparaît que les pages recherchant une opinion moyenne, une ligne éditoriale consensuelle, soient davantage sorties gagnantes du point de vue commercial[202]. Les journaux qui se sont écartés de cette voie médiane ont perdu des lecteurs[203]. Tel est le cas du *Petit journal* : journal à grand tirage, son engagement antidreyfusard l'emporte peu à peu dans un long déclin et dans une baisse sensible de ses ventes[204]. Au contraire, *Le Petit Parisien*, par ses positions modérées garde sa position dominante dans le paysage médiatique français pendant plus de trente ans[205]. Les journaux les plus lus sont ainsi les moins dangereux d'un point de vue politique.

Les journalistes, dans leur grande majorité, se sont peu investis à titre personnel, leur intérêt pour l'affaire étant motivé avant tout pour

---

202 Duclert Vincent, « Le journal », *op. cit.*, p. 95.

203 Ponty Janine, « La presse quotidienne et l'affaire Dreyfus en 1898-1899. Essai de typologie », *Revue d'histoire moderne et contemporaine*, t. 21 n° 2, Avril-juin 1974, p. 219.

204 Kalifa Dominique, « Le journal », *op. cit.*, p. 96.

205 *Loc. cit.*

des besoins d'ordre professionnel[206], par les enjeux économiques induits par l'accroissement constant du lectorat. La presse de masse apparue sous le Second Empire[207] préfère miser sur un contenu diversifié, qui n'opte pas pour une prise de position radicale. Si parfois l'orientation des pages est politique, la ligne éditoriale prend soin de mobiliser l'opinion sur des sujets plutôt neutres qui ne froissent pas le lecteur qu'elle tient à garder[208]. La presse emprunte la voie du reportage, de l'enquête et s'autonomise. Elle s'investit dans ses enquêtes quitte à enfreindre la loi en publiant des actes de procédure tenus au secret. À travers cette démarche mélangent à la fois recherche du scoop, de l'information nouvelle mais également de la vérité. La presse envisage l'affaire de Haute trahison avant tout comme une affaire criminelle, sujet qui passionne le lectorat qui développe une appétence toute particulière pour les faits divers et les récits d'espionnage[209] comme lors de l'affaire Pranzini en 1887[210]. En ce sens, le cas de Dreyfus prolonge une mécanique déjà à l'œuvre, le journalisme d'investigation en cours de développement alors se trouve accéléré par les circonstances inédites de l'affaire. On retrouve ici la conjonction du développement de la culture de masse et de la démocratie : recherche de la vérité, droit à l'information et recherche d'un marché économique financièrement intéressant.

---

206 Martin Marc, « Les journalistes et l'affaire Dreyfus », in *L'affaire Dreyfus et le tournant du siècle*, p. 116-125.

207 « Les journaux comme le nôtre ne peuvent pas être des journaux de partis… S'adressant à tout le monde, ils doivent renseigner, éclairer, instruire sans jamais exciter les passions… Leur politique est, avant tout, la politique du bon sens, du travail, du progrès, c'est-à-dire la politique du plus grand nombre » indique Timothée Trimm, dans *Matinées* de Timothée Trimm, Paris, Librairie du Petit Journal, 1865, p. 27.

208 Kalifa Dominique, *op. cit.*, p. 98.

209 V. Dominique Kalifa, *L'Encre et le sang : récits de crimes et société à la Belle Époque*, Paris, Fayard, 1995, 351 p. ; Ambroise-Rendu Anne-Claude, *Petits récits des désordres ordinaires : les faits divers dans la presse française des débuts de la IIIe République à la Grande Guerre*, Paris, Seli Arslan, 2004, 332 p. : Ambroise-Rendu Anne-Claude, *Les faits divers dans la presse française de la fin du XIXe siècle. Étude de la mise en récit d'une réalité quotidienne (1870-1910)*, Thèse de doctorat, Histoire, 1997. Cette attention pour les faits criminels n'est pas nouvelle dans les années 1890. Déjà l'affaire Troppmann en 1869 avait vu les journaux chercher des informations officielles et inédites afin d'alimenter le dossier ; Duclert Vincent, « Le journal », *op. cit.*, p. 95. Lire à ce sujet Isaac Olivier, « Les enquêtes balbutiantes des journalistes durant l'affaire Troppmann », in Farcy Jean-Claude, Kalifa Dominique, Luc Jean-Noël dir., *L'enquête judiciaire en Europe au XIXe siècle*, Paris, Créaphis, 2007, p. 231-239.

210 Duclert Vincent, « Le journal », *op. cit.*, p. 95.

Les journaux d'information à grand tirage misent en outre sur une ligne proche du pouvoir, de manière à éviter également l'ire des dirigeants[211]. On assiste ici à une forme de régulation de l'offre par les agents mêmes du champ journalistique. Ainsi *Le Charivari* est peu pressé de relater les faits en lien avec l'affaire, dans une volonté de non-engagement[212]. Parfois le choix de ne pas informer les lecteurs tient à l'agenda politique : *Le Grelot* prend du temps avant d'introduire dans ses pages et dessins les propos d'Esterhazy à l'encontre de Picquart afin de ne pas influer sur les résultats des élections législatives de 1898[213].

Pour autant, le paysage médiatique sous la période est complexe, composite et nuancé[214]. À côté des journaux à grand tirage, peu engagés, existe une presse aux positions radicales. Son activité participe à la création progressive de l'identité des groupes, dreyfusards et antidreyfusards, qu'elle conforte dans leurs positions[215]. L'intervention de cette presse dans le déroulement de l'affaire est souvent décisive : *La libre parole*, *Le matin*, *Le Figaro* … Ces journaux orientent le débat public mais également l'affaire militaire en elle-même. Toutefois le nombre de journaux investis pleinement dans le déroulement de la procédure est limité au regard de la multitude de titres en vente à la même période. Ce sont des journaux dont les ventes sont bien moins importantes que leurs concurrents. À ce titre on assiste à une asymétrie entre l'impact de leurs publications sur l'affaire et l'ampleur de leurs tirages. Pour exemple, *Le Figaro* ne tire que 30 à 35 000 exemplaires[216] alors que *Le Petit Journal* s'écoule à plus d'un million d'exemplaires sur l'année 1898[217].

L'absence de déontologie, la corruption, la culture du tirage sont placés au cœur des débats sur la responsabilité des journaux[218]. Cette implication de la presse dans la vie du pays est dénoncée par Henry

211 Palmer Michael B., *Des petits journaux aux grandes agences. Naissance du journalisme moderne*, Paris, Aubier, 1983., p. 19.

212 Denis Michel, Lagrée Michel, Veillard Jean-Yves dir., *L'affaire Dreyfus et l'opinion publique en France et à l'étranger*, *op. cit.*, p. 45.

213 *Loc. cit.*

214 Kalifa Dominique, *op. cit.*, p. 99.

215 Charle Christophe, « La mobilisation de l'opinion publique pendant l'affaire Dreyfus », *Politix*, n° 16, 1991, p. 65-71.

216 Ponty Janine, *op. cit.*, p. 193.

217 *Ibid.*, p. 194.

218 Kalifa Dominique, *op. cit.*, p. 99.

Bérenger qui voit dans ce média la « grande corruptrice des consciences modernes[219] ».

Un autre élément semble jouer en faveur de la liberté laissée à l'imprimé : le laps de temps qui s'écoule entre les faits et le moment où ils sont repris par la presse. Pour *Le Charivari* la moyenne est de 13 semaines, pour *Pssst… ! de* 6 semaines, *Le Sifflet* de 9,6 semaines et *Le Grelot* de 2 semaines pour qu'un événement émerge dans le domaine public à travers notamment des dessins de presse[220]. Ce temps qui est laissé entre les faits et leur réception empêche les réactions à chaud, sans recul, potentiellement plus vives et passibles de tomber sous les coups de la loi. La répression de la révélation d'un événement ancien peut de la même manière apparaître comme inadéquate, donnant de l'importance à un évènement déjà passé et poussé en dehors du champ médiatique pour une nouvelle information plus importante[221].

L'absence de réforme ad hoc du droit de la presse

Sous la période qui s'étend de 1895 à 1898, les réformes effectivement votées par le parlement en matière de droit de la presse sont limitées. La majeure partie des textes votés ont surtout le point commun de ne pas intervenir directement sur le cours de l'affaire. L'attention des chambres se concentre autour des questions de nationalité et de citoyenneté. Si elles n'envisagent pas frontalement le cas Dreyfus, elles participent à créer un contexte qui renforce le caractère symbolique de la condamnation d'un juif alsacien pour Haute trahison. Une proposition de loi est ainsi déposée par le député Bazille afin d'imposer aux étrangers résidant en France et y vivant du produit de leur travail une taxe militaire de deux

219 Cité par Kalifa Dominique, *op. cit.*, p. 99.

220 Denis Michel, Lagrée Michel, Veillard Jean-Yves dir., *L'affaire Dreyfus et l'opinion publique en France et à l'étranger*, *op. cit.*, p.

221 Si la condamnation de la presse ne se fait pas par le parlement ou par les tribunaux, elle est faite à travers des revues. Henry Bérenger réalise à ce sujet une enquête publiée dans *La Revue bleue* de décembre 1897 à janvier 1898, intitulée « les responsabilités de la presse contemporaine » au travers de laquelle il dénonce l'avilissement de la presse devenue un commerce et l'abandon de la noblesse des lettres ainsi que de la réflexion au profit de l'argent ; Pinsolle Dominique, « La presse face aux élites politiques et économiques : le cas du *Matin* (1884-1944) », *Essais*, 2014, n° 5, p. 57 ; Delporte Christian, *Les journalistes en France, 1880-1950. Naissance et construction d'une profession*, Paris, Seuil, 1999, p. 131-137.

francs par mois[222]. Une proposition de loi de Pontbrianc et de Montfort tend à n'admettre à l'exercice des fonctions publiques que des Français ou des Français issus de parents français ou naturalisés[223]. Michelin propose de déclarer inéligibles et incapables de remplir aucun emploi civil ou militaire les étrangers naturalisés et les descendants d'étrangers jusqu'à la quatrième génération, d'interdire aux dignitaires de l'État, aux officier des armées de terre et de mer et à certains fonctionnaires de se marier avec des étrangères, même naturalisées ou descendantes d'étrangers jusqu'à la quatrième génération[224]. Dans le même temps, la chambre vote le projet de loi sur la trahison et l'espionnage qui est en discussion depuis plusieurs années[225].

Dans ce bouillonnement juridique d'attention accrue envers l'étranger, la loi du 22 juillet 1895 dispose ainsi que l'article 14 de la loi du 29 juillet 1881 est applicable aux journaux publiés en France en langue étrangère[226]. Cet article disposait que la circulation en France des journaux ou écrits périodiques publiés à l'étranger ne peut être interdite que par une décision spéciale délibérée en Conseil des ministres, que la circulation d'un numéro ne peut être interdite que par une décision du ministre de l'Intérieur et que la mise en vente ou la distribution, faite sciemment au mépris de l'interdiction, sera punie d'une amende de cinquante francs à cinq cents francs. Par la loi nouvelle de 1895, le législateur vient seulement combler le vide juridique qui existait en raison du silence de la loi du 29 juillet 1881 sur les publications en France d'un journal en langue étrangère[227]. Cette loi s'inscrit surtout

---

222 *Annuaire de législation française publié par la société de législation comparée*, 16e année, Paris, Cotillon 1896, p. 4.

223 *Ibid.*, p. 5.

224 *Loc. cit.*

225 Sur les travaux parlementaires, V. Sauzet Marc, *Rapport fait au nom de la commission de l'armée chargée d'examiner le projet de loi sur la trahison et l'espionnage*, Paris, Motteroz, 1895, 29 p ; Morellet Hippolyte-Louis-Marie, *Rapport fait au nom de la commission chargée d'examiner : la proposition de loi de M. Morellet et plusieurs de ses collègues, sur les crimes et les délits concernant la défense nationale ; 2° la proposition de loi de M. Monsservin, tendant à modifier la 1ère section du chapitre premier du titre premier du livre III. (art. 77, 78, 80, 81 et 82) du code pénal ; 3° le projet de loi ; adopté par la chambre des Députés, sur la trahison et l'espionnage*, Paris, Mouillot, 1897, 76 p. V. au sujet du droit pénal sur cette question Detourbet Robert, *L'espionnage et la trahison : étude de droit français et de législation comparée*, Paris, L. Larose, 1897, 230 p.

226 *Bulletin des lois de la République française*, Partie principale, Second semestre, 1895, p. 1254.

227 *Annuaire de législation française publié par la société de législation comparée*, 16e année, *op. cit.*, p. 155.

dans un contexte bien particulier : un journal publié en France, en langue italienne et à destination du lectorat italien, venait semer le trouble à la frontière ultramontaine. Dans un contexte fortement teinté de suspicion à l'égard de l'étranger, cette modification de la loi vient à point nommé afin de rassurer les citoyens les plus nationalistes. L'exécutif voit ses compétences renforcées vis-à-vis des publications, sur le sol français, en langue étrangère[228].

En outre, le parlement prévoit des innovations du point de vue procédural en matière de presse. La loi du 3 avril 1896 crée une addition à l'article 58 de la loi du 29 juillet 1881[229]. Celle-ci est rédigée en ces termes : « Sont applicables, en matière de diffamation ou d'injures portées devant la cour d'assises et dans le cas où la poursuite a eu lieu à la requête du ministère public, les dispositions de l'article 368 du code d'instruction criminelle[230] ». À travers cet ajout, la partie civile qui n'aura pas succombé ne sera jamais tenue aux frais[231]. Par ce biais, les justiciables qui n'ont pas de prise directe sur la mise en marche de l'action publique n'auront pas à s'acquitter des frais de justice dès lors qu'ils ne sont pas reconnus coupables. Il s'agit d'une forme de compensation à l'endroit des élus ou des individus en charge d'un service public, qui ne peuvent pas saisir directement le juge.

Au-delà de ces lois spécifiques à l'imprimé, le droit de la presse est envisagé par le parlement de manière accessoire, à travers le vote de lois à portée plus générale. Ainsi, la loi du 16 décembre 1896 vient réorganiser le service de la Justice de la Guyane. Son article 20 dispose que la cour d'assises connaît de toutes les affaires qui lui seront renvoyées par la chambre des mises en accusation, conformément aux dispositions du

---

228 On notera tout de même une mesure dans le sens du libéralisme. Le 17 août 1897, un décret porte adhésion de la France à la convention conclue à Montevideo en janvier 1889 entre la République Argentine, la Bolivie, le Brésil, le Chili, le Paraguay, le Pérou et l'Uruguay pour la garantie de la propriété littéraire et artistique. Au-delà de protéger les droits des auteurs sur leurs articles, le texte dispose entre autres, que peuvent être publiés dans la presse périodique, sans nécessité d'autorisation aucune, les discours prononcés ou lus dans les assemblées délibérantes des pays signataires, devant les tribunaux judiciaires, ou dans les réunions publiques ; *Supplément à tous les codes. Bulletin des lois usuelles*, t. 2, janvier 1897, Paris, Marchal et Billard, p. 445.

229 *Ibid.*, p. 284.

230 *Bulletin des lois de la République française*, Partie principale, Premier semestre, 1896, p. 1301.

231 *Journal officiel de la République française. Débats parlementaires. Chambre des députés : compte rendu in extenso*, 1er février 1896, p. 148.

Code d'instruction criminelle métropolitain, de tous les crimes et les délits prévus par les lois sur la presse et qui ne sont pas déférés à une autre juridiction par des dispositions spéciales[232]. La loi précise en outre que les individus condamnés pour délits politiques ou de presse ne pourront être assesseurs pour cinq ans à dater de l'expiration de leur peine s'ils ont été condamnés à un emprisonnement de moins de trois mois[233].

Ainsi, lorsque le parlement vote des lois qui ont vocation à influer sur l'Affaire, ce n'est pas la presse qui est visée mais Dreyfus lui-même. La loi du 9 février 1895 vient modifier la loi du 23 mars 1875 sur les lieux de déportation[234]. Le 22 février suivant, c'est en application de cette nouvelle disposition prise spécialement à son intention, que Dreyfus embarque pour l'île du Diable[235]. De manière ironique, l'on relèvera que l'année 1895 est saisie et vote un texte relatif à la révision des procès criminels et correctionnels et des indemnités à accorder aux victimes des erreurs judiciaires[236].

Si les textes votés sont peu nombreux et témoignent d'un certain respect, intéressé, de la liberté d'expression, de nombreuses propositions de loi sont débattues à l'Assemblée. La fin du siècle voit un nombre important de propositions de lois déposées dans le but modifier le droit de la presse, à travers différents axes. Si elles n'aboutissent pas, elles prouvent l'attention des élus pour la question sur la période 1895-1898. Il ne s'agit pas ici de réaliser une liste exhaustive de ces propositions, mais de relever les plus importantes qui permettent de saisir les préoccupations du temps.

Le 11 juin 1895 est déposée une proposition de loi par Léon Mougeot afin d'organiser la procédure de la conciliation en matière d'actions exercées à la requête de la partie civile, notamment à travers l'article 47 de la loi du 29 juillet 1881[237]. Le 20 mai 1895, la chambre des députés

232 *Bulletin des lois de la République française*, Partie principale, Premier semestre, 1897, p. 305.

233 *Ibid.*, p. 306.

234 Elle prévoit que les îles du Salut en Guyane deviennent des lieux de déportation en enceinte fortifiée telles que conçues par la loi du 8 juin 1850. Votée en urgence, cette loi de circonstance a été mise en discussion immédiate et adoptée sans opposition ; *Journal Officiel de la République française*, 12 février 1895, p. 805.

235 Barbançon Louis-José, « La loi de déportation politique du 8 juin 1850 : des débats parlementaires aux Marquises », *Criminocorpus* [En ligne], [consulté le 3 octobre 2021].

236 *Revue critique de législation et de jurisprudence*, 1896, p. 62-63.

237 *Journal officiel de la République française. Débats parlementaires. Chambre des députés : compte rendu in extenso*, 11 juin 1895, p. 1677.

repousse une proposition de loi visant à abroger la loi du 12 décembre 1893 modifiant la loi du 29 juillet 1881 sur les associations de malfaiteurs, votée dans le contexte de la poussée anarchiste[238]. Si une amnistie est envisagée, il n'est pas question de supprimer un arsenal législatif qui puisse être réactivé en cas de nouvelles actions de propagande.

Dans une perspective qui vise à affirmer l'autorité du gouvernement et du chef de l'État, une proposition de loi du sénateur Barthe est déposée le 25 mars 1896 afin de remplacer l'article 26 de la loi du 29 juillet 1881 par des dispositions garantissant de manière plus efficace « l'honneur, la dignité, la considération et la sureté personnelle du Président de la République[239] ». Ce projet entend réaffirmer l'autorité de l'exécutif mais reste lettre morte[240].

Une pétition présentée le 13 février 1896, demande à ce que le décret de 1870 sur la liberté de la presse soit abrogé en raison de son inutilité provoquée par le vote de la loi du 29 juillet 1881 qui rend l'imprimerie libre[241]. Si le sens de cette interpellation n'est pas explicité, on peut noter la volonté symbolique d'affirmer l'édifice des républicains modérés en supprimant l'œuvre du gouvernement de la Défense nationale.

Les 19 juillet 1897 et 30 octobre dans la perspective des élections à venir, des propositions de loi souhaitent modifier l'article 16 et 17 de la loi du 29 juillet 1881 sur l'affichage électoral[242] dans le sens de la répression à l'égard de ceux qui afficheraient en dehors des espaces prévus à cet effet les affiches électorales ou qui détérioreraient celles de leurs adversaires.

Le 23 décembre 1898 est déposé à la Chambre par Lavertujon une proposition de loi ayant pour objet de modifier et de compléter les dispositions de l'article 13 de la loi du 29 juillet 1881 sur la liberté de la presse, au sujet de l'obligation d'insertion de rectifications. Le texte est renvoyé à la Commission chargée d'examiner diverses propositions relatives à la presse[243]

---

238 *Journal officiel de la République française. Débats parlementaires. Chambre des députés : compte rendu in extenso*, 20 mai 1895, p. 1443.

239 *Journal officiel de la République française. Débats parlementaires. Sénat*, 25 mars 1896, p. 242.

240 Nous reviendrons sur cette question à la fin du présent chapitre ainsi que dans le chapitre 8.

241 *Journal officiel de la République française. Débats parlementaires. Chambre des députés : compte rendu in extenso*, 13 février 1896, p. 266.

242 *Journal officiel de la République française. Débats parlementaires. Chambre des députés : compte rendu in extenso*, 9 juillet 1897, p. 2051 ; *Journal officiel de la République française. Débats parlementaires. Chambre des députés : compte rendu in extenso*, 30 octobre 1897, p. 2252.

243 *Annuaire de législation française publié par la Société de législation comparée*, Paris, Librairie Cotillon, 1899, p. 30.

Ainsi, le choix qui est fait par le parlement est de rester, à la suite de la condamnation de Dreyfus par le Conseil de guerre, dans une forme de retenue à l'égard du champ médiatique. Les institutions politiques restent silencieuses, en évoquant la responsabilité de la chose jugée et laisse les journaux publier leurs articles sans voter de mesures spécifiques pour les en empêcher. Cette liberté va être saisie par les agents du champ médiatique afin de rouvrir la procédure de 1894.

LE CONTRÔLE JURIDIQUE DE L'IMPRIMÉ, DU CŒUR DE L'AFFAIRE VERS SA PÉRIPHÉRIE (1898-1900)

Si la presse a dans un premier temps largement joué en la défaveur du capitaine Dreyfus, après sa déportation en Guyane, de nombreux intellectuels persévèrent et œuvrent afin que la vérité éclate au grand jour. Pour cela, ils usent de l'imprimé et parfois de sa répression afin de remettre en marche l'action judiciaire. Si les nouvelles procédures entamées devant les tribunaux sur le fondement du droit de la presse ne concernent pas Alfred Dreyfus personnellement, elles participent tout de même d'une nouvelle discussion publique de l'Affaire qui amène progressivement à l'établissement de la vérité.

L'UTILISATION DU CONTRÔLE JUDICIAIRE DE L'IMPRIMÉ AU SERVICE DE LA JUSTICE : LE CAS ZOLA

Le camp antidreyfusard, fort du soutien des institutions qui se murent dans le silence, emporte avec lui l'opinion publique. Face à cet état de fait et de droit, les soutiens du capitaine prennent la plume. Quand bien-même la répression judiciaire de l'imprimé puisse être préjudiciable en raison des peines encourues, les citoyens peuvent l'utiliser contre l'État. Tel est le cas d'Émile Zola qui, à travers l'infraction de diffamation, ambitionne de rouvrir la procédure close quatre ans plus tôt.

La nécessité de remettre en cause une culpabilité acquise aux yeux de l'opinion publique

Aux lendemains de la déportation de Dreyfus en Guyane, le temps semble agir à la défaveur du militaire dégradé. Certains partis politiques se désintéressent officiellement de l'Affaire, comme le conseil national du Parti ouvrier français qui n'hésite pas à déclarer le 24 juillet 1898 que : « les prolétaires n'ont rien à faire dans cette bataille qui n'est pas la leur et dans laquelle se heurtent des Boisdeffre et des Trarieux, des Cavaignac et des Yves Guyot, des Pellieux et des Galliffet. Ils n'ont, du dehors, qu'à marquer les coups et à retourner contre l'ordre – ou le désordre – social les scandales d'un Panama militaire s'ajoutant aux scandales d'un Panama financier[244] ». La priorité est donnée aux combats sociaux et à la lutte contre capitalisme.

Si certains prônent l'indifférence, dans de nombreuses villes de France des actes antisémites sont perpétrés[245]. En 1898, la majorité des français se trouve convaincue de la culpabilité de Dreyfus, encouragée en ce sens par les différentes campagnes de presse[246]. Les catholiques qui préparent les élections à venir, trouvent dans l'Affaire Dreyfus un outil de propagande en faveur de leurs idées : l'antisémitisme sert la lutte contre l'anticléricalisme républicain. Le 25 septembre dans un grand meeting Paul Déroulède, fraîchement élu député, appelle la foule présente à reconstituer illégalement la Ligue des patriotes[247].

Lorsqu'il devient public que les télégrammes et le petit bleu apportés par le colonel Henry lors de la procédure visant Dreyfus sont des faux, le militaire avoue son forfait, se trouve mis aux arrêts dans le fort du Mont Valérien le 30 août 1898 et se suicide le lendemain. Face à ce qu'elle considère comme un drame, *La libre parole de Drumont* lance une souscription en faveur de la veuve Henry et de son enfant[248]. Cette

---

244 Zevaes Alexandre, *Jules Gesde (1845-1922)*, Paris, Librairie Marcel Rivière, 1929, p. 140.

245 Agressions dans la rue, magasins vandalisés, synagogues attaquées ; *V.* Birnbaum Pierre, *Le Moment antisémite. Un tour de la France en 1898*, Paris, Fayard, 1998, 512 p.

246 Richard Gilles, « Le temps de l'affaire Dreyfus ou l'impossible naissance d'un grand parti républicain libéral modéré, 1898-1906 », in Richard Gilles dir., *Histoire des droites en France. De 1815 à nos jours*, Paris, Perrin, 2017, p. 91.

247 Nous reviendrons sur ce point dans le chapitre suivant.

248 Cette dernière ne rapporte pas moins de 131 000 francs afin de mettre sur pied un monument à la gloire du défunt ; Wilson Stephen, « Le monument Henry : la structure

position de l'opinion publique en faveur de la culpabilité de Dreyfus se trouve d'autant plus confortée que l'exécutif et le parlement persistent dans leur position et ne désavouent pas les institutions de la République qui ont rendu leur décision[249]. De plus, le 11 janvier 1898 Ferdinand Esterhazy qui était poursuivi pour Haute trahison est acquitté par le Conseil de guerre de Paris et cela à l'unanimité des membres. Il devient alors un martyr aux yeux des antidreyfusards qui accueillent au sein de la salle d'audience, la décision sous des exclamations « Vive l'armée », « Morts aux Juifs[250] ». Joseph Reinach remarque à ce sujet :

> Le triomphe des journaux patriotes fut très insolent. Ils revendiquèrent l'honneur d'avoir contribué à l'acquittement d'Esterhazy ; Drumont rappela avec orgueil que, le premier, il était venu à son secours ; ses juges ne l'ont pas seulement acquitté, mais félicité, embrassé[251].

Face à cette adhésion à la condamnation de Dreyfus, des citoyens dotés de capitaux symboliques et sociaux importants, se mobilisent afin de défendre celui qui est déporté sur l'île du Diable. Dreyfus et sa famille reçoivent à partir 1897 dans leur combat pour la vérité, l'appui de nouvelles personnalités, issus d'horizons divers mais mus par une volonté commune de révision du procès de 1894. On retrouve dans le camp en formation des dreyfusards de nombreux universitaires. Victor Basch, professeur à la faculté de Rennes et germaniste s'intéresse au cas de Dreyfus avec quatre autres professeurs de Rennes : le juriste Jules

---

de l'antisémitisme en France, 1898-1899 », in *Annales. Économies, Sociétés, Civilisations*, 32e année, °2, 1977, p. 265. Elle mobilise un nombre important de lecteurs dans un mouvement de rituel collectif, d'expression de frustrations diverses qui trouvent un écho dans l'antisémitisme ; *ibid.*, p. 276. L'antisémitisme peut être expliqué de manière socio-psychologique. Il serait un moyen d'exprimer des frustrations par le truchement d'un tiers qui en endosserait la responsabilité : sociales, professionnelles, économiques ; *loc. cit.*

249 Le ministre de la Guerre énonce le 4 décembre 1897 qu'« en [son] âme et conscience, comme chef de l'Armée, [il] considère le jugement comme bien rendu et Dreyfus comme coupable » ; *Journal officiel de la République française. Débats parlementaires. Chambre des députés : compte rendu in extenso*, 04 décembre 1897, p. 2736. La Chambre se présente quant à elle comme « respectueuse de la chose jugée » pour son président ; *ibid.*, p. 2723. Le 24 février 1898, Méline indique au sujet de l'agitation qu'« il faut que cela cesse » ; *Journal officiel de la République française. Débats parlementaires. Chambre des députés : compte rendu in extenso*, 24 février 1898, p. 68.

250 Royer Jean-Pierre, *Histoire de la Justice*, *op. cit.*, p. 705.

251 Reinach Joseph, *Histoire de l'affaire Dreyfus. La crise : procès d'Esterhazy, procès de Zola*, Paris, Fasquelle, 1903, p. 217.

Aubry, le mathématicien Jules Andrade, le linguiste Georges Dottin et l'historien Henri Sée[252]. Gabriel Monod se lance également dans une enquête personnelle à l'égard du capitaine[253] et multiplie parallèlement les lettres adressées personnellement à des directeurs de journaux ou de confrères. Il se présente alors comme un modèle d'intervention à suivre pour ses collègues universitaires[254], entrainant l'ire de la presse nationaliste[255].

Fin 1897, des universitaires réunis par Lucien Herr, bibliothécaire de l'École normale supérieure, œuvrent pour le devoir de critique face au devoir d'obéissance, entrainés dans cette voie par Lucie Lévy-Bruhl et Salomon Reinach[256]. Il mobilise autour de lui son réseau[257] afin de rendre la vérité « évidente pour les pouvoirs publics et l'opinion publique[258] ». La démarche ne se limite alors pas à apporter des éléments factuels au public : elle est pédagogique et vise à rendre les éléments intelligibles afin d'emporter la conviction des citoyens[259]. Certains juristes se joignent à ce mouvement en faveur de la révision[260]

252 Duclert Vincent, *L'affaire Dreyfus. Quand la justice éclaire la République*, *op. cit.* p. 60.

253 Au terme d'échanges et de recherches, il est le premier universitaire à s'engager publiquement en sa faveur, au nom de l'objectivité scientifique et de la justice dans deux articles du 6 novembre 1897 publiés dans *Le Temps et le Journal des débats* ; Joly Laurent, « Gabriel Monod et "l'État Monod". Une campagne nationaliste de Charles Maurras (1897-1931) », *Revue historique*, 2012, n° 664, p. 837. Passionné par l'Allemagne et la pensée de Goethe (Digeon Claude, *La Crise allemande de la pensée française (1870-1914)*, Paris, PUF, 1959, p. 373), il concentre toutes les haines et se trouve présenté comme un traitre appartenant à une société « enjuivée » ; Joly Laurent, *op. cit.*, p. 838.

254 Riberioux Madeleine, *Vive la République*, Paris, Demopolis, 2009, p. 204.

255 De nombreux articles paraissent dans la Gazette de France puis dans l'Action française. Charles Maurras s'attaque à de nombreuses reprises à l'historien ; Joly Laurent, *op. cit.*, p. 837.

256 Duclert Vincent, *L'affaire Dreyfus. Quand la justice éclaire la République*, *op. cit.* p. 61.

257 Il forme un groupe composé d'élèves de l'École issus de la promotion 1894 (Félicien Challaye, Paul Mantoux, Albert Mathiez, Charles Péguy, Mario Roques pour les lettres, Paul Langevin pour les sciences) ainsi que des anciens élèves tels que Léon Blum ou Jean Jaurès ; Duclert Vincent, éd., *L'affaire Dreyfus*, Paris, La Découverte, 2012, p. 36.

258 Duclert Vincent, *L'affaire Dreyfus. Quand la justice éclaire la République*, *op. cit.*, p. 62 ; Andler Charles, *La vie de Lucien Herr (1824-1926)*, Paris, Rieder, 1932, p. 145.

259 *V.* Ponty Janine, *La Presse devant l'affaire Dreyfus. Contribution à une étude sociale d'opinion publique 1898-1899*, Thèse de doctorat, histoire, EPHE, 1971, 284 p.

260 La position des juristes est difficile à envisager, mais semble majoritairement acquise au camp anti-dreyfusard. Sur ces juristes *V.* Aubisse Clément, Barenot Pierre-Nicolas, « L'ordre ou la justice ? La rébellion manquée des juristes dans l'affaire Dreyfus », *Revue Droit & Littérature*, vol. 3, n° 1, 2019, p. 69-84. Tel est le cas de Paul Viollet chartiste et historien du droit ; *V.* Arabeyre Patrick, Audren Frédéric, Gotelly Alexandra, *Paul Viollet*

Aux universitaires[261] se joint le directeur de *L'Aurore*, Georges Clemenceau, sous l'influence du sénateur Arthur Ranc qui persuade son rédacteur en chef de prendre part au combat[262]. Longtemps réservé à l'égard de la cause dreyfusarde comme de nombreux autres auteurs[263], il écrit le 1er novembre 1897 dans nouveau journal : « Je demande qu'on en finisse avec Dreyfus. Si de tout ce tapage il ne doit rien sortir, qu'on laisse retomber sur le traitre la méprisante pitié du silence[264] ». Anatole France prend ses distances avec le discours antidreyfusard dans « les Juifs devant l'Eglise » publié le 23 novembre 1897 dans *l'Echo de Paris.* Octave Mirbeau publie « Chez l'Illustre Écrivain » dans *le Journal* du 28 novembre 1897 et affirme avoir « la certitude, la certitude humaine », « profonde » et « absolue » de l'innocence de Dreyfus[265].

Bernard Lazare publie également un second mémoire reprenant les éléments précédemment publiés dans sa brochure de 1896, en y ajoutant des analyses nouvelles, des contre-expertises[266]. S'en suivent des publications dans la presse qui relaie la parution du mémoire et se met en place une véritable stratégie de contre-expertise[267].

Le 15 novembre, Mathieu Dreyfus dénonce Esterhazy dans une lettre publique au ministère de la Guerre qui annonce dès le lendemain à la Chambre l'ouverture d'une enquête. Pendant qu'Esterhazy multiplie les

---

1840-1914. Un grand savant assoiffé de justice, Paris, École Nationale des Chartes, 2019, 168 p. De plus on remarque la présence de Edouard Beaudouin, historien du droit à la Faculté de Grenoble, recadré pour ses prises de position dreyfusardes en présence des étudiants ; les catholiques sociaux Joseph Charmont, professeur de droit montpelliérain, Paul Bureau, de la faculté Libre de Paris, Ernest Tarbouriech, enfin, l'avocat et professeur de droit au Collège libre des sciences sociales et à l'université de Bruxelles ; Aubisse Clément, Barenot Pierre-Nicolas, *op. cit.* p. 70.

261 Sur la position divisée des étudiants au cours de l'Affaire V. Charle Christophe, « Les étudiants et l'affaire Dreyfus », *Cahiers Georges Sorel*, n° 4, 1986. p. 61-78.

262 Duclert Vincent éd., *L'affaire Dreyfus, op. cit.*, p. 36.

263 Kettani Assia, *De l'histoire à la fiction : les écrivains français et l'affaire Dreyfus*, Thèse de doctorat, Langue littérature et civilisations françaises, 2010, Université Sorbonne nouvelle Paris III, p. 152-153.

264 Cité par Julliard Jacques, « Clemenceau et l'affaire Dreyfus : histoire d'une conversion », *Mil neuf cent*, n° 11, 1993, p. 47.

265 Cité par Kettani Assia, *op. cit.*, p. 152.

266 Il invite « hommes pour qui la liberté et la justice ne sont pas de vains mots » à se joindre au combat en faveur de la vérité ; Lazare Bernard, *Une erreur judicaire. L'Affaire Dreyfus. Deuxième mémoire avec des expertises d'écriture*, Paris, Stock, 1897, p. 73.

267 Duclert Vincent, *L'affaire Dreyfus. Quand la justice éclaire la République*, *op. cit.*, p. 73. V. Joly Bertrand, « La bataille des experts en écriture », *L'Histoire*, n° 173, janvier 1994, p. 36-41.

interviews afin de se dégager de ses responsabilités, Picquart qui a été envoyé en Tunisie, porte plainte pour « accusations calomnieuses ». Dans un éditorial du *Siècle* du 16 novembre 1897, Monod, Lazare et Scheurer-Kestner souligne à nouveau les incohérences des analyses réalisées en 1894, par Bertillon notamment[268]. En juillet 1897, le vice-président du Sénat Scheurer-Kestner ainsi que la fille du président Faure sont informés de l'innocence d'Alfred Dreyfus. Hésitant dans un premier temps, le vice-président embrasse la cause de Dreyfus après avoir été convaincu par Lazare et Mathieu Dreyfus[269]. Progressivement, l'engagement individuel en faveur de Dreyfus prend des formes collectives et la première conférence sur l'affaire Dreyfus, celle du Parti ouvrier français, se tient le 30 novembre 1897[270].

Les journaux usent de leur liberté accordée par la loi du 29 juillet 1881 pour faire parvenir de nouveaux documents à la connaissance du public. La révélation au début de l'année 1898 de l'acte d'accusation de Dreyfus puis du rapport d'Orsmecsheville par le *Siècle* continue d'alimenter les thèses reposant sur la faiblesse du dossier du Conseil de guerre. L'ancien ministre de la Justice Trarieux s'adresse au ministre de la guerre à travers une lettre qui est reproduite dans le *Temps*, et au sein de laquelle il s'interroge sur le non-respect du droit lors de l'instruction du procès[271]. Une pétition parait dans l'Aurore les 14 et 15 janvier 1898 et viennent établir des liens entre le procès de Dreyfus et celui d'Esterhazy. Pour autant, c'est l'engagement médiatique d'un homme, et les procès qui en découlent, qui donne à l'affaire un véritable tournant décisif.

L'utilisation stratégique de l'infraction de diffamation

Le contrôle judiciaire de l'imprimé est un outil de répression qui s'exerce le plus souvent au détriment de l'intérêt des auteurs. Cependant,

268 *Le Siècle*, 16 novembre 1897, p. 1.

269 En raison de la publication d'informations données par lui dans le *Figaro* du 14 novembre 1897 au sein duel il est clairement identifié en tant que source, il est poussé à la démission. Interpellé le 7 décembre au Sénat, sa réponse se présente comme un plaidoyer en faveur de la révision du procès. Il devient alors le premier homme d'État à se présenter publiquement en faveur du condamné, devenant « L'homme à la vie de cristal » selon les termes d'Émile Zola, cité par Aprile Sylvie, « Scheurer-Kestner Daniel Nicolas Auguste 1833-1899 », in Corbin Alain, Mayeur Jean-Marie dir., *Les immortels du Sénat, 1875-1918 : Les cent seize inamovibles de la Troisième République*, Paris, Éditions de la Sorbonne, 1995, p. 463.

270 Vincent Duclert éd., *L'affaire Dreyfus*, Paris, La Découverte, 2012, p. 37.

271 *Le Temps*, 8 janvier 1898, p. 1.

il peut parfois se présenter comme un véritable atout en constituant le rouage essentiel d'une stratégie mise au point par eux.

Dès le 16 mai 1896 à travers un texte publié par *Le Figaro*, « Pour les Juifs », Zola exprime sa détestation de l'antisémitisme. L'année suivante, après la révélation du nom du véritable coupable par la presse, Zola publie à nouveau trois articles dans *Le Figaro* les 25 novembre, 1er et 5 décembre 1897 à travers lesquels il s'intéresse précisément à l'affaire. Il est convaincu, après avoir rencontré Maître Leblois, avocat de Picquart, et Scheurer-Kestner, vice-président du Sénat, de l'innocence de Dreyfus. S'ajoutent à ces articles deux brochures, *Lettre à la jeunesse* publiée le 14 décembre 1897 et *Lettre à la France* publiée le 6 janvier 1898, au sein desquels il réitère sa position en faveur du condamné. Mais, c'est l'acquittement d'Esterhazy qui pousse Émile Zola à agir de manière plus radicale. Le 13 janvier 1898, Zola écrit une lettre au président de la République qui est publiée dans l'*Aurore*. Dans cette longue lettre intitulée *J'accuse*, il dénonce Esterhazy et d'autres militaires qui auraient agi en faveur de la culpabilité du capitaine[272]. Dans cette lettre, Zola accuse tout d'abord le Conseil de guerre d'avoir rendu une décision inique et illégale. En outre, il accuse les différentes parties prenantes de l'affaire[273] d'avoir participé activement à créer la culpabilité de Dreyfus de toute pièce.

L'objectif de l'écrivain naturaliste est de marquer l'opinion publique par le recours à un mode d'intervention inédit, de bousculer la justice au sein même de ses tribunaux, en la poussant à revenir sur le principe de chose jugée. « Révolutionnaire », comme le qualifie Jules Guesde[274], ce mode d'intervention dans le débat public effraie une partie des dreyfusards

---

272 Pour approfondir l'analyse de ce texte *V.* Pagès Alain, *Émile Zola, un intellectuel dans l'affaire Dreyfus. Histoire de J'accuse*, Paris, Séguier, 1991, 398 p. Dès les premières pages de cette lettre tirée à 200 000 exemplaires, Émile Zola annonce sa volonté de prendre part, en personne, à l'affaire : « Puisqu'ils ont osé, j'oserai aussi. La vérité, je la dirai, car j'ai promis de la dire, si la justice, régulièrement saisie, ne le faisait pas, pleine et entière. Mon devoir est de parler, je ne veux pas être complice. Mes nuits seraient hantées par le spectre de l'innocent qui expie là-bas, dans la plus affreuse des tortures, un crime qu'il n'a pas commis » ; *L'affaire Dreyfus. Le procès de Zola devant la cour d'assises de la Seine et la Cour de Cassation, Compte rendu sténographique « in extenso »*, t. 1, Paris, Stock, 1898, p. 4.

273 C'est-à-dire le lieutenant-colonel du Paty de Clam, le général Mercier, le général Billot, le général de Boisdeffre, le général Gonse, le général Pellieux, le commandat Ravary, les experts en écriture Belhomme, Varinard et Couard, ainsi que les bureaux de la guerre.

274 *Les Deux Méthodes. Conférence par Jean Jaurès et Jules Guesde à l'Hippodrome Lillois*, Lille, Imprimerie Ouvrière, P. Lagrange, 1900, p. 5.

comme le vice-président du Sénat car il rompt avec la stratégie déployée jusqu'alors. Il n'est plus question de demander seulement la révision du procès au nom du droit mais d'affirmer l'innocence du capitaine[275] en déverrouillant une situation qui paraissait jusqu'alors bloquée.

Plus précisément, la stratégie de Zola repose sur l'utilisation à son avantage des dispositions du droit de la presse, issues de la loi du 29 juillet 1881. Il l'indique clairement à la fin de sa lettre :

> En portant ces accusations, je n'ignore pas que je me mets sous le coup des articles 30 et 31 de la loi sur la presse du 29 juillet 1881, qui punit les délits de diffamation. Et c'est volontairement que je m'expose[276].

La stratégie consiste à contourner le principe de l'autorité de la chose jugée qui s'applique au procès militaire de 1894, par la preuve de la véracité des propos diffamatoires permise par l'article 35 de la loi, par la mobilisation de l'exception de vérité. Ces propos reposant notamment sur l'affirmation de l'illégalité du procès militaire, Émile Zola espère pouvoir à nouveau débattre devant les tribunaux des conditions procédurales inacceptables qui ont abouti à la condamnation de Dreyfus. Un procès en diffamation permettrait de débattre au grand jour, sans le secret du huis clos, des faits pour lesquels Dreyfus a été condamné mais surtout de faire la lumière sur les agissements condamnables des militaires et experts qui ont œuvré dans le sens de la répression du capitaine.

Huit jours après la publication, conformément à ce qui avait été anticipé par l'écrivain, le ministre de la guerre dépose plainte auprès du procureur général près la Cour d'appel de Paris au nom du premier Conseil de guerre du gouvernement militaire de Paris[277] sous la pression des élus nationalistes. Le 20 janvier, Zola en tant que complice et Perreux, gérant de l'*Aurore*, reçoivent une assignation à comparaître devant la cour d'assises de la Seine le 7 février 1898[278] pour l'imputation de

275 Duclert Vincent, *L'affaire Dreyfus. Quand la justice éclaire la République*, *op. cit.*, p. 145.

276 *L'affaire Dreyfus. Le procès de Zola devant la cour d'assises de la Seine et la Cour de Cassation, Compte rendu sténographique « in extenso »*, *op. cit.*, p. 14.

277 *Loc. cit.* Il avait pourtant deux autres choix qui s'offraient à lui : ne pas réagir et laisser le texte s'essouffler de lui-même ou engager des poursuites en correctionnelle, ce qui était juridiquement plus difficile.

278 *V.* Aubisse Clément, *Le procès de Zola pendant l'Affaire Dreyfus*, mémoire de Master 2, Université de Bordeaux, 2013, 169 p.

faits de nature à porter atteinte à l'honneur du gouvernement militaire de Paris ayant siégé les 10 et 11 janvier 1894 pour des faits relatifs à ses fonctions et de l'avoir publiquement diffamé[279]. Parallèlement à la plainte du ministre, Zola est poursuivi en diffamation devant une juridiction civile par trois experts en écriture pour sa remise en cause de leurs analyses lors du procès d'Esterhazy.

Dans une lettre qu'il adresse au Ministre de la guerre, Zola annonce qu'il « sera au rendez-vous » de cette convocation, pour un « débat loyal[280] ». Il se trouve alors rejoint par un ensemble de soutiens de Dreyfus qui avaient jusqu'alors limité leur intervention à la signature de pétitions en faveur de la révision. Afin de forcer un peu plus ce rapprochement, le 7 février, le journal *Le Siècle* publie conjointement à un article sur le procès à venir, la liste des signataires et les déclarations qu'ils ont produites jusqu'alors en faveur du capitaine[281]. Si Zola est seul à être poursuivi devant les tribunaux avec le gérant de l'*Aurore*, c'est tout un ensemble de savants qui lui prête concours dans sa stratégie juridique fondée sur la loi du 29 juillet 1881.

L'article 52 de la loi du 29 juillet 1881 offre la preuve aux seuls faits articulés et qualifiés dans la citation adressée aux accusés. Or, dans la citation reçue par Zola et le gérant, seules les accusations à l'encontre du Conseil de guerre sont retenues à travers trois passages de la lettre précisément identifiés[282]. Les accusations à l'encontre du Paty de Clam, des généraux Mercier et de Boisdeffre, du commandant Ravary, des trois experts en écriture sont ainsi exclues du débat[283]. En ne visant que trois extraits de la longue lettre, le procureur restreint de manière drastique les faits qui peuvent faire l'objet d'une preuve devant la cour. La ministre choisit d'ailleurs les éléments qui semblent les plus difficiles à prouver[284].

Malgré ces tentatives pour le déstabiliser, Émile Zola l'assure : bien que l'ensemble de ses écrits ne soient pas officiellement introduits dans le débat judiciaire, il les maintiendra dans leur globalité et entend

279 *Ibid.*, p. 15-16.
280 *Ibid.*, p. 17.
281 Duclert Vincent, *L'affaire Dreyfus. Quand la justice éclaire la République*, *op. cit.*, p. 149.
282 *L'affaire Dreyfus. Le procès de Zola devant la cour d'assises de la Seine et la Cour de Cassation, Compte rendu sténographique « in extenso »*, *op. cit.* p. 14-15.
283 *Ibid.*, p. 19.
284 Duclert Vincent, *L'affaire Dreyfus. Quand la justice éclaire la République*, *op. cit.*, p. 148.

bien les discuter[285]. Pour cela, il s'attache au principe de la liberté de la preuve et indique :

> Je saurai vaincre par la force de la justice, je ferai la lumière dans les consciences par l'éclat de la vérité. On verra, dès les premiers mots, les aguties procédurières balayées par l'impérieuse nécessité de la preuve. Cette preuve, la loi m'ordonne de la faire, et la loi serait menteuse si, m'imposant ce devoir, elle m'en refusait le moyen[286].

La signification transmise au parquet reprend exactement cette stratégie À travers ce document, les requérants entendent être admis à prouver la vérité des imputations diffamatoires qui leur sont reprochés au sein de la citation conformément à l'article 35 de la loi du 29 juillet 1881, mais pas seulement. Ils entendent étendre la preuve des faits à ceux connexes, considérés comme indivisibles des faits visés par la citation[287]. Dans ces faits connexes se trouvent ainsi les attaques adressées à l'ensemble des agents ayant participé de la culpabilité de Dreyfus[288].

La signification donne également une liste imposante de témoins[289] qu'Émile Zola entend convoquer. Elle donne la teneur des documents, dossiers et pièces sur lesquels la défense entend se fonder : tous les dossiers et pièces qui sont aux mains du ministre de la guerre, de la partie plaignante, des magistrats chargés d'instruire le procès.

Sont visés avec précisions : le dossier de l'affaire Dreyfus jugée en décembre 1894, le bordereau, les pièces communiquées à la défense, le dossier secret, le dossier de l'affaire Esterhazy, les lettres déposées par Gonse, les dossiers de la plainte en faux déposée par Picquart à l'encontre de Souffrain[290].

Dans une seconde signification, la défense ajoute tout un ensemble de photographies agrandies du bordereau et des lettres d'Esterhazy[291], des numéros du journal d'Aurore et du Siècle ainsi que des brochures[292].

285 *Ibid.*, p. 20.
286 *Loc. cit.*
287 *Ibid.*, p. 21.
288 *Loc. cit.*
289 *Ibid.*, p. 22-23.
290 *Ibid.*, p. 23-24.
291 *Ibid.*, p. 27.
292 *Ibid.*, p. 25-28.

Émile Zola entend ainsi exhumer l'ensemble des pièces du dossier en ne laissant absolument aucun élément dans l'ombre. Il propose une forme de « contre-expertise judiciaire[293] ». Il se trouve en ce sens épaulé par ses avocats Fernand Labori et Clemenceau[294]. Il est également occasionnellement conseillé sur les points de droit pénal par Léon Blum qui est alors auditeur au conseil d'état.

Le procès se déroule du 7 au 23 février 1898. Véritable événement, la foule se presse devant le palais de justice[295]. Pendant toute la durée de l'instance, la presse se fait l'écho de l'avancée des débats. *Le Siècle* en réalise un feuilleton quotidien. La presse fait aussi état de ce qui se passe devant le tribunal[296]. Le procès est un spectacle où chacun se presse pour avoir sa place[297]. La place Dauphine est le théâtre de nombreux événements : cris antisémites autodafé de journaux dreyfusards, agitation des camelots, passages à tabac[298]. La foule est violente, à l'image de la presse antidreyfusarde qui commente le procès en se réjouissant de « l'effondrement de Zola[299] ». En effet, le procès qui ne devait compter que trois audiences, s'éternise sur quinze audiences[300].

L'avocat général Van Cassel refuse la lecture de la loi du 29 juillet 1881 qui est proposée par la défense dès le début du procès. Ce dernier rappelle qu'en droit « la citation ne pouvait pas dépasser la plainte, à peine de nullité[301] ». Il en va ainsi d'une règle « dictée par le bon sens, car chacun est juge – et seul juge – du débat qu'il entend provoquer[302] ».

---

293 Sapiro Gisèle, *La responsabilité de l'écrivain, op. cit.*, p. 509.

294 Le bâtonnier Barboux, pourtant acquis à la cause de Dreyfus refuse de défendre Zola, effrayé par l'Affaire et ses potentielles conséquences. Il en va de même pour le bâtonnier Du Buit, qui indiqua accepter la défense de l'écrivain à la seule condition de plaider la folie ; Royer Jean-Pierre, *Histoire de la Justice, op. cit.* p. 700.

295 Reinach Joseph, *Histoire de l'affaire Dreyfus*, [1901], Paris, Robert Laffont, 2006, p. 1135

296 Aynié Marie, « Clameur des foules et retenue citoyenne : les manifestations pendant le procès Zola de février 1898 », in Chauvaud Frédéric, Pretou Pierre éd., *Clameur publique et émotions judiciaires : De l'Antiquité à nos jours*, Rennes, PUR, 2013, p. 261-271.

297 *Loc. cit.*

298 Viau Raphaël, « Le procès Zola. Autour du Palais et dans la salle des pas perdus », *La Libre Parole*, 19 février 1898, p. 1.

299 L'*Éclair*, 20 février 1898, p. 1.

300 Prochasson Christophe, « Le théâtre de la justice. Retour sur le procès Zola », in Baruch Marc-Olivier, Duclert Vincent éd., *Justice, politique et République, de l'affaire Dreyfus à la guerre d'Algérie*, Bruxelles, Éditions complexes, 2002. p. 51.

301 *L'affaire Dreyfus. Le procès de Zola devant la cour d'assises de la Seine et la Cour de Cassation, Compte rendu sténographique « in extenso »*, *op. cit.*, p. 38.

302 *Loc. cit.*

Le procureur qui est en charge de mettre en œuvre l'action publique en vertu de l'article 38 de la loi, n'a pu élargir les faits visés par sa citation parce qu'il est tenu par le contenu de la plainte du ministre de la guerre. Il indique à ce titre que c'est le « plaignant qui délimite le terrain sur lequel il entend appeler celui qui l'a outragé, sans quoi il serait trop facile à celui-ci de faire dévier le débat en portant discussion sur les points étrangers à la diffamation relevée et de réaliser une diversion[303] ».

Zola est pris à son propre jeu : s'il a voulu s'aventurer sur le terrain d'une stratégie basée sur la procédure, cette dernière vient se retourner contre lui, le ministère de la guerre ayant habilement limité les poursuites à certains passages précis de la lettre publiée dans la presse en application du droit.

La lecture de la loi par l'avocat général apparaît ainsi comme littérale, conforme au principe d'interprétation stricte du droit pénal, contrairement à celle des avocats de Zola qui misent davantage sur une lecture interprétative. La défense déclare ainsi qu'en « toutes matières, surtout en matière de droit et de justice, toutes les questions sont susceptibles d'interprétation[304] ». Elle ajoute, « si la loi avait tout prévu, nous serions bien malheureux, nous, avocats, nous n'aurions rien à faire[305] ». La défense cherche par tous les moyens à dépasser le cadre strict posé par la loi du 29 juillet 1881.

Pour déjouer cette obligation procédurale, la défense avance l'idée selon laquelle il existerait une indivisibilité entre les faits compris dans la citation et les faits qui lui sont extérieurs, mais compris dans *J'accuse*.

Le procureur s'oppose à cette théorie : pour lui ces faits extérieurs à la citation n'intéressent que des personnes qui n'ont pas fait partie du Conseil de guerre diffamé[306]. Il n'existe en cela, aucun lien de dépendance ni de conséquence entre les différents faits énoncés dans la lettre de Zola et qu'ils restent indépendants les uns des autres[307]. L'obstination de la défense à évoquer ces faits témoignerait en elle-même de l'absence d'indivisibilité entre les faits.

---

303 *Loc. cit.*
304 *Ibid.*, p. 199.
305 *Loc. cit.*
306 *Ibid.*, p. 40.
307 *Loc. cit.*

En outre, le procureur indique afin d'empêcher la discussion approfondie des faits contenus dans la citation, que toute tentative de remise en cause de « l'autorité absolue de deux décisions judiciaires rendues dans les affaires Dreyfus et Esterhazy » serait d'une « flagrante illégalité[308] ». Afin d'appuyer sa démonstration, le procureur rappelle la position de la Cour de cassation à ce sujet à travers un arrêt du 5 mai 1847 qui interdit de prouver la vérité d'un acte diffamatoire par la remise en cause de jugements définitifs[309].

Face à cette position farouche du ministère public, les avocats de Dreyfus tentent parfois de se détourner de ces débats autour de la loi, par une mise opposition du droit et de la justice[310].

Sentant que leur stratégie procédurale n'aboutit pas, ne reste que l'évocation de grands principes pour gagner l'approbation de la Cour afin d'envisager davantage de faits que ceux contenus dans la citation. En recourant à une défense moins technique sur le plan du droit, les avocats cherchent à capter l'attention de jurés profanes, dont les procédures du droit de la presse peuvent comporter une part d'obscurité. À ce titre, l'avocat Labori s'exclame en direction du jury que si les jurés étaient juges de la procédure, sans nul doute ils crieraient tous les douze : « De la lumière[311] ! ».

Malgré les tentatives de la défense, Le président rend une décision qui reprend la démonstration réalisée par le procureur : il rejette le débat des faits extérieurs à la citation et en interdit la preuve[312]. Reste en conséquence aux avocats la lourde tâche de prouver la véracité des faits avancés par les trois passages de la lettre retenus dans la citation. Si les faits discutés sont limités, Zola peut toujours discuter l'illégalité de la décision du Conseil de guerre. Sur ce point, le procureur avance qu'aucune demande de révision du procès n'a été formulée l'année suivant la décision qui a condamné Dreyfus, malgré le vote d'une loi en 1895 à travers laquelle le parlement a modifié le droit en matière d'erreur judiciaire[313]. Pour le procureur, l'entreprise de Zola n'est que « révo-

308 *Ibid.*, p. 38.

309 *Loc. cit.*

310 Prochasson Christophe, *op. cit.*, p. 55.

311 *L'affaire Dreyfus. Le procès de Zola devant la cour d'assises de la Seine et la Cour de Cassation, Compte rendu sténographique « in extenso »*, *op. cit.*, p. 89.

312 *Ibid.*, p. 57.

313 *Ibid.*, p. 39.

lutionnaire », dans le seul dessein de créer un « débat scandaleux[314] ». Il demande en conséquence des preuves « nettes » et « décisives » des faits qu'il avance[315].

Une difficile preuve de la vérité des faits diffamatoires

Lors du procès, les incidents se multiplient au service de l'une ou l'autre des parties et les débats d'experts perdent peu à peu les profanes du droit[316]. Se succèdent à la fois rappels aux règlements et dépôts de conclusions qui rendent difficile la lecture du procès[317]. Surtout le nombre important de témoignages apporte une quantité importante d'informations à assimiler.

Viennent ainsi déposer des juristes et hommes politiques comme Leblois et Casimir-Perier. Lors du témoignage de ce dernier, le président refuse que lui soit posée la question de savoir s'il avait été informé qu'une pièce secrète avait été communiquée au Conseil de guerre, au nom de l'autorité de la chose jugée[318]. La même interdiction formulée à travers l'affirmation péremptoire « la question ne sera pas posée » est réitérée notamment lors de la déposition du commandant Besson d'Ormescheville[319], du colonel Echemann[320], du commandant Patron[321]. L'ancien président Casimir-Perier invoque au-delà de cette protection de la présidence, l'irresponsabilité constitutionnelle afin de ne pas répondre à certaines questions de la défense[322]. Le général de Boisdeffre refuse de répondre à la même question en invoquant le secret professionnel[323], tout comme le Général Gonse qui refuse de donner des précisions sur le rôle d'Esterhazy pour les mêmes raisons[324]. La cour valide cette position au fondement de l'article 378 du code pénal[325]. Elle valide, par une référence au même article, le souhait des experts graphologues Couart, Belhomme

314 *Loc. cit.*
315 *Loc. cit.*
316 *Ibid.*, p. 53.
317 *Ibid.*, p. 52.
318 *Ibid.*, p. 118.
319 *Ibid.*, p. 236.
320 *Ibid.*, p. 238.
321 *Loc. cit.*
322 *Ibid.*, p. 122.
323 *Ibid.*, p. 136.
324 *Ibid.*, p. 148.
325 *Ibid.*, p. 174.

et Varinard, de ne pas répondre aux questions qui leur sont posées en raison du secret professionnel et du huis clos des procédures[326]. Lors de sa déposition le général Mercier invoque lui aussi l'autorité de la chose jugée pour ne pas revenir sur l'affaire[327]. Du Paty de Clam invoque quant à lui le respect de sa vie privée, de l'honneur d'une famille à la mémoire d'un mort pour ne pas répondre aux questions qui lui sont posées[328]. Ainsi, se succède toute un ensemble d'excuses pour éviter d'aborder devant la cour les points les plus sensibles de l'affaire. Toutes se fondent sur la même volonté de laisser planer sur l'affaire un voile, permettant le doute.

Au-delà de ces freins qui tiennent au refus des témoins de se compromettre ou de remettre en cause la décision du Conseil de guerre de 1894, le président de la cour veille lui aussi à ce que le silence se fasse. La Cour refuse que le bordereau soit apporté à l'audience selon la motivation suivante :

> Considérant que le bordereau […] fait partie, soit du dossier Dreyfus, soit du dossier Esterhazy ; que les débats de ces deux affaires ont donné lieu, soit en partie, soit en totalité, au huit-clos ; que la communication de toutes ou partie des pièces de la procédure, si elle était ordonnée, aurait pour résultat de détruire l'effet des décisions rendues par les deux conseils de guerre et de porter atteinte à l'autorité de la chose jugée[329].

Le président n'hésite pas à rappeler à un témoin, l'expert graphologue Couart, qu'il n'a « surtout » pas à parler en ce qui concerne l'audience d'Estherazhy[330]. Lors de la déposition de Scheurer-Kestner, le parlementaire lit la correspondance échangée entre Gonse et Picquart. Le président rappelle alors qu'une telle présentation est interdite en raison de la procédure prévue par la loi de 1881 : « toutes les pièces écrites et qui doivent vous servir doivent être notifiées dans les cinq jours de la citation à M. le Procureur général. Cela est en toutes lettres dans la loi de 1881[331] ». Le général Boisdeffre n'hésite pas non plus à réaliser une forme de chantage en s'adressant au jury sur le terrain du patriotisme :

---

326 *Ibid.*, p. 486.
327 *Ibid.*, p. 167.
328 *Ibid.*, p. 214.
329 *Ibid.*, p. 404.
330 *Ibid.*, p. 479.
331 *Ibid.*, p. 105.

> Vous êtes le jury, vous êtes la nation ; si la nation n'a pas confiance en les chefs de son armée, dans ceux qui ont la responsabilité de la défense nationale, ils sont prêts à laisser à d'autres cette lourde tâche. Vous n'avez qu'à parler[332].

Certaines dépositions sont davantage précieuses pour la défense. Ainsi, le colonel Picquart assure que des machinations ont été à l'œuvre afin d'empêcher le juge Berthulus de réaliser son instruction quant à l'affaire Esterhazy[333]. Jean Jaurès vient également affirmer « l'entière bonne foi de M. Zola » ainsi que « la haute valeur morale et sociale de son acte[334] ». Se joint au militaire et à l'homme politique tout un ensemble de savants qui vient donner au procès de presse une dimension nouvelle.

Au cours du procès, de nombreux savants se présentent devant la cour d'assises à la demande de la défense. Hommes de science, leur présence accentue la démarche désintéressée de Zola, prônant la vérité et la justice comme seuls enjeux de son intervention. Elle est la traduction même de sa démarche naturaliste, plaçant la science comme outil de compréhension du monde. Les savants dreyfusards incarnent au cours du procès un monde moderne, respectueux du droit et attaché à une analyse méthodique des faits[335]. Ils s'opposent à la politique de la raison d'État et au mutisme de l'armée qui empêchent la discussion de la preuve[336]. Se trouvent ainsi opposées les deux institutions républicaines que sont l'armée et l'université[337] qui répondent chacune à deux aspirations différentes, l'ordre et la connaissance. Comme le remarque Zola *a posteriori* quant à l'incompatibilité potentielle de ces deux champs : « Comment la France peut-elle être une démocratie, une nation de paix et de science, elle qui a toujours voulu être une nation guerrière[338] ? ».

Les scientifiques sortent de leurs institutions, de leurs laboratoires, pour participer à la vie de la cité. Les intellectuels interviennent dans l'affaire en tant que rationalistes familiers des sciences expérimentales et

---

332 Cité par Miquel Pierre, « Chapitre II. L'organisation de la défense », in Miquel Pierre éd., *L'affaire Dreyfus*, Paris, PUF, 2021, p. 60.

333 *L'affaire Dreyfus. Le procès de Zola devant la cour d'assises de la Seine et la Cour de Cassation, Compte rendu sténographique « in extenso »*, *op. cit.*, p. 306.

334 *Ibid.*, p. 390.

335 Duclert Vincent, *L'affaire Dreyfus. Quand la justice éclaire la République*, *op. cit.*, p. 160.

336 *Ibid.*, p. 161.

337 *Loc. cit.*

338 Zola Émile, *La vérité*, rééd., Paris, Hachette, 1995, p. 673.

humaines, habitués à utiliser les méthodes objectives dans la recherche de la vérité. Ils étendent leur esprit critique aux débats de justice par leur aptitude à découvrir une vérité qui s'imposera à tous par la Raison[339]. Ce sont douze savants qui apportent devant la cour d'assises leur savoir technique dans des domaines divers : paléographes, graphologues[340]. L'enjeu du procès tourne rapidement autour des écritures et de la documentation.

Au-delà du procès en lui-même, comme l'écrit Émile Durkheim, « Écrivains et savants sont des citoyens ; il est donc évident qu'ils ont le devoir strict de participer à la vie publique[341] ». L'engagement des savants se caractérise ainsi premièrement par un acte d'exposition publique puis une revendication formelle[342]. Les frères Molinier, Giry, Appell, Poincaré, Painlevé, Havet, Monod ou Duclaux invoquent la science afin de remettre en cause notamment les analyses pseudo-scientifiques de Bertillon[343]. Les savants viennent nourrir le débat à la lumière de leurs savoirs disciplinaires afin de mettre leurs compétences professionnelles au profit de la vérité[344]. À travers des personnalités comme Duclaux, se mêlent à la fois preuve technique de la vérité et impératif moral[345]. Les savants apportent leurs connaissances pour perfectionner les arguments dreyfusards en tant que « citoyens éclairés[346] », au nom de la République et contre le scientisme[347]. La pratique scientifique se double ainsi d'un engagement citoyen, civique[348] et l'engagement des savants prend des formes variées qui ont pour point commun de

339 Daspre André. « "Vers les temps meilleurs" d'après Émile Zola, Anatole France et Jean Jaurès », *Cahiers Jaurès*, vol. 185, no. 3, 2007, p. 92.

340 Duclert Vincent, *L'affaire Dreyfus. Quand la justice éclaire la République*, *op. cit.*, p. 150.

341 Bouveresse Jacques, « 13. Pierre Bourdieu : le savant et le politique », in Müller Hans-Peter dir., *Pierre Bourdieu, théorie et pratique,* Paris, La Découverte, 2006, p. 223-246.

342 Duclert Vincent, L'engagement scientifique et l'intellectuel démocratique. Le sens de l'affaire Dreyfus, *Politix*, vol. 12, n° 48, 1999, p. 74.

343 Oriol Philippe, « L'engagement des intellectuels dans l'affaire Dreyfus », *Humanisme*, vol. 307, n° 2, 2015, p. 40.

344 *Ibid.*, p. 41.

345 Duclert Vincent, « L'engagement scientifique et l'intellectuel démocratique. Le sens de l'affaire Dreyfus », *op. cit.*, p. 76.

346 *Ibid.*, p. 79.

347 Duclert Vincent, « L'engagement scientifique et l'intellectuel démocratique. Le sens de l'affaire Dreyfus », *Politix*, vol. 12, n° 48, Quatrième trimestre 1999, p. 71-72.

348 Reberioux Madeleine, « Histoire, historiens et dreyfusisme, Revue historique, avril-juin 1979.

jouer sur l'« effet de titre » par la mise en avant leur prestige et leurs connaissances reconnues[349].

Aux initiatives personnelles comme les lettres, les articles, s'ajoutent une mobilisation collective des scientifiques qui s'approprient des modes d'intervention politique jusqu'alors employés par les écrivains[350] : les pétitions de l'année 1898 réunissent pas moins de 1482 signataires, dont 1000 universitaires et chercheurs[351]. Le procès de Zola est l'occasion pour les hommes de sciences de s'engager publiquement en faveur de Dreyfus et l'illustrer la diversité des modes d'engagement en faveur de la vérité. La presse dreyfusarde fait le choix de rapporter chaque jour le contenu des débats *in extenso*, y compris les plus techniques, au public[352]. Elle participe à la familiarisation du public à la fois à la science mais aussi au débat de fond du dossier. Se crée ainsi une union entre la presse et la science au service de la défense de la vérité[353].

UN PROCÈS DE PRESSE PERDU MAIS DÉTERMINANT

Les deux procès de Zola concluent à sa culpabilité. Malgré cette condamnation, le procès de presse de l'écrivain a permis aux dreyfusards de se rassembler et de s'exprimer publiquement, donnant ainsi naissance à la figure de l'intellectuel engagé.

Une condamnation réitérée

Malgré tous les efforts que la défense déploie afin de prouver la vérité des imputations diffamatoires, le jury condamne le 23 février Zola à un an de prison et 3000 francs d'amende.

Des représailles s'abattent également sur les soutiens de Dreyfus[354]. Nonobstant ces premières conséquences fâcheuses d'un point de vue personnel, les lendemains du procès sont favorables à la cause dreyfusarde.

---

349 Oriol Philippe, *op. cit.*, p. 41. Les titres universitaires sont à ce titre valorisés, donnant un argument d'autorité aux propos développés ; *ibid.*

350 Duclert Vincent, *L'engagement scientifique et l'intellectuel démocratique. Le sens de l'affaire Dreyfus*, *op. cit.*, p. 78.

351 *Loc. cit.*

352 *Ibid.*, p. 154.

353 *Ibid.*, p. 170.

354 Le 26 février 1898 un décret réforme le colonel Picquart pour fautes graves dans le service. Le professeur Grimaux perd sa chaire à l'École polytechnique par une mise à la

L'arrêt condamnant Zola est cassé par la Cour de cassation le 2 avril 1898 au motif que le ministre de la guerre était incompétent pour poursuivre Émile Zola pour diffamation. Seuls les membres du Conseil de guerre diffamés avaient la compétence pour porter plainte. Au cours de l'instance, le procureur général Manau affirme alors que les promoteurs de la révision du procès Dreyfus n'étaient « ni des vendus, ni des traîtres mais l'honneur du pays[355] ». Il ajoute « Si Dreyfus a été illégalement condamné, la sentence doit être brisée[356] ». Pour la première fois, par le biais du contrôle judiciaire de l'imprimé, une institution républicaine ne se prononce pas contre le capitaine et ses partisans[357]. La décision de la juridiction fait l'objet de nombreuses attaques de la part de la presse nationaliste : l'ennemi n'est plus le juif, le traitre, mais le magistrat.

Suite à cette décision de la cour du 2 avril 1898, le Conseil de guerre traduit à nouveau Zola en diffamation. Un nouveau procès se tient en juillet 1898 devant la cour d'assises de Seine-et-Oise, après que Zola et ses avocats aient tenté d'agir afin de faire établir l'incompétence de la cour d'assises en session extraordinaire en vain[358]. La Cour confirme la peine infligée à Zola qui publie dans l'*Aurore* du 20 juillet 1898 un nouvel article dans lequel il revient sur ses expériences judiciaires et en tire les conclusions suivantes :

> Mais qu'avais-je voulu ? Provoquer un grand débat sur une question qui troublait des consciences, produire les preuves de la monstrueuse illégalité qui aboutit à l'abominable erreur judiciaire. En février la discussion n'a pas été libre. Le but unique des efforts de la défense fut d'obtenir un débat loyal où ma lettre toute entière serait discutée. Je n'ai pas changé : je veux toujours fournir mes preuves, provoquer la contradiction, faire la lumière[359].

La preuve n'a pu être apportée mais le procès aura tout de même servi à rendre public un débat judiciaire longtemps tenu secret. Le contrôle judiciaire de l'imprimé se présente ainsi comme une fenêtre qui permet

retraite d'office, Leblois cesse ses fonctions d'adjoint au maire du 7e arrondissement et est suspendu du barreau de Paris pour six mois. L'heure est à l'intimidation.

355 Cité par Reinach Joseph, *Histoire de l'affaire Dreyfus*, Volume 3, *op. cit.*, p. 552.

356 Cité par Reinach Joseph, *loc. cit.*

357 *V.* Boccon-Gibod Didier, « Le rôle du parquet général de la Cour de cassation dans l'Affaire », in *Être dreyfusard hier et aujourd'hui*, *op. cit.*, p. 279-282.

358 La Cour de cassation valide la compétence de la nouvelle cour d'assises par une décision du 16 juin 1898. *V. La Gazette du palais*, Second Semestre 1898, p. 39-46.

359 *L'Aurore*, 20 juillet 1898, p. 1.

de réaffirmer les principes fondamentaux de la démocratie comme le débat public. Si le principal intéressé n'est pas présent, autour de lui se fédèrent tout un ensemble de soutiens. À partir de janvier 1898, l'engagement se fait massif dans forme de « mysticisme dreyfusiste[360] ». En février 1898 est créée la Ligue française des droits de l'homme[361] et sous la présidence de Trarieux est énoncé le but de l'organisation : « À partir de ce jour, toute personne dont la liberté serait menacée ou dont le droit serait violé est assurée de trouver auprès de nous aide et assistance[362] ».

La naissance de la figure de l'intellectuel engagé

Selon Gisèle Sapiro, plusieurs éléments concourent à l'érection d'une nouvelle figure au sein de la société au cours du XIXe siècle : l'élargissement de la scolarisation, le développement des universités, la montée du paradigme scientifique, l'industrialisation de la production de l'imprimé[363]. Par ces conditions à la fois sociales et économiques, apparaît une nouvelle catégorie sociale, « les intellectuels[364] », composée d'individus issus d'horizons divers : universitaires, écrivains, journalistes[365]. Leur point commun tient alors dans le fait de se trouver à la jonction de deux champs, politique et de production culturelle. Pascal Ory et Jean-François Sirinelli conçoivent ainsi l'intellectuel comme un individu qui « ne se définit pas par ce qu'il est, une fonction, un statut, mais par ce qu'il fait, son intervention sur le terrain du politique, compris au sens du débat sur la 'cité' [...]. Il ne sera pas l'homme 'qui pense' mais l'homme qui communique une pensée[366] ». L'enjeu de l'intervention tient alors dans « l'imposition de [leur] vision légitime du monde social[367] ».

---

360 Tel est le terme employé par Peguy Charles, *Mystique et politique*, Paris, Laffont, 2015, 1280 p.

361 Lochak Danièle, « Le droit au service des droits de l'homme », in Duclert Vincent éd., *L'affaire Dreyfus. Les événements fondateurs*. Paris, Armand Colin, 2009, p. 186.

362 *Ibid.*, p. 187.

363 Sapiro Gisèle, *L'écrivain et la politique*, *op. cit.*, p. 22-38.

364 *Ibid.*, p. 12 ; *V.* Charle Christophe, *Naissance des « intellectuels » 1880-1900*, Paris, Minuit, 1990, 272 p. ; Charle Christophe, *Les Intellectuels en Europe au XIXe siècle. Essai d'histoire comparée*, Paris, Seuil, 1996, 382 p.

365 Sapiro Gisèle, « Christophe Charle, Les Intellectuels en Europe au XIXe siècle. Essai d'histoire comparée, 1996 », *Actes de la recherche en sciences sociales*, vol. 115, décembre 1996, p. 107.

366 Ory Pascal, Sirinelli Jean-François, *Les intellectuels en France de l'affaire Dreyfus à nos jours*, 2e éd, Paris, Armand Colin, 1992, p. 9.

367 Sapiro Gisèle, *Les écrivains et la politique*, *op. cit.*, p. 9.

Ce terme intellectuel est utilisé dès 1898 par Georges Clemenceau afin de qualifier ceux qui s'engagent aux côtés de Dreyfus[368]. Ce terme induit la volonté des agents d'intervenir dans la vie de la cité, de lier champ du savoir et action politique. Se pose alors la question de leur mode d'intervention spécifique, qui se trouve conditionné par un ensemble d'éléments : les contraintes propres au champ auxquels ils appartiennent[369], leur position au sein du champ induite par le capital symbolique qui leur est dévolu[370], ainsi que par la demande politique extérieure qui pousse à l'action[371]. La forme de l'engagement des intellectuels s'entend ainsi, au-delà des témoignages au cours des procès, par des pétitions et souscriptions, qui relèvent, comme l'indique Christophe Charle, de « deux stratégies opposées : une stratégie élitiste où le poids compte plus que le nombre, et une stratégie démocratique où les gros bataillons sont un argument dans la lutte pour la détention de la vérité politique[372] ».

À partir de 1814 domine la figure de l'intellectuel « prophète[373] ». Mandaté par aucune institution, il intervient dans le débat public fort de son pouvoir symbolique[374], au service d'une cause, sans contrepartie, dans une perspective désintéressée[375]. Le prophète puise son pouvoir symbolique de ses qualités extraordinaires et de son charisme[376], et s'extrait de tout corps professionnel[377]. Ce prophétisme, dans lequel s'inscrivent les écrivains, se comprend par la concurrence exercée par d'autres domaines du savoir, à travers la science notamment[378]. Ils revendiquent leur légitimité dans l'explication du monde social dans un contexte de division intellectuelle du savoir[379]. Face à cette concurrence, les écrivains investissent l'avenir, la prophétie se muant en avertissement[380], une alerte sur les changements de la société à venir. Le message prophétique trouve

368 *L'Aurore*, 23 janvier 1898, p. 1.

369 Sapiro Gisèle. « Modèles d'intervention politique des intellectuels. Le cas français », *Actes de la recherche en sciences sociales*, vol. 176-177, n° 1-2, 2009, p. 9.

370 *Ibid.*, p. 10.-14.

371 *Ibid.*, p. 11.

372 Cité par Oriol Philippe, *op. cit.*, p. 41.

373 Selon les termes de Max Weber.

374 Sapiro Gisèle, *Les écrivains et la politique*, *op. cit.*, p. 21.

375 *Ibid.*, p. 12.

376 *Ibid.*, p. 26.

377 *Ibid.*, p. 27.

378 *V.* Chapitre 6.

379 Sapiro Gisèle, *La responsabilité de l'écrivain*, *op. cit.*, p. 504.

380 *Ibid.*, p. 505.

un écho particulier dans les situations de crises[381], à des moments « où l'ordre établi bascule et où l'avenir entier est suspendu[382] ».

Avec la parution de *J'accuse*, Zola se présente comme un « écrivain responsable[383] », un « écrivain universel » comme le définit Michel Foucault : il porte « les valeurs de tous, s'oppose au souverain ou aux gouvernements injustes et fait entendre son cri jusque dans l'immoralité[384] ». Zola, s'engage personnellement dans l'affaire, de manière « sublime » selon les termes de Susan Rubin Suleiman, dans une perspective désintéressée, mettant en jeu le sort de sa propre personne[385].

Comme le remarque Gisèle Sapiro, Zola se trouve alors à la croisée de différentes conceptions de l'intellectuel, à la fois prophète et intellectuel critique : il prône des valeurs universelles comme la Justice, tout en invoquant des compétences propres reconnues socialement et qu'il met au service de sa cause[386]. Il incarne alors l'« intellectuel critique universaliste », affirmant son autonomie vis-à-vis de la « demande politique externe[387] ».

Ainsi, les intellectuels se saisissent des espaces de médiations et des tribunaux pour user de la liberté d'expression que le régime de 1881 leur accorde. Par leur intervention, ils viennent rebattre les cartes du jeu républicain. Si les institutions se murent dans le silence, une partie des citoyens, forte en capital symbolique, donne de la voix pour faire avancer la République dans le sens de la science et de la connaissance éclairée[388]. Ce à quoi un bloc antidreyfusard s'oppose, au-delà même de la culpabilité de Dreyfus, autour d'un modèle de société[389].

Au sein de ce camp se trouve une partie de la gauche, relative à une association entre intellectuels et ouvriers[390]. Surtout l'on retrouve en

---

381 Sapiro Gisèle, *Les écrivains et la politique*, *op. cit.*, p. 26.

382 Bourdieu Pierre, « Genèse et structure du champ religieux », *Revue française de sociologie*, 1971, vol. 12, n° 3, p. 331.

383 Rubin Suleiman Susan, « L'engagement sublime : Zola comme archétype d'un mythe culturel », *Cahiers naturalistes*, 1993, n° 67, p. 12.

384 « Vérité et pouvoir », *L'arc*, 1997, n° 70, p. 24.

385 Rubin Suleiman Susan, *op. cit.*, p. 14.

386 Sapiro Gisèle, *La responsabilité de l'écrivain*, *op. cit.*, p. 511.

387 Sapiro Gisèle, « Modèles d'intervention politique des intellectuels », *op. cit.*, p. 15.

388 V. Boeglin Édouard « Le rendez-vous raté de la franc-maçonnerie », in *Être dreyfusard hier et aujourd'hui*, *op. cit.*, p. 225-228.

389 V. Joly Bertrand, « Les anti-dreyfusards croyaient-ils Dreyfus coupable ? », *Revue Historique*, t. 291, avril-juin 1994, p. 401-437.

390 Tel est le cas de la gauche révolutionnaire qui voit à travers les intellectuels la traduction d'un monde bourgeois, immobile, s'octroyant la légitimité de parler au nom

majorité la droite nationaliste[391]. Maurice Barrès dans son article « La protestation des intellectuels » associe quant à lui l'intellectuel à un « individu qui se persuade que la société doit se fonder sur la logique et méconnaît qu'elle repose en fait sur des nécessités antérieures et peut-être étrangères à la raison individuelle[392] ». Ces auteurs, opposent aux intellectuels « les intelligents », ceux qui font primer la raison d'État et l'honneur de l'armée sur toute autre considération scientifique[393]. L'intelligence se comprend ainsi comme l'amour de la patrie. Les nationalistes critiquent en outre les intellectuels en raison de leur remise en cause des valeurs conservatrices et de la place nouvelle que ces laïcs prennent progressivement dans une société en cours de sécularisation et de démocratisation[394]. Les antidreyfusards réfutent la vérité toute absolue et l'universalisme des intellectuels, qu'ils considèrent comme des propagateurs de fausses idées et de fausses valeurs[395], coupant les individus de leurs « vrais racines », à savoir « le temps, le sol, le sang[396] ». Chez Barrès le rejet des intellectuels se confond notamment avec un rejet des institutions républicaines et tout particulièrement de l'Université républicaine dont ils procèdent massivement[397]. Cette dernière est considérée comme un propagateur du conformisme et de la médiocrité[398].

---

des autres et surtout de classes sociales qu'ils connaissent peu ou qu'ils méprisent. De telles thèses sont partagées par Edouard Berth ou encore Lagardelle ; Balmand Pascal, « L'anti-intellectualisme dans la culture politique française », *Vingtième Siècle, revue d'histoire*, n° 36, 1992, p. 33.

391 *Ibid.*, p. 32. Ferdinand Brunetière, dans la *Revue des Deux Mondes* décrit de « pauvres hommes qui ne font que déraisonner avec autorité sur des choses de leur incompétence » ; Brunetière Ferdinand, « Après le procès », *Revue des deux mondes*, Quatrième période, t. 146, 1898, p. 444.

392 Barres Maurice, *Le Journal*, 1er février 1898, p. 1. Brunetière reproche à Zola d'intervenir dans un domaine pour lequel il ne dispose d'aucune légitimité particulière : « L'immixtion de ce romancier dans un problème de justice militaire ne me paraît pas moins impertinente et saugrenue que le serait l'intervention d'un capitaine de gendarmerie dans une question de syntaxe ou de prosodie » ; Cité par Oriol Philippe, *op. cit.*, p. 39.

393 Oriol Philippe, *op. cit.*, p. 40.

394 Balmand Pascal, « L'anti-intellectualisme dans la culture politique française », *Vingtième Siècle. Revue d'histoire*, 1992, n° 36, p. 32. Partisans d'une approche objective des faits sociaux, les intellectuels sont les rouages d'une société où le magistère de la religion et du prêtre se trouve concurrencés par de nouvelles figures sociales ; *loc. cit.*

395 *Ibid.*, p. 34.

396 *Loc. cit.*

397 *Ibid.*, p. 34. Léon Blum indiquait à ce titre qu'il s'agit de « la première catégorie sociale ou professionnelle sur laquelle le dreyfusisme put prendre appui ».

398 *Loc. cit.*

Avec le procès de presse de Zola et malgré les critiques devant la faillite de la magistrature judiciaire se dresse « une magistrature intellectuelle[399] » qui mène progressivement, à l'établissement de la vérité.

UN CONTRÔLE JURIDIQUE DE L'IMPRIMÉ LIBÉRAL AU SERVICE DE L'ÉTABLISSEMENT DE LA VÉRITÉ

Si des oppositions se dressent à l'égard des dreyfusards, notamment au sein de la presse, l'État n'intervient pas spécifiquement dans la régulation de leur parole qui reste libre, y compris dans les attaques dirigées à l'encontre de l'exécutif. Le droit de la presse reste constant alors que l'Affaire connait son dénouement.

La libre critique de l'exécutif

À la suite des retentissants procès de Zola en diffamation, les institutions républicaines sont davantage préoccupées par l'évolution de la procédure concernant Dreyfus que par le contrôle de l'imprimé. Comme le remarque Olivier Beaud et comme le confirme les comptes généraux de la justice criminelle, malgré les incessantes attaques à l'égard du président de la République, qui se traduisent par des articles assassins et des coups de cannes à Vincennes sur la personne d'Émile Loubet, le pouvoir ne mobilise pas l'infraction d'outrage au président de la République[400] pourtant prévue par la loi du 29 juillet 1881.

Ainsi, par exemple, sous le mandat de Félix Faure, le procureur général de Rennes attire l'attention du ministère de la Justice sur un article particulièrement outrageant publié le 16 décembre 1896 dans l'*Indépendance bretonne*[401]. La chancellerie répond de manière laconique, indiquant que l'article est « outrageant pour le président de la République, mais n'est guère que la reproduction de ceux de la *Libre parole* notamment, laissés sans poursuites » et propose de classer l'affaire[402]. Il en va de même en 1897 lorsque *Le Progrès socialiste* s'attaque violemment au président. La réponse de la chancellerie est identique :

399 Duclert Vincent, *op. cit.*, p. 143.
400 Beaud Olivier, *op. cit.*, p. 142-143.
401 *Ibid.*, p. 144.
402 Annotation du 21 décembre 1896 sur la lettre du procureur, Archives Nationales, BB18/2022 ; cité par Beaud Olivier, *op. cit.*, p. 142.

« Articles certainement offensants pour le Président [...] mais il n'y a pas lieu de poursuivre[403] ».

Le même phénomène s'observe sous la présidence d'Émile Loubet lorsque le président fait l'objet de vives attaques, notamment lorsqu'il use de son droit de grâce en faveur de Dreyfus. Le procureur général de Lyon signale l'article du *Nouvelliste de Lyon* en du 10 septembre 1899 au sein duquel le président est accusé de se courber « à plate échine contre les ordres des conspirateurs du syndicat dreyfusard[404] ». Le ministère de la Justice indique, comme par le passé qu'il est préférable de classer l'affaire. En 1899, alors que Déroulède est condamné en Hautecour[405], de nouveau la chancellerie est consultée. La presse elle-même s'émeut des attaques des attaques que le président subit. Mais, à nouveau, la chancellerie estime qu'il n'y a pas lieu de poursuivre[406].

Les raisons de cette impassibilité de la présidence apparaissent notamment en 1897, suite à des propos tenus en public par Alexandre Girault, ancien communard. Le procureur de Paris donne une réponse à l'inertie des pouvoirs publics : « les outrages proférés se rencontrant presque quotidiennement dans certains journaux et ayant été depuis longtemps abandonnés au mépris du public[407] ». Ce serait ainsi, en raison du trop grand nombre de publications que des poursuites ne seraient pas engagées. Les tribunaux n'agissent pas car la presse, libre, produit un nombre trop important d'articles pour que tous soient poursuivis. Le « mépris public », serait ainsi un dommage collatéral à la libéralisation de la parole, que les services de la justice sont incapables de contrôler.

Une autre raison à cette inaction de la présidence est également observable à travers une lettre adressée par le procureur d'Orléans aux services de la chancellerie après la publication d'une brochure en 1892, avant l'éclatement de l'affaire. Le magistrat y indique qu'il « estime qu'il y a lieu de dédaigner, comme on l'a toujours fait jusqu'ici, cette brochure ordurière à laquelle les personnes sérieuses ne font pas attention, bien qu'elle soit lue dans les châteaux de la Touraine[408] ». Le Président de

403 Cité par Beaud Olivier, *op. cit.*, p. 145.
404 Cité par Beaud Olivier, *op. cit.*, p 147.
405 Nous aborderons ce point dans le chapitre 8.
406 Beaud Olivier, *op. cit.*, p. 148.
407 *Ibid.*, p. 149.
408 Cité par Beaud Olivier, *op. cit.*, p. 150.

la République est placé au-dessus des basses attaques qui peuvent lui être faite dans la presse.

Se crée au cours de la fin du XIXe siècle une forme de coutume en vertu de laquelle les offenseurs ne sont pas poursuivis. Ceci rompt avec la pratique du régime sous l'Ordre moral[409] et témoigne de l'enracinement du régime parlementaire moniste au sein duquel le Président de la République possède un rôle limité, représentant avant tout la continuité de l'État. N'étant pas responsable devant l'Assemblée, ne pouvant voir sa responsabilité politique engagée, il est de fait protégé contre la vindicte populaire et ne nécessite pas de déployer un arsenal répressif important. Pourtant, sous l'affaire Dreyfus, le président est bien loin de voir son rôle cantonné à l'« inauguration des chrysanthèmes[410] ». C'est bien le chef de l'État qui prend la décision de gracier le capitaine. Pourtant, même cet acte fort ne crée par un regain en faveur de l'infraction d'offense. Cette décision laisse les commentateurs perplexes mais s'inscrit dans une constante marquée depuis l'éclatement de l'affaire : celle d'un silence prononcé des institutions républicaines.

Une circulaire du ministre de la Justice en date du 27 septembre 1898 fait tout de même état du contexte politique extrêmement tendu de l'époque lié au procès de Zola et des conséquences de cet épisode sur la presse.

Le ministre relève qu'à « la suite d'événements récents, qui ont violemment surexcité l'opinion publique, il s'est produit une véritable campagne d'outrages et de diffamations contre les chefs de l'armée[411] ». Il poursuit en indiquant que ces attaques présentent « un caractère de gravité exceptionnelle » et sont de nature à « détruire l'esprit de discipline, à ébranler la confiance du soldat dans ses chefs, à diminuer le respect qu'il leur doit et à jeter dans la nation toute entière un germe de désorganisation qui pourrait, à l'heure du péril, entraîner les plus irrémédiables conséquences[412] ». Ces attaques seraient d'autant moins excusables « que l'affaire à l'occasion de laquelle elles trouvaient à s'exercer, est entrée actuellement dans une phase judiciaire, et que, dès lors, les chefs de l'armée ne peuvent opposer que le silence aux

409 *V.* Chapitre 2.

410 *V.* Garrigues Jean, « 8 – "L'inauguration des chrysanthèmes" ? », in *La République incarnée. De Léon Gambetta à Emmanuel Macron*, Perrin, 2019, p. 187-204.

411 *Bulletin officiel du ministère de la Justice*, 1898, p. 130.

412 *Loc. cit.*

calomnies dirigées contre eux[413] ». À ce titre, le ministre indique qu'« il importe donc que l'autorité judiciaire, dont la juridiction suprême est aujourd'hui appelée à statuer sur cette affaire, réprime de la façon la plus énergique tous les délits de presse et de parole commis contre les chefs de l'armée[414] ». Il demande en outre que « tous renseignements nécessaires pour me permettre d'apprécier s'il y a lieu de déférer leurs auteurs à la Cour d'assises » lui soient communiqués[415].

Malgré l'intention ferme qui se dégage de la circulaire il apparait que, dans la pratique, les poursuites n'aient pas été nombreuses. En effet, en 1898 le jury n'a eu à traiter que de 11 délits de presse[416], dont seulement deux diffamations envers l'armée[417]. En 1899 ce sont seulement 19 affaires de presse qui sont jugées devant les cours d'assises : sur les 27 prévenus, 15 sont d'ailleurs acquittés[418]. Sur cet ensemble seules 10 infractions sont des injures envers l'armée[419].

Dans le même sens, le nombre d'affaires jugées par les tribunaux correctionnels ne connait pas d'augmentation particulière puisque l'on compte (en dehors de la diffamation) 164 affaires en 1894, 89 en 1895, 145 en 1896, 117 en 1897 et 114 en 1898[420]. Il apparaît à partir de ces chiffres officiels que malgré les orientations de politique pénale du ministre la répression de la presse ait été limitée.

Dans les affaires jugées, si Dreyfus est mentionné, c'est de manière incidente. L'on note ainsi une décision du 12 janvier 1899 du tribunal correctionnel de Saint-Étienne qui condamne le gérant du journal l'*Antijuif lyonnais* pour son article « Bourg-Argental, le juif Kissel » dans lequel se mêlent diffamations en injures au sein desquelles l'on relève notamment l'accusation d'être un« agitateur dreyfusard tenant le langage d'un anti-Français, saligaud [...], qui n'est digne que de mépris et ne peut plus être que la honte et le déshonneur du pays qui lui a donné l'hospitalité[421] ».

413 *Loc. cit.*
414 *Loc. cit.*
415 *Loc. cit.*
416 *Compte général de l'administration de la justice criminelle*, 1898, p. XII.
417 *Ibid.*, p. 51.
418 *Compte général de l'administration de la justice criminelle*, 1899, p. XIII.
419 *Loc. cit.*
420 *Compte général de l'administration de la justice criminelle*, 1898, p. XIV.
421 *D. P*, 1899, p. 403 et suivantes.

Un désintérêt politique pour le droit de la presse

Au sein du parlement, des propositions de lois sont déposées afin de modifier le droit de la presse, suite au procès de Zola. Léopold Thézard, élu de gauche, dépose au Sénat une proposition de loi tendant à compléter l'article 35 de la loi du 29 juillet 1881 relatif à la preuve des faits diffamatoires, avec renvoi à la Commission d'initiative parlementaire[422]. Le 20 juin 1898 est transmis à la Chambre une proposition de loi, adoptée par le Sénat dans ses séances des 21 juillet et 23 octobre 1890, ayant pour objet d'activer la marche de la procédure en matière de délits de presse, au cas de recours contre les jugements et arrêts non définitifs[423]. Le 28 février 1898, la Chambre a voté la prise en considération de la proposition de M. Émile Cère, tendant à supprimer l'anonymat dans la presse. Le même jour est déposé par Chautemps, une proposition de loi modifiant la loi du 29 juillet 1881, en vue d'établir « la responsabilité effective de la presse[424] ». Ces propositions restent lettre morte.

Une circulaire en date du 12 décembre 1898 abonde encore davantage dans le sens d'un désintérêt du pouvoir en place pour le droit de la presse. En effet, le ministre de la Justice décide de supprimer l'envoi des états périodiques, qui sont adressés à la Direction criminelle de la chancellerie, dans plusieurs matières pénales. Sont visés les états mensuels prescrits par les Circulaires des 2 décembre 1890, 6 mars et 21 mai 1894 et mentionnant le nom des individus poursuivis ou condamnés à raison des infractions de délits et contraventions en matière de réunion, en matière électorale, association de malfaiteurs, délits en matière de grèves, détention d'explosifs et enfin diffamation et outrages publics envers des fonctionnaires ainsi qu'infractions de presse[425].

Le ministre indique cependant que les procureurs et substituts doivent pouvoir mettre en place les dispositions nécessaires pour être toujours en mesure de fournir, sur sa demande et dans le plus bref délai, pour

---

422 *Journal officiel de la République française. Débats parlementaires. Sénat*, 1er juin 1898, p. 710.

423 *Journal officiel de la République française. Débats parlementaires. Sénat*, 21 juillet 1890, p. 858 ; *Journal officiel de la République française. Débats parlementaires. Sénat*, 23 octobre 1890, p. 1001.

424 Chautemps Émile, *Proposition de loi modifiant la loi du 29 juillet 1881 en vue d'établir la responsabilité effective de la presse… présentée par MM. Chautemps, Codet, Guillemet, Henri Ricard*, Paris, Imprimerie de Motteroz, 1899, 4 p.

425 *Loc. cit.*

une période déterminée, le relevé des poursuites et des condamnations relatives aux délits précités, ainsi que tous renseignements utiles sur la situation des condamnés concernant l'exécution des peines subies ou en cours d'exécution[426]. Seul un domaine du droit pénal reste soumis à une obligation d'information continue, en matière de les crimes et délits prévus par la loi du 18 décembre 1893 sur les explosifs les articles 266 et suivants, 435, 36 du Code pénal, lorsqu'ils présentent un caractère anarchique, et, en outre, toutes les infractions réprimées par la loi du 28 juillet 1894. Le ministère craint en premier lieu les attentats plutôt que les journaux.

L'exécutif semble également préoccupé par les mœurs de la population puisqu'une circulaire du ministre Lebret en date du 15 décembre 1898 traite de l'offre et expositions de gravures, affiches ou photographies obscènes. Le ministère appelle à des instructions « les plus formelles et les plus précises pour que toutes les infractions prévues par la loi soient activement recherchées et énergiquement poursuivies[427] ».

À nouveau, comme ce fût le cas avant le procès de Zola, le droit de la presse ne connaît ni dans son application ni dans sa législation de profonds changements. Le contentieux reste stable, tout comme les textes alors que l'Affaire connaît de nouveaux rebondissements.

Le 3 septembre 1898, Lucie Dreyfus dépose une nouvelle requête en révision du jugement de 1894 rendu par le Conseil de guerre sur le fondement des articles 443 et 444 du code d'instruction criminelle auprès du ministre de la Justice. Le garde des Sceaux relève dans sa demande de révision auprès de la Cour de cassation l'existence de nouveaux faits qui peuvent être de nature à rouvrir un examen des faits. La presse antidreyfusarde crie au scandale et Drumont déclare dans la *Libre parole* au sujet de la révision à venir : c'est « acte de haute trahison. Espérons que l'Affaire Dreyfus se terminera à la française ; par la pendaison des ministres vendus qui, de complicité avec les Juifs, se préparent à livrer nos secrets militaires[428] ». Le 29 octobre 1898, la chambre criminelle sous la présidence de Loew déclare, par 10 voix contre 4, la demande

426 *Loc. cit.*

427 *Ibid.*, p. 181.

428 Bredin Jean-Denis, « L'affaire Dreyfus : la Cour de Cassation et l'opinion publique », in Denis, Michel, et al., *L'affaire Dreyfus et l'opinion publique : en France et à l'étranger*, in Denis Michel, Lagree Michel, Veillard Jean-Yves, Rennes, PUR, 1995, p. 19.

recevable et décide de procéder à une instruction supplémentaire sans statuer sur la suspension de peine d'Alfred Dreyfus[429].

Le 1er mars 1899, malgré le travail de la chambre criminelle, et sous la pression des antidreyfusards, après les votes des députés, par 324 voix contre 207, puis des sénateurs, par 155 voix contre 125, est promulguée la loi qui prive de sa compétence la chambre criminelle de la Cour de cassation au profit des chambres réunies, chambre civile, chambre des requêtes et chambre criminelle[430]. La raison d'État l'emporte malgré les diverses protestations qui s'élève au sein du Parlement[431].

Le 3 juin 1899, la Cour de cassation casse et annule le jugement rendu le 28 décembre 1894 contre Alfred Dreyfus et le renvoie devant le conseil de guerre de Rennes. Les députés votent le 5 juin l'affichage de l'arrêt de la Cour dans toutes les communes de France, dans un souci d'associer les citoyens à la nouvelle procédure. Du 7 août au 9 septembre 1899 se tient le procès d'Alfred Dreyfus à Rennes, auquel la presse assiste en nombre.

Au-delà de la forte présence de journalistes dans la salle, les comptes rendus sténographiés du procès font état d'une importance de la presse au sein même des débats : l'on ne retrouve ainsi pas moins de 114 occurrences du mot « presse » dans le compte-rendu *in extenso* du procès devant le Conseil de guerre[432]. Le terme est employé à divers occasions : lorsqu'elle fait apparaitre de nouveaux documents, qu'elle délivre des informations secrètes obtenues grâce aux indiscrétions de certains acteurs. La vigueur de la presse se fait également remarquée non pas dans les débats qui ont trait au fond du dossier mais en raison de son excitation au cours de l'instance qui pousse le Président à prendre la parole à ce sujet :

---

429 Drumont dénonce dès lors « une œuvre de prostitution collective » ; cité par Bredin Jean-Denis, *Loc. cit.*

430 *Loc. cit.*

431 Maxime Lecomte déclarait alors au sujet de ce changement de compétence inique : « Vous donnez aujourd'hui à l'opinion publique les juges qu'elle veut, mais remarquez bien que cela ne peut pas être un but, que cela ne peut être qu'un moyen : ce qu'il faut lui donner, ce qu'elle exigera impérieusement, vous le savez bien, c'est l'arrêt qu'elle veut » ; *Journal officiel de la République française. Débats parlementaires. Sénat*, 27 février 1899, p. 187.

432 *Le procès Dreyfus devant le conseil de guerre de Rennes (7 août – 9 septembre 1899). Compte rendu sténographique in extenso*, t. I, Paris, Stock, 1900, 672 p. ; *Le procès Dreyfus devant le conseil de guerre de Rennes (7 août – 9 septembre 1899). Compte rendu sténographique in extenso*, t. II, Paris, Stock, 1900, 592 p. ; *Le procès Dreyfus devant le conseil de guerre de Rennes (7 août – 9 septembre 1899). Compte rendu sténographique in extenso*, t. III, Paris, Stock, 1900, 834 p.

> Au cours de la dernière séance, il s'est produit des manifestations bruyantes en présence desquelles j'aurais fait évacuer tout ou partie de la salle, si nous ne nous étions trouvés à la fin d'une audience, au moment où cette mesure n'aurait pas eu d'efficacité réelle. Mais je préviens l'assistance que je ne tolérerai aucune manifestation dans quelque sens que ce soit et de quelque nature qu'elle soit. [...]
>
> Les manifestations dont je parlais tout à l'heure se sont produites principalement samedi sur les bancs de la presse. Je rappelle à ses représentants que si on leur a fait une place très large dans cette enceinte, c'est dans l'intérêt de leurs lecteurs et afin que le plus grand nombre possible de journaux puissent rendre compte des débats de cette affaire qui passionne peut-être un peu trop l'opinion publique.
>
> Si la présence de nombreux journalistes, animés de sentiments contraires et prêts à les manifester, devait être une cause de désordre et devait empêcher les débats de se poursuivre dans le calme qui est nécessaire à leur impartialité, je n'hésiterais pas à faire évacuer la salle et au besoin à faire supprimer le service de la Presse[433].

Le président du conseil de guerre appelle les journalistes à la modération dans leur couverture de ce nouveau procès qui ne se tient pas à huis clos, contrairement au procès de 1894.

Au cours du procès, l'on retrouve à ce titre une justification intéressante au sujet du secret qui a entouré la procédure de 1894 : elle intéresse directement le contrôle juridique de l'imprimé entendu comme un régime libéral de contrôle de la liberté d'expression. Mercier explique les raisons qui ont poussé à créer un dossier secret :

> Messieurs, je n'ai pas confiance dans les huis clos et je crois que les révélations, les publications illicites, scandaleuses, que vous avez eues dans ces derniers temps, vous ont complètement édifiés à cet égard. La presse arrive à être en possession de tout ce qu'elle veut, et elle le publie. Ce ne sont pas les menaces du gouvernement qui l'en empêchent voilà la vérité. Dans ces conditions, je fis ce qui avait déjà été fait dans la plupart des affaires d'espionnage, aussi bien devant les tribunaux civils que devant les tribunaux militaires ; cela avait été fait notamment dans l'affaire Turpin et sans aucune protestation de la part de personne, bien que la chose eût été connue. Je mis sous pli cacheté les pièces secrètes dont je vous ai donné communication ainsi que le commentaire qui y était relatif[434].

---

433 *Le procès Dreyfus devant le conseil de guerre de Rennes (7 août – 9 septembre 1899). Compte rendu sténographique in extenso*, t. I, *op. cit.*, p. 66.

434 *Ibid.* p. 99.

La liberté de la presse aurait donc été la raison qui a guidé la décision prise par le ministre de la Guerre en 1894. Parce qu'elle est libre, parce que le gouvernement et les tribunaux ne peuvent la faire taire, elle impose à l'armée et à l'exécutif de murer la procédure dans le silence, quand bien même cette décision remette en cause les principes fondamentaux de la défense. La rhétorique déplace la responsabilité des républicains au pouvoir vers celle de la presse qui aurait une tendance à être trop sévère à leur égard.

Cependant, lors de l'instance, le sénateur Jules Guérin réfute cette justification. Lorsqu'on lui demande s'il a « recommandé la plus grande discrétion » et « de tenir cette affaire dans le plus grand secret pour éviter les commentaires de la presse et les appréciations du journal *La Libre Parole* », il déclare que « le gouvernement ne se préoccupait nullement de l'attitude de la presse, pas plus que du journal *la Libre parole*[435] ».

Alfred Dreyfus est déclaré coupable à l'issu de ce procès, avec circonstances atténuantes. Il signe son recours en révision de sa condamnation à dix années de détention. Le 10 septembre 1899, les juges du conseil de guerre demandent, à l'unanimité, qu'une nouvelle dégradation militaire soit épargnée au condamné. Le 19 septembre, Alfred Dreyfus est gracié par le modéré Émile Loubet, président de la République. Clemenceau écrit qu'en préférant « sa liberté immédiate à la continuation héroïque, ininterrompue, de l'effort pour sa réhabilitation judiciaire », Dreyfus agit « comme un être indépendant et isolé, non comme un homme épris d'humanité et conscient de la beauté du devoir social[436] ». Si la grâce permet à Dreyfus d'être exempté de peine, son innocence n'est toujours pas établie. Elle permet, pour un temps, d'apaiser les tensions qui jusqu'alors empêchaient la République de revenir à ses fondamentaux et de poursuivre sa construction.

435 *Ibid.*, p. 232-233.
436 *Le Bloc*, 3 novembre 1901, p. 1.

LE CONTRÔLE DE L'IMPRIMÉ AU CŒUR D'UNE RÉPUBLIQUE DE COMBAT (1898-1906)

En août 1894, à l'initiative de Camille Bazille et de Gustave Mesureur, soixante-dix-huit députés forment une Association pour les réformes républicaines. Celle-ci entend combattre « la politique d'immobilisme et de recul » ainsi que « la stérilité du régime parlementaire tel [qu'alors] pratiqué[1] ». S'en suit en 1895 la création du Comité d'action pour les réformes républicaines. Progressivement, la volonté de revenir aux fondamentaux de la République émerge. Si l'affaire Dreyfus constitue une période au cours de laquelle le régime est tourné vers le conservatisme, les élections de mai 1898 modifient les rapports de force politiques au sein du parlement par la victoire des forces de gauche : sont élus 214 républicains, modérés 144 radicaux, 108 socialistes[2], 96 constitutionnels ralliés, 7 nationalistes et 22 monarchistes[3]. Se succèdent alors à la présidence du Conseil le radical Henri Brisson, le progressiste Charles Dupuy puis Pierre Waldeck-Rousseau qui œuvre à créer un gouvernement de défense républicaine.

Alors que se tient l'Exposition universelle et que la première ligne de métro est inaugurée dans la capitale, l'esprit des institutions est à la reprise des travaux législatifs républicains au cœur d'un « moment 1900[4] »

1 Cité par Kayser Jacques, *Les grandes batailles du radicalisme*, Paris, Marcel Rivière, 1962, p. 349-351.

2 Sur leur stratégie *V.* Rémy Sylvie, « Chapitre v. Entre reflux et confirmation, les élections de 1898 », *Jean, Jules, Prosper et les autres : Les socialistes indépendants en France à la fin du* XIX*e siècle*, Villeneuve d'Ascq, Presses universitaires du Septentrion, 2011, p. 185-212.

3 Coubertin Pierre de, *La chronique de France*, 1900, Paris, Lanier, 1900, p. 26.

4 Cette expression est employée afin de désigner à la fois le renouveau de la philosophie mais aussi du droit. *V.* Jouanian Olivier, Zoller Élisabeth dir., *Le « moment » 1900. Critique sociale et critique sociologique du droit en Europe et aux États-Unis*, Paris, Éditions Panthéon-Assas, 2015, 381 p. ; Worms Frédéric, « L'idée de moment 1900. Un problème philosophique et historique », *Le Débat*, n° 140, 2006, p. 172-192.

ouvert au progrès. Initiés par le bloc des gauches, ils se comprennent tout d'abord par une union autour de la cause de Dreyfus puis par le vote de lois nouvelles, tout aussi symboliques qu'innovantes et qui ont pour vocation de bâtir une République restaurée dans son autorité et renouvelée dans ses principes. L'arrivée à la présidence du Conseil d'Émile Combes en 1902 pousse les institutions à entrer dans une République de combat et à approfondir l'œuvre de son prédécesseur en affirmant la séparation de l'Église et de l'État.

Fort de cet élan vers une République dynamique au sein de laquelle les institutions aspirent à des bouleversements relatifs à l'organisation de l'État, le contrôle juridique de l'imprimé se présente comme un outil supplémentaire mobilisé par le gouvernement de défense Républicaine puis par la République radicale.

LE CONTRÔLE JURIDIQUE DE L'IMPRIMÉ AU CŒUR D'UNE NOUVELLE DYNAMIQUE RÉPUBLICAINE

Si l'affaire Dreyfus n'est pas close et la vérité des faits pas encore affirmée par une décision de justice, le gouvernement formé en 1899 et issu des élections législatives de 1898 souhaite réorienter le régime dans une voie plus respectueuse des idéaux républicains et de ses institutions. Pour cela, il œuvre à l'approfondissement de la démocratie par la proclamation de la liberté d'association, nouveau moyen légal par lequel les citoyens peuvent s'exprimer, communiquer ou promouvoir une cause et qui vient s'ajouter à la liberté d'expression.

UN DROIT DE L'IMPRIMÉ AU DIAPASON DE LA RÉORIENTATION RÉPUBLICAINE DU RÉGIME

Le gouvernement de défense républicaine, au cours de l'année de la grâce de Dreyfus et dans les mois qui suivent, réaffirme sa volonté de revenir à une « idée républicaine[5] ». Cette ambition politique s'accompagne du renforcement de la protection des institutions républicaines.

5 *V.* introduction et la définition qui en a été donnée par Claude Nicolet.

L'affirmation d'une politique de défense républicaine

Nommé président du Conseil par Émile Loubet le 22 juin 1899, Pierre Waldeck-Rousseau réussit à constituer un gouvernement qui embrasse l'ensemble des sensibilités républicaines au sein d'un gouvernement « bigarré[6] ». Ce gouvernement hétéroclite voit entrer aux côtés des radicaux, le militaire connu pour sa répression sévère de la Commune, Gaston de Galliffet, ainsi que pour la première fois un socialiste en la personne d'Alexandre Millerand. Waldeck-Rousseau prône la nécessité de former, face à la réaction, un gouvernement de Défense républicaine qui permette de lutter efficacement contre ceux qui menacent la République. On retrouve à travers cette volonté les stigmates à la fois de l'affaire Dreyfus, qui a soulevé les passions conservatrices, mais aussi le souvenir du combat contre les partisans de l'Ordre moral en 1877. Si l'heure est à l'ordre, il est républicain et échappe à la double dérive autoritaire et cléricale du régime voulue précédemment par Jules Méline.

Avant même sa nomination, Pierre Waldeck-Rousseau, lors de l'inauguration du Grand Cercle républicain au début des années 1880, exposait sa vision de la République en rappelant que les institutions républicaines ne sont pas suffisantes pour l'édifice du régime. Elles doivent s'accompagner en plus de pratiques parlementaires adéquates :

> Avoir des mœurs parlementaires, c'est d'abord considérer comme essentiel de former un grand parti, compact, homogène, ayant des principes supérieurs et constants, ayant une règle, ayant une orientation précise, arrêtée, une discipline, une direction respectée[7].

Le président du Conseil s'inscrit dans la continuité d'une pensée qui considère la République comme un ensemble de normes, d'idéaux, de principes, qui dépassent le cadre strict du droit pour encadrer la société et la politique dans son ensemble. Cette philosophie est reprise en 1898 à un moment où la République est embourbée dans l'affaire Dreyfus et qu'elle se remet à peine des différents scandales politiques et financiers des années 1880. La défense républicaine se comprend alors comme la sauvegarde des institutions à travers un projet politique républicain

6 *Ibid.*, p. 30.

7 Cité par Teyssier Arnaud, « Le temps de Waldeck-Rousseau », *Charles Péguy*, Paris, Perrin, 2014, p. 175.

modéré. Cette ambition nécessite une union comme l'indique le garde des Sceaux Ernest Monis au Sénat le 26 juin 1899 : « S'agissant de maintenir intact le patrimoine commun, nous avons pensé que les divisions de parti devaient s'effacer, et que l'œuvre que nous allions entreprendre exigeait le concours de tous les républicains[8] ».

Au sein de ce patrimoine, le ministre se réfère à la loi, à la Justice, aux magistrats et au silence ainsi qu'au respect qui leur sont dûs[9]. Dans le souci de ménager toutes les sensibilités politiques, il évoque également l'armée qui est présentée comme « la sécurité et l'orgueil de la France[10] » et qui doit à ce titre être protégée des injures. Après une période de luttes intestines, l'heure est venue pour la République de reprendre « son œuvre de progrès économique et social », projet qui fédère l'ensemble des républicains[11]. La suppression des divisions internes au camp républicain s'entend alors par une politique modérée. L'objectif est de revenir à une République qui puise ses sources dans la Révolution française de 1789 et dans les écrits des pères fondateurs du républicanisme[12].

Comme ce fût déjà le cas à la suite de la victoire des républicains en 1879, l'exécutif procède à des changements au sein des effectifs de la fonction publique. Le président du Conseil rappelle à la préfecture de police de Paris le préfet Lépine[13]. Le ministre de la Guerre, le général Galliffet réorganise l'armée qui a connu depuis 1898 pas moins de six ministres de la Guerre et qui fait preuve d'un fort esprit d'indépendance vis-à-vis du pouvoir politique[14], réaffirmant l'autorité du civil sur le

8 *Journal officiel de la République française. Débats parlementaires. Sénat*, 26 juin 1899, p. 757.

9 *Loc. cit.*

10 *Loc. cit.*

11 *Loc. cit.* Le Sénat reçoit positivement ce projet en votant un ordre du jour précisant que la chambre haute compte sur « la vigilance et la fermeté du gouvernement pour défendre les institutions républicaines et assurer l'ordre public » ; *loc. cit.* Du côté des députés, l'accueil est plus mesuré. Les conservateurs craignent l'arrivée au pouvoir des socialistes. Les plus progressistes redoutent quant à eux la décision de confier des fonctions ministérielles à un homme qui fit couler le sang des communards. Pour autant, l'ordre du jour est adopté à une courte majorité avec 262 voix contre 237 ; Mayeur Jean-Marie, *op. cit.*, p. 183.

12 Teyssier Arnaud, *op. cit.*, p. 177. Dans ses notes, Waldeck Rousseau résume ainsi sa pensée au début de son mandat : il s'agit de « restaurer dans leur plénitude les prérogatives essentielles de l'État – reconstituer une société civile assez forte pour qu'elle pût se montrer respectueuse de tous les droits de la conscience » ; *loc. cit.*

13 Mayeur Jean-Marie, *op. cit.*, p. 182.

14 Jauffret Jean-Charles, « Un sabreur au gouvernement : le général de Galliffet, ministre de la Guerre (22 juin 1899-28 mai 1900) », in *Militaires en République, 1870-1962 : Les*

militaire[15]. L'œuvre de Galliffet est poursuivie par son successeur le général André qui lui aussi s'attèle à réorganiser l'armée et à épurer de certains de ses membres l'État-major[16].

Au titre des mesures qui marquent une affirmation de la République modérée, peut être relevée l'arrestation en septembre 1899 de soixante-sept personnes appartenant à divers mouvements nationalistes, antisémites ou boulangistes[17]. L'objectif est de mater l'agitation née de l'affaire Dreyfus et de réaffirmer l'autorité du gouvernement. Au sein de ces arrestations se trouve celle de Paul Déroulède[18], fondateur de la Ligue des patriotes[19]. Avec la coopération du Préfet Lépine et du procureur général Octave

---

officiers, le pouvoir et la vie publique en France, *op. cit.*, p. 228. Le ministre entreprend une véritable « reprise en main du haut-commandement » : il retire leur commandement à certains généraux récalcitrants et réduit les prérogatives du Conseil supérieur de la Guerre. Le décret du 29 septembre 1899 enlève ainsi au Conseil supérieur de la Guerre ses prérogatives en matière d'avancement ; *ibid.*, p. 226.

15 À travers la circulaire du 21 septembre, il rappelle à l'armée ses devoirs de soumission au pouvoir civil et surtout son devoir d'abstention politique en pleine Affaire Dreyfus et termine son texte par la célèbre formule « l'incident est clos » ; Forcade Olivier, Duhamel Éric, *Militaires en République, 1870-1962*, *op. cit.*, p. 222. L'objectif est également de redorer le blason de l'armée républicaine par des mesures simples mais qui ont un fort impact auprès des populations en améliorant son image : interdiction de l'alcool dans les casernes et obligation de sortir en uniforme pour tous les militaires ; *loc. cit.*

16 Souhaitant éviter un imbroglio avec l'armée, Émile Loubet le 12 août 1900 à Marseille, alors qu'il vient visiter des troupes, tente d'apaiser la situation et déclare à l'attention des militaires : « Je suis venu pour dissiper cette équivoque criminelle que l'esprit de parti essaie de faire naître et qu'il voudrait perpétuer, en cherchant à creuser un fossé entre l'armée et la nation. Tentative monstrueuse qui échouera, qui a déjà échoué, j'en ai la certitude … Nation et Armée ne font qu'un » ; Cité par Coubertin Pierre de, *op. cit.*, p. 45.

17 Monier Frédéric, *Le complot dans la République*, *op. cit.*, p. 56.

18 V. Joly Bertrand, *Déroulède, l'inventeur du nationalisme*, Paris, Perrin, 1998, 440 p.

19 Monier Frédéric, « Déroulède ou le "complot permanent" », in *Le complot dans la République. Stratégies du secret, de Boulanger à la Cagoule*, *op. cit.*, p. 54. Il avait semé le trouble Place de la Nation à Paris lors des obsèques de Félix Faure en mai 1899 : il avait tenté d'entraîner un coup d'État militaire contre le régime afin d'instaurer une République plébiscitaire. Ce dernier justifie son acte au nom du sauvetage de la République contre les forces monarchistes qui œuvreraient à leur retour ; Aynié Marie, « Une justification du coup de force de Déroulède du 23 février 1899 », *Parlement[s], Revue d'histoire politique*, vol. 12, n° 2, 2009, p. 108-109. Arrêté puis acquitté par la cour d'assises de la Seine, Déroulède poursuit son activité et appelle par différents discours prononcés en juillet 1899 à poursuivre l'entreprise débutée dès 1897 dont le but est de renverser la République parlementaire ; Monier Frédéric, *op. cit.*, p. 49. V. *Affaire de la place de la Nation, procès Paul Déroulède et Marcel Habert. Cour d'assises de la Seine, 29 juin 1899. Discours de Paul Déroulède et de Marcel Habert aux jurés de la Seine*, Paris, Le Drapeau, 1899, 43 p. Déroulède est placé sous surveillance et Waldeck-Rousseau est informé qu'une nouvelle tentative de coup d'État serait prévue pour le 12 août ; *loc. cit.*

Bernard, Paul Déroulède est arrêté avec près de 70 autres personnes pour complot[20]. Le 4 septembre, le Président de la République prend un décret convoquant le Sénat en Haute Cour de justice : dix-sept opposants au régime y sont présentés et doivent répondre de leur complot de « nationalistes, antisémites et royalistes » comme l'indique l'acte d'accusation[21]. Le procès, dont les débats sont présidés par le président du Sénat Armand Fallière, aboutit le 4 janvier 1900 à la condamnation de Déroulède et Buffet à 10 ans de bannissement, de Guérin à 10 ans de détention alors que tous les autres accusés sont acquittés. La menace nationaliste est contenue, pour un temps du moins. Si leurs écrits n'ont pas fait l'objet d'une répression spécifique, leurs idées et actions se trouvent tout de même condamnées par un tribunal extraordinaire.

En ce qui concerne l'affaire Dreyfus, est votée le 27 décembre 1900 une loi d'amnistie sur tous les faits relatifs à l'affaire[22]. À nouveau, la vérité n'est pas établie au grand dam des dreyfusards[23] mais cette mesure permet de clore les poursuites judiciaires, y compris à l'égard de ceux qui ont concouru à l'erreur judiciaire et d'ouvrir une période plus apaisée et propice au vote de nouvelles lois républicaines.

Lors du gigantesque banquet des maires du 22 septembre 1900 qui se tient à Paris à l'occasion de l'exposition universelle, Waldeck Rousseau déclare : « L'exposition qui va s'ouvrir ne sera pas seulement le triomphe de notre génie artistique, commercial et industriel, elle sera aussi le témoignage inaliénable de la paix morale reconquise[24] ». Il annonce à la suite de ce discours au sujet de la République, qu'« il est possible qu'elle modifie quelques-unes de ses institutions et pourvu que ce soit par les voies pacifiques et légales, nous acceptons volontiers l'éventualité de certains changements[25] ». Quelques jours plus tard,

20 *Loc. cit.* ; Winock Michel, *La Fièvre hexagonale. Les grandes crises politiques, 1871-1968*, Paris, Seuil, 1995, p. 383.

21 Monier Frédéric, *op. cit.*, p. 58. Sur le procès et les difficultés qu'il a pu poser quant à la qualification des faits *V.* Machelon Jean-Pierre, *La République contre les libertés*, *op. cit.*, p. 320-321.

22 Y compris les délits en matière de presse, de réunions, d'élections, d'associations ; faits de grève et faits connexes.

23 Royer Jean-Pierre, « L'affaire Dreyfus. La loi du 27 décembre 1900 : une amnistie au goût amer », *Histoire de la justice*, vol. 28, n° 1, 2018, p. 55-62.

24 Waldeck-Rousseau Pierre, *Associations et congrégations*, Paris, Eugène Fasquelle, 1901, p. 35.

25 Cité par Coubertin Pierre de, *op. cit.*, p. 53.

dans une prise de parole à Toulouse le 28 octobre 1900, il rappelle à tous les fonctionnaires et aux magistrats leur obligation de dévouement, de neutralité partisane et de collaboration des uns et des autres pour faire triompher la République[26]. Des réformes sont alors lancées, notamment en matière judiciaire[27] sans que l'institution magistrature ne connaisse de changements profonds. Le 26 septembre, le ministre de la Justice Trarieux rédige une circulaire dans laquelle il souligne les critiques qui entourent les modes de recrutement et d'avancement des membres de l'ordre judiciaire[28]. Pour mettre un terme à ces suspicions il propose de créer un tableau d'avancement officiel. Mais le ministre quitte son ministère en octobre, laissant son projet lettre morte.

Au-delà de ces mesures intéressant le champ judiciaire, la majorité vote des textes sociaux comme la loi du 30 mars 1900 qui fixe la durée

---

26 Waldeck-Rousseau Pierre, *op. cit.*, p. 37.

27 La « République des avocats » a laissé place à la « République des professeurs » qui se sont distingués lors de l'affaire Dreyfus. Entre 1886 et 1910 se sont près de 7 propositions de loi qui sont déposées pour la réforme du barrea ; Royer Jean-Pierre, *Histoire de la justice en France*, *op. cit.*, p. 715. Par la loi Constans de 1897, l'avocat entre dans la procédure aux côtés de son client dans le cabinet du juge d'instruction ; Ambroise-Castérot, Coralie, Combeau Chantal, « La procédure pénale dans la balance : entre secret et transparence », *Les Cahiers de la Justice*, vol. 3, n° 3, 2014, p. 374. Comme l'indique Jean-Pierre Royer, l'avocat politique est évincé au profit d'un avocat de la défense et il « retourn[e] à son métier » ; Royer Jean-Pierre, *op. cit.*, p. 716. En outre, la loi du 1er décembre 1900 renouvelle la fonction car elle permet aux femmes diplômées d'une licence en droit d'exercer la fonction d'avocat après de longs débats au sein du parlement ; *V.* Royer Jean-Pierre, « Les femmes investissent la justice », *op. cit.*, p. 667-674 ; Catinat Anne-Laure. « Les premières avocates du barreau de Paris », *Mil neuf cent*, n° 16, 1998, Figures d'intellectuelles. p. 43-56 ; Bard Christine, Chauvaud Frédéric, Perrot Michelle, Petit Jacques-Guy dir., *Femmes et justice pénale : XIXe-XXe siècles*, Rennes, PUR, 2002, 382 p. En dehors du sort des avocats, un décret du 23 juin 1900 complète le décret du 21 novembre 1893 sur les conditions suivant lesquelles peut être conféré le titre d'expert devant les tribunaux. Après la guerre des expertises au cours de l'affaire, cette évolution marque l'imposition de la figure de l'expert dans le paysage judiciaire tout en l'encadrant. Enfin, la loi du 13 avril 1900 réforme en partie le Conseil d'État en créant des sous-sections en son sein.

28 Le ministre écrit : « Depuis longtemps l'Administration de la justice souffre des critiques que soulèvent les conditions dans lesquelles s'opèrent le recrutement du corps judiciaire et l'avancement de ses membres. Abandonnée à l'autorité exclusive du Ministre, la nomination des magistrats, quels que soient-le soin et le scrupule qu'y apporte la Chancellerie, est frappée d'une sorte de suspicion, par cela seul qu'elle dépend d'une volonté unique, que l'on peut croire accessible à des influences diverses. De là naissent, chez les intéressés, des ambitions illimitées, se traduisant en sollicitations sans mesure ; et la pensée se répand que le mérite et les droits acquis comptent moins que les protections dans le choix des candidats » ; *Bulletin officiel du ministère de la Justice*, 1895, p. 112.

quotidienne du travail à onze heures et organise sa réduction graduelle à dix heures en quatre ans pour les usines qui font travailler des femmes et des enfants et exclut donc de son application les établissements n'employant que des hommes[29].

Un élan est donné à la politique républicaine qui se trouve redynamisée. Qui plus est, afin de faciliter les évolutions souhaitées, les institutions cherchent à réaffirmer leur autorité auprès des citoyens, celles-ci ayant été particulièrement mises à mal au cours de l'affaire Dreyfus. Le contrôle juridique de l'imprimé se présente alors comme un soutien à cette entreprise.

Protéger l'autorité des institutions républicaines

Si la nouvelle majorité parlementaire se donne pour objectif de réorienter le régime dans le sens d'un dynamisme législatif, les propositions de loi dont est saisi le parlement montrent parfois des hésitations quant à la fidélité du régime aux valeurs républicaines. La nécessité de renforcer l'autorité du régime, sa respectabilité, amène les parlementaires à élaborer des textes qui renoncent, pour l'occasion, aux principes républicains en matière de liberté d'expression. Se crée ainsi un décalage entre les idéaux poursuivis et les méthodes employées.

En 1900 le Sénat débat d'une proposition de loi présentée par le radical Joseph Fabre après qu'une commission soit nommée en mars pour son examen[30]. L'urgence du texte est votée le 19 juin 1900[31]. Son objectif est double. Il s'agit d'étendre la compétence des tribunaux correctionnels au délit d'offense envers le Président de la République et de revenir sur l'article 46 de la loi du 29 juillet 1881. En effet, le texte propose d'offrir aux fonctionnaires ou hommes publics diffamés ou injuriés dans leur fonction, la faculté de poursuivre l'action civile séparément de l'action publique avec la liberté pour les mis en cause de faire, par tous les moyens, la preuve des faits diffamatoires devant le tribunal civil. Il s'agit de revenir sur l'article 46 de la loi qui indique que l'action civile résultant des délits

29 L'absence de portée générale de cette loi est mal accueillie par les socialistes qui y voient une rupture d'égalité entre les travailleurs; *V.* Domain Magali, «Jaurès et la grève des tullistes calaisiens (12 novembre 1900 – 7 février 1901)», *Cahiers Jaurès*, vol. 211, n° 1, 2014, p. 53-75.

30 *JORF*, 10 mars 1900, p. 1484.

31 *Journal officiel de la République française. Débats parlementaires. Sénat*, 19 juin 1900, p. 636.

de diffamation prévus et punis par les articles 30 et 31 ne peut, sauf dans les cas de décès de l'auteur du fait incriminé ou d'amnistie, être poursuivie séparément de l'action publique[32]. Par cette mesure, la loi empêche que l'individu ne puisse agir en justice sans l'accord des entités visées par l'article 47 et qui sont seules compétentes pour le déclanchement des poursuites devant la Cour d'assises. Il s'agit de respecter soit le caractère collégial de l'institution à laquelle la victime appartient soit la soumission hiérarchique à laquelle elle est soumise. En donnant la possibilité à la victime d'agir sur le plan civil de manière indépendante, le législateur lui donne la possibilité de passer outre un potentiel refus de poursuivre les propos devant les juridictions pénales. Ceci est d'autant plus vrai que le texte prévoit de donner à la personne poursuivie les mêmes moyens de défense que lors de la procédure pénale à travers l'exception de vérité. Il s'agit ainsi de rendre la répression des infractions prévues aux articles 30 et 31 de la loi plus facile. Ceci semble être d'ailleurs la conséquence de la baisse du nombre de poursuites et des jugements en la matière (article 31 de la loi du 29 juillet 1881) : 34 en 1896[33], 17 en 1897[34], En 9 en1898[35], 9 en 1899[36] et seulement 6 affaires en 1900[37].

Le député bonapartiste Le Provost de Launay ne manque pas de remarquer cette évolution répressive des républicains qui dépasse la sphère du droit de la presse : il fait référence à l'arrestation de Déroulède et de ses proches en déplorant leur illégalité et reproche au gouvernement de mobiliser les procureurs afin d'intervenir dans le débat public notamment pour sanctionner certains propos tenus au sein des cercles[38]. Surtout, il critique le souhait de la majorité de vouloir revenir sur « la seule véritable liberté » qui ait été votée depuis la proclamation de la République, la liberté de la presse, à travers la remise en cause de la compétence de principe du jury en la matière[39].

Plus précisément, l'opinant met en exergue la position versatile de Joseph Fabre, rapporteur de la loi, qui en 1899 faisait imprimer des

---

32 *V.* Chapitre 3.
33 *Compte général de l'administration de la justice criminelle*, 1896, p. 51.
34 *Compte général de l'administration la justice criminelle*, 1897, p. 51.
35 *Compte général de l'administration la justice criminelle*, 1898, p. 51.
36 *Compte général de l'administration la justice criminelle*, 1899, p. 51.
37 *Compte général l'administration de la justice criminelle*, 1900, p. 51.
38 *Journal officiel de la République française. Débats parlementaires. Sénat*, 19 juin 1900, p. 636.
39 *Ibid.*, p. 637.

brochures dans lesquelles il appelait au « au droit de la libre critique », ajoutant que le jury est « comme une émanation de la conscience nationale[40] ». Le sénateur argue que ce changement d'opinion tiendrait au fait, qu'attaqué personnellement par la presse, il fût déçu de la clémence du jury populaire qui avait conclu à l'innocence du journal qui l'attaquait, ce qui le conduisit à préférer les juridictions correctionnels[41]. Le Provost de Launay insiste alors sur le fait que certains républicains n'hésitent pas à renier leurs convictions, réalisant une « inqualifiable apostasie » dès lors que leur intérêt personnel est en jeu[42]. Selon le conservateur, les tribunaux correctionnels présenteraient le seul avantage d'être constitués uniquement de magistrats dont les nominations et les avancements sont signés par le Président de la République, ce qui créerait de fait une situation de dépendance vis-à-vis du pouvoir politique[43].

Aux attaques qui lui sont adressées, Joseph Fabre argue qu'il ne peut y a voir d'atteinte à la liberté d'expression possible de la part des juridictions correctionnels dès lors que tous les délits d'opinion ont été supprimés et qu'en conséquent la loi ne réprime plus les convictions politiques des citoyens[44].

Joseph Fabre expose en suivant la raison du choix de correctionnalisation de l'infraction d'offense au président de la République :

> Le gouvernement républicain est celui de tous qui a le moins à craindre la pleine lumière et qui s'accommode le plus de la libre critique. Mais tous les gouvernements sans exception ont admis la nécessité de protéger l'homme qui est le chef de l'État. C'est l'effet d'une loi politique et morale s'imposant à tous les régimes, comme condition vitale de leur conservation, et, ce qui est plus important, comme condition vitale du prestige et du bon renom de la nation en face des autres nations. Les Césars et les rois ont établi des crimes de lèse-majesté, que punissaient le fer, le bûcher ou la potence et dont il ne saurait plus être question depuis que 89 a passé par là. La Restauration, la monarchie de Juillet et l'Empire ont institué des délits d'offense, que punissaient des amendes excessives, allant à 10,000 fr. et cinq années d'emprisonnement,

40 *Ibid.*, p. 638.

41 *Loc. cit.*

42 *Loc. cit.* Il reprend en ce sens les thèses développées lors de la crise du mouvement boulangiste auquel il semble avoir adhéré en refusant de voter en faveur des poursuites contre le général Boulanger ; Bourloton Edgar, Cougny Gaston, Robert Adolphe, *Dictionnaire des parlementaires français*, t. IV, Paris, Bourloton, 1891, p. 111. *V.* Chapitre 5.

43 *Journal officiel de la République française. Débats parlementaires. Sénat*, 19 juin 1900, p. 638.

44 *Ibid.*, p. 639.

> qu'accompagnaient maintes fois la privation des droits civiques et la déportation. La loi de 1881, infiniment plus clémente sur ce point que toutes les lois antérieures [...]. Voilà la cruauté du régime républicain[45] !

Cette volonté de protéger le chef de l'État se comprend par les différentes attaques que ce dernier a pu subir au cours des années précédentes[46]. Protéger le Président contre les attaques qui peuvent lui être faites par la presse, permettrait ainsi dans l'esprit du parlementaire de protéger symboliquement la République contre les attaques antidreyfusardes et nationalistes qui peuvent lui être faites, y compris physiquement, bien qu'aucune référence à cet élément ne soit faite pendant les débats : ni le nom de Dreyfus, ni le nom de Loubet ne sont prononcés[47].

Davantage qu'une preuve de lâcheté, ce choix de juridiction peut s'expliquer par la volonté des institutions républicaines de se protéger par elles-mêmes, légalement, à travers les institutions judiciaires, contre les attaques qui peuvent lui être adressées. Le chef de l'État est placé au-dessus de toutes considérations politiques, au-dessus de l'intime conviction des jurés-citoyens, afin d'être préservé dans « sa dignité et son autorité[48] ». Ceci tient au fait qu'il est irresponsable devant le parlement, ce qui lui donne un statut tout à fait différent des ministres qui eux sont soumis au « perpétuel contrôle de l'opinion, devant laquelle ils ont à répondre de leur vie publique », et qui engagent leur responsabilité politique[49]. L'irresponsabilité politique doit ainsi être comprise de pair avec une protection accrue du point de vue du droit de la presse relatif au président qui est la « suprême expression » des « pouvoirs publics[50] ». On retrouve ici la pensée des lois constitutionnelles et de la doctrine publiciste qui considère le président non pas comme un chef de gouvernement

---

45 *Loc. cit.* En effet, Émile Loubet le 4 juin 1899 lors d'une course à Auteuil, et alors que le premier procès du capitaine vient d'être cassé, est attaqué par un groupe d'individus composé de royalistes et d'antisémites. Parmi eux se trouve le Baron Christiani qui frappe le président à violents coups de canne. La campagne de presse est également particulièrement virulente. On lit ainsi dans le *Dauphiné Historique* que « Les furieuses attaques dirigées contre le président de la République parurent ce qu'elles n'avaient point cessé d'être un artifice terrible et puéril à la fois pour venir à bout de ce régime républicain victorieux de tant d'assauts ». V. à ce sujet le chapitre 7.

46 *Le président Émile Loubet par Le Dauphiné Historique*, Grenoble, Gratier, 1900, p. 123.

47 *Journal officiel de la République française. Débats parlementaires. Sénat*, 19 juin 1900, p. 636-646.

48 *Ibid.*, p. 636.

49 *Ibid.*, p. 640.

50 *Loc. cit.*

mais comme l'élément stable de l'exécutif[51] à l'instar d'un chef d'État monarchique[52], tel un monarque constitutionnel[53]. Surtout, cette loi fait écho à la coutume qui s'est installée depuis l'arrivée au pouvoir des républicains à la fin des années 1870 et qui tend à l'absence de poursuites en matière d'offense au président[54]. Il s'agirait ainsi, sans revenir à la pratique que Mac Mahon a pu en avoir, de faciliter la répression de l'infraction d'offense[55].

En ce qui concerne la possibilité donnée aux fonctionnaires et autres citoyens en charge d'un service public de saisir une juridiction civile, en autonomie, le rapporteur avance la nécessité pour ces individus d'avoir accès à une sauvegarde plus efficace de leur honneur. Il déclare :

> [...] à côté de l'intérêt social qui réclame le maintien du plus large droit possible de critique et de censure, et que protège le maintien de la juridiction du jury, restant seul juge quand est réclamée contre le diffamateur une répression mettant en cause sa liberté et son honneur, il y a un autre intérêt qu'il importe de sauvegarder, et pour la dignité du Gouvernement qui ne saurait réduire à l'état de parias ceux qui sont les serviteurs ou les mandataires du pays, et pour la dignité de la personne humaine que vous trouvez dans le fonctionnaire, dans l'homme public, comme dans tous les autres hommes, et qui, en face de l'outrage, a, elle aussi, à assurer, en acceptant d'ailleurs le contrôle de la preuve faite par tous moyens, la sauvegarde de sa considération et de son honneur[56].

Si la République permet un droit de regard des citoyens sur l'action publique et sur ceux qui la mènent[57], la protection de l'honneur et la réparation du dommage qu'ils ont potentiellement subi doivent être effectives. À cette proposition, le sénateur Casabianca ne manque pas de faire remarquer la similitude de cette mesure avec le droit anglo-saxon

51 Hauuy Cédric, « Le président de la République, vu par la doctrine publiciste, sous la IIIe République », *Revue française de droit constitutionnel*, vol. 93, n° 1, 2013, p. 67.

52 Jèze Gaston, « La présidence de la République », *Revue de droit public*, 1913, p. 114 ; Renard Geroges, *Cours élémentaire de droit public*, Paris, Librairie du Recueil Sirey, 1922, p. 31.

53 Lefebvre Charles, *Études sur les lois constitutionnelles de1875*, Paris Marescq, 1882, p. 67 ; Soulier, *L'instabilité ministérielle*, Paris, Librairie du Recueil Sirey, 1939, p. 55 ; Nadal Jean-Baptiste, *Attributions du président de la République en France et aux États-Unis*, Toulouse, Marquès, 1909, p. 75.

54 *V.* Chapitre 7.

55

56 *Journal officiel de la République française. Débats parlementaires. Sénat*, 19 juin 1900, p. 640.

57 *V.* Chapitre 2.

qui favorise le règlement des différends devant les juridictions civiles[58]. En effet, rien dans le texte de loi présenté ne prévoit quelles sont les suites à donner à une procédure civile : rien n'indique qu'une procédure pénale doive être engagée.

À cet argument, Joseph Fabre se défend de vouloir porter atteinte à la compétence de la cour d'assises pour les fonctionnaires car la juridiction reste compétente en matière pénale. Pourtant, la possibilité de requérir une répression devant les juridictions civiles porte, *in concreto*, atteinte à sa compétence. À la potentielle difficile qualification des faits, le plaignant pourrait préférer agir sur le seul plan civil, en évoquant seulement l'existence d'un préjudice ce qui peut l'encourager à renoncer à la voie pénale. Cette mesure apparaît alors comme particulièrement sévère à l'égard de la presse : une simple critique, un peu vive, pourra exposer un journal à verser des dommages et intérêts à un serviteur de l'État alors que les propos n'auraient peut-être pas constitué une infraction de diffamation devant les juridictions pénales. Afin de défendre la proposition de loi, le ministre de la Justice avance en outre la nécessité de rationaliser les procédures du droit de la presse. Selon lui, de petites affaires ne doivent pas nécessiter l'intervention systématique de la solennité de la cour d'assises[59].

La discussion de cette proposition de loi apparaît, au regard des chiffres communiqués par le ministère de la Justice, comme essentiellement symbolique puisqu'en 1899 seulement 19 procès se sont tenus devant des cours d'assises pour des affaires politiques ou de presse et aucun pour l'infraction d'offense[60]. Depuis 1881 ce sont seulement 3 affaires pour offense qui ont été jugées par les cours d'assises[61]. Il semble falloir prendre le contentieux dans son entièreté pour observer des chiffres plus éloquents. Ainsi en matière correctionnelle, le ministre remarque que « le nombre des atteintes au principe de l'autorité, qui n'avait cessé de croitre de 1894 à 1898, s'est accru légèrement en 1899 » sans donner davantage de précisions à ce sujet en visant certains types d'infractions[62].

58 *Journal officiel de la République française. Débats parlementaires. Chambre des députés*, 19 juin 1900, p. 636.
59 *Ibid.*, p. 642.
60 *JORF*, 16 octobre 1901, p. 6459.
61 *Compte général de l'administration de la justice criminelle*, 1900, p. XXXIX.
62 *JORF*, 16 octobre 1901, p. 6459.

Ainsi, au nom de la sauvegarde de la République, les institutions républicaines envisagent de revenir sur ce qui était pourtant leur cheval de bataille lors des régimes passés, la compétence du jury en matière de presse[63]. Aucune suite n'est donnée à la loi et le texte n'est pas adopté mais ces débats illustrent la volonté d'un pouvoir politique désireux de protéger davantage les institutions, au prix de quelques concessions. Ceci tient potentiellement au fait que traditionnellement le jury est considéré comme plus clément que le tribunal correctionnel. Pourtant en cette fin de siècle, le jury semble faire preuve d'une plus grande sévérité puisque sur la période 1881-1885 47 % des prévenus étaient acquittés contre 31 % sur la période 1896-1900[64].

Ponthier de Chamaillard[65] dépose en 1900 une proposition de loi tendant à créer un article additionnel relatif au droit de récusation par le ministère public et par la partie civile dans le cas d'un procès en assises. Originellement, cette proposition envisageait de modifier l'article 399 du code d'instruction criminelle en donnant à la partie civile, lorsqu'elle est partie principale, la faculté d'exercer le droit de récusation en lieu et place du procureur général. La partie est considérée comme principale, dans le sens où c'est elle qui a saisi le tribunal et non le ministère public. La commission en charge de la loi refuse qu'une telle modification soit réalisée au sein du code et propose d'ajouter seulement un article complémentaire à la loi de 1881.

Le dessein de cette proposition de loi est d'octroyer un rôle plus important à la partie civile qui a initié l'action, à travers l'augmentation de ses droits en matière de récusation d'un juré :

> Dans les affaires où l'accusé sera poursuivi directement à la requête de la partie civile, en vertu du droit conféré par l'article 47, paragraphe 6 de la loi du 29 juillet 1881, et encore dans le cas où le ministère public agira sur la plainte des intéressés par application de l'article 47 paragraphes 1 et 2 de la même loi, et quand la partie civile sera constituée avant la formation du jury, le droit de récusation appartiendra conjointement à la partie civile et au procureur général. Ils pourront se concerter pour l'exercer d'accord ; en

---

63 *V.* Chapitre 3.

64 *Compte général de l'administration de la justice criminelle*, 1900, p. XL.

65 Ardent conservateur il vote contre toutes les lois à vocation républicaine : contre les lois constitutionnelles et l'amendement Wallon, en faveur du gouvernement d'Ordre moral ; Bourloton Edgar, Cougny Gaston, Robert Adolphe, *Dictionnaire des parlementaires français*, t. II, Paris, Bourloton, 1891, p. 28-29.

> cas de désaccord, la partie civile et le procureur général pourront exercer un nombre égal de récusations. Si les jurés sont en nombre impair, la partie civile pourra exercer une récusation de plus que le procureur général. Le droit de l'accusé n'est pas modifié[66].

Cette compétence nouvelle qui est donnée à la partie civile au sein du procès pénal est limitée à un cadre précis, aux infractions de presse les plus graves et qui intéressent directement l'État. En effet, l'article 47 qui est visé par la proposition vise notamment les infractions de diffamation envers les cours et les tribunaux, envers les fonctionnaires publics, les ministres, le chef de l'État. La partie civile est ainsi une personne ayant un lien établi avec l'État, que cela soit à travers un contrat de travail ou un mandat.

L'objectif est de donner aux dépositaires de l'autorité publique davantage de poids dans le déroulement de la procédure. Si le jury est compétent, le dépositaire de l'autorité publique peut agir à travers le droit de récusation afin d'éviter que ne soit désigné comme juré, un citoyen qui présenterait une personnalité incompatible avec les intérêts à défendre au cours de l'instant. La proposition est adoptée par le Sénat le 13 novembre 1900. L'on voit ici le même souci pour la responsabilisation des agents que dans la proposition présentée par Fabre.

Le 19 mai 1903 au cours d'une interpellation du député Binder relative à la campagne de diffamation et de manœuvres dont fait l'objet le préfet Lépine afin de le destituer de ses fonctions, Émile Combes aborde à nouveau la question des compétences juridictionnelles dans le cas de la diffamation. Le président indique à ce sujet que « les cours d'assises ne veulent plus juger les procès politiques et qu'elles acquittent de parti pris[67] », les tribunaux correctionnels étant plus à même de juger ces cas particuliers au sein desquels la personnalité du diffamé joue un rôle important dans le déroulement des procès. Le Président remet alors en cause tout l'édifice construit par la loi du 29 juillet 1881 en soulignant le fait qu'il ne consentira pas « à faire les honneurs de la cour d'assises à une affirmation de journaliste suivie immédiatement d'une tentative de chantage sur le président du conseil et sur

---

66 *Journal officiel de la République française. Débats parlementaires. Sénat*, 13 novembre 1900, p. 841.

67 *Journal officiel de la République française. Débats parlementaires. Chambre des députés : compte-rendu in extenso*, 19 mai 1903, p. 1666.

le secrétaire général de l'intérieur[68] ». La protection des institutions et de leur réputation, emporte la conviction du Président de remettre en cause le droit applicable.

Une proposition de loi est déposée en novembre 1903 afin d'affirmer la compétence de la cour d'assises. Le député Pugliesi-Conti déclare : « notre pays pour des raisons complexes et multiples, devient une nation de fonctionnaires ; il ne mérite pas qu'on fasse de lui une nation de fonctionnaires discrédités[69] ». La proposition de loi envisage d'ajouter à l'article 31 de la loi du 29 juillet 1881 le paragraphe suivant : « dans le cas où la diffamation est dirigée à la fois contre un des corps visés à l'article 30 de la loi ou 31 de la loi et un particulier, celui-ci alors qu'il y a connexité ou indivisibilité entre les imputations ne peut porter son action que devant la cour d'assises même en cas d'absence de plainte du corps visé à l'article 30 ou de la personne visée par l'article 31[70] ». L'objectif est d'éviter que les fonctionnaires ne se « dérobent » à la discussion publique des faits qui lui sont reprochés[71]. À nouveau, les compétences juridictionnelles en matière de diffamation se trouvent au cœur du débat sur la presse, alors que ces points de droit ont été officiellement réglés par les lois de 1881 et 1882[72].

Au-delà de ces différentes propositions de lois, la jurisprudence œuvre également à protéger les individus visés par l'article 47 de la loi du 29 juillet 1881. À travers l'étude de la jurisprudence sur la période 1899-1902, un contentieux important relatif à la protection de l'État et de ceux qui participent à l'exercice de l'autorité publique peut être observé. Depuis 1881 d'ailleurs la diffamation envers les fonctionnaires est l'infraction qui a été la plus jugées par les cours d'assises : 351 affaires sur un total de 797, soit 44 % de l'ensemble[73].

68 *Loc. cit.*

69 *Journal officiel de la République française. Débats parlementaires. Chambre des députés : compte-rendu in extenso*, 21 novembre 1903, p. 2802.

70 *Ibid.*, p. 2803.

71 *Ibid.*, p. 2802.

72 *V.* Chapitre 3 et 4.

73 *Compte général de l'administration de la justice criminelle*, 1900, p. XXXIX.

Une jurisprudence fournie relative à la protection des fonctionnaires et des représentants de l'État

Dans un arrêt du 15 septembre 1898, la Cour de cassation décide que l'article 68 de la loi du 29 juillet 1881 n'a nullement abrogé les articles 222 et suivants du code pénal. En conséquence de quoi, les tribunaux correctionnels restent compétents pour les délits et outrages prévus par ces articles[74]. Poursuivant cette articulation entre les deux textes, le même jour, la Cour indique que les articles 33, 31 et 23 de la loi du 29 juillet 1881 sur la presse ne répriment que les injures et diffamations non qualifiées d'outrages par le code pénal, qu'elles soient dirigées par la voie de la presse ou par des discours proférés dans des lieux ou réunions publics, contre des fonctionnaires ou agents à raison de leur fonction. Ainsi, la loi du 29 juillet 1881 s'applique à titre subsidiaire, lorsque les conditions posées à l'application des articles 222 et suivants ne sont pas remplies[75].

Cette décision s'inscrit dans le sens de la sévérité : les peines prévues par le code pénal sont supérieures à celles prévues par la loi sur la presse. Ainsi, par exemple, l'injure à magistrat est punie d'un emprisonnement de six jours à trois mois et d'une amende de dix-huit francs à cinq cents francs, ou de l'une de ces deux peines seulement par l'article 33 de la loi du 29 juillet 1881. En revanche, l'outrage à magistrat est passible d'un à six mois d'emprisonnement et, si l'outrage a eu lieu à l'audience d'une cour ou d'un tribunal, il est puni d'un emprisonnement d'un mois à deux ans selon le code pénal. Dans le cas où les faits peuvent être qualifiés d'outrage, il est donc préférable d'utiliser cette base légale qui offre une répression plus importante des agents pénaux. Dès lors, les propos injurieux et diffamatoires lorsqu'ils sont adressés à un fonctionnaire, tel un doyen d'Université, dans l'exercice ou à l'occasion de ses fonctions sont qualifiés d'outrage par l'article 224 du code pénal et rentrent dans les termes de cet article et non dans ceux des articles 33, 31 et 23 de la loi du 29 juillet 1881 qui ne s'appliquent que dès lors que l'outrage n'est pas qualifié (Cass. crim., 31 juillet 1908)[76]. Il faut

74 *D.P*, 1900, p. 1492.

75 *Ibid.*, p. 307.

76 *Bulletin des arrêts de la cour de cassation en matière criminelle de janvier 1900 à décembre 1909*, t. second, Paris, imprimerie nationale, 1909, p. 225.

alors que la décision contienne avec précision les termes outrageants sous peine de ne pouvoir voir l'infraction être constituée[77].

En outre, la Cour de cassation s'attache à protéger les magistrats dans l'exercice de leurs fonctions. Une décision de la chambre criminelle de la Cour de cassation en date du 2 février 1900 affirme la liberté du ministère public au cours de l'instance. L'arrêt décide que les magistrats du ministère public ont le droit, sous le contrôle des autorités desquelles ils se trouvent placés, de dire ou d'écrire tout ce que qu'ils estiment être nécessaire à l'accomplissement de leur mission.

Les dispositions de l'article 41 de la loi du 29 juillet 1881 sur la presse, qui permettent aux tribunaux de réserver l'action en diffamation relative à des imputations contenues dans des discours prononcés devant eux, ne concerne que les parties privées et sont inapplicables aux officiers du ministère public lorsqu'ils donnent leurs conclusions dans les poursuites criminelles, correctionnelles ou de police[78]. Si une sanction est envisageable, elle ne peut se faire sur la base de la loi du 29 juillet 1881.

Le tribunal correctionnel de Dijon dans une décision du 9 mars 1901 s'intéresse, au-delà des représentants de l'autorité publique, aux auxiliaires de Justice[79]. S'ils ne peuvent être assimilés aux serviteurs de l'État envisagés dans la présente section, la décision rendue est tout de même intéressante en ce qu'elle montre comment les tribunaux œuvrent à protéger l'ensemble des acteurs de la Justice : des magistrats aux avocats.

Ainsi, le tribunal correctionnel indique que la défense absolument gratuite des plaideurs munis de l'assistance judiciaire est une des obligations fondamentales imposées aux membres du barreau par les règles de leur ordre. Le fait de dire qu'un avocat a sciemment négligé une affaire, parce que, venant de l'assistance judiciaire, elle exigeait de lui un concours désintéressé, constitue au premier chef l'imputation d'un fait précis, d'une faute professionnelle des plus graves, le rendant passible de poursuites disciplinaires et, par suite, de nature à porter une sérieuse atteinte à sa considération. En conséquence, l'article de journal qui s'exprime en ce sens présente, dans sa matérialité pure, un caractère

77 *Ibid.* p. 219 et suivantes.
78 *D.P*, 1900, p. 1481.
79 *D.P*, Deuxième partie, 1901, p. 462.

indiscutable de diffamation. Mais, le préjudice ainsi causé étant purement moral, est suffisamment réparé par la publication de la décision en lieu et place des articles diffamatoires[80].

Afin de protéger les citoyens qui servent les intérêts de l'État en raison de leur fonction ou de leur qualité, les tribunaux œuvrent à limiter les cas dans lesquels l'exercice des fonctions peut être relevé en cas de diffamation. Ainsi, un arrêt de la chambre criminelle de la Cour de cassation du 8 juin 1900 précise qu'il ne suffit pas, pour que l'une des personnes visées dans l'article 31 de la loi du 29 juillet 1881 puisse être considérée comme diffamée à raison de ses fonctions ou de sa qualité, que l'auteur de la diffamation ait désigné la personne qu'il voulait atteindre sous sa qualité officielle, sans indiquer son nom, en indiquant qu'il souhaitait atteindre l'homme public plutôt que l'homme privé[81]. Pour que la cour d'assises soit compétente, il est nécessaire que l'auteur ait relevé précisément des actes de fonction ou l'ait pris à parti textuellement comme fonctionnaire[82]. La cour vient limiter fortement les cas au sein desquels le jury populaire est compétent et l'exception de vérité mobilisable. Ceci permet, par l'obligation de donner des informations précises sur le diffamé, de créer une protection plus grande des serviteurs de l'État en leur évitant l'épreuve de la cour d'assises, des jurés populaires et de la mise en œuvre de l'exception de vérité[83].

Ainsi, la protection renforcée accordée aux serviteurs de l'État s'inscrit bel et bien dans une volonté de protéger la République en tant que régime. Ceci peut être déduit par le fait que l'on sait l'obstination des conservateurs et nationalistes à critiquer la bureaucratie et les fonctionnaires sous la Troisième République comme le remarque Luc Rouban[84].

80 *Loc. cit.*

81 *D.P*, 1901, p. 1442.

82 *Loc. cit.*

83 *V.* Chapitre 2.

84 Rouban Luc, « Le nombre des fonctionnaires : le débat autour du fonctionnarisme (1877-1914) », *Revue française d'administration publique*, vol. 135, n° 3, 2010, p. 583-599. Au cours des années 1890, le conservateur Urbain Guérin publie *L'évolution sociale* (1891), ouvrage au sein duquel il dénonce la fonction publique en l'accusant d'être à l'origine des maux divers et nombreux : « Les hommes politiques ont la vue courte. Ils ne comprennent pas qu'en agissant ainsi, ils donnent une plus vive impulsion au mouvement qui entraine les Français vers les fonctions publiques, les détourne de la terre et les précipite vers les villes, c'est-à-dire accroît les maux dont nous souffrons le plus… La multiplication des fonctions publiques rapetisse une nation ; elle habitue les citoyens à attendre tout du

En protégeant les fonctionnaires, la République modérée vient ainsi protéger à la fois leur autorité, en tant que dépositaires de l'autorité publique et un nouveau groupe social dont les effectifs ne cessent de croitre et qui constitue une force politique potentielle constituée principalement de la classe moyenne et de la bourgeoisie qui peuvent être autant de soutiens à la République[85]. Au-delà d'un souci de protection à l'égard de ceux qui travaillent pour l'État, la jurisprudence fait état d'une protection accrue des représentants de la Nation.

La Cour de cassation déclare que le caractère légal des imputations diffamatoires ne se détermine ni par le mobile d'où elles procèdent, ni par le but vers lequel elles tendent, mais par leur objet même, c'est-à-dire par la nature des faits sur lesquels elles portent[86]. En conséquence, si les articles incriminés ont pour but manifeste de déconsidérer le sénateur Aucoin en tant qu'élu et membre de la Haute Cour compétente afin de juger Déroulède, les faits qui lui sont imputés se rattachent exclusivement à l'exercice de sa profession d'avocat et remontent à une époque où il n'était pas encore sénateur.

Dès lors, le délit de diffamation relevé contre Millot, gérant de la *Libre Parole*, et Papillaud, auteur des susdits articles, entre dans la compétence de la juridiction correctionnelle[87]. L'exception de vérité ne leur ait pas accordée, protégeant davantage le sénateur dans son honneur et sa considération en ce que les prévenus antidreyfusards ne pourront pas prouvera la véracité des faits qu'ils énoncent.

Parfois, le fait de ne pas relever l'exercice des fonctions a pour conséquence non pas de protéger le fonctionnaire, l'agent public ou l'élu, mais l'institution à laquelle il appartient. Ainsi, la Cour de cassation dans un arrêt du 6 septembre 1900 indique que le fait, pour un député,

---

gouvernement, au lieu de compter sur leur propre énergie, et les fonctionnaires sont enclins à ne concevoir la société que menée de manière administrative ; toute force sociale leur inspire une profonde méfiance » ; Guerin Urbain, *L'évolution sociale*, Paris, Albert Savine, 1891, p. 194-195. Ce n'est pas tant le coût des fonctionnaires qui préoccupe Urbain Guérin, mais bien les conséquences politiques de leur développement. Dans le *Nouveau livre de morale pratique*, G. Manuel place le fonctionnarisme au rang des plaies sociales aux côtés de la dépopulation, de l'alcoolisme ou de l'indifférence politique ; Manuel G., *Nouveau livre de morale pratique à l'usage des écoles et des familles*, Paris, Hachette, 1901, p. 182 ; Rouban Luc, *op. cit.*, p. 595.

85 *Ibid.*, p. 598-599.

86 *D.P*, 1900, p. 32.

87 *Loc. cit.*

d'assister dans une tribune aux débats publics du Sénat constitué en Haute Cour de justice ne saurait être considéré comme rentrant dans l'exercice de son mandat de député[88]. Les imputations diffamatoires et les injures dirigées dans un journal contre un député à raison de son attitude et de ses propos dans une tribune du Sénat constitué en Haute Cour ne peuvent être considérées que comme s'attaquant à l'homme privé, alors, d'ailleurs que les expressions injurieuses ne visent, en aucune façon, le mandat public du plaignant et qu'il n'existe aucun rapport entre l'attitude ou les propos reprochés à celui-ci et sa qualité de membre de la Chambre des députés[89].

En conséquence, c'est à la juridiction correctionnelle, et non pas à la cour d'assises, qu'il appartient de connaître des imputations diffamatoires et des injures dirigées contre un député dans de semblables conditions[90]. En l'espèce il s'agissait d'un article de l'*Intransigeant* au sujet de l'attitude du député d'extrême gauche Perrilier[91] qui était alors qualifié de « drôle, polisson » lorsqu'il s'adressa à un témoin entendu par la Haute Cour à travers ces mots : « Allez donc donner la main à M. de Cassagnac[92] ». Si l'élu a assisté au procès, c'est en tant que simple citoyen, l'audience étant ouverte au public[93]. Ses propos n'engagent que lui et non le groupe politique auquel il appartient ou le Parlement.

La protection des hommes politiques se traduit par une sévérité à l'égard de la presse comme en témoigne l'arrêt du tribunal civil de Valence du 3 mars 1899[94]. Ce dernier dispose que loi du 29 juillet 1881 n'ayant porté aucune atteinte aux principes généraux du code civil, l'imprimeur d'un journal reste soumis aux dispositions des articles 1382 et suivants du code civil. Il peut donc être recherché devant la juridiction civile toutes les fois qu'il a commis, soit personnellement, soit du fait de ses propos,

88 *Bulletin des arrêts de la Cour de cassation rendus en matière criminelle*, n° 9, 1900, p. 469.

89 *Loc. cit.*

90 *Loc. cit.*

91 Jules Perrilier est avocat avant de s'engager dans l'état-major lors de la guerre de 1870. Il est en charge d'organiser les cours martiales et le conseil de guerre à la suite du conflit. Président du comité radical, il fait échouer dans sa circonscription les candidats modérés aux élections ; Samuel René, Bonet-Maury Géo, *Les parlementaires français, 1900-1914 : dictionnaire biographique et bibliographique des sénateurs, députés, ministres*, Paris, Roustan, 1914, p. 21.

92 *Bulletin des arrêts de la Cour de cassation rendus en matière criminelle*, n° 9, 1900, p. 471.

93 *Loc. cit.*

94 *D.P*, Deuxième partie, 1900, p. 110.

une faute préjudiciable à un tiers. En conséquence, le particulier injurié ou diffamé dans un journal a la possibilité d'agir devant un tribunal civil en dommages-intérêts contre l'imprimeur, lorsque ce dernier n'a pu se méprendre sur le caractère de la publication exclusivement consacrée à la diffamation violente, lorsqu'il a essayé d'éluder sa responsabilité en prenant soin de ne pas indiquer son véritable nom sur ladite feuille, et lorsque, postérieurement à une première assignation en responsabilité, il a consenti à imprimer de nouveaux articles diffamatoires contre le demandeur[95].

En l'espèce, l'imprimeur était celui du journal L'*Antijuif*. La Cour relève à ce titre qu'il s'agit d'un journal de « violente polémique », qui avait entrepris depuis trois mois avant l'assignation « une odieuse campagne d'injures et de diffamations envers le sieur Kissel[96] ». Elle en déduit que l'imprimeur ne pouvait ignorer le contenu des journaux, et qu'il est en conséquent responsable du préjudice subi par Kissel.

La jurisprudence n'hésite pas non plus à rappeler à la presse ses devoirs professionnels, sous peine de voir sa responsabilité engagée. Le tribunal correctionnel de Dijon dans son arrêt du 9 mars 1901 précise qu'en matière pénale, l'intention est absolument distincte du mobile et c'est elle seule qui rend l'agent passible de la peine : l'intention résulte ainsi de sa simple connaissance qu'il va violer une prohibition légale, ou plus spécialement en matière de presse, de ce qu'il sait que les faits, vrais ou faux, par lui allégués, sont de nature à nuire à l'honneur ou à la considération de celui auquel il les impute[97]. Le tribunal ajoute que dans les délits de presse l'intention coupable est la plupart du temps contingente et doit être appréciée de façon subjective, suivant qu'il s'agit d'un « écrivain d'occasion ou, au contraire, d'un journaliste expérimenté connaissant dans tous ses détails l'exercice de sa profession[98] ». La plus élémentaire prudence du journaliste est alors le devoir de s'assurer de l'exactitude des renseignements qui lui sont fournis et, en les publiant sans les vérifier, il commet au moins une faute lourde qui engage gravement sa responsabilité sur le plan civil[99].

95 *Loc. cit.*
96 *Loc. cit.*
97 *D.P*, Deuxième partie, 1901, p. 462.
98 *Ibid.*, p. 463.
99 *Loc. cit.*

Toutefois, la liberté d'information et d'opinion est affirmée par les tribunaux. On relève à ce titre la décision du tribunal correctionnel d'Amiens du 8 février 1900 le tribunal vient protéger non pas l'honneur du gouvernement mais le droit de le critiquer au nom du bien public, de la santé de la population[100].

Le tribunal énonce que l'on ne saurait considérer comme ayant agi avec l'intention de nuire le journaliste qui, au cours d'une campagne contre l'alcoolisme et ses ravages sur la santé publique, signale qu'un industriel, dont il annonce la mort, était décoré « comme tous les fabricants d'apéritifs qui comptent quelques années d'empoisonnement public », alors que le journaliste, ne connaissant cet industriel que par la notoriété publique, a eu surtout pour but, dans l'article incriminé, de critiquer un acte du gouvernement[101]. L'intention de nuire, caractère essentiel de tout délit, étant écartée, il convient dans ce cas ni de rechercher si le passage incriminé a constitué une diffamation ou une injure publique, ou une diffamation envers un mort, ni d'examiner si un préjudice quelconque a pu en être la conséquence[102].

Ces décisions prises entre 1899 et 1901, témoignent de la volonté d'un renforcement de la puissance de l'autorité publique fortement mise à mal à la suite de l'affaire Dreyfus.

Au-delà de ces considérations relatives aux moyens que les institutions peuvent déployer afin de se protéger des invectives des citoyens, parfois à l'encontre de l'esprit du législateur de la loi républicaine du 29 juillet 1881, le parlement s'attache enfin après plusieurs années d'immobilisme, à approfondir les libertés collectives.

LE RETOUR À UNE RÉPUBLIQUE ACTIVE DANS SON APPROFONDISSEMENT IDÉOLOGIQUE

L'approfondissement démocratique de la République dans le sens d'un débat public facilité se réalise, conjointement à la libéralisation de la presse, par le renforcement des autres libertés publiques dans une nouvelle dynamique politique. Sont précisées les suites à donner à une condamnation judiciaire en matière de presse

100 *Loc. cit.*
101 *Loc. cit.*
102 *Loc. cit.*

Le renforcement des libertés publiques

L'Ancien Régime[103] et la France postrévolutionnaire se sont singularisées par un rôle prééminent accordé à la puissance publique dans l'organisation de la vie collective[104]. La préférence est donnée au suffrage universel qui a le mérite, au contraire des associations de ne pas représenter des intérêts corporatistes mais les intérêts de l'ensemble de la nation[105]. Si les corps intermédiaires voient leur place réduite à leur portion congrue, ils ne sont pas pour autant inexistants[106]. Certains aménagements sont réalisés par la suite : Napoléon Bonaparte exploitait les liens avec le secteur privé afin de créer des structures intermédiaires entre l'État et la société civile[107]. Cette dynamique s'observe notamment avec les chambres de commerce, rétablie en 1802[108] puis organisée par la loi du 9 avril 1808.

La liberté d'association a longtemps été refusée et discutée tout au long du XIXe siècle[109]. Elle constitue une infraction prévue par l'article 291 du code pénal ainsi que par la loi du 10 avril 1834. Le droit d'association se trouve limité à des cas expressément prévus

---

103 *V.* Kaplan Steven, *La Fin des corporations*, Paris, Fayard, 2001, 742 p.

104 Rosanvallon Pierre, *Le Modèle politique français. La société civile contre le jacobinisme de 1789 à nos jours*, Paris, Le Seuil, 2004, p. 243. La loi Le Chapelier du 14 juin 1791 interdit les coalitions, alors que le décret d'Allarde des 2 et 17 mars avait auparavant supprimé les corporations. La loi du 18 août 1792 abolie les congrégations religieuses et confisquent leurs biens. La mesure confirmée par la loi du 18 germinal an X puis assouplie par les décrets du 3 messidor an XII qui prononce la dissolution de certaines congrégations sauf autorisation spéciale par décret impérial ; Tocqueville Alexis, « De l'association politique aux États-Unis », in *Œuvres*, Paris, Gallimard, vol. II, 1992, p. 217. La conception révolutionnaire de la société repose sur le système représentatif qui envisage les relations entre l'individu et l'État par l'intermédiaire de l'élection.

105 Chatriot Alain, Lemercier Claire, « Les corps intermédiaires », in *Dictionnaire critique de la République*, Duclert Vincent, Prochasson Christophe dir., Paris, Flammarion, 2007, p. 697.

106 Chatriot Alain, « Les corps intermédiaires en République : un problème ou une solution pour l'État ? (France, XIXe-XXe siècles) », *Histoire, économie & société*, vol. 35, n° 1, 2016, p. 39-40.

107 Sawyer Stephen, « Ces nations façonnées par les empires et la globalisation. Réécrire le récit national du XIXe siècle aujourd'hui », Annales HSS, 2014, n° 1, p. 124.

108 *V.* Lemercier Claire, *Un si discret pouvoir : aux origines de la chambre de commerce de Paris 1803-1853*, Paris, La Découverte, 2003, 410 p. ; Nouvion André-Pierre, *Origine et histoire des juridictions consulaires et des chambres de commerce et d'industrie françaises*, Paris, Nouvion, 2002, 254 p.

109 *V.* Boudou Guillaume, *L'émergence de la liberté d'association en droit français (1810-1848), Apports de la législation et de la pratique judiciaire pénales*, Paris, LGDJ, 2020, 1116 p.

par la loi : sociétés de secours mutuel, associations syndicales de propriétaires, sociétés commerciales, chambres syndicales. La Deuxième République accorde à la suite de la Révolution de 1848 une liberté éphémère à travers l'article 8 de la Constitution du 4 novembre 1848 et encourage les associations volontaires à travers son article 13. Mais ces libertés tombent avec la République et se trouvent supprimées sous le Second Empire. Cependant, à partir de sa phase libérale débutée dans les années 1860, le régime évolue et laisse davantage de place aux mesures favorables à un rassemblement des citoyens[110]. Pourtant, à la sortie de l'Empire, selon Lucien Jaume, les auteurs libéraux tel que Laboulaye[111] se méfient des associations, notamment en matière politique car elles mèneraient à concurrencer l'État dans sa mission de protection de l'intérêt général et de l'espace public au profit du jeu des intérêts particuliers[112].

Les institutions de la Troisième République concèdent quelques avancées en la matière au cours de ses premières décennies. Elles autorisent notamment les associations formées dans un dessein d'enseignement supérieur en 1875 puis les syndicats professionnels en 1884[113]. En outre, elles œuvrent au bon fonctionnement des chambres d'agriculture ainsi que des chambres des métiers[114]. Si le sujet de la liberté d'association avait été soulevé lors des débats qui entourèrent l'adoption de la loi sur la liberté de la presse, il est laissé de côté au profit de la liberté d'expression. La loi du 30 juin 1881 affirme le droit de réunion mais l'encadre fortement : les individus ont le droit de se retrouver librement mais doivent se plier à une obligation de déclaration préalable (article 3 et suivants)[115] et un représentant de l'État peut être amené à être présent

110 Un terme est ainsi mis à l'infraction de coalition par la loi Ollivier du 25 mai 1864. La loi du 24 juillet 1867 légalise les sociétés ouvrières de production et la loi du 6 juin 1868 autorise les réunions publiques à la condition de déclaration préalable.

111 V. Chambost Anne-Sophie, « Édouard Laboulaye. Portrait intellectuel », *Revue Française d'Histoire des Idées Politiques*, vol. 47, n° 1, 2018, p. 9-32.

112 Jaume Lucien, « Une liberté en souffrance : l'association au XIXe siècle », in Andrieu Claire, *et al.*, *Associations et champ politique : La loi de 1901*, Paris, Éditions de la Sorbonne, 2001, p. 75-100.

113 V. Soubiran-Paillet Francine, *L'Invention du syndicat (1791-1884) : itinéraire d'une catégorie juridique*, Paris, LGDJ, 1999, 189 p.

114 Chatriot Alain, *op. cit.*, p. 41.

115 L'article 12 de la loi du 30 juin spécifie que les société secrètes demeurent interdites tout comme les clubs (article 7).

si les autorités publiques le demandent (article 9). Aussi, la réunion ne permet aux individus que de se rencontrer sans qu'aucun lien légal ne les unissent dans leurs échanges.

Cette réticence à l'égard de la liberté d'association peut apparaître comme surprenante du fait que ce sujet se présentait comme un thème politique cher aux républicains de tous bords, des plus modérés aux socialistes déjà sous le Second Empire : tous étaient d'accord sur la nécessité de réviser la loi de 1791[116]. De même, depuis la crise politique de 1877, la liberté d'association est réclamée par les républicains en raison de la survivance de l'article 291 du code pénal de 1810 qui soumet les groupements de plus de 20 personnes à autorisation spéciale du gouvernement à travers un agrément[117]. Ainsi entre 1875 et 1901, ce ne sont pas moins de 33 projets et propositions de loi qui sont déposés devant le Parlement allant dans le sens de la liberté d'association[118]. Si ces propositions peuvent diverger en fonction des sensibilités politiques de leurs auteurs, toutes se retrouvent autour d'ambitions communes : substitution du régime préventif au profit d'un régime déclaratif, formalisme de la création, principe d'égalité entre les associations, création d'une personnalité morale[119].

Cette position de méfiance à l'égard de l'association peut s'expliquer par la peur d'un renversement du régime et de l'ordre établi avec l'apparition de groupements organisés particulièrement actifs. Si les Ligues sont dissoutes à la fin des années 1890 afin de freiner la montée du nationalisme, les idées d'extrême gauche sont également contenues par le vote de lois particulières qui visent à interdire toute forme de regroupement idéologique à travers l'interdiction de l'Internationale et des groupements anarchistes[120]. L'interdiction des associations paraît ainsi, de fait, être liée aux circonstances politiques du moment, permettant au gouvernement de contrôler les mouvements d'opposition grandissants. Dans ce mouvement se trouvent stigmatisées à la fois les classes ouvrières, dont les revendications

116 Rosanvallon Pierre, *op. cit.*, p. 265.

117 Cliquennois Martine, « La loi du 1er juillet 1901 dans le siècle », *Journal du droit des jeunes*, vol. 207, n° 7, [1920], 2001, p. 11.

118 Nourisson Paul, *Histoire de la liberté s'association en France depuis 1789*, t. 2, p. 158.

119 *Ibid.*, p. 159.

120 *V.* chapitre 4.

sont de plus en plus vives avec de nombreux mouvements sociaux, et les idéologies qui remettent en cause le régime républicain et parlementaire.

Dès lors, les institutions républicaines tolèrent le plus souvent seulement la coalition, non comprise dans sa définition pénale mais comme l'adhésion de plusieurs citoyens autour d'un intérêt commun. Cette autorisation tient dans son utilité sociale en appui aux missions de l'État (assistance, dialogue social, hygiène publique, moralité), leur rôle étant alors clairement défini et limité. La liberté d'association est accordée aux institutions religieuses comme les congrégations sous certaines conditions. Ceci ne se fait pas sans heurt et les conflits à l'égard de ces institutions sont nombreux[121].

La loi républicaine oblige les individus à intervenir dans le débat public par l'intermédiaire de leurs représentants politiques élus, par les syndicats, par les quelques institutions autorisées ou à travers leur propre voix dans un mécanisme d'individualisation de la pensée. L'adoption du régime libéral du droit de la presse le 29 juillet 1881 témoigne de cette préférence donnée à la pensée individualisée. Si la liberté d'expression se trouve accrue, elle repose sur la responsabilité individuelle des agents pénaux, complété par le principe de complicité du mécanisme de la responsabilité en cascade. Le devoir de répondre personnellement de ses actes est érigé comme pierre angulaire du système de contrôle *a posteriori* de la publication[122]. Or, l'association crée une convention entre les individus, elle efface l'individualité au profit du groupe et déplace la responsabilité de l'individu vers le collectif. Ce glissement heurte l'individualisme juridique[123] de la société du monde occidental moderne[124] dont le code civil de 1804 qui

---

121 *V.* chapitre 3.

122 Avec le système de responsabilité en cascade créé par la loi, est prévu que si le gérant d'une publication est le premier à devoir en répondre, l'auteur est toujours poursuivi en tant que complice et s'expose donc aux mêmes peines en voyant sa responsbilité également engagée ; *V.* Chapitre 3.

123 Alain Supiot écrit au sujet de ce lien entre individu et droit que « Notre culture juridique nous conduit [...] à voir l'homme comme la particule élémentaire de toute société humaine, comme un individu dans les deux sens, qualitatif et quantitatif » ; Supiot Alain, *Homo Juridicus, Essai sur la fonction anthropologique du Droit*, Paris, éditions du Seuil, 2005, p. 49.

124 Alland Denis, Rials Stéphane dir, *Dictionnaire de la culture juridique*, Paris, PUF, 2003, p. 819-822. Selon Jean-Pierre Machelon, ce refus français tient dans un héritage

place l'individu et ses droits subjectifs au cœur de son organisation est l'illustration[125].

Pourtant, si en droit les libres associations sont interdites, dans les faits comme le remarque Charles Benoist, l'article 291 du code pénal trouve à s'appliquer de manière inégale selon les situations[126]. Selon les statistiques du temps, ce sont près de quarante-cinq mille associations qui existeraient dans les faits[127]. Il existe alors une forte inadéquation entre le droit et la pratique ce qui induit une forte iniquité entre les citoyens. Seuls certains d'entre eux se voient octroyer légalement le droit de s'associer, aucun droit général n'étant reconnu. La lutte pour la liberté d'association possède ainsi une forte dimension démocratique et égalitaire qui se trouvent portée par des tendances diverses : socialistes, catholiques sociaux[128] mais aussi des antirépublicains comme l'Action française[129]. Aussi, leur parole semble entendue lorsqu'en 1899 un projet de loi est déposé au parlement afin d'affirmer la liberté d'association.

En mai 1899 se tient à Paris le Congrès sur la liberté d'association. L'année suivante, le 8 juin 1900, la commission chargée de l'examen de la loi sur les associations déposée par Pierre Waldeck-Rousseau[130] rend son rapport au parlement[131]. Les débats qui s'en suivent sont longs et particulièrement fournis. Il ne s'agit pas ici d'en faire une étude précise, mais d'en faire ressortir les traits les plus saillants.

Le 31 janvier 1901, le député et marquis de Chambrun remarque que le projet de loi dans son article 1er envisage l'association sous le seul prisme juridique du contrat et propose à ce titre que soit ajoutée la mention de

---

individualiste issu directement de la Révolution de 1789 qui place l'individu au cœur de la société ; Machelon Jean-Pierre, « La liberté d'association sous la IIIe République : le temps du refus (1871-1901) », in Andrieu Claire, *et al.*, *op. cit.*, p. 143.

125 V. Raux Cédric, *La construction du sujet de droit : Recherches sur la nature et les formes de l'individualisme juridique*, thèse Dijon, 2004.

126 Benoist Charles, « L'association dans la démocratie », in *Le droit d'association. Études, notes et rapports*, Paris, Rondelet, 1899, p. 87

127 Bardout Jean-Claude, *Les libertés d'association. Histoire étonnante de la loi de 1901*, Paris, Les Éditions Juris Service, 1991, p. 158.

128 Audren Frédéric, Rolland Patrice, « Juristes catholiques », *Revue Française d'Histoire des Idées Politiques*, 28, 2008, p. 231.

129 Chatriot Alain, *op. cit.*, p. 41.

130 Ce dernier avait déjà déposé un autre de loi à ce sujet en 1883, sans succès ; Nourrisson Paul, *op. cit.*, p. 159.

131 *Annuaire de législation française publié par la Société de législation comparée*, Paris, Librairie Cotillon, 1901, p. 3.

« droit d'association » ou de « liberté d'association[132] », afin d'affirmer l'apport libéral de la construction républicaine. Le député souligne que l'ajout du terme de droit permettrait de confirmer l'existence pour l'individu de droits « imprescriptibles », « primordiaux », de la liberté pour l'individu d'être « maître » de son activité dès lors qu'elle se tourne vers une entreprise licite[133]. En ce sens, le député propose d'ajouter dans la loi une mention qui indique clairement « que la liberté d'association existe et qu'elle constitue un droit inhérent aux personnes[134] ». Il reprend la pensée de Jules Simon qui, en 1882, énonçait que « sans le droit d'association, nous avons toutes les libertés en théorie ; avec ce droit nous les avons en fait et en pratique[135] ».

Aussi, le député n'est pas dupe et sait que le projet de loi s'inscrit dans une perspective politique particulière[136] qui ne tient pas seulement à la création d'une liberté nouvelle. En effet, les débats se concentrent essentiellement sur les moyens qui permettent d'encadrer ou de dissoudre les associations qui pourraient être créées[137]. Déjà dans les années 1880 lorsque la question avait été abordée par la chambre, la religion se trouvait au cœur des débats. Dans l'exposé de son projet de loi de 1880, Jules Dufaure indiquait que les « luttes religieuses rendent une loi plus nécessaire[138] », notamment en raison des dangers que pouvait représenter la mainmorte sur les biens possédés par les congrégations et qui empêchaient leur circulation[139].

Dans son rapport sur le projet de loi de 1900, Trouillot fait état de cette situation bloquée depuis longtemps[140] et des raisons qui ont mené à cette inertie :

132 *Journal officiel de la République française. Débats parlementaires. Chambre des députés : compte-rendu in extenso*, 31 janvier 1901, p. 238.

133 *Loc. cit.*

134 *Ibid.*, p. 239.

135 Cité par Nourisson Paul, *op. cit.*, p. 160.

136 *Journal officiel de la République française. Débats parlementaires. Chambre des députés : compte-rendu in extenso*, 31 janvier 1901, p. 238.

137 *Loc. cit.*

138 Nourisson Paul, *op. cit.*, p. 160.

139 Sur l'évolution de la notion de mainmorte et ses enjeux au cours du XIXe siècle V. Marais Jean-Luc, « Chapitre 1. La mise en place de la législation (1800-1870) », *Histoire du don en France de 1800 à 1939 : Dons et legs charitables, pieux et philanthropiques*, Rennes, PUR, 1999, p. 21-55.

140 Machelon Jean-Pierre, « La liberté d'association sous la Troisième République : le temps du refus (1971-1901) », *op. cit.*, p. 149.

> Le triomphe de la cause de la liberté d'association a été retardé devant les Chambres par le conflit perpétuel de ceux qui réclament pour les congrégations religieuses tantôt le privilège, tantôt les avantages sans limite de la liberté, et de ceux au contraire qui voient dans l'extension des congrégations le plus grave péril de la société civile[141].

Ce verrou saute en 1900 quand est déposée une proposition de loi visant à interdire l'enseignement aux membres des congrégations non autorisées[142].

La loi votée par l'Assemblée le 1er juillet 1901[143] est ainsi un compromis entre acquis libéral et renforcement du contrôle du champ religieux au sein de la société républicaine. Elle s'inscrit dans l'anticléricalisme qui se développe depuis les années 1880[144], une politique qui a pour objectif de s'opposer aux prétentions de l'Église, d'agir à « chaque fois qu'est franchie la frontière invisible mais décisive qui sépare l'expression légitime du fait religieux des terrains où il n'a que faire[145] ».

Comme le remarque Maurice Hauriou « lorsque Waldeck Rousseau déposa son projet de loi sur les associations, celles-ci devaient être de pures sociétés contractuelles sans aucun caractère corporatif, mais en devenant la loi du 1er juillet 1901, fut transformé en ce que se glissa dans le contrat une opération de fondation[146] ». Au-delà d'affirmer la nature conventionnelle de l'association entre ses membres, différentes innovations juridiques sont prévues : les associations peuvent se former librement et sans déclaration préalable (article 2) et acquièrent la personnalité juridique à la suite de différentes formalités (article 5).

---

141 *Journal officiel de la République française. Débats parlementaires. Chambre des députés : compte-rendu in extenso*, 8 juin 1900, p. 1212.

142 *Annuaire de législation française publié par la Société de législation comparée*, Paris, Librairie Cotillon, 1900, premier semestre, p. 18.

143 *V.* Bardout Jean-Claude, *L'histoire étonnante de la loi 1901 : le droit des associations avant et après Pierre Waldeck-Rousseau*, Lyon, Juris, 2000, 285 p. ; Gaboriaux Chloé, « La loi 1901 faute de mieux. Les républicains face à l'association au tournant du XXe siècle », The Tocqueville Review / La revue Tocqueville, The Tocqueville Society / University of Toronto Press, 2011, n° 32/2, p. 53-65.

144 *V.* Chapitre 3.

145 Remond René, *L'anticléricalisme en France de 1815 à nos jours*, Paris, Fayard, 1976, p. 13.

146 Cité par Jeannot Gilles, « La théorie de l'institution de Maurice Hauriou et les associations », *Les Annales de la recherche urbaine*, n° 89, 2001, Le foisonnement associatif, p. 20.

Elles peuvent en conséquence ester en justice, acquérir à titre onéreux, posséder et administrer et faire tous les actes de la vie civile dans le cadre fixé par la loi (article 11). Pourtant, comme le remarque Pierre Rosanvallon, la loi de 1901« ne connait que l'acte d'association et elle ignore l'institution qui résulte de cette opération[147] ». Peu d'informations sont données sur son fonctionnement.

Surtout, l'ensemble du titre trois de la loi est réservé au sort des associations religieuses sur lesquelles l'État possède désormais un fort pouvoir d'encadrement[148].

Ainsi, si la loi affirme bel et bien un nouveau droit conforme aux aspirations libérales des républicains elle témoigne de l'offensive que la nouvelle majorité lance à l'encontre du champ religieux. Les associations religieuses sont soumises à un encadrement spécifique et ne jouissent pas de la même liberté que les associations laïques[149]. Le droit de la presse s'engage dans cette voie de sévérité à l'égard des congrégations et institutions religieuses.

Un contrôle juridique de l'imprimé au renfort de la nouvelle dynamique politique

Si le législateur intervient en 1901 afin de contrôler davantage les associations religieuses et les congrégations[150], le contrôle juridique de l'imprimé nous permet de percevoir la montée en puissance de cette pensée au cours des dernières années du XIXe siècle. En effet, la jurisprudence est sévère à l'égard des congrégations et ce même avant 1901. Les décisions rendues par les tribunaux vont dans le sens d'une libéralisation de la parole à l'égard des institutions religieuses.

---

147 Rosanvallon Pierre, *Le modèle politique français : la société civile contre le jacobisme de 1789 à nos jours,* Paris, Éd. du Seuil, 2004, p. 337.

148 L'article 13 dispose notamment qu'aucune congrégation religieuse ne peut se former sans une autorisation donnée par une loi qui déterminera les conditions de son fonctionnement.

149 V. Lalouette Jacqueline, Machelon Jean-Pierre dir., *Les congrégations hors la loi ? : autour de la loi du 1er juillet 1901, Actes du colloque de Malakoff-Villetaneuse, 27-28 septembre 2001*, Paris, Letouzey et Ané, 2002, 304 p. ; Rostand Eugène, « La loi sur les associations au point de vue des associations ordinaires laïques », *Revue politique et parlementaire*, n° 83, mai 1901.

150 V. Sutra Romy, *« La loi à la main ». Militantisme juridique et défense religieuse au temps de l'affirmation de la République – L'action du comité de jurisconsultes des congrégations (1880-1905)*, Paris LGDJ, 2021, 599 p.

Ainsi, le fait d'apprécier d'une manière générale le caractère et les tendances des agissements d'une communauté religieuse et sans imputer à des personnes un fait déterminé ne constitue pas la diffamation (Cass. crim., 31 décembre 1900)[151].

Au-delà de cette décision, qui en droit se comprend au regard de l'absence de l'imputation d'un fait précis, d'autres décisions de la Cour de cassation peuvent sembler davantage étonnantes eu égard à la virulence des propos tenus.

En ce sens, un arrêt en date du 21 décembre 1900 décide que l'écrit qui se borne à apprécier, même violemment, d'une manière générale le caractère et les tendances de certains agissements d'une congrégation religieuse dans un article, ne saurait être poursuivi pour diffamation dès lors que ces propos ne contiennent aucun fait déterminé à l'encontre des personnes[152]. La généralité de l'accusation empêche la constitution de l'infraction, bien que les faits poursuivis soient particulièrement virulents comme en témoignent ces différents passages relevés par les tribunaux et que le doute puisse subsister quant à la généralité des faits imputés suivant :

> […] il est permis de supposer que les moines de la *Croix* ont habilement profité de circonstances pour escroquer aux naïfs de fortes sommes et leur promettre le ciel en échange[153].
>
> […] les assomptionnistes excellent aux entreprises où l'escroquerie le dispute à l'hypocrisie[154].
>
> […] grands entrepreneurs de pèlerinages à Lourdes et à Jérusalem, ils réalisent sur les estropiés de cervelle et les infirmes de toutes catégories des bénéfices considérables[155].

Un second arrêt de la Cour de cassation en date du 23 juin 1900 poursuit cette tolérance à l'égard des propos virulents relatifs à l'Église. En l'espèce, un article impute au curé de la cathédrale de Morlaix le fait d'avoir ouvert le ventre d'une statue de la Vierge, le jour de la fête

---

151 *Bulletin des arrêts de la cour de cassation en matière criminelle de janvier 1900 à décembre 1909*, t. premier, Paris, imprimerie nationale, 1909, p. 423.

152 *D.P*, 1902, p. 1558.

153 *Loc. cit.*

154 *Loc. cit.*

155 *Loc. cit.*

de l'Immaculée-Conception, à l'aide d'un « déclic comme aux tirs de la foire du trône » et de faire ainsi apparaître aux yeux des fidèles, dans le ventre de cette statue, un embryon d'enfant[156]. Cet article intitulé « Idoles et Idolâtres », est considéré comme ayant surtout pour but de « tourner en dérision la religion catholique » et visait d'autres faits analogues à celui qui est attribué au plaignant. La Cour souligne qu'il aurait pu tomber sous l'application de l'article 1er de la loi du 25 mars 1822 mais que cette loi a été abrogée notamment par l'article 8 de la loi du 29 juillet 1881. En ce sens, les attaques dirigées contre l'abbé Leduc, « bien qu'inconvenantes », ne constituent pas à son égard le délit de diffamation au sens de l'article 29 de la loi de 1881 en ce qu'elles ne contiennent l'allégation d'aucun fait qui soit de nature à porter atteinte à son honneur ou à sa considération à raison de sa qualité de ministre de la religion catholique[157]. L'examen de l'article ne permet d'y voir que « la critique de croyances et de pratiques » que l'auteur de l'article incriminé rattache à « des sentiments d'idolâtrie et de superstition[158] ». La diffamation est à nouveau comprise restrictivement dans un sens peu favorable aux institutions religieuses, mais respectueuse du droit républicain en la matière.

De même, par un arrêt du 13 juillet 1900, la Cour de cassation décide qu'un article de journal qui a altéré légèrement les paroles d'un membre d'une congrégation religieuse, en lui faisant dire que les membres de cette congrégation « sont des gens de négoce », ne contient rien d'injurieux envers lui ni rien qui atteigne son honneur ou sa considération[159].

Toujours dans le même sens, le fait de dire dans un article de polémique répondant à un autre journal que « si on a volé quelque chose aux curés, ils avaient eux-mêmes donné l'exemple de la soustraction frauduleuse en captant les héritages en vendant des places au paradis, en gardant pour eux ce qu'on leur avait donné pour les pauvres », ne renferme pas l'imputation d'un fait déterminé et dès lors ne constitue pas le délit de diffamation (Cass. crim., 13 mai 1899)[160].

156 *D.P*, 1900, p. 613.
157 *Loc. cit.*
158 *Loc. cit.*
159 *D.P*, 1901, p. 376.
160 *Loc. cit.*

En envisageant l'infraction de diffamation de manière limitative, la Cour de cassation valide une parole parfois insolente à l'égard de l'Église. Il ne s'agit pas ici de valoriser le principe de laïcité mais de considérer comme licites des propos critiques témoignant à la fois d'une liberté d'expression grandissante en ce domaine et d'une monté de l'anticléricalisme. En effet, à travers ces différentes juridictions, ce ne sont pas les dogmes ou les croyances qui sont attaqués, mais bien les clercs qui se trouvent soumis, comme les autres citoyens, aux railleries de leurs compatriotes.

Préciser les suites à une condamnation pour les infractions de presse

Sur la période 1899-1902, plusieurs lois ont réformé le droit de la presse en ce qui concerne les conséquences judiciaires des condamnations dans ce domaine.

La loi du 5 août 1899 sur le casier judiciaire et sur la réhabilitation de droit crée un troisième bulletin au sein du casier judiciaire : le bulletin nº 3 qui a vocation à être le seul consultable par les particuliers. Il contient les infractions les plus graves et les plus récentes[161]. Les deux autres bulletins sont laissés à la seule consultation de l'administration. Aussi, la loi du 5 août 1899 dispose que ne sont pas reproduites au sein du bulletin nº 3 les condamnations pour délits prévus par les lois sur la presse, à l'exception de celles qui ont été prononcées pour diffamation et pour outrages aux bonnes mœurs en vertu des articles 23, 24, 25 et 69 du code pénal[162]. La loi est de nouveau modifiée par une nouvelle loi du 11 juillet 1900 : si les modifications sont nombreuses, les dispositions relatives au droit de la presse restent identiques.

On remarque ainsi que l'abus de la liberté d'expression est parfois envisagé comme ne devant pas nuire à l'insertion de l'individu dans la société. La publicité du casier judiciaire ne concerne pas les condamnations anciennes ou de peu d'importance, qui empêcheraient l'intégration du condamné au sein de la société notamment d'un point de vue professionnel

161 Berlet Adolphe, *Commentaire théorique et pratique des lois et règlements sur le casier judiciaire et la réhabilitation de droit*, Paris, Chevalier Marescq, 1900, p. 53.

162 *Ibid.*, p. 3.

et annulerait le sens de la peine[163]. La peine purgée, le condamné doit être à même de réaliser sa réhabilitation au sein de la société[164].

Le 25 mars 1902, la chambre vote une proposition de loi du député Cruppi relative au droit de réponse. La proposition entend ainsi modifier l'article 13 de la loi du 29 juillet 1881 en lui ajoutant un nombre important de précisions qui ont pour vocation de pacifier le débat public. Cette proposition est motivée, selon l'élu, en raison de la jurisprudence abondante sur la question qui aurait amené à une application trop extensive des textes et créé un droit de réponse « excessif[165] ».

Ces précisions portent tout d'abord sur le quantum de la peine qui se voit augmenté : la peine de refus d'insertion est fixée à une amende de 50 à 500 francs en lieu et place d'une amende de de 50 à 150 francs. Le droit de la défense se trouve ainsi renforcé[166].

Sur la taille de la réponse admise, la proposition entend la limiter au double de l'espace occupé par la partie de l'article qui est directement ou indirectement personnelle au demandeur en insertion. Dans tous les cas, même si l'article est petit, la réponse peut dans tous les cas atteindre un minimum de 1000 lettres[167]. La proposition entend ainsi donner à l'auteur de la réponse un espace suffisant pour développer sa pensée.

En outre, le droit de réponse est supprimé en ce qui concerne les articles de critique littéraire ou scientifique dès lors que l'intention de la personne nommée ou désignée ne résulte pas des termes de l'article et que la critique a été provoquée par une représentation, une exhibition publique de nature à attirer ou solliciter les commentaires de la presse[168]. La proposition de loi valide ainsi, dès lors que les propos ne sont pas

---

163 Sur le sens de la peine *V.* Van de Kerchove Michel, « Les fonctions de la sanction pénale. Entre droit et philosophie », *Informations sociales*, n° 127, 2005/7, p. 22-31 ; Van de Kerchove Michel, *Sens et non-sens de la peine. Entre mythe et mystification*, Bruxelles, Publications des Facultés universitaires de Saint-Louis, 2009, 613 p.

164 L'accessibilité au casier judiciaire doit également être mis en parallèle avec le droit à l'oubli, par l'effacement des condamnations du casier judiciaire au terme d'une durée déterminée par la loi *V.* Van de Kerchove Michel, « Chapitre v. Les effets du jugement pénal : le dire comme mémoire et comme oubli de la peine », *Quand dire, c'est punir : Essai sur le jugement pénal*, Bruxelles, Presses de l'Université Saint-Louis, 2005, p. 253-280.

165 *Journal officiel de la République française. Débats parlementaires. Chambre des députés : compte-rendu in extenso*, 4 décembre 1901, p. 2513.

166 *Journal officiel de la République française. Débats parlementaires. Chambre des députés : compte-rendu in extenso*, 25 mars 1902, p. 1520.

167 *Loc. cit.*

168 *Loc. cit.*

délictueux, le travail des critiques notamment littéraires dont l'activité évolue à partir de la seconde moitié du XIXe siècle. De la même manière que les sciences se développent, le style des critiques se transforme[169]. Comme l'indique Marine Riguet, le critique « quitte l'autorité du juge éclairé, du censeur du "bon goût", pour revêtir celle du chercheur de laboratoire. S'il gagne sa légitimité en matière d'esthétique, c'est en bâtissant sa faculté de juger sur l'examen du beau, de sa nature et de ses conditions[170] ».

Enfin, la proposition de loi dispose pour la période électorale que le candidat nommé ou désigné dans un journal aura le droit de faire intégrer sa réponse dans des délais rapides, soit le plus prochain numéro du journal. En cas de refus le juge des référés peut être saisi afin de statuer immédiatement.

La proposition de loi entend ainsi rationnaliser le droit de réponse : éviter que ce dernier ne soit utilisé dans des cas illégitimes et renforcer son exercice dans les périodes importantes pour la démocratie, notamment lors des élections. Cette proposition de loi fait écho à l'importante jurisprudence en la matière dans les années précédant sa présentation[171].

LE CONTRÔLE DE L'IMPRIMÉ AU SOUTIEN DE LA RÉPUBLIQUE RADICALE

L'arrivée au pouvoir des radicaux amène de nouveaux débats relatifs à l'adoption de mesures d'ampleur visant à modifier en profondeur l'État. Le contrôle judiciaire de l'imprimé accompagne ces nouvelles orientations qui visent à séparer les Églises de l'État et à ouvrir encore davantage le débat public par la suppression de la censure préalable en matière dramatique.

---

169 *V.* Lyon-Caen Judith, Ribard Dinah, « Historiographies. L'activité et l'écriture critiques entre presse et littérature, XVIIIe et XIXe siècles », *COnTEXTES*, [En ligne], n° 11, 2012, [consulté le 12 octobre 2022] ; Engel Vincent, *Histoire de la critique littéraire des XIXe et XXe siècles*, Paris, Academia, 1998, 136 p.

170 Riguet Marine, « Un style "au service de la vérité" : la critique littéraire de la seconde moitié du XIXe siècle », *Arts et Savoirs*, p. 7, [en ligne, consulté le 7 septembre 2022].

171 *V.* chapitre 7.

LA SÉPARATION DE L'ÉGLISE ET DE L'ÉTAT ET SES CONSÉQUENCES SUR LE CONTRÔLE JURIDIQUE DE L'IMPRIMÉ

Après la restauration d'un ordre républicain, les institutions se tournent vers une politique davantage radicale en faveur de la séparation entre l'Église et l'État qui emporte des conséquences sur le droit de la presse.

L'œuvre d'une majorité d'action républicaine : loi du 9 décembre 1905

Les élections législatives de 1902 marquent une nouvelle fois la victoire des forces de gauche : 220 députés radicaux et radicaux-socialistes s'allient à une cinquantaine de socialistes ainsi qu'à une centaine de modérés favorables[172]. Le bloc des gauches se trouve fortifié au parlement. Après trois années de présidence du Conseil, ce qui est une prouesse de longévité sous la Troisième République, le modéré Pierre Waldeck-Rousseau démissionne le 3 juin 1902[173]. Émile Combes[174] lui succède et forme un gouvernement d'« action républicaine[175] ». Si son prédécesseur avait pour objectif premier de défendre la République par un renforcement de ses acquis et l'octroi du droit d'association conforme à l'idéal républicain libéral, le Président du Conseil nouvellement élu se donne pour mission d'approfondir encore davantage la politique républicaine. Afin de mener à bien son projet, Émile Combes s'appuie sur les partis de gauche dans la continuité du grand congrès des « forces républicaines, radicales et radicales-socialistes », tenu à Paris en juin 1901[176]. Avec la libéralisation permise par la loi de 1901, les forces de

172 Candar Gilles, « Bloc des gauches et gouvernements radicaux (1902-1914) », in Becker Jean-Jacques éd., *Histoire des gauches en France*, vol. 2, Paris, La Découverte, 2005, p. 21

173 Pour des raisons diverses, à la fois médicale en raison de son cancer, mais également politiques. La crainte d'une absence de soutiens suffisants a pu également être évoquée ; Riberioux Madeleine, *La République radicale ? 1898-1914*, *op. cit.*, p. 63

174 *V.* Limouzy Jacques, *Émile Combes. Le fondateur spirituel de la laïcité*, Toulouse, Privat, 2019, 193 p.

175 Huard Raymond, « Chapitre 8. Les républicains de gouvernement et les radicaux. Cristallisation des tendances et agencement des forces », in *La naissance du parti politique en France*, Paris, Presses de Sciences Po, 1996, p. 226.

176 *V. Premier congrès du parti républicain radical et radical socialiste*, Paris, Comité du Parti républicain, radical et radical socialiste, 1901, 64 p. Ce congrès vient consacrer la

gauche s'institutionnalisent à travers des formations politiques structurées[177]. La majorité trouve ainsi de nombreux soutiens et s'attache à poursuivre la politique entamée par Waldeck-Rousseau dans sa lutte contre l'influence de l'Église sur l'État[178]. Aussi, les institutions politiques cheminent vers l'autonomie de la Religion au sein de l'État, ce qui ne se réalise pas sans heurts.

À l'été 1902, après la victoire du Bloc de gauche aux élections municipales, près de 3000 établissements scolaires tenus par des religieux sont fermés sur circulaire ministérielle de Combes[179]. Les autorisations nécessaires posées par le titre III de la loi de 1901 sont refusées par le Parlement à de nombreuses congrégations religieuses qui doivent s'exiler ou disparaître, ce qui touche *in fine* près de 20 000 personnes[180]. Les expulsions donnent lieu à des oppositions qui nécessitent l'intervention des forces de l'ordre et parfois même de l'armée[181]. Le pays est gagné par

---

naissance du parti Radical, près d'un quart de siècle après l'émergence d'un courant politique nettement distinct du républicanisme modéré et opposé à l'opportunisme ; Baal Gérard, « Chapitre 3. La fondation du parti radical », in Besrtein Serge, Ruby Marcel dir., *Un siècle de radicalisme*, Villeneuve d'Ascq, Presses universitaires du Septentrion, 2004, p. 49.

177 Elles offrent alors un vivier de forces vives, de militants sur lesquels s'appuyer. Dans le même temps sont créées l'Alliance républicaine démocratique en 1901, l'Action libérale populaire en 1902, la Fédération républicaine en 1903 et enfin la Section Française de l'Internationale Ouvrière en 1905 ; *loc. cit.* La popularité de Combes est importante ce qui permet au Bloc de gauche de remporter en suivant en 1902 les élections municipales. De plus, son action reçoit le soutien d'une partie des intellectuels : Anatole France se place en première ligne, Alain soutient activement le Bloc dans ses articles de *La Dépêche de Rouen*, les historiens Aulard et Seignobos militent et écrivent dans la presse ; Candar Gilles, *op. cit.*, p. 216.

178 À ce titre l'année 1902 est marquée par de nombreux débats autour de la notion de provocation, car elle serait monnaie courante de la part des congrégations à l'égard de l'État. Le 23 juin 1902, le député Dauzon relève ainsi des provocations de la part de frères qui ont amené les électeurs de Juvigny-sur-Loison à demander à ce que « les frères cessent de faire une propagande acharnée contre tous les républicains » ; *Journal officiel de la République française. Débats parlementaires. Chambre des députés : compte-rendu in extenso*, 23 juin 1902, p. 1937.

179 Boniface Xavier, « L'armée et le maintien de l'ordre lors de l'application des lois laïques (1902-1906) », *Inflexions*, vol. 31, nº 1, 2016, p. 183.

180 Baal Gérard, *op. cit.*, p. 217.

181 C'est le cas notamment lors du rejet d'autorisation sollicitée par les moines de la Grande Chartreuse qui sont aidés dans leur résistance par les habitants. *V.* Mauduit Anne-Marie, Mauduit Jean, « VI – Expulsion des chartreux : l'épreuve de force », in Mauduit Anne-Marie, Mauduit Jean dir., *La France contre la France. La séparation de l'Église et de l'État : 1902-1906*, Paris, Plon, 1984, p. 131-151.

une « fièvre catholique[182] » qui n'est pas sans rappeler les mouvements de contestation qui s'étaient organisées au début des années 1880[183]. Se mêlent à la fois manifestations[184] et mobilisations diverses, notamment dans la presse au moment de la circulaire de Combes du 29 septembre 1902 qui vise à ce que la prédication et le catéchisme soit réalisés en langue nationale et non lus en Breton[185].

Afin de calmer les tensions, le 1er avril 1904 le Parlement vote une loi visant à amnistier les délits et contraventions en matière de presse, de réunions et d'associations, des insoumis et déserteurs. Cette loi vise alors en particulier les anarchistes mais aussi les congrégations qui se sont opposées aux mesures prises par l'État à leur encontre.

Néanmoins, cette mesure ne doit pas masquer la politique anticléricale des républicains qui se poursuit quelques mois après avec la loi du 7 juillet 1904 qui interdit l'enseignement aux congrégations, même à celles qui sont autorisées. Le glas sonne pour l'enseignement catholique qui avait fonctionné tout au long du XIXe siècle[186]. D'autres mesures avaient déjà été prises les années précédentes en faveur d'une laïcisation de la fonction publique. C'est le cas notamment dans les hôpitaux dans la continuité d'un mouvement initié dès 1878[187]. La Justice, longtemps emprunte de religiosité est aussi concernée par le recul de la religion[188].

---

182 Moigne Frédéric Le, « La manifestation catholique (1902-1950) », in Balcou Jean et al., *Les Bretons et la Séparation : 1795-2005*, Rennes, PUR, 2006, p. 345

183 V. Chapitre 3.

184 V. Lagrée Michel, « Processions religieuses et violence démocratique dans la France de1903 », *Religion et modernité*, Rennes, PUR, 2002, p. 147-168 ; Dumons Bruno, « Mobilisation politique et ligues féminines dans la France catholique du début du siècle », *Vingtième Siècle*, n° 73, janvier 2002, p. 39-50.

185 V. Broudic Fañch, « L'interdiction du breton en 1902 : une étape vers la Séparation », in Balcou Jean, et al., *Les Bretons et la Séparation : 1795-2005*, Rennes, Presses universitaires de Rennes, 2006, p. 215-224.

186 Curtis Sarah A., « Chapitre 7. Persécution et résistance (1901-1904 »), *L'Enseignement au temps des congrégations : Le diocèse de Lyon (1801-1905)*, Lyon, Presses universitaires de Lyon, 2003, p. 207.

187 Dielbot Évelyne, *La maison de santé protestante de Bordeaux (1863-1934). Vers une conception novatrice des soins et de l'hôpital*, Érès, 1990, p. 67-78.

188 Une circulaire ministérielle du 22 décembre 1900 interdit « les messes rouges », offices qui étaient célébrées à l'occasion de la rentrée judiciaire parfois même au sein même des palais de Justice ; Forey Elsa, « L'application du principe de laïcité dans la justice », *Les Cahiers de la Justice*, vol. 3, n° 3, 2018, p. Les croix, crucifix et tableaux à caractère religieux sont interdits dans les salles des tribunaux judiciaires. Seul le serment des jurés,

La volonté d'une République laïque émerge avec impatience en 1902. Le 12 juin, à la chambre des députés, le député Buissière prend la parole à travers une interpellation relative à la politique générale du gouvernement :

> Non, il n'est pas vrai que la masse électorale, que le bloc républicain se soient laissé entamer par l'effort énorme, invraisemblable du parti clérical. La campagne d'injures systématiques, de violences calomnieuses, de corruption sans précédent ; les millions des dames Juêteuses ; les trésors insinuants et variés de Basile [...] l'atmosphère empoisonnée de provocations, de menaces et de haine (Applaudissements à l'extrême gauche et sur divers bancs à gauche), tout cela a piteusement échoué (Rumeurs au centre) devant la froide résolution des travailleurs de l'usine et de l'atelier, devant l'obstination consciente, inébranlable et patriotique des vaillants ouvriers de la terre. (Applaudissements à gauche.) Et s'il était besoin de discuter encore sur ce point il suffirait d'évoquer la manifestation décisive qui, dès le premier jour, désignait comme arbitre de nos travaux un républicain ferme et sûr, un caractère dont la haute probité morale et politique égale la bonté, l'impartialité, la séduction délicate et charmante. (Applaudissements à gauche.) L'heure est donc venue où il faut nettement déterminer les responsabilités et prendre une orientation définitive[189].

Le député poursuit sa démonstration en indiquant que la République s'est relevée de tous les assauts qui lui ont été fait, notamment à travers l'Ordre moral ou le Boulangisme et qu'elle est « ressortie victorieuse et comme rajeunie » de toutes ces crises[190]. Aussi, afin de remercier tous les artisans de cette victoire de la République, le seul moyen est de s'engager dans la voie des réformes[191] au titre desquelles se trouve la séparation des Églises et de l'État[192] dès février 1902. Une commission *ad hoc* est mise en place pour l'examen du projet de loi à travers une « commission des Trente-Trois » le 11 juin 1903, par l'intervention

à dimension religieuse en ce qu'ils doivent jurer devant Dieu, persiste malgré une lutte de longue haleine entamée par les républicains par le dépôt de plusieurs projets de loi en 1882, en 1883 puis en 1894, et poussée par la montée de la libre pensée et de l'athéisme ; Lalouette Jacqueline, « La difficile laïcisation du serment judiciaire », *Romantisme*, vol. 162, n° 4, 2013, p. 53.

189 *Journal officiel de la République française. Débats parlementaires. Chambre des députés : compte-rendu in extenso*, 12 juin 1902, p. 1817.

190 *Ibid.*, p. 1818.

191 *Loc. cit.*

192 *Ibid.*, p. 1819.

décisive des parlementaires socialistes[193]. La commission travaille en huis clos, permettant des débats discrets[194].

Le 5 mars 1905, le député Aristide Briand dépose auprès de la chambre des députés un rapport en trois parties qui expose la démarche qui a guidée la commission dans ses travaux[195]. Le rapport insiste sur les bénéfices économiques d'une telle séparation avec une étude précise des coûts engendrés par le budget des cultes. Le rapporteur invite alors la Chambre à voter un projet « conçu, discuté, voté dans un large esprit de tolérance et d'équité » qui « sauvegarde tout ensemble les légitimes et respectables préoccupations des consciences, les intérêts des personnes et les droits supérieurs de l'État[196] ».

La loi est votée le 9 décembre 1905 : la République assure la liberté de conscience et garantit le libre exercice des cultes sous les seules restrictions édictées dans l'intérêt de l'ordre public (article 1). En conséquence de quoi, la République ne reconnaît, ne salarie, ni ne subventionne aucun culte (article 2). Les Églises et l'État sont officiellement séparés structurellement[197]. Si le terme de laïcité n'est pas employé par le législateur, la loi en pose pourtant le principe. Comme l'indique Achille Mestre, « L'État s'affranchit de toute tutelle religieuse » et inversement « les Églises sont libérées de toute emprise politique[198] ». Des débats ressort ainsi une vision

193 Bellon Christophe, « Aristide Briand et la séparation des Églises et de l'État. Du travail en commission au vote de la loi (1903-1905) », *Vingtième Siècle. Revue d'histoire*, vol. 87, n° 3, 2005, p. 58.

194 Au cours de l'élaboration de la loi, les débats qui se tiennent à l'Assemblée et dans la presse illustrent une lutte entre deux conceptions de la séparation : à un projet libéral soutenu par Combes, qui souhaite donner à l'Église son autonomie, s'oppose un projet plus radical, anticlérical qui maintiendrait l'Église sous la surveillance et le contrôle de l'État ; Guilbaud Mathilde, « La loi de séparation de 1905 ou l'impossible rupture », *Revue d'histoire du XIXe siècle*, n° 28, 2004, p. 163.

195 Il déclare : « En vous présentant ce rapport, nous avons pour objectif de prouver que la seule solution possible aux difficultés intérieures, qui résultent en France de l'actuel régime concordataire, est dans une séparation loyale et complète des Églises et de l'État. Nous montrerons juridiquement que ce régime est le seul, en France, pays où les croyances sont diverses, réserve et sauvegarde les droits de chacun. Nous voulons montrer aussi, et d'abord, que cette solution est celle que nous indique l'histoire elle-même, étudiée sans parti pris, ni passion » ; Briand Aristide, *La séparation des Églises et de l'État*, Paris, Édouard Cornely, 1905, p. 3.

196 *Ibid.*, p. 350.

197 V. Jaume Lucien, *L'Éternel défi. L'État et les religions en France des origines à nos jours*, Paris, Decitre, 2022, 445 p.

198 Mestre Achille, « La Loi de Séparation. Bilan et perspectives », *Études*, vol. 402, n°. 5, 2005, p. 607.

libérale de la laïcité qui induit neutralité idéologique de l'État, égalité de traitement entre les différents cultes avec l'affirmation juridique du pluralisme religieux[199]. La religion étant laissée à l'appréciation de la conscience de chacun, l'État protège le droit de chacun de croire ou de ne pas croire, ce qui induit des conséquences sur la liberté d'expression.

La libéralisation du discours relatif à la religion

La loi de décembre 1905 constitue, en matière de liberté d'expression, l'aboutissement de la libération du discours relatif à la religion dans une société judéo-chrétienne longtemps marquée par un ensemble d'interdits. L'une des règles les plus célèbres de cette police du discours tient dans le blasphème qui constitue un sacrilège verbal consistant en un outrage à l'encontre du sacré[200]. L'intégration de l'infraction de blasphème au droit laïc est véritablement réalisée à partir du XIIIe siècle sous l'effet de l'affirmation de la puissance royale et de la multiplication de travaux des juristes à ce sujet[201]. À partir des XVe et XVIe siècle, l'infraction prend une nouvelle ampleur. Aux peines jusqu'alors communément prononcées sont

---

199 Morineau, Michel, « Les courants de pensée dans la laïcité », *Revue Projet*, vol. 267, n° 3, 2001, p. 79.

200 *V.* Mallet-Poujol Nathalie, « 1789-1905. Du blasphème aux droits et devoirs des ministres du culte », *LEGICOM*, vol. 55, n° 2, 2015, p. 7-16. Officiellement, cette infraction est caractérisée par les Décrétales de Grégoire IX ; Leveleux-Texeira Corinne, « Entre droit et religion : le blasphème, du péché de la langue au crime sans victime », *Revue de l'histoire des religions*, n° 4, 2011, p. 593. Par le biais du canon *Statuimus*, le blasphème est autonomisé au sein du droit canon et se trouve doté d'un régime particulier distinct du serment ou de toute autre infraction. Pour la première fois, avec la compilation officielle de Raymond de Péñafort du 5 septembre 1234, la répression du blasphème fait l'objet d'une réglementation particulière à portée universelle. Sa répression s'inscrit alors dans une perspective d'enseignement catéchétique et de contrôle ecclésial dans une portée exclusivement religieuse*; ibid.*, p. 595. Les peines que sont la pénitence, l'excommunication, l'amende ou la privation de sépulture chrétienne témoignent de cette visée pédagogique, en ce que la faute peut toujours être pardonnée par les autorités ecclésiastiques ; *loc. cit.* *V.* Leveleux-Texeira, *Le blasphème entre l'Église et l'État (XIIIe-XVIe siècles)*, thèse de doctorat, droit, 1997, Orléans.

201 On note à ce titre des auteurs tels que Grégoire de Tours, Guillaume Peyraut ou Thomas d'Aquin. *V.* Rosier-Catach Irène, « Le blasphème et l'invention du huitième péché capital, le "péché de langue" », *PO&SIE*, n° 162, 2017, p. 94-104. Si habituellement le Roi intervient peu en matière pénale, de nombreux textes sont pris par lui en matière de blasphème. Ces mesures permettent, dans une monarchie de droit divin, de rappeler l'autorité du monarque en son royaume : l'infraction devient politique, quittant le champ religieux dans lequel elle était jusqu'alors enfermée.

adjointes des peines d'exclusion : peines infamantes, emprisonnement, peines corporelles et peine de mort[202]. Cette évolution se trouve encouragée par la Réforme protestante qui vient faire peser sur le Royaume de France un risque de désordre social avec les guerres de Religion de 1562 à 1598. Au cours du XVIe siècle, le blasphème se trouve alors associé à une conception religieuse identitaire[203]. Ceci est d'autant plus aisé que l'infraction de blasphème ne jouit d'aucune définition précise quant à ses éléments constitutifs. Dans leur lutte pour le pouvoir, les parlements, usent du texte pour en faire une application extensive. Les cours souveraines ont recours à cette incrimination afin de poursuivre les hérétiques, dont la poursuite est en principe confiée aux évêques[204]. Le blasphème est alors un enjeu de pouvoirs, qui tient au-delà de la protection qu'il apporte au divin et aux dogmes, une preuve d'autorité pour celui qui est compétent en matière de police du discours[205]. L'infraction de blasphème contribue à la mise en place d'une éthique de la communication qui se trouve fondée sur une conception performative du langage.

La Déclaration des Droits de l'Homme et du Citoyen de 1789 abroge à travers ses articles 10 et 11 le délit de blasphème qui n'est pas repris par le code pénal de 1791. De fait, l'État se voit priver de la compétence de réprimer les offenses envers Dieu ou l'Esprit saint. Si l'infraction réapparaît sous la Restauration, la loi du 29 juillet 1881 abolit définitivement le délit de blasphème en supprimant jusqu'à sa forme sécularisée à travers l'atteinte à la morale religieuse afin de la remplacer par la seule mention de bonnes mœurs. La loi de 1905 vient parachever cette évolution en transférant entièrement la compétence de réguler le langage au sujet de la religion, au champ religieux. L'État protège le droit de chacun de croire ou de ne pas croire, de pratiquer un culte ou non, et la possibilité de communiquer à ce sujet : si une reconnaissance sociale des religions est réalisée, une distinction est opérée entre la citoyenneté et l'appartenance religieuse[206]. La limite à cette expression tient alors

202 Leveleux-Texeira Corinne, *op. cit.*, p. 599.

203 *Ibid.*, p. 601.

204 *Loc. cit.*

205 Beriou Nicole, Boudet Jean-Pierre, Rosier-Catach Irène éd., *Le pouvoir des mots au Moyen Âge*, Turnhout, Brepols, 2014, p. 363-377 ; V. Desmons Éric, Paveau Marie-Anne éd., *Outrages, insultes, blasphèmes et injures : violence du langage et polices du discours*, Paris, L'Harmattan, 2008, 190 p.

206 Willaime Jean-Paul, « 1905 et la pratique d'une laïcité de reconnaissance sociale des religions », *Archives de sciences sociales des religions*, n° 129, 2005, p. 67.

dans des restrictions qui sont dictées par l'ordre public (article 1) ainsi que par le droit pénal de la presse.

Le texte de la loi de 1905 en consacrant le principe de la liberté de conscience ouvre la voie à de potentiels conflits au sein de la société civile[207]. Le rôle de l'État est alors de protéger non pas les dogmes ou les croyances en tant que tels, mais l'exercice des cultes et le droit de chacun à exprimer son avis sur la religion, dans le cadre du droit pénal existant.

Si la loi du 9 décembre 1905 vient renforcer la liberté de conscience des citoyens, en ce qui concerne les ministres du culte la loi vient créer des infractions nouvelles en faisant d'eux des agents pénaux particuliers. Cette catégorie de citoyens n'est d'ailleurs pas définie par le législateur quand bien même le titre soit utilisé à plusieurs reprises au sein de la loi, près d'une quinzaine de fois. Ce terme possède, par son caractère évasif et par l'absence d'un statut juridique clairement établi, l'avantage de ne viser aucun individu en particulier en laissant la possibilité à chaque religion d'organiser ses institutions dans une mécanique d'autorégulation[208]. Ceci est d'autant plus aisé que les mouvements religieux traditionnels possèdent une discipline et une hiérarchie interne clairement établies qui ne nécessitent pas l'intervention étatique[209].

La loi prévoit, au nom du principe de laïcité, un ensemble de restrictions à la liberté d'expression à leur encontre. Ces mesures ont pour vocation de participer encore davantage à la distinction entre le religieux et l'État en protégeant ce dernier des attaques qui peuvent lui être adressées. Plus précisément, ce sont les serviteurs de l'État qui font l'objet d'une protection particulière contre les propos délictueux des ministres du culte.

Ainsi, l'article 34 de la loi de 1905 prévoit que tout ministre d'un culte qui, dans les lieux où s'exerce ce culte, aura publiquement par des discours prononcés, des lectures faites, des écrits distribués ou des affiches apposées, outragé ou diffamé un citoyen chargé d'un service public, sera puni d'une amende ou d'une peine d'emprisonnement. La vérité du fait

207 Ricoeur Paul, *La Critique et la conviction. Entretien avec François Azouvi et Marc de Launay*, Paris, Calmann-Lévy, 1995, p. 195.

208 Woehrling Jean-Marie, « Statut des ministres du culte et droit français », *Revue du droit des religions*, n° 8, 2019, p. 83.

209 *Ibid.*, p. 82.

diffamatoire, mais seulement s'il est relatif aux fonctions du diffamé ou de l'outragé, pourra être établie devant le tribunal correctionnel dans les formes prévues par l'article 52 de la loi du 29 juillet 1881. Les éléments constitutifs de l'infraction de diffamation et les éléments de défense sont exactement les mêmes que ceux prévus par les articles 30 et 31 de la loi du 29 juillet 1881[210].

La différence entre la loi du 29 juillet 1881 et la loi de 1905 tient alors dans le quantum de la peine qui est sensiblement plus lourd. Un particulier encourra un emprisonnement de huit jours à un an et d'une amende de cent francs à trois mille francs, ou de l'une de ces deux peines seulement. En revanche, un ministre du culte se verra exposé à une amende de 25 000 francs et à emprisonnement d'un an, ou de l'une de ces deux peines seulement. Pécuniairement, l'amende est ainsi multipliée par près de 8 fois.

Le fait de considérer les ministres du culte comme des agents pénaux particuliers n'est pas nouveau puisque déjà le droit pénal prévoyait que l'exercice d'une fonction religieuse pouvait être considérée comme une circonstance aggravante. Ainsi l'article 333 du Code pénal de 1810 énonçait que s'agissant des infractions commises sur les mineurs de 15 ans, « la peine sera celle des travaux forcés à perpétuité, si les coupables sont de la classe de ceux qui ont autorité sur la personne envers laquelle ils ont commis l'attentat, s'ils sont ses instituteurs ou ses serviteurs à gages, ou s'ils sont fonctionnaires ou ministres d'un culte ou si le coupable, quel qu'il soit, a été aidé dans son crime par une ou plusieurs personnes[211] ». Ce qui justifiait cette sévérité accrue au sein des infractions contre les mœurs résidait dans le lien d'autorité établi entre le religieux et le mineur. Dans le cas de la loi de 1905, c'est à nouveau ce lien d'autorité qui justifie la sévérité du droit pénal. L'autorité n'est pas celle d'un adulte sur un enfant mais d'une autorité morale exercée par un homme de culte sur ses ouailles.

En outre, l'article 35 de la loi dispose en matière de provocation que tout discours prononcé ou un écrit affiché ou distribué publiquement dans les lieux où s'exerce le culte, s'il contient une provocation directe à résister à l'exécution des lois ou aux actes légaux de l'autorité publique,

---

210 *V.* Chapitre 2.

211 Straehli Gilles, « L'appréhension du statut du ministre du culte par le juge pénal étatique », *L'Année canonique*, vol. LI, n° 1, 2009, p. 263.

ou s'il tend à soulever ou à armer une partie des citoyens contre les autres, le ministre du culte qui s'en sera rendu coupable sera puni d'un emprisonnement de deux ans, sans préjudice des peines de la complicité, dans le cas où la provocation aurait été suivie d'une sédition, révolte ou guerre civile. Par cette disposition, la loi cherche à encadrer toute forme de rébellion à l'encontre du régime républicain qui serait menée par les institutions religieuses.

Au-delà de protéger l'État et ses serviteurs des attaques de l'Église, le législateur prend soin de séparer encore davantage le religieux du politique, le temporel du spirituel à travers l'article 40 de la loi de 1905. Ce dernier dispose que pendant huit années à partir de la promulgation de la loi, les ministres du culte seront inéligibles au conseil municipal dans les communes où ils exerceront leur ministère ecclésiastique. La sécularisation[212] de la République passe ainsi par l'édifice d'une morale civique basée sur le nationalisme et la science comme fondement des politiques publiques[213]. Dans ce contexte, les clercs sont exclus de la prise de décision politique au niveau local, niveau au sein duquel leur influence sur la population, par leur proximité auprès d'elle est la plus forte.

Ainsi, la loi de 1905 vient parachever la « privatisation de la religion[214] » : cela ne signifie pas qu'elle doive être enfermée dans l'espace privé mais seulement que l'État n'a pas à intervenir dans son administration et qu'en retour la religion n'a pas à s'immiscer dans les affaires de l'État. La laïcisation de la société amène à renforcer le processus « de substitution du culte de la nation à la religion d'État » comme décrit par Gisèle Sapiro[215]. Cela renforce, *de facto*, la puissance de la morale laïque et républicaine[216]

---

212 *V.* Donegani Jean-Marie, « La sécularisation et ses paradoxes », *Revue Projet*, vol. 306, n° 5, 2008, p. 39-46.

213 Sapiro Gisèle, *Les écrivains et la politique en France*, *op. cit.*, p. 10.

214 Sapiro Gisèle, « Le champ est-il national ? La théorie de la différenciation sociale au prisme de l'histoire globale », *op. cit.*, p. 74.

215 Sapiro Gisèle, La responsabilité de l'écrivain, *op. cit.*, p. 374 ; *V.* également Saint-Bonnet François, « La restauration de la religion de l'État et la liberté des cultes », *Jus Politicum*, [En ligne], n° 13, [consulté le 20 octobre 2022].

216 *Ibid.*, p. 345.

UN CONTRÔLE ENTRE APAISEMENT DES TENSIONS SOCIALES ET LIBÉRALISATION DE LA PAROLE PUBLIQUE

Les tribunaux sont saisis à partir de 1905 de différents nouveaux textes qu'il convient à la fois d'appliquer, de préciser et d'articuler avec des textes plus anciens. L'objectif est alors d'apaiser les tensions qui agitent à nouveau le pays en raison de l'éclatement d'un nouveau scandale politique qui se superpose au cheminement de la République vers la laïcité. L'année 1906 marque un tournant sans précédent au sujet de la liberté d'expression : pour la première fois depuis 1870, la République ne connaît plus aucune forme de contrôle *a priori* sur les œuvres de l'esprit en raison de la disparition de la censure dramatique, acmé de la politique libérale républicaine en la matière.

Un contentieux aux multiples enjeux

La jurisprudence est venue éclairer la loi de 1905 en raison de l'imprécision de certains termes contenus dans les textes. Tel est le cas avec l'article 34 de la loi qui traite des infractions commises par les ministres des cultes à l'encontre des citoyens chargés d'un service public, catégorie de citoyens privée d'une définition légale.

Dans une décision du 25 juillet 1908, sur la base légale de l'article 34 de la loi de 1905, la Cour de cassation rappelle que la dénomination de « citoyen chargé d'un service public » doit être comprise comme visant que « les agents investis, dans une mesure quelconque, d'une portion de l'autorité publique[217] ». En ce sens elle reprend la jurisprudence classique établie en la matière[218]. La Cour de cassation ajoute dans une décision du 16 juillet 1908 que l'on ne saurait comprendre sous cette dénomination les administrateurs des bureaux de bienfaisance[219].

En effet, l'on observe que les juridictions du fond continuent de considérer les ministres du culte comme des individus devant faire l'objet d'une protection spécifique en raison de leur magistère moral. Ainsi, au visa de l'article 32 de la loi du 29 juillet 1881, le tribunal correctionnel de Troyes indique dans une décision du 8 janvier 1907 que « l'imputation à une personne, dans un article de journal, d'un

217 *D.P*, 1908, p. 144.
218 *V.* Chapitre 2.
219 *Bulletin des arrêts de la Cour de cassation rendus en matière criminelle*, 1908, n° 7, p. 584.

acte d'immoralité tel que la séduction et l'enlèvement d'une jeune fille, constitue le délit de diffamation puni par l'article 32 de la loi du 29 juillet 1881 sur la liberté de la presse ». Surtout, le tribunal ajoute que « cette diffamation revêt, lorsqu'elle s'adresse à un ministre du culte catholique, un caractère particulier de gravité, justifiant l'application d'une peine sévère[220] ». La cour, si elle applique bien l'article 32 de la loi applicable aux particulier et non l'article 31 pour des dépositaires de l'autorité publique, insiste tout de même sur la nécessité de protéger les hommes de foi à travers des condamnations « sévères[221] ».

Au-delà du contentieux relatif à la séparation des Églises et de l'État, la jurisprudence est amenée à traiter de sujets divers, issus des différentes affaires auxquelles la République a été confrontée. Pour cela, le Parlement recourt à l'amnistie afin d'apaiser les tensions qui existent au sein de la société. Entre 1900 et 1914 ce ne sont pas moins de dix lois d'amnistie qui sont votées, dont les objectifs sont multiples comme la répression des grèves qui se multiplient au début de la décennie 1900[222]. Comme le décrit Stéphane Gacon, le recours systémique à l'amnistie témoigne d'une articulation entre « répression et ouverture » permettant aux républicains de recourir à la répression sans rester pour autant dans le temps en « contradiction avec leurs principes politiques de tolérance et de liberté d'expression[223] ».

Ainsi à titre d'exemple, la loi d'amnistie du 2 novembre 1905 vise les condamnés de la Haute Cour au sein desquels se trouve Paul Déroulède à raison des délits et contraventions en matière de presse, de réunions et d'associations, faits de grève et faits connexes. Cette loi vise également à apaiser les tensions dans le pays à la suite de l'« affaire des fiches » dans une tentative d'apaisement initiée par Rouvier.

L'affaire des fiches, qui entraîne la chute d'Émile Combes, est un nouveau scandale qui éclate à travers des révélations faites dans la presse et à l'Assemblée en 1904. Le général André[224] constituait des fiches, classées en deux dossiers Corinthe et Carthage, au sein desquelles il

220 *D.P*, 1907, p. 14.

221 *Loc. cit.*

222 Gacon Stéphane, « La République briseuse de grèves et l'amnistie (1905-1914). Une tentative de régulation politique du conflit social en France », *Vingtième Siècle. Revue d'histoire*, vol. 125, n° 1, 2015, p. 18.

223 *Ibid.*, p. 19.

224 V. Thuillier Guy, « Aux origines de l'affaire des fiches (1904) : Le cabinet du général André », *La Revue administrative*, 55e année, n° 328, p. 372-381.

consignait des informations relatives à la loyauté des militaires vis-à-vis de la République[225]. Il était alors aidé dans cette tâche par le Grand Orient de France. Les loges maçonniques, et plus précisément la société fraternelle militaire nouvellement créée « Solidarité des Armées de Terre et de Mer » font remonter au Grand Orient des informations de terrain qui sont ensuite transmises au ministre[226].

Après différentes fuites au sujet de ces listes, le 17 juin 1904 le député Prache interpelle le gouvernent au sujet de la Franc-Maçonnerie. Après avoir évoqué leur rôle dans la constitution de fiches, le député alerte sur le caractère politique du Grand Orient et appelle à prendre des mesures alimentant la thèse d'un complot franc-maçon. Face au refus du parlement, c'est par la presse que l'affaire prend de l'ampleur à travers la publication de plusieurs titres à ce sujet, notamment dans *Le Matin*. Après de nombreux débats à l'Assemblée la séance du 4 novembre 1904 marque un point de rupture dans l'affaire : le député Guyot de Villeneuve apporte des preuves matérielles incriminant André ainsi que la complicité de Combes et Waldeck Rousseau. De nombreux troubles éclatent partout en France, des pétitions sont lancées à Paris. Émile Combes n'a plus le choix et donne sa démission.

Dans ce contexte, le recours à la loi d'amnistie est vu comme un moyen d'apaiser la situation. Une décision de la cour de cassation du 30 mars 1906 arrête ainsi que la « loi d'amnistie du 2 novembre 1905 réservant les droits des tiers, il y a lieu pour la Cour de cassation, tout en déclarant l'action publique éteinte à raison d'un délit amnistié, de statuer sur le pourvoi au point de vue de l'exercice de l'action civile. C'est donc à bon droit que la juridiction correctionnelle se déclare compétente pour connaître de l'imputation adressée à un officier d'avoir fourni à des tiers des renseignements sur un autre officier alors que l'écrit ne rattache pas ce fait à la qualité d'officier, à des actes de l'autorité exercée en cette qualité, ou à un abus de cette autorité[227] ». En l'espèce il s'agissait d'un article du *Matin* relatif à l'affaire des fiches et imputant au colonel Henry d'avoir été l'auteur de certains de ces documents.

Dans le même sens, la Cour de cassation rend un deuxième arrêt le 2 novembre 1905 au sein duquel elle reconnait sa compétence pour statuer

225 Thiébot Emmanuel, « L'affaire des fiches. Quand le Grand Orient de France espionnait l'armée française », *Humanisme*, vol. 281, n° 2, 2008, p. 93.

226 *Ibid.*, p. 95.

227 *Bulletin des arrêts de la Cour de cassation en matière criminelle*, 1906, p. 280.

sur l'exercice de l'action civile. Elle ajoute que le droit de réponse prévu par la loi du 29 juillet 1881 est un droit général et absolu qui ne saurait être annulé par la loi d'amnistie[228]. En raison de sa compétence quant au pourvoi relatif aux actions civiles relatives à des faits amnistiés la Cour rend divers arrêts qui viennent encadrer le droit de réponse (12 mai 1906[229], 31 mai 1906[230], 22 novembre 1906[231]) ou l'excuse de provocation (20 juillet 1906[232]).

Déjà débattu à la fin des années 1890, le sujet des bonnes mœurs est remis à l'ordre du jour du débat politique au début du XXe siècle. En juillet 1902 se tient à Paris la première conférence sur la traite des Blanches et le 18 mai 1904 est signée une Convention établissant des mesures internationales pour sa répression. En février 1904 le parlement débat notamment de la police des mœurs et de la prostitution. Lepelletier propose en ce sens un amendement afin de modifier les compétences en la matière. Il propose le texte suivant :

> Les tribunaux de simple police à Paris et dans les autres villes et communes où ils n'en connaissent pas déjà connaîtront des infractions aux arrêtés préfectoraux, municipaux et règlements de police concernant le racolage sur la voie publique, les actes dits d'insoumission, le logement par les hôteliers-logeurs des femmes se livrant à la prostitution, et généralement de tous les faits, délits et contraventions dont la police dite des mœurs s'arrogeait la répression.
>
> Toute personne arrêtée ou poursuivie pour une infraction de ce genre sera déférée au tribunal de simple police.
>
> La condamnation sera prononcée en vertu du paragraphe 15 de l'article 471 du code pénal ; elle comportera toutefois avec l'amende l'emprisonnement dans la limite de la compétence.
>
> La maladie n'étant pas un délit, aucune condamnation ne pourra être requise pour cause d'état sanitaire contre les femmes arrêtées pour scandale sur la voie publique, racolage ou toute autre chose.
>
> En attendant la révision des règlements de police sur la prostitution, les juges de paix auront seuls la qualité pour apprécier les actes dits d'insoumission et pour statuer sur la demande de radiation d'inscription au livre de la police des mœurs[233].

228 *Bulletin des arrêts de la Cour de cassation en matière criminelle*, 1906, p. 341.
229 *Ibid.*, p. 308.
230 *Ibid.*, p. 406.
231 *Ibid.*, p. 757.
232 *Ibid.*, p. 563.
233 *Journal officiel de la République française. Débats parlementaires. Chambre des députés : compte-rendu in extenso*, 1er février 1904, p. 205.

L'objectif de cette proposition de loi vise à mettre un frein à la presse qui depuis « longtemps dénonce ces faits attristants tels que l'arrestation entrainant l'inscription des filles mineurs[234] ». Si une surveillance de la prostitution doit exister, elle doit être exercée par une véritable juridiction « pour ces questions si graves » qui témoignent de la précarité dans laquelle les femmes se trouvent[235]. La compétence ne doit pas échoir à la police qui a une tendance à « voir des délinquants partout[236] ». La proposition n'est pas adoptée mais illustre la volonté de certains républicains d'assurer un contrôle des mœurs davantage judiciarisé par un recul de pouvoirs de police[237].

Parallèlement, la jurisprudence témoigne d'une évolution quant à l'appréhension des bonnes mœurs et vient plus précisément donner des précisions relatives à la loi votée le 16 mars 1898 quant aux imprimés obscènes. Elle fait en la matière preuve d'une grande rigueur : tant à l'égard des juridictions du fond que des justiciables.

La Cour de cassation attache à la condition de publicité contenue au sein de l'article 13 de la loi du 16 mars 1898 une obligation de précision de la part des juridictions du fond. Par exemple, à travers une décision en date du 23 décembre 1905, est considérée comme insuffisamment motivé et doit être annulé l'arrêt qui prononce une condamnation pour outrage aux bonnes mœurs en se limitant à déclarer que « l'obscénité des objets mis en vente ou distribués résulte de l'examen auquel la cour, juge du fait, a procédé[238] ». Il est ainsi nécessaire de spécifier les éléments des faits desquels a été déduit le caractère obscène ou contraire aux bonnes mœurs des objets incriminés.

Dans le même sens, doit être annulé pour insuffisance de motifs l'arrêt qui pour condamner le prévenu poursuivi pour outrage à la morale publique prévu par la loi du 16 mars 1898 « se borne à déclarer qu'il a offert en vente sur la voie publique des gravures ou des photographies obscènes, sans préciser en quoi aurait consisté l'obscénité » (Cass. crim. 18 mai 1906 ; 27 sept. 1906)[239].

---

234 *Loc. cit.*

235 *Loc. cit.*

236 *Ibid.*, p. 206.

237 *Ibid.*, p. 210.

238 *Bulletin des arrêts de la Cour de cassation rendus en matière criminelle de janvier 1900 à décembre 1909*, t. second, p. 225.

239 *Loc. cit.*

Doit également être annulé pour insuffisance de motifs l'arrêt qui, pour condamner un prévenu poursuivi pour outrage à la morale publique, se borne à déclarer que le magasin de vente dans lequel étaient vendues ou mises en vente les photographies obscènes était un lieu public au sens de la loi du 16 mars 1898 (Cass. crim. 16 mars 1898)[240]. La publicité est ainsi conçue comme devant être clairement explicitée au sein des décisions du juge du fond.

En outre, la Cour de cassation déduit l'acte matériel de l'infraction de vente ou de mise en vente d'objets obscènes en dehors de toute offre, exposition ou d'affichage, du seul fait qu'elle se soit produite dans un lieu public (Cass. crim. 27 janvier 1905)[241]. Il n'est donc pas nécessaire que la vente ait été provoquée, sa seule publicité entraîne la qualification de l'infraction. Dans le même sens, la Cour décide que le prévenu, qui pour se livrer au commerce clandestin des photographies immorales, a dissimulé à portée de sa main, sous le tapis qui recouvre le plancher de son magasin, des photographies obscènes, et, dans son arrière-boutique, des livres également obscènes, a pu légitimement en déduire qu'il y a eu mise en vente desdits objets (Cass. crim. 9 août 1907)[242].

Toujours dans le sens de la sévérité, la Cour de cassation indique que la distribution à domicile, par lettre close, d'écrits obscènes tombe sous le coup de la loi du 16 mars 1898 (Cass. crim. 10 mars 1900)[243]. Tout comme le fait de répandre sur la voie publique de nombreuses enveloppes, même fermées, contenant des écrits diffamatoires et obscènes, qui constitue le délit d'outrage aux bonnes mœurs prévu par l'article 13 de la loi du 16 mars 1898 (Besançon, 30 mai 1900)[244].

Ainsi, en matière de respect des bonnes mœurs, les tribunaux républicains poursuivent leur politique de sévérité à l'égard des imprimés outrageant par conception extensive des éléments constitutifs de l'infraction, qu'il s'agisse de la mise en vente des imprimés ou de la publicité de ces derniers.

---

240 *Ibid.*, p. 226.
241 *Ibid.*, p. 225.
242 *Loc. cit.*
243 *Ibid.*, p. 226.
244 *D.P*, 1901, p. 167.

La suppression de la censure dramatique :
la disparition totale de la censure de l'imprimé

La censure théâtrale est le dernier vestige au début de XXe siècle, du contrôle des textes *a priori* de leur réception par le public en temps de paix. Abolie par la loi des 13-19 janvier 1791 sur la liberté des théâtres, elle est de nouveau en application à l'été 1793. En avril 1800 sa gestion est confiée au ministère de l'Intérieur à Paris et aux préfets en région et son organisation est précisée par les décrets de 1806-1807 qui mettent en place le système du privilège. Avec les révolutions qui se succèdent, alternent période de liberté[245] et remise en vigueur de la répression. Sous la Troisième République, supprimée le 30 septembre 1870, elle est rétablie à la veille de la Commune, le 18 mars 1871. S'installe alors une longue période de *statut quo* en la matière.

Sous la Troisième République l'exercice de la censure est assez semblable à ce qui se pratiquait auparavant, avec une procédure lourde et bureaucratique[246]. Si la représentation théâtrale est un art vivant, la procédure de censure repose en partie sur l'écrit. En effet, le propriétaire du théâtre remet à l'autorité publique compétente le manuscrit de la pièce qui se trouve inscrit sur un registre dédié, ce qui donne lieu à la remise d'un récépissé. Le texte est lu par plusieurs inspecteurs et des modifications peuvent être proposées à l'auteur[247]. S'ensuit une période de tractations, de marchandages afin de trouver un accord sur le contenu du manuscrit final[248]. À ce titre, afin d'éviter que les entrepreneurs ne perdent de l'argent en raison d'une procédure de contrôle trop longue, l'administration informe les administrés sur les précautions qu'ils doivent prendre :

> Quant aux ouvrages qui, par leur nature, exigent de nombreuses répétitions et de grands frais de mise en scène, vous ne devrez, dans votre intérêt, les

245 La censure est supprimée en 1830 pour entrer de nouveau en vigueur avec les lois de septembre 1835. De la même, la Révolution de 1848 entraîne sa disparition avant son rétablissement avec la loi du 30 juillet 1850 ; Yon Jean-Claude, « La censure dramatique en France au XIXe siècle : fonctionnement et stratégies d'auteur », *Cahiers de l'Association internationale des études françaises*, 2010, n° 62, p. X.

246 C'est ce qui ressort d'une une lettre-circulaire du sous-secrétaire des Beaux-Arts adressée aux directeurs de théâtres parisiens en date du 16 février 1879 ; *ibid.*, p. 366. Sur la censure du théâtre, *V.* Introduction.

247 *Ibid.*, p. 367.

248 *Loc. cit.*

> mettre à l'étude qu'après avoir obtenu l'autorisation de les faire représenter. Il est arrivé fréquemment que, pour obtenir main levée d'une interdiction nécessaire, les administrations théâtrales faisaient valoir le temps déjà consacré à l'étude d'un ouvrage et les dépenses considérables déjà faites pour les décors et les costumes ; l'autorisation préalable offrant aux entreprises un moyen sûr d'échapper à un tel risque, les considérations de ce genre ne pourront donc exercer aucune influence sur les décisions administratives[249].

L'administration préfère miser sur des préconisations, dans le sens d'une organisation matérielle prévoyante davantage que sur l'octroi d'une plus grande liberté de création.

Les inspecteurs assistent ensuite aux répétitions et à la générale de la pièce afin que ni les mots, ni la mise en scène n'échappent à la vigilance du censeur[250].

Malgré la libéralisation de la presse avec la loi du 29 juillet 1881, le théâtre reste soumis à un régime liberticide. Plusieurs raisons peuvent être avancées pour expliquer cette inaction du législateur en la matière. Le préfacier anonyme d'un recueil de rapports de censure publié en 1892 développe l'idée suivante :

> [L]e motif [du maintien de la censure] réside uniquement dans la Politique. Nos députés et nos ministres redoutent, à tort ou à raison, que l'imagination de nos auteurs transforme les salles de théâtre en autant de succursales du Palais Bourbon. Ils ne veulent point d'une semblable exportation, et leur frayeur, fort légitime, répond bien au mouvement protectionniste qui domine aujourd'hui. Aristophane n'est pas l'homme de nos Élus ; ils lui pardonnent difficilement les pensums qu'il leur valut pendant les lointaines années scolaires[251].

La raison tiendrait ainsi à la portée politique des pièces de théâtre, à l'aune de l'influence des représentations sur le spectateur.

De plus, une autre raison peut être envisagée à travers l'attitude des auteurs eux-mêmes. D'un point de vue pratique, la censure constitue une garantie officielle contre la répression des tribunaux pouvant intervenir après le début des représentations. Une telle sanction peut mettre en danger l'amortissement des frais engagés par les directeurs de théâtre[252].

---

249 Cité par Yon Jean-Claude, *op. cit.*, p. 368.

250 *Ibid.*, p. 367.

251 *La Censure sous Napoléon III, Rapports inédits et in extenso (1852 à 1866)*, Edmond de Goncourt préf., Paris, Albert Savine éditeur, 1892, p. v.

252 Yon Jean-Claude, *op. cit.*, p. 370.

En 1885, on lit « le principe de la censure préventive en matière de théâtre est un principe tutélaire et par conséquent très défendable, même dans un pays libre[253] ».

Arthur Pougin en 1883 nuance ces propos en expliquant que cette idée de la censure se trouve parfois contredite par la pratique qu'en font les censeurs :

> Lorsqu'une œuvre scénique peut être déroulée tout à devant une foule de quinze cents ou deux mille spectateurs, parmi lesquels peuvent se trouver des femmes, des adolescents, des enfants, la possibilité même d'une atteinte à la morale publique ne peut pas être permise, non plus que celle d'une diffamation personnelle, qui, dans de telles conditions, pourrait être désastreuse pour celui qui en serait l'objet. C'est pourquoi, nous le répétons, le principe même de la censure théâtrale nous semble absolument admissible mais c'est à la condition qu'il ne s'exerce qu'au seul point de vue de la morale publique ou privée, et, nous le répétons aussi, c'est malheureusement le contraire qui a toujours été finit. Les censeurs, trop constamment préoccupés d'intérêts politiques et dynastiques, n'ont jamais songé qu'à ceux-là, et se sont peu souciés du reste. De là le mauvais renom, très mérité, que s'est toujours fait la censure[254].

Enfin, d'un point de vue davantage littéraire, les auteurs considéreraient la censure comme un mal nécessaire, un processus à travers lequel la pièce quitte sa forme papier pour prendre la forme d'un spectacle vivant[255]. La censure procède d'une forme de cogestion responsable de la liberté d'expression, dans l'intérêt de la sauvegarde d'une morale universellement admise[256]. Ceci tient dans le fait que les auteurs de théâtre croient eux-mêmes en la puissance de leurs écrits[257].

Cette idée est développée au XIXe siècle notamment par Guizot qui défend l'idée selon laquelle le théâtre doit rassembler la communauté nationale autour d'un même spectacle[258]. En se concentrant sur des sujets davantage nationaux, l'art dramatique doit se révéler à tous dans une dimension unificatrice, « supérieure aux hiérarchies sociales comme aux

253 Pougin Arthur, *Dictionnaire historique et pittoresque du théâtre*, Paris, Firmin-Didot, 1883, p. 150.

254 *Ibid.*, p. 153.

255 Yon Jean-Claude, *op. cit.*, p. 363.

256 Dury Maxime, *op. cit.*, p. 28.

257 Yon Jean-Claude, *op. cit.*, p. 370.

258 *V.* Laurent Franck, « Quelle scène pour une nation vraiment républicaine ? Michelet et le théâtre autour de 1848 », in Hopes Jeffrey, Lecossois Héléne Lecossois, *Théâtre et nation*, Rennes, Presses universitaires de Rennes, 2011, p. 25-37.

antagonismes politiques[259] ». Cette dimension patriotique est aussi partagée par Stendhal qui crée un lien entre théâtre et histoire nationale[260].

Sous la Troisième République de nombreuses pièces sont interdites : tel est le cas en 1885 de *Germinal*, pièce adaptée par Busnach et Zola[261]. En 1891, c'est la pièce tirée par Ajalbert de *La fille Elisa* d'Edmond de Goncourt qui est interdite[262]. À partir de 1893, diverses interpellations sont réalisées au sujet de la censure. Le 7 mars, c'est Maurice Barrès qui reproche aux républicains d'avoir censuré une œuvre de Paul Adam à la dimension politique notable car elle traite notamment de conflits sociaux[263]. Le ministre de l'instruction publique, des beaux-arts et des cultes lui répond en mettant en exergue, lui-même, la nature politique de la censure :

> Ce qui m'a ému, ce qui m'a choqué, ce qui définitivement m'a arrêté lorsque j'ai lu cette pièce, c'est la manière dont on nous y montre le conflit douloureux de la troupe et de la population. J'avoue qu'à ce spectacle, en présence de l'émotion pénible qui se dégage de ce rapprochement et de ce conflit, j'ai pensé qu'il n'y avait pas lieu de donner cette triste leçon de choses au public et je me suis dit que l'art ne consiste pas à renouveler, devant des spectateurs, des blessures encore toutes récentes et dont tout le monde ici a souffert, si l'on veut bien se rappeler certains débats. C'est donc comme homme politique que j'ai jugé cette situation. J'ai fait ainsi, je crois, acte de prévoyance et de Gouvernement. Et lorsque je dis « acte de prévoyance », je ne saurais mieux le démontrer qu'en vous lisant quelques lignes d'une lettre que ces jeunes auteurs m'ont fait l'honneur de m'adresser par la voie de la presse, lettre dans laquelle ils expriment des sentiments que vraiment je puis me féliciter d'avoir prévus. Voici cette lettre : « Mais la troisième République répugne à permettre que l'on découvre les flaques du sang qu'elle versa[264] ».

Malgré le pas important que constitue la loi du 29 juillet 1881 vers la liberté d'expression, la censure est maintenue. Cette sévérité à l'égard du théâtre étonne, y compris les auteurs. Zola déclare à ce sujet :

---

259 Laurent, Franck, *Victor Hugo : espace et politique (jusqu'à l'exil : 1823-1852)*, Rennes, Presses universitaires de Rennes, 2008, p. 57.

260 *Ibid.*, p. 60.

261 Disegni Silvia, « L'interdiction de la pièce La Fille Élisa (1891) : événement littéraire, politique, médiatique ? », in Saminadayar-Perrin Corinne, *Qu'est-ce qu'un événement littéraire au XIXe siècle ?*, Saint-Étienne, Presses universitaires de Saint-Étienne, 2008, p. 277

262 Laingui André, *op. cit.*, p. 239.

263 *Journal officiel de la République française. Débats parlementaires. Chambre des députés : compte rendu in extenso*, 7 mars 1893, p. 859.

264 *Ibid.*, p. 860 ; Autrand Michel, « Idéal démocratique et censure théâtrale sous la Troisième République », *Revue d'histoire littéraire de la France,* 2005/2, vol. 105, 2005, p. 307.

> Moi, Messieurs, dans cette question, j'éprouve une véritable stupéfaction : c'est que la censure existe encore après vingt années de République. Je suis un républicain de l'avant-veille ; j'ai commencé à combattre dès la fin de l'Empire et j'ai écrit dans tous les journaux de l'opposition, dans *l'Avenir national, La Tribune, Le Courrier du dimanche.* J'avais pour collaborateurs et pour chefs ceux qui, plus tard, ont formé le gouvernement de la Défense nationale et qui, ensuite, ont occupé les ministères ; or tous admettaient en principe l'abolition de la censure[265].

Au début de l'année 1906, l'Assemblée débat à nouveau de la question du théâtre : un premier projet est présenté par Catulle Mendès et entend organiser les représentations populaires en province. Un second projet est présenté par Jules Auffray et aborde encore plus précisément la question de l'accès au théâtre. Le député propose le principe d'un théâtre populaire ambulant qui pourrait se déplacer au plus près des travailleurs manuels qui se trouvent dans l'impossibilité de se rendre dans des lieux éloignés de leur travail[266]. En d'autres termes : « Pour avoir un théâtre véritablement populaire, il ne faut pas que le peuple aille au théâtre, il faut que le théâtre aille au peuple[267] ».

Malgré ces discussions à l'Assemblée, l'abolition de la censure ne se réalise pas par un vote spécifique des chambres en la matière. Elle se fait dans le silence, par la suppression comptable des crédits nécessaires au fonctionnement de l'institution par la suppression en 1905, pour le budget de l'année 1906, du chapitre du budget de la censure au ministère des Beaux-Arts[268]. Cet ultime acquis républicain, obtenu 36 ans après la proclamation de la République, se réalise sur la pointe des pieds, sans que l'institution qui avait tant débattu au sujet de la liberté d'expression depuis 1870 n'ait mis un point d'orgue officiel à la disparition du contrôle *a priori* des œuvres d'esprit. Il témoigne de l'imprégnation profonde du libéralisme dans la pratique des institutions en accord avec l'héritage républicain.

---

265 *La Justice*, 12 mars 1891, p. 1.

266 *Journal officiel de la République française. Débats parlementaires. Chambre des députés : compte rendu in extenso*, 14 février 1906, p. 751.

267 *Loc. cit.*

268 Forcade Olivier, « Faire l'histoire de la censure politique », in Laurent Sébastien, *Archives « secrètes », secrets d'archives ? Historiens et archivistes face aux archives sensibles*, Paris, CNRS Éditions, 2003, p. 206.

CONCLUSION

Le contrôle juridique de l'imprimé s'est présenté, au cours des trente-six premières années de la Troisième République, comme un outil mobilisé par les institutions étatiques afin d'influer sur l'évolution de la République à deux niveaux : au service de sa pérennité en tant que régime politique ainsi que sur son orientation idéologique.

Au cours des quinze premières années du régime républicain, le contrôle juridique de l'imprimé est lié à son avenir : de manière structurelle en tant que régime politique, dans un premier temps, puis en tant que système de valeur dans un second. Il participe à l'édification de la Troisième République en permettant de créer les conditions sociales adéquates à sa survie dans les urnes. Pour cela, le pouvoir en place agit tant sur le plan du droit pénal de fond (par la création, modification ou suppression d'infraction) que sur la procédure et la répartition des compétences judiciaires.

À la proclamation de la République en septembre 1870, d'abord portées par un désir émancipateur en faveur de la liberté d'expression, les institutions politiques de la toute jeune république sont rattrapées par un contexte politique, social et militaire qui coupe court à tout approfondissement des idées républicaines. Le contrôle juridique de l'imprimé est une arme pour l'État. Les institutions en usent afin de mettre un terme aux revendications progressistes et révolutionnaires de la Commune. Pour cela se trouve mobilisé le droit ordinaire mais aussi le droit militaire se traduisant par l'application de la loi sur l'État de siège du 9 août 1849 ainsi que par la compétence des conseils de guerre. Le contrôle juridique de l'imprimé, qu'il prenne la forme d'interdictions de publication ou de procédures contentieuses, permet de lutter contre les insurgés et de les réduire au silence, en parallèle de la répression armée. La paix acquise à la suite de la défaite de la France contre la Prusse, l'ordre public, compris comme un état social correspondant à la sûreté et la sécurité des personnes et des biens, la tranquillité et la salubrité publique, sont rétablis.

Vainqueurs dans les urnes dès 1871, les conservateurs s'attèlent à adjoindre à cette stabilité retrouvée une politique réactionnaire. Il s'agit alors, à côté de l'ordre public, de concourir à la promotion d'un ordre ancien. Le contrôle de l'imprimé se présente pour la majorité monarchiste comme un outil juridique afin de créer des conditions sociales et idéologiques propices à la Restauration.

Sont rétablies, après leur suppression en 1870, des mesures qui visent à freiner la prolifération des écrits par des mesures économiques telles que le cautionnement ou le droit de timbre, empêchant aux feuilles les plus moins dotées en capitaux économiques et sociaux de paraître.

À ce titre, l'infraction extensive d'outrage aux bonnes mœurs et à la morale publique et religieuse, héritée de la Restauration, est mobilisée par les tribunaux de la République afin de lutter contre les écrits subversifs et de veiller à la sauvegarde d'un Ordre moral. Cette infraction, symbolique en ce qu'elle constitue un héritage de la Restauration, donne au pouvoir judiciaire une marge de manœuvre importante dans son application tant les éléments constitutifs sont évanescents. Peu loquace, le texte sert à protéger les valeurs dominantes en substituant la morale au droit.

Par la loi du 15 avril 1871 et du 29 décembre 1875, le jury populaire se voit confier la compétence en la matière pour tous les imprimés contenant de l'écrit. Ce choix est garant, dans l'esprit du législateur, d'une répression efficace. Seul le contentieux des imprimés picturaux obscènes est confié au tribunal correctionnel, permettant une répression discrète et rapide des productions contraires aux convenances du temps. Le choix de la juridiction du jury, pourtant associé aux idéaux de 1789, n'est alors pas un affichage politique dans le sens de l'ancrage républicain. En effet, le critère de répartition des infractions est alors pragmatique : il s'agit de trouver la juridiction qui assurera la répression la plus efficace afin de servir une politique conservatrice.

Au-delà de la protection de la morale, le parlement et les tribunaux œuvrent à encadrer les mœurs politiques par une répression du socialisme et de l'Association Internationale des Travailleurs. Dans cette perspective, les réformes qui touchent au droit de l'imprimé s'attachent à protéger une valeur refuge, l'honneur, plutôt que les revendications sociales. La loi et la jurisprudence participent alors de la mise en place d'une protection efficace de la vie des particuliers à travers l'infraction de diffamation. Couplée à l'infraction d'outrage aux bonnes mœurs et à la morale, et en raison de l'absence de l'exception de vérité comme moyen de défense, cette infraction amène à taire un ensemble de sujet au sein de l'espace public créant non pas un droit à la vie privée mais davantage un secret autour de celle-ci.

Les partisans de l'Ordre moral s'efforcent de protéger l'État qui est placé au-dessus de toute forme de régime politique. Les serviteurs et représentants de l'État sont protégés non pas en ce qu'ils sont au service de la République mais parce qu'ils représentent l'autorité publique. Ils jouissent en conséquence d'une protection efficace contre les attaques qui peuvent leur être faites à travers l'infraction de diffamation ou l'offense au Président de la République : le *quantum* de la peine est augmenté et l'infraction est confiée par la loi du 29 décembre 1875 aux tribunaux correctionnels. À nouveau, le choix de la juridiction est guidé par un souci pratique : il s'agit de confier une infraction à la dimension politique, à une magistrature largement conservatrice est acquise à l'Ordre moral.

En contrepartie de cette protection accrue, les citoyens possèdent un droit de regard important sur les activités en lien avec leur fonction puisqu'ils peuvent se défendre en apportant la preuve de la véracité des faits allégués. Mais, si les citoyens peuvent débattre devant les tribunaux de la teneur des activités des serviteurs de l'État, les imprimés critiques à l'égard du chef de l'État sont traités avec sévérité par une mobilisation importante de l'infraction d'offense au président de la République. Cette tendance, qui va à rebours de la place confiée au chef de l'État par les textes constitutionnels, s'explique en grande partie par la volonté de Mac Mahon de rester au pouvoir.

L'arrivée des républicains au pouvoir à la fin de la décennie 1870, amène un changement total de paradigme. Le contrôle juridique de l'imprimé n'est alors plus conçu comme un instrument de protection d'un équilibre fragile, d'un régime politique organisé par des textes constitutionnels dans l'attente d'un potentiel changement de régime, mais comme un outil d'affirmation d'une politique résolument républicaine. Afin de marquer cette rupture, la réforme du droit de l'imprimé débute par l'abrogation du droit ancien afin de construire un nouveau socle juridique en adéquation avec les valeurs républicaines.

La loi du 29 juillet 1881 est à ce titre un outil juridique et politique : parce qu'elle marque la victoire du camp républicain modéré sur les monarchistes mais aussi parce qu'elle constitue un moyen d'associer un peu plus le citoyen à la vie de la cité par un accès facilité à l'information et au débat public. La liberté d'expression est alors comprise conjointement à la notion de démocratie. Parallèlement à la réforme de l'éducation, la réforme de l'imprimé permet une acculturation républicaine. Ce retour à l'essence du républicanisme s'exprime notamment par l'éviction du droit pénal de l'infraction d'outrage à la morale publique et religieuse. Les bonnes mœurs sont désormais républicaines, épurées de toute référence à la religion, illustrant l'évolution progressive du régime vers la sécularisation et préfigurant les combats anticléricaux à venir. Parce que la liberté d'expression voit son appréhension renouvelée par les institutions républicaines, le droit de l'imprimé s'en trouve modifié.

La loi du 29 juillet 1881 érige le contrôle *a posteriori* de la publication, traduisant en droit l'aspiration libérale des opportunistes. Seuls les tribunaux judiciaires sont compétents afin de distinguer la juste utilisation de la liberté d'expression de l'interdit. L'administration n'intervient alors qu'à la marge, afin de récolter les informations qui doivent lui être communiquées au moment de la publication. Le régime préventif est officiellement banni au profit d'un régime répressif et déclaratif. Le droit pénal se trouve rationnalisé, épuré des amoncellements de textes applicables jusqu'alors, ce qui le rend davantage accessible. Surtout la création du mécanisme de la « responsabilité en cascade » témoigne de la prise en compte par les élus républicains de l'évolution du monde de l'imprimé au sein d'une société capitaliste. Si l'auteur est toujours considéré comme complice de l'infraction, le nombre important d'auteurs principaux visés par la loi concourt à une autorégulation du champ médiatique permettant de limiter la répression. Les gérants et imprimeurs, rouages essentiels de la publication de l'imprimé, peuvent craindre pour la survie de leur entreprise en cas de condamnation et sont donc tentés de pratiquer l'autocensure.

Ainsi, le pouvoir judicaire est placé au cœur du contrôle juridique de l'imprimé. Cette tâche est essentielle pour un régime libéral au sein duquel il n'existe plus de contrôle préventif si ce n'est en matière dramatique. Elle est également nécessaire car la loi nouvellement votée en 1881 demande des précisions dans son application qui vont être fournies par la jurisprudence. Dans cet exercice, le magistrat est cependant contraint par le formalisme important de la loi du 29 juillet 1881 et par l'importance donnée aux parties au cours de l'instance.

Rapidement le Parlement procède à des adaptations du droit applicable. À une approche idéaliste de la liberté d'expression succède une politique davantage pragmatique. Les républicains modérés votent le 6 août 1882 une nouvelle loi qui remet en cause la compétence du jury populaire pourtant considéré officiellement jusqu'alors comme le juge naturel des infractions de presse. Si cette loi a pour objectif de s'intéresser précisément à la lutte contre l'obscénité, elle témoigne d'une tentation des républicains à user des mêmes mécanismes que les régimes politiques autoritaires antérieurs[1]. Ceci se confirme en 1883 par une vaste entreprise d'épuration de la magistrature. L'idéal légaliste est rattrapé par les besoins du moment. Les magistrats, renouvelés et acquis à la République, constituent alors des appuis solides pour le pouvoir en place en raison du nombre important d'infractions qui leur échoie.

Si la parole se trouve libérée de nombreux carcans administratifs et pécuniaires, cette libéralisation profite en priorité aux auteurs adeptes de la culture légitime et de la pensée orthodoxe, le droit pénal permettant, par le recours à des infractions peu respectueuses du principe de légalité en droit pénal et qui ont survécu à la réforme de 1881, une répression à la dimension politique marquée. En effet, la République modérée s'attache à lutter contre la pensée radicale : les écrivains antimilitaristes et socialistes font les frais d'une répression sur le fondement de l'outrage aux bonnes mœurs.

Au terme des quinze premières années qui suivent la proclamation de la République, les institutions politiques recourent au contrôle juridique de manière à ériger la République juridiquement et idéologiquement. Le contrôle juridique de l'imprimé participe de l'érection d'une République libérale tant sur le plan politique qu'économique. La libéralisation de l'imprimé permet de renforcer le débat public, l'émancipation et

1 Tel est le cas sous Napoléon III qui, dans la phase autoritaire du second Empire confiait de nombreuses infractions aux tribunaux correctionnels.

l'autonomie intellectuelle des citoyens dans un régime qui repose sur le vote, c'est-à-dire un choix éclairé des représentants de la nation.

L'année 1885 et le déclenchement de la crise boulangiste plongent la République dans une nouvelle séquence politique inédite constituée de crises qui se succèdent et témoignent d'une ligne directrice : celle d'un aménagement *a minima* du contrôle juridique de l'imprimé. L'heure est à l'approfondissement de la République à travers deux modalités : par une retenue en matière de répression puis par le renforcement de ce libéralisme à travers une lutte contre le cléricalisme et la suppression de toute forme de censure sur les œuvres d'esprit.

À partir de 1885, ce n'est plus la forme républicaine du régime qui est rejetée comme ce fût le cas avant 1879 mais la majorité opportuniste au pouvoir. Malgré la pression qui s'exerce sur les institutions politiques en raison notamment de la corruption de certains élus, au cours de la crise Boulangiste ou du scandale de Panama, aucune loi de répression d'ampleur de l'imprimé n'est votée. Le pouvoir politique laisse le droit de la presse inchangé, préférant user d'autres outils extra-juridiques et judiciaires afin d'apaiser la situation. Il se prête alors volontiers à des campagnes de propagande ou convoque la Haute Cour. Les journaux sont alors réprimés sur le fondement du droit ordinaire. Le libéralisme dont font preuve les institutions républicaines se comprend alors, au-delà d'un souci pour les libertés individuelles et la démocratie, par la primauté donnée à la paix sociale, une intervention dans le sens de la répression pouvant être davantage préjudiciable qu'une abstention.

Ceci est particulièrement notable au cours de l'Affaire Dreyfus. Les autorités républicaines se murent dans le silence et afin de se protéger, se reposent sur un champ médiatique longtemps acquis à la culpabilité du capitaine et qui s'attache lui-même à emporter la conviction des citoyens dans le sens donné par la décision du conseil de guerre de Paris en 1894.

La même retenue s'observe en matière littéraire : le législateur ne prévoit pas de loi particulière afin de lutter contre le mouvement naissant du naturalisme mais il peut compter à nouveau sur l'application de l'infraction d'outrage aux bonnes mœurs. La censure définitivement abolie, les procès sont des fenêtres à travers lesquelles il est possible d'observer la confrontation entre les critères esthétiques et éthiques de l'État républicains et des auteurs, qui mène selon Pierre Bourdieu à une autonomisation du champ littéraire.

Une seule exception à cette stabilité juridique peut être observée au cours de ces différentes crises. Dès lors qu'il est question d'une remise en cause profonde de la République, non plus au sens de ses valeurs ou de son fonctionnement comme la probité ou le parlementarisme, mais comme régime politique la réaction du pouvoir politique est tout à fait différente. Comme ce fût le cas précédemment pour les partisans de l'AIT, les anarchistes se trouvent visés par des textes pénaux votés *ad hoc* afin d'empêcher la diffusion de leurs idées radicales. La République commet alors un forfait en trahissant à la fois des idéaux de liberté de conscience et le droit issu de la loi du 29 juillet 1881. Tel est notamment le cas avec la création de la notion d'apologie, celle de provocation indirecte ayant été écartée initialement par le législateur en raison de sa potentielle application extensive.

Ces crises passées, la situation politique du pays rétablie, les républicains au pouvoir reprennent l'approfondissement idéologique du régime par la mise en place d'une politique radicale. Avec les lois de 1901 et 1905 qui affirment la liberté de réunion et la séparation des Églises et de l'État le contrôle juridique de l'imprimé reprend le rôle qu'il avait abandonné depuis la fin de la décennie comme appui à l'approfondissement des idées républicaines. Ceci est rendu possible tant par le vote de mesures qui touchent directement au droit de la presse, que par l'application de lois préexistantes dans le sens de la laïcisation du pays et de la libéralisation de la parole publique à l'égard du religieux.

La suppression de la censure théâtrale en 1906 marque l'aboutissement de cette nouvelle dynamique entamée au début du XXe siècle en faveur des libertés individuelles et collectives. Sa disparition, discrète, témoigne de l'enracinement de la liberté d'expression dans l'esprit des institutions républicaine.

Le contrôle juridique de l'imprimé, par ses modalités, a permis d'affirmer la République du point de vue des valeurs en créant les conditions matérielles à une liberté d'expression effective. Ce modèle a largement survécu puisque la loi du 29 juillet 1881 trouve toujours à s'appliquer au XXIe siècle, soulevant de nouveaux enjeux liés à l'émergence de nouveaux médias.

REMERCIEMENTS

Nous remercions celles et ceux qui ont participé à l'aboutissement du présent travail par leurs conseils, remarques ou soutien : Gisèle Sapiro, Yann Delbrel, Laëtitia Guerlain, Anne-Sophie Chambost, Guillaume Boudou, Pierre Allorant, Jean-Yves Mollier et Anna Arzoumanov.

SOURCES

PUBLICATIONS OFFICIELLES

JOURNAL OFFICIEL DE L'EMPIRE

Journal officiel de l'Empire français, 1er janvier 1869, p. 1.

JOURNAL OFFICIEL DE LA RÉPUBLIQUE FRANÇAISE

Journal Officiel de la République française, 5 septembre 1870, p. 1.
JORF, 7 septembre 1870, p. 1533.
JORF, 15 octobre 1870, p. 1639.
JORF, 24 décembre 1870, p. 1781.
JORF, 23 janvier 1871, p. 1.
JORF, 15 avril 1871, p. 586 ; p. 593, p. 594 ; p. 597.
JORF, 16 avril 1871, p. 611.
JORF, 24 avril 1871, p. 595 ; p. 743.
JORF, 25 avril 1871, 3e numéro, annexe 120, p. 751.
JORF, 14 mars 1872, p. 1814 ; p. 1818.
JORF, 22 janvier 1875, p. 564.
JORF, 31 janvier 1875, p. 827.
JORF, 19 novembre 1875, p. 9464.
JORF, 29 décembre 1875, p. 10870.
JORF, 5 mai 1877, p. 3282.
JORF, 10 mars 1878, p. 2657.
JORF, 14 juillet 1879, p. 1.
JORF, 26 juillet 1879, p. 1.
JORF, 18 mars 1879, p. 2186.
JORF, 21 janvier 1881, p. 961.
JORF, 20 juin 1881, p. 3385.
JORF, 29 mars 1882, p. 1699.
JORF, 4 août 1882, p. 4210.

JORF, 15 décembre 1888, p. 2972.
JORF, 17 décembre 1888, p. 2999.
JORF, 25 mars 1889, p. 698.
JORF, 30 mars 1889, p. 773-774 ; p. 778.
JORF, 2 avril 1889, p. 808 ; p. 817.
JORF, 12 février 1895, p. 808.
JORF, 21 février 1895, p. 476.
JORF, 25 mai 1895, p. 1472 ; p. 1474 ; p. 1476 ; p. 1482 ; p. 1494.
JORF, 10 mars 1900, p. 1484.
JORF, 16 octobre 1901, p. 6459.
JORF, 27 février 1902, p. 1384.
JORF, 20 octobre 1902, p. 1993.

JOURNAL OFFICIEL DE LA RÉPUBLIQUE FRANÇAISE. DÉBATS PARLEMENTAIRES. CHAMBRE DES DÉPUTÉS : COMPTE RENDU IN EXTENSO

Journal officiel de la République française. Débats parlementaires. Chambre des députés : compte rendu in extenso, 11 juin 1873, p. 3743 ; p. 3747.
Journal officiel de la République française. Débats parlementaires, chambre des députés, 15 février 1881, p. 248 et suivantes.
Journal officiel de la République française. Débats parlementaires. Chambre des députés : compte rendu in extenso, 17 février 1881, p. 285.
Journal officiel de la République française. Débats parlementaires. Chambre des députés : compte rendu in extenso, 6 juin 1882, p. 76-77 ; p. 475-476.
Journal officiel de la République française. Débats parlementaires. Chambre des députés : compte rendu in extenso, 26 mars 1884.
Journal officiel de la République française. Débats parlementaires. Chambre des députés : compte rendu in extenso, 29 juillet 1885, p. 1668.
Journal officiel de la République française. Débats parlementaires. Chambre des députés : compte rendu in extenso, 4 février 1886, p. 130.
Journal officiel de la République française. Débats parlementaires. Chambre des députés : compte rendu in extenso, 1er juillet 1886, p. 1264.
Journal officiel de la République française. Débats parlementaires. Chambre des députés : compte rendu in extenso, 7 mars 1887, p. 632 ; p. 642.
Journal officiel de la République. Débats parlementaires, Chambre des députés : compte rendu-in extenso, 19 avril 1888, p. 1267.
Journal officiel de la République française. Débats parlementaires. Chambre des députés : compte rendu in extenso, 4 juin 1888, p. 1636.
Journal officiel de la République française. Débats parlementaires. Sénat : compte-rendu in extenso, 13 décembre 1888, p. 1646.

Journal officiel de la République française. Débats parlementaires. Chambre des députés : compte rendu in extenso, 31 janvier 1889, p. 247-248.
Journal officiel de la République française. Débats parlementaires. Chambre des députés : compte rendu in extenso, 9 février 1889, p. 358.
Journal officiel de la République française. Débats parlementaires. Chambre des députés : compte rendu in extenso, 21 février 1889, p. 247.
Journal officiel de la République française. Débats parlementaires. Chambre des députés : compte-rendu in extenso, 13 juillet 1889, p. 2010.
Journal officiel de la République française. Débats parlementaires, chambre des députés : compte rendu in extenso, 22 juin 1890, p. 1037 ; p. 1137.
Journal officiel de la République française. Débats parlementaires, chambre des députés : compte rendu in extenso, 14 mars 1891, p. 609.
Journal officiel de la République française. Débats parlementaires, chambre des députés : compte rendu in extenso, 27 avril 1891, p. 708 ;
Journal officiel de la République française. Débats parlementaires, chambre des députés : compte rendu in extenso, 28 avril 1891, p. 723.
Journal officiel de la République française. Débats parlementaires, chambre des députés : compte rendu in extenso, 2 mai 1891, p. 757.
Journal officiel de la République française. Débats parlementaires, chambre des députés : compte rendu in extenso, 4 mai 1891, p. 780.
Journal officiel de la République français. Débats parlementaires. Chambres des députés : compte rendu in extenso, 22 mai 1892, p. 596.
Journal officiel de la République française. Débats parlementaires. Chambre des députés : compte rendu in extenso, 21 novembre 1892, p. 1645 ; p. 1647 ; p. 1650.
Journal officiel de la République française. Débats parlementaires. Chambre des députés : compte rendu in extenso, 1er février 1893, p. 330.
Journal officiel de la République française. Débats parlementaires. Chambre des députés : compte rendu in extenso, 5 mars 1893, p. 849 ; p. 851.
Journal officiel de la République française. Débats parlementaires. Chambre des députés : compte rendu in extenso, 7 mars 1893, p. 859-860.
Journal officiel de la République française. Débats parlementaires. Chambre des députés : compte rendu in extenso, 4 décembre 1893, p. 152.
Journal officiel de la République français. Débats parlementaires. Chambres des députés : compte rendu in extenso, 11 décembre 1893, p. 218-219 ; p. 225 ; p. 227.
Journal officiel de la République français. Débats parlementaires. Chambres des députés : compte rendu in extenso, 15 décembre 1893, p. 300.
Journal officiel de la République française. Débats parlementaires. Chambre des députés : compte rendu in extenso, 20 décembre 1893, p. 385.
Journal officiel de la République français. Débats parlementaires. Chambres des députés : compte rendu in extenso, 27 janvier 1894, p. 106 ; p. 108.

Journal officiel de la République française. Débats parlementaires. Chambre des députés : compte-rendu in extenso, 1er mai 1894, p. 64.
Journal officiel de la République française. Débats parlementaires. Chambre des députés : compte rendu in extenso, 9 juillet 1894, p. 1221 ; p. 1392.
Journal officiel de la République française. Débats parlementaires. Chambre des députés, 19 juillet 1894, p. 1392.
Journal officiel de la République française. Débats parlementaires. Chambre des députés : compte rendu in extenso, 6 novembre 1894, p. 1769.
Journal officiel de la République française. Débats parlementaires. Chambre des députés : compte rendu in extenso, 24 décembre 1894, p. 2320.
Journal officiel de la République française. Débats parlementaires. Chambre des députés : compte rendu in extenso, 10 janvier 1895, p. 10-11.
Journal officiel de la République française. Débats parlementaires. Chambre des députés : compte rendu in extenso, 28 janvier 1895, p. 80-82.
Journal officiel de la République française. Débats parlementaires. Chambre des députés : compte rendu in extenso, 1er février 1895, p. 123.
Journal officiel de la République française. Débats parlementaires. Chambre des députés : compte rendu in extenso, 11 février 1895, p. 256 et suivantes.
Journal officiel de la République française. Débats parlementaires. Chambre des députés : compte rendu in extenso, 30 mars 1895, p. 1113-1114.
Journal officiel de la République française. Débats parlementaires. Chambre des députés : compte rendu in extenso, 20 mai 1895, p. 1443.
Journal officiel de la République française. Débats parlementaires. Chambre des députés : compte rendu in extenso, 25 mai 1895, p. 1472 ; p. 1474 ; p. 1476 ; p. 1482 ; p. 1496.
Journal officiel de la République française. Débats parlementaires. Chambre des députés : compte rendu in extenso, 27 mai 1895, p. 1494-1495 ; p. 1498.
Journal officiel de la République française. Débats parlementaires. Chambre des députés : compte rendu in extenso, 11 juin 1895, p. 1677.
Journal officiel de la République française. Débats parlementaires. Chambre des députés : compte rendu in extenso, 28 janvier 1896, p. 84.
Journal officiel de la République française. Débats parlementaires. Chambre des députés : compte rendu in extenso, 1er février 1896, p. 148.
Journal officiel de la République française. Débats parlementaires. Chambre des députés : compte rendu in extenso, 13 février 1896, p. 266.
Journal officiel de la République française. Débats parlementaires. Chambre des députés : compte rendu in extenso, 18 novembre 1896, p. 1610 ; p. 1613-1614 ; p. 1616.
Journal officiel de la République française. Débats parlementaires. Chambre des députés : compte rendu in extenso, 9 juillet 1897, p. 2051.
Journal officiel de la République française. Débats parlementaires. Chambre des députés : compte rendu in extenso, 30 octobre 1897, p. 2252.

Journal officiel de la République française. Débats parlementaires. Chambre des députés : compte rendu in extenso, 4 décembre 1897, p. 2736.
Journal officiel de la République française. Débats parlementaires. Chambre des députés : compte rendu in extenso, 13 janvier 1898, p. 8.
Journal officiel de la République française. Débats parlementaires. Chambre des députés : compte rendu in extenso, 24 janvier 1898, p. 162.
Journal officiel de la République française. Débats parlementaires. Chambre des députés : compte rendu in extenso, 14 juin 1900, p. 1463-1464.
Journal officiel de la République française. Débats parlementaires. Chambre des députés : compte rendu in extenso 19 juin 1900, p. 636-646.
Journal officiel de la République française. Débats parlementaires. Chambre des députés : compte rendu in extenso, 17 novembre 1900, p. 654.
Journal officiel de la République française. Débats parlementaires. Chambre des députés : compte rendu in extenso, 31 janvier 1901, p. 238.
Journal officiel de la République française. Débats parlementaires. Chambre des députés : compte rendu in extenso, 4 décembre 1901, p. 2513.
Journal officiel de la République française. Débats parlementaires. Chambre des députés : compte rendu in extenso, 25 mars 1902, p. 1520.
Journal officiel de la République française. Débats parlementaires. Chambre des députés : compte rendu in extenso, 12 juin 1902, p. 1817-1818.
Journal officiel de la République française. Débats parlementaires. Chambre des députés : compte rendu in extenso, 23 juin 1902, p. 1937.
Journal officiel de la République française. Débats parlementaires. Chambre des députés : compte rendu in extenso, 13 novembre 1902, p. 841 ; p. 2572.
Journal officiel de la République française. Débats parlementaires. Chambre des députés : compte rendu in extenso, 19 mai, 1903, p. 1666.
Journal officiel de la République française. Débats parlementaires. Chambre des députés : compte rendu in extenso, 21 novembre 1903 ; p. 2802-2803.
Journal officiel de la République française. Débats parlementaires. Chambre des députés : compte rendu in extenso, 1er février 1904, p. 205-210.
Journal officiel de la République française. Débats parlementaires. Chambre des députés : compte rendu in extenso, 14 février 1906, p. 751.
Journal officiel de la République française. Débats parlementaires. Chambre des députés, 25 mars 1910, p. 1601-1602.

JOURNAL OFFICIEL DE LA RÉPUBLIQUE FRANÇAISE. DÉBATS PARLEMENTAIRES, SÉNAT

Annales du Sénat et du Corps législatif, Paris, t. 8, 1865, p. 132.
Journal officiel de la République française. Débats parlementaires. Sénat, 17 janvier 1893, p. 42.

Journal officiel de la République française. Débats parlementaires. Sénat, 27 avril 1894, p. 289.

Journal officiel de la République française. Débats parlementaires. Sénat, 31 janvier 1895, p. 27.

Journal officiel de la République française. Débats parlementaires. Sénat, 30 mai 1895, p. 567.

Journal officiel de la République française. Débats parlementaires. Sénat, 14 juin 1895, p. 616.

Journal officiel de la République française. Débats parlementaires. Sénat, 27 juin 1895, p. 690.

Journal officiel de la République française. Débats parlementaires. Sénat, 25 mars 1896, p. 242.

Journal officiel de la République française. Débats parlementaires. Sénat, 22 mars 1898, p. 383.

Journal officiel de la République française. Débats parlementaires. Sénat, 1er juin 1898, p. 710.

Journal officiel de la République française. Débats parlementaires. Sénat, 26 juin 1899, p. 757.

Journal officiel de la République française. Débats parlementaires. Sénat, 19 juin 1900, p. 636-646.

Journal officiel de la République française. Débats parlementaires. Sénat, 13 novembre 1900, p. 841.

Journal officiel de la République française. Débats parlementaires. Sénat, 30 janvier 1903, p. 132.

Journal officiel de la République française. Débats parlementaires. Sénat, 2 juillet 1903, p. 1193.

Journal officiel de la République française. Débats parlementaires. Sénat, 25 février 1904, p. 219.

BULLETIN DES LOIS DE LA RÉPUBLIQUE FRANÇAISE

Bulletin des lois de la République française, Premier semestre, Partie principale, t. 46, 1893, p. 1.

Bulletin des lois de la République française, Deuxième semestre, 1893, p. 903.

Bulletin des lois de la République française, Partie principale, Premier semestre, 1895, p. 288.

Bulletin des lois de la République française, Partie principale, Second semestre, 1895, p. 1254.

Bulletin des lois de la République française, Partie principale, Premier semestre, 1896, p. 1301.

Bulletin des lois de la République française, Partie principale, Premier semestre, 1897, p. 305.

BULLETIN OFFICIEL DU MINISTÈRE DE LA JUSTICE

Bulletin officiel du ministère de la Justice, 1877, t. 1, p. 63 ; p. 64 ; p. 145.
Bulletin officiel du Ministère de la Justice, 1882, p. 62.
Bulletin officiel du Ministère de la Justice, 1889, p. 138 ; p. 142.
Bulletin officiel du Ministère de la Justice, 1892, p. 34.
Bulletin officiel du ministère de la Justice, 1894, p. 189.
Bulletin officiel du ministère de la Justice, 1895, p. 9 ; p. 112.
Bulletin officiel du ministère de la Justice, 1898, p. 20 ; p. 130.

BULLETIN DES ARRÊTS DE LA COUR DE CASSATION EN MATIÈRE CRIMINELLE

Bulletin des arrêts de la Cour de cassation rendus en matière criminelle, 1893, p. 233.
Bulletin des arrêts de la Cour de cassation rendus en matière criminelle, n° 9, 1900, p. 110 ; p. 469.
Bulletin des arrêts de la Cour de cassation en matière criminelle, 1906, p. 280 ; p. 308 ; p. 341 ; p. 406 ; p. 563 ; p. 757.
Bulletin des arrêts de la Cour de cassation en matière criminelle de janvier 1900 à décembre 1909, t. premier, Paris, imprimerie nationale, 1909, p. 423.
Bulletin des arrêts de la Cour de cassation en matière criminelle de janvier 1900 à décembre 1909, t. second, Paris, imprimerie nationale, 1909, p. 225.

COMPTE GÉNÉRAL DE L'ADMINISTRATION DE LA JUSTICE CRIMINELLE

Compte général de l'administration de la justice criminelle en France, 1872, p. 13 ; p. 102.
Compte général de l'administration de la justice criminelle, 1873, p. 102 ; p. 113.
Compte général de l'administration de la justice criminelle, 1874, p. 82.
Compte général de l'administration de la justice criminelle, 1875, p. XII ; p. 74 ; p. 85.
Comptes généraux de l'administration de la justice criminelle, 1876, p. XVI ; p. XVII, p. 64 ; p. 85.
Comptes généraux de l'administration de la justice criminelle, 1877, p. XIII ; p. XIV ; p. 85.
Comptes généraux de l'administration de la justice criminelle, 1878, p. XVIII ; p. XIV ; p. 85.
Compte général de l'administration de la justice criminelle, 1880, p. 89.
Compte général de l'administration de la justice criminelle, 1882, p. 91.
Compte général de l'administration de la justice criminelle, 1888, p. XIII.
Compte général de l'administration de la justice criminelle, 1889, p. XIV ; p. XV ; p. XVII.

Compte général de l'administration de la justice criminelle, 1892, p. XVIII.
Compte général de l'administration de la justice criminelle, 1893, p XIII.
Compte général de l'administration de la justice criminelle, 1894, p. 51.
Compte général de l'administration de la justice criminelle, 1896, p. XIV ; p. 51.
Compte général de l'administration la justice criminelle, 1897, p. 51.
Compte général de l'administration de la justice criminelle, 1898, p. XII ; p. XIV, p. 51.
Compte général de l'administration de la justice criminelle, 1899, p. XIII, p. 51.
Compte général l'administration de la justice criminelle, 1900, p. XXXIX ; p. XXXIX ; p. XL ; p. 51.

REVUES, JOURNAUX ET RECUEILS JURIDIQUES

JOURNAL DES JOURNAUX DE LA COMMUNE

Journal des journaux de la Commune : tableau résumé de la presse quotidienne, du 19 mars au 24 mai 1871, t. premier, Paris, Garnier Frères, 1872, p. 21 ; p. 48 ; p. 199.
Journal des journaux de la Commune : tableau résumé de la presse quotidienne, du 19 mars au 24 mai 1871, t. second, Paris, Garnier Frères, 1872, p. 18 ; p. 19 ; p. 23 ; p. 31 ; p. 35 ; p. 43 ; p. 88.

GAZETTE DES TRIBUNAUX

Gazette des tribunaux, 21 septembre 1871, p. 563-564.
Gazette des tribunaux, 22 septembre 1871, p. 568.
Gazette des tribunaux, 21 novembre 1873, p. 1129-1130.
Gazette des tribunaux, 17 décembre 1873, p. 1123.
Gazette des tribunaux, 25 février 1874, p. 191.
Gazette des tribunaux, 8 avril 1874, p. 339.
Gazette des tribunaux, 12 septembre 1877, p. 884.
Gazette des tribunaux, 27 avril 1892, p. 426 ; p. 428.

GAZETTE DU PALAIS

La Gazette du palais, Premier Semestre 1895, p. 451.
La Gazette du palais, Second Semestre 1895, p. 412 ; p. 781.
La Gazette du Palais, Premier semestre 1896, p. 160 ; p. 741.
La Gazette du Palais, Second Semestre 1896, p. 414.

La Gazette du palais, Second Semestre 1898, p. 39 ; p. 46.

JURISPRUDENCE GÉNÉRALE. RECUEIL PÉRIODIQUE ET CRITIQUE DE JURISPRUDENCE, DE LÉGISLATION ET DE DOCTRINE

D.P, 1871, Partie IV, p. 11 ; p. 35.
D.P, 1872, p. 105 ; p. 1051.
D.P, 1873, Partie V, p. 32 ; p. 69 ; p. 166 ; p. 1036 ; p. 1037.
D.P, 1874, Partie IV, p. 15, p. 32, p. 35 ; p. 203 ; p. 205 ; p. 1014 ; p. 1014, p. 1093.
D.P, 1875, Partie V, p. 16.
D.P, 1876, Partie II, p. 71 ; Partie IV, p. 30 ; p. 573.
D.P, 1877, Partie V, p. 167.
D.P, 1879, Partie V, p. 147-148.
D.P, 1881, Partie IV, p. 54.
D.P, 1883, p. 1065-1066-1067 ; p. 1068.
D.P, 1884, Partie V, p. 243-244-245.
D.P, 1885, Partie V, p. 190-191-192.
D.P, 1886, p. 1084-1085.
D.P, 1887, p. 1094-1095-1096 ; Partie IV p. 53-54.
D.P, 1888, Partie V, p. 160-161.
D.P, 1889, p. 1125-1126-1127.
D.P, 1892, Partie V, p. 43 ; p. 166.
D.P, 1893, Partie I, p. 461 ; Partie IV-V, p. 14 ; p. 232-233 ; p. 399 ; p. 614.
D.P, 1894, Partie IV, p. 88.
D.P, 1897, p. 1488.
D.P, 1899, p. 403 et suivantes, p. 1502-1503.
D.P, 1900, p. 32 ; p. 110 ; p. 307 ; p. 1613 ; p. 1481-1482 ; p. 1492.
D.P, 1901, p. 21 ; p. 45 ; p. 376 ; p. 408 ; p. 462 ; p. 1442.
D.P, 1902, p. 1558.
D.P, 1907, p. 14.

RECUEIL GÉNÉRAL DES LOIS ET DES ARRÊTS, SIREY

Recueil Sirey, 1872, p. 348.
Recueil Sirey, 1874, p. 1014.
Recueil Sirey, 1875, p. 392 ; p. 1067 ; p. 1068.
Recueil Sirey, 1876, p. 44 ; p. 92 ; p. 573.
Recueil Sirey, 1885, p. 121.
Recueil Sirey, 1889, p. 551.

REVUE DE LÉGISLATION

Revue de législation, Paris, Cotillon, t. IV, 1844, p. 206.

BULLETIN ANNOTÉ DES LOIS ET DÉCRETS

Bulletin annoté des lois et décrets, 1852-1853, p. 416.
Bulletin annoté des lois et décrets, 1876, p. 83 ; p. 86.

REVUE CRITIQUE DE LÉGISLATION ET DE JURISPRUDENCE

Revue critique de législation et de jurisprudence, 1er janvier 1875, p. 361.
Revue critique de législation et de jurisprudence, 1896, p. 62-63.

JOURNAL DU DROIT CRIMINEL, OU JURISPRUDENCE CRIMINELLE DE LA FRANCE : RECUEIL CRITIQUE DES DÉCISIONS JUDICIAIRES ET ADMINISTRATIVES SUR LES MATIÈRES CRIMINELLES, CORRECTIONNELLES ET DE SIMPLE POLICE

Journal du droit criminel, ou jurisprudence criminelle de la France : Recueil critique des décisions judiciaires et administratives sur les matières criminelles, correctionnelles et de simple police, Versailles, Imprimerie de E. Aubert, 1876, p. 37-38 ; p. 44.

BULLETIN DE LA SOCIÉTÉ DE LÉGISLATION COMPARÉE

Bulletin de la société de législation comparée, 1902, p. 179 ; p. 229.
Bulletin de la société de législation comparée, t. 34, Paris, 1905, p. 444.

ANNUAIRE DE LA LÉGISLATION COMPARÉE PUBLIÉ PAR LA SOCIÉTÉ DE LÉGISLATION COMPARÉE

Annuaire de la législation française publié par la Société de législation comparée, Paris, Cotillon, 1887, p. 67.
Annuaire de législation française publié par la Société de législation, Paris, Cotillon, 1889, p. VII.
Annuaire de législation française publié par la Société de législation comparée, Paris, Cotillon, 1890, p. 210.
Annuaire de législation française publié par la société de législation comparée, Paris, Cotillon 1896, p. 4
Annuaire de législation française publié par la société de législation comparée, Paris, Cotillon, premier semestre, 1900, p. 155.

Annuaire de législation française publié par la société de législation comparée, Paris, Cotillon, 1904, p. 10.
Annuaire de législation française publié par la société de législation comparée, Paris, Cotillon, 1908, p. 87.

REVUE GÉNÉRALE DU DROIT, DE LA LÉGISLATION ET DE LA JURISPRUDENCE EN FRANCE ET À L'ÉTRANGER

Berge, S., « De l'inamovibilité de la magistrature », *Revue générale du droit, de la législation et de la jurisprudence en France et à l'étranger*, vol. 4, 1880, p. 540-542.

JOURNAL DU PALAIS

Journal du Palais, Lois décrets, règlements et instructions d'intérêt général suivi d'annotations, Paris, Bureaux de l'administration, 1871, p. 60.
Journal du Palais, Lois décrets, règlements et instructions d'intérêt général suivi d'annotations, Paris, Bureaux de l'administration, 1874, p. 983.
Journal du palais, Lois décrets, règlements et instructions d'intérêt général suivi d'annotations, Paris, Bureaux de l'administration, année 1876, p. 70-71 ; p. 1264.

ARCHIVES DE L'ANTHROPOLOGIE CRIMINELLE

Berard, Alexandre, « Les hommes et les théories de l'anarchie », *Archives de l'anthropologie criminelle*, vol. 7, n° 42, 1892, p. 588-609.

REVUE POLITIQUE ET PARLEMENTAIRE

Dreyfus, François, « À propos de la présidence de la République », *Revue politique et parlementaire*, 1894, p. 360-362.
Rostand, Eugène, « La loi sur les associations au point de vue des associations ordinaires laïques », *Revue politique et parlementaire*, n° 83, mai 1901, p. 259-271.

REVUE GÉNÉRALE D'ADMINISTRATION

Jeze, Gaston, « Du contrôle des délibérations des assemblées délibérantes », *Revue générale d'administration*, t. 2, 1895, p. 401-415.

REVUE DE DROIT PUBLIC

LAFITTE, Paul, « La vraie Constitution de 1875 », *Revue de droit public*, 1895, p. 91.

JOURNAL DE LA SOCIÉTÉ STATISTIQUE DE PARIS

« Compte général de l'administration de la justice criminelle pendant l'année 1872 », *Journal de la société statistique de Paris*, t. 16, 1875, p. 34.

SUPPLÉMENTS AUX CODES, PROPOSITIONS DE LOIS, CODES ET LOIS ANNOTÉS

BRAYER, Félix, *Loi annotée du 11 mai 1868 sur la presse ou manuel complet renfermant par ordre alphabétique de matières toutes les dispositions en vigueur sur la presse périodique, l'imprimerie, la librairie*, l'affichage, le colportage, etc., Grenoble, Prudhomme, 1868, 80 p.

CELLIEZ, Henry, LE SENNE, Charles, *Loi de 1881 sur la presse, accompagnée de de travaux de rédaction*, Paris, Marescq ainé, 1882, 792 p.

CHARRIAULT, Félix, *Collection générale de lois et décrets du gouvernement* français, t. 1, Paris, De Laporte éditeur, 1871, 278 p.

COUTANT, Jules, *Proposition de loi relative à une amnistie plénière, Présentée Par MM. Coutant, Chauvin, Groussier, Avez, Et al. (27 novembre 1894)*, Paris, Motteroz, 1894, 4 p.

DALLOZ, Édouard, VERGÉ, Charles, *Les codes annotés. Code pénal, annoté et expliqué d'après la jurisprudence et la doctrine*, Paris, Bureau de la jurisprudence générale, 1881, 1465 p.

DEVOISIN, Albert-Joseph, *La loi du 17 juillet 1880 et les débits de boissons dans le département de l'Eure*, Évreux, Imprimerie de Charles Hérissey, 1888, 82 p.

DUVERGIER, Jean-Baptiste, *Collection complète des lois, décrets, ordonnances, règlements et avis du Conseil d'État*, t. 31, Paris, Guyot & Scribe, 1838, 746 p.

HABERT, Marcel, *Proposition de loi relative à une amnistie, Présentée Par MM. Marcel-Habert, Le Hérissé, Gauthier, Argeliès, Et al.*, 10 janvier 1895, Paris, Motteroz, 1895, 2 p.

Jurisprudence générale. Code pénal annoté et expliqué d'après la jurisprudence et la doctrine, Paris, Bureau de la jurisprudence générale, 1881, 262 p.

Loi du 30 août 1883 sur la réforme de l'organisation judiciaire. Texte officiel annoté avec tous les tableaux annexés, Paris, A. Durand et Pedone-Lauriel, 1883, 28 p.

MOREAU, Émile, *Proposition de loi relative à l'amnistie pour faits de grève présentée par M. Émile Moreau Et al. (17 décembre 1889)*, Paris, Motteroz, 1890, 3 p.

MORELLET, Hippolyte-Louis-Marie, *Rapport fait au nom de la commission chargée d'examiner : la proposition de loi de M. Morellet et plusieurs de ses collègues, sur les crimes et les délits concernant la défense nationale ; 2° la proposition de loi de M. Monsservin, tendant à modifier la 1ere section du chapitre premier du titre premier du livre III. (art. 77, 78, 80, 81 et 82) du code pénal ; 3° le projet de loi ; adopté par la chambre des Députés, sur la trahison et l'espionnage*, Paris, Mouillot, 1897, 76 p.

PARANT, Narcisse, *Lois de la presse en 1836 ou législation actuelle de l'imprimerie et la librairie et sur les délits et contraventions commis par toutes les voies de publication*, Paris, Firmin Didot Frères, 1836, 526 p.

PIC, F.A, *Code des imprimeurs, libraires, écrivains et artistes ou recueil et concordance des dispositions législatives qui déterminent leurs obligations et leurs droits*, Paris, Corby, 1826, p. 580.

TERRIER, Louis-Jean-Jacques, *Proposition de loi tendant à accorder une amnistie pleine et entière à toutes les personnes condamnées pour faits de grève et faits connexes depuis le 1er octobre 1892 jusqu'à la promulgation de la présente loi… présentée par MM. Terrier, Camille Dreyfus, Émile Moreau Et. al. (27 octobre 1892)*, Paris, Motteroz, 1893, 3 p.

VALLÉE, Ernest, *Rapport fait au nom de la commission d'enquête chargée de faire la lumière sur les allégations portées à la tribune à l'occasion des affaires de Panama*, Paris, Motteroz, 1893, 420 p.

VIVIANI, René-Raphaël, *Proposition de loi tendant à l'amnistie, Présentée par M. René Viviani, Et al. (5 juillet 1894)*, Paris, Motteroz, 1894, 2 p.

Recrutement de l'armée. Loi militaire du 15 juillet 1889 par demandes et réponses à l'usage des sous-officiers, brigadiers et gendarmes, Paris, H. Charles-Lavauzelle, 1891, 90 p.

Supplément à tous les codes. Bulletin des lois usuelles, t. 2, janvier 1897, Paris, Marchal et Billard, p. 445.

Table des décrets, décisions et arrêtés du Gouvernement de la défense nationale, Châlons-sur-Marne, t. Martin, 1871, p. 3, p. 18-19.

BROCHURES

CAISE, Albert, *Abolition de la prostitution en France et suppression de la police des mœurs. Pétition*, Argenteuil, impr. de P. Worms, 1876, 4 p.

Messages et allocutions présidentiels, Paris, A. Delloye, 1877, 10 p.

Ligue française pour le redressement de la moralité publique. Compte rendu des travaux, 1884-1887, Paris, Fishbacher, 1887, 55 p.

République et boulangisme, Toulouse, Imprimerie Fournier-Valery, novembre 1888, 20 p.

Élections législatives des 22 septembre et 6 octobre 1889, Paris, Imprimerie chevalier, 1889, p. 1.

COMPTES RENDUS DE PROCÈS, ENQUÊTES, RAPPORTS ET DOSSIERS JUDICIAIRES

BARBOUX, Henri, *Cour d'appel de Paris. 1re chambre. Plaidoiries...pour MM. Ferdinand et Charles de Lesseps*, Paris, Société anonyme de publications périodiques, 1893, 242 p.

BOURNAT, Victor, *Les Procès de presse depuis la loi du 11 mai 1868 jusqu'au 1er janvier 1869*, Paris, Bulletin de la Cour impériale de Paris, 1869, 114 p.

DÉROULÈDE Paul, HABERT Marcel, *La place de la Nation, procès Paul Déroulède et Marcel Habert. Cour d'assises de la Seine, 29 juin 1899. Discours de Paul Déroulède et de Marcel Habert aux jurés de la Seine*, Paris, Le Drapeau, 1899, 43 p.

FIAUX Louis, *Rapport présenté au Conseil municipal de Paris sur les résultats de l'enquête concernant la police des mœurs, sur la suppression de la réglementation et une nouvelle organisation d'ordre et d'hygiène. Commission spéciale de la police des mœurs constituée par le Conseil municipal de Paris en 1879*, Paris, Imprimerie municipale, 1883, 135 p.

L'affaire Dreyfus. Le procès de Zola devant la cour d'assises de la Seine et la Cour de Cassation, Compte-rendu sténographique « in extenso », Paris, P.V Stock, 1898, 556 p.

LAZARE, Bernard, *Comment on condamne un innocent. L'acte d'accusation contre le capitaine Dreyfus*, Paris, Stock, 1898, 33 p.

LAZARE, Bernard, *Une erreur judicaire. L'Affaire Dreyfus. Deuxième mémoire avec des expertises d'écriture*, Paris, Stock, 1897, 311 p.

LÈBRE, Gaston, *Revue des grands procès contemporaines*, t. III, Paris, Chevalier-Marescq, 1902, 794 p.

LEFOULLON, Louis, *Rapport sommaire fait au nom de la 6e Commission d'initiative parlementaire chargée d'examiner la proposition de loi de M. Dejeante et plusieurs de ses collègues sur l'amnistie, Par M. Lefoullon, (28 juillet 1894)*, Paris, Motteroz, 1894, 2 p.

MAUCOMBLE, Paul, *Les poursuites dans l'affaire de Panama : les magistrats, les grands dignitaires de la Légion d'honneur, des cultes, etc., devant la justice répressive*, Paris, F. Pichon, 1893, 24 p.

Procès des membres de la Commune. Compte rendu « in extenso » des débats du conseil de guerre… Avec les portraits des accusés, Bordeaux, Laporte, 1871, 494 p.

SAUZET, Marc, *Rapport fait au nom de la commission de l'armée chargée d'examiner le projet de loi sur la trahison et l'espionnage*, Paris, Motteroz, 1895, 29 p.

Le dossier de la Commune devant les Conseils de guerre, Paris, Librairie des bibliophiles, 1871, 240 p.

La Haute-Cour de Justice : le procès Boulanger, réquisitoire du procureur général, Paris, Imprimerie de la presse, 1889, 34 p.

La Révision du Procès Dreyfus. Enquête de la Cour de Cassation, vol. 1, Instruction de la chambre criminelle, Paris, Stock, 1899, 765 p.

Le procès Dreyfus devant le conseil de guerre de Rennes (7 août – 9 septembre 1899). Compte rendu sténographique in extenso, t. I, Paris, Stock, 1900, 672 p.

Le procès Dreyfus devant le conseil de guerre de Rennes (7 août – 9 septembre 1899). Compte rendu sténographique in extenso, t. II, Paris, Stock, 1900, 592 p.

Le procès Dreyfus devant le conseil de guerre de Rennes (7 août – 9 septembre 1899). Compte rendu sténographique in extenso, t. III, Paris, Stock, 1900, 834 p.

Le procès du général Boulanger-Rochefort-Dillon devant la Haute Cour de justice. Compte-rendu, jugement, condamnation, Paris, Librairie Française, 1889, 281 p.

Le procès pour l'Enfant du crapaud. Affaire Camille Lemonnier. Réquisitoire, plaidoiries, jugement, documents, Bruxelles, Ferdinand Lacier, 1888, 125 p.

JOURNAUX ET REVUES NON JURIDIQUES

JOURNAL DES DÉBATS POLITIQUES ET LITTÉRAIRES

Journal des débats politiques et littéraires, 18 avril 1819, p. 4.

Journal des débats politiques et littéraires, 2 août 1871, p. 2.
Journal des débats politiques et littéraires, 8 mars 1872, p. 1.
Journal des débats politiques et littéraires, 21 mai 1889, p. 3.
Journal des débats politiques et littéraires 22 mai 1889, p. 3.

LA GAZETTE NATIONALE OU MONITEUR UNIVERSEL

La Gazette nationale ou Moniteur Universel, n° 283, 13 Messidor an III (1er Juillet 1795), p. 1141.

LE MONITEUR / LE MONITEUR UNIVERSEL

Le Moniteur, 29 avril 1819, p. 1.
Le Moniteur universel, 12 janvier 1864, p. 5.

LE SIÈCLE

Le Siècle, 12 janvier 1871, p. 1.

LA CARICATURE

La Caricature, 6 mai 1882, p. 1.

LE CRI DU PEUPLE

VALLÈS Jules, « La passion politique », *Le Cri du peuple*, 26 février 1871, p. 1.
Le Cri du Peuple, 10 avril 1871, p. 1.
VALLÈS Jules, « Le 26 mars », *Le Cri du peuple*, 28 mars 1871, p. 1.
Le cri du Peuple, 19 novembre 1887, p. 1.

LE RAPPEL

Le Rappel, 28 mars 1871, p. 1.
Le Rappel, 21 avril 1889, p. 2.
Le Rappel, 24 avril 1889, p. 2.
Le Rappel, 26 avril 1889, p. 2.
Le Rappel, 3 mai 1889, p. 2.
Le Rappel, 22 avril 1889, p. 2.
Le Rappel, 10 mai, 1889, p. 2.
Le Rappel, 23 mai 1889, p. 2.
Le Rappel, 26 mai 1889, p. 3.
Le Rappel, 10 juin 1889, p. 2.

Le rappel, 10 juillet 1889, p. 2.
Le Rappel, 2 juillet 1889, p. 2.
Le Rappel 12 juillet 1889, p. 3.
Le Rappel, 13 juillet 1889, p. 3.
Le Rappel, 17 juin 1898, p. 1.

LE JOURNAL POUR TOUS

Journal pour tous, 16 avril 1875, p. 429.

L'UNIVERS

L'Univers, 14 juillet 1879, p. 1.
L'Univers, 17 avril 1875, p. 3

LE FIGARO / LE FIGARO SUPPLÉMENT LITTÉRAIRE

Le Figaro, supplément littéraire du dimanche, 30 avril 1881, p. 69.
Le Figaro, 25 juillet 1886, p. 1.
Le Figaro, 5 février 1887, p. 1.
Le Figaro, 18 août 1887, p. 1.
Le Figaro, 5 juin 1888, p. 2.
Le Figaro, 24 décembre 1889, p. 1.
Le Figaro, 21 novembre 1892, p. 1
Le Figaro, 29 novembre 1892, p. 1
Le Figaro, 12 décembre 1892, p. 1.
Le Figaro, 24 janvier 1893, p. 1.
Le Figaro, 28 novembre 1894, p. 1
Le Figaro, 11 décembre 1894, p. 1
Le Figaro, 8 septembre 1896, p. 2.
Le Figaro, 19 novembre 1896, p. 2.
Le Figaro, 8 août 1899, p. 1.
Le Figaro. Supplément littéraire du dimanche, 12 janvier 1907, p. 1.

LE CHARIVARI

Le charivari, 4 mai 1885, p. 2-3

LE XIXe SIÈCLE

Le XIXe *siècle*, 15 janvier 1885, p. 2.
Le XIXe *siècle*, 21 avril 1888, p. 1.

L'ÉVÈNEMENT

L'Évènement, 17 mars 1885, p. 2.

L'EXPRESS DU NORD ET DU PAS DE CALAIS

L'Express du Nord et du Pas de Calais, 15 mars 1886, p. 2.

L'AUTORITÉ

L'Autorité, 5 mai 1886.

LE TEMPS

Le Temps, 28 août 1887, p. 1.
Le Temps, 29 janvier 1889, p. 1

LE RADICAL

Le Radical, 25 mai 1888, p. 1.

LA JUSTICE

La Justice, 24 décembre 1888, p. 2.
La Justice, 12 mars 1891, p. 1.

LA RÉPUBLIQUE FRANÇAISE

La République française, 11 mars 1888, p. 1

L'INTRANSIGEANT

L'Intransigeant, 13 janvier 1889, p. 1.
L'Intransigeant, 4 juin 1895, p. 2.

LA LIBRE PAROLE

La Libre Parole, 29 octobre 1894, p. 1.
La Libre parole, 5 décembre 1894, p. 1.
La Libre Parole, 6 novembre 1894, p. 1.
La Libre parole, 22 novembre 1894, p. 1.
La Libre Parole, 28 mai 1895, p. 1.

VIAU, Raphaël, « Le procès Zola. Autour du Palais et dans la salle des pas perdus », *La Libre Parole*, 19 février 1898.

LE GAULOIS

Le Gaulois, 27 avril 1892, p. 1.

LA RÉVOLTE

La Révolte, nº 12, 4-10 décembre 1892.
La Révolte, nº 9, 12-18 novembre 1892.

LE JOURNAL ILLUSTRÉ

Le journal illustré, 18 décembre 1892, p. 1.

LE PETIT JOURNAL

Le Petit Journal, supplément illustré, 7 janvier 1893, p. 1.

LE PÈRE PEINARD

Le Père Peinard, nº 198, 1er-9 janvier 1893, p. 1.
Le Père Peinard, 31 décembre 1894, p. 1.

LE MATIN

Le Matin, 24 février 1894, p. 1.

LE JOURNAL

Le Journal, 17 novembre 1894, p. 2.
Le Journal, 6 janvier 1895, p. 1.
Le Journal, 1er février 1898, p. 1.

LA PRESSE

La presse, 23 décembre 1894, p. 2.

LE GIL BLAS

Le Gil Blas, 9 janvier 1895, p. 1.

LA PETITE RÉPUBLIQUE

La Petite République, 29 mars 1895, p. 1.
La Petite République, 10 novembre 1896, p. 1.

LES TEMPS NOUVEAUX

Les Temps Nouveaux, 15 juin 1895, p. 1.

L'ÉCLAIR

L'Éclair, 9 septembre 1896, p. 1.
L'Éclair, 15 septembre 1896, p. 1.
L'Éclair, 20 février 1898, p. 1.

LA COMÉDIE POLITIQUE

La comédie politique, 13 septembre 1896, p. 2.

LE SIÈCLE

Le Siècle, 16 novembre 1897, p. 1.

LA NOUVELLE REVUE

ZEVAES, Alexandre, « Le procès de Guy de Maupassant », *La Nouvelle revue*, 15 Juillet 1892, p. 110-125.

LA REVUE SOCIALISTE

La Revue socialiste, décembre 1892, p. 13.

LA REVUE BLANCHE

La Revue blanche, 1er janvier 1898, p. 338.

REVUE BLEUE

BENAZE T. de, « L'inamovibilité de la magistrature. Son histoire, Revue politique et littéraire », *Revue Bleue*, vol. 3, n° 1, 1882, p. 759-760.

REVUE DES DEUX MONDES

Brunetière, Ferdinand, « Après le procès », *Revue des deux mondes*, Quatrième période, t. 146, 1898, p. 428-446.

Valbert, Georges, « L'Affaire de Tisza-Eszlar », *Revue des deux mondes*, Troisième Période, vol. 58, n° 3, 1er août 1883, p. 681-692.

Valbert, Georges, « Le comte de Caprivi, ses ennemis et sa disgrâce », *Revue des deux mondes*, quatrième période, vol. 127, n° 1, janvier 1895, p. 214-215.

LA REVUE PÉDAGOGIQUE

Spuller, Eugène, « De l'éducation de la démocratie », *La revue pédagogique*, vol. 12, Janvier-Juin 1888, p. 485-502.

LETTRES

Girard, Danielle, Leclerc, Yvan éd., *Gustave Flaubert, correspondance année 1880*, [En ligne], [consulté le 15 octobre 2019], https://flaubert-v1.univ-rouen.fr/correspondance/.

OUVRAGES

Accollas, Émile, *Les délits et les peines*, Paris, Delagrave, 1887, 84 p.

Ameline de La Briselainne, Henri, *Loi du 29 juillet 1881 sur la liberté de la presse, commentaire du texte de la loi, analyse des exposés de motifs, rapports et discussions à la Chambre des Députés et au Sénat, Paris*, Société d'imprimerie et librairie administratives et des chemins de Fer, 1881, 270 p.

Andreani, Alphonse, *Loi du 15 juillet 1889. Traité pratique du recrutement et de l'administration de l'armée française...*, Nice, J. Ventre, 1889, 376 p.

Associations et congrégations, Paris, Eugène Fasquelle, 1901, 478 p.

Bakounine, Mikhaïl, *Les Conflits dans l'internationale*, [1872], Paris, Éditions Tops / H. Trinquier, 2003, 566 p.

Barbier, Georges, *Code expliqué de la presse : traité général de la police de la presse et des délits de publication*, t. 1, Paris, Marchal et Billard, 1886, 404 p.

BARBEY D'AUREVILLY, Jules, *Les diaboliques*, [1874], Paris, Pierre Glaudes éd., Le livre de poche, 2020, 416 p.

BARD, Alphonse, ROBIQUET, Paul, *La Constitution de 1875 étudiée dans ses rapports avec les Constitutions étrangères*, Paris, Ernest Thorin Éd., 1875, 418 p.

BASQUIN, Eugène, *L'inamovibilité de la magistrature*, Lille, Le Cateau, 1899, 159 p.

BECCARIA, Cesare, *Des délits et des peines*, [1764], P.J.S Dufey éd., Paris, Dalibon, 1821, 420 p.

BENOIST, Charles, *Le droit d'association. Études, notes et rapports*, Paris, Xavier Rondelet, 1899, 447 p.

BERARD, Alexandre, *Documents d'études sociales sur l'anarchie*, Lyon, Storck, 1897, 167 p.

BERLET, Adolphe, *Commentaire théorique et pratique des lois et règlements sur le casier judiciaire et la réhabilitation de droit : lois du 5 août 1899 et du 11 juillet 1900, décret du 12 décembre 1899 et circulaire du 15 décembre 1899*, Paris, Chevalier Maresq, 1900, 196 p.

BERNARD, Auguste, *Notice historique sur l'imprimerie nationale*, Paris, Dondey-Dupré, 1848, 128 p.

BERTRAND, Edmond, *Le régime légale de la presse en Angleterre*, Paris, Cosse, Marchal et Cie, 1868, 56 p.

BIGORIE DE LASCHAMPS, François de, *L'inamovibilité de la magistrature en principe et dans l'application*, Saint-Brieuc, L. Prud'homme, 1871, 23 p.

BISSIÈRE, Martin, *Les élections de 1889. Peuple, garde la République !*, Villeneuve-sur-Lot, Chabrié et fils, 1889, 38 p.

BLANDEAU, H.R, *La Dictature de Gambetta*, [1871], Paris, Hachette, 2013, 71 p.

BONALD, Louis de, *Réflexions sur la séance de la Chambre des députés du 17 avril 1819*, Paris, Imprimerie de A. Égron, 1818, 30 p.

BONNETAIN, Paul, *Charlot s'amuse*, Bruxelles, Henry Kistemaeckers, 1883, 361 p.

BONNETON, Joseph-Henri, *Considérations historiques sur l'inamovibilité de la magistrature en France*, Paris, Dentu, 1878, 114 p.

BORIES, Jules, BONASSIES F., *Dictionnaire pratique de la presse, de l'imprimerie et de la librairie*, t. 1, Paris, Imprimerie et librairie générale de jurisprudence de Cosse et N. Delamotte, 1847, 634 p.

BOURLOTON, Edgar, COUGNY, Gaston, ROBERT, Adolphe, *Dictionnaire des parlementaires français*, t. IV, Paris, Bourloton, 1891, 642 p.

BRESSOLLES, Paul, *Liquidation de la Compagnie de Panama, commentaire théorique et pratique de la loi du 1er juillet 1893*, Paris, A. Rousseau, 1894, 180 p.

BRIAND, Aristide, *La séparation des Églises et de l'État*, Paris, Édouard Cornely, 1905, 354 p.

BRUNETIÈRE, Ferdinand, *Le roman naturaliste*, Paris, Calmann Lévy, 1893, 395 p.

CARNOT, Joseph, *Examen des lois des 17, 26 mai, 9 juin 1819 et 31 mars 1820*, relatives à la répression des abus de la liberté de la presse, Paris, Nève, 1821, 336 p.
CASIMIR PERIER, Jean, *Notes sur la Constitution de 1875*, [1905], Paris, Dalloz, 2015, 125 p.
CHASSAN, Joseph, *Traité des délits et contraventions de la parole, de l'écriture et de la presse*, t. 1, Colmar, Rriffinger, 1839, 618 p.
CHENIER, Louis Joseph Gabriel de, *De l'État de siège, de son utilité et de ses effets*, Paris, J. Dumaine, 1849, 76 p.
CHENU, Charles, *La ligue des patriotes : son programme, son passé, son avenir*, Paris, Sirey, 1916, 159 p.
CHEVALIER, Aristide, *Un écho de la Dernière Bataille de Ed. Drumont*, Paris, Téqui, 1890, 342 p.
CLUNET, Édouard, *Questions de droit relatives à l'incident franco-allemand de Pagny (affaire Schnaebelé)*, Paris, Marchal et Billard, 1887, 74 p.
CONDORCET, Nicolas de, *Rapport sur l'organisation générale de l'instruction publique présenté à l'Assemblée législative au nom du comité d'instruction publique les 20 et 21 avril 1792 par Condorcet*, Paris, Imprimerie nationale, 1792, 96 p.
COUBERTIN, Pierre de, *La chronique de France, 1900*, Paris, Lanier, 1900, 240 p.
COUGNY, Gaston, ROBERT, Adolphe, *Dictionnaire des parlementaires français de 1789 à 1889*, Paris, Bourloton, 1899, 642 p.
DEBIBOUR, Antonin, *L'Église catholique et l'État sous la troisième République (1870-1906)*, t. 1, Paris, F. Alcan, 1906, 654 p.
DELANGE, Armand, *Hommage à Monsieur le président de la République française : Monsieur Jules Grévy, président de la république française. Biographie*, Le Cateau-Cambrésis, Imprimerie Th. Samaden, 1879, 30 p.
DESCAVES, Lucien, *Sous-offs en cour d'assises*, Paris, Tresse et Stock, 1890, 123 p.
DESPINE, Prosper, *De la contagion morale*, Marseille, Étienne Camoin, 1870, 24 p.
DESPORTES, Henri, *Le juif franc-maçon*, Paris, Delhomme et Briguet, 1890, 291 p.
DESPREZ, Louis, *L'évolution naturaliste*, Paris, Tresse, 1884, 372 p.
DESPREZ, Louis, *Pour la liberté d'écrire*, Bruxelles, Kistemaeckers, 1885, 271 p.
DETOURBET, Edmond, *La presse sous le régime de l'état de siège*, Paris, A. Marescq aîné, 1875, 68 p.
DETOURBET, Robert, *L'espionnage et la trahison : étude de droit français et de législation comparée*, Paris, L. Larose, 1897, 230 p.
DIDEROT, Denis., *Encyclopédie ou Dictionnaire raisonné des sciences, des arts et des métiers*, t. 9, Paris, Briasson, David l'aîné, Le Breton, Durand, 1765, 956 p.
DORMAND, Jérôme, *Des injures et du libelle diffamatoire en droit romain. De la*

diffamation envers les particuliers en droit français, thèse de doctorat, droit, Paris, Goupy, 1867, 188 p.

DU CAMP, Maxime, *Les convulsions de Paris*, t. 1, Paris, Hachette, 1881, 543 p.

DURKHEIM, Émile, *De la division du travail social*, Paris, Alcan, 1895, 460 p.

FABREGUETTE, Polydore, *De la Complicité intellectuelle et des délits d'opinion, de la provocation et de l'apologie criminelles, de la propagande anarchiste, art. 59, 60 du Code pénal, lois des 29 juillet 1881, 12 et 18 décembre 1893, 28 juillet 1894, étude philosophique et juridique,* Paris, Chevalier-Maresq, 1894, 124 p.

FAURE, Lucien, *De la compétence de la Haute Cour de justice en France d'après la constitution, la législation et les précédents historiques*, Paris, A. Chevalier-Marescq, 1901.

FATH, Robert, *Influence de la science sur la littérature française dans la deuxième moitié du XIX*e *siècle*, Lausanne, Payot, 1901, 118 p.

FLAUBERT, Gustave, *Madame Bovary : mœurs de province*, [1857], Paris, Charpentier, 1881, 490 p.

GAMBETTA, Léon, *Affaire Baudin*, [1893], 2013, Paris, Hachette, 40 p.

GARIN, Joseph, *L'anarchie et les anarchistes*, Paris, Guillaumin, 1885, 312 p.

GARRAUD, René, *L'anarchie et la répression*, Paris, L. Larose, 1895, 124 p.

GARRAUD, René, *Traité théorique et pratique du droit pénal français*, t. IV, Paris, Sirey, 1891, 844 p.

GONCOURT, Edmond, *La censure sous Napoléon III. Rapports inédits et in extenso (1852 à 1866)*, Paris, Albert Savine éditeur, 1892, 323 p.

GOUGENOT DES MOUSSEAUX, Henri, *Le Juif, le judaïsme et la judaïsation des peuples chrétiens*, Paris, Henri Plon, 1869, 605 p.

GRAND-CARTERET, John, *L'Affaire Dreyfus et l'image*, Paris, Flammarion, 1898, 352 p.

GRATTIER, Louis-Adolphe-Léonard de, *Commentaire des lois de la presse et de tous les autres moyens de publicité*, t. 1, Paris, Libraire de jurisprudence d'Alphonse Delhomme, 1845, 106 p.

GRAUX, Georges, *Les congrégations religieuses devant la loi (décrets du 29 mars 1880)*, Paris, Cotillon et cie éditeurs, 1880, 238 p.

GRELLET DUMAZAU, Étienne, *Traité de diffamation, de l'injure et de l'outrage*, t. 1, Paris, Joubert, 1847, 428 p.

GUÉRIN, Jules, *Fille de fille*, Bruxelles, Kistemaeckers, 1883, 334 p.

GUÉRIN, Urbain, *L'évolution sociale*, Paris, Albert Savine, 1891, 373 p.

GUIZOT, François, *Du gouvernement de la France depuis la Restauration et du ministère actuel*, Paris, Librairie française de Ladvocat, 1820, 328 p.

GUYOT, Yves, *La prostitution*, Paris, Charpentier, 1882, 596 p.

HAMON, Augustin, *Socialisme et anarchisme*, Paris, Sansot, 1905, 230 p.

HENRYOT, Arnold, *Paris pendant le siège, 1870–1871*, Paris, Armand Le Chevalier, 1871, 177 p.

HEURTEAU, André, *Droit romain. Injuriis & famosis libellis. Droit français. De la diffamation, de l'injure, de l'outrage et de l'offense*, Paris, F. Pichon et A. Cotillon, 1881, 271 p.

HUGO, Victor, *L'année terrible*, Paris, Librairie Nouvelle, 1872, 331 p.

JACQUEMIN, Marcel, *Droit romain : de la Loi « Aquilia ». Droit français : de l'Intention en droit pénal*, Besançon, Paul Jacquin, 1888, 190 p.

JAURÈS, Jean, *Les Preuves : l'affaire Dreyfus*, [1898], Paris, Le signe, 1981, 294 p.

JAURES, Jean, GUESDE, Jules, *Les Deux Méthodes. Conférence*, Lille, Imprimerie Ouvrière, P. Lagrange, 1900, 24 p.

JOUSSEAUME, Robert, *Étude sur les lois contre les menées anarchistes et sur les modifications que ces lois ont apportée à la législation pénale*, Paris, Pichon, 1895, 58 p.

KANT, Emmanuel, *Qu'est-ce qu'un livre ?*, [1732], Paris, Presse Universitaire de France, 1995, 170 p.

KANTOROWICZ, Ernst, *Œuvres*, Paris, Gallimard, 2000, 1572 p.

LABARTHE, Paul, *Dictionnaire populaire de médecine usuelle d'hygiène publique et privée*, Volume 2, Paris, Flammarion, 1885, 1159 p.

LABUSSIERE, Alphonse, *De la diffamation et des injures envers les particuliers en droit français. Des injures et les libelles diffamatoires en droit romain*, Clermont-Ferrand, Pestel, 1870, 306 p.

LA CODRE DE BEAUDREUIL, Joseph Michel de, *L'honneur, les rois et les peuples avec l'application du principe à la situation actuelle de la France vis-à-vis de l'Alsace, la Prusse, l'internationale*, Paris, E. Dentu éditeur, 1872, 28 p.

LAGRÉE, Michel, « Processions religieuses et violence démocratique dans la France de1903 », *Religion et modernité*, Rennes, PUR, 2002, p. 147-168.

LAPORTE, Antoine, *Le naturalisme, ou, L'immoralité littéraire : Émile Zola, l'homme & l'œuvre : suivi de la bibliographie de ses ouvrages et de la liste des écrivains qui ont écrit pour ou contre lui*, Paris, 1894, 18 rue Séguier, 330 p.

LAZARE, Bernard, *L'Antisémitisme, son histoire et ses causes*, Paris, Léon Chailley, 1894, 420 p.

LAZARE, Bernard, *Une erreur judiciaire. La vérité sur l'Affaire Dreyfus*, Bruxelles, Monom, 1896, 24 p.

LE BON, Gustave, *Lois psychologiques de l'évolution des peuples*, Paris, Félix Alcan, 1895, 186 p.

LE BON, Gustave, *Psychologie des foules*, [1895], Paris, PUF, 2013, 125 p.

Le président Emile Loubet : le Dauphiné historique / par des écrivains dauphinois, Grenoble, Gratier, 253 p.

LE POITTEVIN, Gustave, *Traité de la presse*, t. II, Paris, Larose, 1904, 672 p.

LECOUFLET, C., *Waldeck-Rousseau, discours parlementaires*, Paris, G. Charpentier éditeurs, 1889, 628 p.

LEFEBVRE, Charles, *Étude lois constitutionnelles de 1875*, Paris, A. Marescq Ainé, 1882, 274 p.

LEMMONYER, Jules, *Les journaux de Paris pendant la Commune*, Paris, Lemmonyer, 1871, 94 p.

LIVET, Charles-Louis, *Le Journal officiel de Paris pendant la Commune (20 Mars-24 Mai 1871)*, t. premier, Paris, L. Beauvais, 1871, 304 p.

LOUBAT, Guillaume, *Code de la législation contre les anarchistes*, Paris, Chevalier-Marescq, 1895, 251 p.

LUCAS, Prosper, *De l'imitation contagieuse ou de la propagation sympathique des névroses et des mouvements*, Paris, Didot le Jeune, 1833, 78 p.

MAILLARD, Firmin, *Élections des 26 mars et 16 avril 1871 : affiches, professions de foi, documents officiels, clubs et comités pendant la Commune*, Paris, Dentu, 1871, 247 p.

MAISEAU, Raymond Balthasar, *Manuel de la liberté de la presse ou analyse des discussions législatives sur les trois lois relatives à la presse et aux journaux et écrits périodiques*, Paris, Pillet Ainé, 1819, 388 p.

MANUEL, G., *Nouveau livre de morale pratique à l'usage des écoles et des familles*, Paris, Hachette, 1901, 264 p.

MARX, Karl, *La Guerre civile en France*, [1871], Paris, Éditions sociales, 1953, 97 p.

MAUPASSANT, Guy de, *Des vers et autres poèmes*, Rouen, Publication de l'université de Rouen, 2001, 474 p.

MERILLON, Daniel, *Commentaire de la loi militaire du 15 juillet 1889 sur le recrutement de l'armée, suivie du commentaire de la loi sur le rengagement des sous-officiers du 18 mars 1889*, Paris, H. Charles-Lavauzelle, 1890, 832 p.

MICHELET, Jules, *Histoire de la révolution Française*, t. II, Gallimard, La pléiade, 2019, 1696 p.

MILL, John Stuart, *De la Liberté*, [1859], LENGLET Laurence trad., Paris, Gallimard, 1990, 242 p.

MOREL, Bénédict, *Traité des dégénérescences intellectuelles, physiques et morales de l'espèce humaine et des causes qui produisent ces variétés maladives*, Paris, Baillière, 1857, 720 p.

NODIER, Charles, *Rêveries littéraires, moral et fantastiques*, t. 5, Bruxelles, J.P Méline, 1832, 370 p.

NOURISSON, Paul, *Étude sur la répression des outrages aux bonnes mœurs au point de vue de l'infraction, de la pénalité et de la juridiction*, Paris, Larose et Tenin, 1905, 180 p.

ORTOLAN, Joseph, *Éléments de droit pénal*, 4e édition, Paris, H. Plon, 1875, 695 p.

PAIN, Olivier, *Henri Rochefort*, Paris, Périnet éditeur, 1879, 694 p.
PINEL, Philippe, *Traité médico-philosophique sur l'aliénation mentale ou la manie publié*, Paris, Richard Caillle et Favier, 1800, 380 p.
PORTALIS, Jean Étienne Marie de, *Discours préliminaire du premier projet de code civil*, [1801], Paris, Éditions confluences, 2004, 78 p.
POUGIN, Arthur, *Dictionnaire historique et pittoresque du théâtre*, Paris, Firmin-Didot, 1883, 775 p.
PRESSENSÉ, Francis de, ROUGER, Émile, *Les lois scélérates de 1893-1894*, Paris, Éditions de la revue blanche, 1899, 66 p.
PROUDHON, Pierre-Joseph, *Organisation du crédit et de la circulation et solution du problème social*, Paris, Garnier frères, 1848, 128 p.
RAMBAUD, Alfred, *Jules Ferry*, Paris, Plon, 1903, 553 p.
REGNAULT, Elias, *L'éditeur. Les Français peints par eux-mêmes (1838-1842)*, t. 2, [1843], Paris, Omnibus, 2004, 1142 p.
REINACH, Joseph, *Histoire de l'affaire Dreyfus. La crise : procès d'Esterhazy, procès de Zola*, Paris, Fasquelle, 1903, 666 p.
REINACH, Joseph, *Histoire de l'Affaire Dreyfus*, t. 1, Paris, Éditions de la Revue Blanche, 1901, 668 p.
REINACH, Joseph, *Histoire de l'affaire Dreyfus. Esterhazy*, t. 2, Paris, Librairie Charpentier et Fasquelle, 1903, 718 p.
RENAN, Ernest, *Qu'est-ce qu'une nation ?*, Paris, Flammarion, 2011, 114 p.
RICHEPIN, Jean, *La chanson des gueux. Édition définitive revue et augmentée d'un grand nombre de poèmes nouveaux, d'une préface inédite et d'un glossaire argotique*, 1881, Maurice Dreyfous, Paris, 332 p.
ROBESPIERRE, Maximilien de, *Œuvres complète*, t. 7, Paris, Presse Universitaire de France, 1952, 788 p.
ROBIN, Charles, *Histoire de la révolution de 1848 et de la présidence de Louis-Napoléon*, t. second, Paris, E. et V. Penaud Frères, 1850, 512 p.
ROUSSEAU, Jean-Jacques, *Du contrat social*, Amsterdam, Marc Michel Rey, 1762, p. 79.
ROUSSELLE, André, *Le droit de réunion et la loi du 6 juin 1868*, Paris, Degorce-Cadot éditeur, 1870, 286 p.
SAMUEL, René, BONET-MAURY, Géo, *Les parlementaires français, 1900-1914 : dictionnaire biographique et bibliographique des sénateurs, députés, ministres*, Paris, Roustan, 1914, 495 p.
SARCEY, Francisque, *Le Siège de Paris*, Paris, Librairie E. Lachaud, 1871, 347 p.
SHEPPARD, *Enfermé dans Paris : journal du Siège du 2 septembre 1870 au 28 janvier 1871*, Paris, Darantière, 1877, 411 p
SIMON, Jules, *Souvenirs du 4 septembre : origine et chute du Second Empire*, Paris, Michel-Lévy frères, 1874, 436 p.

SOLEIHAC, Paul, *Le Grand levier ou de la presse et de son influence politique et sociale à notre époque*, Paris, Gauthier, 1906, 113 p.

STOCK, Pierre-Victor, *L'affaire Dreyfus, mémorandum d'un éditeur*, Paris, Stock, 1894, 280 p.

SUEUR, Henri, *Étude sur la mortalité à Paris pendant le siège*, Paris, Sandoz et Fischbacher. 1872, 112 p.

TARDE, Gabriel, *Positivisme et pénalité*, Lyon, Storck, 1887, 20 p.

TARDE, Gabriel, *La criminalité comparée*, 8e édition, Paris, Félix Alcan, 1924, 218 p.

TARDIEU, Auguste Antoine, *Étude médico-légale sur les attentats aux mœurs*, Paris, Baillière, 1859, 1888 p.

THIRION, Émile, *La République dans les républicains. Épitre aux monarchistes*, Senlis, E. Payen, 1871, 16 p.

TISSOT, Samuel Auguste, *L'onanisme ou dissertation sur les maladies produites par la masturbation*, Paris, Lausanne, Chapuis, 1760, 250 p.

TOCQUEVILLE, Alexis de, *Œuvres*, vol. II, Paris, Gallimard, 1992, p. 1232 p.

TOUSSENEL, Alphonse, *Les Juifs, rois de l'époque : histoire de la féodalité financière*, 1845, Paris, Librairie de l'École Sociétaire, 364 p.

TRIMM, Timothée, *Matinées de Timothée Trimm*, Paris, Librairie du Petit Journal, 1865, 378 p.

VACHER Dr, « La mortalité à Paris en 1872 », *Journal de la Société française de statistique*, t. 15, 1874, p. 99-105.

VAPEREAU, Gustave, *Dictionnaire universel des contemporains*, Paris, Librairie Hachette, 1880, 1634 p.

VERLY, Albert, *Le général Boulanger et la conspiration monarchique*, Paris, Paul Ollendorff éditeur, 1893, 327 p.

VIVIEN, Alexandre-François, *Études administratives*, t. 1, Paris, Guillaumin éditeur, 1845, 356 p.

WALDECK-ROUSSEAU, Pierre, *Associations et congrégations*, Paris, Eugène Fasquelle, 1901, 478 p.

WALDECK-ROUSSEAU, Pierre, *L'État et la liberté, seconde série, 1883-1885*, Paris, Charpentier-Fasquelle, 1906, 393 p.

WEBER, Max, *Économie et société*, t. 1, [1922], Paris, Plon, 1995, 410 p.

WEISS, Nathanaël, *La chambre ardente. Étude sur la liberté de conscience en France sous François Ier et Henri II (1540-1550)*, Paris, Fischbacher, 1889, 432 p.

ZOLA, Émile, *La vérité*, [1903], Paris, Hachette, 1995, 703 p.

ZOLA, Émile, *Le roman expérimental*, Paris, Charpentier, 1880, 416 p.

ZOLA, Émile, *Œuvres complètes*, Paris, Fasquelle, 1906, 830 p.

ZOLA, Émile, *Thérèse Raquin*, Deuxième édition, Paris, A. Lacroix, 1868, 309 p.

BIBLIOGRAPHIE

ARTICLES

ADEL, Joshua, « Quand l'idée républicaine était un mot vide », *Humanisme*, vol. 2, nº 311, 2016, p. 50-54.

AGHULON, Maurice, « La "statuomanie" et l'histoire », *Ethnologie française*, vol. 8, nº 2-3, 1978, p. 145-172.

AINBERG-TAGRIASKOVA, S., ANGRAND, Pierre, « L'Affiche Rouge », *Revue des révolutions contemporaines*, t. 45, nº 188, mai 1951. p. 19-25.

ALAIN, Clément, « L'analyse du déclin dans la seconde moitié du XIXe siècle. Le point de vue des économistes français », *Revue économique*, vol. 66, nº 5, 2015, p. 843-872 p.

ALI AIT, Abdelmalek, « Edgar Morin, sociologue et théoricien de la complexité : des cultures nationales à la civilisation européenne », *Sociétés*, vol. nº 86, nº 4, 2004, p. 99-117.

AMBROISE-CASTÉROT, Coralie, COMBEAU, Chantal, « La procédure pénale dans la balance : entre secret et transparence », *Les Cahiers de la Justice*, vol. 3, nº 3, 2014, p. 373-385.

AMBROISE-RENDU, Anne-Claude, « Les faits divers de la fin du XIXe siècle. Enjeux de la naissance d'un genre éditorial », *Questions de communication*, vol. 7, nº 1, 2005, p. 233-250.

ANCEAU, Éric, « Le coup d'État du 2 décembre 1851 ou la chronique de deux morts annoncées et l'avènement d'un grand principe », *Parlement[s], Revue d'histoire politique*, vol. 12, nº 2, 2009, p. 24-42.

ANGAUT, Jean-Christophe, « Le conflit Marx-Bakounine dans l'Internationale : confrontation des pratiques politiques », *Actuels Marx*, 2007, nº 41, p. 112-129.

ANGAUT, Jean-Christophe, « Retour sur les critiques anarchistes du marxisme », *Actuel Marx*, 2013, vol. 54, nº 2, p. 173-183.

APRILE, Sylvie, « "La prison agrandie". La pratique de l'internement aux lendemains du coup d'État du 2 décembre 1851 », *Revue D'histoire Moderne Et Contemporaine*, vol. 46, nº 4, 1999, p. 658-679.

ATIAS, Christian, « Premières réflexions sur la doctrine française de droit privé (1900-1930) », *RRJ*, 1981, n° 10, p. 189-201.

AUBISSE, Clément, BARENOT, Pierre-Nicolas, « L'ordre ou la justice ? La rébellion manquée des juristes dans l'affaire Dreyfus », *Revue Droit & Littérature*, vol. 3, n° 1, 2019, p. 69-84.

AUDIER, Serge, « Tocqueville, notre contemporain ? », *Études*, vol. 404, n° 4, 2006, p. 487-496.

AUDREN, Frédéric, ROLLAND, Patrice, « Enseigner le droit dans la République. Ouverture », *Mil neuf cent. Revue d'histoire intellectuelle*, vol. 29, n° 1, 2011, p. 3-6.

AUDREN, Frédéric, ROLLAND, Patrice, « Juristes catholiques », *Revue Française d'Histoire des Idées Politiques*, n° 28, 2008, p. 227-231.

AUTRAND, Michel, « Idéal démocratique et censure théâtrale sous la troisième république », *Revue d'histoire littéraire de la France*, vol. 105, n° 2, 2005, p. 301-312.

AYNIÉ, Marie, « Une justification du coup de force de Déroulède du 23 février 1899 », *Parlement[s], Revue d'histoire politique*, vol. 12, n° 2, 2009, p. 108-112.

BADIER, Walter, « Émile Henry, le "Saint-Just de l'Anarchie" », *Parlement[s], Revue d'histoire politique*, 2010, vol. 14, n° 2, p. 159-171.

BAERTSCHI, Bernard, « L'athéisme de Diderot », *Revue Philosophique de Louvain*, Quatrième série, vol. 89, n° 83, 1991, p. 421-449.

BALMAND, Pascal, « L'anti-intellectualisme dans la culture politique française », *Vingtième Siècle, revue d'histoire*, n° 36, 1992, p. 31-42.

BANTMAN, Constance, « "Anarchistes de la bombe, anarchistes de l'idée" : les anarchistes français à Londres, 1880-1895 », *Le Mouvement Social*, vol. 246, n° 1, 2014, p. 47-61.

BANTMAN, Constance, « John MERRIMAN, The Dynamite Club. How a Bombing in Fin-de-Siècle Paris ignited the Age of Modern Terror », *Revue d'histoire du XIXe siècle*, n° 39, 2009, p. 178-179.

BARAT, Michel, « Le vocabulaire des ennemis de la Commune : du 28 mai 1871 au mois de juin 1872 à travers les textes des comptes rendus des conseils de guerre », *La Pensée*, 1971, n° 156, p. 52-67

BARBET, Denis, « Retour sur la loi de 1884. La production des frontières du syndical et du politique », *Genèses*, n° 3, 1991, p. 5-30.

BARBIER, Frédéric, « Émigration et transferts culturels : les typographes allemands et les débuts de l'imprimerie en France au XVe siècle », *Comptes rendus de l'Académie des Inscriptions et Belles-Lettres*, 2011, janvier/mars, p. 651-679.

BARTHES, Roland, « L'effet de réel », *Communications*, n° 11, 1968, p. 84-89.

BAUBÉROT, Jean, « Antisémitisme et antiprotestantisme de la "République des Républicains" à l'affaire Dreyfus », *Archives Juives*, vol. 49, n° 1, 2016, p. 114-133.

BAUD, Marie-Sophie, « La manifestation de la vérité dans le procès pénal : une étude comparée entre la France et les États-Unis », *Les Cahiers de la Justice*, vol. 4, n° 4, 2017, p. 705-720.

BAUTIER, Roger, CAZENAVE, Élisabeth, « Les conceptions de la médiatisation au début du XIXe siècle », *Études de communication*, n° 22, 1999, p. 133-149.

BELLON, Christophe, « Aristide Briand et la séparation des Églises et de l'État. Du travail en commission au vote de la loi (1903-1905) », *Vingtième Siècle. Revue d'histoire*, vol. n° 87, n° 3, 2005, p. 57-72.

BENSIMON, Fabrice, « L'Internationale des travailleurs », *Romantisme*, vol. 163, n° 1, 2014, p. 53-62.

BERNE, Mauricette, « Les prisons du capitaine Dreyfus », *Revue de la BNF*, vol. 35, no°2, 2010, p. 34-42.

BERNSTEIN, Serge, « Le retour de la culture républicaine », *Vingtième siècle. Revue d'histoire*, n° 44, 1994, p. 113-120.

BIED, Robert, « Éducation physique, sport et société sous la IIIe République (1870-1914) », *La Revue administrative*, n° 204, novembre/décembre 1981, p. 574-586.

BIGOT, Christophe, « Le point sur l'application des art. 53 et 55 de la loi sur la presse du 29 juillet 1881 devant les juridictions civiles », *Gazette du Palais*, 20 juillet 1996, p. 828-831

BIGOT, Grégoire, « La responsabilité de l'administration en France », *Jus Politicum*, n° 8, 2012, p. 1-10.

BIRNBAUM, Pierre, « Les juifs d'état dans les guerres franco-françaises. Du boulangisme au front populaire », *Vingtième Siècle. Revue d'histoire*, n° 33, janvier-mars 1992, p. 26-44.

BOISDEFFRE, Pierre de, « Le général de Boisdeffre et l'Alliance franco-russe (1890-1892) », *Revue des deux mondes*, n° 99, octobre 1954, p. 368-387.

BONHOMME, Éric, « Bordeaux et la Défense nationale », *Annales du Midi : revue archéologique, historique et philologique de la France méridionale*, vol. 110, n° 223, 1998, p. 319-342.

BONIFACE, Xavier, « L'armée et le maintien de l'ordre lors de l'application des lois laïques (1902-1906) », *Inflexions*, vol. 31, n° 1, 2016, p. 183-191.

BONIFACE, Xavier, « La réforme de l'armée française après 1871 », *Inflexions*, vol. 21, n° 3, 2012, p. 41.

BORLANDI Massimo, « Tarde et les criminologues italiens de son temps. (à partir de sa correspondance inédite ou retrouvée) », *Revue d'Histoire des Sciences Humaines*, vol. 3, n° 2, 2000, p. 7-56.

BOUHEY, Vivien, « L'antiparlementarisme des anarchistes au moment de l'affaire de Panama », Parlement[s], *Revue d'histoire politique*, vol. hors-série n° 3, 2013, p. 74-76.

BOURDIEU, Pierre, « Genèse et structure du champ religieux », *Revue française de sociologie*, 1971, vol. 12, n° 3, p. 295-334.

BOURDIEU, Pierre, « La force du droit », *Actes de la recherche en sciences sociales*, vol. 64, septembre 1986, p. 3-19.

BOURDIEU, Pierre, « La production de la croyance. Contribution à une économie des biens symboliques », *Actes de la recherche en sciences sociales*, vol. 13, 1977, p. 3-43.

BOURDIEU, Pierre, « La représentation politique. Éléments pour une théorie du champ politique », *Actes de la recherche en sciences sociales*, n° 36-37, 1981, p. 3-24

BOURDIEU, Pierre « Le champ littéraire », *Actes de la recherche en sciences sociales*, vol. 89, septembre 1991, p. 3-46.

BOURDIEU, Pierre, « Le champ scientifique », *Actes de la recherche en sciences sociales*, vol. 2, n° 2-3, juin 1976, p. 88-104.

BOURDIEU, Pierre, « Questions de politique », *Actes de la recherche en sciences sociales*, n° 16, 1977, p. 55-89.

BOURDIEU, Pierre, « Stratégie de reproduction et modes de domination », *Actes de la recherche en sciences sociales*, vol. 105, 1994, p. 3-12.

BOURQUIN, Jacques, « René Bérenger et la loi de 1898 », *Revue d'histoire de l'enfance « irrégulière »*, n° 2, 1999, p. 59-68.

CABRILLAC, Rémy, « Les enjeux de la codification en France », *Les cahiers du droit*, n° 46, 2005, p. 533-545.

CAHM, Éric, « La presse socialiste face à la première affaire Dreyfus en 1894-1895 », *Cahiers Jean Jaurès*, n° 138, octobre-décembre 1995, p. 1-15.

CANTO-SPERBER, Monique, « Liberté d'expression et quête de la vérité », *Raisons politiques*, vol. 63, n° 3, 2016, p. 103-112.

CARBONNEL, Frédéric, « Le docteur Féré (1852–1907) : une vie, une œuvre, de la médecine aux sciences sociales », *L'information psychiatrique*, vol. 82, n° 1, 2006, p. 59-69.

CARBONNIER, Jean, « Le silence et la gloire », *Recueil Dalloz*, vol.3, n° 28, 1951, p. 119-120.

CAROL, Anne, « La nudité au XIXe siècle, quelques pistes de réflexion pour l'histoire des pratiques et des sensibilités », *Rives nord-méditerranéennes*, n° 30, 2008, p. 25-37.

CAROL, Anne, « Les médecins et la stigmatisation du vice solitaire (fin XVIIIe-début XIXe siècle) », *Revue d'histoire moderne & contemporaine*, vol. 49, n° 1, 2002, p. 156-172.

CARSIN, Didier, « La vertu républicaine selon Montesquieu », *Humanisme*, vol. 311, n° 2, 2016, p. 37-42.

CATINAT, Anne-Laure. « Les premières avocates du barreau de Paris », *Mil neuf cent*, n° 16, 1998, p. 43-56.

CAVÉ, Isabelle « Hygiène, hygiénisme et politique de la santé publique à la fin du XIXe siècle en France », *Histoire des sciences médicales*, vol. 49, n° 1, 2015, p. 115-124.

CEPLAIR, Larry, « La théorie de la grève générale et la stratégie du Syndicalisme : Eugène Guérard et les cheminots français dans les années 1890 », *Le Mouvement Social*, n° 116, 1981, p. 21-46.

CERAMI, Cristina, « Le plaisir des femmes selon Aristote », *Philosophie antique*, n° 16, 2016, p. 63-102

CERF, Madeleine, « La Censure Royale à la fin du dix-huitième siècle », *Communications*, n° 9, 1967, p. 2-27

CHAMBOST, Anne-Sophie, « "Nous ferons de notre pire...". Anarchie, illégalisme … et lois scélérates », *Droit et cultures*, vol. 2, n° 74, 2017, p. 65-87.

CHAMBOST, Anne-Sophie, « Édouard Laboulaye. Portrait intellectuel », *Revue Française d'Histoire des Idées Politiques*, vol. 47, n° 1, 2018, p. 9-32.

CHAMBOST, Anne-Sophie, GUERLAIN, Laetitia, LEKEAL, Farid, « Enseigner les savoirs juridiques et économiques aux profanes (1814-1914) : un programme de recherche », *Les Études sociales. Société d'économie et de sciences sociales*, n° 173, 2021/1, p. 11-26.

CHANET, Jean-François, « La République entre tradition parlementaire et tentation du coup d'État. Réflexions à partir d'une page de L'Armée nouvelle », *Cahiers Jaurès*, vol. 200, n° 2, 2011, p. 69-95.

CHARLE, Christophe, « Fin de siècle », *Revue d'histoire du XIXe siècle*, n° 52, 2016, p. 103-117.

CHARLE, Christophe, « La mobilisation de l'opinion publique pendant l'affaire Dreyfus », *Politix*, n° 16, 1991, p. 65-71.

CHARLE, Christophe, « Les étudiants et l'affaire Dreyfus », *Cahiers Georges Sorel*, n° 4, 1986. p. 61-78.

CHARLIN, Frédéric, MOINE-DUPUIS, Isabelle, « La "religion d'État" dans le droit pénal moderne, de l'ordre moral à la tranquillité publique », *Droits*, vol. 66, n° 2, 2017, p. 185-210.

CHARON, Jean-Marie, « Le journalisme d'investigation et la recherche d'une nouvelle légitimité », *Hermès. La Revue*, vol. 35, n° 1, 2003, p. 137-144

CHATRIOT, Alain, « Les corps intermédiaires en République : un problème ou une solution pour l'État ? (France, XIXe-XXe siècles) », *Histoire, économie & société*, vol. 35, n° 1, 2016, p. 36-44.

CHAUVAUD, Frédéric, « L'invention des déviances sexuelles. De la violence à la débauche (1825-1914) », *Archives de politique criminelle*, vol. 34, n° 1, 2012, p. 7-22.

CHAUVAUD, Frédéric, « La réforme de la justice et les faiseurs de système. Histoire méconnue d'une utopie », *1848. Révolutions et mutations au XIXe siècle*, n° 9, 1993, p. 37-44.

CHEVALLIER, Jacques, « De l'administration démocratique à la démocratie administrative », *Revue française d'administration publique*, n° 1, 2011, p. 217-227.

CHOPPIN, Alain, « L'Histoire de l'édition scolaire en France au XIXe et XXe siècle : bilan et perspectives », *Annali di storia dell'educazione e delle istituzioni scolastiche*, n° 4, 1997, p. 9-32.

CHRISTIN, Angèle, « Jurys populaires et juges professionnels en France. Ou comment approcher le jugement pénal », *Genèses*, vol. 65, 2006/4, p. 138-151.

CITTON, Yves, LOTY Laurent, « Penser ensemble les rapports entre individus et communautés à l'époque des Lumières », *Dix-huitième siècle*, vol. 41, n° 1, 2009, p. 4-26.

CLAVERIE, Élisabeth, « De la difficulté de faire un citoyen : les acquittements scandaleux du jury dans la France provinciale du début du XIXe siècle », *Études rurales*, n° 95-96, 1984, p. 143-166.

CLEMENT, Alain, « L'analyse du déclin dans la seconde moitié du XIXe siècle. Le point de vue des économistes français », *Revue économique*, vol. 66, n° 5, 2015, p. 843-872.

CLIQUENNOIS, Martine, « La loi du 1er juillet 1901 dans le siècle », *Journal du droit des jeunes*, vol. 207, n° 7, 2001, p. 11-15.

COHEN, Rina, « L'affaire de Damas et les prémices de l'antisémitisme moderne », *Archives Juives*, vol. 34, n° 1, 2001, p. 114-124.

COMBES, André, « Communards : le temps de la répression, Humanisme », *Bulletin du Centre de documentation du Grand Orient de France*, 1998, n° 240, p. 77-81.

CONVERT, Laurent, « Feu le "bon père de famille" et l'avènement du standard "raisonnable" : un pas vers la "reasonable person" de common law ? », *Tribonien*, vol. 1, n° 1, 2018, p. 166-183.

COOPER-RICHET, Diana, « La foule en colère : les mineurs et la grève au XIXe siècle », *Revue d'histoire du XIXe siècle*, vol. 2, n° 17, 1998, p. 57-67.

CORBIN, Alain, « Le mal nécessaire ? », *L'Histoire*, n° 383, janvier 2013, p. 38-41.

CORBIN, Alain, « Les prostituées du XIXe siècle et le "vaste effort du néant" », *Communications*, n° 44, 1986, p. 259-275.

CORBIN, Alain « Le péril vénérien au début du siècle : prophylaxie sanitaire et prophylaxie morale », *Recherches, l'Haleine des faubourgs*, 1977, n° 29, p. 245-283.

COSSART, Paula, « L'émotion : un dommage pour l'idée républicaine. Autour de l'éloquence de Léon Gambetta », *Romantisme*, vol. 33, n° 119, 2003, p. 47-60.

CRÉPIN, Annie, « De la nation armée au service militaire obligatoire : la conscription au XIXe siècle. Perspectives et méthodologie d'un champ historiographique », *Annales historiques de la Révolution française*, n° 316, 1999, p. 373-381.

CURRAN, Andrew, « Buffon et l'histoire naturelle des Africains », *Dix-huitième siècle*, vol. 44, n° 1, 2012, p. 183-199.

CURTIUS, « La vie qui passe : Un procès Maupassant », *Le Gaulois*, 22 août 1927, p. 1.

DAGENAIS Bernard, « Edgar Morin et la pensée complexe », *Hermès, La Revue*, vol. 48, n° 2, 2007, p. 179-184.

DASPRE, André, « "Vers les temps meilleurs" d'après Émile Zola, Anatole France et Jean Jaurès », *Cahiers Jaurès*, vol. 185, n° 3, 2007, p. 91-105.

DAVID, Marcel, « Jury populaire et souveraineté », *Droit et société*, n° 36-37, 1997, p. 431-432.

DE VISSCHER, Christian, LE BUSSY, Gauthier, « La politisation de la fonction publique : quelques réflexions d'ordre comparatif », *Pyramides*, n° 3, 2001, p. 61-80.

DEFFOUX, Léon, ZAVIE, Émile, « Les éditions Kistemaeckers et le naturalisme », *Mercure de France*, 16 octobre 1919.

DEGOS, Jean-Guy, PRAT DIT HAURET, Christian, « L'échec du canal de Panama. Des grandes espérances à la détresse financière », *Revue française de gestion*, vol. 8, n° 188-189, 2008, p. 307-324.

DELMOTTE, Florence, « La sociologie historique de Norbert Elias », *Cahiers philosophiques*, vol. 128, n° 1, 2012, p. 42-58.

DELOYE, Yves, « Le charisme contrôlé. Entre grandeur et raison : la posture publique de Léon Gambetta », *Communications*, vol. 69, n° 69, 2000, p. 157-172.

DELPORTE, Christian, « "La liberté de la presse", par Alfred Le Petit. Le Grelot, 10 mars 1872 », *Parlement[s], Revue d'histoire politique*, vol. 3, n° 22, 2014, p. 145-152.

DERENNES, Éric, « Le mouvement pétitionnaire pour la restauration d'Henri V (automne 1873-hiver 1874). Tactique politique et expression d'un légitimisme populaire », *Revue Historique*, vol. 1, n° 661, 2012, p. 49-99.

DEVOS, Denise, « La loi de réparation nationale du 30 juillet 1881 : source de l'histoire de la répression de l'insurrection de décembre 1851 », *Revue d'histoire du XIXe siècle*, vol. 1, 1985, p. 38-41.

DISEGNI, Silvia, « Zola à l'épreuve de la censure d'État et de l'Index », *Mélanges de l'École française de Rome. Italie et Méditerranée*, vol. 121, n° 2, 2009, p. 427-462.

DOIZY, Guillaume, « Édouard Drumont et La Libre parole illustrée : la caricature, figure majeure du discours antisémite ? », *Cahiers d'histoire. Revue d'histoire critique*, 2017, n° 135, p. 97-125.

DOMAIN, Magali, « Jaurès et la grève des tullistes calaisiens (12 novembre 1900 – 7 février 1901) », *Cahiers Jaurès*, vol. 211, n° 1, 2014, p. 53-75.
DONEGANI, Jean-Marie, « La sécularisation et ses paradoxes », *Revue Projet*, vol. 306, n° 5, 2008, p. 39-46.
DORIGNY, Marcel, « La propagande girondine et le livre en 1792 : le Bureau de l'Esprit public », *Dix-huitième Siècle*, n° 21, 1989, p. 203.
DREVILLON, Hervé, « Qu'est-ce que l'honneur ? », *Inflexions*, vol. 27, n° 3, 2014, p. 17-30.
DUBREUIL, Édith, « Les conditions d'application de la bonne foi », *LEGICOM*, vol. 35, n° 1, 2006, p. 151-162.
DUCLERT, Vincent, « L'engagement scientifique et l'intellectuel démocratique. Le sens de l'affaire Dreyfus », *Politix*, vol. 12, n° 48, 1999, p. 71-94
DUFOUR, Dany-Robert, « Du vrai, du beau, du juste et du bien. Hypothèses sur le déclin des idéaux de la culture occidentale », *Revue du MAUSS*, vol. n° 1, n° 51, 2018, p. 147-176.
DUMONS, Bruno, « Mobilisation politique et ligues féminines dans la France catholique du début du siècle », *Vingtième Siècle. Revue d'histoire*, n° 73, janvier 2002, p. 39-50.
DUPEUX, Jean-Yves, MASSIS, Thierry, « La conduite du procès de presse », *LEGICOM*, vol. 28, n° 3, 2002, p. 5-23.
DUPRAY, Fabienne, « Madame Bovary et les juges. Enjeux d'un procès littéraire », *Histoire de la justice*, vol. 17, n° 1, 2007, p. 227-245 ;
DURAND, Pascal, WINKIN, Yves, « Des éditeurs sans édition », *Actes de la recherche en sciences sociales*, vol. 130, décembre 1999, p. 48-65.
EDEL, Frédéric, « Deux siècles de principe d'égale admissibilité aux emplois publics », *Revue française d'administration publique*, vol. 142, n° 2, 2012, p. 339-367.
ERNOULT, Thomas, « L'école depuis la Révolution : quelques jalons historiques », *Regards croisés sur l'économie*, vol. 12, n° 2, 2012, p. 50-53.
FARCY, Jean-Claude, « Une base de données sur la répression judiciaire de la Commune de Paris », *Revue d'histoire du XIXe siècle*, vol. 63, n° 2, 2021, p. 125-138.
FERRAGU, Gilles, « En quête de rupture : de Ravachol à Émile Henry », *Histoire Politique*, n° 45, 2021, p. 1-10.
FINN, Michael, « Naturalisme, sexe et sexologie : excès catastrophique ou fantaisie médicale ? », *Les Cahiers naturalistes*, n° 85, 2011, p. 117-133
FONDU, Quentin, VERMERIE, Margaux, « Les politiques culturelles : évolution et enjeux actuels », *Informations sociales*, vol. 190, n° 4, 2015, p. 57-63.
FORESTIER, Louis, « Bref, c'est mon disciple, le cas Flaubert-Maupassant », *Romantisme*, n° 122, 2003, p. 93-105.

FOREY, Elsa, « L'application du principe de laïcité dans la justice », *Les Cahiers de la Justice*, vol. 3, n° 3, 2018, p. 479-490.

FOUCAULT, Michel, « Qu'est-ce qu'un auteur ? », *Bulletin de la société française de philosophie*, n° 3, juillet-septembre 1969, p. 73-104.

FOURNIAU, Christophe, « La Genèse et l'évolution de l'affaire du Tonkin », *Revue Historique*, vol. 246, n° 2, 1971, p. 377-402.

FOYER, Jean, « La justice, histoire d'un pouvoir refusé », *Pouvoirs, revue française d'études constitutionnelles et politiques*, n° 16, 1981, p. 17-29.

FRIEDMANN, Georges, « Enseignement et culture de masse », *Communications*, n° 1, 1961, p. 3-15.

FURET,François, SACHS,Wladimir, « La croissance de l'alphabétisation en France (XVIIIe-XIXe siècle) », *Annales. Économies, Sociétés, Civilisations*, vol. 29, n° 3, 1974, p. 714-737.

GABORIAUX, Chloé, « Fonder la République sur les "nouvelles couches sociales" (Gambetta) : description du monde social et préférences institutionnelles dans la France des années 1870 », *Histoire@Politique*, vol. 25, n° 1, 2015, p. 12-23.

GABORIAUX, Chloé, « La loi 1901 faute de mieux. Les Républicains face à l'association au tournant du XXe siècle », *La revue Tocqueville*, n° 32, 2011, p. 53-65.

GACON, Stéphane, « L'amnistie de la Commune (1871-1880) », *Lignes*, vol. 10, n° 1, 2003, p. 45-64.

GACON, Stéphane, « La République briseuse de grèves et l'amnistie (1905-1914). Une tentative de régulation politique du conflit social en France », *Vingtième Siècle. Revue d'histoire*, vol. 125, n° 1, 2015, p. 17-31.

GARRIGUES, Jean, « Boulanger, ou la fabrique de l'homme providentiel », *Parlement[s], Revue d'histoire politique*, vol. 13, n° 1, 2010, p. 8-23.

GARRIGUES, Jean, « Le boulangisme est-il antiparlementaire ? », *Parlement[s], Revue d'histoire politique*, vol. 3, n° Hors-série 9, 2013, p. 49-58.

GARRIGUES, Jean, « Le Général Boulanger et le fantasme du coup d'État », Parlement[s], Revue d'histoire politique, vol. 12, n° 2, 2009, p. 43-48.

GEORGELIN, Jean-Louis, « L'honneur de la Légion d'honneur », *Inflexions*, vol. 27, n° 3, 2014, p. 99-102.

GERHARD, Ute, « Droit civil et genre en Europe au XIXe siècle », *CLIO. Femmes, Genre, Histoire*, vol. 43, 2016, p. 250-273.

GERMAIN, Marie-Odile, « Barrès journaliste et l'écriture au quotidien », *Cahiers de l'Association internationale des études françaises*, n° 48, 1996, p. 91-107.

GERVAIS, Pierre, HURET, Romain, PERETZ, Pauline, « Une relecture du "dossier secret" : homosexualité et antisémitisme dans l'Affaire Dreyfus », *Revue d'histoire moderne & contemporaine*, vol. 55-1, n° 1, 2008, p. 125-170.

GIROUX, Guy, « Le droit du public à l'information », *Communication. Information Médias Théories*, vol. 6, n° 1,1983, p. 24-42.

GOLDBERG, Harvey, « Jaurès et la question juive », *Bulletin de la Société d'études jaurésiennes*, n° 53, avril-juin 1974, p. 2-19

GRANERO, Aurore, « Les révisions constitutionnelles non abouties sous la Troisième République », *Revue française de droit constitutionnel*, vol. 96, n° 4, 2013, p. 835-856.

GRANIER, Caroline, « La représentation du terroriste anarchiste dans quelques romans français de la fin du XIXe siècle », *Cahiers d'histoire. Revue d'histoire critique*, n° 96-97, 2005, p. 137-157.

GRAS, Frédéric, « Des lois scélérates aux premières applications par les tribunaux du délit d'apologie de terrorisme », *LEGICOM*, vol. 57, n° 2, 2016, p. 57-67.

GRÉVY, Jérôme, « Les cafés républicains de Paris au début de la Troisième République. Étude de sociabilité politique », *Revue d'histoire moderne & contemporaine*, vol. 50, n° 2, 2003, p. 52-72.

GRINDBERG, Martine, « La rédaction des coutumes et les droits seigneuriaux : nommer, classer, exclure. », *Annales. Histoire, Sciences Sociales*, vol. 52, n° 5, 1997, p. 1017-1038.

GUILLET, François, « La tyrannie de l'honneur. Les usages du duel dans la France du premier XIXe siècle », *Revue historique*, vol. 4, n° 640, 2006, p. 879-899.

GUISLIN, Jean-Marc, « La liberté de l'enseignement supérieur en débat au début de la Troisième République (1870-1881) », *Revue du Nord*, vol. 394, n° 1, 2012, p. 57-70.

HALÉVY, Daniel, « Comment fut votée la constitution de 1875 », *Revue des deux mondes*, vol. 28, n° 3, 1er août 1935, p. 602-634.

HALPERIN, Jean-Louis, « Diffamation, vie publique et vie privée en France de 1789 à 1944 », *Droit et cultures*, n° 65, 2013, p. 145-163.

HASSNER, Pierre, « La philosophie politique de M. Éric Weil », *Revue française de science politique*, vol. 8, n° 2, 1958. p. 423-431.

HAUUY, Cédric, « Le président de la République, vu par la doctrine publiciste, sous la IIIe République », *Revue française de droit constitutionnel*, vol. 93, n° 1, 2013, p. 67-82.

HIRSCHI, Andrée, « 1874. Le "procès" des Diaboliques. 1 – L'instruction. 2 – La presse », *Revue des lettres modernes*, vol. 9, 1974, p. 5-64.

HOUDE, Danièle, « La liberté de la presse en droit anglais, américain et canadien », *Les cahiers de droit*, vol. 13, n° 2, 1972, p. 121-173.

HOUTE, Arnaud-Dominique, « Citoyens policiers ? Pratiques et imaginaires civiques de la sécurité publique dans la France du second XIXe siècle », *Revue d'histoire du XIXe siècle*, n° 50, 2015, p. 99-116.

JAKOBOWICZ, Nathalie, « Les pratiques d'affichage dans l'espace public à Paris en 1830 », *Revue d'histoire du XIXe siècle*, vol. 39, 2009, p. 17-36.

JANSSENS, Christian, « Henry Kistemaeckers, un "auteur commercial" dans le théâtre et le cinéma français, de la Belle Époque aux années 1930 », *Textyles*, n° 49, 2016, p. 113-132.

JEAN, Jean-Paul, ROYER, Jean-Pierre, « Le droit civil, de la volonté politique à la demande sociale. Essai d'évaluation sur deux siècles », *Pouvoirs*, vol. 107, n° 4, 2003, p. 127-142.

JEANNOT, Gilles, « La théorie de l'institution de Maurice Hauriou et les associations », *Les Annales de la recherche urbaine*, n° 89, 2001, p. 18-22.

JELLAB, Aziz, GIGLIO-JACQUEMOT, Armelle, « Des profanes en justice. Les jurés d'assises, entre légitimité et contestation du pouvoir des juges », *Politix*, vol. 25, n° 97, 2012, p. 149-176.

JÈZE, Gaston, « La présidence de la République », *Revue de droit public*, 1913, p. 113-127.

JOFFE, Helene, « Le pouvoir de l'image : persuasion, émotion et identification », *Diogène*, vol. 217, n° 1, 2007, p. 102-115.

JOLY, Bertrand, « La bataille des experts en écriture », *L'Histoire*, n° 173, janvier 1994, p. 36-41.

JOLY, Bertrand, « La France et la Revanche (1871-1914) », *Revue d'histoire moderne et contemporaine*, t. 46, n° 2, avril-juin 1999, p. 325-347.

JOLY, Bertrand, « Les anti-dreyfusards croyaient-ils Dreyfus coupable ? », *Revue Historique*, t. 291, avril-juin 1994, p. 401-437.

JOLY, Bertrand, « Antisémites et antisémitisme à la chambre des députés sous la IIIe République », *Revue d'histoire moderne & contemporaine*, vol. 3, n° 53, 2007, p. 63-90.

JOLY, Bertrand, « Gabriel Monod et "l'État Monod". Une campagne nationaliste de Charles Maurras (1897-1931) », *Revue historique*, n° 664, 2012, p. 837-862.

JORLAND, Gérard, « L'hygiène publique, fille des Lumières », *Les Tribunes de la santé*, vol. 38, n° 1, 2013, p. 23-27.

JORLAND, Gérard, « La variole et la guerre de 1870 », *Les tribunes de la santé*, vol. 4, n° 33, 2011, p. 25-30.

JOURDAN, Annie, « Politique artistique et Révolution française (1789-1800) : la régénération des arts, un échec ? », *Annales historiques de la Révolution française*, n° 309, 1997, p. 401-421.

JULLIARD, Jacques, « Clemenceau et l'affaire Dreyfus : histoire d'une conversion », *Mil neuf cent*, n° 11, 1993, p. 47.

KALIFA, Dominique : « Enquête et "culture de l'enquête" au XIXe siècle », *Romantisme*, n° 149, 2010, p. 3-23.

KAMIENAK, Jean-Pierre, « La construction d'un objet psychopathologique : la perversion sexuelle au XIXe siècle », *Revue française de psychanalyse*, vol. 67, nº 1, 2003, p. 249-262.

KAUFFMANN, Grégoire, « L'affaire de la "viande à soldats". Une campagne antisémite en 1892 », *Archives Juives*, vol. 47, nº 1, 2014, p. 28-36.

KOEPPEL, Béatrice, « Prophylaxie sociale, sécurité du citoyen ou la loi du 11 avril 1908 », *Annales de Vaucresson*, nº 24, 1986, p. 145-161.

KUPIEC, Anne, « La Gironde et le Bureau d'esprit public : livre et révolution », *Annales historiques de la Révolution française*, vol. 302, Année 1995, p. 571-586.

LAGANA, Marc, « Un peuple révolutionnaire : la Commune de Paris 1871 », *Cahiers Bruxellois*, vol., nº 1, 2018, p. 175-198.

LAINGUI, André, « Les Magistrats du XIXe siècle juges des écrivains de leur temps », *Cahiers de l'Association internationale des études françaises*, nº 44, 1992, p. 221-241.

LAJUSAN, Alfred, « Les origines de la Troisième République. Quelques éclaircissements (1871-1876) », *Revue d'histoire moderne*, vol. 5, nº 30, 1930, p. 419-438.

LALOUETTE, Jacqueline, « Dimensions anticléricales de la culture républicaine (1870-1914) », *Histoire, économie et société*, vol. 10, nº 1, 1991, p. 127-142.

LALOUETTE, Jacqueline, « La difficile laïcisation du serment judiciaire », *Romantisme*, vol. 162, nº 4, 2013, p. 45-57.

LE CHAPELAIN, Charlotte, « L'instruction publique de Condorcet. Progrès économique et réflexions sur la notion de capital humain », *Revue économique*, vol. 61, nº 2, 2010, p. 281-298.

LE NAOUR, Jean-Yves, « Un mouvement antipornographique : la Ligue pour le relèvement de la moralité publique (1883-1946 », *Histoire, économie et société*, vol. 22, nº 3, 2003, p. 385-394.

LE VILLAIN, Yvon, « Gerville-Réache et l'affaire de Panama », *Bulletin de la Société d'Histoire de la Guadeloupe*, nº 126, 2000, p. 3-80.

LEFERME-FALGUIERES, Frédérique, VAN RENTERGHUEM, Vanessa, « Le concept d'élites. Approches historiographiques et méthodologiques, », *Hypothèses*, 2001, nº 1, p. 55-67.

LEPOINTE, Gabriel, « L'évolution de la responsabilité administrative dans la France du XIXe siècle », *Revue historique de droit français et étranger*, nº 2, 1959, p. 215-219.

LEROY, Yann, « La notion d'effectivité du droit », *Droit et société*, vol. 79, nº 3, 2011, p. 715-732.

LEVELEUX-TEXEIRA, Corinne, « *Entre droit et religion :* le blasphème, du péché de la langue au crime sans victime », *Revue de l'histoire des religions*, nº 4, 2011, p. 587-602.

LÉVY-BRULH, Henri, « Les délits politiques. Recherche d'une définition », *Revue française de sociologie*, Vol 5, 1964, p. 131-139.

LÉVY-BRULH, Sacha, « Penser la responsabilité avec Paul Fauconnet : aux fondements théoriques de la solidarité », *Cahiers Jaurès*, vol. 231-232, n° 1-2, 2019, p. 163-187.

LONGEARD, Gwladys, « L'Imprimerie nationale pendant la Commune de 1871 », *Revue d'histoire moderne & contemporaine*, vol. n° 52-1, n° 1, 2005, p. 147-174.

LOUÉ,Thomas, « "Les Barbares lettrés", Esquisse d'un temps long de l'anti-intellectualisme en France (1840-1900) », *Mil neuf cent*, n° 15, 1997, p. 85-108.

MACHELON, Jean-Pierre, « Parlementarisme absolu, État de droit relatif », *La Revue administrative*, n° 288, novembre/décembre 1995, p. 628-634.

MALLET-POUJOL, Nathalie, « 1789-1905. Du blasphème aux droits et devoirs des ministres du culte », *LEGICOM*, vol. 55, n° 2, 2015, p. 7-16.

MANIN, Lise, « Enquête sur les corps dénudés au XIXe siècle. Les insuffisances du scandale », *Hypothèses*, vol. 16, n° 1, 2013, p. 179-190.

MARTIN, Laurent, « Penser les censures dans l'histoire », *Sociétés & Représentations*, vol. 21, n° 1, 2006, p. 331-345.

MARTINAGE, Renée, « L'épuration des Magistrats du Nord en 1883 », *Revue du Nord*, n° 270, 1986, p. 663-676.

MELLOT, Jean-Dominique, « Le régime des privilèges et permissions d'imprimer à Rouen au XVIIe siècle », *Bibliothèque de l'école des chartes*, vol. 142, 1984, p. 138.

MELTZ, Renaud, DASQUE, Isabelle, « Pour une histoire culturelle de la diplomatie. Pratiques et normes diplomatiques au XIXe siècle », *Histoire, économie & société*, n° 2, 2014, p. 3-16.

MENIER, Marie-Antoinette, « La Détention du capitaine Dreyfus à l'île du Diable d'après les archives de l'Administration pénitentiaire », *Revue française d'histoire d'outre-mer*, t. 64, n° 237, 4e trimestre 1977, p. 456-475

MERCIER, Arnaud, « Guerres et médias : permanences et mutations », *Raisons politiques*, vol. 13, n° 1, 2004, p. 97-109.

MERCIER, Arnaud, « Quelle place pour les médias en temps de guerre ? » *International Review of the Red Cross*, volume 87, n° 860, décembre 2005, p. 649-659.

MESTRE, Achille, « La Loi de Séparation. Bilan et perspectives », *Études*, vol. 402, n° 5, 2005, p. 607.

MINOIS, Georges, « Censure et culture sous l'Ancien Régime », *Bulletin des bibliothèques de France (BBF)*, n° 6, 1995, p. 120-121.

MOLLIER, Jean-Yves, « Dreyfus au bagne ou comment briser les prisonniers politiques ? », *Le Temps des médias*, vol. 15, n° 2, 2010, p. 180-191.

MOLLIER, Jean-Yves, « Littérature et presse du trottoir à la Belle Époque », *Études françaises*, n° 36-3, 2000, p. 83-85.

MORAND-DEVILLER, Jacqueline, « Les mécanismes de la réforme administrative », *Revue internationale de droit comparé*, vol. 38, n° 2, Avril-juin 1986, p. 675-687.

MORIN, Edgar, « Interdisciplinarité et transdisciplinarité », *Transversales, Science, Culture*, n° 29, 1999, p. 48.

MORIN, Edgar, « Pour une crisologie », *Communications*, n° 25, 1976, p. 135-163.

MOTTIER, Véronique, « Sylvie Chaperon : La médecine du sexe et les femmes. Anthologie des perversions féminines au XIXe siècle », *Nouvelles Questions Féministes*, vol. 29, n° 3, 2010, p. 106-109.

MOURGEON, Jacques, « De l'immoralité dans ses rapports avec les libertés publiques », *Il Foro Italiano*, vol. 98, n° 1, 1975, p. 1-8.

MUSTO, Marcello, « La Première Internationale et son histoire », *La Pensée*, vol. 380, n° 4, 2014, p. 129-143

NEGUS, Keith, « The Work of Cultural Intermediaries and the Enduring Distance between Production and Consumption », *Cultural Studies*, n° 16, 2002, p. 501-515.

NIVET, Philippe, « Les municipalités en temps de guerre (1814-1944) », *Parlement[s], Revue d'histoire politique*, vol. 20, n° 2, 2013, p. 67-88.

OLIVESI, Stéphane, « Foucault, l'œuvre, l'auteur », *Questions de communication*, n° 4, 2003, p. 395-410.

ORIOL, Philippe, « L'engagement des intellectuels dans l'affaire Dreyfus », *Humanisme*, vol. 307, n° 2, 2015, p. 38-43.

OUDIN, Bernard, « L'anar et le canard », *Les cahiers de médiologie*, vol. 13, n° 1, 2002, p. 101-111.

PARINER, Elisabeth. « Les bibliothèques de gare, un nouveau réseau pour le livre », *Romantisme*, n° 80, 1993, p. 95-106.

PEJO, Philippe, « La diplomatie parlementaire, actrice émergente de communications diplomatiques démocratisées », *Hermès, La Revue*, vol. 81, n° 2, 2018, p. 73-81.

PELLEGRINETTI, Jean-Paul, « Sociabilité républicaine en Corse de 1870 à 1914 : Mutation d'une société », *Cahiers de la Méditerranée*, vol. 1, n° 56, 1998, p. 131-153.

PERTHUIS, Bruno de, « Images de la justice au temps de l'affaire Dreyfus », *Sociétés & Représentations*, vol. 18, n° 2, 2004, p. 135-145.

PFISTER, Laurent, « Brève histoire du droit d'auteur », *L'Observatoire*, vol. 55, n° 1, 2020, p. 9-11

PHELIPPEAU, Éric, « La fabrication administrative des opinions politiques : votes, déclarations de candidature et verdict des préfets (1852-1914) », *Revue française de science politique*, vol. 43, n° 4, 1993, p. 587-612.

PINELL, Patrice, « Genèse et réception de la théorie de la dégénérescence », *Revue européenne des sciences sociales*, n° 54, 2016, p. 183-200.

PINSOLLE, Dominique, « La presse face aux élites politiques et économiques : le cas du Matin (1884-1944) », *Essais*, 2014, n° 5, p. 56-66.

PIROU, Florence-Marie, « Légitimité de l'auteur à la propriété intellectuelle », *Diogène*, vol. 196, n° 4, 2001, p. 119-143.

PLOUX, François, « "Bruits alarmants" et "fausses nouvelles" dans la France du XIXe siècle (1814-1870) », *Hypothèses*, vol. 4, n° 1, 2001, p. 395-434.

POLICAR, Alain, « Relativisme moral et universalisme éthique », *Raison présente*, vol. 3, n° 95, 1990, p. 77-82.

PONTY, Janine, « La presse quotidienne et l'affaire Dreyfus en 1898-1899. Essai de typologie », *Revue d'histoire moderne et contemporaine*, t. 21, n° 2, Avril-juin 1974, 193-230.

PORTALEZ, Christophe, « La Revue socialiste face à la corruption politique : du scandale de Panama à l'affaire Rochette (1892-1914) », *Cahiers Jaurès*, n° 209, 2013, p. 15-32.

PRADEL, Jean, « Le jury en France. Une histoire jamais terminée », *Revue internationale de droit pénal*, vol. 72, n° 1-2, 2001, p. 175-179.

PROVIDENCE, Mathieu, « Boulanger avant le boulangisme. Un officier colonial tombé en République », *Politix*, vol. 72, n° 4, 2005, p. 155-179.

RABAULT, Hugues, « Le problème de l'interprétation de la loi : la spécificité de l'herméneutique juridique », *Le Portique*, n° 15, 2005, p. 43-56.

RAY, Jean, « La Révolution Française et la pensée juridique : l'idée du règne de la loi », *Revue philosophique de la France et de l'Étranger*, vol. 128, n° 9, p. 364-393.

REBERIOUX, Madeleine, « Histoire, historiens et dreyfusisme », *Revue historique*, avril-juin 1979, p. 381-404.

REBERIOUX, Madeleine, « Jean Jaurès : pour l'amour de l'Humanité », *Mil neuf cent*, n° 11, 1993, p. 56-62.

RESPAUT, André, « Sur un principe de l'anarchie », *Le Libertaire*, 25 septembre 1925.

REYNAUD-PALIGOT, Carole, « L'émergence de l'antisémitisme scientifique chez les anthropologues français », *Archives Juives*, vol. 43, n° 1, 2010, p. 66-76.

RIBÉMONT, Thomas, « Les historiens chartistes au cœur de l'affaire Dreyfus », *Raisons politiques*, vol. 18, n° 2, 2005, p. 97-116.

RODEMACQ, Maxence, « L'industrie de l'obscénité à Paris (1855-1930) », *Romantisme*, vol. 167, n° 1, 2015, p. 13-20.

ROGISTER, John, « La résonance des parlements de l'Ancien Régime au XIXe siècle », *Parlement[s], Revue d'histoire politique*, vol. 15, n° 1, 2011, p. 105-113.

ROLAND, Sébastien, « La notion d'exécution dans la doctrine du XIXe siècle », *Revue Française d'Histoire des Idées Politiques*, vol. 34, n° 2, 2011, p. 311-342.

ROSEAU, Jean-François, « Barbey d'Aurevilly, le génie du ressentiment. L'affaire Buloz ou le procès de la Revue des deux mondes », *La Revue des deux mondes*, avril 2019, p. 90-96.

ROSIER-CATACH, Irène, « Le blasphème et l'invention du huitième péché capital, le "péché de langue" », *PO&SIE*, n° 162, 2017, p. 94-104.

ROUANET, Gustave, « La question juive et la question sociale », *La Revue socialiste*, t. XI, janvier-juin 1890, p. 219-234.

ROUBAN, Luc, « Le statut des fonctionnaires comme enjeu socio-historique », *Revue française d'administration publique*, vol. 132, n° 4, 2009, p. 673-687.

ROUBAN, Luc, « Les préfets de la République (1870-1997) », *Les cahiers du CEVIPOF*, n° 26, janvier 2000, p. 1-60.

ROUBAN, Luc, « Le nombre des fonctionnaires : le débat autour du fonctionnarisme (1877-1914) », *Revue française d'administration publique*, vol. 135, n° 3, 2010, p. 583-599.

ROYER, Jean-Pierre, « Généalogie de l'École nationale de la magistrature – à propos du mode de recrutement des magistrats depuis la Révolution », *Les Cahiers de la Justice*, vol. 1, n° 1, 2010, p. 65-72.

ROYER, Jean-Pierre, « L'affaire Dreyfus. La loi du 27 décembre 1900 : une amnistie au goût amer », *Histoire de la justice*, vol. 28, n° 1, 2018, p. 55-62.

ROZENBERG, Jacques, « Biologie de la race et psychopathologie. La dialectique mythique de l'antisémitisme », *Archives de Philosophie*, vol. 64, n° 1, 2001, p. 71-86.

ROZIER-ROBIN, Édith, « Le souvenir du 2 décembre dans la mémoire républicaine 1868-1871 », *Revue d'histoire du XIXe siècle*, n° 1, 1985, p. 87-113.

RUBIN SULEIMAN, Susan, « L'engagement sublime : Zola comme archétype d'un mythe culturel », *Cahiers naturalistes*, 1993, n° 67, p. 11-24.

SABY, Fréderic, « Approche historique du dépôt légal en France », *Sociétés & Représentations*, vol. 35, n° 1, 2013, p. 17-18.

SAINT-AMAND, Denis, « Discours et imaginaires de la Commune », *COnTEXTES*, n° 30, 2021, p. 10-22.

SAINT-AMAND, Denis, « Regards littéraires sur le scientifique : du mimétisme au contre-pied », *Revue d'histoire du XIXe siècle*, n° 57, 2018, p. 107-120.

SALAS, Denis, « Opinion publique et justice pénale. Une rencontre impossible ? », *Le Temps des médias*, vol. 15, n° 2, 2010, p. 99-110.

SALET, Francis, « Mécénat royal et princier au Moyen Âge », *Comptes rendus des séances de l'Académie des Inscriptions et Belles-Lettres*, vol. 129, n° 4, 1985, p. 620-629.

SALOMÉ, Karine, « Le 9 décembre 1893, attentat anarchiste à la Chambre des députés », *Parlement[s], Revue d'histoire politique*, hors-série n° 16, 2021, p. 145-152.

SAPIRO, Gisèle, « Aux origines de la modernité littéraire : la dissociation du Beau, du Vrai et du Bien », *Nouvelle revue d'esthétique*, vol. 2, n° 6, 2010, p. 13-23.

SAPIRO, Gisèle, « Christophe Charle, Les Intellectuels en Europe au XIXe siècle. Essai d'histoire comparée, 1996 », *Actes de la recherche en sciences sociales*, vol. 115, décembre 1996, p. 107.

SAPIRO, Gisèle, « Droit et histoire de la littérature : la construction de la notion d'auteur », *Revue d'histoire du XIXe siècle*, n° 48, 2014, p. 107-122.

SAPIRO, Gisèle, « Le champ est-il national ? La théorie de la différenciation sociale au prisme de l'histoire globale », *Actes de la recherche en sciences sociales*, vol. 5, n° 200, 2013, p. 70-85.

SAPIRO, Gisèle, « Responsabilité légale et responsabilité morale de l'écrivain : une perspective socio-historique », *Revue Droit & Littérature*, vol. 1, n° 1, 2017, p. 9-23.

SAPIRO, Gisèle, « Modèles d'intervention politique des intellectuels. Le cas français », *Actes de la recherche en sciences sociales*, vol. 176-177, n° 1-2, 2009, p. 8-31.

SARTRE, Patrice, FERLET, Philippe, « Le secret de défense en France », *Études*, vol. 412, n° 2, 2010, p. 165-175

SAVIGNAC, Jean-Charles, « L'État et la fonction publique : enseignements et perspectives », *Revue juridique de l'Ouest*, vol. 2, 2009, p. 137-168.

SAWYER, Stephen, « Ces nations façonnées par les empires et la globalisation. Réécrire le récit national du XIXe siècle aujourd'hui », *Annales HSS*, 2014, n° 1, p. 117-137.

SCHAEFFER, Jacqueline, « Le sexe féminin : entre tabou et interdit », *Cahiers de psychologie clinique*, vol. 2, n° 45, 2015, p. 41-75.

SCHMIEDER, Éric, « La Chambre de 1885-1889 et les affaires du Tonkin », *Revue française d'histoire d'outre-mer*, vol. 53, n° 192-193, 1966, p. 153-214.

SECKEL, Raymond-Josué, « Vu de l'Enfer : L'Enfer et ses gardiens au XIXe siècle et après », *Le Magasin du XIXe siècle*, n° 4, 2014, p. 120-129.

SÉE, Henri, « Henri Carré, La fin des Parlements (1788-1790) », *Annales de Bretagne*, vol. 28, n° 1, 1912, p. 121.

SEIGNAN, Gérard, « L'hygiène sociale au XIXe siècle : une physiologie morale », *Revue d'histoire du XIXe siècle*, n° 40, 2010, p. 113-130.

SEIGNOBOS, Charles, « Les opérations des Commissions mixtes en 1852 », *Bulletin de la Société d'histoire de la Révolution de 1848*, vol. 6, n° 32, Mai-juin 1909, p. 59-67.

SPANDONIS, Sophie, « La presse du Second Empire vue à travers le Journal des Goncourt, ou le Journal comme document humain », *Cahiers Edmond et Jules de Goncourt*, 2002, n° 9, p. 125-151.

STARN, Randolph, « Métamorphoses d'une notion. Les historiens et la crise », *Communications*, n° 25, 1976, p. 4-18.

STORA-LAMARRE, Annie, « Le livre en question. La censure au Congrès international contre la pornographie (Paris, 1908) », *Mil neuf cent*, n° 7, 1989, p. 87-98.

STRAEHLI, Gilles, « L'appréhension du statut du ministre du culte par le juge pénal étatique », *L'Année canonique*, vol. LI, n° 1, 2009, p. 253-265.

TAGUIEFF, Pierre-André, « L'invention du "complot judéo-maçonnique", Avatars d'un mythe apocalyptique moderne », *Revue d'Histoire de la Shoah*, vol. 198, n° 1, 2013, p. 23-97.

TARDIVEL, Émilie, « Qu'est-ce qu'une nation ? », *Études*, n° 10, 2016, 53-64 p.

TERRAL, Hervé, « L'éducation morale et les pédagogues de la IIIe République », *Spirale. Revue de recherches, éducation*, n° 21, 1998, 53-59

THIEN, Ly-Hoang. « La Bibliothèque Nationale sous la Révolution : Au tournant des Lumières : 1780-1820 », *Dix-huitième Siècle*, n° 14, 1982. p. 75-88.

THIESSE, Anne-Marie, « La fabrication culturelle des nations européennes », *Sciences Humaines*, vol. 11, n° 110, 2000, p. 29.

THORAL, Marie-Cécile, « Naissance d'une classe sociale : les fonctionnaires de bureau, du Consulat à la Monarchie de Juillet. Le cas de l'Isère », *Revue d'histoire du XIXe siècle*, n° 32, 2006, p. 93-110.

THUILLIER, Guy, « Pour une prospective de l'histoire administrative contemporaine », *Le mouvement social*, n° 157, 1991, p. 71-84.

THUILLIER, Guy, « Pour une théorie générale de l'histoire de la bureaucratie », *Revue administrative*, n° 291, 1996, p. 264-274.

THUILLIER Guy, TULARD Jean, « L'histoire de l'administration du XIXe siècle depuis dix ans. Bilan et perspectives », *Revue historique*, n° 524, 1977, p. 441-455

TORT, Olivier, « La magistrature française face aux deux Restaurations (1814-1815) », *Revue d'histoire du XIXe siècle*, n° 49, 2014, p. 93-107.

TRAULLÉ, Julie, « Exclusivisme de la loi du 29 juillet 1881 : la fin justifie-t-elle encore les moyens ? », *Recueil Dalloz*, n° 24, 2 juillet 2020, p. 1368-1374.

TURLAIS, Pierrette. « Alfred Dreyfus, Cahiers de l'île du Diable », *Cahiers Sens public*, vol. 11-12, n° 3-4, 2009, p. 93-101.

VALBOUSQUET, Nina, « Tradition catholique et matrice de l'antisémitisme à l'époque contemporaine », *Revue d'histoire moderne & contemporaine*, vol. 62, n° 2-3, 2015, p. 63-88.

VAN DE KERCHOVE, Michel, « Les fonctions de la sanction pénale. Entre droit et philosophie », in *Informations sociales*, vol. 7, n° 127, 2005, p. 22-31.

VANDENBUSSCHE, Robert, « La fonction municipale sous la Troisième République. L'exemple du département du Nord », *Revue du Nord*, vol.76, n° 305, Avril-juin 1994, p. 319-337.

VAUTHIER, Gabriel, « Le panthéon français sous la révolution française », *Annales révolutionnaires*, vol. 3, n° 3, 1910, p. 395-416.

VERPEAUX, Michel, « Liberté d'expression et discours politique », *Annuaire international de justice constitutionnelle*, 23-2007, 2008, p. 235.

VIALLANEIX, Paul, « Michelet et la Révélation de 1789 », *Romantisme*, n° 50, 1985, p. 61-74.

VIARD, Jacques, « Prophètes d'Israël et annonciateur chrétien d'après les archives inédites des "Cahiers" », *Revue d'Histoire littéraire de la France*, vol. 73, n° 2-3, p. 333-380.

VIGOUROUX, Christian, « S'obstiner dans l'échec. L'exemple de l'affaire Dreyfus », *Inflexions*, vol. 45, n° 3, 2020, p. 109-116.

VÖRÖS, Florian, « La régulation des effets de la pornographie », *Hermès*, La Revue, vol. 69, n° 2, 2014, p. 124-128.

WALLARD, Henri. « L'essor des populismes. Origines et particularités des mouvements populistes : leur succès politique », *Futuribles*, vol. 426, no. 5, 2018, p. 55-74.

WAQUET, Françoise, « Qu'est-ce que la République des Lettres ? Essai de sémantique historique », *Bibliothèque de l'école des chartes*, vol. 147, 1989, p. 473-502.

WELSKOPP, Thomas, « L'histoire sociale du XIXe siècle : tendances et perspectives », *Le Mouvement Social*, vol. no 200, n° 3, 2002, p. 153-162.

WERTH, Nicolas, « Dans l'ombre de la Shoah : les pogromes des guerres civiles russes (1918-1921) », *Revue d'Histoire de la Shoah*, vol. 189, n° 2, 2008, p. 319-357.

WILLAIME, Jean-Paul, « 1905 et la pratique d'une laïcité de reconnaissance sociale des religions », *Archives de sciences sociales des religions*, n° 129, 2005, p. 67-82.

WILSON, Stephen, « Le monument Henry : la structure de l'antisémitisme en France, 1898-1899 », *Annales. Économies, Sociétés, Civilisations*, vol. 32, n° 2, 1977, p. 265-291.

WINOCK, Michel, « Rochefort : la Commune contre Dreyfus », *Mil neuf cent*, n° 11, 1993, p. 82-86.

WISTRICH, Robert, « L'aspect mouvant de la judéophobie contemporaine », *Pardès*, vol. 55, n° 1, 2014, p. 149-158.

WOEHRLING, Jean-Marie, « Statut des ministres du culte et droit français », *Revue du droit des religions*, n° 8, 2019, p. 75-91.

WOLF, Nelly, « Le roman comme démocratie », *Revue d'histoire littéraire de la France*, n° 105, 2005, p. 343-352.

WORMS, Frédéric, « L'idée de moment 1900. Un problème philosophique et historique », *Le Débat*, n° 140, 2006, p. 172-192.

WRIGHT,Vincent, « L'épuration du Conseil d'État en juillet 1879 », *Revue d'histoire moderne et contemporaine*, vol. 19, n° 4, Octobre-décembre 1972, p. 621-653.

WRIGHT,Vincent, « La Loi de sûreté générale de 1858 », *Revue d'histoire moderne et contemporaine*, vol. 16, n° 3, Juillet-septembre 1969, p. 414-430

WRONA, Adeline, « Mots à crédit : L'Argent, de Zola, ou la presse au cœur du marché de la confiance », *Romantisme*, vol. 151, n° 1, 2011, p. 67-79.

YON, Jean-Claude, « La censure dramatique en France au XIXe siècle : fonctionnement et stratégies d'auteur », *Cahiers de l'Association internationale des études françaises*, 2010, n° 62, p. 361-376.

OUVRAGES ET ARTICLES EN LIGNE

OUVRAGES EN LIGNE

CHERRIER, Emmanuel, « Seize-Mai 1877 : est-ce un coup d'état ? », in *Le Seize-mai revisité*, [en ligne], Lille, Publications de l'Institut de recherches historiques du Septentrion, 2009, p. 17-36, [consulté le 9 novembre 2020], https://books.openedition.org/irhis/2252?lang=fr

CURTIS, Sarah, *L'Enseignement au temps des congrégations : Le diocèse de Lyon (1801-1905)* [en ligne], Lyon, Presse Universitaire de Lyon, 2003, [consulté le 21 novembre 2021], 288 p, https://journals.openedition.org/rhr/4198

DORÉ, Sandrine, *L'art de la caricature*, [en ligne], Nanterre, Presses universitaires de Paris Nanterre, 2011, 350 p., [consulté le 02 avril 2021], https://books.openedition.org/pupo/2200?lang=fr

ESTEBE, Jean, « Prosopographie des militaires ministres sous la Troisième République », in FORCADE, Olivier, DUHAMEL, Éric, VIAL, Philippe, *Militaires en République, 1870-1962 : Les officiers, le pouvoir et la vie publique en France*, [en ligne], Paris, Éditions de la Sorbonne, 1999, 724 p., [consulté le 12 janvier 2022], https://books.openedition.org/psorbonne/61562?lang=fr

FORCADE, Olivier, DUHAMEL, Éric, *Militaires en République, 1870-1962*, [En ligne], Paris, Éditions de la Sorbonne, 1999, 734 p. [consulté le 23 Novembre 2022], https://books.openedition.org/psorbonne/61562?lang=fr

JAUME, Lucien, « La conception doctrinaire de la liberté de la presse : 1814-1819 », in *Colloque François Guizot*, [en ligne], 1993, p. 111-123, [consulté le 2 janvier 2020], https://www.guizot.com/fr/colloque-francois-guizot-1993/

JIMENES, Rémi, « François Ier et l'imprimerie royale : une occasion manquée ? », *Bibliothèque d'Humanisme et Renaissance*, [en ligne], Paris, Librairie Droz, 2020, p. 259-300, [Consulté le 7 octobre 2022], https://journals.openedition.org/studifrancesi/44893?lang=fr

JOLY, Laurent, « Le nationalisme français des années 1880-1r ye900 et l'exaltation de la haine, "légitime", "saine", "populaire", contre le juif », in DELEPLACE Marc dir., *Les discours de la haine : Récits et figures de la passion dans la Cité*, [en ligne], Villeneuve d'Ascq, Presses universitaires du Septentrion, 2009, p. 235-244, [consulté le 10 octobre 2021], https://books.openedition.org/septentrion/40269?lang=fr

KRAKOVITCH, Odile, *Censure des répertoires des grands théâtres parisiens (1835-1906). Inventaire*, [en ligne], Paris, Centre Historique des Archives nationales, 2003, [Consulté le 2 octobre 2022], https://francearchives.fr/findingaid/d4d57ccc2fb6fe47615c5766b4be7d6dfd0f8242

LAURENT, Franck, « Chapitre II. Le roi, l'État, la Nation » in *Victor Hugo : espace et politique (jusqu'à l'exil : 1823-1852)*, [en ligne], Rennes, Presses universitaires de Rennes, 2008, p. 55-80 [consulté le 22 septembre 2022], https://books.openedition.org/pur/29403?lang=fr

MARCHAND, Bernard, CICERI-MARCHAND, Marie-France, *Le"bon sens", un piège en Sciences Humaines ?* [en ligne], 1985, 20 p., [consulté le 1er avril 2021], http://www-ohp.univ-paris1.fr/Articles/Bon_Sens.pdf

POUMARÈDE, Jacques, « Faut-t-il élire les juges ? », in *La légitimité des juges* [en ligne], Toulouse, Presses de l'Université Toulouse 1 Capitole, 2004, 224 p., [consulté le 01 avril 2021], https://books.openedition.org/putc/2426?lang=fr

RAYANT, Stevens, *La censure du dessin de presse pour obscénité*, [en ligne], 12 janvier 2014, p. 21., [consulté le 2 avril 2021], https://hicsa.univ-paris1.fr/documents/file/6-Rayant-Censure.pdf

VAVASSEUR-DESPERRIERS, Jean, « Réalités et limites de la coalition d'Ordre moral », in GUSLIN Jean-Marc, *Le Seize-mai revisité*, [en ligne], Lille, Publications de l'Institut de recherches historiques du Septentrion, 2009, 155 p., [consulté le 2 février 2018], https://books.openedition.org/irhis/2246

ARTICLES EN LIGNE

BARBANÇON, Louis-José, « La loi de déportation politique du 8 juin 1850 : des débats parlementaires aux Marquises », *Criminocorpus* [En ligne], [consulté le 3 octobre 2021], https://journals.openedition.org/criminocorpus/149

BELLOT, Marina, « Le Procès des Trente ou le fantasme d'une secte anarchiste en France », *Retronews*, [en ligne], 19 Novembre 2018, p. 1-4, [consulté le 14/04/2021], https://www.retronews.fr/politique/echo-de-presse/2018/11/19/le-proces-des-trente-anarchistes

BERNAUDEAU, Vincent, « L'Anjou, la République et ses juges », *Criminocorpus* [En ligne], 03 janvier 2011, [consulté le 01 avril 2021], https://journals.openedition.org/criminocorpus/328#quotation

BERTOZZO Matthieu, « Le 3 novembre 1790, la mise au pas des juges sous la Révolution, De la vacance indéterminée à l'abolition des Parlements d'Ancien Régime », *Revue générale du droit* [en ligne], 2015, [consulté le 18 mars 2021], https://www.revuegeneraledudroit.eu/blog/2015/11/17/le-3-novembre-1790-la-mise-au-pas-des-juges-sous-la-revolution/

BIHR, Alain, « La civilisation des mœurs selon Norbert Elias », *Revue interrogations*, [En ligne], n° 19, 2014, [consulté le 11 mars 2020], http://classiques.uqac.ca/contemporains/bihr_alain/civilisation_des_moeurs/civilisation_des_moeurs_texte.html

CAHEN, Raphaël, LANDWERLEN, Thomas, « De Johann Gottfried Herder à Benedict Anderson : retour sur quelques conceptions savantes de la nation », *Sens Public*, [en ligne], 2010, p. 1-19, [consulté le 3 septembre 2022], https://sens-public.org/IMG/pdf/SensPublic_RCahen_et_TLandwehrlen_conceptions_savantes_de_la_nation.pdf

DETRAIGNE, Yves, ESCOFFIER, Anne-Marie, *Rapport d'information n° 441 (2008-2009) au nom de la commission des lois, déposé le 27 mai 2009*, « La vie privée à l'heure des mémoires numériques. Pour une confiance renforcée entre citoyens et société de l'information » [en ligne], 27 mai 2009, [consulté le 10 octobre 2020], http://www.senat.fr/notice-rapport/2008/r08-441-notice.html

CRETOIS, Pierre, ROZA, Stéphanie, « De l'intérêt général : introduction », *Astérion*, [en ligne], n° 17, 2017, [consulté le 1er octobre 2020], https://journals.openedition.org/asterion/2996#quotation

DELPORTE, Christian, « Émile de Girardin », France Archives [en ligne], [consulté le 2 février 2021], https://francearchives.fr/fr/pages_histoire/39828

FAYT, René, « Un éditeur des naturalistes, Henry Kistemaeckers », *Revue de l'Université de Bruxelles* [En ligne] n° 4-5, 1984, p. 217-239, [consulté le 25 juin 2022], https://journals.openedition.org/textyles/2732#ftn1

LE TROCQUER, Olivier, « Mémoire et interprétation du 4 Septembre 1870 : le sens de l'oubli », *Temporalités*, [en ligne], n° 5, 2006, [consulté le 3 Septembre 2020], https://journals.openedition.org/temporalites/283

LYON-CAEN, Judith, RIBARD, Dinah, « Historiographies. L'activité et l'écriture critiques entre presse et littérature, XVIIIe et XIXe siècles », *COnTEXTES*,

[En ligne], n° 11, 2012, [consulté le 12 octobre 2022], https://journals.openedition.org/contextes/5303

QUINCY-LEFEBVRE, Pascale, « La prostitution des mineurs dans le débat républicain à la Belle Époque. L'expertise juridique et l'échec d'une politique », *Histoire@Politique*, vol. 14, n° 2, 2011, [en ligne], [consulté le 7 septembre 2022], https://www.cairn.info/revue-histoire-politique-2011-2-page-4.htm

RIGUET, Marine, « Un style "au service de la vérité" : la critique littéraire de la seconde moitié du XIXe siècle », *Arts et Savoirs*, p. 7, [en ligne, consulté le 7 septembre 2022].

SAINT BONNET, François, « Le combat pour les libertés publiques à la fin du Second Empire », *Jus Politicum*, n° 5, [en ligne], [consulté le 10 avril 2022], http://juspoliticum.com/article/Le-combat-pour-les-libertes-publiques-a-la-fin-du-Second-Empire-288.html

SAINT BONNET, François, « Le jury et la liberté d'expression. La manifestation démocratique d'une aspiration libérale », *Droit et philosophie*, n° 4, 2012, [en ligne], [consulté le 10 avril 2022], https://www.droitphilosophie.com/articles/le-jury-et-la-liberte-d'expression.-la-manifestation-democratique-d'une-aspiration-liberale-1577

SIMONIN, Anne, « Éloge de l'éclectisme. Penser le champ "Droit et Littérature" à partir des listes de Legal Novels (1900-1987) », *Textyles*, [en ligne], n° 31, 2007, p. 12-27, [consulté le 6 septembre 2017], https://journals.openedition.org/textyles/314

ZIENTARA-LOGEAY, Sandrine, « La théâtralité du procès pénal : entre archaïsme et modernité », *Criminocorpus* [en ligne], vol. 13, 2019, [consulté le 07 mars 2022], https://journals.openedition.org/criminocorpus/2376

« Discours de M. Renan, directeur de l'Académie française. Président des cinq Académies. Lu dans la séance publique annuelle des cinq Académie du 25 octobre 1887 », [en ligne], [consulté le 2 octobre 2024], academie-française.fr

TRAVAUX UNIVERSITAIRES (THÈSES ET MÉMOIRES)

AMBROISE-CASTEROT, Coralie, *De l'accusatoire et de l'inquisitoire dans l'instruction préparatoire*, thèse de doctorat, droit, Bordeaux, 2001, 585 p.

AMBROISE-RENDU, Anne-Claude, *Les faits divers dans la presse française de la fin du XIXe siècle. Étude de la mise en récit d'une réalité quotidienne (1870-1910)*, thèse de doctorat, Histoire, 1997.

AUBISSE, Clément, *Le procès de Zola pendant l'Affaire Dreyfus*, mémoire de Master 2, droit, Université de Bordeaux, 2013.

BERTÉ, Stéphanie, *L'intention en droit pénal*, thèse de doctorat, droit, Paris X, 2005.

BIANCO, René, *Un siècle de presse anarchiste d'expression française (1880-1983)*, thèse de doctorat, Histoire, Aix-en-Provence, 1987.

CHAMBOST, Anne-Sophie, *La pensée juridique de Pierre-Joseph Proudhon : un anarchiste et le droit*, thèse de doctorat, Histoire du droit, Lyon 3, 2000.

COFFINEAU, Florent, *Le Scandale de Panama (1892-1893) dans la presse locale*, mémoire de maîtrise, Histoire, Poitiers, 1990.

DUPRÉ, Albert, *La règle pénale légaliste, son application actuelle en droit comparé*, thèse de doctorat, droit, Université de Grenoble, 1938.

EGNELL, Edgar, *Rôles et Images de la gendarmerie dans le cadre de la politique anticléricale d'Émile Combes (1902-1904)*, mémoire de maîtrise, Histoire, Paris-IV, 2001.

FAUGERE, Clémence, *Le procès de Flaubert pour Madame Bovary*, mémoire de recherche de Master 2, Histoire du droit, 2016, Université de Bordeaux.

GRIVAUX, Frédéric, *L'Armée et l'Instauration de la Troisième République : une coexistence ambiguë (1870-1889)*, thèse de doctorat, Histoire du droit, Université Paris II, 1984.

GARRIGUES, Jean, *Les élections législatives de 1889 à Paris et dans le département de la Seine*, mémoire de maîtrise, Histoire, Paris X – Nanterre, 1982.

KETTANI, Assia, *De l'histoire à la fiction : les écrivains français et l'affaire Dreyfus*, thèse de doctorat, Langue littérature et civilisations françaises, Université Sorbonne nouvelle Paris III, 2010.

JOUBERT, Bernard, *Censures et répressions au XIXe siècle*, thèse de doctorat, lettres et sciences humaines, Paris VII, 1993.

LEVI, Ide, *Réalisme moral ou volontarisme théologique ? : le problème de l'objectivité des valeurs et des normes morales en contexte théiste (perspectives médiévales et contemporaines)*, thèse de doctorat, philosophie, École doctorale de l'École pratique des hautes études, 2016.

MICHALAK, Thomas, *Les Assemblées parlementaires, juge pénal. Analyse d'un paradigme irréalisable (1789-1918)*, thèse de doctorat en Histoire du droit, Université Paris Panthéon-Assas, 2020.

MIGOZZI, Jacques, *L'Écriture de l'histoire dans la trilogie romanesque : L'Enfant, Le Bachelier, L'Insurgé de Jules Vallès*, thèse de doctorat, littérature française, Paris 8, 1990.

NÉRÉ, Jacques, *La crise industrielle de 1882 et le boulangisme*, Thèse de doctorat, lettres, Paris, 1959, 2 Vol.

PARRAIN, Josette, *Censure, théâtre et Commune (1871-1914)*, thèse de doctorat, Histoire du droit, Université de Strasbourg III, 1999.

PFISTER, Laurent, *L'Auteur, propriétaire de son œuvre ? La formation du droit d'auteur du XVIe siècle à la loi de 1957,* thèse de doctorat, Histoire du droit, Strasbourg 3, 1999.

PLUEN, Olivier, *L'inamovibilité des magistrats : un modèle ?*, thèse de doctorat, droit, Université Paris II, 2011.

PONTY, Jacqueline, *La France devant l'affaire Dreyfus. Contribution à une étude sociale d'opinion publique 1898-1899*, Thèse de doctorat, EPHE, 1971.

PROVIDENCE, Mathieu, *La contribution paradoxale du boulangisme à l'édification de la démocratie parlementaire*, thèse de doctorat, Science politique, Paris X, 2009.

RAUX, Cédric, *La construction du sujet de droit : Recherches sur la nature et les formes de l'individualisme juridique*, thèse de doctorat, droit, Dijon, 2004.

TOURNIÉ, Vincent, *Monnaie, épargne et crises politiques dans la France au XXe siècle*, thèse de doctorat, histoire, Université Denis Diderot Paris VII, Paris, 2009.

VACHET, Claire, *Le droit saisi par l'anarchisme. Étude du discours des militants libertaires (1870-1926)*, thèse de doctorat, Histoire du droit, Université de Bordeaux, 2020.

OUVRAGES

ABRAMOVICI, Jean-Christophe, *Le livre interdit : De Théophile de Viau à Sade*, Paris, Éditions Payot & Rivages, 1996, 276 p.

AGHULON, Maurice, *Marianne au combat. L'imagerie et la symbolique républicaines de 1789 à 1880*, Paris, Flammarion, 1979, 251 p.

AGHULON, Maurice*, Le cercle dans la France bourgeoise 1810-1848*, Paris, Armand Colin, 1977, 108 p.

AGHULON, Maurice*, La République*, t. 1, Paris, Hachette, 2011, 472 p.

ALBERT, Pierre éd., *Histoire de la presse*, Paris, PUF, 2018, 128 p.

ALLAND, Denis, RIALS Stéphane dir, *Dictionnaire de la culture juridique*, Paris, PUF, 2003, 1680 p.

ALLORANT, Pierre, BADIER, Walter, GUARRIGUES, Jean, *1870, entre mémoires régionales et oubli national : se souvenir de la guerre franco-prussienne*, Rennes, Presses universitaires de Rennes, 2019, 297 p.

ALLORANT, Pierre, BADIER, Walter, GUARRIGUES, Jean, *Les dix décisives (1869-1879)*, Presses Universitaires de Rennes, 2022, 452 p.
ALMERAS, Henri d', La vie parisienne pendant le siège de Paris et sous la Commune, Paris, Cercle du bibliophile, 1925, 544 p.
ALPEROVICTH, Vladimir, *Panama. Le procès de Ferdinand de Lesseps, discours prononcé à l'ouverture de la conférence des avocats stagiaires de la Cour d'appel de Paris*, Mesnil-sur-l'Estrée, Impr. de Firmin-Didot, 1935, 48 p.
AMADIEU, Jean-Baptiste, *Le censeur critique littéraire. Les jugements de l'Index, du romantisme au naturalisme*, Paris, Éditions du Cerf, 2017, 542 p.
AMBROISE-RENDU, Anne-Claude, *Petits récits des désordres ordinaires : les faits divers dans la presse française des débuts de la IIIe République à la Grande Guerre*, Paris, Seli Arslan, 2004, 332 p.
AMSON, Charles, AMSON, Daniel, MOORE, Jean-Gaston, JANVILLE, Thomas, *Les grands procès*, Paris, PUF, 2007, 456 p.
ANDERSON, Benedict, *L'imaginaire national. Réflexions sur l'origine et l'essor du nationalisme*, [1996], Pierre-Emmanuel Dauzat trad., Paris, La découverte, 2006, 214 p.
ANSART, Pierre, *Naissance de l'anarchisme, esquisse d'une explication sociologique du proudhonisme*, Paris, Presse Universitaires de France, 1970, 366 p.
APRILE, Sylvie, « Scheurer-Kestner Daniel Nicolas Auguste 1833-1899 », in CORBIN, Alain, MAYEUR, Jean-Marie dir., *Les immortels du Sénat, 1875-1918 : Les cent seize inamovibles de la Troisième République*, Paris, Éditions de la Sorbonne, 1995, p. 463-478.
ARABEYRE, Patrick, AUDREN Frédéric, GOTELLY, Alexandra, *Paul Viollet 1840-1914. Un grand savant assoiffé de justice*, Paris, École Nationale des Chartes, 2019, 168 p.
ARD, Christine, CHAUVAUD, Frédéric, PERROT, Michelle, PETIT, Jacques-Guy dir., *Femmes et justice pénale : XIXe-XXe siècles*, Rennes, PUR, 2002, 382 p.
ARENDT, Hannah, *Sur l'antisémitisme. Les origines du totalitarisme*, t. 1, New-York, 1951, 288 p.
ARMAND, Émile, *Petit Manuel anarchiste individualiste*, Paris, L'Encyclopédie anarchiste, 1934, 96 p.
ARMSTRONG, Elizabeth, *Before copyright. The French book-privilege system, 1498-1526*, Cambridge, Cambridge University Press, 2002, 317 p.
ARON, Paul, VIALA, Alain, *Sociologie de la littérature*, Paris, PUF, 2006, 127 p.
ARONSON, Irwin, *Troubled Waters : the Origin of the 1881 Anti-Jewish Pogroms in Russia*, Pittsburg, University of Pittsburgh Press, 1990, 302 p.
AUDREN, Frédéric, CHAMBOST, Anne-Sophie, HALPÉRIN, Jean-Louis, *Histoires contemporaines du droit*, Paris, Dalloz, 312 p.
AUDREN, Frédéric, LASCOUMES, Pierre, « La Justice, le gendre et le scandale

des décorations. Aux origines du trafic d'influence », in DUMONT, Bruno, POLLET, Gilles, *La fabrique de l'honneur, les médailles et les décorations en France, XIXe-XXe siècles*, Rennes, Presses Universitaires de Rennes, 2009, 240 p.

AYNIÉ, Marie, « Clameur des foules et retenue citoyenne : les manifestations pendant le procès Zola de février 1898 », in CHAUVAUD, Frédéric, PRETOU, Pierre dir., *Clameur publique et émotions judiciaires : De l'Antiquité à nos jours*, Rennes, Presse Universitaire de Rennes, 2013, p. 261-271.

BAAL, Gérard, « Chapitre 3. La fondation du parti radical », in BERNSTEIN Serge, RUBY Marcel dir., *Un siècle de radicalisme*, Villeneuve d'Ascq, Presses universitaires du Septentrion, 2004, p 49-69.

BACH, André, *L'Armée de Dreyfus, une histoire politique de l'armée française de Charles X à « l'Affaire »*, Paris, Tallandier, 2004, 622 p.

BARBIER, Frédéric, *Histoire du livre en Occident*, Paris, Armand Colin, 2020, 352 p.

BARBIER, Fréderic, BERTHOT-LAVENIR, Catherine, *Histoire des médias de Diderot à internet*, Paris, Armand Colin, 2003, 396 p.

BARD, Christine, CHAUVAUD, Frédéric, PIERROT, Michelle, PETIT, Jacques-Guy dir., *Femmes et justice pénale*, XIXe-XXe siècles, Rennes, PUR, 2002, 382 p.

BARDOUT, Jean-Claude, *L'histoire étonnante de la loi 1901 : le droit des associations avant et après Pierre Waldeck-Rousseau*, Lyon, Juris, 2000, 285 p.

BARDOUT, Jean-Claude, *Les libertés d'association. Histoire étonnante de la loi de 1901*, Paris, Les Éditions Juris Service, 1991, 240 p.

BARNETT, Graham, « La Troisième République, 1871-1914 », in LEFEVRE, Thierry, SARDAT, Yves dir., *Histoire des bibliothèques publiques en France de la Révolution à 1939*, Paris, Éditions du Cercle de la Librairie, 1987, p. 161-278.

BARONNET, Jean, CHALOU, Jean, *Communards en Nouvelle-Calédonie : histoire de la déportation*, Paris, Mercure de France, 1987, 431 p.

BARRAL, Pierre, *Les fondateurs de la Troisième République, Textes choisis et présentés par Pierre Barral*, Paris, Armand Collin, 1968, 140 p.

BARRET, Sébastien, STUTZMANN, Dominique, VOGELER, Georg dir., *Ruling the Script in the Middle Ages : Formal Aspects of Written Communication (Books, Charters, and Inscriptions)*, Turnhout, Brepols, 2016, 545 p.

BARTHELEMY, Joseph, *Le problème de la compétence dans la démocratie*, Paris, Librairie Félix Alcan, 1918, 266 p.

BARTHES, Roland, *Le bruissement de la langue. Essais critiques IV*, Paris, Éditions du Seuil, 1968, 412 p.

BARTHOMEUF, Yves, *Les débuts du Sénat républicain, la crise du 6 mai 1877*, Saint-Étienne, Imprimerie de la Loire Républicaine, 1939, 115 p.

BARUCH, Marc Olivier, DUCLERT, Vincent dir., *Serviteurs de l'État, Une histoire politique de l'administration française 1875-1945*, Paris, La Découverte, 2000, 580 p.

BARUCH, Marc Olivier, DUCLERT, Vincent dir., *Justice, politique et République, de l'affaire Dreyfus à la guerre d'Algérie*, Bruxelles, Éditions complexes, 2002, 266 p.

BASH, Norma, *In the Eyes of the Law. Women, Marriage, and Property in Nineteenth Century*, New York/London, Cornell University Press, 1982, 256 p.

BEAUD, Olivier, *La République injuriée : histoire des offenses au chef de l'État au chef de l'État de la IIIe à la Ve République*, Paris, Presse Universitaires de France, 2019, 464 p.

BEAUMONT, Maurice, *Au cœur de l'affaire Dreyfus*, Paris, Éditions mondiales, 1976, 416 p.

BÉCOURT, Daniel, *Livres condamnés. Livres interdits. Régime juridique du livre : Liberté ou censure ?*, Paris, Cercle de la Librairie, 1972, 583 p.

BECKER, Annette, DELMAIRE, Danielle, GUGELOT, Frédéric dir., *Juifs et chrétiens : entre ignorance, hostilité et rapprochement (1898-1998)*, Villeneuve d'Ascq, Édition du Conseil scientifique de l'université Charles-de-Gaulle-Lille 3, 2002, 254 p.

BECKER, Jean-Jacques, « L'Armée », in DUCLERT, Vincent, SIMON-NAHEM, Perrine dir., *L'affaire Dreyfus. Les événements fondateurs*, Paris, Armand Colin, 2009, p. 84-90.

BELLANGER, Claude, GODECHOT, Jacques, GUIRAL, Pierre, TERROU, Fernand, *Histoire générale de la presse française*, t. III, Paris, Presse Universitaire de France, 1972, 645 p.

BENBASSA, Esther, *Histoire des Juifs de France*, Paris, Le Seuil, 2000, 396 p.

BENICHOU, Paul, *Le sacre de l'écrivain (1750-1830), Essai sur l'avènement d'un pouvoir spirituel laïque dans la France moderne*, Paris, Gallimard, 1996, 504 p.

BERGEL, Jean-Louis, *Théorie générale du droit*, Paris, Dalloz, 2012, 400 p.

BERLIÈRE, Jean-Marc, « La police des mœurs sous la IIIe République. Limites et réalités d'une "police républicaine" », in *Les bonnes mœurs*, Paris, P. U. F., 1994, p. 267-281.

BERGER, Peter, LUCKMANN, Thomas, *La Construction sociale de la réalité*, Paris, Klincksieck, 1994, 342 p.

BERNAUDEAU, Vincent, *La justice en question. Histoire de la magistrature angevine au XIXe siècle*, Rennes, Presses universitaires de Rennes, 2007, p. 177-204

BERK, Stephen, *Year of Crisis, Year of Hope : Russian Jewry and the Pogroms of 1881-1882*, Westport, Greenwood Press, 1985, 231 p.

BERLIÈRE, Jean-Marc, *La Police des mœurs sous la IIIe République*, Paris, Seuil, 1992, 270 p.

BERSTEIN, Serge, RUDELLE, Odile dir., *Le modèle républicain*, Paris, Presses universitaires de France, 1992, 432 p.

BIANCHI, Luca, *Censure et liberté intellectuelle à l'Université de Paris (XIIIe-XIVe siècles)*, Paris, Les Belles Lettres, 1999, 382 p.

BIANCHI, Serge, *Des révoltes aux révolutions : Europe, Russie, Amérique (1770-1802). Essai d'interprétation*, Presses universitaires de Rennes, 2004, 492 p.
BIGOT, Grégoire, *L'administration française*, Paris, Lexis Nexis, 2014, 398 p.
BILGER, Philippe, *Le droit de la presse*, Paris, Presse Universitaires de France, 2003, 127 p.
BILLET, Jean-René dir., *Droit et progrès scientifique. Science du droit, valeurs et biomédecine*, Paris, PUF, 2002, 314 p.
BIRNBAUM, Pierre, *Le Moment antisémite. Un tour de la France en 1898*, Paris, Fayard, 1998, 512 p.
BIRNBAUM, Pierre, *Les Fous de la République. Histoire politique des Juifs d'État de Gambetta à Vichy*, Paris, Fayard, 1992, 510 p.
BLANCHOT, Raymond, *Histoire de l'imprimerie d'État*, L'art du livre à l'imprimerie nationale, Paris, 1973, 295 p.
BLIC, Damien de, « Cent ans de scandales financiers en France. Investissement et désinvestissement d'une forme politique », in OFFENSTADT, Nicolas dir., *Affaires, scandales et grandes causes*, Paris, Stock, 2007, p. 231-237.
BLOCH, Marc, *Les Rois thaumaturges. Étude sur le caractère surnaturel attribué à la puissance royale particulièrement en France et en Angleterre*, Paris, Gallimard, 1993, 608 p.
BLUM, Léon, *Souvenirs sur l'Affaire*, Paris, Gallimard, 1993, 160 p.
BOCCON-GIBOD, Didier, « Le rôle du parquet général de la Cour de cassation dans l'Affaire », in MANCERON, Gilles, NAQUET, Emmanuel dir., *Être dreyfusard hier et aujourd'hui*, Rennes, Presses universitaires de Rennes, 2009, 451-453 p.
BOEGLIN, Édouard, *Être dreyfusard hier et aujourd'hui*, Rennes, Presses Universitaire de Rennes, 2009, 552 p.
BOISSEAU, Pierre, « La république démocratique et sociale de 1871 : une forme originale de "gouvernement du peuple par le peuple et pour le peuple" », in *La commune de 1871 : utopie ou modernité ?*, Perpignan, Presses universitaires de Perpignan, 2000, p. 35-56.
BONHOMME, Éric, *D'une monarchie à l'autre Histoire politique des institutions françaises 1814-2020*, Paris, Armand Colin, 2021, 384 p.
BONNIN, George, CROQUET, Pierre dir., *L'art du livre à l'Imprimerie nationale. Des origines à nos jours*, Paris, Imprimerie nationale, 1973, 295 p.
BORRILLO, Daniel, LOCHAK, Danièle dir., *La liberté sexuelle*, Paris, Presse Universitaires de France, 2005, 248 p.
BOUDOU, Guillaume, *L'émergence de la liberté d'association en droit français (1810-1848), Apports de la législation et de la pratique judiciaire pénales*, Paris, LGDJ, 2020, 1116 p.
BOUHEY, Vivien, « Le citoyen face au compagnon dans la République à l'époque de la "terreur noire" », in BOGANI, Lisa, BOURDIN, Philippe, CARON,

Jean-Claude dir., *La République à l'épreuve des peurs : De la Révolution à nos jours*, Rennes, Presses universitaires de Rennes, 2016, p. 165-177.

BOURDIEU, Pierre, *Esquisse d'une théorie de la pratique*, Paris, Éditions du Seuil, 2000, 272 p.

BOURDIEU, Pierre, *La distinction. Critique sociale du jugement*, Paris, Éditions de Minuit, 1979, 680 p.

BOURDIEU, Pierre, *Langage et pouvoir symbolique*, Paris, Éditions du Seuil, 2011, 432 p.

BOURDIEU, Pierre, *Les règles de l'art. Genèse et structure du champs littéraire*, Paris, Seuil, 2002, 492 p.

BOURDIEU, Pierre, *Manet. Une révolution symbolique*, Paris, Le Seuil, 2013, 784 p.

BOURDIEU, Pierre, *Microcosmes. Théorie des champs*, Paris, Raisons d'agir, 1979, 696 p.

BOURDIEU, Pierre, *Raisons pratiques*, Paris, Seuil, 1994, 256 p.

BOURDIEU, Pierre, *Sur l'État*, Paris, Seuil, 2012, 672 p.

BOURDIEU, Pierre, PASSERON, Jean-Claude, *La reproduction*, Paris, Éditions de Minuit, 1970, 284 p.

BOURGIN, Georges, *La guerre de 1870-1871 et la Commune*, Paris, Flammarion, 1938, 432 p.

BOUVIER, Jean, *Les deux scandales de Panama*, Paris, Julliard, 1964, 207 p.

BREDIN, Jean-Denis, *Bernard Lazare : de l'anarchiste au prophète*, Paris, Éditions de Fallois, 1992, 428 p.

BREDIN, Jean-Denis, *L'Affaire*, Paris, Julliard, 1983, 551 p.

BREDIN, Jean-Denis, « L'affaire Dreyfus : la Cour de Cassation et l'opinion publique », in DENIS Michel, LAGRÉE Michel, VEILLARD Jean-Yves dir., *L'affaire Dreyfus et l'opinion publique : en France et à l'étranger*, Rennes : Presses universitaires de Rennes, 1995, p. 19-26.

BROCHEUX, Pierre, *Les décolonisations au XXe siècle. La fin des empires européens et japonais*, Paris, Armand Colin, 2012, 336 p.

BROGLIE, Gabriel de, *Histoire politique de la Revue des Deux Mondes de 1829 à 1979*, Paris, Perrin, 1979, 381 p.

BROGLIE, Gabriel de, *Mac Mahon*, Paris, Perrin, 2000, 459 p.

BROUDIC, Fañch, « L'interdiction du breton en 1902 : une étape vers la Séparation », in BALCOU Jean, *et al.*, *Les Bretons et la Séparation : 1795-2005*, Rennes, Presses universitaires de Rennes, 2006, p. 215-224.

BRUHAT, Jean, DAUTRAT, Jean, TERSEN, Émile, *La Commune de 1871*, Paris, Éditions Sociales, 1970, 435 p.

BRUNO, Anne-Sophie, GEERKENS, Eric, HATZFELD, Nicolas, OMNES, Catherine dir., *La santé au travail, entre savoirs et pouvoirs (XIXe-XXe siècles)*, Rennes, Presses universitaires de Rennes, 2011, 360 p.

BUJADOUX, Jean-Félix de, *La constitution de la IIIe république*, Paris, LGDJ, 2014, 176 p.
BURDEAU, François, *Histoire de l'administration française du XVIIIe siècle au XXe siècle*, Paris, Montchrestien, 1989, 400 p.
BUREAU, Paul, *La Crise morale des temps nouveaux*, Paris, Bloud, 1907, 462 p.
BUSI, Frederick, « La Libre Parole de Drumont et les affaires Dreyfus », in DROUIN Michel dir., *L'affaire Dreyfus de A à Z*, Paris, Flammarion, 1994, p. 397-403.
CABANIS, André, *La presse sous le Consulat et l'Empire (1799-1814)*, Paris, Société des études robespierristes, 1975, 354 p.
CAIRIAU, Paul, *L'antisémitisme catholique aux XIXe et XXe siècles*, Paris, Berg international, 2002, 167 p.
CANDAR, Gilles, « Le cas Jaurès », in MANCERON Gilles, NAQUET Emmanuel dir., *Être dreyfusard hier et aujourd'hui*, Rennes, Presses universitaires de Rennes, 2009, p. 385-392.
CANDAR, Gilles, *Histoire politique de la Troisième République*, Paris, La Découverte, 1999, 122 p.
CANTO-SPERBER, Monique, RUWEN, Ogien, *La philosophie morale,* Paris, PUF, 2017, 128 p.
CARBASSE, Jean-Marie, VIELFAURE, Pascal, *Histoire du droit pénal et de la justice criminelle*, Paris, PUF, 2014, 544 p.
CARBASSE, Jean-Marie, *Histoire du droit pénal et de la justice criminelle*, 1re éd., Paris, Éditions des PUF, 1985, 544 p.
CARBONNIER, Jean, *Droit civil*, t. 4, Paris, Presse Universitaires de France, 1998, 625 p.
CARDOZO, Benjamin, DISSEAUX, Nicolas, *Le droit une question de style ?*, Paris, Dalloz, 2016, 76 p.
CARON, Jean-Claude, « Michelet moraliste ou l'élaboration d'une morale à l'usage de la jeunesse étudiante », in STORA-LAMARRE, Annie dir., *Incontournable morale*, Besançon, Presses universitaires franc-comtoises, 1998, p. 15-29.
CARON, Jean-Claude, VERNUS, Michel, *L'Europe au 19e siècle. Des nations aux nationalismes (1815-1914)*, Paris, Armand Colin, 2015, 496 p.
CARRÉ DE MALBERG, Raymond, *Contribution à la théorie générale de l'État*, t. 2, Paris, Recueil Sirey, 1920, p. 226
CARRÉ DE MALBERG, Raymond, *La loi, expression de la volonté générale : étude sur le concept de la loi dans la constitution de 1875*, Paris, Sirey, 1931, 262 p.
CARTUYVELS, Yves, « Action publique et subjectivité dans le champ pénal : une autre conception du sujet de droit pénal ? », in CANTELLI, Gérard dir., *Action publique et subjectivité*, Paris, L.G.D.C, 2007, p. 87-101

CAVAIGNAC DARDENNE, Henriette, *Lumières sur l'affaire Dreyfus*, Paris, Nouvelles éditions latines, 1964, 422 p.

CAVÉ, Isabelle, *Les médecins-législateurs et le mouvement hygiéniste, 1870-1914*, Paris, l'Harmattan, 2015, 306 p.

CELDRAN JOHANNESSEN, Hélène, *Prophètes, sorciers, rumeurs : La violence dans trois romans de Jules Barbey d'Aurevilly*, New-York, Rodopi, 2008, 305 p.

CHADEAU, Emmanuel, *L'économie du risque : les entrepreneurs de 1850 à 1980*, Paris, Olivier Orban, 1988, p. 327 p.

CHAIX, Gérald, *Le Monde de l'imprimé 1470-1680*, Neuilly, Éditions Atlande, 2020, 430 p.

CHARDON, Henri, *Le Pouvoir administratif*, Paris, Perrin et Cie, 1911, 489 p.

CHARLE, Christophe, *Histoire sociale de la France du XIXe siècle*, Paris, Éditions du Seuil, 1991, 432 p.

CHARLE, Christophe, *La Crise littéraire à l'époque du naturalisme*, Paris, Presses de l'École Normale Supérieure, 1979, 207 p.

CHARLE, Christophe, *Le siècle de la presse*, Paris, Le Seuil, 2004, 416 p.

CHARLE, Christophe, *Les Intellectuels en Europe au XIXe siècle. Essai d'histoire comparée*, Paris, Seuil, 1996, 382 p.

CHARLE, Christophe, *Naissance des « intellectuels » 1880-1900*, Paris, Minuit, 1990, 272 p.

CHARLE, Christophe, VERGER, Jacques, *Histoire des universités*, Paris, PUF, 2007, 126 p.

CHARTIER, Roger, « Construction de l'État moderne et formes culturelles : perspectives et questions », in *Culture et idéologie dans la genèse de l'État moderne. Actes de la table ronde de Rome*, Rome, École Française de Rome, 1985, p. 491-503.

CHATRIOT, Alain, LEMERCIER, Claire, « Les corps intermédiaires », in DUCLERT, Vincent, PROCHASSON, Christophe dir., *Dictionnaire critique de la République*, Paris, Flammarion, 2007, 1380 p.

CHAUMET, Pierre-Olivier dir., *La Commune de Paris au prisme du droit*, Paris, Mare & Martin, 2022, 238 p.

CHEVALLIER, Jacques, « Présentation », in *Les bonnes mœurs*, Paris, Presse Universitaire de France, 1994, 445 p.

CHEVALLIER, Jacques, *Science administrative*, Paris, Presse Universitaire de France, 2019, 636 p.

CHOISEL, Francis, *La Deuxième République et le Second Empire. Au jour le jour*, Paris, CNRS éditions, 2015, 672 p.

CHOMSKY, Noam, *Anarchisme et socialisme*, Marseille, Agone, 2001, 75 p.

CHOPPIN, Alain, « Le Livre scolaire », in CHARTIER Roger, MARTIN Henri-Jean dir., *Histoire de l'édition française. T. IV : le livre concurrencé (1900-1950)*, Paris, Fayard, 1991, p. 303-322.

Clère, Jean-Jacques, Farcy, Jean-Claude, *Le juge d'instruction : approches historiques*, Dijon, Éditions universitaires de Dijon, 2010, 320 p.

Codaccioni, Vanessa, *Punir les opposants. PCF et procès politiques (1947-1962)*, Paris, 2013, 423 p.

Colin, René-Pierre, « Chatouiller le dragon ou du bon usage des procès littéraires : Louis Desprez et Paul Bonnetain en Cours d'assises », in Saminadayar-Perrin Corinne dir., *Qu'est-ce qu'un événement littéraire au* XIXe *siècle ?*, Saint-Étienne, Publications de l'Université de Saint-Étienne, 2008, p. 267-275.

Colin, René-Pierre, « Les Naturalistes à l'assaut de la morale "honnête" », in Ory Pascal dir., *La Censure en France à l'ère démocratique, (1848-...)*, Bruxelles, Éditions Complexe, 1997, 357 p.

Colliard, Claude-Albert, *Libertés publiques*, Paris, Dalloz, 2005, 570 p.

Colliot-Thélène, Catherine, *Études wébériennes : Rationalités, histoires, droits*, Paris, Presse Universitaires de France, 2001, 344 p.

Contamine, Henry, *La Revanche 1871-1914*, Paris, Berger-Levrault, 1957, 280 p.

Cooper Richet, Diana, Mollier, Jean-Yves, Silem, Ahmed dir., *Passeurs culturels dans le monde des médias et de l'édition en Europe (*XIXe *et* XXe *siècles)*, Villeurbanne, Presses de l'ENSSIB, 2005, 348 p.

Corbin Alain, *L'Harmonie des plaisirs. Les manières de jouir du siècle des Lumières à l'avènement de la sexologie*, Paris, Perrin, 2005, 542 p.

Corbin Alain *L'invention du* XIXe *siècle. Le* XIXe *siècle par lui-même (littérature, histoire, société)*, Klincksieck, Presses de la Sorbonne nouvelle, 1999, 383 p.

Costa, Delphine, « Lorsque les fictions déjouent les pièges du droit », in Doat Mathieu, Darcy Gilles dir., *L'imaginaire en droit*, Bruxelles, Bruylant, 2011, p. 367-382.

Couderc-Morandeau, Stéphanie, *Philosophie républicaine et colonialisme : origines, contradictions et échecs sous la Troisième République*, Paris, l'Harmattan, 2008, 294 p.

Courrière, Henri, *Le comté de Nice et la France : Histoire politique d'une intégration (1860-1879)*, Rennes, Presses universitaires de Rennes, 2014, 400 p.

Coutu, Michel, *Max Weber et les rationalités du droit*, Laval, L.G.D.J et les Presses de l'Université de Laval, 1995, 258 p.

Couturier, Maurice, *Roman et censure ou la mauvaise foi d'Eros*, Seyssel, Champ Vallon, 2002, 254 p

Crapez, Marc, *La Gauche réactionnaire, La gauche réactionnaire. Mythes de la plèbe et de la race dans le sillage des Lumières*, Paris, Berg International, 1997, 340 p.

Crépin, Annie, *Défendre la France. Les Français, la guerre et le service militaire, de la guerre de Sept Ans à Verdun*, Rennes, Presses universitaires de Rennes, 2005, 428 p.

CRETTIEZ, Xavier, *Violence et nationalisme*, Paris, Odile Jacob, 2006, 384 p.

CSERGO, Julia, *Liberté, égalité, propreté. La morale de l'hygiène au XIXe siècle*, Paris, Albin Michel, 1988, 362 p.

DALLISSON, Rémi, *Hippolyte Carnot, 1801-1888 : la liberté, l'école et la République*, Paris, CNRS éditions, 2011, 434 p.

DALOTEL, Alain, FAURE, Alain, FREIERMUTH, Jean-Claude, *Aux origines de la Commune. Le mouvement des réunions publiques à Paris. 1868-1870*, Paris, François Maspero, 1980, 372 p.

DANSETTE, Adrien, *Le boulangisme*, Paris, Arthème Fayard, 1946, 411 p.

DARDOT, Pierre, LAVAL, Christian, *Dominer. Enquête sur la souveraineté de l'État en Occident*, Paris, La Découverte, 2020, 736 p.

DARMON, Jean-Jacques, *Le colportage de librairie en France sous le Second Empire : grands colporteurs et culture populaire*, Paris, Plon, 316 p.

DARNTON, Robert, *De la censure. Essai d'histoire comparée*, Paris, Gallimard, 2014, 393 p

DAUMARD, Adeline, *Les bourgeois de Paris au XIXe siècle*, Paris, Flammarion, 1970, 382 p.

DAVID, Marcel, *La Souveraineté du peuple*, Paris, Presse Universitaire de France, 1996, 337 p.

DEBIESSE, François, *Le mécénat*, Paris, Presse Universitaire de France, 2007, 128 p.

DELBREL, Sophie, *Zola peintre de la justice et du droit*, Paris, Dalloz, 2021, 445 p.

DELBREL, Yann, *L'essentiel de l'Histoire du droit social*, Paris, Gualino, 2006, 136 p.

DELBREL, Yann « Liberté, j'écris ton nom. 1881, le renouveau du droit pénal de la presse », in SAINT-PAU Jean-Christophe dir., *Travaux de l'Institut de Sciences Criminelles et de la Justice*, Paris, Cujas, 2011, p. 121-137.

DELPORTE, Christian, *Les journalistes en France, 1880-1950. Naissance et construction d'une profession*, Paris, Seuil, 1999, 449 p.

DEMIER, Francis, *La France du XIXe siècle, 1814-1914*, Paris, Éditions du Seuil, 2000, 608 p.

DENIS, Benoît, « Que peut (dire) la littérature en Belgique ? Autonomie de la littérature et procès d'écrivains, de Camille Lemonnier à Pierre Mertens », in DURAND Pascal, HEBERT Pierre, MOLLIER Jean-Yves, VALLOTON François éd., *La Censure de l'imprimé, Belgique, France, Québec et Suisse romande, XIXe-XXe siècles*, Québec, Nota Bene, 2006, p. 35-50.

DESLANDRES, Maurice, *Histoire constitutionnelle de la France. L'avènement de la Troisième République, la constitution de 1875*, Paris, Librairie Édouard Duchemin, 1977, 546 p.

DESMARS, Bernard, *Militants de l'utopie ? : Les fouriéristes dans la seconde moitié du XIXe siècle*, Dijon, Les presses du réel, 2010, 432 p.

DESMONS, Éric, PAVEAU, Marie-Anne dir., *Outrages, insultes, blasphèmes et injures : violence du langage et polices du discours*, Paris, L'Harmattan, 2008, 192 p.

DIGEON, Claude, *La Crise allemande de la pensée française (1870-1914)*, Paris, PUF, 1959, 568 p.

DISEGNI, Silvia, « L'interdiction de la pièce *La Fille Élisa* (1891) : événement littéraire, politique, médiatique ? », in SAMINADAYAR-PERRIN, Corinne, *Qu'est-ce qu'un événement littéraire au XIXe siècle ?*, Saint-Étienne, Presses universitaires de Saint-Étienne, 2008, p. 277-300.

DOMENECH, Jacques dir., *Censure, autocensure et art d'écrire, de l'antiquité à nos jours*, Bruxelles, Complexes, 2005, 375 p.

DREVILLON, Hervé, *Les rois absolus*, Paris, Belin, 2014, 650 p.

DREYFUS, Alfred, *Carnets (1899-1907)*, GRIOL Philippe éd., Paris, Calmann-Lévy, 1998, 504 p.

DREYFUS, Françoise, *L'invention de la bureaucratie. Servir l'État en France, Grande-Bretagne et aux États-Unis (XVIIIe-XXe siècle)*, Paris, La découverte, 2000, 289 p.

DREYFUS, Mathieu, *L'Affaire telle que je l'ai vécue*, Paris, Grasset, 1978, 310 p.

DREYFUS, Michel, *L'antisémitisme à gauche. Histoire d'un paradoxe, de 1830 à nos jours*, Paris, La Découverte, 2011, p. 19-42.

DROUIN, Michel, *Dictionnaire de l'Affaire Dreyfus*, Paris, Flammarion, 2006, p. 635-766 p.

DROIN, Nathalie, *Les limitations à la liberté d'expression dans la loi sur la presse du 29 juillet 1881. Disparition, permanence et résurgence du délit d'opinion*, Paris, LGDJ-Fondation Varenne, 2011, 620 p.

DROUIN, Nathalie, WALTER, Jean-Baptiste, *La réécriture de la Loi du 29 juillet 1881 sur la liberté de la presse : une nécessité ?*, Paris, LGDJ, 2017, 180 p.

DROZ, Jacques dir., *Histoire générale du socialisme. 2 : De 1875 à 1918*, Paris, PUF, 1997, 728 p.

DUBOIS Vincent, *La Politique culturelle : Genèse d'une catégorie d'intervention publique*, Paris, Belin, 2012, p. 381.

DUCINNI, Hélène, « Un aspect de la propagande royale sous les Bourbons : image et polémique », in *Culture et idéologie dans la genèse de l'État moderne. Actes de la table ronde*, Rome, École Française de Rome, 1985. p. 211-229.

DUCLERT, Vincent, « La République devant l'armée Les ministres de la Guerre pendant l'affaire Dreyfus (1894-1899) », in FORCADE, Olivier dir., *Militaires en République, 1870-1962 : Les officiers, le pouvoir et la vie publique en France*, Paris, Éditions de la Sorbonne, 1999, p. 613-643.

DUCLERT, Vincent, *Alfred Dreyfus, L'honneur d'un patriote*, Paris, Fayard, 2006, 1286 p.

DUCLERT, Vincent, *L'affaire Dreyfus*, Paris, La Découverte, 2018, 128 p.

DUCLERT, Vincent, *L'Affaire Dreyfus. Quand la justice éclaire la République*, Toulouse, Privat, 2010, 540 p.

DUCLERT, Vincent, PERROT, Michelle éd., *Écris-moi souvent, écris moi longuement… Correspondance de l'île du Diable*, Paris, Éditions Mille et une nuit, 2005, 584 p.

DUPONT-BOUCHAT, Marie-Sylvie dir., *Enfance et justice au XIXe siècle. Essai d'histoire comparée des politiques de protection de l'enfance 1820-1914 : France, Belgique, Pays-Bas, Canada*, Paris, PUF, 2001, 443 p.

DURY, Maxime, *La censure : la prédication silencieuse*, Paris, Éditions Publisud, 1995, 325 p.

DUVERGER Maurice, *La Démocratie sans le peuple*, Paris, Seuil, 1967, 249 p.

EDELMAN, Nicole, *Les métamorphoses de l'hystérique : Du début du XIXe siècle à la Grande Guerre*, Paris, La découverte, 2003, 348 p.

ELIAS, Norbert, *La civilisation des mœurs*, Paris, Calmann-Lévy, 1994, 352 p.

ENGEL, Vincent, *Histoire de la critique littéraire des XIXe et XXe siècles*, Paris, Academia, 1998, 136 p.

ETERSTEIN, Claude dir., *La littérature française de A à Z*, Paris, Hatier, 2011, 544 p.

EVENO, Patrick, « Médias et journalistes dans les crises politiques », in D'ORCIVAL François, *Opinion publique et crise de la démocratie*, Paris, PUF, 2019, 460 p.

EVENO, Patrick, MARSEILLE Jacques dir., *Histoire des industries culturelles en France, XIXe-XXe siècles*, Paris, ADHE, 2002, 477 p.

FALK, Henri, *Les Privilèges de librairie sous l'Ancien Régime. Étude historique du conflit des droits sur l'œuvre littéraire*, Genève, Slatkine Reprints, 1970, 198 p.

FARCY, Jean-Claude, *Histoire de la justice en France : de 1789 à nos jours*, Paris, La Découverte, 2015, 128 p.

FARCY, Jean-Claude, *L'histoire de la justice française de la Révolution à nos jours, trois décennies de recherche*, Paris, Presse Universitaire de France, 2001, 494 p.

FAUCONNET, Paul, *La responsabilité. Étude de sociologie*, Paris, Alcan, 1920, 362 p.

FAURE, Alain, « Origine et usage d'une liberté très surveillée », in DALOTEL Alain, FAURE Alain, FREIRMUTH Jean-Claude dir., *Aux origines de la Commune. Le mouvement des réunions publiques à Paris. 1868-1870*, Paris, François Maspero, 1980, p. 13-75.

FAURE, Alain, FREIERMUTH, Jean-Claude, *Aux origines de la Commune. Le mouvement des réunions publiques à Paris. 1868-1870*, Paris, François Maspero, 1980, 375 p.

FERGUSON, Robert A., *Law and Letters in American Culture*, Cambridge, Harvard University Press, 1984, 405 p.

FERRAGU, Gilles dir., *Histoire du terrorisme*, Paris, Perrin, 2014, 492 p.

FIGERIO, Vittorio, *Émile Zola au pays de l'anarchisme*, Grenoble, ELLUG, 2006, 158 p.

FREMION, Yves, JOUBERT, Bernard, *Images interdites*, Paris, Syros-Alternatives, 1989, 125 p.

FONTAINE, Laurence, *Histoire du colportage en Europe (XVe-XIXe siècle)*, Paris, Albin Michel, 1993, 334 p.

FONTAINE, Marion, MONIER, Frédéric, PROCHASSON Christophe, *Une contre histoire de la Troisième République*, Paris, La découverte, 2013, 402 p.

FORCADE, Olivier dir., *Militaires en République, 1870-1962 : Les officiers, le pouvoir et la vie publique en France*, Paris Éditions de la Sorbonne, 1999, 734 p.

FORCADE, Olivier, « Faire l'histoire de la censure politique », in LAURENT Sébastien, *Archives « secrètes », secrets d'archives ? Historiens et archivistes face aux archives sensibles*, Paris, CNRS Éditions, 2003, p. 201-209.

FOUCAULT, Michel, *Dits et écrits, t. 1 : 1954-1975*, Paris, Gallimard, 1994, 1728 p.

FOUCAULT, Michel, *Dits et écrits, t. 2 : 1976-1988*, Paris, Gallimard, 1994, 1736 p.

FOUCAULT, Michel, *Histoire de la sexualité I, La volonté de savoir*, Paris, Gallimard, 1994, 248 p.

FOUCAULT, Michel, *Les mots et les choses*, Paris, Gallimard, 1966, 404 p.

FRÉMION, Yves, *Léauthier l'anarchiste. De la propagande par le fait à la révolte des bagnards (1893-1894)*, Paris, L'Échappée, 2011, 250 p.

FURET, François, OZOUF, Mona, *Lire et écrire. L'alphabétisation de Calvin à Ferry*, Paris, Éditions de Minuit, 1977, 380 p.

GACON, Stéphane, « L'oubli institutionnel », in NICOLAIDICE Dimitri éd., *Oublier nos crimes. L'amnésie nationale : une spécificité française*, Paris, Autrement, 2002, p. 85-97.

GALLET, Laurent, *Machinations et artifices. Antoine Cyvoct et l'attentat de Bellecour (Lyon, 1882)*, Lyon, Atelier de création libertaire, 2015, 414 p.

GANZIN, Michel, « L'impératif de l'Éducation du citoyen : la République de Ch. Renouvier et d'E. Vacherot (1848-1860) », in *Sujet et citoyen : Actes du Colloque de Lyon (Septembre 2003)*, Aix-en-Provence, Presses universitaires d'Aix-Marseille, 2004, p. 343-362.

GARAPON, Antoine, *Bien juger. Essai sur le rituel judiciaire*, Paris, Odile Jacob, 2010, 351 p.

GARAPON, Antoine, PAPADOPOULOS, Ioannis, *Juger en Amérique et en France*, Paris, Odile Jacob, 2003, 336 p.

GARRIGUES, Jean, *La République incarnée. De Léon Gambetta à Emmanuel Macron*, Paris, Perrin, 2019, 464 p.

GARRIGUES, Jean, *Deux siècles de caricatures politiques et parlementaires*, Le Mans, Presses Universitaires d'Artois, 2019, 176 p.

GARRIGUES, Jean, LACOMBRADE, Philippe, *La France au XIXe siècle*, Paris, Armand Collin, 2019, 312 p.

GENDRAT, Aurélie, *Émile Zola. L'Œuvre*, Rosny, Bréal, 1999, 127 p.

GENET-DELACROIX, Marie-Claude, « Académisme et avant-garde dans la peinture française au XIXe siècle », in FRIDENSON Patrick dir., *Avenirs et avant-gardes en France XIXe-XXe siècles. Hommage à Madeleine Rebérioux*, Paris, La Découverte, 1999, p. 113-127

GENET-DELACROIX, Marie-Claude, *Art et État sous la IIIe République, le système des beaux-arts 1870-1940*, Paris, Publications de la Sorbonne, 1992, 433 p.

GENIÈS, Bernard, *Fausses nouvelles*, Paris, Calmann-Lévy, 1986, 176 p.

GEORGE Pierre, *Fin de siècle en Occident. Déclin ou métamorphose ?*, Paris, PUF, 1982, 191 p.

GÉRIN-RICARD, Lazare de, *Le général boulanger, le dictateur sentimental*, Paris, Éditions George Rochat, 1936, 203 p.

GERVEREAU, Laurent, PROCHASSON Christophe dir., *L'affaire Dreyfus et le tournant du siècle (1894-1910)*, Nanterre, BDIC, 1994, 285 p.

GIRARDET, Raoul, *Société militaire dans la France contemporaine (1815-1939)*, Paris, Plon, 1952, 328 p.

GIRARDET, Raoul, *Le Nationalisme français : anthologie (1870-1914)*, Paris, Armand Colin, 1966, 380 p.

GISPERT, Hélène dir., *Par la science, pour la patrie – L'Association française pour l'avancement des Sciences (1872-1914). Un projet politique pour une société savante*, Rennes, Presses universitaires de Rennes, 2002, 372 p.

GLINOER, Anthony, *Naissance de l'éditeur. L'édition à l'âge romantique*, Bruxelles, Les Impressions nouvelles, 2005, 240 p.

GODINEAU, Laure, « Le Dix-Huit Mars 1871 : mémoires, écritures et inscription dans l'espace parisien », in CARON Jean-Claude dir., *Paris, l'insurrection capitale*, Ceyzérieu, Champ Vallon, 2014, p. 43-55.

GODINEAU, Laure « Les barricades de mai 1871 chez Jules Vallès (La Commune de Paris, L'Insurgé) », in CORBIN Alain, MAYEUR Jean-Marie dir., *La barricade*, Paris, Éditions de la Sorbonne, 1997, p. 167-181.

GRÉVY, Jérôme, *La République des opportunistes (1870-1885)*, Paris, Éditions Perrin, 1998, 432 p.

GRÉVY, Jérôme, *Le cléricalisme, voilà l'ennemi ! Un siècle de guerre de religion en France*, Paris, Armand Colin, 2005, 256 p.

GRONDEUX, Jérôme, *La France entre en République 1870-1893*, Paris, Librairie générale française, 2000, 220 p.

GROS, Frédéric, *Création et folie*, Paris, Presses universitaires de France, 1997, 217 p.

GRUEL, Louis, *Pardons et châtiments : Les jurés français face aux violences criminelles*, Paris, Nathan, 1991, 141 p.

GUEISSAZ, Mireille, « Jules Barni (1818-1878) ou l'entreprise démopédique d'un philosophe républicain moraliste et libre-penseur », in *Les bonnes mœurs*, Paris, Presse Universitaires de France, 1994, p. 228-229.

GUENIFFEY, Patrice, « La Première République, 1792-1804 : de la République des Lumières à la République impériale », in BELOT Robert dir., *Tous républicains ! Origine et modernité des valeurs républicaines*, Paris, Armand Colin, 2011, p. 9-16.

GUERIN, Daniel, *L'Anarchisme, de la doctrine à la pratique*, Paris, Gallimard, 1965, 59 p.

GUERIN, Daniel, *Ni Dieu ni Maître. Anthologie de l'anarchisme*, Paris, La Découverte, 2012, 774 p.

HALÉVY, Daniel, *La fin des notables*, t. 1, Paris, Pluriel, 1995, 222 p.

HALÉVY, Daniel, *La fin des notables*, t. 2, La République des ducs, Paris, Pluriel, 1995, 323 p.

HALPERIN, Jean-Louis, CARVAIS, Robert dir., *Histoire de l'édition juridique*, Paris, LGDJ, 2021, 416 p.

HALPERIN, Jean-Louis, *Histoire du droit privé français depuis 1804*, Paris, PUF, 2001, 416 p.

HARSIN, Jill, *Policing Prostitution in the Nineteenth Century*, Princeton, Princeton University Press, 1985, 448 p.

HAUSS, Hans, *Pour une esthétique de la réception*, Gallimard, 1990, 336 p.

HAYMANN, Emmanuel, *L'antisémitisme en littérature*, Lausanne, Favre, 2006, 224 p.

HERMANT dir., *Trésors royaux. La bibliothèque de François Ier*, Rennes, Presses Universitaires de Rennes, 2015, 319 p.

HUARD, Raymond, « Chapitre 8. Les républicains de gouvernement et les radicaux. Cristallisation des tendances et agencement des forces », in *La naissance du parti politique en France*, Paris, Presses de Sciences Po, 1996, p. 225-244.

HUNTER, Marc, *Le journalisme d'investigation*, Paris, PUF, 1997, 127 p.

IACUB, Marcela, *Par le trou de la serrure, une histoire de la pudeur publique, XIXe-XXIe siècles*, Paris, Fayard, 2008, 360 p.

ISAAC, Olivier, « Les enquêtes balbutiantes des journalistes durant l'affaire Troppmann », in FARCY Jean-Claude, KALIFA Dominique, LUC Jean-Noël dir., *L'enquête judiciaire en Europe au XIXe siècle*, Paris, Créaphis, 2007, p. 231-239.

JALÉE, Pierre, *Le Projet socialiste. Approche marxiste*, Paris, La Découverte, 1976, 189 p.

JAMINN Christophe, « Dix-neuf cent : crise et renouveau dans la culture juridique », in ALLAND Denis, RIALS Stéphane dir., *Dictionnaire de la culture juridique*, Paris, PUF, 2003, p. 380-384.

JARDIN, André, *Histoire du libéralisme politique*, Paris, Hachette, 464 p.

JARRIGE, François, LE ROUX, Thomas, « 1. Naissance de l'enquête : les hygiénistes, Villermé et les ouvriers autour de 1840 », in GEERKENS Éric éd., *Les enquêtes ouvrières dans l'Europe contemporaine*, Paris, La Découverte, 2019, p. 39-52.

JAUME, Lucie, *L'Éternel défi. L'État et les religions en France des origines à nos jours*, Paris, Decitre, 2022, 445 p.

JAUME, Lucien, « Une liberté en souffrance : l'association au XIXe siècle », in ANDRIEU Claire (*et al.*), *Associations et champ politique : La loi de 1901*, Paris, Éditions de la Sorbonne, 2001, p. 75-100.

JAUSS, Hans, *Pour une esthétique de la réception*, Paris, Gallimard, 1978, 312 p.

JOHNSON, Martin, *« The petit bleu », in The Dreyfus affair*, London, Red Globe Press London, 1999, p. 39-65.

JOLY, Bertrand, *Déroulède, l'inventeur du nationalisme*, Paris, Perrin, 1998, 440 p.

JONES, Philippe, *La presse satirique illustrée, de 1860 à 1890*, Paris, Institut français de presse, 1956, 111 p.

JOUANIAN, Olivier, ZOLLER, Élisabeth dir., *Le « moment » 1900. Critique sociale et critique sociologique du droit en Europe et aux États-Unis*, Paris, Éditions Panthéon-Assas, 2015, 381 p.

JOUBERT, Bernard, *Dictionnaire des livres interdits*, Paris, Cercle de la Librairie, 2011, 1277 p.

KALIFA, Dominique, « Le combat pour la liberté de la presse », in BECKER Jean-Jacques, CANDAR Gilles, *Histoire des gauches en France*, vol. 1, Paris, La Découverte, 2005, 588 p.

KALIFA, Dominique, *L'Encre et le sang : récits de crimes et société à la Belle Époque*, Paris, Fayard, 1995, 351 p.

KALIFA, Dominique, REGNIER, Philippe, THERENTY, Marie-Ève, VAILLANT, Alain dir., *La civilisation du journal. Histoire culturelle et littéraire de la presse française au XIXe siècle*, Paris, Nouveau Monde éditions, 2011, 1762 p.

KALUSZYNSKI, Martine, « Les bonnes mœurs. Approche historique », in SINGLY François de dir., *La famille : l'état des savoirs,* Paris, La découverte, 1991, p. 269-285.

KAPLAN, Steven, *La Fin des corporations*, Paris, Fayard, 2001, 742 p.

KAUFFMAN, Grégoire, *Édouard Drumont*, Paris, Perrin, 2008, 564 p.

KAYSER, Jacques, *Les grandes batailles du radicalisme*, Paris, Marcel Rivière, 1962, 408 p.

KEMPF, Raphaël, *Ennemis d'État : les lois scélérates des « anarchistes » aux « terroristes »* Paris, La Fabrique, 2019, 227 p.

KENDRICK, Walter, *The Secret Museum : Pornography in Modern Culture*, New York, Viking, 1987, 288 p.

KESTLER, Georges, *Le Péril franc-maçon et le péril juif*, Paris, Bloud, 1895, 124 p.

KNIGHTLEY, Philip, *Le correspondant de guerre, de la Crimée au Vietnam. Héros ou propagandiste ?*, Paris, Flammarion, 1976, 370 p.

KOCKA, Jürgen dir., *Les Bourgeoisies européennes au XIXe siècle*, Paris, Belin, 1996, 416 p.

KRAKOVITCH, Odile, *Hugo censuré. La liberté au théâtre au XIXe siècle*, Paris, Calmann Lévy, 1985, 308 p.

KRAKOVITCH, Odile, *La Censure théâtrale (1835-1849). Édition des procès-verbaux*, Paris, Garnier, 801 p.

KRAKOVITCH, Odile, *Les Pièces de théâtre soumises à la censure (1800-1830). Inventaire*, Paris, Archives nationales, 1982, 336 p.

KREMER, Jean-Pierre, POZZUOMI, Alain, *Dictionnaire de la censure*, Paris, Scali, 2006, 256 p.

LAGRÉE, Michel, *L'Ouest-Éclair : Naissance et essor d'un grand quotidien régional*, Rennes, Presses Universitaires de Rennes, 2015, 213 p.

LAINGUI, André, *Histoire du droit pénal*, 1re éd., Paris, Éditions des PUF, 1985, 127 p.

LALOUETTE, Jacqueline, MACHELON, Jean-Pierre dir., *Les congrégations hors la loi ? : autour de la loi du 1er juillet 1901*, Actes du colloque de Malakoff-Villetaneuse, 27-28 septembre 2001, Paris, Letouzey et Ané, 2002, 304 p.

LANTERI-LAURA, Georges, *Lecture des perversions : histoire de leur appropriation médicale*, Paris, Masson, 1979, 205 p.

LAPAIRE, Paul, *Essai juridique et historique sur l'outrage aux bonnes mœurs par le livre, l'écrit et l'imprimé*, Lille, Dourriez-Bataille, 1931, 254 p.

LAUR, François, *L'Époque boulangiste. Essai d'histoire 1886-1890*, Volume I, Paris, Le livre à l'auteur, 1912, 374 p.

LAURENT, Franck, « Quelle scène pour une nation vraiment républicaine ? Michelet et le théâtre autour de 1848 » in HOPES Jeffrey, LECOSSOIS Héléne, *Théâtre et nation*, Rennes, Presses universitaires de Rennes, 2011, p. 25-37.

LAURENT, Franck, *Victor Hugo : espace et politique (jusqu'à l'exil : 1823-1852)*, Rennes, Presses universitaires de Rennes, 2008, 288 p.

LECLERC, Yvan, *Crimes écrits. La littérature en procès au XIXe siècle*, Paris, Classiques Garnier, 2021, 448 p.

LECOCQ, Pierre, MARTINAGE, Renée, ROYER, Jean-Pierre, *Juges et notables au XIXe siècle*, Paris, PUF, 1982, 400 p.

LECUYER, Guillaume, *Liberté d'expression et responsabilité*, Paris, Dalloz, 2006, 611 p.

LEFEBVRE, René, *Paris en Amérique*, 35e éd., Paris, Charpentier, 1887, 392 p.

LEGENDRE, Pierre, *Histoire de l'administration française depuis 1800. Problèmes et méthodes*, Genève, Droz, 1975, 117 p.

LEGENDRE, Pierre, *L'amour du censeur. Essai sur l'ordre dogmatique*, Paris, Seuil, 1976, 270 p.

LEMERCIER, Claire, *Un si discret pouvoir : aux origines de la chambre de commerce de Paris 1803-1853*, Paris, La Découverte, 2003, 410 p.

LÉONARD, Mathieu, *L'émancipation des travailleurs, une histoire de la Première Internationale,* Paris, La Fabrique, 2011, 416 p.

LETHÈVE, Jacques, *La caricature sous la III*e *République*, Paris, Armand Colin, 1986, 271 p.

LEVEQUE, Jean-Jacques, *L'Art et la Révolution française*, Paris, Ides Et Calendes, 2001, 328 p.

LEVILLAIN, Philippe, *Boulanger : fossoyeur de la monarchie*, Paris, Flammarion, 1982, 224 p.

LÉVY, Emmanuel, *La vision socialiste du droit*, Paris, Marcel Giard éditeur, 1926, 182 p.

LÉVY, Thierry, *Plutôt la mort que l'injustice – Au temps des procès anarchistes*, Paris, Odile Jacob, 2009, 276 p.

LIAUZU Claude, *Histoire de l'anticolonialisme en France : du XVI*e *siècle à nos jours*, Paris, Armand Colin, 2007, 304 p.

LIMOUZY, Jacques, *Émile Combes. Le fondateur spirituel de la laïcité*, Toulouse, Privat, 2019, 193 p.

LIORA, Israël, *L'arme du droit*, Paris, Presses de Sciences Po, 2009, 142 p.

LIZÉ, Wenceslas, NAUDIER, Delphine, SOFIO, Séverine, « Les intermédiaires culturels : des experts de l'économie des biens symboliques », in LIZE Wenceslas, NAUDIER Delphine, SOFIO Severine dir., *Les stratèges de la notoriété. Intermédiaires et production de la valeur dans les univers artistiques*, Paris, Éditions des archives contemporaines, 2014, p. 1-18.

LOCHAK, Danièle, « Le droit à l'épreuve des bonnes mœurs. Puissance et impuissance de la norme juridique », in *Les bonnes mœurs*, Paris, Presse Universitaires de France, 1994, 445 p.

LOCHAK, Danièle, « For intérieur et liberté de conscience », in *Le for intérieur*, Paris, PUF, 1994, p. 180-205.

LONG, Marceau, WEIL, Prosper, BRAIBANT, Guy, DELVOLVE, Pierre, GENEVOIS, Bruno, *Les grands arrêts de la jurisprudence administrative*, 18e édition, Paris, Dalloz, 2011, 1160 p.

MACHELON, Jean-Pierre, « La liberté d'association sous la Troisième République : le temps du refus (1971-1901) », in ANDRIEU Claire, LE BEGUEC Gilles, TARTAKOWSKY Danielle dir., *Associations et champ politique : la loi de 1901 à l'épreuve du siècle*, Actes du colloque de Paris, 16 et 17 novembre 2000, Paris, Publications de la Sorbonne, 2001, p. 141-155.

MACHELON, Jean-Pierre, *La République contre les libertés ?*, Paris, Presses de la Fondation nationale des sciences politiques, 1976, 461 p.

MAFART, JEAN, « Schnæbelé (affaire) », in MOUTOUH Hughes, POIROT Jérôme dir., *Dictionnaire du renseignement,* Paris, Perrin, 2018, p. 704-706.

MAINARDI, Patricia, *The End of the Salon. Art and State in the Early Third Republic*, Cambridge, Cambridge University Press, 1993, 226 p.

MAITRON, Jean, *Le mouvement anarchiste en France*, t. 1, Paris, Gallimard, 1975, 1991, 490 p.

MALAURIE, Philippe, *Droit et littérature : anthologie*, Paris, Cujas, 1997, 344 p.

MANCERON, Gilles, *Marianne et les colonies. Une introduction à l'histoire coloniale de la France*, Paris, La découverte, 2003, 322 p.

MANEVY, Raymond, *La presse de la IIIe république*, Paris, J. Foret, 1955, 248 p.

MANFREDONIA, Gaetano, *Anarchisme et changement social*, Lyon, Atelier de création libertaire, 2007, 347 p.

MARAIS, Jean-Luc, « Chapitre 1. La mise en place de la législation (1800-1870) », in *Histoire du don en France de 1800 à 1939 : Dons et legs charitables, pieux et philanthropiques*, Rennes, PUR, 1999, p. 21-55

MARGAIRAZ, Michel, « Les crises de l'épargne en France dans la seconde moitié du XIXe siècle. La construction de la politique de prudence de la Caisse des dépôts et consignations », in AGLAN Alya, MARGAIRAZ Michel et VERHEYDE Philippe dir., *Crises financières, crises politiques en Europe dans le second XIXe siècle. La Caisse des dépôts et consignations de 1848 à 1918*, Genève, Droz, 2011, p. 121-135.

MARTIN, Henri-Jean, FEBVRE, Lucien, *L'apparition du livre*, Paris, Albin Michel, 1958, 558 p.

MARTIN, Marc, « Les journalistes et l'affaire Dreyfus », in GERVEREAU Laurent dir., *L'affaire Dreyfus et le tournant du siècle*, Nanterre, Bibliothèque de Documentation Internationale Contemporaine, 1994, p. 116-125.

MARTY, Thomas, « Les réformes électorales législatives comme facteurs de sortie de crise (1875-1885) », in Grevy Jérôme (éd.), *Sortir de crise : Les mécanismes de résolution de crises politiques (XVIe-XXe siècle)*, Rennes, Presses universitaires de Rennes, 2010, p. 109-122.

MATHIEU, Isabelle, *L'action culturelle et ses métiers*, Paris, PUF, 2011, 272 p.

MAUDUIT, Anne-Marie, MAUDUIT, Jean, « VI – Expulsion des chartreux : l'épreuve de force », in MAUDUIT Anne-Marie, MAUDUIT Jean dir., *La France contre la France. La séparation de l'Église et de l'État : 1902-1906*, Paris, Plon, 1984, p. 131-151.

MAUGÈRE, Amélie, *Les politiques de la prostitution du Moyen Âge au XXIe siècle*, Paris, Dalloz, 2009, 358 p.

MAUGIS, Édouard, *Histoire du Parlement de Paris de l'avènement des rois Valois à la mort d'Henri IV*, t. 2, Paris, Auguste Picard éditeur, 1914, 410 p.

MAYEUR, Jean-Marie, *Histoire de l'enseignement et de l'éducation (1789-1930)*, t. 3, Paris, Perrin, 2004, 800 p.

MAYEUR, Jean-Marie, *Les débuts de la Troisième République (1871-1898)*, Paris, Seuil, 1973, 256 p.

MAYEUR, Jean-Marie, *La vie politique sous la Troisième République (1870-1940)*, Paris, Seuil, 964, p. 445.

MELMOUX-MONTAUBIN, Marie-Françoise dir., *L'écrivain-journaliste au XIXe siècle*, Saint-Étienne, Cahiers intempestifs, 2003, 469 p.

MESSINÉO Dominique, « Le droit pénal dans l'orbite de la criminologie : étude d'une approche renouvelée de la responsabilité par les manuels de droit pénal à l'aube du XXe siècle », in CHAMBOST Anne-Sophie dir., *Histoire des manuels de droit – Une histoire de la littérature juridique comme forme du discours universitaire*, Paris, LGDJ, 2014, p. 165-181.

MIQUEL, Pierre, *L'affaire Dreyfus*, Paris, PUF, 2021, 128 p.

MITTERAND, Henri, *Zola et le naturalisme*, Paris, PUF, 2002, 128 p.

MOIGNE, Frédéric Le, « La manifestation catholique (1902-1950) », in BALCOU Jean *et al.*, *Les Bretons et la Séparation : 1795-2005*, Rennes, PUR, 2006, p. 345-355.

MOISSONNIER, Maurice, « Chapitre VI. Debout les damnés de la terre », *La France ouvrière*. T. 1, *Des origines à 1920*, Paris, Éditions de l'Atelier, 1994, p. 197-220.

MOLLIER, Jean-Yves, *Le scandale de Panama*, Paris, Fayard, 1991, 564 p.

MOLLIER, Jean-Yves, *Où va le livre ?*, Paris, La Dispute, 2000, 392 p.

MOLLIER, Jean-Yves, « La bataille de l'imprimé », in *Les représentations de l'affaire Dreyfus dans la presse en France et à l'étranger. Actes du colloque de Saint-Cyr-sur-Loire (novembre 1994)*, Tours, Publications de l'Université François-Rabelais Tours, 1994, p. 15-28.

MOLLIER, Jean-Yves, *L'argent et les lettres ; histoire du capitalisme d'édition (1880-1920)*, Paris, Fayard, 1988, 552 p.

MOLLIER, Jean-Yves, *Le camelot et la rue. Politique et démocratie au tournant des XIXe et XXe siècles*, Paris, Fayard, 2004, 365 p.

MOLLIER, Jean-Yves, *Manuels scolaires et Révolution française*, Paris, Éditions Messidor, 1990, 250 p.

MOLLIER, Jean-Yves, *Une autre histoire de l'édition*, Paris, La fabrique, 2015, 432 p.

MOLLIER Jean-Yves, GEORGE, Jocelyne, *La plus longue des républiques : 1870-1940*, Paris, Fayard, 1994, 874 p.

MONIER, Frédéric, *Le complot dans la République. Stratégies du secret, de Boulanger à la Cagoule*, Paris, La Découverte, 1999, 342 p.

MONOD, Jean-Claude dir., *Foucault. La police des conduites*, Paris, Michalon, 1997, 121 p.

MORICEAU, Caroline, *Les douleurs de l'industrie. L'hygiénisme industriel en France, 1860-1914*, Paris, Éditions de l'EHESS, 2009, 316 p.

MOSSE, George, *Toward the Final Solution : A History of European Racism*, Madison, University of Wisconsin Press, 1978, 277 p.

MOSSE, Georges L., *Nationalism and sexuality, Middle class morality and sexual norms in Modern europe*, The university of Wisconsin Press, 1985, 280 p.

MURARD, Lion, ZYLBERMAN, Patrick, *L'Hygiène dans la République. La santé publique en France, ou l'utopie contrariée. 1870-1918*, Paris, Fayard, 1996, 805 p.

MURAT, Inès, *La Deuxième République. 1848-1851*, Paris, Fayard, 1987, 544 p.

NADAL, Jean-Baptiste, *Attributions du président de la République en France et aux États-Unis*, Toulouse, Marquès, 1909, 152 p.

NAJJAR, Alexandre, *Le censeur de Baudelaire : Ernest Pinard 1822-1909*, Paris, La table ronde, 2011, 358 p.

NÉRÉ, Jacques, *Le boulangisme et la presse*, Paris, Armand Colin, 1964, 237 p.

NETZ, Robert, *Histoire de la censure dans l'édition*, Paris, PUF, 1997, 128 p.

NICOLET, Claude, *L'idée républicaine en France (1789-1924)*, Paris, Gallimard, 1994, 512 p.

NORD, Philip, *Le moment républicain. Combats pour la démocratie dans la France du XIXe siècle*, Paris, Armand Colin, 2013, 334 p.

NORD, Philip, *Nationhood and Nationalism in France from Boulangism to the Great War*, Londres-New York, Harper Collins Academic, 1991, 286 p.

NOURISSON, Paul, *Histoire de la liberté s'association en France depuis 1789*, t. 2, Paris, Librairie du Receuil Sirey, 1920, 394 p.

NOUVION, André-Pierre, *Origine et histoire des juridictions consulaires et des chambres de commerce et d'industrie françaises*, Paris, Nouvion, 2002, 254 p.

NYE, Robert, *Crime, madness and politics in Modern France. The medical concept of national decline*, Princeton, Princeton University Press, 2016, 386 p.

ORIOL, Philippe, *Bernard Lazare*, Paris, Stock, 2003, 400 p.

ORY, Pascal, *Ce que dit Charlie – Treize leçons d'histoire*, Paris, Le Débat/Gallimard, 2016, 248 p.

ORY, Pascal, *La Censure en France à l'ère démocratique*, Paris, Éditions Complexe, 1997, 357 p.

ORY, Pascal, SIRINELLI, Jean-François, *Les intellectuels en France de l'affaire Dreyfus à nos jours*, Paris, Armand Colin, 1992, 288 p.

OST, François, VAN DE KERCHOVE, Michel, « Mœurs (Bonnes) », in ANDRE-JACQUES Arnaud, *Dictionnaire encyclopédique de théorie et de sociologie du droit*, Paris, LGDJ et Story-Scientia, 1988, 804 p.

OST, François, VAN DE KERCHOVE, Michel, *Bonnes mœurs, discours pénal et rationalité juridique : essai d'analyse critique*, Bruxelles, Presses de l'Université de Bruxelles, 1981, 159 p.

OTTENHOF, Reynald, *L'individualisation de la peine. De Saleilles à aujourd'hui, Toulouse*, Érès, 2001, 288 p.

PAGÈS, Alain, *Émile Zola, un intellectuel dans l'affaire Dreyfus. Histoire de J'accuse*, Paris, Séguier, 1991, 400 p.

PAGÈS, Alain, *La Bataille littéraire. Essai sur la réception du naturalisme à l'époque de Germinal*, Paris, Séguier, 1989, 273 p.

PAINE, Thomas, *Les droits de l'homme*, Paris, Belin, 1987, 383 p.

PALMER, Michael B., *Des petits journaux aux grandes agences. Naissance du journalisme moderne*, Paris, Aubier, 1983, 352 p.

PARAYRE, Séverine, *L'hygiène à l'École. Une alliance de la santé et de l'éducation XVIIIe-XIXe siècles*, Saint-Étienne, Presses Universitaires de Saint-Étienne, 2012, 364 p.

PEGUY, Charles, *Mystique et politique*, Paris, Laffont, 2015, 1280 p.

PELLISSIER, Pierre, *Émile de Girardin*, Paris, Denoël, 1985, 442 p.

PERROT Michelle, *Les ouvriers en grève*, t. 1 : France 1871-1890, Paris, Éditions de l'École des hautes études en sciences sociales, 2001, 199 p.

PESSIN, Alain, *La Rêverie anarchiste 1848-1914*, Paris, Librairie des méridiens, 1982, 228 p.

PIA, Pascal, *Les livres de l'Enfer : bibliographie critique des ouvrages érotiques dans leurs différentes éditions du XVIe siècle à nos jours*, Paris, Fayard, 1998, 887 p.

PIAGET, Jean, « L'épistémologie des relations interdisciplinaires », in *L'interdisciplinarité ; Problèmes d'enseignement et de recherche dans les universités*, Paris, OCDE, 1972, p. 155-171.

PICARD, Ernest, *1870 : Sedan*, Paris, Plon, 1912, 334 p.

PINET, Marcel dir., *Histoire de la fonction publique en France*, t. III, Les XIXe et XXe siècles, Paris, Nouvelle Librairie de France, 1995, 589 p.

PINOL, Jean-Luc, *Le Monde des villes au XIXe siècle*, Paris, Hachette, 1991, 232 p.

PITTION, Jean-Paul, *Le Livre à la Renaissance. Introduction à la bibliographie historique et matérielle*, Turnhout, Brepols, 2013, 432 p.

POLIAKOV, Léon, *Histoire de l'antisémitisme 2. L'âge de la science*, Paris, Seuil, 1991, 544 p.

PORTALEZ, Christophe, « Le scandale de Panama vu par un ancien député du Vaucluse : réseaux, amitiés et corruption sous la Troisième République », in ENGELS Jens Ivo éd., *La politique vue d'en bas pratiques privées, débats publics dans l'Europe contemporaine (XIXe-XXe siècles). Les coulisses du politique à l'époque contemporaine*, Paris, Armand Colin, 2012, p. 169-192.

POUMARÈDE, Matthieu, *Juge et Apparence(s)*, Toulouse, Presses de l'Université Toulouse 1

Capitole, 2010, 330 p.

POURÉSY, Émile, *Sous le fléau de l'immoralité*, t. I, Saint Antoine de Breuilh, Éditions du relèvement social, 1936, 411 p.

PRECIADO, Paul, « The Architecture of Porn. Museum Walls, Urban Detritus and Stag Rooms for Porn-prosthetic Eyes », in STUTTGEN Tim, *Post Porn Politics. Queer-Feminist Perspective on the Politics of Porn Performance and Sex-Work as Cultural Production*, Berlin, b_books, 2010, p. 23-33.

QUANTIN, Jean-Louis, « Les institutions de censure religieuse en France (XVIe-XVIIe siècles) », in FRAGNITO Gigliola, TALLON Alain dir., *Hétérodoxies croisées. Catholicismes pluriels entre France et Italie, XVIe-XVIIe siècles*, Rome, Publications de l'École française de Rome, 2015, p. 81-164.

QUIGNIARD, Marie-Françoise, SECKEL, Raymond-Josué dir., *L'Enfer de la Bibliothèque. Eros au secret*, Paris, BnF, 2019, 462 p.

RÉMOND, René, *La droite en France*, Paris, Aubier, 1963, 238 p.

RÉMY, Sylvie, « Chapitre V. Entre reflux et confirmation, les élections de 1898 », in *Jean, Jules, Prosper et les autres : Les socialistes indépendants en France à la fin du XIXe siècle*, Villeneuve d'Ascq, Presses universitaires du Septentrion, 2011, p. 185-212.

RENARD Georges, *Cours élémentaire de droit public*, Paris, Librairie du Recueil Sirey, 1922, 365 p.

RENAUT, Alain, « Présentation », in Fichte Johann Gottlieb dir., *Discours à la nation allemande*, Paris, Imprimerie nationale, 1992, 396 p.

RENAUT, Alain, *Les Révolutions de l'université. Essai sur la modernisation de la culture*, Paris, Calmann-Lévy, 1995, 281 p.

RENOUARD, Jean-Marie, *De l'enfant coupable à l'enfant inadapté*, Paris, Ed. du Centurion, 1990, 199 p.

RIBERIOUX, Madeleine, *Vive la République*, Paris, Demopolis, 2009, 283 p.

RICHARD, Gilles, *Histoire des droites en France. De 1815 à nos jours*, Paris, Perrin, 2017, 634 p.

RICŒUR, Paul, *La Critique et la conviction. Entretien avec François Azouvi et Marc de Launay*, Paris, Calmann-Lévy, 1995, 290 p.

ROSANVALLON, Pierre, *La contre-démocratie. La politique à l'âge de la défiance*, Paris, Seuil, 2006, 345 p.

ROSANVALLON, Pierre, *Le modèle politique français : la société civile contre le jacobisme de 1789 à nos jours*, Paris, Éditions du Seuil, 2004, 464 p.

ROSANVALLON, Pierre, *Le sacre du citoyen*, Paris, Gallimard, 1992, 490 p.

ROUART, Marie-France, *L'Antisémitisme dans la littérature populaire*, Paris, Berg international, 2001, 128 p.

ROUGERIE, Jacques, *La Commune et les communards*, Paris, Gallimard, 2018, 432 p.

ROUSSELET, Marcel, *Histoire de la magistrature française des origines à nos jours*, t. 2, Paris, Plon, 1957, 437 p.

ROYER, Jean-Pierre, *Histoire de la Justice en France*, Presse Universitaires de France, 1995, 1296 p.

ROYER-COLLARD, Pierre-Paul, *De la liberté de la presse*, Paris, Librairie de Médicis, 1949, 105 p.

RUDELLE, Odile, *La République absolue. Aux origines de l'instabilité constitutionnelle de la France républicaine, 1870-1889*, Paris, Publications de la Sorbonne, 1982, 327 p.

RYCX, Julien, *La franc-maçonnerie et la crise boulangiste. 1886-1991*, Villeneuve d'Ascq, Septentrion, 2019, 234 p.

SACRISTE, Guillaume, *La république des constitutionnalistes. Professeurs de droit et légitimation de l'État en France (1870-1914)*, Paris, Presses de Science Po, 2011, 578 p.

SAINT VICTOR, Jacques de, BRANTHÔME, Thomas, *Histoire de la République en France. Des origines à nos jours*, Paris, Economica, 2018, 1120 p.

SALLES, Damien, « Colbertisme », in KADA Nicolas, *Dictionnaire d'administration publique*, Grenoble, Presses universitaires de Grenoble, 2014, 576 p.

SALMON, Christian, *Censure ! Censure !*, Paris, Stock, 2000, 273 p.

SALOMÉ, Karine, *L'ouragan homicide : l'attentat politique en France au XIXe siècle*, Seyssel, Champ Vallon, 2011, 320 p.

SANDRAS, Agnès, « Introduction générale », in SANDRAS Agnès dir., *Des bibliothèques populaires à la lecture publique*, Villeurbanne, Presses de l'ENSSIB, 2014, p. 9-14.

SANDRAS, Agnès, *Quand Céard collectionnait Zola*, Paris, Classiques Garnier, 2012, 424 p.

SARFATI-LANTER Judith, ARZOUMANOV, Anna, LATILL, Arnaud dir., *Le démon de la catégorie : retour sur la qualification en droit et en littérature*, Le Kremlin-Bicêtre, édition Mare & Martin, 2017, 236 p.

SAPIRO, Gisèle, *La responsabilité de l'écrivain. Littérature, droit et morale en France (XIXe-XXe siècles)*, Paris, Seuil, 2011, 750 p.

SAPIRO, Gisèle, *Les écrivains et la politique en France. De l'Affaire Dreyfus à la guerre d'Algérie*, Paris, Seuil, 2018, 391 p.

SAPIRO, Gisèle, *La sociologie de la littérature, Paris*, La Découverte, 2014, 128 p.

SAUREL, Charles, *Juillet 1870. Le drame de la dépêche d'Ems*, Paris, Payot, 1930, 211 p.

SAVY, Nicole, « Romantisme et antisémitisme : la littérature au piège des stéréotypes », in MANCERON Gilles, NAQUET Emmanuel dir., *Être dreyfusard hier et aujourd'hui*, Rennes, Presses universitaires de Rennes, 2009, p. 349-360.

SCHREIBER, Jean-Philippe, « L'image des Juifs et du judaïsme dans le discours antimaçonnique au XIXe siècle », in MATARD-BONUCCI Marie-Anne dir., *Antisémythes. L'image des Juifs entre culture et politique (1848-1939)*, Paris, Nouveau Monde Éditions, 2005, p. 131-147.

SCHULZE, Hagen, « Nationalisme et identité nationale dans l'Europe des XIXe et XXe siècles », in KREBS Gilbert, ROVAN Joseph, *Identités nationales et conscience européenne*, Paris, Presses Sorbonne Nouvelle, 1992, p. 43-47.

SCOTT, James, *La domination et les arts de la résistance. Fragments du discours subalterne*, Paris, éditions Amsterdam, 2008, 270 p.

SILBENER, Edmund, *Western European Socialism and the Jewish Problem, 1800-1918. A selective bibliography*, Jerusalem, Hebrew University, Eliezer Kaplan School of Economics and Social Science, 1955, 61 p.

SIMON-NAHU, Perrine, *Une contre histoire de la Troisième République*, Paris, La Découverte, 2013, 402 p.

SIMONIN, Anne, « Make the Unorthodox Orthodox : John Henry Wigmore et la naissance de l'intérêt du droit pour la littérature », in GARAPON Antoine, SALAS Denis dir., *Imaginer la loi : le droit dans la littérature*, Paris, Michalon, 2008, p. 27-68.

SIMONIN, Anne, « L'indignité ou les bonnes mœurs républicaines », in *Tous Républicains*, Paris, Armand Colin, 2011, p. 213-232.

SIRINELLI, Jean-François dir., *Histoire des droites en France*, Paris, Grasset, 1992, 592 p.

SLIMANI, Ahmed, *La modernité du concept de Nation au XVIIIe siècle (1715-1789)*, Marseille, Presses Universitaires de Marseille 2004, 623 p.

SMITH MAGUIRE, Jennifer, « Bourdieu on cultural intermediaries », in Smith Maguire Jennifer, *The cultural intermediaries Reader*, Leicester, Sage, 2014, 256 p.

SOLÉ, Jacques, *L'âge d'or de la prostitution de 1870 à nos jours*, Paris, Plon, 1993, 666 p.

SOREL, Patricia, *La Révolution du livre et de la presse en Bretagne : (1780-1830)*, Rennes, Presses universitaires de Rennes, 2004, 324 p.

SORLIN, Pierre, *« La Croix » et les Juifs (1880-1899), contribution à l'histoire de l'antisémitisme contemporain*, Paris, Grasset, 1967, 345 p.

SORLIN, Pierre, *Waldeck-Rousseau*, Paris, Armand Colin, 1966, 585 p.

SOUBIRAN-PAILLET, Francine, *L'Invention du syndicat (1791-1884) : itinéraire d'une catégorie juridique*, Paris, LGDJ, 1999, 189 p.

SOULIER, *L'Instabilité ministérielle*, Paris, Librairie du Recueil Sirey, 1939, 603 p.

SPITZ, Jean-Fabien, *Le Moment républicain en France*, Paris, Gallimard, 2005, 526 p.

STAFFORD, David, *From Anarchism to Reformism*, Londres, Weidenfeld and Nicolson, 1971, 367 p.

STENER, Christophe, *Dreyfus, le Judas français. Iconographie antisémite de l'Affaire*, Paris, Gallimard, 2020, 364 p.

STERNHELL, Zeev, *Maurice Barrès et le nationalisme français*, Paris, Armand Colin, 1972, 396 p.

STERNHELL Zeev, *Ni droite ni gauche. L'idéologie fasciste en France*, (3e éd), Paris, Fayard, 2000, 543 p.

STORA-LAMARRE, Annie, *L'enfer de la IIIe République. Censeurs et pornographes (1881-1914)*, Paris, Imago, 1990, 256 p.

STORA-LAMARRE, Annie, *Incontournable Morale*, Besançon, Annales littéraires,1998, 308 p.

STORA-LAMARRE, Annie, *La République des faibles. Les origines intellectuelles du droit républicain, 1870-1914*, Paris, Éditions Armand Colin, 2005, 219 p.

STORA-LAMARRE, Annie, « Les lois morales de la République "fin de siècle" 1880-1914 », in BELOT Robert dir., *Tous républicains !*, Paris,. Armand Colin, 2011, p. 133-142.

SUPIOT Alain, *Homo Juridicus, Essai sur la fonction anthropologique du Droit*, Paris, éditions du Seuil, 2009, 336 p.

SUTTER, Laurent de, *Deleuze and law*, Édimbourg, Edinburgh University Press Books, 2012, 224 p.

TEYSSIER, Arnaud, « Le temps de Waldeck-Rousseau », *Charles Péguy*, Paris, Perrin, 2014, 384 p.

THÉRET, Bruno, « Crises », in HAY Colin éd., *Dictionnaire d'économie politique. Capitalisme, institutions, pouvoir*, Paris, Presses de Sciences Po, 2018, p. 134-148.

THIESSE, Anne-Marie, « La fabrication culturelle des nations européennes », in HALPERN Catherine, RUANON-BORBALAN Jean-Claude dir., *Identité(s) – L'individu, le groupe, la société*, Paris, Éd. Sciences Humaines, 2004, p. 277-284.

THIESSE, Anne-Marie, *La création des identités nationales*, Paris, Seuil, 1999, 320 p.

THIESSE, Anne-Marie, *La fabrique de l'écrivain national. Entre littérature et politique*, Paris, Gallimard, 2019, 440 p.

THUILLIER, Guy, *Bureaucratie et bureaucrates en France au XIXe siècle*, Paris, Librairie Droz, 1980, 672 p.

THY, Ludovic de, *L'écriture des lois constitutionnelles de 1875 : la fondation de l'ordre constitutionnel de la IIIe République*, Paris, LGDJ, 2021, 384 p.

TOUCHARD, Jean, « Le nationalisme de Barrès », in *Maurice Barrès. Actes du colloque de Nancy*, Nancy, Berger-Levrault, 1963, p. 162.

URBAIN, Anne, « Le contrôle et la répression de la littérature licencieuse dans la France de l'entre-deux-guerres », in Laurent Martin éd., *Les censures dans le monde*, Rennes, Presses universitaires de Rennes, 2016, p. 99-108.

VAN DE KERCHOVE Michel, *Quand dire, c'est punir : Essai sur le jugement pénal*, Bruxelles, Presses de l'Université Saint-Louis, 2005, 332 p.

VAN DE KERCHOVE Michel, *Sens et non-sens de la peine. Entre mythe et mystification*, Bruxelles, Publications des Facultés universitaires de Saint-Louis, 2009, 613 p.

VANNEUVILLE, Rachel, « Le Conseil d'État au tournant du siècle, raison politique et conscience légale de la République » in BARUCH Marc Olivier éd., *Serviteurs de l'État*, Paris, La Découverte, 2000, p. 97-108.

VERDÈS-LEROUX, Jeannine, *Scandale financier et antisémitisme catholique. Le krach de l'Union générale*, Paris, Centurion, 1969, 254 p.

VERGÈS, Jacques, *De la stratégie judiciaire*, Paris, Les éditions de Minuit, 1968, 224 p.

VIAL, Jean, *Histoire de l'éducation*, Paris, PUF, 2019, 127 p.

VIGIER, Philippe, *La Seconde République*, Paris, PUF, 2001, 128 p.

VIMBERT, Christophe, *La tradition républicaine en droit public français*, Rouen, Publications de l'Université de Rouen et Librairie générale de droit et de jurisprudence, 1992, 392 p.

WARD, Ian, *Law and Literature. Possibilities and Perspectives*, Cambridge, Cambridge University Press, 1995, 271 p.

WARUSFEL, Bertrand, *Contre-espionnage et protection du secret : histoire, droit et organisation de la sécurité nationale en France*, Paris, Lavauzelle, 2000, 515 p.

WEBER, Eugène, *Satan franc-maçon. La Mystification de Léo Taxil*, Paris, Julliard, 1964, 239 p.

WEBER, Eugène, *La fin des terroirs : la modernisation de la France rurale 1870-1914*, Paris,

Fayard, 1983, 830 p.

WHITE, Cynthia, WHITE, Harrison, *La carrière des peintres au XIXe siècle. Du système académique au marché des impressionnistes*, Paris, Flammarion, 2009, 288 p.

WILSON Nelly, « Paroles et silences : réflexions sur le rôle joué par la presse britannique dans l'affaire Dreyfus » in DENIS Michel, LAGRÉE Michel, VEILLARD Jean-Yves dir., *L'affaire Dreyfus et l'opinion publique en France et à l'étranger*, Rennes, Presses Universitaires de Rennes, 1995, p. 291-303.

WILSON, Nelly, *Bernard Lazare : l'antisémitisme et le problème de l'identité juive à la fin du XIXe siècle en France*, Paris, Albin Michel, 1985, 471 p.

WILSON, Stephen, *Ideology and experience. antisemitism in France at the time of Dreyfus Affair*, Vancouver, Fairleigh Dickinson University Press, 1982, 812 p.

WINOCK, Michel, *Clemenceau*, Paris, Tempus Perrin, 2011, 704 p.

WINOCK, Michel, *Décadence fin de siècle*, Paris, Gallimard, 2017, 288 p.

WINOCK, Michel, *Édouard Drumont et Cie*, Paris, Seuil, 1982, 218 p.

WINOCK, Michel, *La Fièvre hexagonale. Les grandes crises politiques, 1871-1968*, Paris, Éditions du Seuil, 1995, 480 p.

WINOCK, Michel, *Le socialisme en France et en Europe, XIXe-XXe siècle*, Paris, Éditions du Seuil, 2018, 448 p.

WORMSER, Georges, *Gambetta dans les tempêtes. 1870-1877*, Paris, Sirey, 1964, 292 p.

YON, Jean-Claude, *Histoire culturelle de la France au XIXe siècle*, Paris, Armand Colin, 2010, 320 p.

YON, Jean-Claude, *Le Second Empire*, politique société culture, Paris, Armand Colin, 2010, 272 p.

YVERT, Benoît dir., *Dictionnaire des ministres : de 1789 à 1989*, Paris, Perrin, 1990, 1048 p.

YVOREL, Jean-Jacques, « L'invention de la délinquance juvénile ou la naissance d'un nouveau problème social », in BANTIGNY Ludivine éd., *Jeunesse oblige. Histoire des jeunes en France XIXe-XXIe siècle*, Paris, PUF, 2009, p. 83-94.

YVOREL, Jean-Jacques, « Légiférer sur la sexualité de la jeunesse. La loi de 1908 sur la prostitution des mineurs », in STORA-LAMARRE Annie dir., *La cité charnelle du droit*, Besançon, Presses universitaires franc-comtoises, 2002, p. 109-127.

ZÉVAÉS, Alexandre, *Au temps du Boulangisme*, Paris, Gallimard, 1930, 251 p.

ZÉVAES, Alexandre, *La grève de Decazeville janvier-juin 1886*, Paris, Bureau d'édition, 1938, 63 p.

ZYLBERTSEIN, Jean-Claude, *Victor Hugo, Le droit et la loi et autres textes citoyens*, Paris, 10/18, 2002, 436 p.

INDEX NOMINUM

TABLE DES MATIÈRES

PREMIÈRE PARTIE

LE CONTRÔLE JURIDIQUE DE L'IMPRIMÉ, ÉLÉMENT POUR L'ÉDIFICATION DE LA TROISIÈME RÉPUBLIQUE

COLLECTION
« LITTÉRATURE ET CENSURE »

La collection « Littérature et censure » publie des essais et des sources inédites sur les censures légales, sociales ou académiques qui s'exercent sur les créations littéraires.

Retrouvez tous les titres de la collection en scannant ce code QR :

Et pour recevoir nos dernières actualités, abonnez-vous ici :

IMPRIM'VERT®

Achevé d'imprimer par Corlet,
Condé-en-Normandie (Calvados),
en Juin 2025
N° d'impression : 188114 - dépôt légal : Juin 2025
Imprimé en France